npm
Deep Dive

npm의 동작 원리부터
패키지 개발과 관리까지,
npm의 모든 것

npm
Deep Dive

npm의 동작 원리부터 패키지 개발과 관리까지,
npm의 모든 것

지은이 전유정, 김용찬

펴낸이 박찬규 **엮은이** 이대엽 **디자인** 북누리 **표지디자인** Arowa & Arowana

펴낸곳 위키북스 **전화** 031-955-3658, 3659 **팩스** 031-955-3660

주소 경기도 파주시 문발로 115 세종출판벤처타운 311호

가격 55,000 **페이지** 1012 **책규격** 188 x 240mm

초판 발행 2025년 06월 12일
ISBN 979-11-5839-607-7 (93000)

등록번호 제406-2006-000036호 **등록일자** 2006년 05월 19일
홈페이지 wikibook.co.kr **전자우편** wikibook@wikibook.co.kr

Copyright © 2025 by 전유정, 김용찬
All rights reserved.
First published in Korea in 2025 by WIKIBOOKS

이 책의 한국어판 저작권은 저작권자와의 독점 계약으로 위키북스에 있습니다.
신저작권법에 의해 한국 내에서 보호를 받는 저작물이므로 무단 전재와 복제를 금합니다.

이 책의 내용에 대한 추가 지원과 문의는 위키북스 출판사 홈페이지 wikibook.co.kr이나
이메일 wikibook@wikibook.co.kr을 이용해 주세요.

npm Deep Dive

npm의 동작 원리부터 패키지 개발과 관리까지,
npm의 모든 것

전유정, 김용찬 지음

위키북스

저자 소개

전유정

2018년 성균관대학교 소프트웨어학과를 졸업한 후 롯데정보통신, 카카오커머스 등에서 프런트엔드 개발자로 재직했다. 현재는 경기도 성남시 소재의 한 IT 회사에서 프런트엔드 개발자로 근무하고 있다.

김용찬

삼성 SDS, 카카오, 인터파크트리플을 거치며 풀스택 및 프런트엔드 개발자로 근무했다. 현재는 경기도 성남시 소재의 IT 회사에서 프런트엔드 개발자로 근무하고 있다. 저서로는 《모던 리액트 Deep Dive》, 역서로는 《리액트 인터뷰 가이드》가 있다.

저자 서문

이 책을 쓰기 전, 저는 단순히 프런트엔드 개발자로서 서비스 개발에 집중하며 주어진 문제를 해결해왔습니다. 그러나 제 커리어에 전환점이 찾아온 건 재직 중인 회사에서 라이브러리 개발을 중점적으로 다루는 TF(Task Force)에 참여하면서부터였습니다. 그 과정에서 약 2년간 서비스 개발에서는 마주치지 못했던 다채로운 문제와 직면했고, 이를 해결하면서 더 깊이 있고 숙련된 자바스크립트 개발자로 성장할 수 있는 기회로 작용했습니다.

이 책은 제가 npm과 Node.js 환경에서 동료들과 함께 수많은 문제를 헤쳐 나가며 얻은 경험과 교훈을 다른 개발자들과 나누고자 하는 마음에서 시작됐습니다. 독자 여러분이 이 책을 통해 자바스크립트 코드의 동작 원리를 이해하고, 나아가 자신만의 패키지를 설계하고 작성할 수 있는 기반을 마련하기를 바랍니다.

자바스크립트 생태계는 끊임없이 진화하고 있으며, 도구와 라이브러리들도 변화의 속도를 맞춰 업데이트되고 있습니다. 하지만 이러한 변화 속에서도 변하지 않는 기본 원리가 있습니다. 이 책은 그 원리를 중심으로 자바스크립트 생태계를 뿌리부터 이해하도록 돕고, 앞으로의 발전이 어떤 흐름 속에서 이뤄지고 있는지 통찰할 수 있게 구성했습니다.

이 책은 단번에 쉽게 읽히는 책이 아닐 수도 있습니다. 하지만 이 책의 내용이 여러분의 것이 되어 앞으로의 개발 과정에서 언제든 필요한 순간 펼쳐볼 수 있는 든든한 지침서가 되기를 바랍니다.

마지막으로, 이 책이 완성될 수 있도록 많은 도움을 주신 분들께 감사의 마음을 전합니다. 먼저, 책을 쓸 기회를 제공해주신 용찬 님께 깊은 감사를 드립니다. 더 나은 자바스크립트 생태계를 만들기 위해 노력하는 여정에 함께할 수 있어 영광이었습니다. 또한 갑작스러운 요청에도 기꺼이 시간을 내어 아낌없이 피드백을 주신 리뷰어님들께도 감사의 말씀을 전합니다. 항상 따뜻한 격려와 믿음을 주신 사랑하는 가족에게도 이 자리를 빌려 고마움을 표합니다. 마지막으로 이 책을 읽어주시는 독자 여러분께 깊은 감사의 마음을 전합니다.

2025년 05월

전유정

저·자·서·문

프런트엔드 개발자로서 npm과 `node_modules`에 본격적으로 관심을 가진 것은 프런트엔드 개발을 시작한 후 상당히 시간이 지난 뒤였습니다. 당시의 관심사는 주로 웹, 자바스크립트, 그리고 리액트 같은 프레임워크에 집중돼 있었습니다. npm과 `node_modules`는 그저 라이브러리를 설치하고, `package.json`을 작성하며, 생성된 `node_modules`를 `.gitignore`에 추가하는 정도로만 사용했습니다. 자바스크립트 생태계에서 제가 다루던 영역은 이 정도가 전부였습니다.

초기에는 이러한 무지가 큰 문제로 다가오지 않았습니다. 주니어 개발자로서의 역할은 서비스를 잘 만들어 배포하는 것이라고 생각했기 때문입니다. 하지만 시간이 지나면서 프로젝트 규모가 커지고, 여러 개발자들과 협업하며 다양한 요구사항을 해결해야 할 상황이 되자 문제가 달라졌습니다. 단순히 구글링과 공식 문서를 참고하는 것만으로는 해결할 수 없는 문제들이 점점 늘어나기 시작했습니다. 결국, 외면하고 있던 npm, `node_modules`, 그리고 자바스크립트 생태계의 기초에 대해 깊이 이해해야 한다는 필요성을 절감하게 됐습니다.

이후로 관련 내용을 공부하며 깨달은 가장 큰 점은 과거의 제가 자바스크립트 생태계의 절반도 제대로 이해하지 못하고 있었다는 사실이었습니다. 당장의 문제를 해결하는 데는 기존 지식으로도 충분했지만 왜 문제가 발생했는지, 그리고 이를 어떻게 더 나은 방식으로 해결할 수 있을지에 대한 근본적인 이해는 부족했습니다. 그러나 모듈 시스템과 패키지 관리에 대해 깊이 이해하면서 프레임워크와 패키지, 더 나아가 웹 서비스를 바라보는 시야가 크게 확장됐습니다. 내부적인 동작 원리를 이해하니 외부적인 문제도 더 명확히 보였고, 인터넷에 없는, 아직 누군가 겪지 않은 문제도 스스로 해결할 수 있는 자신감과 경험을 얻을 수 있었습니다.

이 책은 단순히 웹 서비스 개발 이상의 것을 추구하는 개발자를 위해 썼습니다. 자바스크립트와 Node.js의 모듈 시스템, 패키지가 동작하는 원리, 트랜스파일링과 폴리필, 그리고 오픈소스를 직접 만드는 과정 등, 일상적인 웹 서비스 개발에서는 쉽게 접하기 어려운 주제를 다룹니다. 물론 이런 내용을 몰라도 당장의 업무에 큰 지장은 없을지도 모릅니다. 하

저·자·서·문

지만 이러한 이해 없이 사용하는 것은 결국 과거의 저와 같은 한계에 부딪히게 만듭니다. 성숙한 프런트엔드 개발자가 되기 위해 더 많은 요구사항을 해결해야 할 때, 이러한 기초적인 이해가 없다면 어려움을 극복하기 힘들 것입니다. 과거의 저처럼 시행착오를 겪는 이들이 조금이라도 줄어들기를 바라는 마음으로 이 책을 집필했습니다.

첫 책인 《모던 리액트 Deep Dive》를 집필한 이후 곧바로 구상하고 작성한 이 책은 저 혼자였다면 불가능했을 것입니다. 다뤄야 할 주제는 매우 깊고 복잡했으며, 참고할 수 있는 자료도 많지 않았습니다. 하지만 팀 동료이자 제가 아는 개발자 분 중 가장 뛰어나신 전유정 님과 함께하면서 완성도 높은 내용을 담을 수 있었습니다. 이 책이 빛을 볼 수 있게 함께해주신 유정 님께 이 자리를 빌려 다시 한번 감사의 말씀을 전합니다. 또한 이번 책 역시 위키북스의 편집자님들이 흔쾌히 출간을 수락하고 꼼꼼히 확인해 준 덕분에 책의 질을 한층 높일 수 있었기에 다시 한번 인사드리고 싶습니다. 이 책에 부족한 부분이 있다면 이는 전적으로 저의 역량 부족입니다. 마지막으로 이 책을 구매하여 읽고 계신 독자분들께도 감사의 인사를 드립니다. 이 책이 여러분의 프런트엔드 개발 여정에 작지만 의미 있는 도움이 되기를 바랍니다.

2025년 05월
김용찬

베타리더 후기

이상철 우아한형제들/프런트엔드 개발자

처음 라이브러리 개발을 시작할 때 관련 도서가 없어 아쉬웠던 순간이 많았습니다. 이제 이 책을 통해 라이브러리 개발의 가이드라인 및 npm 생태계를 이해할 수 있습니다. 라이브러리 개발을 시작해보고자 하는 분들께 추천합니다.

안샛별 네이버/프런트엔드 개발자

npm이라는 단어는 익숙하지만 정작 그것이 어떻게 작동하는지, 왜 그렇게 동작하는지는 잘 모르는 채로 개발하는 경우가 많습니다. 이 책은 당연하게 여겼던 영역을 찬찬히 들여다보게 해줍니다.

김세원 뉴로클/테크니컬 커뮤니케이터

단순한 라이브러리 개발서를 넘어 실제 사용과 배포에 이르기까지 전 과정을 아우르는 훌륭한 안내서입니다. npm의 역사적 배경부터 나만의 패키지를 설계하고 배포하는 법까지 체계적으로 구성돼 있어 처음부터 끝까지 즐겁게 읽을 수 있었습니다. 실제 프로젝트에 바로 적용할 수 있는 실용적인 내용이 가득하기에 개발자라면 누구나 곁에 두고 참고할 만한 책입니다.

추천사

김태현 네이버 파이낸셜 유저 dev 책임리더

요즘 프런트엔드 영역에서의 개발은 리액트로 시작해서 리액트로 끝난다고 해도 과언이 아니다. 일반적으로 특정 언어와 함께 가장 유명한 프레임워크나 라이브러리에 관심이 집중되는 것은 당연하다. 그러다 보니 자연스럽게 학습이나 관련 도서도 해당 언어나 라이브러리에 관련된 것이 즐비하다. 물론 이런 현상은 너무나도 당연한 일이고 잘못된 것은 아니다. 그렇기에 대부분의 개발자는 이런 주제를 학습하는 데 대부분의 시간을 쏟기 마련이다.

그에 비해 늘상 우리가 만지고 사용하는 여러 도구, 특히나 npm에 대해서는 그다지 크게 관심을 기울이지 않는다. npm 같은 도구는 새로운 프로젝트를 구성할 때나 혹은 가끔 새로운 라이브러리를 설치할 때 살펴보는 정도로 지나치곤 한다. npm이 만들어 내는 package.json이나 node_modules 같은 것들은 그저 복잡하고 들여다 볼 필요없는 매직 박스와 같은 것들이 되버린 지 오래다. 나 또한 npm을 그저 일부 명령어를 사용해보고 몇 가지 설정과 에러를 접하는 정도로만 지나쳐왔었다.

하지만 이 같은 미지의 영역으로 남겨두기에는 npm의 영향력은 너무나도 크다. 내가 패키지를 직접 퍼블리싱하지 않는 사람이라고 하더라도 그 구조와 원리를 파악할수록 내 프로젝트 혹은 내 시스템을 더 면밀히 살펴볼 수 있게 해주며, 이는 더 높은 품질의 서비스를 개발하는 데 많은 도움을 줄 것이다.

이 책을 통해 유의적 버전을 이해한다면 라이브러리의 버전 변경에 따른 여러 리스크를 스스로 짚어볼 수 있고, 패키지의 구조화 원리를 파악한다면 패키지를 더욱더 효과적으로 관리할 수 있다. 더 나아가 npm과는 다른 yarn과 pnpm을 비교해 보면서 자신에게 맞는 패키지 매니저를 고를 수 있는 기회도 얻을 수 있다. 또한 이 책에서는 단순히 패키지를 설치하고 관리하는 데만 그치지 않고 나만의 패키지를 퍼블리싱하는 방법까지 다루고 있다.

직접 모든 코드를 내가 작성해가면서 개발할 수 없는 요즘 같은 세상에서 패키지 매니저가 패키지를 어떻게 관리하고, 이런 도구를 어떻게 사용할지 고민하는 모든 개발자에게 이 책은 더할 나위 없는 지침서가 되리라 확신한다.

추·천·사

이시연 프런트엔드 개발자

npm은 거의 모든 프런트엔드 개발자들이 매일같이 사용하지만 그것의 내부 동작 원리를 들여다보기는 쉽지 않습니다. 이 책은 단순히 `package.json`을 작성하고 `npm install`을 실행하는 수준을 넘어 npm 생태계의 핵심 원리부터 실무 활용까지 체계적으로 다루고 있습니다.

이 책을 읽으면서 좋았던 점은 막연하게 알고 있던 지식들을 명확한 기준과 함께 재정립할 수 있었다는 점입니다. 예를 들어, 의존성 버전 관리에서 틸드(~)와 캐럿(^)의 차이를 단순 암기가 아닌 유의적 버전의 관점에서 이해하게 되니 프로젝트의 안정성을 위해 어떤 선택을 해야 할지 스스로 판단할 수 있게 됐습니다. `node_modules`의 복잡한 구조도 더 이상 미지의 영역이 아닌 이해하고 최적화할 수 있는 대상으로 바뀌었습니다.

특히 주목할 만한 부분은 모노레포, 터보레포 같은 최신 프런트엔드 아키텍처와 npm의 관계를 심도 있게 다룬다는 점입니다. 이런 기술들이 단순한 트렌드가 아니라 npm의 한계를 극복하기 위한 필연적인 진화였음을 이해하게 되면서 기술 선택에 있어 더욱 합리적인 근거를 갖게 됐습니다. Yarn이나 pnpm 같은 대안 패키지 매니저의 등장 배경과 각각의 장단점을 비교하며, 프로젝트 특성에 맞는 최적의 도구를 선택할 수 있는 안목도 기를 수 있었습니다.

실무와 유사한 시나리오를 통해 설명하는 방식도 이 책의 큰 장점입니다. 단순한 이론 설명에 그치지 않고, 실제 개발 과정에서 마주치는 문제들을 동작 원리를 파고들며 해결해 나가는 과정을 보여주기 때문에 읽는 즉시 자신의 프로젝트에 적용할 수 있는 실용적인 지식을 얻을 수 있습니다.

라이브러리를 직접 퍼블리싱하지 않는 개발자라도 이 책은 꼭 한번 읽어보시길 추천드립니다. npm 생태계에 대한 깊은 이해는 더 나은 의존성 관리, 빌드 최적화, 그리고 안정적인 배포 환경 구축으로 이어지기 때문입니다. 프런트엔드 개발자로서 한 단계 성장하고 싶다면 이 책이 좋은 길잡이가 되어줄 것입니다.

들어가며		1
개발 환경 구축		8

01장
npm과 유의적 버전

1.1 npm의 정의와 역사 — 10
- 1.1.1 npm의 역사와 배경 — 11
- 1.1.2 npm의 주요 기능 — 12
- 1.1.3 npm과 관련된 유용한 사이트 — 14
- 1.1.4 정리 — 20

1.2 유의적 버전이란? — 20
- 1.2.1 유의적 버전의 등장 배경과 정의 — 21
- 1.2.2 유의적 버전의 구체적인 명세 — 23
- 1.2.3 유의적 버전의 문법 — 29
- 1.2.4 Node.js와 npm에서 사용하는 유의적 버전 — 30
- 1.2.5 정리 — 31

1.3 유의적 버전과 npm 생태계의 명과 암 — 31
- 1.3.1 left-pad: 수천만 패키지에서 의존하는 유틸 패키지가 사라지면 어떻게 될까? — 32
- 1.3.2 everthing: 의존성으로 있으면 패키지 삭제가 안 된다고? 그렇다면 모든 자바스크립트 패키지를 의존성으로 가져본다면 어떨까? — 35
- 1.3.3 is-promise: 잘못된 부 버전 업데이트가 만들어낸 사태 — 37
- 1.3.4 colors.js와 faker.js: 섣부른 부, 수 버전 업데이트는 독이 될 수도 있다 — 42
- 1.3.5 event-stream 사건: 오픈소스는 얼마나 안전한가? — 46
- 1.3.6 유의적 버전과 npm을 사용할 때 주의할 점 — 47
- 1.3.7 정리 — 51

02장

package.json과 npm 파헤치기

2.1 package.json 톺아보기 … 54
- 2.1.1 package.json … 54
- 2.1.2 package.json의 주요 필드 … 54
- 2.1.3 package.json 생성하기 … 83
- 2.1.4 npm config와 .npmrc 살펴보기 … 86
- 2.1.5 정리 … 92

2.2 dependencies란 무엇일까? … 93
- 2.2.1 npm 버전과 버전에 사용되는 특수 기호 … 93
- 2.2.2 dependencies … 99
- 2.2.3 devDependencies … 100
- 2.2.4 peerDependencies … 102
- 2.2.5 peerDependenciesMeta … 107
- 2.2.6 정리 … 109

2.3 npm의 주요 명령어 … 109
- 2.3.1 npm run … 110
- 2.3.2 npm install과 npm ci … 112
- 2.3.3 npm update … 113
- 2.3.4 npm dedupe … 114
- 2.3.5 npm ls … 116
- 2.3.6 npm explain … 118
- 2.3.7 npm audit … 119
- 2.3.8 npm publish … 124
- 2.3.9 npm deprecate … 126
- 2.3.10 npm outdated … 127
- 2.3.11 npm view … 128
- 2.3.12 정리 … 131

2.4 npm install을 실행하면 벌어지는 일 　　　　　　　　　　　　132
　2.4.1 의존성 트리 분석의 핵심 @npmcli/arborist　　　　　132
　2.4.2 패키지 설치를 위한 패키지, pacote　　　　　　　　　146
　2.4.3 node_modules 살펴보기　　　　　　　　　　　　　150
　2.4.4 정리　　　　　　　　　　　　　　　　　　　　　　160

2.5 node_modules는 무엇일까?　　　　　　　　　　　　　161
　2.5.1 node_modules의 역할　　　　　　　　　　　　　　161
　2.5.2 node_modules의 구조　　　　　　　　　　　　　　162
　2.5.3 심볼릭 링크　　　　　　　　　　　　　　　　　　　167
　2.5.4 정리　　　　　　　　　　　　　　　　　　　　　　175

2.6 bin 필드와 npx　　　　　　　　　　　　　　　　　　　175
　2.6.1 CLI 패키지　　　　　　　　　　　　　　　　　　　175
　2.6.2 bin 필드　　　　　　　　　　　　　　　　　　　　176
　2.6.3 npx　　　　　　　　　　　　　　　　　　　　　　180
　2.6.4 정리　　　　　　　　　　　　　　　　　　　　　　185

03장
npm의 대항마 yarn과 pnpm

3.1 npm의 문제점과 한계　　　　　　　　　　　　　　　　187
　3.1.1 유령 의존성　　　　　　　　　　　　　　　　　　　188
　3.1.2 디스크 I/O 부하　　　　　　　　　　　　　　　　　190
　3.1.3 너무 거대한 node_modules　　　　　　　　　　　191
　3.1.4 변경에 취약한 락 파일　　　　　　　　　　　　　　192
　3.1.5 정리　　　　　　　　　　　　　　　　　　　　　　194

3.2 yarn: 신속하고 안정적인 패키지 관리를 위한 패키지 관리자　　195
　3.2.1 yarn 소개와 역사　　　　　　　　　　　　　　　　195
　3.2.2 특징　　　　　　　　　　　　　　　　　　　　　　203
　3.2.3 정리　　　　　　　　　　　　　　　　　　　　　　230

3.3	**pnpm: 디스크 공간 절약과 설치 속도의 혁신을 가져온 패키지 관리자**	**231**
	3.3.1 pnpm의 소개와 역사	231
	3.3.2 특징	233
	3.3.3 정리	246
3.4	**npm, yarn, pnpm 비교**	**246**
	3.4.1 워크스페이스	246
	3.4.2 명령어 비교	268
	3.4.3 벤치마크 테스트	272
	3.4.4 정리	278

04장

CommonJS와 ESModule

4.1	**자바스크립트 모듈화의 역사**	**280**
	4.1.1 자바스크립트 모듈화의 배경	280
	4.1.2 모듈화 이전의 자바스크립트	283
	4.1.3 자바스크립트 모듈의 여러 시도들	284
	4.1.4 오늘날의 자바스크립트 모듈 시스템	294
	4.1.5 정리	294
4.2	**CommonJS란 무엇일까?**	**295**
	4.2.1 CommonJS의 탄생 배경	295
	4.2.2 CommonJS의 명세	297
	4.2.3 Node.js의 CommonJS	299
	4.2.4 소스코드를 CommonJS로 빌드하기	319
	4.2.5 정리	323
4.3	**ESModule이란 무엇일까?**	**323**
	4.3.1 ESModule의 탄생 배경과 도입	324
	4.3.2 ESModule의 특징	325
	4.3.3 Node.js의 ESModule	342
	4.3.4 정리	358

4.4 Node.js는 어떻게 node_modules에서 패키지를 찾아갈까? — 358
- 4.4.1 모듈 해석 알고리즘 — 358
- 4.4.2 모듈 이름 지정자로 모듈을 로드하는 방법 — 363
- 4.4.3 정리 — 398

4.5 CommonJS와 ESModule, 무엇이 정답일까? — 399
- 4.5.1 오픈소스 패키지가 CommonJS와 ESModule을 동시에 지원하는 이유 — 399
- 4.5.2 CommonJS와 ESModule을 동시에 지원하는 듀얼 패키지 개발하기 — 403
- 4.5.3 순수한 ESModule 패키지 개발하기 — 408
- 4.5.4 CommonJS와 ESModule, 무엇이 정답일까? — 423
- 4.5.5 정리 — 426

05장 트랜스파일과 폴리필

5.1 트랜스파일을 도와주는 도구, 바벨 — 430
- 5.1.1 바벨의 필요성 — 430
- 5.1.2 바벨의 동작 방식 — 435
- 5.1.3 바벨 사용해보기 — 442
- 5.1.4 정리 — 457

5.2 폴리필을 도와주는 도구 core-js — 458
- 5.2.1 core-js란 무엇인가? — 461
- 5.2.2 바벨과 core-js — 464
- 5.2.3 정리 — 473

5.3 최선의 폴리필과 트랜스파일은 무엇일까? — 473
- 5.3.1 지원 환경 명시하기 — 473
- 5.3.2 정리 — 491

5.4	**바벨과 core-js의 대안**	492
	5.4.1 타입스크립트 컴파일러	492
	5.4.2 SWC(Speedy Web Compiler)	512
	5.4.3 es-shims	521
	5.4.4 polyfill.js	526
	5.4.5 정리	529

06장 / 자바스크립트 번들 도구 살펴보기

6.1	**번들링은 무엇이고 왜 필요할까?**	531
	6.1.1 번들링의 역사	533
	6.1.2 번들링의 역할	547
	6.1.3 정리	554
6.2	**웹서비스 번들의 표준, 웹팩**	554
	6.2.1 웹팩 소개 및 주요 특징	555
	6.2.2 웹팩의 기본 개념과 동작 원리	555
	6.2.3 간단한 웹팩 서비스 만들기	572
	6.2.4 정리	579
6.3	**패키지 번들의 선두주자, 롤업**	580
	6.3.1 롤업의 등장 배경과 소개	580
	6.3.2 롤업의 기본 개념과 특징	584
	6.3.3 정리	612
6.4	**번들 도구의 신흥 강자, 비트**	612
	6.4.1 비트의 등장 배경과 소개	612
	6.4.2 비트의 기본 개념과 특징	615
	6.4.3 설정에 필요한 주요 필드	628
	6.4.4 정리	638

07장 / 직접 자바스크립트 패키지 만들기

7.1 나만의 npm 패키지 만들기   639
    7.1.1 패키지 개발을 위한 체크리스트   640
    7.1.2 프로젝트 환경 설정   651
    7.1.3 실제 코드와 테스트 코드 작성   668
    7.1.4 번들 및 트랜스파일하기 위한 환경 구축   681
    7.1.5 간단한 테스트 코드 작성   741
    7.1.6 깃허브 액션을 활용한 CI 파이프라인 구축   745
    7.1.7 changesets를 활용한 배포   750
    7.1.8 정리   764

7.2 나만의 CLI 패키지 만들기   765
    7.2.1 제작할 CLI 패키지 구상   766
    7.2.2 프로젝트 환경 설정   767
    7.2.3 실제 코드 작성   773
    7.2.4 결과물 확인   780
    7.2.5 배포 후 사용   790
    7.2.6 CLI를 만드는 데 유용한 패키지   792
    7.2.7 정리   801

08장 / 모노레포로 서비스와 라이브러리 모두 관리하기

8.1 모노레포와 터보레포   804
    8.1.1 모노레포란?   804
    8.1.2 npm 워크스페이스   812
    8.1.3 모노레포를 구성하는 도구, 터보레포   817
    8.1.4 정리   836

8.2 나만의 모노레포 프로젝트 만들기   836
    8.2.1 디자인 시스템 소개   837
    8.2.2 pnpm 워크스페이스 및 터보레포 구성하기   844
    8.2.3 shared 공유 패키지 구현하기   848

8.2.4 @ndive/design-tokens 구현	857
8.2.5 @ndive/design-components 구현	867
8.2.6 @ndive/design-tracker 구현	886
8.2.7 애플리케이션 작성	895
8.2.8 배포 살펴보기	897
8.2.9 정리	901

09장

패키지 개발에 도움이 되는 도구와 팁

9.1 패키지 개발에 도움이 되는 도구	902
9.1.1 패키지를 업로드하는 또다른 방법 JSR	903
9.1.2 복잡한 번들 프로세스를 한 번에 수행하는 도구, tsup	924
9.1.3 구성 파일의 표준 cosmiconfig	929
9.1.4 성능 분석을 위한 도구 Tinybench	933
9.1.5 손쉬운 코드 마이그레이션을 도와주는 jscodeshift	940
9.1.6 정리	949

9.2 패키지 개발에 도움이 되는 팁	949
9.2.1 선택이 아닌 필수, ESModule	950
9.2.2 package.json 올바르게 작성하기	954
9.2.3 올바른 트랜스파일과 폴리필 적용하기	959
9.2.4 dependencies는 신중하게 추가하라	962
9.2.5 코드에 신뢰를 주는 테스트 코드와 벤치마크 테스트	970
9.2.6 올바른 문서 작성법	972
9.2.7 정리	986

마치며   987

들어가며

개발자 A 씨는 리액트 개발자다. 그는 2년 전 리액트 팀에서 제공하는 create-react-app으로 만들어진 프로젝트를 통해 프로덕션 서비스를 운영하고 있으며, 회사 안팎으로 그 성과를 인정받고 있다. 그러던 어느 날 기획 팀의 요청으로 새로운 기능을 만들던 중 날짜를 손쉽게 조작하는 기능이 필요해 moment를 설치하기로 했다. 그리고 Node.js 14 버전으로 운영하던 시스템 버전도 업데이트하는 등 여러 가지로 심혈을 기울였다. Node.js 준비가 완료된 후 A 씨가 `npm install moment` 명령어를 실행하고 커밋해서 푸시하는 순간, 깃허브에서 생각보다 많은 양의 변경 사항을 마주했다.

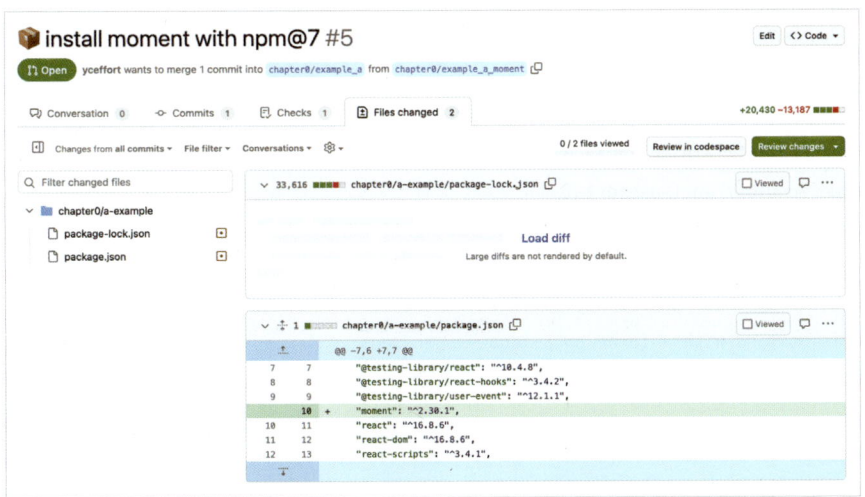

그림 1 npm@6 기반 프로젝트에서 npm@7로 `npm install moment`를 실행했을 때 깃허브에서 표시되는 diff의 결과[1]

---

1 해당 예제 풀 리퀘스트는 https://github.com/yujeongJeon/npm-deep-dive-example/pull/5에서 찾아볼 수 있다.

단순히 버전업된 npm을 기반으로 moment를 설치했을 뿐인데, 30,000줄에 달하는 `package-lock.json`의 변경 내용을 보자 고개를 갸우뚱했다. 이내 그는 이따금씩 신규 패키지를 설치할 때마다 수많은 `package-lock.json`의 변경 사항이 노출되던 과거의 풀 리퀘스트가 떠올랐다. 이 풀 리퀘스트를 보고 그의 사수가 '`package-lock.json`은 보통 코드 리뷰할 때 보지 않으니 크게 신경 쓰지 않아도 된다'라고 했던 기억이 떠올라 이내 신경 쓰지 않기로 마음먹고 빠르게 머지했다.

◆

개발자 B 씨는 새로운 프로젝트에 투입되어 서비스의 환경 설정과 토대를 만드는 역할을 맡게 됐다. 기존에는 create-react-app으로 생성된 프로젝트를 운영하고 있었지만 사실상 지원 중단(deprecated)된 create-react-app을 쓰는 대신, 이 기회에 create-next-app을 토대로 요즘 유행하는 서버 컴포넌트 기반 웹 애플리케이션을 개발하기로 결심한다. 기초적인 프로젝트 세팅을 완료하고 필요한 패키지를 설치하던 중 다음과 같은 에러를 보게 된다.

```
$ npm i react-useportal@1.0.17

npm ERR! code ERESOLVE
npm ERR! ERESOLVE unable to resolve dependency tree
npm ERR!
npm ERR! While resolving: b-example@0.1.0
npm ERR! Found: react@18.2.0
npm ERR! node_modules/react
npm ERR!   react@"^18" from the root project
npm ERR!
npm ERR! Could not resolve dependency:
npm ERR! peer react@"^16.8.6 || ^17.0.0" from react-useportal@1.0.17
npm ERR! node_modules/react-useportal
npm ERR!   react-useportal@"1.0.17" from the root project
npm ERR!
npm ERR! Fix the upstream dependency conflict, or retry
npm ERR! this command with --force or --legacy-peer-deps
npm ERR! to accept an incorrect (and potentially broken) dependency resolution.
npm ERR!
npm ERR!
npm ERR! For a full report see:
npm ERR! /Users/USER/.npm/_logs/2024-02-18T08_42_44_072Z-eresolve-report.txt
```

```
npm ERR! A complete log of this run can be found in: /Users/USER/.npm/_logs/2024-02-
18T08_42_44_072Z-debug-0.log
```

로그를 읽어 보니 의존성을 해결하는 과정에서 뭔가 문제가 있었던 것 같다. 로그를 자세히 읽어 보고 인터넷에서 해당 로그를 검색해보니 .npmrc 파일에 legacy-peer-deps=true를 추가하면 해결할 수 있다는 글을 본다. B 씨는 급한대로 해당 에러를 해결하기 위해 legacy-peer-deps=true를 추가했고, 그 결과 더 이상 에러가 나지 않았다.[2]

◆

자바스크립트 개발자 C 씨는 이번에 퇴사하는 D 씨를 대신해 레거시 프로젝트 중 하나인 express 기반 Node.js 서버를 운영하는 업무를 맡게 됐다. 꽤 오랜 기간 운영되고 있던 안정적인 서비스였기 때문에 특별히 추가로 무언가를 개발할 필요는 없었지만 의욕이 넘쳤던 C 씨는 업무 인수인계와 더불어 최신 기술을 도입하기로 결심했다.

먼저 그 일환으로, package.json에 있는 dependencies의 버전을 살펴보고 오래된 버전을 조금씩 올려보기로 했다. 그중 C 씨의 눈에 가장 많이 띈 query-string을 기존 5.1.1 버전에서 현재 기준(2024년 11월) 최신 버전인 9.1.1로 업데이트를 시도했다. C 씨의 로컬에서 패키지를 설치하는 데까지는 문제가 없었지만 프로젝트를 실행하자 다음과 같은 에러를 보게 된다.[3]

```
$ npm run start

$ c-example@0.0.0 start
$ node ./bin/www

/Users/USER/private/npm-deep-dive-example/chapter0/c-example/routes/users.js:3
var qs = require('query-string')
         ^

Error [ERR_REQUIRE_ESM]: require() of ES Module /Users/USER/private/npm-deep-dive-example/
chapter0/c-example/node_modules/query-string/index.js from /Users/USER/private/npm-deep-dive-
```

---

2   위 예제를 재현해보고 싶다면 https://github.com/yujeongJeon/npm-deep-dive-example/tree/chapter0/example_b/chapter0/b-example에서 npm i react-useportal@1.0.17를 실행해보면 된다.
3   해당 예제 풀 리퀘스트는 https://github.com/yujeongJeon/npm-deep-dive-example/pull/9에서 찾아볼 수 있다.

```
example/chapter0/c-example/routes/users.js not supported.
Instead change the require of index.js in /Users/USER/private/npm-deep-dive-example/chapter0/c-
example/routes/users.js to a dynamic import() which is available in all CommonJS modules.
    at Object.<anonymous> (/Users/USER/private/npm-deep-dive-example/chapter0/c-example/routes/
users.js:3:10)
    at Object.<anonymous> (/Users/USER/private/npm-deep-dive-example/chapter0/c-example/
app.js:8:19)
    at Object.<anonymous> (/Users/USER/private/npm-deep-dive-example/chapter0/c-example/bin/
www:7:11) {
  code: 'ERR_REQUIRE_ESM'
}
```

당황한 C 씨는 서둘러 인수인계를 받은 코드를 살펴봤지만 아무것도 수정하지 않은 `require` 구문에서 오류가 날 뿐 뚜렷한 원인을 찾을 수 없었다. 이에 C 씨는 query-string 저장소를 찾아가 릴리스 노트를 샅샅이 살펴본 결과, 다음과 같은 내용을 확인할 수 있었다.

> This package is now pure ESM. Please read this.[4]
>
> (번역) 이 패키지는 이제 순수 ESModule로만 제공됩니다. 이 글을 읽어주세요.

멀쩡히 잘 실행되던 패키지를 C 씨와 같은 많은 레거시 코드를 관리하는 개발자가 쓰지 못하도록 변경해 버린 패키지 개발자가 원망스러웠지만 뚜렷한 대안이 없던 C 씨는 하는 수 없이 다시 버전을 원래대로 다운그레이드하고 말았다. 생각해 보니 자신이 관리하는 다른 프런트엔드 프로젝트는 `require`가 아닌 `import`를 쓰고 있으며, 최신 버전의 query-string을 써도 문제가 없었는데 왜 이런 차이가 발생하는지 문득 궁금했다. 하지만 이내 해야 할 다른 업무 때문에 더 이상 고민하는 것을 관두고 말았다.

◆

자바스크립트 개발자라면 하루에 수십 번도 넘게 터미널에서 npm 관련 명령어를 실행할 것이다. 프로젝트의 작업 환경마다 조금씩 다르겠지만 `npm install`로 의존성을 새로 설치하는 경우도 있고, `npm run dev`로 개발 환경에서 프로젝트를 실행하기도, 깃허브에 변경 사항을 푸시하기에 앞서 `npm run build`를 실행해 먼저 프로젝트를 빌드해 보기도 한다.

---

4 https://github.com/sindresorhus/query-string/releases/tag/v8.0.0

node_modules의 경우는 어떨까? 대부분의 자바스크립트 개발자는 프로젝트에서 npm install을 실행하게 되면 package.json과 같은 폴더 수준에서 node_modules가 생성된다는 것을 알고 있다. 그러나 이 node_modules를 진지하게 둘러본 개발자는 많지 않을 것이다. 왜 그럴까? 앞서 개발자 A 씨의 프로젝트를 예로 들어보자. 해당 프로젝트의 package.json 주요 구성은 다음과 같다.

```
{
  "name": "a-example",
  "version": "0.1.0",
  "private": true,
  "dependencies": {
    "@testing-library/jest-dom": "^5.1.1",
    "@testing-library/react": "^10.4.8",
    "@testing-library/react-hooks": "^3.4.2",
    "@testing-library/user-event": "^12.1.1",
    "react": "^16.8.6",
    "react-dom": "^16.8.6",
    "react-scripts": "^3.4.1",
    "web-vitals": "^2.1.4"
  },
  "scripts": {
    "start": "react-scripts start",
    "build": "react-scripts build",
    "test": "react-scripts test",
    "eject": "react-scripts eject"
  }
}
```

그리고 이 package.json을 토대로 npm install로 의존성을 모두 설치하면 node_modules의 결과물은 어떻게 나올까? 전체 파일 개수는 43,545개, 전체 하위 폴더 개수는 5,988개, 전체 용량은 무려 307MB에 달한다. 그리고 해당 프로젝트의 모든 npm 의존성을 분석할 수 있는 명령어인 npm ls --all을 실행해보면 다음과 같이 약 5천 줄에 달하는 터무니없는 결과를 마주하게 된다.

```
$ npm ls -all
a-example@0.1.0 /Users/USER/private/npm-deep-dive-example/chapter0/a-example
├── UNMET PEER DEPENDENCY @testing-library/dom@>=7.21.4
├─┬ @testing-library/jest-dom@5.17.0
│ ├── @adobe/css-tools@4.3.3
```

```
|   ├─ @babel/runtime@7.23.9
|   |  └─ regenerator-runtime@0.14.1
|   ├─ @types/testing-library__jest-dom@5.14.9
... 생략 ...
|       ├─ workbox-sw@4.3.1
|       └─ workbox-window@4.3.1
|           └─ workbox-core@4.3.1 deduped
├─ UNMET PEER DEPENDENCY react-test-renderer@>=16.9.0
└─ web-vitals@2.1.4

$ npm ls -all | wc -l
4460
```

dependencies가 8개밖에 되지 않는 아주 작은 프로젝트임에도 `npm ls --all`의 결과로 알 수 있는 node_modules의 크기는 얼핏 보면 불합리하게 느껴지기도 한다. 또한 실제 create-react-app을 기반으로 프로덕션에서 서비스되고 있는 애플리케이션이라면 이 예시보다 훨씬 더 많은 기능을 구현하기 위해 개발자도 모르게 수많은 패키지를 설치했을 것이므로 그 크기가 더욱 클 것이다. 이러한 사실 때문에 자바스크립트 커뮤니티에서는 우스갯소리로 node_modules가 세상에서 제일 무거운 물질이라고 자조 섞인 목소리로 이야기하곤 한다.

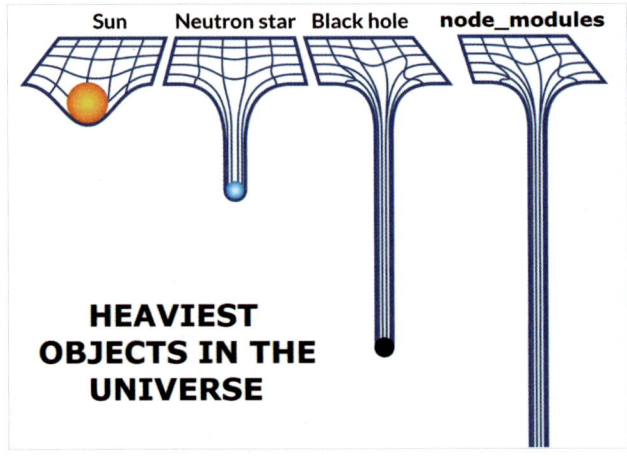

그림 2 node_modules와 관련된 유머 글. node_modules를 태양이나 중성자별, 블랙홀보다도 무거운 물체라고 표현했다.[5]

---

[5] https://www.reddit.com/r/ProgrammerHumor/comments/6s0wov/heaviest_objects_in_the_universe/

자바스크립트 기반 프로젝트를 유지보수하는 개발자라면 이 자바스크립트 프로젝트가 `node_modules` 내부에 있는 수많은 의존성에 의존하고 있다는 사실을 알 것이다. 그러나 npm과 `node_modules`가 어떻게 동작하고, 서비스에 어떤 식으로 영향을 미치는지 이해하는 개발자는 많지 않다. 앞선 사례처럼 `npm install` 명령으로 갑작스럽게 `package-lock.json`의 변경 사항이 엄청나게 발생하거나 패키지 설치로 `node_modules`의 크기가 늘어나 프로젝트의 빌드 과정이 실패하는 상황이 발생하더라도 일반적인 개발자들이 취하는 행동은 제한적이다. `node_modules`를 삭제하고 처음부터 다시 설치하는 명령어인 `rm -rf node_modules package-lock.json && npm install`로 막연히 문제가 해결되기를 바라거나, `npm install --force` 명령어로 강제로 의존성을 설치하거나, 최후의 수단으로 누군가가 이 문제를 해결하지 않았을까, 라는 바람으로 구글과 스택오버플로에서 검색해 보곤 한다. 이처럼 자주 사용되나 자바스크립트 개발자들에게조차 미지의 영역으로 남아 있는 것이 바로 npm과 `node_modules`다.

이 책에서는 먼저 Node.js의 역사부터 시작해 `node_modules`와 npm의 핵심 개념을 살펴보고, 자바스크립트 모듈과 패키지의 개념을 깊이 탐구한다. 이후 모든 자바스크립트 프로젝트에서 중요한 역할을 하는 `package.json` 파일과 그 내부 필드의 의미를 자세히 분석할 것이다. 또한 실제로 npm에 패키지를 배포하기 위해 알아야 할 유의적 버전 관리, 트랜스파일, 폴리필, 번들링의 개념을 정리하고, 이를 기반으로 패키지를 만들고 업로드하는 실전 과정을 다룬다.

웹 서비스 개발자는 외부의 검증된 패키지만을 사용하기 때문에 패키지 개발에 대한 깊은 이해는 오픈소스 개발자에게만 필요하다고 오해하는 사람도 있을 것이다. 그러나 이 책은 이러한 관점을 넘어서 패키지를 사용하는 과정에서 발생할 수 있는 문제를 이해하고 이에 대비할 수 있게 돕고자 한다. 우리가 사용하는 패키지는 커뮤니티 기반의 오픈소스로 관리되지만, 이를 이해하고 적절히 관리하며 서비스에 통합하는 책임은 결국 서비스 개발자에게 있다. 더불어 대규모 또는 복잡한 프로젝트에서 효과적인 모노레포(monorepo)[6] 구성을 위해서도 패키지와 내부 코드 구조에 대한 이해는 필수적이다.

이 책은 자바스크립트 패키지에 대한 이해를 깊게 다지고, 자바스크립트 서비스 구성에 필요한 npm과 `node_modules`에 관한 다양한 지식을 제공한다. 이러한 지식은 앞으로 프로젝트를 진행하는 데 든든한 기반이 될 것이다. 이를 통해 더 이상 `node_modules`에서 발생한 문제로 당황하거나 두려워하지 않고, 프로젝트 내부에서 일어나는 모든 일을 스스로 제어할 수 있는 개발자로 성장할 수 있기를 바란다.

---

[6] 모노레포란 Monolithic Repository의 준말로, 하나의 버전 관리 저장소에 관심사가 비슷한 두 개 이상의 코드를 관리하는 기법을 의미한다.

개발 환경 구축

이 책의 내용과 예제는 자바스크립트 런타임 엔진인 Node.js, 패키지 관리 도구인 npm, yarn, pnpm, 그리고 패키지 개발 도구인 롤업(Rollup), 바벨(Babel) 등을 기반으로 작성됐다. 책의 내용을 효과적으로 학습하기 위해 다음에 명시된 버전의 프로그램을 설치하고 실습에 활용하기를 권장한다.

- Node.js: 20.18.0
- npm: 10.9.0
- yarn:
  - Classic: 1.22.19
  - Berry: 4.2.2
- pnpm: 9.12.3
- TypeScript: 5.5.4

> **참고**
> yarn은 다른 패키지 관리 도구와 설치 방식이 조금 다르다. 이에 대한 자세한 내용은 2.1절 'package.json 톺아보기'와 3.2절 'yarn: 신속하고 안정적인 패키지 관리를 위한 패키지 관리자'에서 다룬다.

일부 실습의 경우 현재 명기된 버전과 다른 버전을 요구하는 경우가 있다. 이 경우 해당 버전에 맞는 버전을 설치해야 한다.

위 버전은 책을 집필할 당시의 최신 버전이며, 출판 이후 새로운 버전이 출시됐을 경우 책의 내용이나 실습 코드가 호환되지 않을 수 있다. 따라서 실습하기 전에 반드시 PC에 설치된 버전과 책에서 언급한 버전이 일치하는지 확인하길 바란다.

또한 일부 예제에서는 구 버전 실습을 위해 특정 버전을 별도로 명시하기도 한다. 예를 들어, Node.js의 14.x 버전 실습이 필요한 경우 node@14.21.3처럼 명시한다. 이러한 경우 여러 버전의 Node.js를 설치해 실습할 수 있도록 nvm[7] 또는 fnm[8] 같은 버전 관리 도구를 활용하는 것이 좋다.

후반부에는 자신만의 패키지를 생성하고 이를 실제로 배포하는 실습도 포함돼 있다. 이를 위해 개인 깃허브 계정과 npm 계정을 사전에 준비하기를 권장한다.

- 깃허브: https://github.com/
- npm: https://www.npmjs.com/

이 책에서 작성된 모든 코드는 아래 예제 코드 저장소에서 확인할 수 있으며, 업로드된 라이브러리는 npm의 @ndive 스코프에서 제공된다.[9]

- 예제 코드: https://github.com/yujeongJeon/npm-deep-dive-example

---

[7] https://github.com/nvm-sh/nvm
[8] https://github.com/Schniz/fnm
[9] https://www.npmjs.com/search?q=%40ndive

01장

npm과 유의적 버전

1장에서는 본격적으로 npm 패키지에 대해 알아보기에 앞서 먼저 npm이 무엇인지 간단하게 살펴본다. npm의 역사와 배경, 그리고 npm이 제공하는 기능을 가볍게 살펴본다. 여기서 살펴보는 내용은 앞으로 npm을 비롯한 자바스크립트 패키지 관리자를 파악하는 데 도움이 될 것이다.

다음으로는 npm을 사용하는 데 있어 먼저 알아야 할 유의적 버전(semantic version)에 대해 알아본다. 유의적 버전은 'semantic version'을 번역한 것이며, semantic은 '의미론적인', '의미의'라는 뜻을 가지고 있다. 즉, 유의적 버전이란 '의미가 있는 버전'이라는 뜻이다. 이 유의적 버전은 npm의 자바스크립트 패키지를 관리하는 역할을 하는데, 패키지 관리에서 가장 중요한 역할을 하는 것이 바로 버전이다. 그리고 이 버전에 대한 규약을 **유의적 버전**에서 관리하고 있으며, 전 세계 모든 자바스크립트 개발자가 이를 바탕으로 패키지를 운영하고 있다. 유의적 버전에 관해 이해하고 나면 버전의 변화만으로도 패키지의 변화를 미루어 짐작할 수 있는 능력을 키울 수 있을 것이다.

나아가 npm에서 이 유의적 버전으로 인해 발생할 수 있는 문제점을 미리 살펴본다. npm, `node_modules`, 자바스크립트 패키지 등을 본격적으로 학습하기에 앞서 오픈소스 생태계의 일원으로서 가져야 할 마음가짐을 다지고 이를 통해 더욱 효율적으로 자바스크립트 패키지를 관리하는 방법을 터득하게 될 것이다.

1.1 npm의 정의와 역사

자바스크립트 개발자라면 가장 많이 쓰는 CLI 도구가 바로 npm일 것이다. npm은 현재 전 세계 자바스크립트 개발자가 공통으로 사용하는 패키지 관리 시스템이자 CLI 도구로 자리 잡았으며, 대부분의 자바스크립트 개발이 npm에서부터 시작된다고 해도 과언이 아니다. npm을 통해 전 세계에서 업로드된 자바스크립트 패키지를 손쉽게 설치하고 업데이트하며, 프로젝트 간의 의존성을 효율적으로 관리할 수 있다.

이번 절에서는 먼저 npm이 무엇이며, 어떻게 사용되는지, 그리고 어떠한 기능이 있는지 간단하게 살펴본다. 이를 토대로 향후 이 책에서 다룰 내용에 대한 힌트를 얻을 수 있을 것이다.

1.1.1 npm의 역사와 배경

npm에 대해 본격적으로 소개하기에 앞서, npm의 뜻을 먼저 알아보자. npm을 흔히 'Node Package Manger'의 약자로 알고 있지만 이는 사실과 다르다. npm의 전신은 다양한 bash 유틸리티인 pm이며, 이 pm은 'pkgmakeinst'의 약자다. npm은 이 pm을 이어받아 진화시킨 하나의 프로젝트다. 즉, npm 자체가 단순히 하나의 단어이며, 굳이 약자로 소개한다면 'Node pm' 또는 'Node pkgmakeinst'가 옳다고 한다.[1]

> **참고**
> 이하 내용은 "Interview with Isaac Z. Schlueter, CEO of npm"의 내용을 참고해서 작성했다.[2]

npm을 처음 만든 사람은 개발자 아이작 Z. 슐루터(Isaac Z. Schlueter)[3]다. 이 개발자는 2009년 등장한 Node.js를 초기부터 열렬히 사용한 개발자인 동시에 적극적으로 Node.js 커뮤니티에 참여하기도 했다. 당시 아이작은 야후(Yahoo)에서 일하고 있었는데, 야후에서 개발할 때부터 개발 과정의 일환으로 여러 일련의 코드를 패키지로 묶는 것에 매우 익숙했다고 한다. 이것의 연장선으로 Node.js 코드 역시 다른 사람들에게 공유하기 위해 하나의 번들로 묶어서 만들고 배포하기 시작했는데, 이것이 바로 npm의 전신이다. npm이 세상에 처음 등장한 것은 2009년 9월이었으며, 이후 2010년에 npm@1.0.0이 등장했다.

처음 등장한 이후로 npm은 개발자에게 많은 인기를 끌었고, 이내 자바스크립트 커뮤니티에서 필수적인 도구로 자리 잡았다. 당시 npm은 처음 만들어졌을 때부터 2013년까지 임시로 만들어진 인프라 위에 구축돼 있었는데, 최초에 만들어진 구조에서는 이러한 인기를 미처 예상하지 못했던 탓인지 많은 트래픽을 감당하지 못해서 장시간 다운되는 일이 발생하곤 했다. 이미 이 당시에만 사용자가 수백만 명에 육박해 많은 사람이 불편을 겪기도 했다. 이러한 문제로 아이작은 장기적으로 지속 가능한 npm 생태계를 만들기 위해서는 프로젝트의 수익 창출이 필요하다고 판단했고, npm이라는 이름의 회사를 설립하고 직접 운영하기에 이른다. 이렇게 개발자에게 많은 인기를 끄는 프로젝트의 경우 대개 오픈소스로 전환해서 오픈소스 커뮤

---

[1] https://github.com/npm/cli?tab=readme-ov-file#is-npm-an-acronym-for-node-package-manager
[2] https://increment.com/development/interview-with-isaac-z-schlueter-ceo-of-npm/
[3] https://github.com/isaacs

니티에서 유지보수되는 것이 일반적인 흐름이다. 그러나 npm은 오픈소스로 전환하는 동시에 회사를 함께 설립했는데, 이러한 배경에는 자바스크립트 패키지가 업로드되는 npm 레지스트리를 무료로, 영속적으로 운영하고자 하는 의도가 있었다고 한다.

npm이 처음 만들어진 시점부터 회사를 설립한 무렵까지는 대부분 Node.js 생태계에서 동작하는 코드만 업로드돼 있었다. 이때까지만 하더라도 프런트엔드나 웹에서 사용하던 리소스는 `<script src="https://ajax.googleapis.com/ajax/libs/jquery/3.5.1/jquery.min.js"></script>`와 같은 형태로 사용할 수 있도록 CDN에 업로드하고, 이를 필요로 하는 개발자들이 사용할 수 있도록 제공하는 것이 일반적이었다.

그러나 페이스북이 리액트를 npm에 올라가는 것을 필두로 Angular, Choo, Vue.js 등 점차 프런트엔드에서 동작하는 자바스크립트 코드 역시 CDN에 업로드하던 형태에서 벗어나 점차 npm에 배포하는 것을 선호하기 시작했다. 이러한 배경에는 CDN에 업로드하거나 다운로드할 때 발생하는 비용, 보안 문제, 버전 관리 등의 이슈가 있었다. npm은 CDN 형태에서 발생하는 문제에서 자유로웠고, 패키지의 버전을 관리할 수 있어서 개발자들이 버전을 관리하는 데 도움을 줄 수 있었다. 그리고 현재는 제삼자 스크립트 방식으로 사용하는 자바스크립트 패키지는 거의 찾아볼 수 없을 정도로 npm이 대세라고 볼 수 있다.

그리고 2020년, 마이크로소프트가 인수한 깃허브가 npm을 인수했다. 깃허브가 이러한 결정을 내린 이유는 추측건대 자바스크립트 생태계의 핵심적인 위치를 차지하고 있는 npm을 인수해서 오픈소스 생태계의 핵심적인 플랫폼으로서의 위치를 공고히 하기 위함으로 보인다. 오늘날 npm은 2024년을 기준으로 300만여 개의 패키지를 보유하고 있으며, 일주일에 600억 회, 한 달에 약 2,500억 회의 다운로드를 기록하고 있는 자바스크립트 생태계의 산소 같은 존재로 자리 잡았다.

1.1.2 npm의 주요 기능

npm은 자바스크립트 개발자에게 필수적인 도구로 자리 잡았다. npm은 단순히 패키지 관리자로서 자바스크립트 프로젝트에 의존성을 설치하는 것뿐만 아니라 다양한 기능을 제공함으로써 생산성을 높이며, 프로젝트 관리 효율성을 극대화할 수 있다. npm이 어떤 기능을 제공하는지 간단하게 살펴보자.

- **패키지 설치 및 관리**: npm이 가진 가장 기본적인 기능으로, `package.json`의 dependencies와 devDependencies에 선언된 패키지를 `node_modules`에 설치해서 Node.js 기반 프로젝트에서 사용할 수 있게 도와준다. 또한 단순히 설치뿐만 아니라 오래된 패키지를 업데이트할 수도 있으며, 보안 취약점이 있는 패키지를 확인할 수도 있고, 의존성을 임의로 수정하는 것 또한 가능하다. 패키지 버전 관리와 관련된 기능은 2장에서 자세히 다룬다.
- **패키지 배포 및 공유**: npm이 인기를 끌 수 있었던 가장 큰 이유는 바로 npm 레지스트리(https://registry.npmjs.org/)다. npm 레지스트리는 자바스크립트 개발자가 만든 자바스크립트 패키지를 업로드할 수 있는 오픈소스 생태계

최대 규모의 레지스트리 서비스다. 자바스크립트 개발자라면 누구나 패키지를 업로드할 수 있고, 또 이렇게 업로드한 패키지는 누구나 npm을 통해 설치해서 사용할 수 있다. 앞서 언급한 것처럼 현재 약 300만 개의 패키지가 업로드돼 있으며, 유료 서비스를 이용하면 오픈소스로 업로드하는 대신 특정 사용자들만 다운로드할 수 있는 사설(private) 패키지도 업로드할 수 있다.

'https://registry.npmjs.org/패키지명' 주소로 접속하면 실제 npm에 업로드된 패키지를 확인할 수 있다. 예를 들어, https://registry.npmjs.org/lodash를 입력하면 lodash 패키지와 관련된 npm 레지스트리에 업로드된 각종 정보를 확인할 수 있다.

- **스크립트 실행**: package.json의 scripts 필드를 사용하면 원하는 스크립트를 실행할 수 있게 도와준다. 이렇게 함으로써 해당 프로젝트에서 자주 사용되는 복잡한 명령어를 간단한 CLI로 실행할 수 있으며, PATH도 등록해 줌으로써 일반적으로 실행할 수 없는 eslint 같은 node_modules에 있는 .bin 스크립트도 실행할 수 있다. 이와 관련된 내용은 2.6절 'bin 필드와 npx'에서 자세히 다룬다.

- **npmjs.com**: https://www.npmjs.com는 npm에 업로드돼 있는 패키지에 대한 정보를 손쉽게 확인할 수 있는 사이트다. 이 사이트에서 패키지를 찾으면 해당 자바스크립트 패키지의 개요, 실제 npm에 업로드된 코드, 의존성, 이 패키지에 의존하는 다른 패키지, 현재 업로드돼 있는 패키지, 주간 다운로드 수 등 자바스크립트 패키지 전반에 관련된 내용을 확인할 수 있다.

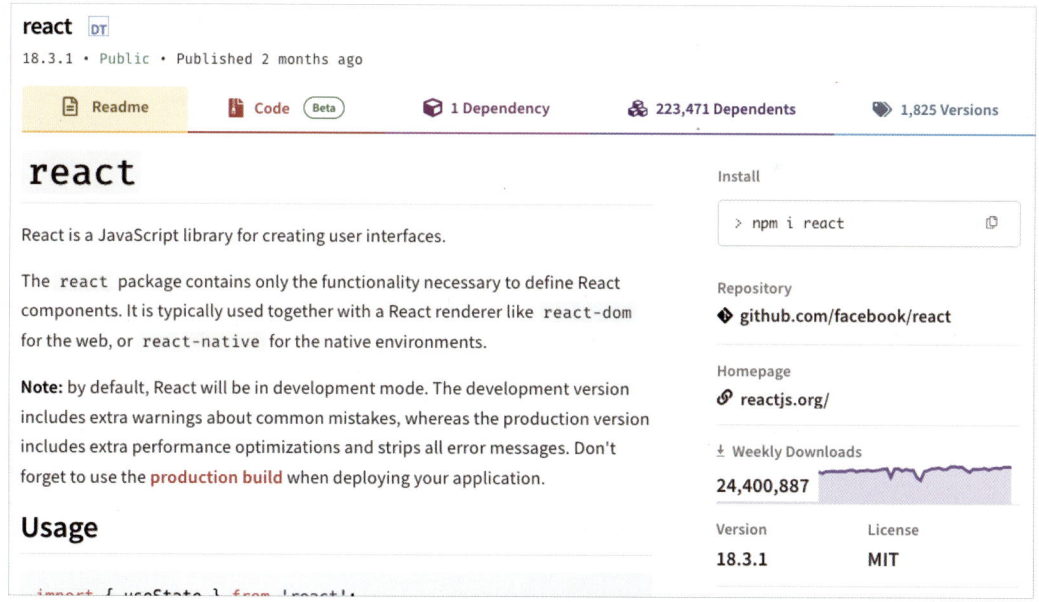

그림 1.1 npmjs.com에서 'react'를 검색한 모습[4]

---

4 https://www.npmjs.com/package/react

1.1.3 npm과 관련된 유용한 사이트

npm은 오랜 역사만큼이나 npm을 중심으로 많은 서비스가 발전해왔다. 패키지 관리의 중심 역할을 하는 npm은 단순히 패키지의 배포와 설치를 넘어, 다양한 도구와 서비스를 통해 개발자의 생산성을 높이는 데 기여하고 있다. 특히, 오픈소스 커뮤니티의 활성화와 협업을 촉진하며 자바스크립트 생태계의 핵심적인 허브 역할을 하고 있다. 이번 절에서는 npm을 매일 이용하는 자바스크립트 개발자들에게 유용한 서비스 몇 가지를 소개한다.

1.1.3.1 번들포비아(Bundlephobia)[5]

번들포비아는 npm에 업로드돼 있는 패키지의 크기와 관련된 정보를 얻을 수 있는 사이트다. 사이트에 방문해서 검색하고 싶은 패키지를 입력하면 해당 패키지의 크기뿐만 아니라 어떤 식으로 해당 패키지가 구성돼 있는지, 그리고 해당 패키지에서 실제로 export하는 함수의 구체적인 크기까지 알 수 있다.

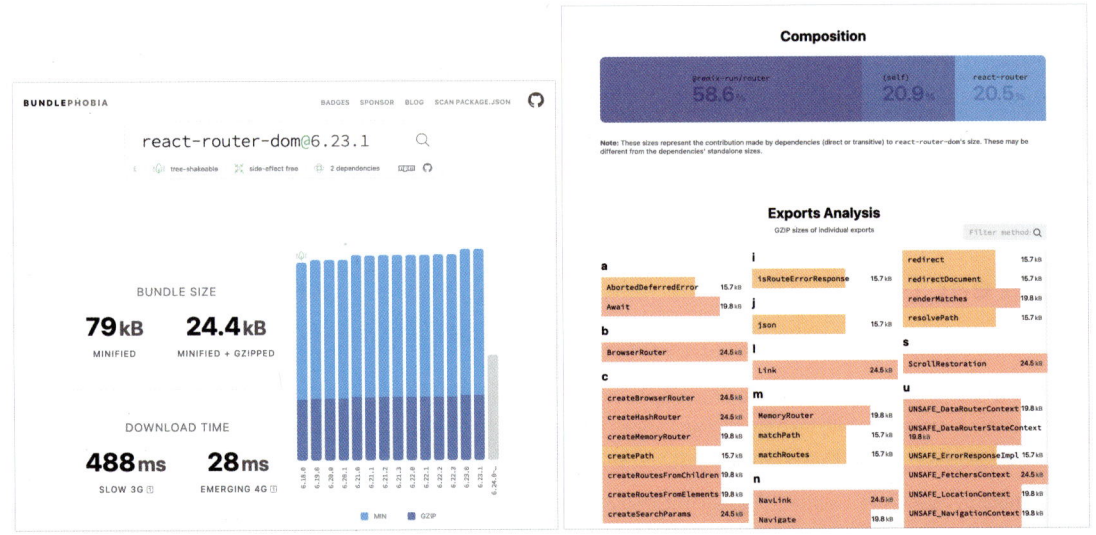

그림 1.2 번들포비아로 react-router-dom을 분석한 내용[6]

웹 서비스를 배포하는 프런트엔드 개발자에게 패키지 크기는 매우 중요한 문제이므로 반드시 배포하기 전에 패키지를 한 번씩 확인해보는 것이 좋다.

---

[5] https://bundlephobia.com
[6] https://bundlephobia.com/package/react-router-dom@6.23.1

1.1.3.2 npm 트렌드(npm trends)[7]

npm 세계에는 그 역사만큼이나 다양한 패키지가 존재한다. 패키지의 수가 방대한 만큼, 일부 패키지는 서로 비슷한 목적을 달성하기 위해 만들어졌다. 예를 들어, 날짜를 다루는 자바스크립트 패키지만 하더라도 date-fns, luxon, dayjs, moment 등 다양한 패키지가 있다. 개발자들은 이러한 다양한 패키지 중에서 무엇을 사용할지 선택하기 어려운 경우가 많은데, 이때 유용하게 사용할 수 있는 것이 npm 트렌드다.

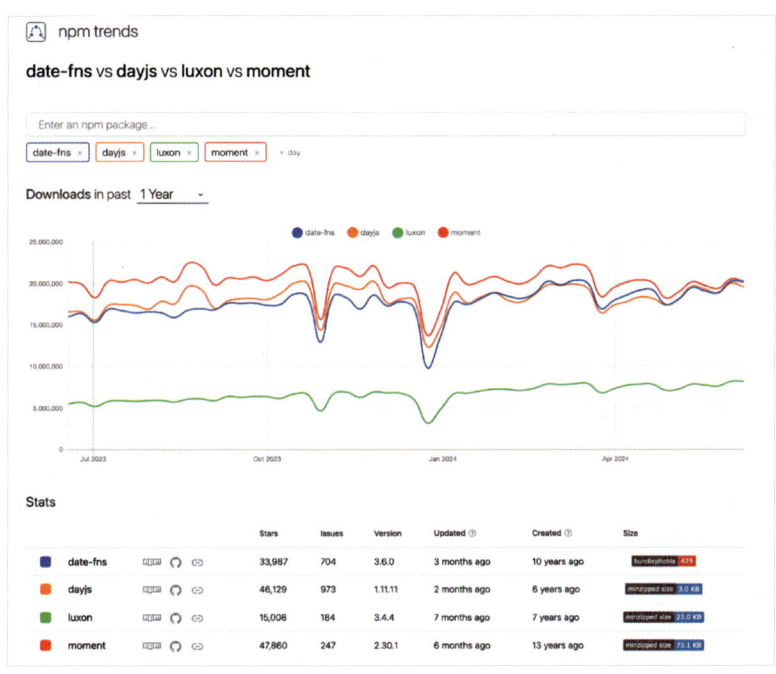

그림 1.3 npm 트렌드로 주요 날짜 유틸 패키지를 비교한 모습[8]

npm 트렌드를 사용하면 각 패키지의 현재 상태와 함께 다운로드 횟수를 비교할 수 있는 그래프를 보여준다. 많은 사람이 다운로드한다고 해서 그것이 반드시 좋은 패키지라는 의미는 아니지만 그래도 사용자가 많이 확보돼 있다면 어느 정도 안정성을 담보할 수 있으며, 커뮤니티 활동도 활발하다는 뜻으로 볼 수 있으니 패키지 선택에 어려움을 겪고 있다면 참고해 봄 직하다.

또한 비슷한 역할을 하는 패키지를 찾아보는 위한 용도로도 활용할 수 있다. 만약 개발자가 리액트 상태 관리 라이브러리를 Recoil밖에 모른다고 가정해보자. npm 트렌드에 'recoil'을 입력하면 전 세계의 사용자들이 Recoil과 비교한 다른 여러 라이브러리를 살펴볼 수 있다.

---

7 https://npmtrends.com
8 https://npmtrends.com/date-fns-vs-dayjs-vs-luxon-vs-moment

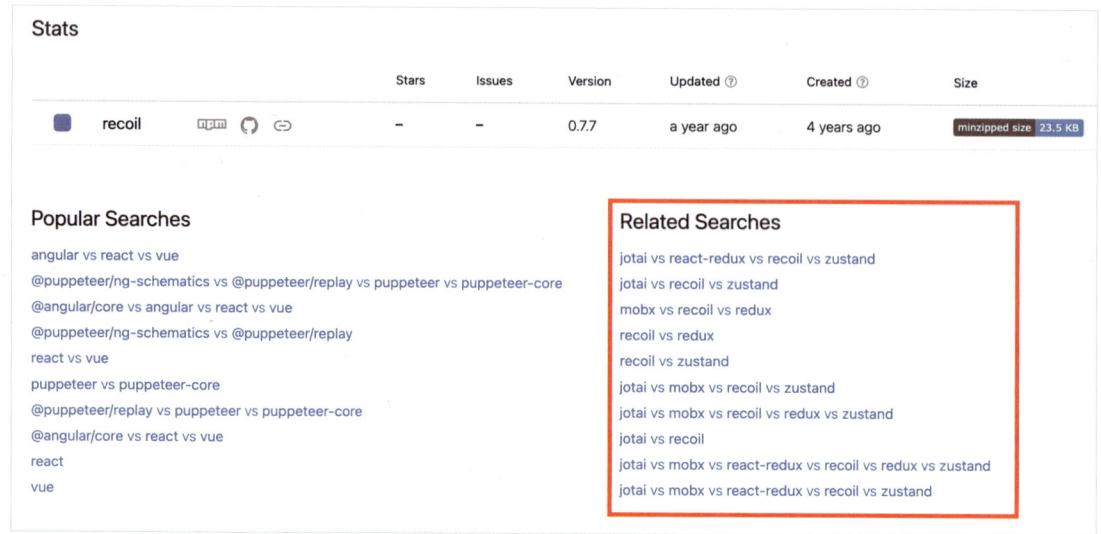

그림 1.4 npm 트렌드에서 recoil을 검색했을 때 나타나는 연관 검색어[9]

이러한 연관 검색어로 미뤄 보아 Recoil과 비슷한 용도로 사용되는 라이브러리를 얼추 짐작해 볼 수 있으며, 나아가 각 라이브러리를 손쉽게 비교해볼 수도 있다.

1.1.3.3 unpkg[10]

unpkg는 실제 npm에 업로드돼 있는 파일을 직접 확인할 수 있는 서비스다. 사용법은 간단하다. `https://www.unpkg.com/:package@:version/:file`과 같은 형태로 주소를 입력하면 해당 패키지의, 해당 버전의, 해당 파일을 즉시 찾아볼 수 있다. 버전을 모른다면 패키지까지만 입력해서 최신 버전을 기준으로 확인할 수도 있다. 만약 리액트의 최신 버전을 확인하고 싶다면 `https://www.unpkg.com/browse/react/`를 방문하면 된다.

---

9 https://npmtrends.com/recoil
10 https://www.unpkg.com/

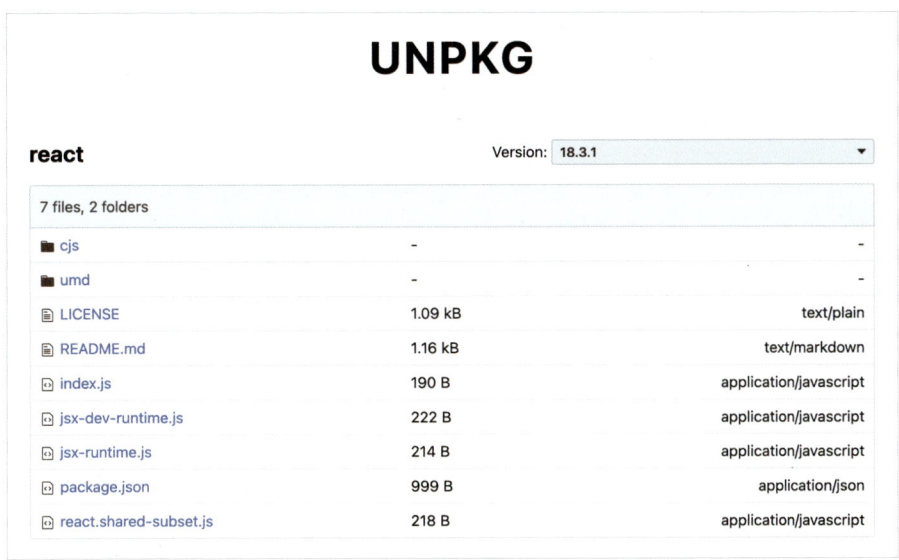

그림 1.5 unpkg의 리액트 페이지

이렇게 패키지 이름을 입력하면 해당 패키지가 npm에 업로드된 모습을 마치 `node_modules`를 직접 보는 것처럼 한눈에 확인할 수 있다. 여기서 원하는 파일이나 폴더를 클릭해 실제 파일과 폴더의 모습을 볼 수 있다.

그림 1.6 리액트의 `index.js`를 unpkg에서 확인한 모습

unpkg와 비슷한 기능을 npm 웹사이트[11]에서도 제공하지만 unpkg만큼 인터페이스가 편리하지 않아 unpkg를 사용하는 편이 더 효과적이다. 만약 `node_modules`에 설치하기 전에 실제 패키지가 어떻게 구성 돼 있는지 직접 눈으로 확인하고 싶다면 unpkg 서비스를 사용해보자.

1.1.3.4 snyk[12]

snyk는 미국 소재의 사이버 보안을 전문적으로 다루는 회사다. 이 회사에서는 전 세계의 다양한 오픈소스 취약점을 일목요연하게 소개해주는데, 그중에는 npm도 포함돼 있다.

VULNERABILITY	AFFECTS	TYPE	PUBLISHED
C Malicious Package	autoadv *	npm	10 Nov 2024
C Malicious Package	ro.dll *	npm	10 Nov 2024
C Malicious Package	node-dlls *	npm	10 Nov 2024
C Malicious Package	rolimons-api *	npm	10 Nov 2024
M Cross-site Scripting (XSS)	froala-editor *	npm	8 Nov 2024
C Malicious Package	solara *	npm	8 Nov 2024
C Malicious Package	cms-ti-components *	npm	8 Nov 2024
C Malicious Package	cms-utilities *	npm	8 Nov 2024
C Malicious Package	testidneel-cms *	npm	8 Nov 2024
C Malicious Package	cms-core-redux *	npm	8 Nov 2024
C Malicious Package	cms-hpti-components *	npm	8 Nov 2024
C Malicious Package	allocations-ui *	npm	8 Nov 2024

그림 1.7 snyk에 기록된 보안 취약점 패키지 목록(2024년 11월 기준)[13]

오픈소스 보안 취약점 중 npm을 선택하면 최근 날짜를 기준으로 등록된 보안 취약점을 확인할 수 있다. 취약점이 발생한 패키지, 영향받는 버전 등을 목록해서 확인할 수 있으며, 각 항목을 클릭해서 상세한 관련 정보도 얻을 수 있다.

---

[11] https://www.npmjs.com/
[12] https://security.snyk.io/vuln/npm
[13] https://security.snyk.io/vuln/npm

npm에서 있었던 가장 유명한 보안 취약점 중 하나인 event-stream 취약점을 snyk에서 확인해보면 다음과 같이 해당 패키지에 어떤 문제점이 있는지, 그리고 이 취약점의 심각도와 함께 영향을 받는 버전 등을 확인할 수 있다.

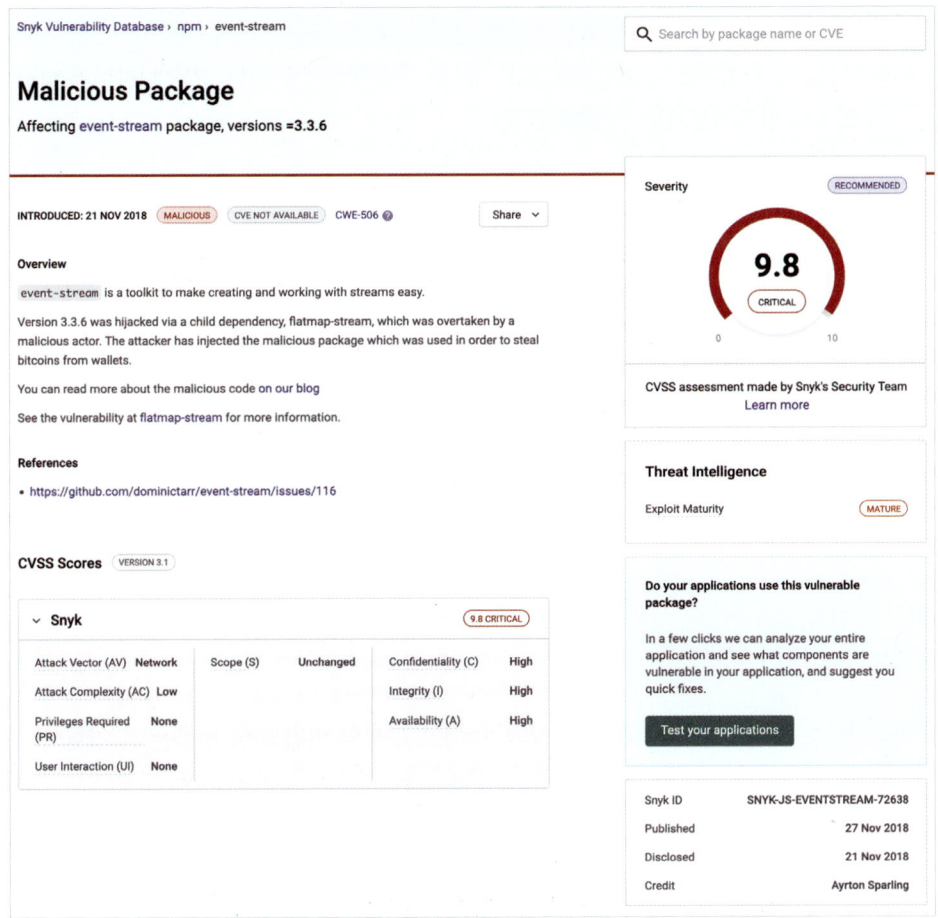

그림 1.8 전 세계를 떠들썩하게 했던 event-stream 취약점을 snyk에서 확인한 모습[14]

서비스에 사용할 패키지가 있다면 반드시 해당 패키지에 보안 취약점이 있는지 먼저 확인하는 습관을 두는 것이 좋다. 설치하기 전에 정상적으로 동작하고 안정적인 패키지를 찾는 것이 잘못된 패키지를 설치하고 이를 고치는 것보다 훨씬 더 현명한 선택이다.

---

[14] https://security.snyk.io/vuln/SNYK-JS-EVENTSTREAM-72638

1.1.4 정리

지금까지 npm을 간략하게 소개하고 npm이 만들어진 배경과 역사, 주요 기능, npm과 관련된 유용한 사이트를 살펴봤다. 하지만 이번 절에서 다룬 내용은 npm의 방대한 기능 중 극히 일부에 불과하다. npm은 긴 역사만큼이나 다양한 기능과 복잡한 내부 구조를 가지고 있다. 평소에 `npm install`, `npm run build`, `npm run start`처럼 미리 정의된 스크립트를 습관적으로 사용해왔다면 이번 절을 시작으로 npm의 다양한 기능과 원리를 깊이 탐구해보기를 권장한다.

이 책을 처음부터 끝까지 학습하면 단순히 npm의 사용법뿐 아니라 npm이 설치하는 `node_modules`의 패키지 구조와 원리, 의존성 관리 방법을 이해할 수 있을 것이다. 또한 npm의 대안으로 주목받는 yarn, pnpm의 특성과 차이점을 알게 되며, 나아가 직접 패키지를 작성하고 배포하는 방법까지 배우게 된다. 이를 통해 평소에는 접하기 어려운 자바스크립트 생태계의 새로운 면모를 경험하게 될 것이다.

더 나아가 이 책에서 얻은 지식은 npm을 사용하면서 발생할 수 있는 다양한 문제를 이해하고 해결하는 데 큰 도움이 될 것이다. 개발자로서 도구의 원리를 깊이 이해하는 것은 더 나은 문제 해결 능력을 갖추는 데 필수적이다. 이제 npm의 세계를 본격적으로 탐험하며, 그동안 당연하게 여겼던 동작들이 어떻게 이뤄지는지 하나씩 알아가 보자.

1.2 유의적 버전이란?

개발자가 아니더라도 17.0.2라든가 10.3.0과 같이 숫자로 구성된 버전을 한 번쯤은 본 경험이 있을 것이다. macOS와 iOS도 이러한 버전명과 함께 업데이트가 이뤄지고, 안드로이드에도 버전이 있으며, 심지어 게임에도 클라이언트 버전이 존재한다.

그림 1.9 유명한 게임 월드 오브 워크래프트(World of Warcraft)에서의 버전 표시. 새로운 확장팩이 출시되면 맨 앞 숫자가 올라가고, 확장팩 내에서 새로운 기능이나 던전이 추가되면 가운데 숫자가 올라가며, 마지막으로 버그 패치가 발생하는 경우 맨 마지막 숫자가 올라간다. 이 그림은 10.2.5 패치가 출시되어 다양한 콘텐츠가 추가됐음을 나타낸다.

그렇다면 이러한 버전은 어떻게 만들고 선언되는 것일까? 개발자 혹은 회사가 임의로 정해서 선언할 수 있는 것일까? 혹은 무언가 특정한 규칙이 있는 것일까?

사실 이 버전은 유의적 버전(semantic version)이라 불리는 버전 선언 규칙에 의해 관리되고 있으며, 이 규칙에는 언제 어떤 버전 번호를 올리고, 버전을 어떻게 작성해야 하는지 등 버전 관리에 필요한 내용이 구체적으로 선언돼 있다.

이번 절에서는 이러한 유의적 버전이 무엇이며, 각 숫자가 의미하는 뜻과 어떤 규칙에 따라 버전이 관리되는지 살펴보자. 유의적 버전을 이해하고 나면 다양한 오픈소스 패키지를 사용할 때 버전이 변경된 것만으로도 어떤 변화가 있는지 쉽게 파악할 수 있다.

1.2.1 유의적 버전의 등장 배경과 정의

우리는 오픈소스 생태계 속에서 살고 있다. 그 어떤 자바스크립트 개발자라 할지라도 `node_modules`에 정확히 무엇이 얼마나 설치돼 있는지 완벽하게 파악하기란 쉽지 않다. 예를 들어, 지금 이 책을 집필하는 데 사용하는 npm 패키지에는 `devDependencies`로 고작 7개의 패키지만 설치되어 운영되고 있지만 실제 `npm list`로 모든 의존성을 확인해보면 400여 개의 패키지가 `node_modules`에 설치돼 있다. 이렇듯 오픈소스를 기반으로 한 자바스크립트 프로젝트는 다양한 의존성으로 깊게 엮여 있다.

> **참고**
> `package.json`에 있는 `dependencies`, `devDependencies`에 대해서는 2.2절 'dependencies란 무엇일까?'에서 본격적으로 다룬다.

오픈소스 생태계의 또 다른 특징 중 하나는 이 오픈소스 코드가 계속해서 진화하고 발전한다는 것이다. npm에는 매일 수천 개의 새로운 패키지가 릴리스되기 때문에 매번 새로운 패키지에서 무엇이 달라졌는지 추적하기란 불가능에 가깝다. 버전이 변경된 새로운 패키지는 앞서 소개한 게임 사례와 마찬가지로, 단순히 버그 수정이 포함될 수도, 치명적인 버그를 수정했을 수도, 새로운 기능이 포함될 수도, 혹은 완전히 새로운 패키지로 환골탈태했을 수도 있다. 이러한 다양한 변화의 방향성은 오픈소스 패키지를 더욱 예측하기 어렵게 만든다.

이 두 가지 특성이 결국 `node_modules` 내부에 쉽게 예측할 수 없는 필연적인 혼란을 야기한다. 수십, 수백 개의 패키지가 매일 같이 새로운 버전으로 출시되고, 이를 일관되게 관리할 수 있는 방법이 없다면 개발자에게는 끔찍한 재앙이 될 것이다.

이러한 혼란을 개발자가 어떻게 받아들여야 할까? 가장 손쉽게 대처할 수 있는 방법은 '새로운 기능을 최대한 배척하고 보수적으로 받아들이는 것'이다. 한번 잘 만들어진, 그리고 여러 테스트를 통해 안정성이 검증된 의존성을 며칠, 몇 달, 몇 년이고 프로젝트 개발 내내 쓰는 것이다. 이는 오픈소스 생태계의 진화를 거부함으로써 서비스 내부에서 발생할 수 있는 혼란을 방지할 수는 있겠지만 정작 매일 진화하는 오픈소스의 새로운 기능과 개선된 성능, 보안 취약점 대응 등의 오픈소스 생태계의 진화로 인한 이득을 취할 수 없게 된다.

반대로 버전이 변경될 때마다 새로운 패키지를 설치해서 사용하는 방법은 어떨까? 오픈소스는 시간이 지남에 따라 점차 개선될 것이고, 이 개선된 내용을 매번 반영한다면 관리 중인 프로젝트에 이점이 있을 것이다. 그러나 이러한 방법을 이용하면 매번 새로운 버전을 설치하고 테스트하는 데 많은 시간과 노력이 필요하다. 또한 새로운 버전으로 만들어진 패키지는 이전 버전과의 호환성이 부족할 수도 있다. 이 경우 새로운 버전을 설치하고 적용하는 데 더 많은 시간을 쏟아야 할 것이다. 무엇보다 매번 새로운 버전을 설치하고 테스트하는 것은 개발자의 노력과 시간을 많이 소모한다.

이처럼 계속해서 변화하는 의존성으로 인한 혼란을 제어하기 위해 만들어진 것이 바로 유의적 버전이다. 유의적 버전은 소프트웨어의 버전을 어떻게 정의하고, 어떻게 올리고 관리하는지에 대한 규약을 나타낸다. 소프트웨어 (패키지) 개발자는 해당 소프트웨어의 예상되는 변경점을 사용자에게 손쉽게 알려줄 수 있으며, 소프트웨어 (패키지) 사용자는 개발자가 유의적 버전 체계를 지켰다는 가정하에 해당 소프트웨어에 유연하게 의존할 수 있는 시스템을 만들 수 있다. 유의적 버전을 따르면 패키지 버전이 변경됨에 따라 내부 코드도 어떻게 변경되고 있는지 미루어 짐작할 수 있다.

얼핏 들으면 복잡할 수 있겠지만 이 유의적 버전에 대해서 간단하게 요약하면 다음과 같다.

- 버전은 **주.부.수**(Major.Minor.Patch)로 이뤄진다.
- 기존 버전과 호환되지 않는 API 변경 사항이 있다면 **주** 버전이 올라간다.
- 기존 버전과 호환되면서 새로운 기능이 추가되면 **부** 버전을 올린다.
- 기존 버전과 호환되면서 버그를 수정한 것이라면 **수** 버전을 올린다.

리액트를 예로 들어보자.

- **주 버전이 올라가는 경우**: 리액트 17.0.2에서 18.0.0으로 업그레이드되면서 Promise, Symbol, Object.assign이 없는 환경에서는 에러가 발생하도록 변경됐다. 이는 기존 환경과의 호환성이 없어진 것이므로 주 버전이 올라가야 한다.
- **부 버전이 올라가는 경우**: 리액트 18.0.0에서 18.1.0으로 업그레이드되면서 useInsertionEffect 내부에 setState를 호출하면 경고를 출력하는 기능이 추가됐다. 이는 새로운 기능 추가이면서 이전 버전에서 버전업을 해도 인터페이스가 변경되지 않아 호환되므로 부 버전이 올라가야 한다.

- **수 버전을 올리는 경우**: 리액트 18.3.0에서 18.3.1로 업그레이드되면서 누락된 act를 export했다. 이는 리액트 팀이 실수로 빚어낸 버그를 수정한 것이므로 수 버전을 올려야 한다.

리액트의 예시에서 볼 수 있듯이, 버전을 어떻게 올리는지에 대한 규칙을 정해놓으면 사용자는 구체적으로 어떤 변화가 있는지는 몰라도 버전에 따라 어떠한 변화가 있었는지 예상할 수 있다. 18.3.0 사용자는 버그 수정으로 배포된 18.3.1은 안심하고 설치할 수 있을 것이며, 18.0.0 사용자는 새로운 기능이 필요하다면 18.1.0을 설치할 수 있을 것이다. 17.0.2 사용자는 18.0.0에는 호환성이 없는 변경이 있으리라 짐작할 수 있으며, 이를 통해 버전업할 때 좀 더 신중을 기하게 될 것이다.

이 밖에도 자세한 유의적 버전에 대한 명세는 https://semver.org/에서 다루고 있으며, 이 명세에 대한 한글 번역본도 있다. 이번 절에서는 이 명세에 대해 깊이 있게 다뤄본다.

1.2.2 유의적 버전의 구체적인 명세

이번 절에서는 유의적 버전 명세에서 이야기하는 구체적인 명세 11가지에 대해서 다룬다. 다음은 각 명세와 각각이 정확히 어떤 의미인지 추가로 설명한 것이다.[15]

1. **유의적 버전을 쓰는 소프트웨어는 반드시 공개 API를 선언한다. 이 API는 코드 자체로 선언하거나 문서로 엄격히 명시해야 한다. 어떤 방식으로든 정확하고 이해하기 쉬워야 한다.**

   유의적 버전은 여러 사람이 쓸 수 있는 소프트웨어일 때만 비로소 의미가 있다. 개인이 혼자서 작업하는 프로젝트라면 버전은 어떻게 되든 상관없겠지만 다양한 사람이 쓰는 오픈소스에서는 꼭 필요한 존재다. 따라서 유의적 버전을 쓴다는 것은 공개된 API가 존재하는 소프트웨어라는 것을 의미한다. '공개된'이라고 해서 꼭 오픈소스이거나 대중에게 공개된 소프트웨어일 필요는 없다. 회사에서 여러 조직이 쓰는 API 역시 여럿에게 '공개된' 오픈소스이므로 유의적 버전이 의미가 있다.

2. **보통 버전 번호는 반드시 'X.Y.Z'의 형태로 하고, X, Y, Z는 각각 자연수(음이 아닌 정수)이고, 절대로 0이 앞에 붙어서는 안 된다. X는 주(主) 버전 번호이고, Y는 부(部) 버전 번호이며, Z는 수(修) 버전 번호이다. 각각은 반드시 증가하는 수여야 한다. 예: 1.9.0 → 1.10.0 → 1.11.0.**

   버전은 앞에서 다룬 것처럼 주·부·수와 같은 숫자 형태로 이뤄져 있으며, 이 숫자는 각각 자연수로 나타내야 한다. '0이 앞에 붙어서는 안 된다'고 명시돼 있지만, 이는 01이나 010과 같은 형태가 안 된다는 것을 의미하며, 단순히 0인 것은 상관없다. 즉, 1.1.0, 1.0.1, 2.2.0 모두 유효한 버전이며, 01.0.0과 같이 의미 없이 0이 붙은 형태만 아니면 된다. 또한 버전은 시간이 지남에 따라 점차 증가하는 숫자여야 한다. 주, 부, 수는 모두 독립된 숫자이므로 이 숫자 간에 증가를 유지하면 된다.

---

[15] 여기서 볼드체로 표시된 내용은 https://semver.org/lang/ko/#유의적-버전-명세-semver에서 소개하는 유의적 버전 명세를 의미한다.

3. 특정 버전으로 패키지를 배포하고 나면 해당 버전의 내용은 절대 변경하지 말아야 한다. 변경분이 있다면 반드시 새로운 버전으로 배포한다.

   특정 소프트웨어에 대한 특정 버전은 그 하나의 조합만으로 고유성을 띠어야 한다. 특정 소프트웨어, 그리고 특정 버전에 대한 코드는 반드시 하나여야 하며 절대로 변경돼서는 안 된다. npm의 경우 이러한 고유성을 패키지 버전과 해당 버전의 SHA(Secure Hash Algorithm)를 통해 보장한다. 해당 버전이 배포되면 배포된 파일 내용을 기준으로 SHA512 값을 생성하며, 이 SHA512 값은 해당 버전의 고유성을 보장한다. 따라서 특정 버전이 배포되고 나면 절대로 변경이 일어나서는 안 된다. 같은 버전으로 동일한 레지스트리에 업로드하는 것은 npm에서 엄격히 금지하고 있으며, 한번 업로드된 npm 패키지를 삭제하는 것 또한 굉장히 어렵게 돼 있다. 만약 실수로 잘못된 패키지를 npm에 업로드했다면 버그 수정을 의미하는 수 버전을 하나 올려 올바른 패키지를 업로드하고, 해당 패키지는 npm deprecate 명령어를 이용해 설치하는 사용자로 하여금 잘못된 패키지임을 알리는 것을 권장한다.

   > **만약 npm 레지스트리에서 패키지를 삭제하고 싶다면 어떻게 하나요?**
   >
   > npm에서 같은 패키지를 삭제하는 것을 npm unpublish라고 하며, 동일 버전의 패키지를 다시 업로드하기 위해서는 이 npm unpublish 과정을 거쳐야 한다. 이 npm unpublish에는 다음과 같은 조건이 있다.[16]
   >
   > - 업로드한 지 72시간이 되지 않은 경우
   > - 업로드한 지 72시간이 지난 경우라면 다음을 충족해야 한다.
   >   - 다른 패키지의 의존성이 아니어야 한다. 즉, 해당 패키지가 다른 패키지의 dependencies나 devDependencies 등으로 포함돼 있어서는 안 된다.
   >   - 총 다운로드 횟수가 300회 미만이어야 한다.
   >   - 패키지 소유자가 한 명이어야 한다.
   >
   > 이러한 조건은 npm에서 패키지 삭제로 인해 발생한 다양한 이슈들로 인해 점차 강화됐다. 대표적인 예가 1.3절 '유의적 버전과 npm 생태계의 명과 암'에서 다룰 left-pad 사건이다.

4. 주 버전 0(0.y.z)은 초기 개발을 위해서 쓴다. 아무 때나 마음대로 바꿀 수 있다. 이 공개 API는 안정판으로 보지 않는 게 좋다.

   0.x.x 버전으로 공개된 소프트웨어는 초기 개발을 위한 실험적인 소프트웨어임을 의미한다. 주 버전이 0인 경우에 한해 부 버전의 변경만으로도 주 버전과 같은 의미를 가질 수 있다. 예를 들어, 0.2.1인 npm 패키지가 있다고 가정해보자. 만약 이 패키지의 새 버전인 0.3.0이 있다면 이는 호환되지 않는 변경 사항이 포함될 수도 있다는 것을 의미한다. 이러한 초기 개발을 의미하는 0.x.x의 명세는 npm에도 동일하게 반영돼 있다. 만약 버전에 ^0.2.1이라고 선언돼 있다면 아무리 0.3.0이 출시됐더라도 설치하지 않는다. 이는 ^1.2.1인 경우 1.3.0이 설치될 수도 있는 경우와 사뭇 다르다. 이러한 변경을 용인하는 이유는 0.x.x가 의미 그대로 '초기 개발을 위한 소프트웨어'이기 때문이다. 이러한 예외적인 처리

---

[16] https://docs.npmjs.com/policies/unpublish

가 허용되지 않는다면 초기 개발 소프트웨어에서 호환되지 않는 변경이 발생하면 그때마다 주 버전을 올려야 하는 불편함이 발생할 것이며, 이내 곧 갑자기 1.0.0 혹은 그 이상으로 업데이트되는 문제를 발생시킬 수 있다. 그리고 이는 패키지를 초기에 개발하는 개발자들에게 많은 부담으로 작용할 것이다.

따라서 특별한 이유가 있는 것이 아니고 안정적인 패키지나 소프트웨어를 목표로 한다면 주 버전이 0인 패키지의 사용은 가급적 자제하는 것이 좋다. 꼭 사용이 필요한 경우에는 반드시 해당 패키지의 변경 사항을 수시로 추적하거나 여의치 않다면 고정된 버전을 사용하는 것이 좋다.

5. **1.0.0 버전은 공개 API를 정의한다. 이후의 버전 번호는 이때 배포한 공개 API에서 어떻게 바뀌는지에 따라 올린다.**

    주 버전이 1이 됐다는 것은 초기 개발 버전인 0과 다르게 공개된 API가 정의됐음을 의미하며, 이는 곧 실험적인 0.x.x에서 벗어나 안정판으로 접어들었음을 의미한다. 이후 버전은 0.x.x와 다르게 앞서 소개한 주.부.수 규칙을 따르게 된다.

6. **수 버전 Z(x.y.Z | x > 0)는 반드시 그 전 버전 API와 호환되는 버그 수정인 경우에만 올린다. 버그 수정은 잘못된 내부 기능을 고치는 것으로 정의한다.**

    수 버전이란 이전 버전과 호환되면서 새로운 기능 추가 없이 버그나 취약점 등만 수정됐을 때 올리는 버전이다. 여기서 주목해야 할 것은 x > 0, 즉 주 버전이 0보다 클 때의 조건인데, 초기 개발 버전인 0에서는 앞서 부 버전의 예외와 마찬가지로 수 버전에서도 예외가 있다. 초기 개발 버전에서는 수 버전이 변경돼도 기능이 추가될 수 있다. 이러한 특성이 npm에도 반영돼 있으며, 개발자로 하여금 0.x.x 버전의 소프트웨어를 사용하기 어렵게 만든다.

7. **공개 API에 기존과 호환되는 새로운 기능을 추가할 때는 반드시 부 버전 Y(x.Y.z | x > 0)을 올린다. 공개 API의 일부를 앞으로 제거할 것(deprecated)으로 표시한 경우에도 반드시 올리도록 한다. 내부 비공개 코드에 새로운 기능이 대폭 추가되거나 개선사항이 있을 때도 올릴 수 있다. 부 버전을 올릴 때 수 버전을 올릴 때만큼의 변화를 포함할 수도 있다. 부 버전이 올라가면 수 버전은 반드시 0에서 다시 시작한다.**

    부 버전은 기존 버전과 호환되면서 새로운 기능이 추가될 때 올린다. 단, 앞서 초기 개발 버전에서 소개한 대로 0.x.x 버전은 부 버전이 올라가도 호환되지 않은 변경 사항이 용인된다. 예를 들어, 다음과 같은 sum 함수가 공개 패키지로 게시됐다고 가정해보자.

```
// 1.0.0
function sum(a: number, b: number) {
  return a + b
}

sum(1, 2) // 3
```

여기서 세 번째 인수를 받을 수 있는 새로운 기능이 필요해졌다고 가정해보자. 부 버전을 올리는 변경 사항으로 마무리 짓고 싶다면 반드시 다음과 같이 수정해야 한다.

```
// 1.1.0 👌
function sum(a: number, b: number, c?: number) {
```

```
    return a + b + (c || 0)
}

sum(1, 2) // 3
sum(1, 2, 3) // 6
```

위 예시처럼 코드를 수정할 경우, 1.0.0에서 sum(1, 2)를 쓰는 것과 1.1.0에서 sum(1, 2)를 쓰는 것 모두 가능하며 동시에 같은 결과를 반환한다. 즉, 부 버전의 증가가 호환성에 영향을 미치지 않았으므로 올바른 버전 변경으로 볼 수 있다. 그러나 만약 다음과 같이 수정한다면 어떻게 될까?

```
// 1.2.0  ✗
function sum(a: number, b: number, c: number) {
    return a + b + c
}

sum(1, 2) // An argument for 'c' was not provided.
```

앞서 선택적 인수로 선언된 c와 다르게, 위 예제에서 c는 꼭 필요한 인수로 선언되어 sum(1, 2)의 호환성을 깨트리는 문제가 있다. 이는 sum 함수의 하위 호환을 깨트리는 문제이며, 따라서 부 버전을 올리는 변경 사항으로 볼 수 없다.

마지막으로, 부 버전을 올린다면 수 버전은 0으로 초기화돼야 한다. 1.2.3에서 새로운 기능 추가로 부 버전을 올렸다면 다음 버전은 1.3.0으로 수 버전을 0으로 초기화해야 하며, 1.3.1은 될 수 없다. 1.3.0은 새로운 부 버전이 올라갔다는 것을 의미하며, 1.3.1은 새로운 부 버전인 1.3.0에서 버그가 수정됐다는 것을 의미하기 때문이다.

8. 공개 API에 기존과 호환되지 않는 변화가 있을 때는 반드시 주 버전 X(X.y.z | X 〉 0)를 올린다. 부 버전이나 수 버전급 변화를 포함할 수 있다. 주 버전 번호를 올릴 때는 반드시 부 버전과 수 버전을 0으로 초기화한다.

주 버전을 올리는 것은 기존과 호환되지 않는 변경이 있을 때 이뤄진다. 기존과 호환되지 않는 변경이란 앞의 예제처럼 함수의 인수가 추가되거나, 함수의 사용법이 완전히 변경되거나, 특정 기능이 완전히 제거되는 등의 API를 사용하는 사용자에게 수정을 요구하는 변경 사항을 말한다.

앞서 부 버전을 올린 예제와 마찬가지로 주 버전을 올리면 부 버전과 수 버전 모두 0으로 초기화해야 한다.

9. 수 버전 바로 뒤에 붙임표(-)를 붙이고 마침표(.)로 구분된 식별자를 더해서 정식 배포를 앞둔(pre-release) 버전을 표기할 수 있다. 식별자는 반드시 아스키(ASCII) 문자, 숫자, 붙임표로만 구성하고(0-9A-Za-z-) 한 글자 이상이어야 한다. 숫자 식별자의 경우 절대 앞에 0을 붙인 숫자로 표기하지 않는다. 정식 배포 전 버전은 관련한 보통 버전보다 우선순위가 낮다. 정식 배포 전 버전은 아직 불안정하며 연관된 일반 버전에 대해 호환성 요구사항이 충족되지 않을 수도 있다. 예: 1.0.0-alpha, 1.0.0-alpha.1, 1.0.0-0.3.7, 1.0.0-x.7.z.92

정식 배포 전 버전을 프리 릴리스(pre-release) 버전이라고 한다. 7장과 8장에서 실제 패키지를 개발해보는 경험을 해볼 때쯤 느끼겠지만 정식 버전을 출시하는 작업은 생각보다 어렵고 복잡하다. 패키지 작성자 입장에서는 최대한 이전 버전과 호환을 지키면서 새 버전을 추가하기 위해, 혹은 단순히 버그 수정만을 하기 위해 최선을 다하겠지만, 패키지의 복잡도와 사용 사례가 많아질수록 단순히 패키지 안에서 이러한 변경 요건을 충족하는지, 혹은 제대로 동작할지를 파악하는 것은 매우 까다롭다. 그래서 간혹 패키지 개발자들은 본격적인 개발에 앞서 미리 출시해서 그 변경 사항을 가늠해보곤 하는데, 이것이 바로 프리 릴리스 버전이다.

유의적 버전에서 프리 릴리스 버전을 명시하기 위해서는 주.부.수 버전 뒤에 -을 붙이고 임의의 식별자를 붙일 수 있다. 예를 들어, 1.0.0-alpha는 1.0.0 버전을 출시하기 전의 프리 릴리스 버전을 의미한다.

프리 릴리스 버전은 앞서 소개한 대로 정식 버전 출시 전 테스트 또는 확인을 위한 버전이므로 가급적 실제 서비스에서는 사용하지 않는 것이 좋다. 프리 릴리스 버전은 패키지 개발자도 확인을 위해 게시하는 버전이기에 주.부.수 규칙을 지키지 않을 가능성이 높고, 버그가 존재할 확률도 매우 높다.

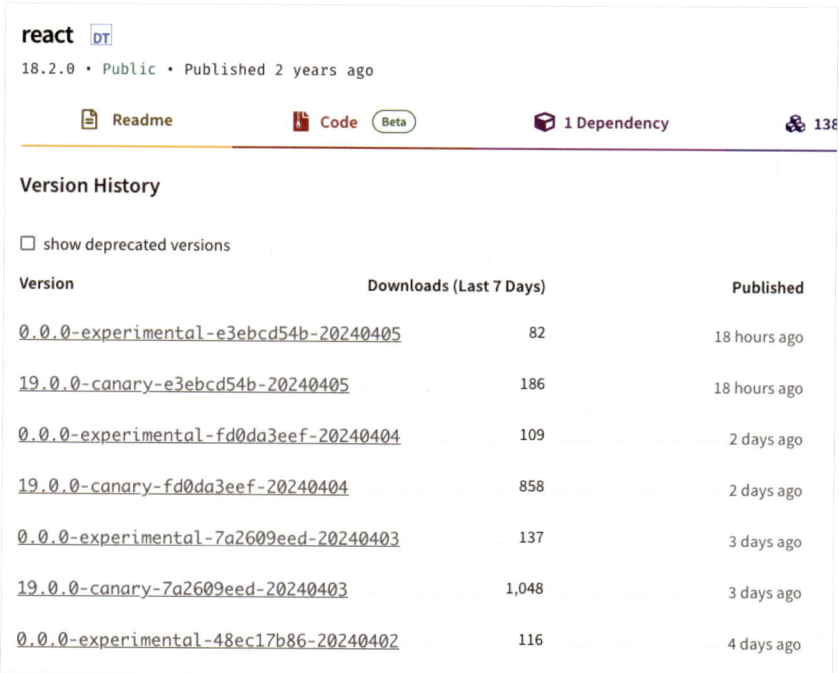

그림 1.10 현재까지 출시된 리액트 버전을 https://www.npmjs.com/package/react?activeTab=versions에서 확인해 본 모습. 리액트는 다른 라이브러리와 다르게 애플리케이션에서 특히 더 깊게 의존하고 있는 경우가 많아 수시로 프리 릴리스를 만들어서 배포하는 것을 볼 수 있다.

10. 빌드 메타데이터는 수 버전이나 정식 배포 전 식별자 뒤에 더하기(+) 기호를 붙인 뒤에 마침표로 구분된 식별자를 덧붙여서 표현할 수 있다. 식별자는 반드시 아스키 문자와 숫자와 붙임표로만 구성한다(0-9A-Za-z-). 식별자는 반드시 한 글자 이상으로 한다. 빌드 메타데이터는 버전 간의 우선순위를 판단하고자 할 때 반드시 무시해야 한다. 그러므로 빌드 메타데이터만 다른 두 버전의 우선순위는 같다. 예: 1.0.0-alpha+001, 1.0.0+20130313144700, 1.0.0-beta+exp.sha.5114f85

앞서 프리 릴리스 버전에 대해 다뤘는데, 생각보다 소프트웨어의 복잡도가 높다면 프리 릴리스 버전을 계속해서 출시해서 확인해야 하는 경우도 있다. 앞서 살펴본 리액트의 경우에도 정식 버전인 18.2.0을 출시하기 위해 수많은 프리 릴리스 버전을 출시했다. 이 프리 릴리스 버전이 많아질수록 개발자가 이 프리 릴리스 버전이 어떤 내용을 담고 있는지 파악하기는 더욱 어려워질 것이다.

이러한 어려움을 해결하기 위해 프리 릴리스 식별자 뒤에 +를 붙여 빌드 메타데이터를 추가해서 해당 버전이 어떠한 정보를 바탕으로 배포됐는지 간접적으로 확인할 수 있게 만들 수 있다. 최근 대부분의 오픈소스가 Git을 기반으로 관리되고 있기 때문에 빌드 메타데이터에 사용할 값으로 90164bf와 같이 커밋을 식별하는 간단한 문자열(commit short sha 7 문자)을 자주 사용하는 추세다.

이러한 빌드 메타데이터 값은 대부분 빌드 정보를 확인하기 위한 난수 정보를 기반으로 생성되는 경우가 많기 때문에 빌드 메타데이터 간에 우선순위는 판단할 수 없는 정보로 구별되어 따로 계산하지 않는다.

11. 우선순위는 버전의 순서를 정렬할 때 서로를 어떻게 비교할지를 나타낸다. 우선순위는 반드시 주, 부, 수 버전, 그리고 정식 배포 전 버전의 식별자를 나누어 계산하도록 한다(빌드 메타데이터는 우선순위에 영향을 주지 않는다). 우선순위는 다음의 순서로 차례로 비교하면서 차이가 나는 부분이 나타나면 결정된다: 주, 부, 수는 숫자로 비교한다(예: 1.0.0 〈 2.0.0 〈 2.1.0 〈 2.1.1). 주, 부, 수 버전이 같을 경우 정식 배포 전 버전이 표기된 경우의 우선순위가 더 낮다(예: 1.0.0-alpha 〈 1.0.0). 주, 부, 수 버전이 같은 두 배포 전 버전 간의 우선순위는 반드시 마침표로 구분된 식별자를 각각 차례로 비교하면서 차이점을 찾는다. 다시 말해 숫자로만 구성된 식별자는 수의 크기로 비교하고 알파벳이나 붙임표가 포함된 경우에는 아스키 문자열 정렬을 한다. 숫자로만 구성된 식별자는 어떤 경우에도 문자와 붙임표가 있는 식별자보다 낮은 우선순위로 여긴다. 앞선 식별자가 모두 같은 배포 전 버전인 경우에는 필드 수가 많은 쪽이 더 높은 우선순위를 가진다. 예: 1.0.0-alpha 〈 1.0.0-alpha.1 〈 1.0.0-alpha.beta 〈 1.0.0-beta 〈 1.0.0-beta.2 〈 1.0.0-beta.11 〈 1.0.0-rc.1 〈 1.0.0

유의적 버전 명세에서 다루는 마지막 내용은 바로 우선순위 간 비교다. 우선순위 간 비교에 대한 내용은 길고 복잡하기 때문에 몇 가지 핵심만 요약하면 다음과 같다.

- 우선순위를 비교할 경우 주, 부, 수 버전을 각각 나누어 계산한다. 예를 들어, a.b.c 버전과 d.e.f 버전을 비교한다면 주, 부, 수 버전을 차례로 비교한다. 먼저 주 버전인 a와 d를, 다음으로는 부 버전인 b와 e를 비교하며, 마지막으로 c와 f를 비교한다.

- 주, 부, 수 버전 순서대로 우선순위를 갖는다. 즉, 주 버전의 크기로 먼저 비교를, 주 버전이 같다면 부 버전으로, 부 버전이 같다면 수 버전으로 비교한다.

- 빌드 메타데이터 정보는 우선순위 계산에 영향을 주지 않는다.

- -으로 시작되는 프리 릴리스 버전이 표기된 경우 동 버전 대비 우선순위가 더 낮다. 즉, 주, 부, 수 버전이 같을 경우 정식 배포 전 버전이 표기된 경우의 우선순위가 더 낮다. 예를 들어, 1.0.0-alpha와 1.0.0이 있다면 우선순위가 더 높은 것은 1.0.0이 된다.

- 프리 릴리스의 경우 다음과 같은 조건이 추가된다.
    - 숫자로만 구성된 버전은 숫자의 크기로 비교하고, 알파벳이나 다른 문자가 있는 경우에는 아스키 문자열 정렬로 비교한다.
    - 숫자로만 구성되어 있는 버전은 문자도 포함돼 있는 버전보다 무조건 낮게 판단한다.

위 내용을 종합하면 다음과 같다.

- 1.0.0-alpha 〈 1.0.0-alpha.1
- 1.0.0-alpha.1 〈 1.0.0-alpha.beta
- … 이하 생략 …
- 1.0.0-beta.11 〈 1.0.0-rc.1
- 1.0.0-rc.1 〈 1.0.0

rc는 무슨 뜻인가요?

rc는 'release candidate'의 약자로, 정식 버전이 되기 직전의 버전을 의미한다. rc 식별자가 추가됐다는 것은 정식 버전 출시가 임박했다는 것을 의미한다.

초기 버전은 0.0.0, 0.0.1, 0.1.0 중 무엇을 사용해야 하나요?

만약 자바스크립트 라이브러리를 처음 만들어서 릴리스해야 한다면 버전을 무엇으로 해야 할까? 유의적 버전 문서에 따르면 초기 릴리스 버전은 0.1.0이라고 정해져 있다.[17] 그러나 npm에서 널리 사용되는 라이브러리인 Vue, React, Next.js의 초기 버전은 각각 0.0.0, 0.0.1, 0.1.0으로 제각각인 것을 볼 수 있다. 유의적 버전의 명세상 초기 버전은 0.1.0이지만 프로젝트의 상황이나 필요에 따라 원하는 버전에 맞춰서 사용하면 된다. 단, 주, 부, 수 버전이 올라가는 규칙은 반드시 지켜야 사용자들이 혼란을 겪지 않을 수 있으니 주의해야 한다.

1.2.3 유의적 버전의 문법

유의적 버전은 다음과 같은 정규 표현식으로 나타낼 수 있다.

```
^(0|[1-9]\d*)\.(0|[1-9]\d*)\.(0|[1-9]\d*)(?:-((?:0|[1-9]\d*|\d*[a-zA-Z-][0-9a-zA-Z-]*)(?:\.(?:0|[1-9]\d*|\d*[a-zA-Z-][0-9a-zA-Z-]*))*))?(?:\+([0-9a-zA-Z-]+(?:\.[0-9a-zA-Z-]+)*))?$
```

---

[17] https://semver.org/#how-should-i-deal-with-revisions-in-the-0yz-initial-development-phase

그리고 이를 자바스크립트에서 사용한다면 다음과 같다.

```javascript
const semverRegex =
  /^(0¦[1-9]\d*)\.(0¦[1-9]\d*)\.(0¦[1-9]\d*)(?:-((?:0¦[1-9]\d*¦\d*[a-zA-Z-][0-9a-zA-Z-]*)(?:\.(?:0¦[1-9]\d*¦\d*[a-zA-Z-][0-9a-zA-Z-]*))*))?(?:\+([0-9a-zA-Z-]+(?:\.[0-9a-zA-Z-]+)*))?$/

const versions = ['1.0.0', '2.1.3-alpha.1', '0.0.1-rc.1+build.001', 'invalid.version']

const result = versions.map((item) => Boolean(semverRegex.test(item)))
console.log(result) // [true, true, true, false]
```

이처럼 정규 표현식을 사용해 문자열이 유의적 버전 문법에 맞는지 검증할 수 있다. 그러나 일반적인 자바스크립트 프로젝트에서는 이렇게 복잡한 정규 표현식을 직접 사용하기보다는 다음 절에서 설명할 자바스크립트 패키지인 semver[18]를 사용하는 것이 일반적이다.

1.2.4 Node.js와 npm에서 사용하는 유의적 버전

1.2.3절 '유의적 버전의 문법'에서 유의적 버전에서 쓸 수 있는 정규 표현식에 대해 알아봤지만 매번 이 문법을 사용해 버전을 확인하는 것은 외우기도 어렵고, 코드에 넣기도 복잡해 이를 직접 상수로 선언해서 사용하기에는 어려움이 있다. npm에서는 유의적 버전의 유효성, 비교 등을 손쉽게 확인할 수 있도록 semver 패키지를 제공한다. 이 패키지는 단순히 문자열이 유의적 버전 문법에 맞는지 확인하는 것을 넘어 버전 간의 비교, 범위 비교 등 다양한 기능을 제공한다.

```javascript
const semver = require('semver')

semver.valid('1.2.3') // '1.2.3'
semver.valid('a.b.c') // null
semver.clean('  =v1.2.3   ') // '1.2.3'
semver.satisfies('1.2.3', '1.x ¦¦ >=2.5.0 ¦¦ 5.0.0 - 7.2.3') // true
semver.gt('1.2.3', '9.8.7') // false
semver.lt('1.2.3', '9.8.7') // true
semver.minVersion('>=1.0.0') // '1.0.0'
semver.valid(semver.coerce('v2')) // '2.0.0'
semver.valid(semver.coerce('42.6.7.9.3-alpha')) // '42.6.7'
```

---

[18] https://github.com/npm/node-semver

이 패키지는 npm에서 제공하는 공식 패키지로 실제 npm 내부에서 버전을 비교하는 경우에도 이 패키지를 사용하기 때문에 자바스크립트 개발자들이 믿고 사용해 봄 직하다. 자세한 사용법은 해당 패키지의 README[19]를 참고하자.

1.2.5 정리

지금까지 유의적 버전의 필요성과 정의, 그리고 실제 사용 예제 등을 폭넓게 다뤘다. 유의적 버전은 개발자 간, 그리고 소프트웨어 간에 복잡하게 얽힌 의존성을 손쉽게 해결하기 위한 규약으로, 공개 소프트웨어를 만드는 모든 개발자들이 지켜야 할 표준으로 자리 잡았다. 이는 이 책에서 다루는 npm뿐만 아니라 모바일 애플리케이션, 게임 등에서도 폭넓게 사용되고 있는 규칙이므로 잘 알아둔다면 여러 분야에서 소프트웨어의 진화를 이해하는 데 큰 도움이 될 것이다.

그런데 여기에는 한 가지 의문이 뒤따른다. 유의적 버전은 어디까지나 규칙일 뿐 그 어디에서도 강제하는 장치가 존재하지 않는다. 물론 npm에서는 중복된 버전의 업로드를 금지하는 수준의 조치는 취하고 있지만 버전의 내용이 주, 부, 수 버전에 맞게 선언돼 있는지, 하위 호환은 지키고 있는지 등은 확인하지 못한다. 즉, 유의적 버전의 준수 여부는 순전히 개발자들의 몫으로 남아 있다. 그렇다면 이 유의적 버전은 지금까지 잘 지켜져 오고 있을까? 유의적 버전을 준수하지 못해서 일어나는 문제에는 어떤 것들이 있을까? 다음 절에서는 유의적 버전을 지키지 못하거나 않았을 경우 발생하는 문제점과 공개 소프트웨어 개발자가 가져야 할 책임감에 대해 다룬다.

1.3 유의적 버전과 npm 생태계의 명과 암

앞서 1.2절 '유의적 버전이란?'에서는 유의적 버전이 무엇인지, 또 어떻게 사용해야 하는지에 대해 알아봤다. 그러나 유의적 버전은 단순히 명문화된 규칙일 뿐, 이를 지키지 않는다고 해서 이를 확인하거나 제한할 방법이 없다. 결국, 이 규칙은 개발자의 판단과 관리에 의존하게 된다.

유의적 버전은 많은 오픈소스 프로젝트와 라이브러리에서 필수적인 관리 방식으로 자리 잡았지만, npm 생태계에서는 이 규칙이 반드시 안전하거나 완벽한 해결책이 아니라는 점을 보여주는 사례들이 있다. 특히 수많은 패키지가 얽혀 있는 대규모 의존성 체계에서는 유의적 버전 관리의 허점이 드러나며, 예기치 못한 업데이트나 의존성 변경으로 인해 시스템 전반에 걸쳐 문제가 발생할 수 있다.

---

[19] https://github.com/npm/node-semver?tab=readme-ov-file#usage

이번 절에서는 이러한 문제를 보여주는 대표적인 사건들을 살펴보고, 이를 통해 npm 생태계가 직면한 명과 암을 더 깊이 이해해본다. 이를 통해 npm 패키지를 사용하는 개발자로서 염두에 둬야 할 사항에 대해 고민해볼 수 있을 것이다.

1.3.1 left-pad: 수천만 패키지에서 의존하는 유틸 패키지가 사라지면 어떻게 될까?

현재는 지원 중단됐지만 과거 여러 패키지에서 널리 쓰이던 left-pad[20]라고 하는 자바스크립트 패키지가 있다. 이 패키지의 역할은 매우 간단하다. 문자열에 특정 숫자만큼 왼쪽에 공백이나 문자를 채워 넣는 역할을 한다. 다음은 이 패키지가 제공하는 코드의 전부다.[21]

```javascript
module.exports = leftpad

function leftpad(str, len, ch) {
  str = String(str)

  var i = -1

  ch || (ch = ' ')

  len = len - str.length

  while (++i < len) {
    str = ch + str
  }

  return str
}
```

현재는 이와 동일한 역할을 하는 자바스크립트 네이티브 기능인 `String.prototype.padStart()`[22]가 존재하기 때문에, 그리고 `npm deprecated`로 해당 패키지가 지원 중단으로 처리됐기 때문에 자주 쓰이는 패키지는 아니다. 그러나 과거 이 패키지는 여러 곳에서 폭넓게 사용되던 패키지였다. 이 패키지를 사용하던 유

---

[20] https://github.com/left-pad/left-pad
[21] 마지막 최신 버전은 1.3.0이지만 당시 삭제가 되어 혼란을 빚은 버전은 0.0.3이다.
https://www.npmjs.com/package/left-pad/v/0.0.3?activeTab=code
[22] https://developer.mozilla.org/ko/docs/Web/JavaScript/Reference/Global_Objects/String/padStart

명 패키지 중 하나로 문자열 옆에 몇 번째 줄의 코드인지 삽입해주는 유틸리티인 line-numbers[23] 패키지를 꼽을 수 있다. 이 패키지는 과거 left-pad 패키지를 사용하고 있었고, 이 line-numbers는 자바스크립트 커뮤니티에서 폭넓게 사용 중인 바벨에서 사용되고 있었다.

당시 코드 상황을 대략 요약하면 다음과 같은 의존 관계가 존재했다고 볼 수 있다.[24]

```
{
  // 이 패키지는 코드에서 문제가 발생할 경우 몇 번째 줄의
  // 코드에서 문제가 발생했는지 알려주기 위해 만들어졌다.
  "name": "babel-code-frame",
  "main": "lib/index.js",
  "dependencies": {
    "babel-runtime": "^5.0.0",
    "chalk": "^1.1.0",
    "esutils": "^2.0.2",
    "js-tokens": "^1.0.1",
    "line-numbers": "^0.2.0", // 이를 위해 이 패키지를 설치해서 사용했다.
    "repeating": "^1.1.3"
  }
}
{
  // 그리고 이 패키지는 left-pad를 사용한다.
  "name": "line-numbers",
  "dependencies": {
    "left-pad": "^1.0.1" // left-pad를 사용한다.
  }
}
```

그런데 이 left-pad 패키지가 어느 날 삭제되는 사고가 발생한다. 사고의 전말은 이 패키지를 관리하던 개발자가 kik이라는 이름의 패키지를 개발해서 npm에 업로드했는데, 이 패키지는 kik이라는 회사의 이름과 동일하다는 이유로 삭제 요청을 받게 된다. 그러나 이 이메일은 꽤 무례하게 작성[25]되어 개발자의 심기를

---

[23] https://github.com/lydell/line-numbers#readme
[24] babel-code-frame@6.7.2 버전까지 이 문제의 코드가 존재했다. https://github.com/babel/babel/blob/v6.7.2/packages/babel-code-frame/package.json 이후 버전(6.7.3)부터는 line-numbers의 의존성을 바로 삭제했다.
[25] (번역) "저희도 재수없게 굴기는 싫지만 킥은 전 세계 대부분의 국가에 등록된 저희 상표이므로 만일 같은 이름의 오픈소스 프로젝트를 공개하려고 하신다면 저희 상표권 변호사들이 당신 집에 찾아가서 현관문을 쾅쾅 두드리고 당신 계정을 삭제하려 할 겁니다." 출처: https://medium.com/@dlmanning/we-don-t-mean-to-be-a-dick-about-it-but-it-s-a-registered-trademark-in-most-countries-around-the-be0a382625ff

건드렸고, 분노한 개발자는 자신의 모든 npm 패키지를 삭제하기에 이르는데, 삭제 목록에 left-pad 패키지도 포함돼 있었다.

개발자의 분노로 촉발된 이 사건이 자바스크립트 생태계에 어떤 여파를 미치게 됐을까? 앞의 패키지 의존성 관계를 추적해보면 left-pad의 삭제는 line-numbers를 사용 불가능하게 만들고, line-numbers의 사용 불능은 곧 babel-code-frame의 사용을 불가능하게 만들며, 이는 궁극적으로 babel-code-frame을 사용하는 babel의 설치를 불가능하게 만들었다. 그리고 babel을 사용할 수 없다는 것은 곧 babel에 의존하는 대부분의 자바스크립트 프로젝트를 사용할 수 없게 된다는 것을 의미했다. npm에 따르면 약 2시간 30분 동안 이 혼란이 빚어졌고, 이 시간 동안 left-pad에 의존하는 수천 개의 프로젝트에 영향을 미쳤으며, 분당 수백 개의 에러가 발생했다. 이 당시 혼란의 영향력이 얼마나 컸는지는 아래의 깃허브 댓글이 생생하게 보여준다.

그림 1.11 left-pad가 사라진 후 left-pad 깃허브 저장소에 달린 댓글.[26] 인터넷이 말 그대로 망가졌다고 비유하고 있다.

결국 이 상황을 수습하기 위해 npm이 나설 수밖에 없었다. npm은 약 50분간 left-pad 패키지를 대상으로 실행됐던 `npm unpublish` 작업을 다시 되돌리고 left-pad 패키지를 복구했다.[27]

이러한 혼란의 결과, npm 팀은 `npm unpublish`에 앞서 1.2.2절 '유의적 버전의 구체적인 명세'에서 언급한 까다로운 정책을 추가할 수밖에 없었다. 다른 패키지가 의존하는 경우 패키지 삭제를 어렵게 만들었으며, 이와 더불어 버려진 유명 패키지가 있을 경우 이를 부정 사용하는 것을 방지하기 위해 'security-holder'[28] 패키지를 추가했다. 이 패키지는 갑작스럽게 유명 패키지가 삭제되는 경우, 다른 사람이 이 이름을 점유해서 악성 코드를 올릴 수 있으므로 다른 사용자가 해당 이름을 점유하지 못하도록 만들어진 일종의 홀더 패키지다.

이때의 혼란은 잘 수습된 것처럼 보였다. 그러나 이 정책은 이후에 또 다른 문제를 낳게 된다.

---

[26] https://github.com/left-pad/left-pad/issues/4#issuecomment-200051244
[27] 복구 선언: https://twitter.com/seldo/status/712414400808755200, 복구 완료: https://twitter.com/seldo/status/712427318870839296
[28] https://github.com/npm/security-holder

1.3.2 everthing: 의존성으로 있으면 패키지 삭제가 안 된다고? 그렇다면 모든 자바스크립트 패키지를 의존성으로 가져본다면 어떨까?

앞서 left-pad 사태로 인해 이제 `npm unpublish`를 실행하기 위해서는 '다른 패키지가 의존하고 있지 않아야 한다'라는 조건이 추가됐다고 앞에서 언급한 바 있다. 이를 반대로 말하면, 악의적으로 특정 패키지를 삭제하지 못하게 하려면 단순히 해당 패키지의 의존성을 그냥 가지고만 있어도 된다는 것을 의미한다. 이러한 사실 때문에 2024년 초에 또 하나의 웃지 못할 해프닝이 발생했다.

2024년 1월 3일, everything이라고 불리는 패키지가 출시된다. 이 패키지의 의존성은 다음과 같다.[29]

```
{
  "name": "everything",
  "dependencies": {
    "@everything-registry/chunk-0": "0.1.0",
    "@everything-registry/chunk-1": "0.1.0",
    "@everything-registry/chunk-2": "0.1.0",
    "@everything-registry/chunk-3": "0.1.0",
    "@everything-registry/chunk-4": "0.1.0"
  }
}
```

그리고 이 `@everything-registry/chunk-0`이라는 이름의 패키지들은 다음과 같은 의존성을 가지고 있다.

```
{
  "name": "@everything-registry/chunk-0",
  "dependencies": {
    "@everything-registry/sub-chunk-1": "0.1.0",
    "@everything-registry/sub-chunk-2": "0.1.0",
    "@everything-registry/sub-chunk-3": "0.1.0",
    "@everything-registry/sub-chunk-4": "0.1.0"
  }
}
```

---

[29] https://www.npmjs.com/package/everything?activeTab=code

그리고 이 @everything-registry/sub-chunk-1과 같은 패키지들은 다음과 같이 npm에 존재하는 모든 패키지를 순서대로 의존성에 넣어 뒀다.

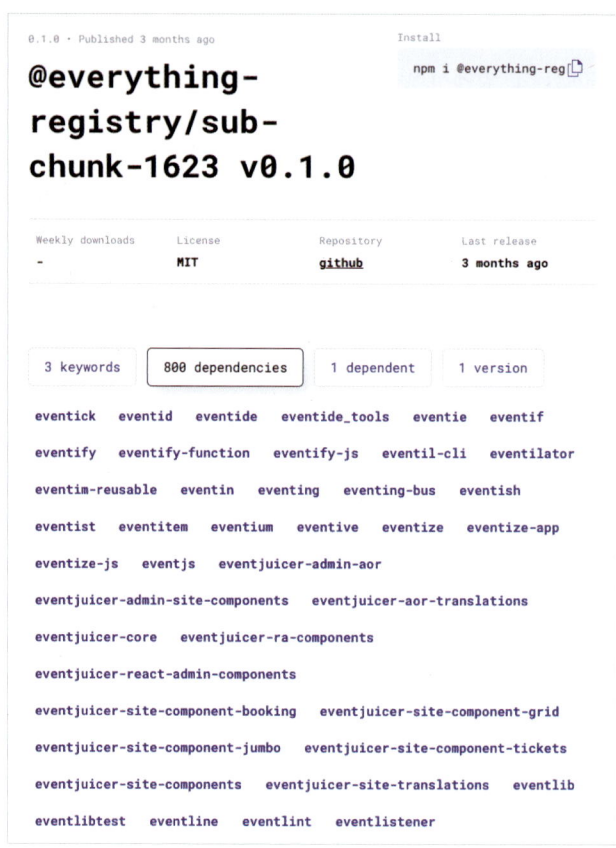

그림 1.12 everything 프로젝트 중 하나인 @everything-registry/sub-chunk-1623 패키지의 의존성. npm에서는 이 패키지를 모두 삭제했기 때문에 정상적인 방법으로는 패키지를 볼 수 없다. 현재는 npm을 미러링한 https://npm.io에서 그 흔적만 볼 수 있다.[30]

아무런 존재 가치가 없어 보이는 이 npm 패키지는 사실 개발자들의 작은 호기심에서 비롯된 것이었다.[31] 이들은 한 번에 최대로 가질 수 있는 dependencies의 개수가 800개라는 사실을 파악한 다음, npm API와 크롤링을 활용해 현재 존재하는 모든 패키지를 의존성으로 갖는 everything이라는 패키지를 개발하기 시작했다. 이들은 모든 패키지를 의존성으로 갖기 위해 청크(chunk) 단위의 패키지로 쪼개고 쪼개 npm에 존재하는 모든 패키지를 의존성으로 두는 데 성공했다. 그리고 우여곡절 끝에 만든 패키지를 업로드하고, 이를 npm에 업로드했다.

---

[30] https://npm.io/package/@everything-registry/sub-chunk-1623
[31] https://uncenter.dev/posts/npm-install-everything/

그러나 이 장난 같은 작업의 대가는 너무나 치명적이었다. 앞서 left-pad 사태로 추가된 규칙('의존성이 있는 패키지를 대상으로 `npm unpublish`를 실행할 수 없다') 때문에 다른 패키지가 의존하는 패키지는 삭제할 수 없었는데, everything은 말 그대로 모든 패키지에 의존하고 있기 때문에 npm에 업로드된 대부분의 패키지가 삭제되지 않는 사태가 발생한 것이다. 그리고 이 @everything-registry의 패키지 의존은 *, 즉 모든 버전에 의존하게끔 선언돼 있어 영향을 받는 패키지의 모든 버전이 삭제되지 못하는 사태가 일어나고 말았다. 심지어 이 사건은 휴일 중에 일어나 깃허브와 npm 팀이 발빠르게 대처하지 못해서 더 혼란이 커졌다.[32]

뒤늦게 사태의 심각성을 파악한 깃허브 팀에서는 everything 깃허브 저장소를 삭제하고, npm팀에서 @everything-registry의 패키지를 삭제하면서 혼란이 마무리됐다.

1.3.3 is-promise: 잘못된 부 버전 업데이트가 만들어낸 사태

is-promise 패키지는 인수를 하나 받아 해당 인수가 Promise 객체인지 여부를 boolean으로 반환하는 아주 간단한 패키지다. 이 패키지는 다음과 같은 간단한 구조를 띠고 있다.[33]

```
module.exports = isPromise
module.exports.default = isPromise

function isPromise(obj) {
  return !!obj && (typeof obj === 'object' || typeof obj === 'function') && typeof obj.then === 'function'
}
```

어느 날 이 패키지 관리자는 4.5절 'CommonJS와 ESModule, 무엇이 정답일까?'에서 다룰 듀얼 패키지 (dual package) 지원, 즉 CommonJS와 ESModule이라는 두 모듈 시스템을 동시에 지원하는 패키지를 만들고자 다음과 같은 커밋을 올린다.[34]

---

[32] everything 깃허브 저장소가 삭제되면서 더 이상 볼 수 없지만 당시 혼란했던 상황은 https://drive.google.com/file/d/1fawTtbh7zfLhiziiouXf7M8D6krDNLMf/view에서 엿볼 수 있다.
[33] https://github.com/then/is-promise/blob/master/index.js
[34] https://github.com/then/is-promise/compare/eb988e00dbecbd54df50a232ae6fec8882548350...8e51d62bf158eb0685cd6109f0137472e8c3cb91

```
  ⌄ ⊕ 13 ▪▪▪▪ package.json
        @@ -1,8 +1,13 @@
    1   1   {
    2   2     "name": "is-promise",
    3   -     "version": "2.1.0",
        3 +   "version": "2.2.0",
    4   4     "description": "Test whether an object looks like a promises-a+ promise",
    5   5     "main": "index.js",
        6 +   "type": "module",
        7 +   "exports": {
        8 +     "import": "index.mjs",
        9 +     "require": "index.js"
       10 +   },
    6  11     "scripts": {
    7  12       "test": "mocha -R spec"
    8  13     },
```

그림 1.13 is-promise 2.2.0 버전의 변경 사항 중 일부

그리고 이 변경 사항을 부(minor) 버전 업데이트로 판단하고, 버전을 2.1.0에서 2.2.0으로 올린다. 앞서 1.2절 '유의적 버전이란?'에서 유의적 버전에 대해 다뤘던 내용을 복기해보자. 주, 부, 수 버전을 업데이트 할 때는 다음과 같은 규칙을 준수해야 한다.

- 주: 기존 버전과 호환되지 않는 변경 사항
- 부: 기존 버전과 호환되는 새로운 기능 추가
- 수: 기존 버전과 호환되는 버그 수정

언뜻 보기에 이 변경 사항은 타당해 보였다. 패키지 사용에는 전혀 문제가 없는 새로운 기능 추가였기 때문이다. 그러나 4.5절 'CommonJS와 ESModule, 무엇이 정답일까?'에서 다루겠지만 위 그림 1.13의 변경 사항은 사실 잘못된 문법으로, `./index.js` 같은 상대 경로로 작성해야 정상적으로 동작한다. 2.2.0 버전이 릴리스된 이후 is-promise를 사용하는 프로젝트 곳곳에서 다음과 같은 에러를 마주하게 된다.

```
// Error [ERR_INVALID_PACKAGE_TARGET]: Invalid "exports" main target "index.js" defined in the package config
```

그리고 이로 인한 피해를 가장 크게 본 프로젝트 중 하나는 create-react-app이었다. 당시 create-react-app의 의존성 그래프는 다음과 같다.

```
root@1.0.0
└─ create-react-app@3.4.1
```

```
└─ inquirer@7.0.4
   └─ run-async@^2.2.0
      └─ is-promise@^2.1.0
```

즉, is-promise 2.2.0 버전이 출시된 이후 create-react-app을 실행하면 ^의 규칙에 따라 ^2.1.0의 부 버전이 호환되는 2.2.0이 설치됐다. 그리고 create-react-app을 실행한 뒤 create-react-app의 코드에 따라 is-promise를 호출하는 순간 에러가 발생했다.

> **^는 무엇인가요?**
>
> ^는 package.json의 dependencies의 버전을 명시하는 문법으로, ^를 선언하면 해당 버전을 기준으로 그보다 더 높은 부 버전까지는 모두 호환된다는 것을 의미한다. 예를 들어, ^1.2.3으로 선언하면 1.2.3에서 2.0.0 미만까지 가능하다는 것을 선언하는 것과 마찬가지다. 즉, npm은 설치 시점에 ^1.2.3을 기준으로 가장 높은 버전을 찾아 설치하게 된다. 그리고 이와 비슷하게 ~는 수 버전까지만 가능하다는 의미다. 예를 들어, ~1.2.3으로 선언하면 1.2.3에서 1.3.0 미만까지 설치가 가능해진다. 이에 대한 자세한 내용은 2.2절 'dependencies란 무엇일까?'에서 다룬다.

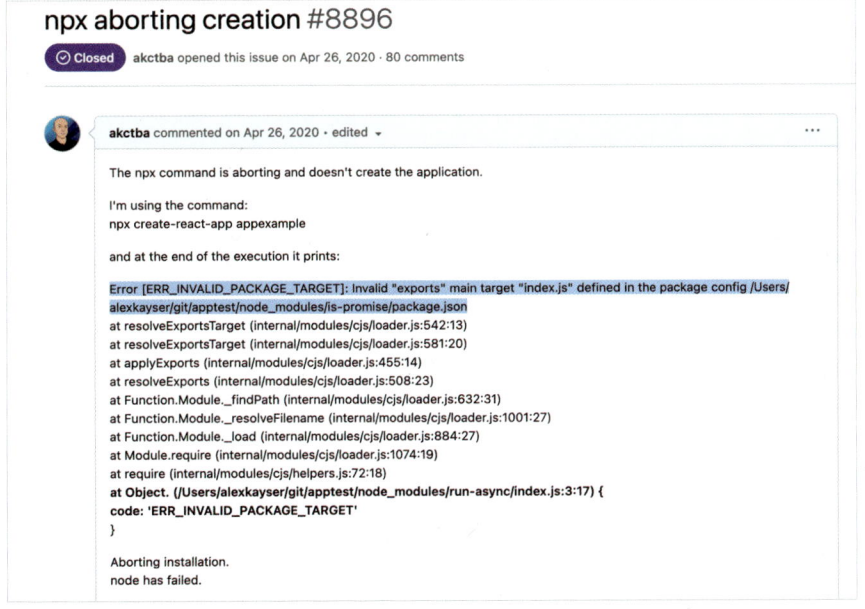

그림 1.14 is-promise 2.2.0 버전 출시로 인해 create-react-app 실행에 문제가 발생하자 생겨난 이슈[35]

---

[35] https://github.com/facebook/create-react-app/issues/8896

```json
{
  "name": "create-react-app",
  "version": "3.4.1",
  "dependencies": {
    "chalk": "3.0.0",
    "commander": "4.1.0",
    "cross-spawn": "7.0.1",
    "envinfo": "7.5.0",
    "fs-extra": "8.1.0",
    "hyperquest": "2.1.3",
    "inquirer": "7.0.4", // 고정 버전으로 참조
    "semver": "6.3.0",
    "tar-pack": "3.4.1",
    "tmp": "0.1.0",
    "validate-npm-package-name": "3.0.0"
  }
}
{
  "name": "inquirer",
  "version": "7.0.4",
  "dependencies": {
    "ansi-escapes": "^4.2.1",
    "chalk": "^2.4.2",
    "cli-cursor": "^3.1.0",
    "cli-width": "^2.0.0",
    "external-editor": "^3.0.3",
    "figures": "^3.0.0",
    "lodash": "^4.17.15",
    "mute-stream": "0.0.8",
    "run-async": "^2.2.0", // 부, 수 버전 업데이트를 허용
    "rxjs": "^6.5.3",
    "string-width": "^4.1.0",
    "strip-ansi": "^5.1.0",
    "through": "^2.3.6"
  }
}
{
  "name": "run-async",
  "version": "2.2.0",
```

```
"dependencies": {
  "is-promise": "^2.1.0", // 부, 수 버전 업데이트를 허용
  "pinkie-promise": "^2.0.0"
}
}
```

이 이슈를 가장 빠르게 해결하는 방법은 무엇일까? 먼저 create-react-app은 의존성 그래프상 inquirer를 고정 버전으로 사용했기 때문에 inquirer가 문제를 해결한 새로운 버전을 출시한다고 하더라도 이 새 버전을 create-react-app 역시 반영해서 새로운 버전으로 출시해야 했다.

반면 inquirer@7.0.4는 run-async를 `^2.2.0`으로 참조하고 있었기 때문에 2.2.0 이상 3.0.0 미만의 버전 중 최신 버전을 사용할 수 있었다. 그리고 이 당시 최신 버전은 2.4.0이었다. 이러한 상황에서 문제를 해결할 수 있는 방법은 무엇일까?

먼저 생각해볼 수 있는 방법은 run-async가 is-promise@2.2.0을 사용하지 않는 새로운 버전을 출시하는 것이다. 이는 단순히 버그에 대처하기 위함이었으므로 만일 버전업을 한다면 수(patch) 버전을 올리는 것이 타당할 것이다.

또는 is-promise가 빠르게 버그를 수정한 수 버전인 2.2.1을 출시해도 이 문제를 해결할 수 있다. is-promise는 run-async의 의존성이기 때문에 run-async가 새롭게 출시된 is-promise@2.2.1을 사용하게 되면 문제가 해결된다.

이 문제는 후자의 방식으로 해결됐다. 2.2.0이 출시된 당일 해당 버그가 빠르게 확인되어 is-promise가 2.2.1을 출시[36]하게 됐고, 버그가 있는 create-react-app를 설치한 사람들이 새롭게 create-react-app을 설치해서 is-promise@2.2.1을 사용하게 됨으로써 소동이 일단락됐다. 바로 다음날 run-async는 is-promise를 `dependencies`에서 제거하는 2.4.1 버전을 출시[37]해서 is-promise로 인해 문제가 발생할 여지를 없앴다.

요약하자면, 결국 이 문제는 유의적 버전을 준수하려고 했으나 개발자의 실수로 문제가 발생했고, 이 패키지의 나비 효과가 의존성 중첩을 타고 거치면서 많은 사람들이 사용하는 create-react-app에까지 영향을 미치게 된 것이었다. 이는 left-pad와 더불어 작은 패키지에서 일어난 사고가 얼마나 큰 영향을 미칠 수 있는지에 대해 생각해볼 수 있는 사례로 남았다.

---

[36] https://github.com/then/is-promise/commit/0b69f52ee73c9f6ad4480f02c9bccb14d2038656
[37] https://github.com/SBoudrias/run-async/commit/f3e0a18abf6e9569abfcf327daa9351c95f109b1

1.3.4 colors.js와 faker.js: 섣부른 부, 수 버전 업데이트는 독이 될 수도 있다

앞선 사례에서는 부 버전 업데이트를 허용하는 ^ 문법을 사용했기 때문에 비교적 문제를 쉽게 해결할 수 있었다. ^로 참조하고 있던 패키지에서는 굳이 패키지를 사용하는 호스트 패키지가 수정되지 않더라도 해당 패키지가 업데이트되는 것만으로도 호스트 패키지에서 문제가 해결됐기 때문이다. 그러나 ^가 모든 문제를 해결할 수 있는 것은 아니다. 다음 사례를 보자.

colors.js와 faker.js는 모두 동일한 개발자에 의해 만들어진 패키지로, colors.js는 Node.js에 색상을 입혀주는 패키지[38]이며, faker.js는 개발에 필요한 더미 데이터를 제공하는 패키지다. 두 패키지 모두 많은 개발자에 의해 사랑받고 있는 패키지였다.

그러던 어느 날, faker.js와 colors.js에 수상한 버전업이 단행됐다. 먼저 faker.js의 버전업을 살펴보자.[39]

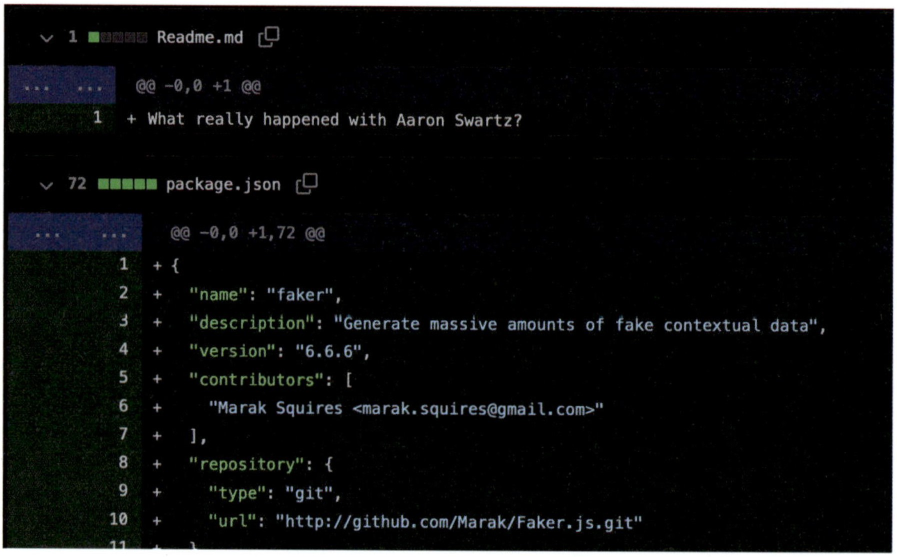

그림 1.15 faker.js의 6.6.6 버전 업데이트

해당 커밋은 모든 코드를 삭제했고, 버전 또한 5.5.3에서 갑자기 6.6.6으로 버전업됐다. 이는 주 버전이 변경되면 부와 수 버전을 0으로 초기화해야 하는 유의적 버전 규칙에 어긋나는 행동이었다. 이 작업은 faker.js를 사용하는 프로젝트에 영향을 미칠 수 있는 작업이었지만 대부분의 의존성을 ^나 ~로 관리하는 자바스

---

[38] https://github.com/Marak/colors.js
[39] 원 커밋 주소는 https://github.com/Marak/faker.js/commit/2c4f82f0af819e2bdb2623f0e429754f38c2c2f2이지만 현재는 저장소가 삭제되어 웹 아카이브로만 확인이 가능하다. https://web.archive.org/web/20220111013711/https://github.com/Marak/faker.js/commit/2c4f82f0af819e2bdb2623f0e429754f38c2c2f2

크립트 프로젝트 관행상 큰 파장을 일으키지는 않았다. 문제는 colors.js의 버전업이었다. colors.js에는 어떤 일이 있었는지 살펴보자.[40]

```
Code  Blame    31 lines (29 loc) · 1.3 KB

 1 ∨ module.exports = function americanFlag () {
 2       console.log('LIBERTY LIBERTY LIBERTY'.yellow);
 3       console.log('LIBERTY LIBERTY LIBERTY'.america);
 4       console.log('LIBERTY LIBERTY LIBERTY'.yellow);
 5       let flag = "\
 6   \
 7                                       !\
 8                  H|H|H|H|H           H_____\
 9                  H|§|§|§|H           H|* * * * * |-------------------|\
10                  H|§|∞|§|H           H| * * * *  |-------------------|\
11                  H|§|§|§|H           H|* * * * * |-------------------|\
12                  H|H|H|H|H           H| * * * *  |-------------------|\
13                  H|H|H|H|H           H|--------------------------- --|\
14                  ===============     H|-----------------------------|\
15                  /|  _    _  |\      H|-----------------------------|\
16                 ( |  0    0  | )     H|-----------------------------|\
17                  /|    U     |\      H-------------------------------\
18                  |   \=/    |        H\
19                   \_..._/            H\
20                   _|\I/|_            H\
21              _____/\| H |/\_____     H\
22             /       \ \   / /    \   H\
23             |        \ | | /     |   H\
24             |         ||o||      |   H\
25             |     |   ||o||   |  |   H\
26             |     |   ||o||   |  | H    Carl Pilcher\
27       ";
28
29       console.log(flag);
30
31   }
```

그림 1.16 colors.js에 있었던 코드의 일부를 발췌한 모습. 누가 봐도 정상적으로 동작하는 코드가 아닌 아스키 아트가 삽입돼 있는 것을 알 수 있다.

언뜻 보기에도 Node.js의 콘솔에 색상을 입히는 자바스크립트 패키지에서 필요 없을 것 같은 코드다. 문제는 이 코드가 실행되는 `index.js`에 있었다.[41]

```
// lib/index.js
var colors = require('./colors')
module['exports'] = colors

// 주석 생략
require('./extendStringPrototype')()
```

---

40 https://github.com/Marak/colors.js/blob/074a0f8ed0c31c35d13d28632bd8a049ff136fb6/lib/custom/american.js
41 https://github.com/Marak/colors.js/blob/master/lib/index.js

```
/* remove this line after testing */
let am = require('../lib/custom/american')
am()
for (let i = 666; i < Infinity; i++) {
  if (i % 333) {
    // console.log('testing'.zalgo.rainbow)
  }
  console.log('testing testing testing testing testing testing testing'.zalgo)
}
```

index.js에는 666부터 무한에 이르기까지, 즉 무한히 실행되는 루프가 존재했고, 이 무한 루프 속에서는 반복적으로 console.log가 실행되게끔 코드가 작성돼 있었다. 그리고 이 변경 사항은 1.4.0에서 1.4.1로 수 버전업으로 릴리스됐다.

앞에서 언급한 관행, 즉 자바스크립트 프로젝트의 의존성은 대부분 ^나 ~로 관리한다는 사실 때문에 이 패키지 버전업이 자바스크립트 생태계에 미친 영향력은 어마어마했다. colors.js를 실행하면 다음과 같은 모습을 볼 수 있었으며, 무한 루프로 인해 그 뒤 코드 실행이 정상적으로 이뤄지지 않았다. 이러한 사태가 colors.js에서 비롯됐다는 것을 알지 못한 많은 개발자들은 당혹감을 느꼈다.

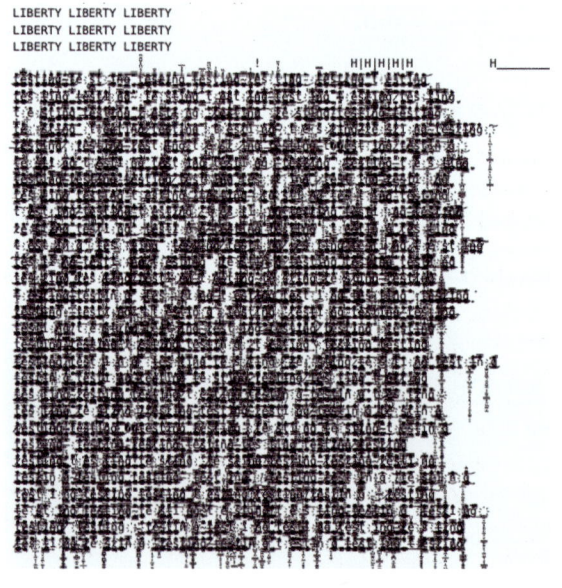

그림 1.17 colors.js의 1.4.1 버전 업데이트로 인해 발생한 문제

콘솔을 사용하는 많은 프로젝트가 영향을 받았는데, 그중에서 가장 크게 영향을 받은 프로젝트는 aws-cdk였다. 이 패키지는 아마존 웹 서비스 사용을 위한 자바스크립트 패키지였는데, 이 패키지가 직접적으로 의존성 중 하나로 colors.js를 ^1.4.0으로 참조하고 있었다. 이 때문에 새롭게 aws-cdk를 설치하는 개발자들은 제대로 사용할 수 없었으며, 이로 인해 aws-cdk 개발자들은 긴급하게 패키지를 수정해서 새로운 버전을 릴리스하게 된다.[42]

이런 사건이 발생한 이유는 개발자가 자신이 만든 많은 프로젝트를 많은 대형 IT 기업이 사용하고 있지만 이에 대한 정당한 보상을 지급받지 못하고 있다는 불만을 표출하기 위해서라고 밝혀졌다.

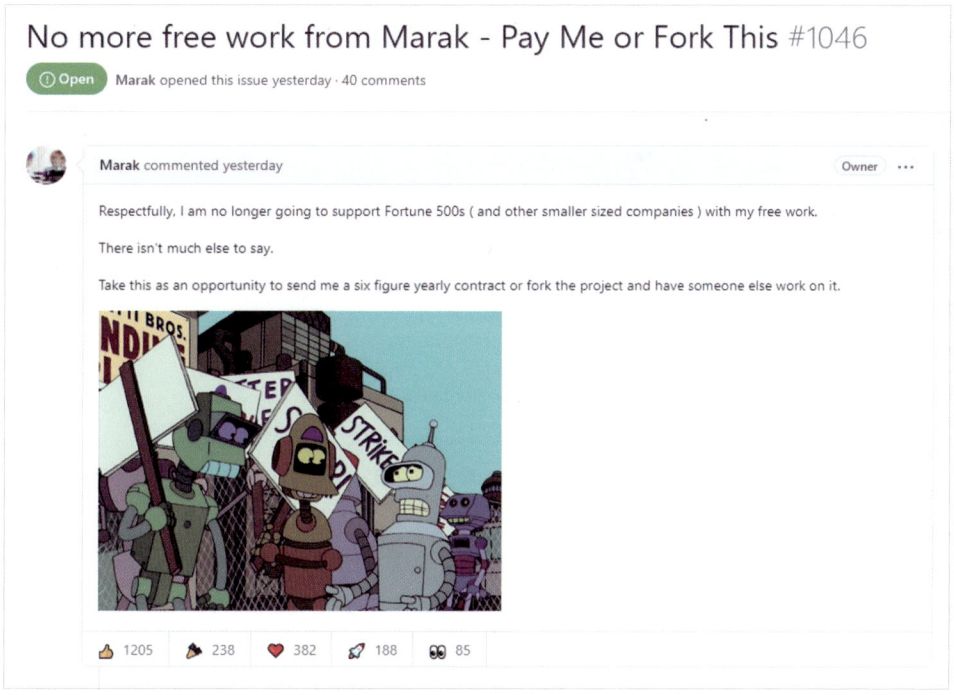

그림 1.18 faker.js 저장소에 밝힌 개발자의 불만[43]

이러한 개발자의 주장이 옳다는 입장과 아무리 옳은 주장이라도 많은 프로젝트에 영향을 미쳐서는 안 된다는 두 주장이 갑론을박하게 됐으며, 이 사태는 결국 npm이 1.4.0 버전 이후에 업로드된 패키지를 모두 삭제하면서 마무리됐다.

---

42 https://github.com/aws/aws-cdk/pull/18324
43 원본 이슈 주소는 https://github.com/Marak/faker.js/issues/1046이지만 현재는 저장소가 삭제되어 웹 아카이브로만 확인이 가능하다. https://web.archive.org/web/20210704022108/https://github.com/Marak/faker.js/issues/1046

1.3.5 event-stream 사건: 오픈소스는 얼마나 안전한가?

event-stream[44]은 Node.js에서 스트림을 쉽게 다루기 위한 유틸리티 패키지로, 현재는 아카이빙되어 버전업이 중단됐지만 과거에 스트림을 다루기 위한 목적으로 많은 사용자를 보유한 패키지로 유명했다. 어느 날 이 패키지의 개발자는 신원 미상의 개발자로부터 이메일을 받게 되는데, 자신이 event-stream의 유지보수를 이어가고 싶다는 내용이었다. 개발자는 해당 모듈의 최초 개발자였지만 몇 년 간 해당 패키지를 사용하지 않았기에 이 개발자에게 소유권을 넘기게 된다.

그런데 유지보수를 맡게 된 개발자가 유지보수 도중 flatmap-stream[45]이라는 패키지를 `dependencies`에 추가한다. 이 패키지는 의존성을 추가할 당시와 거의 비슷한 시기에 출시된, 아무도 사용하지 않는 신생 패키지였다.

```
1 package.json
@@ -9,6 +9,7 @@
9   9     },
10  10    "dependencies": {
11  11      "duplexer": "^0.1.1",
    12 +    "flatmap-stream": "^0.1.0",
12  13      "from": "^0.1.7",
13  14      "map-stream": "0.0.7",
14  15      "pause-stream": "^0.0.11",
```

그림 1.19 event-stream에 추가된 flatmap-stream 패키지.[46] ^로 의존성이 추가돼 있나는 점에 주목하자.

그리고 이를 통해 `flatmap` 함수를 구현했고, 새로운 기능이 추가되면 부 버전을 업데이트한다는 원칙을 어기고 수 버전 업데이트를 단행한다.[47] 출시 직후 다시 이 패키지 의존성을 삭제한 뒤, 별다른 변경 사항이 없음에도 주 버전을 올려 4.0.0을 새롭게 릴리스한다.[48]

그렇게 3.3.6이 릴리스되고 한 달 반 뒤, Node.js 개발에 널리 사용되는 nodemon[49]에 이슈가 하나 등록된다. 해당 이슈[50]는 nodemon 실행 시 `crypto.createDecipher`가 지원 중단됐다는 메시지가 표시된다는 내용이었다. 원인을 파악한 결과 flatmap-stream에서 에러가 발생한다는 사실이 드러났다.

---

44 https://github.com/dominictarr/event-stream
45 https://github.com/hugeglass/flatmap-stream
46 https://github.com/dominictarr/event-stream/commit/e3163361fed01384c986b9b4c18feb1fc42b8285
47 https://github.com/dominictarr/event-stream/commit/5999958dfc1b0a80e6caeac4cdc76b3b828bdfe2
48 https://github.com/dominictarr/event-stream/commit/908fee5c65d4eb02809a84a1ebc3e5df1f935cd1
https://github.com/dominictarr/event-stream/commit/2bd63d58fe24367372690c29c7249ed1c7145601
49 https://github.com/remy/nodemon
50 https://github.com/remy/nodemon/issues/1442

```
$ nodemon index.js

(node:27294) [DEP0106] DeprecationWarning: crypto.createDecipher is deprecated.
    at [redacted]/node_modules/flatmap-stream/index.min.js:1:1264
    at Object.<anonymous> ([redacted]/node_modules/flatmap-stream/index.min.js:1:1423)
    at Module._compile (internal/modules/cjs/loader.js:707:30)
    at Object.Module._extensions..js (internal/modules/cjs/loader.js:718:10)
    at Module.load (internal/modules/cjs/loader.js:605:32)
    at tryModuleLoad (internal/modules/cjs/loader.js:544:12)
    at Function.Module._load (internal/modules/cjs/loader.js:536:3)
    at Module.require (internal/modules/cjs/loader.js:643:17)
    at require (internal/modules/cjs/helpers.js:22:18)
    at Object.<anonymous> ([redacted]/node_modules/event-stream/index.js:11:15)
```

단순히 스트림만 관리하는 패키지에 암호화와 관련된 crypto 오류가 발생하는 것을 의아하게 여기다가 flatmap-stream 내부에 비트코인 탈취를 위한 악성 코드가 삽입돼 있다는 사실이 밝혀진다.[51] 이로 인해 flatmap-stream 패키지가 npm에 의해 제거됐고, 이에 의존하고 있던 event-stream@3.3.6도 npm에 의해 삭제됐다.

이 사건은 유의적 버전의 규약을 교묘하게 이용한 악의적인 행동으로 볼 수 있다. 먼저 앞서와 마찬가지로 자바스크립트 패키지 대부분이 ^와 ~에 의존하고 있다는 점을 악용해 자연스럽게 악성 코드가 포함된 패키지를 설치할 수 있도록 수 버전을 업데이트해서 설치를 유도했으며, 이후 이러한 히스토리를 덮고자 별다른 API 변경이 없음에도 강제로 주 버전을 올렸다. 그리고 이는 앞서 소개한 것처럼 자바스크립트 생태계에 또 한 번 혼란을 가져왔다.

이로 인해 다시 한번 유의적 버전은 어디까지나 규약일 뿐, 이를 허점으로 이용한 악의적인 행동이 가능하다는 사실을 알게 됐다.

1.3.6 유의적 버전과 npm을 사용할 때 주의할 점

지금까지 npm 생태계에서 유의적 버전을 둘러싸고 발생한 주요 사건을 다뤘다. 본격적으로 npm과 패키지를 개발하기에 앞서 이러한 사건 사고를 언급해서 지레 겁먹을 수도 있겠지만, '위험은 스스로가 무엇을 하고 있는지 모르기 때문에 발생한다'라는 워렌 버핏의 명언처럼 npm 생태계와 코드를 다루기에 앞서 어

---

51 https://github.com/dominictarr/event-stream/issues/116
    난독화되어 삽입된 실제 코드는 https://github.com/dominictarr/event-stream/issues/116#issuecomment-441746370에서 확인할 수 있다.

떤 위험을 가지고 있는지 충분히 아는 것이 중요하다. 유의적 버전의 한계와 이로 인해 빚어진 npm 문제 사례를 토대로 개발자가 이러한 위험성을 어떻게 회피할 수 있을지 살펴보자.

1.3.6.1 유의적 버전은 규약일 뿐이다

다시 한번 명심해야 할 것은 유의적 버전은 어떠한 강제 요소가 있는 것이 아니라 개발자들 사이에 약속된 규약일 뿐이라는 점이다. 모두가 이 규약을 100% 선의로 지키면서 개발한다면 유의적 버전이 의존성 관리에서 모든 문제를 해결해 주겠지만, 앞서 살펴본 사례처럼 실수든 고의든 간에 유의적 버전 체계를 위반하는 사건은 분명 발생해왔다.

따라서 항상 새로운 버전의 패키지를 설치할 때는 많은 주의를 기울여야 한다. 패키지 설치에 앞서 모든 변경 사항을 일일이 코드로 확인하지는 않더라도 최소한 `CHANGELOG.md`나 릴리스 노트를 살펴보면서 어떠한 변경 사항이 있는지, 최근 이슈를 살펴보면서 최근 릴리스된 버전에는 특별한 문제가 없는지 확인하는 것이 중요하다. 리액트처럼 프로젝트 의존도가 심한 패키지라면 더더욱 중요하다.

만약 이렇게 패키지의 변경 사항을 일일이 따라가기 어렵다면 ^와 ~를 사용하지 않고 고정된 버전을 사용하는 것 또한 한 가지 방법이다. 개발자가 통제하기 어려운 변경이 잦다면 유의적 버전의 변경에 방어적으로 다가가는 것도 방법이 될 수 있다.

대부분의 오픈소스 프로젝트는 유의적 버전을 잘 준수하지만, 일부 패키지는 그렇지 않을 수도 있다는 점을 명심하자. 실수든 고의든 유의적 버전을 위반하는 업데이트가 발생한다면 오픈소스 커뮤니티에서 비난을 받을 수는 있겠지만 그 비난이 자바스크립트 프로젝트의 안정성을 되찾아주는 것은 아니다. 따라서 패키지를 설치하는 개발자는 유의적 버전을 신뢰함과 동시에 혹시나 발생할 수 있는 문제에 대처할 준비를 해두는 것이 매우 중요하다.

1.3.6.2 무조건 설치하는 것이 능사는 아니다

앞에서 언급한 left-pad와 is-promise 사건을 회고해보자. left-pad는 당시 이를 수행할 수 있는 문자열 프로토타입 함수가 없어서 직접 구현했다는 사정을 감안하더라도 고작 11줄의 코드를 위해 패키지 의존성을 가지고 있었다. is-promise는 더욱 극단적이다. 함수 본체로만 따지면 고작 한 줄짜리 코드였다. 그리고 이러한 패키지들이 손상되자 수많은 프로젝트가 도미노처럼 쓰러졌다.

오픈소스의 장점인 '바퀴를 재발명하지 않아도 된다'를 취하기 위해 npm에 있는 자바스크립트 패키지를 설치하는 것은 매우 자연스러운 일이지만, 반대로 그만큼 위험성을 외부에 둔다는 것을 의미하기도 한다. 따라서 무조건 npm 패키지를 설치하는 것보다 설치에 앞서 다음과 같은 사항을 고려해보는 것이 중요하다.

1. **정말로 대체 불가능한 패키지인가**: left-pad와 is-promise 사례처럼 프로젝트에서 자체적으로 구현하는 것이 충분히 가능한 기능이라면 불필요하게 의존성을 추가하기보다는 직접 구현하는 편이 더 이득일 수 있다.
2. **사용할 수 있는 만큼 충분히 검증됐는가**: 사용자가 많지 않거나 최근에 출시된 패키지는 사용할 때 주의를 기울여야 한다. https://www.npmjs.com/이나 https://npmtrends.com/을 방문하면 해당 패키지가 얼마나 설치되고 있는지 확인할 수 있다. 깃허브 스타 또한 패키지의 인기도를 확인하는 데 도움이 된다. flatmap-stream 사례처럼 만들어진 지 얼마 되지 않은 패키지를 의존성으로 두는 것은 굉장히 위험하다. 깃허브에 의심스러운 코드가 없다고 하더라도 npm에 올라간 최종 결과물이 깃허브에 있는 내용과는 충분히 다를 수 있기 때문이다. 따라서 사용자가 많은 패키지를 사용하는 것이 안전하며, 내용이 의심스럽다면 npm 레지스트리에서 다운로드하는 코드 자체를 살펴볼 필요도 있다. 또한 잘 작성된 테스트 코드가 있는지 확인하는 것도 중요하다. 사람은 언제나 실수할 수 있으므로 신뢰할 수 있는 테스트 코드를 바탕으로 적절한 절차를 거쳐 릴리스되는지 확인할 필요가 있다.
3. **타당한 dependencies를 가지고 있는가**: 사용하기에 앞서 설치하고자 하는 패키지의 package.json을 살펴보자. 2.2절 'dependencies란 무엇일까?'에서 본격적으로 다루겠지만 dependencies에 선언된 패키지는 설치하는 사용자에게도 마찬가지로 별다른 동의 없이 설치된다. event-stream처럼 의심스러운 패키지가 존재하는지 확인하고, 이를 통해 설치되는 패키지가 어떤 것인지 확인하는 것이 중요하다.

리액트처럼 수백, 수천만이 사용하는 패키지라면 믿고 사용할 수 있겠지만 앞으로 이 책에서 릴리스할 패키지부터 시작해서 npm에는 정말로 많은 패키지가 존재한다. 패키지를 설치하고, 이를 서비스에 배포해서 일반 사용자가 사용하게 하는 것은 서비스 개발자의 몫이므로 반드시 주의를 기울여 설치할 필요가 있다.

1.3.6.3 락 파일 변경에 주의를 기울이기

node_modules에 실제 설치되는 패키지를 관리하는 `package-lock.json`, `pnpm-lock.yaml`, `yarm.lock`은 파일의 크기가 크고 diff를 깃허브 인터페이스에서 확인하기 어렵기 때문에 풀 리퀘스트에서 제대로 된 리뷰를 받기 어렵다. 그래서 대부분은 이러한 락(lock) 파일에 변경 사항이 있어도 제대로 확인하지 않고 머지되기 일쑤다. 그러나 앞의 예제에서 살펴본 것처럼 락 파일의 변경은 곧 실제로 설치되는 버전의 변경을 의미하므로 락 파일이 변경됐다면 어떤 내용이 바뀌었는지 확인해봐야 한다. 만약 이를 확인하기 어렵다면 `npm install` 대신 `npm ci`를 사용해 락 파일이 변경되지 않도록 해야 한다.

`npm install`은 `package-lock.json`이 변경되어 기존과 다른 새로운 버전이 설치될 수 있는 반면, `npm ci`는 철저하게 `package-lock.json`을 기준으로 설치한다. 자세한 내용은 2.3절 'npm의 주요 명령어'에서 다룬다.

그런데도 락 파일 변경에 조금 더 보수적으로 접근하고 싶다면 yarn과 pnpm에서 지원하는 PNP(plug n play) 모드와 zero install을 사용해보는 것도 고려해 봄 직하다. 해당 모드에 대해서 간단히 소개하자면 `node_modules`에 있는 패키지들을 압축해서 관리하는 방식으로, 압축된 파일 자체를 소스 관리에 포함시키는 관리 방식이다. 이 방식에 대해서는 3장에서 자세히 다룬다.

1.6.3.4 보안 취약점에 귀 기울이기

자바스크립트 개발자라면 결국 프로젝트의 상당 부분을 오픈소스에 의존할 수밖에 없다. 그리고 오픈소스에 의존하는 정도가 워낙 광범위하다 보니 개발자가 아무리 조심하더라도 보안 취약점을 완벽하게 막는 것은 어렵다. 따라서 오픈소스에 대한 보안 취약점을 알려주는 다양한 서비스를 활용해 보는 것이 중요하다. 다음은 오픈소스 보안 취약점을 알려주는 주요 서비스다.

- **snyk**: snyk는 보스턴 소재의 사이버 보안 회사로, 오픈소스에서 발생하는 크고 작은 보안 위협을 알려주는 서비스인 `https://snyk.io/`를 운영하고 있다. 이 웹사이트에는 snyk Advisor라는 서비스가 있는데, 여기서 다음과 같이 각종 npm 패키지의 상태 및 보안 취약점을 확인할 수 있다.

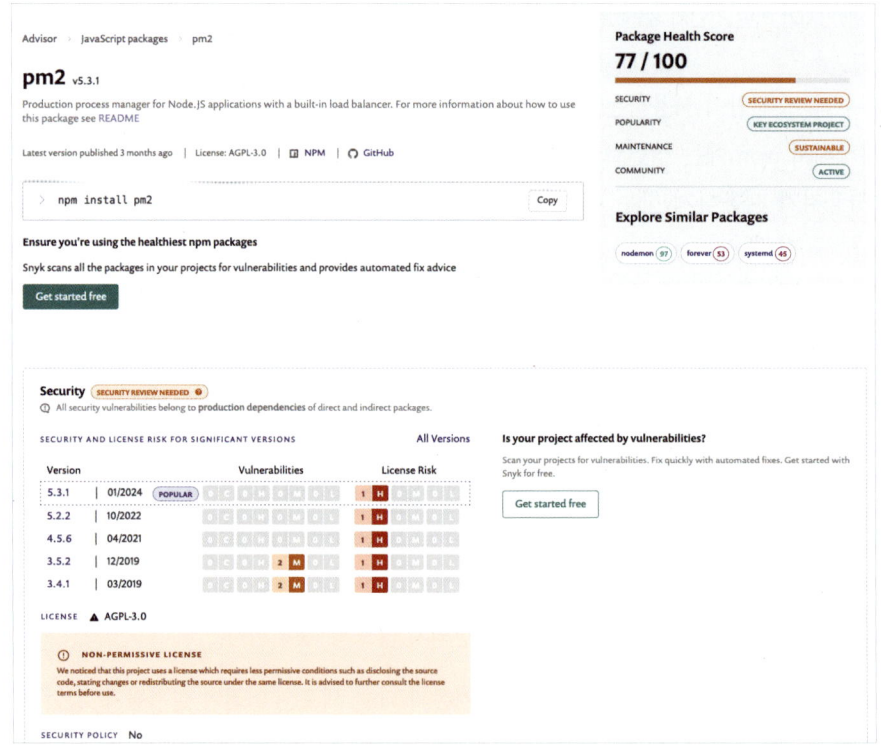

그림 1.20 snyk Advisor를 통해 pm2 패키지를 확인한 모습

이 외에도 각종 블로그 글[52]을 통해 어떤 보안 취약점이 있었고, 어떻게 해결됐는지, 또 개발자들이 어떻게 대처해야 하는지 등 다양하고 유익한 정보를 얻을 수 있다. 이러한 정보를 틈틈이 확인해 보면서 프로젝트가 보안 취약점에 노출되지 않도록 하는 것이 중요하다.

- **dependabot**: dependabot은 깃허브에서 제공하는 서비스로, 프로젝트 내에 보안 취약점이 있는지 확인하고, 보안 취약점이 있다면 이를 해결할 수 있는 풀 리퀘스트까지 생성해주는 서비스다.

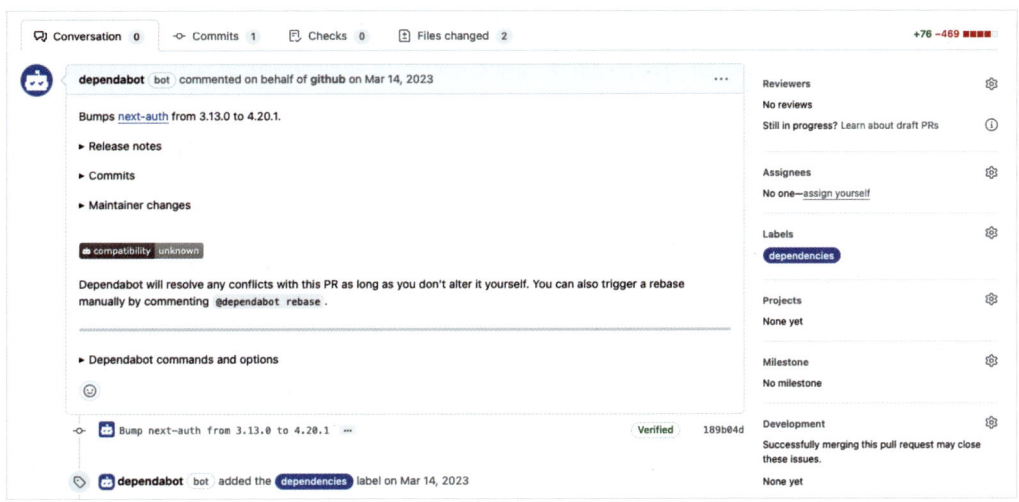

그림 1.21 dependabot을 통해 보안 취약점이 있는 패키지를 확인해 풀 리퀘스트를 생성한 모습

대부분의 경우 락 파일을 수정해서 보안 취약점을 해결하며, 머지 버튼을 누르는 것만으로도 해결되는 경우가 있지만 종종 자동으로 락 파일이 어려워 직접 수정해야 하는 경우도 있다. 이 경우 해당 패키지의 의존성을 확인하고 직접 수정하는 방법으로 해결하자.

1.3.7 정리

지금까지 유의적 버전에 의존해서 운영되는 npm 생태계에서 발생한 각종 사건 사고에 대해 알아봤다. npm은 여러 프로그래밍 언어 사이에서도 가장 크게, 그리고 오래 운영되고 있는 오픈소스 생태계인 만큼 다양한 문제가 발생해왔다. 이번 절에서 언급한 사건들 외에도 다양한 보안 위협, 개발자 실수, 악의적인 행동 등 다양한 문제가 발생했으며, 그 피해는 고스란히 오픈소스에 의존하는 서비스 개발자들과 고객에게 돌아갔다. 따라서 이러한 문제들을 미연에 방지하기 위해서는 개발자 스스로가 어떠한 위험성을 가지고 있는지 충분히 인식하고, 이를 방지하기 위한 방법을 수시로 모색해 봐야 한다.

---

[52] https://snyk.io/blog/a-post-mortem-of-the-malicious-event-stream-backdoor/

npm에 대해 본격적으로 다루기도 전에 사건 사고를 먼저 다뤄서 지레 겁을 주는 것이 아닌가 하는 생각이 들 수도 있다. 그러나 npm과 이를 둘러싼 자바스크립트 생태계에 존재하는 위협에 대해 미리 알아둔다면 이후에 본격적으로 다룰 npm과 자바스크립트 패키지에 대한 이해가 더욱 깊어질 것이다. 또한 이러한 위험에 대해 미리 인식하고 대비하는 것은 개발자로서의 자세를 키우는 데도 큰 도움이 될 것이다.

다음 장부터 본격적으로 npm과 자바스크립트 패키지 세계를 탐험해보자. 다음 장에서는 npm을 사용하는 데 필요한 기본적인 개념인 `package.json`과 `dependencies`에 대해 알아보고, 앞에서 언급한 의존성으로 인해 발생할 수 있는 문제에 대해 자바스크립트 개발자로서 어떻게 대처해야 하는지 살펴보겠다.

02장

package.json과 npm 파헤치기

자바스크립트 프로젝트의 중심에는 `package.json` 파일이 있다. 이 파일은 프로젝트의 의존성, 스크립트, 그리고 각종 설정을 정의하는 중요한 역할을 하며, 이를 통해 프로젝트의 구조와 특성을 파악할 수 있다. 그러나 많은 개발자들이 초기 설정 이후로는 `package.json`을 자세히 들여다보지 않는 경우가 많다. 또한 주로 사용하는 필드만 사용하고, 나머지 필드는 무시하거나 잘 모르는 경우가 많다. 이번 장에서는 `package.json`의 주요 구성 요소와 그 의미를 하나씩 살펴본다. 이를 통해 자바스크립트 프로젝트를 더 깊이 이해할 수 있게 될 것이다.

npm에서 제공하는 명령어 또한 마찬가지다. npm은 패키지 관리를 위한 CLI 도구로서 많은 명령어를 제공한다. 그러나 대부분의 경우 `npm install`, `npm run <script>` 같이 주로 사용하는 명령어만 반복적으로 사용할 뿐 이외의 명령어들은 잘 알지 못할 때가 많다. 이번 장에서는 npm의 주요 명령어와 사용법을 하나씩 살펴본다. 이를 통해 npm을 더 효율적으로 사용할 수 있게 될 것이다.

마지막으로, `node_modules` 폴더에 대한 이해도 중요하다. 이 폴더는 설치된 패키지들이 저장되는 공간으로, 프로젝트에서 필수적인 역할을 한다. 많은 개발자가 이 폴더를 단순한 패키지 저장소로만 인식하지만 `node_modules`는 패키지 의존성 트리를 구성하고, 프로젝트 성능에 영향을 미칠 수 있는 중요한 부분이다. 이번 장에서는 `node_module`의 구조와 역할에 대해서도 알아본다.

이번 장을 통해 `package.json`, npm, `node_modules`의 개념을 명확히 이해하고, 자바스크립트 프로젝트를 체계적으로 관리하는 데 필요한 기초 지식을 쌓을 수 있을 것이다.

2.1 package.json 톺아보기

먼저 package.json이 무엇이고, 이 파일에 담긴 내용과 이를 어떻게 활용할 수 있는지 자세히 살펴보겠다. package.json은 모든 자바스크립트 프로젝트의 중심에 있는 중요한 파일로, 프로젝트의 설정, 의존성 관리, 실행 스크립트 등을 정의하는 역할을 한다.

많은 자바스크립트 개발자들은 프로젝트 초기 설정 단계에서 필요한 필드만 추가하고 나면, 이후에는 package.json의 역할이나 다른 필드를 깊이 살펴보지 않는 경우가 많다. 하지만 package.json은 단순한 구성 파일 이상의 역할을 하며, 이를 제대로 이해하고 활용하면 프로젝트 관리와 최적화에서 큰 이점을 얻을 수 있다.

이번 절에서는 package.json의 구조와 주요 필드를 자세히 분석하고, 이를 통해 프로젝트를 더 효율적으로 관리하는 방법을 배운다. package.json을 깊이 이해함으로써 개발 과정에서 놓치기 쉬운 다양한 기능과 최적화 지점들을 발견해보자.

2.1.1 package.json

package.json은 Node.js 프로젝트의 정보를 기술하는 핵심 파일로, 프로젝트의 메타데이터를 정의하고, 패키지 실행과 개발에 필요한 의존성을 나열하며, 실행 가능한 스크립트를 설정하는 역할을 한다. 이름에서 알 수 있듯이, 이 파일은 자바스크립트 객체 형태가 아닌 순수한 JSON 형식으로 작성해야 한다.

JSON 형식의 제약으로 자바스크립트 파일에서 가능했던 주석 작성 등 일부 작업이 제한되는 것처럼 보이지만 이를 우회하는 방법이 있다(이 부분은 이후에 더 자세히 다룰 예정이다). 이제 package.json에서 사용할 수 있는 다양한 필드와 그 역할을 하나씩 살펴보자.

2.1.2 package.json의 주요 필드

package.json에서 제공하는 주요 필드를 살펴보자. 각 필드가 의미하는 바가 무엇이고, 어떻게 사용해야 하는지에 대해서도 자세히 알아본다.

2.1.2.1 name

name 필드는 Node.js 프로젝트의 이름을 선언하는 필드다. name은 package.json에 반드시 있어야 하는 필드는 아니다. npm 레지스트리에 업로드하거나 내부적으로 해당 프로젝트를 다른 곳에서 참조할 목적이 없다면 name 필드는 없어도 무방하며, 심지어 npm에 업로드돼 있는 리액트와 같은 프로젝트명을 중복해서 써도 상관없다. 대표적인 예로 웹 서비스 목적으로 만들어진 package.json을 들 수 있다. 웹 서비스를 운영하기 위해 만들어진 프로젝트는 빌드된 내용을 레지스트리에 업로드하는 것이 아니라 빌드한 파일만 특정 서버에 업로드해서 사용하기 때문에 name 필드는 중요하지 않다.

그러나 프로젝트를 npm에 업로드해서 다른 개발자가 사용할 수 있게 만들 목적이라면 이야기가 다르다. 프로젝트를 npm 레지스트리에 업로드하려면 곧이어 소개할 version과 마찬가지로 레지스트리 내에서 고유한 명칭을 지정해야 한다. 이와 더불어 추가로 몇 가지 규칙이 더 있다.

- 이름은 214자 이하여야 한다. 그리고 글자 제한에는 스코프까지 포함된다. 스코프란 @babel/cli와 같이 특별히 연관 있는 패키지들을 모아서 선언하는 일종의 집합을 의미하며, @babel/cli에서 스코프는 바로 @babel을 의미한다. 즉, @babel 스코프에서 제공하는 cli 패키지인 것이며, 이 패키지의 이름은 @babel/cli가 되는 것이다. 자세한 내용은 뒤이어서 설명한다.

- 스코프 뒤에 오는 이름은 .이나 _로 시작할 수 있다. 즉, @babel/_cli나 @babel/.cli가 가능하다. 그러나 스코프가 없는 경우에는 .과 _로 시작할 수 없다.

- 대문자를 사용할 수 없다. 오직 소문자만 가능하다.

- URL에서 사용 가능한 문자열만 올 수 있다. 2.4절 'npm install을 실행하면 벌어지는 일'에서 소개하겠지만 이 이름을 기반으로 주소를 조합해서 npm install을 실행할 때 다운로드하기 때문이다. 예를 들어, @babel/cli는 npm 레지스트리에서 https://registry.npmjs.org/@babel/cli 같은 주소를 가진다. 따라서 이 이름에는 URL에서 표시할 수 없는 문자열(공백, #, %, ? 등 특수문자)이 포함돼서는 안 된다.

- Node.js의 코어 모듈과 이름이 동일해서는 안 된다. 예를 들어, Node.js에 있는 파일 시스템을 읽는 패키지인 fs와 동일한 이름의 패키지인 fs를 npm에서도 설치해서 사용한다고 가정해보자.[1]

```
{
  "main": "index.js",
  "dependencies": {
    "@types/node": "^18.0.6",
    "fs": "*"
  }
}
```

위와 같이 작성한 package.json을 기준으로 같은 위치에 다음과 같이 index.js를 작성해보자.

---

1 https://www.npmjs.com/package/fs

```
// index.js
const fs = require('fs')
console.log(fs)
/*
  {
    appendFile: [Function: appendFile],
    appendFileSync: [Function: appendFileSync],
    access: [Function: access],
    accessSync: [Function: accessSync],
    ... 이하 생략 ...
  }
*/
```

require('fs')로 npm 레지스트리에 있는 fs를 사용할 것 같지만 실제로는 Node.js에 있는 fs를 우선시한다. 따라서 업로드할 패키지명은 Node.js의 코어 모듈의 이름과 일치해서는 안 된다. 설령 업로드되더라도 정상적으로 설치해서 사용할 수 없다. 이에 대한 자세한 내용은 4.4절 'Node.js는 어떻게 node_modules에서 패키지를 찾아갈까?'에서 살펴본다.

이름을 대략 정했다면 https://www.npmjs.com/을 방문해서 검색란을 통해 실제로 겹치는 패키지가 없는지 살펴보자. 이미 npm에는 200여만 개의 패키지가 업로드돼 있기 때문에 패키지의 기능을 잘 드러내면서 겹치지 않는 이름을 만드는 것은 생각보다 어려운 일이다.

2.1.2.2 scope

스코프는 package.json의 name 필드, 즉 이름에 쓰인다. 일반적인 패키지 이름은 react, react-router-dom과 같이 npm 규칙에서 허용하는 특수문자와 영문으로 구성된 반면, 스코프가 포함돼 있는 이름은 @scope/packagename과 같은 구조를 띤다. 여기서 @scope/ 같은 영역을 스코프라고 한다. 이 스코프는 여러 패키지 사이에 연관 있는 패키지를 묶고 싶을 때 주로 사용되며, npm에서도 이를 특별하게 취급한다. 대표적인 예로 react-query로 유명한 @tanstack/*이나 트랜스파일 도구인 @babel/*을 예로 들 수 있다. 이들은 모두 tanstack 팀 및 babel 팀에서 관리하는 패키지라는 공통점이 있다.

npm의 각 사용자나 조직은 자신만의 스코프를 가질 수 있게 되며, 그 외의 사용자들은 해당 스코프를 사용할 수 없다. 예를 들어, 나와 조직이 @abc를 스코프로 사용하기로 마음먹고 한 번 업로드했다면 @abc 스코프는 자신과 조직만 사용할 수 있다. 이러한 특성 때문에 @toss나 @naverpay처럼 회사의 브랜드명을 알릴 수 있는 스코프의 경우, 회사에서 npm 스코프명을 선점해서 사용하기도 한다.

일반적인 패키지의 경우 node_modules/packagename과 같은 경로로 설치되지만 스코프가 있는 패키지는 node_modules/@scope/packagename과 같이 스코프를 폴더로 추가해서 설치된다. 이 스코프를 이용해서 업로드하는 방법은 이 책의 마지막 장에서 자세하게 살펴본다.

2.1.2.3. version

version 역시 name과 마찬가지로 단순히 웹에 서비스를 제공하는 용도라면 상관없지만, npm 레지스트리에 업로드해야 한다면 반드시 신경 써야 할 필드다. name과 version의 조합은 항상 레지스트리 내부에서 고유해야 한다. 즉, 레지스트리에는 중복되는 name이 존재할 수 없는 것처럼, 하나의 name에는 동일한 version이 존재할 수 없다. 패키지가 업데이트된다는 것은 이 버전도 변경된다는 것을 의미한다.

이 version으로 쓸 수 있는 값은 1.2절 '유의적 버전이란?'에서 자세히 다뤘기 때문에 여기서는 상세한 설명을 생략한다.

2.1.2.4 description

해당 패키지에 대한 설명을 넣는 필드다. npm info <패키지명>으로 패키지의 설명을 확인할 수 있다. 예를 들어, npm info react를 실행하면 다음과 같은 내용을 확인할 수 있다.

```
$ npm info react

react@18.2.0 | MIT | deps: 1 | versions: 1661
React is a JavaScript library for building user interfaces.
https://reactjs.org/

... 이하 생략 ...
```

여기서 'React is a JavaScript library for building user interfaces.'가 바로 package.json에 있는 description의 내용이다. 패키지를 처음 사용하는 사람에게 패키지에 대한 간단한 설명을 제공하고 싶을 때 유용하게 사용할 수 있다.

2.1.2.5 keywords

해당 패키지와 관련된 키워드를 입력하는 곳이다. 이 필드는 문자열 배열로 넣을 수 있다. description과 마찬가지로 npm info <패키지명>으로 keywords를 확인할 수 있다.

```
$ npm info react

react@18.2.0 | MIT | deps: 1 | versions: 1661
React is a JavaScript library for building user interfaces.
https://reactjs.org/

keywords: react

... 이하 생략 ...
```

보통 패키지를 설명할 수 있는 간단한 키워드 또는 패키지가 의존성을 가지고 있는 프레임워크나 라이브러리명을 선언해두는 것이 일반적이다.

2.1.2.6 homepage

패키지의 홈페이지 URL을 기재하는 곳이다. 대부분의 경우 해당 패키지가 업로드된 깃허브 주소를 입력하거나 패키지에 대한 별도의 소개 사이트가 있다면 해당 주소를 기재한다. 이 필드 역시 `npm info <패키지명>`에서 확인할 수 있다.

```
$ npm info react-router-dom

react-router-dom@6.27.0 | MIT | deps: 2 | versions: 434
Declarative routing for React web applications
https://github.com/remix-run/react-router#readme

... 이하 생략 ...
```

2.1.2.7 bugs

패키지에 버그가 있을 경우 제보할 수 있는 주소(url)나 이메일 주소(email)를 적는 필드다. 이러한 주소는 패키지에서 문제를 겪는 사람들에게 유용할 것이다. 다음과 같이 객체 형태로 지정하거나, 이메일 또는 주소만 문자열로 적을 수도 있다.

```
{
  "bugs": {
    "url": "https://github.com/npm/cli/issues"
```

```
    }
}
```

이처럼 `bugs` 필드에 `url` 을 기재해서 버그를 제보할 URL을 선언할 수 있다.

```
{
  "bugs": "https://github.com/facebook/react/issues"
}
```

위와 같이 `bugs.url` 필드가 있거나 `bugs`가 단순 문자열로 존재하는 경우 터미널에서 `npm bugs <패키지명>`을 실행하면 자동으로 브라우저가 열리면서 해당 페이지로 리다이렉트된다. 예를 들어, `npm bugs react`를 실행하면 터미널에서 브라우저가 실행되면서 `https://github.com/facebook/react/issues` 페이지가 열리는 것을 확인할 수 있다.

2.1.2.8 license

패키지에 대한 라이선스를 지정하는 필드로, 패키지를 어떻게 사용할 수 있고, 어떤 제한이 있는지 알릴 수 있다. 여기에 기재할 수 있는 라이선스는 매우 다양하기 때문에[2] 여기서 다 다룰 수는 없다. 그리고 오픈소스에서 주로 사용되는 라이선스는 OSI Approved licenses[3]라고 해서 Open Source Initiative라고 하는 조직에서 별도로 언급하고 있다. 그중 원하는 라이선스의 `SPDX ID`를 `license` 필드에 기재하면 된다. 이 중에서도 npm 생태계에서 주로 사용되는 라이선스 몇 개만 살펴보자.

> **SPDX ID가 무엇인가요?**
>
> SPDX(Software Package Data Exchange)는 번역하면 '소프트웨어 패키지 데이터 교환'으로, 오픈소스 소프트웨어 라이선스와 관련된 정보를 표준화된 방식으로 공유하고 전달하는 데 사용된다. 각 라이선스를 고유하게 식별할 수 있는 식별자를 만들어서 이를 모든 소프트웨어에서 일관되게 사용하고 인지할 수 있도록 하는 데 목적이 있다.
>
> 예를 들어, MIT 라이선스의 SPDX ID는 `MIT`이며, GNU General Public License version 2.0의 SPDX ID는 `GPLv2`이다.

---

2 https://spdx.org/licenses/
3 https://opensource.org/licenses/

2.1.2.8.1 MIT 라이선스[4]

MIT 라이선스(이하 MIT)는 매사추세츠 공과대학교 학생들을 돕기 위해 개발한 라이선스로, 현존하는 라이선스 중 가장 인기가 높다. MIT 라이선스 소프트웨어를 사용한 제품을 반드시 오픈소스로 배포해야 한다(소스코드를 공개해야 한다)는 규정이 없어서 프로그램 개발자로 하여금 라이선스 걱정 없이 안전하게 사용할 수 있다는 장점이 있다. 여러 오픈소스 라이선스 중에서도 매우 제한이 느슨한 라이선스로 볼 수 있다.

과거 리액트는 이후에 설명할 BSD 라이선스로 바꿨다가 한 차례 홍역을 치르고 난 뒤 MIT 라이선스로 교체한 바 있다.[5]

2.1.2.8.2 ISC 라이선스[6]

ISC 라이선스는 `npm init`으로 빈 프로젝트를 만들 때 기본값으로 사용되는 라이선스다.

```
package name: (npm-deep-dive)
version: (1.0.0)
entry point: (index.js)
git repository:
keywords:
license: (ISC)
```

MIT 라이선스와 비슷하게 사용자가 소프트웨어를 서의 제한 없이 사용, 복제, 수정, 배포할 수 있도록 허용하지만 한 가지 제약 사항으로는 소스코드 내에 포함된 저작권 선언 및 허가 선언을 모든 사본에 포함시켜야 한다는 조건이 있다. MIT 라이선스와 마찬가지로 제약이 거의 없고, 이미 있는 제약도 상당히 간결하고 명확하기 때문에 널리 사용된다.

2.1.2.8.3 아파치 라이선스 2.0[7]

아파치 라이선스는 아파치 소프트웨어 재단에서 개발한 오픈소스 라이선스다. 마찬가지로 소스코드 공개 의무가 없고, 소프트웨어를 사용, 수정, 복제, 배포할 수 있는 권리가 부여되며, 상업적이거나 비상업적인 목적으로 모두 사용할 수 있다. 소스코드를 재배포할 때는 앞선 ISC 라이선스와 마찬가지로 아파치 라이선스로 개발된 소프트웨어라는 점과 어떤 내용이 변경돼 있는지만 알리면 된다.

---

[4] https://opensource.org/license/mit
[5] https://github.com/facebook/react/commit/b765fb25ebc6e53bb8de2496d2828d9d01c2774b
[6] https://opensource.org/license/isc-license-txt
[7] https://opensource.org/license/apache-2-0

여기에 아파치 라이선스 2.0의 특징이 하나 있는데, 바로 특허권 부여다. 아파치 라이선스에 따라 소프트웨어를 제공하게 되면 소프트웨어에 대한 자신들의 특허권을 해당 소프트웨어 사용자들에게 자동으로 부여하게 된다. 즉, 사용자는 특허권에 대한 위험성을 피할 수 있게 된다.

2.1.2.8.4 BSD 라이선스[8]

BSD 라이선스는 'Berkeley Software Distribution License'의 약자로, MIT 라이선스가 MIT 공대에서 만들어진 것과 비슷하게 버클리 캘리포니아 대학교에서 만들어진 라이선스다. BSD 라이선스가 적용된 소프트웨어를 이용하는 경우 해당 저작권자의 이름과 BSD 라이선스의 내용을 함께 배포해야 하며, MIT와 마찬가지로 상업적 이용이 가능하며 소스코드를 굳이 공개하지 않아도 된다.

다만 3조항이라고 해서 최초 개발자나 기여자의 이름을 제품에 대한 광고 목적으로 사용하지 못하는 특별 조항이 있고, 4조항이라고 해서 BSD로 제작된 소프트웨어를 광고하는 경우 원 저작권자를 명시해야 하는 조항이 별도로 존재한다. 이 두 조항을 각각 포함할지는 저작권자의 의지에 달려 있다.

과거 페이스북은 리액트에 BSD+Patent라는 수정된 라이선스를 사용했다. 이 라이선스는 BSD와 유사하지만 사용자가 페이스북에 대해서 특허 소송을 제기하는 경우 자동으로 리액트에 대한 특허 사용 권한을 잃게 된다는 다음과 같은 내용이 있었다.

> The license granted hereunder will terminate, automatically and without notice, if you (or any of your subsidiaries, corporate affiliates or agents) initiate directly or indirectly, or take a direct financial interest in, any Patent Assertion: (i) against Facebook or any of its subsidiaries or corporate affiliates

이를 페이스북 측에서는 무분별한 특허 소송을 막기 위한 방어 장치라고 해명[9]했지만 이로 인해 커뮤니티에서 많은 질타와 수정 요청을 받았고[10] 이내 MIT 라이선스로 변경하게 된다.

2.1.2.8.5 라이선스 비교

앞에서 다룬 대표적인 라이선스를 정리하면 다음과 같다.

---

[8] https://opensource.org/license/bsd-2-clause
[9] https://code.facebook.com/posts/112130496157735/explaining-react-s-license/
[10] https://github.com/facebook/react/issues/10191

표 2.1 자주 사용되는 주요 라이선스와 그 특징

특성/라이선스	MIT	ISC	Apache 2.0	BSD
license 필드에 표시하는 값(license ID)	MIT	ISC	Apache-2.0	BSD-2-Clause(가장 단순한 버전)
배포 시 저작권 표시 요구	예	예	예	예
특허권 부여	아니오	아니오	예	아니오
상표권 사용 제한	아니오	아니오	예	아니오
상업적 사용 허용	예	예	예	예
변경된 소스코드의 공개 요구	아니오	아니오	아니오	아니오
사용자의 변경 사항에 대한 문서화 요구	아니오	아니오	예(변경 사항이 있을 경우)	아니오
라이선스 및 저작권 성명의 보존	예	예	예	예
책임의 제한	예	예	예	예
보증의 부인	예	예	예	예
대표적인 예	Node.js, jQuery	OpenBSD	Apache Hadoop, Apache Kafka	Nginx
특징	가장 인기 있는 라이선스	MIT 대비 더 간결한 표현	특허권에 대한 명시 존재	광고 관련 별도 조항 추가 가능

npm 생태계에서는 소프트웨어의 제약사항이 거의 없다는 것을 알리기 위해 MIT를 사용하거나 npm init 에서의 기본값인 ISC가 가장 널리 사용된다.

2.1.2.8.6 라이선스 지정 방법

다음과 같이 라이선스의 ID를 적거나 라이선스가 적혀 있는 파일의 위치를 명시하면 된다.

```
{
  "license": "MIT"
}
{
  "license": "SEE LICENSE IN <LICENSE.md>"
}
```

만약 라이선스가 없는 패키지라면 다음과 같이 적어 두면 된다.

```
{
  "license": "UNLICENSED"
}
```

UNLICENSED로 기재해 둔 경우, 다른 사람이 사용하지 못하게 만든 것이기 때문에 패키지를 설치하려는 경우 사용자가 주의해야 한다. 혹은 패키지 개발자가 UNLICENSED를 기재해서 다른 사람들이 사용하지 못하게 막을 목적이라면 해당 내용을 명시하는 것과 동시에 후술할 private 필드에 true 값을 두어 배포 자체를 못하게 하는 것도 고려해 봄 직하다.

2.1.2.9 author와 contributors

author와 contributors는 모두 name, email, url 필드를 가진 person 객체를 사용할 수 있다는 공통점이 있다. author의 경우 한 명을 선언할 수 있는 반면, contributors에는 여러 명을 선언할 수 있다. 이 person은 다음과 같이 객체 형태로 선언할 수 있다.

```
{
  "name": "yceffort",
  "email": "root@yceffort.kr",
  "url": "https://yceffort.kr"
}
```

또는 다음과 같이 하나의 문자열로 나타내면 npm이 자동으로 파싱해준다.

```
{
  "author": "yceffort <root@yceffort.kr> (https://yceffort.kr)"
}
```

2.1.2.10. funding

패키지의 개발에 직접적인 자금을 지원하는 방법에 대한 정보를 알려주는 필드다. URL을 넣거나 객체, 배열을 넣는 등 다음과 같이 자유롭게 작성할 수 있다.

```
{
  "funding": {
```

```
    "type": "individual",
    "url": "http://example.com/donate"
  },

  "funding": {
    "type": "patreon",
    "url": "https://www.patreon.com/my-account"
  },

  "funding": "http://example.com/donate",

  "funding": [
    {
      "type": "individual",
      "url": "http://example.com/donate"
    },
    "http://example.com/donateAlso",
    {
      "type": "patreon",
      "url": "https://www.patreon.com/my-account"
    }
  ]
}
```

npm fund 명령어를 사용하면 프로젝트의 의존성에 있는 모든 funding 주소를 가져와서 보여준다.

```
$ npm fund
c-example@0.0.0
├── https://github.com/sponsors/sindresorhus
│   └── query-string@8.2.0, filter-obj@5.1.0, split-on-first@1.0.0
└── https://github.com/sponsors/ljharb
    └── minimist@1.2.8
```

또는 특정 패키지에 대한 펀딩 정보만 보는 것도 가능하다. npm fund <패키지명>을 입력하면 앞서 npm bugs와 마찬가지로 펀딩 페이지로 바로 이동할 수도 있다.

2.1.2.11 files

`files`는 패키지를 업로드하는 경우에 사용되는 매우 중요한 필드로, 패키지가 npm 레지스트리에 업로드될 때 포함해야 할 파일 목록을 선언할 수 있다. 이 `files` 필드를 잘 활용한다면 패키지를 의존성으로 설치하는 경우 꼭 필요한 파일만 선택적으로 배포할 수 있고, 불필요한 파일이나 디렉터리를 제외할 수 있어 패키지 크기를 줄이는 데 도움이 된다. 이 필드를 생략하면 특정 파일을 제외한 대부분의 파일이 포함되며, 파일 패턴을 선언하고 싶다면 `.gitignore`와 유사한 문법으로 선언하면 된다.

Git에서 `.gitignore`를 사용하면 저장소에 업로드되는 파일을 제외시킬 수 있는 것처럼 npm에서 `.npmignore`를 사용하면 이 필드에 선언된 파일이 있더라도 `.npmignore`에 의해 무시된다. 그리고 `.npmignore`가 없다면 `.gitignore`가 대신한다.

`.npmignore`를 사용할 때 주의해야 할 점은 패키지 최상위에 있는 `files` 필드를 오버라이드하지 않지만 하위 디렉터리에서는 오버라이드한다는 것이다. 다시 말해, 패키지 최상위에 있는 `.npmignore`보다는 `files`에 있는 것이 우선시되며, 하위 패키지의 경우에는 반대로 `.npmignore`에 있는 것이 우선시되어 무시된다. 따라서 `.npmignore` 파일과 `files` 필드를 동시에 사용할 때는 주의할 필요가 있다.

그리고 일반적인 패키지의 경우 `.js`와 같이 특정 확장자를 동시에 업로드하기 때문에 일일이 파일을 지정하기보다는 glob 패턴을 사용해 여러 파일을 지정하는 것이 일반적이다.

> **glob 패턴이란?**
>
> glob 패턴은 파일 경로 내의 집합을 지정하기 위해 사용되는 일종의 문자열 패턴이다. 이 패턴을 사용하면 파일 시스템에서 파일을 손쉽게 검색할 수 있으며, 이를 통해 다양한 작업을 할 수 있다. 주로 사용되는 패턴은 다음과 같다.
>
> - `*`: 0개 이상의 문자에 일치한다. `*.js`는 모든 자바스크립트 파일을 의미한다.
> - `?`: 정확히 하나의 문자에 일치한다. `?.js`는 a.js를 포함하지만, ab.js는 제외된다.
> - `[]`: 이 안의 문자 중 하나와 일치한다. `[abc].js`는 a.js b.js c.js를 의미한다.
> - `**/`: 모든 디렉터리에 대한 재귀적인 탐색을 의미한다. `**/*.js`는 하위 디렉터리의 모든 자바스크립트 파일을 의미한다.
>
> 이 필드의 값과 상관없이 다음 파일은 항상 포함된다.
>
> - package.json
> - README(대소문자, 확장자 무시)
> - LICENSE/LICENCE(대소문자, 확장자 무시)
> - package.json에 main 또는 bin 필드에 있는 파일

> 여기서 LICENCE는 오타가 아니라 영국 영어에서 쓰이는 라이선스의 철자다.
>
> 대표적으로 다음과 같은 파일은 무조건 무시된다.
>
> - .DS_Store
> - .git
> - .npmrc
> - node_modules
> - package-lock.json
> - pnpm-lock.yaml
> - yarn.lock

2.1.2.12 main

`main` 필드는 패키지의 진입 파일을 의미한다. 예를 들어, `yceffort`라는 패키지가 있다고 가정해보자. 이 패키지를 사용자가 설치하고 `require("yceffort")`라고 선언한다면 이 필드에 선언돼 있는 파일을 사용할 수 있게 된다. 만약 `main`이 별도로 설정돼 있지 않다면 기본값으로 `index.js`가 선언된다. 이 필드는 패키지를 업로드할 때 매우 중요하다. 이 필드에 대한 자세한 내용은 4.4.1절 '모듈 해석 알고리즘'에서 자세히 다룬다.

2.1.2.13 browser

만약 모듈을 브라우저와 같은 클라이언트 측에서 사용하고자 한다면 `main` 필드 대신 이 `browser` 필드를 사용하게 된다. 이는 특히 Node.js 모듈에서 사용할 수 없는 객체, 예를 들어 `window` 같은 객체에 의존 중인 모듈이 `browser`에 있다는 것을 알리는 데 유용하다. `webpack`과 같은 번들러가 이 필드를 사용하며, Node.js에서는 해당 필드를 사용하지 않는다.

2.1.2.14 bin

일부 npm 패키지의 경우 단순히 설치해서 프로젝트에 사용할 수 있는 것뿐만 아니라 직접 바로 실행 가능한 파일을 가지고 있을 때도 있다. `bin`은 실행 가능한 파일의 위치를 선언하는 곳이다. `bin`이 선언된 패키지를 `npm install -g <패키지명>`으로 전역 환경에 설치하면 해당 파일은 전역 `bin` 디렉터리 내부에 링크되거나 `bin` 필드에 지정된 파일을 실행하는 명령어가 생성되어 해당 이름으로 실행할 수 있다. 만약 패키지가 다른 패키지의 의존성으로 설치된다면 `npm exec` 명령이나 다른 스크립트를 통해 해당 실행 파일을 호출할 수 있게 된다.

말이 조금 어려운데, bin을 이용하는 대표적인 패키지인 create-react-app을 살펴보면 쉽게 이해할 수 있다. 다음은 create-react-app의 **package.json**이다.

```
{
  "name": "create-react-app",
  "version": "5.0.1",
  "files": ["index.js", "createReactApp.js"],
  "bin": {
    "create-react-app": "./index.js"
  }
}
```

위 코드는 create-react-app의 일부 코드를 발췌한 것으로, create-react-app으로 리액트 프로젝트를 만들고 싶은 리액트 개발자들은 `npm install -g create-react-app` 명령어를 실행해 create-react-app 패키지를 전역에 설치한다. 이때 bin 필드에 있는 `create-react-app`을 npm이 전역 환경에 명령어로 등록하게 되고, `create-react-app <서비스명>`으로 실행하는 순간 create-react-app의 **index.js**가 실행된다. 만약 bin에 객체 대신 파일명만 기재하면 **package.json**의 **name**으로 명령어가 등록된다.

한 가지 명심해야 할 것은 Node.js로 실행될 파일을 bin 필드에 넣어뒀다면 이 파일 상단에 반드시 `#!/usr/bin/env node`를 선언해야 한다는 것이다. 이를 셔뱅(shebang)이라고 하며, 스크립트의 최상단에 선언해서 이 파일이 어떤 인터프리터를 기반으로 실행되는지를 선언한다. `#!/usr/bin/env node` 셔뱅이 선언돼 있다면 굳이 bin 필드에 node를 붙인 값인 `node ./index.js`를 지정하지 않아도 알아서 Node.js로 실행된다. 이와 관련한 더 자세한 내용은 2.6절 'bin 필드와 npx'에서 다루며, 7.2절 '나만의 CLI 패키지 만들기'에서 실습도 진행하겠다.

2.1.2.15 man

man 필드는 현대의 npm 패키지에서는 거의 사용되지 않는 필드로, 유닉스 시스템에서 메뉴얼을 볼 수 있는 man 명령어를 사용할 때 쓰이는 필드다. `man <패키지명>`으로 실행할 수 있으며, 이때 해당 패키지의 **package.json**에 있는 man 필드의 값이 유닉스 man 명령어로 실행된다. 최근 들어서는 패키지에 대한 매뉴얼이 거의 대부분 웹사이트 또는 깃허브에 존재하기 때문에 이 필드를 사용하는 패키지를 찾는 것이 더 어렵다.

2.1.2.16 directories

`directories` 필드 역시 `man` 필드만큼이나 최근 들어 자주 사용되지 않는 필드다. CommonJS 1.0 사양에는 이 `directories` 필드를 선택 사항으로 선언해뒀는데, 이 필드에 `lib`, `src`, `docs`, `test`, `bin` 등의 필드를 선언할 수 있다. 그리고 패키지 관리자 도구로 하여금 이 필드의 값을 사용해 각 컴포넌트를 찾아가게 만들었다. 그러나 최근 프로젝트의 구조가 규격화되고, 또 굳이 패키지의 `src`나 `test` 등을 확인할 일도 별로 없기 때문에 사용되는 경우가 많이 줄었다.

2.1.2.17 repository

`repository`는 이름에서도 알 수 있듯이 실제 패키지의 코드가 있는 곳을 기재하는 필드다.

```
{
  "repository": {
    "type": "git",
    "url": "https://github.com/yceffort/npm-deep-dive.git"
  }
}
```

이 URL은 반드시 수정 없이 Git과 같은 버전 관리 시스템을 통해 전달 가능한 URL이어야 한다. `git`의 경우 위와 같이 `.git` 주소를 명시해야 한다. 이 필드는 다음과 같이 축약 문법으로 선언하는 것도 가능하다.

```
{
  "repository": "github:yceffort/npm-deep-dive"
}
```

만약 모노레포와 같이 `package.json`이 최상위 저장소 외에 하위 폴더에 있다면 해당 디렉터리 위치를 다음과 같이 명시해주면 좋다.

```
{
  "repository": {
    "type": "git",
    "url": "https://github.com/yceffort/npm-deep-dive.git",
    "directory": "posts/chapter4"
  }
}
```

2.1.2.18 scripts

scripts 필드는 package.json에서 가장 자주 쓰이는 필드로, 이후 소개할 npm에서 기본적으로 제공하는 명령어뿐만 아니라 임의의 명령어를 선언해서 사용할 수 있는 필드다. npm run-script <명령어> 또는 npm run <명령어>를 통해 실행할 수 있다. 그리고 pre, post 접두사를 지원하므로 특정 명령어가 실행되기 전후에 처리할 명령어도 지정할 수 있다. 예를 들면 다음과 같다.

```
{
  "scripts": {
    "precompress": "<compress 명령어가 실행되기 전에 실행할 내용>",
    "compress": "<compress 명령어에 따른 실행>",
    "postcompress": "<compress 명령어 이후에 실행할 내용>"
  }
}
```

위 scripts를 기준으로 npm run compress를 실행하면 npm run precompress, npm run compress, npm run postcompress 순으로 실행된다. 이러한 post, pre 접두사는 install과 같은 기본 npm 명령어에도 적용되므로 필요에 따라 유용하게 활용할 수 있다.

일부 scripts 명령어의 경우 다음과 같이 앞에 어떤 값이 추가돼 있는 경우도 볼 수 있을 것이다.

```
{
  "scripts": {
    "start": "REACT_PROFILE=dev next start"
  }
}
```

이처럼 특정 명령어 앞에 지정한 키=값은 유닉스 계열의 운영체제에서만 사용할 수 있는 기능으로, 키라는 환경변수에 값을 설정하는 것이다. 그리고 이렇게 설정된 환경변수는 뒤이어 실행하는 명령어 프로세스에도 전달되어 명령어가 실행되는 환경에서 process.env.<키>를 통해 값에 접근할 수 있게 된다. 그러나 이 방식은 앞서 설명한 대로 유닉스 계열에서만 가능하므로 윈도우에서는 사용하는 것이 불가능하다. 따라서 운영체제에 관계없이 환경변수를 일정하게 주입하고 싶다면 dotenv나 cross-env 등의 다른 도구를 사용하는 것이 좋다.

scripts의 명령어로 다른 scripts를 실행하는 것 또한 가능하다.

```
{
  "scripts": {
    "build": "next build",
    "test": "jest",
    "ci": "npm run build && npm run test"
  }
}
```

위 예제에서 `npm run ci`를 실행하면 `npm run build`, 즉 `next build`를 실행하게 되고, 이후에 `npm run test`, 즉 `jest`를 실행하게 된다. 이러한 특징을 활용하면 하나의 `script`로 여러 `scripts`를 실행할 수 있지만, 반대로 아래 예제와 같이 잘못 설정하는 경우 무한루프에 빠지게 될 수도 있으므로 주의할 필요가 있다.

```
{
  "scripts": {
    "build": "npm run test",
    "test": "npm run build"
  }
}
```

위 예제에서는 `build`가 `test`를, `test`가 `build`를 호출해서 둘 중 하나만 실행해도 무한루프에 빠지게 된다. 이러한 경우를 방지하려면 명령어 간의 순환 참조를 피해야 한다.

2.1.2.19 config

`config` 필드에는 패키지에 `scripts`를 실행할 때 사용할 수 있는 다양한 설정 관련 값을 객체 형태로 모아둘 수 있다. 예를 들어, 다음과 같은 `package.json`가 있다고 가정해보자.

```
{
  "main": "index.js",
  "scripts": {
    "start": "node index.js",
    "dev": "node index.js"
  },
  "config": {
    "something": 1
  }
}
```

위 값은 패키지 내부의 자바스크립트에서 다음과 같이 사용할 수 있다.

```
console.log(process.env.npm_package_config_something)
```

위 자바스크립트 구문을 `npm run dev`로 실행해보자.

```
$ npm run dev

$ node index.js

1
```

그러나 `json` 형태로 작성해야 해서 관리하기가 어렵고, 값에 접근하기 위해서는 `npm_package_config_`와 같은 접두사가 필요하기 때문에 실제 개발 환경에서는 `.env` 파일만으로 환경변수를 관리할 수 있는 패키지인 dotenv[11]를 더 많이 사용하는 편이다.

2.1.2.20 dependencies

`dependencies`는 Node.js 프로젝트가 실행되는 데 필요한 외부 패키지 및 라이브러리를 정의하는 필드로, 프로젝트가 의존하는 패키지들과 해당 버전 범위가 명시된다. `dependencies`는 패키지 이름을 키로 사용해 버전 또는 버전 범위를 지정할 수 있는 단순한 객체로, 패키지에 필요한 의존성으로 선언할 수 있는 필드다. `dependencies` 외에도 `peerDependencies`, `devDependencies` 등의 필드가 있으며, 이러한 필드에 대한 내용은 2.2절에서 자세히 설명한다.

2.1.2.21 overrides

`overrides`는 패키지 자신이 참조하고 있는 의존성의 의존성 버전을 수정하고 싶을 때 유용하다. 먼저 개발자가 `sample`이라는 패키지를 만들고 있으며, 다음과 같이 `sample`은 a에, a는 b에 의존하고 있다고 가정해보자.

```
{
  "name": "sample",
  "dependencies": {
    "a": "1.0.0"
```

---

[11] https://www.npmjs.com/package/dotenv

    }
}
```

그리고 a 패키지는 다음과 같이 b에 의존한다.

```
{
  "name": "a",
  "dependencies": {
    "b": "1.0.0"
  }
}
```

만약 sample 패키지 개발자 입장에서 a의 버전을 수정하고 싶다면 어떻게 하면 될까? 단순히 dependencies에 있는 a의 버전을 바꾸면 된다. 그런데 이 sample 패키지의 개발자가 a 내부에 있는 b의 버전을 수정하고 싶다면 어떻게 하면 될까? 기존에는 a 패키지 개발자가 b 의존성 버전을 수정한 버전을 배포하기를 기다려야 했다.

그러나 overrides를 사용하면 의존성 트리의 패키지 버전을 다른 버전 혹은 완전히 다른 패키지로 대체할 수 있는 방법을 제공한다.

```
{
  "name": "sample",
  "dependencies": {
    "a": "1.0.0"
  },
  "overrides": {
    "b": "2.0.0"
  }
}
```

이렇게 선언해두면 sample 패키지 의존성에 있는 모든 b 패키지의 버전이 2.0.0으로 변경된다.

혹은 다음과 같이 a 내부의 b만 변경할 수도 있다.

```
{
  "name": "sample",
  "dependencies": {

```
    "a": "1.0.0"
  },
  "overrides": {
    "a": {
      "b": "2.0.0"
    }
  }
}
```

이러한 중첩은 의존성 선언만 올바르게 돼 있다면 얼마든지 가능하다.

`overrides`는 주로 긴급한 보안 위협이 발생해서 빠르게 대응하고자 할 때 해당 패키지의 버전업을 기다릴 수 없는 경우에 주로 사용된다. 또는 사용하는 의존성 패키지의 일부의 버전 수정이 필요한데, 패키지가 새롭게 릴리스되는 것을 기다리기 어려운 경우에도 사용한다. 그러나 앞에서 살펴본 것처럼 `overrides`는 패키지 개발자가 정해 놓은 의존성을 임의로 덮어쓰는 것으로 사용할 때 반드시 주의를 요한다. `overrides` 사용에 따른 책임은 패키지 개발자에게 있다.

2.1.2.22 engines

`engines`에는 해당 패키지가 실행 가능한 Node.js 버전을 명시할 수 있다. `version`과 동일한 형식으로 Node.js 버전을 명시하면 된다.

```
{
  "engines": {
    "node": "^18.19.1"
  }
}
```

또한 비슷한 형식으로 npm 버전도 다음과 같이 명시할 수 있다.

```
{
  "engines": {
    "npm": "^10.4.0"
  }
}
```

이후에 소개할 pnpm이나 yarn도 넣을 수 있지만, 각 필드를 지원하는 것은 해당 패키지 관리자에만 국한된다는 것을 명심해야 한다.

또한 이 필드는 engine-strict 설정과 함께 사용하지 않으면 단순히 경고만 노출된다. 다음은 react-lottie@1.2.3에서 선언한 engine과 부적합한 환경에서 설치했을 때 발생하는 경고 문구다.

```
{
  "name": "react-lottie",
  "version": "1.2.3",
  "engines": {
    "npm": "^1.0.0"
  }
}
```

```
npm WARN EBADENGINE Unsupported engine {
npm WARN EBADENGINE   package: 'react-lottie@1.2.3',
npm WARN EBADENGINE   required: { npm: '^1.0.0' },
npm WARN EBADENGINE   current: { node: 'v18.16.0', npm: '9.5.1' }
npm WARN EBADENGINE }
```

만약 패키지에서 지정한 engine 환경을 정확히 명시하고, 이 설정에 맞지 않는 경우 사용을 거부하고 싶다면 engine-strict 설정을 활성화하면 된다.

2.1.2.23 os

패키지가 실행 가능한 운영체제를 선언하고 싶을 때 사용하는 필드다. 다음과 같이 배열 형태로 명시할 수 있다.

```
{
  "os": ["darwin", "linux"]
}
```

또는 !을 사용해 특정 os를 사용하지 못하게 할 수도 있다.

```
{
  "os": ["!win32"]
}
```

Node.js는 `process.platform` 변수로 현재 운영체제를 판단하며, npm은 이 `package.json`의 os와 비교해서 실행 가능 여부를 결정한다.

아주 특별한 이유가 있는 것이 아니라면 거의 사용되지 않는 필드다.

2.1.2.24 cpu

os와 마찬가지로 특별한 CPU 아키텍처를 요구한다면 cpu 필드를 사용해 선언할 수 있다.

```
{
  "cpu": ["x64", "ia32"]
}
```

Node.js에서 `process.arch`를 사용하면 실행 중인 환경의 CPU 아키텍처를 확인할 수 있다.

2.1.2.25 private

`"private": true`를 설정하면 npm은 해당 패키지를 절대로 npm 레지스트리에 업로드하지 않는다. 이는 우발적으로 배포되는 것을 막는 최선의 보호 장치라고 볼 수 있다.

2.1.2.26 publishConfig

이 필드는 패키지를 배포할 때 필요한 설정 값을 선언할 때 사용된다. 특정 패키지를 기본 npm 레지스트리인 https://registry.npmjs.org/가 아닌 다른 레지스트리에 배포하고 싶다면 다음과 같이 값을 선언해서 사용하면 된다.

```
{
  "publishConfig": {
    "registry": "https://npm.pkg.github.com"
  }
}
```

위와 같이 선언하면 기본 npm 레지스트리가 아닌 깃허브 레지스트리에 업로드된다. 이 외에도 규모가 큰 회사의 경우 별도의 레지스트리를 만들어 업로드하는 경우가 있는데, 해당 주소를 기입해두면 된다.

2.1.2.27 workspaces

workspaces 필드는 npm@7부터 도입된 워크스페이스(workspaces) 기능을 지원하기 위한 필드다. 워크스페이스란 기본적으로 하나의 최상위 패키지 위에서 하위 여러 패키지를 관리하기 위한 방식을 의미한다. 워크스페이스를 사용하면 최상위에 하나의 node_modules와 package-lock.json이 생기는 대신, 하위에 있는 패키지들은 최상위에 있는 node_modules를 보고 자신이 필요한 패키지들을 참조하거나 패키지 간에 서로 참조가 가능해진다.

이 워크스페이스를 사용하기 위해서는 다음과 같이 package.json에 workspaces를 선언하면 된다.

```
{
  "name": "workspace",
  "workspaces": ["./packages/*"]
}
```

```
.
+-- package.json
`-- packages
    +-- a
    |   `-- package.json
    `-- b
        `-- package.json
```

이제 이 package.json이 있는 위치가 최상위가 되고, ./packages/*에 있는 package.json이 하위 패키지가 되어 워크스페이스 형태로 관리할 수 있게 된다.

그러나 이 워크스페이스 기능이 선보인 시점에는 이미 lerna나 Nx 같은 훨씬 더 빠르고 다양한 성능을 제공하는 모노레포 도구가 널리 사용되고 있었고, 최근에는 Turborepo까지 등장해서 npm 워크스페이스만 사용해서 모노레포를 관리하는 경우는 드물다. 워크스페이스에 대한 자세한 내용은 8장에서 다룬다.

2.1.2.28 packageManager

이제부터 소개하는 package.json의 필드들은 npm에서는 공식적으로 사용되지 않지만 Node.js에서 사용하는 필드다.

packageManager 필드는 아직 실험적으로 운영 중인 필드로, 현재 프로젝트를 실행할 때 사용될 것으로 예상되는 패키지 관리자를 지정할 수 있다. 여기서 사용할 수 있는 값은 npm(이상 npm), yarn, yarnpkg(이상 yarn), pnpm, pnpx(이하 pnpm)이 있고, 여기에 @버전을 추가해서 다음과 같이 제공하면 된다.

```
{
  "packageManager": "pnpm@8.14.3"
}
```

이 기능은 현재 Node.js에서 제공하는 corepack[12]과 함께 유용하게 쓸 수 있다. corepack은 Node.js에서 패키지 관리자를 사용하기 쉽게 도와주는 도구로, packageManager 필드와 함께 사용된다. 예를 들어, 다음과 같은 package.json이 있다고 가정해보자.

```
{
  "name": "test",
  "packageManager": "pnpm@8.14.3",
  "scripts": {
    "start": "node ./index.js"
  },
  "dependencies": {
    "react": "17.0.2"
  }
}
```

이 package.json을 사용하는 시스템에서 corepack enable로 corepack을 활성화한 다음 yarn을 실행해보자.

```
$ yarn
Usage Error: This project is configured to use pnpm
```

현재 프로젝트는 pnpm을 사용하기 때문에 yarn을 사용할 수 없다는 메시지가 나온다.

반대로 packageManager를 yarn으로 변경하면 기존 로컬 시스템에 yarn이 없다고 하더라도 corepack이 package.json에 선언된 packageManager에 알맞은 yarn 버전을 설치해서 다음과 같이 정상적으로 사용할 수 있게 해준다.

---

[12] https://nodejs.org/api/corepack.html

```
$ yarn
➤ YN0000: · Yarn 4.1.0
➤ YN0000: ┌ Resolution step
➤ YN0085: │ + react@npm:17.0.2, js-tokens@npm:4.0.0, and 2 more.
➤ YN0000: └ Completed in 1s 364ms
➤ YN0000: ┌ Fetch step
➤ YN0000: └ Completed
➤ YN0000: ┌ Link step
➤ YN0000: └ Completed
➤ YN0000: · Done in 1s 416ms
```

packageManager는 corepack에서 제공하는 기능으로 두 필드 모두 동일하게 실험적인 기능으로 분류돼 있으므로 사용에 주의를 요한다. 그러나 3.2절 'yarn: 신속하고 안정적인 패키지 관리를 위한 패키지 관리자'에서 소개할 yarn berry의 경우 이와 같이 corepack을 통한 설치를 공식적으로 권장하고 있기 때문에 yarn berry 팀의 별도의 입장 변화가 없는 한 corepack과 packageManager 필드를 사용해도 괜찮을 것으로 보인다.

> 동작에는 아무런 문제가 없어 보이는데 왜 corepack은 여전히 실험 단계인가요?

사실 corepack은 Node.js 14.19.0 버전에서 처음 나온 기능으로, 현재까지 사용하는 방법에 큰 변화가 있지는 않았다. 그러나 이 책을 쓰는 2024년까지도 실험 상태를 벗어나고 있지 못하고 있다. 그 이유는 무엇일까? 이는 '기술적인 한계'가 있기보다 Node.js 생태계를 둘러싼 corepack에 대해 갑론을박이 진행 중이기 때문이다.

먼저 corepack이 등장한 배경을 이해해보자. 최초에 corepack이 등장하게 된 배경은 yarn과 연관이 있다. yarn이 최초에 등장했을 때 원래는 npm과 마찬가지로 Node.js 자체에 yarn을 포함시키려 했다.[13] 그러나 유지보수와 보안에 대한 부담 증가, yarn 1.x에 산재한 많은 버그와 yarn 2.x에 대한 불신(이 역시 3.2절 'yarn: 신속하고 안정적인 패키지 관리를 위한 패키지 관리자'에서 자세히 다룬다), 하나의 시스템에 여러 가지 패키지 관리자가 존재하기 때문에 발생하는 혼란 등으로 인해 반대에 부딪혔고, 결국 Node.js 기술위원회(TSC)의 투표에 따라 yarn을 Node.js에 병합하는 대신 corepack이라는 새로운 기능을 제공하는 것으로 협의했다.[14]

다시 본론으로 돌아와서, 그렇다면 왜 corepack은 여전히 실험 단계로 남아 있는 것일까? 그 이유는 Node.js에 기본으로 통합돼 있는 npm을 어떻게 할 것인지 아직 결정하지 못했기 때문이다. npm 팀에서 제기한 주요 문제점은 다음과 같다.[15]

---

[13] https://github.com/nodejs/node/pull/37277
[14] https://github.com/nodejs/TSC/issues/1012#issuecomment-828776990
[15] 회의록: https://github.com/mhdawson/TSC/blob/8770704d6a65b95ef49dfc569e4f77cbaaaac1bb/meetings/2024-01-10.md
   투표를 하려고 했으나 투표하지 않았던 PR: https://github.com/nodejs/TSC/pull/1527

- npm은 특정 위치에 설치된다는 가정하에 설계됐지만 corepack을 사용하면 직접 패키지 관리자를 호출하는 것이 아니라 corepack이 이를 중간에서 호출하고 관리하는 구조로 변경되기 때문에 패키지 관리자 입장에서는 어떤 버전이 사용되는지, 디스크상의 위치를 알기 어렵다.
- 프로젝트 수준에서 패키지 관리자 버전을 고정하면 보안 취약성에 노출되기 쉽다. 만약 특정 패키지 관리자 버전에 치명적인 버그가 존재하는 경우 공격자는 해당 패키지 관리자 버전을 사용하는 프로젝트를 공격할 수 있다.
- corepack 지원을 위해서는 npm과 Node.js 팀에서 추가적인 작업이 필요하다.

즉, 애초에 별개로 설치되어 동작하는 것을 염두에 둔 yarn과 pnpm과는 달리 npm은 그 탄생부터 Node.js와 함께했으므로 corepack의 활성화에 어려움이 있다고 볼 수 있다. 이러한 이유로 npm을 packageManager 내부에서 "packageManager": "npm@8.1.1"과 같이 선언하더라도 정상적으로 동작하지 않으며 항상 전역에 설치된 npm을 사용한다. 또한 packageManager에 npm이 아닌 pnpm이나 yarn이 선언돼 있더라도 프로젝트 내에서는 정상적으로 npm 명령어를 실행할 수 있다. 이는 앞선 npm이 언급한 문제가 해결되지 않았기 때문에 corepack이 중간에 명령어를 가로챌 수 없다.

요약하자면 corepack의 쟁점은 두 가지로, Node.js에서 corepack을 기본으로 활성화할 것인가와 만약 활성화한다면 Node.js에서 기본으로 동작하던 npm은 어떻게 변경해야 하는가다. Node.js 기술위원회는 2024년 1월에 관련 투표를 진행하기로 했지만 패키지 관리자 개발자들의 입장이 정리되지 않아 진행하지 못했다.[16] 그러나 언젠가 의견이 정리되는 대로 이 논의는 다시 수면 위로 떠오를 것으로 보인다. 이 글을 쓰는 시점인 2024년 11월까지는 npm 팀이 corepack을 지원하기 위해 설계 방향을 바꾸지 않는 이상, corepack에서 npm을 사용하는 것은 아직 쉽지 않아 보인다.

그러던 중 최근 Node.js에서 corepack을 더 이상 기본적으로 탑재하지 않기로 결정했다. 그러나 corepack 기능 자체가 더 이상 사용 불가능해지는 것은 아니고, 여전히 yarn과 pnpm 팀 모두 권장하고 있으니 필요에 따라서 적극적으로 사용해도 좋다.

2.1.2.29 type

type은 자바스크립트 생태계에서 지원하는 대표적인 모듈 시스템인 CommonJS와 ESModule 중 Node.js가 어떤 모듈 형식을 사용할지 알리는 필드다. type에 들어갈 수 있는 값은 module, commonjs다. 만약 선언하지 않으면 기본값은 commonjs가 된다. .js 확장자를 가진 파일의 가까운 상위 package.json에 type이 module로 설정돼 있다면 ESModule로 로드된다.

```
{
  "type": "module"
}
```

---

[16] 회의록: https://github.com/mhdawson/TSC/blob/8770704d6a65b95ef49dfc569e4f77cbaaaac1bb/meetings/2024-01-10.md
투표를 하려고 했으나 투표하지 않았던 PR: https://github.com/nodejs/TSC/pull/1527

이렇게 `package.json`에 선언해두면 이 패키지에 있는 `.js` 파일은 ESModule로 실행된다.

```
$ node index.js # index.js는 ESModule로 실행된다.
```

그러나 `type` 필드가 있다고 해서 다른 모듈 시스템을 사용할 수 없는 것은 아니다. `.mjs`나 `.cjs`를 사용한다면 이 `type` 필드에 구애받지 않고 원하는 모듈 시스템을 사용할 수 있다. 이에 대한 자세한 내용은 4.2절 'CommonJS란 무엇일까?'와 4.3절 'ESModule이란 무엇일까?'에서 다룬다.

2.1.2.30 exports

`exports`는 `main`의 대안으로, 해당 패키지를 설치해서 사용하는 사용자에게 패키지의 진입점을 나타낼 수 있는 필드다. 이 필드는 하위 `path`를 상세하게 나타내거나 조건부 `exports`를 나타내는 데 사용될 수 있다. 다음 예제를 살펴보자.

```
{
  "name": "test",
  "type": "module",
  "exports": {
    ".": "./index.js",
    "./hello1": "./src/hello1.js",
    "./hello2": "./src/hello2.js"
  }
}
```

위 `package.json`은 `test`라는 이름을 가지고 있으며, ESModule을 사용하기 위해 `type`을 `module`로 지정했다. 여기서 주목해야 할 것은 `exports` 필드다. 위와 같이 `exports`를 선언해두면 다음과 같이 하위 경로 형태로 모듈을 불러올 수 있게 된다.

```
// test 파일이 위 package.json과 아래와 같은 파일을 가지고 있다고 가정
// /src/hello1.js
export default function hello1() {
  console.log('hello1')
}

// /src/hello2.js
export default function hello2() {
  console.log('hello2')
```

```
}

// 이 패키지를 설치해서 사용할 경우 다음과 같이 모듈을 불러올 수 있다.
// index.js
import hello1 from 'test/hello1'
import hello2 from 'test/hello2'

hello1() // hello1
hello2() // hello2
```

이러한 방식을 응용한 것이 바로 조건부 내보내기(conditional exports)다. 이 방식을 사용하면 해당 패키지에서 CommonJS와 ESModule 두 가지를 동시에 지원하는 것이 가능해진다. 이에 대한 자세한 내용은 4장 'CommonJS와 ESModule'에서 다룬다.

2.1.2.31 imports

`imports`는 해당 패키지 내부에서만 쓸 수 있는 구문으로, `tsconfig`의 경로 별칭을 지정할 수 있는 `compilerOptions.paths`와 동일하게 특정 불러오기에 대해 별칭을 지정할 수 있는 기능이다. 다음 예제를 살펴보자.

```
{
  "type": "module",
  "imports": {
    "#hello/*": "./hello/*.js",
    "#hi": "./hi/index.js"
  }
}
```

위 `package.json`에서 `imports`에 #hello/*를 선언해서 #hello/* 문법으로 불러오는 모듈에 대해 ./hello/*.js를 불러오게끔 만들었다. 이렇게 작성하면 해당 패키지 내부에서 다음과 같이 불러오는 것이 가능해진다.

```
// /hello/hello1.js
export default function hello1() {
  console.log('hello1')
}
```

```js
// /hi/index.js
export default function hi() {
  console.log('hi')
}

// index.js
import hello1 from '#hello/hello1'
import hi from '#hi'

console.log(hello1()) // hello1
console.log(hi()) // hi
```

이 `imports`를 사용할 때 한 가지 주의해야 할 것은 반드시 #으로 시작해야 한다는 것이다. 이는 다른 모듈 시스템이나 `@scope`와 같은 npm 시스템과의 충돌을 막기 위한 장치로 보인다.

`imports`를 적절히 활용한다면 `tsconfig.json`의 `path`를 사용할 때와 마찬가지로 읽기 힘든 상대 경로를 깔끔하게 정리할 수 있다. 만약 패키지 내부 구조가 복잡해서 상대 경로가 너무 길어지거나 읽기 힘들다면 `imports`를 사용해 봄 직하다.

2.1.2.32 기타

자바스크립트 개발자라면 앞에서 언급한 필드 외에도 다음과 같이 다양한 필드를 `package.json`에서 본 적이 있을 것이다.

```json
{
  "eslintConfig": {
    "extends": ["react-app", "react-app/jest"]
  },
  "lint-staged": {
    "**/*.{md}": "markdownlint",
    "**/*.{json,yaml}": "prettier --check",
    "**/*.{js,jsx,ts,tsx}": "eslint"
  },
  "msw": {
    "workerDirectory": "public"
  }
}
```

이러한 값은 npm 또는 Node.js에서 사용하는 것이 아니라 외부 패키지 또는 라이브러리에서 사용하기 위한 설정 값일 가능성이 매우 크다. `package.json`은 위에서 언급한 예약어 외에 다른 필드에 대한 제한이 따로 없으니 프로젝트 설정에 필요한 값이 있다면 임의로 지정해서 활용해 보자.

2.1.3 package.json 생성하기

다음으로 `package.json`을 생성하는 방법을 알아보자. 물론 가장 빠르게 해당 파일을 작성하는 방법은 `package.json` 파일을 직접 생성해서 처음부터 작성하는 것이지만 다음과 같은 명령어를 사용해 편리하게 생성할 수도 있다.

2.1.3.1 npm init

`package.json`을 생성하는 가장 편리한 방법은 `npm init` 명령어를 실행하는 것이다. npm 패키지를 생성하고 싶은 폴더로 이동한 후 `npm init`을 실행하면 몇 가지 질문과 함께 빠르게 `package.json`을 생성할 수 있다.

```
$ npm init
This utility will walk you through creating a package.json file.
It only covers the most common items, and tries to guess sensible defaults.

See `npm help init` for definitive documentation on these fields
and exactly what they do.

Use `npm install <pkg>` afterwards to install a package and
save it as a dependency in the package.json file.

Press ^C at any time to quit.
package name: (private)
version: (1.0.0)
description:
entry point: (index.js)
test command:
git repository:
keywords:
author:
license: (ISC)
About to write to /Users/USER/private/package.json:
```

```
{
  "name": "private",
  "version": "1.0.0",
  "description": "",
  "main": "index.js",
  "directories": {
    "test": "test"
  },
  "scripts": {
    "test": "echo \"Error: no test specified\" && exit 1"
  },
  "author": "",
  "license": "ISC"
}


Is this OK? (yes) yes
```

이러한 문답 없이 바로 기본값으로 생성하고 싶다면 `npm init --yes`를 실행해도 된다.

2.1.3.2 package.json에 주석을 추가하는 법

`package.json`은 단순히 JSON 파일이기 때문에 주석을 삽입하기 어렵다. JSON에 주석을 삽입할 수 있는 JSONC와 같은 파일 형식이 존재하지만, 이 JSONC는 주석이 포함된 JSON 파일을 처리해야 하므로 별도의 컴파일러가 필요하다.

> **JSONC는 무슨 파일인가요?**
>
> JSONC는 일반적인 JSON과 비슷하지만 주석을 허용하는 새로운 형식의 JSON 확장자다.
>
> ```
> {
>   // 이것은 JSONC의 주석입니다
>   "name": "example",
>   "version": "1.0.0",
>   /* 이것은
>      여러 줄 주석입니다 */
>   "description": "This is an example of JSONC"
> }
> ```

> JSONC 컴파일러를 사용하는 가장 대표적인 예가 바로 tsconfig.json이다. tsc --init을 사용하면 tsconfig.json 파일이 생성되는데, 이 파일 내부에는 온갖 주석이 추가돼 있는 것을 볼 수 있다. 이는 사실 tsconfig.json이 내부적으로 JSONC 파일로 취급되어 관리되기 때문이다. 이 때문에 tsconfig.json이 아니라 tsconfig.jsonc로 명명해야 한다는 논의가 진행 중이다.[17]

따라서 JSON 규격에 따라 `package.json` 역시 일반적인 방법으로는 주석을 생성할 수 없다. 그러나 주석과 같이 `package.json`에 몇 가지 메타데이터를 넣는 것은 가능하다. 그중 한 가지는 `//` 키를 사용하는 것이다. 이는 npm 팀에서 공식적으로 권장하는 방식이다.[18]

```
{
  "name": "test",
  "//": ["안녕하세요.", "주석입니다."],
  "scripts": {},
  "dependencies": {}
}
```

그러나 이 `//`를 언제 어디서나 쓸 수 있는 것은 아니다. `scripts` 안에 `//`가 있다면 그 자체를 명령어로 판단하고, `dependencies` 안에 있다면 `//` 패키지를 설치하려고 시도한다.

```
{
  "name": "test",
  "scripts": {
    "//": "node index.js"
  },
  "dependencies": {
    "//": "hello, world"
  }
}
```

위 `package.json`처럼 `//`를 선언하면 모두 정상적인 문법으로 인식하는 것을 확인할 수 있다.

```
$ npm run //

$ test2@1.0.0 //
```

---

17 https://github.com/microsoft/TypeScript/issues/43121
18 https://groups.google.com/g/nodejs/c/NmL7jdeuw0M/m/yTql05DRQrIJ

```
node index.js

$ npm i
npm ERR! code EINVALIDPACKAGENAME
npm ERR! Invalid package name "//" of package "//@hello, world": name can only contain URL-friend-
ly characters.
```

// 외에 주석을 생성하는 다른 방법으로는, npm과 Node.js 등에서 사용되지 않는 예약어를 사용하는 방법이 있다. 이 방법을 팀 단위로 확실하게 사용하기 위해서는 접두사 등의 규칙을 선언하는 것이 좋다. 다음 예제를 보자.

```
{
  "name": "test",
  "@scripts_comment": "아래 명령어를 수정하지 마세요",
  "scripts": {
    "start": "node index.js"
  }
}
```

위 package.json에서는 scripts와 관련된 주석을 생성하기 위해 @ 접두사와 _comment 접미사를 붙였다. 이렇게 특수한 규칙을 생성해서 적용해두면 npm, Node.js뿐만 아니라 다른 패키지의 예약어와 겹칠 위험이 현저히 적어진다. 그리고 이 방법 역시 앞서와 마찬가지로 package.json의 최상단 필드에서만 가능하다는 것을 명심하자.

2.1.4 npm config와 .npmrc 살펴보기

npm에는 수십 가지 이상의 다양한 설정이 있다. 이번 절에서는 그중에서도 npm 프로젝트를 개발할 때 가장 자주 사용되는 대표적인 설정 몇 가지를 살펴보고, 이 설정 값을 프로젝트 내부에서 구성하는 방법을 알아본다.

2.1.4.1 npm config

먼저 npm에서 다룰 수 있는 주요 설정 값을 알아보자. 아래에서 다루는 설정값들은 npm 레지스트리에 업로드하는 패키지를 개발할 때 주로 사용되는 설정 값으로, 미리 알아두면 여러 상황에서 유용하게 사용할 수 있다.

2.1.4.1.1 _auth

기본값이 null인 이 값은 npm 레지스트리에 인증할 때 사용되는 문자열 값이다. 이 문자열은 단순히 npm 레지스트리에 접속할 때 인증하는 용도로만 사용된다. 이 설정에 대해 자세히 알아보기 위해서는 먼저 다음과 같이 npm 레지스트리에 로그인해야 한다.

```
$ npm login

npm notice Log in on https://registry.npmjs.org/
Login at:
https://www.npmjs.com/login?next=/login/cli/33d17ffb-a74a-483c-a962-417d8e681384
Press ENTER to open in the browser...

Logged in on https://registry.npmjs.org/.
```

npm login을 실행하면 npm 레지스트리에 로그인할 수 있는 페이지로 이동하게 된다. 이때 패키지를 업로드하고 싶은 계정 정보를 토대로 npm 레지스트리에 로그인하면 _auth 값이 생성되며 이 값은 사용자 머신의 최상단 영역에 존재하는 ~/.npmrc 파일에 저장된다. 이 값은 npm 레지스트리에 권한이 필요한 작업을 해야 할 때 사용되는 값이다. 다만 npm login을 수행한다고 해서 현재 명령어를 실행한 위치에 있는 .npmrc에 변화가 생기지는 않는다. 이 _auth 값은 사용자 머신의 npm 전역 설정으로 저장된다.

앞선 사례의 경우 개인이 자신의 작업에 사용하는 경우에만 유용할 것이다. 여러 사람이 공동으로 사용하는 프로젝트여서 공용 계정으로 업로드해야 하는 경우, 또는 깃허브 액션과 같은 CI/CD의 폐쇄적인 환경에서 실행하고자 하는 경우에는 사용자 머신의 최상위에 저장되는 것이 도움이 되지 않는다. 이 경우에는 별도로 이 _auth 값을 프로젝트의 package.json과 같은 위치에 있는 .npmrc에 저장하는 것이 좋다.

이 값은 npm 웹 사이트에서 다음과 같은 절차로 생성할 수 있다.

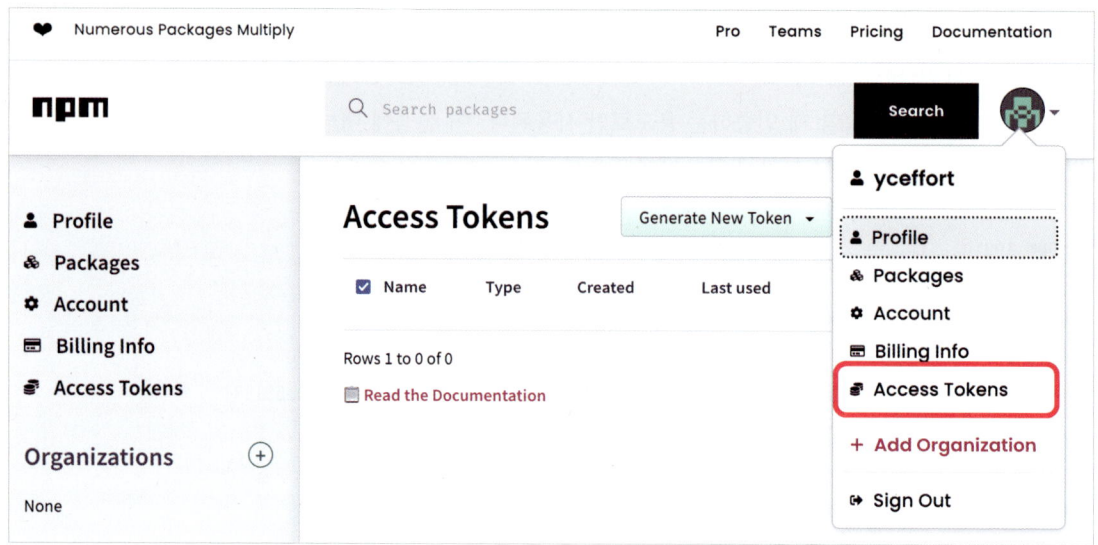

그림 2.1 npm 설정 페이지에서 Access Tokens 페이지로 이동

먼저 npm 웹사이트[19]에 접속한 후 [Profile]을 클릭한 다음, [Access Tokens]를 클릭한다.

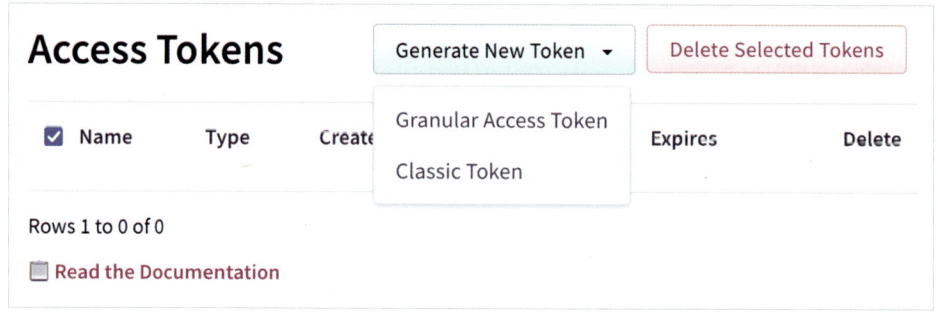

그림 2.2 npm의 Access Tokens 페이지에서 선택할 수 있는 토큰의 종류

여기에는 두 가지 토큰이 있는데, 바로 Classic 토큰과 Granular 토큰이다. 전자인 Classic 토큰은 npm에서 예전부터 사용되던 토큰으로, 단순히 읽기, 자동화, 배포용 정도의 보안 수준으로만 설정할 수 있는 반면 Granular 토큰은 접근 가능한 스코프, 기간, IP, 권한 등을 자세히 설정할 수 있다.

---

19 https://www.npmjs.com/

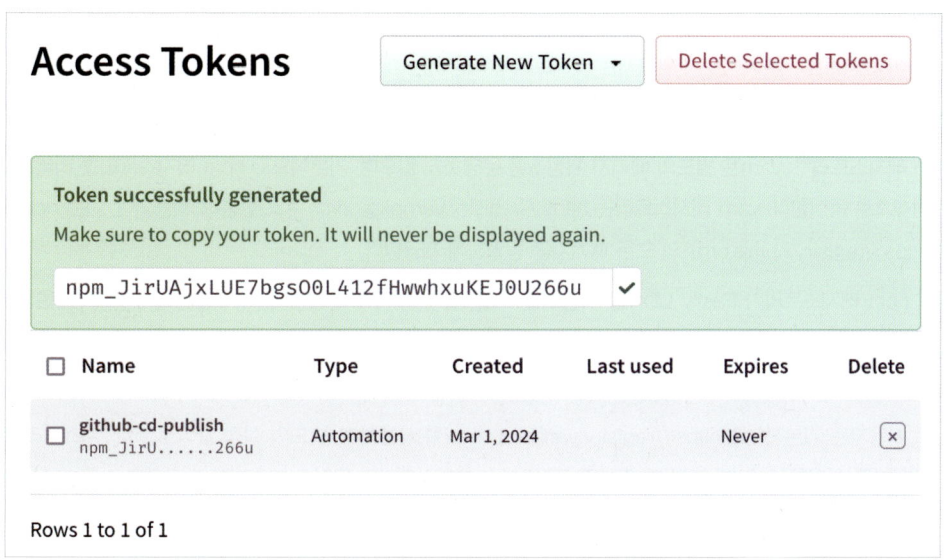

그림 2.3 토큰 생성이 완료되면 확인할 수 있는 화면. 토큰은 탈취되는 경우 해당 토큰의 전체 권한까지 뺏기게 되므로 주의할 필요가 있다.

이렇게 생성된 토큰은 _auth의 값으로 활용할 수 있다.

```
_auth=npm_JirUAjxL126wlia23uwne35ruKEJ0U266u
registry=https://registry.npmjs.org
```

한 가지 주의해야 할 점은 이 _auth 값만 있으면 토큰 정책에 따라서 누구나 npm에 접근할 수 있는 권한이 생긴다는 것이다. 이 값을 사용할 때는 반드시 일반적인 사용자가 볼 수 없도록 별도로 주입하는 등 주의가 필요하다.

2.1.4.1.2 registry

npm에서 레지스트리란 npm 패키지가 업로드되는 데이터베이스 주소를 의미한다. 사용 가능한 레지스트리는 다음과 같다.

- **npm 공식 레지스트리**[20]: 가장 널리 사용되고 있는 레지스트리이며, 별도 설정을 지정하지 않는다면 이 레지스트리에 업로드된다. npm의 기본값이자 별도 설정 없이 가장 쉽게 접근할 수 있는 레지스트리이기 때문에 대부분의 패키지는 여기에 업로드된다. 이 외의 레지스트리의 경우 외부 개발자가 설치를 하기 위해서는 아래에서 언급할 별도 설정이 필요하다.

---

20 https://registry.npmjs.org/

- **깃허브 패키지 레지스트리**[21]: 깃허브에서 제공하는 레지스트리로, 깃허브에서 제공하는 패키지를 업로드하고 사용할 수 있다. 이 레지스트리를 사용하기 위해서는 깃허브에서 제공하는 개인용 액세스 토큰(personal access token)[22]을 사용해야 한다.

- **yarn 레지스트리**[23]: yarn은 별도의 패키지 저장소를 운영하지 않으며, 기본적으로 npm 레지스트리를 리버스 프락시하는 방식으로 동작한다. yarn 레지스트리는 https://registry.yarnpkg.com/ 주소를 통해 제공되며, 이는 npm 레지스트리(https://registry.npmjs.org/)의 모든 패키지를 동일하게 제공한다.

  과거 npm 레지스트리가 Fastly CDN을 사용하던 시절, 일부 지역에서 성능 문제가 발생하자 yarn 팀은 Cloudflare CDN을 통해 npm 레지스트리를 프락시해서 설치 성능을 개선했다. 이후 npm 레지스트리도 Cloudflare CDN을 도입하며 성능과 안정성이 크게 개선됐고, 현재 두 레지스트리는 사실상 동일하게 동작한다.

  yarn 사용자는 기본적으로 https://registry.yarnpkg.com/을 사용하며, 별도의 설정 없이 npm 레지스트리에 있는 모든 패키지를 설치할 수 있다. 또한 이 주소를 통해 npm 레지스트리와 동일한 패키지를 제공하므로 두 레지스트리는 설치 성능 및 동작 면에서 차이가 없다.

  > **CNAME이 무엇인가요?**
  >
  > CNAME은 'Canonical Name'의 약자로, DNS(Domain Name System) 레코드 유형 중 하나다. 이는 한 도메인 이름을 다른 도메인 이름으로 매핑하는 데 사용된다. 이를 통해 여러 도메인 이름이 하나의 동일한 IP 주소를 가리키게 할 수 있다. yarn 레지스트리를 예로 들자면, 현재 yarn 레지스트리 주소는 registry.yarnpkg.com인데, 이 주소의 CNAME은 yarn.npmjs.org이다.[24] 즉, 주소는 yarnpkg.com이지만 목적지는 npmjs.org으로, npm 레지스트리와 사실상 동일하다고 볼 수 있다.

- **cnpm 레지스트리**[25]: 중국에서 npm 접근을 원활하게 하기 위해 만들어진 레지스트리다. 중국 본토에서 해외 서버에 접근하는 것이 느리기 때문에 별도 미러링된 저장소를 중국 내부에서 운영 중인데, 이것이 바로 cnpm이다.

- **기타 사설 레지스트리**: 만약 회사나 조직에서 업무적인 목적으로 사용하는 폐쇄적인 레지스트리가 필요하다면 앞에서 언급한 레지스트리(npm, 깃허브)에서 비공개로 올리거나 자체 레지스트리를 구축해서 운영할 수 있다. 이 레지스트리를 사용하기 위해서는 별도 서버와 환경을 구축해야 한다는 번거로움이 있지만 망 분리 등 폐쇄적인 환경에서 개발해야 하는 경우 유용하다.

  - Azure Artifacts: https://azure.microsoft.com/ko-kr/products/devops/artifacts
  - JFrog Artifactory: https://jfrog.com/artifactory/
  - Sonatype Nexus Repository: https://help.sonatype.com/en/sonatype-nexus-repository.html

---

21 https://npm.pkg.github.com/
22 https://github.com/settings/tokens
23 https://registry.yarnpkg.com/
24 https://toolbox.googleapps.com/apps/dig/#CNAME/registry.yarnpkg.com
25 https://registry.npmmirror.com/

이 `registry`를 설정할 경우, npm에서 패키지를 설치할 때 모든 패키지를 지정된 레지스트리에서 가져오게끔 할 수 있다. 뒤이어 소개할 `scope`를 사용한다면 특정 `scope`에 대해서만 특정 레지스트리에서 설치할 수도 있다.

2.1.4.1.3 engine-strict

`engine-strict`는 `package.json`의 `engines` 필드를 엄격하게 적용할지 여부를 결정하는 값이다. 이 값이 `true`로 설정돼 있다면 `engines` 필드에 명시된 Node.js 버전과 npm 버전을 엄격하게 따르게 되어 현재 환경과 버전이 맞지 않다면 설치가 불가능해진다. 만약 `false`로 설정돼 있다면 `engines` 필드에 명시된 버전을 따르지 않아도 경고만 노출하게 된다. 기본값은 `false`로, 앞서 언급한 것처럼 경고 문구만 노출된다.

2.1.4.1.4 access

`@scope/package`와 같이 스코프가 있는 패키지를 업로드할 경우 기본값은 `restricted`로 설정돼 있어 업로드가 불가능해진다. 이는 스코프 패키지가 혹시 내부에서만 사용될 목적일 수도 있기 때문에 실수로 업로드되는 것을 방지하기 위함이다. 만약 `public`으로 설정하게 되면 해당 패키지를 공개적으로 업로드할 수 있게 된다. 또한 한 번 `public`으로 설정하게 되면, 이후에는 이 설정을 사용해 `restricted`로 변경할 수 없다. 패키지를 배포한 이후에 다시 접근 레벨을 제어하고 싶다면 `npm access` 명령어를 사용하면 된다.

2.1.4.1.5 legacy-peer-deeps

`npm@3`부터 `npm@6`에서는 패키지를 설치할 때 `peerDependencies`가 조건을 충족하는지 여부를 별도로 판단하지 않았다. 그러나 `npm@7`부터 `peerDependencies`를 엄격하게 검사하게 되어 `peerDependencies`가 맞지 않으면 설치가 중단된다. 그러나 이 설정을 사용하면 이러한 동작을 무시하고 과거 npm 버전과 동일하게 설치를 진행할 수 있다. 자세한 내용은 2.2절 'dependencies란 무엇일까?'에서 다룬다.

이 외에도 npm에서 사용 가능한 다양한 설정을 보고 싶다면 npm-config 웹사이트[26]를 참고하자.

2.1.4.1.6 .npmrc 파일 다루기

`.npmrc`는 npm과 관련된 설정 값을 가지고 있는 파일이다. 이 파일은 앞서 언급한 `config`와 관련된 내용을 기재해 둘 수 있으며, 크게 네 곳에 위치할 수 있다.

- 프로젝트 최상위에 위치한 `/path/to/my/project/.npmrc`
- 사용자 홈 디렉터리에 위치한 `~/.npmrc`

---

[26] https://docs.npmjs.com/cli/v8/using-npm/config#legacy-peer-deps

- 글로벌 구성 파일인 $PREFIX/etc/.npmrc
- npm 내장 구성 파일인 /path/to/my/npm/.npmrc

이 파일 내의 설정은 모두 **키=값** 형태로 지정해야 한다. 환경변수 값의 경우 다음과 같이 $를 통해 사용할 수 있다.

```
prefix = ${HOME}/.npm-packages
```

이 네 곳의 모든 파일을 불러오지만 각 파일에는 우선순위가 있다. 우선순위는 앞에서 언급한 순서대로이며, 프로젝트의 최상위 경로에 위치한 .npmrc 파일이 가장 높은 우선순위를 가진다.

현재 최상위 기준으로 npm 설정을 보고 싶다면 다음과 같이 `npm config list` 명령어를 사용하면 된다.

```
$ npm config list

; "user" config from /Users/USER/.npmrc

@yceffort:registry = "https://registry.npmjs.org/"
//registry.npmjs.org/:_authToken = (protected)
always-auth = true
registry = "https://registry.npmjs.org/"

; node bin location = /Users/USER/.nvm/versions/node/v18.19.0/bin/node
; node version = v18.19.0
; npm local prefix = /Users/USER/private/npm-deep-dive
; npm version = 10.2.3
; cwd = /Users/USER/private/npm-deep-dive
; HOME = /Users/USER
; Run `npm config ls -l` to show all defaults.
```

2.1.5 정리

이번 절에서는 package.json 파일의 중요성과 npm 및 Node.js 환경에서 이 파일이 어떻게 관리되는지에 대해 자세히 다뤘다. package.json은 프로젝트의 메타데이터를 정의하고, 의존성 관리부터 스크립트 실행까지 다양한 역할을 수행하는 핵심 파일이다. 이 파일을 통해 해당 프로젝트가 어떤 패키지를 필요로 하고, 어떤 환경에서 동작하는지를 쉽게 파악할 수 있다. 또한 npm 명령어를 통해 설치되는 패키지들과 그 버전을 기록하며, 프로젝트 전반의 의존성을 추적하고 관리하는 데 중요한 역할을 한다. 따라서 `package.json` 파일을 정확하게 이해하고 관리하는 것은 효율적인 프로젝트 운영에 필수적이다.

`package.json`에는 다양한 설정 항목이 있으며, 그중 일부는 프로젝트에서 반드시 필요한 설정이지만 경우에 따라 불필요한 정보나 다른 패키지에서 사용하는 옵션이 포함돼 있을 수도 있다. 따라서 프로젝트의 요구사항에 맞는 설정만 포함돼 있는지 주기적으로 검토하는 것이 중요하다. 또한 프로젝트의 특성에 맞는 npm 설정과 스크립트를 정의해서 효율적인 개발 프로세스를 유지하고 코드의 일관성을 확보할 수 있다. 이 파일이 가진 중요성 덕분에 각 항목을 꼼꼼히 살펴보는 습관은 프로젝트의 품질을 유지하는 데 큰 도움이 될 것이다.

2.2 dependencies란 무엇일까?

이번 절에서는 `package.json` 파일에서 가장 핵심적인 필드 중 하나인 `dependencies`에 대해 깊이 있게 다룬다. `dependencies` 필드는 npm 프로젝트를 진행할 때 가장 자주 사용되며, 프로젝트가 정상적으로 작동하는 데 필요한 외부 패키지들을 정의한다. 하지만 많은 개발자들이 이 필드의 정확한 의미나 사용 목적에 대해 깊이 이해하지 못한 채 사용하는 경우가 많다. 그뿐만 아니라 `dependencies` 외에도 `devDependencies`, `peerDependencies` 등 여러 필드가 있는데, 각 필드가 무엇을 의미하고, 프로젝트에서 어떻게 사용되는가에 대한 명확한 이해가 중요하다.

`dependencies`는 런타임에서 필요한 패키지를 관리하는 반면, `devDependencies`는 개발 중에만 필요한 패키지들을 관리하는 데 사용된다. 예를 들어, 테스트 프레임워크나 빌드 도구처럼 실제 배포 단계에서는 필요하지 않은 도구들이 여기에 포함된다. `peerDependencies`는 주로 플러그인이나 라이브러리가 호환성을 유지해야 하는 경우 사용되며, 사용자가 프로젝트에서 특정 버전의 패키지를 함께 설치하도록 요구할 때 정의된다. 이번 절에서는 이러한 필드 간의 차이점과 구체적인 사용 사례를 알아보며, 각 필드를 언제 사용해야 할지에 대한 명확한 기준을 제시한다.

2.2.1 npm 버전과 버전에 사용되는 특수 기호

본격적으로 `dependencies`에 대해 알아보기에 앞서 npm에서 사용되는 특수 기호에 대해 알아보자. 자바스크립트 개발자라면 모두가 잘 아는 것처럼 `dependencies`를 선언하려면 다음과 같은 문법을 사용해야 한다.

```json
{
  "dependencies": {
    "package-name": "1.5.0"
  }
}
```

npm에서는 dependencies에 패키지의 버전을 명시할 때 버전 앞에 ^, *와 같은 다양한 특수 기호를 사용할 수 있다. 이 특수 기호는 패키지의 버전을 지정할 때 사용되며, 이 특수 기호를 사용함으로써 패키지의 버전을 더 유연하게 지정할 수 있다. 여기서 사용 가능한 특수 기호에 대해 알아보자.

2.2.1.1 특정 버전을 선언하는 경우

```json
{
  "dependencies": {
    "react": "18.2.0"
  }
}
```

"패키지명": "버전"과 같이 버전 앞에 별다른 특수 기호 없이 버전만 명시하는 경우 해당 버전과 정확히 일치하는 버전의 패키지만 설치하게 된다. 만약 해당 버전을 찾지 못하면 에러가 발생한다. npm update를 실행하더라도 설치해야 하는 버전이 정확히 명시돼 있기 때문에 npm update가 package-lock.json이나 node_modules에 영향을 미치지 못한다.

이러한 정확한 버전 명시는 서비스에서 패키지 버전업에 매우 보수적으로 접근할 때 주로 사용된다. 버전업이 이뤄졌다고 하더라도 개발자가 확인하지 못한 버전을 실수로라도 설치하고 싶지 않을 때 유용하다.

2.2.1.2 ^version 캐럿

version 앞에 ^(caret, 캐럿)을 지정하면 해당 버전과 호환되는 버전까지만 의존한다는 것을 의미한다. 이 호환되는 버전이란 해당 버전의 부분 버전 업데이트까지 용인한다는 뜻이다. 1.2절 '유의적 버전이란?'에서 먼저 다뤘던 것처럼 ^을 사용하면 해당 버전의 마이너 버전까지도 폭넓게 허용하게 된다. 예를 들어, ^1.2.3을 지정하면 1.2.3부터 1.x.0까지의 버전을 허용하며, 그 외에 주 버전이 다른 2.x나 3.x 버전은 허용되지 않는다. 유의적 버전에 따르면 1.2.2와 1.1.0는 부, 수 버전만 다르기 때문에 사용자의 대응을 필요로 하지 않는 호환되는 버전이며, 이를 package.json에서는 ^ 뒤에 명시된 버전을 최소 버전으로 기준을 삼아 가장 최신 버전으로 설치하게 된다. 다음 예제를 살펴보자.

```
{
  "dependencies": {
    "react": "^16.8.0"
  }
}
```

이 예제에서는 react의 버전이 ^16.8.0으로 명시돼 있다. 이는 16.8.0부터 그보다 큰 16.x.x까지의 버전을 허용하지만 16보다 주 버전이 더 높은 17.x나 18.x 버전은 설치를 허용하지 않는다는 것을 의미한다. 이로써 해당 npm 프로젝트는 리액트 훅이 최초로 등장한 ^16.8.0을 기준으로 작성됐고, 이로 인해 리액트 훅을 사용하고 있을 수도 있음을 짐작해볼 수 있다. 물론 리액트 17이나 18 버전도 리액트 훅을 지원하지만, 이 프로젝트가 미처 17과 18에 대한 호환성을 준비하고 있지 못한 것인지, 또는 아직 17 또는 18 버전이 출시되지 않은 시점에 만들어진 package.json인지는 알 수 없다.

2.2.1.3 ~version 틸드

version 앞에 ~(tilde, 틸드)를 지정하면 해당 버전의 버그 수정, 즉 패치 버전(수 버전)의 변경까지만 용인한다는 것을 의미한다. 앞서 언급한 캐럿보다 더 엄격한 방식으로, ~을 사용하면 해당 버전의 패치 버전까지만 허용되어 신규 API가 추가될 것으로 예상되는 부 버전의 변경까지도 막을 수 있다. 예를 들어 ~1.2.3을 지정하면, 1.2.3부터 1.2.x까지의 버전을 허용하게 되며, 1.3.0이나 2.0.0은 허용되지 않는다. 앞선 예제와 마찬가지로 1.2.1 버전은 패치 버전의 차이만 가지고 있지만 명시된 버전보다 작으므로 허용되지 않는다. 다음 예제를 살펴보자.

```
{
  "dependencies": {
    "react": "~16.8.0"
  }
}
```

위 버전에서는 react@~16.8.0이 선언돼 있으며, 이 버전에서는 16.8.0부터 16.8.x까지 허용된다. 그보다 부 버전이 높은 16.9.x나 주 버전이 높은 17.x.x는 허용되지 않는다.

이 버전 문법은 보수적으로 버그 수정에 대해서만 대응하고 싶은 경우 사용되며, 캐럿보다 엄격한 버전 문법이라 볼 수 있다.

2.2.1.4 * 애스터리스크

version에 *(asterisk, 애스터리스크)가 있거나 빈 문자열 ""이 있다면 아무 버전이나 상관없다는 뜻이다. *로 지정된 상태에서 `npm install`을 실행한다면 최신 버전을 설치하며, `npm update`를 수행해도 마찬가지로 실행 시점의 최신 버전을 설치한다.

이 애스터리스크를 사용할 때는 반드시 주의를 기울여야 한다. 향후 패키지가 버전업되면서 무슨 일이 일어날지 모르기 때문이다. 미래에 패키지가 버전업되면서 사용하고 있는 기능의 호환성이 깨지거나 더 이상 기능을 제공하지 않는 경우도 발생할 수 있으므로 이 특수문자는 웬만한 경우에는 실무에서 거의 사용되지 않는다.

2.2.1.5 버전과 관련된 기타 다양한 값

- x: 1.2.x, 1.x.2와 같이 사용할 수 있으며, x로 들어간 곳에는 어떠한 버전이 와도 상관없다는 것을 의미한다. 그러나 앞서 언급한 틸드나 캐럿으로 이러한 사용 예제를 대부분 소화할 수 있기 때문에 잘 사용되지는 않는다.

- \> >= <= <: 수학에서 의미하는 것과 마찬가지로, 각각 초과, 이상, 이하, 미만의 버전을 나타낼 때 사용된다. 예를 들어. ">=1.2.3"은 1.2.3 이상 버전을 의미하며, "<1.2.3"은 1.2.3 미만 버전을 의미한다. 그러나 이 경우 주 버전까지 포함되기 때문에 2나 0 버전도 설치될 수 있다는 것을 명심해야 한다.

- version || version: || 기호는 자바스크립트에서 쓰이는 것과 마찬가지로 둘 중 하나를 만족하는 버전을 의미한다.

- version1 - version2: - 기호는 범위를 나타내며, 1.2.3 - 1.2.4와 같이 사용할 수 있다. 이 경우 1.2.3부터 1.2.4까지의 버전을 의미하며, >=version1 <=version2와 같은 의미를 가진다.

- http://: tarball 파일, 즉 .tar나 tar.gz 파일이 업로드돼 있는 주소를 선언할 수 있다. 예를 들어, react@18.2.0의 npm tarball 파일 주소는 https://registry.npmjs.org/react/-/react-18.2.0.tgz인데, "react": "https://registry.npmjs.org/react/-/react-18.2.0.tgz"와 같이 선언하면 react@18.2.0을 설치하는 것과 동일하게 작동한다. 이러한 방식은 npm 레지스트리에 업로드하지 않고, 별도 CDN 등에 업로드한 패키지를 설치할 때 사용할 수 있다.

- 깃허브 주소: user/package와 같은 형태로 특정 깃허브의 패키지를 설치하는 것 또한 가능하다. "semver": "npm/node-semver"로 선언하면 https://github.com/npm/node-semver 깃허브 저장소에 있는 패키지를 설치하겠다는 것과 동일하다. 또한 npm/node-semver#ac9b357와 같은 형태로 커밋 단축 ID(shortid)를 지정하거나 npm/node-semver#release/v6와 같이 브랜치를 지정하는 것도 가능하다.

- git 주소: <protocol>://[<user>[:<password>]@]<hostname>[:<port>][:][/]<path>[#<commit-ish> | #semver:<semver>]와 같은 형태로 깃허브 저장소의 URL을 사용할 수 있다. #semver:<semver>라면 해당 버전을 사

용하겠다는 것과 동일하며, `#<commit-ish>`는 해당 커밋을 사용하겠다는 것과 동일하다. 이를 실행하기 위해서는 git ssh를 사용할 준비가 돼 있어야 한다. git ssh의 사용법은 SSH 키 생성과 관련된 깃허브 페이지[27]를 참고하자.

- `file:{path}`: `file:`을 사용하면 로컬의 특정 path에 있는 패키지를 설치할 수 있다. `file:../path`와 같이 사용하면 `../path`에 있는 패키지를 설치하겠다는 것과 동일하다. 이 기능은 아직 tarball이든 npm이든 아직 웹에 업로드하지 못한 패키지를 설치할 때 유용하다. 이 문법을 사용하려면 `file:` 경로에 있는 패키지가 즉시 사용할 준비가 돼 있어야 한다. 즉, 빌드가 필요한 패키지라면 빌드도 미리 돼 있어야 하며, 해당 패키지의 package.json에 필요한 dependencies도 설치돼 있어야 한다. 즉, `file:` 문법으로 선언된 패키지의 dependencies는 별도로 설치해주지 않으므로 해당 위치에 가서 직접 `npm install`을 수행해야 한다.

> 📄 모노레포에서 볼 수 있는 workspace:^는 무엇인가요?
>
> 위와 같은 문법은 npm이 아닌 yarn이나 pnpm에서 사용되는 문법 규칙이다. 이 내용에 대해서는 3.4절 'npm, yarn, pnpm 비교'에서 다룬다.

> 📄 패키지명을 임의로 선언하는 것도 가능한가요?
>
> 지금까지 버전이 아닌 HTTP 주소, 깃허브 주소 등을 사용하는 것을 봤다면 사실 패키지명이 크게 의미가 없다는 것을 눈치챘을 수도 있다. git, file:, http:// 등을 사용하면 패키지명을 무엇으로 하든 설치할 수 있고 코드 내에서 이렇게 변경된 이름으로 사용하는 것도 가능하다.
>
> ```
> {
>   "dependencies": {
>     "real-react-18": "https://registry.npmjs.org/react/-/react-18.2.0.tgz"
>   }
> }
> ```
>
> 이 의존성을 토대로 다음과 같은 자바스크립트 파일을 실행해보자.
>
> ```
> const react = require('real-react-18')
>
> console.log(react.cloneElement) // [Function: cloneElementWithValidation]
> ```
>
> 위 예제에서는 real-react-18이라고 하는 실제 npm에 존재하지 않는 패키지명을 선언하고, 값으로는 tarball을 선언했다. 이렇게 선언하고 `npm install`을 실행하면 react@18.2.0이 설치되며, 그 패키지명은 real-react-18로 사용할 수 있다는 점을 알 수 있다.

---

[27] https://docs.github.com/ko/authentication/connecting-to-github-with-ssh/generating-a-new-ssh-key-and-adding-it-to-the-ssh-agent

tarball을 사용하는 것이 부자연스럽게 느껴진다면 다음과 같이 npm: 문법을 사용해 별칭을 지정하는 것 또한 가능하다.

```
{
  "dependencies": {
    "react": "18.2.0",
    "react17": "npm:react@17.0.2"
  }
}
```

위와 같이 react17이라는, 실제 npm에 배포되지 않은 패키지명을 별칭으로 지정해도 다음과 같이 자바스크립트 파일에서 사용할 수 있다.

```
const react = require('react')
const react17 = require('react17')

console.log(react.cloneElement) // [Function: cloneElementWithValidation]
console.log(react17.cloneElement) // [Function: cloneElementWithValidation]
```

📑 올바른 버전을 선언했는지 어떻게 알 수 있나요?

본인이 선언한 버전이 올바른지 알고 싶다면 https://semver.npmjs.com/를 방문해보자. 이곳에서 패키지명과 버전명을 선언하면 해당 패키지와 버전명으로 설치 가능한 버전을 알 수 있다.

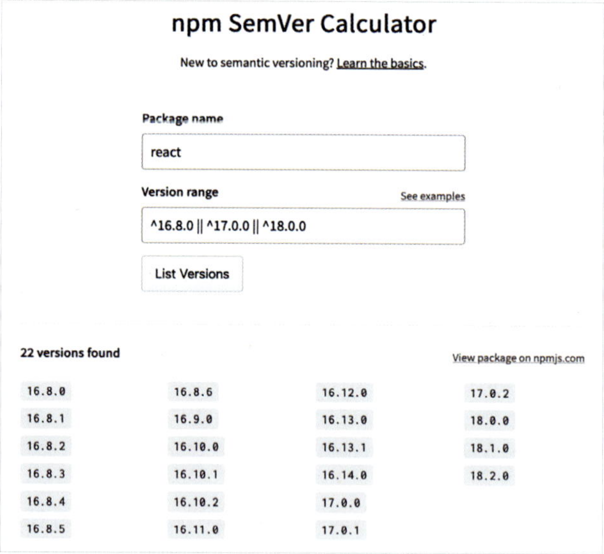

그림 2.4 npm SemVer Calculator. 패키지명과 사용하고 싶은 문법을 적으면 현재 배포돼 있는 패키지 중 해당 문법 내에서 사용될 수 있는 패키지를 오른쪽과 같이 목록으로 확인할 수 있다.

2.2.2 dependencies

지금까지 dependencies 안에서 사용할 수 있는 버전에 대해 알아봤으니, 이제 본격적으로 dependencies 필드에 대해 알아보자.

dependencies란 npm 패키지를 사용하거나 개발하기 위해 반드시 필요한 패키지를 의미한다. 프로젝트 최상위에 위치한 package.json 파일에서 npm install을 실행하면 이 항목에 정의된 패키지들이 자동으로 설치된다. 또한 배포된 패키지가 다른 프로젝트에 설치될 때도 dependencies에 명시된 패키지는 항상 함께 설치된다. 다음 예제를 통해 이를 확인해보자.

```
{
  "name": "a",
  "dependencies": {
    "b": "1.0.0"
  }
}
```

```
{
  "name": "c",
  "dependencies": {
    "a": "1.0.0"
  }
}
```

위 예제에서 a 패키지는 b 패키지에 의존하며, c 패키지는 a 패키지에 의존한다. a 패키지 최상위에서 npm install을 실행한다면 b 패키지가 설치되며, c 패키지에서 npm install을 실행한다면 a 패키지가 설치됨과 동시에 a 패키지의 의존성인 b 패키지도 설치된다. 이 내용을 도식화하면 다음과 같다.

```
.
└── node_modules/
    └── a/
        └── b
```

```
.
└── node_modules/
    └── c/
```

```
└─ a/
   └─ b
```

따라서 npm으로 업로드될 패키지라면 이 dependencies를 매우 신중하게 선언해야 한다. 앞서 살펴본 것처럼 여기에 있는 패키지는 무조건 설치되기 때문이다. 만약 dependencies에 실제로는 사용하지 않는 불필요한 패키지가 선언돼 있다면 해당 패키지를 사용하는 모든 npm 패키지에서 불필요한 패키지가 설치돼 버리므로 불필요한 낭비를 초래한다.

2.2.3 devDependencies

devDependencies는 dependencies와는 다르게, 해당 패키지를 개발할 때만 필요한 패키지를 의미한다. 즉, 해당 패키지를 사용하는 사용자가 아닌, 해당 패키지를 개발하는 개발자가 필요로 하는 패키지를 의미한다. 다시 예제를 살펴보자.

```
{
  "name": "a",
  "devDependencies": {
    "b": "1.0.0"
  }
}
```

위와 같이 a라는 패키지가 있고, 이 패키지의 devDependencies에서는 b에 의존하고 있다고 가정해보자.

```
{
  "name": "c",
  "dependencies": {
    "a": "1.0.0"
  }
}
```

a 패키지의 devDependencies에 b 패키지가 선언돼 있다. 이 경우 npm install을 실행하면 b 패키지가 설치된다. 그러나 c 패키지의 경우 a 패키지에 의존하고 있지만 a 패키지 내에는 b 패키지가 dependencies가 아닌 devDependencies로 선언돼 있기 때문에 c 패키지를 설치할 때 b 패키지는 설치되지 않는다.

이는 npm 패키지를 배포할 때 매우 중요한 부분이다. 만약 패키지 실행에 필요한 또 다른 패키지가 devDependencies 내에 선언돼 있다면 a를 사용하는 c와 같은 입장에서는 b를 설치하지 않는다.

이 devDependencies는 언제 사용될까? 보통 프로젝트를 빌드하거나 개발하는 용도로만 사용되는 패키지가 devDependencies로 선언된다. 예를 들어, 웹팩(Webpack)이나 바벨(Babel) 같은 빌드 도구나 제스트(Jest)나 모카(Mocha) 같은 테스트 도구, 그리고 타입스크립트 같은 도구가 devDependencies로 선언되는 경우가 많다. 이러한 패키지는 사용자가 해당 패키지를 사용할 때는 필요 없지만 해당 패키지를 개발할 때는 필요한 패키지다. 웹팩, 바벨, 타입스크립트는 결국 이 패키지를 사용하는 최종 사용자에게 제공하기 위한 코드를 만드는 도구일 뿐 직접 최종 사용자에게 필요한 도구는 아니기 때문이다. 제스트나 모카도 마찬가지로 단순히 패키지 테스트를 위한 도구일 뿐 최종 사용자에게 필요한 도구는 아니다. 따라서 이러한 빌드, 테스트, 혹은 기타 패키지 이용에 직접적으로 필요하지 않은 개발 도구들이 devDependencies로 선언된다.

> 제 프로젝트는 패키지로 배포할 일이 없는 애플리케이션 패키지인데, 그렇다면 사실상 dependencies와 devDependencies가 차이가 없는 거 아닌가요?

npm으로 업로드할 패키지라면 명백한 차이가 있지만 사실상 npm으로 업로드되지 않는 패키지, 즉 대다수의 애플리케이션 패키지의 경우 dependencies와 devDependencies의 차이가 없다고 볼 수 있다. 굳이 dependencies와 devDependencies가 차이가 있는 상황을 찾자면 npm install --production을 사용하는 경우다. 이 --production 플래그를 사용하면 devDependencies에 지정된 의존성은 설치되지 않고 오직 dependencies에 지정된 의존성만 설치된다. 이는 요즘 거의 쓰이지 않지만, 과거 CI 환경에서 npm install을 실행할 때 설치되는 패키지를 최소화하기 위해 사용되곤 했다. 그러나 현재 애플리케이션 패키지의 경우 그 경계가 모호해졌다.

예를 들어, Next.js 프레임워크와 타입스크립트로 작성된 애플리케이션 패키지를 운영하고 있다고 가정해보자. 이 애플리케이션의 최종 실행 결과물은 자바스크립트와 Next.js 기반이기 때문에 next만 dependencies로 포함하고, typescript는 실제 프로덕션 코드 결과물에서 직접적으로 참조되지 않기 때문에 devDependencies로 선언할 수 있다. 이 경우 npm install --production으로 설치한 다음 빌드하면 정상적으로 빌드될까? 그렇지 않을 것이다. typescript는 결과물 코드에서 참조하지는 않지만 실제 빌드 결과물을 만드는 데는 필요하므로 npm install을 사용해 설치하거나 dependencies로 옮겨야 한다.

반면 ESLint나 Jest 같은 도구는 어디에 있어야 적절할까? CI 환경과 코드 작성 스타일에 따라 다르겠지만 빌드 파이프라인에 test와 lint가 포함돼 있고, npm install --production을 사용해 CI 환경에서 설치를 수행한다면 이 두 패키지 역시 dependencies로 옮겨야 할 것이다. 그래서 일부 애플리케이션 패키지에서는 dependencies에 모든 패키지를 넣고 devDependencies를 사용하지 않는 경우도 있다.

결국 dependencies와 devDependencies의 주요 차이점은 '해당 패키지가 다른 패키지에서 설치될 때 설치되는가?' 여부이기 때문에 애플리케이션에서는 이 차이가 모호해진다. 그래서 애플리케이션에서 사용하기에는 설계 자체가 잘못됐다는 의견도 있다.[28]

---

28 https://cpojer.net/posts/rethinking-javascript-infrastructure#devdependencies-were-a-mistake

2.2.4 peerDependencies

dependencies와 devDependencies는 비교적 잘 알려져 있고 널리 사용되고 있어 익숙한 편이지만 peerDependencies의 경우 패키지를 실제로 배포해본 적이 없거나 패키지를 만들어본 적이 없는 경우에는 비교적 낯선 dependencies에 속한다. 그러나 peerDependencies는 npm 패키지를 만들거나 배포할 때 중요한 필드로, 앞에서 언급한 두 패키지와 구별되는 명백한 차이가 있는 필드다. peerDependencies는 무엇이고 어떻게 사용하는지 본격적으로 살펴보자.

먼저 peerDependencies에 대한 npm 공식 문서를 살펴보자.

> In some cases, you want to express the compatibility of your package with a host tool or library, while not necessarily doing a require of this host. This is usually referred to as a plugin. Notably, your module may be exposing a specific interface, expected and specified by the host documentation.
>
> (번역) 일부 특수한 경우에는 특정 패키지를 직접 require하지 않으면서도 호스트 도구 또는 라이브러리와 패키지의 호환성을 표현하고자 하는 경우도 있다. 이는 보통 플러그인이라고 불리며, 호스트 문서에서 기대되고 명시된 특정 인터페이스를 노출하는 모듈일 수 있다.

여기서 주목할 만한 내용은 require를 하지 않는데 특정 패키지가 필요한 경우다. 이러한 경우로는 무엇이 있을까? 다음 예제를 살펴보자.

```javascript
const useSum = (a, b) => {
  return a + b
}

export default useSum
```

위와 같은 훅이 있다고 가정해보자. 위 훅은 그 어디에서도 react를 require하지 않지만 react를 사용하는 곳에서 사용될 목적으로 만들어졌다는 것을 짐작할 수 있다. 따라서 이 패키지는 다음과 같이 package.json을 작성할 수 있다.

```json
{
  "name": "use-sum",
  "peerDependencies": {
    "react": "^16.8.0 || ^17.0.0 || ^18.0.0"
```

```
    }
}
```

그러나 앞서 npm의 `peerDependencies`의 설명 중 'while not necessarily doing a `require` of this host', 즉 직접적으로 `require`가 없는 패키지만 `peerDependencies`로 사용하는 것은 아니다. 대표적인 예로 react-use[29]를 꼽을 수 있다. react-use는 리액트에서 유용하게 사용할 수 있는 리액트 훅을 모아둔 패키지로, 내부 패키지에서는 `useEffect`를 사용하기 위해 직접적으로 `import {useEffect} from 'react'`를 호출하는 코드를 찾아볼 수 있다.[30] 그럼에도 react-use의 `package.json`은 다음과 같이 `peerDependencies`에 리액트가 포함된 채로 작성돼 있다.

```
{
  "name": "react-use",
  "peerDependencies": {
    "react": "*",
    "react-dom": "*"
  }
}
```

> **노트**
>
> 물론 엄밀히 이야기하면 이 선언은 잘못됐다. 리액트 훅을 사용하기 위해서는 최소 16.8.0 버전이 설치돼 있어야 하므로 모든 버전을 의미하는 *를 사용해서는 안 된다.

그렇다면 요즘의 `peerDependencies`는 어떤 의미로 봐야 할까? 크게 다음과 같이 두 가지로 볼 수 있다.

1. **호환성 선언 용도**: react와 같은 호스트 도구 또는 라이브러리를 `peerDependencies`에 선언함으로써 플러그인이 어떤 패키지와 호환되는지 명시적으로 밝힌다. 이는 해당 패키지가 어떤 호스트 패키지를 기반으로 작성됐는지 선언할 뿐만 아니라 호환성을 보장하기 위한 명시적인 선언이기도 하다. 앞의 예제처럼 리액트, 그중에서도 리액트의 훅과 연동될 목적으로 만들어졌다면 `peerDependencies`에 react>=16.8.0과 같이 선언한다. 이렇게 함으로써 해당 패키지가 react@16.8.0 이상에서만 동작한다는 것을 알릴 수 있다.

2. **사용자에게 특정 패키지 설치에 주의를 주는 용도**: 만약 `dependencies`에 특정 라이브러리를 선언해둔다면 이 패키지를 설치한 곳에서는 해당 라이브러리가 없다면 별도의 메시지 없이 바로 설치하게 될 것이다. 이는 비교적 가벼운 패키지 혹은 특정 패키지의 특정 버전이 꼭 필요한 경우에는 유용하다. 그러나 리액트와 같이 무거운 패키지의 경우 사

---

[29] https://github.com/streamich/react-use
[30] https://github.com/streamich/react-use/blob/ade8d3905f544305515d010737b4ae604cc51024/src/useAsync.ts#L1

정이 다르다. 리액트 같은 무거운 패키지를 dependencies에 선언한다면 이 패키지가 없는 상황에서는 무조건 설치하게 될 것이다. 그러나 사용자 측에서 버전만 다른 동일한 무거운 패키지를 가지고 있다면 중복 설치로 인해 서비스의 성능에 악영향을 끼칠뿐만 아니라 리액트 같은 패키지라면 최악의 경우 정상적으로 동작하지 않게 될 것이다. 이를 dependencies 대신 peerDependencies로 선언해둔다면 패키지 관리자에 따라 설치가 정상적으로 진행되지 않거나 설치된다고 하더라도 오류 메시지를 반환하게 된다. 이렇게 함으로써 패키지를 사용하는 사용자에게 경고의 메시지를 보여줄 수 있다. 다음 예시를 살펴보자.

```
{
  "name": "nextjs-example-web",
  "dependencies": {
    "next": "15.1.0",
    "react": "17.0.2"
  }
}
```

Next.js 기반 애플리케이션을 만들기 위해 위와 같이 package.json을 작성했다고 가정해보자. nextjs@15.1.0의 peerDependencies에는 리액트가 다음과 같이 지정돼 있다.[31]

```
{
  "name": "next",
  "version": "15.1.0",
  "description": "The React Framework",
  "peerDependencies": {
    "react": "^18.2.0 || 19.0.0-rc-de68d2f4-20241204 || ^19.0.0",
    "react-dom": "^18.2.0 || 19.0.0-rc-de68d2f4-20241204 || ^19.0.0"
  }
}
```

그러나 현재 nextjs-example-web은 react@17.0.2만 가지고 있기 때문에 위와 같은 상황에서 설치를 하면 최신 버전의 npm에서는 다음과 같은 에러가 발생한다.

```
$ npm i
npm error code ERESOLVE
npm error ERESOLVE could not resolve
npm error
npm error While resolving: next@15.1.0
npm error Found: react@17.0.2
```

---

31 https://github.com/vercel/next.js/blob/dafcd43fac3ef9d0ffd94f9c94fd61db4449df25/packages/next/package.json#L112

```
npm error node_modules/react
npm error   react@"17.0.2" from the root project
npm error   peer react@">= 16.8.0 || 17.x.x || ^18.0.0-0 || ^19.0.0-0" from styled-jsx@5.1.6
npm error   node_modules/styled-jsx
npm error     styled-jsx@"5.1.6" from next@15.1.0
npm error     node_modules/next
npm error       next@"15.1.0" from the root project
npm error
npm error Could not resolve dependency:
npm error peer react@"^18.2.0 || 19.0.0-rc-de68d2f4-20241204 || ^19.0.0" from next@15.1.0
npm error node_modules/next
npm error   next@"15.1.0" from the root project
npm error
npm error Conflicting peer dependency: react@19.0.0
npm error node_modules/react
npm error   peer react@"^18.2.0 || 19.0.0-rc-de68d2f4-20241204 || ^19.0.0" from next@15.1.0
npm error   node_modules/next
npm error     next@"15.1.0" from the root project
npm error
npm error Fix the upstream dependency conflict, or retry
npm error this command with --force or --legacy-peer-deps
npm error to accept an incorrect (and potentially broken) dependency resolution.
npm error
npm error
npm error For a full report see:
npm error /home/runner/.npm/_logs/2025-01-18T03_52_19_173Z-eresolve-report.txt
npm error A complete log of this run can be found in: /home/runner/.npm/_logs/2025-01-18T03_52_19_173Z-debug-0.log
```

pnpm의 경우 설치는 되지만 경고 문구가 표시된다.

```
$ pnpm i
Downloading next@15.1.0: 25.31 MB/25.31 MB, done
Packages: +32
++++++++++++++++++++++++++++++++
Downloading @next/swc-darwin-arm64@15.1.0: 41.26 MB/41.26 MB, done
Progress: resolved 57, reused 29, downloaded 4, added 32, done
node_modules/.pnpm/sharp@0.33.5/node_modules/sharp: Running install script, done in 4.8s
```

```
dependencies:
+ next 15.1.0 (15.1.5 is available)
+ react 17.0.2 (19.0.0 is available)

WARN Issues with peer dependencies found
.
├┬ react-dom 19.0.0
│ └─ ✕ unmet peer react@^19.0.0: found 17.0.2
└┬ next 15.1.0
  └─ ✕ unmet peer react@"^18.2.0 || 19.0.0-rc-de68d2f4-20241204 || ^19.0.0": found 17.0.2
```

yarn berry 역시 설치는 되지만 경고 문구가 출력된다.

```
$ yarn
➤ YN0000: · Yarn 4.6.0
➤ YN0000: ┌ Resolution step
➤ YN0000: └ Completed
➤ YN0000: ┌ Post-resolution validation
➤ YN0060: │ react is listed by your project with version 17.0.2 (pa8e04), which doesn't satisfy what next and other dependencies request (^18.2.0 || ^18.2.0 || 19.0.0-rc-de68d2f4-20241204 || 19.0.0-rc-de68d2f4-20241204 || ^19.0.0 || ^19.0.0).
➤ YN0002: │ nextjs-example-web@workspace:. doesn't provide react-dom (p8b6cb), requested by next.
➤ YN0086: │ Some peer dependencies are incorrectly met by your project; run yarn explain peer-requirements <hash> for details, where <hash> is the six-letter p-prefixed code.
➤ YN0000: └ Completed
➤ YN0000: ┌ Fetch step
➤ YN0000: └ Completed
➤ YN0000: ┌ Link step
➤ YN0000: │ ESM support for PnP uses the experimental loader API and is therefore experimental
➤ YN0000: └ Completed
➤ YN0000: · Done with warnings in 0s 157ms
```

패키지 관리자마다, 그리고 설정마다 조금씩 다르지만 한 가지 확실한 것은 별다른 메시지 없이 무조건 설치하는 dependencies와는 달리 peerDependencies는 해당 구조가 만족하지 않는 경우 경고 문구를 내보내거나 설치를 막는 등의 추가적인 조치를 한다는 것이다. 따라서 peerDependencies는 설치에 있어 주의를 요하는 용도로 사용할 수 있다.

peerDependencies에 대해 정리하자면, 특정 호스트 패키지를 기반으로 작성된 패키지를 만들고 싶을 때 반드시 사용해야 하는 필드라고 볼 수 있다. 이는 이 패키지를 사용하는 개발자에게 호환성을 선언해 패키지에 대한 이해도를 높일뿐만 아니라 중복 설치를 방지할 수 있도록 안내함으로써 패키지 설치의 효율성을 증대시킬 수 있다.

> **호스트 패키지란?**
>
> 호스트 패키지란 해당 라이브러리나 패키지를 사용하는 프로젝트를 의미한다. 앞서 소개한 peerDependencies로 리액트를 가지고 있는 react-hooks를 설치해서 사용하는 웹 애플리케이션 프로젝트를 호스트 패키지라고 한다.

2.2.5 peerDependenciesMeta

앞서 `peerDependencies`의 경우 지정된 패키지가 설치되지 않은 경우 에러를 반환하지만 `peerDependenciesMeta`는 선택적인 호스트 패키지를 선언할 때 유용하다. 예를 들어, Koa, Express, NestJS 모두에서 사용할 수 있는 패키지를 배포한다고 가정해보자.

```js
import koaMiddleware from '@yceffort/middleware/koa'
import expressMiddleware from '@yceffort/middleware/express'
import nestjsMiddleware from '@yceffort/middleware/nestjs'
```

그리고 `@yceffort/middleware`는 세 가지로 완벽히 격리되어 각각 별개로 `export`하고 있다고 가정해보자.

```js
// koa.js
import koa from 'koa'

export default function Middleware() {
  // do something with koa
}

// express.js
import express from 'express'

export default function Middleware() {
  // do something with express
}

// nestjs.js
import { Middleware } from '@nestjs/common'
```

```
export default function Middleware() {
  // do something with nestjs Middleware
}
```

이 패키지는 사용하는 쪽에서 세 개 중 하나의 경로만 취사선택해서 사용할 수 있게끔 고안돼 있다. 만약 이를 단순히 peerDependencies에 선언하면 어떻게 될까?

```
{
  "name": "@yceffort/middleware",
  "peerDependencies": {
    "koa": "*",
    "express": "*",
    "nestjs": "*"
  }
}
```

이렇게 선언하게 되면 사용하는 쪽에서는 비록 셋 중에 하나의 프레임워크만 사용한다고 하더라도 peerDependencies로 선언된 모든 패키지가 설치돼 있지 않으면 해당 패키지를 찾을 수 없다는 에러가 발생할 것이다.

이런 경우에 유용하게 사용할 수 있는 것이 바로 peerDependenciesMeta다. peerDependenciesMeta는 peerDependencies와 함께 사용해야 하며, peerDependencies에 선언된 패키지가 설치돼 있지 않은 경우 특별히 에러를 반환하지 않는다.

```
{
  "name": "@yceffort/middleware",
  "peerDependencies": {
    "koa": "*",
    "express": "*",
    "nestjs": "*"
  },
  "peerDependenciesMeta": {
    "koa": {
      "optional": true
    },
    "express": {
```

```
      "optional": true
    },
    "nestjs": {
      "optional": true
    }
  }
}
```

이렇게 선언하면 Koa, Express, NestJS가 설치돼 있지 않아도 에러가 발생하지 않는다. 이는 사용하는 쪽에서 선택적으로 사용할 수 있게끔 도와주면서도 동시에 호환성을 선언할 수 있게 도와준다. 물론, 이 필드를 선언하면 패키지가 없는 경우에도 에러가 발생하지는 않겠지만 실제로 코드를 실행하는 과정에서도 해당 패키지가 설치돼 있지 않다면 해당 패키지를 찾을 수 없다는 에러가 발생할 것이다.

이처럼 peerDependenciesMeta는 선택적인 호스트 패키지 의존성을 선언할 때 사용된다.

2.2.6 정리

지금까지 npm에서 version 앞에 사용되는 다양한 특수 기호와 더불어 package.json의 dependencies, devDependencies, peerDependencies, peerDependenciesMeta에 대해 알아봤다. 이러한 dependencies는 각기 고유한 목적이 있으며 그에 맞는 용도로 선언하고 사용해야 한다. 특히 npm 패키지를 배포할 계획이라면 이러한 dependencies를 신중하게 선택해서 선언해야 한다. 이러한 dependencies는 패키지의 사용자에게 어떤 패키지가 필요한지, 어떤 패키지가 개발할 때 필요한지, 어떤 호스트 패키지가 필요한지, 그리고 어떤 호스트 패키지가 선택적으로 필요한지를 명시적으로 나타내는 데 사용된다.

다음 절에서는 이렇게 완성된 package.json을 기반으로 사용할 수 있는 유용한 npm 명령어에 대해 알아본다. package.json를 충분히 이해했다면 npm 명령어를 이해하는 데 한층 더 도움이 될 것이다.

2.3 npm의 주요 명령어

이번 절에서는 npm을 사용할 때 자주 쓰는 핵심 명령어와 실무에서 유용하게 활용할 수 있는 여러 명령어를 살펴본다. npm은 패키지 설치, 관리, 의존성 해결, 배포 등의 다양한 기능을 제공하는 패키지 관리자로, 그만큼 많은 명령어를 제공한다. 하지만 그중에서도 실무에서 주로 사용하는 명령어는 몇 가지로 정리할 수 있다.

따라서 이번 절에서는 패키지 설치와 버전 관리, 스크립트 실행 등 프로젝트 운영에 필수적인 명령어를 중점적으로 다룰 것이다. 이러한 명령어를 효율적으로 활용하는 것만으로도 대부분의 작업을 원활하게 처리할 수 있다.

또한 널리 알려져 있지는 않지만 알아두면 특정 상황에서 매우 유용하게 사용할 수 있는 명령어도 함께 소개할 예정이다. 이러한 명령어는 복잡한 문제를 해결하거나 프로젝트 관리의 효율성을 높이는 데 도움을 줄 수 있다.

이번 절을 통해 자주 사용하는 기본적인 npm 명령어뿐만 아니라 유용한 추가 명령어까지 익힌다면 더 나은 프로젝트 관리 능력을 갖출 수 있을 것이다.

2.3.1 npm run

`npm run`은 npm을 사용할 때 가장 자주 쓰이는 명령어로, `npm run` 뒤에 오는 명령어를 `package.json`에서 찾아서 실행하는 역할을 한다. 다음 예제를 살펴보자.

```json
{
  "scripts": {
    "start": "node index.js"
  }
}
```

```
$ npm run start
node index.js
```

만약 `script`에 특별한 인수를 전달하고 싶으면 `--`를 사용하면 된다.

```json
{
  "scripts": {
    "start": "node index.js"
  }
}
```

```
$ npm run start -- --port=3000
node index.js --port=3000
```

이와 관련해서 한 가지 재미있는 사실을 알아보자. 흔히 자바스크립트 프로젝트 내부의 스타일 유지 관리를 하기 위해 eslint를 널리 사용한다. 이렇게 설치된 eslint를 실행하기 위해 다음과 같은 스크립트를 추가해서 사용하곤 한다.

```
{
  "scripts": {
    "lint": "eslint ."
  }
}
```

```
$ npm run lint
# ESLint가 실행된다.
```

npm run lint는 eslint .을 실행하는 단축어에 불과하기 때문에 왠지 bash에서 직접 eslint .을 바로 실행해도 동일하게 eslint를 실행할 수 있을 것 같은 생각이 든다. 그러나 실제로 실행하면 이는 실행되지 않는다.

```
$ eslint .
command not found: eslint
```

그 이유는 npm run이 명령어 실행을 위해 보이지 않는 작업을 처리하기 때문이다. npm run을 직접 실행하는 과정에서는 보이지 않지만 node_modules가 PATH에 추가된다. 따라서 실제로 npm run lint 명령어는 다음과 같이 실행된다고 볼 수 있다.

```
{
  "scripts": {
    "lint": "node_modules/.bin/eslint ."
  }
}
```

> **노트**
> 유닉스 계열 시스템은 /bin/sh를, 윈도우에서는 cmd.exe를 사용한다.

따라서 npm run script에서 script가 실행되는 위치와 실제 bash에서 실행하는 script의 위치는 다를 수 있기 때문에 실행 결과에도 차이가 발생할 수 있다는 점을 염두에 두자.

2.3.2 npm install과 npm ci

npm install과 npm ci는 자바스크립트 개발자라면 모두가 알고 있듯이 의존성을 설치하는 명령어다. npm install과 npm ci는 모두 package.json에 선언된 의존성을 설치한다는 공통점이 있지만 쓰임새는 사뭇 다르다. 둘 사이에 어떤 차이점이 있는지 알아보자.

먼저 npm install은 package-lock.json의 존재 유무와 관계없이 모두 실행할 수 있다. package-lock.json이 없는 경우에는 package.json에 선언돼 있는 버전 공식에 맞춰 설치한 다음, 이 내용을 담은 package-lock.json을 새롭게 생성한다. 반대로 package-lock.json이 이미 있는 경우에는 이 내용에 따라 설치하며, 다음과 같은 경우에만 package-lock.json을 수정한다.

- package-lock.json에 없는 패키지를 설치할 때
- package-lock.json의 package.json 내용과 맞지 않는 경우

또한 npm install은 뒤에 패키지명을 선언해서 특정 패키지만 설치하는 것도 가능하다.

```
$ npm install # 모든 의존성 설치
$ npm install react # react만 설치
$ npm install eslint -D # eslint를 devDependencies로 추가해서 설치
```

반면 npm ci는 package-lock.json이 있는 경우에만 실행할 수 있으며, package-lock.json의 내용 그대로 의존성을 설치한다. 따라서 package-lock.json이 없을 경우에는 npm ci를 실행할 수 없다. npm ci는 어떠한 경우에도 package-lock.json을 수정하지 않으며, package-lock.json이 없거나 package.json의 내용과 맞지 않는 경우 에러를 발생시킨다. 왜냐하면 npm ci의 목적은 package-lock.json에 명기된 의존성을 정확하게 설치하는 것이기 때문이다. 그래서 이 명령어는 말 그대로 CI 환경에서 자주 사용된다.

```
$ npm ci

npm ERR! code EUSAGE
npm ERR!
npm ERR! The `npm ci` command can only install with an existing package-lock.json or
npm ERR! npm-shrinkwrap.json with lockfileVersion >= 1. Run an install with npm@5 or
npm ERR! later to generate a package-lock.json file, then try again.
...
```

npm install이 어떤 과정으로 실행되는지는 2.4절 'npm install을 실행하면 벌어지는 일'에서 더 자세히 다룬다.

2.3.3 npm update

npm update는 의존성을 업데이트하는 명령어다. 이 명령어는 package.json에 명시된 버전을 기준으로 업데이트를 진행한다. 만약 package.json에 ^나 ~처럼 버전 표기가 있다면 해당 표기를 만족하는 범위에서 업데이트를 진행한다. 다음 예제를 살펴보자.

```
{
  "dependencies": {
    "react": "^18.0.0",
    "react-dom": "^18.0.0"
  }
}
```

위 예제에는 dependencies로 react와 react-dom이 각각 ^18.0.0으로 명시돼 있다. 2024년 11월을 기준으로 두 패키지의 최신 버전은 모두 18.3.1이지만, 모종의 이유로(아직 18.3.1이 나오기 전 18.0.0만 있는 상황에서 npm install을 실행했다든지) npm ls를 통해 실제 설치된 버전을 확인해보면 다음과 같이 18.0.0이 설치돼 있음을 확인할 수 있다.

```
$ npm ls react

my-react-app@ /Users/USER/private/my-react-app
├─┬ react-dom@18.0.0
│ └── react@18.0.0 deduped
└── react@18.0.0
```

이제 이 상태에서 npm update를 실행하면 어떻게 될까?

```
$ npm update

changed 3 packages, and audited 6 packages in 2s

$ npm ls react
my-react-app@ /Users/USER/private/my-react-app
```

```
├── react-dom@18.2.0
│   └── react@18.2.0 deduped
└── react@18.2.0
```

npm update를 실행하니 react와 react-dom이 각각 18.2.0으로 업데이트됐다. package.json에는 변화가 없지만 package-lock.json에는 두 패키지의 버전업으로 인한 변화가 생긴 것을 확인할 수 있다. 만약 package.json에도 이 변경 사항을 반영하고 싶다면 npm update --save를 실행하면 된다.

```
$ npm update --save

up to date, audited 6 packages in 3s
```

앞서 npm update로 업데이트를 이미 했기 때문에 node_modules나 package-lock.json에는 변경 사항이 없다. 그러나 package.json에는 ^ 표기가 허락하는 최신 버전으로 업데이트된 것을 볼 수 있다.

```
{
  "dependencies": {
    "react": "^18.2.0",
    "react-dom": "^18.2.0"
  }
}
```

npm update는 이처럼 package.json이 선언한 버전 내에서 일괄적으로 패키지를 업데이트할 때 유용하다. 물론 1.2절 '유의적 버전이란?'에서 살펴본 것처럼 모든 패키지가 유의적 버전을 완벽하게 지키면서 업데이트하는 것은 아니므로 npm update 이후에는 CI를 통해 서비스 빌드의 무결성을 확인하는 등의 최소한의 절차를 갖추는 것이 좋다.

2.3.4 npm dedupe

dedupe은 영어 단어로 '중복을 제거하다(deduplicate)'라는 의미다. npm에서 npm dedupe은 현재 패키지 트리를 기반으로 의존성을 단순화하는 명령어다. 패키지 트리 간에 해결할 수 있는 의존성이 있다면 npm dedupe은 이를 단순화한다. 다음 예제를 살펴보자.

```
hello
└── node_modules/
```

```
├── a <- c@^1.0.5/
│   └── c@1.0.5
└── b <- c@1.0.x/
    └── c@1.0.10
```

위 hello 패키지는 각각 a, b에 의존하고 있으며, a와 b는 각각 c에 의존하고 있다. a는 c의 버전이 ^1.0.5이며, b는 c의 버전이 1.0.x다. 앞서 2.2절 'dependencies란 무엇일까?'의 version에서 살펴본 것처럼 ^1.0.5는 1.0.5 이상 2.0.0 미만의 버전을 의미하며, 1.0.x는 1.0.0 이상 1.1.0 미만의 버전을 의미한다. 따라서 a와 b는 각각 다른 버전의 c에 의존하고 있다. 의존성을 관리하는 입장에서 이는 불필요한 중복이라고 볼 수 있다. 이 같은 상황에서 npm dedupe은 이를 단순화해서 다음과 같이 만들어준다.

```
hello
└── node_modules/
    ├── a <- c@^1.0.5
    ├── b <- c@1.0.x
    └── c <- c@1.0.5
```

이렇게 하면 node_modules에 설치돼 있는 불필요한 중복을 안전하게 정리할 수 있다. 본격적으로 node_modules나 package-lock.json을 업데이트하기 전에 어떻게 변경되는지 미리 알고 싶다면 --dry-run 인수를 추가로 지정하면 된다. 이 인수를 사용하면 의존성 트리가 어떻게 변경되는지 실제로 변경되기 전에 보여주기만 한다.

```
# npm find-dupes와 동일
$ npm dedupe --dry-run

added 30 packages, removed 41 packages, and changed 269 packages in 2m
```

npm install을 실행할 때 이 명령어도 함께 실행하고 싶다면 npm config set prefer-dedupe true로 설정해 npm install을 실행할 때마다 npm dedupe이 실행되게 하거나 npm install --prefer-dedupe으로 실행하면 된다.

프로젝트를 진행하다 보면 의존성에 동일한 패키지의 여러 버전이 포함되거나 서로 의존하는 패키지 간에 중복된 의존성이 추가될 때 버전 간 중복이 발생할 수 있다. 이러한 상황에서 npm dedupe 명령어를 실행한다면 불필요한 중복을 제거해 의존성 구조를 더욱 깔끔하게 관리할 수 있다.

2.3.5 npm ls

`npm ls <패키지명>`은 `package.json` 내에서 `<패키지>`가 설치돼 있는 모든 의존성을 보여준다. 다음 예시를 살펴보자.

```
{
  "dependencies": {
    "@testing-library/jest-dom": "^5.17.0",
    "@testing-library/react": "^13.4.0",
    "@testing-library/user-event": "^13.5.0",
    "react": "^18.2.0",
    "react-dom": "^18.2.0",
    "react-scripts": "5.0.1",
    "web-vitals": "^2.1.4"
  }
}
```

위 `package.json`은 create-react-app을 기준으로 생성된 `package.json`의 dependencies만 발췌한 내용이다. 이 내용을 기준으로 `npm ls react`를 실행하면 다음과 같은 결과를 볼 수 있다.

```
$ npm ls react
hello@0.1.0 /Users/USER/private/hello
├─┬ @testing-library/react@13.4.0
│ └── react@18.2.0 deduped
├─┬ react-dom@18.2.0
│ └── react@18.2.0 deduped
├─┬ react-scripts@5.0.1
│ └── react@18.2.0 deduped
└── react@18.2.0
```

`npm ls react`를 실행했더니 react에 의존하는 모든 패키지를 트리 구조로 확인할 수 있다. 좀 더 자세히 살펴보면 dependencies의 최상위에 있는 react는 react@18.2.0으로 설치됐으며, 나머지 패키지에서 의존하는 react는 react@18.2.0 deduped라는 이름으로 나오는 것을 볼 수 있다. 이는 최상위에 설치된 react@18.2.0 덕분에 의존성이 해결되어 중복 설치가 되지 않았다는 것을 의미한다. 실제로 node_modules를 살펴보면 react는 단 하나만 설치돼 있음을 확인할 수 있다.

실제 프로젝트 구조로는 불가능하겠지만, 만약 여기에 의도적으로 react@17.0.2를 설치한다면 어떻게 될까?

```
{
  "dependencies": {
    "react": "^17.0.2",
    "react-dom": "^18.2.0",
    "react-scripts": "5.0.1"
  }
}
```

위와 같은 구조를 가지고 있는 `package.json`에서 `npm install`로 모든 의존성을 설치한 뒤 `npm ls react`를 실행해보자.

```
$ npm ls react
npm ERR! code ELSPROBLEMS
npm ERR! invalid: react@17.0.2 /Users/USER/private/hello/node_modules/react
hello@0.1.0 /Users/USER/private/hello
├─┬ react-dom@18.2.0
│ └── react@17.0.2 deduped invalid: "^18.2.0" from node_modules/react-dom
├─┬ react-scripts@5.0.1
│ └── react@17.0.2 deduped invalid: "^18.2.0" from node_modules/react-dom
└── react@17.0.2 invalid: "^18.2.0" from node_modules/react-dom
```

이전과는 다르게 오류 메시지가 표시되는 것을 볼 수 있다. 오류 메시지 중 하나는 'deduped invalid: "^18.2.0" from node_modules/react-dom'이다. 이는 react-dom이 react@^18.2.0을 요구하고 있지만 최상위에 있는 react@17.0.2로 인해 react@18.2.0이 설치되지 않았다는 것을 의미한다.

```
{
  "name": "react-dom",
  "version": "18.2.0",
  "peerDependencies": {
    "react": "^18.2.0"
  }
}
```

또한 패키지명 없이 npm ls를 단순하게 사용하면 현재 트리 구조를 간략하게 볼 수 있다.

```
$ npm ls
hello@0.1.0 /Users/USER/private/hello
├── react-dom@18.2.0
├── react-scripts@5.0.1
└── react@18.0.2
```

이처럼 npm ls를 사용하면 현재 node_modules의 구조 및 버전을 확인할 수 있을뿐더러 package.json에 명시된 의존성과 실제로 설치된 의존성의 차이를 확인할 수 있고, 나아가 잘못된 의존성 관계가 형성돼 있는 경우 그 원인까지 파악할 수 있다. 특히 앞서 소개한 peerDependencies를 만족하는 구조로 올바르게 설치돼 있는지 확인할 때 매우 유용하다. 현재 node_modules의 구조를 확인하고 싶고 문제를 빠르게 파악하고 싶다면 직접 node_modules 폴더 안을 들여다보는 것보다 npm ls를 사용하는 편이 훨씬 효율적이다.

2.3.6 npm explain

npm explain 또는 npm why라 불리는 이 명령어는 npm ls와 비슷해 보이지만 다른 역할을 하는 명령어다. 먼저 npm ls는 뒤에 패키지명 없이도 사용할 수 있지만 npm explain은 반드시 패키지명을 지정해야 한다. 그리고 npm ls는 현재 프로젝트에 대상 의존성이 설치된 전체 구조를 살펴볼 수 있다면 npm explain은 대상 의존성이 정확히 왜 설치됐는지에 대한 정보까지 나타낸다. 다음 예제를 살펴보자.

```
$ npm explain react
react@18.2.0
node_modules/react
  react@"^18.2.0" from the root project
  peer react@"^18.0.0" from @testing-library/react@13.4.0
  node_modules/@testing-library/react
    @testing-library/react@"^13.4.0" from the root project
  peer react@"^18.2.0" from react-dom@18.2.0
  node_modules/react-dom
    react-dom@"^18.2.0" from the root project
    peer react-dom@"^18.0.0" from @testing-library/react@13.4.0
    node_modules/@testing-library/react
      @testing-library/react@"^13.4.0" from the root project
  peer react@">= 16" from react-scripts@5.0.1
  node_modules/react-scripts
    react-scripts@"5.0.1" from the root project
```

위 예제는 create-react-app으로 생성된 패키지에서 `npm explain react`를 실행한 결과다. 이 결과를 보면 react가 왜 설치됐는지에 대한 정보를 알 수 있다. 예를 들어, react는 최상위 경로에서 ^18.2.0으로 설치됐으며, `@testing-library/react@^13.4.0`은 peerDependencies로 `react@^18.0.0`을 요구하고 있고, 이를 만족하는 `react@18.2.0`이 설치돼 있다는 사실을 알 수 있다. 이처럼 `npm explain`은 해당 패키지가 왜 설치됐는지에 대한 정보를 알려준다.

반대로 잘못 설치돼 있는 경우에는 어떻게 나타날까? 앞의 예제에서 react 버전을 17.0.2로 변경하고 다시 `npm explain`을 실행해보자.

```
$ npm explain react
react@17.0.2
node_modules/react
  react@"^17.0.2" from the root project
  peer react@">= 16" from react-scripts@5.0.1
  node_modules/react-scripts
    react-scripts@"5.0.1" from the root project
```

단순히 react 버전만 변경했을 뿐인데, 결과가 단출해진 것을 볼 수 있다. 현재 구조에서 `react@17.0.2`를 만족하는 peerDependencies를 가진 패키지는 `react@>=16`으로 선언된 react-scripts밖에 없기 때문에 이런 결과가 나타났다. 이처럼 `npm explain`은 해당 패키지가 왜 설치됐는지에 대한 정보를 알려주기 때문에 의존성을 만족하지 않는 경우에는 이 결과에 노출되지 않으므로 쉽게 파악할 수 있다.

2.3.7 npm audit

`npm audit`은 npm에서 제공하는 보안 취약점을 검사하는 명령어다. `npm audit`을 실행하면 현재 의존하고 있는 패키지에서 취약점으로 알려진 패키지가 있는지 검사한다. 다음 예제를 살펴보자.

```
{
  "name": "hello",
  "dependencies": {
    "@testing-library/jest-dom": "^5.17.0",
    "@testing-library/react": "^13.4.0",
    "@testing-library/user-event": "^13.5.0",
    "react": "^18.2.0",
    "react-dom": "^18.2.0",
    "react-scripts": "5.0.1",
    "web-vitals": "^2.1.4"
```

```
  },
  "scripts": {
    "start": "react-scripts start"
  }
}
```

```
$ npm audit
# npm audit report

nth-check  <2.0.1
Severity: high
Inefficient Regular Expression Complexity in nth-check - https://github.com/advisories/GHSA-rp65-
9cf3-cjxr
fix available via `npm audit fix --force`
Will install react-scripts@3.0.1, which is a breaking change
node_modules/svgo/node_modules/nth-check
  css-select  <=3.1.0
  Depends on vulnerable versions of nth-check
  node_modules/svgo/node_modules/css-select
    svgo  1.0.0 - 1.3.2
    Depends on vulnerable versions of css-select
    node_modules/svgo
      @svgr/plugin-svgo  <=5.5.0
      Depends on vulnerable versions of svgo
      node_modules/@svgr/plugin-svgo
        @svgr/webpack  4.0.0 - 5.5.0
        Depends on vulnerable versions of @svgr/plugin-svgo
        node_modules/@svgr/webpack
          react-scripts  >=2.1.4
          Depends on vulnerable versions of @svgr/webpack
          Depends on vulnerable versions of resolve-url-loader
          node_modules/react-scripts

postcss  <8.4.31
Severity: moderate
PostCSS line return parsing error - https://github.com/advisories/GHSA-7fh5-64p2-3v2j
fix available via `npm audit fix --force`
Will install react-scripts@3.0.1, which is a breaking change
node_modules/resolve-url-loader/node_modules/postcss
  resolve-url-loader  0.0.1-experiment-postcss || 3.0.0-alpha.1 - 4.0.0
```

```
Depends on vulnerable versions of postcss
node_modules/resolve-url-loader

8 vulnerabilities (2 moderate, 6 high)

To address all issues (including breaking changes), run:
  npm audit fix --force
```

`npm audit`을 실행하니 현재 취약점이 있는 패키지는 크게 두 가지로, `nth-check@<2.0.1`과 `postcss@<8.4.31`임을 알 수 있다. 이를 본격적으로 해결하기에 앞서 이 패키지들이 왜 설치돼 있는지 알고 싶다면 앞에서 다룬 `npm explain`을 활용하면 된다.

```
$ npm why "postcss@<8.4.31"
postcss@7.0.39
node_modules/resolve-url-loader/node_modules/postcss
  postcss@"^7.0.35" from resolve-url-loader@4.0.0
  node_modules/resolve-url-loader
    resolve-url-loader@"^4.0.0" from react-scripts@5.0.1
    node_modules/react-scripts
      react-scripts@"5.0.1" from the root project
```

문제의 `postcss@<8.4.31`이 왜 설치됐는지 확인해보니 `react-scripts@5.0.1`이 의존하고 있는 `resolve-url-loader@^4.0.0`에서 `postcss@^7.0.3`을 요구하고 있기 때문으로 보인다. 이는 실제 해당 패키지의 `package.json`을 찾아 가서 확인해볼 수도 있다.

```
{
  "name": "resolve-url-loader",
  "version": "4.0.0",
  "dependencies": {
    "adjust-sourcemap-loader": "^4.0.0",
    "convert-source-map": "^1.7.0",
    "loader-utils": "^2.0.0",
    "postcss": "^7.0.35",
    "source-map": "0.6.1"
  },
  "peerDependencies": {
    "rework": "1.0.1",
    "rework-visit": "1.0.0"
```

```
    },
    "peerDependenciesMeta": {
      "rework": {
        "optional": true
      },
      "rework-visit": {
        "optional": true
      }
    }
}
```

이러한 보안 문제를 손쉽게 해결할 수 있는 방법이 바로 `npm audit fix` 명령어를 사용하는 것이다. `npm audit fix`를 사용하면 npm이 적절한 해결 방법을 파악해서 취약점이 해결 가능하다면 해결해준다.

여기서 '해결 가능하다'라는 의미는 1.2절 '유의적 버전이란?'에서 다룬 유의적 버전을 해치지 않는 선에서 해결이 가능한 것인지를 판단하는 것을 말한다. 그러나 이를 준수하는 선에서 해결이 불가능할 경우에는 `npm audit fix --force`를 사용해 유의적 버전을 지키지 않고 강제로 해결할 수도 있다. 그러나 이는 유의적 버전 체계를 위반해서 보안 취약점은 해결할 수 있지만 정작 빌드가 실패하거나 서비스 또는 패키지에 이상이 생길 수도 있으므로 주의해야 한다.

📄 보안 취약점을 손쉽게 해결할 수 있는 방법은 없나요?

> `npm audit`은 사용 중인 패키지의 보안 취약점을 알려준다는 장점이 있지만 반대로 이것으로 모든 문제를 해결할 수 있는 것은 아니다. `npm audit`을 비롯한 여러 보안 취약점 해결을 도와주는 도구가 있지만 어디까지나 보조적인 도구일 뿐이다. 그 이유는 다음과 같다.
>
> - **패키지에 보안 취약점이 있지만 해당 기능을 사용하지 않을 경우**: 앞서 1.3.4절 'colors.js와 faker.js: 섣부른 부. 수 버전 업데이트는 독이 될 수도 있다'의 경우처럼 패키지 전체 또는 시작 지점 자체가 오염돼 있으면 해당 명령어를 통해 해결하는 것이 유의미하지만 대부분의 취약점은 패키지 그 자체가 문제이기보다는 특정 기능에 대해서만 문제가 있는 경우가 많다. 예를 들어, browserslist@4.16.4에서 보고된 'Regular Expression Denial of Service(ReDoS)' 취약점을 살펴보자. 이 취약점은 잘못된 정규 표현식을 넣을 경우 서비스 자체가 느려질 수 있는 취약점이 있다고 언급한다.[31]
>
> ```
> var browserslist = require('browserslist')
>
> function build_attack(n) {
>   var ret = '>'
> ```

[32] https://security.snyk.io/vuln/SNYK-JS-BROWSERSLIST-1090194

```
    for (var i = 0; i < n; i++) {
      ret += '1'
    }
    return ret + '!'
  }

  // > 111111111.....111!
  browserslist(build_attack(500000)) // ReDoS로 인해 서비스가 느려진다.
```

이는 실제로 보안 위협이 될 수 있지만 이러한 취약점은 개발자 스스로가 잘못된 browserslist 쿼리문을 넣어서 본인의 서비스를 느리게 할 의도가 아니라면, 혹은 외부에서 browserslist에 인수값을 임의로 주입받지 않을 거라면 크게 문제가 되지 않을 수 있다. 따라서 이러한 취약점이 발생했을 때 npm audit을 통해 해결하는 것이 적절한지는 판단이 필요하다.

- **보안 취약점이 있는 패키지에서 대응이 늦거나 포기한 경우**: npm에는 vm2[32]라고 하는, 샌드박스에서 코드를 실행할 수 있게 도와주는 패키지가 있다. 이 패키지는 pm2를 비롯해 여러 프로젝트에서 매우 널리 사용됐지만 2023년 5월경 샌드박스 제한을 우회해서 시스템의 더 높은 권한을 획득할 수 있게 해주는 보안 취약점이 발견된다. 이 보안 취약점에 대처하기 위해 한 달 간 총 4번의 버전업[33]을 감행했지만 이러한 작업에도 불구하고 보안 취약점이 해결되지 않아 결국 다음과 같이 프로젝트 유지보수를 포기하기에 이른다.[34]

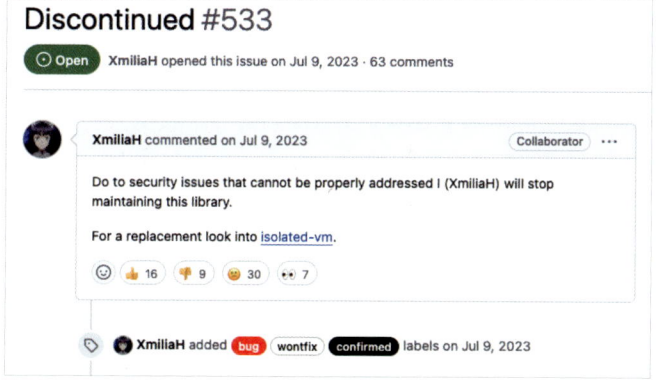

그림 2.5 vm2 패키지의 보안 취약점을 해결하지 못해 프로젝트를 포기하게 이른다. (번역) '보안 문제가 제대로 해결될 수 없기 때문에 저(XmiliaH)는 이 라이브러리의 유지 관리를 중단할 것입니다. 대안으로 isolated-vm[35]를 사용하세요.'

---

[32] https://github.com/patriksimek/vm2
[33] 3.9.14 버전에서 취약점이 발견되어 4차례의 수 버전 변경이 있었다.
https://github.com/patriksimek/vm2/releases/tag/3.9.15
https://github.com/patriksimek/vm2/releases/tag/3.9.16
https://github.com/patriksimek/vm2/releases/tag/3.9.17
https://github.com/patriksimek/vm2/releases/tag/3.9.18
[34] https://github.com/patriksimek/vm2/issues
[35] https://github.com/laverdet/isolated-vm

문제는 단순히 vm2를 삭제하고 isolated-vm을 설치한다고 해서 모든 문제가 해결되는 것이 아니라는 점이다. isolated-vm은 vm2와는 다른 패키지이기 때문에 vm2를 사용하던 코드를 isolated-vm으로 변경하는 매우 큰 작업이 필요하다. 이러한 경우에는 해당 문제를 해결하기 위해 어떤 패키지를 사용할지 결정하는 것이 중요하다.

- **보안 취약점이 있는 패키지가 업데이트됐지만 이에 의존하는 패키지에서 대응하지 않는 경우**: 다음과 같은 의존성을 가진 프로젝트가 있다고 가정해보자.

```
.
└── node_modules/
    └── a@^1.0.0/
        └── b@1.0.0 <- 유지보수 중단?
            └── c@1.0.0 <- 보안 취약점 발생
```

만약 위 의존성 그래프에서 c 패키지에 보안 취약점이 발생했지만 b 패키지의 유지보수가 중단되어 업데이트되지 않는다면 c 패키지의 보안 취약점을 해결하기 위해 b 패키지를 업데이트할 수 없다. 이 경우 c 패키지가 수 버전을 올리는 패치를 감행한다 하더라도 루트 패키지에서는 이를 대응할 수 없다. 이 경우 2.1.2.21절의 'overrides'를 사용해 해결할 수 있겠지만 만약 버전 호환이 보장되지 않는다면 이 방법으로도 해결하기가 어려울 수 있다. 따라서 패키지를 사용할 때는 가능한 한 적은 의존성을 가진, 널리 사용되는 패키지를 사용하는 것이 좋다.

`npm audit`은 보안 취약점을 알려주는 유용한 명령어이므로 주기적으로 실행해 보안 취약점을 확인하는 것이 좋다. 다만 앞에서 언급한 것처럼 `npm audit fix`를 실행한다고 해서 모든 보안 취약점을 일괄적으로 해결할 수는 없기 때문에 개발자 스스로가 반드시 주의를 기울여야 한다.

2.3.8 npm publish

`npm publish`는 말 그대로 현재 패키지를 레지스트리에 업로드하는 명령어다. 이렇게 업로드된 패키지는 레지스트리에 등록되어 다른 사용자가 `npm install`로 설치해서 사용할 수 있게 된다. 다만 `npm publish`를 실행한다고 해서 해당 프로젝트에 있는 모든 파일이 업로드되는 것은 아니다. 파일이 업로드되는 규칙은 다음과 같다.

- package.json, README.md, LICENSE와 같이 패키지 설치 및 배포에 필수적으로 필요한 파일들은 자동으로 업로드된다.
- .gitignore와 .npmignore가 있다면 해당 파일 내에 명시된 파일이나 폴더는 업로드되지 않는다. 만약 두 파일 모두 존재한다면 .npmignore가 우선권을 가지며, .gitignore는 무시된다.
- node_modules를 비롯해 .DS_Store, .svn 같은 파일도 무시된다.
- 만약 package.json에 `files`가 선언된 경우 해당 파일만 업로드된다.

다음의 underscore 예제를 살펴보자.

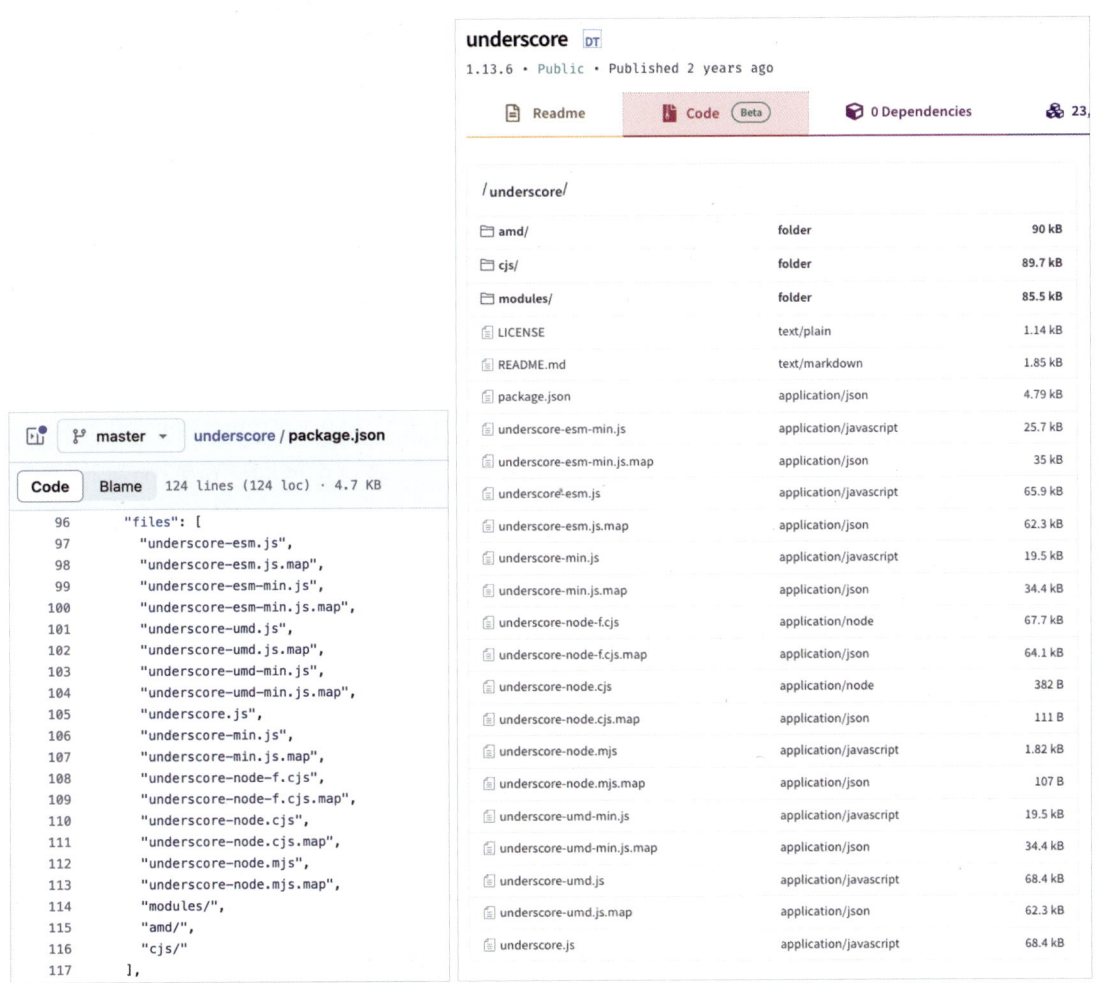

그림 2.6 underscore 패키지의 package.json 중 일부인 files 필드[37]와 npm에서 업로드된 결과물[38]

underscore의 사례를 보면 package.json의 files에 선언된 파일 및 앞서 언급한 기본적으로 업로드되는 파일인 README.md, LICENSE, package.json이 업로드돼 있는 것을 볼 수 있다. 이렇게 선언함으로써 npm install underscore 명령어로 패키지를 설치하는 사용자는 해당 파일들을 받아서 사용할 수 있다. 이 파일을 어떤 식으로 참조해서 사용하는지는 4장에서 본격적으로 다룬다.

---

[37] https://github.com/jashkenas/underscore/blob/master/package.json
[38] https://www.npmjs.com/package/underscore?activeTab=code

주의할 점은 1.2절 '유의적 버전이란?'에서 다뤘던 것처럼 한 번 npm에 업로드된 파일을 돌리는 것은 매우 어렵다는 점이다. 따라서 `npm publish`는 모든 파일이 업로드 준비가 완료됐을 때 신중하게 사용해야 한다.

실제 패키지를 업로드해 보는 실습은 7장에서 다루기로 하고, 이번 절에서는 `npm publish`의 기본적인 사용법만 익혀두자.

2.3.9 npm deprecate

`npm deprecate`는 업로드돼 있는 특정 패키지에 대해 사용자에게 경고 메시지를 보여주는 명령어다. 여기서 경고 메시지란 '지원 중단(deprecate)'됐다는 것을 의미한다. 'deprecate'의 사전적인 의미는 '반대하다, 비난하다'인데, 소프트웨어 개발에서 'deprecate'는 해당 소프트웨어를 만든 개발자가 해당 소프트웨어 또는 기능의 사용을 반대한다는 뜻이다. 즉, 당장 사용이 종료되는 것은 아니지만, 개발자가 사용자로 하여금 사용하는 것을 지양하게 하는 것이다. 지원 중단된 기능은 으레 다음 주 버전 업데이트에서 삭제되곤 한다. 따라서 지원 중단된 기능은 점차 지원 종료 수순을 밟고 있으니 사용하지 않도록 사용자에게 알리는 것이다.

앞서 보안상의 이유로 더 이상 유지보수를 하지 않는다고 선언했다고 언급한 vm2를 한 번 설치해보자.

```
$ npm install vm2
WARN deprecated vm2@3.9.19: The library contains critical security issues and should not be used for production! The maintenance of the project has been discontinued. Consider migrating your code to isolated-vm.
```

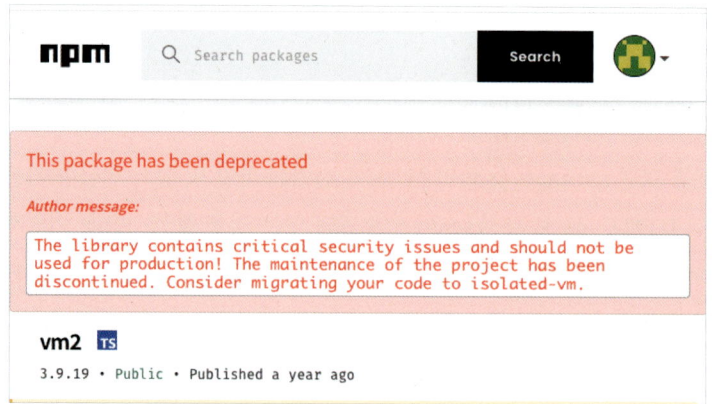

그림 2.7 vm2 패키지를 설치하면 나타나는 경고 메시지. 이와 동일한 메시지를 npm 웹에서도 확인할 수 있다.

이렇게 패키지를 지원 중단으로 처리하는 명령어가 바로 `npm deprecate`다. `npm deprecate`는 특정 버전 또는 패키지 전체를 다음과 같이 지원 중단으로 처리할 수 있다.

```
$ npm deprecate my-package@"< 0.1.0" "보안 취약점이 발견되어 0.1.0 미만 버전은 모두 deprecate되었습니다. 0.1.0 이상 버전을 사용해주세요."

$ npm deprecate my-package "이 패키지는 더 이상 유지보수되지 않습니다. 사용을 지양해 주세요."
```

`npm deprecate` 명령어를 실행하기 위해서는 반드시 적절한 메시지를 작성해야 한다. 그렇게 해야 사용하는 사람들이 향후에 어떻게 대처할지 결정할 수 있기 때문이다. 대부분의 지원 중단된 패키지들은 앞서 vm2 사례에서 볼 수 있듯이 이유와 대안을 명시하는 것이 일반적이다.

만약 지원 중단 처리를 되돌리고 싶다면 메시지에 `""`와 같이 빈 문자열을 지정하면 된다.

```
$ npm deprecate my-package ""
```

물론 임의의 사용자가 모든 패키지를 지원 중단 처리할 수 있는 것은 아니다. `npm deprecate`를 실행하기 위해서는 해당 패키지에 대한 권한이 필요한데, 이는 7장에서 다룬다.

2.3.10 npm outdated

`npm outdated`는 현재 설치된 패키지 중 현재 시간 기준 최신 버전이 아닌, 업데이트가 가능한 패키지를 볼 수 있는 명령어다. `npm outdated`를 실행하면 현재 설치된 패키지 중 가장 최신 버전과 비교해서 어떤 패키지가 업데이트 가능한지 확인할 수 있다. 다음과 같은 구조를 가진 `package.json`이 있다고 가정해보자.

```
{
  "dependencies": {
    "@testing-library/jest-dom": "^5.17.0",
    "@testing-library/react": "^13.4.0",
    "@testing-library/user-event": "^13.5.0",
    "react": "^18.2.0",
    "react-dom": "^18.2.0",
    "react-scripts": "5.0.1",
    "web-vitals": "^2.1.4"
  }
}
```

이 패키지를 설치하고 `npm outdated`를 실행하면 다음과 같은 결과를 볼 수 있다.

```
$ npm outdated
Package                      Current  Wanted  Latest  Location                              Depended by
@testing-library/jest-dom    5.17.0   5.17.0  6.4.2   node_modules/@testing-library/jest-dom
my-react-app
@testing-library/react       13.4.0   13.4.0  15.0.2  node_modules/@testing-library/react
my-react-app
@testing-library/user-event  13.5.0   13.5.0  14.5.2  node_modules/@testing-library/user-event
my-react-app
web-vitals                   2.1.4    2.1.4   3.5.2   node_modules/web-vitals
my-react-app
```

여기서 살펴볼 수 있는 내용은 다음과 같다.

- Current: 현재 설치된 버전을 의미한다.
- Wanted: 현재 package.json에 있는 의존성에서 유의적 버전을 만족하는 최대 버전을 의미한다. ^가 지정돼 있다면 해당 버전의 최대 부 버전 패키지 버전이 기재될 것이며, ~가 지정돼 있다면 해당 버전의 최대 수 버전 패키지 버전이 기재될 것이다.
- Latest: 해당 패키지의 최신 버전을 의미한다. Wanted와 다르게 의존성 버전과 상관없이 그저 npm 레지스트리에 업로드된 최신 버전을 의미한다.
- Location: 해당 패키지가 설치된 위치를 의미한다.

이처럼 `npm outdated`를 사용하면 현재 설치된 패키지 중 가장 최신 버전과 비교해서 어떤 패키지의 업데이트가 필요한지 빠르게 확인할 수 있다. 하지만 무조건 업데이트된다고 좋은 것은 아니기 때문에 실제로 설치해서 사용하기 전에 반드시 주의를 기울여야 한다.

2.3.11 npm view

`npm view`는 `npm info`, `npm show`, `npm v`와 같은 명령어로, 특정 패키지의 정보를 확인하는 명령어다. `npm view`를 사용하면 특정 패키지의 정보를 확인할 수 있다. 다음 예제를 살펴보자.

```
$ npm view react

react@18.2.0 | MIT | deps: 1 | versions: 1725 # 1
React is a JavaScript library for building user interfaces. # 2
https://reactjs.org/ # 3

keywords: react # 4

dist # 5
.tarball: http://repo.fin.navercorp.com/repository/npm-public/react/-/react-18.2.0.tgz # 6
.shasum: 555bd98592883255fa00de14f1151a917b5d77d5 # 7
.integrity: sha512-/3IjMdb2L9QbBdWiW5e3P2/npwMBaU9mHCSCUzNln0ZCYbcfTsGbTJrU/
kGemdH2IWmB2ioZ+zkxtmq6g09fGQ== # 8
.unpackedSize: 316.1 kB # 9

dependencies: # 10
loose-envify: ^1.1.0

maintainers: # 11
- gnoff <jcs.gnoff@gmail.com>
- fb <opensource+npm@fb.com>
- sophiebits <npm@sophiebits.com>
- react-bot <react-core@meta.com>

dist-tags: # 12
beta: 18.0.0-beta-24dd07bd2-20211208
canary: 19.0.0-canary-96c584661-20240412
experimental: 0.0.0-experimental-96c584661-20240412
latest: 18.2.0
next: 19.0.0-canary-96c584661-20240412
rc: 18.0.0-rc.3
stevoland-react-with-test-utils-master.tar.gz-art-external: 1.0.0-art-external1

published a year ago by gnoff <jcs.gnoff@gmail.com> # 13
```

이 정보를 위에서부터 하나씩 살펴보자.

1. 패키지 이름과 버전, 라이선스, 의존성 dependencies에 나열된 패키지의 숫자, npm 레지스트리에 출시된 버전 번호를 나타낸다.

2. 패키지의 package.json에 기재된 description을 의미한다.[39]

3. 패키지의 package.json에 기재된 homepage를 의미한다.[40]

4. 패키지의 package.json에 기재된 keywords를 의미한다.[41]

5. 해당 버전을 기준으로 배포된 패키지의 정보가 담겨 있다.

6. .tarball은 패키지 설치에 필요한 압축 파일을 의미한다. npm install을 실행한다면 이 tarball 파일을 가져온 다음 압축을 풀어 설치하게 된다.

7. .shasum은 패키지의 무결성 확인을 위해 .tarball 파일 기준으로 sha-1 알고리즘으로 생성된 SHA 해시값을 의미한다. 레지스트리에서 가져온 tarball의 SHA 해시값과 이 값을 비교해서 패키지의 무결성을 확인한다.

8. .integrity는 .shasum과 같은 역할을 하지만 sha-512 알고리즘으로 생성된 해시값을 의미한다. 더 강력한 알고리즘을 사용하기 때문에 .shasum보다 더 안전하다. 이 두 개가 모두 사용되는 이유는 과거 npm이 sha-1로 생성된 shasum을 사용하다가 보안 취약점 문제[42]로 인해 sha-512를 사용하는 .integrity가 추가됐기 때문이다. 과거 npm 버전, 즉 shasum만 사용하는 과거 npm 버전과의 호환성으로 인해 두 해시값이 모두 사용되고 있다.

9. .unpackedSize는 tarball의 압축을 해제했을 때 측정되는 크기를 의미한다.

10. dependencies는 패키지가 의존하고 있는 패키지를 나열한다. 이는 package.json에 있는 dependencies와 같다.[43]

11번부터 나오는 maintainers는 패키지의 관리자로 추가된 사용자를 나열한다.

12번부터 나오는 dist-tags는 패키지의 버전 태그를 나열한다. 이는 npm publish를 통해 업로드된 패키지의 버전을 나타낸다. latest는 가장 최신 버전을 의미하며, next는 다음 버전을 의미한다. rc는 'release candidate'의 약자로, 공식 릴리스 전에 배포되는 릴리스 후보 버전을 의미한다. 이러한 버전 태그는 npm publish --tag <tag> 명령어를 통해 추가할 수 있다. latest 태그는 기본값으로 패키지의 마지막으로 출시된 버전에 latest 태그를 붙여준다. 이외의 태그는 패키지마다 정책을 달리 가져간다.

마지막 13번은 해당 패키지의 버전을 배포한 사람의 정보를 나타낸다.

또한 npm view를 사용하면 특정 패키지 정보까지 확인할 수 있다. 다음 예제를 살펴보자.

---

[39] https://github.com/facebook/react/blob/d486051de7a77236e729d395a18acac2c5ece35f/packages/react/package.json#L3
[40] https://github.com/facebook/react/blob/d486051de7a77236e729d395a18acac2c5ece35f/packages/react/package.json#L8
[41] https://github.com/facebook/react/blob/d486051de7a77236e729d395a18acac2c5ece35f/packages/react/package.json#L4-L6
[42] https://github.com/npm/npm/issues/4938
[43] https://github.com/facebook/react/blob/9e3b772b8cabbd8cadc7522ebe3dde3279e79d9e/packages/react/package.json#L41

```
$ npm view react@17.0.2

react@17.0.2 | MIT | deps: 2 | versions: 1725
React is a JavaScript library for building user interfaces.
https://reactjs.org/

keywords: react
# 이하 생략
```

추가로 앞에서 언급한 정보 중 일부 정보만 확인하는 것도 가능하다.

```
$ npm view react@17.0.2 dependencies
{ 'loose-envify': '^1.1.0', 'object-assign': '^4.1.1' }

$ npm view react@18.2.0 dist.integrity
sha512-/3IjMdb2L9QbBdWiW5e3P2/npwMBaU9mHCSCUzNln0ZCYbcfTsGbTJrU/kGemdH2IWmB2ioZ+zkxtmq6g09fGQ==
```

`npm view` 명령어는 실행하는 위치에 상관없이, 즉 `package.json`의 `dependencies`와 관계 없이 언제 어디서든 npm 명령어가 실행 가능한 CLI라면 사용 가능하므로 패키지 정보가 궁금하다면 언제든지 사용할 수 있다.

2.3.12 정리

지금까지 npm에서 제공하는 CLI 명령어 중 실무에서 주로 사용하는 명령어를 위주로 살펴봤다. 이번 절에서 다룬 명령어는 npm에서 제공하는 CLI에 비하면 일부에 불과하지만 이 명령어들만 잘 활용한다면 npm 패키지를 유지보수하는 데 큰 어려움이 없을 것이다. 더 다양한 명령어를 확인하고 싶다면 공식 문서인 https://docs.npmjs.com/cli/v10/commands/npm을 참고하자.

다음 절에서는 수많은 명령어 중에서도 npm의 꽃이라고 할 수 있는 `npm install`에 대해 깊이 있게 알아보자. npm은 어떤 과정을 통해 의존성을 분석해서 `node_modules`에 패키지를 설치하는지 알아본다. 이를 통해 패키지의 `package.json`과 `package-lock.json`, `node_modules`의 관계를 더 명확히 이해할 수 있을 것이다.

2.4 npm install을 실행하면 벌어지는 일

자바스크립트 프로젝트를 깃허브에서 다운로드했을 때 가장 먼저 하는 작업은 바로 `npm install`으로, 실제 개발을 하면서 자주 쓰이는 명령어 중 하나다. 2.3절에서 살펴봤듯이 `npm install`은 `package.json`에 기재된 `dependencies`를 비롯한 의존성을 기반으로 프로젝트에 필요한 패키지를 `node_modules`에 설치하는 일련의 과정을 의미한다.

언뜻 보면 간단해 보이는 이 과정은 사실은 굉장히 복잡한 절차를 거쳐 수행된다. 먼저 `package.json`에 포함된 의존성은 매우 복잡하게 얽혀 있기 때문에 실제로 어떤 패키지를 설치해야 하는지, 또 버전이 어떻게 결정되는지를 파악해야 하며, 이렇게 결정된 버전을 `node_modules`에 어떻게 설치하는지 이해해야 한다.

이 과정을 알고 나면 `npm install`이 얼마나 복잡한 일을 하는지 알 수 있을 것이다. 또한 오픈소스를 사용하다 보면 종종 자신의 코드 밖에서 일어나는 일을 이해해야만 고칠 수 있는 문제들도 생기는데, 이 과정을 이해한다면 `node_modules`에서 발생하는 문제의 실마리도 찾을 수 있을 것이다.

이제 본격적으로 `npm install`을 실행하기 위해 어떤 일이 벌어지는지 살펴보자.

2.4.1 의존성 트리 분석의 핵심 @npmcli/arborist[44]

npm이 의존성 트리를 분석하기 위해서 가장 먼저 알아 둬야 할 것은 바로 `@npmcli/arborist` 패키지다. arborist의 사전적인 뜻은 '수목 관리 전문가'로, 말 그대로 숲에서 나무를 관리하는 전문가를 의미한다.

그림 2.8 위키피디아에서 'arborist'를 검색했을 때 나오는 이미지[45]와 @npmcli/arborist의 대표 이미지

---

44 https://github.com/npm/cli/tree/latest/workspaces/arborist
45 https://en.wikipedia.org/wiki/Arborist

node_modules 내부 구조와 package.json이 트리 구조로 표현된다는 점에서 @npmcli/arborist라는 패키지명은 흥미롭게 다가온다. 말 그대로, @npmcli/arborist는 node_modules와 package.json의 트리를 관리하기 위한 CLI 도구다. 이 도구가 Node.js 런타임에서 이러한 트리 구조를 어떻게 분석하는지 함께 살펴보자.

```js
const Arborist = require('@npmcli/arborist')

const arborist = new Arborist({
  path: '/path/to/project',
  registry: 'https://registry.npmjs.org',
  // 이외에 레지스트리와 관련된 다양한 인증 정보를 전달할 수 있다.
})
```

arborist는 Arborist 클래스의 인스턴스로, path와 registry 등의 인자를 받아 생성된다. path는 프로젝트의 최상위 디렉터리를 가리키며, registry는 npm 패키지를 다운로드할 레지스트리를 가리킨다. 이 밖에도 다양한 인자를 받아 초기화할 수 있지만 가장 중요한 인자는 package.json의 경로를 가리키는 path다.

이 클래스 인스턴스에서 제공하는 대표적인 메서드를 살펴보자.

2.4.1.1 loadActual

다음 예제의 마지막에 등장하는 loadActual은 node_modules 내부의 실제 트리를 확인할 수 있는 메서드다. 이 메서드는 파일 시스템을 직접 스캔해서 node_modules 디렉터리 내 모든 패키지를 검색한다. 이 과정에서 패키지 간의 의존성 관계를 파악해 전체 의존성 트리를 구성하게 된다.

```js
const Arborist = require('@npmcli/arborist')

const arborist = new Arborist({
  path: '/path/to/project',
  registry: 'https://registry.npmjs.org',
})

const actualTree = await arborist.loadActual()
```

파일 시스템을 기반으로 한 트리 분석은 `npm install` 과정에서 중요한 역할을 하는데, 그 이유는 `package.json`에 선언된 의존성과 실제로 `node_modules`에 설치된 패키지가 일치하는지 확인하기 위해서다. 만약 두 트리 간에 차이가 발견되면 상황에 따라 `node_modules`를 다시 구축해야 할 수도 있다.

다음 예제는 `dependencies`에 `react@^18.2.0`만 있는 패키지에 `loadActual()`을 호출했을 때의 결과다.

```
ArboristNode {
  name: 'test',
  version: '1.0.0',
  location: '',
  path: '/Users/USER/private/arborist/test',
  isProjectRoot: true,
  edgesOut: Map(1) {
    'react' => { prod react@^18.2.0 -> node_modules/react INVALID }
  },
  children: Map(3) {
    'js-tokens' => ArboristNode {
      name: 'js-tokens',
      version: '4.0.0',
      location: 'node_modules/js-tokens',
      path: '/Users/USER/private/arborist/test/node_modules/js-tokens',
      resolved: 'https://registry.npmjs.org/js-tokens/-/js-tokens-4.0.0.tgz',
      edgesIn: [Set]
    },
    'loose-envify' => ArboristNode {
      name: 'loose-envify',
      version: '1.4.0',
      location: 'node_modules/loose-envify',
      path: '/Users/USER/private/arborist/test/node_modules/loose-envify',
      resolved: 'https://registry.npmjs.org/loose-envify/-/loose-envify-1.4.0.tgz',
      edgesOut: [Map],
      edgesIn: [Set]
    },
    'react' => ArboristNode {
      name: 'react',
      version: '18.2.0',
      location: 'node_modules/react',
      path: '/Users/USER/private/arborist/test/node_modules/react',
      resolved: 'https://registry.npmjs.org/react/-/react-18.2.0.tgz',
```

```
      edgesOut: [Map],
      edgesIn: [Set]
    }
  }
```

이 결과를 실제 react@^18.2.0의 node_modules 내부 폴더 구조와 비교하면 동일하다는 것을 알 수 있다.

```
$ tree node_modules
.
├── js-tokens
│   ├── CHANGELOG.md
│   ├── LICENSE
│   ├── README.md
│   ├── index.js
│   └── package.json
├── loose-envify
│   ├── LICENSE
│   ├── README.md
│   ├── cli.js
│   ├── custom.js
│   ├── index.js
│   ├── loose-envify.js
│   ├── package.json
│   └── replace.js
└── react
    ├── LICENSE
    ├── README.md
    ├── cjs
    │   # 생략
    ├── index.js
    ├── jsx-dev-runtime.js
    ├── jsx-runtime.js
    ├── package.json
    ├── react.shared-subset.js
    └── umd
        └── # 생략
```

마찬가지로 `npm list` 명령어로도 `react@^18.2.0`의 의존성이 어떤 의도로 구성돼 있는지 확인할 수 있다.

```
$ npm ls --all # 모든 의존성을 가져온다.
test@1.0.0 /Users/USER/private/arborist/test
└─┬ react@18.2.0
  └─┬ loose-envify@1.4.0
    └── js-tokens@4.0.0
```

이러한 세 가지 서로 다른 방식으로 `react@18.2.0`은 `loose-envify@1.4.0`에 의존하고, `loose-envify@1.4.0`은 `js-tokens@4.0.0`에 의존한다는 것을 알 수 있다. 그리고 이 의존성 공식에 따라 node_modules에 각 패키지가 설치된다는 것 또한 알 수 있다. 여기서 중요한 것은 비록 `react` 하위에 각각 `loose-envify`와 `js-tokens`가 설치돼 있지만 이들이 `react` 내부가 아닌 `react`와 동등한 수준에서 설치돼 있다는 것이다. 이에 대한 내용은 다음에 이어서 다룬다.

이처럼 `loadActual()` 함수의 실행 결과를 바탕으로 node_modules의 구조를 확인할 수 있었다. 이제 다음 메서드로 넘어가기에 앞서, 이 의존성 트리의 노드를 구성하는 `ArboristNode`에 대해 알아보자.

2.4.1.2 ArboristNode

`@npmcli/arborist`에서 `ArboristNode`는 프로젝트의 의존성 트리 내 각 노드를 나타내는 객체다. 이 객체는 `ArboristNode` 클래스의 인스턴스로, 노드와 관련된 중요한 정보를 담고 있다. 앞의 예제를 바탕으로 각 필드가 의미하는 바를 살펴보자.

- name: 패키지의 이름을 나타낸다.
- version: 패키지의 버전을 나타낸다.
- location: 패키지가 설치된 경로를 나타낸다. 이 경로는 앞서 Arborist 인스턴스를 생성할 때 path로 지정한 경로를 기준으로 상대 경로로 표현된다.
- path: 패키지가 설치된 절대 경로를 나타낸다.
- resolved: 패키지의 tarball 경로를 나타낸다.
- Edge: Edge란 의존성 관계를 나타낼 때 사용하는 객체다. 각 노드는 edgesIn 세트와 edgesOut 맵을 가지고 있다. 여기서 말하는 세트와 맵은 프로그래밍에서 다루는 세트(Set), 맵(Map) 자료구조를 의미한다.
  - edgesIn(Set): 다른 노드들이 현재 노드를 의존하는 관계를 의미한다. 세트 자료구조를 사용하는 이유는 특정 노드가 다른 노드에 의해 여러 번 의존 관계를 맺을 수 있기 때문이다. 다음 예제를 보자.

```json
{
  "name": "test",
  "dependencies": {
    "react": "^18.2.0",
    "react-use": "^17.5.0",
    "react-dom": "^18.2.0"
  }
}
```

react-use와 react-dom은 각각 react에 의존하고 있다. 이 react 패키지의 edgesIn은 다음과 같이 표현된다.

```
Set(5) {
ArboristEdge {
  name: 'react',
  spec: '^18.2.0',
  type: 'prod',
  from: '',
  to: 'node_modules/react'
},
ArboristEdge {
  name: 'react',
  spec: '*',
  type: 'peer',
  from: 'node_modules/nano-css',
  to: 'node_modules/react'
},
ArboristEdge {
  name: 'react',
  spec: '^18.2.0',
  type: 'peer',
  from: 'node_modules/react-dom',
  to: 'node_modules/react'
},
ArboristEdge {
  name: 'react',
  spec: '*',
  type: 'peer',
  from: 'node_modules/react-universal-interface',
  to: 'node_modules/react'
```

```
    },
    ArboristEdge {
      name: 'react',
      spec: '*',
      type: 'peer',
      from: 'node_modules/react-use',
      to: 'node_modules/react'
    }
```

위 구조에서 알 수 있는 것처럼, react는 react-dom을 비롯한 여러 패키지에서 의존하고 있고, 이러한 의존 관계는 edgesIn을 통해 확인할 수 있다. 그리고 세트를 사용해 중복 참조되더라도 의존성을 고유하게 관리하고, 의존성이 존재하는지 여부를 빠르게 확인할 수 있다.

- edgesOut(Map): 현재 노드가 다른 패키지들에 대해 가지고 있는 의존성을 의미한다. 여기서 의존성은 키와 값 형태의 자료구조인 맵(Map)을 사용한다. 여기서 맵을 사용하는 이유는 먼저 패키지의 의존성은 중복이 존재하지 않고, 키를 통해 빠르게 의존성을 찾기 위해서다. react의 edgesOut 정보를 확인하면 다음과 같다.

```
CIMap(1) [Map] {
'loose-envify' => ArboristEdge {
name: 'loose-envify',
spec: '^1.1.0',
type: 'prod',
from: 'node_modules/react',
to: 'node_modules/loose-envify'
    }
}
```

앞에서 살펴본 것처럼 react는 loose-envify에 의존하며, 이 의존성 관계는 edgesOut을 통해 확인할 수 있다.

- type: type은 각 의존성이 어떤 종류로 선언돼 있는지를 나타낸다.

  - prod: dependencies

  - dev: devDependencies

  - peer: peerDependencies

  - optional: optionalDependencies

즉, `ArboristNode`는 npm 패키지 의존성 트리 내 각 노드를 나타내며, 이 노드의 의존성은 `Edge`라는 객체로 표현된다. `ArboristNode`는 프로젝트 패키지의 의존성 트리를 분석하는 핵심 객체로, 이를 통해 npm이 의존성 트리를 어떻게 모델링하고 관리하는지 알 수 있다.

2.4.1.3 loadVirtual

`loadVirtual`은 이름 그대로, `loadActual`과는 달리 가상의 트리를 만드는 메서드다. `loadActual`이 node_modules를 직접 스캔해서 트리를 구축하는 것과는 달리, `loadVirtual`은 `package-lock.json`이나 `npm-shrinkwrap.json`을 기반으로 의존성 트리를 생성한다. 이 방법은 파일 시스템을 읽는 대신, 두 파일의 정보를 바탕으로 이상적인 트리를 메모리에 가상으로 생성하는 과정이다.

> **npm-shrinkwrap.json은 무엇인가요?**
>
> `npm-shrinkwrap.json`은 `package-lock.json`과 마찬가지로 의존성을 고정하기 위해 사용되는 파일이다. 두 파일의 차이점 중 하나는 두 파일이 동시에 존재할 경우 `npm-shrinkwrap.json`이 우선시된다는 점이다. 또한 `package-lock.json`은 일반적으로 패키지를 배포할 때 포함되지 않지만 `npm-shrinkwrap.json`은 포함된다. 이로 인해 주로 CLI 도구를 배포하거나 프로덕션 패키지를 생성해서 업로드할 때 사용된다. 하지만 대부분의 경우 설치 시 자동으로 적용되는 `dependencies`를 통해 의존성을 충분히 고정할 수 있기 때문에 요즘은 거의 사용되지 않는 파일이다.

반대로 말하면, 이 가상의 트리를 만드는 과정에는 반드시 락 파일인 `package-lock.json`이 존재해야 한다. 락 파일이 없으면 다음과 같이 에러가 발생한다.

```
/Users/USER/private/arborist/node_modules/@npmcli/arborist/lib/arborist/load-virtual.js:51
      const er = new Error('loadVirtual requires existing shrinkwrap file')
                 ^

Error: loadVirtual requires existing shrinkwrap file
    at Arborist.loadVirtual (/Users/USER/private/arborist/node_modules/@npmcli/arborist/lib/arborist/load-virtual.js:51:18)
    at async main (/Users/USER/private/arborist/index.js:10:18) {
  code: 'ENOLOCK'
}
```

만약 락 파일이 존재하면 다음과 같이 트리를 생성한다. 트리 구조는 `loadActual`이 생성하는 것과 동일하지만, 락 파일을 기반으로 하며 `node_modules`를 읽지 않는다는 것을 명심하자.

```
ArboristNode {
  name: 'test',
  version: '1.0.0',
  location: '',
  path: '/Users/USER/private/arborist/test',
  isProjectRoot: true,
  edgesOut: Map(1) { 'react' => { prod react@^18.2.0 -> node_modules/react } },
  children: Map(3) {
    'js-tokens' => ArboristNode {
      name: 'js-tokens',
      version: '4.0.0',
      location: 'node_modules/js-tokens',
      path: '/Users/USER/private/arborist/test/node_modules/js-tokens',
      resolved: 'https://registry.npmjs.org/js-tokens/-/js-tokens-4.0.0.tgz',
      edgesIn: [Set]
    },
    'loose-envify' => ArboristNode {
      name: 'loose-envify',
      version: '1.4.0',
      location: 'node_modules/loose-envify',
      path: '/Users/USER/private/arborist/test/node_modules/loose-envify',
      resolved: 'https://registry.npmjs.org/loose-envify/-/loose-envify-1.4.0.tgz',
      edgesOut: [Map],
      edgesIn: [Set]
    },
    'react' => ArboristNode {
      name: 'react',
      version: '18.2.0',
      location: 'node_modules/react',
      path: '/Users/USER/private/arborist/test/node_modules/react',
      resolved: 'https://registry.npmjs.org/react/-/react-18.2.0.tgz',
      edgesOut: [Map],
      edgesIn: [Set]
    }
  }
}
```

loadVirtual이 대표적으로 사용되는 곳은 바로 `npm ci`다. 앞서 2.3절에서 다뤘던 내용을 떠올려보면 `npm ci` 역시 락 파일이 있는 경우에만 실행 가능하며, 락 파일의 내용을 있는 그대로 `node_modules`에 설치한다. 이 과정은 `loadVirtual`을 통해 이뤄진다.

2.4.1.4 buildIdealTree

`buildIdealTree`는 `@npmcli/arborist` 라이브러리의 핵심 메서드다. 이 메서드를 호출하면 `package.json`과 `package-lock.json`을 바탕으로 가장 이상적인 트리가 만들어진다. 여기서 '이상적인 트리'란 `package.json`에 선언된 의존성 버전을 충족하면서 중복 설치를 최소화하고 버전 충돌을 최소화한 구조를 의미한다. 또한 여기서 말하는 '충돌'이란 같은 이름의 패키지가 동일한 위치에 이미 존재하거나 부모 노드가 해당 패키지의 `peerDependencies`를 요구하는데 그 조건을 만족하지 못하는 상황 등을 포함한다. `buildIdealTree`는 이러한 충돌을 해결하며 최적의 트리를 구축하기 위해 다음과 같은 과정을 거친다.

1. `initTree()`: 초기 트리를 구축하기 위한 기본 설정 작업을 수행한다. 이 과정은 먼저 `package.json`을 기반으로 최상위 노드를 만드는 작업부터 시작한다. 그다음, 락 파일이 있고, 전체 업데이트 명령어(`npm update`)가 아닌 경우에는 `loadVirtual`을 통해 가상 트리를 로드한다. 그렇지 않은 경우 락 파일을 초기화해서 새로운 메타데이터를 생성한다. 이후 이렇게 얻은 트리는 `idealTree`의 초기 변수로 사용된다. 즉, `initTree()`는 최적의 트리를 만들기 위한 초기 변수를 생성하는 과정이다.

2. `inflateAncientLockfile()`: 이 메서드는 오래된 락 파일이 있는지 확인하는 작업을 거친다. 이 락 파일은 npm@10 기준 3 버전이며, 이전 버전의 락 파일을 업데이트하는 작업을 수행한다. 이 작업을 통해 구형 npm에서 생성된 락 파일을 최신 버전에서도 호환될 수 있도록 수정한다.

3. `applyUserRequests(options)`: 메서드 이름 그대로 사용자의 요청을 적용하는 작업을 의미한다. 이러한 작업에는 최상위 노드를 기준으로 패키지를 수정하거나 제거하는 작업 등을 의미한다.

4. `buildDeps()`: 락 파일 최신화, 사용자 요청 작업 적용, 가상 트리 생성 등 실제 의존성을 빌드하기 위한 작업을 마쳤으니, 이제 이상적인 트리를 만들기 위한 본격적인 작업을 시작하게 된다. 먼저 `package.json`을 분석해서 각 의존성(`dependencies`, `devDependencies` 등)을 해석하고, 이 의존성을 기반으로 트리를 구축한다. 만약 이 과정에서 버전 충돌이 발생하면 자체적인 알고리즘에 따라 버전 충돌을 해결한다.

5. `fixDepFlags()`: 각 패키지는 설치된 유형에 따라서 별도의 플래그가 생성되는데, 이 플래그를 설정하는 메서드다. 여기서 말하는 플래그는 다음과 같다.

    - Extraneous: `package.json` 파일에 명시돼 있지 않지만 `node_modules`에는 존재하는 패키지를 의미한다. 버전이 변경되면서 의존성에서 더 이상 필요로 하지 않거나 의도치 않게 설치되는 경우 이 플래그가 설정된다. 이렇게 Extraneous로 표시된 패키지는 향후에 제거된다.
    - peer: `peerDependencies`에 명시된 패키지를 의미한다.

- dev: devDependencies에 명시된 패키지를 의미한다.
        - optional: optionalDependencies에 명시된 패키지를 의미한다. optionalDependencies는 npm이 설치하는 데 실패하더라도 프로젝트가 정상적으로 작동할 수 있는 패키지를 의미한다.
6. pruneFailedOptional(): 의존성을 불러오는 데 실패한 작업이 존재한다면 이 과정에서 에러를 발생시킨다.
7. checkEngineAndPlatform(): 이렇게 완성된 최적의 트리에서, Node.js 버전, npm 버전 등을 검사한다. 그리고 현재 환경과 비교해서 호환되는지 확인한 후, 호환되지 않는 패키지가 있다면 에러를 발생시키거나 경고 메시지를 출력한다.

buildIdealTree는 이름 그대로 이상적인 트리를 만들기 위해 다양한 작업을 수행한다. 트리를 초기화하고, 락 파일을 업데이트하며, 의존성을 구축하고 버전 충돌을 해결하며, 최종적으로 엔진이나 플랫폼 버전 등을 해석해 최적의 트리를 만들어낸다.

2.4.1.5 reify

reify는 영어로 '구현하다'라는 뜻을 가지며, @npmcli/arborist에서 이 메서드는 buildIdealTree에서 생성한 이상적인 트리를 실제로 구현하는 역할을 한다. 여기서 '구현한다'는 것은 이상적인 트리를 node_modules에 설치하고 package-lock.json에 반영하는 과정을 의미한다. reify는 다음과 같은 단계를 거쳐 실행된다.

1. 먼저 reify가 실행되는 위치를 확인하고, node_modules 디렉터리가 있는지 확인한 후 없으면 생성한다.
2. 이어서 actual 트리와 ideal 트리를 각각 생성한다. 여기서 actual 트리는 loadActual로, ideal 트리는 buildIdealTree로 만들어진다.
3. 이렇게 생성된 두 트리, 즉 현재 상태를 나타내는 actual과 이상적인 상태를 나타내는 ideal을 비교한다.
4. 두 트리 간의 차이를 바탕으로 이상적인 트리와 현재 트리 사이에 필요한 변경 사항을 확인하고, 필요 시 패키지를 node_modules에 단계별로 설치하거나 제거한다. 이 변경 사항은 package.json과 락 파일에도 반영되지만 옵션에 따라 node_modules에만 반영할 수도 있다.
5. 모든 변경이 완료되면 이상적인 트리의 내용을 현재 트리에 복사해서 동기화한다. 이를 통해 두 트리 간의 무결성을 유지한다.
6. 마지막으로 의존성에 대한 보안 취약점을 검사하고 발견된 취약점에 대한 정보를 제공한다. 이 과정은 npm audit과 비슷하게 트리를 분석하고 사용자에게 취약점을 알리는 데 유용하다.

reify 메서드는 @npmcli/arborist에서 중요한 역할을 담당하며, 앞에서 다룬 loadActual, loadVirtual, buildIdealTree 등을 통해 생성된 트리를 실제 파일 시스템에 반영한다. 의존성 트리 분석이 필요할 때 주로 이 `reify` 메서드를 사용하며, `reify`를 실행하는 것만으로도 거의 `npm install`을 수행하는 것과 유사한 효과를 얻을 수 있다.

```js
const Arborist = require('@npmcli/arborist')
const resolve = require('path').resolve

async function main() {
  const arb = new Arborist({
    // 테스트 폴더에 락 파일과 node_modules가 모두 없다면
    path: resolve('./test'),
    registry: 'https://registry.npmjs.org/',
  })

  // reify가 모두 만들어준다.
  const result = await arb.reify()
  console.log(result.toJSON())
}

main() //

/*
ArboristNode {
  name: 'test',
  version: '1.0.0',
  location: '',
  path: '/Users/USER/private/arborist/test',
  isProjectRoot: true,
  edgesOut: Map(1) { 'react' => { prod react@^18.0.0 -> node_modules/react } },
  children: Map(3) {
    'js-tokens' => ArboristNode {
      name: 'js-tokens',
      version: '4.0.0',
      location: 'node_modules/js-tokens',
      path: '/Users/USER/private/arborist/test/node_modules/js-tokens',
      resolved: 'https://registry.npmjs.org/js-tokens/-/js-tokens-4.0.0.tgz',
      edgesIn: [Set]
    },
    'loose-envify' => ArboristNode {
      name: 'loose-envify',
```

```
      version: '1.4.0',
      location: 'node_modules/loose-envify',
      path: '/Users/USER/private/arborist/test/node_modules/loose-envify',
      resolved: 'https://registry.npmjs.org/loose-envify/-/loose-envify-1.4.0.tgz',
      edgesOut: [Map],
      edgesIn: [Set]
    },
    'react' => ArboristNode {
      name: 'react',
      version: '18.2.0',
      location: 'node_modules/react',
      path: '/Users/USER/private/arborist/test/node_modules/react',
      resolved: 'https://registry.npmjs.org/react/-/react-18.2.0.tgz',
      edgesOut: [Map],
      edgesIn: [Set]
    }
  }
}
*/
```

실제 `npm install`[46]과 `npm ci`[47]를 실행할 때 모두 `reify` 메서드가 사용되는 것을 볼 수 있다.

2.4.1.6 audit

앞서 2.3절 'npm의 주요 명령어'에서 살펴본 것처럼 `audit`은 npm 패키지의 취약점을 살펴보기 위해 사용하는 명령어다. `@npmcli/arborist`에서는 이 `audit` 명령어를 수행하는 메서드를 제공한다. 이 메서드는 `AuditReport`라는 클래스에서 수행하는데, 이 클래스가 하는 작업을 요약하자면 다음과 같다.

1. 취약점을 분석해야 하는 패키지 목록을 가져온다.
2. 패키지 목록을 가져온 다음, 취약점 분석을 위한 정보를 가져온다.
3. 2번에서 불러온 정보를 바탕으로 취약점을 분석하고 보고한다.

이 취약점을 분석하기 위해서 `@npmcli/arborist`는 특정 주소로 페치(fetch) 요청을 보내고 이에 대한 응답을 받는다. 다음 `curl` 명령어를 통해 이러한 요청을 확인할 수 있다.

---

[46] https://github.com/npm/cli/blob/fc6e291e9c2154c2e76636cb7ebf0a17be307585/lib/commands/install.js#L141-L150
[47] https://github.com/npm/cli/blob/fc6e291e9c2154c2e76636cb7ebf0a17be307585/lib/commands/ci.js#L91

```
$ curl --location 'https://registry.npmjs.org/-/npm/v1/security/advisories/bulk' \
--header 'Content-Type: application/json' \
--data '{
  "vm2": [
    "3.9.17"
  ]
}'
```

```
{
  "vm2": [
    {
      "id": 1094550,
      "url": "https://github.com/advisories/GHSA-cchq-frgv-rjh5",
      "title": "vm2 Sandbox Escape vulnerability",
      "severity": "critical",
      "vulnerable_versions": "<=3.9.19",
      "cwe": ["CWE-94"],
      "cvss": {
        "score": 9.8,
        "vectorString": "CVSS:3.1/AV:N/AC:L/PR:N/UI:N/S:U/C:H/I:H/A:H"
      }
    },
    {
      "id": 1094568,
      "url": "https://github.com/advisories/GHSA-whpj-8f3w-67p5",
      "title": "vm2 Sandbox Escape vulnerability",
      "severity": "critical",
      "vulnerable_versions": "<3.9.18",
      "cwe": ["CWE-74"],
      "cvss": {
        "score": 9.8,
        "vectorString": "CVSS:3.1/AV:N/AC:L/PR:N/UI:N/S:U/C:H/I:H/A:H"
      }
    },
    {
      "id": 1094744,
      "url": "https://github.com/advisories/GHSA-g644-9gfx-q4q4",
      "title": "vm2 Sandbox Escape vulnerability",
      "severity": "critical",
```

```
      "vulnerable_versions": "<=3.9.19",
      "cwe": ["CWE-78"],
      "cvss": {
        "score": 9.8,
        "vectorString": "CVSS:3.1/AV:N/AC:L/PR:N/UI:N/S:U/C:H/I:H/A:H"
      }
    },
    {
      "id": 1094598,
      "url": "https://github.com/advisories/GHSA-p5gc-c584-jj6v",
      "title": "vm2 vulnerable to Inspect Manipulation",
      "severity": "moderate",
      "vulnerable_versions": "<3.9.18",
      "cwe": ["CWE-74"],
      "cvss": {
        "score": 5.3,
        "vectorString": "CVSS:3.1/AV:N/AC:L/PR:N/UI:N/S:U/C:N/I:L/A:N"
      }
    }
  ]
}
```

앞에서 취약점이 있다고 언급한 패키지인 vm2@3.9.17 버전에 대한 실제 취약점 정보를 확인할 수 있다. 여기에는 해당 취약점을 확인할 수 있는 상세 URL, 취약점명, 영향받는 버전 등 취약점 확인 및 조치에 필요한 대부분의 정보가 포함돼 있다. 이 audit은 reify의 마지막 과정에도 포함돼 있으며, reify를 실행하면 audit이 자동으로 실행된다.

2.4.2 패키지 설치를 위한 패키지, pacote

@npmcli/arborist가 의존성 트리를 분석하는 역할을 맡는다면, 실제 패키지를 npm에서 가져오는 역할은 별도의 패키지인 pacote[48]가 담당한다. pacote는 npm 패키지의 다운로드와 관리를 수행하는 라이브러리로, @npmcli/arborist가 의존성 트리를 분석한 후, 이 라이브러리를 통해 실제 패키지를 설치하게 된다. 이제 pacote에 대해 간단히 살펴보자.

---

[48] https://github.com/npm/pacote#readme

2.4.2.1 manifest

manifest는 해당 패키지의 manifest 정보를 가져오는 메서드로, 패키지의 이름과 버전을 인자로 받아 해당 패키지의 정보를 가져온다. 이 정보는 name, version, dependencies, dist, engines 등의 정보를 포함하고 있으며, 이 정보를 바탕으로 패키지를 설치하거나 관리하는 데 사용된다. 이 인자는 react@18.2.0과 같은 형태로 전달하는데, 이러한 방식은 package.json의 dependencies를 선언할 때와 같은 문법을 사용할 수 있다. 다음은 react@18.2.0 패키지의 manifest 정보를 가져오는 예제다.

```js
const pacote = require('pacote')

async function main() {
  const manifest = await pacote.manifest('react@18.2.0')
  console.log(manifest)
}

main()

/*
{
  name: 'react',
  version: '18.2.0',
  dependencies: { 'loose-envify': '^1.1.0' },
  dist: {
     integrity: 'sha512-/3IjMdb2L9QbBdWiW5e3P2/npwMBaU9mHCSCUzNln0ZCYbcfTsGbTJrU/kGemdH2IWmB2ioZ+zkxtmq6g09fGQ==',
     shasum: '555bd98592883255fa00de14f1151a917b5d77d5',
     tarball: 'https://registry.npmjs.org/react/-/react-18.2.0.tgz',
     fileCount: 20,
     unpackedSize: 316108,
     signatures: [ [Object] ],
     'npm-signature': '-----BEGIN PGP SIGNATURE-----\r\n' +
       'Version: OpenPGP.js v4.10.10\r\n' +
       'Comment: https://openpgpjs.org\r\n' +
       '\r\n' +
       'wsFzBAEBCAAGBQJiqOWeACEJED1NWxICdlZqFiEECWMYAoorWMhJKdjhPU1b\r\n' +
       // 생략
       '=Ca+R\r\n' +
       '-----END PGP SIGNATURE-----\r\n'
```

```
  },
  engines: { node: '>=0.10.0' },
  _id: 'react@18.2.0',
  _resolved: 'https://registry.npmjs.org/react/-/react-18.2.0.tgz',
  _from: 'react@18.2.0',
  _integrity: 'sha512-/3IjMdb2L9QbBdWiW5e3P2/npwMBaU9mHCSCUzNln0ZCYbcfTsGbTJrU/kGemdH2IWmB2ioZ+zkx
tmq6g09fGQ==',
  _signatures: [
    {
      keyid: 'SHA256:jl3bwswu80PjjokCgh0o2w5c2U4LhQAE57gj9cz1kzA',
      sig: 'MEQCIAXfb8FM76qfXX+VU3UqdUnzSzzf0VgxKIAyTaIcyQlGAiBZe9RowzzXQj/a6oUglf6hle9ljtoHOuVgDB
ABfbEcYQ=='
    }
  ]
}
*/
```

`pacote.manifest` 메서드는 다음과 같은 형태의 인자를 받을 수 있다. 이 인자를 유심히 살펴보면 `dependencies`에서 다양한 버전 표기법을 사용할 수 있음을 알 수 있다.

```
await pacote.manifest('react@18.2.0') // ok
await pacote.manifest('react@^18.2.0') // ok
await pacote.manifest('react@~18.2.0') // ok
await pacote.manifest('https://registry.npmjs.org/react/-/react-18.2.0.tgz') // ok

// ...
```

실제로 `pacote.manifest`는 앞서 소개한 `@npmcli/arborist`에서 `buildIdealTree`를 수행할 때 사용되는 메서드다. 이 메서드를 통해 패키지의 `manifest` 정보를 가져온 후, 이 정보를 바탕으로 의존성 트리를 구축하게 된다.

2.4.2.2 tarball

`tarball`은 패키지의 `tarball` 데이터를 메모리에 불러오는 작업을 수행한다. 다음 예제를 살펴보자.

```
const pacote = require('pacote')
```

```
async function main() {
  const tarball = await pacote.tarball('react@18.2.0')
  console.log(tarball)
}

main()
// <Buffer 1f 8b 08 00 00 00 00 00 02 ff ec bd 7b 7b db c6 d5 2f da bf f9 29 60 ed 3a 24 1d 0a 92
9c d6 7d 2b c5 49 64 5d 62 bd 95 25 1f 49 76 9a e3 78 4b 10 39 ... 81102 more bytes, integrity:
'sha512-/3IjMdb2L9QbBdWiW5e3P2/npwMBaU9mHCSCUzNln0ZCYbcfTsGbTJrU/kGemdH2IWmB2ioZ+zkxtmq6g09fGQ==',
resolved: 'https://registry.npmjs.org/react/-/react-18.2.0.tgz', from: 'react@18.2.0'>
```

`tarball()` 메서드는 `manifest`와 마찬가지로 패키지의 이름과 버전을 인자로 받아 해당 패키지의 `tarball` 데이터를 가져온다. 이 데이터는 `.tgz` 확장자의 `Buffer` 형태로 반환되며, 이 데이터를 바탕으로 패키지를 설치하거나 관리하는 데 사용된다.

`tarball`을 저장하고 싶다면 굳이 번거롭게 `node:fs`를 사용하지 않더라도 다음과 같이 `file` 메서드를 사용해 설치할 수도 있다.

```
pacote.tarball.file('react@18.2.0', './destination/react-18.2.0.tgz')
```

첫 번째 인자로는 앞에서와 마찬가지로 패키지 이름과 버전을 전달하고, 두 번째 인자로는 저장할 경로를 전달하면 된다. 이렇게 하면 해당 경로에 `tarball` 데이터, 즉 `.tgz` 압축 파일이 저장된다.

2.4.2.3 extract

`tarball`이 `.tgz` 파일을 메모리에 불러오는 작업이라면 `extract`는 이 `tarball`을 불러오는 것을 넘어서 파일을 압축 해제해서 파일 시스템에 저장한다. 다음 예제를 살펴보자.

```
await pacote.extract('react@18.2.0', './destination/react-18.2.0')
```

```
$ tree destination
.
├── react-18.2.0
│   ├── LICENSE
│   ├── README.md
│   ├── cjs
│   │   ├── react-jsx-dev-runtime.development.js
```

```
|   |   ├── react-jsx-dev-runtime.production.min.js
|   |   ├── react-jsx-dev-runtime.profiling.min.js
|   |   ├── react-jsx-runtime.development.js
|   |   ├── react-jsx-runtime.production.min.js
|   |   ├── react-jsx-runtime.profiling.min.js
|   |   ├── react.development.js
|   |   ├── react.production.min.js
|   |   ├── react.shared-subset.development.js
|   |   └── react.shared-subset.production.min.js
|   ├── index.js
|   ├── jsx-dev-runtime.js
|   ├── jsx-runtime.js
|   ├── package.json
|   ├── react.shared-subset.js
|   └── umd
|       ├── react.development.js
|       ├── react.production.min.js
|       └── react.profiling.min.js
```

앞에서와 마찬가지로 첫 번째 인자로는 패키지 이름과 버전을 전달하고, 두 번째 인자로는 저장할 경로를 전달하면 된다. 이렇게 하면 해당 경로에 `tarball`을 압축 해제한 실제 패키지 파일이 저장된다.

2.4.3 node_modules 살펴보기

지금까지 `npm install` 명령어를 수행하는 데 필요한 다양한 메서드들을 간단하게 살펴봤다. 그렇다면 실제 `npm install` 이후에 생성되는 `node_modules` 내에서는 무슨 일이 벌어질까? 하나씩 살펴보자.

2.4.3.1 평탄화된 node_modules

`npm`이 생성하는 `node_modules`의 특징 중 하나는 평탄화된 `node_modules`로, 말 그대로 모든 `node_modules` 내부의 폴더를 평탄화해서 같은 레벨의 폴더에 일괄적으로 설치한다는 것이다. 이 특징을 예제 프로젝트를 통해 살펴보자.

먼저 확인하려고 하는 패키지의 의존성 구조는 다음과 같다.

```
{
  "dependencies": {
```

```
    "react": "^18.2.0",
    "react-dom": "^18.2.0"
  }
}
```

npm install을 실행하면 node_modules는 다음과 같이 구성된다.

```
.
├── js-tokens
├── loose-envify
├── react
├── react-dom
└── scheduler (생략)
```

이처럼 실제로 선언된 의존성은 두 개일 뿐이지만 해당 의존성이 의존하는 의존성을 포함해서 모든 패키지가 같은 폴더 내에 동일한 수준으로 설치돼 있음을 확인할 수 있다.

그리고 이 패키지의 실제 의존성 구조는 다음과 같다.

```
$ npm list --all
test@1.0.0 /Users/USER/private/arborist/test
├─┬ react-dom@18.2.0
│ ├─┬ loose-envify@1.4.0
│ │ └── js-tokens@4.0.0
│ ├── react@18.2.0 deduped
│ └─┬ scheduler@0.23.0
│   └── loose-envify@1.4.0 deduped
└─┬ react@18.2.0
  └── loose-envify@1.4.0 deduped
```

여기서 한 가지 의아한 점이 눈에 띈다. js-tokens의 경우 loose-envify의 의존성이고, loose-envfiy는 react에 대한 의존성이므로 npm list --all에서 명시한 구조처럼 설치되는 것이 타당해 보인다.

```
.
└── node_modules/
    ├── react-dom@18.2.0/
    │   └── node_modules/
```

```
│       ├── loose-envify@1.4.0/
│       │   └── node_modules/
│       │       └── js-tokens@4.0.0
│       ├── react@18.2.0/
│       │   └── node_modules/
│       │       └── loose-envify@1.4.0
│       └── scheduler@18.2.0/
│           └── node_modules/
│               └── loose-envify@1.4.0
└── react/
    └── node_modules/
        └── loose-envify@1.4.0
```

그러나 위와 같은 방식으로 node_modules이 생성되는 대신, 왜 모든 패키지가 동일한 수준으로 설치되는 것일까? 앞서와 같이 의존성 그래프 대로 설치하면 패키지를 찾아가는 것이 전혀 불편하지 않다. 모든 의존성은 패키지 하위의 node_modules에 존재하기 때문이다. 그리고 같은 패키지명으로 서로 다른 버전이 필요하다 하더라도, 각 의존성 내에서 패키지를 찾아가기 때문에 문제가 없다. 그러나 가장 큰 문제는 이 방식이 매우 비효율적이라는 것이다. 그 이유는 다음과 같다.

- **동일한 패키지의 중복 설치 문제**: 만약 loose-envify를 의존하는 패키지가 여러 개라면 어떻게 될까? 이 패키지가 필요한 대로 모든 의존성 내에 설치할 것이다. 심지어 같은 버전의 패키지라도 중복으로 설치될 수밖에 없을 것이다.
- **깊으면 깊어질수록 덩달아 길어지는 경로**: 만약 패키지가 조금만 커지고 복잡해진다면 이 깊이에 따른 경로도 매우 길어질 것이다. 이와 관련해서 실제로 윈도우에는 260자 제한이 존재하며[49], macOS의 경우 1024 정도[50], 리눅스는 이보다 상대적으로 넉넉한 4096자의 제한[51]이 있는 것으로 알려져 있다. 이 경로 길이 제한 때문이라도 무작정 모든 의존성을 하위 폴더에 넣을 수는 없다.

이러한 사태를 막기 위해 npm@3부터는 node_modules를 평탄화해서 될 수 있는 한 node_modules의 최상위에 설치하는 방식으로 문제를 해결한다. 이러한 동작 방식을 예제를 통해 살펴보자.

먼저 App이라고 하는 패키지를 관리한다고 가정해보자. App은 A@1.0.0에 의존한다.

```
{
```

---

[49] https://learn.microsoft.com/ko-kr/windows/win32/fileio/naming-a-file?redirectedfrom=MSDN#maximum-path-length-limitation
[50] https://discussions.apple.com/thread/1785953?answerId=8440168022&sortBy=best#8440168022 또는 터미널에서 `cc -dM -E -xc - <<< '#include <sys/syslimits.h>' | grep -i ' [NP]A.._MAX'`를 실행해 확인해볼 수 있다.
[51] https://medium.com/@linuxschooltech/how-to-check-maximun-path-length-in-linux-b4296c99313e

```
  "name": "App",
  "dependencies": {
    "A": "^1.0.0"
  }
}
```

이 패키지에서 `npm install`을 실행하면 다음과 같은 구조로 설치된다.

```
App/
└── node_modules/
    └── A@1.0.0
```

그리고 이 A 패키지는 A@1.1.0이 되면서 B@1.0.0에 의존하게 됐다.

```
{
  "name": "A",
  "version": "1.1.0",
  "dependencies": {
    "B": "^1.0.0"
  }
}
```

A@1.1.0을 설치하면 App은 다음과 같이 변경된다.

```
{
  "name": "App",
  "dependencies": {
    "A": "^1.1.0"
  }
}
```

그리고 여기에 B@1.0.0을 직접 설치해보자.

```
{
  "name": "App",
  "dependencies": {
    "A": "^1.1.0",
```

```
    "B": "^1.0.0"
  }
}
```

지금까지 설명한 구조를 도식화하면 다음과 같다.

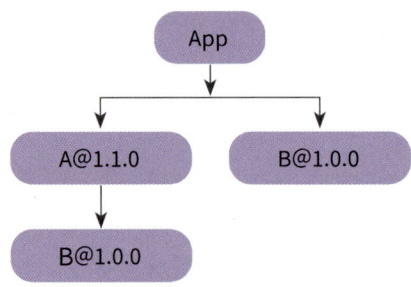

그림 2.9 현재까지의 의존성 그래프

만약 위 그래프대로 node_modules가 구성되면 어떻게 될까? 설치와 사용에는 문제가 없지만 똑같은 B@1.0.0이 두 벌 설치되는 문제가 발생한다. 이러한 문제를 해결하기 위해 npm@3부터는 node_modules를 평탄화해서 설치한다. 이러한 방식을 평탄화 설치라고 하며, 이를 통해 중복 설치를 피하고 경로 길이 제한 문제를 해결할 수 있다.

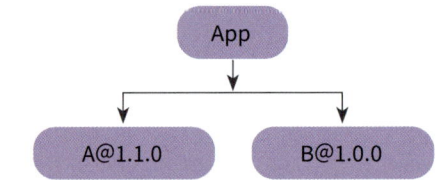

그림 2.10 그림 2.9를 평탄화해서 설치했을 경우의 의존성 그래프

그러나 이렇게 하더라도 모든 문제가 해결하는 것은 아니다. react만 의존성을 가지고 있는 프로젝트를 떠올려보자. react를 설치한 프로젝트의 의존성 그래프는 다음과 같다.

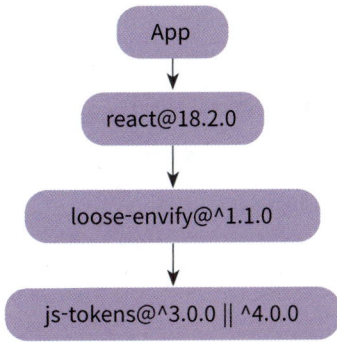

그림 2.11 react만을 의존성을 가지고 있는 프로젝트의 의존성 그래프

위 의존성 그래프는 `node_modules`의 평탄화로 인해 다음과 같은 구조를 갖게 될 것이다.

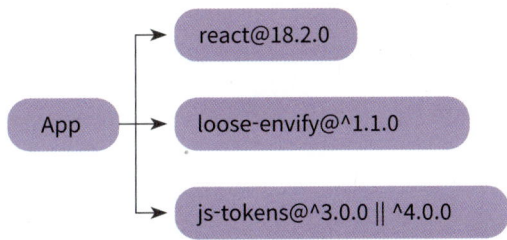

그림 2.12 react만을 의존성으로 가지고 있는 프로젝트의 의존성 그래프를 평탄화해서 설치했을 경우

이러한 평탄화 작업은 실제 코드에 어떤 영향을 미칠까? 이를 알아보기 위해 다음과 같은 예제 코드를 실행해보자.

```javascript
// 이 프로젝트에는 react만 의존성으로 선언해뒀다.
const jsTokens = require('js-tokens')

console.log(jsTokens)
/*
{
  default: /((['"]...,
  matchToToken: [Function (anonymous)]
}
*/
```

평탄화 작업으로 인해 실제로는 의존성으로 선언하지도 않은 `js-tokens`이 실행 가능해졌으며, 그 상위 의존성인 `loose-envify`도 마찬가지로 실행 가능해졌으리라 짐작할 수 있다. 이처럼 평탄화 작업으로 인해 실제 의존성으로 선언하지 않은 패키지가 실행 가능해지는 문제를 유령 의존성(phantom dependency)이라고 한다. 이것이 왜 문제인지, 그리고 이를 해결하기 위한 다른 대안이 무엇이 있는지에 대해서는 3장 'npm의 대항마 yarn과 pnpm'에서 본격적으로 다룬다.

2.4.3.2 npm이 중복 설치를 피하는 방법

지금까지 npm의 `node_modules`의 평탄화에 대해 알아봤다. 그러나 이러한 평탄화는 어디까지나 `package.json`의 의존성 해결이 유의적 버전의 문법 규칙 안에서 해결 가능할 때만 이뤄진다. 유의적 버전 문법 내에서 npm은 어떻게 중복 설치를 피하는지 살펴보자.

먼저 초기 트리의 모습은 다음과 같다.

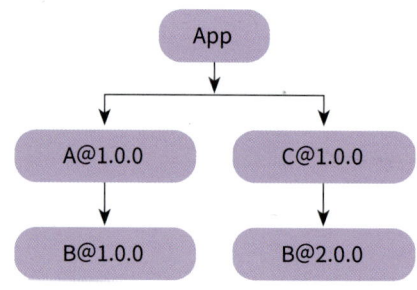

그림 2.13 App의 초기 의존성 그래프

이 경우 `node_modules`는 어떻게 생성될까?

코드 2.1 App의 디렉터리의 구조(`tree -d`로 실행된 결과를 넣었으며, 버전을 명시하기 위해 () 안에 폴더명을 임의로 넣어뒀다. 실제 폴더명에는 괄호가 없다.)

B@1.0.0은 평탄화 알고리즘 때문에 최상위에 설치돼 있지만, 이와 달리 C@1.0.0에서 의존하는 B@2.0.0은 최상위에 설치하는 것이 불가능해졌다. 폴더 구조상 동일한 폴더 하위에 똑같은 이름의 다른 버전의 서로 다른 두 개의 패키지를 설치할 수 없기 때문이다.

여기서 패키지를 하나 더 설치해서 다음과 같은 구조를 만들어보자.

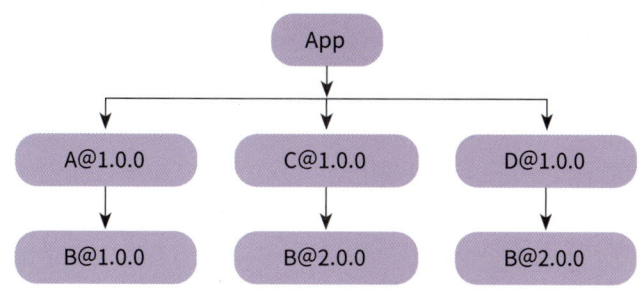

그림 2.14 D@1.0.0을 추가한 App의 의존성 그래프

B@2.0.0에 의존하는 D@1.0.0이 새롭게 의존성으로 추가됐다. 이 경우 node_modules는 어떻게 생성될까?

코드 2.2 App의 디렉터리 구조(tree -d로 실행된 결과를 넣었으며, 버전을 명시하기 위해 () 안에 폴더명을 임의로 넣어뒀다. 실제 폴더명에는 괄호가 없다.)

B@2.0.0이 이제 한 개가 아닌 두 패키지에서 의존하고 있으며 결과적으로 B@1.0.0을 사용하는 것보다 많아졌지만, 여전히 B@2.0.0은 최상위 의존성이 아닌 하위 패키지 안에 위치한다.

만약 최상위에 B@2.0.0을 설치하고 C와 D에 B@2.0.0를 지워서 평탄화해버리면 어떻게 될까? Node.js에서 경로를 찾아가는 규칙에 따라 C와 D는 B를 찾기 위해서 상위 폴더를 계속해서 검색할 것이고, 이에 따라 C와 D에서는 B@2.0.0을 찾게 될 것이다. 그러나 정작 B@1.0.0을 필요로 하는 A에서는 B@1.0.0을 찾지 못할 것이다. 정확히는 최상위에 있는 B@2.0.0을 찾게 될 것이고 주 버전은 호환되지 않는다는 유의적 버전의 규칙에 따라 코드의 정합성이 깨질 가능성이 매우 높아진다. 즉, 평탄화 알고리즘은 유의적 버전이 해결할 수 있는 선에서만 동작한다는 것을 알 수 있다.

이제 여기에 B@1.0.0을 의존하는 E를 추가해보자.

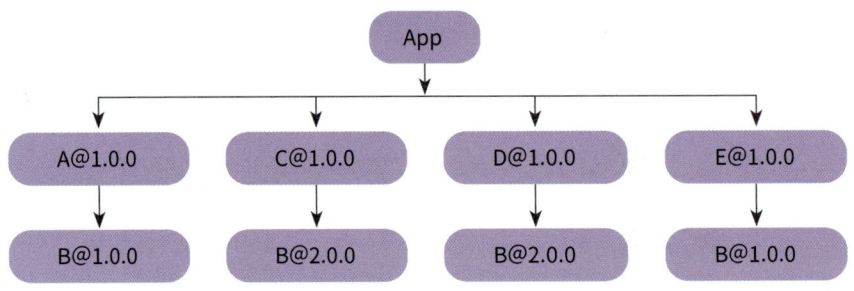

그림 2.15 E@1.0.0를 추가한 App의 의존성 그래프

node_modules는 다음과 같은 모습을 갖게 된다.

코드 2.3 App의 디렉터리 구조(tree -d로 실행된 결과를 넣었으며, 버전을 명시하기 위해 () 안에 폴더명을 임의로 넣어뒀다. 실제 폴더명에는 괄호가 없다.)

E가 의존하는 B@1.0.0은 최상위에 있는 B@1.0.0을 볼 수 있으므로 하위 의존성으로 설치되지 않은 것을 볼 수 있다.

만약 여기에서 B@2.0.0에 의존하는 A를 A@2.0.0으로 업데이트하면 어떻게 될까?

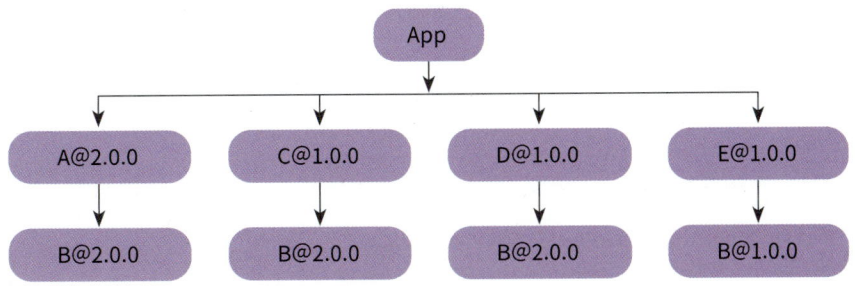

그림 2.16 A@2.0.0로 업데이트한 App의 의존성 그래프

node_modules는 다음과 같은 모습을 갖게 된다.

코드 2.4 코드 2.3에서 B에 의존하는 A를 업데이트한 후의 구조

```
App
└── node_modules
    ├── A(@2.0.0)
    │   └── node_modules
    │       └── B(@2.0.0)
    ├── B(@1.0.0)
    ├── C(@1.0.0)
    │   └── node_modules
    │       └── B(@2.0.0)
    ├── D(@1.0.0)
    │   └── node_modules
    │       └── B(@2.0.0)
    └── E(@1.0.0)
```

여전히 B는 최상위에 위치해 있다. 그 이유는 E가 아직도 B@1.0.0에 의존하기 때문이다. 언뜻 보면 이는 비효율적으로 보인다. 이제 마지막으로 B@2.0.0에 의존하는 E@2.0.0을 설치해보자.

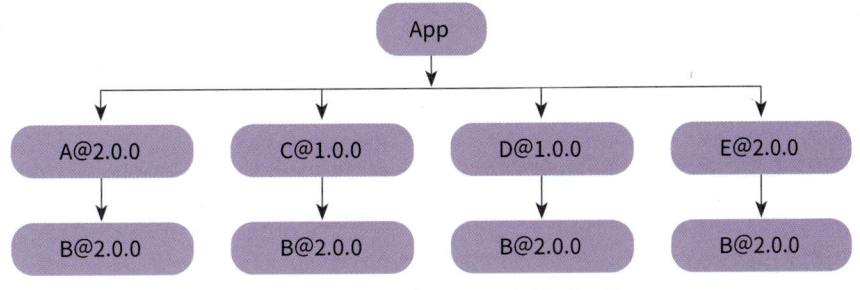

그림 2.17 E@2.0.0을 추가한 App의 의존성 그래프

코드 2.5 코드 2.4에서 E@2.0.0을 추가한 후의 구조

```
.
└─ node_modules
    ├─ A(@2.0.0)
    │   └─ node_modules(empty)
    ├─ B(@2.0.0)
    ├─ C(@1.0.0)
    │   └─ node_modules(empty)
    ├─ D(@1.0.0)
    │   └─ node_modules(empty)
    └─ E(@2.0.0)
```

이제 더 이상 B@1.0.0을 사용하는 곳이 없어졌으므로 최상위에 있는 B@1.0.0은 B@2.0.0으로 대체됐으며, 하위 의존성으로 설치됐던 B@2.0.0도 모두 제거된 모습을 볼 수 있다.

이렇게 해서 npm이 유의적 버전 규칙에 따라 중복 설치를 피하고, node_modules 구조를 최적화하는 과정을 살펴봤다. npm의 평탄화 알고리즘은 의존성 트리에서 불필요한 중복을 줄이고, 가능한 한 최상위 위치에 패키지를 배치해서 효율적인 디렉터리 구조를 유지한다. 다만, 유의적 버전 충돌이 발생할 경우 하위 폴더에 중복 설치를 통해 각 패키지가 필요로 하는 특정 버전을 만족시키는 방식을 사용한다.

이러한 구조 최적화는 패키지 설치 속도를 높이고 디스크 공간을 절약할 수 있는 장점이 있으며, 코드의 일관성을 유지하는 데 도움을 준다. 결과적으로 npm은 평탄화 알고리즘을 통해 성능과 유지 관리의 균형을 이루며, 다양한 프로젝트 환경에서도 의존성을 일관되게 관리할 수 있다.

2.4.4 정리

지금까지 `npm install`을 실행하면 어떤 작업이 일어나는지, 그리고 그 작업이 어떤 기준에 따라 이뤄지는지 면밀히 살펴봤다. 이러한 과정은 npm의 핵심 라이브러리인 `@npmcli/arborist`를 통해 수행되며, `arborist`는 `pacote`를 이용해 패키지의 `manifest` 정보를 가져오고, `tarball` 데이터를 메모리에 불러온 후, `extract`로 압축을 해제해 파일 시스템에 저장한다. 또한 설치 과정에서 `node_modules`의 평탄화를 통해 중복을 제거하고, 가능한 한 효율적인 디렉터리 구조를 유지하려 한다는 사실도 알게 됐다.

이 과정을 이해하면 프로젝트의 `node_modules`에서 어떤 패키지가 추가되고 제거되는지, 그리고 어떻게 관리되는지를 더 잘 파악할 수 있게 된다. 프로젝트 규모가 커질수록 `node_modules`와 락 파일의 크기도 함께 커지면서 관리의 어려움을 느끼기 쉬운데, 그럴 때마다 이번에 배운 작업 과정을 떠올리면 `node_modules`와 패키지를 더욱 효율적으로 관리하는 데 도움이 될 것이다.

2.5 node_modules는 무엇일까?

앞서 2.4절 'npm install을 실행하면 벌어지는 일'에서 `npm install` 명령을 통해 node_modules 폴더에 패키지가 설치되는 일련의 과정을 살펴봤다. npm은 의존성을 효과적으로 관리하고, 필요한 패키지를 최적화된 형태로 프로젝트에 설치하기 위해 node_modules 폴더를 만들어 사용한다. 이 폴더는 단순히 패키지들을 담는 공간을 넘어, 프로젝트에서 필요한 의존성의 버전 관리와 중복 제거를 수행하며, 프로젝트의 실행에 중요한 역할을 한다.

이번 절에서는 이렇게 생성된 node_modules 폴더의 내부 구조를 자세히 들여다보고, 그 구조가 어떻게 npm의 의존성 관리 시스템에 맞춰 설계돼 있는지 살펴본다. 또한 node_modules 폴더가 의존성 관리 외에도 개발 환경과 배포 과정에서 어떤 역할을 하는지, 그리고 이 폴더가 가진 장단점과 효율적인 관리 방안까지도 함께 알아보겠다.

이를 통해 node_modules의 역할을 명확히 이해함으로써 의존성 문제나 폴더 최적화 작업이 필요한 경우에 어떻게 대응해야 할지 구체적인 방향을 찾을 수 있을 것이다.

2.5.1 node_modules의 역할

node_modules 폴더는 Node.js 프로젝트에서 필수적인 요소로, 의존성 관리와 모듈 경로 해결에서 중요한 역할을 한다. 2.4절 'npm install을 실행하면 벌어지는 일'에서 살펴본 바와 같이 @npmcli/arborist가 의존성 트리를 분석하고 필요한 의존성만 설치하는 과정을 거쳐 필요한 패키지와 모듈이 node_modules 폴더에 저장된다.

Node.js 프로젝트에서 node_modules 폴더의 주요 기능과 특징은 다음과 같다.

- **의존성 관리**: node_modules 폴더는 package.json에 명시된 의존성 목록을 기준으로 필요한 패키지들을 설치해서 관리한다. 프로젝트를 다른 개발자와 공유하거나 배포할 때 package.json 파일만 있다면 `npm install` 명령어를 통해 필요한 모든 의존성을 자동으로 설치할 수 있다. 이를 통해 프로젝트 의존성을 일관되게 유지할 수 있다.
- **경로 해결**: Node.js 애플리케이션에서 require() 함수나 import 문으로 모듈을 가져올 때 node_modules 폴더는 해당 모듈을 검색하는 주요 경로가 된다. Node.js는 모듈을 찾기 위해 최상위 node_modules부터 필요한 위치까지 폴더 구조를 따라가며 탐색한다. 이를 통해 외부 모듈을 간편하게 로드할 수 있다.
- **네임스페이스 관리**: 의존성 트리 내 여러 패키지가 동일한 이름의 모듈을 필요로 하는 경우가 많다. node_modules 폴더는 이러한 중복 모듈이 서로 영향을 미치지 않도록 각 패키지가 독립적으로 사용할 수 있게 네임스페이스를 관리한다. 예를 들어, 서로 다른 두 패키지가 각각 다른 버전의 모듈을 요구할 경우 node_modules 폴더는 이를 하위 폴더로 분리해서 설치함으로써 충돌을 방지한다.

이러한 역할을 통해 node_modules 폴더는 Node.js 애플리케이션에 필요한 모든 의존성을 효율적으로 관리하고, 프로젝트 내 모듈 구조를 일관되게 유지하는 데 핵심적인 역할을 수행한다.

2.5.2 node_modules의 구조

먼저 node_modules 폴더의 구조를 알아보자. node_modules 폴더는 기본적으로 프로젝트에서 사용하는 패키지와 그 패키지들이 의존하는 다른 패키지들로 구성된 계층적인 구조를 띤다. 예를 들어, 다음과 같이 react와 react-dom을 설치하면

```
$ npm install react react-dom
```

다음과 같은 구조가 만들어진다.

코드 2.6 react와 react-dom을 설치했을 때의 node_modules 구조

```
node_modules/
├── .bin
├── js-tokens
├── loose-envify
├── react
├── react-dom
└── schedular
```

폴더 구조를 살펴보면 react와 react-dom 패키지 폴더뿐 아니라 .bin, js-tokens 등 직접 설치하지 않은 패키지들도 설치된 것을 확인할 수 있다. 2.4절 'npm install을 실행하면 벌어지는 일'에서 설명한 것처럼 js-tokens, loose-envify 같은 패키지들은 react와 react-dom의 의존성 패키지들로, npm이 중복 설치를 피하기 위해 폴더 구조를 평탄화한 결과다. 이러한 평탄화 구조는 Node.js 패키지 관리 시스템이 의존성을 효율적으로 관리하고, 버전 충돌을 방지하며, 모듈 로딩 속도를 높이는 데 기여한다.

다음 절에서는 평탄화 처리된 의존성 외에도 .bin 폴더와 하위 패키지의 node_modules 폴더가 각각 어떤 역할을 하는지 알아보자.

2.5.2.1 .bin

node_modules/.bin 폴더는 2.1절 'package.json 톺아보기'에서 소개한 패키지의 package.json 파일에 정의된 bin 필드를 참조한다.[52] 이 bin 필드는 패키지의 실행 가능한 스크립트 혹은 바이너리 파일을 정의하는 데 사용된다. bin 필드에 대한 자세한 내용은 2.6절 'bin 필드와 npx'에서 더 자세히 알아보기로 하고, 이번 절에서는 이 bin 필드가 node_modules/ 폴더에 어떻게 영향을 미치는지 알아보자.

코드 2.5를 보면 loose-envify의 package.json에는 bin 필드가 존재한다. 해당 bin 필드에 정의된 내용을 살펴보면 loose-envify라는 실행 가능한 명령어로 cli.js 스크립트를 실행한다는 뜻이다.

코드 2.7 loose-envify의 package.json 일부를 발췌. bin 필드를 확인할 수 있다.

```
{
  "name": "loose-envify",
  "version": "1.4.0",
  "bin": {
    "loose-envify": "cli.js"
  }
}
```

이러한 loose-envify 패키지를 설치하면 npm이나 yarn 같은 패키지 관리자는 각 패키지의 package.json에 포함된 bin 필드를 읽고, 해당 실행 파일들을 node_modules/.bin 폴더에 심볼릭 링크로 생성한다. loose-envify 또한 다음과 같이 bin 필드에 정의된 명령어인 loose-envify라는 폴더명을 node_modules/.bin 경로에 생성하고 그 내부에 cli.js 파일에 대한 심볼릭 링크를 생성한다.

```
node_modules/
├── .bin/
│   └── loose-envify --> ../loose-envify/cli.js
└── loose-envify/
    ├── cli.js
    └── package.json
```

이렇게 node_modules/.bin에 생성된 심볼릭 링크 덕분에 터미널의 프로젝트 경로상에서 loose-envify 명령어를 직접 실행할 수 있다. 이는 마치 전역에서 설치된 패키지와 동일한 방식으로 동작해서 cli.js를 node로 실행한 것과 동일하게 실행된다.

---

[52] https://docs.npmjs.com/cli/v8/configuring-npm/folders#executables

```
$ node cli.js
```

심볼릭 링크와 `.bin` 폴더의 정확한 동작 방식은 다음 절에서 구체적으로 다룬다.

앞에서 본 `loose-envify` 예시는 단일 명령어를 정의한 경우로, `loose-envify` 명령어에 대해서만 링크를 생성했다. 만약 `bin` 필드에 다음과 같이 여러 명령어가 설정돼 있는 경우에는 `node_modules/.bin` 폴더가 어떻게 생성될까?

```
{
  "name": "my-package",
  "version": "1.0.0",
  "bin": {
    "cli1": "./cli1.js",
    "cli2": "./cli2.js"
  }
}
```

`my-package`처럼 `.bin` 폴더는 각 패키지의 명령어 단위로 설치되므로 `my-package`의 `cli1`과 `cli2` 각각 심볼릭 링크가 생성된다. 따라서 단일 명령어의 경우와 마찬가지로 `cli1`과 `cli2`를 각각 터미널에서 실행할 수 있다.

```
node_modules/
├── .bin/
│   ├── cli1 --> ../my-package/cli1.js
│   └── cli2 --> ../my-package/cli2.js
└── my-package/
    ├── cli1.js
    ├── cli2.js
    └── package.json
```

결론적으로 `node_modules/.bin` 폴더는 각 패키지의 `package.json`에 정의된 `bin` 필드의 각 명령어를 참조해서 실행 가능한 명령어를 제공하는 중요한 역할을 한다. `.bin`을 통해 프로젝트 내에서 실행 가능한 명령어를 손쉽게 실행할 수 있으며, 이는 개발 및 빌드 작업을 효율적으로 수행하는 데 크게 기여한다.

2.5.2.2 서브 패키지 node_modules 폴더

2.4절 'npm install을 실행하면 벌어지는 일'에서 설명한 바와 같이, 여러 패키지에서 동일한 패키지의 동일 버전에 의존할 경우 npm은 기본적으로 평탄화 작업을 통해 이를 최상위 node_modules 폴더에 설치한다. 그러나 의존하는 버전이 서로 다를 경우에는 개별 패키지의 node_modules 서브 폴더에 필요한 버전을 추가로 설치해서 관리하게 된다.

예를 들어, axios@1.6.8을 의존성으로 설치하면 axios의 의존 패키지인 follow-redirects@1.15.6은 같은 node_modules 수준에 위치하게 된다.

```
{
  "dependencies": {
    "axios": "1.6.8"
  }
}
```

이 package.json을 토대로 npm install을 실행하면 다음과 같은 node_modules 구조를 확인할 수 있다.

```
node_modules/
├── axios/
│   └── package.json # 1.6.8
└── follow-redirects/
    └── package.json # 1.15.6
```

이후에 프로젝트에 follow-redirects@1.0.0을 추가로 설치하면 node_modules 폴더는 follow-redirects@1.15.6을 axios 내부의 node_modules 서브 폴더에 배치한다. 이렇게 하면 axios가 참조하는 follow-redirects 버전과 프로젝트가 직접 참조하는 follow-redirects 버전을 서로 다르게 유지할 수 있다.

```
{
  "dependencies": {
    "axios": "1.6.8",
    "follow-redirects": "1.0.0"
  }
}
```

이전 `package.json`에서 follow-directs를 1.0.0 버전으로 추가해보자.

```
node_modules/
├── axios/
│   ├── node_modules/
│   │   └── follow-redirects/
│   │       └── package.json # 1.15.6
│   └── package.json
└── follow-redirects/
    └── package.json # 1.0.0
```

이 구조 덕분에 서로 다른 버전의 의존성을 사용하는 여러 패키지가 충돌 없이 필요한 모듈을 참조할 수 있으며, 프로젝트의 안정성과 모듈화가 좀 더 효율적으로 관리된다.

2.5.2.3 .cache

node_modules/.cache 폴더는 여러 빌드 도구와 패키지 관리 도구들이 성능 향상을 위해 캐시 데이터를 저장하는 장소로 사용된다. .cache 폴더는 npm에서 공식적으로 지정한 폴더는 아니지만 다양한 빌드 도구와 라이브러리들이 성능 최적화를 위해 암묵적으로 사용하는 경로가 됐으며, 이러한 도구들이 공통적으로 캐시 데이터를 저장하면서 .cache 폴더는 사실상 표준 관행으로 자리 잡았다.

대표적인 예로 웹팩과 바벨이 있다. 웹팩은 빌드 성능을 향상시키기 위해 컴파일된 모듈과 기타 빌드 아티팩트를 .cache 폴더에 저장함으로써 이후 빌드 시 캐시된 데이터를 활용해 빌드 시간을 단축한다. 바벨 또한 동일한 파일을 다시 컴파일할 때 속도를 높이기 위해 .cache 폴더에 컴파일 결과를 캐시한다.

코드 2.8 웹팩 설정 파일의 내용 중 일부

```js
// webpack.config.js
module.exports = {
  // ...기타 설정
  cache: {
    type: 'filesystem',
    cacheDirectory: path.resolve(__dirname, 'node_modules/.cache/webpack'),
  },
}
```

코드 2.9 바벨 설정 파일에서 캐시 경로를 지정한 예시

```
// .babelrc.json
{
  "plugins": [
    ["@babel/plugin-transform-runtime", { "cacheDirectory": "node_modules/.cache/babel" }]
  ]
}
```

이처럼 .cache 폴더를 활용하면 빌드 도구와 컴파일러의 속도를 크게 향상시킬 수 있으며, 반복적인 작업의 성능을 최적화하는 데 도움을 준다.

2.5.3 심볼릭 링크[53]

심볼릭 링크(Symbolic Link, symlink)는 파일 시스템 내에서 특정 파일이나 디렉터리에 대한 참조를 다른 위치에 생성하는 기능이다. 이 기능은 Node.js 환경뿐 아니라 대부분의 유닉스 계열 운영체제와 일부 다른 운영체제에서도 지원되는 일반적인 개념이다.

심볼릭 링크는 실제 파일의 복사본이 아닌, 원본 경로를 참조해서 원본 파일에 접근하는 일종의 '링크' 역할을 한다. 따라서 심볼릭 링크를 통해 원본 파일의 변경 사항을 링크가 참조하는 모든 위치에서 즉시 반영할 수 있다.

Node.js에서도 이 심볼릭 링크 기능은 중요한 모듈 관리 전략 중 하나로 활용된다. 이번 절에서는 먼저 Node.js 환경에서 심볼릭 링크를 직접 사용하는 방법을 살펴보고, 이후 `node_modules` 폴더에서 심볼릭 링크가 의존성 관리에 어떻게 활용되는지 알아보자.

2.5.3.1 심볼릭 링크 직접 활용하기

먼저, 개발자가 직접 심볼릭 링크를 생성하고 활용하는 방법을 알아보자. 로컬에서 구현한 패키지를 심볼릭 링크로 생성한 뒤, 이를 다른 로컬 프로젝트에서 사용할 수 있다. 예를 들어, 간단하게 자바스크립트의 `Promise`를 사용해 프로세스를 지연시키는 `sleep` 패키지를 만들어 보자.

```
// sleep/index.js
export default function sleep(ms) {
  return new Promise((resolve) => setTimeout(resolve, ms))
}
```

---

[53] https://docs.npmjs.com/cli/v10/commands/npm-link

이 자바스크립트 파일이 다음과 같은 `package.json`에 있다고 가정해보자.

```
// sleep/package.json
{
  "name": "sleep",
  "main": "index.js"
}
```

`sleep` 패키지를 구현한 후 해당 `package.json` 파일이 위치한 경로에서 `npm link` 명령어를 실행하면 이 패키지의 심볼릭 링크를 전역에 생성할 수 있다. `npm link`는 개발 중인 패키지를 다른 프로젝트에서 테스트하거나 쉽게 사용할 수 있도록 돕는 명령어로, 심볼릭 링크를 통해 개발 중인 패키지를 전역으로 설치하거나 다른 프로젝트의 `node_modules` 폴더에 연결할 수 있다.

이렇게 생성된 심볼릭 링크는 기본적으로 전역 `node_modules` 폴더에 위치하며, 이를 통해 다른 프로젝트에서도 로컬 패키지를 쉽게 참조할 수 있다.

```
$ cd ~/sleep

$ npm link # sleep의 심볼릭 링크 생성

$ npm root -g # 전역 모듈 경로를 확인
/Users/USER/.nvm/versions/node/v18.17.1/lib/node_modules

$ ls -l /Users/USER/.nvm/versions/node/v18.17.1/lib/node_modules
total 0
drwxr-xr-x@  8 USER  staff  256  8  9 2023 corepack
drwxr-xr-x@ 11 USER  staff  352  2 28 13:14 npm
lrwxr-xr-x@  1 USER  staff   58  5 17 23:15 sleep -> ../../../../../sleep # sleep의 심볼릭 링크
```

이 `sleep` 심볼릭 링크를 또 다른 패키지인 `another-package`에서 참조하려면 `npm link sleep`을 실행하면 된다. 그리고 `npm link <패키지명>` 명령어로 로컬 프로젝트 경로에 위치한 `node_modules` 폴더에 대상 패키지의 심볼릭 링크를 설치할 수 있다.

```
$ cd ~/another-package

$ npm link sleep
```

```
$ ls -l node_modules
total 0
lrwxr-xr-x@ 1 USER  staff  11  5 17 23:47 sleep -> ../../sleep
```

이제 another-package에서 다음과 같이 sleep을 불러오면 로컬에서 구현한 sleep 패키지를 불러와 사용할 수 있다.

코드 2.10 another-package/index.js에서 sleep을 가져와서 사용하는 코드

```js
// another-package/index.js
import sleep from 'sleep'

async function main() {
  await sleep(1000)

  console.log('return ok after 1 sec')
  return 'ok'
}

main()
```

또한 심볼릭 링크의 내용이 수정되면 수정한 내용이 즉각적으로 심볼릭 링크의 사용처에도 반영된다. 예를 들어, sleep에 다음과 같이 "start sleep"과 "end sleep"을 콘솔에 출력하는 코드를 추가했다면

```js
// sleep/index.js
export default function sleep(ms) {
  console.log('start sleep')
  return new Promise((resolve) => setTimeout(resolve, ms))
  console.log('end sleep')
}
```

이 sleep 심볼릭 링크를 사용하는 another-package에도 해당 내용이 반영된다.

코드 2.11 sleep/index.js를 수정하면 another-package/index.js에도 반영된다.

```
$ node another-package/index.js
start sleep
```

```
end sleep
return ok after 1 sec
```

이처럼 패키지의 `package.json`이 위치한 경로를 심볼릭 링크로 참조할 수 있으며, 이 링크는 기본적으로 전역에 설치되기 때문에 원하는 로컬 환경에서 간단히 `npm link <패키지명>` 명령어로 사용할 수 있다. 이러한 기능은 패키지를 npm 레지스트리에 배포하지 않고 로컬에서 직접 디버깅할 때 특히 유용하다.

정리하자면, 심볼릭 링크는 다음과 같은 상황에서 유용하게 활용될 수 있다.

- **개발 효율성**: 로컬에서 개발 중인 패키지를 다른 프로젝트에서 테스트할 때 복사본을 만들 필요 없이 변경 사항을 즉시 반영할 수 있어 패키지 간 의존성을 손쉽게 관리할 수 있다.

- **저장 공간 절약**: 동일한 파일을 여러 위치에 복사하는 대신 단일 원본 파일에 대한 참조로 여러 위치에서 접근할 수 있다.

- **빠른 업데이트**: 심볼릭 링크로 연결된 파일은 원본 파일이 변경될 때 자동으로 최신 상태로 유지되므로 개발 생산성을 높이는 데 도움이 된다.

로컬 심볼릭 링크를 제거하는 방법

로컬에 생성된 심볼릭 링크는 다음과 같은 순서로 제거할 수 있다. 이때 전역과 로컬 프로젝트에서 사용된 링크를 모두 제거하는 것이 좋다. 그 이유는 '죽은' 심볼릭 링크가 전역 node_modules를 오염시킬 수 있으며, 원본 파일이나 디렉터리가 삭제되거나 이동될 경우 링크가 깨져 참조가 유효하지 않게 되기 때문이다. 다음과 같은 순서로 로컬과 전역에서 심몰릭 링크를 세거할 수 있다.

1. **로컬 프로젝트에서 심볼릭 링크 제거**: `npm unlink` 명령어를 사용해 `sleep` 심볼릭 링크를 사용하는 `another-package` 프로젝트에서 `sleep`의 심볼릭 링크를 제거한다. 이 명령어는 심볼릭 링크만 해제할 뿐 실제 패키지 소스는 삭제하지 않으므로 전역 node_modules에는 여전히 `sleep`에 대한 참조가 남아 있다.

    ```
    $ cd ~/another-package
    $ npm unlink sleep
    ```

2. **전역 심볼릭 링크 제거**: 전역에 설치된 `sleep` 심볼릭 링크를 제거한다.

    ```
    $ npm rm -g sleep    # 또는 npm uninstall -g sleep
    $ ls -l /Users/USER/.nvm/versions/node/v18.17.1/lib/node_modules
    total 0
    drwxr-xr-x@  8 USER  staff  256  8  9  2023 corepack
    drwxr-xr-x@ 11 USER  staff  352  2 28 13:14 npm
    ```

이 같은 방식으로 로컬과 전역의 심볼릭 링크를 모두 제거하면 패키지 참조가 깔끔하게 정리되어 전역 node_modules와 로컬 환경에서의 링크 충돌을 방지할 수 있다.

심볼릭 링크는 로컬에서 개발 중인 패키지를 쉽게 테스트하고, 원본 파일을 수정할 때마다 즉시 반영할 수 있어 개발 효율성을 크게 높여준다. 특히 `npm link`를 통해 전역적으로 생성된 심볼릭 링크는 패키지 간의 의존성을 손쉽게 관리할 수 있게 하며, 필요 시 간단한 명령어로 제거할 수 있어 유연한 개발 환경을 제공한다.

심볼릭 링크를 활용해 로컬 개발 환경을 효율적으로 관리하는 방법과 링크를 제거할 때 유의할 점을 이해하면 여러 프로젝트에서 동일한 패키지를 테스트하거나 디버깅할 때 더 원활한 개발이 가능하다. 이러한 방법은 특히 npm 레지스트리에 배포하지 않은 패키지나 변경 사항을 빠르게 반영하며 개발해야 하는 상황에서 유용하게 쓰일 수 있다.

2.5.3.2 node_modules에서 심볼릭 링크의 활용

앞에서 살펴본 것처럼 Node.js 환경에서는 심볼릭 링크가 `node_modules`에서도 자주 활용된다. `npm link`로 개발자가 직접 생성하는 경우 외에도 Node.js는 다음과 같은 상황에서 심볼릭 링크를 사용해 의존성을 효율적으로 관리한다. 어떤 사례가 있는지 하나씩 살펴보자.

2.5.3.2.1 node_modules/.bin

`node_modules/.bin` 경로에는 외부 패키지의 `bin` 필드에 정의된 실행 파일들이 심볼릭 링크 형태로 추가된다. 많은 npm 패키지가 CLI 도구를 제공하며, 이러한 CLI 도구가 `node_modules/.bin` 폴더에 심볼릭 링크로 연결되어 프로젝트 내에서 쉽게 실행할 수 있게 한다. 예를 들어, 다음과 같이 ESLint를 설치하고 실행해 보자.

```
$ npm install eslint --save-dev
$ npx eslint .
```

ESLint는 다음과 같이 `bin` 필드가 있는 `package.json`을 가지고 있다.

```json
// node_modules/eslint/package.json
{
  "name": "eslint",
  "version": "9.2.0",
  "bin": {
    "eslint": "./bin/eslint.js"
  }
}
```

node_modules/.bin 폴더에 eslint 실행 파일에 대한 심볼릭 링크가 생성된다.

```
node_modules/
├── .bin/
│   └── eslint --> ../eslint/bin/eslint.js
└── eslint/
    ├── bin/
    │   └── eslint.js
    └── package.json
```

이 설정으로 package.json의 scripts 필드에서 eslint 명령어를 사용하거나

```
{
  "scripts": {
    "lint": "eslint '**/*.{js,ts}'"
  }
}
```

npx eslint 명령어로 CLI 도구를 실행할 수 있다.

```
$ npx eslint '**/*.{js,ts}'
```

이처럼 node_modules/.bin 폴더는 프로젝트 내에 설치된 CLI 도구들을 효율적으로 관리하고, 쉽게 실행할 수 있도록 돕는 중요한 역할을 한다. ESLint뿐만 아니라 웹팩, 바벨, 제스트 등 다양한 CLI 도구들이 이 경로에 심볼릭 링크 형태로 추가되며, 이를 통해 프로젝트에서 직접 설치된 버전의 도구들을 손쉽게 사용할 수 있다.

또한 package.json의 scripts 필드에서 해당 CLI 명령어들을 호출할 수 있으므로 특정 버전에 맞춰 안정적이고 일관된 작업 환경을 유지할 수 있다. 이렇게 node_modules/.bin 폴더는 개발 효율성을 높이고, CLI 도구 관리에 있어서 편리함과 일관성을 제공하는 핵심 요소로 자리 잡고 있다.

> 📄 터미널에서 바로 eslint 명령어를 사용할 수 없는 이유는 무엇인가요?
>
> 로컬 프로젝트에 설치된 패키지는 npx 없이 터미널에서 eslint 명령어를 직접 사용할 수는 없다. 그 이유는 일반적으로 로컬로 설치된 패키지의 실행 파일들은 전역 경로에 추가되지 않기 때문에 eslint가 설치된 프로젝트의 node_modules/.bin 경로를 알 수 없기 때문이다. 반면 package.json의 scripts 필드에서 eslint 명령어를 직접 사용할 수 있는 까닭은 package.json이 자동으로 로컬 node_modules/.bin의 경로를 PATH 환경변수에 추가하므로 package.json에서 정의한 scripts를 실행할 때는 eslint 명령어를 바로 사용할 수 있다. npx와 bin 필드와 관련된 더 자세한 내용은 2.6절 'bin 필드와 npx'에서 더 자세히 다룬다.

2.5.3.2.2 워크스페이스

npm의 워크스페이스 기능에서도 심볼릭 링크가 활용된다. npm 워크스페이스는 여러 패키지를 하나의 프로젝트 내에서 함께 관리할 수 있게 해주는 기능으로, `package.json`의 `workspaces` 필드를 통해 관리할 패키지들의 경로를 지정할 수 있다.[54]

워크스페이스를 사용하면 각 패키지가 `node_modules` 폴더 내에서 심볼릭 링크로 연결되어 의존성을 설치할 때 별도의 패키지 관리 없이도 각 패키지 간의 참조가 자동으로 처리된다. 이를 통해 개발자는 다수의 관련 패키지를 단일 저장소에서 효율적으로 개발하고 관리할 수 있으며, 의존성 충돌을 방지하고 일관된 버전을 유지할 수 있다.

워크스페이스에 대한 자세한 내용은 8장 '모노레포로 서비스와 라이브러리 모두 관리하기'에서 모노레포 관리 방식과 함께 다룰 예정이다.

먼저, 다음과 같은 간단한 예제를 통해 npm 워크스페이스에서 심볼릭 링크가 어떻게 활용되는지 살펴보자.

```
monorepo-packages/
├── package-A/
│   └── package.json
├── package-B/
│   └── package.json
└── package.json
```

```
// monorepo-packages/package.json
{
  "name": "monorepo-packages",
```

---

[54] https://docs.npmjs.com/cli/v8/using-npm/workspaces

```
  "private": true,
  "workspaces": ["packages/*"]
}
```

위와 같은 워크스페이스 설정에서 각 패키지는 서로 참조할 때 심볼릭 링크를 통해 연결된다. 이 방식으로 워크스페이스 내에서 의존성을 효율적으로 관리하고, 중앙에서 모든 패키지의 의존성을 통합할 수 있다.

예를 들어, package-A가 package-B를 의존성으로 가질 때 npm은 packages/package-A/node_modules/package-B에 심볼릭 링크를 생성해서 packages/package-B를 참조하게 한다. 이러한 구조는 워크스페이스 패키지 간의 의존성을 쉽게 관리할 수 있도록 돕는다.

```
monorepo-packages/
├── package-A/
│   └── node_modules/
│       └── package-B --> ../../package-B
├── package-B/
│   └── package.json
└── package.json
```

이 같은 심볼릭 링크 방식은 다수의 패키지를 포함하는 모노레포 환경에서 중복을 줄이고, 워크스페이스 간의 의존성을 간편하게 관리하는 데 유용하다.

2.5.3.2.3 패키지 관리자

심볼릭 링크는 `npm link`나 `.bin` 디렉터리를 통한 실행 파일 링크 외에도 패키지 관리 도구인 pnpm에서도 특별한 방식으로 활용된다. pnpm은 디스크 공간 절약과 패키지 설치 속도 향상을 위해 심볼릭 링크를 적극적으로 활용하는 패키지 관리자다.[55]

pnpm의 작동 방식과 더불어 심볼릭 링크의 효율적인 활용에 대한 자세한 내용은 3.3절 'pnpm: 디스크 공간 절약과 설치 속도의 혁신을 가져온 패키지 관리자'에서 다룬다.

---

[55] https://pnpm.io/motivation#creating-a-non-flat-node_modules-directory

2.5.4 정리

지금까지 `node_modules` 폴더가 단순히 의존성을 설치하고 관리하는 공간을 넘어, 빌드 도구와 패키지 관리자들이 성능 최적화를 위해 활용하는 방법을 알아봤다. 이 폴더는 캐시 데이터를 저장하거나 심볼릭 링크를 생성해서 프로젝트의 일관성과 성능을 향상시키는 중요한 역할을 한다.

이러한 구조 덕분에 개발자는 더 효율적으로 작업할 수 있으며, `node_modules` 폴더의 작동 방식을 이해하는 것은 다양한 패키지 관리자들이 이를 통해 어떻게 성능을 최적화하는지 파악하는 데 큰 도움이 된다. 이후에 살펴볼 패키지 관리 도구들은 각기 다른 방식으로 `node_modules` 폴더를 최적화하므로 그 원리를 이해하면 의존성 관리에 있어 더 높은 수준의 통제와 효율을 꾀할 수 있을 것이다.

2.6 bin 필드와 npx

이제 2장에서 다룰 주요 개념들을 거의 모두 살펴봤다. 마지막으로 이번 절에서는 사용자가 직접 실행할 수 있는 패키지를 만들고 실행하는 데 중요한 두 가지 개념인 bin 필드와 npx에 대해 알아보자.

일반적으로 npm 패키지는 프로젝트의 의존성으로 설치되지만 일부 패키지는 CLI 도구처럼 직접 실행할 수 있도록 설계된다. 이 경우 bin 필드를 통해 실행 파일을 지정하고, 이를 통해 사용자가 명령어를 직접 호출할 수 있게 설정한다. 또한 npx는 특정 패키지를 로컬이나 전역에 설치하지 않고도 명령어를 한 번 실행할 수 있게 해주는 유용한 도구로, 스크립트를 실행할 때의 번거로움을 줄여준다.

이번 장에서는 먼저 bin 필드가 어떻게 설정되고 사용되는지 알아보고, npx가 어떻게 CLI 도구를 간편하게 실행할 수 있게 도와주는지 살펴보자. 이러한 개념을 이해하면 실행 가능한 패키지를 만들고 관리하는 데 필요한 기초 지식을 확립할 수 있으며, CLI 도구 설계와 사용법에 대한 전반적인 이해도를 높일 수 있을 것이다.

2.6.1 CLI 패키지

bin 필드와 npx를 본격적으로 다루기 전에 먼저 실행 가능한 패키지란 무엇이며, 자바스크립트 생태계에서 이 개념이 왜 중요한지 알아보자.

CLI 패키지는 명령줄 인터페이스(Command Line Interface)를 통해 사용되는 소프트웨어 패키지를 의미하며, 주로 터미널 같은 명령 프롬프트에서 패키지 명령어를 입력해서 실행할 수 있다. 이러한 패키지는 실행 가능한 파일이나 프로그램을 제공하므로 종종 'executable'이라고도 부른다.

CLI 패키지의 중요한 특징은 다양한 옵션과 인자를 통해 동작을 유연하게 조정할 수 있다는 점이다. 예를 들어, 명령어 뒤에 파일 경로나 특정 옵션을 인자로 전달함으로써 실행 시 해당 옵션에 따라 세부 동작을 조정할 수 있다. 가령 --verbose 옵션으로 상세한 출력을 요구하거나 --quiet 옵션으로 출력을 숨기는 것처럼 CLI 패키지는 상황에 맞는 옵션을 추가해 다채로운 기능을 제공한다.

자바스크립트 생태계에서 많은 패키지들이 CLI 도구로 사용되며, 다음과 같은 대표적인 오픈소스 CLI 도구들이 있다.

- 프로젝트 생성 도구: create-react-app, Vue CLI
- 코드 포매팅 도구: ESLint, Prettier
- 애플리케이션 배포 도구: PM2
- 정적 빌드 도구: Typescript
- 번들러: Webpack, Rollup

이처럼 많은 Node.js CLI 도구들이 개발 및 유지보수에 사용되기 때문에 개발자가 CLI 패키지의 동작 원리와 사용 방식을 이해하는 것은 중요하다. CLI 패키지 개발은 다음과 같은 이점을 제공한다.

- **반복 작업의 자동화**: CLI 패키지는 빌드, 배포, 테스트 등 반복적인 작업을 자동화해서 개발자가 핵심 로직에 집중할 수 있게 한다.
- **프로젝트 구조화**: 초기 설정과 구조화를 표준화해서 일관성 있는 개발 환경을 구축하고, 코드 품질과 유지보수성을 향상시킨다.
- **사용자 친화적인 인터페이스 제공**: 사용자 친화적인 인터페이스를 통해 복잡한 작업을 쉽게 수행할 수 있게 도와준다.

결론적으로 Node.js CLI 패키지를 개발하고 이해하는 것은 효율적이고 일관된 개발 환경을 조성하는 데 필수적이다. 이를 통해 개발자는 더 나은 코드를 작성하고 팀의 생산성도 높일 수 있다. 이제 Node.js에서 CLI 패키지를 어떻게 개발하고 사용할 수 있는지 본격적으로 알아보자.

2.6.2 bin 필드

2.1절 'package.json 톺아보기'와 2.5절 'node_modules는 무엇일까?'에서 bin 필드를 간단히 소개했다. bin 필드는 package.json에 정의되며, 패키지에서 실행 가능한 스크립트 또는 바이너리 파일을 지정하는 역할을 한다.

Node.js에서 CLI 패키지를 개발할 때 `package.json`의 `bin` 필드를 활용해 전역 또는 로컬로 실행 가능한 명령어를 설정할 수 있다. 이 명령어는 패키지를 설치할 때 자동으로 사용자의 환경에 추가되므로 패키지 외부에서도 특정 스크립트를 실행 파일처럼 사용할 수 있다.

`bin` 필드는 CLI 도구 개발에서 중요한 구성 요소로, 이를 통해 패키지의 주요 기능을 명령어 형태로 외부에 노출할 수 있어 사용자가 명령줄에서 쉽게 접근할 수 있다. 다음 절에서는 `bin` 필드 설정 방법과 작동 방식을 좀 더 자세히 살펴보자.

2.6.2.1 bin 필드 설정하기

먼저 `bin` 필드의 작성 규칙을 살펴보자. 다음 코드 2.12의 `my-cli-package` 패키지에서 `mycli.js` 파일을 외부에서 실행할 수 있는 CLI 패키지로 배포하려고 한다.

코드 2.12 실행 가능한 스크립트 파일 예제

```
// my-cli-package/bin/mycli.js

#!/usr/bin/env node

console.log('mycli.js is executed.')
```

기본적으로 `bin` 필드에 실행할 스크립트 파일의 상대 경로를 지정하면 패키지 이름 자체가 실행 가능한 명령어로 사용된다.

```
{
  "name": "my-cli-package",
  "bin": "./bin/mycli.js",
  "files": ["bin/", "index.js"]
}
```

```
$ npx my-cli-package # "./bin/mycli.js" 실행
mycli.js is executed.
```

또는 `bin` 필드를 객체로 정의해서 여러 명령어를 설정할 수도 있다. 이 경우 객체의 키(key)는 명령어 이름, 값(value)은 실행할 스크립트의 경로를 나타낸다.

코드 2.13 my-cli-package 패키지의 package.json 예제

```json
{
  "name": "my-cli-package",
  "bin": {
    "mycli": "./bin/mycli.js"
  },
  "files": ["bin/", "index.js"]
}
```

```
$ npx mycli # "./bin/mycli.js" 실행
mycli.js is executed.
```

다음으로, `mycli.js`와 같은 실행 파일을 작성할 때는 몇 가지 조건을 충족해야 한다.

1. **실행 가능 권한 설정**: 스크립트 파일은 실행 가능 권한을 가져야 한다. 유닉스 계열 시스템에서는 chmod 명령어를 통해 파일에 실행 권한을 부여할 수 있다. 이는 패키지를 배포할 때 npm에서 자동으로 처리되지만, 로컬에서 테스트할 때는 개발자가 직접 설정해야 한다.

   ```
   chmod +x ./bin/mycli.js
   ```

2. **셔뱅 라인 추가**: Node.js 스크립트로 실행할 파일임을 나타내기 위해 파일 첫 줄에 `#!/usr/bin/env node`와 같은 셔뱅 라인을 추가해야 한다. 이 줄은 스크립트가 Node.js 해석기를 통해 실행될 수 있게 한다.

   ```
   #!/usr/bin/env node

   // 코드 내용
   ```

> **bin 필드는 files 필드와 반드시 함께 사용해야 할까?**
>
> files 필드는 npm 패키지를 배포할 때 포함할 파일을 명시하는 필드로, bin 필드와는 독립적이다. 다만 실용적인 이유로 두 필드를 함께 사용하는 경우가 많다. 예를 들어, 코드 2.13에서는 my-cli-package 패키지의 CLI 실행 파일인 `./bin/mycli.js`를 포함시키기 위해 files 필드를 사용했다. files 필드를 활용하면 불필요한 파일이 배포되지 않도록 패키지를 최적화할 수 있다.
>
> 결론적으로, bin 필드와 files 필드는 반드시 함께 작성해야 하는 것은 아니지만 files 필드를 사용해 bin 필드에서 정의한 파일을 패키지에 포함하도록 설정하는 것이 권장된다. 이를 통해 패키지 크기를 줄이고, CLI 도구가 정상적으로 작동하도록 보장할 수 있다.

`bin` 필드는 Node.js CLI 도구 개발에서 매우 중요한 구성 요소로, 패키지의 주요 기능을 명령어로 노출해 사용자가 쉽게 접근할 수 있게 한다. `bin` 필드를 통해 설정한 파일은 설치와 함께 자동으로 실행 가능한 명령어로 추가되므로 사용자나 개발자가 명령줄에서 손쉽게 패키지를 실행할 수 있다. 또한 `files` 필드와 함께 사용하면 필요한 파일만 배포함으로써 패키지 크기를 줄일 수 있다.

`bin` 필드를 잘 활용하면 CLI 도구의 개발과 배포가 한층 더 편리해지며, 개발자는 로컬 테스트와 전역 설치에 필요한 설정을 손쉽게 구성할 수 있다. 다음 절에서는 CLI 도구 실행의 또 다른 중요한 도구인 npx를 살펴보면서 `bin` 필드와 npx가 어떻게 함께 사용될 수 있는지 알아보자.

2.6.2.2 패키지의 설치와 실행

외부에서 코드 2.13에서 배포한 `my-cli-package`를 로컬 혹은 전역에 설치하면 `Node.js`는 `bin` 필드에 정의된 키(`mycli`)를 명령어로 등록한다. 이러한 과정은 2.5절 'node_modules는 무엇일까?'에서 본 것처럼 `node_modules/.bin` 폴더에 심볼릭 링크를 생성하는 것을 의미한다. 패키지가 다른 패키지의 의존성으로 설치될 때 `bin` 필드에 정의된 파일은 다음 두 가지 방법으로 사용할 수 있도록 링크된다.

1. **npx 혹은 `npm exec`를 통해 직접 접근**: 의존성으로 설치된 패키지의 bin 파일은 터미널에서 직접 실행할 수 있다. my-cli-package 패키지를 사용하는 프로젝트에서 `npx mycli`로 해당 파일을 실행할 수 있다. npx는 다음 절에서 더 자세히 다룬다.

2. **`npm run-script`로 호출**: 터미널에서 직접 호출하는 것뿐만 아니라 2.1절 'package.json 톺아보기'에서 설명한 scripts 필드에 정의된 npm run-script를 통해 스크립트 내에서 이름으로 접근할 수도 있다. 예를 들어, 다음과 같이 my-cli-package 패키지가 설치된 프로젝트의 `package.json`에서 다음과 같이 scripts 필드에서 mycli를 호출할 수 있다.

```
{
  "name": "other-project",
  "scripts": {
    "run-mycli": "mycli"
  }
}
```

```
$ npm run run-mycli
mycli.js is executed.
```

이 두 가지 방식으로 사용자가 패키지를 실행하면 터미널은 해당 명령어를 Node.js의 `PATH` 환경변수에서 검색한다. 다시 말해 2.5절 'node_modules는 무엇일까?'에서 설명했던 것처럼 로컬 또는 전역 node_ modules/.bin 폴더에 mycli에 대한 심볼릭 링크가 있는지 찾는다. 이때 심볼릭 링크가 있는 경우 스크립트 파일의 셔뱅 라인을 통해 Node.js 해석기가 호출되고 비로소 실제 스크립트 파일(./bin/mycli.js)이 실행된다.

2.6.3 npx

npx[56]는 Node.js 환경에서 개발자가 npm 패키지를 손쉽게 실행하고 관리할 수 있도록 돕는 명령어 실행 도구다. npx는 npm@5.2.0부터 npm을 설치할 때 자동으로 함께 설치되며, 개발자가 로컬에 패키지를 직접 설치하지 않고도 npm 레지스트리에서 패키지를 실행할 수 있는 유용한 기능을 제공한다.

npx의 주요 기능은 다음과 같다.

1. **로컬 패키지 실행**: npx를 통해 로컬 프로젝트에 설치된 Node.js 패키지를 바로 실행할 수 있다. 예를 들어, 프로젝트 내에 prettier가 설치돼 있으면 npx prettier로 즉시 실행할 수 있다.

2. **전역 설치 없이 실행**: npx를 사용하면 특정 패키지를 일회성으로 실행할 수 있어 전역 설치가 불필요하다. 예를 들어, create-react-app 같은 일회성 패키지를 전역 설치하지 않고도 리액트 프로젝트를 시작할 수 있다.

   ```
   $ npx create-react-app my-app
   ```

3. **특정 버전의 패키지 실행**: npx는 특정 버전의 패키지를 지정해서 실행할 수 있어 원하는 버전으로 테스트하거나 다양한 환경을 시도해볼 때 유용하다.

   ```
   $ npx create-react-app@4.0.3 my-app
   ```

4. **스크립트 실행**: -c 옵션을 사용해 임시 스크립트를 실행할 수 있다. 아직 npm에 등록되지 않은 스크립트를 작성해 빠르게 테스트하거나 단순한 작업을 일시적으로 실행하는 데 유용하다.

   ```
   $ npx -c 'NODE_ENV=production node script.js'
   ```

npx는 CLI 도구나 유틸리티를 효율적으로 활용할 수 있게 해주며, 불필요한 전역 설치를 줄여 작업 환경을 깔끔하게 유지할 수 있게 돕는다. CLI 패키지를 손쉽게 테스트하거나 실행해보고 싶을 때 npx는 가장 편리한 선택지 중 하나다.

---

[56] https://docs.npmjs.com/cli/v10/commands/npx

2.6.3.1 npx에서 사용할 수 있는 옵션

npx는 사용자가 npm 패키지를 더 유연하게 실행할 수 있도록 다양한 옵션을 제공한다. 다만 npm 10 버전부터 일부 옵션이 제거되거나 변경됐으므로 10 이하 버전을 사용하는 경우 npm 문서를 참고해서 올바른 옵션을 사용해야 한다.[57]

- --package(-p): 특정 패키지를 지정해서 명령어를 실행할 수 있는 옵션으로, 패키지를 설치하지 않고 특정 버전의 실행 파일을 사용할 때 유용하다.

  ```
  $ npx -p @package/foo foo
  ```

  여러 패키지를 동시에 지정해서 사용할 수도 있다.

  ```
  $ npx -p <pkg1> -p <pkg2> -- <command>
  ```

  만약 --package 옵션을 사용하지 않고 npx <command>만 입력하면 <command>가 곧 패키지 이름으로 간주된다.

  ```
  $ npx foo  # 'foo'가 패키지 이름이자 명령어로 실행된다.
  ```

- -c: npm run-script와 비슷하게 셸 환경에서 문자열을 실행할 수 있으며, 여러 명령을 순차적으로 실행하거나 복잡한 구문의 명령을 실행하는 데 유용하다.

  ```
  $ npx -c 'echo "Hello, World!" && node script.js'
  ```

- --yes와 --no: 기본적으로 npx는 패키지가 설치돼 있지 않으면 설치 여부를 묻는다. --yes 옵션을 사용하면 이러한 프롬프트 없이 자동으로 패키지를 설치하고 실행하며, 반대로 --no 옵션은 패키지가 없으면 명령어를 실행하지 않는다.

  ```
  $ npx create-react-app my-app
  Need to install the following packages:
  create-react-app@5.0.1
  Ok to proceed? (y)
  ```

  --yes를 추가하면 이 메시지 없이 자동으로 설치 및 실행된다.

---

[57] https://docs.npmjs.com/cli/v10/commands/npx#compatibility-with-older-npx-versions

> **📄 --ignore-existing은 왜 제거됐나요?**
>
> npm 10 버전 이하에서는 --ignore-existing 옵션이 제공됐으나 npm 10 버전부터는 제거됐다. 원래 --ignore-existing은 로컬이나 전역에 이미 설치된 패키지를 무시하고 항상 새로 설치할 때 사용하는 옵션이었다. 그러나 npm 10 버전부터는 npx가 기본적으로 로컬의 node_modules/.bin 경로에 설치된 바이너리를 항상 우선적으로 실행하도록 보장한다. 이를 통해 불필요한 옵션 사용을 줄이고, 다양한 버전 간 충돌을 방지하며 일관된 개발 환경을 유지할 수 있게 됐다.

npx의 이러한 다양한 옵션들은 패키지 실행을 더 유연하게 해주며, 특히 개발 및 테스트 단계에서 유용하게 활용된다.

2.6.3.2 npx는 어떻게 패키지를 찾아서 실행할까?

npx의 동작 방식은 2.4절 'npm install을 실행하면 벌어지는 일'에서 다룬 Node.js와 npm의 기본 원리를 활용해 이뤄진다. 즉, npx는 다음과 같은 단계로 패키지를 찾아 실행한다.

1. **입력 명령어 파싱**: 사용자가 입력한 명령어와 인자를 파싱해서 실행할 패키지의 이름과 필요 시 버전을 결정한다. 만약 --package 옵션이 지정됐다면 해당 인자 값으로 패키지 이름을 설정한다.

2. **로컬 패키지 탐색**: 먼저 현재 작업 중인 디렉터리의 node_modules/.bin 폴더에서 실행 파일을 찾아 실행할 패키지가 로컬에 설치돼 있는지 확인한다.

3. **캐시 확인**: 로컬에 패키지가 없는 경우 npx는 이전에 실행한 패키지를 저장한 npm 캐시 폴더에서 패키지를 찾는다.

4. **레지스트리에서 패키지 검색**: 로컬과 캐시 폴더에서 패키지를 찾지 못하면 npx는 npm 레지스트리에서 해당 패키지를 검색해 최신 버전을 가져온다.

5. **패키지 설치**: 레지스트리에서 패키지를 찾으면 이를 임시 디렉터리에 다운로드해서 설치한다. 이 경우 패키지는 전역으로 설치되지 않고 일시적으로 저장된다.

6. **패키지 실행**: 패키지가 준비되면 npx는 해당 패키지의 실행 파일을 찾아 실행한다. 이때 package.json의 bin 필드에 정의된 명령어를 참조해서 실행 파일을 찾고, 해당 명령어를 실행한다. 예를 들어, npx --package=@package/foo foo 를 실행할 경우 @package/foo의 package.json 파일 내 bin 필드에서 foo 명령어가 정의된 실행 파일을 찾아 실행한다.

```
// package.json
{
  "name": "@package/foo",
  "bin": {
    "foo": "./cli.js"
```

            }
        }

7. **패키지 정리**: 실행이 끝나면 임시 디렉터리에 설치된 패키지를 정리한다.

요약하자면, npx는 `npm install`과 비슷한 과정을 통해 패키지를 일시적으로 설치하고, 설치된 패키지의 `package.json` 내 `bin` 필드를 참조해서 실행 가능한 명령어를 결정한 후 실행한다. 이 과정을 자바스크립트 코드로 표현하면 다음과 같다.

코드 2.14 npx의 동작 원리

```js
#!/usr/bin/env node

const {execSync} = require('child_process')
const {existsSync} = require('fs')
const path = require('path')

const [, , packageName, ...args] = process.argv // 1. 명령어 파싱

function runPackage(packageName, args) {
  const localBinPath = path.join(process.cwd(), 'node_modules/.bin', packageName)
  const packageCachePath = path.join(execSync('npm config get cache'), packageName, '/package')

  if (existsSync(localBinPath)) {
    // 2. 로컬 탐색
    execSync(`${localBinPath} ${args.join(' ')}`, {stdio: 'inherit'})
  } else if (existsSync(packageCachePath)) {
    // 3. 캐시 탐색
    execSync(`${packageCachePath} ${args.join(' ')}`, {stdio: 'inherit'})
  } else {
    execSync(`npm install ${packageName}`, {stdio: 'inherit'}) // 4~5. 레지스트리 검색 및 설치
    execSync(`npx ${packageName} ${args.join(' ')}`, {stdio: 'inherit'}) // 6. 패키지 실행
  }
}

runPackage(packageName, args)
```

이 코드는 매우 단순화된 예시로서, `fs.existsSync(filePath)`를 사용해 패키지를 로컬과 캐시에서 탐색하는 것으로 표현하고 있다. 따라서 실제 npm의 복잡한 구조와 파일 시스템 접근은 고려하지 않았다. 실제로 파일 시스템에 접근하려면 운영체제나 파일 시스템 API를 사용해 실제 존재하는 파일을 검사하는 로직이 필요하다. 또한 실제 npm 캐시는 복잡한 디렉터리 구조와 여러 파일로 이뤄져 있으므로 내부적으로 이에 맞게 코드가 구현돼야 할 것이다.

2.6.3.3 npx와 npm exec의 차이점[58]

지금까지 살펴본 내용을 토대로 npx는 그 자체로 실행 가능한 명령어라는 것을 알게 됐을 것이다. 이 npx와 비슷한 기능으로, npm에는 **exec**이라는 명령어를 통해 npx와 동일한 기능을 수행한다.

```
npx -- <pkg>[@<version>] [args...]
npx --package=<pkg>[@<version>] -- <cmd> [args...]
npx -c '<cmd> [args...]'
npx --package=foo -c '<cmd> [args...]'
```

```
npm exec -- <pkg>[@<version>] [args...]
npm exec --package=<pkg>[@<version>] -- <cmd> [args...]
npm exec -c '<cmd> [args...]'
npm exec --package=foo -c '<cmd> [args...]'
```

실행 스크립트 형식만 보자면 npx가 `npm exec`로 완전히 대체 가능해 보이는데, 이 둘의 차이점은 과연 무엇일까?

먼저 npx를 사용할 때는 모든 플래그와 옵션을 명령어를 실행하기 전에 먼저 설정해야 한다. 즉, npx로 실행할 때는 명령어와 그에 따른 옵션을 정확히 순서대로 입력해야 한다.

코드 2.15 npx로 foo를 option1과 option2로 실행하는 스크립트

```
$ npx --package @package/foo foo
```

코드 2.15에서 `@package/foo`라는 패키지에서 foo라는 명령어를 실행할 때 npx의 옵션은 실행할 명령어 앞에 정의하고 `--option1`, `--option2`와 같이 foo 명령어에 전달할 옵션은 명령어 이후에 정의해야 한다.

---

[58] https://docs.npmjs.com/cli/v10/commands/npx#npx-vs-npm-exec

--package 옵션을 명령어 이후에 정의한다면 npx는 --package 옵션을 인지하지 못하므로 패키지명을 foo로 간주해서 패키지를 찾지 못했다는 오류가 발생할 것이다.

```
$ npx foo --package @package/foo
npm ERR! code E404
ERROR Not Found - GET https://registry.npmjs.org/foo - Not found
npm ERR! 404
npm ERR! 404  'foo@*' is not in this registry.
npm ERR! 404
npm ERR! 404 Note that you can also install from a
npm ERR! 404 tarball, folder, http url, or git url.
```

반면 `npm exec`는 어떨까? 다음 예제를 살펴보면 npx와 달리 --package가 명령어 이후에 위치해도 이는 `npm exec`의 인자로 전달된다.

```
$ npm exec foo --package @package/foo
```

만약 --package를 foo의 옵션으로 전달하고자 한다면 다음과 같이 -- 이중 하이픈 플래그를 사용해 npm이 명령을 실행할 때 옵션을 해석하지 않게 할 수 있다.

```
$ npm exec -- foo --package @package/foo
```

이때 --는 npm에서 주로 명령어나 npm 스크립트를 실행할 때 옵션을 명확히 구분 짓는 역할을 한다. 예를 들어, `npm exec -- jest --watch`에서 --watch는 실제로 npm 스크립트가 아닌 실행되는 명령어의 옵션으로 전달된다. 이를테면 build 스크립트가 jest를 실행한다면 jest의 옵션으로 --watch를 사용한다.

결론적으로 npx와 달리 `npm exec`은 --를 사용해 npm 명령어의 일관된 동작과 옵션 처리를 보장하며, 명령어와 그 옵션들을 더 직관적으로 구분 지을 수 있다.

2.6.4 정리

지금까지 CLI 패키지의 중요성과 Node.js에서 이를 구현하는 데 필요한 bin 필드와 npx를 알아봤다. CLI 패키지는 애플리케이션의 규모가 커지고 복잡해짐에 따라 개발자들이 효율적으로 작업을 수행하고 자동화된 환경을 구축하는 데 필수적인 도구로 자리 잡고 있다. 이는 개발자가 복잡한 작업을 간편하게 수행할 수 있게 해주며, 자동화와 배포 과정을 표준화해서 팀 전체의 생산성을 크게 높이므로 현대 소프트웨어 개발과 운영에서 중요한 부분을 차지한다. 따라서 개발자들이 CLI 패키지를 효과적으로 구축하고 관리할 수 있는 능력을 키우는 것은 프로젝트의 가치를 높일 뿐만 아니라 개발자 본인에게도 중요한 자원이 될 것이다.

또한 이번 절에서는 CLI 패키지를 개발하고 배포 및 실행하는 기초적인 방법에 초점을 맞춰 설명했다. 실제로 CLI 패키지를 개발할 때 필요한 명령어 파싱, 옵션 처리, 최적화 같은 비즈니스 로직과 관련된 세부적인 내용은 다루지 않았다. 그 이유는 실제로 로직을 작성하기 위해서는 이번 절에서 다룬 내용에 대한 이해를 바탕으로 모듈과 번들러처럼 패키지를 작성하기 위한 더 넓은 지식이 필요하기 때문이다. 따라서 CLI 로직을 구현하는 방법은 7장에서 실제로 실행 가능한 패키지를 개발하고 배포하면서 알아보기로 하자.

03장

npm의 대항마 yarn과 pnpm

앞서 2장에서는 자바스크립트의 대표적인 패키지 관리자인 npm에 대해 살펴봤다. 2010년에 처음으로 릴리스된 이후 지속적으로 발전하며 현재 10 버전까지 출시된 npm은 여전히 자바스크립트 생태계의 중요한 패키지 관리자로 자리 잡았다. 그러나 npm만이 유일한 선택지는 아니다. yarn과 pnpm은 npm이 가진 태생적 한계나 구조적 한계를 극복하기 위해 만들어진 대표적인 대안이며, 최근에는 npm만큼이나 많은 사용자들에게 사랑받고 있다.

이번 장에서는 npm을 대신할 수 있는 두 패키지 관리자인 yarn과 pnpm을 집중적으로 탐구한다. 이 두 도구가 npm에 비해 어떤 점에서 뛰어나고 어떤 차이점을 가지고 있는지 살펴보며, 나아가 npm을 대체할 만큼 강력한 도구인지 분석해본다.

또한 모든 패키지 관리자들이 고유의 장단점을 지니고 있음을 강조하며, 각 도구가 제공하는 특성을 환경과 상황에 맞춰 선택할 수 있도록 정보를 제공하는 것을 목표로 한다. 개발자가 자신의 프로젝트와 환경에 가장 적합한 패키지 관리자를 선택할 수 있도록 필요한 정보를 기반으로 스스로 결정을 내릴 수 있는 길잡이가 되는 것이 이번 장의 목적이다. 이제 yarn과 pnpm이 어떤 도구인지 본격적으로 살펴보자.

3.1 npm의 문제점과 한계

npm은 15년 이상 자바스크립트 생태계에서 중심적인 패키지 관리자로 자리 잡으며 꾸준히 발전해 왔다. 방대한 라이브러리와 모듈을 손쉽게 설치하고 관리할 수 있게 해주며, 개발자들이 공통 기능을 재사용할 수 있도록 돕는 중요한 도구로 자리매김했다. 그러나 시간이 지나며 프로젝트의 규모가 커지고 다양한 환경에 대응해야 할 필요성이 대두되면서 npm만으로는 해결하기 어려운 몇 가지 한계가 나타나기 시작했다.

이로 인해 개발자들은 더 나은 성능, 효율적인 의존성 관리, 빠른 설치 속도를 보여주는 새로운 패키지 관리자를 도입할 필요성을 느끼게 됐다. 이처럼 새롭게 등장한 패키지 관리자들을 본격적으로 탐구하기에 앞서 npm이 지닌 대표적인 문제점과 한계점을 먼저 살펴보자.

3.1.1 유령 의존성

유령 의존성(phantom dependencies)이란 `package.json`의 `dependencies`나 `devDependencies`에 명시되지 않은 의존성을 실제 코드에서 사용 가능한 경우를 의미한다. 이는 앞서 2.4절 'npm install을 실행하면 벌어지는 일'에서 언급한 평탄화된 `node_modules` 때문에 발생하는 문제다. 평탄화된 `node_modules`의 특징을 다시 상기해보자. npm은 동일한 패키지가 중복 설치되는 문제를 방지하기 위해 동일한 패키지가 여러 패키지의 의존성으로 명시돼 있을 때 해당 패키지를 최상위 `node_modules`에만 설치하고 나머지 패키지는 해당 패키지를 참조하게 한다. 다음 예시를 살펴보자.

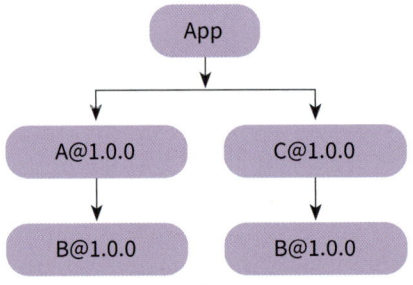

그림 3.1 App의 의존성 예시

위와 같은 의존성 그래프가 있다고 가정한다면 `B@1.0.0`은 중복으로 두 번 설치되어 npm은 다음과 같이 `B@1.0.0`을 최상위로 올려서 설치한다.

디스크 공간을 절약하고 불필요한 의존성 깊이를 줄인다는 목표는 달성했지만 개발자 입장에서는 설치하지도 않은 패키지가 사용 가능한 상황이다. 이러한 문제를 유령 의존성이라고 한다. 이러한 문제는 npm의 평탄화된 node_modules 구조 때문에 발생하는 문제이며, 이는 몇 가지 문제를 야기한다.

- **패키지의 변경에 따라 사용 불가능해질 수 있음**: 예를 들어, App 컴포넌트가 간접적으로 B 패키지를 사용하고 있었는데, A와 C가 버전업되면서 B에 대한 의존성을 제거했다고 가정해보자. 이 경우 App은 더 이상 B 패키지를 사용할 수 없게 된다. 서비스 코드의 경우, 보통 배포 직전에 의존성 설치 및 빌드를 수행하므로 이러한 유령 의존성을 쉽게 찾아낼 수 있지만 npm을 통해 제공되는 라이브러리는 다르게 동작할 수 있다. 특히, 평탄화 방식을 사용하지 않는 패키지 관리자(예: pnpm)를 사용하는 환경으로 변경되고 나서야 비로소 B 패키지에 대한 직접적인 의존성이 필요하다는 사실을 늦게 발견할 가능성이 있다.

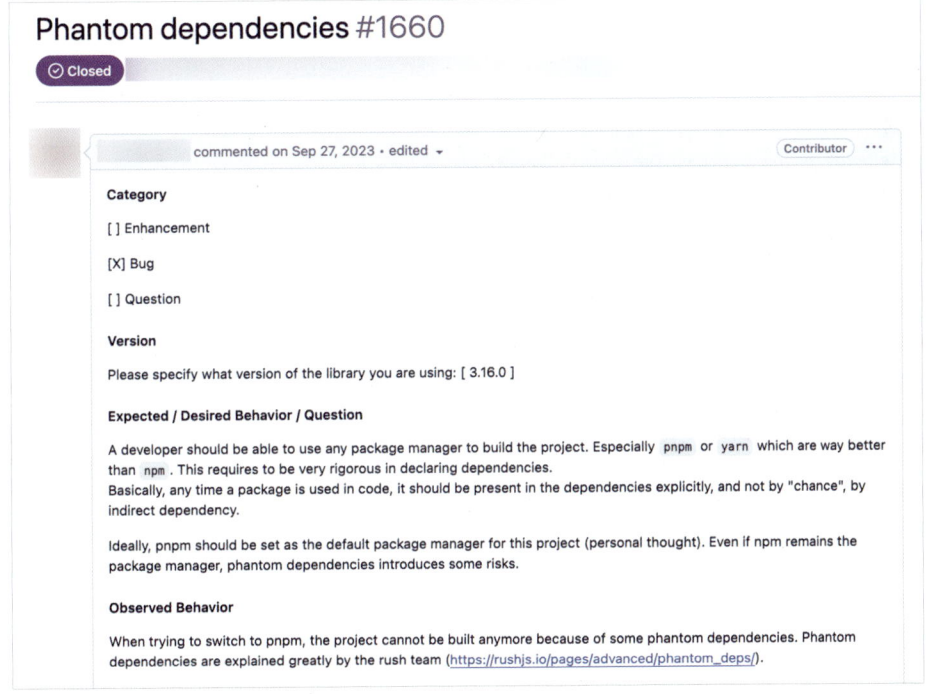

그림 3.2 오픈소스 라이브러리 중 유령 의존성이 발견되는 사례. 생각보다 이러한 문제를 겪는 npm 기반 오픈소스 패키지가 많다.

- **여전히 중첩된 구조가 필요하다**: npm의 평탄화 방식은 가능한 경우 동일한 node_modules에 패키지를 설치하는 것이지, 항상 그렇게 하는 것은 아니다. 2.4절 'npm install을 실행하면 벌어지는 일'에서 설명한 것처럼 동일한 패키지라도 서로 다른 버전이 필요할 때가 있다. 이 경우 npm은 최상위 node_modules에 설치할 버전을 선택하고, 나머지 버전들은 중첩된 구조로 설치된다. 이러한 방식은 node_modules 내 패키지 위치가 일관적이지 않아 혼란을 초래할 수 있으며, 특히 node_modules의 크기가 커질수록 호환성을 유지하기가 어려워진다.

이처럼 유령 의존성은 서비스와 패키지 전반의 안전성을 무너뜨리며, 반드시 찾아서 해결해야 하는 문제다. 하지만 npm의 구조상 개발자가 특별히 세심히 주의를 기울이지 않는다면 확인하기가 매우 어렵다.

3.1.2 디스크 I/O 부하

이 방식은 패키지의 위치를 빠르게 찾을 수 있도록 설계됐지만 node_modules 폴더 구조가 복잡해지고 디스크상의 파일이 많아질수록 탐색 시간이 길어지면서 디스크 I/O 부하가 발생할 수 있다. 특히 Node.js는 의존성을 찾기 위해 현재 디렉터리부터 시작해 상위 디렉터리로 이동하면서 node_modules 폴더를 탐색한다. 이로 인해 탐색 경로가 길어질수록 파일 시스템에 대한 접근이 반복되면서 디스크에 부담을 줄 수 있다.

이러한 디스크 I/O 부하를 더 잘 이해하기 위해 다음 코드를 실행해 Node.js가 패키지를 탐색하는 방식을 직접 확인해 보자.

```
const whereisReact = require.resolve.paths('react')
console.log(whereisReact)
/*
[
  '/Users/USER/private/arborist/test/node_modules',
  '/Users/USER/private/arborist/node_modules',
  '/Users/USER/private/node_modules',
  '/Users/USER/node_modules',
  '/Users/node_modules',
  '/node_modules',
  '/Users/USER/.node_modules',
  '/Users/USER/.node_libraries',
  '/Users/USER/.nvm/versions/node/v18.18.2/lib/node'
]
*/
```

위 코드는 react 패키지를 찾기 위해 탐색하는 경로를 출력하는 예제다. 이를 실행해 보면 Node.js가 현재 디렉터리부터 상위 디렉터리의 node_modules까지 차례로 탐색하는 것을 확인할 수 있다. 다행히 최상위 node_modules에서 패키지를 빠르게 찾으면 큰 문제가 없지만 찾지 못할 경우 위 배열에 나열된 경로를 모두 탐색하게 되어 I/O 호출이 그만큼 반복된다.

또 하나 주목할 문제점은 실제로 이 파일이 실행되는 위치는 /Users/USER/private/arborist/test/node_modules이지만 Node.js는 react를 찾기 위해 사용자의 여러 디렉터리를 확인한다는 점이다. 이는 해당 파일이 다른 환경(CI/CD 서버나 배포 환경 등)에서 실행될 때 탐색 결과가 달라질 수 있다는 것을 의미한다. 이러한 차이는 실제 서비스 환경에서 의도치 않은 문제를 일으킬 수 있다.

비록 이 문제는 npm보다는 Node.js의 모듈 탐색 설계에 기인하지만 npm과 Node.js를 사용하는 개발자라면 이런 가능성을 염두에 두고 작업할 필요가 있다.

3.1.3 너무 거대한 node_modules

npm이 생성하는 node_modules의 크기는 일반적으로 개발자가 작성한 코드보다 훨씬 더 큰 용량을 차지한다. 다음은 특정 npm 웹 서비스의 의존성 목록과 node_modules 및 개발자가 직접 작성한 코드(src 디렉터리)의 크기를 보여주는 예시다.

```
$ npm list
web@0.1.0 /Users/USER/web
├── @babel/plugin-proposal-private-property-in-object@7.21.11
├── @craco/craco@5.9.0
├── resize-observer-polyfill@1.5.1
├── # ... 중략 ...
├── sass@1.74.1
├── serve@11.3.2
├── shortid@2.2.16
├── smoothscroll-polyfill@0.4.4
├── urlcat@2.0.4
└── webpack-shell-plugin-next@1.2.0

$ npm list --parseable | wc -l
95

$ du -sh ./node_modules
744M    ./node_modules

$ du -sh src
33M     src
```

이 프로젝트는 약 95개의 의존성을 가지고 있으며, 작성한 코드(`src` 디렉터리)의 크기는 약 33MB에 불과하지만 `node_modules`의 크기는 무려 744MB에 달한다. 이는 프로젝트 구조에 따라 `node_modules`의 크기가 수백 MB로 커질 수 있음을 보여준다. 이렇게 커다란 `node_modules`는 다음과 같은 문제를 야기할 수 있다.

- **불필요한 디스크 공간 사용**: `node_modules`의 크기가 커질수록 많은 디스크 공간을 차지하며, 이는 개발자의 로컬 환경뿐만 아니라 CI/CD 및 배포 환경에서도 마찬가지다. 그 결과 불필요한 공간과 비용이 낭비될 수 있다.
- **빌드 시간 증가**: `node_modules`가 클수록 빌드 시간도 길어지며, 이는 개발자의 생산성을 저하시킬 뿐만 아니라 CI/CD 파이프라인에서도 배포 시간을 늘리는 원인이 된다.
- **유효성 검사와 성능 저하**: `node_modules`가 커지면 2.4절 'npm install을 실행하면 벌어지는 일'에서 설명한 `@npmcli/arborist`의 `loadActual` 함수 성능이 저하되고, 이로 인해 `npm install` 작업을 담당하는 `reify` 함수의 성능 또한 떨어진다.

이러한 문제의 책임을 모두 npm에 돌릴 수는 없지만 `node_modules`가 크고 복잡해질수록 npm의 주요 명령어 성능 역시 저하될 수 있음에 유의해야 한다.

3.1.4 변경에 취약한 락 파일

`package-lock.json`은 npm이 특정 시점의 `package.json`을 기준으로 의존성 트리를 저장해서 의존성에 업데이트가 발생하더라도 동일한 설치 환경을 보장하기 위해 생성된 파일이다. 여러 개발자와 여러 머신에서 동일한 환경이 유지되는 것은 매우 중요하므로 `package-lock.json` 파일은 npm 공식 문서에서도 필수적인 역할을 하는 파일로 언급된다. npm 공식 문서에서 설명하는 `package-lock.json`의 목적은 다음과 같다.[1]

- 팀원, 배포, CI 환경이 동일한 의존성 트리를 설치할 수 있도록 보장
- `node_modules` 폴더를 커밋하지 않고도 의존성을 재현 가능하게 함
- 소스 버전 관리 도구에서 변경 사항을 확인할 수 있는 diff 제공
- npm이 이전에 설치된 패키지의 메타데이터 확인을 건너뛰어 설치 속도를 최적화
- `package.json`을 매번 읽지 않아도 되어 성능을 개선

---

[1] https://docs.npmjs.com/cli/v10/configuring-npm/package-lock-json#description

`package-lock.json` 덕분에 `node_modules`를 커밋하지 않아도 되며, 이는 중요한 이점이다. 하지만 '변경 사항을 쉽게 확인할 수 있다'는 장점은 실제로 얼마나 효과적인지 생각해 볼 필요가 있다.

기본적인 코드 리뷰 상황을 가정해 보자. 깃허브에서 `package-lock.json`의 diff를 확인할 때 다음과 같은 모습을 볼 수 있다.

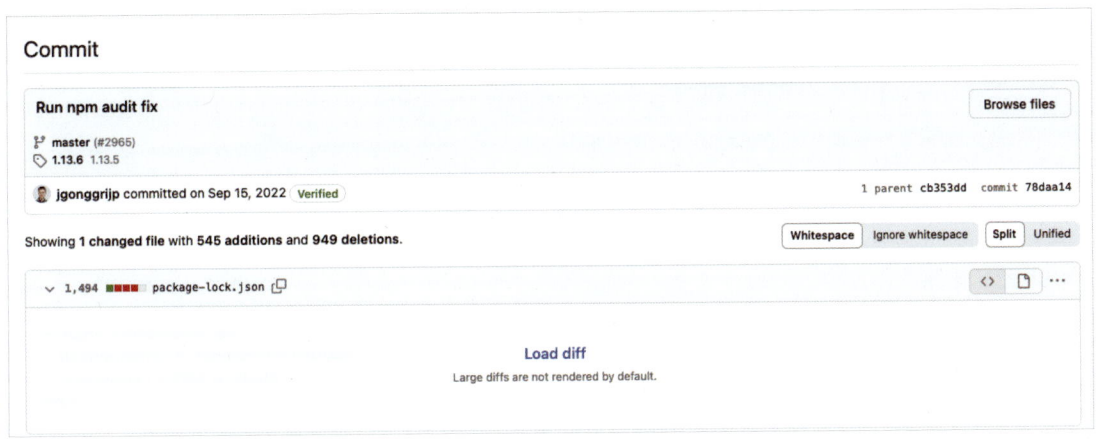

그림 3.3 underscore 패키지에서 npm audit fix로 인해 변경된 package-lock.json을 커밋한 모습[2]

그림 3.3은 underscore[3] 패키지에 대해 `npm audit fix`를 실행한 후 커밋한 예시다. npm이 의도한 '변경 사항을 쉽게 확인할 수 있는 diff 제공'과는 달리 보안 패치나 하위 의존성 업데이트로 인해 예상치 않게 수백 줄이 변경되는 경우가 많다. 위 예시에서는 545줄이 추가되고 949줄이 삭제되면서 커밋이 거의 보이지 않을 정도로 diff가 크다. 'Load diff' 링크를 눌러도 1,500줄에 가까운 변화를 사람이 일일이 확인하기란 거의 불가능에 가깝다.

또한 변경 사항이 적더라도 `package-lock.json`을 바로 확인할 수 있는 것은 아니다.

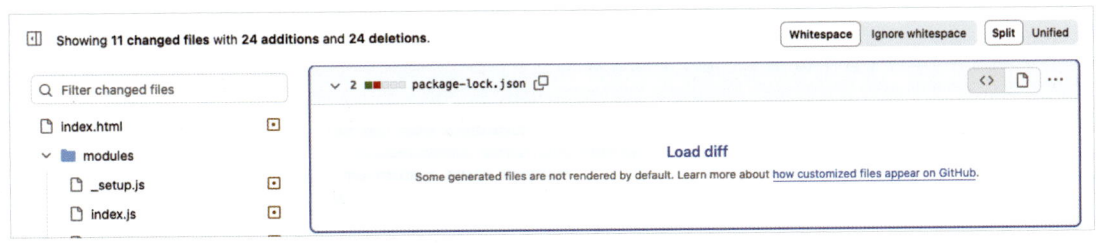

그림 3.4 underscore 패키지에서 발생한 package-lock.json의 변경 사항 일부[4]

---

[2] https://github.com/jashkenas/underscore/commit/78daa144a358481aabdc9c3b7b87b1835f36ee08
[3] https://github.com/jashkenas/underscore
[4] https://github.com/jashkenas/underscore/commit/cf6ed6f33296c8d2e62ef144d203945910dc05bd#diff-053150b640a7ce75eff69d1a22cae7f0f94ad64ce9a855db544dda0929316519

그림 3.4는 앞선 커밋과 다르게 변경 사항이 단 2줄(실제로는 1줄)에 불과한 `package-lock.json` 파일이지만 깃허브 기본 설정에서는 diff가 비활성화되어 직접 확인하기는 어렵다. 물론 사용자 설정을 통해 diff를 볼 수 있지만[5] 대부분의 깃허브 저장소에서는 이 설정이 기본적으로 활성화돼 있지 않다. 이는 깃허브가 `package-lock.json` 파일을 diff 확인이 어려운, 크고 특수한 파일로 취급하기 때문이다. 프로젝트의 의존성이 커질수록 의존성 트리를 보존하기 위한 `package-lock.json`의 크기도 커져 가독성이 떨어지게 된다.

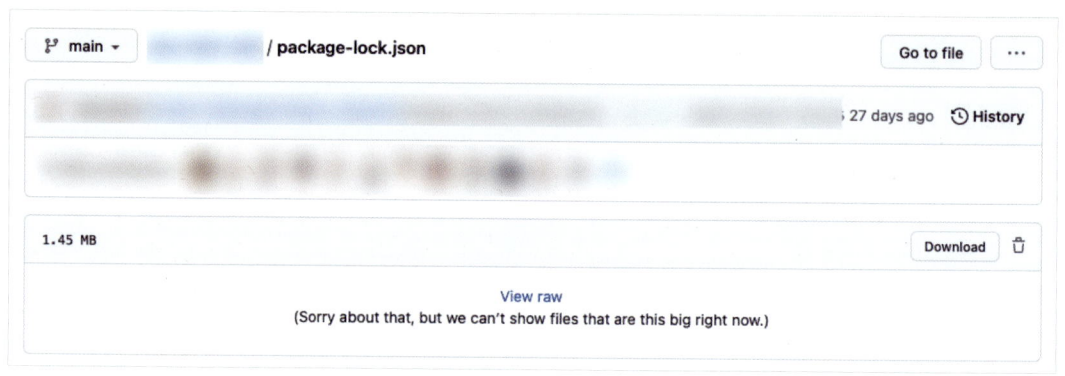

그림 3.5 dependencies 및 devDependencies를 포함해 약 100여 개의 의존성을 가진 자바스크립트 프로젝트의 package-lock.json. 파일 크기가 1MB가 넘어서 일반적인 diff로는 확인이 불가능하다.

`package-lock.json`은 의존성의 규모에 따라 몇십 줄에서 수 MB에 이를 수 있으며, 이로 인해 변경 사항을 확인하기가 매우 어렵다. 결국 개발자는 `node_modules`에 대한 세밀한 통제를 잃게 되고, npm이 의도했던 '의존성을 재현할 수 있도록 함'이라는 목적이 무색해질 수 있다.

3.1.5 정리

지금까지 npm이 가진 몇 가지 대표적인 문제점을 살펴봤다. 물론 이러한 모든 문제를 npm의 탓으로만 돌리기는 어렵지만 패키지 관리자의 관점에서 해결할 수 있는 부분이기도 하다. 이러한 문제로 인해 이제 이후에 소개할 yarn과 pnpm 같은 대안이 탄생했다.

이렇게 해서 npm의 한계를 살펴봤으니, 다른 패키지 관리자가 왜 등장했는지 짐작할 수 있을 것이다. 다음 절에서는 yarn과 pnpm이 무엇이고, 각각이 npm와 비교해서 어떤 장점을 갖추고 있는지 알아보자. 이 세 가지 자바스크립트 패키지 관리자의 특징과 강점을 잘 이해하면 앞으로 자바스크립트 프로젝트를 진행할 때 어떤 패키지 관리자를 선택해야 할지 명확하게 결정할 수 있을 것이다.

---

5 https://docs.github.com/ko/repositories/working-with-files/managing-files/customizing-how-changed-files-appear-on-github

3.2 yarn: 신속하고 안정적인 패키지 관리를 위한 패키지 관리자

이번 절에서는 npm을 대체할 수 있는 대표적인 패키지 관리자인 yarn[6]을 살펴본다. yarn은 2016년 10월 11일, 페이스북(현 메타)에서 개발 및 공개한 자바스크립트 패키지 관리자로, 빠른 속도와 안정성을 주요 특징으로 내세웠다.[7] 처음 릴리스된 이후로 여러 차례의 메이저 업데이트를 거치며 발전해왔으며, 현재는 npm과 더불어 널리 사용되는 패키지 관리자로 자리 잡았다. 특히 대규모 프로젝트나 모노레포 환경에서 유용하다는 평가를 받으며, 많은 개발자에게 사랑받고 있다.

이번 절에서는 yarn이 등장한 배경, npm과 비교했을 때의 차별화된 특징, 그리고 이를 통해 yarn이 개발자들 사이에서 주목받는 이유를 자세히 알아보자.

3.2.1 yarn 소개와 역사

3.2.1.1 yarn의 탄생

yarn은 'yet another resource negotiator'의 약자로, 또 다른(자바스크립트) 리소스 관리자라는 의미를 가진다. 원래 yarn은 'kittens package manager'를 줄인 kpm으로 명명하려 했으나 비슷한 형식의 프로그램들이 많아 yarn으로 이름을 바꿨다고 한다.[8] 이름은 yarn으로 바뀌었지만 초기 명명 의도는 고양이 로고에 남아 있다.

yarn의 등장 배경을 이해하려면 당시 npm 생태계를 살펴볼 필요가 있다. yarn이 등장한 2016년 10월, npm의 최신 버전은 3.x였다. 이 버전의 npm에서 가장 큰 특징은 Non-Determinism, 즉 `node_modules`와 의존성 트리를 비결정적으로 생성하는 방식이었다. 당시에는 `package-lock.json` 대신 `npm-shrinkwrap.json`이라는 파일이 존재했는데, 이를 수동으로 생성해야만 버전 고정이 가능했다. 이로 인해 npm은 의존성 설치 순서에 따라 `node_modules` 구조가 달라졌으며, 만약 설치 순서가 같다면(`package.json`을 그대로 사용해 설치할 경우) 알파벳순으로 정렬되어 구조가 결정됐다.[9]

---

[6] https://yarnpkg.com/
[7] https://engineering.fb.com/2016/10/11/web/yarn-a-new-package-manager-for-javascript/
[8] https://twitter.com/sebmck/status/902900008139317248
  https://twitter.com/sebmck/status/902899559705272320
[9] 지금은 이러한 특징이 존재하지 않으며, https://npm.github.io/how-npm-works-docs/npm3/non-determinism.html에서 과거 해당 특징을 찾을 수 있다. 지금은 존재하지 않는 특징이므로 이 책에서는 따로 다루지 않는다.

> If you, and your development team, use a package.json, as well as the interactive npm install command to add pkgs(like most teams using npm do), it is likely that you will run into a situation where your local node_modules directory will differ from both your coworkers' node_modules directories, as well as the node_modules directories on your staging, testing, or production servers.[10]
>
> (번역) 당신이나 개발팀이 `package.json`과 `npm install` 명령어를 사용해 패키지를 설치한다면(대부분의 npm 사용자처럼), 로컬 `node_modules` 디렉터리가 동료들의 `node_modules` 디렉터리뿐 아니라 스테이징, 테스트, 프로덕션 서버의 `node_modules`와 다를 수 있다.

서로 다른 의존성 트리가 애플리케이션에 영향을 미치지 않는다고는 했지만 설치 환경과 상황에 따라 `node_modules` 구조가 달라질 수 있다는 점은 많은 이들의 우려를 샀다.[11] 이러한 특징은 이후 npm@5.7.0의 `npm ci` 기능[12]과 새로운 락 파일(v2)을 통한 결정적 트리 생성을 가능하게 한 npm@7의 등장[13] 전까지 npm의 잠재적 문제점으로 지적됐다.[14]

이 외에도 yarn이 지적한 npm의 한계는 다음과 같다.

- 샌드박스 환경, 즉 인터넷이 없는 환경에서는 npm을 사용할 수 없다. 이를 해결하기 위해 node_modules를 압축해서 버전 관리에 포함시키는 방법을 사용했으나 의존성에 조금만 변경이 생겨도 엄청난 양의 변경 사항이 발생해 부하가 심해졌다.

- 당시 의존성을 완전히 고정하기 위해 shrinkwrap[15]이라는 명령어가 있었지만 이를 개발자가 의식적으로 실행하지 않으면 누락되기 쉬웠다.

- 단일 의존성을 업데이트해도 관련되지 않은 의존성까지 유의적 버전 규칙을 기반으로 함께 업데이트되는 문제가 있었다. 이로 인해 변경 사항이 불필요하게 커지면서 관리가 어려워졌다.

페이스북은 npm을 기반으로 자바스크립트 프로젝트를 운영하며 의존성 문제를 해결하기 위해 다방면으로 노력해왔으나(`node_modules`를 잘 정제해서 CDN에 업로드하는 등) 근본적인 해결을 위해 자체 패키지 관리자를 구현하는 편이 더 낫다고 판단한 것으로 보인다.

---

[10] https://npm.github.io/how-npm-works-docs/npm3/non-determinism.html
[11] https://github.com/npm/npm/issues/10999#issuecomment-174349467
[12] https://github.com/npm/npm/releases/tag/v5.7.0. `npm ci` 명령어는 2018년 2월에 들어서야 사용 가능해졌다.
[13] https://github.blog/2021-02-02-npm-7-is-now-generally-available/#changes-to-the-lockfile
[14] https://github.com/npm/npm/issues/10999
[15] https://docs.npmjs.com/cli/v10/commands/npm-shrinkwrap

이러한 배경에서 탄생한 yarn은 출시 직후 많은 사랑을 받았다. 한 가지 흥미로운 사실은 현재 yarn은 `npm install -g yarn` 명령으로 설치해서 다른 자바스크립트의 `bin` 스크립트와 유사하게 사용하는 것이 일반적이지만 초기에는 시스템 자체에 설치하는 것을 권장했다는 점이다.

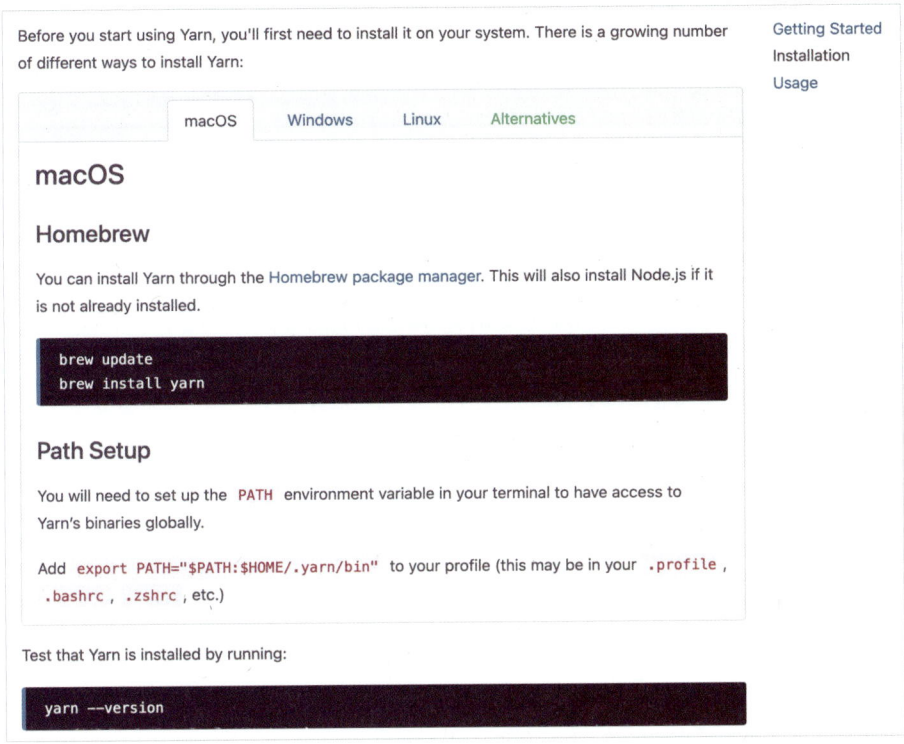

그림 3.6 WayBackMachine을 통해 확인한 yarn의 초기 버전 설치 가이드. 현재와 다른 설치 방식을 볼 수 있다.

당시에도 `npm install -g yarn`으로 설치가 가능했으나 권장되던 방법은 아니었다. 초기 설치 가이드에서도 이러한 내용을 확인할 수 있다.

> Note: Installation via npm is generally not recommended. npm is non-deterministic, packages are not signed, and npm does not perform any integrity checks other than a basic SHA1 hash, which is a security risk when installing system-wide apps.
>
> (번역) npm을 통한 설치는 일반적으로 권장되지 않는다. npm은 비결정적이며, 패키지에 서명이 없고, 시스템 전체에 영향을 미칠 수 있는 애플리케이션을 설치할 때 SHA-1 해시 이외의 무결성 검사가 없어 보안 위험이 존재한다. 따라서 운영체제에 적합한 설치 방법을 통해 yarn을 설치하는 것이 좋다.[16]

---

[16] https://web.archive.org/web/20170507161408/https://yarnpkg.com/en/docs/install#alternatives-tab. 현재는 이러한 내용을 찾아볼 수 없다.

이를 통해 yarn이 단순히 npm 생태계에 진입하려는 것이 아니라 완전한 대체제를 목표로 했음을 알 수 있으며, 당시 npm의 문제점에 대한 비판을 엿볼 수 있다.

초기 반응은 폭발적이었다. 비슷한 시기 11,000여 개의 깃허브 스타를 받은 npm[17]과 달리, yarn은 17,000여 개의 스타를 기록하며[18] 많은 프로젝트에서 빠르게 채택됐다. 이렇게 급격히 채택된 주요 이유 중 하나는 yarn이 npm보다 빠르다는 점이었다.

```
------------------------------ RESULTS (seconds) ------------------------
                              angular2           ember              react
       npm_with_empty_cache   15.687             56.993             93.650
         npm_with_all_cached   9.380             52.380             81.213
      yarn_with_empty_cache    9.477             30.757             37.497
        yarn_with_all_cached   4.650             15.090             17.730
```

그림 3.7 npm과 yarn의 속도 비교[19]

또한 오프라인에서 패키지를 다운로드할 수 있는 기능[20], 해시값을 통한 패키지 무결성 확인 절차 강화[21] 등 당시 npm에서는 부족하다고 지적된 기능들이 추가되면서 많은 개발자의 관심을 끌었다.

3.2.1.2 yarn@2의 등장과 논란

yarn이 1.x 버전으로 많은 사랑을 받던 어느 날, yarn 팀은 2020년 10월에 yarn@2.0.0을 출시했다. 유의적 버전의 변화가 크다는 것은 예상되지만 문제는 이번 변화가 극적이었다는 데에 있었다.

첫 번째 큰 변화는 `npm install -g yarn`을 지원하지 않는 점이었다. 이는 npm 레지스트리에 yarn@2가 없다는 의미다. 기본적으로 Node.js에 포함된 npm, 그리고 pnpm과 yarn 1.x(이하 yarn classic)은 모두 `npm install -g` 방식의 글로벌 설치를 지원했지만 yarn@2는 2.1절 'package.json 톺아보기'에서 설명한 `packageManager` 필드와 corepack을 이용한 설치만 지원했다. 이는 프로젝트의 의존성을 `package-lock.json`이나 `yarn.lock`으로 고정하는 것처럼 패키지 관리자도 고정해야 한다는 yarn 팀의 철학 때문이다. 이러한 변화는 다소 불편했으나 비교적 쉽게 적응할 수 있었다.

yarn@2의 가장 큰 논란은 Plug'n'Play(PnP) 모드가 기본값으로 설정됐다는 점이다. 이 모드에 대해서는 다음 절에서 자세히 다루겠지만, 간단히 설명하자면 `node_modules`의 모든 패키지를 압축된 zip 파일로 관

---

[17] https://web.archive.org/web/20170326044241/https://github.com/npm/npm/
[18] https://web.archive.org/web/20170326044241/https://github.com/npm/npm/
[19] https://javascript.plainenglish.io/an-abbreviated-history-of-javascript-package-managers-f9797be7cf0e
[20] https://yarnpkg.com/blog/2016/11/24/offline-mirror/
[21] https://snyk.io/blog/yarn-is-micro-secure/

리하는 방식이다. Node.js는 이러한 압축 파일을 직접 읽을 수 없기 때문에 `node` 명령어로 파일을 실행할 수 없고, 대신 `yarn node` 같은 명령어로 실행해야 했다. 또한 자동 완성 기능을 지원하는 에디터는 압축된 `node_modules` 파일을 읽을 수 없어 추가 설정이 필요했다.

더 큰 문제는 `node_modules`를 직접 참조하던 일부 대형 패키지, 예를 들어 플로(Flow)나 리액트 네이티브(React-Native)를 사용할 수 없다는 점이었다.

> One particular caveat however: Flow and React-Native cannot be used at the moment under Plug'n'Play(PnP) environments. We're looking forward to working with their respective teams to figure out how to make our technologies compatible.[22]
>
> (번역) 한 가지 특별한 주의사항은 현재 PnP(Plug'n'Play) 환경에서는 Flow 및 React-Native를 사용할 수 없다는 점입니다. 우리는 해당 팀과 협력해서 우리의 기술을 호환할 방법을 찾기를 고대하고 있습니다.

게다가 yarn 팀은 1.x 버전의 유지보수를 중단하고 취약점만 대응한다고 발표했다. 결과적으로 yarn 1.x는 보안 업데이트 외에 새로운 릴리스가 없으며[23], 현재 yarn berry로 알려진 2.x 이상 버전(현재는 4.x)은 별도 저장소에서 관리되고 있다.[24]

> 📝 이제 yarn이라고 하면 2.x 이상을 의미하나요? 아니면 yarn berry라고 불러야 하나요?
>
> yarn@2.x가 주류가 아니던 시기에는 yarn berry와 yarn을 구분해 불렀지만, 이제는 yarn berry가 대세가 되어 대부분의 개발자가 yarn이라고 칭하는 것은 1.x가 아닌 2.x 이상을 의미한다. 이 책에서는 혼란을 피하기 위해 yarn classic(yarn 1.x)과 yarn berry(yarn 2.x를 포함한 이후 버전)로 나누어 설명한다.

이에 대한 여론은 반으로 갈렸다. 한쪽은 yarn의 변화를 이해하며, 주 버전에서의 큰 변경이므로 오픈소스로서 가능한 일을 했다는 입장을 보였고, 다른 한쪽은 이러한 급격한 변화라면 차라리 npm과 yarn classic을 잇는 새로운 패키지 관리자로 보는 것이 맞다고 주장했다. 이들은 플로와 리액트 네이티브와 같은 주요 프로젝트가 아직 이를 받아들일 준비가 되지 않았다고 언급했다.

---

[22] https://yarnpkg.com/blog/release/2.0#how-easy-will-it-be-to-migrate-to-yarn-2
[23] https://github.com/yarnpkg/yarn
[24] https://github.com/yarnpkg/berry

jaredpalmer commented on Jan 26, 2020 · edited ▾

@arcanis I highly suggest you reconsider @brentvatne's suggested solution. My beliefs are that Yarn 2 is a different package manager at the moment since it has no upgrade path for a significant amount of the userbase. Big players such as FB and Twitter have publicly stated that they cannot use Yarn 2 because of PnP. Like it or not, they have large sway when it comes to JS standardization.

My worry with your proposed plan is that you will damage the reputation of Yarn and kill the thing you have been working so hard on as well. That would be a shame, since what you have built is awesome. However, maintainers including myself, will immediately remove yarn from all docs so as to avoid confusing people around installation. The website needs to be Yarn 1, with a big banner stating that berry is the blessed successor and linking to its docs.

👍 194   👎 3   ❤ 30

그림 3.8 yarn berry 관련 논의[25] 중 일부 댓글.

그림 3.8의 내용을 번역하면 다음과 같다.

> 제 생각에 yarn 2는 많은 사용자 코드에 대한 명확한 업그레이드 경로를 제공하지 않아 사실상 새로운 패키지 매니저로 봐야 합니다. 페이스북과 트위터와 같은 큰 기업들은 PnP 때문에 yarn 2를 사용할 수 없다고 공개적으로 언급했습니다. 비록 마음에 들지 않더라도, 이들은 자바스크립트 표준화에 큰 영향력을 미칩니다.
>
> 제가 우려하는 점은 여러분의 계획이 yarn의 명성을 손상시키고, 그동안 해온 훌륭한 작업을 망칠 수도 있다는 것입니다. 많은 메인테이너들은 설치 혼란을 피하기 위해 문서에서 yarn을 제거할 것입니다. 웹사이트는 yarn classic을 강조하고, berry는 후속작임을 알리며 관련 링크를 배너로 추가해야 합니다.

이러한 혼란을 진정시키기 위해 yarn 팀은 커뮤니티 피드백을 반영한 답변을 내놓았다.[26]

- yarn berry는 설치 속도를 높이고, 가볍고 결정적이며 안정적인 자바스크립트 프로젝트 환경을 제공하려 한다. 예를 들어, `create-react-app` 기본 앱의 용량이 230MB에서 60MB로 줄어들었다.

- yarn classic을 완전히 포기한 것은 아니다. 새로운 기능 추가는 없지만 보안 패치는 계속 제공할 것이다.

- `nodeLinker: node-modules` 옵션을 사용하면 PnP 없이 yarn을 사용할 수 있다.

- PnP는 여전히 기본값이지만 `pnpMode: loose` 모드를 추가해서 PnP를 지원하지 않는 모듈도 사용할 수 있게 할 계획이다.

- `yarn set version` 명령어로 classic과 berry 중 원하는 버전을 선택할 수 있도록 지원하겠다.

---

[25] https://github.com/yarnpkg/berry/issues/766#issuecomment-578443566
[26] https://github.com/yarnpkg/berry/issues/766#issuecomment-580658470

yarn 팀이 초기보다 유연한 접근을 보이며 혼란은 점차 사그라들었다.

Native support

A lot of very common frontend tools now support Plug'n'Play natively!

Project name	Note
Babel	Starting from `resolve` 1.9
Create-React-App	Starting from 2.0+
ESLint	Some compatibility issues w/ shared configs
Gatsby	Starting from 2.15.0+
Husky	Starting from 4.0.0-1+
Jest	Starting from 24.1+
Next.js	Starting from 9.1.2+
Parcel	Starting from 2.0.0-nightly.212+
Prettier	Starting from 1.17+
Rollup	Starting from `resolve` 1.9+
TypeScript-ESLint	Starting from 2.12+
WebStorm	Starting from 2019.3+; See Editor SDKs
TypeScript	Via `plugin-compat` (enabled by default)
Webpack	Native

Support via plugins

Project name	Note
VSCode-ESLint	Follow Editor SDKs
VSCode	Follow Editor SDKs
Webpack 4.x	Via `pnp-webpack-plugin` (native starting from 5+)

Important: Even if a tool is incompatible with Plug'n'Play, you can still enable the `node-modules` plugin. Just follow the instructions and you'll be ready to go in a minute

Project name	Note
Flow	Follow yarnpkg/berry#634
React Native	Follow react-native-community/cli#27
VSCode Extension Manager (vsce)	Use the `vsce-yarn-patch` fork with the `node-modules` plugin enabled. The fork is required until microsoft/vscode-vsce#379 is merged, as `vsce` currently uses the removed `yarn list` command

그림 3.9 현재는 확인할 수 없는 과거 yarn 공식 문서에 기재된 호환되는 프로젝트 목록.[27] 이 당시의 혼란한 상황을 미루어 짐작할 수 있다.

이때를 기점으로 yarn의 PnP 모드에 반감을 가진 개발자들은 npm@5.x[28]로 돌아가거나 비교적 점진적인 변화를 추구하던 pnpm으로 갈아타기도 했다.

결국 페이스북에서 제공하는 일부 패키지(예: flow, buck, react-native)가 PnP를 도저히 지원할 수 없는 상황에 이르면서 페이스북 내부에서도 PnP 사용을 포기하게 됐다.

---

27 https://web.archive.org/web/20200527112112/https://yarnpkg.com/features/pnp

28 https://blog.npmjs.org/post/161081169345/v500.html

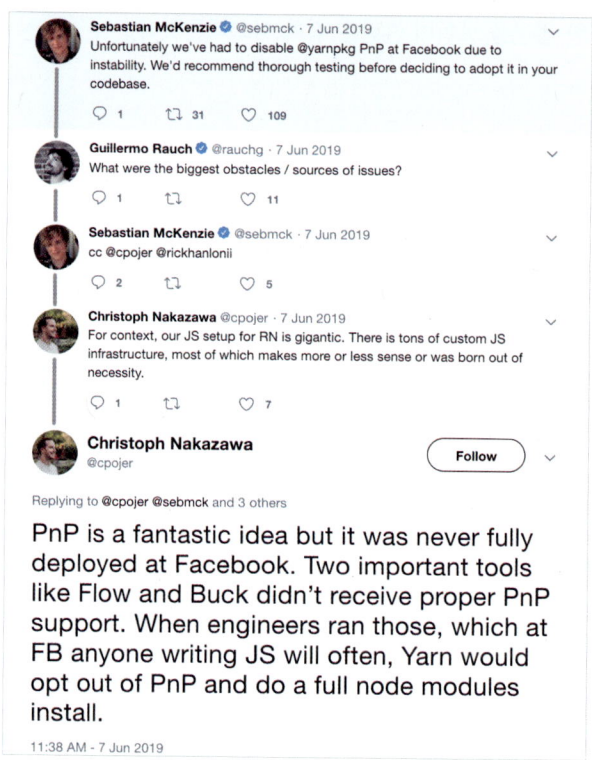

그림 3.10 당시 페이스북 개발자였던 크리스토프 나카자와(Christoph Nakazawa)의 트윗 중 일부[29]

그림 3.10의 트윗을 차례로 번역한 내용은 다음과 같다.

- 유감스럽게도 페이스북에서는 안정성 문제로 인해 yarn의 PnP 모드를 활성화하지 않기로 결정했습니다. 실제로 PnP를 적용하기 전에 여러분의 코드에서 테스트해 보시길 권장합니다.
- 이런 결정을 내린 가장 큰 장애물이나 이슈는 무엇이었나요?
- 리액트 네이티브의 자바스크립트 설정이 매우 방대합니다. 이 설정에는 페이스북의 요구로 인해 만들어진 커스텀 자바스크립트 인프라가 무수히 존재합니다.
- PnP는 훌륭한 아이디어지만 페이스북에서는 완전히 도입되지 않았습니다. Flow와 Buck 같은 중요한 도구가 PnP를 완전히 지원하지 않기 때문입니다. 페이스북의 자바스크립트 개발자들은 모두 PnP 없이 전체 `node_modules`를 설치했습니다.

[29] https://web.archive.org/web/20200126191700/https://twitter.com/cpojer/status/1137066201727799298

3.2.1.3 현재, yarn berry@4.x

PnP 기능을 둘러싼 논란이 있었지만 yarn은 여전히 npm 대비 속도와 안정성에서 우수한 성능을 보여주며 꾸준히 많은 사용자에게 사랑받고 있다. 간헐적인 보안 패치만 제공하며 유지보수 모드로 전환된 yarn classic과 달리, yarn berry는 2.x 버전을 시작으로 3.x, 그리고 2024년 11월 기준으로 4.5.1 버전까지 출시됐으며, 지속적으로 기능을 추가하며 yarn의 새로운 표준으로 자리 잡았다.

이러한 안착에는 2.x에서의 급격한 변화에 대한 교훈이 크게 작용한 것으로 보인다. `node_modules` 패러다임 자체를 바꿨던 2.x가 많은 반발을 불러일으킨 것과 달리, 3.x와 4.x에서는 사용에 큰 영향을 미칠 수 있는 변경을 최대한 자제하고 있어 안정적으로 사용자층을 확장할 수 있었다.

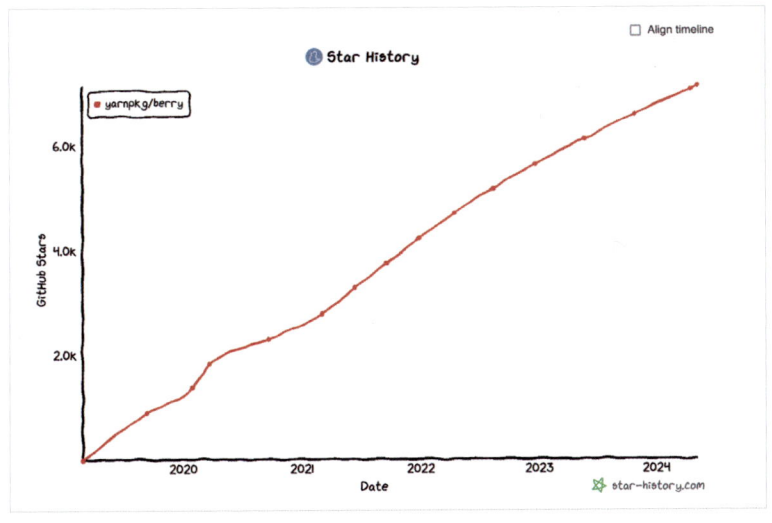

그림 3.11 yarn berry의 깃허브 스타 증가 추이[30]

3.2.2 특징

yarn의 역사에 대해 간단히 살펴봤으니 이제 yarn의 특징을 본격적으로 알아보자. 등장 당시 yarn이 유일한 패키지 관리자였던 npm의 기존 문제들을 해결하고자 구체적으로 어떤 방법과 특징을 내세웠는지 살펴보자.

---

[30] https://star-history.com/#yarnpkg/berry&Date

3.2.2.1 yarn.lock

npm에 `package-lock.json`이 있다면, yarn에는 `yarn.lock` 파일이 있다. `yarn.lock`은 여러 기기에서 실행할 때 동일한 의존성을 설치할 수 있도록 `package.json`보다 더 정확한 의존성 정보를 기록한다. 이는 버전 범위가 불명확한 `package.json`의 한계를 보완하기 위해 설계된 것이다. `package-lock.json`과 마찬가지로 `yarn.lock`도 보통 버전 관리에 포함해서 팀원들과 공유하는 것이 일반적이다.

이제 코드를 통해 `package-lock.json`과 `yarn.lock`이 실제로 어떤 차이점을 가지고 있는지 살펴보자. 예를 들어, 다음과 같은 `package.json`이 있다고 가정해보자.

```
{
  "name": "test",
  "dependencies": {
    "react": "^18.2.0"
  }
}
```

npm이라면 버전에 따라 다르겠지만 대략 다음과 같은 `package-lock.json`이 생성될 것이다.

```
{
  "name": "test",
  "version": "1.0.0",
  "lockfileVersion": 3,
  "requires": true,
  "packages": {
    "": {
      "name": "test",
      "version": "1.0.0",
      "license": "ISC",
      "dependencies": {
        "react": "^18.2.0"
      }
    },
    "node_modules/js-tokens": {
      "version": "4.0.0",
      "resolved": "https://registry.npmjs.org/js-tokens/-/js-tokens-4.0.0.tgz",
      "integrity": "sha512-RdJUflcE3cUzKiMqQgsCu06FPu9UdIJO0beYbPhHN4k6apgJt..."
    },
```

```
    "node_modules/loose-envify": {
      "version": "1.4.0",
      "resolved": "https://registry.npmjs.org/loose-envify/-/loose-envify-1.4.0.tgz",
      "integrity": "sha512-lyuxPGr/Wfhrlem2CL/UcnUc1zcqKAImBDzukY7Y5F/yQiNdk...",
      "dependencies": {
        "js-tokens": "^3.0.0 || ^4.0.0"
      },
      "bin": {
        "loose-envify": "cli.js"
      }
    },
    "node_modules/react": {
      "version": "18.2.0",
      "resolved": "https://registry.npmjs.org/react/-/react-18.2.0.tgz",
      "integrity": "sha512-/3IjMdb2L9QbBdWiW5e3P2/npwMBaU9mHCSCUzNln0ZCYbcfT...",
      "dependencies": {
        "loose-envify": "^1.1.0"
      },
      "engines": {
        "node": ">=0.10.0"
      }
    }
  }
}
```

반면에 yarn classic은 다음과 같은 `yarn.lock` 파일이 생성된다.

```
# yarn classic
# THIS IS AN AUTOGENERATED FILE. DO NOT EDIT THIS FILE DIRECTLY.
# yarn lockfile v1


"js-tokens@^3.0.0 || ^4.0.0":
  version "4.0.0"
  resolved "https://registry.yarnpkg.com/js-tokens/-/js-tokens-4.0.0.tgz#..."
  integrity sha512-RdJUflcE3cUzKiMqQgsCu06FPu9UdIJ00beYbPhHN4k6apgJti...

loose-envify@^1.1.0:
```

```
    version "1.4.0"
    resolved "https://registry.yarnpkg.com/loose-envify/-/loose-envify-1.4.0.tgz#..."
    integrity sha512-lyuxPGr/Wfhrlem2CL/UcnUc1zcqKAImBDzukY7Y5F/yQiNdko...
    dependencies:
        js-tokens "^3.0.0 || ^4.0.0"

react@^18.2.0:
    version "18.3.1"
    resolved "https://registry.yarnpkg.com/react/-/react-18.3.1.tgz#..."
    integrity sha512-wS+hAgJShR0KhEvPJArfuPVN1+Hz1t0Y6n5jLrGQbkb4urgPE/...
    dependencies:
        loose-envify "^1.1.0"
```

먼저 눈에 띄는 차이점은 `package-lock.json`이 표준 JSON 포맷으로 작성된 반면, `yarn.lock`은 YAML 과 비슷해 보이지만 실제로는 자체적인 포맷을 사용한다는 점이다. `yarn.lock`이 이런 독자적인 형식을 택한 이유는 초기 yarn 팀이 목표로 삼았던 락 파일의 세 가지 기준 때문이다.

1. 사람이 읽기 쉬워야 한다.
2. diff(두 파일의 차이)를 쉽게 확인할 수 있어야 한다.
3. 프로그램이 빠르게 파싱할 수 있어야 한다.

JSON은 첫 번째 기준을 만족하지 못했고, YAML은 세 번째 기준을 충족하지 못했다고 yarn 팀은 설명한 바 있다.[31] 하지만 이후 yarn berry에서는 `yarn.lock`이 YAML 표준을 따르도록 변경된다.

또 다른 차이점은 레지스트리 주소다. 예를 들어, `react` 패키지는 `package-lock.json`에서는 `https://registry.npmjs.org/react/-/react-18.2.0.tgz` 형식의 주소를 사용하지만, `yarn.lock`에서는 `https://registry.yarnpkg.com/react/-/react-18.3.1.tgz#49ab...` 형식으로 yarn의 자체 레지스트리를 사용하는 듯 보인다. 이 차이의 배경에는 npm의 과거 운영 방식이 있다.

과거 npm 레지스트리는 인터넷 클라우드 호스팅 업체인 fastly[32]를 통해 제공됐으나, 설치 속도에 영향을 미친다는 점이 yarn 팀에 의해 지적됐다. 이 속도 문제를 해결하고 패키지 다운로드 속도를 최적화하기 위해 yarn은 npm 레지스트리를 직접 호출하는 대신 클라우드플레어[33]를 통해 리버스 프락시 형태로 제공했

---

31 https://github.com/yarnpkg/yarn/issues/5629#issuecomment-417919746
32 https://www.fastly.com/
33 https://yarnpkg.com/getting-started/qa#why-registryyarnpkgcom-does-facebook-track-us

다. 그러나 2018년 4월경 npm도 클라우드플레어를 사용하기 시작하면서 이 문제가 해결됐고, yarn은 이후 리버스 프락시를 끄고 CNAME으로 대체했다.

📄 리버스 프락시란 무엇인가요?

> 리버스 프락시는 클라이언트의 요청을 서버로 전달하기 전에 중간에서 이를 가로채 처리하는 서버 역할을 수행하는 시스템을 의미한다. 클라이언트는 직접 서버에 접속하는 대신 이 리버스 프락시를 통해 요청하고, 프락시는 이를 서버로 전달한 후 응답을 다시 클라이언트로 반환한다. 일반적으로 서버를 공격으로부터 보호하거나 부하 분산을 위해 사용되며, yarn이 사용한 클라우드플레어 리버스 프락시는 주로 속도 향상을 위한 캐시 역할을 수행했다. 즉, 자바스크립트 패키지를 다운로드할 때 매번 npm 레지스트리와 직접 통신하지 않고, 한 번 전송한 데이터를 캐시(임시 저장)해 빠르게 제공할 수 있었다. 또한 yarn 팀이 필요에 따라 다양한 기능을 추가할 수 있는 여지를 남겨 두기도 했다.
>
> 리버스 프락시는 장점뿐만 아니라 단점도 있다. 네트워크의 실패 지점이 추가되므로 npm 레지스트리가 정상 작동 중이라도 yarn의 프락시 서버에 문제가 생기면 yarn 사용자들이 패키지를 다운로드하지 못할 위험이 생길 수 있다. 또한 프락시 서버가 해킹될 경우 npm 레지스트리가 안전하더라도 사용자에게 보안 위험이 될 수 있다.
>
> npm도 클라우드플레어를 사용하면서 yarn 팀의 리버스 프락시 목적 중 하나였던 설치 속도 향상은 현재로써는 큰 의미를 잃었다.[34]

📄 yarn 팀의 서비스 운영 방식 변경

> CNAME(Canonical Name) 레코드는 하나의 도메인 이름을 다른 도메인 이름으로 매핑하는 DNS 레코드 중 하나다. 이를 통해 여러 도메인이 동일한 IP 주소를 공유할 수 있다(90쪽 참고). 앞서 언급한 리버스 프락시가 유명무실해짐에 따라 yarn 팀은 registry.yarnpkg.com 도메인을 완전히 없애는 대신 CNAME을 사용해 npmjs.org로 매핑했다.
>
> ```
> dig CNAME registry.yarnpkg.com +noall +answer
>
> ; <<>> DiG 9.10.6 <<>> CNAME registry.yarnpkg.com +noall +answer
> ;; global options: +cmd
> registry.yarnpkg.com.   255  IN  CNAME  yarn.npmjs.org.
> ```
>
> yarn 팀은 yarn 서비스가 운영되는 한 이러한 정책을 계속 유지할 것이라고 밝혔다.[35]

레지스트리 외에 패키지 정합성을 확인하기 위한 SHA-512 해시값, 그리고 해당 패키지의 직접적인 의존성이 명시돼 있는 모습은 현재의 npm과 크게 차이가 없는 것을 알 수 있다.

---

[34] https://github.com/yarnpkg/yarn/issues/5891#issuecomment-392253579
[35] https://yarnpkg.com/getting-started/qa#why-registryyarnpkgcom-does-facebook-track-us

다음으로, yarn berry의 `yarn.lock` 파일을 살펴보자.

```
# This file is generated by running "yarn install" inside your project.
# Manual changes might be lost - proceed with caution!

__metadata:
  version: 8
  cacheKey: 10c0

'js-tokens@npm:^3.0.0 || ^4.0.0':
  version: 4.0.0
  resolution: 'js-tokens@npm:4.0.0'
  checksum: 10c0/e248708d377aa058eacf2037b07ded847790e6de892bbad3dac0...
  languageName: node
  linkType: hard

'loose-envify@npm:^1.1.0':
  version: 1.4.0
  resolution: 'loose-envify@npm:1.4.0'
  dependencies:
    js-tokens: 'npm:^3.0.0 || ^4.0.0'
  bin:
    loose-envify: cli.js
  checksum: 10c0/655d110220983c1a4b9c0c679a2e8016d4b67f6e9c7b5435ff59...
  languageName: node
  linkType: hard

'react@npm:^18.3.1':
  version: 18.3.1
  resolution: 'react@npm:18.3.1'
  dependencies:
    loose-envify: 'npm:^1.1.0'
  checksum: 10c0/283e8c5efcf37802c9d1ce767f302dd569dd97a70d9bb8c7be79...
  languageName: node
  linkType: hard

'test@workspace:.':
  version: 0.0.0-use.local
  resolution: 'test@workspace:.'
```

```
dependencies:
  react: 'npm:^18.3.1'
languageName: unknown
linkType: soft
```

yarn classic의 `yarn.lock`과 비교했을 때 가장 눈에 띄는 차이점은 자체 포맷이 아닌 YAML 포맷을 준수하도록 변경된 점이다. 이는 이전에 YAML로 전환하지 못했던 파싱 속도 문제가 어느 정도 해결됐음을 시사한다.

또한 패키지 다운로드 경로를 나타내던 레지스트리 주소가 사라진 점도 눈에 띈다. 대신, 패키지의 무결성은 `checksum`을 통해 확인할 수 있으므로 레지스트리 주소는 더 이상 필요하지 않다고 판단한 것으로 보인다.

그 외에 `languageName`이나 `linkType`과 같이 내부 패키지의 특성을 구분하기 위한 속성이 추가됐다. 대부분의 정보는 yarn이 자동으로 생성하므로 일반적으로 `yarn.lock`을 직접 수정할 일은 거의 없으며 참고용으로만 이해해 두면 된다.

3.2.2.2 Plug n Play(PnP)

> **노트**
> 이하의 내용은 모두 yarn berry@4.2.2를 기준으로 소개한다. 지금부터는 특별한 언급이 없는 이상 yarn은 모두 yarn berry를 의미한다.

yarn에서 가장 눈에 띄는 특징은 앞서 yarn의 역사에서도 언급했듯이 바로 Plug n Play(이하 PnP)다. 이 PnP가 무엇인지 본격적으로 살펴보자.

3.2.2.2.1 Plug n Play 살펴보기

PnP가 무엇인지 알아보는 가장 빠른 방법은 `package.json`이 위치한 프로젝트에서 yarn을 통해 의존성을 설치하는 것이다. 다음과 같은 예제 프로젝트에서 yarn을 실행해 패키지를 설치해보자.

> **노트**
> npm과 다르게 `npm install`이 아닌 yarn으로 패키지를 설치한다.

```
{
  "name": "test",
  "packageManager": "yarn@4.2.2",
  "scripts": {
    "start": "node ./index.js"
  },
  "dependencies": {
    "react": "^18.3.1"
  }
}
```

예제로 이러한 package.json에서 yarn을 시작한다고 가정해보자.

```
$ yarn
▶ YN0000: · Yarn 4.2.2
▶ YN0000: ┌ Resolution step
▶ YN0085: │ + react@npm:18.3.1, js-tokens@npm:4.0.0, and 1 more.
▶ YN0000: └ Completed in 1s 800ms
▶ YN0000: ┌ Fetch step
▶ YN0013: │ 3 packages were added to the project (+ 337.1 KiB).
▶ YN0000: └ Completed
▶ YN0000: ┌ Link step
▶ YN0000: └ Completed
▶ YN0000: · Done in 1s 965ms
```

다소 시간이 흐른 뒤에 모든 작업이 끝난 것을 확인할 수 있다. 그리고 이렇게 작업을 마친 폴더 구조를 살펴보자.

```
$ tree -a
.
├── .pnp.cjs
├── .yarn
│   └── install-state.gz
├── .yarnrc.yml
├── index.js
├── package.json
└── yarn.lock
```

> **노트**
> macOS에서는 현재 폴더의 트리 구조를 확인할 수 있는 tree를 사용할 수 없으므로 tree 명령을 사용하고 싶다면 brew install tree 명령어를 실행해서 설치해야 한다.

가장 먼저 눈에 띄는 점은 바로 node_modules가 없다는 점이다. 해당 패키지에서 다음과 같이 index.js를 작성한 후

```
const react = require('react')

console.log(react.version)
```

node index.js 명령어로 실행해보자.

```
$ node index.js
node:internal/modules/cjs/loader:1080
  throw err;
  ^

Error: Cannot find module 'react'
Require stack:
- /Users/USER/private/test/index.js
    at Module._resolveFilename (node:internal/modules/cjs/loader:1077:15)
    at Module._load (node:internal/modules/cjs/loader:922:27)
    at Module.require (node:internal/modules/cjs/loader:1143:19)
    at require (node:internal/modules/cjs/helpers:119:18)
    at Object.<anonymous> (/Users/USER/private/test/index.js:1:15)
    at Module._compile (node:internal/modules/cjs/loader:1256:14)
    at Module._extensions..js (node:internal/modules/cjs/loader:1310:10)
    at Module.load (node:internal/modules/cjs/loader:1119:32)
    at Module._load (node:internal/modules/cjs/loader:960:12)
    at Function.executeUserEntryPoint [as runMain] (node:internal/modules/run_main:86:12) {
  code: 'MODULE_NOT_FOUND',
  requireStack: [ '/Users/USER/private/test/index.js' ]
}

Node.js v18.18.2
```

당연하게도 react 패키지를 찾지 못해 에러가 발생했다. 이번에는 `package.json`의 스크립트에 있는 start의 내용을 yarn으로 실행해서 결과를 확인해보자.

```
$ yarn run start
18.3.1
```

> **노트**
> yarn start를 실행해도 같은 결과가 나온다.

그러나 이번에는 놀랍게도 정상적으로 실행되는 것을 볼 수 있다. `yarn start`는 사실상 `node index.js`와 다를 게 없는데, 어떻게 node_modules이 없는 상황에서 react 패키지를 정확히 찾아서 실행할 수 있는 것일까? 그 답에 대해서 알기 위해서는 `yarn start`과 동일한 명령어가 무엇인지 확인해봐야 한다.

```
$ node -r ./.pnp.cjs index.js
18.3.1
```

`node -r ./.pnp.cjs index.js`를 실행했더니 앞서 `yarn start`를 실행한 것과 동일하게 동작하는 것을 볼 수 있다. 이것이 어떻게 가능한지 이해하기 위해서는 먼저 -r에 대해 알아야 한다. `node -r`에서 r은 require의 줄임말로, 특정 프로그램을 실행하기 전에 어떠한 모듈을 사전에 로드하도록 지시하는 역할을 한다. 여기서는 yarn을 실행했더니 생성된 `./.pnp.cjs`를 먼저 로드한 것이다. 그렇다면 이 `.pnp.cjs`는 도대체 무엇일까?

3.2.2.2.2 .pnp.cjs

`.pnp.cjs`가 무엇인지 확인하는 가장 확실한 방법은 `.pnp.cjs`를 직접 열어보는 것이다. 이 파일의 첫 번째 줄에는 yarn@4.2.2 버전을 기준으로 다음과 같은 내용이 포함돼 있다.

```
#!/usr/bin/env node
/* eslint-disable */
// @ts-nocheck
'use strict'

const RAW_RUNTIME_STATE =
  '{\
"__info": [\
  "This file is automatically generated. Do not touch it, or risk",\
```

```
      "your modifications being lost."\
    ],\
    "dependencyTreeRoots": [\
      {\
        "name": "test",\
        "reference": "workspace:."\
      }\
    ],\
    "enableTopLevelFallback": true,\
    "ignorePatternData": "(^(?:\\\\.yarn\\\\/sdks(?:\\\\/(?!\\\\.{1,2}(?:\\\\/|$))(?:(?:(?!(?:^|\\\\
/)\\\\.{1,2}(?:\\\\/|$)).)*?)|$))$)",\
    "fallbackExclusionList": [\
      ["test", ["workspace:."]]\
    ],\
    "fallbackPool": [\
    ],\
    "packageRegistryData": [\
      [null, [\
        [null, {\
          "packageLocation": "./",\
          "packageDependencies": [\
            ["react", "npm:18.3.1"]\
          ],\
          "linkType": "SOFT"\
        }]\
      ]],\
      ["js-tokens", [\
      ... 중략 ...
      ]],\
      ["loose-envify", [\
      ... 중략 ...
      ]],\
      ["react", [\
        ["npm:18.3.1", {\
          "packageLocation": "../../.yarn/berry/cache/react-npm-18.3.1-af38f3c1ae-10c0.zip/
node_modules/react/",\
          "packageDependencies": [\
            ["react", "npm:18.3.1"],\
            ["loose-envify", "npm:1.4.0"]\
```

```
        ],\
        "linkType": "HARD"\
      }]\
    ]],\
    ["test", [\
      ["workspace:.", {\
        "packageLocation": "./",\
        "packageDependencies": [\
          ["test", "workspace:."],\
          ["react", "npm:18.3.1"]\
        ],\
        "linkType": "SOFT"\
      }]\
    ]]\
  ]\
}'
```

`.pnp.cjs`에서 가장 중요한 내용이자, PnP 모드의 핵심이 담겨 있다. `.yarn.lock`과 유사하게 현재 패키지의 의존성 구조가 담겨 있으며, 여기에 추가로 실제 해당 패키지가 어느 위치에 있는지까지도 명확히 작성돼 있다.

```
const runtimeState = JSON.parse(RAW_RUNTIME_STATE)
/*
{
  "__info": [
    "This file is automatically generated. Do not touch it, or risk",
    "your modifications being lost."
  ],
  "dependencyTreeRoots": [
    {
      "name": "test",
      "reference": "workspace:."
    }
  ],
  "enableTopLevelFallback": true,
  "ignorePatternData": "(^(?:\\.yarn\\/sdks(?:\\/(?!\\.{1,2}(?:\\/|$))(?:(?:(?!(?:^|\\/)\\.{1,2}(?:\\/|$)).)*?)|$))$)",
  "fallbackExclusionList": [
```

```
      [
        "test",
        [
          "workspace:."
        ]
      ]
    ],
    "fallbackPool": [],
    "packageRegistryData": [
      [
        null,
        [
          [
            null,
            {
              "packageLocation": "./",
              "packageDependencies": [
                [
                  "react",
                  "npm:18.3.1"
                ]
              ],
              "linkType": "SOFT"
            }
          ]
        ]
      ],

      ... 중략 ...

      [
        "react",
        [
          [
            "npm:18.3.1",
            {
              "packageLocation": "../../.yarn/berry/cache/react-npm-18.3.1-af38f3c1ae-10c0.zip/node_modules/react/",
              "packageDependencies": [
```

```
          [
            "react",
            "npm:18.3.1"
          ],
          [
            "loose-envify",
            "npm:1.4.0"
          ]
        ],
        "linkType": "HARD"
      }
    ]
   ]
  ]
 ]
}
*/
```

이 파일을 통해 .pnp.js가 각 패키지의 위치를 알려준다는 것을 알 수 있다. 그러나 여전히 풀리지 않는 의문이 있다. Node.js 코드에서는 require('react')와 같은 일반적인 자바스크립트 모듈 형태로 작성돼 있는데, 어떻게 그 위치를 찾아가서 실행할 수 있는 걸까? 더욱이 그 위치는 node_modules 폴더가 아닌 압축 파일 내부에 있다. 이 농작 방식을 정확히 이해하려면 .pnp.cjs를 더욱 자세히 살펴볼 필요가 있다. 다만 구조가 복잡해 분석하기가 쉽지는 않다.

결론적으로, yarn의 PnP는 require 함수 자체를 변조하지 않고, require가 모듈을 찾을 때 사용하는 모듈 해석 시스템, 즉 module을 수정한다. 이러한 변조는 다음 코드로 확인할 수 있다.

```
const nodeModule = require('module')

// module에 findPnpApi라는 속성이 있는지 확인한다.
console.log(Object.getOwnPropertyNames(nodeModule).includes('findPnpApi'))
```

```
# pure node
$ node index.js
false


# pnp node
```

```
$ node -r ./.pnp.cjs index.js
true
```

이에 대한 단서는 yarn berry의 깃허브에서 확인할 수 있는데, `applyPatch`라는 함수를 통해 원래 `Module`의 작업을 오버라이드해서 다양한 작업을 수행하는 것을 볼 수 있다.

```
127    const originalModuleResolveFilename = Module._resolveFilename;
128
129    Module._resolveFilename = function(request: string, parent: (NodeModule & {pnpApiPath?: PortablePath}) | nu
130      if (isBuiltin(request))
131        return request;
132
133      if (!enableNativeHooks)
134        return originalModuleResolveFilename.call(Module, request, parent, isMain, options);
135
136      if (options && options.pluginplay === false) {
137        const {pluginplay, ...forwardedOptions} = options;
138
139        try {
140          enableNativeHooks = false;
141          return originalModuleResolveFilename.call(Module, request, parent, isMain, forwardedOptions);
142        } finally {
143          enableNativeHooks = true;
144        }
145      }
```

그림 3.12 yarn berry 저장소에서 확인한 Node.js의 module을 변조한 모습[36]

그림 3.12는 실제 Node.js의 `module`에서 `_resolveFilename`이라는 메서드를 변조한 모습이다. 이 `_resolveFilename` 메서드는 인수로 전달된 모듈명인 `request`를 통해 해당 모듈이 가리키는 파일을 찾는 역할을 한다. yarn은 이 메서드를 변조해서 Node.js의 기본 동작인 `node_modules` 폴더를 탐색하는 대신, 자신이 관리하는 패키지 경로에서만 검색하게 한다. 이러한 동작은 다음 코드에서 확인할 수 있다.

```
const nodeModule = require('module')
const filename = nodeModule._resolveFilename('react')

console.log(filename)
```

```
# pure node
$ node index.js
node:internal/modules/cjs/loader:1080
```

---

[36] https://github.com/yarnpkg/berry/blob/3415a677051b56e67f8bf2aee0753bf1ea9aa890/packages/yarnpkg-pnp/sources/loader/applyPatch.ts#L127-L145

```
    throw err;
    ^

Error: Cannot find module 'react'
    at Module._resolveFilename (node:internal/modules/cjs/loader:1077:15)
    at Object.<anonymous> (/Users/USER/private/test/index.js:8:29)
    at Module._compile (node:internal/modules/cjs/loader:1256:14)
    at Module._extensions..js (node:internal/modules/cjs/loader:1310:10)
    at Module.load (node:internal/modules/cjs/loader:1119:32)
    at Module._load (node:internal/modules/cjs/loader:960:12)
    at Function.executeUserEntryPoint [as runMain] (node:internal/modules/run_main:86:12)
    at node:internal/main/run_main_module:23:47 {
  code: 'MODULE_NOT_FOUND',
  requireStack: []
}


$ node -r ./.pnp.cjs index.js
/Users/USER/.yarn/berry/cache/react-npm-18.3.1-af38f3c1ae-10c0.zip/node_modules/react/index.js
```

위 파일은 node_modules 없이 yarn으로 설치한 프로젝트에서 react의 경로가 어떻게 반환되는지를 보여준다. 단순히 node index.js로 실행했을 경우 node_modules에서 모듈을 찾지 못해 결국 Cannot find module 'react' 오류를 발생시켰지만 PnP를 사용한 코드는 정확하게 해당 경로를 찾아내는 모습을 볼 수 있다. 이처럼 require 구문은 넘겨받은 react의 위치를 기반으로 react 모듈의 정확한 경로를 찾아낼 수 있게 된다.

그렇다면 왜 이렇게 번거롭게 .pnp.cjs 파일을 생성하고 별도 폴더에서 패키지를 검색하는 방식을 채택했을까? 이는 앞에서 언급한 node_modules 탐색 방식과 연관이 있다. 3.1절 'npm의 문제점과 한계'에서 react 모듈을 찾기 위해 수행되던 탐색 과정을 설명한 바 있다.

```
const whereisReact = require.resolve.paths('react')
console.log(whereisReact)
/*
[
  '/Users/USER/private/arborist/test/node_modules',
  '/Users/USER/private/arborist/node_modules',
  '/Users/USER/private/node_modules',
```

```
  '/Users/USER/node_modules',
  '/Users/node_modules',
  '/node_modules',
  '/Users/USER/.node_modules',
  '/Users/USER/.node_libraries',
  '/Users/USER/.nvm/versions/node/v18.18.2/lib/node'
]
*/
```

이는 폴더를 반복적으로 순회하며 모듈을 찾는 방식이 속도 면에서 비효율적이며, 의존성으로 명시하지 않은 패키지도 사용할 수 있다는 단점이 있다는 점에서 비롯된다. 그러나 PnP 모드로 탐색을 단일 경로로 한정하면 이러한 두 가지 문제를 모두 피할 수 있다.

이 같은 글로벌 캐시 폴더를 활용해서 설치하는 작업에는 또 다른 장점이 있다. yarn은 설치마다 레지스트리를 조회할 필요 없이 한 번 다운로드한 패키지를 글로벌 캐시 폴더에 저장해 두기 때문이다. 다음 예제는 dependencies에 react만 있는 패키지를 yarn 명령어로 처음 설치했을 때 글로벌 캐시에 저장된 모습을 보여준다.

```
$ yarn
➤ YN0000: · Yarn 4.2.2
➤ YN0000: ┌ Resolution step
➤ YN0085: │ + react@npm:18.3.1, js-tokens@npm:4.0.0, and 1 more.
➤ YN0000: └ Completed in 1s 800ms
➤ YN0000: ┌ Fetch step
➤ YN0013: │ 3 packages were added to the project (+ 337.1 KiB).
➤ YN0000: └ Completed
➤ YN0000: ┌ Link step
➤ YN0000: └ Completed
➤ YN0000: · Done in 1s 965ms
```

react를 처음 설치하게 되면 레지스트리를 통해 다운로드하는 과정으로 인해 다소 시간이 흐르는 모습을 터미널에서 확인할 수 있다.

이제 다른 폴더에서 동일하게 react를 설치하면 훨씬 더 빠르게 설치되는 것을 볼 수 있다.

```
$ yarn
➤ YN0000: · Yarn 4.2.2
```

```
➤ YN0000: ┌ Resolution step
➤ YN0085: | + react@npm:18.3.1, js-tokens@npm:4.0.0, and 1 more.
➤ YN0000: └ Completed in 0s 310ms
➤ YN0000: ┌ Fetch step
➤ YN0000: └ Completed
➤ YN0000: ┌ Link step
➤ YN0000: └ Completed
➤ YN0000: · Done in 0s 363ms
```

이러한 차이는 눈으로 확인할 수 있다. 처음 설치할 때는 'Fetch Step'과 'Completed' 단계 사이에 "3 packages were added to the project (+ 337.1 KiB)."라는 메시지와 함께 패키지가 다운로드되는 모습을 볼 수 있지만 이후 설치에서는 이 과정이 생략된다. 그렇다면 이렇게 다운로드된 패키지는 어디에 저장될까? 운영체제와 yarn 설정에 따라 약간의 차이는 있지만 .yarn/berry/cache 폴더를 확인하면 해당 패키지들이 저장돼 있는 것을 확인할 수 있다.

```
$ cd ~/.yarn/berry/cache
$ ls -al
total 680
drwxr-xr-x   5 USER  staff    160  5 10 19:48 .
drwxr-xr-x@  6 USER  staff    192  5 10 19:48 ..
-rw-r--r--   1 USER  staff  16021  5 10 19:48 js-tokens-npm-4.0.0-0ac852e9e2-10c0.zip
-rw-r--r--   1 USER  staff   7242  5 10 19:48 loose-envify-npm-1.4.0-6307b72ccf-10c0.zip
-rw-r--r--   1 USER  staff 321933  5 10 19:48 react-npm-18.3.1-af38f3c1ae-10c0.zip
```

앞서 다운로드한 패키지들이 모두 .zip으로 압축된 파일 형태로 존재하는 것을 볼 수 있다. react와 react의 의존성으로 선언돼 있는 하위 패키지들이 패키지명과 버전 등의 조합으로 명명되어 압축돼 있다. 그리고 실제 이 파일의 압축을 해제하면 실제 패키지의 내용물을 확인할 수 있다.

```
.
└── node_modules
    └── react
        ├── cjs
        └── umd
```

매번 설치할 때마다 레지스트리에서 패키지를 다운로드하는 것은 대부분의 경우 비효율적이다. 특정 패키지와 버전은 특별한 일이 없는 한 거의 변경되지 않기 때문이다. 또한 레지스트리 접속은 인터넷 상태에 따라 실패하거나 불안정할 수 있다. yarn은 이러한 불안정한 레지스트리 접속에 의존하기보다는 로컬의 글로벌 폴더에 패키지를 저장해두는 방식을 택했다.

이 방식의 또 다른 장점은 디스크 공간 절약이다. 예를 들어, 여러 개의 리액트 프로젝트를 관리하는 개발자라면 기존 npm 방식에서는 각 프로젝트가 별도의 node_modules와 react 패키지를 갖게 되어 프로젝트 수에 비례해 크기가 증가한다. 하지만 yarn의 글로벌 캐시를 활용하면 동일한 버전의 react 패키지는 한 번만 설치되어 여러 프로젝트에서 공유할 수 있어 디스크 공간을 절약할 수 있다.

물론, PnP 모드에도 단점이 없지는 않다. .pnp.cjs 파일이 없으면 무용지물이므로 이 파일을 버전 관리 시스템에 포함시켜야 한다는 점, 모든 명령어를 yarn을 통해 실행해야 한다는 점, node_modules를 직접 참조하는 방식에서는 사용이 불편하다는 점, 그리고 IDE에서 사용할 때는 별도의 설정이 필요하다는 점 등이 있다. 이로 인해 PnP 모드 도입 당시 큰 반발이 있었던 것도 사실이다. 그럼에도 PnP 모드가 제공하는 장점이 명확하기 때문에 자바스크립트 사용자라면 한 번쯤 고려해볼 만하다.

3.2.2.2.3 PnP 모드를 끄는 방법

yarn의 역사에서 언급했듯이, 이러한 반발을 완화하기 위해 yarn은 PnP 모드를 끌 수 있는 설정을 제공한다. PnP 모드를 끄려면 .yarnrc.yml 파일에 다음 설정을 추가하면 된다.

```
nodeLinker: node-modules
```

.yarnrc.yml에 다음과 같이 설정을 추가하고, yarn을 실행한 뒤 디렉터리 구조를 확인해보자.

```
$ tree -d
.
└── node_modules
    ├── js-tokens
    ├── loose-envify
    └── react
        ├── cjs
        └── umd

7 directories
```

이 설정을 통해 node_modules 폴더가 생성되며, 기존에 익숙했던 node_modules 구조와 거의 동일한 형태로 패키지가 설치된 것을 볼 수 있다.

3.2.2.3 오프라인 설치(zero install)

오프라인 설치, 일명 zero install은 레지스트리를 방문하지 않고도 필요한 의존성을 설치할 수 있는 yarn 의 옵션 중 하나다. 이를 설정하려면 최상위 프로젝트에 .yarnrc.yml 파일을 생성하고, 다음 내용을 추가 한 후 저장한 뒤 yarn 명령어로 설치를 진행해 보자.

```
enableGlobalCache: false
```

이 설정을 적용한 후 현재 디렉터리 구조를 확인해 보면 이전과 다른 구성을 볼 수 있다.

```
.
├── .pnp.cjs
├── .yarn
│   ├── cache
│   │   ├── .gitignore
│   │   ├── js-tokens-npm-4.0.0-0ac852e9e2-e248708d37.zip
│   │   ├── loose-envify-npm-1.4.0-6307b72ccf-655d110220.zip
│   │   └── react-npm-18.3.1-af38f3c1ae-283e8c5efc.zip
│   └── install-state.gz
├── .yarnrc.yml
├── index.js
├── package.json
└── yarn.lock
```

앞에서 설명한 대로, 로컬의 글로벌 캐시에 있던 압축 파일이 해당 프로젝트의 .yarn/cache 폴더에 저장 된 것을 확인할 수 있다. 이 .yarn 폴더 전체를 버전 관리 시스템에 포함하면 소스코드를 가져오는(pull) 것만으로도 레지스트리를 방문하지 않고 필요한 의존성을 설치할 수 있게 된다. 이러한 오프라인 설치 방 식의 장점은 다음과 같다.

- **폐쇄적인 환경에서의 사용 가능**: 인터넷 연결이 불가능한 환경이나 레지스트리에 접근할 수 없는 환경에서도 Git 같은 버전 관리 시스템을 통해 의존성을 설치할 수 있다.

- **향상된 가독성**: package-lock.json은 크기가 커 변경 사항을 파악하기 어려운 경우가 많다. yarn.lock은 YAML 형식 으로 더 읽기 쉽게 작성됐으며, 오프라인 설치를 활용하면 의존성 변경이 더욱 명확해진다.

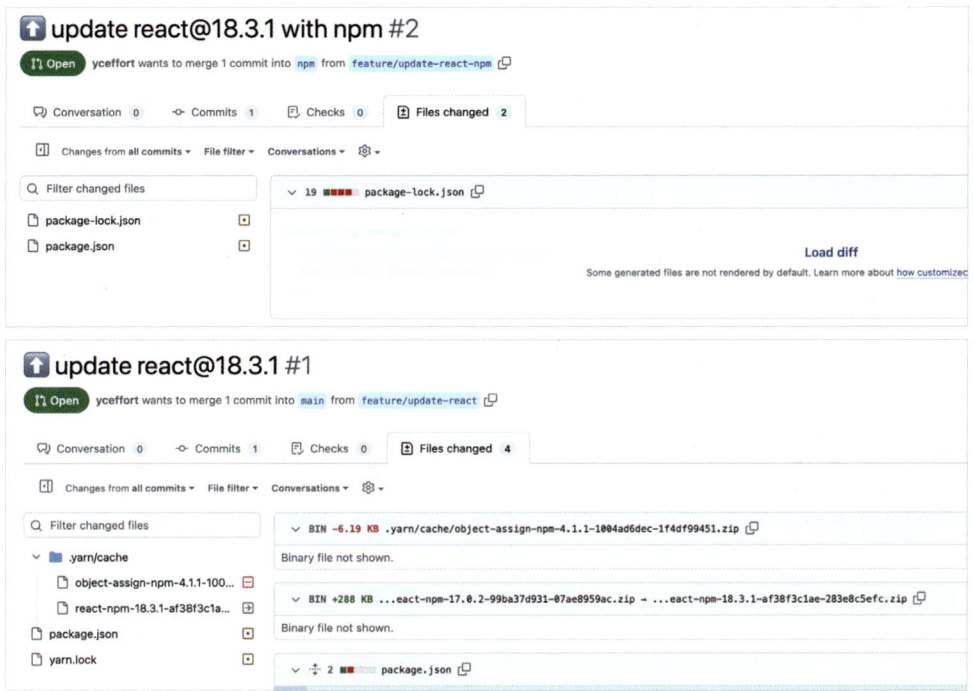

그림 3.13 리액트 17에서 18로 업데이트하는 PR을 각각 npm과 yarn으로 생성한 모습

위 PR은 모두 리액트를 17에서 18로 업데이트하는 내용을 담고 있다. npm을 사용한 경우 `package-lock.json`의 변경 사항이 알아보기 어렵지만, yarn을 사용한 경우 어떤 패키지가 수정되고 제거되었는지 명확히 알 수 있다. 예를 들어, 리액트를 18로 업그레이드하면서 `object-assign` 패키지가 삭제된 것도 확인할 수 있다. yarn의 PnP와 오프라인 설치를 통해 이러한 변경 사항을 더욱 직관적으로 확인할 수 있다.

- **더 빠른 설치 속도**: 패키지 설치 작업 자체는 동일하지만 Git 등의 버전 관리 시스템을 통한 설치가 일반적으로 원격 레지스트리를 방문하는 것보다 빠르기 때문에 설치 속도 면에서 이점을 누릴 수 있다.
- **각 버전별 환경을 쉽게 재현 가능**: 자바스크립트 패키지 개발자는 출시된 각 버전에 대한 이슈를 대응해야 하는 경우가 있다. 예를 들어, 최신 버전에서는 문제가 없지만 이전 버전에서 보안 취약점이 발견된 경우, 보통 해당 버전의 커밋을 체크아웃한 뒤 그 당시의 의존성을 다시 설치해 환경을 재현해야 한다. 그러나 오프라인 설치가 적용돼 있으면 버전을 변경할 때마다 의존성을 다시 설치할 필요 없이 해당 환경을 바로 재현할 수 있어 매우 편리하다.

그러나 오프라인 설치 모드가 장점만 있는 것은 아니다. 가장 큰 단점은 버전 관리 도구에 가해지는 부담이다. 기존에는 레지스트리가 패키지를 제공했지만, 오프라인 설치 모드에서는 이제 Git이 그 역할을 대신하게 된다. 예를 들어, 깃허브의 경우, 하나의 저장소에는 약 2GB의 크기 제한이 있다.[37] 관리하는 프로젝트의 의존성이 많아진다면 오프라인 설치 방식을 사용하기 어려울 수 있다. 또한 저장소의 크기 제한이 없더라도 Git은 커밋 히스토리와 내용을 .git 폴더에 보관하는데, 관리하는 내용이 많아질수록 .git 폴더의 크기가 기하급수적으로 커질 수 있다.

결론적으로 오프라인 설치 모드는 yarn에서도 선택 사항이므로 프로젝트 환경에 맞춰 사용하는 것이 좋다. 폐쇄된 환경에서 설치가 필요하거나 의존성 변경이 비교적 적고 엄격한 관리를 원한다면 오프라인 설치가 도움이 될 수 있을 것이다.

3.2.2.4 플러그인 시스템

yarn berry 이후 주목할 만한 변화 중 하나는 플러그인 지원이다. 플러그인은 기본적인 yarn 동작 외에도 사용자가 원하는 작업을 수행할 수 있는 API를 추가할 수 있도록 도와준다. 개발자는 직접 플러그인을 만들어 배포할 수 있으며, 다른 사용자들이 이를 사용하게 할 수도 있다. 플러그인을 통해 가능한 작업은 다음과 같다.

- **의존성 버전 결정 방식 변경**: ^와 같은 의존성 버전 문법을 수정해 특정 패키지가 설치되는 정확한 버전을 임의로 변경할 수 있다.
- **패키지 fetcher**: 패키지 데이터를 얻는 방식을 결정할 수 있다. 예를 들어, npm 레지스트리를 사용하거나 디스크 내부 등 다른 데이터 소스에서 직접 패키지를 가져올 수 있다.
- **새로운 명령어 추가**: yarn에 새로운 명령어를 추가해서 yarn API를 사용하거나 완전히 새로운 동작을 추가할 수 있다.
- **새로운 이벤트 등록**: yarn의 생명주기 동안 특별한 로직을 추가할 수 있다.

대표적인 yarn 플러그인은 다음과 같다.

- **yarn-plugin-outdated**[38]: yarn classic, pnpm, npm 모두 의존성 중 업데이트가 필요한 패키지를 찾기 위해 outdated 명령어를 제공하지만, yarn berry에서는 이 명령어가 사라졌다. 이 플러그인을 통해 outdated 명령어를 사용할 수 있다.
- **yarn-plugin-engines**[39]: package.json의 engines 필드를 통해 패키지 실행에 필요한 Node.js 버전을 점검할 수 있는 기능이 yarn berry에서 사라졌으나, 이 플러그인을 통해 해당 기능을 다시 사용할 수 있다.

---

[37] https://docs.github.com/ko/repositories/working-with-files/managing-large-files/about-git-large-file-storage#git-대용량-파일-스토리지
[38] https://github.com/mskelton/yarn-plugin-outdated
[39] https://github.com/devoto13/yarn-plugin-engines

- yarn-plugin-licenses[40]: 현재 프로젝트가 의존하는 의존성의 라이선스를 한눈에 확인할 수 있는 명령어를 제공한다.
- yarn-plugin-nolyfill[41]: nolyfill을 자동으로 실행해 node_modules를 최적화하는 플러그인이다.

플러그인 시스템을 통해 yarn은 기존의 제한을 넘어서 유연한 패키지 관리 경험을 제공한다.

> **nolyfill이 무엇인가요?**
>
> 오래된 패키지 중에는 과거의 Node.js 환경을 지원하기 위해 폴리필을 추가한 경우가 있다. 예를 들어, 널리 사용되는 ESLint 플러그인 중 하나인 eslint-plugin-import는 array-includes[42]라는 패키지를 의존성으로 포함하고 있다. array-includes는 Array.prototype.includes를 폴리필로 지원하기 위해 만들어졌는데, 첫째로 이 패키지는 지원이 중단된 Node.js@4 버전을 위해 제공된다는 점, 둘째로 이 패키지의 크기가 25.1KB에 달해 목적에 비해 상당히 크다는 점[43]이 문제로 지적될 수 있다.
>
> nolyfill은 'no(poly)fill'의 줄임말로, 오래된 특정 Node.js 버전에서만 필요했던 불필요한 폴리필을 가벼운 버전으로 대체해서 최신 Node.js 환경에 맞춰 node_modules를 최적화하는 것을 목표로 한다. nolyfill을 실행하면 package.json의 overrides 설정을 통해 이러한 오래된 패키지를 경량화된 버전으로 대체하는데, 예를 들어 array-includes는 @nolyfill/array-includes로 대체된다. 이 대체 버전은 크기가 1.3KB[44]로, 원본에 비해 1/20 정도로 매우 가볍다.
>
> yarn-plugin-nolyfill은 yarn에서 패키지를 설치할 때 nolyfill을 자동으로 실행해 node_modules를 최적화하는 플러그인이다. 이를 통해 최신 환경에서는 불필요한 폴리필이 로드되지 않으며, 프로젝트 크기를 줄이고 로드 속도 면에서 이점을 제공한다.

3.2.2.5 yarn이 생성하는 파일과 디렉터리

yarn을 처음 사용해보면 락 파일인 yarn.lock 이외에도 다양한 파일이 생성되는 것을 볼 수 있다. yarn에서 생성될 수 있는 파일과 디렉터리에는 무엇이 있는지, 그리고 이들의 역할이 무엇인지 살펴보자.

- .yarn/cache: .yarn/cache는 앞에서 언급한 오프라인 설치를 활성화했을 때 생성되는 폴더다. 이 모드의 활성화를 위해 enableGlobalCache: false를 설정해 두면 .yarn/cache 폴더 아래에 의존성이 설치된다.
- .yarn/install-state.gz: 이 파일은 yarn의 최적화를 위한 파일이다. 이 파일의 목적은 단순히 현재 프로젝트의 정확한 상태를 저장한 다음, 이를 바탕으로 다음 명령어를 빠르게 실행하기 위해 생성된다.
- .yarn/patches: ./yarn/patches를 이해하려면 먼저 패치(patch)가 무엇인지 알아야 한다. .yarn/patches는 뒤이어 설명할 yarn patch의 정보를 저장해두는 파일이다.

---

[40] https://github.com/mhassan1/yarn-plugin-licenses
[41] https://github.com/wojtekmaj/yarn-plugin-nolyfill
[42] https://github.com/es-shims/array-includes
[43] https://bundlephobia.com/package/array-includes@3.1.8
[44] https://bundlephobia.com/package/@nolyfill/array-includes@1.0.28

자바스크립트 패키지를 사용하다 보면 한 번쯤 직접 오픈소스를 수정해보고 싶은 경험이 있을 것이다. 그러나 모종의 이유로 직접 수정하기 어려워 풀 리퀘스트를 올리지 못하고 그냥 쓰거나 포크를 생성해서 직접 만든 패키지를 사용해 본 경험이 종종 있을 것이다. yarn patch는 node_modules에 있는 패키지를 직접 수정할 수 있는 패치를 제공한다. 다음 명령어를 실행해보자.

```
$ yarn patch react
➤ YN0000: Package react@npm:18.3.1 got extracted with success!
➤ YN0000: You can now edit the following folder: /private/var/folders/c1/f4xbpxg97p76s45t-gg6jn5p40000gp/T/xfs-ecb09bba/user
➤ YN0000: Once you are done run yarn patch-commit -s /private/var/folders/c1/f4xbpxg97p-76s45tgg6jn5p40000gp/T/xfs-ecb09bba/user and Yarn will store a patchfile based on your changes.
➤ YN0000: Done in 0s 17ms
```

yarn patch <패키지명>을 실행하면 특정 폴더가 생성되는 것을 볼 수 있다. 이 폴더로 들어가면 <패키지명>으로 지정했던 패키지의 내용이 담긴 폴더를 볼 수 있다. 위 예제에서는 react 패키지의 내용이 담겨 있는 것을 볼 수 있다.

```
$ ls -al
total 56
drwxr-xr-x  11 USER  staff   352  6 23  1984 .
drwxr-xr-x   5 USER  staff   160  5 15 18:27 ..
-rw-r--r--   1 USER  staff  1006  6 23  1984 LICENSE
-rw-r--r--   1 USER  staff  1162  6 23  1984 README.md
drwxr-xr-x  12 USER  staff   384  6 23  1984 cjs
-rw-r--r--   1 USER  staff   190  6 23  1984 index.js
-rw-r--r--   1 USER  staff   222  6 23  1984 jsx-dev-runtime.js
-rw-r--r--   1 USER  staff   214  6 23  1984 jsx-runtime.js
-rw-r--r--   1 USER  staff   999  6 23  1984 package.json
-rw-r--r--   1 USER  staff   218  6 23  1984 react.shared-subset.js
drwxr-xr-x   5 USER  staff   160  6 23  1984 umd
```

여기서 내용을 수정한 다음, 앞서 출력 결과에서 나왔던 yarn patch-commit -s /private/var/folders/c1/f4xbpxg97p76s45tgg6jn5p40000gp/T/xfs-ecb09bba/user 명령어를 실행하면 해당 패키지의 수정 내용이 반영됨과 동시에 .yarn/patches에 다음과 같은 수정사항이 존재하는 것을 확인할 수 있다.

```
$ diff --git a/index.js b/index.js
index 999ead77897d1726c100686831187fff3041fc2e..8f48df76a136e6a16e979311b69fd3ce79081fe5 100644
```

```
--- a/index.js
+++ b/index.js
@@ -1,7 +1,9 @@
-'use strict';
+"use strict";

-if (process.env.NODE_ENV === 'production') {

- module.exports = require('./cjs/react.production.min.js');
  +console.log("hello react");

* +if (process.env.NODE_ENV === "production") {
* module.exports = require("./cjs/react.production.min.js");
  } else {

- module.exports = require('./cjs/react.development.js');

* module.exports = require("./cjs/react.development.js");
  }
```

그리고 이 파일을 커밋하면 이제 저장소를 사용하는 모든 사용자가 이 변경 사항이 반영된 패키지를 사용할 수 있게 된다.

- .yarn/plugins: 앞에서 소개했던 plugins의 목록이 들어 있는 폴더다.

```
$ tree -a
.
├── .pnp.cjs
├── .yarn
│   ├── install-state.gz
│   └── plugins
│       └── @yarnpkg
│           ├── plugin-licenses.cjs
│           └── plugin-nolyfill.cjs
├── .yarnrc.yml
├── index.js
├── package.json
└── yarn.lock
```

- **.yarn/releases**: yarn의 특정 버전을 설정하는 경우, 이 yarn파일이 여기에 담기게 된다. 이 역시 저장소에 커밋하는 경우 yarn을 사용하는 모든 사용자가 동일한 yarn 버전을 사용할 수 있게 된다.
- **.yarn/sdks**: 이 파일은 IDE와 yarn이 원활하게 동작하기 위한 SDK가 포함되어 저장되는 곳이다. PnP의 특징에서 봤던 것처럼 일반적인 방식으로는 VS Code와 같은 개발 환경에서는 typescript나 eslint의 도움을 받을 수 없는데, 이를 도와주는 것이 바로 SDK다. 예를 들어, VS Code에서는 `yarn dlx @yarnpkg/sdks vscode`를 사용하면 VS Code에 필요한 SDK를 설치할 수 있다.

```
$ yarn dlx @yarnpkg/sdks vscode
➤ YN0000: · Yarn 4.2.2
➤ YN0000: ┌ Resolution step
➤ YN0085: │ + @yarnpkg/sdks@npm:3.1.2, @arcanis/slice-ansi@npm:1.1.1, @nodelib/fs.scandir@npm:2.1.5, @nodelib/fs.stat@npm:2.0.5, @nodelib/fs.walk@npm:1.2.8, @sindresorhus/is@npm:4.6.0, and 98 more.
➤ YN0000: └ Completed in 3s 862ms
➤ YN0000: ┌ Fetch step
➤ YN0013: │ 104 packages were added to the project (+ 9.3 MiB).
➤ YN0000: └ Completed in 1s 501ms
➤ YN0000: ┌ Link step
➤ YN0000: └ Completed
➤ YN0000: · Done in 5s 419ms

➤ YN0000: ┌ Generating SDKs inside .yarn/sdks
➤ YN0000: │ · 8 SDKs were skipped based on your root dependencies
➤ YN0000: └ Completed
➤ YN0000: ┌ Generating settings
➤ YN0000: │ ✓ Vscode (new ┌)
➤ YN0000: └ Completed
```

그리고 이 SDK에 대한 정보가 .yarn/sdk에 포함돼 있다.

- **.yarn/unplugged**: 일부 패키지의 경우 설치하는 과정에서, 혹은 런타임 중에 파일 시스템에 접근하는 경우가 있는데, 이러한 구조는 PnP에서 제대로 동작하지 못할 가능성이 크다. PnP 시스템 내에서 동작하지 않는 패키지를 제외하는 것을 unplug라고 하는데, 이 unplugged된 패키지 목록을 .yarn/unplugged에서 확인할 수 있다.

```
$ yarn unplug lodash
➤ YN0000: Will unpack lodash@npm:4.17.21 to /Users/USER/private/test/.yarn/unplugged/lodash-npm-4.17.21-6382451519
```

```
➤ YN0000: Done in 0s 3ms
➤ YN0000: · Yarn 4.2.2
➤ YN0000: ┌ Resolution step
➤ YN0000: └ Completed
➤ YN0000: ┌ Fetch step
➤ YN0000: └ Completed
➤ YN0000: ┌ Link step
➤ YN0000: └ Completed
➤ YN0000: · Done in 0s 207ms
```

```
$ .yarn tree -d
.
├── patches
├── plugins
│   └── @yarnpkg
├── releases
├── sdks
└── unplugged
    └── lodash-npm-4.17.21-6382451519
        └── node_modules
            └── lodash
                └── fp
```

위 예시는 lodash를 언플러그한 결과로서, lodash가 unplugged 디렉터리 아래의 앞에서 자주 보던 node_modules에 들어 있는 것을 확인할 수 있다.

- yarn.lock: yarn으로 package.json 의존성을 설치할 때 생성되는 실제 의존성을 기록해둔 파일이다.
- .yarnrc.yaml: npm에서는 관련 설정을 .npmrc에 생성해 뒀다면, yarn 관련 설정은 .yarnrc.yaml에 둔다.

앞에서 언급한 파일들을 모두 버전 관리하에 둬야 하는 것은 아니다. 각 파일을 버전 관리해야 하는지는 yarn의 설정에 따라 조금씩 차이가 있다. 다음 표를 참고하자.

표 3.1 yarn 오프라인 설치 여부에 따른 폴더 존재 여부의 차이

	오프라인 설치 ✗	오프라인 설치 ◯	비고
.pnp.cjs	☑		
.yarn/*		☑	
.yarn/cache		☑	

03장. npm의 대항마 yarn과 pnpm

	오프라인 설치 ✗	오프라인 설치 ○	비고
.yarn/install-state.gz			
.yarn/patches	☑	☑	
.yarn/plugins	☑	☑	
.yarn/sdks	☑	☑	
.yarn/unplugged			영구적으로 언플러그하고 싶다면 포함 가능
.yarn/versions	☑	☑	
yarn.lock	☑	☑	
.yarnrc.yaml	☑	☑	

3.2.3 정리

지금까지 yarn의 주요 기능과 특징을 살펴봤다. yarn은 npm의 한계를 극복하기 위해 개발된 만큼 단순히 성능과 속도 향상에 그치지 않고 npm에서는 제공하지 않는 다양한 기능을 지원한다는 점을 확인할 수 있었다. 특히, PnP 모드를 통해 `node_modules` 디렉터리를 생략하고 독자적인 모듈 관리 방식을 제시한 점은 기존 패키지 관리자와의 차별성을 보여주며, 패키지 관리의 새로운 가능성을 제시했다.

또한, yarn berry 이후 추가된 플러그인 시스템 덕분에 yarn은 더욱 유연한 도구가 됐고, 이를 통해 사용자가 특정 요구사항에 맞는 기능을 직접 구현해 사용할 수 있게 됐다. `yarn-plugin-outdated`나 `yarn-plugin-engines` 같은 플러그인은 커뮤니티의 요구를 반영해서 yarn을 더욱 확장 가능하게 만들었다. 이러한 기능은 npm에서는 지원되지 않거나 제한적으로만 사용되기 때문에 yarn이 가진 고유한 장점이라 할 수 있다.

yarn이 제공하는 오프라인 설치와 글로벌 캐시 시스템도 주목할 만하다. 이 기능들은 네트워크 환경이 제한적이거나 다수의 프로젝트에서 동일한 의존성을 사용하는 경우 디스크 공간을 절약할 수 있어 매우 유용하다. 특히, 오프라인 설치 모드는 특정 환경에서 안정적인 설치를 보장하며, 개발자가 특정 버전의 의존성을 쉽게 재현할 수 있어 장기적인 유지보수에 강점을 제공한다.

물론, yarn의 급격한 변화는 2.x 버전 출시 당시 일부 개발자들에게 혼란을 일으키기도 했다. PnP 모드를 필수적으로 적용하면서 기존 `node_modules` 폴더 구조에 의존하던 일부 프로젝트와 충돌이 발생했고, 이를 계기로 일부 사용자는 yarn을 떠나기도 했다. 그러나 yarn 팀은 커뮤니티 피드백을 적극 수용해 PnP를 선택적으로 사용할 수 있게 하고, `nodeLinker` 옵션을 통해 전통적인 `node_modules` 구조를 유지할 수 있게 하면서 안정성을 확보했다.

결과적으로 yarn은 자바스크립트 패키지 관리의 새로운 표준 중 하나로 자리 잡았으며, 다양한 기능과 확장성 덕분에 여전히 많은 프로젝트에서 사용되고 있다. yarn이 제공하는 독특한 기능이 프로젝트에 도움이 될 수 있다고 생각된다면 yarn을 고려해 보는 것도 좋은 선택이 될 것이다.

3.3 pnpm: 디스크 공간 절약과 설치 속도의 혁신을 가져온 패키지 관리자

이번 절에서는 자바스크립트 생태계에서 점점 더 주목받고 있는 패키지 관리자인 pnpm을 소개한다. pnpm은 'Performant npm'의 약자[45]로, 이름에서 알 수 있듯이 npm의 성능 개선을 목표로 설계됐다. 특히, 디스크 공간 절약과 빠른 설치 속도라는 두 가지 강점을 앞세워 기존의 npm과 yarn이 가진 한계를 극복하기 위해 만들어졌다.

pnpm의 가장 큰 특징 중 하나는 패키지를 설치할 때 사용하는 독창적인 방식이다. 이를 통해 중복된 패키지 저장을 방지하고, 디스크 사용량을 대폭 줄이는 동시에 설치 속도를 크게 향상시킨다. 이러한 방식은 대규모 프로젝트나 모노레포 환경에서 특히 유용하며, 최근 많은 개발자 사이에서 선호되는 이유로 작용하고 있다.

이번 절에서는 pnpm이 기존 패키지 관리자와 어떻게 다른지 그 구조와 원리를 살펴보고, 이러한 차별점이 실제 개발 환경에서 어떤 이점을 제공하는지 알아보자.

3.3.1 pnpm의 소개와 역사

앞서 yarn이 페이스북(현 메타)을 중심으로 Exponent(현 Expo.dev), 구글 등 여러 대기업의 협력으로 탄생했다면, pnpm은 헝가리 출신의 개발자 졸탄 코찬(Zoltan Kochan)[46]이 2016년 첫 커밋을 시작으로 지금까지 꾸준히 개발해온 프로젝트다.

---

[45] https://pnpm.io/faq#what-does-pnpm-stand-for
[46] https://github.com/zkochan

> **yarn은 여전히 메타가 관리 중인가요?**
>
> 초기 yarn은 페이스북 소속 개발자인 세바스찬 맥켄지(Sebastian McKenzie)가 만들었으며, 이후 여러 회사에서 피드백을 받아 발전했다. 개발 초기에는 페이스북의 주도적인 투자가 있었으나, yarn은 리액트와는 달리 독립적인 깃허브 조직에서 관리되는 오픈소스 프로젝트로 운영돼 왔다.
>
> 현재 yarn은 메타 소속이 아닌 외부 개발자들의 기여가 대부분을 차지하고 있으며, 페이스북(메타) 소속의 개발자들조차 기여 과정은 외부 기여자와 동일하다. 따라서 yarn은 메타 소속보다는 오픈소스로 보는 것이 더 적합하다.

2016년 yarn이 npm의 한계를 극복하기 위해 탄생했다면, 2017년에 등장한 pnpm은 yarn의 한계에서 영감을 받아 만들어졌다고 볼 수 있다. pnpm의 메인 개발자인 졸탄 코찬 역시 npm의 속도와 비효율성에 문제 의식을 느끼고 있었다. yarn이 이 문제를 해결해 줄 것을 기대했지만 yarn classic은 그 기대를 충족하지 못했다. 그가 지적한 npm과 yarn classic의 문제점은 다음과 같다.

- yarn classic은 여전히 평평한 의존성 트리를 사용하며, 다음과 같은 문제가 있었다.
    - 프로젝트가 직접 의존하지 않는 패키지에도 접근이 가능하다.
    - 평평한 의존성 트리를 만드는 과정이 복잡하고 느리다.
    - 일부 패키지는 고유의 `node_modules` 디렉터리를 필요로 하지만, 평평한 트리 구조에서는 이를 관리하기 어렵다.

물론 현재 PnP 모드를 기본으로 제공하는 yarn berry는 이 문제를 대부분 해결했다. 하지만 당시 yarn classic에는 이러한 문제가 남아 있었고, yarn berry라는 새로운 접근법이 개발 중이라는 정보도 널리 공유되지 않았다.

이에 따라 졸탄 코찬은 pnpm의 초기 아이디어를 제시한 호주 출신 개발자 리코 스타 크루즈(Rico Sta Cruz)[47]와 함께 pnpm을 개발하기 시작해 2017년 6월에 pnpm@1.0.0을 릴리스했다.

이후로 pnpm은 2024년 11월을 기준으로 약 9천여 개의 커밋을 통해 9.12.3 버전까지 발전했다. 이는 yarn berry의 3천여 개 커밋과 4.2.2 버전에 비해 매우 빠른 릴리스 주기와 활발한 커밋 수를 보여주며, 메인 개발자 졸탄 코찬의 꾸준한 기여 덕분이라 할 수 있다. 또한 pnpm이 계속해서 사랑받을 수 있었던 이유 중 하나는 상대적으로 안정적이고 예측 가능한 변화 덕분이다. pnpm은 yarn berry와 달리 npm에 익숙한 사용자들도 쉽게 적응할 수 있는 낮은 학습 곡선을 제공하며, 적은 노력으로도 npm에 비해 큰 성능 향상을 얻을 수 있다는 점에서 많은 개발자에게 매력적인 선택지로 자리 잡았다.

---

[47] https://github.com/rstacruz

3.3.2 특징

지금까지 pnpm의 역사를 간략히 살펴봤으니 이제 본격적으로 pnpm의 특징을 알아보자. 앞서 언급된 npm과 yarn classic의 한계를 pnpm은 어떤 방식으로 극복했는지 살펴보면 자연스럽게 pnpm만의 독특한 특징을 이해할 수 있을 것이다.

3.3.2.1 pnpm-lock.yml

npm에는 package-lock.json이, yarn에는 yarn.lock이라는 락 파일이 있다면 pnpm에는 pnpm-lock.yaml 파일이 있다. pnpm-lock.yaml도 마찬가지로 설치되는 버전을 고정하기 위해 만들어졌다.

```
lockfileVersion: '6.0'

settings:
  autoInstallPeers: true

dependencies:
  react:
    specifier: ^18.3.1
    version: 18.3.1

packages:
  /js-tokens@4.0.0:
    resolution:
      {integrity: sha512-RdJUflcE3cUzKiMqQgsCu06FPu9UdIJO0beYbPhHN4k6apgJti...
    dev: false

  /loose-envify@1.4.0:
    resolution:
      {integrity: sha512-lyuxPGr/Wfhrlem2CL/UcnUc1zcqKAImBDzukY7Y5F/yQiNdko...
    hasBin: true
    dependencies:
      js-tokens: 4.0.0
    dev: false

  /react@18.3.1:
    resolution:
      {integrity: sha512-wS+hAgJShR0KhEvPJArfuPVN1+Hz1t0Y6n5jLrGQbkb4urgPE/...
```

```
engines: {node: '>=0.10.0'}
dependencies:
  loose-envify: 1.4.0
dev: false
```

pnpm-lock.yaml의 특징을 간단히 살펴보면 먼저 yarn.lock과 마찬가지로 YAML 파일 포맷을 사용한다. 또한 패키지의 정합성을 보장하기 위해 SHA-512 기반의 해시 키를 포함하고 있으며, 해당 패키지의 의존성을 나타내는 dependencies 필드를 통해 각 패키지가 어떤 의존성을 가지고 있는지 확인할 수 있다.

yarn.lock과 다른 점으로는 dependencies 필드가 락 파일 최상단에 위치해 있어 현재 설치된 패키지와 버전을 한눈에 파악할 수 있다는 것이다. pnpm은 packages 섹션에서 설치된 패키지와 그 버전, 의존성을 나열해서 더욱 직관적인 구조를 제공한다. 또 하나 주목할 점은 js-tokens의 버전 처리 방식이다. 예를 들어, react의 의존성인 loose-envify는 dependencies로 "js-tokens": "^3.0.0 || ^4.0.0"을 가지고 있는데, yarn은 이 정보를 버전 범위로 관리하는 반면, pnpm은 이를 최상위 허용 버전인 4.0.0으로 설정해서 관리한다. 이러한 동작은 resolution-mode[48] 설정을 통해 수정할 수 있으며, ||뿐만 아니라 ^ 같은 범위 지정에서도 최대로 가능한 버전을 가져온다.

비록 몇 가지 사소한 차이는 있지만 pnpm-lock.yaml은 yarn.lock처럼 npm의 package-lock.json이 가지고 있는 문제점, 즉 가독성 부족, diff 비교의 어려움, 비대한 크기 등을 해결하기 위해 간결하게 만들어졌다. 이러한 간결함은 락 파일을 파싱하는 속도를 높여 패키지 관리자가 작업을 수행하는 속도 또한 단축시키는 효과를 가져온다.

3.3.2.2 글로벌 스토어의 하드 링크

pnpm의 가장 큰 특징으로 가장 먼저 떠올리는 것이 바로 글로벌 스토어와 하드 링크다. pnpm은 각 패키지가 설치하는 하위 의존성을 node_modules가 아닌 기본적으로 ~/.pnpm라고 하는 글로벌 스토어에 저장한다. 다음 예제 프로젝트를 살펴보자.

```
{
  "dependencies": {
    "react": "^18.3.1"
  }
}
```

---

[48] https://pnpm.io/npmrc#resolution-mode

위 package.json에서 pnpm install을 실행한 뒤 node_modules를 살펴보자.

```
$ tree -a ./node_modules -d
./node_modules
├── .pnpm
│   ├── js-tokens@4.0.0
│   │   └── node_modules
│   │       └── js-tokens
│   ├── loose-envify@1.4.0
│   │   └── node_modules
│   │       ├── js-tokens -> ../../js-tokens@4.0.0/node_modules/js-tokens
│   │       └── loose-envify
│   │           └── node_modules
│   │               └── .bin
│   ├── node_modules
│   │   ├── .bin
│   │   ├── js-tokens -> ../js-tokens@4.0.0/node_modules/js-tokens
│   │   └── loose-envify -> ../loose-envify@1.4.0/node_modules/loose-envify
│   └── react@18.3.1
│       └── node_modules
│           ├── loose-envify -> ../../loose-envify@1.4.0/node_modules/loose-envify
│           └── react
│               ├── cjs
│               ├── node_modules
│               │   └── .bin
│               └── umd
└── react -> .pnpm/react@18.3.1/node_modules/react
```

node_modules 폴더는 다른 패키지 관리자들과 마찬가지로 생성되는데, 몇 가지 눈에 띄는 차이점이 있다. 이런 특징들을 하나씩 살펴보자.

먼저 react 패키지의 설치 자체는 다른 패키지 관리자들과 같지만 react가 .pnpm/react@18.3.1/node_modules/react 경로로 링크돼 있다는 점이 특별하다. 이는 react 폴더의 실제 원본이 해당 경로에 있다는 것을 보여준다.

다음으로 .pnpm 폴더의 존재다. 이 폴더 안에는 기존 npm이나 yarn에서 볼 수 있었던 react와 그 의존성인 js-tokens, loose-envify 등이 들어 있다. 여기서도 원본은 최상위에만 설치되고, 다른 참조들은 모두 링크로 연결돼 있다.

이처럼 pnpm은 필요한 의존성들을 하드 링크라는 방식으로 연결해서 사용한다. 하드 링크는 파일 시스템의 기능 중 하나로, 동일한 데이터를 가리키는 여러 개의 파일 경로를 만드는 방식이다. 각 경로는 같은 파일을 참조하기 때문에 어느 경로로 접근하든 동일한 파일에 도달할 수 있다. 예를 들어, pnpm이 react 패키지를 설치할 때는 일반적인 node_modules 대신 .pnpm/react@버전명/node_modules/react에 설치하고, 이를 node_modules/react에서 하드 링크로 연결해 사용할 수 있게 한다.

이런 방식은 다음과 같은 장점이 있다.

- **디스크 공간 절약**: 하드 링크를 사용하면 여러 패키지에서 동일한 패키지를 참조할 때 여러 복사본을 만드는 대신 .pnpm에 있는 단일 패키지를 참조하게 된다. 이는 디스크 공간을 절약하게 해준다.
- **성능 향상**: 파일을 복사하거나 상위 폴더를 계속 뒤져가면서 node_modules를 찾는 대신, 하드 링크를 사용해 빠르게 원하는 패키지를 찾을 수 있다.
- **일관성 유지와 안정성**: 하드 링크로 동일 파일을 여러 곳에서 참조하기 때문에 패키지 버전과 내용이 일관되게 유지된다. 여러 곳에서 참조하더라도 동일성을 보장할 수 있다.

> **하드 링크와 심볼릭 링크의 차이점은 무엇인가요?**
>
> 2.5절 'node_modules는 무엇일까?'에서 node_modules를 다루면서 심볼릭 링크에 대해 설명한 적이 있다. 심볼릭 링크는 하드 링크와는 다른 개념으로, 소프트 링크라고도 한다.
>
> 우선 하드 링크와 심볼릭 링크는 공통점이 있다. 둘 다 원본 파일이 수정되면 이를 참조하는 모든 링크에서도 변경 사항을 볼 수 있다는 점이다.
>
> 이제 두 링크의 차이점을 알아보자. 이를 이해하려면 먼저 inode라는 개념을 알아야 한다. 파일이 생성될 때마다 inode라는 고유 번호가 부여되는데, 이 inode에는 해당 파일의 정보가 담겨 있다. 하드 링크는 바로 이 inode를 추가로 가리키는 것이다. 그래서 하드 링크는 원본이 삭제되더라도 같은 inode를 가리키는 다른 하드 링크가 있으면 파일이 살아 있다. 단, 하드 링크는 같은 파일 시스템 안에서만 쓸 수 있고, 원본과 속성도 똑같이 공유한다는 특징이 있다.
>
> 반면 심볼릭 링크(소프트 링크)는 윈도우의 바로가기처럼 작동한다. 원본이 삭제되면 심볼릭 링크는 더 이상 쓸 수 없게 된다. 또 다른 파일 시스템에서도 만들 수 있고, 원본 파일과는 다른 독립적인 속성을 가질 수 있다.

3.3.2.3 평탄화되지 않은 node_modules

npm의 평탄화된 node_modules가 가진 단점은 여러 차례 언급한 바 있다. 그렇다면 pnpm은 어떤 구조를 가지고 있는지 앞의 예시를 통해 다시 한번 살펴보자.

```
$ tree -a ./node_modules -d
./node_modules
```

```
├── .pnpm
└── react -> .pnpm/react@18.3.1/node_modules/react
```

먼저 pnpm은 실제로 dependencies에 존재하는 react만 node_modules의 자식 폴더로 둔 것을 볼 수 있다. 그렇다면 react는 어떤 구조를 가지고 있는지 보자.

```
./node_modules
├── .pnpm
│   ├── js-tokens@4.0.0
│   │   └── node_modules
│   │       └── js-tokens
│   ├── loose-envify@1.4.0
│   │   └── node_modules
│   │       ├── js-tokens -> ../../js-tokens@4.0.0/node_modules/js-tokens
│   │       └── loose-envify
│   ├── node_modules
│   │   ├── .bin
│   │   ├── js-tokens -> ../js-tokens@4.0.0/node_modules/js-tokens
│   │   └── loose-envify -> ../loose-envify@1.4.0/node_modules/loose-envify
│   └── react@18.3.1
│       └── node_modules
│           ├── loose-envify -> ../../loose-envify@1.4.0/node_modules/loose-envify
│           └── react
│               ├── cjs
│               ├── node_modules
│               │   └── .bin
│               └── umd
└── react -> .pnpm/react@18.3.1/node_modules/react
```

react는 .pnpm/react@18.3.1/node_modules/react에 있으며, 해당 경로 내부에 우리가 잘 알고 있는 react 패키지가 포함돼 있는 것을 확인할 수 있다. 또한 react가 필요로 하는 의존성인 loose-envify 역시 이 경로에 존재하며, .pnpm의 최상단에 하드 링크로 연결돼 있다.

요약하자면, pnpm은 평탄화된 node_modules 구조를 피하기 위해 다음과 같은 전략을 채택했다.

- 프로젝트의 ./node_modules에는 선언된 dependencies와 같은 직접 의존성만 위치시킨다.
- 이 패키지들의 실제 파일은 .pnpm에 하드 링크로 연결한다.

- 프로젝트의 직접 의존성에 필요한 패키지의 실제 원본은 ./node_modules 대신 ./node_modules/.pnpm에 평탄화해서 설치해둔다.
- 각 패키지의 의존성은 앞서 평탄화해둔 .pnpm에 하드 링크로 참조하게 한다.

이렇게 함으로써 패키지를 사용하는 입장에서는 유령 의존성으로 인한 참조를 막을 수 있으며, 동시에 각 패키지가 필요로 하는 의존성의 원본 파일을 굳이 상위 node_modules를 거슬러 올라가지 않고도 하드 링크를 통해 빠르게 찾을 수 있게 된다.

지금까지 프로젝트 최상위에 react@18.3.1을 설치했을 때 생성되는 node_modules 구조를 도식화하면 다음과 같다.

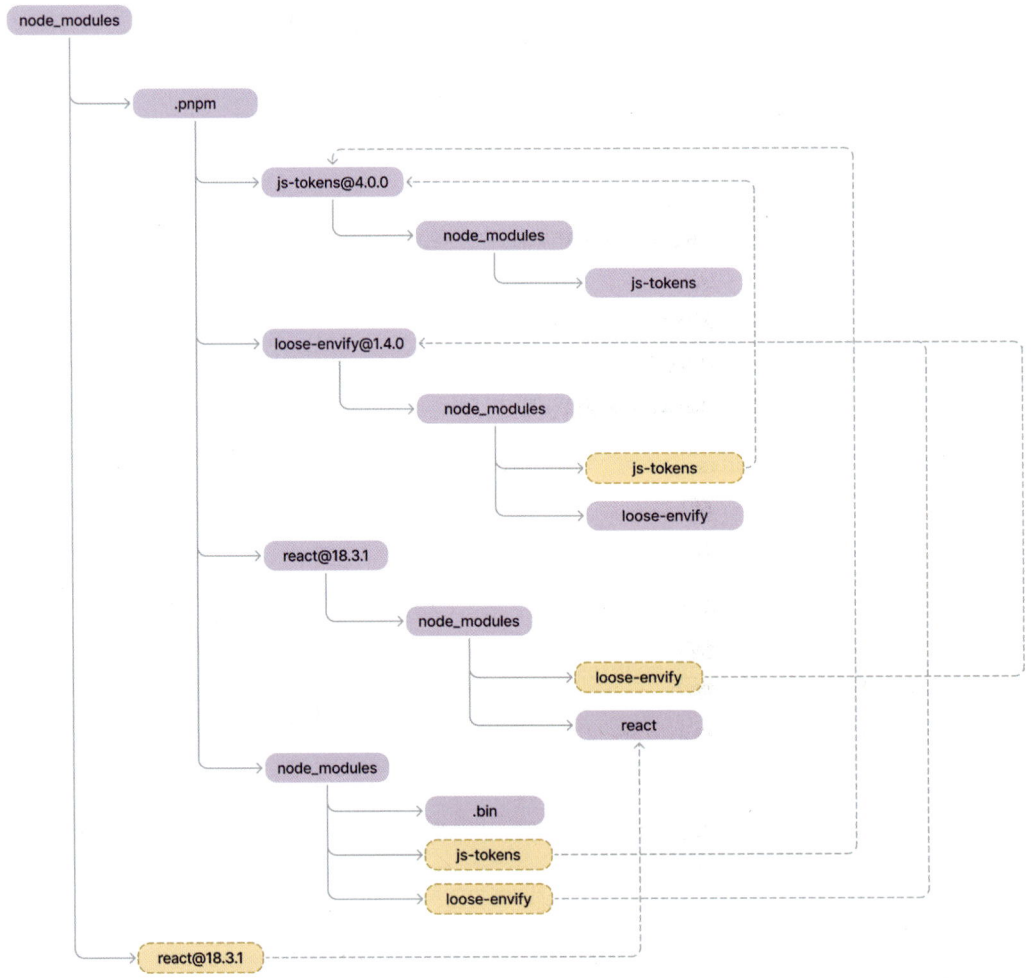

그림 3.14 프로젝트에 react@18.3.1만 설치된 자바스크립트 패키지의 node_modules를 도식화한 모습

그림 3.14에서 보라색이 실제 의존성, 노란색은 하드 링크로 생성된 폴더이며, 점선을 따라가면 이 패키지가 실제로 어떤 폴더를 참조하고 있는지 확인할 수 있다.

> **`.pnpm` 폴더 아래에 있는 node_modules의 목적은 무엇인가요?**
>
> 과거 npm이 자바스크립트 생태계의 유일한 패키지 매니저로 존재하던 시절, 일부 패키지들은 npm의 평탄화된 node_modules 시스템을 고의든 실수든 이용해 자신이 dependencies로 선언하지 않은 패키지를 의존성으로 사용하는 경우가 종종 있었다. 이 경우 해당 패키지를 사용하는 입장에서는 이에 제대로 대처하기가 어렵다. 이에 따라 pnpm은 루트에서 직접 선언한 의존성을 제외하고는 모든 패키지를 node_modules/.pnpm/node_modules로 호이스팅한다. 이렇게 함으로써 평탄화된 node_modules/.pnpm/node_modules에 다른 패키지가 포함돼 있어 의존성을 잘못 참조하는 패키지라도 필요한 의존성을 찾을 수 있게 한다.
>
> npm과의 차이점은 앞에서 언급했듯이 '평탄화'돼 있더라도 모든 패키지가 하드 링크로 연결되어 별도의 디스크 공간을 차지하지 않는다는 점이다. 단, 이는 루트에 선언된 직접 의존성에 대해서만 적용된다. 예를 들어, react는 직접적인 의존성이므로 이 node_modules에 호이스팅되지 않고 원래 위치에 유지된다. 이러한 호이스팅 작업이 필요없다고 판단되면 `.npmrc` 파일에 `hoist=false`를 추가해서 `.pnpm` 폴더 내에 node_modules가 생성되지 않게 할 수 있다.
>
> 이와 관련된 더 자세한 설정은 공식 문서에서 확인할 수 있다.[49]

3.3.2.4 콘텐츠 어드레서블 스토리지

현업에서 프로젝트를 진행하는 리액트 개발자라면 하나 이상의 리액트 프로젝트를 운영하는 경우가 일반적이다. 만약 리액트 프로젝트를 두 개 이상 진행 중이고, 모든 프로젝트에서 18.3.1 버전의 리액트를 사용한다고 가정해보자. 전통적인 npm 방식에서는 프로젝트 수만큼 동일한 리액트 패키지가 중복 설치될 것이다. 이는 디스크 공간을 불필요하게 낭비할뿐더러 설치 속도도 저하시키는 문제를 야기한다.

이를 해결하기 위해 pnpm은 의존성을 콘텐츠 어드레서블 스토리지(content-addressable store)에 저장한다. 콘텐츠 어드레서블 스토리지는 파일이나 데이터 블록을 고유한 해시값으로 식별해서 저장하는 시스템이다. 해시값은 파일 내용을 기반으로 생성되므로 동일한 파일은 동일한 해시값을 갖게 된다. pnpm은 일반적으로 이 경로를 사용자 컴퓨터의 `$PNPM_HOME`에 위치시킨다. 과거에는 `~/.pnpm-store` 폴더에 저장됐지만 버전 6부터는 `/Users/USER/Library/pnpm/store`와 같은 형태로 바뀌었다. 다음 이미지를 참고해보자.

---

[49] https://pnpm.io/ko/next/npmrc#의존성-호이스팅-설정

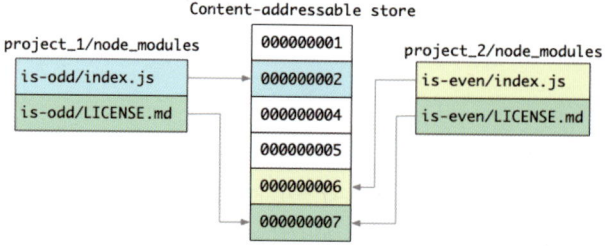

그림 3.15 pnpm에서 소개한 콘텐츠 어드레서블 스토리지 예시[50]

그림 3.15에서 콘텐츠 어드레서블 스토리지는 해시값을 기반으로 각종 node_modules에 필요한 데이터를 저장해두고 각 프로젝트에서 이 스토어를 참조해서 사용하는 것을 볼 수 있다. 이를 통해 node_modules에 필요한 파일을 빠르게 다운로드하거나 설치할 수 있다. 이제 실제로 pnpm이 만드는 콘텐츠 어드레서블 스토리지의 구조가 어떤지 살펴보자. 다음과 같은 package.json이 있다고 가정해보자.

```json
{
  "dependencies": {
    "react": "^18.3.1"
  }
}
```

pnpm i로 설치를 진행하면 react@18.3.1이 정상적으로 설치된 것을 확인할 수 있다.

```
$ pnpm i
Lockfile is up to date, resolution step is skipped
Packages: +3
+++
Progress: resolved 3, reused 0, downloaded 3, added 3, done

dependencies:
+ react 18.3.1

Done in 352ms
```

여기서 콘텐츠 어드레서블 스토리지를 확인하려면 다음과 같은 명령어를 실행하면 된다.

---

[50] https://pnpm.io/ko/motivation

```
$ echo $PNPM_HOME
/Users/USER/Library/pnpm

$ cd /Users/USER/Library/pnpm
$ cd store/v3/files/11/
$ cat 87bc9cbbba2791d2b167d8ba1c4a32ff4d5f40f3459902c7f70d1c17454152d01bf1992bc6aa222e6142f831ae47
3c6de1081d9fdfb2cf7fe30ea5855def5b

/**
 * @license React
 * react.development.js
 *
 * Copyright (c) Facebook, Inc. and its affiliates.
 *
 * This source code is licensed under the MIT license found in the
 * LICENSE file in the root directory of this source tree.
 */

... 중략 ...

exports.version = ReactVersion;
          /* global __REACT_DEVTOOLS_GLOBAL_HOOK__ */
if (
  typeof __REACT_DEVTOOLS_GLOBAL_HOOK__ !== 'undefined' &&
  typeof __REACT_DEVTOOLS_GLOBAL_HOOK__.registerInternalModuleStop ===
    'function'
) {
  __REACT_DEVTOOLS_GLOBAL_HOOK__.registerInternalModuleStop(new Error());
}

})();
}
```

콘텐츠 어드레서블 스토리지가 완전히 비어 있는 상태에서 pnpm i로 의존성을 설치하면 다른 패키지 관리자와 마찬가지로 node_modules에 의존성이 설치되는 것을 확인할 수 있다. 이후 echo $PNPM_HOME 명령어로 콘텐츠 어드레서블 스토리지의 위치를 확인하고 해당 위치로 이동해서 파일 내용을 직접 살펴보면 앞서 설치한 리액트 패키지들이 그대로 저장돼 있는 모습을 볼 수 있다. 그렇다면 또 다른 프로젝트에서 리액트를 다시 설치하면 어떻게 될까?

```
$ pnpm i
Lockfile is up to date, resolution step is skipped
Packages: +3
+++
Progress: resolved 3, reused 3, downloaded 0, added 3, done

dependencies:
+ react 18.3.1

Done in 216ms
```

앞서와 달리, 의존성을 `downloaded`가 아닌 `reused`로 해결한 것을 볼 수 있다. 또한 설치 속도가 이전보다 훨씬 더 빨라진 것도 확인할 수 있다. 그렇다면 어떻게 `node_modules`가 콘텐츠 어드레서블 스토리지에 있는 파일을 참조할 수 있는 것일까?

이 기능을 가능하게 하는 기술이 바로 'Copy-on-Write(COW)'다. COW는 데이터 복사를 최적화하는 기술로, 데이터의 복사본을 생성할 때 원본 데이터를 그대로 참조하고 실제 복사를 수행하지 않다가 원본 데이터가 변경될 때 비로소 새로운 복사본을 생성하는 방식이다. 이 방식은 디스크 공간을 절약하고 성능을 개선하려는 pnpm의 콘텐츠 어드레서블 스토리지 목적에 부합하는 기술이다.

하지만 한 가지 의문이 들 수 있다. 앞에서는 하드 링크를 사용해 `node_modules`를 구성한다고 했는데, 왜 여기서는 하드 링크 대신 COW를 사용하는 것일까? 하드 링크는 파일 시스템에서 동일한 데이터 블록을 여러 파일의 엔트리로 참조하기 때문에 하나의 하드 링크에서 파일이 변경되면 모든 링크에 영향을 미친다. 반면 COW는 데이터가 변경되는 순간 새로운 데이터 블록을 생성해서 원본 데이터와 변경된 데이터를 항상 분리한다. 따라서 pnpm으로 생성된 `node_modules`의 내용이 변경되더라도 콘텐츠 어드레서블 스토리지의 실제 내용과는 즉시 분리되어 스토어의 오염을 방지할 수 있다.

이러한 이유로 pnpm의 콘텐츠 어드레서블 스토리지는 기본적으로 COW를 기반으로 생성되며, 그다음 옵션으로 하드 링크를, 마지막으로 복사를 수행한다. 이는 COW를 지원하지 않는 운영체제나 환경에서도 활용할 수 있도록 설계된 것이다. 예를 들어, 서버리스 환경이나 `bundledDependencies`로 패키지에 의존성을 포함해야 하는 상황에서는 COW와 하드 링크를 지원하지 않는 경우도 있기 때문이다. 자세한 내용은 `package-import-method` 옵션[51]에서 확인할 수 있다.

---

[51] https://pnpm.io/npmrc#package-import-method

3.3.2.5 심볼릭 링크로 구성된 node_modules

앞에서 다이어그램 혹은 트리 구조를 유심히 살펴봤다면 무언가 이상한 점이 하나 더 있다는 것을 눈치챘을 것이다. 더 정확한 비교를 위해 react@18.3.1만 있는 프로젝트를 npm과 pnpm으로 각각 설치해서 비교해보자.

```
node_modules/
├── .bin
├── js-tokens
├── loose-envify
└── react
    ├── cjs
    └── umd
```

```
node_modules/
├── .pnpm
|   ├── js-tokens@4.0.0
|   |   └── node_modules
|   |       └── js-tokens
|   ├── loose-envify@1.4.0
|   |   └── node_modules
|   |       ├── js-tokens -> ../../js-tokens@4.0.0/node_modules/js-tokens
|   |       └── loose-envify
|   └── react@18.3.1
|       └── node_modules
|           ├── loose-envify -> ../../loose-envify@1.4.0/node_modules/loose-envify
|           └── react
|               ├── cjs
|               ├── node_modules
|               |   └── .bin
|               └── umd
└── react -> .pnpm/react@18.3.1/node_modules/react
```

혼선을 방지하기 위해 호이스팅 폴더인 node_modules/.pnpm/node_modules는 제거했다.

.pnpm 폴더의 존재는 앞서 설명한 바와 같이 이해할 수 있지만, npm과 비교했을 때 두 가지 차이점이 있다. npm은 폴더명이 단순히 패키지명이지만, pnpm은 버전까지 명시돼 있다는 점, 그리고 npm의 경우

패키지 내용이 폴더 하위에 바로 위치하는 반면, pnpm에서는 `node_modules` 폴더 하위에 위치한다는 점이다. 이러한 구조는 다음과 같은 장점이 있다.

- **의존성 격리**: 각 패키지는 자체 node_modules를 가지고 있어 다른 의존성과 충돌하지 않는다.
- **버전 관리의 용이성**: 각 패키지 버전이 독립된 공간을 차지하므로 여러 버전을 관리하기가 용이하다.
- **평탄화된 node_modules의 위험성 회피**: 각 의존성은 실제로 자신이 참조하는 의존성에만 접근할 수 있어 평탄화된 node_modules로 인해 발생할 수 있는 문제를 피할 수 있다.

겉으로 보기에는 동일한 패키지(`loose-envify` 등)가 여러 번 생성되어 불필요하게 중복 설치된 것처럼 보일 수 있지만 pnpm은 심볼릭 링크를 통해 이 패키지들을 연결하므로 디스크 공간 낭비가 발생하지 않는다.

3.3.2.6 Plug n Play 지원

pnpm 역시 Plug n Play(PnP) 모드를 지원한다. PnP 모드를 활성화하려면 `.npmrc` 파일에 다음 두 가지 설정을 추가하면 된다.

```
node-linker=pnp
symlink=false
```

본격적으로 PnP 구조를 살펴보기 전에 이 두 설정이 의미하는 바를 알아보자.

- **node-linker**: node_modules에 패키지를 설치할 때 사용할 링커를 정의한다. 설정 가능한 값은 다음과 같다.
    - **isolated(기본값)**: 앞서 설명한 대로, node_modules/.pnpm이라는 가상 스토어를 만들어 사용하는 기본 방식이다.
    - **hoisted**: npm이나 yarn classic과 동일하게 평탄한 node_modules 구조를 생성해서 사용하는 방식이다.
    - **pnp**: node_modules 없이 yarn berry와 같은 PnP 모드를 사용하는 방식이다.
- **symlink(boolean)**: node-linker를 pnp로 설정할 경우 `symlink: false`를 지정해야 한다.

이제 pnpm이 생성한 PnP 모드의 결과물을 살펴보자.

```
$ tree -a
.
├── .npmrc
├── .pnp.cjs
```

```
├── node_modules
│   ├── .modules.yaml
│   ├── .pnpm
│   │   ├── js-tokens@4.0.0
│   │   │   └── node_modules
│   │   │       └── js-tokens
│   │   │           └── package.json
│   │   ├── lock.yaml
│   │   ├── loose-envify@1.4.0
│   │   │   └── node_modules
│   │   │       ├── js-tokens -> ../../js-tokens@4.0.0/node_modules/js-tokens
│   │   │       └── loose-envify
│   │   │           └── package.json
│   │   ├── node_modules
│   │   │   ├── .bin
│   │   │   │   └── loose-envify
│   │   │   ├── js-tokens -> ../js-tokens@4.0.0/node_modules/js-tokens
│   │   │   └── loose-envify -> ../loose-envify@1.4.0/node_modules/loose-envify
│   │   └── react@18.3.1
│   │       └── node_modules
│   │           ├── loose-envify -> ../../loose-envify@1.4.0/node_modules/loose-envify
│   │           └── react
│   │               └── package.json
│   └── react -> .pnpm/react@18.3.1/node_modules/react
├── package.json
└── pnpm-lock.yaml

23 directories, 41 files
```

생성된 결과물이 yarn의 PnP와 거의 유사하다는 것을 확인할 수 있다. 그도 그럴 것이, 실제로 pnpm의 PnP 모드는 yarn에서 불러온 코드를 기반으로 생성한다.[52] 그 외의 기본적인 기능이나 동작 방식은 yarn의 PnP와 동일하기 때문에 여기서는 설명을 생략한다.

---

52 https://github.com/pnpm/pnpm/blob/27c33f0319f86c45c1645d064cd9c28aada80780/lockfile/lockfile-to-pnp/package.json#L47
https://github.com/pnpm/pnpm/blob/27c33f0319f86c45c1645d064cd9c28aada80780/lockfile/lockfile-to-pnp/src/index.ts#L9

3.3.3 정리

지금까지 pnpm의 특징을 간단히 살펴봤다. 이후 장에서 pnpm, npm, yarn을 비교하는 예제를 통해 더 자세히 알아보겠지만 pnpm도 다른 두 패키지 관리자에 못지않은 빠른 속도와 뛰어난 성능을 자랑한다. 이러한 이유로 Next.js[53], Vue.js[54], Vite[55] 등 자바스크립트 커뮤니티의 유명한 패키지들이 pnpm을 채택하고 있다. yarn의 PnP 모드가 부담스럽거나 완만한 학습 곡선으로 npm을 대체할 수 있는 패키지 관리자를 찾고 있다면 pnpm을 추천한다.

다음 절에서는 세 가지 패키지 관리자를 본격적으로 비교해본다. 각 패키지 관리자의 주요 특징, 성능, 명령어를 살펴보면서 현재 자신의 상황에 가장 적합한 패키지 관리자를 선택해보자.

3.4 npm, yarn, pnpm 비교

자바스크립트 생태계에서 주로 사용되는 패키지 관리자인 npm, yarn, pnpm에 대해 살펴봤으니, 이제 이 세 패키지 관리자를 본격적으로 비교해보자. 이들 패키지 관리자는 모두 'node_modules 디렉터리를 생성하고 필요한 자바스크립트 패키지를 관리하며 제공한다'는 공통적인 목표를 가지고 있다. 이를 위해 각 패키지 관리자는 다양한 기능을 제공하며, 비슷한 점도 있지만 운영 방식과 최적화 측면에서 차이가 있다.

특히, pnpm과 yarn은 npm의 성능과 의존성 관리에 대한 아쉬움을 해결하기 위해 탄생했기 때문에 성능면에서 주목할 만하다. 예를 들어, yarn은 더욱 빠른 설치 속도를 보장하기 위해 등장했으며, pnpm은 디스크 공간을 절약하고 의존성 충돌을 방지하는 구조를 채택해 독자적인 성능 최적화를 꾀하고 있다.

이제 세 패키지 관리자가 각기 어떤 기능적, 성능적 차이점을 가지고 있는지 구체적으로 비교해보자. 이를 통해 프로젝트의 요구사항과 개발 환경에 가장 적합한 패키지 관리자를 선택할 수 있도록 도움을 줄 것이다.

3.4.1 워크스페이스

첫 번째로 비교할 주제는 최근 자바스크립트 생태계에서 주목받고 있는 워크스페이스 기능이다. 현재 많은 라이브러리들이 워크스페이스 구조로 관리되고 있으며, 일부 서비스에서도 워크스페이스 형태를 도입해서

---

[53] https://github.com/vercel/next.js/blob/canary/pnpm-lock.yaml
[54] https://github.com/vuejs/core/blob/main/pnpm-lock.yaml
[55] https://github.com/vitejs/vite/blob/main/pnpm-lock.yaml

사용하고 있다. 이제 워크스페이스가 무엇인지, 그리고 각 패키지 관리자가 이를 어떻게 관리하는지 살펴보자.

3.4.1.1 워크스페이스란 무엇인가?

일반적으로 하나의 프로젝트는 하나의 `package.json` 파일을 가지고 있으며, 이 파일을 기반으로 한 개의 서비스 또는 라이브러리를 관리한다. 그러나 프로젝트의 규모가 커지고 복잡해짐에 따라 하나의 프로젝트를 여러 개의 자바스크립트 패키지로 분리하고, 이러한 패키지 간의 의존성을 효율적으로 관리할 필요성이 증가했다.

이러한 필요성의 대표적인 예로 바벨을 들 수 있다. 바벨은 최신 자바스크립트 기능을 다양한 브라우저에서 사용할 수 있도록 코드 변환을 지원하는 트랜스파일러 라이브러리다. 이 작업을 수행하기 위해 바벨은 수십 가지의 플러그인을 필요로 하며, 각각의 플러그인과 핵심 라이브러리가 독립된 패키지로 존재한다. 워크스페이스 구조는 이러한 독립적인 패키지들이 하나의 프로젝트 내에서 원활하게 작동하고 관리될 수 있도록 지원한다.

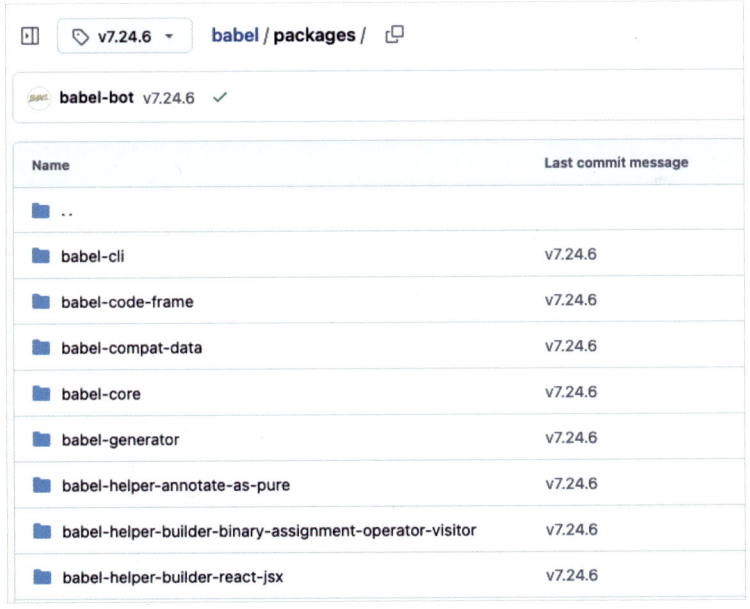

그림 3.16 바벨 깃허브 저장소[56]에서 관리하는 패키지들. 하나의 깃허브 저장소에서 수십 개의 패키지를 관리하는 것을 볼 수 있다.

---

56 https://github.com/babel/babel

예시로 바벨을 살펴보자. 바벨은 수십 개의 패키지를 하위에 두고 있으며, 이들 패키지는 서로 밀접한 관계를 유지하고 있다. 만약 각 패키지를 별도의 저장소와 프로젝트에서 관리한다면 관리 지점이 많아져 복잡성이 증가할 것이다. 또한 의존 관계에 있는 패키지 간 정합성을 확인하기가 어려우며, 공통 코드를 효율적으로 관리하기 힘들다는 문제가 발생한다.

이러한 문제를 해결하기 위해 Lerna가[57] 큰 인기를 끌었고, 바벨 역시 Lerna를 통해 관리하던 시절이 있었다.[58] 그러나 Lerna는 2016년 오픈소스로 출시된 이후 2020년경부터 주 메인테이너 두 명이 활동을 중단하면서[59] 관리에 어려움을 겪기 시작했다. 실제로 개발자 중 한 명은 2017년경 출산을 이유로 Lerna에 기여하기 어려운 상태임을 밝혔으며, 더 많은 메인테이너를 찾고 있다고 언급하기도 했다.[60] 이로 인해 보안 패치나 신규 Node.js 버전에 대한 대응이 지연되면서 Lerna의 대안을 찾으려는 움직임이 늘어나기 시작했다.

이 무렵부터 yarn과 pnpm이 기본적으로 워크스페이스 기능을 지원하면서 복잡한 모노레포 도구 대신 패키지 관리자의 워크스페이스로 전환하려는 흐름이 가속화됐다. 바벨 역시 2020년경 Lerna에서 yarn workspace로 전환했으며[61], 현재는 Next.js, Vite, Vue 등 주요 라이브러리들이 패키지 관리자의 워크스페이스 기능을 적극적으로 채택하고 있다.

> 📄 그래서 Lerna를 지금 쓰면 안 되나요?
>
> 2017년부터 메인테이너를 찾는 데 어려움을 겪어온 Lerna는 2022년 4월에 공식 문서에 유지보수가 어렵기 때문에 사용하지 말라는 내용이 추가된 적이 있었다.[62] 하지만 현재는 모노레포 관리 도구로 유명한 Nx를 만든 Nrwl이 유지보수를 맡기로 하면서 Lerna는 다시 활발하게 개발되고 있다.[63] 따라서 필요하다면 Lerna를 사용하는 것도 충분히 고려해볼 만하다.

---

[57] https://lerna.js.org/
[58] https://github.com/babel/babel/commits/main/lerna.json
[59] https://github.com/lerna/lerna/pull/2680#issuecomment-679451291
[60] https://github.com/lerna/lerna/issues/1172#issuecomment-353735052
[61] https://github.com/babel/babel/pull/12138
[62] https://github.com/lerna/lerna/commit/8b99493ac90484e05f7ebee533c0763534d60218
[63] https://github.com/lerna/lerna/issues/3121

> 📝 모노레포와 워크스페이스의 차이점은 무엇인가요? 그리고 Lerna나 Nx와 워크스페이스가 갖는 차이점은 무엇인가요?
>
> 모노레포와 워크스페이스는 모두 여러 프로젝트(패키지)를 하나의 저장소에서 관리하기 위한 개념이지만 약간의 차이가 있다. 모노레포는 단일 저장소에서 여러 패키지를 함께 관리하는 방식을 뜻한다. 반면 워크스페이스는 패키지 매니저가 제공하는 기능으로, 여러 패키지를 효율적으로 설치하고 관리하는 도구를 의미한다.
>
> 모노레포가 프로젝트의 전체 코드베이스를 하나의 저장소에서 관리하기 위한 개념적 접근법이라면, 워크스페이스는 이 환경에서 여러 패키지를 효율적으로 관리하기 위한 도구라고 볼 수 있다. 구조가 단순한 모노레포라면 패키지 매니저의 워크스페이스만으로도 충분히 관리할 수 있지만 더 복잡하고 다양한 기능이 필요한 경우 Lerna, Nx, Rush, Turbo 같은 모노레포 관리 도구를 사용하는 것이 일반적이다.

또한 워크스페이스 기능은 npm, yarn, pnpm 모두 기본적으로 지원하고 있다. 이제 각 패키지 관리자에서 워크스페이스를 설정하고 사용하는 방법, 그리고 워크스페이스 내의 프로젝트들을 어떻게 관리하는지 본격적으로 살펴보자.

3.4.1.2 npm의 워크스페이스

npm 워크스페이스는 비교적 최근인 7.x 버전에 도입됐다. npm의 워크스페이스 기능은 앞서 설명한 개념과 동일하게 하나의 최상위 패키지에서 여러 하위 패키지를 효율적으로 관리하기 위해 설계됐다. npm 워크스페이스를 설정한 후 `npm install`을 실행하면 하위 패키지들이 링크로 연결되며, 각 패키지의 `node_modules` 폴더에 필요한 패키지들이 심볼릭 링크로 참조된다. 이를 통해 하위 패키지 간의 의존성도 자동으로 연결되어 패키지 관리를 더욱 효율적으로 할 수 있다.

다음은 npm으로 구성된 간단한 워크스페이스 예시다.

```
{
  "name": "npm-workspace",
  "workspaces": ["packages/*"]
}
```

먼저 최상위에 `package.json`을 선언한 뒤 `workspaces` 필드를 만든 다음, 여기에 관리하고 싶은 하위 패키지를 선언한다. 이 예시에서는 `packages` 폴더 하위에 있는 모든 패키지를 워크스페이스 관리하에 두기로 선언해 뒀다. 그다음 `packages` 폴더 아래에 다음과 같이 예제 패키지와 `index.js`를 만들어보자.

```
{
  "name": "@yceffort/sum",
```

```
  "main": "index.js",
  "scripts": {
    "start": "node index.js"
  },
  "dependencies": {
    "lodash.sum": "^4.0.0"
  }
}
```

```
const sum = require('lodash.sum')

console.log(1, 2)
```

지금까지 만들어진 모습을 트리로 보면 다음과 같다.

```
$ tree
.
├── package.json
└── packages
    └── sum
        ├── index.js
        └── package.json
```

이제 이 상태에서 `npm install`을 실행해보자. 명령을 실행한 후 다시 결과를 확인해 보면 다음과 같다.

```
$ tree
.
├── node_modules
│   ├── @yceffort
│   │   └── sum -> ../../packages/sum
│   └── lodash.sum
│       ├── LICENSE
│       ├── README.md
│       ├── index.js
│       └── package.json
├── package-lock.json
├── package.json
└── packages
```

```
└── sum
    ├── index.js
    └── package.json

7 directories, 8 files
```

여기서 몇 가지 눈여겨봐야 할 것은 다음과 같다.

- package-lock.json: 일반적으로 package.json 파일 하나당 package-lock.json이 하나 생성되므로 두 개의 package.json이 있다면 package-lock.json도 두 개가 있을 것이라고 예상할 수 있다. 그러나 npm 워크스페이스에서는 최상위 경로에 단 하나의 package-lock.json만 생성된다. 이제 이 락 파일의 내용을 살펴보자.

```json
{
  "name": "npm-workspace",
  "lockfileVersion": 3,
  "requires": true,
  "packages": {
    "": {
      "name": "npm-workspace",
      "workspaces": ["packages/*"]
    },
    "node_modules/@yceffort/sum": {
      "resolved": "packages/sum",
      "link": true
    },
    "node_modules/lodash.sum": {
      "version": "4.0.2",
      "license": "MIT"
    },
    "packages/sum": {
      "name": "@yceffort/sum",
      "dependencies": {
        "lodash.sum": "^4.0.0"
      }
    }
  }
}
```

먼저 최상위의 name에는 앞서 선언한 워크스페이스명이 들어 있으며, 패키지 목록에는 워크스페이스로 정의한 내용과 더불어 하위 패키지인 node_modules/@yceffort/sum이 선언돼 있는 것을 볼 수 있다. 그리고 이는 resolved에서 볼 수 있듯이 npm에 올라가 있는 패키지가 아닌 packages/sum을 참조하고 있는 형태로 선언돼 있다. 이렇게 함으로써 워크스페이스 내부에 존재하는 패키지들이 node_modules 내부에서 연결고리를 가질 수 있다.

- node_modules: package-lock.json이 한 개인 것과 마찬가지로, node_modules도 워크스페이스 내에서는 단 하나가 존재하는 것을 확인할 수 있다. 일반적인 프로젝트에서는 package.json 하나당 하나의 node_modules로 각 패키지의 의존성을 관리하지만, 워크스페이스에서는 상위에 단 하나의 node_modules만 있다. 이러한 구조가 가능한 이유는 Node.js의 모듈 참조 방식 덕분이다. Node.js는 필요한 패키지를 찾을 때 현재 디렉터리에서 시작해서 상위 디렉터리로 계속 올라가며 탐색한다. 따라서 하위 패키지들은 상위 디렉터리의 node_modules를 탐색하는 과정에서 필요한 의존성을 자연스럽게 찾게 된다.

- node_modules/@yceffort/sum: 이 폴더를 자세히 보면 심볼릭 링크로 연결돼 있으며, packages/sum을 가리키고 있음을 확인할 수 있다. 이를 통해 @yceffort/sum과 같은 하위 패키지의 내용을 별도로 복사하지 않더라도 필요한 내용을 참조할 수 있다.

이제 워크스페이스에 새로운 패키지를 추가해보자. 패키지를 추가하려면 `npm init <패키지명> -w` 또는 `npm init <패키지명> --workspace` 명령어를 사용하거나 해당 폴더로 이동한 후 직접 package.json을 작성하면 된다.

```
$ npm init -w ./packages/max
This utility will walk you through creating a package.json file.
It only covers the most common items, and tries to guess sensible defaults.

See `npm help init` for definitive documentation on these fields
and exactly what they do.

Use `npm install <pkg>` afterwards to install a package and
save it as a dependency in the package.json file.

Press ^C at any time to quit.
package name: (max) @yceffort/max
version: (1.0.0)
description:
entry point: (index.js)
test command:
```

```
git repository:
keywords:
author:
license: (ISC)
About to write to /Users/USER/private/test/packages/max/package.json:

{
  "name": "@yceffort/max",
  "version": "1.0.0",
  "main": "index.js",
  "devDependencies": {},
  "scripts": {
    "test": "echo \"Error: no test specified\" && exit 1"
  },
  "author": "",
  "license": "ISC",
  "description": ""
}


Is this OK? (yes)

added 1 package in 14s
```

그리고 내용을 다음과 같이 변경한 다음, `npm install`로 모든 의존성을 설치해보자.

```
{
  "name": "@yceffort/max",
  "scripts": {
    "start": "node index.js"
  },
  "dependencies": {
    "lodash.max": "^4.0.1"
  }
}
```

프로젝트 구조가 다음과 같이 변경돼 있는 것을 볼 수 있다.

```
$ npm i

added 1 package, and audited 7 packages in 2s

found 0 vulnerabilities
$ tree
.
├── node_modules
│   ├── @yceffort
│   │   ├── max -> ../../packages/max
│   │   └── sum -> ../../packages/sum
│   ├── lodash.max
│   │   ├── LICENSE
│   │   ├── README.md
│   │   ├── index.js
│   │   └── package.json
│   └── lodash.sum
│       ├── LICENSE
│       ├── README.md
│       ├── index.js
│       └── package.json
├── package-lock.json
├── package.json
└── packages
    ├── max
    │   ├── index.js
    │   └── package.json
    └── sum
        ├── index.js
        └── package.json

10 directories, 14 files
```

앞서 **@yceffort/sum**이라고 하는 하위 패키지를 설치한 것과 마찬가지로, **node_modules**에는 npm 레지스트리에 있는 의존성뿐만 아니라 해당 워크스페이스 내에서 선언된 하위 패키지들이 심볼릭 링크로 선언되어 관리되고 있는 것을 볼 수 있다.

그렇다면 실제 패키지 내에서 다른 패키지를 참조하는 것도 가능할까? 새로운 패키지를 하나 만들어서 확인해보자.

```json
{
  "name": "@yceffort/calc",
  "version": "1.0.0",
  "main": "index.js",
  "scripts": {
    "start": "node index.js"
  },
  "dependencies": {
    "@yceffort/sum": "*",
    "@yceffort/max": "*"
  }
}
```

dependencies에 앞서 선언한 두 하위 패키지인 @yceffort/sum과 @yceffort/max를 추가해 뒀다. 이 두 패키지는 npm 레지스트리에 등록된 패키지가 아님을 거듭 명심하자.

그러나 앞서 두 패키지에서 따로 패키지 밖으로 내보내기 위해 선언한 파일이 존재하지 않아 @yceffort/calc가 참조해도 아무런 값을 얻을 수 없을 것이다. @yceffort/calc에서 두 패키지가 제대로 참조하는지 확인하기 위해 다음과 같이 앞선 두 패키지에 module.exports를 추가해보자.

```js
// @yceffort/sum/index.js
const sum = require('lodash.sum')

module.exports = sum
```

```js
// @yceffort/max/index.js
const max = require('lodash.max')

module.exports = max
```

이제 두 패키지가 패키지 외부로 함수를 내보낼 준비를 마쳤다. 이제 @yceffort/calc의 index.js에서 두 패키지를 불러와서 보자.

```
const sum = require('@yceffort/sum')
const max = require('@yceffort/max')

const sum1 = sum([1, 2, 3, 4, 5])
const sum2 = sum([5, 6, 7, 8, 9])

const result = max([sum1, sum2])

console.log(result)
```

이제 터미널에서 `npm run start —workspaces` 또는 `npm run start --ws`를 실행해보자.

```
$ npm run start --workspaces

$ @yceffort/calc@1.0.0 start
$ node index.js

35

$ start # max의 node index.js를 실행
$ node index.js


$ start # sum의 node index.js를 실행
$ node index.js
```

먼저 `npm run start`가 아닌 `npm run start --workspaces` 명령어로 실행되는 것을 볼 수 있다. `--workspaces` 옵션은 최상위 `package.json`의 스크립트를 실행하는 대신, 워크스페이스 하위 패키지들의 start 스크립트를 실행하라는 의미다. 만약 `--workspaces` 옵션이 없다면 일반적인 `package.json`의 `scripts`에 정의된 명령어를 실행하게 된다.

`start` 명령어가 모든 하위 패키지를 순회하며 실행된 결과, `@yceffort/calc`는 의존성으로 선언된 워크스페이스 패키지인 `@yceffort/max`와 `@yceffort/sum`을 정상적으로 불러와 원하는 함수를 제대로 실행하는 것을 확인할 수 있었다.

또한 `start` 스크립트가 있지만 `index.js`에 단순히 `module.exports`만을 다루는 `@yceffort/max`와 `@yceffort/sum` 패키지들은 아무런 값도 출력되지 않았다. 이 두 패키지는 단순 라이브러리 용도로, `start`

스크립트가 필요하지 않다. 따라서 start 스크립트를 제거하고 `npm run start --workspaces --if-present` 명령어를 실행하면 하위 패키지를 순회하면서 start 스크립트가 존재하는 패키지만 실행하게 된다. 특정 패키지만 실행하려면 `npm run start --workspace=@yceffort/calc`처럼 --workspace 옵션을 사용해 원하는 패키지를 지정할 수도 있다.

이번 실습에서 만든 npm 워크스페이스의 내용을 다시 정리해보면 다음과 같다.

```
$ tree
.
├── node_modules
│   ├── @yceffort
│   │   ├── calc -> ../../packages/calc
│   │   ├── max -> ../../packages/max
│   │   └── sum -> ../../packages/sum
│   ├── lodash.max
│   │   ├── LICENSE
│   │   ├── README.md
│   │   ├── index.js
│   │   └── package.json
│   └── lodash.sum
│       ├── LICENSE
│       ├── README.md
│       ├── index.js
│       └── package.json
├── package-lock.json
├── package.json
└── packages
    ├── calc
    │   ├── index.js
    │   └── package.json
    ├── max
    │   ├── index.js
    │   └── package.json
    └── sum
        ├── index.js
        └── package.json
```

- npm에서 워크스페이스는 package.json의 workspaces 필드에 관리하고자 하는 폴더를 추가해서 설정할 수 있다.
- 하위 패키지의 명령어를 실행할 때는 --workspaces 옵션을 추가하면 된다.
- npm에 아직 릴리스되지 않은 하위 패키지들은 node_modules에 심볼릭 링크 형태로 연결되며, 이를 통해 npm 레지스트리에 올리지 않아도 사용할 수 있다.

지금까지 npm에서 제공하는 워크스페이스 기능을 살펴봤다. npm의 워크스페이스 기능은 복잡하지 않으면서도 여러 패키지를 간단하게 효율적으로 관리할 수 있는 장점을 가지고 있다. 실제로 npm에서 관리하는 CLI 도구들도 이 워크스페이스 기능을 기반으로 운영되어[64] 그 안정성을 입증받고 있다.

다음으로 yarn에서 워크스페이스를 설정하고 관리하는 방법을 살펴보자.

3.4.1.3 yarn의 워크스페이스

비록 패키지 관리자의 기원은 npm이라 할 수 있지만 패키지 관리자 생태계에서 워크스페이스 개념을 처음 도입한 것은 yarn이었다. yarn은 yarn classic 시절부터 워크스페이스 기능을 지원해 왔다.[65] 이제 앞에서 만든 예제와 동일한 환경을 yarn berry에서 제공하는 워크스페이스로 구성해보자.

yarn도 마찬가지로 최상위 package.json 파일에 workspaces 필드를 추가해서 설정할 수 있다. 다음과 같이 package.json을 수정한 뒤 yarn install 명령어를 실행해보자.

```
{
  "name": "npm-workspace",
  "workspaces": ["packages/*"],
  "packageManager": "yarn@4.2.2"
}
```

```
$ yarn install
! Corepack is about to download https://repo.yarnpkg.com/4.2.2/packages/yarnpkg-cli/bin/yarn.js
? Do you want to continue? [Y/n] y

➤ YN0000: · Yarn 4.2.2
➤ YN0000: ┌ Resolution step
➤ YN0035: │ @yceffort/max@npm:*: Package not found
➤ YN0035: │    Response Code: 404 (Not Found)
```

---

[64] https://github.com/npm/cli/blob/92e71e6b0c7889e243e6b54ef8b4eb9656de95f8/package.json#L5-L11
[65] https://classic.yarnpkg.com/lang/en/docs/workspaces

```
▶ YN0035: |   Request Method: GET
▶ YN0035: |   Request URL: https://registry.yarnpkg.com/@yceffort%2fmax
▶ YN0000: └ Completed in 0s 804ms
▶ YN0000: · Failed with errors in 0s 815ms
```

그러나 설치를 시도한 후 에러가 발생할 수 있다. yarn에서는 패키지 간 참조 시 기존 버전 지정 방식 대신 `workspace:` 접두사를 사용해야 한다. 즉, 워크스페이스에서 사용할 수 있는 버전 지정 방식은 `workspace:^`, `workspace:*`, `workspace:~`로, 각각의 의미는 기존의 유의적 버전(^, ~, *)과 동일하다. 실제로 `publish`를 하기 전까지는 이 문법이 워크스페이스 구성에만 영향을 미치며, 외부에 영향을 주지는 않는다. 이 부분에 대해서는 8장에서 자세히 다룬다.

일단 *로 지정된 워크스페이스 버전을 모두 `workspace:*`로 변경한 뒤 다시 설치를 시도해보자.

```
$ yarn install
▶ YN0000: · Yarn 4.2.2
▶ YN0000: ┌ Resolution step
▶ YN0085: | + lodash.max@npm:4.0.1, lodash.sum@npm:4.0.2
▶ YN0000: └ Completed in 0s 782ms
▶ YN0000: ┌ Fetch step
▶ YN0013: | 2 packages were added to the project (+ 12.31 KiB).
▶ YN0000: └ Completed
▶ YN0000: ┌ Link step
▶ YN0031: | One or more node_modules have been detected and will be removed. This operation may take some time.
▶ YN0000: └ Completed
▶ YN0000: · Done with warnings in 0s 893ms
```

yarn berry는 PnP가 기본이기 때문에 어떤 식으로 동작하는지 확인하려면 `.pnp.cjs`에 있는 `RAW_RUNTIME_STATE` 값을 봐야 한다. 이 값에는 yarn으로 실행했을 때 패키지를 찾아가는 실마리가 존재한다.

```
const RAW_RUNTIME_STATE =
  '{\
  "__info": [\
    "This file is automatically generated. Do not touch it, or risk",\
    "your modifications being lost."\
  ],\
  "dependencyTreeRoots": [\
```

```
    {\
      "name": "npm-workspace",\
      "reference": "workspace:."\
    },\
    {\
      "name": "@yceffort/calc",\
      "reference": "workspace:packages/calc"\
    },\
    {\
      "name": "@yceffort/max",\
      "reference": "workspace:packages/max"\
    },\
    {\
      "name": "@yceffort/sum",\
      "reference": "workspace:packages/sum"\
    }\
  ],\
  "enableTopLevelFallback": true,\
  "ignorePatternData": "(^(?:\\\\.yarn\\\\/sdks(?:\\\\/(?!\\\\.{1,2}(?:\\\\/|$))(?:(?:(?!(?:^|\\\\/)\\\\.{1,2}(?:\\\\/|$)).)*?|$))$)",\
  "fallbackExclusionList": [\
    ["@yceffort/calc", ["workspace:packages/calc"]],\
    ["@yceffort/max", ["workspace:packages/max"]],\
    ["@yceffort/sum", ["workspace:packages/sum"]],\
    ["npm-workspace", ["workspace:."]]\
  ],\
  "fallbackPool": [\
  ],\
  "packageRegistryData": [\
    [null, [\
      [null, {\
        "packageLocation": "./",\
        "packageDependencies": [\
        ],\
        "linkType": "SOFT"\
      }]\
    ]],\
    ["@yceffort/calc", [\
      ["workspace:packages/calc", {\
```

```
      "packageLocation": "./packages/calc/",\
      "packageDependencies": [\
        ["@yceffort/calc", "workspace:packages/calc"],\
        ["@yceffort/max", "workspace:packages/max"],\
        ["@yceffort/sum", "workspace:packages/sum"]\
      ],\
      "linkType": "SOFT"\
    }]\
  ]],\
  ["@yceffort/max", [\
    ["workspace:packages/max", {\
      "packageLocation": "./packages/max/",\
      "packageDependencies": [\
        ["@yceffort/max", "workspace:packages/max"],\
        ["lodash.max", "npm:4.0.1"]\
      ],\
      "linkType": "SOFT"\
    }]\
  ]],\
  ["@yceffort/sum", [\
    ["workspace:packages/sum", {\
      "packageLocation": "./packages/sum/",\
      "packageDependencies": [\
        ["@yceffort/sum", "workspace:packages/sum"],\
        ["lodash.sum", "npm:4.0.2"]\
      ],\
      "linkType": "SOFT"\
    }]\
  ]],\
  ["lodash.max", [\
    ["npm:4.0.1", {\
      "packageLocation": "../../.yarn/berry/cache/lodash.max-npm-4.0.1-ea446862b0-10c0.zip/node_modules/lodash.max/",\
      "packageDependencies": [\
        ["lodash.max", "npm:4.0.1"]\
      ],\
      "linkType": "HARD"\
    }]\
  ]],\
```

```
      ["lodash.sum", [\
        ["npm:4.0.2", {\
          "packageLocation": "../../.yarn/berry/cache/lodash.sum-npm-4.0.2-f054e0f5dd-10c0.zip/node_modules/lodash.sum/",\
          "packageDependencies": [\
            ["lodash.sum", "npm:4.0.2"]\
          ],\
          "linkType": "HARD"\
        }]\
      ]],\
      ["npm-workspace", [\
        ["workspace:.", {\
          "packageLocation": "./",\
          "packageDependencies": [\
            ["npm-workspace", "workspace:."]\
          ],\
          "linkType": "SOFT"\
        }]\
      ]]\
    ]\
  }'
```

여기서 주목할 점은 각 패키지의 `packageLocation` 값이다. 레지스트리에서 설치된 일반 패키지는 `../../.yarn/berry/cache/lodash.max-npm-4.0.1-ea446862b0-10c0.zip/node_modules/lodash.max/`와 같이 `./yarn/berry`라는 글로벌 스토어 경로를 참조한다. 반면, 워크스페이스 내부에서 생성된 패키지들은 `"packageLocation": "./packages/max/"`와 같이 워크스페이스 최상위 위치를 기준으로 한 실제 로컬 경로를 참조한다. 이를 통해 yarn은 레지스트리에서 다운로드하지 않은 로컬 워크스페이스 내 패키지도 올바르게 참조할 수 있게 된다.

이제까지 생성한 워크스페이스의 구조를 간단히 살펴보자.

```
$ tree -a
.
├── .pnp.cjs
├── .yarn
│   └── install-state.gz
├── package.json
```

```
├─ packages
│  ├─ calc
│  │  ├─ index.js
│  │  └─ package.json
│  ├─ max
│  │  ├─ index.js
│  │  └─ package.json
│  └─ sum
│     ├─ index.js
│     └─ package.json
└─ yarn.lock
```

node_modules 대신 yarn이 관리하는 PnP 모드를 사용한 덕분에 워크스페이스 구조가 npm 대비 매우 간결한 것을 볼 수 있다.

다음으로 각 워크스페이스에 있는 스크립트를 실행하기 위해서는 npm과 다르게 yarn에서는 조금 다른 접근법을 사용해야 한다. yarn에서는 `yarn workspaces foreach`라는 명령어를 제공하는데, 이 명령어는 몇 가지 옵션을 가지고 있다.

- `--all`: 프로젝트 내 모든 워크스페이스에서 제공된 명령어를 실행한다.
- `--parallel`: 워크스페이스 작업을 병렬로 실행한다.
- `--since`: 현재 브랜치를 main 브랜치와 비교해서 수정된 패키지를 대상으로만 명령어를 실행할 수 있다. 이 명령어를 사용하려면 diff를 비교할 메인 브랜치를 알아야 하는데, 이는 .yarnrc.yml에 다음과 같이 선언하면 된다.

```
changesetBaseRefs: [
  "master",
  "origin/master",
  "upstream/master",
  "main",
  "origin/main",
  "upstream/main",
],
```

위에서 작성돼 있는 값은 changesetBaseRefs이 없는 경우 비교하는 기본값이다.

- `-pt`: 이 명령어는 `--parallel`과 `--topological`을 합친 것으로 명령어를 병렬로 실행하되, 패키지 의존성 순서에 맞춰서 진행한다는 것을 의미한다. 현재 구조에서는 @yceffort/sum, @yceffort/max가 먼저 실행되고, 그 이후에 @yceffort/calc가 실행될 것이다.

만약 현재 구조에서 start를 실행하고 싶다면 다음과 같이 명령어를 입력하면 된다.

```
$ yarn workspaces foreach --all run start
[@yceffort/calc]: Process started
[@yceffort/calc]: 35
[@yceffort/calc]: Process exited (exit code 0), completed in 0s 426ms

[@yceffort/max]: Process started
[@yceffort/max]: Process exited (exit code 0), completed in 0s 289ms

[@yceffort/sum]: Process started
[@yceffort/sum]: Process exited (exit code 0), completed in 0s 342ms
Done in 1s 59ms
```

yarn의 경우 워크스페이스를 순회하면서 실행하다가 명령어가 없는 경우 자동으로 생략하기 때문에 따로 npm과 같은 -if-present 플래그를 사용할 필요는 없다.

만약 여기에 -pt 옵션을 추가하면 어떻게 될까?

```
$ yarn workspaces foreach --all -pt run start
[@yceffort/max]: Process started
[@yceffort/sum]: Process started
[@yceffort/max]: Process exited (exit code 0), completed in 0s 295ms
[@yceffort/sum]: Process exited (exit code 0), completed in 0s 426ms
[@yceffort/calc]: Process started
[@yceffort/calc]: 35
[@yceffort/calc]: Process exited (exit code 0), completed in 0s 421ms
Done in 0s 854ms
```

가장 먼저 눈에 띄는 것은 작업 순서다. 앞의 예제에서 단순히 --all 옵션을 사용했을 때는 ./packages 폴더의 디렉터리 이름 순서대로 실행됐으며, 각 작업이 끝난 뒤에 다음 작업이 순차적으로 이어졌다. 하지만 -pt 옵션을 추가하니 @yceffort/max와 @yceffort/sum이 동시에 먼저 실행됐다. 이는 두 패키지가 @yceffort/calc의 의존성에 해당하기 때문에 우선적으로 실행돼야 한다고 판단했기 때문이다. 또한 이 두 패키지는 워크스페이스 내에서 서로 의존성이 없기 때문에 병렬로 실행될 수 있었다. 두 작업이 완료된 이후에 @yceffort/calc가 실행된 것을 확인할 수 있다.

`yarn workspaces foreach`는 여러 옵션을 지원하므로 다양한 상황에서 유용하게 활용할 수 있다. 예를 들어, `lint`나 `prettier` 같이 의존성 관계에 영향을 받지 않는 명령어는 `--all`과 `--parallel` 옵션을 조합해 병렬로 실행할 수 있다. 반면 `build`처럼 패키지 간 의존성 관계에 따라 순차적인 실행이 필요한 경우 `-t` 옵션을 사용할 수 있다. 또한 `--since` 옵션을 통해 `main` 브랜치와 비교해서 변경된 패키지만 실행할 수도 있다.

지금까지 yarn의 워크스페이스 기능을 간단히 살펴봤다. npm과 유사한 사용 방식을 가지면서도 워크스페이스에 특화된 다양한 기능과 옵션을 추가로 제공하는 점이 눈에 띈다. PnP 모드에 관심이 있거나 워크스페이스를 기반으로 고급 기능을 적극 활용해보고 싶다면 yarn 워크스페이스는 좋은 선택지가 될 것이다.

3.4.1.4 pnpm의 워크스페이스

마지막으로 살펴볼 워크스페이스는 pnpm 워크스페이스다. pnpm 역시 하나의 저장소에서 여러 패키지를 관리할 수 있는 워크스페이스 기능을 기본적으로 제공한다. 앞의 예제를 기반으로 pnpm 기반의 워크스페이스 프로젝트를 만들어보자.

먼저 pnpm에서 워크스페이스를 선언하는 방법은 `pnpm-workspace.yaml` 파일을 만드는 것이다. 이 파일은 프로젝트의 최상위 디렉터리에 생성해서 최상위에서 관리하고 싶은 패키지를 선언할 수 있다.

```yaml
packages:
  - 'packages/*'
```

만약 최상위의 `package.json`에 `workspaces` 필드가 선언돼 있다면 이 필드는 삭제한다. 이 필드를 사용하면 pnpm에서 지원하지 않는다는 경고 문구가 출력된다. 이제 pnpm에서 워크스페이스를 활용할 모든 준비가 끝났다. `pnpm install`을 실행해 어떻게 워크스페이스를 구성하는지 살펴보자.

```
$ pnpm install
Scope: all 4 workspace projects
Packages: +2
++
Progress: resolved 2, reused 0, downloaded 2, added 2, done
Done in 1.7s
$ tree -a
.
├── node_modules
|   ├── .modules.yaml
|   └── .pnpm
```

```
│       ├── lock.yaml
│       ├── lodash.max@4.0.1
│       │   └── node_modules
│       │       └── lodash.max
│       │           ├── LICENSE
│       │           ├── README.md
│       │           ├── index.js
│       │           └── package.json
│       ├── lodash.sum@4.0.2
│       │   └── node_modules
│       │       └── lodash.sum
│       │           ├── LICENSE
│       │           ├── README.md
│       │           ├── index.js
│       │           └── package.json
│       └── node_modules
│           ├── @yceffort
│           │   ├── calc -> ../../../../packages/calc
│           │   ├── max -> ../../../../packages/max
│           │   └── sum -> ../../../../packages/sum
│           ├── lodash.max -> ../lodash.max@4.0.1/node_modules/lodash.max
│           └── lodash.sum -> ../lodash.sum@4.0.2/node_modules/lodash.sum
├── package.json
├── packages
│   ├── calc
│   │   ├── index.js
│   │   ├── node_modules
│   │   │   └── @yceffort
│   │   │       ├── max -> ../../../max
│   │   │       └── sum -> ../../../sum
│   │   └── package.json
│   ├── max
│   │   ├── index.js
│   │   ├── node_modules
│   │   │   └── lodash.max -> ../../../node_modules/.pnpm/lodash.max@4.0.1/node_modules/lodash.max
│   │   └── package.json
│   └── sum
│       ├── index.js
│       ├── node_modules
```

```
|   |       └── lodash.sum -> ../../../node_modules/.pnpm/lodash.sum@4.0.2/node_modules/lodash.sum
|       └── package.json
├── pnpm-lock.yaml
└── pnpm-workspace.yaml
```

pnpm의 워크스페이스는 .pnpm이라는 글로벌 스토어를 활용해 의존성을 설치하고, `node_modules`의 실제 내용을 하드 링크로 관리한다는 점에서 기존 pnpm의 동작 방식과 일맥상통한다. `@yceffort/sum`, `@yceffort/max`, `@yceffort/calc` 모두 `node_modules`에 존재하지만 실제 내용은 `./packages`에 있는 코드를 참조하는 것을 확인할 수 있다. 이로써 pnpm도 레지스트리에 존재하지 않는 워크스페이스 내 패키지를 직접 참조할 수 있다.

또한 yarn과 마찬가지로 패키지 버전을 선언할 때 `workspace:` 접두사를 사용하는 워크스페이스 전용 프로토콜을 지원한다. `workspace:` 프로토콜을 사용하면 워크스페이스 내에서 패키지 간의 참조 관계를 설정할 수 있으며, 실제 패키지를 레지스트리에 업로드할 때는 해당 문법에 맞게 자동으로 대체된다.

pnpm에서 워크스페이스 하위 명령어를 실행하려면 `pnpm run -r`을 사용하면 된다. 여기서 `-r`은 `recursive`의 약자로, 워크스페이스 내의 모든 프로젝트를 순회하며 명령어를 실행하도록 도와준다.

```
$ pnpm run -r start
Scope: 3 of 4 workspace projects
packages/max start$ node index.js
└─ Done in 299ms
packages/sum start$ node index.js
└─ Done in 549ms
packages/calc start$ node index.js
| 35
└─ Done in 86ms
```

한 가지 주목해야 할 점은 pnpm은 별도 명령어 없이도 패키지 의존성 관계에 따라서 명령어를 실행했다는 것이다. 이는 pnpm에서는 기본 동작으로 취급되어 실행된다. 만약 세 패키지 간에 특별한 의존성이 존재하지 않으면 yarn과 마찬가지로 알파벳 순서로 실행한다.

```
$ pnpm run -r start
Scope: 3 of 4 workspace projects
packages/calc start$ node index.js
| calc
```

```
└ Done in 84ms
packages/max start$ node index.js
  └ Done in 123ms
packages/sum start$ node index.js
  └ Done in 163ms
```

이 외에도 `--filter` 옵션을 통해 특정 워크스페이스에서만 명령어가 실행되도록 제한할 수 있다.

pnpm은 워크스페이스에 필요한 기본 기능을 간결하게 제공하는 한편, 버저닝과 같은 복잡한 기능은 changesets[66]나 Rush[67] 같은 서드파티 라이브러리를 사용하는 것을 권장한다. 따라서 pnpm을 기반으로 한 워크스페이스를 운영하려면 이러한 서드파티 라이브러리를 함께 설치해 사용하는 것이 좋다.

지금까지 pnpm을 포함한 워크스페이스 기능에 대해 살펴봤다. 이 기능만으로도 워크스페이스를 충분히 관리할 수 있지만 npm 레지스트리에 패키지를 업로드하기 위해서는 버저닝이 매우 중요하므로 pnpm과 서드파티 라이브러리의 조합이 필수적이다. 또한 빌드 캐시나 파이프라인 등 패키지 관리자의 워크스페이스 기능을 넘어서는 작업들도 효율적인 관리가 필요한데, 이에 대해서는 이후 7장에서 다룰 예정이다.

3.4.2 명령어 비교

세 패키지가 제공하는 기능이 모두 대동소이해 보이면서도 몇 가지 차이가 있는 것처럼, CLI 환경에서 쓰는 명령어도 약간씩 차이가 있다. 이번 절에서는 패키지를 관리할 때 사용하는 명령어를 살펴보고, 각 패키지 관리자에서는 어떤 명령어를 써야 하는지 자세히 살펴보자.

> **노트**
> - 이번 절에서 yarn classic과 관련된 명령어는 다루지 않는다. 여기서 yarn은 yarn berry를 일컫는다.
> - 대부분의 패키지 관리자가 각 명령어의 약어를 지원하지만 여기서는 약어를 다루지 않는다. 예를 들어, `npm install`은 `npm add`, `npm i`, `npm ins`, `npm inst`, `npm instal` 등 여러 가지 약어를 제공한다. 그러나 이러한 약어는 종류가 너무 많기 때문에 여기서는 모두 다루지 않는다. 약어가 궁금하다면 각 패키지 매니저 공식 문서를 참고하길 바란다.

3.4.2.1 의존성 관리

- `package.json`에 있는 의존성 설치
  - npm: `npm install`

---

[66] https://github.com/changesets/changesets
[67] https://rushjs.io/

- yarn: `yarn install` 또는 `yarn`
- pnpm: `pnpm install`

■ 락 파일 기준으로 package.json에 있는 의존성을 엄격하게 설치
- npm: `npm ci`
- yarn: `yarn install --immutable --immutable-cache`
- pnpm: `pnpm install --frozen-lockfile`

■ package.json의 버전 규칙에 맞춰 최신 버전으로 업데이트
- npm: `npm update`
- yarn: `yarn up -R '**'` 또는 yarn-plugin-semver-up 플러그인 사용[68]
- pnpm: `pnpm update`

■ package.json의 버전 규칙에 상관없이 모두 최신 버전으로 업데이트
- npm: N/A
- yarn: `yarn up`
- pnpm: `pnpm update --latest`

■ package.json의 버전 규칙에 맞춰 특정 패키지만 업데이트
- npm: `npm update <패키지명>`
- yarn: yarn-plugin-semver-up 플러그인 사용[69]
- pnpm: `pnpm update <패키지명>`

■ package.json의 버전 규칙에 상관없이 특정 패키지를 최신 버전으로 업데이트
- npm: `npm update <패키지명>@latest`
- yarn: `yarn up <패키지명>`
- pnpm: `pnpm update --latest <패키지명>`

■ 인터랙티브 의존성 업데이트: 인터랙티브 의존성 업데이트는 CLI에서 직접 선택해서 업데이트하는 방식을 의미한다.
- npm: N/A
- yarn: `yarn upgrade-interactive`
- pnpm: `pnpm update --interactive`

---

[68] https://github.com/tophat/yarn-plugin-semver-up
[69] https://github.com/tophat/yarn-plugin-semver-up

```
$ pnpm update --interactive
? Choose which packages to update (Press <space> to select, <a> to toggle all, <i> to invert
selection) ...
> ○ devDependencies
  ○ Package                             Current     Target        URL
  ○ @commitlint/cli                     19.0.3 >    19.3.0
  ○ @commitlint/config-conventional     19.0.3 >    19.2.2
  ○ lefthook                            1.6.5  >    1.6.15
  ○ lint-staged                         15.2.2 >    15.2.5
  ○ prettier                            3.2.5  >    3.3.0
```

- package.json에 dependencies 의존성을 직접 추가

  - npm: `npm install <패키지명>`

  - yarn: `yarn add <패키지명>`

  - pnpm: `pnpm add <패키지명>`

- package.json에 devDependencies 의존성을 직접 추가

  - npm: `npm install <패키지명> --save-dev`

  - yarn: `yarn add <패키지명> --dev`

  - pnpm: `pnpm add <패키지명> --save-dev`

- package.json에서 의존성을 제거

  - npm: `npm uninstall <패키지명>`

  - yarn: `yarn remove <패키지명>`

  - pnpm: `pnpm remove <패키지명>`

- 중복되는 범위의 의존성을 제거

  - npm: `npm dedupe`

  - yarn: `yarn dedupe`

  - pnpm: `pnpm dedupe`

- 해당 패키지가 왜 필요한지, 어느 패키지에 의존되어 설치하는지 확인

  - npm: `npm why <패키지명>`

  - yarn: `yarn why <패키지명>`

  - pnpm: `pnpm why <패키지명>`

3.4.2.2 글로벌 패키지 실행

`npx create-react-app`과 같이 특정 패키지에 설치해서 사용하는 것이 아니라 전역 `node_modules`에 설치해서 사용하는 경우가 종종 있을 것이다. 각 패키지 관리자가 이러한 글로벌 패키지를 어떠한 방식으로 다루는지 살펴보자.

- 전역 패키지 설치
    - npm: `npm install --global <패키지명>`
    - yarn: yarn berry에는 전역 패키지 설치라는 개념이 없다. 과거 yarn global이라는 개념이 yarn classic에 있었으나 yarn 팀은 전역 패키지라는 개념을 더 이상 무의미한 것으로 보는 듯하다.[70]
    - pnpm `pnpm add --global <패키지명>`

- 전역 패키지 업데이트
    - npm: `npm update --global <패키지명>`
    - yarn: 없음
    - pnpm: `npm update --global <패키지명>`

- 전역 패키지 업데이트 삭제
    - npm: `npm remove --global <패키지명>`
    - yarn: 없음
    - pnpm: `npm remove --global <패키지명>`

- 패키지에서 명령 실행
    - npm: `npm exec <패키지명>` 또는 `npx <패키지명>`
        - 전자는 npm@7.0.0에서 도입됐으며, 후자는 npm@5.2.0에서 도입됐다. npx의 경우 모든 플래그와 옵션이 패키지명 앞에 있어야 하지만, npm exec를 통해 실행할 때는 더블 하이픈(--)을 사용해 명령어를 전달할 수 있다.
    - yarn: `yarn dlx <패키지명>`
    - pnpm: `pnpm dlx <패키지명>`

3.4.2.3 그 밖에 자주 쓰이는 명령어

그 밖에 `package.json` 환경에서 자주 쓰이는 명령어는 다음과 같다.

---

[70] https://github.com/yarnpkg/berry/issues/821

- 프로젝트 초기 설정
  - npm: npm init
  - yarn: yarn init
  - pnpm: pnpm init
- 프로젝트 레지스트리에 업로드
  - npm: npm publish
  - yarn: yarn npm publish
  - pnpm: pnpm publish
- 라이선스 정보
  - npm: 없음
  - yarn: yarn-plugin-licenses[71] 플러그인으로 확인 가능
  - pnpm: pnpm licenses
- 패키지 관리자 자체 버전업
  - npm: npm install -g npm, nvm, package.json에 packageManager 필드를 선언하는 corepack 사용
  - yarn: package.json에 packageManager 필드를 선언하는 corepack 사용
  - pnpm: npm install -g npm, package.json에 packageManager 필드를 선언하는 corepack 사용
- 보안 검사
  - npm: npm audit
  - yarn: yarn npm audit
  - pnpm: pnpm audit

3.4.3 벤치마크 테스트

마지막으로, 많은 개발자들이 궁금해할 성능에 대해 이야기해보자. yarn과 pnpm이 공통적으로 지적한 문제점은 npm의 성능과 속도였는데, 실제로 두 패키지 관리자가 npm에 비해 얼마나 빠른지 궁금할 것이다. yarn과 pnpm은 각기 뛰어난 성능을 입증하기 위해 자체적인 벤치마크 테스트 결과를 제공하며, 이를 기반으로 실제로 어느 패키지 관리자가 더 높은 성능을 보이는지 살펴보자.

---

[71] https://github.com/tophat/yarn-plugin-licenses

참고로, 본 벤치마크 정보는 2024년 11월을 포함해서 직전 3개월 기준으로 작성됐다. 이 테스트 결과는 이후 버전에 따라 달라질 수 있으므로 이 책을 읽는 시점에서 직접 확인해보고 싶다면 각주의 링크를 참고하기 바란다.

3.4.3.1 Next.js 설치 비교[72]

yarn은 각 패키지 관리자의 속도를 비교하는 벤치마크 테스트를 제공하며, 이 테스트는 Next.js와 Gatsby를 각각 설치해서 속도를 측정한다. 이번 절에서는 Next.js 설치 시간을 기준으로 각 패키지 관리자의 성능 추세를 살펴보자.

3.4.3.1.1 Full Cold

Full Cold는 완전히 새로운 머신에서 프로젝트를 처음 클론하고 설치하는 과정을 의미한다. CI 환경을 예로 들 수 있지만, 앞서 다룬 패키지 관리자의 내용에서 알 수 있듯이 완전히 캐시가 없는 제로 상태에서 설치하는 경우는 드물기 때문에 이 데이터는 참고용으로만 확인하는 것이 좋다.

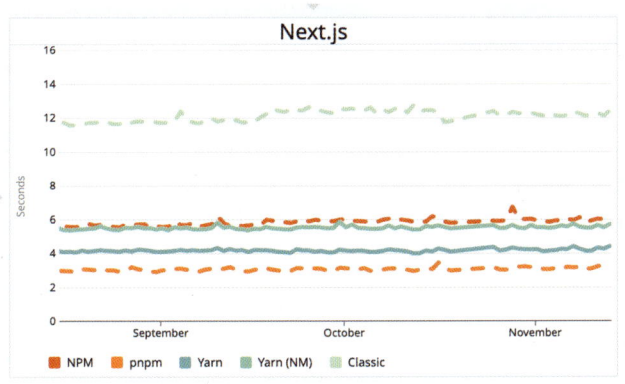

그림 3.17 완전히 아무것도 없는 full cold 상태에서의 Next.js 설치 속도 비교

가장 빠른 성능을 보인 것은 pnpm이며, 그다음으로는 yarn이, 다음으로는 yarn node_modules와 npm이 비슷한 성능을 보였으며, 마지막으로는 yarn classic이 제일 느리다는 것을 확인할 수 있었다. pnpm이 가장 빠른 속도를 보인 이유는 필요한 패키지를 모두 해석하고 다운로드하는 다른 패키지 관리자와는 달리, 해당 프로젝트의 의존성이 파악되는 즉시 병렬로 다운로드하기 때문이다.

---

[72] https://p.datadoghq.eu/sb/d2wdprp9uki7gfks-c562c42f4dfd0ade4885690fa719c818?fromUser=false&refresh_mode=sliding&tpl_var_npm%5B0%5D=%2A&tpl_var_pnpm%5B0%5D=%2A&tpl_var_yarn-classic%5B0%5D=%2A&tpl_var_yarn-modern%5B0%5D=%2A&tpl_var_yarn-nm%5B0%5D=%2A&tpl_var_yarn-pnpm%5B0%5D=no&from_ts=1723700705285&to_ts=1731476705285&live=true

패키지 설치 과정에서 pnpm은 의존성 파악, 다운로드, 링크 과정을 각각 병렬로 처리함으로써 설치 속도를 크게 향상시킨다. 이러한 방식은 다른 패키지 관리자들이 단계별로 진행하는 것에 비해 상당히 효율적이다.

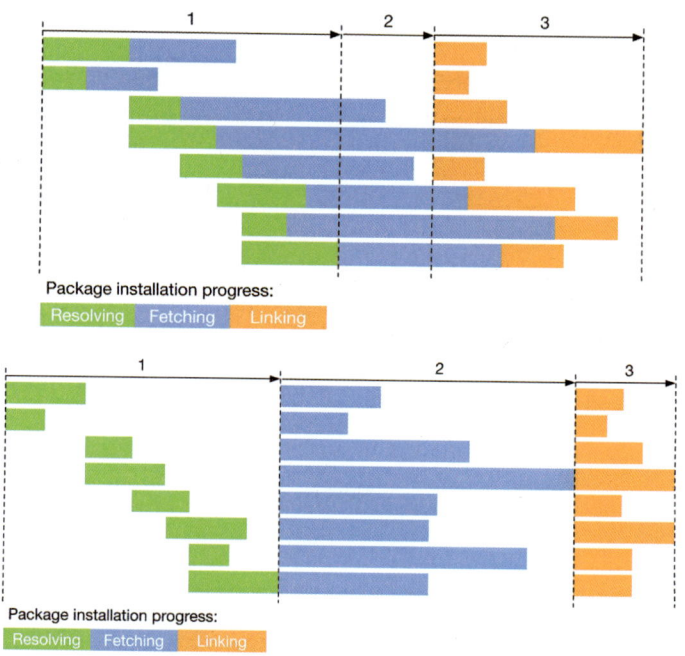

그림 3.18 pnpm과 다른 패키지 매니저의 설치 방식의 차이를 보여주는 그래프.[73] 각 단계를 개별로 실행하는 것이 아니라 가능한 시점에 바로 병렬로 실행해서 더 빠르다는 것을 보여준다.

3.4.3.1.2 캐시만 존재하는 경우

다음으로, 어떤 형태로든 캐시만 존재하는 경우다.

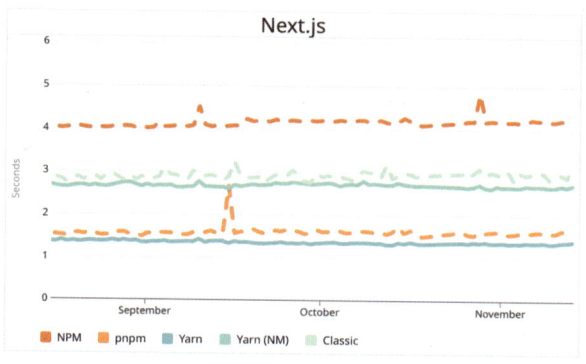

그림 3.19 캐시가 존재하는 상태에서의 Next.js 설치 속도 비교

yarn pnp가 pnpm보다 아주 약간 빠른 모습을 보였으며, yarn node_modules와 yarn classic이 그 뒤를, 그리고 제일 느린 것은 npm이었다. yarn pnp는 캐시만 있다면 `pnp.cjs`를 생성해서 경로만 지정해주면 되고, pnpm의 경우 해당 글로벌 캐시를 COW 처리만 해주면 되기 때문에 가장 빠른 모습을 보였다.

3.4.3.1.3 캐시와 락 파일 모두가 존재하는 경우

락 파일과 캐시가 모두 존재하는 경우를 살펴보자. 이는 Git 같은 버전 관리 시스템에서 저장소를 클론한 직후에 `node_modules` 폴더가 없는 것과 동일하며 일반적인 CI 환경에 해당한다.

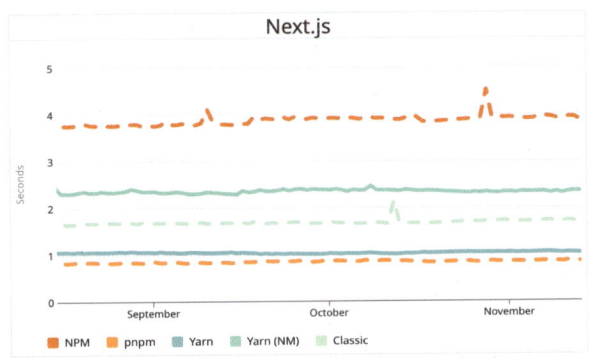

그림 3.20 캐시와 락 파일이 모두 존재하는 상태에서의 Next.js 설치 속도 비교

pnpm과 yarn pnp가 가장 빠른 모습을 보였으며, yarn classic과 yarn node_modules가 그 뒤를 이었고, 역시 제일 느린 것은 npm이었다. 두 패키지 모두 다운로드 작업이 생략돼 있기 때문에 훨씬 더 빠른 것을 볼 수 있다.

3.4.3.1.4 pnpm 벤치마크[74]

다음으로 살펴볼 벤치마크 정보는 pnpm에서 제공하는 벤치마크 기록이다. 이 내용은 많은 의존성을 가지고 있는 `package.json`[75]을 기반으로 측정됐으며, 이 `package.json`을 기준으로 앞의 벤치마크와 동일하게 각 상황별로 속도를 비교해 정리한 것이다.

---

[74] https://pnpm.io/benchmarks
[75] https://github.com/pnpm/pnpm.io/blob/main/benchmarks/fixtures/alotta-files/package.json

표 3.2 각 상황에 따른 패키지 관리자별 설치 속도 비교

No	action	cache	lockfile	node_modules	npm	pnpm	Yarn	Yarn PnP
1	install				37.4s	9.3s	7.1s	3.5s
2	install	✓	✓	✓	1.5s	1s	5.1s	n/a
3	install	✓	✓		7.8s	2.6s	5.2s	1.3s
4	install	✓			12.9s	6.1s	7s	2.8s
5	install		✓		11.7s	5.6s	5.3s	1.3s
6	install	✓		✓	1.7s	2.3s	6.7s	n/a
7	install		✓	✓	1.4s	1.1s	5s	n/a
8	install			✓	1.7s	5.7s	6.8s	n/a
9	update	n/a	n/a	n/a	7.3s	3.7s	5.7s	2.9s

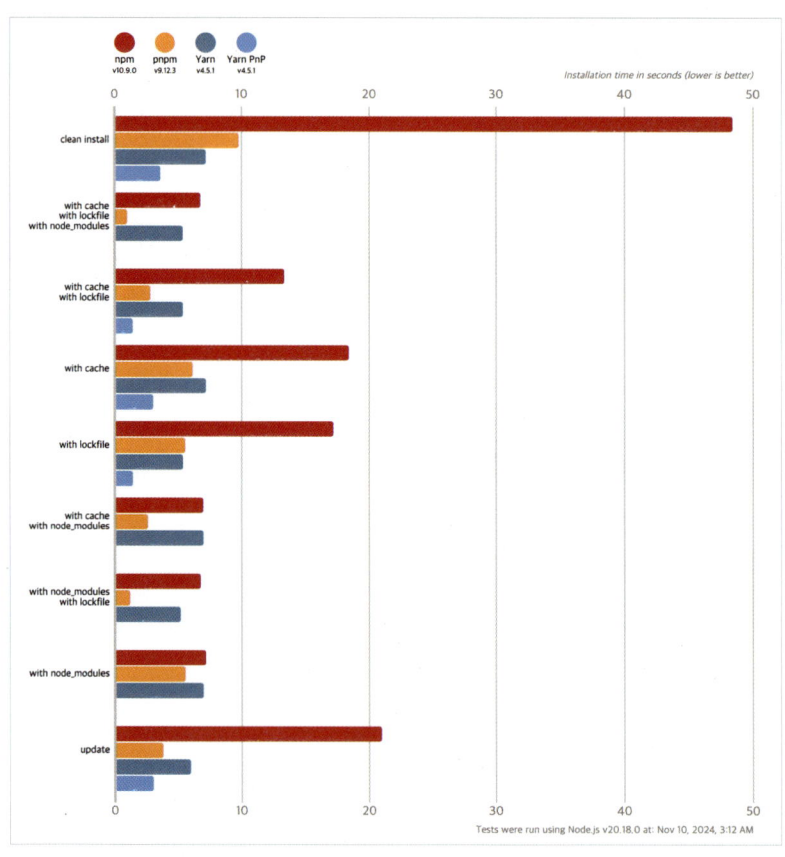

그림 3.21 각 상황에 따른 설치 속도를 그래프로 비교

1. 캐시, 락 파일, node_modules가 없는 Full Cold 상황을 의미한다. 여기서는 yarn pnp가 가장 빨랐으며, yarn classic과 pnpm이 비슷했으며, npm이 현격하게 느린 모습이었다. 이는 앞서 Next.js 상황과는 다소 차이가 있는데, 이로 미루어 보아 pnpm의 병렬 수행도 의존성이 많아질수록 성능에 지장이 있을 수 있다는 점을 추측해볼 수 있다.

2. 캐시, 락 파일, node_modules가 있는 상황을 의미한다. 모든 준비가 다 된 이후에 다시 install 명령어를 수행했을 때를 의미한다. yarn pnp는 node_modules가 무의미하므로 생략됐다. yarn classic이 제일 느렸고, 나머지는 비슷한 모습이었다.

3. 캐시, 락 파일은 있지만 node_modules가 없는 경우다. 개발자가 프로젝트를 처음 클론했을 때를 의미하며, 이 상황에서는 yarn pnp와 pnpm이 가장 빨랐으며, yarn classic과 npm이 그 뒤를 이었다.

4. 캐시만 존재하는 경우를 의미한다. yarn pnp, pnpm, yarn, npm 순으로 빨랐다.

5. 락 파일만 존재하는 경우를 의미한다. 캐시가 없는 CI가 이 상황과 유사하다고 볼 수 있다. 이 역시 yarn pnp가 제일 빨랐으며, yarn classic과 pnpm이 비슷한 수준이고, npm이 가장 느렸다.

6. 캐시와 node_modules만 존재하는 경우를 말하며, 이러한 상황은 락 파일을 지우고 다시 install을 수행할 때 종종 확인할 수 있다. npm이 가장 빨랐는데, 아마도 제대로 설치됐는지 확인하는 작업만 수행해서 제일 빨랐던 것으로 보인다. 하드 링크를 수행해야 하는 pnpm이 그 뒤를 이었으며, yarn classic이 제일 느렸다.

7. 락 파일과 node_modules만 존재하는 경우로서, pnpm과 npm이 제일 빨랐으며 yarn classic이 제일 느렸다.

8. node_modules만 존재하는 경우로서, npm, pnpm, yarn classic 순으로 빨랐다.

9. 업데이트를 수행하는 상황에서는 yarn pnp가 제일 빨랐으며, 그 뒤를 pnpm, yarn classic, npm이 이어갔다.

3.4.3.2 벤치마크 테스트 결론

이러한 결과를 바탕으로, 현재 버전에서 세 패키지 관리자를 기준으로 다음과 같이 추측할 수 있다.

- npm은 특정 상황을 제외하면(예: npm용 node_modules가 미리 설정돼 있는 경우) 다른 패키지 관리자에 비해 현저히 느리다. 따라서 성능을 가장 중요한 선택 기준으로 삼는다면 npm은 최악의 선택이 될 것이다.

- yarn classic 또한 대부분의 경우 pnpm이나 yarn berry에 비해 느리다. 두 패키지 관리자는 지속적인 업데이트로 유지보수되고 있지만 yarn classic은 보안 패치 외에는 특별한 기능 개선이 이뤄지지 않고 있으므로 이러한 결과는 자연스러운 것으로 보인다. 따라서 새로운 프로젝트를 시작할 때 yarn classic을 선택할 이유는 거의 없다.

- 대부분의 경우 yarn berry와 pnpm이 가장 빠른 성능을 보였으며, 그중에서도 yarn berry가 가장 뛰어난 성능을 나타냈다. 이는 pnpm이 하드 링크나 Copy-on-Write(COW) 작업이 필요한 반면, yarn berry는 필요한 의존성을 다운로드하면서 동시에 미리 준비된 pnp.cjs 파일에 현재 의존성 그래프를 JSON 형식으로 생성하기만 하면 되기 때문이다. 따라서 모던 자바스크립트 프로젝트를 만드는 경우 yarn berry나 pnpm을 선택하는 것이 가장 합리적이다.

이 내용은 2024년 11월을 기준으로 내린 결론이며, 이후 버전에 따라 성능이 달라질 수 있으므로 이 책을 읽는 시점에서 직접 확인하고 싶다면 각주에 있는 링크를 참고하기 바란다.

3.4.4 정리

지금까지 세 가지 패키지 관리자를 비교했다. 이들 패키지 관리자가 공통적으로 제공하는 워크스페이스 기능과 관련된 다양한 기능을 살펴보고, 실제 명령어를 비교하며, 마지막으로 성능 비교까지 분석했다. 이번 장의 내용을 모두 읽었다면 새로운 프로젝트를 시작하거나 기존 프로젝트를 유지보수할 때 어떤 패키지 관리자를 선택해야 할지 어느 정도 감이 잡혔을 것이다.

이 책의 후반부에서 다룰 실습에서는 npm과 기능이 비교적 유사하고 학습 곡선이 낮은 pnpm을 중심으로 진행한다. 그러나 pnpm에서만 가능한 기능만 다루지는 않을 것이므로 실습 과정에서 yarn berry를 사용하고 싶다면 앞서 소개한 명령어를 참고해서 yarn berry 기반의 프로젝트를 만들어보는 것도 좋다.

이어서 4장에서는 패키지 관리자가 생성하는 `node_modules`와 패키지 내부에서 사용되는 모듈 시스템인 CommonJS와 ESModule에 대해 살펴본다. 두 모듈 시스템이 각각 무엇을 의미하며, Node.js가 이러한 모듈 시스템을 어떻게 이해하는지 본격적으로 파헤쳐보자.

04장
CommonJS와 ESModule

자바스크립트의 모듈 시스템은 현대 소프트웨어 개발에서 필수적인 역할을 한다. 모듈 시스템을 통해 개발자는 코드를 구조화해서 유지보수를 쉽게 할 수 있으며, 특히 대규모 프로젝트나 여러 개발자가 협업하는 환경에서는 코드의 일관성을 유지하고 의존성을 효과적으로 관리할 수 있다. 이러한 모듈 시스템은 자바스크립트 코드의 재사용성을 높이고, 특정 기능을 모듈화해서 코드의 가독성과 유지보수성을 개선하는 데 크게 기여한다.

하지만 자바스크립트의 모듈화 방식은 등장 이후로 다른 언어에서는 보기 드문 다양한 패러다임을 거쳐 발전해 왔다. 그중에서도 CommonJS와 ESModule은 자바스크립트 모듈화 역사에서 가장 두드러지는 두 가지 체계이며, 현재 많은 개발자가 사용하는 대표적인 모듈 시스템이다. CommonJS는 주로 서버 환경에서 널리 사용되며, Node.js의 모듈 시스템으로 채택되어 초기 서버 사이드 자바스크립트 개발에 큰 영향을 미쳤다. 반면 ESModule은 자바스크립트의 표준 모듈 시스템으로, 브라우저 환경에서의 모듈화를 지원하며 최신 자바스크립트 프로젝트에서 널리 채택되고 있다.

이번 장에서는 자바스크립트 모듈화의 전반적인 역사와 발전 과정을 살펴보고, CommonJS와 ESModule이 각각 어떤 특성을 가지고 있으며, 두 모듈 시스템이 어떻게 다른지 비교한다. 또한 개발자들이 각 모듈 시스템을 어떤 상황에서 선택하는 것이 좋은지에 대해 설명하고, 자바스크립트 모듈 시스템의 미래 발전 방향에 대해서도 알아보고자 한다.

4.1 자바스크립트 모듈화의 역사

소프트웨어 개발에서 모듈은 프로그램을 작은 기능 단위로 나누어 구성하는 중요한 요소다. 이는 프로그램을 여러 부분으로 나누어 각 부분이 특정 기능을 담당하게 하며, 각 모듈은 독립적으로 존재하면서 필요한 기능을 수행하기 위한 함수, 변수, 클래스 등을 포함한다. 이러한 모듈화는 애플리케이션을 효율적으로 구축하는 방법으로, 코드를 작은 단위로 분할하고 추상화해서 유지보수성을 높이고 재사용성을 향상시킨다.

모듈화는 프로젝트 규모가 커질수록 필연적으로 모듈 시스템으로 확장된다. 모듈 시스템은 프로그램을 여러 모듈로 나누고 이를 체계적으로 관리하는 데 필요한 규칙과 방법을 제공한다. 프로그래밍 언어에서 모듈 시스템은 모듈을 정의하고 가져오는 방식, 의존성 관리, 네임스페이스 등을 다루며, 복잡한 소프트웨어 프로젝트를 효율적으로 구성하고 관리하는 데 중요한 역할을 한다. 모듈 시스템에서는 일반적으로 모듈을 파일 단위로 구분하고, 다른 파일에서 모듈을 가져와 사용함으로써 파일 간의 의존 관계를 형성한다. 이를 통해 각 모듈은 필요한 기능을 다른 모듈에서 가져와 사용할 수 있어 코드의 중복을 줄이고 유지보수가 용이해진다.

초기 자바스크립트에는 이러한 모듈화 개념이 없었다. 그러나 자바스크립트가 웹의 발전과 함께 폭넓게 사용되면서 모듈 시스템의 필요성이 점차 대두됐다. 결국 자바스크립트에서도 모듈 시스템이 표준으로 자리 잡았고, 오늘날 CommonJS, AMD, UMD, ESModule 같은 다양한 모듈 시스템이 등장했다. 먼저 자바스크립트 모듈화의 초기 배경과 발전 과정을 살펴보고, 현재의 모듈 시스템이 어떻게 자리 잡게 됐는지 알아보자.

4.1.1 자바스크립트 모듈화의 배경

자바스크립트 모듈화의 발전은 자바스크립트의 성장과 궤를 함께한다. 자바스크립트의 발전 과정을 이해하면 모듈화가 어떻게 촉진됐는지 명확히 알 수 있다. 특히 자바스크립트 모듈화에 큰 영향을 미친 세 가지 중요한 사건을 살펴보자.

4.1.1.1 1997년: ECMAScript 표준 제정

자바스크립트는 1995년 넷스케이프 커뮤니케이션즈(Netscape Communications)의 브렌던 아이크(Brendan Eich)에 의해 개발됐으며, 넷스케이프 내비게이터 2.0에 처음 도입됐다. 이후 마이크로소프트가 JScript를 개발하는 등 브라우저마다 다른 스크립트 언어가 등장하면서 호환성 문제가 대두됐다. 이를 해결하기 위해 유럽 컴퓨터 제조업 협회(European Computer Manufacturers Association; ECMA)가 자바스크립트의 표준인 ECMAScript를 제정했다. 이로써 모든 브라우저가 동일한 자바스크립트 표준을 따르게 됐고, ECMAScript는 이후 지속적으로 업데이트되어 현재까지 이어지고 있다.

4.1.1.2 1999년: Ajax의 등장

초창기 자바스크립트는 주로 서버에서 전달된 HTML에 동적인 요소를 추가하는 보조적인 역할에 머물렀다. 그러나 1999년 Ajax(Asynchronous JavaScript and XML)의 등장은 자바스크립트의 역할을 획기적으로 확장했다. Ajax를 통해 브라우저와 서버가 비동기적으로 데이터를 교환할 수 있게 되면서 웹 페이지의 동작 방식에 큰 변화가 생겼다.

Ajax 등장 이전에는 웹 페이지가 변화할 때마다 서버로부터 완전한 HTML을 다시 받아와 렌더링해야 했다. 이로 인해 불필요한 부분까지 리렌더링됐고, 페이지가 새로고침될 때마다 화면이 깜박이는 불편함이 있었다. 반면 Ajax는 필요한 데이터만 서버에 요청하고 이를 받아와 클라이언트에서 처리함으로써 불필요한 화면 재로딩을 줄이고 사용자 경험을 향상시켰다. 이를 통해 웹 페이지의 일부만 업데이트할 수 있게 됐고, 페이지 전체를 새로 고침하지 않아도 동적인 데이터를 로드할 수 있었다.

Ajax의 등장은 나아가 단일 페이지 애플리케이션(Single Page Application; SPA)의 탄생을 촉발시켰고, Angular, React, Vue.js 같은 프런트엔드 프레임워크와 라이브러리의 등장을 가능케 함으로써 프런트엔드 개발의 패러다임에 큰 변화를 가져왔다.

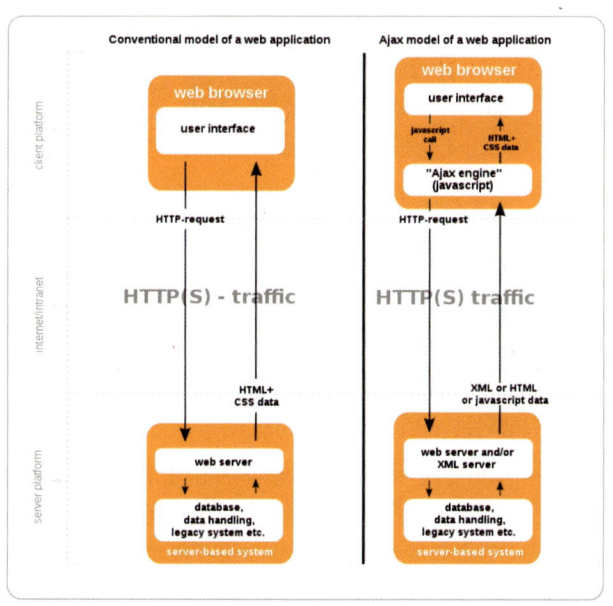

그림 4.1 전통적인 웹 애플리케이션 모델과 Ajax를 사용한 애플리케이션 모델의 비교[1]

---

[1] https://en.wikipedia.org/wiki/Ajax_(programming)

즉, Ajax의 등장은 웹 개발에서 비동기적 데이터 교환과 동적 콘텐츠 업데이트에 대한 패러다임 변화를 가져와 현대적인 웹 애플리케이션의 기반이 됐다.

4.1.1.3 2008년: 구글의 V8 자바스크립트 엔진의 등장[2]

초기 자바스크립트는 주로 동적인 콘텐츠 업데이트나 사용자와의 상호작용에 초점이 맞춰져 있었으며, 복잡한 작업이나 대규모 애플리케이션 개발에는 적합하지 않다고 여겨졌다. 그러나 2005년 구글이 구글 맵스(Google Maps) 개발에 자바스크립트와 Ajax를 사용하면서 데스크톱 애플리케이션에 견줄 만한 성능과 부드러운 화면 전환을 구현해냈다. 이를 통해 구글 맵스는 자바스크립트가 웹 애플리케이션 개발 언어로서 가진 가능성을 보여주는 계기가 됐다.

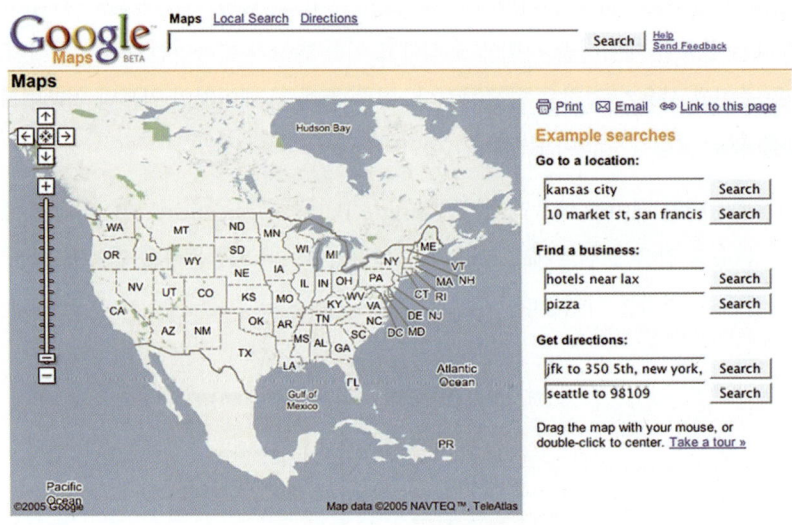

그림 4.2 2005년 2월 8일 출시 당시의 구글 맵스 화면[3]

구글 맵스를 계기로 자바스크립트를 적극적으로 활용한 웹 애플리케이션 구축이 본격화되면서 클라이언트 측에서 수행해야 하는 작업량도 증가하고 웹 애플리케이션의 복잡성 또한 높아지기 시작했다. 이로 인해 자바스크립트 엔진의 성능이 점점 더 중요해졌으며, 이를 해결하기 위해 2008년 구글은 V8 자바스크립트 엔진을 출시해 브라우저에서 실행되는 자바스크립트 코드의 속도를 크게 개선했다. V8 엔진의 도입으로 자바스크립트는 데스크톱 애플리케이션에 버금가는 성능과 사용자 경험을 제공하는 웹 애플리케이션 개발 언어로 자리 잡았다.

---

2 https://googleblog.blogspot.com/2008/09/fresh-take-on-browser.html
3 https://blog.google/products/maps/look-back-15-years-mapping-world/

V8 엔진의 출현은 자바스크립트 생태계 전반에도 큰 변화를 일으켰다. 이 엔진은 브라우저 외부에서도 사용할 수 있도록 개발됐고, 이를 통해 라이언 달(Ryan Dahl)은 Node.js를 개발했다. Node.js의 등장은 서버 측 자바스크립트 개발을 가능케 해서 웹 개발의 확장성과 효율성을 크게 높였고, 모듈 시스템과 같은 표준화에 기여했다. 이에 대해서는 4.2절 'CommonJS란 무엇일까?'에서 CommonJS와 Node.js의 등장 배경과 그 영향에 대해 다룬다.

결론적으로, V8 엔진의 등장은 자바스크립트 생태계에 혁신을 불러왔으며, 웹 애플리케이션의 성능과 개발 생산성을 한층 끌어올렸다.

4.1.2 모듈화 이전의 자바스크립트

초기 개발 당시 자바스크립트는 모듈 시스템을 염두에 두지 않은 언어였다. 처음에는 HTML에서 간단한 동적 기능을 구현하는 용도로 시작했기 때문에 엄격한 시스템이나 표준이 필요하지 않았다. 그러나 앞서 설명한 웹의 발전과 함께 자바스크립트가 더 다양한 역할을 수행하게 되면서 모듈 시스템의 필요성이 대두됐다.

초기 자바스크립트에서는 하나의 파일에 모든 기능을 구현하거나 필요한 파일을 순서대로 불러오는 방식으로 코드를 작성했다. 하지만 자바스크립트를 사용하는 코드의 양이 증가하고 구조가 복잡해지면서 이러한 단순한 방식으로는 여러 문제가 발생했다.

- **전역 변수 문제**: 모든 변수가 전역 스코프에 위치하면서 동일한 이름을 가진 전역 변수가 다른 파일에 존재할 경우 의도치 않게 기존 변수를 덮어쓸 위험이 있었다. 이를 피하기 위해 window.__something과 같은 변수명 접두사를 사용하는 암묵적인 규칙이 생겨났으나, 이런 규칙만으로는 문제를 근본적으로 해결할 수 없었다.
- **복잡한 의존성 관리**: 파일을 분리해도 모듈 간 의존 관계가 존재하면 올바른 순서대로 파일을 로드해야만 애플리케이션이 정상적으로 동작할 수 있었다. 의존성이 많아질수록 이러한 로드 순서를 관리하는 부담도 커졌다.
- **렌더링 지연 문제**: 브라우저는 스크립트를 로드할 때마다 새로운 HTTP 연결을 생성하는데, 불러와야 할 스크립트가 많아질수록 연결이 늘어나면서 로드 시간이 길어졌다. 스크립트를 다운로드하는 동안 렌더링이 블로킹되어 사용자는 흰 화면을 오래 보는 불편을 겪었다.

이 같은 문제를 겪으면서 개발자들은 자바스크립트에서도 모듈화가 필요하다는 인식을 갖게 됐다. 이에 따라 CommonJS, AMD, UMD, ESModule 등 다양한 모듈 시스템이 개발됐고, 이를 통해 자바스크립트 애플리케이션을 더욱 체계적으로 구축할 수 있는 기반이 마련됐다.

4.1.3 자바스크립트 모듈의 여러 시도들

자바스크립트 모듈 시스템은 여러 시도와 변천을 거치며 발전해 왔다. 과거의 다양한 시도와 그 특징을 이해하면 이후에 설명할 CommonJS와 자바스크립트 표준 모듈인 ESModule을 더욱 쉽게 이해할 수 있다. 이번 절에서는 자바스크립트 모듈화 과정에서 나타난 몇 가지 주요한 단계와 시도를 살펴본다.

4.1.3.1 즉시 호출 함수 표현식

모듈 시스템이 없던 초기에는 즉시 호출 함수 표현식(Immediately Invoked Function Expression, 이하 IIFE)을 사용해 모듈 시스템을 흉내 냈다. IIFE는 이름 그대로 함수를 정의하자마자 즉시 실행하는 방식으로, 이를 활용한 모듈 패턴의 기본 구조는 다음과 같다.

```javascript
;(function () {
  // 모듈 코드
})()
```

여기서 괄호로 둘러싸인 함수는 즉시 실행되고, 그 결과로 새로운 스코프가 형성된다. 이 스코프 내에서 정의된 변수와 함수는 외부 스코프에서 접근할 수 없어 이를 이용해 네임스페이스의 충돌을 방지하고 모듈 간의 의존성을 관리할 수 있다.

예를 들어, 다음 코드처럼 `waterTemperature`를 구현했다면 어떤 속성이 외부에서 접근 가능한 속성일까?

```javascript
var waterTemperature = (function () {
  var boilingPoint = 100

  function convertFahrenheitToCelsius(fahrenheit) {
    var celsius = ((fahrenheit - 32) * 5) / 9
    return celsius
  }

  return {
    units: ['Celsius', 'Fahrenheit'],
    isWaterBoiling: function (temperature, unit) {
      const celsius = unit === 'Fahrenheit' ? convertFahrenheitToCelsius(temperature) : temperature

      if (celsius >= boilingPoint) {
        return '물이 끓는 중'
```

```
      }
      return '물이 끓지 않음'
    },
  }
})()
```

직접 `waterTemperature` 모듈의 각 속성을 출력해보면 `boilingPoint`와 `convertFahrenheitToCelsius()` 함수는 모듈 내부에서만 접근 가능하기 때문에 외부에서는 사용할 수 없다. 반면 `units`와 `isWaterBoiling()` 함수는 모듈을 반환하는 객체의 속성이므로 외부에서 접근할 수 있다.

```
console.log(waterTemperature.boilingPoint) // undefined
console.log(waterTemperature.convertFahrenh eitToCelsius(72)) // Uncaught TypeError:waterTemperatu
re.convertFahrenheitToCelsius is not a func tion
console.log(waterTemperature.units) // ['Celsius', 'Fahrenheit']
console.log(waterTemperature.isWaterBoiling(50, waterTemperature.units[0])) // '물이 끓지 않음'
```

IIFE를 사용한 모듈 패턴은 ESModule이 도입되기 전에 주로 사용됐으며, 간단한 프로젝트나 코드에서 모듈화를 구현하는 방법 중 하나로 활용됐다. 그러나 이 방식은 동일한 네임스페이스 충돌과 의존성 관리의 어려움이 있다. 다음 예제를 통해 이를 살펴보자.

```
// 모듈 A
const ModuleA = (function () {
  const name = 'ModuleA'

  function greet() {
    console.log(`Hello from ${name}`)
  }

  return {
    greet,
  }
})()

// 모듈 B
const ModuleB = (function () {
  const name = 'ModuleB'
```

```
  function greet() {
    console.log(`Hello from ${name}`)
  }

  return {
    greet,
  }
})()

ModuleA.greet() // "Hello from ModuleA"
ModuleB.greet() // "Hello from ModuleB"

// 동일한 변수로 또 다른 모듈 선언 시
const ModuleA = (function () {
  const name = 'AnotherModuleA'

  function greet() {
    console.log(`Hello again from ${name}`)
  }

  return {
    greet,
  }
})()

// 동일한 이름으로 모듈을 정의할 경우 오류 발생
// Uncaught SyntaxError: Identifier 'ModuleA' has already been declared
```

1. **네임스페이스 충돌 문제**: 위 코드에서는 ModuleA와 ModuleB라는 두 모듈을 정의하고, 각 모듈 내에서 독립적인 변수를 사용한다. 이 방식은 소규모 프로젝트에서는 문제가 없을 수 있지만 프로젝트가 커지거나 외부 라이브러리와 결합될 때 충돌이 발생할 가능성이 커진다. 예를 들어, 동일한 이름(ModuleA)을 가진 모듈을 중복 선언하면 Uncaught SyntaxError: Identifier 'ModuleA' has already been declared와 같은 오류가 발생한다. IIFE 패턴은 전역에 모듈을 선언하기 때문에 동일한 이름의 모듈이 존재할 경우 코드 유지보수가 어려워지고 중복 선언으로 인한 오류가 발생할 수 있다.

2. **의존성 관리의 어려움**: IIFE 방식에서는 모듈 간 의존 관계를 명시적으로 관리하기 어렵다. 예를 들어, ModuleB가 ModuleA에 의존할 경우 ModuleA가 먼저 로드된 후에 ModuleB가 로드돼야 한다. 이러한 순서가 지켜지지 않으면 ModuleB가 의존하는 기능이 준비되지 않은 상태에서 실행되어 오류가 발생할 수 있다. IIFE 방식은 모듈 로드 순서를 수동으로 관리해야 하므로 의존성이 많아질수록 로드 순서 관리가 복잡해지고 유지보수도 어려워진다.

결과적으로, IIFE를 사용한 모듈 패턴은 간단한 코드에는 유용하지만 네임스페이스와 의존성 관리 측면에서 한계가 있어 이후 더 체계적인 모듈 시스템이 도입되는 계기가 됐다.

4.1.3.2 AMD와 RequireJS

AMD(Asynchronous Module Definition)는 모듈을 비동기적으로 로드하고 정의하는 자바스크립트의 모듈 정의 표준 중 하나다. 주로 브라우저 환경에서 사용되며, RequireJS라는 라이브러리가 AMD를 구현한 대표적인 예다.

AMD는 모듈을 비동기적으로 로드하는 방식을 채택해 브라우저에서 여러 모듈을 병렬로 로드할 수 있도록 돕고, 이를 통해 페이지 초기 로딩 속도를 향상시킨다. 또한 모듈 간 의존성을 명시적으로 정의하게 함으로써 각 모듈이 필요한 의존 모듈을 명시하고, 해당 모듈이 로드될 때까지 기다릴 수 있게 한다. 다음 예제는 AMD에서 모듈을 정의하고 가져오는 방식을 구현한 코드다.

```javascript
// waterTemperature.js
define(// 의존 모듈들을 배열 형태로 넘긴다. 그러나 로드 순서를 보장하지는 않는다.
['dependency1', 'dependency2'], function (dependency1, dependency2) {
  // 의존 모듈들은 순서대로 매개변수에 담긴다.
  // 의존 모듈들이 모두 로딩된 후, 해당 함수를 실행한다.
  var boilingPoint = 100

  function convertFahrenheitToCelsius(fahrenheit) {
    var celsius = ((fahrenheit - 32) * 5) / 9
    return celsius
  }

  return {
    units: ['Celsius', 'Fahrenheit'],
    isWaterBoiling: function (temperature, unit) {
      const celsius = unit === 'Fahrenheit' ? convertFahrenheitToCelsius(temperature) : temperature

      if (celsius >= boilingPoint) {
        return '물이 끓는 중'
      }

      return '물이 끓지 않음'
    },
  }
}
```

```
})
```

```
// main.js
require(['waterTemperature'], function (waterTemperature) {
  console.log(waterTemperature.units) // ['Celsius', 'Fahrenheit']
  console.log(waterTemperature.isWaterBoiling(50, waterTemperature.units[0])) // '물이 끓지 않음'
})
```

AMD 스펙을 구현한 대표적인 라이브러리인 RequireJS는 AMD 명세에 몇 가지 기능을 추가해서 더 편리하게 사용할 수 있게 한다.[4] 예를 들어, 모듈이 처음 실행될 때 생성한 클로저를 통해 초기화 이후의 상태를 유지하거나 클래스 형태로 모듈을 구현할 수 있게 지원하며, `<script>` 태그 내부에서 RequireJS의 설정 옵션을 제공할 수 있다.

비동기적으로 모듈을 로드하고 의존성을 명시할 수 있는 AMD와 RequireJS는 주로 브라우저 환경에서 사용되며, 대규모 애플리케이션에서 모듈화와 성능 최적화를 위해 의존성을 명시하고 비동기 로딩을 활용해 효율적으로 자원을 관리할 수 있게 해준다. 그러나 AMD 방식에는 몇 가지 단점이 있다.

- **복잡한 문법**: AMD는 define과 require 함수를 사용해 모듈과 의존성을 선언하는 방식으로, 함수 호출과 배열 형태의 의존성 선언이 필요하다 보니 문법이 다소 복잡하고 가독성이 떨어진다. 예를 들어, 다음과 같이 AMD와 CommonJS, ESModule의 문법을 비교해보자.

```
// AMD
define(['moduleA', 'moduleB'], function (moduleA, moduleB) {
  moduleA.doSomething()
  moduleB.doSomethingElse()
})
```

```
// CommonJS
const moduleA = require('moduleA')
const moduleB = require('moduleB')

moduleA.doSomething()
moduleB.doSomethingElse()
```

```
// ESModule
import {doSomething} from 'moduleA'
```

---

[4] https://requirejs.org/docs/api.html

```
import {doSomethingElse} from 'moduleB'

doSomething()
doSomethingElse()
```

ESModule은 `import`와 `export` 구문을 사용해 코드가 더 간결하고 직관적이며, 의존 모듈이 많아져도 코드 가독성을 유지할 수 있다.

3. **정적 분석의 어려움**: AMD는 모듈과 의존성을 동적 함수 호출로 정의하기 때문에 코드 작성 시점에서 의존성을 정적으로 분석하기 어렵다. 이로 인해 빌드 도구가 트리 셰이킹이나 코드 분할 같은 성능 최적화를 적용하기 어려워진다.

4. **비동기 로드의 제한**: AMD는 모듈을 비동기로 로드하므로 네트워크 상태에 따라 로드 지연이 발생할 수 있으며, 동기 로드가 필요한 경우 불편하다.

5. **서버 환경에 대한 제약**: AMD는 브라우저 환경을 중심으로 설계됐기 때문에 Node.js 같은 서버 환경에서는 사용하는 데 제약이 있다. ESModule은 일관된 모듈화 방식을 제공한다.

이러한 단점으로 인해 AMD와 RequireJS는 점차 사용 빈도가 줄어들었으며, 브라우저와 서버 환경에서 표준으로 지원되는 ESModule이 현대 자바스크립트의 기본 모듈 시스템으로 자리 잡았다.

4.1.3.3 CommonJS

CommonJS는 브라우저 이외의 환경에서 자바스크립트를 사용하기 위한 표준 모듈 시스템으로 등장했다. CommonJS는 동기적으로 모듈을 로드하는데, 이 특징은 서버 사이드 환경에서 파일 시스템 접근이나 네트워크 요청과 같은 I/O 작업에 적합했다. 따라서 서버 런타임에서 동작하는 Node.js는 동기적인 모듈 로딩이 가능한 CommonJS를 채택하게 됐다. CommonJS에서는 `exports`와 `require()` 함수를 사용해 모듈을 가져오고 내보낼 수 있으며, 다음과 같은 방식으로 작성할 수 있다.

```
// sum.js
exports.sum = function (a, b) {
  return a + b
}

// index.js
const {sum} = require('./sum.js')

console.log(sum(1, 2)) // 3
```

이러한 CommonJS의 자세한 명세와 특징은 4.2절 'CommonJS란 무엇일까?'에서 본격적으로 다룬다.

4.1.3.4 UMD

앞에서 설명한 대로, AMD와 CommonJS는 각각 브라우저 환경과 서버 사이드 환경에서 모듈 시스템을 지원하기 위해 만들어진 두 가지 다른 표준이다. UMD(Universal Module Definition)는 이 두 모듈 시스템, 즉 CommonJS와 AMD를 통합해서 다양한 환경에서 호환성을 제공하기 위해 설계된 패턴이다. 이 방식은 여러 환경에서 동일한 모듈을 사용할 수 있도록 지원하며, 보편화된 템플릿 코드[5]를 통해 AMD와 CommonJS뿐만 아니라 브라우저의 전역 객체에도 대응하는 것을 확인할 수 있다.

```javascript
;(function (root, factory) {
  if (typeof define === 'function' && define.amd) {
    // AMD 환경
    define(['dependency'], factory)
  } else if (typeof module === 'object' && module.exports) {
    // CommonJS 환경
    module.exports = factory(require('dependency'))
  } else {
    // 전역 객체에 할당
    root.returnExports = factory(root.dependency)
  }
})(typeof self !== 'undefined' ? self : this, function (dependency) {
  // 모듈 코드
  return {
    // 모듈의 공개 API
  }
})
```

IIFE에 두 개의 인자를 전달해서 UMD 패턴을 구현할 수 있다. 첫 번째 인자는 브라우저 단에서의 구현을 위한 **root** 값을 설정하는 데 사용된다. **root**가 **undefined**일 경우 **this**를 사용하며, 이는 브라우저에서 **window** 전역 객체를 의미한다. 두 번째 인자로는 모듈 코드를 정의하는 함수를 전달해서 다양한 환경에서 동일한 모듈 개념을 사용할 수 있게 한다.

UMD는 모듈 시스템이라기보다는 여러 종류의 모듈 시스템을 지원하기 위한 하나의 패턴 또는 템플릿이다. UMD는 CommonJS, AMD, 브라우저 전역 객체 등 여러 환경에서 모듈을 정의하고 사용할 수 있도록 하는 유연한 방식으로, 주로 브라우저와 서버 등 다양한 환경에서 동일한 모듈을 사용할 수 있도록 설계됐

---

[5] https://github.com/umdjs/umd/blob/master/templates/returnExports.js

다. 이로 인해 라이브러리나 프레임워크와 같은 코드가 여러 환경에서 사용될 수 있도록 지원하는 패턴으로 채택됐다.

그러나 UMD에는 몇 가지 단점이 있다.

1. **불필요한 코드 증가**: UMD는 여러 환경에서의 호환성을 위해 다양한 조건문과 전역 객체에 대한 참조를 포함하기 때문에 코드가 불필요하게 길어질 수 있다. 이는 코드의 간결성을 해치며, 파일 크기가 커지는 원인이 되어 브라우저 로딩 시간이나 네트워크 대역폭에 영향을 줄 수 있다.
2. **성능 저하**: UMD는 모든 환경을 지원하기 위한 로직을 포함하므로 특정 환경에서만 사용할 때도 불필요한 로직이 실행될 수 있다. 예를 들어, 브라우저에서 실행할 때도 AMD, CommonJS에 대한 조건문이 평가되며, 이는 성능에 미세한 영향을 줄 수 있다.
3. **최신 모듈 시스템과의 비교**: ESModule이 표준화되고 브라우저와 Node.js 모두에서 지원됨에 따라 UMD가 필요했던 다양한 환경 간의 호환 문제가 많이 해소됐다. 이로 인해 현대적인 코드베이스에서는 UMD가 점차 구식 패턴으로 간주되고, ESModule이 선호되고 있다.
4. **복잡한 유지보수**: UMD는 CommonJS, AMD, 전역 객체를 모두 지원하려다 보니 코드 구조가 복잡해져 유지보수가 어려워질 수 있다. 특히 각 환경에 맞춘 조건부 로직을 포함하다 보면 가독성이 떨어지고, 특정 환경에서 예상치 못한 문제가 발생할 수 있다.

이러한 단점으로 인해 UMD는 기존 라이브러리의 호환성을 유지해야 하는 경우가 아니라면 점차 사용 빈도가 줄어들고 있으며, 현대 자바스크립트 환경에서는 ESModule이 이를 대체하고 있다.

4.1.3.5 SystemJS[6]

SystemJS는 동적으로 모듈을 로드하고 실행하는 자바스크립트 로더로, 주로 브라우저에서 모듈 간의 의존성을 해결하고 동적으로 모듈을 로드해야 하는 복잡한 프로젝트에서 사용된다. SystemJS의 주요 특징은 필요한 시점에 모듈을 동적으로 로드할 수 있게 해줘서 애플리케이션 실행 도중 필요한 모듈을 비동기적으로 로드해서 성능을 최적화할 수 있다는 점이다.

또한 SystemJS는 AMD, CommonJS, UMD, ESModule 등 다양한 모듈 형식을 지원하므로 기존 프로젝트의 모듈 형식을 변경하지 않고도 SystemJS를 손쉽게 도입할 수 있다. 이 특징 덕분에 IE11처럼 ESModule을 기본적으로 지원하지 않는 구형 브라우저[7]에서 ESModule을 트랜스파일해서 사용할 때도 유용하게 활용할 수 있다. 트랜스파일의 개념은 이후 5부에서 더 자세히 다룬다.

---

6 https://github.com/systemjs/systemjs
7 https://caniuse.com/?search=es-module

다음 예제 코드는 SystemJS의 `System.register` 모듈 형식을 사용한 예제[8]로, 모듈을 로딩할 때 필요한 의존성 해결 및 비동기 로딩을 처리할 수 있으며, 동시에 ESModule을 지원하지 않는 환경과 호환성을 맞출 수 있다.

```
System.register(
  ['dependency1', 'dependency2'],
  function (_export, _context) {
    var exportedValue
    return {
      setters: [
        function (dependency1) {
          // dependency1을 로드한 후 실행되는 코드
        },
        function (dependency2) {
          // dependency2가 로드된 후 실행되는 코드
        },
      ],
      execute: function () {
        // 모듈 코드
        _export({
          exportedValue,
        })
      },
    }
  },
  /*optional metas*/ [/*optional meta for dependency*/ {assert: {type: 'javascript'}}],
)
```

`System.register` 함수는 두 개의 인자를 받는다.

- `setters` 배열: 의존성 배열로, 각 의존성에 대한 함수를 포함하며, 해당 함수는 의존성이 로드된 후 실행된다.
- `execute` 메서드: 모듈 코드를 정의하는 함수로, 실제 모듈 코드를 포함한다. 이 함수에서는 `_export` 객체를 통해 모듈에서 내보낼 값을 정의할 수 있으며, `_context` 객체는 SystemJS 로더에서 내부적으로 사용되는 객체로 `_context.import`를 통해 동적으로 모듈을 로드할 수 있다.

---

8 https://github.com/systemjs/systemjs/blob/main/docs/system-register.md

이처럼 SystemJS는 동적인 모듈 로딩과 다양한 모듈 형식을 지원함으로써 복잡한 프로젝트에서 모듈 간 의존성을 쉽게 관리할 수 있게 해준다. 그러나 몇 가지 단점도 있다.

1. **표준화되지 않은 방식**: SystemJS는 ESModule과 달리 표준 모듈 시스템이 아니므로 브라우저나 서버 환경에서 기본적으로 지원되지 않는다. 따라서 SystemJS를 사용하기 위해서는 추가적인 로더 라이브러리가 필요하며, 이로 인해 의존성이 늘어난다.
2. **성능 이슈**: 다양한 모듈 형식을 지원하고 동적 로딩을 수행하기 때문에 모듈 로딩 시 성능에 미세한 영향을 줄 수 있다. 특히 모듈 로딩이 자주 발생하거나 복잡한 의존성을 가진 프로젝트에서는 로딩 지연이 발생할 수 있다.
3. **복잡성 증가**: SystemJS는 여러 모듈 형식과 동적 로딩을 지원하기 때문에 코드 구조가 복잡해질 수 있다. 의존성 배열과 실행 메서드를 활용해야 하는 방식은 ESModule에 비해 상대적으로 복잡해서 코드 가독성이 떨어지고 유지보수가 어려워질 수 있다.
4. **미래 사용성 감소**: ESModule이 표준으로 채택되어 브라우저와 Node.js 같은 서버 환경에서 널리 사용되면서 SystemJS의 필요성은 점차 줄어들고 있다. ESModule은 기본적으로 브라우저와 서버에서 지원되므로 별도의 로더 없이도 호환성을 보장하며, 성능 최적화도 가능하다.

이러한 단점들로 인해 SystemJS는 주로 구형 브라우저 지원이나 복잡한 동적 모듈 로딩이 필요한 특정 프로젝트에 한해 사용되고 있으며, 표준 ESModule의 사용이 보편화되면서 사용 빈도가 줄어들고 있다.

4.1.3.6 ESModule

ES6에서는 웹 브라우저와 Node.js에서 표준 모듈 시스템을 도입했다. 이전까지 살펴본 AMD, CommonJS, UMD 등의 모듈화를 위한 패턴이나 시스템들은 모두 표준화되지 않았기 때문에 모듈 간의 이식성과 호환성이 떨어지는 등의 문제가 발생했다. 또한 이전에는 브라우저와 서버 간에 모듈 시스템이 다르게 적용되는 등의 불일치가 있어 통합된 방식으로 이것을 일치시킬 필요가 있었다. 따라서 ESModule은 표준화된 형태로 자바스크립트 언어 자체에 통합되어 현재 대부분의 모던 브라우저와 Node.js 같은 서버 환경에서 표준으로 지원되며, 자바스크립트 생태계에서 모듈화의 표준으로 자리매김했다. ESModule에서는 ES6부터 사용 가능한 `export`와 `import` 키워드로 모듈을 내보내고 가져온다.

```js
// sum.js
export function sum(a, b) {
  return a + b
}

// index.js
import {sum} from './sum.js'
```

```
console.log(sum(1, 2)) // 3
```

이러한 `ESModule`의 특징은 4.3절 'ESModule이란 무엇일까?'에서 더 자세히 다룬다.

4.1.4 오늘날의 자바스크립트 모듈 시스템

지금까지 자바스크립트 모듈화를 위해 시도된 방법들의 배경과 특징을 살펴봤다. 이 중에서도 CommonJS와 ESModule은 가장 널리 사용되는 두 가지 모듈 시스템으로, 많은 자바스크립트 라이브러리가 이 두 모듈 시스템을 따르고 있다. ESModule의 등장으로 브라우저와 서버 환경 모두에서 ESModule을 사용하려는 움직임이 점차 증가하고 있지만 현재는 여전히 여러 환경에서 두 모듈 시스템을 혼용하는 경우가 많다.

특히 서버 사이드에서는 CommonJS를, 클라이언트 사이드에서는 ESModule을 사용해 코드를 구성하는 것이 일반적이다. 이렇듯 서버와 클라이언트를 아우르는 대부분의 자바스크립트 애플리케이션이 CommonJS와 ESModule을 채택하고 있기 때문에 이 두 모듈 시스템의 특징을 이해하는 것은 자바스크립트 생태계에서 모듈 시스템의 구성 방식을 깊이 있게 파악하는 데 도움이 된다. 또한 더 나은 코드 구조와 모듈 간 효과적인 협업을 가능하게 하고, 유연하고 확장 가능한 애플리케이션 개발을 지원한다. 따라서 모듈 시스템을 중심으로 학습하는 것은 현대 자바스크립트 개발자에게 필수적인 스킬 중 하나다.

4.1.5 정리

지금까지 자바스크립트에서 모듈화가 도입되기까지의 배경과 다양한 모듈 시스템을 도입하기 위한 여러 시도에 대해 살펴봤다. 초기에는 즉시 호출 함수 표현식(IIFE)과 같은 패턴을 사용해 간단한 모듈화가 이뤄졌고, 이후 브라우저 환경에서는 비동기 로드를 지원하는 AMD와 RequireJS가, 서버 환경에서는 동기 로드를 지원하는 CommonJS가 각각 도입됐다. 또한 CommonJS와 AMD를 모두 지원하기 위해 설계된 UMD와 다양한 모듈 형식을 유연하게 지원할 수 있는 SystemJS도 있었다. 하지만 오늘날에는 브라우저와 서버 환경에서 모두 표준으로 채택된 ESModule이 널리 사용되면서 CommonJS와 ESModule이 대표적인 모듈 시스템으로 자리 잡았다.

다음 절부터는 앞에서 설명한 현대 자바스크립트에서 서버와 브라우저 환경에서 각각 통상적으로 사용되는 모듈 시스템인 CommonJS와 ESModule에 대해 더 자세히 다루고자 한다. 4.2절 'CommonJS란 무엇일까?'와 4.3절 'ESModule이란 무엇일까?'에서는 CommonJS와 ESModule을 중심으로 자바스크립트 모듈 시스템의 구조와 특징을 살펴보고, 현대 애플리케이션 개발에서 어떻게 활용되는지를 설명한다. 또한 4.4절 'Node.js는 어떻게 node_modules에서 패키지를 찾아갈까?'에서는 Node.js가 CommonJS와 ESModule 모듈을 어떻게 로드하는지 알아보고, 이어서 4.5절 'CommonJS와 ESModule, 무엇이 정답일까?'에서는 현대 자바스크립트 프로젝트에서 CommonJS와 ESModule 중 어떤 모듈 시스템을 선택하는 것이 좋은지 비교해서 설명한다.

4.2 CommonJS란 무엇일까?

자바스크립트는 원래 브라우저에서 동작하는 언어로 설계됐지만 시간이 지나면서 웹 서버와 데스크톱 애플리케이션에서도 이를 활용하려는 시도가 이어졌다. 특히 브라우저 환경에서는 부족한 모듈 관리 기능을 보완하기 위해 AMD나 UMD 같은 모듈 시스템이 등장했으나 서버와 같은 비 브라우저 환경에서도 자바스크립트를 체계적으로 사용할 수 있는 표준 모듈 시스템에 대한 필요성이 점차 커졌다.

이러한 요구가 커지던 시기에 구글이 V8 자바스크립트 엔진을 발표하면서 자바스크립트가 브라우저 외부 환경에서도 충분한 성능을 발휘할 수 있음을 증명했고, 서버에서 자바스크립트를 활용하는 방안이 본격적으로 논의되기 시작했다. 특히 서버 사이드에서 모듈 시스템이 필수적이라는 인식이 확산되면서 모질라(Mozilla) 엔지니어 케빈 당구르(Kevin Dangoor)가 주도해 CommonJS라는 표준화된 모듈 시스템의 필요성을 제안했다.

이제 CommonJS의 구체적인 배경과 주요 특징을 본격적으로 살펴보자.

4.2.1 CommonJS의 탄생 배경

2000년대 후반, 자바스크립트가 서버 환경에서도 사용될 가능성이 열리면서 자바스크립트 생태계는 빠르게 확장되기 시작했다. 특히 2009년 1월, 케빈 당구르는 자바스크립트를 서버에서 확장성 있게 활용하기 위해 필요한 표준을 고민하며 몇 가지 요구사항을 제안했다.[9]

그가 제시한 요구사항은 다음과 같았다.

- 상호 호환되는 표준 라이브러리가 필요하다.
- 서버와 웹 간에 상호작용할 수 있는 표준 인터페이스가 필요하다.
- 다른 모듈을 로드할 수 있는 표준이 필요하다.

---

[9] https://www.blueskyonmars.com/2009/01/29/what-server-side-javascript-needs/

- 코드를 패키지화하고 배포 및 설치하는 방법이 필요하다.
- 패키지를 설치하고, 패키지 간 의존성을 해결하는 패키지 저장소가 필요하다.

이러한 요구는 서버 사이드에서 자바스크립트 코드가 확장 가능하고 효율적으로 관리될 수 있도록 자바스크립트만의 모듈 시스템이 필요하다는 결론으로 이어졌다. 케빈은 이를 실현하기 위해 ServerJS라는 그룹을 창설했으며, 한 달 만에 200명 이상의 개발자가 참여해 모듈 시스템과 상호 운용 가능한 모듈에 대한 표준 명세를 수립했다.

같은 해 9월, 워싱턴에서 열린 자바스크립트 콘퍼런스(JSConf)[10]에서 CommonJS API 1.0 명세가 발표됐으며, CommonJS는 서버와 브라우저를 포함한 다양한 환경에서 사용할 수 있는 모듈 시스템으로 자리 잡았다.[11]

당시 CommonJS 모듈 로더에는 12개 이상의 내부 구현체와 수백 개의 호환 모듈이 포함돼 있었다.[12] 대표적인 모듈 예시는 다음과 같다.

- 모듈(Modules)
- 바이너리 문자열 및 버퍼(Binary strings and buffers)
- 문자 집합 인코딩(Charset encodings)
- 바이너리, 버퍼 및 텍스트 I/O 스트림(Binary, buffered, and textual input and output(I/O) streams)
- 시스템 프로세스 인수, 환경 및 스트림(System process arguments, environment, and streams)
- 파일 시스템 인터페이스(File system interface)
- 소켓 스트림(Socket streams)
- 단위 테스트 어설션, 실행 및 보고(Unit test assertions, running, and reporting)
- 웹 서버 게이트웨이 인터페이스, JSGI(Web server gateway interface, JSGI)
- 로컬 및 원격 패키지 및 패키지 관리(Local and remote packages and package management)

본래 CommonJS는 ServerJS라는 이름으로 시작했으나, 서버뿐만 아니라 데스크톱 애플리케이션 등 다양한 환경에서도 사용할 수 있는 모듈 시스템이 되기 위해 이름을 CommonJS로 변경했다.

---

10 https://jsconf.com/
11 https://arstechnica.com/information-technology/2009/12/commonjs-effort-sets-javascript-on-path-for-world-domination/
12 https://wiki.commonjs.org/wiki/Packages/1.0

4.2.2 CommonJS의 명세

CommonJS가 어떻게 시작됐는지 살펴봤으니, 이제 CommonJS가 기본적으로 정의한 모듈 시스템의 규칙과 대표적인 모듈을 알아보자. CommonJS로 모듈 시스템을 구축하기 위해서는 다음 세 가지 명세를 따라야 한다.

- **독립적인 실행 영역**: 모든 모듈은 자신만의 독립적인 실행 영역을 갖는다. 이는 각 모듈이 외부와 격리된 환경에서 실행되게 함으로써 동일한 변수 이름을 사용하더라도 다른 모듈의 변수에 영향을 주지 않고 사용할 수 있음을 의미한다. 예를 들어, a.js와 b.js라는 두 파일에서 동일한 이름의 로컬 변수 a와 b를 선언하더라도 서로 다른 실행 영역에 위치하므로 각기 다른 값이 할당될 수 있다. 이로 인해 변수명이 겹치더라도 충돌이 발생하지 않아 코드 유지보수성과 안전성이 향상된다.

```
// a.js
var a = 1,
  b = 2

console.log(a, b) // 1 2
```

```
// b.js
var a = 3,
  b = 4

console.log(a, b) // 3 4
```

위 코드에서 a.js와 b.js는 각각 독립된 실행 영역을 가지고 있기 때문에 a와 b라는 변수명이 중복되더라도 서로 영향을 미치지 않는다. 이를 통해 각 모듈이 독립적으로 기능할 수 있도록 설계된 것이 CommonJS 모듈 시스템의 특징 중 하나다.

- **exports 객체로 모듈 정의**: 모듈 간 정보 교환이 필요할 때 외부에 공개할 기능만 exports 객체로 정의할 수 있다. 이를 통해 모듈이 필요한 기능만을 외부에 노출하고, 나머지는 숨길 수 있다. 예를 들어, sum 함수를 외부로 내보내고 싶다면 exports 객체의 속성으로 sum을 할당해 이를 공개할 수 있다. 이를 통해 다른 모듈이 이 함수를 사용할 수 있게 된다.

```
// sum.js

// sum 함수를 외부에 공개
exports.sum = function (a, b) {
  return a + b
}
```

위 코드에서 exports.sum으로 설정된 sum 함수는 sum.js 모듈을 불러오는 다른 파일에서 접근할 수 있으며, 이를 통해 모듈 간에 필요한 기능만을 공유함으로써 코드의 재사용성과 모듈화 수준을 높일 수 있다.

- require() 함수로 모듈을 사용: require() 함수를 사용해 필요한 모듈을 불러올 수 있다. require()의 첫 번째 인수로 불러올 모듈명을 전달하면 해당 모듈의 exports 객체가 반환된다. 이로 인해 다른 파일에서 정의된 기능을 쉽게 가져와 사용할 수 있다.

```js
// index.js
const {sum} = require('./sum.js')

console.log(sum(1, 2)) // 3
```

위 코드에서 require('./sum.js')는 sum.js 파일의 exports 객체를 가져오며, 그중 sum 함수를 불러와 사용할 수 있게 한다. 이를 통해 CommonJS 모듈 시스템은 파일 간에 모듈을 재사용할 수 있게 한다.

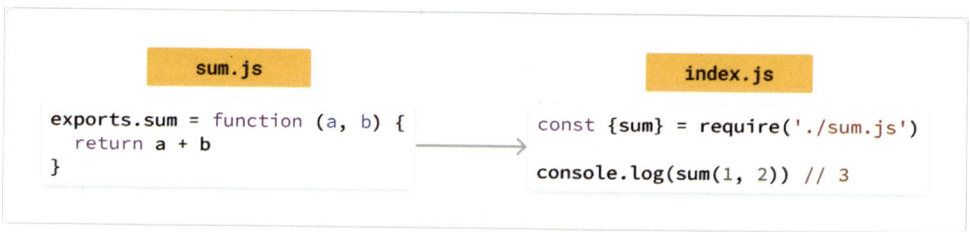

그림 4.3 외부로 내보낼 때 exports 객체로, 반대로 가져올 때는 require 함수로 가져올 수 있다.

이처럼 CommonJS는 간단하고 명확한 문법을 통해 자바스크립트 모듈 시스템을 구현할 수 있는 방식으로 주목받았으며, 1.0 버전에서는 여러 서버 사이드 모듈이 함께 제공되어 많은 관심을 받았다. CommonJS 초기에는 이미 2009년부터 CommonJS를 따르는 모듈 시스템이 소개됐으며, Node.js 같은 프로젝트들이 CommonJS를 채택하면서 이를 통해 CommonJS는 자바스크립트 모듈 시스템의 사실상 표준으로 자리 잡았다.

오늘날에도 CommonJS는 여전히 널리 사용되는 자바스크립트 모듈 시스템으로 자리매김했으며, ESModule이 등장하기 전까지 많은 서드파티 벤더들이 CommonJS 명세를 기반으로 모듈 시스템을 구현해 왔다. CommonJS는 단순히 서버 측 라이브러리에 국한되지 않고, 데스크톱 애플리케이션이나 브라우저 라이브러리에서도 CommonJS API를 기반으로 구현되어 다양한 환경에서의 활용 가능성을 보여줬다.

> **브라우저 환경에서 CommonJS 모듈을 사용할 때의 문제점과 해결 방안**
>
> CommonJS는 본래 서버 사이드에서 쓰이기 위해 고안된 만큼 모든 모듈이 로컬 디스크 내에 있어 필요할 때 바로 불러올 수 있는 환경을 전제로 한다. 그러나 이 방식은 브라우저에서는 필요한 모듈을 로드할 때까지 화면이 멈춰버리는 단점이 있다. CommonJS는 이 단점을 극복하기 위해 <script> 태그를 동적으로 삽입하는 것으로 문제를 해결하고자 했지만 브라우저는 서버와 달리 파일 스코프가 존재하지 않아 파일을 차례대로 로드하게 되면 전역 변수 문제가 발생할 수 있다. 이런 문제를 해결하고자 CommonJS는 서버 모듈을 비동기적으로 클라이언트에 전송할 수 있는 모듈 전송 포맷(module transport format)을 추가로 정의했다. 모듈 전송 포맷으로 서버 사이드에서 사용하는 모듈을 브라우저에서 사용하는 모듈과 같이 전송 포맷으로 감싸면 서버 모듈을 비동기적으로 로드할 수 있다. 그러나 사실상 CommonJS를 네이티브로 브라우저에서 사용할 수 있는 방법은 존재하지 않으므로 반드시 번들러의 도움을 받아야 한다. 더 자세한 내용은 https://wiki.commonjs.org/wiki/Modules/Transport/D를 참고한다.

4.2.3 Node.js의 CommonJS

Node.js는 라이언 달이 개발한 서버 사이드 자바스크립트 플랫폼으로, CommonJS가 공개된 2009년과 같은 해에 등장했다. 이 초기 단계에서 Node.js는 CommonJS를 선택해 모듈 시스템을 채택했고, 이는 Node.js 초기 생태계를 구축하는 데 중요한 역할을 했다. 서버 사이드 자바스크립트 개발을 촉진하기 위해 만들어진 Node.js에서 CommonJS의 도입은 여러 이유와 이점을 제공했다.[13]

1. **다양한 기능의 필요성**: 서버 사이드 개발에서는 파일 시스템 접근, 네트워크 통신 등 다양한 기능이 요구됐고, 이를 효과적으로 관리하기 위해 모듈 시스템이 필수적이었다. CommonJS는 이러한 기능을 구조화해서 제공할 수 있는 환경을 마련했다.

2. **논블로킹 I/O 모델과의 호환**: Node.js는 비동기 처리를 위한 논블로킹 I/O 모델을 채택해 많은 동시 연결을 효과적으로 처리할 수 있도록 설계됐다. 이 모델에서는 모듈 단위로 빠르게 로딩하고 실행하는 것이 중요했으며, CommonJS의 동기적 로딩 방식은 이러한 블로킹 처리를 간편하게 할 수 있도록 돕는다.

3. **CommonJS의 보급도**: Node.js가 등장했을 당시 이미 많은 개발자들이 CommonJS를 사용하고 있었다. 기존 CommonJS 모듈을 Node.js에서 그대로 활용할 수 있었기에 CommonJS를 채택하는 것은 자연스러운 선택이었다.

이러한 이유로 Node.js는 CommonJS를 채택해 모듈 시스템 표준을 확립하고 서버 사이드 자바스크립트 개발을 가능하게 했다. 호환성과 효율성을 고려한 이 선택은 Node.js를 개발자들과 기업에게 성공적으로 확산시키는 계기가 됐으며, Node.js는 현대적이고 효율적인 웹 개발의 필수 도구로 자리 잡았다. 이로 인해 자바스크립트 개발자에게는 Node.js 학습이 필수적으로 여겨졌고, Node.js를 효과적으로 사용

---

[13] https://www.youtube.com/watch?v=EeYvFl7li9E

하기 위해서는 CommonJS가 Node.js에서 어떻게 구현되는지 이해할 필요가 있다. 이제 Node.js에서 CommonJS 명세를 어떻게 구현하고 있는지 알아보자.

4.2.3.1 CommonJS 파일 규칙

Node.js는 애플리케이션을 구성하는 모듈 파일 중 특정 파일을 CommonJS 모듈로 인식하고 해석한다. 이를 판단하는 규칙은 다음과 같다.

1. `require()`가 사용된 `.js` 파일들

    코드 내에서 CommonJS 명세에 정의된 `require()` 함수를 사용해 외부 모듈을 불러오는 경우 Node.js는 해당 파일을 CommonJS 모듈로 해석한다. 대부분의 CommonJS 기반 애플리케이션은 이 방식을 통해 모듈을 불러온다.

2. 가장 가까운 `package.json`의 `type` 필드가 `"commonjs"`인 하위 `.js` 파일들

    `package.json` 파일에서 `type` 필드가 `"commonjs"`로 설정된 경우 해당 디렉터리 내의 `.js` 파일들은 기본적으로 CommonJS 모듈로 해석된다. `type` 필드를 명시적으로 설정하면 빌드 도구나 로더가 자바스크립트 파일을 해석할 때 유리하며, 패키지 내에서 CommonJS 모듈 규칙을 적용하는 데 도움을 준다.[14]

    ```
    // package.json
    {
      "name": "my-package",
      "type": "commonjs"
    }
    ```

3. `.cjs` 확장자로 끝나는 파일들

    `.cjs` 확장자로 저장된 파일은 모두 CommonJS 모듈로 인식된다. 이러한 확장자를 가진 파일은 주로 CommonJS로 빌드된 결과물에서 볼 수 있으며, 개발 환경에서는 일반적으로 `.js` 파일이 많이 사용된다.

또한 일부 애플리케이션의 빌드 결과물에는 `.cjs`와 함께 `.mjs` 파일이 포함될 수 있다. `.mjs` 확장자로 끝나는 파일은 ESModule로 해석되며, CommonJS 모듈은 `.mjs` 파일을 `require()`로 불러올 수 없다. 이는 `require()` 함수가 ESModule의 로딩 방식과 호환되지 않기 때문이다. ESModule과 관련된 더 자세한 내용은 이후 4.3절 'ESModule이란 무엇일까?'와 4.4절 'Node.js는 어떻게 node_modules에서 패키지를 찾아갈까?'에서 ESModule의 특징을 다루면서 설명하겠다.

---

[14] https://nodejs.org/api/packages.html#packagejson-and-file-extensions

4.2.3.2 모듈 내보내기

Node.js에서는 CommonJS 명세에 따라 **exports** 객체를 사용해 모듈을 외부에 공개할 수 있다. 이를 통해 모듈 내부의 특정 함수나 변수를 외부에서 사용할 수 있게 된다. 예를 들어, 다음 코드는 `circle.js` 모듈에서 `area`와 `circumference`라는 함수를 **exports** 객체를 통해 외부에 공개하고 있다.

코드 4.1 반지름을 인수로 받아 원의 넓이와 둘레를 계산하는 함수 예제

```js
// circle.js
const {PI} = Math

exports.area = (r) => PI * r ** 2

exports.circumference = (r) => 2 * PI * r
```

이 예제에서 **exports** 객체에 `area`와 `circumference` 함수를 속성으로 추가하면 `require()` 함수를 통해 다른 파일에서 불러와 사용할 수 있게 된다.

코드 4.2 모듈을 가져와서 사용

```js
// index.js
const circle = require('./circle.js')

console.log(circle.area(5)) // 원의 넓이
console.log(circle.circumference(5)) // 원의 둘레
```

여기서 **exports**는 전역 변수처럼 사용할 수 있지만 실제로는 전역 변수가 아니다. Node.js에서는 모든 모듈이 독립된 함수 스코프 내에서 실행되기 때문에 **exports**는 모듈 스코프에만 존재하는 객체다. 이처럼 Node.js는 각 모듈을 함수로 감싸서 실행해 다른 모듈과 격리된 환경에서 동작하도록 하며, 이를 모듈 래퍼(module wrapper)라고 한다. 이러한 래퍼 덕분에 모듈 간 전역 변수 충돌 없이 독립적으로 코드를 구성할 수 있다. 모듈 래퍼에 대한 자세한 내용은 다음 절에서 살펴보자.

4.2.3.2.1 module.exports

Node.js는 앞에서 본 **exports** 객체 외에 **module.exports**를 추가로 둬서 모듈이 외부에 노출하는 객체로 사용한다. 다음 예제를 보자.

코드 4.3 exports.Loan에 클래스를 할당하고 index.js에서 loan.js를 불러와서 사용한 예제

```js
// loan.js
class Loan {
  amount = 0
  interestRate = 0.0

  constructor(amount, interestRate) {
    this.amount = amount * 10000
    this.interestRate = interestRate
  }
}

exports.Loan = Loan

// index.js
const loanModule = require('./loan')
console.log(loanModule) // { Loan: [class Loan] }

const {Loan} = loanModule
const loan = new Loan(1000, 1.1)
console.log(loan.amount, loan.interestRate) // 10000000 1.1
```

Node.js에서도 CommonJS의 exports를 사용하는 것 또한 가능하다. 여기에 만약 코드 4.4처럼 module.exports를 추가하면 어떻게 될까? module.exports와 exports 구분을 위해 exports는 exports.LoanFromExports로 변경했다.

코드 4.4 module.exports에 Loan 클래스를 할당한 예제

```js
// loan.js
class Loan {
  amount = 0
  interestRate = 0.0

  constructor(amount, interestRate) {
    this.amount = amount * 10000
    this.interestRate = interestRate
  }
}
```

```js
module.exports = {Loan}

exports.LoanFromExports = Loan

// index.js
const loanModule = require('./loan')
console.log(loanModule) // { Loan: [class Loan] }

const {Loan, LoanFromExports} = loanModule
const loan = new Loan(1000, 1.1)
console.log(loan.amount, loan.interestRate) // 10000000 1.1

const loanFromExports = new LoanFromExports(1000, 1.1) // TypeError: LoanFromExports is not a constructor
console.log(loanFromExports.amount, loanFromExports.interestRate)
```

코드 4.4에서 require('./loan') 함수를 호출하면 Loan 객체만 존재하며 LoanFromExports를 사용할 때 타입 에러가 발생한다. 이는 LoanFromExports는 loan.js에서 할당되지 않았다는 뜻이다. 이로 미루어 보아 알 수 있는 사실은 두 가지다.

1. require() 함수는 module.exports를 반환한다.
2. exports를 단독으로 사용하면 require() 함수는 module.exports와 동일한 결과를 반환하지만 함께 사용하면 module.exports의 값만 반환한다.

정리하자면, exports와 module.exports는 기본적으로 동일한 객체를 참조한다. 그러나 exports에 {LoanFromExports}와 같은 새로운 객체를 직접 할당하면 module.exports와의 참조가 끊어지면서 exports는 독립적인 객체가 된다. 그러나 이 변경은 module.exports에 영향을 주지 않으므로 외부에서 require() 함수로 모듈을 가져올 때 exports에 할당된 값은 사용할 수 없다.

다시 말해, exports는 module.exports의 초깃값에 대한 참조(call by reference)지만 exports에 새로운 객체를 재할당하면 이 연결이 끊어져 module.exports와 독립적인 객체가 된다는 점을 기억해야 한다.

그렇다면 Node.js는 exports 객체만으로도 원하는 모듈을 내보낼 수 있는데 왜 module이라는 객체를 따로 제공할까?

그 이유는 모듈 자체를 하나의 인스턴스로 활용할 가능성을 열어두기 위해서다. 예를 들어, Loan 클래스를 모듈로 만들어 매번 새로운 Loan 인스턴스를 생성하고 싶다고 가정해보자. 코드 4.3에서처럼 exports.Loan = Loan을 사용해도 되지만 exports = Loan처럼 Loan을 새 객체로 직접 할당하면 module.exports와의 참조가 끊어진다. 이로 인해 require() 함수는 빈 객체를 반환하게 된다.

따라서 클래스를 모듈로 내보내고자 할 때는 module.exports에 직접 할당하는 방식이 필요하며, 이를 통해 모듈이 클래스 자체로 동작할 수 있는 구조를 만들 수 있다.

```js
// loan.js
class Loan {
  amount = 0
  interestRate = 0.0

  constructor(amount, interestRate) {
    this.amount = amount * 10000
    this.interestRate = interestRate
  }
}

exports = Loan

// index.js
const loanModule = require('./loan')
console.log(loanModule) // {}
```

반면, Loan 클래스를 module.exports로 구현하면 손쉽게 클래스를 모듈로써 공개해서 인스턴스를 생성할 수 있다.

```js
// loan.js
class Loan {
  amount = 0
  interestRate = 0.0

  constructor(amount, interestRate) {
    this.amount = amount * 10000
    this.interestRate = interestRate
  }
```

```
}

module.exports = Loan

// index.js
const Loan = require('./loan')
console.log(Loan) // [class Loan]

const loan = new Loan(1000, 1.1)
console.log(loan.amount, loan.interestRate) // 10000000 1.1
```

결론적으로 Node.js는 `module.exports`라는 인터페이스로 `exports`로는 할 수 없었던 단순한 객체뿐만 아니라 함수, 클래스, 숫자, 문자열 등 어떤 값이든 할당할 수 있는 유연성을 제공한다.

4.2.3.2.2 모듈 래퍼와 모듈 스코프

앞에서 설명한 CommonJS의 명세 중 각 모듈은 모듈만의 독립적인 실행 영역을 가져야 한다고 했다. 위 예제 코드에서 `area`, `circumference`와는 달리 `PI`는 모듈 내부에서만 접근이 가능해야 하며, 전역 스코프를 포함한 외부에는 공개되지 말아야 하는 변수다. Node.js는 모듈마다 독립적인 실행 영역을 제공하기 위해 **모듈 래퍼**(module wrapper)라는 함수를 사용해 이를 구현한다. 모듈 래퍼는 모듈의 코드가 실행되기 전에 모듈을 감싸는 함수로, 여기서 모듈의 코드를 **모듈 코드**라고 하며, 예제 코드의 `area`, `circumference` 함수 구현체들이 모듈 코드에 해당한다. 모듈 코드는 모듈 래퍼의 스코프 내부에서만 유효하며, 이 스코프를 **모듈 스코프**(module scope)라고 한다.[15] 즉, 모듈 래퍼 함수 블록으로 감싼 스코프가 곧 모듈 스코프다.

```
;(function (exports, require, module, __filename, __dirname) {
  // 모듈 스코프
})
```

이렇게 모듈 래퍼로 모듈을 함수로 감싸 외부에 공개하면 두 가지 이점이 생긴다.

첫 번째 이점은 `exports`로 할당되지 않은 모듈 내부의 로컬 변수나 함수들이 외부로부터 숨겨질 수 있다는 것이다. 모듈 최상단에 위치한 변수나 함수가 전역 객체에 포함되지 않으므로 전역 변수가 오염될 가능성이 사라진다.

---

[15] https://nodejs.org/api/modules.html#the-module-scope

두 번째 장점은 모듈 스코프에서 모듈에 고유한 정보를 담은 변수를 제공해 외부에서 모듈에 관한 정보를 쉽게 사용할 수 있다는 점이다. 실제로 CommonJS로 작성된 파일에서 개발자가 따로 선언하지 않았는데도 사용할 수 있는 변수가 몇 가지 있다. 개발자는 이 변수들을 전역 변수처럼 사용할 수 있지만, 사실 이들은 모듈 래퍼가 제공하는 모듈 스코프에서 생성되는 변수다. 아래의 다섯 개의 변수가 모듈 스코프 변수에 해당한다.

- module: Node.js에서 제공하는 module 객체로, module.exports의 module이 이에 해당한다. 현재 모듈에 대한 참조로서 exports 값 외에 filename, loaded, children 등의 정보를 포함한다.
- exports: 앞서 소개한 exports 객체를 가리키며, module.exports를 축약한 표현이다.
- require: 모듈을 가져오기 위한 함수로, 4.2.3.3절에서 이 require()에 대해 더 자세히 설명한다.
- __filename: 현재 모듈 파일의 절대 경로를 나타낸다.

    ```
    // /mjr/example.js

    console.log(__filename) // /Users/mjr/example.js
    ```

- __dirname: 현재 모듈의 디렉터리 경로로, Node.js 내장 모듈 중 하나인 path의 path.dirname(__filename) 결과와 동일하다.

    ```
    // /mjr/example.js

    console.log(__dirname) // /Users/mjr
    console.log(path.dirname(__filename)) // /Users/mjr
    ```

이러한 값들은 CommonJS에서 제공하는 값들로, ESModule과 같은 다른 모듈 시스템에서는 __filename, __dirname 등의 변수를 사용할 수 없다. 위 변수들은 반드시 CommonJS 환경에서만 사용할 수 있다는 점을 명심하자.

4.2.3.3 모듈 가져오기

앞에서 모듈을 exports와 module.exports로 내보냈다면 외부에서 가져올 때는 require() 함수를 사용한다고 언급했다. 이 require() 함수는 첫 번째 인수로 파일이 위치한 경로를 문자열로 할당하면 해당 위치에 파일이 있는지 찾고, 존재한다면 파일이 내보낸 module.exports(exports) 객체를 반환한다. 다음은 코드 4.1의 circle.js 모듈을 require() 함수로 가져와서 호출하는 코드다.

```
const circle = require('./circle')

circle.area(1) // 3.141592653589793
circle.circumference(1) // 6.283185307179586
```

앞서 exports는 module.exports의 초깃값에 대한 참조임을 설명했다. 이 사실과 방금 설명한 require() 함수가 module.exports를 반환한다는 사실을 종합해서 require()의 실제 구현을 간소화해서 구현하면 다음과 같다.

```
function require(moduleName) {
  const module = {exports: {}} // 기본적으로 빈 객체를 할당

  ;((module, exports) => {
    /**
     * 모듈 코드
     * 실제로는 moduleName을 해석해서 모듈 코드를 불러오지만
     * exports가 module.exports의 초깃값 참조라는 사실을 보여주기 위해
     * 코드 4.1의 구현체를 바로 가져옴
     */
    const circle = {
      area: (r) => PI * r ** 2,
      circumference: (r) => 2 * PI * r,
    }

    // exports에 모듈 코드를 할당(실제로는 module.exports에 영향 없음)
    exports.area = circle.area
    exports.circumference = circle.circumference

    // module.exports에 모듈 코드를 할당
    module.exports = circle
  })(module, module.exports)

  return module.exports // module.exports를 반환
}
```

require() 함수는 첫 번째 인수로 지정된 문자열을 사용해 모듈을 찾으며, 이 첫 번째 인수를 **모듈 지정자 (module specifier)**라고 한다. require() 함수는 모듈 지정자를 기반으로 파일을 찾는 규칙을 따르며, 이 규칙은 다음의 5단계로 구성된다.

4.2.3.3.1 파일 모듈(File modules)

파일 경로를 확장자까지 포함해 명확히 지정하면 `require()` 함수는 해당 파일을 불러온다. 여기에는 절대 경로와 `__dirname`(현재 작업 디렉터리 기준)으로부터의 상대 경로 모두 사용할 수 있다. 파일 모듈 지정자에서 확장자를 생략할 경우, `.js`, `.json`, `.node` 순서대로 확장자를 붙여 파일을 찾는다. 이 외의 확장자는 반드시 명시해야 한다.

> **.node 파일이란?**
>
> .node 파일은 C++나 C로 작성된 네이티브 코드 애드온 모듈로, Node.js에서 성능 최적화, 하드웨어 접근, 또는 라이브러리 통합 등의 목적으로 사용된다.[16] .node 파일은 require()에서 .js와 .json 다음으로 우선순위가 낮으며, 동일한 이름의 .js 파일이 같은 경로에 있을 경우 .js 파일이 먼저 로드된다. 일반적으로 애드온 모듈과 자바스크립트 모듈의 파일명을 다르게 지정하는 것이 좋다.

이 같은 상대 경로 방식은 운영체제에 무관하게 동작하므로 윈도우와 유닉스 환경 모두에서 일관된 모듈 로딩을 보장한다. 다음은 상대 경로를 사용하는 실제 예시다.

1. `'/'`: 절대 경로로 모듈을 찾는다.

   예) `require('/home/marco/foo.js')`

2. `'./'`: `require()`를 호출한 파일과 같은 디렉터리에서 모듈을 찾는다.

   예) `require('./circle.js')`

3. `'../'`: `require()`를 호출한 파일의 상위 디렉터리에서 모듈을 찾는다.

   예) `require('../circle.js')`

4. `'/'`, `'./'`, `'../'` 없이 파일명을 지정한 경우: 코어 모듈이나 node_modules 폴더에 있는 모듈로 간주하고 찾는다.

만약 지정된 경로에서 모듈을 찾지 못하면 `MODULE_NOT_FOUND` 에러를 발생시킨다.

4.2.3.3.2 모듈로 정의된 폴더(Folders as modules)

폴더를 `require()`의 인수로 사용할 경우, 다음 세 가지 규칙에 따라 파일을 찾는다.

1. 폴더의 `package.json` 파일에 `main` 속성이 정의된 경우 해당 파일을 찾는다.

   ```
   /** ./some-library/package.json */
   {
   ```

---

[16] https://nodejs.org/api/addons.html#addons_loading_addons_using_require

```
"name": "some-library",
"main": "./lib/some-library.js"
}
```

```
/** ./some-library/lib/some-library.js */
const someLibrary = require('./some-library')
```

2. `package.json` 파일이 없거나 `main` 속성이 정의되지 않은 경우 해당 폴더의 `index.js`(또는 `index.node`) 파일을 찾는다.

```
/** ./some-library/index.js */
const someLibrary = require('./some-library')
```

3. 위 두 경우 모두 해당하지 않으면 `MODULE_NOT_FOUND` 에러를 발생시킨다.

```
Error: Cannot find module 'some-library'
```

4.2.3.3.3 node_modules 폴더

`require()` 대상 모듈이 코어 모듈이 아니고 파일 경로가 아닌 경우 현재 모듈의 디렉터리에서 /node_modules 폴더를 찾아 순차적으로 탐색한다. 해당 디렉터리에 없으면 부모 디렉터리의 /node_modules 폴더를 탐색하는 과정을 파일 시스템 최상위까지 반복한다. 이 과정을 트리 역탐사라고 한다. 더 자세한 내용은 4.4절 'Node.js는 어떻게 node_modules에서 패키지를 찾아갈까?'에서 다룬다.

```
// /home/ry/projects/foo.js
const lodash = require('bar.js')

/**
 * 아래 순서로 bar.js를 찾는다.
 *
 * 1. /home/ry/projects/node_modules/bar.js
 * 2. /home/ry/node_modules/bar.js
 * 3. /home/node_modules/bar.js
 * 4. /node_modules/bar.js
 */
```

4.2.3.3.4 전역 폴더(Global folders)

모듈 탐색 규칙에 따라 파일 모듈, 모듈로 정의된 폴더, 그리고 `node_modules`를 순차적으로 검색했음에도 모듈을 찾지 못한 경우 `NODE_PATH` 환경변수가 설정돼 있다면 해당 경로에서 추가로 모듈을 탐색한다.

`NODE_PATH`는 모듈 해석 알고리즘이 정의되기 이전에 다양한 경로에서 모듈의 로딩을 지원하기 위해 만들어졌다. 그러나 현재는 안정성과 일관성을 위해 `NODE_PATH` 사용을 권장하지 않는다. `NODE_PATH`에 의존하면 시스템의 모듈 버전에 따라 다른 모듈이 로드될 수 있어 예기치 않은 동작이 발생할 수 있기 때문이다. 따라서 의존하는 모든 모듈은 로컬 `node_modules` 폴더에 위치시키는 것이 좋다.

4.2.3.3.5 코어 모듈(Core modules)[17]

`Node.js`는 `lib` 폴더에 여러 코어 모듈을 포함하며, `node:` 접두어가 붙은 모듈들은 `module.builtinModules`에 정의돼 있다.[18] 코어 모듈은 Node.js에서 기본적으로 제공되는 모듈로, 외부 의존성을 설치하지 않고도 사용할 수 있다. `node:` 접두어를 사용해 `require()`로 참조하면 내장된 모듈을 반환하므로 개발자가 별도로 해당 모듈을 구현할 필요가 없다. 코어 모듈에 대한 내용은 이후 `require.cache`에서 더 자세히 설명할 예정이다.

만약 앞에서 차례로 언급한 파일 모듈에서 코어 모듈까지의 규칙을 따라도 모듈을 찾지 못하면 `MODULE_NOT_FOUND` 에러를 발생시킨다.

4.2.3.4 동기적으로 실행되는 require() 함수

`require()` 함수는 동기적으로 모듈을 가져와 한 번에 하나씩 처리된다. 즉, `require()` 함수는 동기적으로 동작한다고 말할 수 있다. 이와 같은 동작으로 인해 Node.js에서 모듈을 가져올 때 다음과 같은 특징이 있다.

1. 모듈 내에서 발생하는 여러 동작을 동기적으로 완료한 후에 내보낸 값을 사용할 수 있다.
2. 빌드 시점에서는 `module.exports` 정보 중 무엇을 사용할지 알 수 없으며, 코드가 평가되는 시점인 런타임에서야 비로소 알 수 있다.
3. 런타임 때 평가되므로 코드 어디서나 호출 가능하며 조건부로 `require()`를 호출할 수도 있다.
4. `require()`가 단순한 함수면서 동기적으로 동작하기 때문에 인수로 전달하는 모듈 경로를 동적으로 할당할 수 있다. 예를 들어, `moduleName` 변수를 `dynamicModule`의 인수로 할당할 수 있다.

---

[17] https://nodejs.org/api/modules.html#core-modules
[18] `module.builtinModules`에서 `module`은 모듈 래퍼의 `module`과는 다른 모듈로 `node:module` 모듈을 의미한다. 참고: https://nodejs.org/api/module.html#modulebuiltinmodules

```
const moduleName = 'example'
const dynamicModule = require(`./${moduleName}.js`)
```

이 경우 `moduleName` 변수의 값이 런타임에 결정되기 때문에 동적으로 모듈을 불러오는 것이 가능하지만 이렇게 사용할 때는 경로가 실제로 존재하는지 확인하는 등 오류 처리 및 실행 안전성을 반드시 고려해야 한다.

4.2.3.5 require.cache

`require()`로 불러온 모듈은 한 번 로딩된 후에는 캐시에 저장되는 특징이 있다. 즉, 동일한 모듈을 다시 호출할 때마다 새로 로딩하지 않고, 처음 호출 시 로드된 객체를 반환한다.

예를 들어, 코드 4.5의 `index.js`에서 `data.js` 모듈을 세 번 호출했음에도 불구하고 `data.js`의 'call data' 콘솔 출력은 한 번만 나타난다. 이는 `data.js`가 최초 호출 시에만 로드되고, 이후에는 캐시된 객체를 반환한다는 것을 의미한다.

이러한 캐싱 덕분에 모듈 로딩의 성능이 최적화되며, 동일한 모듈을 여러 번 로드할 필요가 없는 상황에서 유용하게 작동한다.

코드 4.5 require.cache 동작을 보기 위한 예제

```
// data.js
console.log('call data')

module.exports = 'hello'

// index.js
const data1 = require('./data.js')
const data2 = require('./data.js')
const data3 = require('./data.js')

console.log(data1, data2, data3)
// call data
// hello hello hello
```

이렇게 모듈이 캐싱된 정보는 `require.cache` 객체에서 확인할 수 있으며, 모듈을 로드하기 전에 `require.cache` 객체를 먼저 확인한 다음 캐시가 존재한다면 캐시 데이터를 반환하고, 그렇지 않으면 모듈을 `exports`와 `module.exports`에 할당한다.

```
function require(moduleName) {
  const id = require.resolve(moduleName)

  // 해당 모듈의 캐시가 존재하는지 확인
  if (require.cache[id]) {
    return require.cache[id].exports
  }

  ;((module, exports) => {
    // exports와 module.exports에 모듈을 할당
  })(module, module.exports)

  return module.exports
}
```

또한 `require.cache`는 단순한 키-값 쌍의 객체이기 때문에 얼마든지 추가, 수정, 삭제가 가능하다는 특징이 있다.

```
const data1 = require('./data')
console.log(require.cache[require.resolve('./data.js')])

delete require.cache[require.resolve('./data.js')]

const data2 = require('./data')
console.log(data1, data2)
```

```
call data
{
  id: '/workspaces/sandbox/data.js',
  path: '/workspaces/sandbox',
  exports: 'hello',
  filename: '/workspaces/sandbox/data.js',
  loaded: true,
  children: [],
  paths: [
    '/workspaces/sandbox/node_modules',
    '/workspaces/node_modules',
    '/node_modules'
```

```
    ]
  }
call data // 캐시가 지워져 한 번 더 호출됨
hello hello
```

또 다른 `require.cache`의 특징은 모듈 지정자로 받은 경로를 절대 경로로 변환해서 해당 경로를 키로 사용해 모듈을 캐싱한다는 점이다. 즉, `require.cache`는 모듈의 절대 경로를 기준으로 캐시를 관리한다.

이로 인해 대소문자 구분이 없는 파일 시스템을 사용하는 운영체제(예: 윈도우)에서도 대소문자가 다른 경로로 모듈을 호출하면 각기 다른 모듈로 취급된다. 따라서 동일한 모듈이라도 대소문자 차이로 인해 여러 번 로드될 수 있다.

```
// foo와 FOO는 다른 캐시에 저장된다
require('./foo.js')
require('./FOO.js')
```

사용자가 정의하지 않고도 사용할 수 있는 Node.js의 코어 모듈은 `require.cache`에서 다른 동작 방식을 보이므로 주의가 필요하다. 코어 모듈도 캐시에 저장된 객체를 다른 객체로 덮어쓸 수는 있지만 이 경우 `node:` 접두어를 붙여 `module.builtinModules`의 모듈을 참조해야만 실제 내장 모듈의 구현체를 사용할 수 있다.

`module.builtinModules`의 모듈은 `require.cache`를 우회해서 항상 내장된 모듈을 반환하므로, 예를 들어 `fs` 모듈을 `fakeFs` 객체로 덮어쓰더라도 `node:fs`는 여전히 `fakeFs`가 아닌 실제 `fs` 모듈의 구현체를 반환하게 된다. 이를 통해 `require.cache`에서 코어 모듈의 일관성을 유지할 수 있다.

```
const assert = require('node:assert')
const realFs = require('node:fs')

const fakeFs = {}
require.cache.fs = {exports: fakeFs}

assert.strictEqual(require('fs'), fakeFs) // true
assert.strictEqual(require('node:fs'), realFs) // true
```

`node:http`와 같은 어떤 코어 모듈은 `node:` 접두어가 없어도 `require()`로 전달되는 경우 내부에 같은 파일명의 모듈이 있어도 항상 우선적으로 로드되기도 한다.

이처럼 코어 모듈은 아무리 캐시 정보를 수정했다 하더라도 어떤 모듈을 사용하느냐에 따라 의도했던 대로 동작하지 않을 수도 있으므로 Node.js의 코어 모듈의 캐시 정보를 덮어쓰는 것은 권장하지 않는다.

4.2.3.6 순환 참조

앞에서 설명한 대로 `require()` 함수를 사용해 모듈 간에 서로를 참조할 수 있다. `require()` 함수는 단순한 함수이므로 개발자는 두 모듈이 서로를 참조하는 구조를 쉽게 만들 수 있으며, 다음과 같은 상황에서 순환 참조가 발생할 수 있다.

1. A 모듈이 B 모듈을 참조하고, B 모듈이 다시 A 모듈을 참조하는 경우
2. A 모듈이 B 모듈을 참조하고, B 모듈이 C 모듈을 참조하며, C 모듈이 다시 A 모듈을 참조하는 경우

이 같은 상황에서는 모듈 간에 무한 루프가 발생할 수 있는데, 이를 **순환 참조(cycles)**라고 한다.[19] 순환 참조가 발생하면 코드의 실행 흐름이 끊임없이 순환되어 프로그램이 정상적으로 동작하지 않을 수 있어 반드시 해결해야 하는 문제다.

CommonJS는 `require()` 함수의 두 가지 특징을 통해 순환 참조 문제를 해결한다.

1. `require()` 함수는 모듈을 동기적으로 불러오기 때문에 한 번에 하나씩 처리된다. 즉, 각 모듈이 순차적으로 로딩되면서 순환 참조가 발생해도 무한 루프에 빠지지 않도록 제어할 수 있다.
2. `require()` 함수는 재침조를 대비해 모듈을 캐싱해서 보관한다. 모듈이 순환 참조에 의해 다시 호출될 때 이미 캐싱된 모듈이 반환되므로 무한 로딩이 발생하지 않는다.

이 두 가지 특징 덕분에 CommonJS는 순환 참조가 발생해도 프로그램이 멈추지 않고 캐싱된 모듈을 반환해서 순환 참조 문제를 완화할 수 있다. 그러나 순환 참조 자체가 복잡성을 유발할 수 있으므로 가능하면 피하는 것이 좋다.

코드 4.6에서 서로 의존하는 두 파일에서 순환 참조가 어떻게 발생하고 해결되는지 살펴보자.

코드 4.6 순환 참조 사례

```
// a.js
console.log('a starting')
exports.done = false
const b = require('./b.js')
```

---

[19] https://nodejs.org/api/modules.html#cycles

```
console.log('in a, b.done = %j', b.done)
exports.done = true
console.log('a done')

// b.js
console.log('b starting')
exports.done = false
const a = require('./a.js')
console.log('in b, a.done = %j', a.done)
exports.done = true
console.log('b done')

// main.js
console.log('main starting')
const a = require('./a.js')
const b = require('./b.js')
console.log('in main, a.done = %j, b.done = %j', a.done, b.done)
```

코드 4.6은 a.js에서 b.js를 참조하고, b.js에서는 a.js를 참조하며, main.js는 a.js와 b.js를 순차적으로 불러온다. 이 main.js를 실행하면 다음과 같은 순서로 참조가 일어난다.

```
main starting
a starting
b starting
in b, a.done = false
b done
in a, b.done = true
a done
in main, a.done = true, b.done = true
```

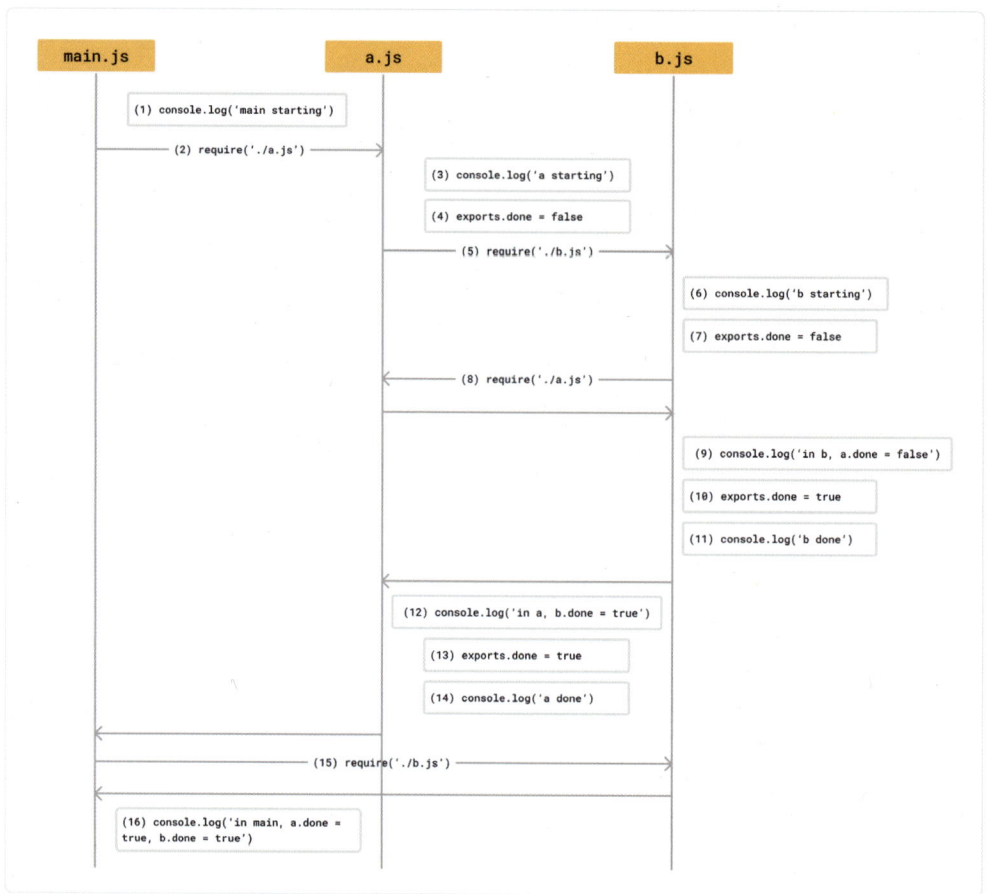

그림 4.4 코드 4.6의 main.js를 실행했을 때 코드의 실행과 모듈을 불러오는 순서

그림 4.4의 순서도를 각 항목별로 설명하면 다음과 같다.

(1) console.log('main starting'): main starting 출력

(2) const a = require('./a.js'): a.js로 제어권을 넘김

(3) console.log('a starting'): a starting 출력

(4) exports.done = false: a.js에서 done을 false로 내보냄

(5) const b = require('./b.js'): b.js로 제어권을 넘김

(6) console.log('b starting'): b starting 출력

(7) exports.done = false: b.js에서 done을 false로 내보냄

(8) `const a = require('./a.js')`: a.js 실행(캐싱)

(9) `console.log('in b, a.done = %j', a.done)`: in b, a.done=false 출력

(10) `exports.done = true`: b.js에서 done을 true로 내보냄

(11) `console.log('b done')`: b done 출력 후 b.js 실행 종료

(12) `console.log('in a, b.done = %j', b.done)`: a.js로 돌아와 in a, b.done=true 출력

(13) `exports.done = true`: a.js에서 done을 true로 내보냄

(14) `console.log('a done')`: a done 출력 후 a.js 실행 종료

(15) `const b = require('./b.js')`: main.js로 돌아와 b.js 실행(캐싱)

(16) `console.log('in main, a.done = %j, b.done = %j', a.done, b.done)`: in main, a.done = true, b.done = true 출력 후 main.js 실행 종료

a.js와 b.js가 서로를 참조하고 있어 main.js를 실행하면 무한 루프에 빠질 것 같지만 실제로는 (8)에서 a.js가 처음 main.js에서 참조될 때 캐싱되기 때문에 무한 루프에 빠지지 않는다. 대신 b.js는 캐싱된 a.js를 불러와 정상적으로 실행된다.

그러나 이때 a.js가 끝까지 실행되지 않은 상태에서 캐싱되므로 b.js가 a.js를 불러올 때 a.done 값은 true가 아닌 false로 출력된다. 이는 CommonJS가 순환 참조를 처리하는 방식에서 발생하는 특성으로, 모듈이 완전히 실행되지 않은 상태에서도 캐싱이 발생하기 때문에 불완전한 데이터를 참조할 수 있는 상황이 생긴다.

이러한 CommonJS의 순환 참조 처리 방식 때문에 모듈 참조 순서에 따라 전혀 다른 값을 반환할 수도 있다. 다음 예제를 통해 확인해보자.

```js
// a.js
exports.loaded = false

const b = require('./b')

module.exports = {
  b,
  loaded: true,
}
```

```js
// b.js
exports.loaded = false

const a = require('./a')

module.exports = {
  a,
  loaded: true,
}
```

```js
// main.js
const a = require('./a')
const b = require('./b')

const result = {
  a: a.b.loaded,
  b: b.a.loaded,
}

// { a: true, b: false }
console.log(result)
```

이 코드를 실행하면 main.js에서 a.js와 b.js를 불러온 순서에 따라 result의 결과가 달라진다. 만약 b.js를 a.js보다 먼저 불러온다면 다음과 같은 결과가 나온다.

```js
// main.js
const b = require('./b')
const a = require('./a')

const result = {
  a: a.b.loaded,
  b: b.a.loaded,
}

// { a: false, b: true }
console.log(result)
```

이처럼 순환 의존성은 개발자가 코드를 수정하는 과정에서 의도하지 않은 결과를 초래할 수 있으며, 이는 버그로 이어질 수 있다. 모듈 간 의존 관계가 복잡해지면 순환 참조로 발생하는 에러를 디버깅하는 것 또한 어려워질 수 있다.

따라서 CommonJS는 순환 참조를 지원하지만 앞에서 본 것처럼 모듈이 불러오는 순서에 따라 일관되지 않은 결과를 반환할 수 있으므로 대부분의 상황에서 권장되지 않는다. 순환 참조는 모듈 간 의존성 복잡도를 높이고, 예측하지 못한 동작을 유발할 수 있기 때문에 가능한 한 피하는 것이 좋다.

4.2.4 소스코드를 CommonJS로 빌드하기

일반적으로 애플리케이션을 배포할 때 소스코드는 실행 가능한 결과물로 변환되는 빌드 과정을 거친다. 이 과정에서 개발자는 개발 코드를 실행 가능한 CommonJS 파일로 빌드할 수 있다.

빌드 프로세스에서는 의존 관계에 있는 자바스크립트 파일들을 압축하고 난독화해서 하나의 파일로 통합하는 작업이 필수적이다. 이를 **번들링**이라고 하며, 번들링을 수행하는 도구를 **번들러**라고 부른다. 번들링 과정에는 사용되지 않는 모듈을 제거해서 불필요한 코드를 식별하고 삭제하는 **트리 셰이킹** 기술이 포함된다. 트리 셰이킹을 통해 번들 크기를 최소화하면 파일 로딩 속도가 빨라져 애플리케이션 성능이 향상된다. 따라서 대부분의 번들러는 트리 셰이킹을 지원한다.

자바스크립트 번들러 중 대표적인 것으로는 Webpack, Parcel, Rollup, Vite 등이 있으며, 이들 대부분은 CommonJS 빌드를 지원한다.

이제 Node.js로 작성된 소스코드를 CommonJS로 빌드할 때 Node.js의 CommonJS 특징이 빌드 과정에 미치는 영향과 번들러가 이러한 특징을 어떻게 처리하는지 살펴보자.

4.2.4.1 모듈 래퍼는 클로저를 생성한다

앞서 Node.js에서는 모듈 래퍼를 사용해 모듈마다 고유한 스코프를 제공하고, 로컬 변수가 전역에 노출되지 않도록 보호한다고 설명했다. 이는 개발 시 매우 유용한 기능이지만 항상 긍정적인 효과만 있는 것은 아니다.

모듈 래퍼가 동작하는 방식은 외부에서 모듈을 사용할 때마다 해당 모듈이 클로저를 생성하는 것과 같다. **클로저(closure)** 란 자신이 선언된 환경을 기억해서 내부 함수에서 외부 변수를 사용할 수 있게 하는 메커니즘이다. 클로저를 사용하면 개발자는 변수의 스코프를 의도적으로 조절할 수 있지만 선언된 환경을 메모리에 유지해야 하므로 메모리 사용 비용이 발생한다. 모듈 래퍼가 클로저이기 때문에 모듈 코드에서 사용하는 로컬 변수는 메모리에 저장돼야 한다.

서버 환경에서 CommonJS는 모든 모듈이 로컬 디스크에 존재했기 때문에 이 점이 크게 문제되지 않았다. 하지만 성능이 중요한 브라우저 환경에서는 매번 클로저를 생성하고 참조하는 방식이 문제로 불거졌다. 브라우저에서 로드해야 할 모듈이 많아질수록 이 방식은 렌더링을 지연시켜 성능 저하를 초래하기 때문이다.

이러한 CommonJS의 성능 문제를 해소하기 위해 Rollup, Webpack 같은 번들러는 모듈을 하나의 클로저로 통합해서 require() 호출로 인한 성능 문제를 줄인다. 그러나 이 해결 방법에는 또 다른 문제가 발생할 수 있으며, 이에 대해서는 다음 절에서 자세히 살펴보겠다.

4.2.4.2 require()는 런타임에 사용할 모듈이 결정된다

앞에서 설명했듯이 다수의 클로저 생성을 방지하기 위해 모든 require() 호출을 단일 클로저로 연결하는 방식은 클로저로 인한 성능 문제를 해결할 수 있지만, 트리 셰이킹이 어려워진다는 단점이 있다. 왜 트리 셰이킹이 어려워지는지, 다음 예제를 통해 자세히 알아보자.

코드 4.7 add.js에서 lodash-es 모듈의 maxBy 함수를 참조하고, add.js를 index.js에서 다시 참조하는 예제. 이는 한 모듈이 다른 모듈을 참조하고, 이 모듈이 또 다른 모듈에서 참조되는 일반적인 모듈 간의 상호 의존성을 나타낸다.

```
// add.js
const {maxBy} = require('lodash')

const operations = {
  add: (a, b) => a + b,
  subtract: (a, b) => a - b,
  multiply: (a, b) => a * b,
  divide: (a, b) => a / b,
  max: (arr) => maxBy(arr),
}

Object.keys(operations).forEach((fnName) => (module.exports[fnName] = operations[fnName]))

// index.js
const {add} = require('./add')

console.log(add(1, 2))
```

예제에서 add.js는 lodash 라이브러리의 maxBy 함수를 불러와 max 함수를 구현하고 있지만 실제로 max 함수는 어디에도 사용되지 않고 있다. index.js는 add.js에서 add 함수만 가져와 사용한다.

이제 이 두 파일을 Rollup으로 빌드한 결과물을 살펴보자.

```js
var lodash = /*#__PURE__*/Object.freeze({
  __proto__: null,
  add: add$2,
    after: after,
  ary: ary,
  assign: assign$1,
  ... 중략 ...
    maxBy: maxBy,
});

var require$$0 = /*@__PURE__*/getAugmentedNamespace(lodash);

(function (module) {
  const { maxBy } = require$$0;

  const obj = {
    add: (a, b) => a + b,
    subtract: (a, b) => a - b,
    multiply: (a, b) => a * b,
    divide: (a, b) => a / b,
    max: (arr) => maxBy(arr),
  };

  Object.keys(obj).forEach((fnName) => (module.exports[fnName] = obj[fnName]));
} (add$3));

var addExports = add$3.exports;

const { add } = addExports;

console.log(add(1, 2));
```

코드 4.7의 빌드 결과물을 살펴보면 index.js에서 add() 함수만 사용됐음에도 add.js의 모든 함수가 번들에 포함됐으며, 심지어 lodash 라이브러리의 모든 모듈도 결과물에 포함된 것을 확인할 수 있다.

번들 분석기를 사용해 번들 크기를 분석해보면 번들 용량의 대부분을 lodash가 차지한다는 사실을 확인할 수 있다. 이는 require() 방식이 동적으로 모듈을 불러오는 특성 때문에 전체 라이브러리를 번들에 포함하게 되어 트리 셰이킹이 어려워지는 문제를 초래하기 때문이다.

```
./index.js → ./dist/cjs/index.js...
./index.js:
lodash - 610.22 kB (99.67%)
rollup helpers - 1.6 kB (0.26%)
app - 448 B (0.07%)
created ./dist/cjs/index.js in 2.7s
```

이 문제의 원인을 이해하기 위해 Node.js의 require() 함수가 동적으로 동작한다는 사실을 떠올려보자. require() 함수의 동적 특성상 빌드 시점에는 어떤 모듈을 실제로 사용할지 알 수 없고 런타임에서야 사용될 모듈이 결정된다.

바로 이 점 때문에 빌드 시점에는 index.js가 add.js에서 어떤 함수를 사용할지 예측할 수 없어 add.js의 모든 함수를 번들에 포함하게 된다. 실제 코드가 실행된 후에야 add 함수만 사용된다는 것을 알 수 있는 것이다.

같은 이유로, add.js에서 lodash를 가져올 때도 lodash의 어느 모듈이 사용될지는 런타임에 결정된다. 따라서 lodash의 모든 모듈이 결과물에 포함되어 번들 크기가 크게 증가하는 문제가 발생한다.

4.2.4.3 트리 셰이킹에 대한 오해

이처럼 require()가 동적으로 동작하기 때문에 실행 시점까지 어떤 모듈을 불러오는지 알 수 없다는 이유로 CommonJS는 트리 셰이킹이 되지 않는다고 생각하는 경우가 많다. 엄밀히 말하자면, 이는 반은 맞고 반은 틀리다고 할 수 있다.

CommonJS에서도 트리 셰이킹이 가능한 상황이 있다. 예를 들어, add.js에서 exports 객체에 모듈을 동적으로 할당하지 않는다면 CommonJS 코드도 트리 셰이킹이 가능해진다. 특정 상황에서는 webpack-common-shake 플러그인과 같이 동적으로 모듈을 불러오는 require() 동작을 제한하는 플러그인을 사용해 불필요한 코드를 제거할 수 있다.[20] 이 플러그인은 require()의 동적 특성을 차단해서 정적 분석을 가능하게 하므로 트리 셰이킹을 통해 최적화할 수도 있다.

---

[20] https://github.com/indutny/webpack-common-shake?tab=readme-ov-file#commonjs-tree-shaker-plugin-for-webpack

그러나 현실적으로는 대부분의 CommonJS 코드가 동적 `require()`를 사용하며, 이렇게 작성된 코드는 번들러가 정적 분석을 수행하기 어렵다. 실제로 `require()`는 런타임에서 모듈을 로드하므로 번들러는 모듈이 불러올 코드를 미리 파악할 수 없다. 이로 인해 CommonJS 모듈은 모든 의존 모듈을 번들에 포함하는 경향이 있으며, 사용되지 않는 코드도 제거하지 않고 남겨두게 된다.

결론적으로, CommonJS가 반드시 트리 셰이킹이 불가능한 것은 아니지만 `require()`를 사용하는 경우 트리 셰이킹이 어렵다는 점을 숙지해야 한다. 트리 셰이킹이 중요하다면 ESModule 형식으로 코드를 작성하거나 CommonJS 코드를 ESModule로 변환하는 도구를 사용하는 것이 더 효과적일 수 있다.

4.2.5 정리

지금까지 CommonJS 모듈 시스템의 역사와 특징, Node.js와의 관계를 살펴봤다. Node.js는 초기에 CommonJS를 채택해서 서버 사이드 환경에서 모듈을 효율적으로 관리할 수 있게 했으며, 전체적으로 CommonJS의 명세를 따르지만 `module.exports` 같은 Node.js 고유의 확장 기능도 갖게 됐다.

CommonJS는 동기적 로딩 방식과 명확한 모듈 정의 및 의존성 해결을 특징으로 하며, 서버 사이드 개발을 간편하게 하는 데 큰 역할을 했다. 그러나 이러한 동기적 특성은 브라우저 환경에서는 한계를 드러내며, 클라이언트 사이드에서 비효율적인 동작을 유발할 수 있다는 점도 살펴봤다.

다음 절에서는 ESModule을 살펴보고, 이후 CommonJS와 ESModule을 비교해 보면서 각 모듈 시스템의 차이점과 장단점을 깊이 있게 살펴보겠다.

4.3 ESModule이란 무엇일까?

ESModule은 자바스크립트의 공식적인 모듈 시스템으로, 모듈화된 코드를 더욱 일관되고 효율적으로 관리하기 위한 목적으로 도입됐다. 이러한 ESModule의 탄생 배경을 이해하려면 먼저 기존 모듈 시스템인 CommonJS의 한계를 살펴볼 필요가 있다. 4.2절 'CommonJS란 무엇일까?'에서 언급한 CommonJS는 서버 사이드 자바스크립트 개발에 많은 영향을 미쳤지만 브라우저 환경에서는 몇 가지 근본적인 문제로 인해 사용하기가 어려웠다.

이번 절에서는 CommonJS의 한계를 극복하기 위해 등장한 ESModule의 배경과 특징, 그리고 왜 현대 자바스크립트 개발에서 중요한 위치를 차지하게 됐는지에 대해 알아보자.

4.3.1 ESModule의 탄생 배경과 도입

ESModule은 자바스크립트의 공식적인 모듈 시스템으로, 모듈화된 코드를 일관되고 효율적으로 관리할 수 있도록 설계됐다. 하지만 ESModule이 등장하기까지는 기존 모듈 시스템인 CommonJS의 한계가 큰 영향을 미쳤다. 브라우저 환경에서 CommonJS를 사용하는 데는 다음과 같은 문제점이 있었다.

1. **동기적 로딩 방식**: CommonJS는 모듈을 동기적으로 로드하는 방식이기 때문에 서버 환경에서는 문제가 없지만 브라우저에서는 로딩 중 블로킹이 발생해 성능 저하를 초래할 수 있다.
2. **프리로딩(preloading) 불가**: CommonJS는 모듈을 미리 로드할 수 없으므로 브라우저에서의 로딩 최적화가 어렵다.
3. **트리 셰이킹 및 최적화 어려움**: CommonJS는 런타임에 모듈을 동적으로 로드하기 때문에 의존성 분석이 복잡해지고, 이로 인해 트리 셰이킹과 같은 최적화 작업이 어렵다.
4. **메모리 이슈**: CommonJS의 모듈 래퍼는 클로저를 생성해서 각 모듈마다 독립적인 스코프를 제공하는데, 파일이 추가될 때마다 클로저가 생성되어 브라우저에서 메모리 사용량이 증가할 수 있다.
5. **브라우저 호환성 문제**: CommonJS는 Node.js 환경을 위해 설계된 시스템이기 때문에 브라우저에서 직접 사용할 수 없다. 이를 해결하려면 Browserify나 Webpack 같은 번들링 도구가 필요하며, 서버와 브라우저 간의 모듈 코드 공유가 복잡해진다.

이처럼 CommonJS는 브라우저 환경을 고려하지 않은 모듈 시스템이었고, 자바스크립트의 표준 모듈 시스템으로 자리 잡지 못했다. 대신, ES6에서는 브라우저와 서버 환경 모두에서 일관되게 사용할 수 있는 표준 모듈 시스템인 ESModule이 도입됐다.

ESModule은 ECMAScript 표준의 일부로서 자바스크립트의 공식 모듈 시스템으로 자리 잡았다. 이를 통해 개발자들은 표준화된 방식으로 모듈을 작성하고 사용할 수 있게 됐으며, 브라우저와 Node.js 환경에서 모두 사용할 수 있게 됐다. ESModule의 도입으로 자바스크립트 모듈을 일관되게 개발하고 배포할 수 있는 장점이 생긴 것이다.

실제로 많은 개발자들이 Node.js 8 버전에서 실험적으로 ESModule을 지원한 후, Node.js 12 버전부터 공식적으로 지원하기 시작하면서[21] 브라우저와 서버에서 ESModule을 사용하게 됐다. 이로 인해 새로운 프로젝트뿐만 아니라 기존에 CommonJS로 작성된 라이브러리들도 점차 ESModule로 기본 모듈 시스템을 전환하고 있다.

---

[21] https://nodejs.org/api/esm.html

4.3.2 ESModule의 특징

ESModule은 자바스크립트에서 공식적으로 채택된 모듈 시스템으로, ES6부터 도입된 import와 export라는 키워드를 사용해 모듈을 정의하고 관리할 수 있다. 이 모듈 시스템은 자바스크립트 개발자들에게 더 나은 코드 구조와 모듈화된 코드를 제공하기 위해 설계됐다. export 키워드는 모듈 내에서 특정 변수나 함수를 외부로 내보낼 때 사용되며, 반대로 import 키워드는 다른 모듈에서 내보낸 변수나 함수를 현재 모듈로 가져올 때 사용된다. 이러한 구조는 자바스크립트의 모듈 간 의존성을 명확히 하고, 코드의 가독성을 높이며, 유지보수성을 향상시킨다. 이제 ESModule의 명세를 더 구체적으로 살펴보자.

4.3.2.1 ESModule의 명세

ESModule은 자바스크립트 언어에 ES6부터 추가된 import와 export라는 키워드를 사용해 모듈을 가져오고 내보낼 수 있다. export는 단어에서도 알 수 있듯이 모듈을 내보낼 때 사용되며, import는 현재 모듈에서 외부 모듈을 가져올 때 사용된다.

4.3.2.1.1 export[22]

export는 모듈에서 공개할 변수나 함수, 클래스를 명시하는 키워드다. export는 이름으로 내보내기(named export)와 기본 내보내기(default export)로 나뉘며, 모듈 하나에서 이름으로 내보내기는 여러 개 존재할 수 있지만 기본 내보내기는 반드시 하나만 존재해야 한다. 먼저 이름으로 내보내기부터 살펴보자.

이름으로 내보내기는 export {} 문법을 사용해 공개할 대상을 선언한 식별자를 객체의 속성으로 묶어 내보내는 방식이다. 이 방식은 한 파일에서 여러 모듈을 내보낼 때 유용하다. 이름으로 내보낸 모듈은 이후에 설명할 import로 가져갈 때 내보낸 이름과 동일한 이름을 사용해야 한다.

```
function sum(a, b) {
  return a + b
}

const variable = '1'

class CustomClass {}

export {sum, variable, CustomClass}
```

---

[22] https://developer.mozilla.org/ko/docs/Web/JavaScript/Reference/Statements/export

이름으로 내보내기의 또 다른 방식으로 대상의 선언문 앞에 **export**를 추가할 수도 있다. 이 방법은 위 예시처럼 객체로 표현해서 내보낸 것과 동일하게 작동한다.

```
// sum.js
export function sum(a, b) {
  return a + b
}

export const variable = '1'

export class CustomClass {}
```

반면 **export** 바로 뒤에 **default** 키워드를 함께 사용한 형태인 **export default**로 모듈에서 기본으로 내보낼 항목을 지정할 수도 있다. 이를 기본 내보내기(default export)라고 하며, 이 방식은 이름으로 내보내기에서 본 **export {}**와 달리 하나의 대상만 내보낸다는 점에서 유용하다. 한 파일 내부에서 이름으로 내보내기와 기본 내보내기를 혼용할 수 있지만 파일마다 **export default** 문은 반드시 하나만 존재해야 한다. 이러한 기본 내보내기는 이름으로 내보낼 때와 달리 모듈을 가져가는 곳에서 원하는 이름으로 사용할 수 있다.

```
// sum.js
export default function sum(a, b) { // sum() 함수를 default로 내보냄
    return a + b;
}

export const variable = '1'; // default가 있더라도 다른 모듈을 이름으로 내보낼 수 있다.

// ✗ 이미 sum() 함수가 default export이므로 중복 사용할 수 없다.
export default class CustomClass {} // A module cannot have multiple default exports.
```

export default 문은 마치 "**default**"라는 변수를 내보낸 것과 유사하다. 따라서 다음의 두 코드는 거의 동일한 기능을 수행한다.

```
// Case 1: export default로 변수 내보내기
export default sum; // sum 함수가 기본 내보내기로 설정됨

// Case 2: default라는 이름의 변수를 내보내기
export {sum as default}
```

이 두 코드는 모두 sum() 함수를 기본적으로 내보내고 있으며, import 문으로 가져올 때 마치 default라는 모듈을 가져오는 것처럼 사용할 수 있다. 즉, export default 문은 사실상 export const default의 문법 설탕(Syntax Sugar)이다.

```
// Case 1: default 이름을 사용해 가져오기
import sum from './module.js'

// Case 2: default 이름을 사용하지 않고 가져오기
import {default as sum} from './module.js'
```

> export default function처럼 함수 default 내보내기는 되는데 왜 export default const와 같이 변수 default 내보내기는 안 되나요?

> export default 문은 모듈에서 기본으로 내보낼 대상을 정하는 방법이다. 함수나 클래스 선언은 그 자체로 완성된 표현식으로 취급되므로 export default function이나 export default class와 같이 선언과 동시에 기본 내보내기를 할 수 있다.
>
> 하지만 export default const와 같은 형태는 자바스크립트의 문법적 제약으로 인해 불가능하다. 이는 변수 선언(const, let, var)이 그 자체로는 완성된 표현식이 아닌 선언문이기 때문이다. 자바스크립트에서는 이러한 변수 선언과 내보내기를 동시에 수행할 수 없도록 설계돼 있다.
>
> 변수를 기본 내보내기로 설정하려면 다음과 같이 두 가지 방법을 사용할 수 있다:
>
> ```
> // 1. 변수를 먼저 선언한 후 내보내기
> const myVariable = 42;
> export default myVariable;
>
> // 2. 값을 직접 내보내기
> export default 42;
> ```
>
> 이렇게 하면 값이 기본 내보내기로 설정되고, 다른 모듈에서 이를 원하는 이름으로 가져와 사용할 수 있다.

4.3.2.1.2 import[23]

import는 다른 모듈에서 내보낸 변수나 함수, 클래스를 가져오는 데 사용된다. import와 함께 from 키워드를 사용해 가져올 모듈의 출처와 가져올 대상 모듈을 정의할 수 있다. 모듈 내에 내보낸 모든 것을 현재 범위에 특정 이름으로 바인딩해서 가져올 수도 있으며, 또는 이름으로 내보낸 모듈에서 각각의 멤버를 선택적으로 가져올 수도 있다.

---

[23] https://developer.mozilla.org/ko/docs/Web/JavaScript/Reference/Statements/import

다음 예제는 이름으로 내보낸 모듈을 가져오는 코드로, 여기서 볼 수 있듯이 이름으로 내보낸 모듈을 가져올 때는 내보낸 모듈의 식별자를 사용해야 한다. 또한 import * as 구문을 사용하면 내보낸 전체 식별자를 포함하는 객체를 가져와서 사용할 수도 있다.

```
// index.js
import {sum} from './sum.js' // 이름으로 내보낸 모듈의 정확한 이름으로 가져와야 한다.

import * as myModule from './sum.js' // myModule에는 export한 모든 대상이 멤버로 포함돼 있다.

console.log(myModule.sum(1, 2))
```

식별자 충돌을 피하기 위해 이름으로 내보낸 모듈을 가져올 때 as 키워드로 모듈에 별칭을 부여할 수 있다.

```
import {sum as addTwo} from './sum.js'

console.log(addTwo(1, 2))
```

반면 기본 내보내기 방식으로 내보낸 모듈을 사용할 경우 내보낸 이름과 동일한 식별자를 사용할 필요 없이 원하는 이름으로 모듈을 가져올 수 있다. 또한 기본으로 내보낸 모듈을 가져오는 import 문은 중괄호 없이 export default의 모듈 내용을 바로 가져올 수 있다.

```
import addTwo from './sum.js'

console.log(addTwo(1, 2)) // 3
```

앞서 기본 내보내기와 이름으로 내보내기는 한 파일 내부에서 함께 사용할 수 있다고 설명했다. 마찬가지로 import 또한 기본으로 가져오는 문법과 이름으로 가져오는 문법을 함께 사용할 수 있다.

```
import addTwo, {variable, CustomClass} from 'sum.js'

import addTwo, * as myModule from './sum.js'
```

만약 가져올 대상에 export default가 정의돼 있지 않으면 다음과 같이 default export가 존재하지 않는다는 오류가 발생한다.

```
// sum.js
export function sum(a, b) {
  return a + b
}

// index.js
import sum from './sum.js' // Module '"User/USER/project/src/sum"' has no default export.
```

이러한 import를 사용해서 가져온 모듈은 모듈의 단일 인스턴스를 가져오므로 같은 모듈을 여러 번 가져와도 해당 모듈은 한 번만 로드된다. 이는 마치 require() 함수로 가져온 모듈을 캐싱해 한 번만 로드하는 CommonJS의 특징과 유사하지만, 그 방법은 다르다. 이와 관련해서 4.3.2.2절 '정적 모듈 로딩'에서 더 자세히 설명한다.

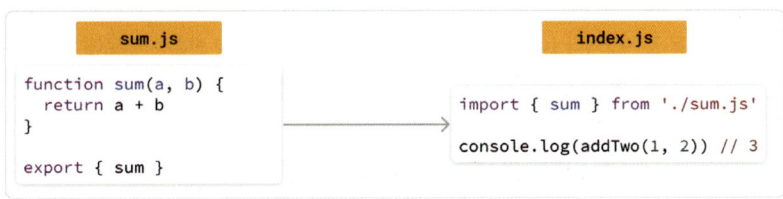

그림 4.5 이름으로 내보내기와 가져오기

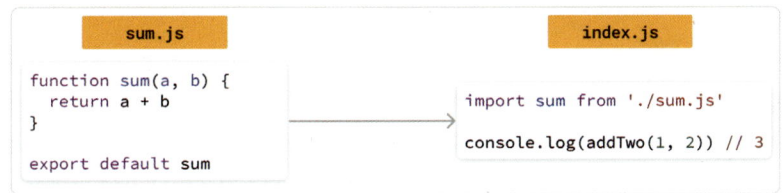

그림 4.6 기본으로 내보내기와 가져오기

결론적으로, import 문은 다른 모듈에서 내보낸 변수와 함수를 효과적으로 가져오는 방법을 제공하며, 이름으로 내보내기와 기본 내보내기 모두를 지원함으로써 유연하게 모듈을 활용할 수 있게 한다. 이러한 구조는 코드의 가독성을 높이고, 유지보수성을 향상시키는 데 기여한다.

4.3.2.1.3 import.meta[24]

4.2절 'CommonJS란 무엇일까?'에서 설명한 것처럼 CommonJS는 __dirname, __filename과 같은 특별한 변수들을 모듈 래퍼 내부 모듈 스코프에서 제공한다. 이러한 변수들은 개발자가 모듈의 정보를 얻는 데

---

[24] https://developer.mozilla.org/ko/docs/Web/JavaScript/Reference/Operators/import.meta

유용하지만, CommonJS 전용이기 때문에 ESModule에서는 사용할 수 없다. 따라서 ESModule에서는 `__dirname`, `__filename` 대신 모듈의 정보를 제공하는 객체인 `import.meta`를 지원한다.

`import.meta` 객체는 ESModule 명세에 포함된 특별한 내장 객체로, 현재 모듈에 대한 정보를 포함하고 있다. `import.meta`는 오직 ESModule에서만 사용 가능하며, CommonJS에서는 사용할 수 없다.

`import.meta`는 다음과 같은 속성과 메서드를 제공한다.

- `import.meta.url`: 현재 모듈의 URL을 나타내는 문자열이다. 이 속성은 현재 모듈 파일의 경로를 나타내며, 이를 통해 모듈이 로드된 위치를 확인할 수 있다. 브라우저에서는 외부에서 스크립트를 가져온 URL이나 문서가 포함된 URL(인라인 스크립트)을 가리키고, Node.js에서는 `file://` 같은 프로토콜을 포함한 파일 경로를 나타낸다.
- `import.meta.resolve(moduleName)`: 현재 모듈의 URL을 기반으로 모듈 지정자를 URL로 해석하는 메서드다. 인수로 받은 모듈명을 기반으로 완전한 경로를 반환하는데, 이 경로는 `import.meta.resolve()`의 반환값으로 뒤에서 설명할 동적 로딩인 `import()` 표현식의 인수로 사용할 수 있다. 단, `import.meta.resolve()` 함수는 경로를 해석하는 기능만 제공하며, 실제로 모듈을 로드하거나 `import`로 가져오는 것은 아니다. 따라서 반환된 경로에 파일이 존재하는지 여부나 해당 경로의 모듈에 유효한 코드가 포함돼 있는지와 관계없이 반환값은 동일하다.

```
// https://example.com/main.js에서 실행한 코드라고 가정
const helperPath = import.meta.resolve('./lib/helper.js')
console.log(helperPath) // "https://example.com/lib/helper.js"
```

> **import.meta의 구현과 호환성**
>
> `import.meta`는 ESModule 명세의 일부로 정의된 객체는 아니다. 명세에서는 `import.meta`를 명시하고 있지만 그 세부 구현은 각 자바스크립트 환경에 위임돼 있다. MDN에서는 `import.meta`의 모든 속성을 'host-defined'로 남겨뒀다고 언급하고 있으며(leaves all its properties as "host-defined")[25], `import.meta.resolve()`는 브라우저가 아닌 환경에서도 내부 구현을 통해 사용할 수 있다. 그러나 ESModule에 호환되는 모든 자바스크립트 환경에서 반드시 구현해야 하는 것은 아니다.[26] Node.js의 `import.meta`에 대한 세부 구현은 이후 4.3.2절 'ESModule의 특징'에서 자세히 설명한다.

4.3.2.1.4 .mjs 파일 확장자

ECMAScript 표준에서 ESModule을 도입하면서 브라우저나 Node.js 같은 자바스크립트 런타임 환경에서 CommonJS와 구분하기 위해 새로운 파일 확장자가 추가됐다. 따라서 `.mjs`로 끝나는 파일은 모두 ESModule 모듈 시스템으로 해석되며, 이 파일들에서는 ESModule의 문법만 사용할 수 있다.

---

[25] https://developer.mozilla.org/en-US/docs/Web/JavaScript/Reference/Operators/import.meta/resolve#not_an_ecmascript_feature
[26] HTML 표준에서 구현한 `import.meta.resolve()`는 https://html.spec.whatwg.org/multipage/webappapis.html#resolve-a-module-specifier에서 확인할 수 있으며, Deno는 https://docs.deno.com/runtime/manual/runtime/import_meta_api, Node.js는 https://nodejs.org/docs/latest/api/esm.html#importmetaresolvespecifier에서 구현을 확인할 수 있다.

예를 들어, 다음과 같이 `sum.mjs` 파일을 작성할 수 있다.

```
// sum.mjs
export default function sum(a, b) {
  return a + b
}
```

그리고 이를 `index.mjs` 파일에서 가져올 수 있다.

```
// index.mjs
import sum from './sum.mjs'

console.log(sum(1, 2)) // 3
```

이처럼 `.mjs` 파일 확장자는 ESModule을 명확히 구분하고, 해당 파일에서만 사용할 수 있는 문법을 지원함으로써 모듈 시스템의 일관성을 유지하는 데 기여한다.

4.3.2.1.5 정리

CommonJS는 `exports` 객체와 `require()` 함수를 통해 모듈을 가져오고 내보냈던 것과 달리, ESModule은 `import`, `export`라는 언어 자체에 내장된 키워드를 통해 모듈을 관리할 수 있다. 이러한 ESModule의 명세는 단순히 작성법만 달라진 것이 아니라 CommonJS와는 완전히 다른 방식으로 동작하며, 이 동작으로 인해 CommonJS와는 다른 특징을 갖는다. 이어서 ESModule로 모듈화하는 과정과 함께 ESModule의 특징을 알아보자.

4.3.2.2 정적 모듈 로딩

`import`와 `export` 문을 사용하는 ESModule은 동적으로 모듈을 로드하는 CommonJS와 달리 모듈을 정적으로 로드한다. 정적으로 모듈을 로드한다는 것은 빌드 시점에 모듈을 가져온다는 것을 의미한다. 즉, 코드가 실행되기 전에 필요한 모듈이 이미 로드돼 있으며, 이는 번들러가 소스코드를 번들링할 때 모든 의존성을 파악하고 포함시키는 방식으로 이뤄진다. 따라서 빌드된 번들은 모듈을 동적으로 로드하는 데 필요한 추가적인 네트워크 요청이나 로딩 지연 없이 필요한 모든 코드가 사전에 포함돼 있다.

모듈을 정적으로 로드하는 방식은 런타임 때 동적으로 모듈을 로드하는 방식보다 다음과 같은 몇 가지 이점이 있다.

- **불필요한 대기 시간 감소**: 정적으로 모듈을 로드하면 코드 실행 전에 모듈을 이미 가져오므로 런타임 중에 모듈을 가져오는 대기 시간이 줄어든다. 이는 페이지를 초기 로드하는 시간을 단축시키고 사용자 경험을 향상시킨다.

- **코드 예측 가능**: 정적 모듈 로딩은 코드 간의 의존성 관계를 명확하게 정의하고 예측할 수 있게 한다. 어떤 모듈이 언제 로드되는지를 코드에서 명확히 확인할 수 있어 코드의 동작을 이해하기 쉽고 유지보수 또한 수월하다.

- **모듈 캐싱과 최적화**: 정적 모듈 로딩을 통해 브라우저나 실행 환경에서 모듈을 캐싱하고 최적화할 수 있다. 한 번 로드된 모듈은 다시 사용될 수 있으며, 이로 인해 성능이 향상된다.

- **의존성 관리 용이**: 정적 모듈 로딩으로 모듈 간의 의존성을 명시적으로 관리할 수 있어 코드의 가독성과 유지 보수성을 향상시킨다.

- **번들 최적화**: 정적 모듈 로딩은 번들링 도구가 코드를 분석해서 필요한 모듈만 번들에 포함시키고 불필요한 부분을 제거할 수 있게 함으로써 효율적으로 번들을 생성하는 데 도움을 준다. 즉, 트리 셰이킹을 쉽게 수행할 수 있어 번들 크기를 줄이고 애플리케이션의 성능을 향상시키는 데 기여한다.

ESModule은 이러한 정적 모듈 로딩의 핵심 아이디어를 바탕으로 구현돼 있다. 이후에 ESModule이 어떻게 소스코드 내 모든 의존성을 파악해서 모듈을 로드하는지 자세히 알아보자.

📄 **ESModule의 모듈을 동적으로 로드하는 방법**

필요에 따라 모듈을 동적으로 로드할 수도 있는데, 이는 import() 함수를 통해 이뤄진다.

```js
import('./myModule.js')
  .then((module) => {
    // 모듈 사용
    module.sum(1, 2)
  })
  .catch((error) => {
    // 모듈 로드 실패 시 처리
    console.error('모듈 로드 실패:', error)
  })
```

동적으로 가져온 모듈은 Promise를 반환하는데, 이는 import() 함수가 비동기적으로 모듈을 로드하기 때문이다. 동적으로 모듈을 가져올 때는 모듈이 실제로 필요한 시점에만 로드되므로 이 작업은 비동기적으로 처리해야 한다. 이렇게 하면 다른 코드의 실행을 차단하지 않고 필요할 때만 모듈을 가져올 수 있으며, 이는 웹 애플리케이션의 성능을 향상시키는 데 기여한다.

4.3.2.3 최상위 수준 await[27]

ESModule의 또 다른 특징으로는 모듈 전체가 하나의 거대한 비동기 함수로 동작할 수 있다는 점이다. 이러한 특징을 **최상위 수준 await**(top-level await)이라고 한다. 다음 예제를 보자.

```
// todoList.js
let todoList

const response = await fetch('https://example.com/todos')
todoList = await response.json()

export {todoList}
```

```
// index.js
import {todoList} from './todoList.js'

console.log(todoList) // [{title: '할 일', description: '...'}]
```

최상위 수준 await을 사용한 `todoList.js` 모듈을 불러온 `index.js`는 `todoList.js`에서 비동기 처리가 완료되기 전까지는 실행을 멈춘다. 이후 비동기 처리가 완전히 완료된 경우에만 `todoList` 배열을 사용할 수 있다. 즉, `index.js`에서 `todoList`를 바로 사용하고 있어도 다음에 설명할 정적 분석을 통해 비동기 처리가 완료됐다는 것을 보장하므로 완전히 처리된 결과를 얻을 수 있다. 참고로 해당 기능은 ES2022부터 사용 가능하다.

4.3.2.4 ESModule의 동작 방식

앞서 정적 모듈 로딩의 핵심 아이디어는 코드가 실제로 실행되기 전에 필요한 모듈을 로드하고 이들 간의 모든 의존성을 파악하고 포함시키는 방식이라고 설명했다. 이처럼 모듈 간의 의존 관계는 개발자가 `import` 문을 작성할 때 생성된다. `import`와 `export` 문으로 코드를 작성해본 경험이 있다면 한 파일에서 의존하고 있는 모듈을 찾아가기 위해 상단에 선언한 `import` 문을 따라서 추적해본 경험이 있을 것이다. ESModule 또한 이와 유사하게 한 파일 내부의 `import` 문을 따라 파일이 의존하는 다음 모듈을 찾아가면서 이른바 의존성 그래프를 구성한다. 이 과정을 ESModule 명세에서는 모듈 파싱, 모듈 인스턴스화, 모듈 평가의 세 단계로 나눠서 설명한다.

---

[27] https://github.com/tc39/proposal-top-level-await

> **ESModule에서 파일을 로드하는 방법**
>
> ESModule 명세를 보면 모듈 파일을 어떻게 불러오는지에 대한 내용은 기술하지 않는다. 그 이유는 파일을 불러오는 로더(loader)는 ESModule을 사용 중인 환경에 따라 결정되기 때문이다. 브라우저의 경우 HTML 명세[28]를 따르며, Node.js의 경우 ESModule 로더[29]를 사용한다. 즉, 모듈이 정의된 파일을 불러오는 방법은 사용하는 환경의 로더가 결정하며, 이 모듈 파일의 구문을 분석하고 인스턴스화해서 모듈을 평가하는 방법은 ESModule 명세에 기술돼 있다. 로더와 관련해서는 4.3.3절 'Node.js의 ESModule'에서 Node.js의 ESModule과 CommonJS의 각 모듈 로더의 특징을 비교하면서 자세히 설명한다.

4.3.2.4.1 모듈 파싱

모듈 파싱(module parsing) 단계는 브라우저나 자바스크립트 엔진이 로드한 모듈 파일을 해석해 모듈 레코드(module record)를 생성하고, 해당 모듈의 구문과 의존성을 분석하는 과정이다. 이 단계에서 모듈 레코드가 생성됨으로써 모듈 로더가 요청 시 해당 모듈을 추적하고 관리할 수 있다.

모듈 레코드는 실제 메모리에 로드된 모듈의 값을 관리하는 구조체다. 모듈 레코드는 모듈의 구조적인 정보와 의존하는 다른 모듈들의 정보를 포함하며 자바스크립트 엔진이 모듈의 상태를 관리하고 의존성을 추적하는 데 사용된다. 모듈 레코드는 해당 모듈의 상태, export된 항목, 그리고 의존하는 모듈들의 정보를 포함하며, 구체적으로 어떤 필드로 이 정보를 관리하는지는 ESModule 명세의 모듈 레코드의 필드로 확인할 수 있다.[30] 또한 이 모듈 레코드는 파싱 단계에서 생성되지만 실제로 이 레코드로 함수와 변수들이 메모리에 할당되고 모듈 간의 참조 관계가 설정되는 것은 다음 단계인 모듈 인스턴스화 과정에서 업데이트된다.

파싱 단계에서는 모듈 레코드 생성뿐만 아니라 생성하는 도중에 모듈이 문법적으로 유효한지를 확인하고 모듈의 구조를 이해하는 작업도 수반된다. 즉, 파싱 과정은 모듈의 내용이 자바스크립트 코드로 해석될 수 있는지 확인하고 의존성을 분석하는 과정으로 이러한 파싱의 자세한 과정은 ESModule 명세의 ParseScript[31], ParseModule[32]에 나누어 기술돼 있다.

1. **문법 검사**: 가장 먼저 ESModule은 자바스크립트 코드로 작성돼야 하므로 모듈의 내용이 유효한 자바스크립트 문법을 따르는지 확인한다. 또한 올바른 import 및 export 문을 사용해 모듈을 정의하고 내보내는지, 모듈의 코드가 문법적으로 오류가 없는지도 검사한다.[33]

---

28 https://html.spec.whatwg.org/#fetch-a-module-script-tree
29 https://nodejs.org/api/packages.html#modules-loaders
30 https://tc39.es/ecma262/#table-module-record-fields
31 ParseScript는 ECMAScript 코드가 단독 스크립트로 구성됐을 때의 파싱 과정에 대해 설명한다. 단독 스크립트는 일반적으로 웹 페이지의 `<script>` 태그 내부에 포함된 코드이거나, 별도의 .js 파일에 작성된 코드를 의미한다. https://tc39.es/ecma262/#sec-parse-script
32 ParseModule은 ECMAScript 코드가 모듈로 구성됐을 때의 파싱 과정에 대해 설명한다. 이때 모듈은 ESModule을 말하며, import 및 export 문을 사용해서 정의되는 경우다. https://tc39.es/ecma262/#sec-parsemodule
33 그 밖에 엄격 모드(strict mode)를 준수하는지, 사용하지 않는 변수나 함수가 있으면 제거하거나 브라우저에 한해서 모듈이 동일한 출처(origin)에서 로드되는지 확인해 보안상의 이슈를 방지하기도 한다.

2. **토큰화(tokenization)**: 토큰화는 단순히 소스코드를 토큰(token)이라는 작은 단위로 분할하는 과정으로, 이때 토큰은 코드의 의미 있는 부분을 나타내는 최소 단위를 의미한다. 이 토큰에는 주로 키워드, 식별자, 연산자, 리터럴 등과 같은 것들이 있다. ESModule은 1번 과정의 결과로 모듈의 문법이 유효하다면 모듈의 내용 중 자바스크립트 코드의 키워드, 식별자, 연산자 등을 토큰으로 분리하는 토큰화를 수행한다. 이후에 이 토큰화된 코드를 분석해서 문법적 구조를 이해하는데, 이 과정에서 토큰들의 순서와 조합을 검사해서 유효한 문법 구조인지 확인한다.

3. **구문 분석(syntax analysis)**: 2번 과정에서 토큰화된 코드를 분석해서 문법적 구조를 이해하는 구문 분석 과정을 수행한다. 이 과정에서는 토큰들의 순서와 조합을 검사해 유효한 문법 구조인지 확인한다.

4. **의존성 분석(import dependency analysis)**: 모듈에 다른 모듈을 가져오는 `import` 문이 포함돼 있는 경우, 해당 `import` 문을 분석해 다른 모듈에 대한 의존성을 파악한다. 이 과정에서 임포트한 다른 모듈을 찾을 수 없는 경우 오류를 발생시킨다.

결론적으로 해당 단계에서 이뤄진 분석 결과를 바탕으로 모듈은 인스턴스화 단계로 넘어가며, 그때부터 모듈의 실제 값이 메모리에 할당되고 사용할 수 있게 된다. 파싱 과정은 이를 위한 준비 단계라고 볼 수 있다.

4.3.2.4.2 모듈 인스턴스화[34]

모듈 인스턴스화(module instantiation)는 모듈의 `export`된 값들이 메모리에 할당되고 초기화되는 단계다. 이 과정에서 모듈은 비로소 사용 가능한 상태가 되며, 해당 모듈에서 `import`된 기능들도 메모리에 로드된다. 파싱 단계에서 언급한 것처럼 인스턴스화 단계에서는 모듈 레코드에 모듈 정보를 업데이트해서 `export`와 `import` 문이 해석되고 필요한 값들이 메모리에 할당되며 비로소 모듈 간 참조가 연결된다. 이 같은 일련의 과정을 **의존성 해결(dependency resolution)**이라고 한다.

- **`export` 문**: `export` 문을 통해 모듈에서 외부로 공개할 항목을 정의하며, 인스턴스화 시 `export` 문이 해석되어 모듈 레코드에 해당 항목의 바인딩 정보가 저장된다. 변수는 초기화되지 않거나 기본값으로 설정되며, 함수 선언문은 미리 초기화된다.

- **`import` 문**: `import` 문을 해석해 다른 모듈에서 가져올 항목을 지정하고, 이를 가져와 사용할 수 있도록 준비한다. 의존성 해결 과정에서 `import` 문을 통해 가져온 모듈의 바인딩 정보가 연결되어 필요할 때 사용할 수 있도록 한다.

결국, `export` 문에 의해 설정된 바인딩 정보는 모듈 로드와 해석의 초기 단계에서 연결되고, 이후 `import` 문을 통해 의존하는 모듈들이 이 `export`의 바인딩 정보를 가져와 연결된다. 중요한 점은 `export`와 `import` 문이 동일한 메모리 주소를 참조한다는 점이다. 이를 통해 모든 `import` 문이 해당 `export` 문과 동기화된 상태로 연결된다.

---

[34] ES 명세에서 모듈 인스턴스화에 대한 세부적인 내용은 'Module Records'라는 용어로 다루고 있다. 모듈 레코드를 다루는 섹션에서 모듈의 내부 표현에 대한 구체적인 설명과 함께 모듈 인스턴스화에 관한 다양한 측면을 설명한다. https://tc39.es/ecma262/#sec-abstract-module-records

이 과정은 마치 의존성 그래프를 생성하는 것과 유사하다. 우선 export 문 정보를 통해 깊이 우선 탐색을 수행해 의존성의 끝까지 탐색하고 모든 export 연결을 완료한다. 이후 역탐색을 통해 import 항목들을 해당 export와 연결하게 된다.

ESModule의 모듈 인스턴스화 과정 덕분에 CommonJS의 require() 함수와는 다른 동작 방식이 나타난다. require() 함수는 모듈 래퍼를 사용해 exports 객체가 복사되어 전달되기 때문에 모듈 내에서 값이 변경되더라도 이를 가져온 다른 모듈에는 변경 사항이 반영되지 않는다. 반면, ESModule에서는 export와 import가 동일한 메모리 주소를 참조하기 때문에 내보낸 모듈의 값이 변경되면 이를 가져온 모듈들에도 자동으로 반영된다. 다만, 가져온 모듈의 값을 직접 변경할 수는 없고, 원시 타입이 아닌 객체라면 해당 객체의 속성은 수정 가능하다.

예를 들어, counter.mjs에서 count를 내보내고 increment() 함수를 통해 count 값을 증가시킨다면 index.mjs에서 increment()를 호출했을 때 count가 증가하는 것을 확인할 수 있다.

코드 4.8 counter.mjs에서 내보낸 count와 increment() 함수를 index.mjs에서 호출한 코드

```
// counter.mjs
export let count = 0

export function increment() {
  count += 1
}

// index.mjs
import {count, increment} from './counter.mjs'

console.log(count) // 0

increment()
console.log(count)
```

위 코드의 실행 결과는 다음과 같다.

```
$ node index.mjs
0
1
```

반면, CommonJS로 작성된 `counter.cjs`를 `index.cjs`에서 가져와 `increment()` 함수를 호출하면 `count`는 변경되지 않는다.

코드 4.9 CommonJS 모듈로 작성한 코드

```js
// counter.cjs
var count = 0

function increment() {
  count += 1
}

module.exports = {
  count,
  increment,
}

// index.cjs
const {count, increment} = require('./counter.cjs')

console.log(count)

increment()
console.log(count)
```

위 코드의 실행 결과는 다음과 같다.

```
$ node index.cjs
0
0
```

4.3.2.4.3 모듈 평가

모듈 인스턴스화 단계에서 모듈의 의존성이 모두 해결되고 export된 모든 값들이 메모리에 할당되면 그다음으로 모듈 평가(module evaluation) 단계에서 해당 모듈의 코드가 실제로 실행된다. 이 과정에서 모듈 내의 모든 코드가 평가되어 실행되며 export된 값들이 최종적인 결괏값을 갖는다.

모듈을 평가한다는 의미는 모듈의 코드가 실제로 실행된다는 것이다. 이로 인해 export된 내용이 실제 로직의 결괏값으로 할당된다. 이때 이미 인스턴스화 단계에서 메모리에 할당된 export 항목들의 실제 값이 설정되어 다른 모듈에서 이를 임포트해서 사용할 수 있게 된다. 따라서 모듈 인스턴스화가 모듈을 사용할 준비 상태로 만드는 단계라면, 모듈 평가는 모듈을 실제로 실행해 그 내용을 완전히 활성화하는 단계라고 할 수 있다.

> **모듈 인스턴스화와 모듈 평가 단계를 나누어 설명하는 이유**
>
> 개발자 커뮤니티에서는 모듈 인스턴스화와 모듈 평가 단계를 하나의 단계로 보는 견해도 있다. 이 두 단계를 나눠서 보거나 동일시하는 것은 명세를 해석하는 방법에 따라 다를 수 있다. ES 명세는 개발자에게 기능을 어떻게 구현해야 하는지는 안내하지만 그것을 해석하고 실제로 구현하는 방법은 개발자에 따라 다르다.
>
> 따라서 모듈 인스턴스화와 모듈 평가를 나눠서 보거나 동일시하는 것은 개별적인 해석의 문제다. 일부 해석에서는 이 둘을 명시적으로 분리해서 설명하고, 다른 해석에서는 한데 묶어서 설명한다. 대부분의 경우 모듈 인스턴스화와 모듈 평가는 모듈의 코드를 실행해 실행 가능한 상태로 만드는 과정을 의미하므로 이 둘을 동일시해서 설명하는 것이 일반적이다. 하지만 이 책에서는 모듈 레코드와 실행 단계에서 어떻게 메모리가 동작하는지 쉽게 안내하기 위해 모듈 인스턴스화와 모듈 평가 단계를 명시적으로 분리해서 설명한다.

4.3.2.4.4 동작 방식 정리

지금까지 ESModule의 세 가지 동작 방식을 자세히 살펴봤다. 요약하자면, ESModule은 코드를 분석해서 추상 구문 트리로 파싱한 후, 코드 내의 `import` 문을 통해 모듈 간의 의존성을 사전에 파악하고 모듈 레코드라는 일종의 의존성 그래프를 생성한다. 이후 모듈 인스턴스화 단계에서 필요한 모듈의 메모리 주소를 설정하고, 마지막으로 모듈 평가 단계에서 코드를 실제로 실행해 최종적인 값을 얻는다.

그림 4.7 ESModule의 동작 방식

이해를 돕기 위해 앞에서 본 코드 4.1의 예시로 이 과정을 다시 한번 살펴보자.

예를 들어, index.mjs에서 counter.mjs를 가져오는 경우 ESModule은 먼저 index.mjs의 파싱 및 인스턴스화 과정을 통해 모듈 레코드를 생성하고, 가져온 모듈과의 참조 관계를 설정한다. index.mjs는 counter.mjs 모듈에 의존하므로 이 둘은 참조 관계로 연결되며 count와 increment() 함수도 초기화되어 메모리에 로드된다.

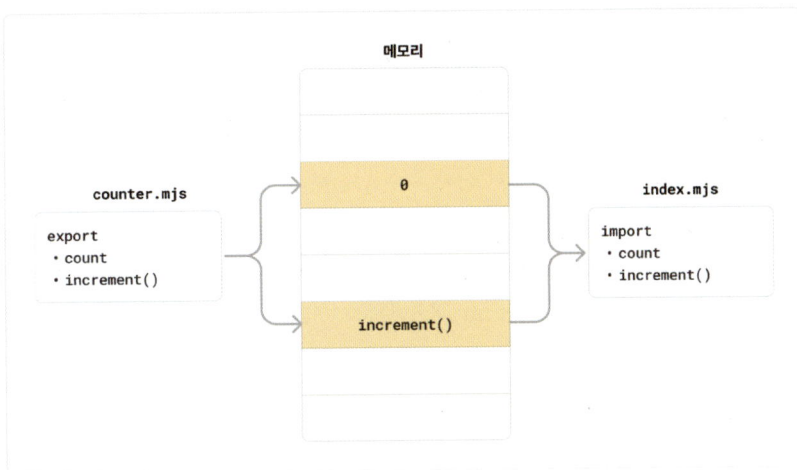

그림 4.8 index.mjs에서 counter.mjs의 count 및 increment() 함수가 초기화된 상태로 메모리에 로드됨

이후 평가 단계에서는 index.mjs 코드가 실행되며 초기 상태인 count가 출력된다. increment() 함수를 호출하면 count 값이 1로 변경되며, 변경된 값이 다시 출력된다.

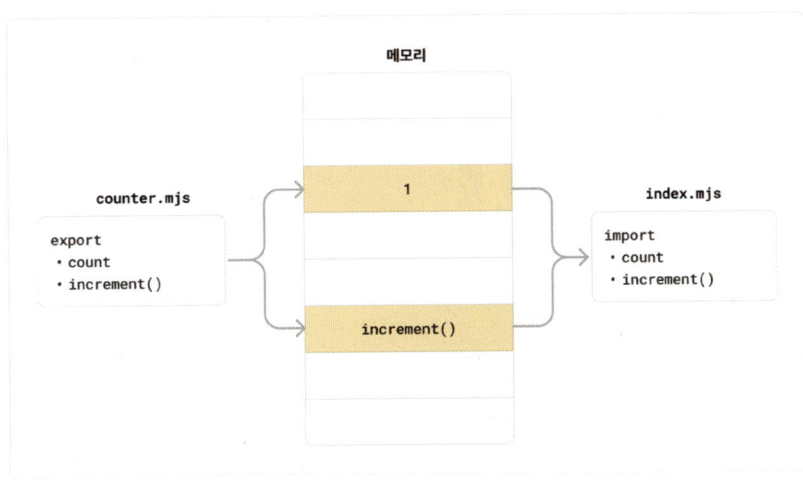

그림 4.9 increment() 함수 호출로 인해 count 값이 1로 변경된 상태

4.3.2.5 ESModule의 순환 참조

4.2절 'CommonJS란 무엇일까?'에서 설명한 것처럼 순환 참조란 A 모듈이 B 모듈을 가져오고, B 모듈이 다시 A 모듈을 가져오는 상황을 말한다. ESModule에서 이러한 순환 참조가 발생하면 어떻게 처리될까?

ESModule은 순환 참조 문제를 해결하기 위해 자바스크립트의 비동기 메커니즘인 Promise를 활용한다. 모듈을 가져오는 동안 순환 참조가 발생하더라도 Promise를 사용해 무한 루프에 빠지지 않고 안전하게 처리할 수 있다. 이를 이해하기 위해 다음 예시를 살펴보자.

코드 4.10 순환 참조 예제 1

```
// a.mjs
import B from './b.mjs'

console.log('A가 실행됨')

export default 'A'
```

```
// b.mjs
import A from './a.mjs'

console.log('B가 실행됨')

export default 'B'
```

여기서 A 모듈이 B 모듈을 가져오는 과정에서 B 모듈의 평가가 아직 완료되지 않았기 때문에 Promise가 반환된다. 이후 B 모듈에서 A 모듈을 가져올 때 A 모듈은 이미 로드 상태로 간주되므로 Promise가 아닌 실제 참조를 반환하게 된다. 이처럼 Promise를 통해 순환 참조를 비동기적으로 처리함으로써 무한 루프에 빠지지 않게 된다. 결과적으로 코드 4.10은 다음과 같이 정상적으로 실행된다.

```
B가 실행됨
A가 실행됨
```

그러나 순환 참조 상황에서 모듈이 로드되기 전에 값에 접근하려고 하면 문제가 발생할 수 있다. 다음 예제를 보자.

코드 4.11 순환 참조 예제 2

```
// a.mjs
import B from './b.mjs'

export default 1
```

```
// b.mjs
import A from "./a.mjs";

console.log("B가 실행됨");

export default A + 1; // Cannot access 'A' before initialization
```

이 경우 B 모듈에서 A의 값을 사용하려고 하지만 A는 아직 초기화되지 않은 상태이므로 오류가 발생한다. 이 문제를 구체적으로 살펴보면 다음과 같다.

1. a.mjs 로드: a.mjs가 로드되며 B 모듈을 가져오지만 B는 아직 로드되지 않았으므로 Promise가 반환된다.
2. b.mjs 로드: b.mjs가 로드되며 A 모듈을 가져오려고 하지만 A는 아직 초기화되지 않은 상태다.
3. b.mjs 평가: b.mjs가 A의 값을 사용하려고 시도하면서 A가 초기화되지 않아 오류가 발생한다.

이처럼 ESModule의 순환 참조는 Promise로 해결할 수 있지만 모듈이 로드되기 전에 값을 사용하는 경우에는 런타임 오류가 발생할 수 있다.

4.3.2.6 정리

이번 절에서는 ESModule의 사용법과 내부 동작 방식을 자세히 알아봤다. ESModule은 import, export 문을 통해 모듈을 정적으로 로드하며, 이를 통해 파싱, 인스턴스화, 평가 단계를 거쳐 모든 의존성을 관리하고 연결한다. 이러한 정적 로딩 방식 덕분에 ESModule은 빌드 과정에서 코드의 의존 관계를 예측할 수 있어 트리 셰이킹이 용이하고, 불필요한 코드를 제거해 번들 크기와 로딩 시간을 줄일 수 있다는 장점이 있다. 이처럼 ESModule은 서버와 브라우저 등 모든 환경에서 효과적으로 동작하며, 자바스크립트 모듈 시스템의 표준으로 자리 잡고 있다.

이어지는 절에서는 Node.js에서 ESModule을 어떻게 구현하고 있는지 자세히 살펴보자.

4.3.3 Node.js의 ESModule

Node.js는 2009년에 출시된 이후로 CommonJS 모듈 시스템을 기반으로 성장해왔다. 그러나 2015년에 자바스크립트의 공식 표준 모듈 시스템으로 ESModule이 도입되면서 Node.js 생태계에도 변화가 필요해졌다. Node.js가 ESModule을 지원하게 된 배경에는 주로 다음 두 가지 이유가 있다.

- **표준화**: ESModule은 브라우저 환경에서 이미 널리 지원되고 있는 표준 모듈 시스템이다. Node.js에서도 이를 지원하게 되면 자바스크립트 생태계 전반에서 서버와 클라이언트가 같은 모듈 시스템을 사용할 수 있게 되어 개발자들은 하나의 코드베이스를 클라이언트와 서버 모두에서 손쉽게 재사용할 수 있다.
- **성능 최적화**: ESModule은 트리 셰이킹 등 최적화 기법을 적용하기에 유리하다. 이를 통해 불필요한 코드를 제거해 번들 크기를 줄이고 성능을 개선할 수 있다. 또한 ESModule의 `import()` 함수는 모듈을 비동기로 동적 로드할 수 있어 코드 실행을 더욱 유연하게 관리할 수 있다.

이러한 장점 덕분에 Node.js 커뮤니티는 ESModule 지원을 점진적으로 추진했고, Node.js 12 버전부터 공식적으로 ESModule을 지원하기 시작했다. 이를 통해 Node.js는 자바스크립트의 표준을 따르면서도 성능과 유연성을 더욱 개선할 수 있었다.

> **Node.js 버전별 ESModule을 사용할 때 주의할 점**
>
> 엄밀히 말하자면 2020년 5월 배포된 12.17.0 버전부터 정식으로 지원하기 시작했지만 Node.js 변경 로그(Change Log)[35]에 의하면 여전히 내부 구현은 실험적인 상태라고 기술했다. 따라서 12 버전까지는 비록 `--experimental-modules` 플래그 없이 ESModule을 사용할 수는 있지만 여전히 런타임에서 실험적인 기능임을 알리는 경고가 출력됐다.
>
> 14 버전 이후부터는 문서와 기능상으로는 안정(stable) 버전으로 변경되어 경고 문구 또한 제거됐지만, 여전히 내부 코드상으로는 실험적인 기능으로 간주하고 있다고 Node.js 팀은 이야기한다. 그 이유는 웹 생태계와의 호환성을 고려하고 표준 준수를 유지하는 동시에 기존의 CommonJS 모듈 시스템과의 상호운용성 및 이전 Node.js 버전과의 호환성 등 고려해야 할 많은 요소가 존재하기 때문인 것으로 추정된다. 따라서 Node.js의 ESModule 지원이 완전히 안정화된 상태가 되는 시기는 이러한 다양한 요소를 고려해 Node.js 팀이 결정할 것이다.
>
> 이러한 ESModule의 안정적인 지원과 관련해 Node.js에서는 14 버전의 `CHANGELOG.md`에서 다음과 같이 안내한 바 있다.
>
> > As of Node.js 14 there is no longer this warning when using ESM in Node.js. However, the ESM implementation in Node.js remains experimental. As per our stability index: "The feature is not subject to Semantic Versioning rules. Non-backward compatible changes or removal may occur in any future release." Users should be cautious when using the feature in production environments.

---

[35] https://github.com/nodejs/node/blob/main/doc/changelogs/CHANGELOG_V12.md#notable-changes-24

> Please keep in mind that the implementation of ESM in Node.js differs from the developer experience you might be familiar with. Most transpilation workflows support features such as optional file extensions or JSON modules that the Node.js ESM implementation does not support. It is highly likely that modules from transpiled environments will require a certain degree of refactoring to work in Node.js. It is worth mentioning that many of our design decisions were made with two primary goals. Spec compliance and Web Compatibility. It is our belief that the current implementation offers a future proof model to authoring ESM modules that paves the path to Universal JavaScript. Please read more in our documentation.[17]
>
> (번역) Node.js 14부터는 Node.js에서 ESM을 사용할 때 이 경고가 더 이상 나타나지 않습니다. 그러나 Node.js의 ESM 구현은 여전히 실험적입니다. 우리의 안정성 지수에 따르면: "해당 기능은 시맨틱 버저닝 규칙의 대상이 아닙니다. 임의의 미래 릴리스에서 호환되지 않는 변경이나 제거가 발생할 수 있습니다." 사용자는 제품 환경에서 이 기능을 사용할 때 주의해야 합니다.
>
> Node.js의 ESModule 구현은 익숙할 수 있는 개발자 경험과 다릅니다. 대부분의 트랜스파일 워크플로는 Node.js ESM 구현에서 지원하지 않는 선택적 파일 확장자 또는 JSON 모듈과 같은 기능을 지원합니다. 트랜스파일된 환경에서의 모듈이 Node.js에서 작동하려면 일정 수준의 리팩터링이 필요할 수 있습니다. 많은 설계 결정이 두 가지 주요 목표를 가지고 있었습니다. 바로 사양 준수와 웹 호환성입니다. 현재의 구현이 유니버설 자바스크립트로 향하는 길을 열어주는 미래 지향적인 모델을 제공한다고 믿습니다. 자세한 내용은 문서에서 확인하십시오.

4.3.3.1 ESModule 로더

Node.js에서 ESModule 파일을 로드하는 로더(loader)의 특징을 CommonJS와 비교하며 살펴보자.

- **비동기적 로딩**: 4.2절 'CommonJS란 무엇일까?'에서 설명한 것처럼 `require()` 함수는 동기적으로 작동하므로 CommonJS 로더를 동기적이라 할 수 있다. 반면 ESModule의 로더는 비동기로 동작하며, 필요한 시점에 모듈을 로드해 다른 코드의 실행을 차단하지 않는다.

- **몽키 패치 불가**: 몽키 패치란 프로그램의 메모리 내 소스 내용을 런타임 중 직접 변경하는 방식이다. `require()` 함수는 재정의할 수 있는 함수이므로 같은 이름으로 재정의해 동작을 수정하거나 확장할 수 있다. 그러나 `import` 키워드는 재정의가 불가능하므로 ESModule의 동작을 수정할 수 없다.

- **폴더 모듈 사용 불가**: ESModule 로더는 폴더를 모듈로 사용할 수 없다. CommonJS에서는 폴더 경로만 지정해도 `index.js` 파일을 자동으로 찾지만 ESModule은 `./startup/index.js`처럼 인덱스 파일을 명시적으로 지정해야 한다.

- **확장자 명시 필요**: ESModule 로더는 확장자 검색을 지원하지 않으므로 상대 경로나 절대 경로로 모듈을 지정할 때 반드시 `.js`, `.mjs`, `.cjs` 등의 파일 확장자를 명시해야 한다.

- **CommonJS와의 상호운용성**: require() 함수는 ESModule을 로드할 수 없지만, ESModule 로더는 CommonJS 모듈을 로드할 수 있다. CommonJS 모듈을 ESModule로 가져오는 방식은 4.3.3.4절 'CommonJS와의 상호운용성'에서 자세히 다룬다.

이처럼 ESModule 로더는 반드시 확장자를 명시해야 하는데, 이는 CommonJS와 다르게 내부 모듈 해석 알고리즘에 확장자 자동 처리 로직이 없기 때문이다. 이에 대한 상세한 사항은 4.4절 'Node.js는 어떻게 node_modules에서 패키지를 찾아갈까?'에서 다루는 모듈 해석 알고리즘을 참고하자.

4.3.3.2 ESModule 파일 규칙[36]

Node.js가 애플리케이션에서 어떤 파일을 ESModule 모듈 시스템으로 해석할지 결정하는 기준을 살펴보자. Node.js는 다음과 같은 조건을 만족하는 파일을 ESModule로 처리한다.

1. .mjs 확장자로 끝나는 파일

    .mjs 확장자를 가진 파일은 항상 ESModule로 해석된다.

2. 가장 가까운 상위 package.json의 "type" 필드가 "module"인 하위 .js 파일

    .js 확장자를 가진 파일이더라도 상위 디렉터리에 있는 package.json 파일에 "type": "module"이 설정된 경우, 해당 파일을 ESModule로 처리한다.

    ```
    // package.json
    {
      "type": "module"
    }
    ```

    ```
    // main.js
    import './someModule.js' // package.json의 "type"이 "module"이므로 ESModule로 처리
    ```

3. --eval이나 STDIN으로 실행 시 --input-type=module 플래그 사용

    node 명령어로 파일을 실행할 때 --input-type=module 플래그를 설정하면 해당 파일을 ESModule로 간주한다. 이 옵션은 특별한 상황에서만 사용하는 것이 좋다.

    ```
    node --input-type=module --eval "import { sep } from 'node:path'; console.log(sep);"
    ```

4. --experimental-detect-module 옵션을 사용한 경우

    Node.js 21.1.0 버전부터 실험적으로 제공되는 --experimental-detect-module 옵션은 코드가 CommonJS 또는 ESModule 중 어떤 것으로 해석될지 불분명한 경우 파일을 ESModule로 인식하도록 돕는 옵션이다. 예를 들어, 확장

---

[36] https://nodejs.org/api/packages.html#determining-module-system

자가 .js인데 코드 내부에 import 문이 포함돼 있거나, package.json 파일이 없거나, package.json에 "type" 필드가 지정되지 않은 경우 등이 이에 해당한다. 이 옵션을 사용하면 코드 내에 ESModule 구문이 포함돼 있는지 확인해 해당 구문이 감지되면 파일을 ESModule로 처리한다.

ESModule 구문으로 간주되는 요소는 import, export 문과 import.meta와 같은 구문이며, 이러한 구문이 있을 때 파일은 ESModule로 간주된다. 하지만 동적 모듈 로딩 표현식인 import()는 CommonJS와 ESModule 모두에서 지원되기 때문에 ESModule 구문으로 간주되지 않는다. 현재 이 옵션의 기본 설정은 "commonjs"로, 위의 구문이 포함되지 않으면 파일은 CommonJS로 해석된다.

2024년 8월 22일에 출시된 Node.js 22.7.0 버전부터 이제 해당 기능은 기본값이 됐으며, --no-experimental-detect-module을 통해 기능을 비활성화할 수 있다. 그러나 구문 감지 기능은 CommonJS 모듈에 대해 성능 영향을 미치지 않지만 ESModule에 대해서는 약간의 성능 저하가 발생한다. 따라서 이 성능 비용을 제거하려면 가장 가까운 상위 package.json 파일에 "type": "module"을 추가하는 것을 권장한다.[37]

다음의 경우에는 ESModule이 아닌 CommonJS로 처리된다.

1. .cjs 확장자로 끝나는 파일
2. 가장 가까운 package.json의 "type" 필드가 "commonjs"인 하위 .js 파일
3. --eval이나 STDIN 실행 시 --input-type=commonjs 플래그를 설정한 경우

Node.js는 ESModule과 CommonJS의 상호운용성을 위해 CommonJS에서도 import 및 export 문, import() 표현식을 해석할 수 있도록 확장했기 때문에 코드 내부에서 import나 export 문이 포함되더라도 파일 규칙에 따라 CommonJS로 처리될 수 있다. 이러한 상호운용성에 대한 자세한 내용은 4.3.3.4절 'CommonJS와의 상호운용성'에서 다룬다.

4.3.3.3 import.meta

Node.js는 ESModule에서 import.meta 객체를 지원함으로써 모듈의 메타데이터에 접근할 수 있는 기능을 제공한다. 이 객체는 MDN(Mozilla Developer Network) 웹 문서에 명시된 url 속성과 resolve() 메서드 외에도 개발자 편의성을 위한 몇 가지 내부 속성을 포함할 수 있다. 하지만 이 객체는 ESModule에서만 사용 가능하며, Node.js의 CommonJS 모듈 시스템에서는 사용할 수 없다.

import.meta는 Node.js 환경에서 ESModule 내에서만 사용할 수 있게 제한돼 있으며, CommonJS에서는 __dirname과 __filename과 같은 변수만으로 파일 및 디렉터리 경로에 접근 가능하다. 이는 두 모듈 시

---

[37] https://nodejs.org/ko/blog/release/v22.7.0#module-syntax-detection-is-now-enabled-by-default

스템이 메타데이터에 접근하는 방식이 다르기 때문이다. CommonJS 모듈은 `import.meta` 객체를 지원하지 않으며, 대신 CommonJS의 모듈 스코프에서 제공하는 변수를 통해 필요한 정보를 얻는다.

4.3.3.3.1 import.meta.url

`import.meta.url` 속성은 `file://`로 시작하는 절대 경로 형태의 URL을 반환해서 현재 모듈 파일의 위치를 가리킨다. 브라우저 환경에서의 `import.meta.url`과 동일하게 동작하며, 이를 통해 모듈이 로드된 정확한 경로를 확인할 수 있다. 이 속성은 특히 파일 경로 기반의 작업에서 유용하며, 모듈이 위치한 디렉터리나 파일의 위치를 동적으로 참조할 수 있도록 돕는다.

예를 들어, `import.meta.url`을 사용해 현재 모듈이 위치한 디렉터리에서 다른 파일을 동적으로 불러오거나 특정 경로를 참조할 때 활용할 수 있다.

```
// example.mjs
console.log(import.meta.url)
// 출력 예시: file:///Users/user/project/example.mjs
```

또한 `import.meta.url`을 활용해 경로를 조작할 수 있다. 예를 들어, 현재 모듈이 위치한 디렉터리의 특정 파일을 가져오거나 상위 디렉터리의 파일을 참조할 때 유용하다.

```
// 경로 모듈을 사용해 현재 모듈 디렉터리의 다른 파일을 참조
import {dirname} from 'node:path'
import {fileURLToPath} from 'node:url'

const __dirname = dirname(fileURLToPath(import.meta.url))
const filePath = `${__dirname}/file.txt`

console.log(filePath)
// 현재 모듈과 동일한 디렉터리에 있는 'file.txt' 파일의 경로를 출력
```

이 같은 방식으로 `import.meta.url`은 ESModule에서의 파일 경로 기반 작업을 간편하게 해준다.

4.3.3.3.2 import.meta.dirname과 import.meta.filename

Node.js 21.2.0 버전에서는 ESModule에서도 CommonJS의 `__dirname`과 `__filename`처럼 모듈의 디렉터리 경로와 파일 경로를 간단하게 얻을 수 있는 `import.meta.dirname`과 `import.meta.filename` 속성이 도입됐다. 이 속성들은 개발자가 매번 `import.meta.url`을 통해 경로를 파싱하지 않고도 필요한 정보를 얻을 수 있게 해서 코드의 간결성과 가독성을 높인다.

Node.js의 이전 버전에서는 ESModule로 작성된 코드에서 __dirname과 __filename에 해당하는 정보를 얻기 위해 import.meta.url을 활용해야 했다. 예를 들어, 모듈의 URL을 파일 경로로 변환한 후, 이를 파싱해서 디렉터리나 파일 경로를 추출하는 과정이 필요했다. 이는 번거롭고, 특히 단순한 경로 참조가 필요한 경우에도 상당히 복잡한 코드를 요구했다.

이전 방식과 Node.js 21.2.0 버전 이후의 방식을 비교해 보자.

```js
// CommonJS에서 __dirname을 사용한 파일 읽기 예시
const fs = require('fs/promises')
const path = require('path')

const filePath = path.join(__dirname, 'file.txt')
fs.readFile(filePath, 'utf8').then(console.log)
```

```js
// ESModule에서 import.meta.url을 이용한 파일 읽기 예시(Node.js 21.2.0 버전 이전)
import fs from 'node:fs/promises'
import {fileURLToPath} from 'node:url'
import {dirname} from 'node:path'

const __filename = fileURLToPath(import.meta.url)
const __dirname = dirname(__filename)

const filePath = `${__dirname}/file.txt`
fs.readFile(filePath, 'utf8').then(console.log)
```

```js
// ESModule에서 import.meta.dirname과 import.meta.filename을 사용한 파일 읽기 예시(Node.js 21.2.0 버전 이후)
import fs from 'node:fs/promises'

const filePath = `${import.meta.dirname}/file.txt`
fs.readFile(filePath, 'utf8').then(console.log)
```

이제 `import.meta.dirname`과 `import.meta.filename` 덕분에 ESModule에서도 CommonJS와 유사한 방식으로 경로를 쉽게 참조할 수 있다. 이로 인해 코드가 훨씬 간결해지고 ESModule과 CommonJS 간의 사용 경험도 비슷해져서 개발자가 더욱 쉽게 전환하고 사용할 수 있다.

4.3.3.3.3 import.meta.resolve(specifier)

import.meta.resolve()는 Node.js에서 특정 모듈 경로를 해석해 URL 형식의 절대 경로로 변환해주는 비동기 함수다. 2024년 11월을 기준으로 아직 실험 기능이므로 이를 사용하려면 --experimental-import-meta-resolve 플래그를 활성화해야 한다. import.meta.resolve()는 모듈 경로를 해석할 때 여러 규칙을 따른다.

1. **상대 및 절대 경로 해결**: 특정 모듈 경로를 상대적 경로나 절대적 경로로 해석한다.
2. **모듈 확장자 고려**: 모듈 경로에 확장자가 포함돼 있지 않은 경우 Node.js가 기본적으로 지원하는 모듈 확장자(.js, .json, .node) 중 하나를 내부 규칙에 따라 추가해서 해석한다.
3. **파일 및 디렉터리 확인**: 모듈 경로가 디렉터리라면 그 디렉터리 내의 index 파일을 찾아 해석한다. 모듈 경로가 파일이면 해당 파일을 직접 해석한다.
4. **파일 시스템 상의 실제 경로 해석**: 모듈 경로를 파일 시스템 상의 실제 경로로 변환하고, 이를 file:// 프로토콜을 포함한 URL 형식으로 반환한다.

import.meta.resolve()는 비동기 함수이며 Promise를 반환한다. 예를 들어, index.mjs에서 같은 디렉터리에 있는 b.mjs의 경로를 해석하는 경우 다음과 같이 사용할 수 있다.

```js
// index.mjs
// Promise를 직접 처리하는 방식
import.meta.resolve('./b.mjs').then((modulePath) => {
  console.log(modulePath) // file:///workspaces/my-project/b.mjs
})

// 또는 async/await 사용
const modulePath = await import.meta.resolve('./b.mjs')
console.log(modulePath) // file:///workspaces/my-project/b.mjs
```

그러나 한 가지 주의할 점이 있다. 다음 예제에서는 import.meta.resolve()로 경로를 변환하지만 변환된 경로가 실제 파일 시스템상의 경로와 일치하지 않아 오류가 발생하는 경우를 보여준다. 예를 들어, index.mjs 파일이 /workspaces/my-project 폴더에 있다고 가정하고, 그 안에 folders라는 서브 디렉터리에 b.mjs 파일이 존재한다고 하자.

```js
// index.mjs

// import.meta.resolve()를 사용해 ./b.mjs 경로를 해석
```

```
const modulePath = await import.meta.resolve('./b.mjs')
console.log(modulePath) // file:///workspaces/my-project/b.mjs
```

위 코드에서 `import.meta.resolve('./b.mjs')`는 현재 파일(`index.mjs`) 위치를 기준으로 상대 경로 `./b.mjs`를 해석한다. `import.meta.resolve()`는 이 경로를 `file:///workspaces/my-project/b.mjs`로 반환하지만 실제로 `b.mjs` 파일은 `/workspaces/my-project/folders` 폴더에 있으므로 이 경로에는 파일이 존재하지 않는다.

이 상태에서 `import()`로 해당 파일을 가져오려고 하면 다음과 같은 오류가 발생한다.

```
// 존재하지 않는 경로로 모듈을 가져오려 하기 때문에 오류 발생
const module = await import(modulePath)
// Error [ERR_MODULE_NOT_FOUND]: Cannot find module '/workspaces/my-project/b.mjs'
```

이 오류는 `import.meta.resolve()`가 `./b.mjs` 경로를 현재 위치 기준으로 해석했지만 실제 파일 위치는 `/workspaces/my-project/folders/b.mjs`였기 때문에 발생한 것이다. 따라서 `import.meta.resolve()`로 반환된 경로를 사용할 때는 파일 위치를 정확하게 확인해야 하며, 잘못된 경로를 참조하지 않도록 주의할 필요가 있다.

4.3.3.4 CommonJS와의 상호운용성[38]

Node.js는 초기에 CommonJS 모듈 시스템을 채택해 발전해 왔고, 2015년 ESModule이 표준으로 등장한 후에도 기존 CommonJS 기반의 코드를 여전히 많이 사용해 왔다. 따라서 ESModule이 도입됐다고 해서 기존의 CommonJS 코드를 모두 ESModule로 일괄 변경하는 것은 현실적으로 어려운 일이었다. 만약 이러한 전환이 강제됐다면 기존 CommonJS 코드로 작성된 수많은 소프트웨어가 최신 Node.js 버전에서 작동하지 않을 위험이 생겼을 것이다. 이를 방지하기 위해 Node.js는 기존의 CommonJS 코드와 새로운 ESModule을 함께 사용할 수 있도록 두 모듈 시스템 간의 호환성을 유지하는 방향으로 ESModule을 구현했다.

상호운용성(Interoperability)이란 새로운 기능을 추가하거나 기존 코드를 개선할 때 기존 코드를 다시 작성하지 않고도 모듈을 쉽게 추가하거나 교체할 수 있는 기능을 의미한다. 상호운용성이 확보되면 기존 코드를 그대로 활용하면서 재사용성을 높일 수 있고, 새로운 기능을 추가할 때도 기존 코드에서 쉽게 확장할

---

[38] https://nodejs.org/api/esm.html#interoperability-with-commonjs

수 있다. Node.js는 CommonJS와 ESModule 간의 상호운용성을 제공함으로써 CommonJS로 작성된 코드를 수정할 필요 없이 점진적으로 ESModule로 전환할 수 있는 환경을 제공했다.

이제 Node.js는 두 모듈 시스템 간의 호환성을 위해 어떤 방식으로 상호운용성을 구현했는지 자세히 알아보자.

4.3.3.4.1 import 문과 require() 함수

CommonJS와 ESModule의 큰 차이점 중 하나는 모듈 로딩 방식이다. CommonJS는 `require()` 함수를 호출해 모듈을 동기적으로 가져오지만, ESModule은 `import` 문을 작성해 정적으로 가져오거나 `import()` 함수를 사용해 비동기적으로 로드한다. 따라서 ESModule로 전환할 때 가장 먼저 해야 할 작업은 기존 `require()` 함수를 `import` 문으로 변경하는 것이다. 하지만 단순히 로딩 방식을 수정하는 것만으로는 다음과 같은 여러 가지 차이점으로 인해 코드가 정상적으로 동작하지 않을 수 있다.

1. **동기 vs. 비동기 로딩**: CommonJS는 동기적으로 모듈을 로딩하지만 ESModule은 기본적으로 비동기 로딩을 수행한다. 이 차이로 인해 두 모듈 간 상호 참조가 있는 경우 간단한 코드 변경만으로는 해결하기 어려운 복잡성이 발생할 수 있다.

2. **전역 객체 차이**: ESModule에서는 `__dirname`과 `__filename` 같은 CommonJS의 전역 객체를 사용할 수 없기 때문에 이와 같은 경로 정보를 얻으려면 `import.meta`를 사용해야 한다.

3. **환경 설정**: Node.js에서 ESModule을 사용하려면 `package.json` 파일에 `"type": "module"`을 추가하는 등의 환경 설정이 필요하다. 이러한 설정이 올바르게 구성돼야 ESModule을 사용할 수 있다.

따라서 Node.js는 CommonJS와 ESModule 간 상호운용성을 지원함으로써 두 모듈 시스템이 서로의 모듈을 불러올 수 있게 한다. 즉, ESModule에서 CommonJS 모듈을 로드하거나 CommonJS에서 ESModule 모듈을 로드할 수 있게 함으로써 기존의 CommonJS 코드와 새로운 ESModule 코드를 함께 사용할 수 있게 했다. 구체적인 방법은 다음과 같다.

- ESModule에서 `import` 문을 사용해 CommonJS 모듈을 로드할 수 있다. 혹은 동적 로딩을 위한 `import()` 함수로 모듈을 사용해 CommonJS 모듈을 동적으로 로드할 수도 있다. 이렇게 가져온 CommonJS 모듈을 ESModule에서 어떻게 다루는지에 대해서는 CommonJS 네임스페이스에서 더 자세히 설명한다.

```
// index.mjs (ESModule)
import * as commonJsModule from './commonjsModule.js'

const commonJsModule = await import('./commonjsModule.js')
```

- CommonJS에서 ESModule을 로드하는 경우에도 import() 함수를 사용할 수 있지만 require() 함수로는 ESModule을 로드할 수 없다. 그 이유는 ESModule이 비동기적으로 실행되는 반면, CommonJS는 동기적으로 로드하는 시스템이기 때문이다. 따라서 require() 함수는 CommonJS 파일만을 로드하는 데만 사용해야 한다. Node.js는 CommonJS 환경에서 import() 함수를 사용할 수 있도록 지원함으로써 CommonJS 코드에서도 ESModule 파일을 로드할 수 있게 했다.

> **2024년 4월 24일에 출시된 Node.js 22.0.0 버전의 변경 사항**
>
> 앞서 require() 함수로는 ESModule을 불러올 수 없다고 설명했지만, 2024년 4월 24일에 출시된 Node.js 22.0.0 버전에서는 실험적으로 --experimental-require-module 플래그를 추가해서 require() 함수로 동기적인 ESModule을 불러올 수 있게 됐다.[39] 다만 여전히 최상위 수준 await을 포함한 모듈은 불러올 수 없으며, 이를 시도할 경우 ERR_REQUIRE_ASYNC_MODULE 오류가 발생한다.
>
> ```
> // point.mjs
> export function distance(a, b) {
>   return (b.x - a.x) ** 2 + (b.y - a.y) ** 2
> }
>
> class Point {
>   constructor(x, y) {
>     this.x = x
>     this.y = y
>   }
> }
>
> export default Point
> ```
>
> 위와 같은 ESModule을 require()로 가져오려면 --experimental-require-module 플래그를 사용해 Node.js를 실행해야 한다.
>
> ```
> // main.js
> const required = require('./point.mjs')
> console.log(required)
> // [Module: null prototype] {
> //   default: [class Point],
> //   distance: [Function: distance]
> // }
> ```

---

[39] https://github.com/nodejs/node/pull/51977

이 코드에서는 point.mjs 모듈의 기본 내보내기인 Point 클래스와 이름으로 내보내기한 distance 함수를 require()로 가져올 수 있다. 기본 내보내기는 required.default로, distance 함수는 required.distance로 접근 가능하다.

하지만 이 기능은 여전히 실험적이므로 프로덕션 환경에서 사용할 경우 충분한 테스트가 필요하다.

> **import와 export 문을 사용하면 항상 ESModule 파일일까요?**
>
> ESModule로 해석되지 않는 파일에서도 import와 export 키워드를 사용하는 경우가 많다. 실제로 코드 작성 시 module.exports 객체나 require() 함수 대신 import와 export 키워드를 사용하는 것을 흔히 볼 수 있다. 그러나 코드만 보고 해당 파일이 반드시 ESModule로 해석된다고 단정하기는 어렵다.
>
> ```
> // index.js(CommonJS)
> import * as sumModule from './sum.js'
> ```
>
> ESModule이 아님에도 import와 export 문을 사용할 수 있는 이유는 Node.js가 아니라 바벨과 같은 도구가 지원하기 때문이다. 이런 도구들은 CommonJS 환경에서도 import와 export 문을 사용할 수 있게 하며, 빌드 과정에서 이를 각각 require() 함수와 module.exports로 변환해 준다.
>
> 이 방법을 사용하면 CommonJS에서 작성된 코드가 나중에 ESModule로 전환될 때도 별도의 코드 수정이 필요하지 않다는 장점이 있다. 결론적으로 import와 export 키워드가 코드에 포함됐다고 해서 해당 파일이 반드시 ESModule인 것은 아니다. ESModule로 해석되는 파일은 .mjs 확장자로 끝나거나 package.json의 "type" 필드가 "module"로 설정된 경우임을 기억해야 한다.

4.3.3.4.2 CommonJS 네임스페이스

ESModule과 CommonJS는 모듈을 불러오는 방식이 다른 것뿐만 아니라 모듈을 내보내는 방식 또한 다르다. CommonJS는 `module.exports` 객체에 내보낼 대상 모듈을 포함시키는 반면 ESModule은 export 문을 사용해 내보낼 대상을 정한다.

```
// index.cjs
function sum(a, b) {
  return a + b
}
module.exports = {
  sum,
}
```

```
// index.mjs
function sum(a, b) {
  return a + b
}
export default sum
```

4.2절 'CommonJS란 무엇일까?'에서 설명했던 것처럼 CommonJS는 모듈을 내보낼 때 모듈 래퍼라는 내보낼 모듈을 함수로 한 번 감싸서 모듈 코드가 유효한 스코프를 분리해서 내보내며 의존성은 런타임에 해결한다. 반면 ESModule은 그 동작 방식에 따라 `export` 문을 해석해 정적으로 의존성을 해결한다.

이처럼 서로 다르게 동작하는 두 모듈 간에 상호운용성을 Node.js는 어떻게 해결하는지 다음 예제 코드를 통해 알아보자. 예제에서 의존성으로 사용된 chalk@4.1.2 버전은 CommonJS 모듈 시스템으로 빌드됐다. 이 패키지를 ESModule을 따르는 프로젝트에서 사용하고자 한다.

코드 4.12 chalk@4.1.2의 빌드 결과물

```
// node_modules/chalk/source/index.js
function Chalk(options) {
  return chalkFactory(options)
}

const chalk = Chalk() // eslint-disable-line new-cap
chalk.supportsColor = stdoutColor
chalk.stderr = Chalk({level: stderrColor ? stderrColor.level : 0}) // eslint-disable-line new-cap
chalk.stderr.supportsColor = stderrColor

module.exports = chalk
```

Node.js에서 `module.exports` 객체로 내보낸 chalk는 ESModule에서는 마치 `export default` 문으로 기본 내보내기를 한 것과 동일하다. 즉, `module.exports = chalk`는 `export default chalk`와 동일하게 간주된다. 따라서 CommonJS로 작성된 chalk는 기본 내보내기를 한 모듈을 가져오는 것처럼 `import` 문을 작성해서 가져올 수 있다.

코드 4.13 `module.exports = chalk`를 ESModule에서 가져올 때 해석되는 코드

```
export default chalk
// index.mjs
```

```
import chalk from 'chalk'

const log = console.log

log(chalk.blue('Hello') + ' World' + chalk.red('!')) // Hello World!
```

그렇다면 chalk의 blue(), red() 함수와 같이 chalk 객체의 속성을 이름으로 가져와서 사용하는 것 또한 가능할까? 다음 코드를 실행해보면 blue(), red() 함수를 찾을 수 없다는 구문 에러가 발생한다.

코드 4.14 잘못된 import 예시

```
import {blue, red} from 'chalk' // SyntaxError: Named export 'blue' not found. The requested module 'chalk' is a CommonJS module, which may not support all module.exports as named exports.

const log = console.log

log(blue('Hello') + ' World' + red('!'))
```

코드 4.13에서 볼 수 있는 것처럼 CommonJS 모듈의 `module.exports` 객체는 `export default` 문과 동일하다는 것을 기억해야 한다. 즉, 코드 4.14는 이름으로 내보낸 경우가 아니기 때문에 대상 모듈을 이름으로 가져올 수 없어 에러가 발생한다. 다음 예제 코드를 보자.

```
// cjs.cjs
module.exports = {
  name: 'yujeongJeon',
}
```

ESModule은 `cjs.cjs`의 `module.exports` 객체를 다음과 같이 해석할 것이다.

```
export default {
  name: 'yujeongJeon',
}
```

ESModule 명세에서 본 것처럼 기본 내보내기는 이름으로 내보내기 방식을 사용할 수 없다. 따라서 다음과 같이 식별자로 모듈을 가져오면 식별자를 찾을 수 없다는 구문 에러(Syntax Error)를 받게 된다.

```
// ✗ 잘못된 방식
import {name} from './cjs.cjs' // SyntaxError: Named export 'name' not found. The requested module
'./cjs.cjs' is a CommonJS module, which may not support all module.exports as named exports.

// 올바른 방식
import cjs from './cjs.cjs'

console.log(cjs.name) // yujeongJeon
```

그렇다면 ESModule에서 명명된 이름으로 가져오려면 CommonJS 코드에서 모듈을 어떻게 내보내야 할까? ESModule 명세에서 설명했던 내용인 이름으로 가져오는 방식은 모듈이 명명된 이름으로 내보낼 경우에 가능하다는 것을 떠올려보자. 명명된 이름으로 내보내는 것은 CommonJS에서는 exports 객체로 식별 가능한 이름으로 내보낸 경우와 비슷하다. 즉, CommonJS 파일에서 exports 객체로 모듈을 내보내면 ESModule에서는 마치 모듈에 식별자를 붙여 내보내는 것처럼 생각해서 해당 식별자로 모듈을 가져올 수 있다.

```
// cjs.cjs
exports.name = 'exported'

// index.mjs
import {name} from './cjs.cjs'
console.log(name) // 'exported'
```

또한 4.2절 'CommonJS란 무엇일까?'에서 exports 객체는 module.exports 객체의 초깃값에 대한 참조임을 설명한 바 있다. 따라서 exports 객체로 내보낸 객체는 module.exports로 {default: {name: 'yujeongJeon'}} 객체를 내보낸 것과 동일하므로 ESModule에서 기본 가져오기로 모듈을 가져오는 것 또한 가능하다.

```
// index.mjs
import cjs from './cjs.cjs'
console.log(cjs) // { name: 'exported' }
```

CommonJS 모듈을 ESModule에서 전체 식별자를 가져오는 import * as 구문을 사용해 모듈 객체를 확인하면 default 객체에 {name: 'exported'}가 참조되어 존재하는 것을 알 수 있다.

```
import * as cjsModule from './cjs.cjs'
console.log(cjsModule) // [Module] { default: { name: 'exported' }, name: 'exported' }
```

다시 chalk 예제로 돌아가서 chalk처럼 `module.exports`만 존재하는 경우에는 `default` 식별자만 존재하고 기타 chalk의 속성들은 명명된 이름으로 존재하지 않는다. 따라서 앞서 본 것처럼 `red()`, `blue()` 함수 같은 속성을 식별자로 가져오는 것이 불가능하므로 구문 에러가 발생한다.

```
import * as chalkModule from 'chalk'

console.log(chalkModule)
/*
[Module: null prototype] {
  default: [Function (anonymous)] Chalk {
    constructor: [Function (anonymous)],
    Instance: [class ChalkClass],
    supportsColor: { level: 1, hasBasic: true, has256: false, has16m: false },
    stderr: [Function (anonymous)] Chalk {
      constructor: [Function (anonymous)],
      Instance: [class ChalkClass],
      supportsColor: [Object]
    }
  }
}
*/
```

이처럼 `module.exports`, `exports` 객체를 사용하는 것은 ESModule에서 가져올 때도 사용하는 형식에 따라 다르게 취급될 수 있다. ESModule에서 기본 가져오기 형식으로 가져오면 `module.exports`에 할당된 객체 전체를 가져오며, 이름으로 내보내기 형식으로 가져오면 `exports`에 추가된 식별자로 구분된 모듈만 가져온다는 것을 명심해야 한다.

그러나 chalk처럼 의존성이 CommonJS이고 이를 ESModule 코드에서 `import` 문으로 가져오는 경우 해당 의존성의 `exports`에 추가된 내용이 ESModule의 이름으로 내보내기로 간주되지 않기 때문에 사용이 불가능할 수 있다. 따라서 CommonJS 모듈을 가져올 때는 그 모듈이 이름으로 내보내기를 제공하는지를 반드시 확인해야 한다. 하지만 가장 안전하게 CommonJS 모듈을 ESModule에서 사용하려면 기본 가져오기를 사용하는 것을 권장하며, 더 나은 방법은 ESModule로 작성된 의존성을 사용하는 것이다. 예제에서 사용된 chalk 또한 5 버전부터 ESModule로 전환됐다.[40]

---

[40] https://github.com/chalk/chalk/releases/tag/v5.0.0

4.3.3.4.3 CommonJS와 ESModule의 차이점[41]

지금까지 Node.js가 CommonJS와 ESModule 간의 상호운용성을 유지하기 위해 기울인 노력을 살펴봤지만, 다음과 같은 특징들은 개발자가 CommonJS에서 ESModule로 전환할 때 반드시 고려하고 수정해야 할 부분이다.

- `require()` 함수, `exports` 객체, `module.exports` 객체를 사용할 수 없다. 대부분의 경우 `import` 문을 통해 CommonJS 모듈을 쉽게 가져올 수 있지만 반드시 `require()` 함수가 필요하다면 `module.createRequire()`[42]를 사용해 `require()` 함수를 생성할 수 있다.

  ```
  import {createRequire} from 'node:module'
  const require = createRequire(import.meta.url)

  const cjsModule = require('./module.cjs')
  ```

- `__filename`과 `__dirname` 같은 CommonJS에서만 사용 가능한 변수를 사용할 수 없다. Node.js 21 이전 버전에서는 `import.meta.url`을 사용해 이 정보를 얻을 수 있으며, 21 버전 이후부터는 `import.meta.filename`과 `import.meta.dirname`을 사용할 수 있다.

- 애드온(addon)을 사용할 수 없다. 애드온을 사용하려면 `module.createRequire()` 또는 `process.dlopen`을 사용해야 한다.

- 모듈의 절대 경로를 가져오는 `require.resolve` 함수를 사용할 수 없다. 대신 `import.meta.resolve` API를 사용하거나 `module.createRequire()`로 생성한 `require`를 활용해야 한다.

- `NODE_PATH` 환경변수를 사용할 수 없다. CommonJS에서도 `NODE_PATH` 사용은 권장되지 않지만, 만약 프로젝트에서 사용하고 있다면 ESModule로 전환 시 이 변수를 제거하는 것이 좋다.

- `require.cache`를 사용할 수 없다. ESModule 로더는 자체적으로 캐시를 관리하기 때문에 코드에서 `require.cache`에 의존하는 부분이 있다면 이를 제거해야 한다.

지금까지 Node.js가 CommonJS와 ESModule 간의 양방향 모듈 로딩을 허용하고, 모듈 형식을 변환할 수 있도록 지원함으로써 양쪽의 상호운용성을 보장하는 방법을 살펴봤다. 이를 통해 개발자들은 필요에 따라 모듈 시스템을 자유롭게 선택해 사용할 수 있게 됐으며, 결과적으로 기존의 CommonJS 코드도 ESModule로 안정적으로 전환할 수 있는 환경이 마련됐다. 그러나 ESModule로 전환할 때 Node.js에서 더 이상 지원하지 않는 기능이나 CommonJS와 동작 방식이 달라진 점들을 이해하고 이에 따라 코드를 수정하는 것은 여전히 개발자에게 남은 과제다.

---

[41] https://nodejs.org/docs/latest-v18.x/api/esm.html#differences-between-es-modules-and-commonjs
[42] https://nodejs.org/docs/latest-v18.x/api/module.html#modulecreaterequirefilename

4.3.4 정리

지금까지 ESModule이 등장한 배경, 명세, 동작 방식, 그리고 Node.js에서 ESModule을 지원하는 방식을 살펴봤다. ESModule은 정적 모듈 로딩을 통해 의존성을 명시적으로 관리할 수 있게 해주며, 이를 통해 개발자는 코드를 더 체계적으로 구성할 수 있다. Node.js 또한 ESModule을 지원하며, CommonJS와의 호환성 문제를 해결해 더 나은 모듈 관리와 코드 구조를 구현할 수 있게 돕는다.

이 표준이 도입된 이후 많은 라이브러리가 ESModule로의 전환을 시도하고 있으며, 순수 ESModule(pure ESM)만을 지원하는 패키지들이 점점 늘어나고 있다. ESModule이 제공하는 다양한 이점으로 인해 점차 ESModule 사용이 확대되는 추세지만 동시에 CommonJS와 ESModule의 두 가지 모듈 시스템을 혼용함으로써 생기는 문제점도 있다. 어떤 문제들이 나타나고 있는지 알아보기 전에, 다음 절에서는 Node.js가 CommonJS와 ESModule 환경에서 모듈을 어떻게 처리하는지 더 자세히 살펴보겠다.

4.4 Node.js는 어떻게 node_modules에서 패키지를 찾아갈까?

앞서 4.2절 'CommonJS란 무엇일까?'와 4.3절 'ESModule이란 무엇일까?'에서는 CommonJS와 ESModule의 특징과 사용법을 다루며, 각 모듈 시스템이 프로젝트 내부에서 정의된 모듈을 어떻게 내보내고 가져오는지 살펴봤다. 이번 절에서는 Node.js가 모듈을 로드하는 구체적인 방식을 설명하며, 내부 모듈에서부터 프로젝트 내부에 정의되지 않은 외부 모듈까지 Node.js가 요청한 모듈을 찾아가는 과정을 알아본다. 이 과정은 `package.json`의 `"main"` 필드 및 `"exports"` 필드와도 밀접한 연관이 있으며, 해당 필드들에 대한 자세한 설명은 2.1절 'package.json 톺아보기'를 참고하면 이해하는 데 도움이 될 것이다.

4.4.1 모듈 해석 알고리즘

Node.js가 모듈을 로드하고 의존성을 해결하는 일련의 과정을 **모듈 해석 알고리즘**(module resolution algorithm)이라고 한다. 이 알고리즘은 불러오는 모듈의 형식에 따라 모듈 경로를 결정하는 규칙과 단계를 정의하며, Node.js는 이를 통해 모듈을 효율적으로 로드하고 관리할 수 있다. 이 알고리즘은 CommonJS와 ESModule마다 세부적인 차이는 있지만 기본적인 원칙과 흐름은 유사하다. 어떤 차이가 있는지 자세히 살펴보기 전에 `require()` 함수와 `import`의 `from` 키워드로 전달해서 모듈을 식별할 수 있는 **모듈 지정자**(module specifier)에 대해 알아보자.

4.4.1.1 모듈 지정자[43]

Node.js의 모듈 지정자는 `require()` 함수, `import` 문에서 특정 모듈을 식별하는 문자열로, Node.js가 모듈을 찾고 로드하는 데 사용된다. 모듈 지정자는 크게 세 가지 유형으로 구분할 수 있다. 상대 경로 지정자, 모듈 이름 지정자, 절대 경로 지정자가 그것이다.

- **상대 경로 지정자**(relative path specifiers): 현재 파일의 위치를 기준으로 하는 경로로, './' 또는 '../'로 시작한다. 상대 경로를 통해 파일 시스템 내 특정 파일이나 디렉터리를 지정할 수 있다. 예를 들면 다음과 같다.

    ```
    // 현재 디렉터리의 ./components/Entry.js 파일을 불러옴
    import Entry from './components/Entry'
    // 상위 디렉터리의 ../constants/http.js 파일을 불러옴
    import {DefaultHeaders} from '../constants/http'
    ```

- **모듈 이름 지정자**(bare module specifiers): 파일 시스템 경로가 아닌 모듈 이름만을 사용해서 참조하는 방식으로, 주로 node_modules 폴더 내의 패키지나 내장 모듈을 참조할 때 사용된다. 패키지의 package.json 파일에 있는 "main" 또는 "exports" 필드로 정의된 주진입점 모듈을 가리킨다. ESModule 해석 알고리즘에 따라 "exports" 필드가 없는 패키지는 파일 확장자를 포함해서 불러야 한다는 점을 기억해야 한다.

    ```
    // 가까운 node_modules/에 위치한 jquery 패키지의 주 진입점
    import * as $ from 'jquery'
    // 가까운 node_modules/에 위치한 react-dom 패키지의 하위 경로 내보내기
    import {createRoot} from 'react-dom/client'
    ```

- **절대 경로 지정자**(absolute path specifiers): 파일 시스템의 최상위에서 시작하는 경로로, '/'로 시작하며 특정 위치의 파일이나 디렉터리를 가리킬 때 사용된다.

    ```
    // 파일 시스템의 절대 경로에 있는 config.js 파일
    const config = require('file:///opt/nodejs/config.js')
    ```

> **URL 지정자**(URL specifiers)
>
> Node.js에서는 모듈을 URL 경로로 직접 지정하는 방식도 사용할 수 있다. 이는 주로 웹에서 호스팅되는 라이브러리에 접근할 때 유용하다.
>
> ```
> import {Octokit} from 'https://cdn.skypack.dev/octokit'
> ```

---

[43] https://nodejs.org/api/esm.html#terminology

이 세 가지 중 모듈 이름 지정자는 Node.js의 모듈 해석 알고리즘에 의해 특별히 처리되며, 다른 지정자는 표준적인 URL 경로 해석 방식으로 해결된다. 다음으로, 각 경로 유형이 모듈 로딩 시 어떻게 처리되는지 알아보자.

4.4.1.2 표준 상대 경로 URL 해석 문법[44]

표준 상대 경로 URL 해석 문법(Standard Relative URL Resolution Semantics)은 지정된 기본 URL을 기준으로 상대 경로를 절대 경로 URL로 변환하는 규칙과 방법을 정의한다. 이 과정은 HTML 문서 내의 링크나 리소스 경로를 웹 브라우저가 해석할 때 자주 사용되며, WHATWG(Web Hypertext Application Technology Working Group)[45]에서 정의한 URL 표준을 따른다. 이 표준은 URL의 형식과 구문뿐만 아니라, 상대 URL을 절대 URL로 변환하는 방식도 명확하게 설명한다. 기본 URL이 `https://example.com/docs/example`이라면 지정된 경로에 따라 변환된 절대 경로 URL은 다음과 같다.

- `./api`(상대 URL): `https://example.com/docs/example/api`
- `../api`: `https://example.com/docs/api`
- `/api`: `https://example.com/api`

이 과정에서 기본 URL을 기준으로 상대 URL의 경로가 병합되며, 점(.)과 두 점(..)을 처리해서 절대 경로 URL을 생성하게 된다. 이러한 표준 덕분에 웹 브라우저와 Node.js 같은 다양한 URL 처리 시스템에서 일관된 URL 해석이 가능해진다.

4.4.1.3 하위 경로 불러오기와 하위 경로 내보내기[46]

다음으로 Node.js의 하위 경로 불러오기(subpath import)와 하위 경로 내보내기(subpath export)의 개념을 알아보자. 이 두 개념은 `package.json` 파일의 `"exports"` 필드에 정의돼 있으며, ESModule 파일 구조와 접근 방식을 더 유연하고 관리하기 쉽게 만든다. Nodejs는 이를 통해 프로젝트의 코드를 모듈화하고, 외부에서 모듈을 가져오거나 내보낼 때 명확한 경로를 제공할 수 있다. 먼저 하위 경로 불러오기부터 살펴보자.

하위 경로 불러오기는 패키지 내부에서 가져올 모듈을 명확히 정의하는 데 사용된다. `package.json` 파일의 `"imports"` 필드를 통해 설정할 수 있으며, 관습적으로 `"#"`을 접두어로 사용해 해당 경로가 하위 경로

---

[44] https://url.spec.whatwg.org/
[45] https://whatwg.org/
[46] https://nodejs.org/api/packages.html#subpath-exports

로 불러온 모듈임을 나타낸다. 예를 들어, 다음과 같이 #helper를 my-package의 "imports" 필드에 정의할 수 있다.

```json
// package.json
{
  "name": "my-package",
  "imports": {
    "#helper": "./lib/helper.js"
  }
}
```

이제 프로젝트 내부에서 my-package#helper를 import 문으로 가져와 사용할 수 있다.

```js
import helper from 'my-package/#helper'
```

하위 경로 불러오기의 또 다른 사용법으로는 외부 패키지를 별칭처럼 나타낼 수도 있다.

```json
// package.json
{
  "name": "my-package",
  "imports": {
    "#dep": "dep-node-native"
  },
  "dependencies": {
    "dep-node-native": "^1.0.0"
  }
}
```

```js
import dep from 'my-package/#dep' // dep-node-native를 가져온 것과 동일하다.
```

코드상에서 외부 패키지를 바로 불러오면 될 텐데, 하위 경로 불러오기에서 외부 패키지를 사용하는 기능은 왜 필요할까? 하위 경로 불러오기는 "imports"와 "exports" 필드를 통해 개발 환경에 따라 적합한 파일을 조건부로 불러와야 할 때 유용하게 쓰인다. 예를 들어, dep-node-native 패키지가 Node.js 환경에서만 동작하고 브라우저에서는 사용할 수 없는 경우 dep-node-native의 폴리필을 작성해 Node.js가 아닌 환경에서 해당 파일을 불러와 사용할 수 있다. 다음과 같이 "node"와 "default" 조건을 나누어 설정하면 `my-package#dep`을 불러올 때 Node.js 환경에서는 `dep-node-native` 패키지를, 그 외 환경에서는 `dep-polyfill.js`를 불러오게 된다.

```json
// package.json
{
  "imports": {
    "#dep": {
      "node": "dep-node-native",
      "default": "./dep-polyfill.js"
    }
  },
  "dependencies": {
    "dep-node-native": "^1.0.0"
  }
}
```

하위 경로 내보내기는 하위 경로 불러오기와 반대로 외부에 패키지를 내보낼 경로를 정의하는 방식이다. 이 경로는 `package.json`의 `"exports"` 필드에 정의하며, 이를 통해 패키지 내부 구조가 변경되더라도 외부 API를 유지하고 특정 파일만 외부에 노출시켜 내부 구현을 숨길 수 있다. 이때 참조할 파일 경로는 `"./"`로 시작하는 상대 경로로 작성해야 한다. 예를 들어 `my-package`에서 `index.js`와 `style.css`만 외부에서 사용하게 하고 싶다면 다음과 같이 설정할 수 있다.

```json
{
  "name": "my-package",
  "exports": {
    ".": "./src/index.js",
    "./style.css": "./src/index.css"
  }
}
```

여기서 `"."`은 패키지를 별도의 하위 경로 없이 가져올 때 사용한다.

```js
// external-package/index.js
import myPackage from 'my-package' // node_modules의 my-package의 /src/index.js 경로를 참조
```

또한 "./"로 시작하는 경로는 하위 경로를 붙여 정의할 수 있어 외부에서는 `my-package/style.css`처럼 참조할 수 있다.

```
// external-package/index.js
import 'my-package/style.css' // node_modules의 my-package의 /src/index.css 경로를 참조
```

이처럼 하위 경로 내보내기는 모듈화된 코드를 명확하게 관리하고, 패키지 사용자에게 내부 구조를 감춘 채 필요한 모듈만 제공할 수 있게 한다.

하위 경로 내보내기 역시 환경 조건에 따라 파일 경로를 다르게 설정할 수 있어 이러한 특징을 활용해 CommonJS와 ESModule을 모두 지원하는 패키지를 만들 수 있다. 이에 대한 자세한 내용은 4.5절 'CommonJS와 ESModule, 무엇이 정답일까?'에서 알아보기로 하고, 이번 절에서는 모듈 해석 알고리즘이 이러한 하위 경로 불러오기와 하위 경로 내보내기를 어떻게 해석하고 경로를 찾아가는지 알아보자.

> 📄 **하위 경로 내보내기에 확장자를 명시해야 할까?**
>
> `my-package/style.css`처럼 자바스크립트 파일에 .js 확장자를 명시해야 할지 고민하는 이들도 있다. 정답은 없지만 패키지 작성자는 확장자를 명시하는 방식과 생략하는 방식 중 하나를 선택해 일관성을 유지하는 것이 좋다. 확장자를 포함하면 패키지의 명확성을 높이고 앞으로 살펴볼 ESModule에서 모듈을 찾는 속도가 높아지지만, 확장자를 생략하면 가독성은 높아지지만 모듈을 찾는 속도가 다소 저하될 수 있다. 따라서 Node.js 패키지 작성자는 상황에 맞는 방식을 선택해 사용하는 것이 좋다.
>
> 또한 예제에서 사용한 것처럼 .css 파일은 확장자를 명시하고, 자바스크립트 파일은 확장자를 생략하는 방식도 하나의 전략이다. 이는 전통적인 스타일을 유지하면서 CSS와 같은 비 자바스크립트 파일을 명확히 구분할 수 있게 해준다.

4.4.2 모듈 이름 지정자로 모듈을 로드하는 방법

모듈을 불러올 때 상대 경로나 절대 경로 지정자 외에도 앞서 설명한 모듈 이름 지정자를 사용할 수 있다. CommonJS와 ESModule에 따라 이러한 지정자의 해석 방법이 다르며, Node.js 문서[47]에서도 CommonJS와 ESModule의 모듈 해석 알고리즘을 상세히 설명하고 있다. 해당 문서에서는 상대 경로나 절대 경로 외에도 모듈 이름 지정자로부터 모듈 경로를 찾는 과정을 기술하고 있다. 먼저 CommonJS부터 살펴보자.

---

[47] https://nodejs.org/api/modules.html#all-together
https://nodejs.org/docs/latest-v18.x/api/esm.html#resolution-and-loading-algorithm

4.4.2.1 CommonJS에서 모듈을 찾는 방법

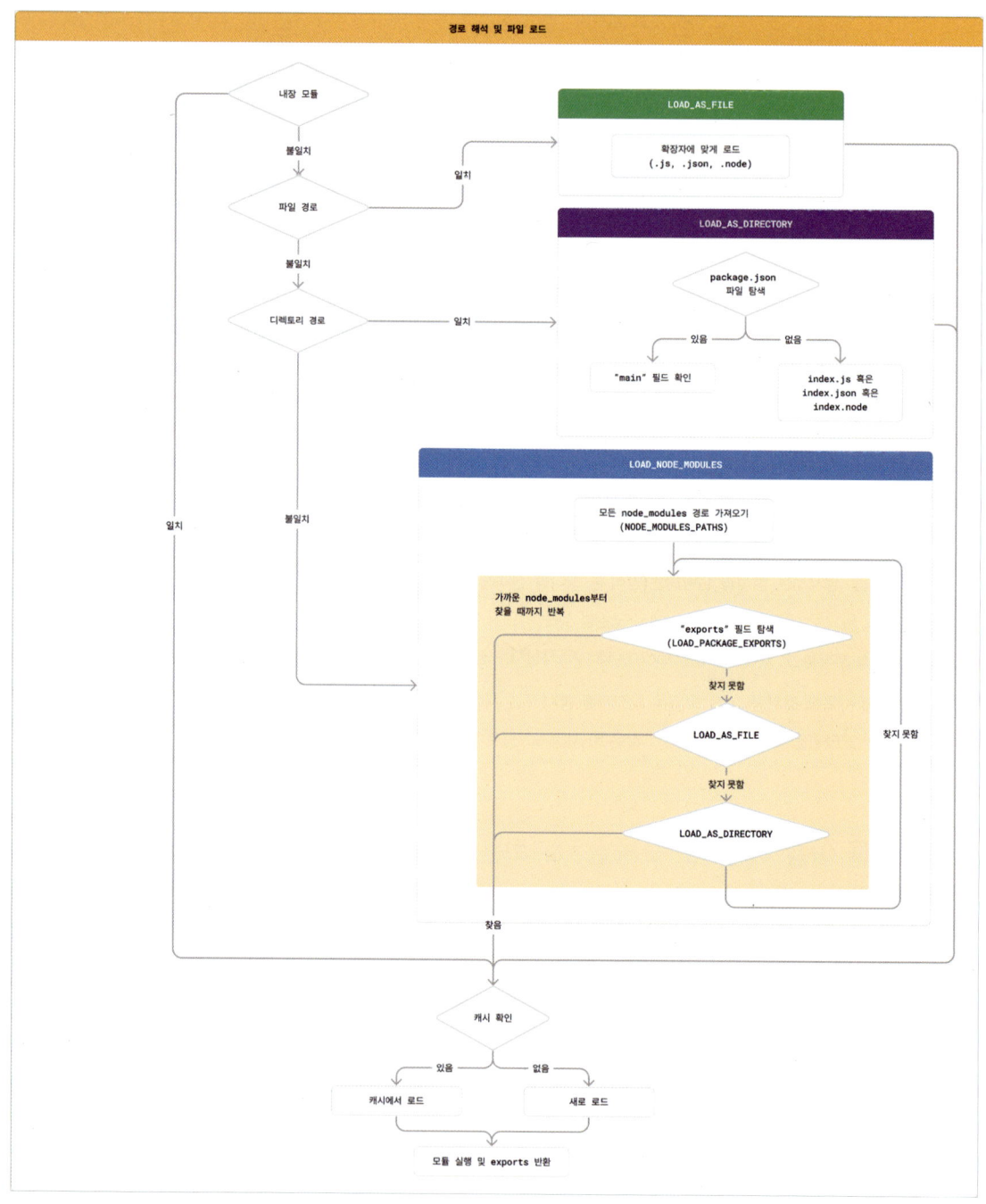

그림 4.10 CommonJS 모듈 해석 알고리즘

그림 4.10은 Node.js에서 CommonJS가 외부 패키지의 모듈을 해석해서 로드하는 과정을 나타낸 것이다. 실제로 Node.js에서 소개하는 전문은 다음과 같다.[48] 전문은 Y 경로에 위치한 X 모듈을 require() 함수로 로드할 때 해당 X를 찾기 위한 과정을 기술한다.

코드 4.15 CommonJS의 모듈 해석 알고리즘 전문

```
require(X) from module at path Y
1. If X is a core module,
   a. return the core module
   b. STOP
2. If X begins with '/'
   a. set Y to be the file system root
3. If X begins with './' or '/' or '../'
   a. LOAD_AS_FILE(Y + X)
   b. LOAD_AS_DIRECTORY(Y + X)
   c. THROW "not found"
4. If X begins with '#'
   a. LOAD_PACKAGE_IMPORTS(X, dirname(Y))
5. LOAD_PACKAGE_SELF(X, dirname(Y))
6. LOAD_NODE_MODULES(X, dirname(Y))
7. THROW "not found"

LOAD_AS_FILE(X)
1. If X is a file, load X as its file extension format. STOP
2. If X.js is a file, load X.js as JavaScript text. STOP
3. If X.json is a file, parse X.json to a JavaScript Object. STOP
4. If X.node is a file, load X.node as binary addon. STOP

LOAD_INDEX(X)
1. If X/index.js is a file, load X/index.js as JavaScript text. STOP
2. If X/index.json is a file, parse X/index.json to a JavaScript object. STOP
3. If X/index.node is a file, load X/index.node as binary addon. STOP

LOAD_AS_DIRECTORY(X)
1. If X/package.json is a file,
   a. Parse X/package.json, and look for "main" field.
   b. If "main" is a falsy value, GOTO 2.
```

---

[48] https://nodejs.org/api/modules.html#all-together

    c. let M = X + (json main field)
    d. LOAD_AS_FILE(M)
    e. LOAD_INDEX(M)
    f. LOAD_INDEX(X) DEPRECATED
    g. THROW "not found"
2. LOAD_INDEX(X)

LOAD_NODE_MODULES(X, START)
1. let DIRS = NODE_MODULES_PATHS(START)
2. for each DIR in DIRS:
    a. LOAD_PACKAGE_EXPORTS(X, DIR)
    b. LOAD_AS_FILE(DIR/X)
    c. LOAD_AS_DIRECTORY(DIR/X)

NODE_MODULES_PATHS(START)
1. let PARTS = path split(START)
2. let I = count of PARTS - 1
3. let DIRS = []
4. while I >= 0,
    a. if PARTS[I] = "node_modules" CONTINUE
    b. DIR = path join(PARTS[0 .. I] + "node_modules")
    c. DIRS = DIR + DIRS
    d. let I = I - 1
5. return DIRS + GLOBAL_FOLDERS

LOAD_PACKAGE_IMPORTS(X, DIR)
1. Find the closest package scope SCOPE to DIR.
2. If no scope was found, return.
3. If the SCOPE/package.json "imports" is null or undefined, return.
4. let MATCH = PACKAGE_IMPORTS_RESOLVE(X, pathToFileURL(SCOPE),
   ["node", "require"]) defined in the ESM resolver.
5. RESOLVE_ESM_MATCH(MATCH).

LOAD_PACKAGE_EXPORTS(X, DIR)
1. Try to interpret X as a combination of NAME and SUBPATH where the name
   may have a @scope/ prefix and the subpath begins with a slash (`/`).
2. If X does not match this pattern or DIR/NAME/package.json is not a file,
   return.
3. Parse DIR/NAME/package.json, and look for "exports" field.

4. If "exports" is null or undefined, return.
5. let MATCH = PACKAGE_EXPORTS_RESOLVE(pathToFileURL(DIR/NAME), "." + SUBPATH,
   `package.json` "exports", ["node", "require"]) defined in the ESM resolver.
6. RESOLVE_ESM_MATCH(MATCH)

LOAD_PACKAGE_SELF(X, DIR)
1. Find the closest package scope SCOPE to DIR.
2. If no scope was found, return.
3. If the SCOPE/package.json "exports" is null or undefined, return.
4. If the SCOPE/package.json "name" is not the first segment of X, return.
5. let MATCH = PACKAGE_EXPORTS_RESOLVE(pathToFileURL(SCOPE),
   "." + X.slice("name".length), `package.json` "exports", ["node", "require"])
   defined in the ESM resolver.
6. RESOLVE_ESM_MATCH(MATCH)

RESOLVE_ESM_MATCH(MATCH)
1. let RESOLVED_PATH = fileURLToPath(MATCH)
2. If the file at RESOLVED_PATH exists, load RESOLVED_PATH as its extension
   format. STOP
3. THROW "not found"

이 전문을 어떻게 해석하는지 그림과 함께 하나씩 살펴보자.

4.4.2.1.1 전체 흐름

앞서 CommonJS에서 **require(X)**로 모듈 X를 가져올 때 Node.js는 Y 경로를 해석해서 모듈을 찾고 로드한다고 했다. 그림 4.10은 경로 Y를 찾는 방법은 생략된 그림으로, Y를 알기 위한 파일 경로 및 디렉터리 경로 해석 흐름까지 포함하면 그림 4.11과 같다.

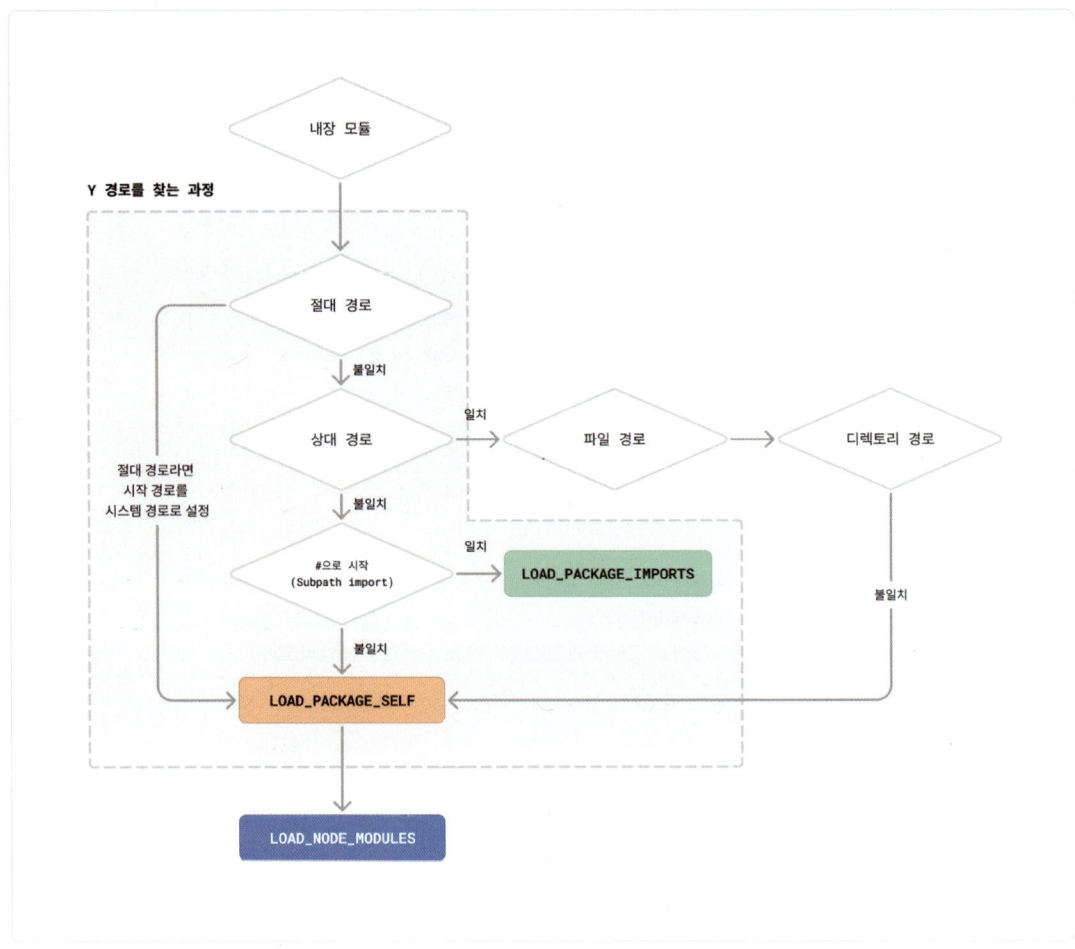

그림 4.11 경로 해석 및 모듈 로드 과정을 포함한 축약된 과정

이 순서는 전문에서 require(X) from module at path Y로 시작해서 다음 순서로 나타내고 있다.

```
require(X) from module at path Y
1. If X is a core module,
   a. return the core module
   b. STOP
2. If X begins with '/'
   a. set Y to be the file system root
3. If X begins with './' or '/' or '../'
   a. LOAD_AS_FILE(Y + X)
   b. LOAD_AS_DIRECTORY(Y + X)
```

```
      c. THROW "not found"
4. If X begins with '#'
   a. LOAD_PACKAGE_IMPORTS(X, dirname(Y))
5. LOAD_PACKAGE_SELF(X, dirname(Y))
6. LOAD_NODE_MODULES(X, dirname(Y))
7. THROW "not found"
```

1. 코어 모듈인 경우: X가 Node.js 내장 모듈인 경우 해당 모듈을 즉시 반환한다.

2. 절대 경로로 시작하는 경우(X가 '/'로 시작): 절대 경로 지정자이므로 파일 시스템의 최상위를 탐사 시작 지점으로 설정한다.

3. 상대 경로로 시작하는 경우(X가 './', '/', '../'로 시작): 상대 경로 지정자이므로 파일을 찾는 LOAD_AS_FILE과 폴더를 찾는 LOAD_AS_DIRECTORY를 순서대로 수행하며, 경로를 찾지 못하면 "not found" 에러를 던진다.

4. '#'으로 시작하는 경우: '#'으로 시작하는 모듈은 package.json의 "imports" 필드에서 정의한 상대 경로를 참조하므로 LOAD_PACKAGE_IMPORTS로 "imports" 필드를 분석해 모듈을 찾는다.

5. LOAD_PACKAGE_SELF: 패키지 스코프 내에서 특정 모듈을 로드하는 과정으로, 주로 package.json의 exports 필드를 통해 모듈을 찾고 로드한다. 또한 이는 동일한 패키지 스코프 내에서 정의된 모듈을 대상으로 실행된다. 이와 관련해서 예시와 함께 이후에 더 자세히 다룬다.

6. LOAD_NODE_MODULES: node_modules 폴더에서 모듈을 찾는 과정이다. 현재 디렉터리에서부터 상위 디렉터리로 올라가며 node_modules 폴더를 탐색해 모듈을 찾는다. npm 패키지 등 외부 패키지를 로드할 때 사용되며, 이 단계는 이후에 자세히 설명한다.

4.4.2.1.2 기본 과정

전체 흐름을 알아봤으니 CommonJS 모듈을 찾는 기본 과정을 먼저 살펴보자. 이번 절에서 설명하는 과정은 전문의 한 단계로써 독립적으로 실행되기도 하지만 LOAD_PACKAGE_SELF나 LOAD_NODE_MODULES 같은 다른 과정에 포함되어 실행되기도 한다.

- LOAD_AS_FILE: LOAD_AS_FILE는 특정 모듈 지정자가 파일로서 존재하는지 확인해 모듈을 로드하는 과정을 기술한다. 이 과정은 지정된 모듈이 실제 파일로 존재하는지, 그리고 그 파일이 올바른 확장자를 가지고 있는지 확인한다. 따라서 LOAD_AS_FILE은 다른 과정에서 대부분 재사용되는 단위다. 먼저 파일의 존재 여부를 확인해 해당 경로에 파일이 존재하고 읽을 수 있는 상태인지 확인한다. 다음으로 모듈 지정자에 파일 확장자가 생략됐다면 기본 확장자인 .js, .json, .node 순으로 확장자를 추가해서 존재하는지 확인한다. 이 두 단계를 통과하면 비로소 파일을 읽을 수 있다고 판단하고 해당 파일을 로드한다. 다음 그림은 그림 4.10의 LOAD_AS_FILE 단계를 나타낸다.

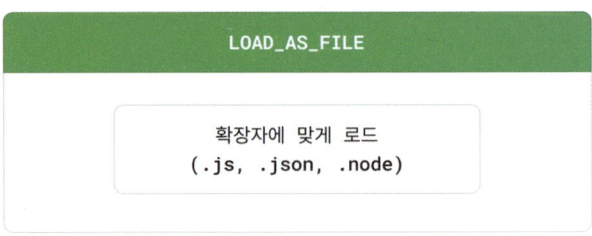

그림 4.12 그림 4.10에서 LOAD_AS_FILE을 나타낸 그림

- LOAD_AS_DIRECTORY: LOAD_AS_DIRECTORY는 특정 경로가 디렉터리일 경우 해당 디렉터리를 모듈로 로드하는 과정을 기술한 것으로, 폴더가 모듈로 사용될 때 폴더 내부 파일이나 package.json 파일을 모듈의 진입점을 결정한다. 주로 폴더 경로를 나타내는 지정자를 해석할 때 사용된다. 먼저 해당 폴더가 존재하는지, 그리고 경로가 폴더인지 확인하고, 내부에 package.json이 존재하는지까지 확인한다. package.json 파일이 있다면 main 필드를 확인하고, main이 있으면 해당 진입점의 파일을 로드하고, main 필드가 정의되지 않았거나 main의 진입점에 해당하는 파일이 없으면 LOAD_INDEX를 수행한다. LOAD_INDEX는 CommonJS에서 기본 파일에 해당하는 index.js, index.json, index.node를 순서대로 확인해 파일이 존재하면 로드하는 과정을 나타낸다.

예를 들어, 다음 폴더 구조에서 /project/my-module 경로에 package.json이 존재한다고 가정하자.

```
/project
|-- app.js
|-- my-module/
    |-- package.json
    |-- main.js
```

```
// /project/my-module/package.json
{
"main": "main.js"
}
```

이때 app.js에서 ./my-module을 로드하면 my-module 폴더 내부에 있는 package.json의 "main" 필드에 명시된 진입점을 로드한다.

```
// app.js
const my-module = require('./my-module') // /project/my-module/main.js
```

반면, /project/my-module2 경로에는 package.json 파일이 없고 require(./my-module2)를 불러온다면 기본 파일에 해당하는 ./my-module2/index.js, ./my-module2/index.json, ./my-module2/index.node를 순서대로 확인해서 로드한다.

```
/project
├── app.js
├── my-module2/
    ├── index.js

// app.js
const my-module2 = require('./my-module2') // /project/my-module2/index.js
```

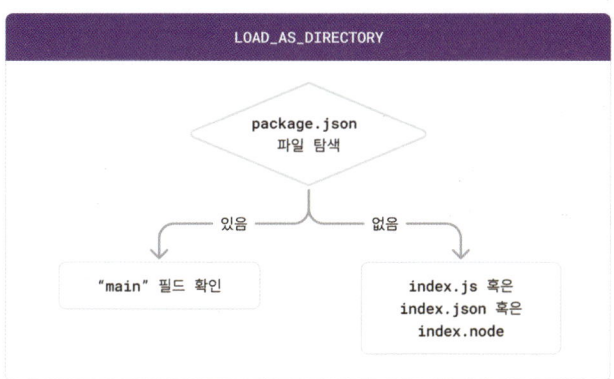

그림 4.13 그림 4.10에서 LOAD_AS_DIRECTORY를 나타낸 그림

- LOAD_INDEX: LOAD_AS_DIRECTORY에서 간략히 설명한 것처럼, Node.js는 기본 파일로 index.js, index.json, index.node를 .js, .json, .node 순으로 찾아서 로드한다. 특히 index.js는 다른 파일들과 달리, 해당 폴더 경로에 package.json이 있으면 package.json의 "type" 필드를 고려해서 명시된 모듈 시스템으로 index.js를 로드한다. 예를 들어, "type" 필드가 "module"로 설정돼 있다면 index.js를 ESModule로 해석하고, "type" 필드가 정의되지 않았거나 "commonjs"라면 CommonJS로 해석한다.

- RESOLVE_ESM_MATCH: RESOLVE_ESM_MATCH는 ESModule을 해석할 때 사용된다. 이 함수는 ESModule의 해석과 관련된 매칭 작업을 수행해 특정 조건에 맞는 모듈을 찾고 로드하는 역할을 한다. 이 과정을 하나씩 살펴보면 먼저 package.json에서 "exports"를 확인해 요청 경로와 일치하는지 확인한다.

예를 들어 my-package의 exports 경로가 다음과 같다고 하자.

```
/my-package
├── package.json
├── lib/
    ├── index.js
    ├── submodule.js
├── app.js
```

```json
{
    "name": "my-package",
    "exports": {
        ".": "./lib/index.js",
        "./submodule": "./lib/submodule.js"
    }
}
```

이 경우 my-package에서 자기 자신의 exports 경로를 불러오면 해당 필드에 해당하는 하위 경로를 찾아 모듈을 로드한다.

```
// /my-package/app.js
import {message as indexMessage} from 'my-package' // my-package/lib/index.js
import {message as submoduleMessage} from 'my-package/submodule' // my-package/lib/submodule.js
```

RESOLVE_ESM_MATCH는 ESModule에서도 주요하게 쓰이는 과정이므로 이후 ESModule의 모듈 해석 알고리즘을 설명할 때 다시 등장한다.

이로써 LOAD_AS_FILE, LOAD_AS_DIRECTORY, LOAD_INDEX, RESOLVE_ESM_MATCH까지 기본 과정을 알아봤다. 이를 바탕으로 다음 절부터는 CommonJS 모듈 해석 알고리즘의 주요 과정을 살펴보자.

📝 CommonJS에서는 ESModule을 불러올 수 없는데 RESOLVE_ESM_MATCH가 CommonJS 모듈 해석 알고리즘에 포함되는 이유는 무엇인가요?

> 4.3절 'ESModule이란 무엇일까?'에서 CommonJS의 require() 함수로는 ESModule의 모듈을 로드할 수 없다고 설명했다. 그럼에도 CommonJS 모듈 해석 알고리즘에는 RESOLVE_ESM_MATCH라는 ESModule을 찾고 로드하는 과정이 기술돼 있다. 이는 자칫 혼란스러울 수 있지만 엄밀히 말하자면 RESOLVE_ESM_MATCH는 CommonJS 모듈 해석 알고리즘에서 직접 사용되는 것은 아니다. RESOLVE_ESM_MATCH는 CommonJS 모듈 해석 알고리즘의 하위 프로세스인 LOAD_PACKAGE_SELF와 관련이 있는데, LOAD_PACKAGE_SELF 과정은 현재 프로젝트 내부에 위치한 패키지의 package.json 파일을 해석하고 이를 통해 모듈을 로드하는 과정이다. 이때 RESOLVE_ESM_MATCH가 사용되며 이는 프로젝트 내부의 다른 package.json 파일이 ESModule을 지원하는 패키지일 경우를 대비한 것이다. 정리하자면, RESOLVE_ESM_MATCH는 CommonJS 모듈 해석 과정의 일부로 수행되지만 ESModule을 직접 로드하는 것을 의미하지 않는다.

4.4.2.1.3 LOAD_PACKAGE_SELF

LOAD_PACKAGE_SELF는 패키지 스코프 내에서 특정 모듈을 로드하는 과정을 기술한다. 이 과정은 주로 package.json 파일의 exports 필드를 사용해 모듈을 로드하며, 패키지 내부에서 자체적으로 정의된 모듈을 찾고 로드하는 데 사용된다. 예를 들어, 다음과 같이 **my-package** 내부에 **exports** 필드가 정의돼 있다고 가정하자.

```
{
  "name": "my-package",
  "exports": {
    "./submodule": "./lib/submodule.js"
  }
}
```

그리고 /my-package/index.js에서 require('my-package/submodule')를 호출한다.

코드 4.16 LOAD_PACKAGE_SELF가 실행되는 예제 코드

```
// /my-package/index.js
const subModule = require('my-package/submodule')
```

이때 LOAD_PACKAGE_SELF는 X, DIR이라는 두 개의 인자를 받는다.

- X: 로드할 모듈의 이름으로, 코드 4.16에서 'my-package/submodule'에 해당한다.
- DIR: 현재 디렉터리 경로로, 코드 4.16에서 'my-package'에 해당한다.

LOAD_PACKAGE_SELF는 다음 네 단계에 걸쳐 my-package/submodule을 찾는다.

1. **패키지 스코프 결정**: DIR 경로에서 가장 가까운 package.json 파일을 찾아 패키지 스코프를 결정한다. 코드 4.16에서 my-package/package.json이 이에 해당한다.

2. **exports 필드 확인**: package.json에서 exports 필드가 null이거나 정의되지 않은 경우 종료된다. exports 필드가 존재할 경우, name 필드가 X의 첫 번째 경로와 일치하는지 확인한다. 예를 들면, 호출된 패키지 이름(my-package)이 현재 package.json의 name(my-package)과 일치하는지 검사한다.

3. **경로 해석**: 패키지 이름이 일치한다면 exports 필드를 사용해 경로를 해석하는 PACKAGE_EXPORTS_RESOLVE를 수행한다. 패키지 스코프의 파일 URL을 가져와 경로를 해석하고, "exports" 필드의 모드를 분석한다. 코드 4.16의 경우 경로는 ./submodule이며, CommonJS 모듈이므로 ["node", "require"] 모드를 사용해 경로를 해석한다.

4. **최종 경로 해석**: PACKAGE_EXPORTS_RESOLVE의 결과를 RESOLVE_ESM_MATCH 함수에 전달해 최종적으로 모듈을 해석한다. 이를 통해 require('my-package/submodule')은 ./lib/submodule.js 파일을 로드한다.

이렇게 LOAD_PACKAGE_SELF가 실행되지만 일반적으로 프로젝트 내부의 경로를 exports로 연결해서 사용하는 패턴은 자주 사용되지 않는다. 오히려 이는 가독성을 떨어뜨릴 수 있어 권장되지 않는 방식이다. 따라서 LOAD_PACKAGE_SELF는 실용적인 관점에서는 자주 쓰이지는 않는다.

4.4.2.1.4 LOAD_NODE_MODULES

LOAD_NODE_MODULES는 지정된 경로에서 시작해 node_modules 폴더를 탐색하는 과정이다. 이 과정에서는 모듈을 찾기 위해 디렉터리의 트리 구조를 거슬러 올라가며, 각 디렉터리에서 node_modules 폴더를 탐사한다.

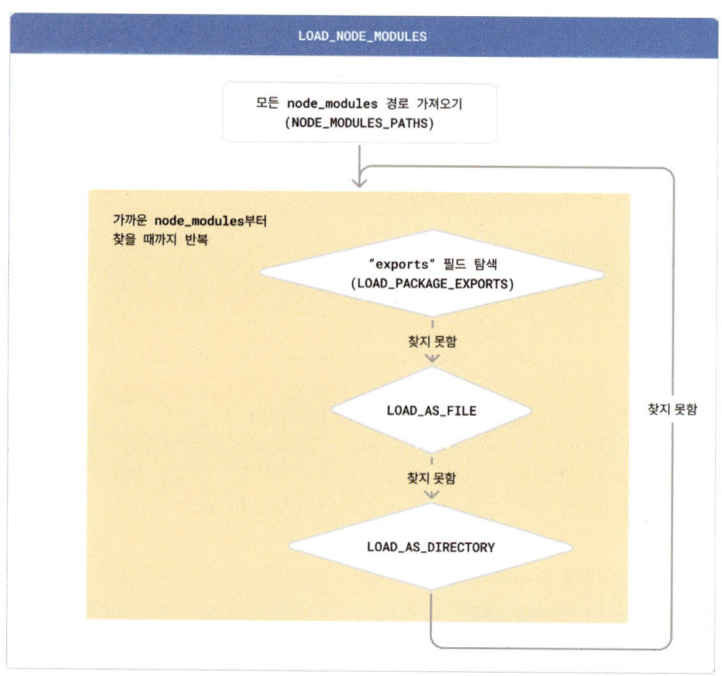

그림 4.14 그림 4.10에서 LOAD_NODE_MODULES를 나타낸 그림

LOAD_NODE_MODULES는 지정된 경로에서 시작해 node_modules 폴더를 탐색하는 과정이다. 이 과정에서는 모듈을 찾기 위해 디렉터리의 트리 구조를 거슬러 올라가며 각 디렉터리에서 node_modules 폴더를 탐사한다. LOAD_NODE_MODULES는 X, START라는 두 개의 인자를 받는다.

- X: 로드할 모듈의 이름.
- START: 탐색을 시작할 폴더로, 이 폴더부터 상위로 올라가면서 node_modules 폴더를 찾아 나간다.

이때 LOAD_NODE_MODULES의 첫 단계인 NODE_MODULES_PATHS는 START 경로를 기준으로 node_modules 폴더의 탐색 경로를 생성하는 과정을 말한다.

먼저 NODE_MODULES_PATHS의 구체적인 과정을 보면 다음과 같다.

1. **경로 분할**: START 경로를 각 디렉터리 부분으로 분할한다. 예를 들어, "/USER/user/my-package"라면 ["", "USER", "user", "my-package"] 배열로 쪼갠다.
2. **초기화**: 분할된 배열을 순회할 준비를 한다. 결과를 저장할 리스트를 초기화하고, 배열을 순회할 인덱스를 설정한다.
3. **경로 생성**: 배열을 순회하면서 현재 위치에서 가장 가까운 node_modules 폴더를 찾고 결과 리스트에 추가한다. 이 과정은 첫 번째 인덱스까지 올라가며 반복한다. 예를 들어, 생성된 경로 리스트는 ["/node_modules", "/USER/node_modules", "/USER/user/node_modules"]가 된다.
4. **전역 폴더 추가**: 결과 리스트에 전역 폴더 경로를 추가해서 반환한다. 예를 들어, /usr/local/lib/node_modules와 같이 전역 node_modules 폴더 경로를 추가한다.

이러한 NODE_MODULES_PATHS 과정을 문서에서는 다음과 같이 기술하고 있다.

```
NODE_MODULES_PATHS(START)
1. let PARTS = path split(START)
2. let I = count of PARTS - 1
3. let DIRS = []
4. while I >= 0,
   a. if PARTS[I] = "node_modules" CONTINUE
   b. DIR = path join(PARTS[0 .. I] + "node_modules")
   c. DIRS = DIR + DIRS
   d. let I = I - 1
5. return DIRS + GLOBAL_FOLDERS
```

이후 NODE_MODULES_PATHS에서 얻은 모든 node_modules 폴더 경로를 순회해 다음과 같은 세 단계를 차례로 진행한다.

1. **LOAD_PACKAGE_EXPORTS(X, DIR)**: LOAD_PACKAGE_EXPORTS(X)는 패키지 지정자 X에 대한 "exports" 필드를 해석해 적합한 모듈 경로와 진입점을 찾는다. 예를 들어, 현재 탐색 중인 node_modules 폴더에 react 패키지가 설치돼 있고 require('react/jsx-runtime')을 호출하면 jsx-runtime.js를 로드한다.

   ```
   {
     "name": "react",
   ```

```
  "version": "19.0.0",
  "exports": {
    ".": {
      "react-server": "./react.react-server.js",
      "default": "./index.js"
    },
    "./package.json": "./package.json",
    "./jsx-runtime": {
      "react-server": "./jsx-runtime.react-server.js",
      "default": "./jsx-runtime.js"
    },
    "./jsx-dev-runtime": {
      "react-server": "./jsx-dev-runtime.react-server.js",
      "default": "./jsx-dev-runtime.js"
    },
    "./compiler-runtime": {
      "react-server": "./compiler-runtime.js",
      "default": "./compiler-runtime.js"
    },
    "./src/*": "./src/*"
  }
}
```

2. **LOAD_AS_FILE(DIR/X)**: 지정된 모듈이 현재 탐색 중인 node_modules에 파일로서 존재할 경우 수행된다. LOAD_AS_FILE 단계에 따라 파일이 존재하는지, 확장자를 추가한 버전으로도 확인해서 모듈을 로드한다. react@17 패키지에서 exports 필드가 없다면 jsx-runtime.js를 직접 로드한다.

```
{
  "name": "react",
  "description": "React is a JavaScript library for building user interfaces.",
  "keywords": ["react"],
  "version": "17.0.0",
  "homepage": "https://reactjs.org/",
  "bugs": "https://github.com/facebook/react/issues",
  "license": "MIT",
  "files": [
    "LICENSE",
    "README.md",
    "build-info.json",
```

```json
      "index.js",
      "cjs/",
      "umd/",
      "jsx-runtime.js",
      "jsx-dev-runtime.js",
      "unstable-cache.js"
    ],
    "main": "index.js",
    "repository": {
      "type": "git",
      "url": "https://github.com/facebook/react.git",
      "directory": "packages/react"
    },
    "engines": {
      "node": ">=0.10.0"
    },
    "dependencies": {
      "loose-envify": "^1.1.0",
      "object-assign": "^4.1.1"
    },
    "browserify": {
      "transform": ["loose-envify"]
    }
}
```

3. **LOAD_AS_DIRECTORY(DIR/X)**: 지정된 모듈이 현재 탐색 중인 node_modules에 폴더로 존재할 경우 수행되며, LOAD_AS_DIRECTORY와 동일하게 진행된다.

정리하자면, `LOAD_NODE_MODULES`는 node_modules에 설치된 외부 모듈을 가장 가까운 node_modules 폴더에서부터 시작해 부모 node_modules로 거슬러 올라가며 탐색하는 과정이다. 이 과정은 npm 패키지와 같은 외부 모듈을 로드할 때 주로 사용되며, 개발자들이 모듈을 로드할 때 가장 많이 활용하는 과정이다.

4.4.2.1.5 정리

지금까지 CommonJS의 모듈 해석 알고리즘의 전반적인 과정을 살펴봤다. CommonJS의 모듈 해석 알고리즘은 다음과 같이 정리할 수 있다.

1. **내장 모듈 확인**: require() 함수가 요청한 모듈이 Node.js의 내장 모듈인지 확인한다.
2. **파일 해석**: 명시된 파일 확장자가 있는 경우 해당 파일을 로드하며, 확장자가 생략된 경우 기본 확장자인 .js, .json, .node 순으로 파일을 탐색한다.
3. **디렉터리 해석**: 모듈 지정자가 디렉터리일 경우 해당 디렉터리의 package.json 파일에서 "main" 필드를 확인하거나 index.js와 같은 기본 파일을 순차적으로 탐색해서 로드한다.
4. **node_modules 폴더 탐색**: 현재 디렉터리부터 상위 디렉디리로 이동하며 node_modules 폴더를 찾아 모듈을 탐색한다.

이 같은 CommonJS의 모듈 로드 방식은 모듈 경로를 상대적으로 해석하므로 node_modules 폴더를 거슬러 올라가며 탐색할 때 오버헤드가 발생할 수 있다. 또한 CommonJS는 모듈을 동기적으로 로드하기 때문에 모듈 로딩이 블로킹되어 성능 저하의 원인이 될 수 있다.

4.4.2.2 ESModule에서 모듈을 찾는 방법[49]

ESModule의 모듈 해석 알고리즘은 큰 흐름에서 보면 CommonJS 모듈 해석과 유사한 점이 많다. 모듈의 상대 경로와 절대 경로를 해석해 package.json의 exports, main 필드로 모듈을 로드하는 점이 유사하다. 그러나 세부적인 과정과 로드 방식에서 몇 가지 차이점이 있다. ESModule의 모듈 로더가 어떻게 다른지 살펴보기 위해 먼저 ESModule 모듈 로더의 주요 특징들을 알아보고, ESModule 모듈 해석 알고리즘의 핵심인 ESM_RESOLVE에 대해 알아보자.

---

[49] https://nodejs.org/docs/latest-v18.x/api/esm.html#resolution-and-loading-algorithm

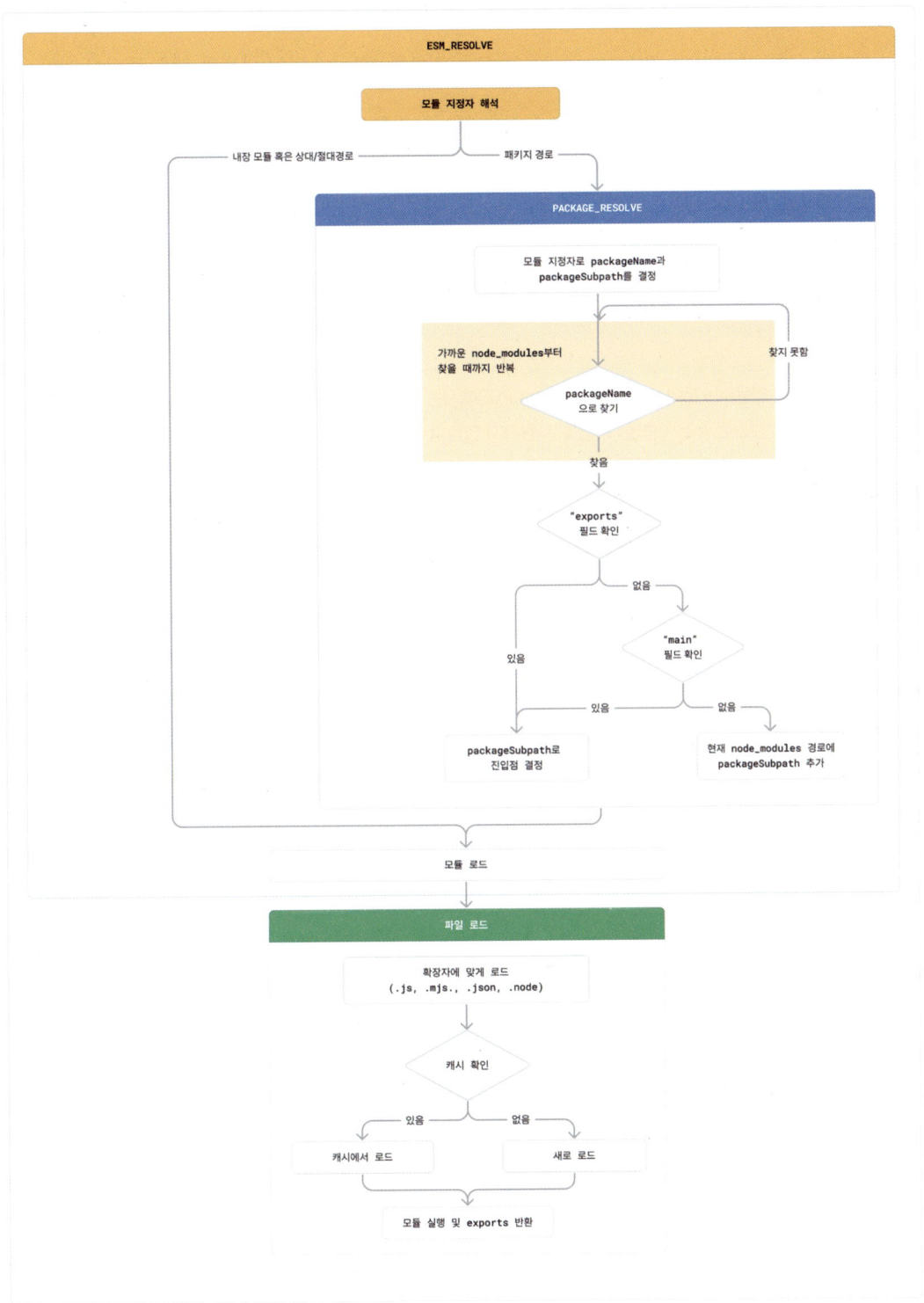

그림 4.15 ESModule 모듈 해석 알고리즘

4.4.2.2.1 모듈 리졸버와 모듈 로더

ESModule의 모듈 리졸버(module resolver)는 모듈 경로를 찾는 데 있어 다음과 같은 특징이 있다.

1. **파일 URL 기반 해석**(File URL-based resolution): ESModule은 파일 시스템 경로를 직접 사용하지 않고, 파일 URL을 기반으로 경로를 해석한다. 예를 들어, `file:///USER/user/module.js`와 같은 형식으로 모듈 경로를 지정한다. 이 규칙 덕분에 모듈 경로가 상대 경로(`./module.js`)이거나 절대 경로(`/USER/user/module.js`)일 때도 URL로 해석해 파일을 올바르게 찾을 수 있다.

2. **기본 확장자가 없음**(No default extensions): CommonJS와는 달리, ESModule은 파일 확장자를 생략할 수 없다. 1번에서 설명한 것처럼 URL 기반으로 동작하기 때문에 파일 경로를 명시할 때 반드시 `.js`나 `.mjs` 등의 확장자를 포함해야 한다.

3. **폴더의 main이 없음**(No folder mains): CommonJS에서는 디렉터리 내에 `index.js` 같은 기본 파일을 자동으로 로드할 수 있지만, ESModule은 이러한 기능을 지원하지 않는다. 마찬가지로 URL 기반 해석 방식을 따르므로 기본 파일을 로드하지 않기 때문에 폴더를 모듈로 지정하려면 반드시 폴더 내에서 파일을 명시해야 한다.

4. **node_modules 폴더 기반 패키지 해석**(Bare specifier package resolution through node_modules): ESModule도 node_modules 폴더를 통해 패키지를 해석할 수 있어 CommonJS와의 호환성을 유지한다.

다음으로 ESModule의 기본 모듈 로더(module loader)는 다음과 같은 특징이 있다.

1. **내장 모듈 로딩 지원**(Support for built-in module loading via **node:** URLs): CommonJS와 마찬가지로, `node:` URL 스킴을 사용해 Node.js의 코어 모듈을 로드할 수 있다.

2. **인라인 모듈 로딩 지원**(Support for inline module loading via **data:** URLs): `data:` URL 스킴을 통해 Base64 같은 인라인 데이터를 모듈로 로드할 수 있다.

3. **파일 모듈 로딩 지원**(Support for **file:** module loading): `file:` URL 스킴을 사용해 파일 시스템에서 모듈을 로드할 수 있다.

4. **다른 URL 프로토콜 실패**(Fails on any other URL protocol): `http:`나 `https:` 등의 다른 URL 프로토콜을 통한 모듈 로딩은 지원하지 않는다.

5. **알 수 없는 확장자 로딩 실패**(Fails on unknown extensions for **file:** loading): `.cjs`, `.mjs`, `.js` 외의 확장자는 지원되지 않아 파일 로딩이 실패한다.

결과적으로 ESModule은 URL 기반 해석을 통해 모듈을 로드하기 때문에 반드시 확장자까지 포함한 명확한 파일 경로가 필요하다.

```
// ☑ 가능
import {foo} from './utils/index.mjs'

// ✗ 불가능
import {foo} from './utils/'
```

또한 ESModule은 모듈의 경로를 찾는 과정과 해당 경로의 모듈을 로드하는 과정이 나누어 진행된다. 4.3.2.4절 'ESModule의 동작 방식'에서 설명한 것처럼 CommonJS는 모듈을 동적으로 로드하기 때문에 모듈 탐색과 로딩이 함께 이뤄진다. 반면, ESModule은 실행 전에 모듈을 정적으로 파싱하고 인스턴스화하기 때문에 모듈 지정자의 절대 경로를 찾는 과정과 해당 경로로 모듈을 로드하는 과정이 모듈 해석 알고리즘 상에서도 분리돼 있다. 그림 4.15에서 **ESM_RESOLVE**와 파일 로드 과정을 분리해서 설명하고 있는 것도 이 때문이다. 이어서 **ESM_RESOLVE** 과정을 알아보자.

4.4.2.2.2 ESM_RESOLVE

방금 소개한 과정 중 하나인 **ESM_RESOLVE**가 어떤 흐름으로 모듈의 절대 경로를 찾는지 자세히 알아보자. ESModule의 모듈 해석 알고리즘을 한 문장으로 요약하면 모듈 지정자를 특정 부모 URL을 기준으로 모듈 경로를 해석하고, 최종적으로 사용할 URL을 반환하는 과정이다. 이 과정에서 모듈을 직접 로드하는 과정은 일절 포함되지 않는다.

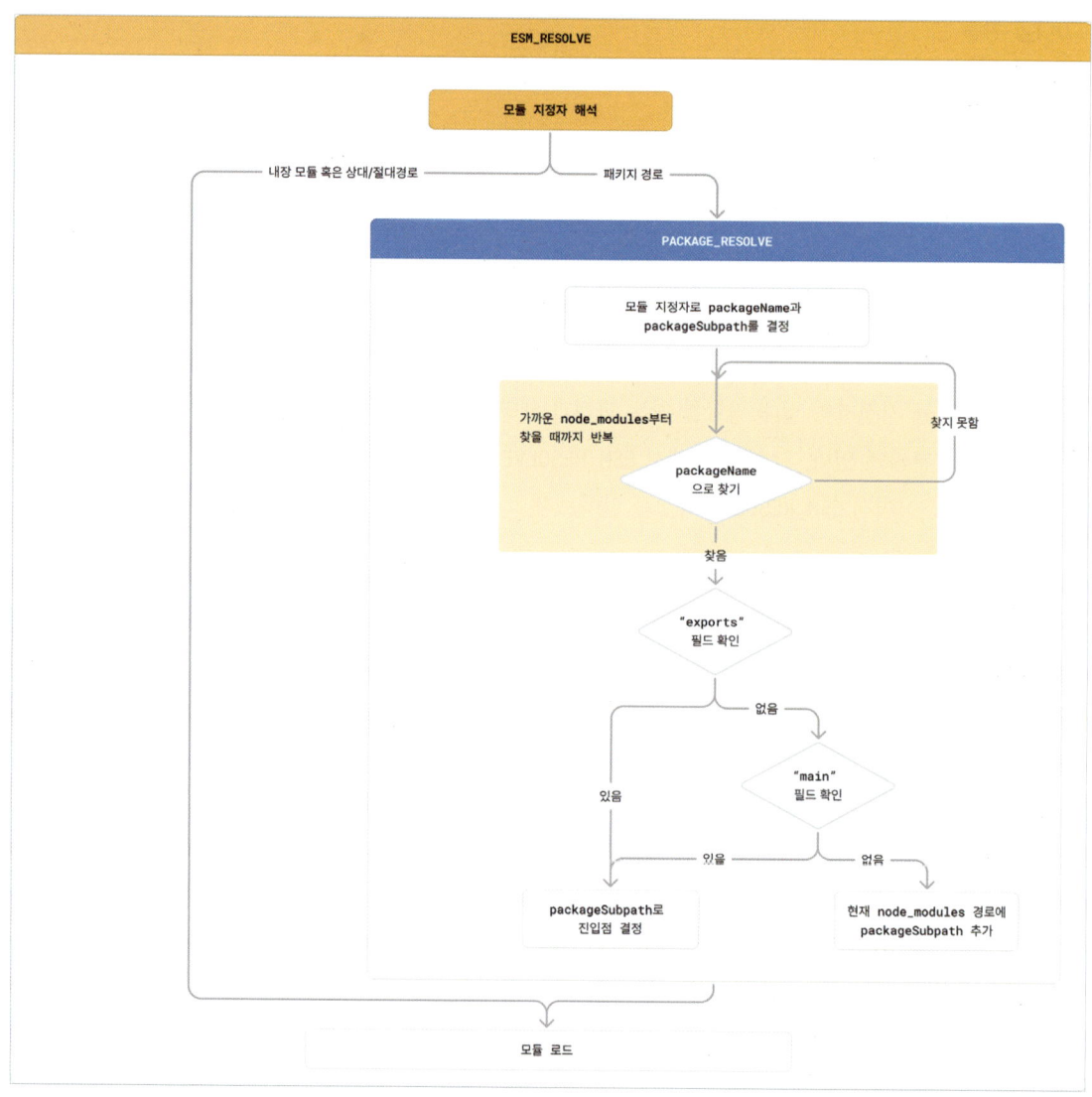

그림 4.16 그림 4.15에서 ESM_RESOLVE에 해당하는 과정을 발췌. ESM_RESOLVE는 모듈의 경로를 해석할 뿐 실제로 모듈을 로드하지는 않는다.

또한 **ESM_RESOLVE**에서 모듈을 해석할 때는 단순히 경로를 결정할 뿐이며, 지원 가능한 URL 프로토콜인지 혹은 파일 확장자가 적절한지와 같이 해당 경로가 유효한지 검증하는 작업은 파일 로드 단계에서 수행한다. 결론적으로 특정 모듈을 로드하기 위해 모듈의 경로(지정자)를 찾는 과정을 Node.js 문서에서는 **ESM_RESOLVE**라 칭해서 단계적으로 기술하고 있는 것이다. ESM_RESOLVE의 전문은 다음과 같다.

```
ESM_RESOLVE(specifier, parentURL)
    1. Let _resolved_ be undefined.
    2. If _specifier_ is a valid URL, then
        1. Set _resolved_ to the result of parsing and reserializing _specifier_ as a URL.
    3. Otherwise, if _specifier_ starts with "/", "./", or "../", then
        1. Set _resolved_ to the URL resolution of _specifier_ relative to _parentURL_.
    4. Otherwise, if _specifier_ starts with "#", then
        1. Set _resolved_ to the result of PACKAGE_IMPORTS_RESOLVE(specifier, parentURL, defaultConditions).
    5. Otherwise,
        1. Note: _specifier_ is now a bare specifier.
        2. Set _resolved_ the result of PACKAGE_RESOLVE(specifier, parentURL).
    6. Let _format_ be undefined.
    7. If _resolved_ is a "file:" URL, then
        1. If _resolved_ contains any percent encodings of "/" or "" ("%2F" and "%5C" respectively), then
            1. Throw an _Invalid Module Specifier error_.
        2. If the file at _resolved_ is a directory, then
            1. Throw an _Unsupported Directory Import error_.
        3. If the file at _resolved_ does not exist, then
            1. Throw a _Module Not Found error_.
        4. Set _resolved_ to the real path of _resolved_, maintaining the same URL querystring and fragment components.
        5. Set _format_ to the result of ESM_FILE_FORMAT(resolved).
    8. Otherwise,
        1. Set _format_ the module format of the content type associated with the URL _resolved_.
    9. Return _format_ and _resolved_ to the loading phase
```

길고 복잡해 보이지만 내용을 자바스크립트 코드로 옮겨서 나타내면 이해하기 쉽다.

코드 4.17 ESM_RESOLVE의 전문을 코드로 표현한 예시

```javascript
function ESM_RESOLVE(specifier, parentURL) {
    // 1. Let `_resolved_` be `undefined`.
    let resolved = undefined;

    // 2. If `_specifier_` is a valid URL, then
    if (isValidURL(specifier)) {
        resolved = parseAndReserialize(specifier) as URL;
```

```
    }
    // 3. Otherwise, if `_specifier_` starts with "/", "./", or "../", then
    else if (startsWith(["/", "./", "../"], specifier)) {
        resolved = URLResolution(specifier)
    }
    // 4. Otherwise, if `_specifier_` starts with "#", then
    else if (startsWith(['#', specifier])) {
        resolved = PACKAGE_IMPORTS_RESOLVE(specifier, parentURL, defaultConditions);
    }
    // 5. Otherwise,
    //    Set `_resolved_` the result of `PACKAGE_RESOLVE(specifier, parentURL)`.
    else {
        resolved = PACKAGE_RESOLVE(specifier, parentURL);
    }

    // 6. Let `_format_` be `undefined`.
    let format = undefined;

    // 7. If `_resolved_` is a "file:" URL, then
    if (resolved.startsWith('file:')) {
        // 1. If `_resolved_` contains any percent encodings of "/" or "\" ("%2F" and "%5C" respectively), then
        //    Throw an `_Invalid Module Specifier error_`.
        if (resolved.includes("/") || resolved.includes("\\")) {
            throw new InvalidModuleSpecifierError();
        }
        // 2. If the file at `_resolved_` is a directory, then
        //    Throw an `_Unsupported Directory Import error_`.
        else if (isDirectory(resolved)) {
            throw new UnsupportedDirectoryImportError();
        }
        // 3. If the file at `_resolved_` does not exist, then
        //    Throw a `_Module Not Found error_`.
        else if (!isFileExist(resolved)) {
            throw new ModuleNotFoundError();
        }

        // 4. Set `_resolved_` to the real path of `_resolved_`, maintaining the same URL querystring and fragment components.
        resolved = getRealPathOf(resolved);
```

```
        // 5. Set `_format_` to the result of `ESM_FILE_FORMAT(resolved)`.
        format = ESM_FILE_FORMAT(resolved);
    }
    // 8. Otherwise,
    //    Set `_format_` the module format of the content type associated with the URL
`_resolved_`.
    else {
        format = getContentTypeAssociatedWithURL(resolved)
    }

    // 9. Return `_format_` and `_resolved_` to the loading phase
    return sendToLoadingPhase(resolved, format)
}
```

코드 4.17을 살펴보면 ESM_RESOLVE는 결과적으로 resolved와 format이라는 변수의 값을 결정해 모듈 로드 단계에 이 두 변수를 전달하는 과정이다. 이때 resolved는 모듈 지정자의 절대 경로를 저장하며, format은 모듈을 해석하는 형식을 가리킨다. 이제 resolved와 format이 어떤 과정으로 결정되는지 코드를 따라가며 살펴보자.

4.4.2.2.3 resolved 결정하기

resolved는 모듈의 경로를 가리키는 변수로, 다음의 각 조건마다 다른 코드를 실행해 결정된다.

1. 먼저 모듈 지정자가 이미 http://, file://, data:// 같은 절대 경로라면 해당 URL을 즉시 반환한다. 예를 들면 다음과 같이 Three.js를 Skypack CDN에서 가져오는 예시처럼 http 스킴을 사용해 import 문을 작성하는 것이다.

   ```
   import * as THREE from 'https://cdn.skypack.dev/three@0.136.0'
   ```

   전문에서 코드 4.17의 다음 코드가 이 과정에 해당한다.

   ```
   // 2.
   if (isValidURL(specifier)) {
       resolved = parseAndReserialize(specifier) as URL;
   }
   ```

2. 두 번째로, 모듈 지정자가 상대 경로라면 이 경로를 부모 URL과 결합해 절대 경로로 변환한다. 예를 들어, 현재 모듈 경로인 file:///USER/user/my-package/index.js에서 ./module.js로 불러온다고 가정하자.

   ```
   import module from './module.js'
   ```

이때 index.js에서 module.js의 절대 경로는 file:///USER/user/my-package/module.js로 해석된다. 이는 1번에서 언급했던 표준 상대 경로 URL 해석 문법을 기반으로 해석한다. 전문에서 코드 4.17의 다음 코드가 이 과정에 해당한다.

```
// 3.
else if (startsWith(["/", "./", "../"], specifier)) {
    resolved = URLResolution(specifier)
}
```

3. 다음으로 모듈 지정자가 "#"으로 시작하면 이는 2.1절 'package.json 톺아보기'에서 설명한 imports필드에서 정의한 모듈, 즉 하위 경로 불러오기에 해당한다. ESModule은 이 경로를 해석하는 데 PACKAGE_IMPORTS_RESOLVE 과정을 수행한다. PACKAGE_IMPORTS_RESOLVE 또한 Node.js 문서에 자세히 기술하고 있으므로 참고한다.[50] 전문에서 코드 4.17의 다음 코드가 이 과정에 해당한다.

```
// 4.
else if (startsWith(['#', specifier])) {
    resolved = PACKAGE_IMPORTS_RESOLVE(specifier, parentURL, defaultConditions);
}
```

4. 마지막으로 모듈 지정자가 위 세 조건에 해당하지 않는 경우, 이 지정자는 상대나 절대 경로가 아닌 모듈 이름 지정자에 해당한다. 예를 들어, 다음과 같이 외부 패키지인 Three.js 의존성으로 추가한 후 이를 불러온 경우다.

```
import * as THREE from 'three'
```

이때 node_modules 폴더에서 해당 모듈을 찾기 위해서 PACKAGE_RESOLVE 과정을 수행한다. ESM_RESOLVE를 모두 설명한 이후에 PACKAGE_RESOLVE에서 수행하는 과정을 자세히 알아보자. 전문에서 코드 4.17의 다음 코드가 이 과정에 해당한다.

```
// 5.
else {
    resolved = PACKAGE_RESOLVE(specifier, parentURL);
}
```

결론적으로 resolved에는 import문의 from 경로가 앞에서 설명한 네 가지 조건을 통해 실제 모듈의 경로, 즉 파일 시스템부터 시작하는 절대 경로로 변환되어 할당된다.

---

[50] https://nodejs.org/docs/latest-v18.x/api/esm.html#resolution-algorithm-specification

4.4.2.2.4 format 결정하기

모듈의 위치를 나타내는 `resolved`가 결정되면, 다음으로 해당 모듈의 파일 형식을 결정해야 한다. 하지만 `resolved`가 다음 세 조건 중 하나에 해당하면 유효하지 않은 경로로 간주되어 에러가 발생한다.

1. `resolved`에 "/" 또는 "\\" 문자가 포함된 경우 유효하지 않은 모듈 지정자 에러(`InvalidModuleSpecifierError`)가 발생한다.
2. `resolved`가 가리키는 경로가 파일이 아니라 폴더일 경우 폴더 가져오기를 지원하지 않는다는 에러(`UnsupportedDirectoryImportError`)가 발생한다.
3. `resolved` 경로에 파일이 존재하지 않는 경우, 모듈을 찾을 수 없다는 에러(`ModuleNotFoundError`)가 발생한다.

이러한 세 가지 조건에 해당하지 않으면 `resolved`는 유효한 경로로 간주되며, 이후 `format`은 `ESM_FILE_FORMAT` 과정을 통해 결정된다. 앞서 설명한 것처럼 ESModule의 모듈 리졸버는 기본 확장자를 지원하지 않으므로 `ESM_FILE_FORMAT`은 파일 확장자나 `package.json`의 `type` 필드로 모듈 형식을 결정한다.

```
{
  "name": "my-package",
  "type": "module" // 모듈 형식을 결정하는 필드
}
```

`format`을 결정하는 조건은 다음과 같다:

- `.mjs` 확장자로 끝나는 파일: `"module"`
- `.cjs` 확장자로 끝나는 파일: `"commonjs"`
- `.json` 확장자로 끝나는 파일: `"json"`
- `package.json`의 `"type"` 필드가 `"module"`로 설정된 경우: `"module"`
- 그 외의 경우: `undefined`

이 과정으로 인해 ESModule에서는 `package.json`의 `type` 필드가 없을 경우 `import` 문에 확장자가 반드시 필요한 것이다.

이렇게 `resolved`와 `format`이 결정되면 다음 단계에서 `resolved`가 가리키는 경로에서 `format`에 맞는 형식으로 모듈을 로드하게 된다.

4.4.2.2.5 PACKAGE_RESOLVE

ESM_RESOLVE에서 외부 패키지 모듈을 찾는 단계를 설명할 때 언급한 PACKAGE_RESOLVE를 알아보자. PACKAGE_RESOLVE는 CommonJS의 LOAD_NODE_MODULES와 비슷한 단계로, 부모 폴더부터 시작해 상위 폴더의 node_modules까지 검색하는 과정을 설명한다.

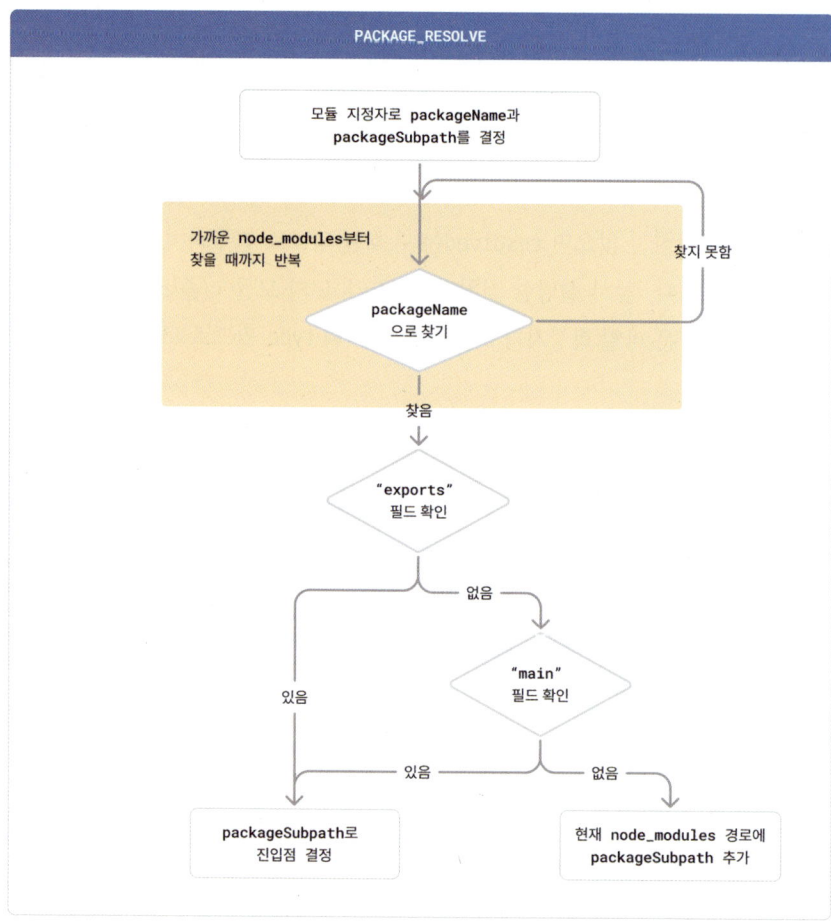

그림 4.17 그림 4.10 중 PACKAGE_RESOLVE에 해당하는 과정을 발췌

이 과정 또한 Node.js 문서에서 단계적으로 기술하고 있다.[51]

```
PACKAGE_RESOLVE(packageSpecifier, parentURL)
    1. Let _packageName_ be undefined.
```

---

[51] https://nodejs.org/docs/latest-v18.x/api/esm.html#resolution-algorithm-specification

2. If _packageSpecifier_ is an empty string, then

    1. Throw an _Invalid Module Specifier error_.

3. If _packageSpecifier_ is a Node.js builtin module name, then

    1. Return the string "node:" concatenated with _packageSpecifier_.

4. If _packageSpecifier_ does not start with "@", then

    1. Set _packageName_ to the substring of _packageSpecifier_ until the first "/" separator or the end of the string.

5. Otherwise,

    1. If _packageSpecifier_ does not contain a "/" separator, then

        1. Throw an _Invalid Module Specifier error_.

    2. Set _packageName_ to the substring of _packageSpecifier_ until the second "/" separator or the end of the string.

6. If _packageName_ starts with "." or contains "" or"%", then

    1. Throw an _Invalid Module Specifier error_ `_.

7. Let _packageSubpath_ be "." concatenated with the substring of _packageSpecifier_ from the position at the length of _packageName_.

8. If _packageSubpath_ ends in "/", then

    1. Throw an _Invalid Module Specifier error_.

9. Let _selfUrl_ be the result of PACKAGE_SELF_RESOLVE(packageName, packageSubpath, parentURL).

10. If _selfUrl_ is not undefined, return selfUrl.

11. While _parentURL_ is not the file system root,

    1. Let _packageURL_ be the URL resolution of "node_modules/" concatenated with _packageSpecifier*, relative to _parentURL_.

    2. Set _parentURL_ to the parent folder URL of _parentURL_.

    3. If the folder at _packageURL_ does not exist, then

        1. Continue the next loop iteration.

    4. Let _pjson_ be the result of READ_PACKAGE_JSON(packageURL).

    5. If _pjson_ is not null and _pjson.exports_ is not null or undefined, then

        1. Return the result of PACKAGE_EXPORTS_RESOLVE(packageURL, packageSubpath, pjson.exports, defaultConditions).

    6. Otherwise, if _packageSubpath_ is equal to ".", then

        1. If _pjson.main_ is a string, then

            1. Return the URL resolution of main in packageURL.

    7. Otherwise,

        1. Return the URL resolution of _packageSubpath_ in _packageURL_.

12. Throw a _Module Not Found error_.

이 전문을 자바스크립트 함수로 표현하면 다음과 같다.

코드 4.18 PACKAGE_RESOLVE 전문을 자바스크립트 코드로 작성한 예시

```javascript
function PACKAGE_RESOLVE(packageSpecifier, parentURL) {
  // 1. Let `_packageName_` be undefined.
  let packageName = undefined

  // 2. If `_packageSpecifier_` is an empty string, then
  //    Throw an _Invalid Module Specifier error_.
  if (packageSpecifier === '') {
    throw new InvalidModuleSpecifierError()
  }
  // 3. If `_packageSpecifier_` is a Node.js builtin module name, then
  //    Return the string "node:" concatenated with `_packageSpecifier_`.
  if (isBuiltInModule(packageSpecifier)) {
    return `node:${packageSpecifier}`
  }
  // 4. If `_packageSpecifier_` does not start with "@", then
  //    Set `_packageName_` to the substring of `_packageSpecifier_` until the first "/" separator or the end of the string.
  if (!packageSpecifier.startsWith('@')) {
    packageName = packageSpecifier.split('/')[0]
  }
  // 5. Otherwise,
  else {
    // 1. If `_packageSpecifier_` does not contain a "/" separator, then
    //    Throw an `_Invalid Module Specifier error_`.
    if (!packageSpecifier.includes('/')) {
      throw new InvalidModuleSpecifierError()
    }

    // 2. Set `_packageName_` to the substring of `_packageSpecifier_` until the second "/" separator or the end of the string.
    const parts = packageSpecifier.split('/')
    packageName = parts[0] + '/' + parts[1]
  }

  // 6. If `_packageName_` starts with "." or contains "\" or "%", then
  //    Throw an `_Invalid Module Specifier error_` `\_.
  if (startsWith(['.', '\\', '%'], packageName)) {
    throw new InvalidModuleSpecifierError()
```

```
}

// 7. Let `_packageSubpath_` be "." concatenated with the substring of `_packageSpecifier_` from
the position at the length of `_packageName_`.
const packageSubpath = '.' + packageSpecifier.substring(packageName.length)

// 8. If `_packageSubpath_` ends in "/", then
//    Throw an `_Invalid Module Specifier error_`.
if (packageSubpath.endsWith('/')) {
  throw new InvalidModuleSpecifierError()
}

// 9. Let `_selfUrl_` be the result of `PACKAGE_SELF_RESOLVE(packageName, packageSubpath,
parentURL)`.
let selfUrl = PACKAGE_SELF_RESOLVE(packageName, packageSubpath, parentURL)

// 10. If `_selfUrl_` is not `undefined`, return _selfUrl_.
if (selfUrl !== undefined) {
  return selfUrl
}

// 11. While `_parentURL_` is not the file system root,
while (parentURL !== FILE_SYSTEM_ROOT) {
  // 1. Let `_packageURL_` be the URL resolution of "`node_modules/`" concatenated with
\_packageSpecifier\*, relative to `_parentURL_`.
  let packageURL = new URL(`node_modules/${packageSpecifier}`, parentURL)

  // 2. Set `_parentURL_` to the parent folder URL of `_parentURL_`.
  parentURL = parentURLOf(parentURL)

  // 3. If the folder at `_packageURL_` does not exist, then
  //    Continue the next loop iteration.
  if (!isFolderExist(packageURL)) {
    continue
  }

  // 4. Let `_pjson_` be the result of `READ_PACKAGE_JSON(packageURL)`.
  let pjson = READ_PACKAGE_JSON(packageURL)
```

```
    // 5. If `_pjson_` is not `null` and `_pjson.exports_` is not `null` or `undefined`, then
    //    Return the result of `PACKAGE_EXPORTS_RESOLVE(packageURL, packageSubpath, pjson.exports,
defaultConditions)`.
    if (pjson?.exports) {
      return PACKAGE_EXPORTS_RESOLVE(packageURL, packageSubpath, pjson.exports, defaultConditions)
    }
    // 6. Otherwise, if `_packageSubpath_` is equal to ".", then
    //    If `_pjson.main_` is a string, then
    //      Return the URL resolution of main in _packageURL_.
    if (packageSubpath === '.' && typeof pjson.main === 'string') {
      return new URL(pjson.main, packageURL)
    }
    // 7. Otherwise,
    //    Return the URL resolution of `_packageSubpath_` in `_packageURL_`.
    return new URL(packageSubpath, packageURL)
  }

  // 12. Throw a `_Module Not Found error_`.
  throw new ModuleNotFoundError()
}
```

코드를 구체적으로 살펴보기 전에 PACKAGE_RESOLVE의 인수인 packageSpecifier가 무엇인지 살펴보자.

packageSpecifier는 ESM_RESOLVE에서 전달된 specifier, 즉 모듈 지정자를 가리킨다. 이 과정의 맨 처음 목적은 패키지 이름을 결정하는 것으로, 주어진 packageSpecifier를 특정 구분자로 분해한 후 이어서 설명할 로직에 따라 분해된 문자열 조각을 다시 조합한다. 그런 다음, 알아낸 패키지 이름을 사용해 가장 가까운 node_modules 폴더부터 전역 node_modules 폴더까지 탐색해나가면서 package.json의 "exports"나 "main" 필드로 모듈의 진입점을 찾는다. 마지막으로 이러한 정보를 종합해서 패키지의 전체 URL을 알아내 반환한다.

과정을 더 자세히 이해하기 위해 예제 코드로 PACKAGE_RESOLVE를 단계별로 분석해보자. 다음과 같이 @storybook/react/experimental-playwrigh, classnames/bind, three를 import한다고 가정하자. 각 import 문은 서로 다른 문법으로 작성했다.

코드 4.19 패키지를 다양한 방법으로 임포트한 예시

```
import playwright from '@storybook/react/experimental-playwright'
import classnames from 'classnames/bind'
import * as THREE from 'three'
```

1. 먼저 packageSpecifier 인수가 없다면 유효하지 않은 모듈 지정자 에러(InvalidModuleSpecifierError)를 받는다.

    ```
    if (packageSpecifier === '') {
      throw new InvalidModuleSpecifierError()
    }
    ```

2. packageSpecifier가 Node.js 코어 모듈이라면 Node.js의 내장 모듈을 반환한다. 코드 4.19에서는 내장 모듈이 없으므로 이 단계를 건너뛴다.

    ```
    if (isBuiltInModule(packageSpecifier)) {
      return `node:${packageSpecifier}`
    }
    ```

3. packageSpecifier가 "@"으로 시작하지 않으면 packageName을 첫 번째 "/" 구분자 또는 문자열 마지막의 부분 문자열로 설정한다. 코드 4.19에서 classnames/bind는 이 조건에 해당해서 "/" 구분자로 분해된다. 즉, classnames와 bind로 분할해 classnames를 packageName에 할당한다.

    three 또한 이 조건에 해당하므로 three를 packageSpecifier로 할당한다.

    ```
    if (!packageSpecifier.startsWith('@')) {
      packageName = packageSpecifier.split('/')[0]
    }
    ```

4. 코드 4.19의 @storybook/react처럼 packageSpecifier가 "@"로 시작하는 스코프가 존재하는 패키지인 경우 다음과 같이 처리한다.

    4-1. "/"를 포함하지 않으면 유효하지 않은 모듈 지정자 에러(InvalidModuleSpecifierError)를 던진다. "@"으로 시작하는 패키지는 npm에서 스코프에 해당하므로 @storybook만을 임포트하는 것은 유효하지 않기 때문이다.

    4-2. 유효한 지정자라면 packageName을 두 번째 "/" 구분자 또는 문자열 마지막의 부분 문자열로 설정한다. 코드 4.19에서 @storybook/react의 하위 경로 내보내기인 @storybook/react/experimental-playwright는 이 조건에 해당해서 "/"로 분해되고 @storybook/react를 packageName에 할당한다.

    ```
    // 4
    else {
      if (!packageSpecifier.includes('/')) {
        throw new InvalidModuleSpecifierError()
      }

      const parts = packageSpecifier.split('/')
      packageName = parts[0] + '/' + parts[1]
    }
    ```

5. 만약 packageName이 ".", "\\", "%"로 시작한다면 유효하지 않은 모듈 지정자 에러(InvalidModuleSpecifierError)를 던진다. 이 세 문자들은 npm에서 패키지 이름으로 시작하는 것을 제한하고 있다.

```
if (startsWith(['.', '\\', '%'], packageName)) {
  throw new InvalidModuleSpecifierError()
}
```

6. 이제 하위 경로 내보내기를 해석할 차례다. 이때 쓰이는 변수가 바로 packageSubPath로, 이 변수에 하위 경로 내보내기의 경로를 할당한다. 코드 4.19의 모듈 경로들은 다음과 같은 packageSubPath를 각각 할당한다.

① @storybook/react/experimental-playwright : "./experimental-playwright"

② classnames/bind: "./bind"

③ three: "."

```
const packageSubpath = '.' + packageSpecifier.substring(packageName.length)
```

코드에서 "."을 앞에 붙이는 이유는 9번 단계에서 검사할 "exports" 필드의 속성이 "."으로 시작하기 때문이다.

7. 만약 packageSubPath가 "/"로 끝난다면 유효하지 않은 모듈 지정자 에러(InvalidModuleSpecifierError)를 던진다.

```
if (packageSubpath.endsWith('/')) {
  throw new InvalidModuleSpecifierError()
}
```

8. CommonJS에서 본 것처럼 해당 모듈 지정자가 자신의 프로젝트 내부에 있는 package.json의 "exports" 필드에 해당할 수도 있으므로 CommonJS의 LOAD_PACKAGE_SELF와 비슷한 PACKAGE_SELF_RESOLVE를 실행한다. 이를 통해 자기 자신의 URL인지 확인하면 그대로 selfUrl을 반환한다.

```
let selfUrl = PACKAGE_SELF_RESOLVE(packageName, packageSubpath, parentURL)

if (selfUrl !== undefined) {
  return selfUrl
}
```

9. selfUrl이 없다면 CommonJS의 LOAD_NODE_MODULES 단계와 비슷하게 모듈 지정자를 사용해 모듈을 가져오려는 경로에서 가장 가까운 node_modules 폴더부터 거슬러 올라가면서 파일 시스템의 최상위까지 실제 모듈 파일을 찾는 과정을 반복한다. 단, CommonJS와는 다르게 여기서는 모듈 파일이 위치한 경로의 실제 URL을 반환할 뿐 파일을 로드하지는 않는다.

```
while (parentURL !== FILE_SYSTEM_ROOT) {
  let packageURL = new URL(`node_modules/${packageSpecifier}`, parentURL)
```

```
    parentURL = parentURLOf(parentURL)

    if (!isFolderExist(packageURL)) {
      continue
    }

    let pjson = READ_PACKAGE_JSON(packageURL)

    if (pjson?.exports) {
        return PACKAGE_EXPORTS_RESOLVE(packageURL, packageSubpath, pjson.exports,
defaultConditions)
    }

    if (packageSubpath === '.' && typeof pjson.main === 'string') {
      return new URL(pjson.main, packageURL)
    }

    return new URL(packageSubpath, packageURL)
}
```

9-1. 먼저 현재 바라보고 있는 node_modules 폴더에 packageName이 없으면 상위 경로의 node_modules로 올라가 반복한다.

9-2. node_modules 폴더에 packageName이 있으면 그 패키지의 package.json을 읽는다.

9-3. 해당 package.json의 exports 필드가 존재한다면 PACKAGE_EXPORTS_RESOLVE를 수행한다. PACKAGE_EXPORTS_RESOLVE는 exports 필드에 정의된 객체를 기반으로 packageSubpath에 해당하는 진입점을 찾아 반환한다. my-package라는 ESModule 프로젝트에서 @storybook/react의 package.json의 exports 필드는 다음과 같이 정의돼 있다.[52]

코드 4.20 @storybook/react의 package.json

```
{
  "name": "@storybook/react",
  "exports": {
    ".": {
      "types": "./dist/index.d.ts",
      "node": "./dist/index.js",
```

---

[52] https://github.com/storybookjs/storybook/blob/next/code/renderers/react/package.json

```
      "require": "./dist/index.js",
      "import": "./dist/index.mjs"
    },
    "./experimental-playwright": {
      "types": "./dist/playwright.d.ts",
      "node": "./dist/playwright.js",
      "require": "./dist/playwright.js",
      "import": "./dist/playwright.mjs"
    },
    "./preset": "./preset.js",
    "./dist/entry-preview.mjs": "./dist/entry-preview.mjs",
    "./dist/entry-preview-docs.mjs": "./dist/entry-preview-docs.mjs",
    "./dist/entry-preview-rsc.mjs": "./dist/entry-preview-rsc.mjs",
    "./package.json": "./package.json"
  }
}
```

이때 코드 4.20의 export 중, "./experimental-playwright" 값 또한 types, node, require, import 키를 가진 객체임을 알 수 있다. 이 중에서 어떤 값이 import 문의 실제 URL로서 활용될지는 4.5절 'CommonJS와 ESModule, 무엇이 정답일까?'의 듀얼 패키지를 설명하면서 자세히 알아본다. 우선 이 중에서 ESModule에 해당하는 경로는 import 필드이며, 이 값이 곧 ESModule의 모듈 진입점이 된다는 것만 알아두자.

```
{
  "./experimental-playwright": {
    "types": "./dist/playwright.d.ts",
    "node": "./dist/playwright.js",
    "require": "./dist/playwright.js",
    "import": "./dist/playwright.mjs" // ESModule은 이 경로를 참조한다.
  }
}
```

결론적으로 @storybook/react/experimental-playwright를 import 문으로 요청한다면 file:///USER/user/my-package/node_modules/@storybook/react/dist/playwright.mjs로 절대 경로를 포함한 URL을 가져온다.

9-4. 만약 exports 필드가 없다면 packageSubpath를 기본 경로로 사용해 package.json에 main 필드가 존재하는지 확인한다. main 필드가 존재한다면 main에 명시된 진입점으로 URL을 생성해서 반환한다.

9-5. exports와 main 필드 모두 없다면 현재 node_modules 경로를 가리키는 packageURL에 packageSubpath 경로를 붙여서 반환한다.

10. 파일 시스템 최상위에 도달했는데도 모듈 지정자에 해당하는 경로를 찾지 못하면 모듈을 찾을 수 없다는 에러(ModuleNotFoundError)를 받는다.

정리하자면, PACKAGE_RESOLVE는 package.json의 "exports" 필드를 해석하기 위해 모듈 지정자를 packageName(패키지 이름)과 packageSubpath(패키지 하위 경로)로 분리하고 전역 node_modules가 위치한 경로까지 거슬러 올라가면서 node_modules에 패키지를 찾아 해당 패키지의 "exports" 필드에 명시된 진입점을 찾는 것이다.

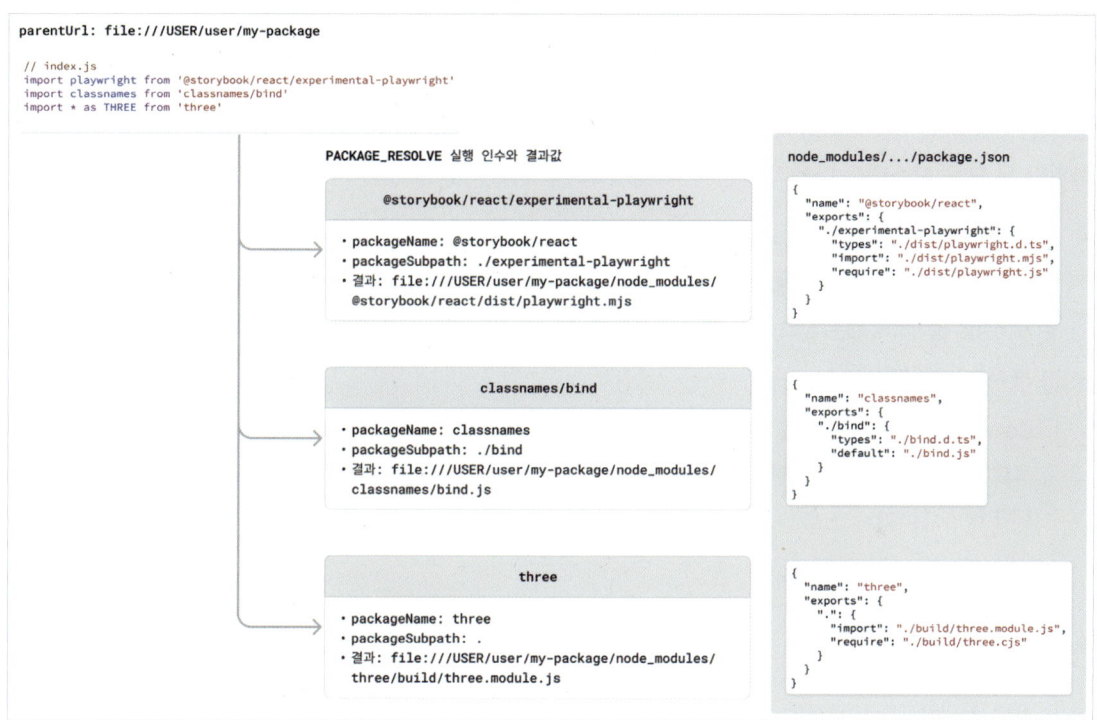

그림 4.18 코드 4.19의 PACKAGE_RESOLVE 과정을 실행한 결과

4.4.2.2.6 정리

지금까지 살펴본 ESModule의 모듈 해석 알고리즘 특징을 정리하면 다음과 같다.

1. **파일 확장자 확인**: ESModule은 .js, .mjs 확장자가 있는 파일을 모듈로 인식한다.
2. **상대 및 절대 URL 해석**: 상대 경로와 절대 경로 URL을 해석해 모듈의 실제 경로를 결정한다.
3. **node_modules 폴더 내 package.json 확인**: node_modules 폴더에 있는 package.json 파일의 "exports" 필드를 확인해 모듈 경로를 결정한다.

4. **기본 파일 인식 없음**: ESModule에서는 기본 파일인 `index.js` 같은 파일을 자동으로 로드하지 않으므로 폴더를 모듈로 지정하려면 폴더 내의 특정 파일을 명시해야 한다.

5. **노드 모듈에서 모듈 로드**: `node_modules` 디렉터리에서 모듈을 찾고 로드한다.

이러한 ESModule의 핵심 해석 과정인 `ESM_RESOLVE`는 크게 세 단계로 요약된다.

1. **지정자 해석**: 모듈 경로를 부모 URL을 기준으로 해석한다.
2. **형식 결정**: 파일 확장자나 `package.json`의 `type` 필드를 통해 모듈 형식을 결정한다.
3. **로드 단계 검증**: 로드 단계에서 최종적으로 경로와 형식을 검증해 모듈을 로드한다.

큰 흐름에서 보면 CommonJS와 비슷하게 `node_modules` 폴더를 탐색하고 상대 및 절대 경로를 해석한다. 하지만 두 모듈 시스템은 다음과 같은 두 가지 주요 차이점이 있다.

- CommonJS는 모듈을 로드하면서 동시에 경로를 찾지만, ESModule은 경로를 먼저 찾고 나서 모듈을 로드한다. 4.3절 'ESModule이란 무엇일까?'에서 설명한 ESModule의 동작 방식처럼 이 과정은 전체 의존성에 대한 정적 분석과 트리 셰이킹을 용이하게 해준다. 그 결과 ESModule은 더 작은 번들 크기와 빠른 로드 시간을 제공하며, 코드의 유지 보수성과 효율성을 향상시킨다.

- CommonJS는 파일 시스템을 기반으로 하위 경로를 찾지만 ESModule은 우선 `package.json`의 `"exports"` 필드로 경로를 해석하고, 이 정보를 통해 URL 기반으로 경로를 파악한다. 따라서 ESModule에서는 파일 확장자를 반드시 포함해야 한다.

4.4.3 정리

이번 절에서는 Node.js에서 CommonJS와 ESModule이 모듈 지정자를 통해 어떻게 모듈을 찾고 로드하는지 살펴봤다. 이를 통해 각 모듈 시스템의 해석 방식과 모듈 로딩 메커니즘을 이해하면 동적 모듈 로딩이나 정적 분석이 어떻게 실제로 동작하는지 더 명확히 알 수 있다.

4.3절 'ESModule이란 무엇일까?'에서도 설명했듯이 CommonJS와 ESModule은 기본적인 모듈 해석 방식에서 중요한 차이가 있기 때문에 이 둘을 혼용할 경우 예상치 못한 문제를 일으킬 수 있다. 특히 CommonJS는 동적 로딩을 허용하는 반면, ESModule은 정적 분석에 기반해 로드하므로 이를 혼합해서 사용한다면 예상치 못한 동작이 발생하거나 예외 처리가 필요할 수 있다. 이러한 차이는 종종 코드의 유지 보수성에도 영향을 미치므로 개발 시 어떤 모듈 시스템을 선택할지 신중히 고려해야 한다.

다음 절에서는 이번 절에서 배운 내용을 바탕으로 CommonJS와 ESModule을 혼용할 때 발생할 수 있는 문제를 구체적으로 살펴보고, 개발자가 각 모듈 시스템을 선택할 때 어떤 점을 고려해야 할지 비교하며 논의해보겠다.

4.5 CommonJS와 ESModule, 무엇이 정답일까?

지금까지 CommonJS와 ESModule의 동작 방식과 Node.js가 두 모듈 시스템에서 패키지를 찾는 과정을 상세히 살펴봤다. Node.js 기준으로 두 모듈 시스템의 차이를 요약하면, CommonJS는 모듈 내보내기를 값 복사 방식으로 처리하고 동기적으로 모듈을 로드하는 반면, ESModule은 모듈 간 의존성을 정적으로 분석해서 비동기적으로 로드하는 방식이 다르다. 이러한 차이로 인해 CommonJS 환경과 ESModule 환경에서 작성하는 코드에는 약간의 차이가 생길 수 있다.

자바스크립트 개발자라면 이 두 모듈 시스템 중 어떤 것을 선택할지 고민될 것이다. 클라이언트나 서버 중 하나만 구현하는 경우에는 해당 환경에 적합한 모듈 시스템을 선택하면 된다. 4.1절 '자바스크립트 모듈화의 역사'에서 설명했듯이 서버 사이드에서는 주로 CommonJS가 사용되고 클라이언트 사이드에서는 ESModule을 사용하는 경우가 많다. 하지만 웹 브라우저와 서버에서 모두 동작해야 하거나 다양한 자바스크립트 환경에서 사용할 오픈소스 패키지를 개발하는 경우라면 어떤 모듈 시스템을 선택할지 신중히 고려해야 한다.

이번 절에서는 자바스크립트 생태계에서 CommonJS와 ESModule이 각각 어떤 역할을 하고 있는지 살펴본다. 더불어 최근 자바스크립트 모듈 시스템의 변화 추세와 필자의 개인적인 견해를 덧붙여 자바스크립트 모듈 시스템 선택에 대한 가이드를 제시하고자 한다.

4.5.1 오픈소스 패키지가 CommonJS와 ESModule을 동시에 지원하는 이유

현대 자바스크립트 개발 환경에서는 서버와 클라이언트가 서로 다른 모듈 시스템을 사용하는 경우가 흔하다. 지금까지는 주로 Node.js로 작성하는 서버 환경은 CommonJS를, 클라이언트 측에서는 표준 모듈 시스템인 ESModule을 주로 사용해왔다. 하지만 서버와 클라이언트 양쪽을 모두 지원해야 하는 애플리케이션, 예를 들어 풀스택 애플리케이션이나 범용 라이브러리를 개발할 때는 두 모듈 시스템을 동시에 지원하는 것이 필수적일 수 있다. 이는 개발자와 사용자 모두가 예상치 못한 호환성 문제나 런타임 에러를 방지하고, 다양한 환경에서의 일관된 동작을 보장하기 위해 중요하다.

이런 상황에서 개발자는 서버 측 코드를 CommonJS로, 클라이언트 측 코드를 ESModule로 빌드해서 두 환경을 분리해 사용할 수 있다. 겉으로 보기에는 이 방식이 적절해 보일 수 있지만 대규모 애플리케이션에서는 서드파티 라이브러리를 함께 사용하는 경우가 많다. 이때 서드파티 라이브러리의 모듈 시스템과 실제 애플리케이션의 모듈 시스템이 서로 다르면 런타임 에러가 발생할 위험이 있다.

특히, next@9와 같은 오래된 버전의 프레임워크에서는 코드가 서버와 클라이언트 양쪽에서 실행되기 때문에 CommonJS와 ESModule을 모두 지원하는 것이 중요하다. 이를 더 명확히 이해하기 위해 ncxt@9로 구현한 웹 프로젝트를 간단히 살펴보자. Next.js의 `pages` 폴더 구조를 기준으로 `api` 하위 경로의 파일은 모두 서버 측 API 엔드포인트로 처리되고, 나머지 경로에 위치한 파일은 클라이언트에서 렌더링되는 페이지로 동작한다. 이러한 구조에서는 각 환경에서의 모듈 시스템 지원 여부가 애플리케이션의 안정성과 직결된다.

```
my-next-app
├── next.config.js
├── package.json
└── pages
    ├── _app.js
    ├── api
    │   └── hello.js
    └── index.js
```

이 프로젝트에서는 API 요청 클라이언트로 "ky"[53]라는 브라우저 Fetch API 기반 HTTP 클라이언트 패키지를 의존성으로 설치해서 사용했다. 이때 "ky"는 ESModule 기반으로 작성된 패키지다.

```
// package.json
{
  "name": "my-next-app",
  "version": "0.1.0",
  "private": true,
  "scripts": {
    "dev": "next dev",
    "build": "next build",
    "start": "next start",
    "lint": "next lint"
```

---

[53] https://www.npmjs.com/package/ky

```json
  },
  "dependencies": {
    "ky": "^0.33.3",
    "next": "^9.5.5",
    "react": "^16.14.0",
    "react-dom": "^16.14.0"
  }
}
```

```js
// pages/api/hello.js
import ky from 'ky'

export default async function handler(req, res) {
  const data = await ky
    .get('https://example.com', {
      searchParams: {
        ...req.query,
      },
    })
    .json()

  res.json(data)
}
```

이 프로젝트를 실행하고 `http://localhost:3000/api/hello`에 요청을 보내면 다음과 같은 에러가 발생할 수 있다.

> Error [ERR_REQUIRE_ESM]: require() of ES Module /Users/USER/my-next-app/node_modules/ky/distribution/index.js from /Users/USER/my-next-app/.next/server/pages/api/hello.js not supported.

이 에러 메시지는 `require()` 함수로 "ky"라는 `ESModule` 패키지를 불러오지 못해 발생한 것이다. 앞에서 설명했듯이 서버 코드에서는 일반적으로 CommonJS가 사용되므로 Next.js의 API 서버도 CommonJS로 빌드된다. 그러나 4.3절 'ESModule이란 무엇일까?'에서 설명한 것처럼 CommonJS의 `require()` 함수로는 ESModule을 불러올 수 없기 때문에 이와 같은 `ERR_REQUIRE_ESM` 에러가 발생하는 것이다.

이 문제를 해결하려면 ESModule의 `import`를 지원하는 `webpack@5`로 업그레이드하거나 `next-transpile-modules` 같은 도구를 사용해 ESModule을 CommonJS로 트랜스파일하는 별도 작업이 필요하다.[54]

> **노트**
> Next.js 12 버전부터는 서버 측 코드에도 기본적으로 ESModule이 적용되어 서버와 클라이언트 모두 ESModule로 통일해 사용할 수 있게 됐다.[55]
>
> 즉, 패키지가 어느 환경에서 활용될지는 전적으로 사용자에게 달린 것이다. 패키지가 자바스크립트 생태계의 다양한 환경과 요구사항을 충족하려면 CommonJS와 ESModule의 두 가지 모듈 시스템을 동시에 지원하는 것이 합리적일 수 있다.

앞에서 본 예시처럼 서버 측 라이브러리를 클라이언트 측에서도 사용할 때뿐만 아니라 오픈소스 패키지가 CommonJS와 ESModule을 동시에 지원해야 하는 몇 가지 중요한 이유가 있다.

- **코드의 재사용성**: 프로젝트가 기존에 CommonJS로 개발됐더라도 ESModule로 전환하거나 클라이언트와 서버 간에 코드를 재사용하려면 별도의 수정 없이 그대로 사용할 수 있어야 한다. 두 모듈 시스템을 동시에 지원하면 이러한 환경 변화에 더 쉽게 적응할 수 있다.

- **다양한 개발 환경 지원**: 일부 프로젝트는 Node.js 서버에서만 실행되고, 다른 프로젝트는 브라우저에서만 동작하거나, 웹팩 또는 Parcel과 같은 번들러를 사용해 빌드된다. 다양한 환경을 지원함으로써 더 많은 사용자와 개발 환경에서 해당 라이브러리를 활용할 수 있다.

결론적으로, 오픈소스 패키지가 CommonJS와 ESModule을 동시에 지원할 경우 자바스크립트 코드의 호환성을 유지하면서 성능과 유지 보수 측면에서도 이점을 제공할 수 있다.

> **오픈소스 패키지는 항상 CommonJS와 ESModule을 동시에 지원해야 할까요?**
>
> 모든 오픈소스 패키지가 CommonJS와 ESModule을 반드시 동시에 지원해야 하는 것은 아니다. 이후에 설명하겠지만, 기존에 CommonJS로 작성됐던 패키지들이 표준인 ESModule로 전환된 사례도 많다. 그러나 다양한 환경과 요구사항을 고려할 때 2024년 기준으로는 여전히 CommonJS와 ESModule을 모두 지원하는 편이 더 넓은 사용자 기반을 확보하는 데 유리하다.

---

54 https://nextjs.org/docs/messages/webpack5
55 https://nextjs.org/blog/next-12#es-modules-support-and-url-imports

4.5.2 CommonJS와 ESModule을 동시에 지원하는 듀얼 패키지 개발하기

이제 라이브러리가 두 가지 모듈 시스템을 동시에 지원할 수 있도록 패키지를 개발하는 방법을 알아보자. 가장 먼저 작성한 코드를 빌드해서 CommonJS와 ESModule 모듈 시스템으로 평가될 수 있는 파일을 각각 생성해야 한다. 이 과정은 7장에서 듀얼 패키지(dual package)를 개발하는 과정에서 설명하기로 하며, 이번 절에서는 이미 빌드 결과물이 있다는 가정하에 각 모듈에 맞게 패키지 진입점을 설정하는 방법을 다룬다.

`package.json` 설정은 Node.js 13.7.0 버전 이전과 이후 버전의 방법으로 나눌 수 있다. 물론 13.7.0 버전 이후에도 이전 버전의 방법을 사용할 수 있지만 앞으로 소개할 조건부 내보내기(conditional exports) 방식을 권장한다. 먼저 13.7.0 버전 이전의 방식인 `"main"`과 `"module"` 필드를 설정하는 방법부터 알아보자.

4.5.2.1 "main"과 "module" 필드

2.1절 'package.json 톺아보기'에서 설명했듯이 패키지를 배포할 때 `"main"` 필드를 사용해 외부에서 패키지를 불러올 때의 진입 파일을 지정할 수 있다. Node.js에서 `package.json`의 `"main"` 필드로 선언한 파일은 기본적으로 CommonJS로 해석된다.

코드 4.21 "my-package" 패키지의 package.json과 index.js 예시

```
// package.json
{
  "name": "my-package",
  "main": "index.js" // index.js는 CommonJS로 해석된다.
}

// index.js
function sum(a, b) {
  return a + b
}

module.exports = {
  sum,
}
```

즉, `"main"` 필드만 존재하는 패키지는 `require()` 함수나 ESModule의 `import`로 불러올 수 있다. 하지만 4.3절 'ESModule이란 무엇일까?'에서 설명했듯이 ESModule에서는 CommonJS 파일을 이름으로 내보낸 경우가 아니라면 직접 이름으로 `import`할 수 없다는 점에 유의해야 한다.

```js
const {sum} = require('my-package') // 가능

import {sum} from 'my-package' // 이름으로 내보낸 경우가 아니므로 SyntaxError 발생

import sumModule from 'my-package' // 이렇게 써야 함

sumModule.sum(1, 2)
```

> **CommonJS 모듈을 ESModule에서 이름으로 가져오는 방법**
>
> CommonJS에서는 `exports.sum = sum`처럼 이름으로 내보내기가 가능하지만 `module.exports` 객체를 사용하는 경우에는 쉽게 해결되지 않는다. ESModule에서 CommonJS 모듈을 가져오면서 이름으로 내보내려면 다음과 같이 중간 파일을 사용해 해결할 수 있다.
>
> ```js
> // index.mjs
> import cjsModule from './index.js'
>
> export const sum = cjsModule.sum
> ```

그러면 ESModule에서 `import { sum } from "foo"`와 같은 형식으로 foo 모듈을 사용하려면 어떻게 할까? 이 경우 `"main"` 필드와는 별도로 `"module"` 필드를 추가해서 ESModule에서 로드할 수 있는 파일 경로를 명시할 수 있다.

```json
{
  "name": "my-package",
  "main": "index.js",
  "module": "index.mjs"
}
```

npm 공식 문서에는 `"module"` 필드가 따로 언급되어 있지 않아 이 필드가 실제로 지원되는지 의문이 들 수 있다. 하지만 `package.json`의 `"module"` 필드를 읽어보면 다음과 같은 설명을 확인할 수 있다.

> An ECMAScript module ID that is the primary entry point to your program.

즉, `"module"` 필드는 npm 공식 문서에는 설명이 없지만 Node.js에서 CommonJS와 ESModule 간 상호 운용성을 위해 제안된 필드로서, Node.js에서 ESModule 지원이 본격적으로 도입되기 전까지 패키지 제작자들이 CommonJS와 ESModule 파일을 각각 `"main"`과 `"module"` 필드에 지정해 관리하는 방식이 일반적이었다. 이렇게 하면 번들러와 같은 빌드 도구에서 `"module"` 필드를 참조해 ESModule 진입점을 사용하면서 Node.js에서는 여전히 `"main"` 필드에 지정된 CommonJS 진입점을 사용하게 된다.

예를 들어, Rollup은 `package.json`에서 `"module"` 필드가 있는 경우 이를 ESModule로 인식해 빌드한다.[56] 현재는 Node.js 자체에서 ESModule 진입점을 지원함에 따라 `"module"` 필드를 Node.js에서도 사용할 수 있게 되어 번들러와 Node.js 환경 모두에서 `"module"` 필드를 활용할 수 있게 됐다.[57]

📄 왜 npm 공식 문서에 `"module"` 필드 설명이 없나요?

npm 공식 문서와 Node.js의 Enhancement Proposals 문서에 `"module"` 필드에 대한 명확한 설명은 없다. 이 필드는 공식적으로 지원된 적이 없으나 Node.js에서 ESModule을 지원하기 전부터 상호운용성 확보를 위해 사용되기 시작했으며, 개발자들 사이에서 널리 사용됨에 따라 사실상 표준처럼 자리 잡은 것으로 보인다. 그에 대한 증거로 과거 롤업 문서를 보면 확인할 수 있다.[58]

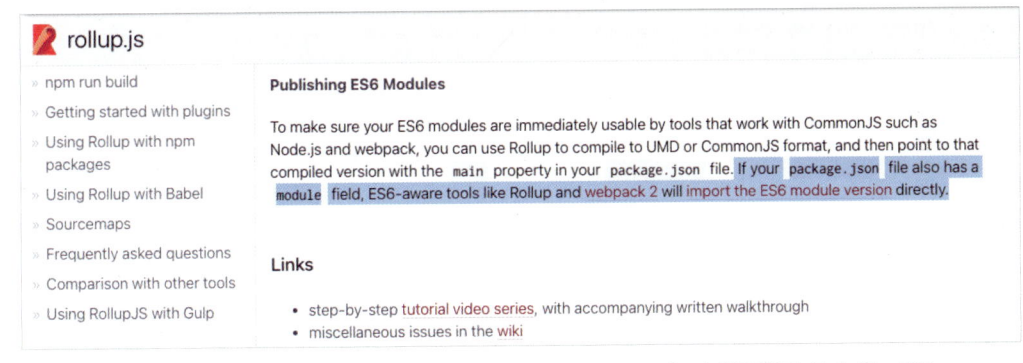

그림 4.19 과거 작성된 롤업 공식 문서 중 `package.json`의 module 필드가 활용됐음을 알 수 있는 내용

위 내용은 2017년에 작성된 롤업 홈페이지 공식 문서로, 당시 표준에 없었던 `package.json`의 `"module"` 필드를 언급하고 있으며, 여러 도구에서도 사용하고 있었음을 알 수 있다.

---

56 https://github.com/rollup/rollup/wiki/pkg.module
57 https://nodejs.org/api/packages.html#dual-commonjses-module-packages
58 https://web.archive.org/web/20170530193915/https://rollupjs.org/

4.5.2.2 조건부 내보내기[59]

이제는 "module" 필드 대신 Node.js 13.2.0 버전부터 지원되는 "exports" 필드를 사용해 듀얼 패키지를 개발하는 것이 훨씬 더 효율적이다. "exports" 필드는 2.1절 'package.json 톺아보기'에서 설명한 것처럼 "main"과 마찬가지로 패키지의 진입점을 지정할 수 있지만 더 상세하게 특정 조건에 따라 내보내는 경로를 직접 설정할 수 있다. "exports" 필드에 작성하는 경로는 package.json 파일 위치를 기준으로 하는 상대 경로다.

```
{
  "name": "my-package",
  "type": "module",
  "exports": {
    ".": "./index.js",
    "./hello1": "./src/hello1.js",
    "./hello2": "./src/hello2.js"
  }
}
```

이 "exports" 필드를 사용하면 CommonJS와 ESModule 각각의 진입점을 다르게 지정할 수 있다.

```
{
  "exports": {
    "import": "./index.js",
    "require": "./index.cjs"
  },
  "type": "module"
}
```

이 외에도 Node.js에서는 여러 환경에 따른 진입점 조건을 다음과 같이 제공한다.

- "import": import나 import()로 패키지를 로드하거나 ESModule로 로드되는 경우에 사용되는 진입점. 대상 파일의 모듈 형식에 관계없이 적용되며 "require"와 상호 배타적이다.

- "require": require()로 패키지를 로드할 때의 진입점으로, CommonJS로 해석될 수 있는 파일만 지정할 수 있다. "import"와 상호 배타적이다.

---

[59] https://nodejs.org/api/packages.html#conditional-exports

- "default": 모든 조건에 일치하는 기본값이며, 일반적으로 가장 마지막에 조건이 일치할 때 사용된다.
- "node": Node.js 환경을 위한 조건. CommonJS, ESModule 파일 모두 지정할 수 있지만 대부분의 경우 Node.js 환경임을 따로 명시할 필요가 없어 자주 사용되지는 않는다.
- "node-addons": Node.js 환경에서 네이티브 C++ 애드온을 위한 진입점으로 사용된다. 애드온에 대한 설명은 4.2절 'CommonJS란 무엇일까?'에서 확인할 수 있다.

듀얼 패키지를 구현할 때 **"exports"**의 키 순서에 주의해야 한다. 조건을 일치시킬 때는 먼저 정의된 항목이 더 높은 우선순위를 가지므로 보통 가장 구체적인 조건부터 시작해 보편적인 조건 순으로 작성한다.

코드 4.22 가장 구체적인 조건인 "node-addons"부터 정의하고, 보편적인 "default"를 맨 마지막에 정의한 예제

```
{
  "exports": {
    "node-addons": "./index.node",
    "node": "./index-node.js",
    "import": "./index.mjs",
    "require": "./index.cjs",
    "default": "./index.js"
  },
  "type": "module"
}
```

또한 CommonJS와 ESModule을 직접적으로 지정하는 것 외에 조건 객체를 중첩해서 특정 환경에만 적용하는 것도 가능하다. 예를 들어, 다음 예제에서는 Node.js 환경에서만 CommonJS와 ESModule 진입점을 구분하고, 그 외 환경에서는 ESModule 진입점만 사용한다.

```
{
  "exports": {
    "node": {
      "import": "./index.mjs",
      "require": "./index.cjs"
    },
    "default": "./feature.mjs"
  }
}
```

4.5.3 순수한 ESModule 패키지 개발하기

앞에서 설명한 대로 `package.json`의 "exports" 필드를 잘 설정하면 CommonJS와 ESModule을 동시에 지원하는 듀얼 패키지를 쉽게 만들 수 있다. 이렇게 설정하면 패키지를 설치한 환경에서 사용되는 모듈 시스템에 따라 자동으로 적합한 모듈이 로드되므로 개발자는 추가 작업 없이 두 모듈 시스템을 지원할 수 있다.

그러나 패키지 개발자의 입장에서 실제로 이중 패키지를 지원하는 것은 생각만큼 간단하지 않다. CommonJS와 ESModule의 차이점, 각 환경별로 발생하는 예외 처리, 모듈 시스템의 충돌 등으로 인해 듀얼 패키지 개발이 복잡해질 수 있다. 이러한 복잡성으로 인해 최근에는 오로지 ESModule로만 패키지를 지원하려는 움직임도 늘어나고 있다.

이제 이어서 듀얼 패키지 개발의 어려움과 이를 해결하기 위해 ESModule에만 집중하는 패키지 개발 방식이 주목받게 된 배경을 살펴보자.

4.5.3.1 이중 패키지 위험성[60]

CommonJS와 ESModule을 모두 지원하는 패키지를 사용할 때 발생할 수 있는 문제 중 하나인 이중 패키지 위험성(dual package hazard)에 대해 알아보자.

다음은 `my-package`라는 가상의 듀얼 패키지 예시다. 이 패키지는 조건부 내보내기를 사용해 CommonJS와 ESModule을 모두 지원하도록 작성했다.

```
// my-package/package.json
{
    "name": "my-package",
    "exports": {
        "import": "./index.mjs",
        "require": "./index.cjs"
    }
}
```

`index.mjs`와 `index.cjs` 파일은 각각 X 클래스를 정의하고, `run()` 함수에서 인자로 받은 객체가 X의 인스턴스인지 확인한 뒤 `getResult()` 메서드를 호출한다. 두 파일은 사용하는 모듈 시스템만 다를 뿐, 동일한 동작을 수행한다.

---

[60] https://nodejs.org/api/packages.html#dual-package-hazard

```
// my-package/index.cjs
'use strict'

Object.defineProperty(exports, '__esModule', {value: true})
exports.run = run
exports.X = void 0

class X {
  getResult() {
    return 42
  }
}

exports.X = X

function run(x) {
  if (!(x instanceof X)) {
    throw new TypeError('Please pass an X for cjs!')
  }
  return x.getResult()
}
```

```
// my-package/index.mjs
export class X {
  getResult() {
    return 42
  }
}

export function run(x) {
  if (!(x instanceof X)) {
    throw new TypeError('Please pass an X for mjs!')
  }
  return x.getResult()
}
```

이제 my-package를 각각 다른 모듈 시스템을 사용하는 my-package-cjs와 my-package-esm 패키지에서 가져와 X 인스턴스를 생성하고 내보내도록 구현했다.

```
// my-package-cjs/index.js
'use strict'

const {X} = require('my-package')
module.exports = new X()
```

```
// my-package-esm/index.js
import {X} from 'my-package'
export default new X()
```

그런 다음, index.mjs에서 my-package의 run() 함수를 호출해서 결과를 확인해 보자.

```
// index.mjs
import {run, X} from 'my-package'

import x1 from 'my-package-esm'
import x2 from 'my-package-cjs'

try {
  console.log('Running ES module plugin:')
  run(x1)
  console.log('Success')
} catch (exception) {
  console.error(exception)
}

try {
  console.log('Running CommonJS plugin:')
  run(x2)
  console.log('Success')
} catch (exception) {
  console.error(exception)
}
```

실행 결과, my-package-esm에서 가져온 x1 인스턴스는 run() 함수가 정상 실행되지만 my-package-cjs에서 가져온 x2 인스턴스는 catch 문에 걸려 X 인스턴스가 아니라는 오류가 발생한다. CommonJS 패키지에서 가져온 x2가 `new X()`로 생성된 인스턴스임에도 불구하고 `x instanceof X` 검사에서 `false`가 반환되는 것이다.

```
$ node ./index.mjs
Running ES module plugin:
Success
Running CommonJS plugin:
TypeError: Please pass an X for mjs!
    at run (file:///Users/USER/dual-package-hazard/node_modules/my-package/index.mjs:9:13)
    at file:///Users/USER/dual-package-hazard/index.mjs:17:3
    at ModuleJob.run (node:internal/modules/esm/module_job:195:25)
    at async ModuleLoader.import (node:internal/modules/esm/loader:336:24)
    at async loadESM (node:internal/process/esm_loader:34:7)
    at async handleMainPromise (node:internal/modules/run_main:106:12)
```

그러나 `x2.getResult()`를 호출하면 정상적으로 42가 출력된다.

```
console.log(x2.getResult()) // 42
```

왜 `instanceof` 검사는 실패했을까? 이는 CommonJS와 ESModule의 모듈 내보내기 방식 차이 때문이다. `my-package-cjs`는 CommonJS로 작성되어 ESModule 환경에서 임포트한 객체와 CommonJS로 가져온 객체가 서로 다른 객체로 인식된다.

자바스크립트에서 `instanceof` 연산자는 동일한 프로토타입 체인을 참조하는 객체에 대해서만 `true`를 반환한다. CommonJS의 `require()`가 모듈의 복사본을 생성할 때 여러 번 가져온 모듈이 서로 다른 객체로 인식되어 `instanceof` 검사가 실패할 수 있다. 이는 CommonJS와 ESModule가 혼합된 환경뿐만 아니라 동일한 모듈 시스템 환경에서도 발생할 수 있다. 다음 예시를 보자.[61]

```
// myLib/index.ts(타입스크립트로 작성된 코드)
import {Client, ConnectConfig} from 'ssh2'

export function runCommand(params: Client | ConnectConfig) {
  if (params instanceof Client) {
    // do something
  } else {
```

---

[61] https://stackoverflow.com/questions/75976618/why-does-the-instanceof-operator-return-false-on-instance-passed-to-library

```
    // create our own client
    // do something
  }
}
```

이 코드는 CommonJS로 빌드된 후 다음과 같이 변환된다.

```
// myLib 빌드 결과(CommonJS)
const ssh2_1 = require('ssh2')
//...
function runCommand(params) {
  if (params instanceof ssh2_1.Client) {
    // do something
  } else {
    // create our own client
    // do something
  }
}
```

이후 index.js에서는 ssh2의 Client를 myLib와 애플리케이션 코드 각각에서 가져오게 된다.

```
// index.js
const {readFileSync} = require('fs')
const {Client} = require('ssh2')
const {runCommand} = require('myLib')
const conn = new Client()

conn
  .on('ready', () => {
    console.log('Client :: ready')
    runCommand(conn)
  })
  .connect({
    host: 'example.com',
    port: 22,
    username: 'me',
    privateKey: readFileSync(process.env.HOME + '/.ssh/id_ed25519'),
  })
```

이 예제에서 `Client`는 ssh2 모듈에서 가져온 동일한 클래스지만 myLib 내부와 `index.js`에서 각각 `require('ssh2')`로 가져왔기 때문에 다른 객체로 인식된다. 그 결과 `runCommand(conn)`에서 `params instanceof Client`는 `false`를 반환하게 된다.

4.5.3.1.1 이중 패키지 위험성을 피하면서 이중 패키지를 제공하는 방법

이중 패키지 위험성을 해결하려면 어떻게 해야 할까? Node.js는 이중 패키지의 위험을 최소화하면서 CommonJS와 ESModule을 모두 지원하는 패키지를 작성하는 방법을 다음과 같이 제안한다.[62]

첫 번째 방법은 이중 패키지 위험성이 단일 패키지에서 CommonJS와 ESModule을 `"main"`이나 `"module"` 필드 또는 `"exports"` 필드로 동시에 제공할 때 발생한다는 점에 착안한 것이다. 따라서 패키지의 CommonJS 코드는 Node.js 환경에서만 사용하고, 별도의 ESModule 코드는 브라우저 등 다른 환경에서 사용되게 분리할 수 있다. 이렇게 하면 CommonJS 코드는 모든 Node.js 버전에서 사용할 수 있으며 `import`로 참조할 수 있다. 다만 이 방식에서는 ESModule 구문이 제공하는 정적 분석의 장점을 활용할 수 없다는 단점이 있다.

두 번째 방법은 패키지를 CommonJS에서 완전히 ESModule로 전환하는 것이다. 다만, 이렇게 작성된 최신 패키지는 ESModule을 지원하는 Node.js 버전에서만 사용할 수 있다.

이 두 가지 접근 방식에는 각각의 장단점이 있기 때문에 한쪽을 택하는 것이 쉽지 않다. 이에 Node.js는 이중 패키지 문제를 피하면서 동시에 CommonJS와 ESModule을 안전하게 제공할 수 있는 다른 두 가지 접근 방식을 제안한다. 이 두 접근 방식은 다음 조건을 충족한다.

- 패키지는 `require()`와 `import`를 통해 모두 사용 가능해야 한다.
- 패키지는 ESModule을 지원하지 않는 구 버전의 Node.js와 브라우저 환경에서도 동작해야 한다.
- 패키지의 주요 진입점은 `require()`를 통해 로드되면 CommonJS 파일로, `import`를 통해 로드되면 ESModule 파일로 인식된다.
- 패키지는 이름으로 내보내기를 지원함으로써 `import pkg from 'pkg'; pkg.name` 형식으로 사용할 수 있어야 한다.
- 패키지는 브라우저 등 ESModule을 지원하는 다른 환경에서도 사용 가능해야 한다.
- 이중 패키지 위험을 피하거나 최소화해야 한다.

---

62 https://nodejs.org/api/packages.html#writing-dual-packages-while-avoiding-or-minimizing-hazards

첫 번째 접근 방식은 ESModule 래퍼를 사용하는 것이다. 패키지를 CommonJS로 작성하거나 ESModule 소스를 CommonJS로 변환한 후, 이름으로 내보내기를 정의하는 ESModule 래퍼 파일을 추가하는 것이다. 이때 ESModule 래퍼 파일은 CommonJS 파일을 감싸서 CommonJS의 `exports` 객체를 이름으로 내보내는 역할을 한다. 예를 들어, 다음과 같이 작성할 수 있다.

```
// pkg/index.cjs
exports.name = 'value'


// pkg/wrapper.mjs
import cjsModule from './index.cjs'
export const name = cjsModule.name
export default cjsModule
```

이제 `const { name } = require('pkg')`와 `import { name } from 'pkg'`를 모두 동일하게 사용할 수 있으며, `export default`로 `cjsModule`을 내보내므로 기본 내보내기 또한 지원된다.

이 접근법은 다음과 같은 상황에서 유용하다.

- 기존 CommonJS 패키지를 리팩터링하지 않고 ESModule까지 지원하고자 할 때
- CommonJS와 ESModule 여부에 상관없이 동일한 의존성을 가져야 할 때. 예를 들어, utilities 패키지를 가져와 확장한 utilities-plus 패키지를 만드는 경우, utilities가 CommonJS이든 ESModule이든 상관없이 utilities-plus가 두 모듈 시스템 모두에서 동작해야 할 때 유용하다.
- 패키지의 내부 상태를 별도로 관리하지 않고 ESModule을 추가적으로 지원하고자 할 때. 상태 관리에 대한 내용은 두 번째 접근 방식에서 더 자세히 설명한다.

두 번째 접근 방식은 상태를 격리하는 것이다. CommonJS와 ESModule의 진입점을 분리해서 각각 개별적인 모듈로 정의하는 방법이다. 이는 두 모듈이 동등한 역할을 하는 경우 유용한 접근 방식이다. 예를 들어, 한쪽 코드가 다른 쪽 코드의 트랜스파일된 결과물일 경우 두 모듈은 동등하다고 볼 수 있다.

코드 4.24 react@17의 package.json

```
{
  "type": "module",
  "exports": {
    "import": "./index.mjs",
    "require": "./index.cjs"
```

```
    }
}
```

이 접근 방식에서 주의할 점은 패키지의 상태가 격리되거나 패키지가 상태를 저장하지 않아야 한다는 것이다. 이는 CommonJS와 ESModule의 두 가지 버전이 동시에 애플리케이션에서 사용될 수 있기 때문이다. 예를 들어, 애플리케이션은 ESModule 버전을 사용하지만 내부 의존성이 동일한 패키지의 CommonJS 버전을 필요로 하는 경우가 있다. 이 경우 패키지의 두 복사본이 메모리에 로드되며, 별도의 상태가 관리될 수 있어 해결이 어려운 버그가 발생할 가능성이 높다.

CommonJS와 ESModule 인스턴스 간에 상태를 격리해서 안전하게 관리하는 방법은 다음과 같다.

1. **인스턴스화된 객체 내에 상태를 포함**: 모든 상태를 인스턴스화된 객체에 포함시키는 방식이다. 예를 들어, Date 객체처럼 new 연산자를 통해 호출되는 객체 내부에 상태를 두고, 해당 객체를 새로 생성하거나 전달된 객체를 수정하는 방식으로 외부 상태를 유지할 수 있다.

   ```
   import Date from 'date'
   const date = new Date() // date 변수는 상태를 가지지만 Date 클래스는 상태를 가지지 않음
   ```

2. **CommonJS와 ESModule이 동일한 상태를 참조하도록 설정**: 두 모듈 시스템이 동일한 CommonJS 파일을 참조하게 해서 상태를 공유할 수 있다. 이렇게 하면 애플리케이션에서 CommonJS와 ESModule 모두 같은 상태를 참조하게 된다. 다만 이때 상태를 격리한 CommonJS 파일은 단일 상태를 유지하며, ESModule에서도 동일하게 참조할 수 있게 한다.

   ```
   // pkg/state.cjs (상태를 관리하는 CommonJS 파일)
   const state = {
     /* ... 상태 정보 ... */
   }
   module.exports = state
   ```

   ```
   // index.mjs(ESModule에서 state.cjs를 가져옴)
   import state from './state.cjs'
   export {state}
   ```

이 접근법은 다음과 같은 경우 유용하다.

- 패키지가 ESModule 구문으로 작성되어 import와 export 구문을 지원하는 모든 환경에서 사용돼야 할 때
- 상태를 저장하지 않는 패키지이거나 상태가 필요한 경우 쉽게 격리할 수 있을 때
- 패키지가 내부 의존성을 가지지 않거나 의존성을 가져도 상태를 저장하지 않거나 상태를 공유하지 않아도 될 때

4.5.3.2 거대한 패키지 사이즈

앞에서 설명한 이중 패키지 위험을 Node.js에서 제시한 방법으로 해결할 수 있다고 해도 패키지의 사이즈 문제는 여전히 피할 수 없는 과제다. 하나의 패키지에서 CommonJS와 ESModule의 두 가지 모듈 시스템을 동시에 지원하려면 동일한 코드를 두 모듈 시스템 버전으로 각각 배포해야 하므로 번들 크기가 두 배가 된다. 서비스에서 사용하는 프레임워크가 의존성 라이브러리들을 트리 셰이킹해서 최종 사용자에게 전달하는 코드의 크기를 줄여 준다고 해도 이중 패키지를 사용하는 프로젝트에는 여전히 라이브러리 무게로 인한 여러 가지 문제가 발생한다.

이러한 이중 패키지로 인해 `node_modules`의 용량이 커지면 CI/CD 파이프라인과 서버리스 환경에서 상당한 부담이 된다. 사용하지 않는 50%의 코드 때문에 설치 속도가 느려지고, 불필요한 디스크 공간을 차지하며, 클라우드 기반 환경에서는 비용 문제로까지 이어질 수 있다. 이 같은 이중 패키지의 크기 문제는 서버리스 환경에서 Node.js로 작성된 서비스가 자리 잡는 데 악영향을 끼칠 수 있으며, 서비스 자체에는 직접적 영향이 없더라도 개발과 배포 환경 전반에 걸쳐 불필요한 비용을 초래한다.

4.5.3.3 ESModule로 전환하기까지의 험난한 여정

앞에서 언급한 이중 패키지의 문제점으로 인해 최근에는 ESModule만을 지원하는 패키지를 배포하거나 기존 코드를 순수하게 ESModule로 전환하는 사례가 늘고 있다. 패키지 작성자 입장에서는 ESModule만 지원하도록 패키지를 개발하는 것이 효율적일 수 있으며, 많은 라이브러리가 이러한 접근 방식을 채택하고 있다.

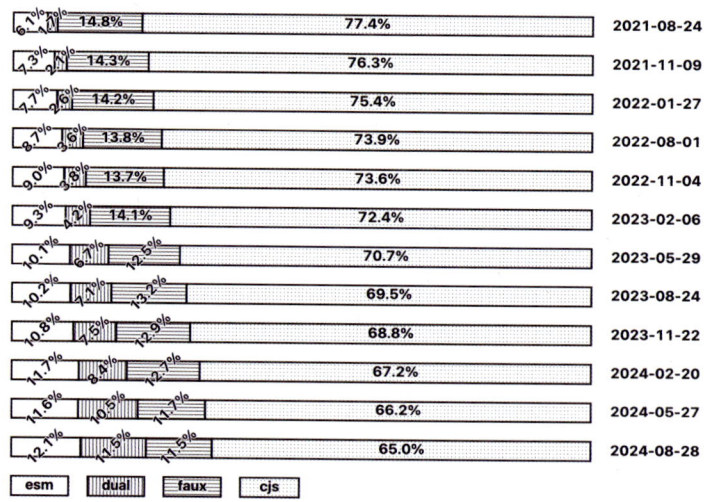

그림 4.20 2021년부터 2024년 8월 28일까지 ESModule 패키지, 이중 패키지, CommonJS 패키지의 최신 버전 비율. ESModule 패키지의 비중이 꾸준히 증가하고 있다.[63]

---

[63] 퍼블릭 npm 레지스트리에 배포된 ESModule과 CommonJS 패키지 비율을 계산한 깃허브 저장소. 작성자인 Titus는 트위터에도 3개월마다 주기적으로 도표를 공개하고 있다. 참고: https://github.com/wooorm/npm-esm-vs-cjs

이번 절에서는 패키지 작성자가 ESModule로 코드를 작성하는 방법과 기존에 작성된 패키지를 ESModule로 전환하는 구체적인 절차를 알아본다.

4.5.3.3.1 순수한 ESModule 패키지를 개발하기 위한 준비

순수한 ESModule 패키지를 만들기 위해 기본적으로 설정해야 할 사항을 알아보자. 이러한 설정은 코드가 모두 ESModule 명세로 작성돼 있으며, 런타임이 파일을 ESModule로 해석할 수 있게 하는 것이 핵심이다.

1. 먼저 런타임이 코드를 ESModule로 해석하도록 설정해야 한다. Node.js를 사용한다면 package.json의 type 필드를 "module"로 설정하고, exports 맵을 사용한다면 ESModule 빌드 결과물의 경로를 지정한다. main 필드를 사용하는 경우에도 ESModule의 경로로 수정한다.

```
// package.json
{
  "type": "module",
  "main": "./index.mjs",
  "exports": {
    "import": "./index.mjs"
  }
}
```

2. 기존에 CommonJS로 작성된 코드가 있다면 파일 내 CommonJS에서만 사용할 수 있는 코드를 모두 ESModule 코드로 대체해야 한다. ESModule에서 지원하지 않는 CommonJS 구문에 대한 자세한 내용은 4.3절 'ESModule이란 무엇일까?'를 참고하자.

3. 사용 중인 번들러가 ESModule로 빌드되도록 설정을 수정하고, 프레임워크가 ESModule을 해석할 수 있도록 설정을 조정한다.

이 기본 설정으로 ESModule 환경을 구축할 수 있지만 이후 다룰 추가 요소들로 인해 ESModule 관련 설정이 더 필요할 수 있다.

4.5.3.3.2 타입스크립트 설정

타입스크립트는 기본적으로 CommonJS 모듈 형식을 사용하므로 ESModule 모듈 시스템을 사용하려면 tsconfig.json 파일에서 명시적으로 설정을 지정해야 한다. ESModule과 관련된 주요 필드 설정은 다음과 같다.

```json
{
  "compilerOptions": {
    "module": "es6",
    "target": "es6",
    "moduleResolution": "node16",
    "esModuleInterop": true,
    "allowSyntheticDefaultImports": true
  }
}
```

1. module과 target: module과 target을 모두 "es6"로 설정한다. target은 컴파일된 자바스크립트의 버전을 지정하며, 타입스크립트 컴파일러가 어떤 ECMAScript 버전을 목표로 할지를 결정한다. 이 필드는 "ES5", "ES6", "ESNext" 등 구체적인 ECMAScript 버전을 명시해야 한다. 반면, module은 타입스크립트가 사용하는 모듈 형식을 지정하는 데 "CommonJS", "AMD", "UMD", "System", "ES6" 등 다양한 형식을 사용할 수 있다.

2. 여기서 주의할 점은 target과 module 설정이 서로 호환돼야 한다는 것이다. 예를 들어, target이 "ES6"이면서 module이 "CommonJS"인 조합은 유효하지만, target이 "ES5"이면서 module이 "ES6"인 조합은 ES5가 ESModule을 지원하지 않기 때문에 호환되지 않는다.

3. moduleResolution: moduleResolution은 모듈 해석 방식을 정의하며, "node16"으로 설정하면 최신 Node.js 모듈 해석 방식이 적용된다. Node.js는 CommonJS와 ESModule을 모두 지원하므로 이 설정을 통해 타입스크립트 컴파일러가 Node.js의 모듈 해석 전략을 따르고, 두 모듈 시스템을 모두 올바르게 해석할 수 있게 된다.

4. esModuleInterop과 allowSyntheticDefaultImports: 이 두 설정은 CommonJS와의 상호운용성을 개선하기 위해 사용된다. 일반적으로 타입스크립트에서 ESModule을 사용할 때 import 구문을 사용하지만, 대부분의 Node.js 패키지는 CommonJS 모듈 형식을 사용해서 내보내므로 호환성 문제가 발생할 수 있다. 이 두 필드는 CommonJS와 ESModule 간의 호환성을 유지하도록 돕는다.

    - esModuleInterop: 이 설정은 CommonJS와 ESModule 간의 상호운용성을 개선한다. import 구문으로 가져온 모듈은 require()로 가져온 것과 동일하게 동작하지 않기 때문에 이 옵션을 활성화하면 타입스크립트가 이러한 차이점을 보완하는 헬퍼 함수를 통해 CommonJS 모듈을 ESModule과 유사하게 사용할 수 있다. 예를 들어, import * as moment from "moment"는 const moment = require('moment')와 유사하게 작동하며, import moment from "moment"는 const moment = require("moment").default와 동일하게 작동한다.

    - allowSyntheticDefaultImports: 이 설정은 타입스크립트가 CommonJS 모듈에서 기본 내보내기를 허용하게 한다. 이 설정을 활성화하면 타입스크립트가 일반적으로 기본 내보내기로 간주되는 구문을 자동으로 해석해준다. 예를 들어, import React from "react"; 구문을 import * as React from "react";로 해석할 수 있게 된다.

4.5.3.3.3 지원해야 할 환경에 따른 문제

ESModule 패키지를 외부에서 사용할 때 특정 조건이나 환경에서 문제가 발생할 수 있다. 지원해야 하는 환경이 다양할수록 이러한 문제가 더 자주 나타나며, 그중 하나로 react@jsx-runtime을 사용하는 경우를 살펴보자. 예를 들어, 패키지가 react@17과 react@18을 동시에 지원해야 한다고 가정하고, 이 패키지를 ESModule로만 제공하기 위해 .mjs 확장자로 빌드해서 배포한다면 react@18을 사용하는 환경에서 다음과 같은 에러가 발생할 수 있다.

```
Error [ERR_MODULE_NOT_FOUND]: Cannot find module '/Users/USER/repo/node_modules/my-package/node_modules/react/jsx-runtime'
Did you mean to import react/jsx-runtime.js?
```

이 에러는 코드 4.24에 나타난 react@17의 package.json에 "exports" 필드가 없기 때문에 발생한다. ESModule 패키지에서 react@jsx-runtime을 찾으려 하면 exports 필드를 먼저 확인하기 때문에 이 필드가 없는 react@17에서는 react/jsx-runtime을 유효한 모듈로 인식하지 못해 에러가 발생한다. 반면 CommonJS의 경우 파일 시스템 기반으로 모듈을 로드하므로 jsx-runtime.js 파일을 직접 참조할 수 있다.

코드 4.24 react@17의 package.json

```
{
  "name": "react",
  "description": "React is a JavaScript library for building user interfaces.",
  "keywords": ["react"],
  "version": "17.0.0",
  "homepage": "https://reactjs.org/",
  "bugs": "https://github.com/facebook/react/issues",
  "license": "MIT",
  "files": [
    "LICENSE",
    "README.md",
    "build-info.json",
    "index.js",
    "cjs/",
    "umd/",
    "jsx-runtime.js",
    "jsx-dev-runtime.js",
```

```
      "unstable-cache.js"
    ],
    "main": "index.js",
    "repository": {
      "type": "git",
      "url": "https://github.com/facebook/react.git",
      "directory": "packages/react"
    },
    "engines": {
      "node": ">=0.10.0"
    },
    "dependencies": {
      "loose-envify": "^1.1.0",
      "object-assign": "^4.1.1"
    },
    "browserify": {
      "transform": ["loose-envify"]
    }
}
```

코드 4.25 react@18의 package.json

```
{
  "name": "react",
  "description": "React is a JavaScript library for building user interfaces.",
  "keywords": ["react"],
  "version": "18.3.1",
  "homepage": "https://reactjs.org/",
  "bugs": "https://github.com/facebook/react/issues",
  "license": "MIT",
  "files": [
    "LICENSE",
    "README.md",
    "index.js",
    "cjs/",
    "umd/",
    "jsx-runtime.js",
    "jsx-dev-runtime.js",
    "react.shared-subset.js"
```

```json
  ],
  "main": "index.js",
  "exports": {
    ".": {
      "react-server": "./react.shared-subset.js",
      "default": "./index.js"
    },
    "./package.json": "./package.json",
    "./jsx-runtime": "./jsx-runtime.js",
    "./jsx-dev-runtime": "./jsx-dev-runtime.js",
    "./src/*": "./src/*"
  },
  "repository": {
    "type": "git",
    "url": "https://github.com/facebook/react.git",
    "directory": "packages/react"
  },
  "engines": {
    "node": ">=0.10.0"
  },
  "dependencies": {
    "loose-envify": "^1.1.0"
  },
  "browserify": {
    "transform": ["loose-envify"]
  }
}
```

이처럼 react@17과 react@18을 동시에 지원해야 하는 패키지처럼 다양한 환경에서 사용되는 패키지는 이중 패키지 문제를 자주 겪을 수 있다. 이는 ESModule 지원 생태계가 아직 완전히 성숙하지 않은 것도 이유가 되지만 패키지 작성자가 지원 환경을 명확히 파악하고 사전에 검증하는 것이 중요하다. 이러한 검증을 위해 다음과 같은 도구를 활용할 수 있다.

- @arethetypeswrong/cli: @arethetypeswrong/cli는 타입스크립트의 타입이 ESModule 관련 모듈 해석을 올바르게 지원하는지 검사하는 도구다. CLI와 함께 웹페이지를 통해 npm 레지스트리에 등록된 패키지가 올바르게 지원되는지 검사할 수 있어 프로젝트에 추가할 의존성이 ESModule을 올바르게 지원하는지 확인할 때 유용하다.

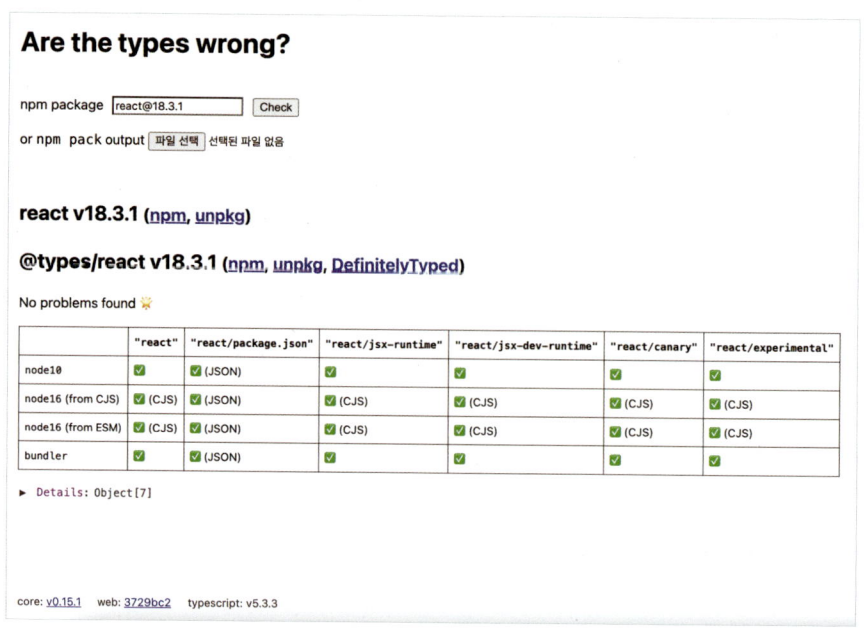

그림 4.21 arethetypeswrong 페이지에서 react@18.3.1이 타입스크립트 타입 정의를 올바르게 지원하고 있음을 보여주는 예시[64]

- 빌드 매트릭스와 E2E 테스트: Playwright, Cypress 등의 도구로 E2E(End-to-End) 테스트를 작성해서 지원 환경 범위를 확인할 수 있다. 특히 빌드 매트릭스를 통해 여러 플랫폼, 언어 버전, 의존성 버전 조합에서 패키지를 빌드하고 테스트할 수 있다. 이를 통해 다양한 환경에서의 호환성을 검증할 수 있다.

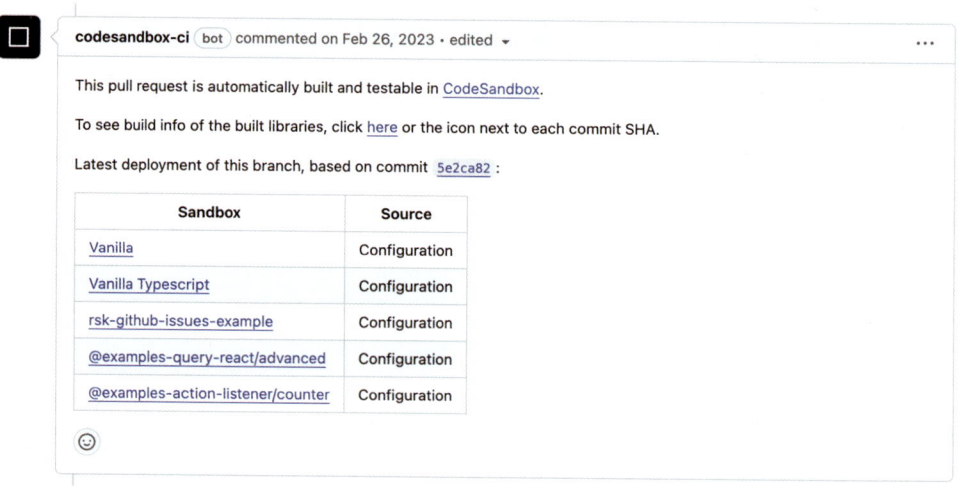

그림 4.22 redux-toolkit의 빌드 매트릭스 CI 예시[65]

---

[64] https://arethetypeswrong.github.io/
[65] https://blog.isquaredsoftware.com/2023/08/esm-modernization-lessons/

4.5.4 CommonJS와 ESModule, 무엇이 정답일까?

지금까지 이중 패키지 문제와 순수 ESModule 패키지를 개발하는 방법을 살펴봤다. 지금까지 CommonJS와 ESModule이라는 주요한 모듈 시스템에 대해 배우면서 과연 어떤 모듈 시스템으로 패키지를 배포해야 할지 고민이 들거나 자바스크립트 모듈 시스템이 ESModule 표준 모듈 시스템으로 통합될 미래에 대한 궁금증이 생겼을 수 있다. 이번 절에서는 자바스크립트 모듈 시스템의 미래와 패키지를 작성할 때 CommonJS와 ESModule 중 어떤 모듈 시스템을 선택하는 것이 적절한지에 대한 토론을 다루며, 이에 대한 저자의 의견도 함께 제시한다.

우선 CommonJS를 둘러싼 두 가지 주요 의견을 살펴보자. ESModule이 자바스크립트의 표준 모듈 시스템이 된 후 Node.js에서 ESModule을 지원하게 되면서 개발자들 사이에서 기존의 CommonJS를 계속 지원해야 하는지에 대해 논쟁이 이어져 왔다.

4.5.4.1 주장 1: CommonJS가 자바스크립트를 해치고 있다[66]

먼저, CommonJS 같은 오래된 모듈 시스템이 자바스크립트 생태계를 방해하고 있다는 주장을 살펴보자. CommonJS는 서버 환경에서 자바스크립트 프로젝트의 필요에 맞춰 개발됐으나, 이로 인해 여러 문제를 안고 있으며 이러한 한계로 인해 ESModule이 등장했다. 4.3절 'ESModule이란 무엇일까?'에서 설명한 CommonJS의 주요 한계점을 다시 살펴보면 다음과 같다.

- CommonJS의 동기적 모듈 로딩 방식은 브라우저 환경에서 비효율적이다.
- 모듈을 최적화하기 어려워 사용하지 않는 모듈을 제거하여 번들 크기를 최소화하기가 힘들다.
- 브라우저에서 기본적으로 지원되지 않기 때문에 웹팩, Rollup, Parcel 같은 번들러와 트랜스파일러가 필요하다.

ESModule은 이러한 한계를 해결하기 위해 자바스크립트 언어 명세에 포함된 모듈 시스템으로, 브라우저 환경을 포함한 다양한 환경에서 사용될 수 있도록 설계됐으며, 비동기 모듈 로딩, 브라우저 호환성, 정적 분석, 트리 셰이킹을 지원해 개발자가 더 효율적으로 코드를 작성할 수 있게 돕는다.

그러나 Node.js는 초기부터 CommonJS로 작성돼 왔고, 기존의 CommonJS 인터페이스를 ESModule로 완전히 전환하기에는 많은 제약이 따른다. 이에 따라 Node.js는 CommonJS 진입점을 유지하면서 ESModule의 진입점도 추가해 두 모듈 시스템을 동시에 지원하기로 결정했다. 그 결과, ESModule과의 상호운용성 문제는 대부분 패키지 작성자의 몫으로 남았으며, 앞서 설명한 이중 패키지 위험성 역시 패키지 작성자가 해결해야 할 문제로 전가됐다.

---

[66] https://deno.com/blog/commonjs-is-hurting-javascript

또한 클라우드 컴퓨팅이 에지 컴퓨팅[67], 서버리스 컴퓨팅[68] 등의 방향으로 발전하며 서버 환경이 변화하고 있는 상황에서 CommonJS는 더 이상 최선의 선택이 아닐 수 있다. 네트워크 및 자원 효율성을 높이면서 브라우저와 서버에서 모두 호환되는 코드를 작성할 수 있는 ESModule이 현재의 개발 환경과 요구에 더 부합한다고 볼 수 있다.

4.5.4.2 주장 2: CommonJS는 사라지지 않을 것이다[69]

반대로, CommonJS가 사라지지 않을 것이라는 주장도 있다. CommonJS는 ESModule보다 모듈을 로드하고 시작하는 속도가 더 빠르다는 장점이 있다. 규모가 큰 애플리케이션에서 ESModule은 상대적으로 느리게 시작하는데, 이는 require() 함수와 달리 모듈 그래프 전체를 로드하고, 각 import 문에서 await을 통해 비동기 처리를 기다려야 하기 때문이다. 예를 들어, 다음과 같이 @babel/core를 사용해 패키지를 지연 로드하려면 ESModule은 Promise를 반환해야 하므로 추가적인 마이크로틱(microtick)과 오버헤드가 발생한다.

```js
// index.mjs
async function transpile(code) {
  const {transform} = await import('@babel/core') // Promise를 반환
}
```

```js
// index.cjs
function transpile(code) {
  const {transform} = require('@babel/core') // 동기적으로 반환
}
```

초기 속도와 관련해 ESModule은 구조적으로 더 느릴 수밖에 없다는 주장도 있다. ESModule은 모듈 인스턴스화 과정에서 import를 export에 바인딩하기 위해 두 단계 과정을 거치는데, 전체 모듈 그래프를 먼저 구문 분석하고, 그 후에 코드가 평가된다. 이렇게 단계별로 처리되어 내보낸 값과 가져온 값이 항상 최신 상태를 유지하는 라이브 바인딩(live binding)을 지원한다. 그러나 이러한 추가 과정 때문에 ESModule은 CommonJS보다 초기 로드 시간이 길어질 수 있으며, 특히 대규모 애플리케이션에서는 더 큰 영향을 미칠 수 있다.

---

[67] https://aws.amazon.com/ko/what-is/edge-computing/
[68] https://aws.amazon.com/ko/what-is/serverless-computing/
[69] https://bun.sh/blog/commonjs-is-not-going-away

```
→ hyperfine --warmup 10 --style color bun babel.mjs bun babel.cjs
Benchmark 1: bun babel.mjs
  Time (mean ± σ):      145.4 ms ±    2.2 ms    [User: 135.0 ms, System: 17.6 ms]
  Range (min … max):    140.1 ms … 148.7 ms    19 runs

Benchmark 2: bun babel.cjs
  Time (mean ± σ):       60.6 ms ±    0.7 ms    [User:  53.6 ms, System: 10.0 ms]
  Range (min … max):     59.6 ms …  63.0 ms    46 runs

Summary
  'bun babel.cjs' ran
    2.40 ± 0.05 times faster than 'bun babel.mjs'
```

그림 4.23 자바스크립트 런타임 중 하나인 bun에서 CommonJS와 ESModule 파일을 로드하는 시간을 측정한 결과로, CommonJS가 ESModule보다 약 2.4배 빠르다.[70]

또한 다음과 같은 이유로 CommonJS는 앞으로도 계속 사용될 것이라는 주장도 있다.

- **점진적 로딩**: CommonJS에서는 조건에 따라 파일을 로드하거나, 동적으로 생성된 경로나 지정자를 require() 함수의 인자로 사용해 조건부 로드를 할 수 있다. require() 함수의 유연성은 플러그인 시스템이나 사용자 상호작용에 따라 구성 요소를 지연 로드하는 등 동적 로딩이 필요한 시나리오에서 유용하다. 비슷하게 ESModule도 require() 함수와 유사한 동적 import() 함수를 제공하지만, 이는 CommonJS의 동적 접근 방식이 여전히 유용하다는 점을 보여준다.

- **수많은 CommonJS 패키지와 프로젝트의 존재**: 현재 수백만 개의 모듈이 npm에 게시돼 있으며, 대부분 CommonJS를 사용한다. 이 중 많은 모듈은 더 이상 활발하게 유지되지 않거나 여러 프로젝트에서 중요한 의존성으로 사용되고 있다. 이는 모든 패키지가 ESModule만을 사용하는 시점에 도달하지 않을 것임을 시사하며, CommonJS를 지원하지 않는 런타임이나 프레임워크는 기존의 수많은 CommonJS 프로젝트와 호환되지 않아 사용되지 않을 가능성이 높다.

4.5.4.3 과연 무엇이 정답일까?

앞서 두 주장을 종합해보면, ESModule은 브라우저와 서버, 클라우드를 포함한 다양한 환경에서 표준 모듈 시스템으로 자리 잡으면서 정적 분석, 트리 셰이킹, 라이브 바인딩 등의 기능을 통해 개발자가 더욱 효율적으로 코드를 작성하고 관리할 수 있게 돕고 있다. 따라서 앞으로의 애플리케이션 개발에서 ESModule이 핵심적인 역할을 할 가능성은 매우 크다. 하지만 CommonJS는 초기 모듈 로드 속도가 빠르고 기존의 수많은 프로젝트에서 여전히 널리 사용되고 있기 때문에 Node.js처럼 패키지 작성자가 ESModule과 CommonJS를 모두 지원하는 방식이 당분간 필요할 것으로 보인다.

---

[70] https://bun.sh/blog/commonjs-is-not-going-away#commonjs-starts-faster

이 두 가지 입장은 각각 미래지향적 관점과 현실적 관점에서 일리 있는 주장이다. 따라서 어느 한 입장만을 고집할 필요는 없으며, 오히려 패키지가 ESModule만을 지원할지, 혹은 ESModule과 CommonJS를 함께 지원할지는 전적으로 패키지 작성자의 선택에 달려 있다는 점이 중요하다. 패키지 작성자는 패키지를 사용하려는 대상과 환경을 고려해 모듈 시스템을 결정할 수 있다. 예를 들어, 패키지가 특정 환경에서 ESModule만을 대상으로 개발된다면 굳이 CommonJS를 지원할 필요는 없고, 이중 지원으로 인한 번들 크기 증가도 피할 수 있다. 반대로, 여러 환경에서 널리 쓰이기를 기대하는 패키지를 작성하거나 사용 환경을 예측하기 어려운 상황이라면 ESModule만 지원하는 편이 오히려 패키지의 사용성을 떨어뜨릴 수 있다. 따라서 패키지가 목표로 하는 환경과 목적에 따라 지원할 모듈 시스템의 범위를 결정하는 것이 중요하다.

또한 향후 자바스크립트 모듈 시스템의 방향을 살펴보면 Node.js는 2024년 이 책을 쓰는 시점에 공개된 22 버전에서도 여전히 CommonJS와 ESModule 간의 상호운용성을 강화하는 기능을 추가하고 있다. 이는 서버와 클라이언트 환경 모두에서 ESModule로 작성된 코드를 별도의 빌드 과정 없이 실행할 수 있는 환경을 마련하려는 노력의 일환으로 볼 수 있다. 이러한 Node.js의 노력은 ESModule로의 전환이 계속될 것임을 시사하며, 기존 CommonJS 코드도 최소한의 수정으로 ESModule에서 실행 가능하도록 변화할 것으로 예상된다. 개발자는 이러한 흐름에 맞춰 CommonJS와 ESModule을 모두 이해하고, 필요한 환경에 따라 유연하게 활용할 수 있어야 한다.

4.5.5 정리

이번 장에서는 CommonJS와 ESModule이라는 두 가지 모듈 시스템을 현재 자바스크립트 생태계와 패키지 상황을 바탕으로 살펴봤으며, 이 둘을 모두 지원하는 듀얼 패키지 개발 방법과 ESModule만을 지원하는 패키지 개발 방법을 다뤘다. 이러한 방식을 숙지해서 패키지에 적절한 모듈 시스템을 지원하게 한다면 패키지가 가장 효율적이고 적합한 방식으로 활용될 수 있을 것이다.

마지막으로 자바스크립트 모듈 시스템의 미래에 대한 필자의 생각을 담으며 끝맺고자 한다. 앞으로 ESModule은 자바스크립트 모듈 시스템의 표준으로 자리 잡으면서 점차 모듈 시스템의 통일을 이끌어 갈 것이다. ESModule은 다양한 환경에서 점차 채택되고 있으며, 특히 Node.js 같은 주요 런타임이 이를 완전히 지원하게 될 경우 이러한 추세는 더욱 가속화될 것이다. 물론 생태계가 이러한 전환을 순조롭게 따라가지는 않을 수도 있으나 개발자들은 시행착오를 거쳐 발전해 나가면서 ESModule을 채택해 더 나은 개발 환경을 구축해 나갈 것이다.

결론적으로 모듈 시스템 통합에 대한 자바스크립트 개발자들의 고민이 점차 증가하는 현상은 긍정적이며, 이를 통해 ESModule은 표준을 넘어 자바스크립트 생태계에서 필수적인 요소로 자리 잡을 것으로 기대한다.

05장

트랜스파일과 폴리필

오늘날 자바스크립트 언어의 표준은 ECMAScript가 주도한다. 특히 ECMA의 하위 위원회인 TC39(Technical Committee 39)는 자바스크립트 표준을 개발하고 유지하는 역할을 하며, 자바스크립트 언어의 발전과 표준화를 위해 제안된 다양한 기능(Proposals)을 검토하고 이를 단계적으로 발전시킨다. 최종적으로 승인된 기능이 새롭게 자바스크립트 표준에 포함될 때 ECMAScript를 새로운 버전으로 업데이트한다. 이러한 TC39의 활동은 자바스크립트의 발전과 표준화를 주도하면서 생태계의 지속적인 성장을 지원한다. 다음은 ECMAScript의 최초 버전이 출시된 1997년부터 이 책을 쓰는 시점인 24년까지 ECMAScript의 버전별 주요 업데이트 기능을 표로 정리한 것이다.

표 5.1 ECMAScript 역대 버전과 대표적으로 추가된 기능들. 각 기능의 자세한 명세는 MDN을 참고한다.[1]

ECMAScript 버전	연도	주요 기능
ES1	1997	최초 버전
ES2	1998	마이너 업데이트
ES3	1999	정규 표현식(RegExp), try…catch
ES5	2009	엄격 모드(Strict mode), JSON
ES6	2015	클래스(Classes), 모듈(Modules), 화살표 함수(Arrow Functions), Promises, let과 const
ES7	2016	Array.includes, 거듭제곱 연산자(**)

---

[1] https://developer.mozilla.org/ko/

ECMAScript 버전	연도	주요 기능
ES8	2017	async와 await, Object.entries, Object.values
ES9	2018	스프레드 연산자(Spread operator), 이터레이터(Iteration protocol)
ES10	2019	Array.flat, Array.flatMap, Object.fromEntries, Optional catch binding(try {} catch {})
ES11	2020	BigInt, 동적 임포트(Dynamic Import), Nullish coalescing operator(??), 옵셔널 체이닝(Optional chaining)
ES12	2021	Logical Assignment Operators(||=), WeakRef, String.replaceAll, Promise.any
ES13	2022	Top-level await, Public class fields, Error.prototype.cause, RegExp match indices(d 플래그)

이처럼 자바스크립트의 표준이 새롭게 등장할 때마다 언어의 발전이라는 긍정적인 측면이 있는 반면 개발자와 브라우저 제작사에게는 이러한 최신 자바스크립트 기능이 일관되게 동작하도록 하는 것은 어려운 과제다. 최신 기능이 이전 버전의 브라우저에서는 지원되지 않아 웹페이지의 문제를 야기하거나, 개발자는 다양한 브라우저에서 기능의 호환성을 점검해서 복잡한 설정을 추가해야 한다. IEEE Software 학술지에 보고된 최신 자바스크립트 기능 사용에 대한 연구에 따르면 별도의 코드 변환 작업 없이 최신 자바스크립트 기능을 직접 사용하는 웹사이트는 방문자의 약 14%가 자바스크립트 오류를 경험할 수 있으며, 시중 브라우저들이 현재 ES2021까지 제안된 기능을 지원하는 비율은 다음 표와 같이 조사됐다.

Proposal name	Supported desktop versions (286 versions analyzed)	Supported mobile versions (14 versions analyzed)	Compatibility rate (%)
unicode-property-regex	161 (56%)	14 (100%)	94.32
object-rest-spread	130 (45%)	10 (71%)	93.48
async-generator-functions	123 (43%)	9 (64%)	93.25
optional-catch-binding	115 (40%)	10 (71%)	93.25
syntax-import-meta	113 (39%)	10 (71%)	93.23
json-strings	96 (34%)	14 (100%)	92.76
numeric-separator	85 (30%)	12 (86%)	91.79
nullish-coalescing-operator	69 (24%)	13 (93%)	90.86
optional-chaining	69 (24%)	12 (86%)	90.86
logical-assignment-operators	69 (24%)	14 (100%)	89.17
class-static-block	66 (23%)	14 (100%)	88.98
class-properties	63 (22%)	14 (100%)	88.57
syntax-bigint	60 (21%)	14 (100%)	76.69
export-default-from	77 (27%)	5 (36%)	75.44
export-namespace-from	77 (27%)	5 (36%)	75.44
private-methods	40 (14%)	6 (43%)	74
syntax-top-level-await	33 (12%)	6 (43%)	73.24
private-property-in-object	19 (7%)	4 (29%)	70.08
Average	81 (28%)	10 (70%)	85.86

그림 5.1 새로운 자바스크립트 기능별 시중 브라우저와 호환되는 비율[2]

그림 5.1을 보면 전체적으로 새로운 자바스크립트 기능은 평균 86%에 가까운 호환성을 보이고, 모바일 브라우저가 데스크톱 브라우저보다 더 나은 호환성을 보인다. 여기서 눈여겨볼 점은 각 자바스크립트 기능의 호환성은 단순히 버전이 출시되는 시점에만 영향을 받지는 않는다는 점이다. 다시 말해, 기능의 호환성은 그 기능의 복잡도와 브라우저의 처리 방식에 영향을 받는다. 예를 들어, ES2020부터 지원하는 export-namespace-from(`export * as namespace`)[3]의 호환성(75.44%)이 numeric-separator(`100_000`)[4]의 호환성(91.79%)보다 떨어지는 것은 브라우저가 numeric-separator 기능을 해석하고 처리하는 난이도가 export-namespace-from보다 쉽기 때문으로 추측할 수 있다.

---

[2] T. Nicolini, A. Hora and E. Figueiredo, "On the Usage of New JavaScript Features Through Transpilers: The Babel Case," in IEEE Software, vol. 41, no. 1, pp. 105–112, Jan.–Feb. 2024, doi: 10.1109/MS.2023.3243858. https://ieeexplore.ieee.org/document/10043768/
[3] https://tc39.es/proposal-export-ns-from
[4] https://github.com/tc39/proposal-numeric-separator

이처럼 새로운 자바스크립트 기능을 사용하면서 발생하는 호환성 문제는 트랜스파일과 폴리필을 통해 해결할 수 있다. 특히 그림 5.1에서 export-namespace-from과 같은 복잡한 기능들이 호환성 측면에서 낮은 비율을 보이면 트랜스파일러는 이러한 기능이 지원되지 않는 브라우저에서도 안정적으로 동작할 수 있도록 돕는다. 이번 장에서는 이러한 호환성 문제를 해결하기 위한 트랜스파일과 폴리필의 개념과 역할을 살펴보고, 최신 자바스크립트 기능을 프로젝트에 안전하게 적용하는 방법을 소개한다.

5.1 트랜스파일을 도와주는 도구, 바벨

바벨(Babel)은 최신 자바스크립트 코드를 구형 브라우저와 호환되는 코드로 변환하는 데 사용되는 대표적인 트랜스파일러다. 자바스크립트는 빠르게 진화하는 언어지만 애석하게도 이 진화를 미처 따라잡지 못한 구형 브라우저는 이러한 변화를 실행할 수 없을 것이다. 이때 바벨은 이러한 격차를 메우는 역할을 하며, 최신 코드를 안전하게 사용할 수 있도록 돕는다.

바벨의 사용률을 보면 그 중요성을 쉽게 알 수 있다. 관련 보고서[5]에 따르면 바벨은 매주 약 3,200만 건의 다운로드를 기록하며, 상위 1,000개의 자바스크립트 프로젝트의 약 35%가 바벨 트랜스파일러를 사용한다. 이는 바벨이 현대 웹 개발에서 얼마나 널리 활용되고 있는지를 보여준다.

이번 절에서는 바벨이 자바스크립트 생태계에서 중요한 이유와 그 필요성을 알아보고, 바벨이 코드를 변환하는 방식과 주요 개념을 이해해 본다. 또한 바벨을 설치하고 구성하는 방법을 단계별로 살펴보며 실습을 통해 익혀본다.

5장에서 다루는 모든 바벨 관련 내용은 7 버전을 기준으로 작성됐으며, 예제 코드 역시 동일한 버전을 기반으로 한다.

5.1.1 바벨의 필요성

바벨의 등장은 자바스크립트 언어의 진화와 웹 개발 환경의 발전, 그리고 개발자들의 필요성에 의해 필연적으로 발생했다. 먼저 바벨이 등장한 배경을 이해하려면 자바스크립트 역사상 중요한 사건들과 이로 인한 트랜스파일러의 필요성을 이해해야 한다.

---

[5] https://ieeexplore.ieee.org/document/10043768

5.1.1.1 트랜스파일러의 필요성

4.1절 '자바스크립트 모듈화의 역사'에서 소개한 모듈 시스템의 필요성이 대두된 주요 사건 중 하나인 ECMAScript 표준의 제정은 곧 바벨이 필요해진 계기가 되기도 한다. 앞에서 설명했듯이 자바스크립트의 표준화된 사양은 ECMAScript로 정의된다. 2009년에 출시된 ES5는 자바스크립트의 기능을 확장하고 개선한 중요한 업데이트였지만 그 이후 몇 년간 큰 변화는 없었다. 그러나 2015년 ES6이 발표되면서 자바스크립트에는 많은 새로운 기능과 문법이 도입됐다. 특히 다음과 같은 강력한 기능이 ES6 이후에 추가됐다.

- 클래스(class)
- 모듈(import, export)
- 화살표 함수(arrow function)
- 템플릿 리터럴(template literals)
- 구조 분해 할당(destructuring)
- Promise
- let과 const 키워드
- 스프레드 연산자(spread operator)
- Map, Set, WeakMap, WeakSet
- async/await

이러한 기능들은 개발을 더욱 강력하고 편리하게 만들어줬지만 이 최신 기능을 인터넷 익스플로러 11이나 사파리 9와 같은 구형 브라우저에서 지원하지 않는다는 점이 문제였다. 많은 사용자들이 최신 브라우저를 사용하지 않거나, 기업 환경에 따라 특정 버전의 브라우저 호환성을 유지해야 하는 상황에서는 이러한 ES6의 기능을 사용할 수 없었다.

이처럼 ES6의 기능을 사용하고 싶지만 구형 브라우저에서도 호환성을 유지하려면 최신 코드를 구형 브라우저에서도 실행 가능한 코드로 변환할 필요가 있다. 바로 이 과정에서 트랜스파일러의 필요성이 대두됐다. 트랜스파일러란 한 버전의 언어를 다른 버전으로 변환해 주는 도구를 의미하는데, 특히 자바스크립트에서는 최신 자바스크립트 문법을 쓰는 코드를 구형 브라우저 환경에서 동작하도록 코드를 변환해준다는 의미를 갖게 됐다.

트랜스파일의 예를 들어보자. `const` 키워드와 화살표 함수는 ES5에서 다음과 같이 `var`와 함수 선언문으로 바꾸면 동일하게 동작한다.

코드 5.1 const 키워드와 화살표 함수가 var와 함수 선언문으로 바뀐 예제 코드

```
// ES6
const sum = (a, b) => a + b

// ES5
var sum = function sum(a, b) {
  return a + b
}
```

코드 5.1을 토대로 트랜스파일의 의미를 생각해보면 ES6의 명세를 기존의 ES5 명세를 단독으로 사용해서 혹은 ES5 명세들의 조합으로 대체하는 것을 의미한다.

그러나 ES6의 모든 명세가 트랜스파일이 가능한 것은 아니다. 어떤 ES6 기능은 ES5에서 제공하는 기능만으로 변환이 불가능할 수도 있다. 이와 관련한 내용은 5.1.3절 '바벨 사용해보기'에서 실제로 바벨을 사용하는 예제 코드를 통해 더 자세히 알아보도록 하며, 이번 장에서는 트랜스파일에만 집중한다.

5.1.1.2 바벨의 등장

바벨이 등장하기 전 구글에서 개발한 Traceur[6]나 es6-shim[7] 등이 트랜스파일러로 사용됐다. 그러나 2014년, 세바스찬 맥켄지(Sebastian McKenzie)에 의해 바벨은 6to5라는 이름으로 처음 등장하면서 커뮤니티에서 인기를 끌게 됐다. 초기에는 ES6 코드를 ES5로 트랜스파일해서 구형 브라우저에서도 최신 자바스크립트 기능을 사용할 수 있도록 하는 것에 그쳤다. 그러나 이후 맥켄지는 다음과 같이 말하면서 패키지 이름을 바벨로 변경했다.[8]

> The name 6to5 made me feel really uncomfortable about the project's future and it was already completely wrong since 6to5 already supported ES7 and JSX. I'd constantly get people surprised that 6to5 supported JSX out of the box and people would tell me what was and wasn't in the project scope because the name 6to5 implied only ES6.
>
> (번역) 6to5라는 이름은 프로젝트의 미래를 생각했을 때 적절하지 않다는 느낌입니다. 이미 6to5는 ES7과 JSX 문법을 지원하고 있기 때문에 완전히 잘못된 이름이었습니다. 사람들이 6to5가 JSX 문법 기본적으로 지원하는 것에 대해 항상 놀라워했고, 이 이름이 ES6에만 관련된 것으로 암시된다고 생각되어 프로젝트 범위에 대한 피드백을 많이 받았습니다.

---

[6] https://github.com/google/traceur-compiler
[7] https://github.com/paulmillr/es6-shim
[8] https://www.infoq.com/news/2015/02/babel-new-name-for-6to5/

이처럼 패키지의 이름을 바벨로 바꾸면서 바벨의 역할은 단순히 ES5로 코드를 트랜스파일하는 것을 넘어 다양한 자바스크립트 버전과 실험적인 기능을 지원하는 다목적 트랜스파일러로 발전했다.

> **'바벨'이라는 이름은 어디서 유래했나요?**
>
> 바벨 커뮤니티는 이름에 대한 오랜 논의 끝에, 결국 더글러스 애덤스(Douglas Adams)의 《은하수를 여행하는 히치하이커를 위한 안내서》[9]에 나오는 다른 언어를 자동으로 번역하는 물고기인 바벨 피시(babel fish)에서 따온 바벨에 동의했다. 또 다른 의미로는 창세기에 나오는 바벨탑 이야기의 바벨을 참조한 것이기도 하다.[10]

5.1.1.3 바벨의 특징

이러한 바벨의 주요한 기능과 장점을 알아보자.

5.1.1.3.1 플러그인 시스템

바벨은 기본적으로 플러그인 시스템을 통해 필요한 기능만 선택적으로 트랜스파일할 수 있게 동작한다. 이 특징은 트랜스파일의 유연성과 확장성을 제공한다. 또한 이러한 플러그인 방식은 각 플러그인이 독립적인 모듈로 처리되므로 각 모듈별로 업데이트되고 유지보수될 수 있으며, 이는 전체 시스템의 안정성과 유지보수성을 향상시킨다. 또한 플러그인 방식은 개발자가 직접 바벨의 발전에 기여할 수 있는 길을 열어주기도 해서 개발자들은 자신이 필요로 하는 기능을 직접 개발해서 바벨에 언제든지 추가할 수 있으며, 이는 커뮤니티 기반의 확장을 촉진할 수 있었다.

5.1.1.3.2 ES6을 넘어 광범위한 자바스크립트 문법 지원

바벨은 최신 ECMAScript 기능뿐만 아니라 ESNext, 리액트의 JSX 문법, 타입스크립트 등 다양한 언어 확장 기능도 지원한다. 따라서 앞서 이름을 6to5에서 바벨로 변경하기 전부터 바벨은 JSX 문법을 쓰는 리액트 개발자에게는 ES6 기능을 쓰는 것과 동시에 JSX 코드를 변환하는 데 바벨이 필수적으로 필요했다.

---

[9] 영국의 작가 더글러스 애덤스가 쓴 과학소설 시리즈. 참고: https://ko.wikipedia.org/wiki/은하수를_여행하는_히치하이커를_위한_안내서
[10] 바벨탑은 인류가 하나의 언어를 사용해 하늘에 이르는 탑을 건설하려고 시도한 이야기이다. '바벨'이라는 이름은 이러한 바벨탑의 이야기와 연결되어 그 의미는 바벨이 다양한 자바스크립트 버전과 실험적인 기능들을 하나의 언어, 즉 더 널리 호환 가능한 자바스크립트 버전으로 번역해서 다양한 브라우저와 환경에서 실행할 수 있게 하는 것을 목표로 한다는 의미를 담은 것이다. 즉, 바벨이 다양한 자바스크립트 문법을 하나로 통일하는 역할은 바로 이 바벨탑 이야기에서 언어의 혼란을 해결하려는 시도와 대응된다고 볼 수 있다.

> **지금도 리액트 프로젝트에서는 바벨이 필수적으로 필요할까요?**
>
> 현재 리액트 애플리케이션을 빌드할 때 바벨을 반드시 사용해야 하는 것은 아니다. 최근에는 Vite나 esbuild 같은 도구들이 등장해서 개발자들에게 더 빠르고 효율적인 대안을 제공한다. 앞에서 말했듯이 바벨은 자바스크립트 코드를 변환해서 구형 브라우저에서도 최신 기능을 사용할 수 있게 하는 것이 주요 역할이다. 리액트에서 JSX 문법을 일반 자바스크립트 코드로 변환하는 기능을 포함한 여러 플러그인을 제공하는 것이 이 때문이다. 그러나 바벨은 상대적으로 느릴 수 있고 설정이 복잡할 수 있다. 반면 Vite나 esbuild 같은 도구들은 빌드 속도를 크게 향상시키는 것을 목표로 한다. 이것들은 자바스크립트 코드를 빠르게 번들링하고, 필요한 경우에만 전체 번들을 다시 컴파일하지 않고 즉각 업데이트해서 개발 시간을 단축시키는 데 도움을 준다. 특히 esbuild는 Go 언어로 작성되어 멀티 스레딩도 활용할 수 있으며, JSX 문법 같은 리액트 구문도 기본적으로 지원한다.
>
> 따라서 개발자는 자신의 프로젝트에서 어떤 점들이 중요한지에 따라 적절한 도구를 선택할 수 있어야 한다. 예를 들어, 구형 브라우저에서 동작해야 하고 속도보다는 안정적인 시스템이 중요하다면 오랜 시간 사용되어 검증된 바벨이 더 좋다. 반면 프로젝트가 자바스크립트의 최신 기능을 충분히 지원하는 모던 브라우저만 지원하며 환경에 대한 요구사항보다 빌드 속도나 간단한 설정을 목표로 한다면 Vite나 esbuild 같은 번들러만 사용하는 것이 더 좋은 선택일 수 있다. 결론적으로 바벨은 여전히 많은 리액트 개발자들에게 유용하지만 Vite나 esbuild 같은 최신 도구들도 효과적인 대안을 제공하고 있으며, 개발자들은 프로젝트의 특정 요구와 선호에 따라 가장 적합한 도구를 선택해야 한다.

5.1.1.3.3 여러 플러그인을 쉽게 설정할 수 있는 프리셋 제공

반면 이러한 플러그인 방식은 개발자가 자신의 프로젝트에 바벨의 변환 작업을 모두 수행하기 위해서는 플러그인들을 일일이 설정해야 한다는 단점 또한 있다. 바벨은 이러한 불편함을 해소하기 위해 여러 플러그인을 묶어둔 프리셋 기능을 제공함으로써 특정 환경이나 목표에 맞게 미리 구성된 설정을 쉽게 적용할 수 있게 지원한다. 다음과 같은 프리셋 목록으로 프로젝트 환경의 요구사항에 따라 알맞은 프리셋을 사용할 수 있다.

- @babel/preset-env[11]: @babel/preset-env는 개발자가 지원하고자 하는 특정 브라우저 또는 환경에 필요한 기능만을 대상으로 코드를 트랜스파일한다. 이 프리셋은 browserslist, compat-table, electron-to-chromium과 같이 지원하는 대상 환경을 나타내는 오픈소스 프로젝트에 의존해서 작동한다. 이 데이터 소스를 활용해 지원하는 대상 환경에서 어떤 자바스크립트 구문이나 브라우저 기능이 지원되기 시작한 버전에 대한 매핑을 유지하고, 이러한 구문과 기능을 바벨 변환 플러그인과 core-js 폴리필로 매핑한다. 결론적으로, 이 프리셋은 사용자가 목표로 하는 브라우저 환경에 따라 최신 ECMAScript 기능을 이전 버전의 자바스크립트 코드로 변환하는 최적의 구성을 제공한다. core-js 폴리필은 5.2절 '폴리필을 도와주는 도구 core-js'에서 더 자세히 소개한다.

---

[11] https://babeljs.io/docs/babel-preset-env

- @babel/preset-react[12]: @babel/preset-react는 리액트 애플리케이션 개발에 필요한 바벨 트랜스파일을 설정한다. 주로 JSX 문법을 자바스크립트 코드로 변환하는 데 사용되는데, 특히 리액트 개발 시 쓰이는 JSX 코드를 처리해서 개발자가 웹 브라우저에서 실행 가능한 코드를 생성할 수 있게 도와준다. @babel/preset-react@7.9.0부터 react@17에서 소개된 새로운 JSX 변환인 runtime 설정이 추가됐는데, 이 설정은 기존에 필수적이었던 React.createElement 호출을 더 이상 필요하지 않게 만들어 JSX 코드를 더 간결하게 변환해준다. 또한 기존의 "classic" 런타임 대신 "automatic" 런타임을 사용하면 바벨이 JSX 문법을 처리할 때 react/jsx-runtime을 내부적으로 임포트해서 필요한 리액트 함수를 불러오므로 번들 크기를 줄이고 성능을 향상시킬 수 있다는 장점이 있다.

- @babel/preset-typescript[13]: @babel/preset-typescript는 타입스크립트 코드를 순수한 자바스크립트 코드로 트랜스파일하는 데 사용된다. 이 프리셋은 타입스크립트의 타입 체크 기능을 제외하고, 타입스크립트 문법을 자바스크립트로 변환한다. 이를 통해 타입스크립트를 사용하는 프로젝트에서 바벨을 이용해 코드를 빌드할 수 있게 지원한다.

- @babel/preset-flow[14]: @babel/preset-flow는 메타에서 개발한 Flow 타입 시스템을 사용하는 자바스크립트 코드에서 타입 애너테이션(type annotation)을 제거한다. Flow는 타입스크립트와 같은 정적 타입 체커로, 개발 과정에서 타입 오류를 미리 감지할 수 있게 도와준다. 이 프리셋은 Flow 문법이 포함된 코드를 표준 자바스크립트 코드로 변환해서 브라우저나 다른 자바스크립트 환경에서 실행할 수 있게 해준다.

5.1.1.3.4 활발한 커뮤니티의 지원

바벨은 오픈소스 프로젝트로 시작해서 많은 개발자들의 기여와 피드백을 통해 빠르게 발전할 수 있었다. 오늘날 여전히 바벨 커뮤니티는 활발하게 운영되어 빠른 업데이트와 새로운 기능 추가가 이뤄지고 있다. 커뮤니티에서는 바벨에 대한 새로운 기능과 바벨의 개선 가능성에 대해 토론하고 플러그인과 프리셋 개발에 기여하는 것뿐만 아니라 웹팩, ESLint, 타입스크립트 같은 다른 프로젝트 및 도구와도 호환성을 위해 협력하기도 한다.

5.1.2 바벨의 동작 방식

앞에서 바벨의 필요성과 중요성을 알아봤으니 이어서 바벨이 어떻게 코드를 변환하는지 알아보자. 바벨은 4.3절 'ESModule이란 무엇일까?'에서 잠깐 언급했던 추상 구문 트리를 기반으로 동작하며, 자체적으로 변환 과정에 필요한 기능들을 독립적인 패키지로 관리한다. 먼저 추상 구문 트리가 무엇인지 살펴본 다음, 바벨이 코드를 변환하는 과정을 어떻게 수행하는지 알아보자.

---

[12] https://babeljs.io/docs/babel-preset-react
[13] https://babeljs.io/docs/babel-preset-typescript
[14] https://babeljs.io/docs/babel-preset-flow

5.1.2.1 추상 구문 트리(Abstract Syntax Tree)

추상 구문 트리란 소스코드의 구조를 트리 형태로 표현한 자료구조로, 컴파일러와 인터프리터가 소스코드를 분석하고 변환하는 데 사용하는 핵심 개념이다. 특히 코드의 구문적인 요소들을 계층으로 나타내어 각 노드가 코드의 특정 구문 요소를 표현한다. 이러한 추상 구문 트리의 구성 요소는 크게 노드, 자식 노드, 최상위 노드로 나눌 수 있다.

- **노드(node)**: 트리의 각 요소를 나타내며, 주로 변수나 함수 선언문 등 코드의 구문 요소를 의미하는 기본 단위다.
- **자식 노드(child node)**: 특정 노드의 하위 요소로 해당 구문 요소의 세부 항목을 포함한다. 예를 들어, 함수 선언문의 경우, 함수명이나 파라미터, 함수 블록의 내용 등을 자식 노드로 표현한다.
- **최상위 노드(root node)**: 트리의 최상위 노드로, 일반적으로 전체 프로그램이나 코드 블록을 나타낸다.

만약 다음과 같은 sum() 함수를 추상 구문 트리로 나타내면 어떻게 될까?

코드 5.2 추상 구문 트리로 파싱할 예시 코드

```
const sum = (a, b) => a + b
```

추상 구문 트리를 가장 쉽게 파싱해서 볼 수 있는 유용한 웹사이트인 https://astexplorer.net/에서 코드 5.2의 내용을 좌측 코드 입력 영역에 입력하면 우측에 해당 내용을 추상 구문 트리로 파싱한 결과를 확인할 수 있다. 이때 예세에서는 acorn이라는 자바스크립트 기본 파서를 사용했다.

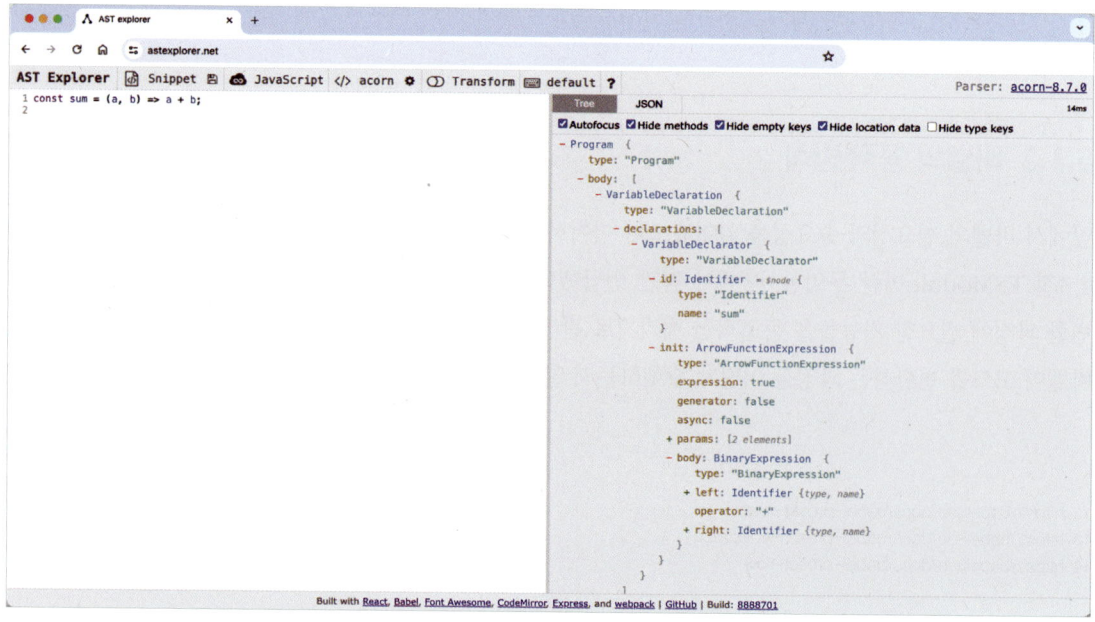

그림 5.2 https://astexplorer.net/에서 코드 5.2의 sum() 함수를 추상 구문 트리로 파싱한 결과

파싱 결과를 간단하게 요약하면 다음과 같은 JSON 객체로 트리가 표현된다는 것을 알 수 있다.

코드 5.3 sum() 함수의 추상 구문 트리 JSON 객체

```json
{
  "type": "Program",
  "body": [
    {
      "type": "VariableDeclaration",
      "declarations": [
        {
          "type": "VariableDeclarator",
          "id": {
            "type": "Identifier",
            "name": "sum"
          },
          "init": {
            "type": "ArrowFunctionExpression",
            "params": [
              {
                "type": "Identifier",
                "name": "a"
              },
              {
                "type": "Identifier",
                "name": "b"
              }
            ],
            "body": {
              "type": "BinaryExpression",
              "operator": "+",
              "left": {
                "type": "Identifier",
                "name": "a"
              },
              "right": {
                "type": "Identifier",
                "name": "b"
              }
            }
```

```
          }
        }
      ],
      "kind": "const"
    }
  ]
}
```

코드 5.3의 JSON 객체를 살펴보면 크게 type에 따라 body나 declarations 필드 같이 해당 타입에 필요한 정보가 부가적으로 추가된다는 것을 알 수 있다.

먼저 최상위 노드는 "Program"으로 전체 프로그램을 의미하며, body는 이 프로그램의 내용을 말한다. 현재 body에는 VariableDeclaration 타입이 존재한다. 여기서 VariableDeclaration은 '변수 선언'을 의미하며, 프로그램 내부에 변수가 선언됐음을 나타낸다. VariableDeclaration의 선언부를 나타내는 declarations 필드 목록에는 VariableDeclarator가 선언된 변수의 정보를 담고 있다. declarations 정보를 해석하면 sum이라는 식별자(identifier)를 변수명으로 삼아 초깃값은 ArrowFunctionExpression, 즉 화살표 함수 표현식이라는 것을 나타낸다.

이처럼 추상 구문 트리의 구조를 사용하면 코드 전체의 구문을 쉽게 분석할 수 있고 이것을 통해 다양한 변환과 최적화를 진행할 수 있다. 추상 구문 트리를 사용하는 대표적인 예시는 다음 세 가지가 있다.

- 4.3절 'ESModule이란 무엇일까?'에서 본 것처럼 ESModule은 파싱 단계에서 코드를 추상 구문 트리로 파싱해서 올바른 자바스크립트 문법인지 확인하고 import 문을 분석해서 모듈 의존성을 파악한다.

- ESLint는 추상 구문 트리를 사용해 코드 린팅을 수행한다. 자바스크립트 코드를 추상 구문 트리로 파싱한 다음, 각 노드를 탐색하며 설정된 린팅 규칙을 적용하거나 분석 결과를 바탕으로 문제를 발견한 코드 위치와 관련 메시지를 포함한 보고서를 생성한다. 이때 코드를 추상 구문 트리로 변환하는 파서는 espree로, acorn 파서의 확장된 버전이다.[15]

- 바벨 또한 이 추상 구문 트리를 사용해 코드 변환 과정을 거친다. ESLint처럼 acorn 파서를 기반으로 확장된 바빌론(Babylon)이라는 바벨 프로젝트의 파서를 별도로 사용해 자바스크립트의 실험적인 기능까지 적극적으로 지원한다. 바빌론은 현재 @babel/parser 패키지로 알려져 있다.

---

15 https://eslint.org/docs/latest/use/configure/parser

> **추상 구문 트리 파서란 무엇인가요?**
>
> 자바스크립트 코드를 파싱해서 추상 구문 트리 자료구조로 변환하는 도구를 자바스크립트 추상 구문 트리 파서라 한다. 바로 이전에 말한 코드 변환, 최적화, 분석 등 추상 구문 트리로 할 수 있는 다양한 작업을 이 추상 구문 트리 파서를 사용해서 효율적으로 수행한다. 이전에 언급한 파서들을 포함해서 자바스크립트의 대표적인 파서들에 대해 소개하자면 다음과 같다.
>
> - **Acorn**: 가볍고 빠른 파서로, ECMAScript만 지원하기 때문에 브라우저 환경에서 사용하기 적합하다. 특히 Acorn은 플러그인 기반으로 동작해서 다양한 기능을 확장할 수 있도록 설계됐다. ESpree와 @babel/parser가 이 파서를 기반으로 확장한 사례다.
> - **Esprima**: 자바스크립트용 고성능 파서로, ECMAScript 표준에 따라 자바스크립트 코드를 추상 구문 트리로 변환한다. 특히, 다양한 코드 분석 및 변환 도구의 기본 구성 요소로 사용되며, 속도와 정확성 면에서 높게 평가된다.
> - **Espree**: Espree는 Esprima를 기반으로 만들어졌지만, Acorn의 아이디어와 기술적인 영향을 일부 받아 플러그인 시스템을 차용해 더 나은 확장성을 제공한다.
> - **@babel/parser**: Acorn 파서를 기반으로 바벨에서 사용될 목적으로 만들어진 파서다. JSX, Flow, 타입스크립트 코드를 변환하는 용도로 만들어졌기 때문에 이들 문법을 기본적으로 지원하며, 코드 파싱뿐만 아니라 코드 변환을 위한 다양한 기능을 제공한다.

앞에서 소개한 파서들은 독립적으로 설치해서 사용할 수 있으며, 파서의 특징을 비교 정리한 다음 표를 참고해서 필요에 맞게 활용할 수 있다.

표 5.2 각 추상 구문 트리 파서의 특징

특성	Acorn	Esprima	ESpree	@babel/parser
개발 기반	독립적인 패키지	독립적인 패키지	Esprima 기반, Acorn의 영향을 받음	바벨 프로젝트의 일부
주요 사용 사례	코드 변환, 트랜스파일	코드 분석, 린팅	ESLint의 기본 파서	트랜스파일
확장성	높은 확장성, 플러그인 시스템	제한적	높은 확장성, 플러그인 시스템	매우 높은 확장성, 다양한 플러그인
최신 표준 지원	최신 표준 지원	최신 표준 지원	최신 표준 신속히 지원	최신 표준 신속히 지원
성능	작은 크기와 빠른 성능	고성능	ESLint 최적화	고성능, 다양한 기능 지원
특화 기능	플러그인 시스템을 통한 유연한 확장성	정확하고 빠른 파싱	ESLint와의 긴밀한 통합	최신 문법 지원, 코드 변환 기능 강화

5.1.2.2 바벨이 코드를 변환하는 과정

그렇다면 바벨은 이 추상 구문 트리를 어떻게 만들고 파싱된 데이터를 기반으로 어떻게 코드를 변환할까? 바벨이 코드를 변환하는 과정은 파싱, 변환, 출력의 세 단계로 나뉘어 진행되며, 각 단계마다 패키지로 분리해서 제공한다.

1. **파싱**(parsing): 먼저, 바벨은 입력된 소스코드를 읽어 들여 이를 해석해 추상 구문 트리로 변환한다. 이때 사용되는 바벨 도구는 @babel/parser[16]로 최신 ECMAScript 버전부터 JSX, Flow, 타입스크립트까지 변환할 수 있다. 그뿐만 아니라 최소한 TC39 단계 중 가장 초기 제안 단계인 stage-0단계의 풀 리퀘스트(Pull Request) 승인[17]부터 시작되는 자바스크립트의 실험적인 기능까지 지원한다. @babel/parser로 파싱한 추상 구문 트리는 ECMAScript의 추상 구문 트리를 표준화한 사양인 ESTree[18]와는 약간의 차이점이 있으므로 자세한 사항은 바벨의 공식 문서를 참고한다.[19]

2. **변환**(transformation): 변환 단계에서 이제 바벨의 핵심 작업인 코드를 변환하는 작업을 수행한다. 변환 과정은 플러그인을 통해 이뤄지며, 각 플러그인은 특정 변환 작업을 수행한다. 각 플러그인은 추상 구문 트리를 탐색하며, 변환이 필요한 노드를 찾아 변경한다. 예를 들어, const 키워드를 var로 변환하는 플러그인(@babel/plugin-transform-block-scoping)이나 화살표 함수를 일반 함수로 변환하는 플러그인(@babel/plugin-transform-arrow-functions) 등이 실행된다. 이 과정에서 여러 플러그인이 순차적으로 실행되어 추상 구문 트리가 점진적으로 변환된다. 이 과정은 바벨의 핵심 작업으로, @babel/traverse 패키지가 추상 구문 트리 노드를 깊이 우선 방식으로 탐색하면서 조작할 수 있는 기능을 제공한다.[20] 또한 @babel/traverse는 바벨 플러그인을 개발할 때도 활용되어 플러그인을 개발할 때 특정 구문 패턴을 찾고 이를 변환할 수 있는 강력한 패키지다.

3. **출력**(generation): 변환 단계에서 수정된 추상 구문 트리를 다시 코드로 변환해서 최종적으로 출력한다. 이 단계에서 사용되는 패키지는 @babel/generator다.[21]

이러한 세 단계를 모두 포함해서 API로 제공하는 바벨의 핵심 패키지는 @babel/core다.[22] @babel/core는 바벨의 모든 핵심 기능을 포함하고 있으므로 @babel/parser, @babel/traverse, @babel/generator를 의존성으로 포함해서 파싱부터 출력까지 모든 기능을 수행할 수 있다.

---

[16] https://babeljs.io/docs/babel-parser
[17] ECMAScript 표준 관리 기술 위원회인 TC39는 새로운 자바스크립트 기능을 표준화하는 과정을 Stage 0부터 Stage 4까지 단계별로 나누고 있다. 참고: https://github.com/tc39/proposals/blob/main/stage-0-proposals.md
[18] https://github.com/estree/estree
[19] https://github.com/babel/babel/blob/main/packages/babel-parser/ast/spec.md
[20] https://babeljs.io/docs/babel-traverse
[21] https://babeljs.io/docs/babel-generator
[22] https://babeljs.io/docs/babel-core

코드 5.4 @babel/core의 package.json. dependencies에 @babel/parser와 @babel/traverse, @babel/generator를 모두 의존성으로 가진다.

```json
{
  "name": "@babel/core",
  "version": "7.24.7",
  "description": "Babel compiler core.",
  "dependencies": {
    "@ampproject/remapping": "^2.2.0",
    "@babel/code-frame": "workspace:^",
    "@babel/generator": "workspace:^",
    "@babel/helper-compilation-targets": "workspace:^",
    "@babel/helper-module-transforms": "condition:BABEL_8_BREAKING ? : workspace:^",
    "@babel/helpers": "workspace:^",
    "@babel/parser": "workspace:^",
    "@babel/template": "workspace:^",
    "@babel/traverse": "workspace:^",
    "@babel/types": "workspace:^",
    "convert-source-map": "^2.0.0",
    "debug": "^4.1.0",
    "gensync": "^1.0.0-beta.2",
    "json5": "^2.2.3",
    "semver": "condition:BABEL_8_BREAKING ? ^7.3.4 : ^6.3.1"
  }
}
```

특히 @babel/core의 transform API는 파싱부터 플러그인과 프리셋을 적용해 코드를 변환해서 출력하는 과정을 한 번에 실행할 수 있는 유용한 API로 바벨을 프로그램으로 사용할 수 있게 한다. 예를 들어, 다음 코드 5.5의 sum() 함수를 @babel/preset-env로 @babel/core의 tranform() 함수를 실행하면 ES5 코드로 변환된다.

코드 5.5 sum() 함수의 코드로 transform() 함수를 호출한 코드

```js
// index.js
import {transform} from '@babel/core'

const code = `
const sum = (a, b) => a + b;
`
```

```
const output = transform(code, {
  presets: ['@babel/preset-env'],
})

console.log(output.code)
```

```
$ node index.js
"use strict";

var sum = function sum(a, b) {
  return a + b;
};
```

바벨이 이렇게 내부 동작을 여러 패키지로 나누어 제공하는 데는 여러 장점이 있는데, 이는 모듈 시스템에서 살펴본 이점과 유사하다는 것을 알 수 있다.

- **모듈화와 유연성**: 바벨의 각 기능을 별도의 패키지로 분리함으로써 개발자는 필요한 기능만 선택적으로 사용할 수 있다. 이 장점은 바벨을 더 유연하고 가볍게 만들며 개발자는 자신이 필요로 하는 기능만 설치해서 사용할 수 있다.
- **유지보수와 업데이트 용이**: 모듈화된 구조는 각 패키지를 독립적으로 업데이트하고 유지보수할 수 있다는 장점이 있다. @babel/parser에 문제가 생기거나 개선이 필요할 때 전체 도구를 변경할 필요 없이 해당 패키지만 수정하면 된다.

결론적으로 바벨은 분리된 패키지로 코드 변환 작업을 수행해 다양한 자바스크립트 코드 변환 요구사항을 잘 충족하며, 지속적으로 발전할 수 있게 됐다.

5.1.3 바벨 사용해보기

앞에서 바벨의 전반적인 개념을 살펴봤으니 이제부터 실제로 ES6로 작성된 프로젝트를 바벨로 ES5 코드로 변환해보자. 우선 바벨을 단독으로 설치해서 사용해본 다음, 개발자들이 가장 많이 쓰는 방식인 웹팩이나 롤업과 같은 번들러와 함께 사용하는 방식을 소개한다.

> **노트**
>
> 이번 절의 예제 코드는 아래의 예제 코드 저장소에 수록돼 있다.
>
> - https://github.com/yujeongJeon/npm-deep-dive-example/tree/main/chapter5/5.1
>
> 또는 https://babeljs.io/repl에서 예제에 나오는 babel.config.json의 프리셋 설정과 예시 코드를 복사해서 변환된 결과를 한눈에 확인할 수 있다.

5.1.3.1 바벨 구성 파일[23]

바벨로 코드를 트랜스파일하려면 먼저 바벨 구성 파일이 필요하다. 이 파일에 바벨의 변환 작업을 정의하는 모든 옵션이 포함되어 바벨이 transform API를 사용할 때 이 파일을 읽어 어떻게 코드를 변환할지 결정한다.

특히 바벨 구성 파일은 다음과 같은 파일 형식을 사용한다.

- babel.config.* 혹은 .babelrc.*: .json, .js, .cjs, .mjs, .cts와 같은 확장자를 사용해 자바스크립트 혹은 JSON 파일로 생성한다. CommonJS는 물론 ESModule, 타입스크립트 파일로도 생성할 수 있다.
- .babelrc: .babelrc 파일은 별도의 확장자 없이 json 또는 yaml 파일을 작성할 수 있다.
- package.json의 babel 필드: Node.js 프로젝트라면 package.json의 babel 필드를 추가해서 설정할 수 있다.

이러한 구성 파일의 규칙은 바벨뿐만 아니라 많은 오픈소스 프로젝트들이 따르는 특정 관습에 해당한다. 구성 파일의 구조와 파싱 방법은 9.1.3절 '구성 파일의 표준 cosmiconfig'에서 자세히 다룬다.

다음으로 바벨 구성 파일에서 사용할 수 있는 주요한 옵션들을 살펴보자.

- presets: 바벨의 프리셋을 설정한다. 배열 형태로 사용할 프리셋을 여러 개 지정할 수 있다.

```
{
  "presets": ["@babel/preset-env", "@babel/preset-react"]
}
```

- plugins: 프리셋과 더불어 개별 기능이나 실험적인 기능을 추가로 트랜스파일하고자 할 때 plugins 필드에 사용할 플러그인을 추가적으로 정의할 수 있다. 예를 들어, @babel/preset-env와 @babel/preset-react 프리셋에서 제공하지 않는 플러그인인 @babel/plugin-transform-runtime과 @babel/plugin-proposal-class-properties를 프리셋에 더해 추가로 설정할 수 있다. @babel/plugin-transform-runtime은 바벨의 런타임 플러그인이며, @babel/plugin-proposal-class-properties는 ES6 표준에서 제공하지 않는 클래스에 대한 추가적인 기능을 사용할 수 있게 해주는 플러그인이다.

```
{
  "presets": ["@babel/preset-env", "@babel/preset-react"],
  "plugins": ["@babel/plugin-transform-runtime", "@babel/plugin-proposal-class-properties"]
}
```

---

[23] https://babeljs.io/docs/options#primary-options

- env: 환경별 설정을 다르게 정의할 수 있다. 예를 들어, 다음과 같이 개발 환경(development)와 배포 환경(production)에서 서로 다른 설정을 사용할 수 있다.

```
{
  "env": {
    "development": {
      "presets": ["@babel/preset-env"],
      "plugins": ["@babel/plugin-transform-runtime"]
    },
    "production": {
      "presets": ["@babel/preset-env"],
      "plugins": ["@babel/plugin-transform-runtime", "@babel/plugin-transform-react-inline-elements"]
    }
  }
}
```

이 외에 이러한 주요 옵션들과 함께 사용되어 바벨의 코드 변환 과정을 돕거나 코드 변환을 더 쉽게 만드는 부가 옵션들이 있다. 이 옵션들은 바벨 설정 시 주로 쓰이는 옵션은 아니지만 설정의 세부 사항을 조정하거나 특정 요구사항에 맞게 트랜스파일을 제어하는 데 사용할 수 있다. 다음과 같은 옵션이 이러한 부수적인 설정의 대표적인 예다.

- ignore과 only: 특정 파일이나 디렉터리를 바벨의 트랜스파일에서 제외할 수 있다. 반대로 only 옵션은 바벨이 트랜스파일할 파일이나 디렉터리를 명시적으로 지정하는 옵션이다.

```
{
  "ignore": ["node_modules", "dist"],
  "only": ["src/**/*.js"]
}
```

- exclude와 include: exclude는 ignore와 비슷하지만 특정 플러그인이나 프리셋에 대해서만 제외할 파일을 지정하는 옵션이다. 반대로 include는 only와 비슷하나 이 또한 exclude처럼 특정 플러그인이나 프리셋에 대해서만 동작한다.

```
{
  "presets": ["@babel/preset-env"],
  "exclude": ["node_modules/**"],
  "include": ["src/**/*.js"]
}
```

- **sourceMaps**: 소스맵을 생성할지 여부를 설정한다. 소스맵은 디버깅 시 원본 코드와 트랜스파일된 코드 사이의 매핑 정보를 제공함으로써 디버깅을 용이하게 해준다. 소스맵과 관련한 내용은 5.4절 '바벨과 core-js의 대안'에서 바벨 외의 다른 도구를 설명할 때 추가로 설명한다.

    ```
    {
      "presets": ["@babel/preset-env"],
      "sourceMaps": true
    }
    ```

- **compact**: 트랜스파일된 코드의 길이를 줄여 코드를 더 작게 만들 수 있게 해준다. 이 옵션은 모든 개행과 공백을 제거해 코드를 더 작게 만들므로 결과물의 크기를 최적화하는 데 유용하지만 코드의 가독성을 떨어뜨릴 수 있으므로 주의해야 한다. 기본값은 "auto"로, 코드의 줄 수가 50만 줄 이상인 경우 compact 옵션이 true로 설정되어 코드를 더 작게 만든다.

    ```
    {
      "presets": ["@babel/preset-env"],
      "compact": true
    }
    ```

- **minified**: 트랜스파일된 코드를 축소할지 여부를 설정한다. 이전의 compact 옵션의 역할을 포함해 모든 세미콜론(;) 또한 제거하고 new Foo()처럼 괄호(())를 제거할 수 있는 경우 모두 제거한다. 즉, compact 옵션보다 코드를 더 최적화할 수 있는 옵션이다.

    ```
    {
      "presets": ["@babel/preset-env"],
      "minified": true
    }
    ```

- **retainLines**: compact나 minified와는 반대로 소스코드의 줄 수를 가능한 한 유지해서 디버깅을 쉽게 해준다.

    ```
    {
      "presets": ["@babel/preset-env"],
      "retainLines": true
    }
    ```

- **extends**: 다른 바벨 구성 파일을 확장해서 사용할 수 있는 옵션으로, 이를 통해 설정을 공유하거나 재사용할 수 있다. 이때 해당 파일의 상대 경로를 작성해야 한다.

```json
{
  "extends": "./babel.config.base.json"
}
```

- overrides: 특정 파일이나 디렉터리에 대해 별도의 바벨 구성을 적용할 수 있다. 이 설정으로 특정 폴더 내의 파일에 대해 다른 프리셋이나 플러그인 혹은 부수 옵션들을 적용할 수 있다.

```json
{
  "overrides": [
    {
      "test": "./src/vendor/**",
      "presets": ["@babel/preset-typescript"],
      "compact": false
    }
  ]
}
```

이렇게 해서 바벨 구성 파일의 개요를 살펴봤으니 본격적으로 바벨로 코드를 변환하는 프로젝트를 작성해 보자.

5.1.3.2 단독으로 사용하기

바벨을 단독으로 사용할 때는 바벨 자체를 실행 가능한 명령어로 만들어주는 CLI 패키지인 `@babel/cli`를 사용하면 편리하게 코드를 변환할 수 있다.[24]

```
$ npm install --save-dev @babel/cli @babel/core
```

이제 다음 세 개의 모듈을 src 폴더 하위에 작성했다고 가정해보자. 작성된 모듈은 모두 ES6 명세로 작성된 코드다.

```js
// src/arrowFunction.js
const sum = (a, b) => a + b
```

```js
// src/promise.js
export const sleep = (ms = 1000) => new Promise((resolve) => setTimeout(resolve, ms))
```

---

[24] https://babeljs.io/docs/babel-cli

```
// src/optionalChaining.js
export const pick = (obj, keyChain) => {
  const keys = keyChain.split('.')

  let result = obj
  for (let i = 0; i < keys.length; i++) {
    const key = keys[i]

    result = obj[key] ?? 'unknown'
  }

  return result
}
```

이제 위 모듈을 ES5로 변환하기 위해 @babel/cli에서 제공하는 명령어인 babel을 사용할 수 있다. 이때 babel 명령어 바로 뒤에 변환할 파일의 경로를 입력하고, --out-dir 혹은 -d 옵션으로 변환된 파일들의 출력 경로를 입력한다.

```
$ npx babel src -d dist
```

그런데 막상 dist 폴더에 출력된 파일 내용을 보면 하나도 변환되지 않았음을 볼 수 있다. 그 이유는 @babel/cli을 사용할 때 프리셋을 지정하지 않으면 기본적으로 현재 프로젝트의 Node.js 환경을 대상으로 하며, 실행 중인 Node.js 버전에 맞게 코드를 변환하기 때문이다. 현재 프로젝트의 Node.js 버전은 20.13.1이라서 ES6 명세를 사용할 수 있으므로 트랜스파일이 불필요하다. 따라서 바벨이 기대한 대로 하위 브라우저에서 호환되는 코드로 변환하도록 설정하려면 사용하고자 하는 플러그인 혹은 @babel/preset-env와 같은 프리셋 설정이 필요하다. 본 예제에서는 babel.config.json에 @babel/preset-env를 설치하고 설정한다.

코드 5.6 babel.config.json에 @babel/preset-env 프리셋을 추가한 예시

```
{
  "presets": [
    [
      "@babel/preset-env",
      {
        "targets": {
```

```
            "esmodules": false,
            "ie": "11"
          }
        }
      ]
    ]
}
```

5.1.3.2.1 targets 필드

targets 필드는 코드가 실행될 환경을 지정해 그 환경에 맞는 자바스크립트 구문으로 변환되도록 설정하는 역할을 한다. 이 필드에서 현재 프로젝트가 목표로 하는 브라우저 환경이나 Node.js 버전을 명시해 필요한 변환과 폴리필을 최소화함으로써 결과적으로 번들 크기를 줄이고 성능을 최적화할 수 있다.

또한 targets 필드는 트랜스파일할 환경을 세부적으로 설정하기 위해 다양한 형태의 값을 가질 수 있는데, 대표적인 설정은 다음과 같다.

- browsers: 목표로 하는 브라우저는 last 2 versions, > 0.25%, ie 11, not dead와 같은 키워드를 사용해 지정할 수 있다. 특정 브라우저 사용을 명시하는 것뿐만 아니라 브라우저 사용 비율로 설정할 수도 있다. 이와 관련한 더 자세한 내용은 5.3절 '최선의 폴리필과 트랜스파일은 무엇일까?'에서 설명한다.
  - last 2 versions: 각 브라우저의 마지막 두 버전을 목표로 지정
  - > 0.25%: 전 세계 사용자의 0.25% 이상이 사용하는 브라우저를 목표로 지정
  - ie 11: 인터넷 익스플로러 11 브라우저를 목표로 지정
  - not dead: 최근 24개월 동안 업데이트되지 않은 브라우저를 제외
- node: 사용할 Node.js의 구체적인 버전을 지정할 수 있다.
  - node: 'current': 현재 프로젝트에서 사용하는 Node.js 버전을 지정
  - node: '14': 특정 Node.js 버전을 지정
- esmodules: ESModule을 지원하는 환경을 목표로 지정할 수 있다.

```
{
"presets": [
 ["@babel/preset-env", {
    "targets": {
      "esmodules": true
    }
```

```
    }]
  ]
```

- browserslist 구성 파일: 혹은 targets가 없어도 프로젝트 최상단 경로에 .browserslistrc 파일을 생성해서 목표로 하는 브라우저를 지정할 수 있다. browserslist와 관련한 내용은 5.3절 '최선의 폴리필과 트랜스파일은 무엇일까?'에서 더 자세히 설명한다.

본 예제에서는 "ie": 11로 지정해 ES5 명세로 트랜스파일되도록 설정했으며 import와 export 키워드가 ES6 명세부터 추가된 명세이므로 구형 환경에서 바로 실행할 수 없기 때문에 esmodules 필드를 false로 지정했다. esmodules를 false로 지정하면 바벨이 import와 export 키워드를 CommonJS 모듈 구문인 require() 함수로 변환한다.

코드 5.6처럼 설정한 후 다시 babel CLI를 실행해 dist에 빌드된 코드를 확인하면 arrowFunction.js와 optionalChaining.js는 화살표 함수와 옵셔널 체이닝을 쓰지 않은 코드로 변환된 것을 확인할 수 있다.

코드 5.7 변환된 sum() 함수

```
// dist/arrowFunction.js
'use strict'

var sum = function sum(a, b) {
  return a + b
}
```

코드 5.8 변환된 pick() 함수

```
// dist/optionalChaining.js

'use strict'

Object.defineProperty(exports, '__esModule', {
  value: true,
})
exports.pick = void 0
var pick = (exports.pick = function pick(obj, keyChain) {
  var keys = keyChain.split('.')
  var result = obj
  for (var i = 0; i < keys.length; i++) {
```

```
    var _obj$key
    var key = keys[i]
    result = (_obj$key = obj[key]) !== null && _obj$key !== void 0 ? _obj$key : 'unknown'
  }
  return result
})
```

그러나 코드 5.7이나 코드 5.8과 달리 Promise를 변환한 결과인 dist/promise.js의 코드는 여전히 Promise를 트랜스파일하지 않는다.

코드 5.9 sleep() 함수 내의 Promise는 ES5 명세가 아님에도 불구하고 변환되지 않았다.

```
"use strict";

Object.defineProperty(exports, "__esModule", {
  value: true
});
exports.sleep = void 0;
var sleep = exports.sleep = function (sl) {
  var ms = arguments.length > 0 && arnts[0] !== undefined ? arguments[0] : 1
  return new Promise(function (resolve) {
    return setTimeout(resolve, ms);
  });
};
```

Promise가 제대로 변환되지 못한 이유는 앞에서 설명했던 트랜스파일이 어떻게 이뤄지느냐와 관련이 있다. 트랜스파일은 ES6의 명세를 ES5의 명세의 조합으로 코드를 대체하는 방식으로 동작한다. 주로 다음의 ES6 명세를 ES5의 명세로 변환할 수 있다.

- 클래스: 함수 기반의 프로토타입 패턴으로 변환할 수 있다.
- 화살표 함수: 일반 함수 표현식으로 변환할 수 있다.
- 템플릿 리터럴: 문자열 연결로 변환할 수 있다.
- 객체 및 배열의 구조 분해 할당: 일반 변수 할당으로 변환할 수 있다.
- 스프레드 연산자: Object.assign 혹은 배열 메서드로 변환할 수 있다.
- 옵셔널 체이닝: 삼항 연산자로 변환할 수 있다.

반면, 다음 명세들은 트랜스파일만으로는 변환이 어려운 사례다.

- Promise 객체
- Map, Set, WeakMap, WeakSet과 같은 ES6 컬렉션 객체
- Array.prototype.includes, String.prototype.startsWith, Object.assign과 같은 새로 추가된 메서드
- async/await

이 경우에는 트랜스파일뿐만 아니라 폴리필(polyfill)이라고 하는 다른 기능이 필요하다. 폴리필은 5.2절 '폴리필을 도와주는 도구 core-js'에서 트랜스파일과 무엇이 다른지 알아본다.

> 브라우저와 같은 환경에서는 CommonJS의 require() 함수를 못쓰는데 어떻게 올바르게 변환할 수 있을까요?
>
> 4장에서 알아봤듯이 브라우저 환경에서는 Node.js의 require() 함수를 직접적으로 사용할 수는 없다. 따라서 브라우저 환경에서 CommonJS 모듈을 사용하려면 웹팩과 같은 모듈 번들러와 바벨을 함께 사용해 구형 브라우저에서 require() 함수가 없는 CommonJS로 빌드해야 한다. 이것은 모듈 번들러와 함께 사용하는 두 번째 사례에서 더 자세히 설명한다.

5.1.3.3 번들러와 함께 사용하기

바벨을 단독으로 사용하는 사례는 앞선 사례에서 보다시피 특정 환경을 올바르게 지원하는 데 주로 다음과 같은 문제가 있어 제약이 따른다.

- **모듈 시스템 변환 문제**: 브라우저는 Node.js에서 사용하는 require() 함수와 module.exports를 지원하지 않는다. @babel/preset-env를 설정할 때 targets.esmodules 필드를 false로 두면 ES6의 모듈이 CommonJS로 변환되는데, 이것은 브라우저 환경에서 문제가 된다. 이로 인해 브라우저에서 'require is not defined' 오류가 발생할 수 있다. 이를 해결하기 위해 targets.esmodules 필드를 설정하지 않으면 이번에는 import와 export 키워드를 변환하지 못하므로 ES6를 지원하지 않는 구형 브라우저를 지원해야 할 경우 문제가 될 수 있다.

- **최적화 문제**: 브라우저 문제뿐만 아니라 번들러를 사용하지 않으면 번들러가 제공하는 여러 최적화를 적용할 수 없다는 단점도 있다. 먼저 바벨은 단독으로 코드 분할(code splitting)을 지원하지 않기 때문에 모든 코드를 하나의 파일로 번들링하게 되면 초기 로드 시간이 길어질 수 있다. 또한 바벨은 사용하지 않는 코드를 알아서 제거해주지 않으므로 번들 크기가 불필요하게 커지는 문제가 있다. 마지막으로 웹 애플리케이션 프로젝트의 경우 자바스크립트 파일뿐만 아니라 기타 CSS, HTML, 이미지, 글꼴 등 여러 가지 파일을 포함하고 있기도 한데 바벨은 오직 자바스크립트 파일만 변환하기 때문에 다른 유형의 파일은 관리할 수 없다.

이러한 문제로 인해 실제 프로젝트에서는 대체로 바벨을 단독으로 사용하기보다 웹팩이나 롤업 같은 모듈 번들러에서 함께 사용한다.

이번 절에서는 웹팩과 바벨을 함께 사용해 자바스크립트 코드 변환뿐만 아니라 최적화까지 적용해보자. 먼저 `webpack.config.js`에서 바벨은 `babel-loader`라는 패키지를 웹팩의 `loader`로 추가해서 모듈을 처리해야 한다.[25] 웹팩에 대한 자세한 설명은 이후 6.2절 '웹서비스 번들의 표준, 웹팩'에서 다루고 있으니 지금은 웹팩이라는 모듈 번들러에서 바벨을 적용하려면 `babel-loader`가 필요하다는 사실에 주목한다. 먼저 필요한 패키지들을 다음 명령어로 설치한다.

```
$ npm i -D webpack webpack-cli babel-loader @babel/core @babel/preset-env
```

또한 웹팩은 쓰이지 않는 코드는 자동으로 트리 셰이킹하기 때문에 `index.js`를 추가해서 `arrowFunction.js`, `promise.js`, `optionalChaining.js` 모듈을 가져와서 사용하는 코드를 추가로 작성한다.

코드 5.10 promise.js, arrowFunction.js, optionalChaining.js의 모듈을 불러와 사용하는 예제

```js
// src/index.js
import { sleep } from "./promise";
import { sum } from "./arrowFunction";
import { pick } from "./optionalChaining";

const CITIES = {
    서울: [
        "종로구",
        "강남구",
        // 중략
        ...
    ],
    부산: [
        "중구",
        "서구",
        // 중략
        ...
    ]
}
```

---

[25] https://www.npmjs.com/package/babel-loader

```js
async function main() {
  document.addEventListener('DOMContentLoaded', async () => {
    /** sum(1, 2)의 반환값을 DOM에 추가 */
    const total = sum(1, 2)
    const sumElement = document.createElement('div')
    sumElement.innerHTML = `<p>sum: ${total}</p>`
    document.body.appendChild(sumElement)

    /** 시/구를 선택하는 select 요소를 DOM에 추가 */
    createSelect({
      id: 'Si',
      label: '시',
      options: Object.keys(CITIES),
      onChange: (e) => {
        removeExistingSelect('Gu')

        const selectedSi = e.target.value

        const guOptions = pick(CITIES, selectedSi)

        // 선택한 '시'가 없으면 '구' select 요소를 DOM에 추가하지 않음
        if (guOptions === 'unknown') {
          return;
        }

        createSelect({
          id: 'Gu',
          label: `구`,
          options: guOptions,
          onChange: (e) => {
            const selectedGu = e.target.value
            console.log(`${selectedSi}시 ${selectedGu}를 선택했습니다.`)
          }
        })
      }
    })

    /** 3초 지연시간 이후에 DOM에 나타나지 않은 hiddenElement 표시 */
    const loadingElement = document.getElementById('loading')
```

```js
    const hiddenElement = document.getElementById('hidden')

    await sleep(3000)

    loadingElement.style.display = 'none'
    hiddenElement.style.display = 'block'
  })
}

main();
```

이제 웹팩으로 해당 `index.js` 파일을 번들링하는 `webpack.config.js`을 작성해보자.

코드 5.11 ES5로 변환하는 바벨의 기능을 포함하는 webpack.config.js 코드 예시

```js
// webpack.config.js
const path = require('path')
const HtmlWebpackPlugin = require('html-webpack-plugin')

const htmlPlugin = new HtmlWebpackPlugin({
  filename: `main.html`,
  chunks: 'main',
  templateContent: `
    <!DOCTYPE html>
    <html lang="en">
    <head>
      <meta charset="UTF-8">
      <meta name="viewport" content="width=device-width, initial-scale=1.0">
      <title>Template Example</title>
    </head>
    <body>
    <div id="loading">Loading...</div>
    <div id="hidden" style="display: none;">이 div 요소는 3초후에 보이는 div 요소입니다.</div>
    </body>
    </html>
  `,
})

module.exports = (env, argv) => ({
```

```
  entry: './src/index.js',
  output: {
    filename: '[name].js',
    path: path.resolve(__dirname, 'dist'),
  },
  module: {
    rules: [
      {
        test: /\.js$/i,
        exclude: /node_modules/,
        use: {
          loader: 'babel-loader',
          options: {
            presets: [
              [
                '@babel/preset-env',
                {
                  targets: {
                    ie: '11',
                  },
                  modules: 'auto',
                },
              ],
            ],
          },
        },
      },
    ],
  },
  optimization: {
    splitChunks: {
      chunks: 'all',
    },
  },
  mode: argv.mode === 'production' ? 'production' : 'development',
  plugins: [htmlPlugin],
})
```

위 설정 중 바벨과 관련된 설정인 module.rules의 첫 번째 요소를 살펴보면 다음과 같다.

코드 5.12 webpack.config.js에서 바벨과 관련된 설정

```
{
  "module": {
    "rules": [
      {
        "test": /\.js$/i,
        "exclude": /node_modules/,
        "use": {
          "loader": "babel-loader",
          "options": {
            "presets": [
              [
                "@babel/preset-env",
                {
                  "targets": {
                    "ie": "11",
                  },
                  "modules": 'auto',
                },
              ],
            ],
          },
        },
      },
    ],
  }
}
```

코드 5.12는 .js 파일에 대해 사용할 로더로 babel-loader를 사용하겠다는 의미다. 또한 options 필드는 앞에서 설정했던 babel.config.json과 같은 역할을 하는 객체로, 마찬가지로 @babel/preset-env를 프리셋으로 설정하고 targets 필드에는 목표로 하는 브라우저 환경을 기입한다.

여기서 바벨만 단독으로 사용했던 예제와의 주요한 차이점은 targets.esmodules와 module이다.

- targets.esmodules 제거: IE11과 같은 구형 브라우저 환경에서는 import와 export 구문을 직접 사용할 수 없기 때문에 ESModule의 처리 방식을 따르면 안 된다. targets.esmodules는 targets.browsers와 같은 브라우저 환경에 따라 자동으로 ESModule의 사용 여부를 결정한다. 코드 5.12의 경우 ie: '11'로 명시했으므로 @babel/preset-env가 자동으로 ES5로 트랜스파일하도록 처리한다.

- "modules": 'auto': 이 설정은 @babel/preset-env에서 모듈 트랜스파일 방식을 자동으로 결정하도록 하는 옵션으로, 바벨이 현재의 환경과 설정을 감안해서 필요한 경우에만 ES6 모듈을 CommonJS로 변환한다. 웹팩의 경우 babel-loader와 함께 사용하면 바벨은 자동으로 이 모듈 번들러들이 모듈 처리를 담당한다고 인식해 모듈 트랜스파일 작업은 건너뛰고 웹팩이 대신 처리하게 한다.

이제 웹팩 CLI를 실행하면 웹팩이 자동으로 수행하는 번들 최적화 장점과 함께 코드를 변환할 수 있다.

```
$ npx webpack --config webpack.config.js --mode=production
```

빌드 결과물의 main.html을 브라우저로 실행하면 그림 5.3과 같이 임포트한 모듈이 정상적으로 빌드됐음을 확인할 수 있다.

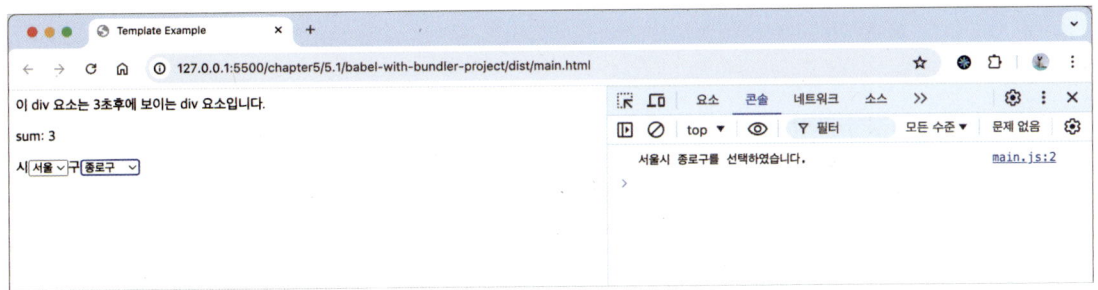

그림 5.3 웹팩으로 빌드한 결과물 중 main.html을 실행한 화면

5.1.4 정리

이번 절에서는 트랜스파일이 자바스크립트 생태계에서 중요한 이유를 알아보고 대표적인 트랜스파일러인 바벨에 대해 집중적으로 다뤘다. 특히 바벨의 코드 변환과 관련해서 설명했으나 바벨은 트랜스파일뿐만 아니라 앞에서 언급했던 폴리필을 설정하는 기능 또한 포함한다. 바로 다음 절에서 폴리필이 왜 필요하고, 바벨에서는 폴리필을 어떻게 설정할 수 있는지 자세히 알아보자.

5.2 폴리필을 도와주는 도구 core-js

앞서 바벨의 트랜스파일을 설명하면서 모든 ES6의 명세를 트랜스파일만으로는 구형 브라우저에서 실행 가능한 코드로 완벽하게 대체할 수 없다고 설명했다. 예를 들어, ES6부터 사용 가능한 비동기 처리를 위한 객체인 Promise를 구형 브라우저에서 사용하려면 어떻게 변환해야 하는지 살펴보자.

```
class Promise {
    constructor(executor: (resolve: Function, reject: Function) => void): Promise
    then(onFulfilled: Function, onRejected: Function): Promise
    catch(onRejected: Function): Promise
    finally(onFinally: Function): Promise
    static all(iterable: Iterable): Promise
    static allSettled(iterable: Iterable): Promise
    static any(promises: Iterable): Promise
    static race(iterable: Iterable): Promise
    static reject(r: any): Promise
    static resolve(x: any): Promise
    static withResolvers(): {promise: Promise; resolve: function; reject: function}
}
```

특히 다음과 같은 특징을 포함해야 Promise라고 할 수 있다.

- 생성자 함수: Promise는 생성자 함수로, resolve와 reject를 가지는 콜백 함수를 인수로 받아야 한다. 이 콜백 함수는 비동기 작업이 완료됐을 때 호출된다.

- then 메서드: then 메서드는 두 개의 콜백 함수를 인수로 받아 각각 Promise가 이행됐을 때와 거부됐을 때 호출돼야 한다.

- catch 메서드: catch 메서드는 거부된 Promise의 에러를 처리하는 콜백 함수를 등록한다.

- finally 메서드: finally 메서드는 Promise가 이행되든 거부되든 상관없이 항상 실행되는 콜백 함수를 등록한다.

- 체이닝: then, catch, finally 메서드는 새로운 Promise를 반환해서 체이닝이 가능해야 한다. 이를 통해 여러 비동기 작업을 순차적으로 처리할 수 있다.

- Promise.all: Promise.all 메서드는 여러 개의 Promise를 인수로 받아 모든 Promise가 이행될 때까지 기다린 후 모든 결과를 배열로 반환한다. 하나라도 거부되면 전체가 거부된다.

- Promise.allSettled: Promise.allSettled 메서드는 여러 개의 Promise를 인수로 받아 모든 Promise가 완료될 때까지 기다린 후에 각각의 결과를 객체 형태로 배열에 반환한다.

- Promise.race: Promise.race 메서드는 여러 개의 Promise를 인수로 받아 가장 먼저 완료된 Promise의 결과나 에러를 우선적으로 반환한다.
- Promise.resolve: Promise.resolve 메서드는 주어진 값으로 이행된 Promise를 반환한다. 값이 이미 Promise인 경우에는 그대로 반환한다.
- Promise.reject: Promise.reject 메서드는 주어진 이유로 거부된 Promise를 반환한다.

이렇게 많은 특징을 갖는 Promise는 오로지 낮은 ES 버전의 문법만 가지고는 완벽하게 대체하기 어렵다. 따라서 Promise를 변환하기 위해서는 Promise의 모든 인터페이스와 메서드 구현을 포함한 동일한 객체를 전역에 새롭게 정의해야만 Promise를 사용할 수 있다. 예를 들어, 다음과 같이 window.Promise를 구현해야 한다.

```javascript
if (!window.Promise) {
  window.Promise = function (executor) {
    var state = 'pending'
    var value = null
    var handlers = []

    function fulfill(result) {
      state = 'fulfilled'
      value = result
      handlers.forEach(handle)
      handlers = null
    }

    function reject(error) {
      state = 'rejected'
      value = error
      handlers.forEach(handle)
      handlers = null
    }

    function resolve(result) {
      try {
        var then = getThen(result)
        if (then) {
          doResolve(then.bind(result), resolve, reject)
          return
```

```
      }
      fulfill(result)
    } catch (error) {
      reject(error)
    }
  }

  function handle(handler) {
    if (state === 'pending') {
      handlers.push(handler)
    } else {
      if (state === 'fulfilled' && typeof handler.onFulfilled === 'function') {
        handler.onFulfilled(value)
      }
      if (state === 'rejected' && typeof handler.onRejected === 'function') {
        handler.onRejected(value)
      }
    }
  }

  this.then = function (onFulfilled, onRejected) {
    return new window.Promise(function (resolve, reject) {
      handle({
        onFulfilled: onFulfilled,
        onRejected: onRejected,
        resolve: resolve,
        reject: reject,
      })
    })
  }

  doResolve(executor, resolve, reject)
  }
}
```

이처럼 트랜스파일만으로는 해결되지 않는 기능들을 지원하기 위해 동일한 이름으로 낮은 ES 문법만 사용 가능한 구형 브라우저 환경에서도 작동하도록 전역에 생성되는 메서드나 객체를 폴리필(polyfill)이라고 한다.

폴리필을 제공하는 대표적인 자바스크립트 라이브러리는 core-js이며, 바벨은 이 core-js를 프리셋과 플러그인에서 폴리필 기능으로 포함해서 설정할 수 있게 돕는다. 이번 절에서는 core-js가 제공하는 기능과 함께 개발자가 자신의 프로젝트에 폴리필을 어떻게 적용할 수 있는지 알아보자.

5.2.1 core-js란 무엇인가?

core-js[26]는 자바스크립트 개발자이자 오픈소스 기여자인 데니스 푸슈카레프(Denis Pushkarev, 주로 그의 깃허브 계정명인 zloirock으로 알려져 있다)에 의해 만들어진 자바스크립트 폴리필 라이브러리다. core-js는 자바스크립트 폴리필 라이브러리 중 가장 인기 있고 범용적인 폴리필로, 최신 ECMAScript 표준과 아직 표준으로 채택되지 않은 제안(proposal) 기능까지지 지원한다. 예를 들면 이전 ES5 기능부터 최신 기능인 이터레이터(Iterator)[27]나 객체의 깊은 복사를 제공하는 structuredClone[28]까지 포함할 정도로 최신 자바스크립트의 전반적인 기능의 폴리필을 지원한다.

이러한 core-js는 다음과 같은 특징이 있다.

- **폴리필 제공**: 최신 ECMAScript 기능에 대한 폴리필을 제공한다. 예를 들어, Promise, Symbol, Array.prototype.from과 같이 널리 쓰이는 기존 기능을 제공할뿐만 아니라 2024년에 추가된 Promise.withResolve()와 같이 이 책을 쓰는 시점을 기준으로 최신에 가까운 기능 또한 빠르게 사용해볼 수 있는 기회를 제공한다.

- **모듈화**: core-js는 2024년을 기준으로 약 500개의 폴리필 모듈로 구성돼 있으며, 모듈화가 잘 돼 있어 필요한 기능만 선택적으로 로드할 수도 있다. 필요한 기능만 개별적으로 임포트해서 사용할 수 있게 제공되므로 사용처에서 core-js를 포함하는 것으로 인한 코드 양의 증가를 줄이고 성능을 최적화하는 데 도움을 준다. 예를 들어, 앞에서 예시로 든 Promise를 core-js에서는 각 특징마다 모듈로 분리해서 제공한다.[29]

```
'use strict'
require('../../modules/es.aggregate-error')
require('../../modules/es.array.iterator')
require('../../modules/es.object.to-string')
require('../../modules/es.promise')
require('../../modules/es.promise.all-settled')
require('../../modules/es.promise.any')
require('../../modules/es.promise.with-resolvers')
```

---

26 https://github.com/zloirock/core-js
27 https://developer.mozilla.org/en-US/docs/Web/JavaScript/Guide/Iterators_and_generators
28 https://developer.mozilla.org/en-US/docs/Web/API/structuredClone
29 https://github.com/zloirock/core-js/blob/master/packages/core-js/es/promise/index.js

```
require('../../modules/es.promise.finally')
require('../../modules/es.string.iterator')
var path = require('../../internals/path')

module.exports = path.Promise
```

이러한 모듈 하나하나가 모여 Promise 객체를 만드는 역할을 한다.

- **ECMAScript 제안(Proposal) 단계의 기능을 지원**: 최신 표준뿐만 아니라 아직 표준으로 채택되지 않은 제안 단계 기능의 폴리필 또한 일부 제공한다. core-js 깃허브 저장소의 packages/core-js/proposals 경로에서 제안 단계인 기능의 폴리필 코드를 볼 수 있다.[30]

정리하자면 core-js는 최신 자바스크립트 표준에서 정의된 기능들을 브라우저 호환성을 고려해서 사용할 수 있게 해주는 도구이며, 모듈화로 인해 다른 도구와의 통합이 용이해 다른 라이브러리나 프레임워크에서 core-js를 의존성으로 포함하는 경우가 많다. 따라서 대부분의 개발자들이 직·간접적으로 core-js를 자신의 프로젝트에서 사용하고 있으며, 최신 자바스크립트 기능을 호환성 문제를 겪지 않으면서 사용할 수 있게 돕는다. 실제로 core-js 깃허브 저장소에서 소개한 바에 따르면 core-js는 TOP 1000 웹사이트 중 54% 이상, 상위 100개 사이트 중에서는 75%에서 80% 정도가 core-js를 사용하고 있다고 한다.[31]

> **window['__core-js_shared__']의 역할은 무엇인가요?**
>
> 여담으로 core-js 폴리필이 사용된 웹 애플리케이션의 개발자 도구로 window['__core-js_shared__']로 설치된 버전 목록을 조회할 수도 있다. 
>
> ```
> > window['__core_js_shared__']
> < ▼ {versions: Array(5), wks: {…}, keys: {…}, state: WeakMap, inspectSource: f, …}
>     inspectSource: f (e)
>   ▶ keys: {IE_PROTO: 'Symbol(IE_PROTO)_1.b9tq3ss569', hidden: 'Symbol(hidden)_1.knjsk4ywak'}
>   ▶ op-symbols: {}
>   ▶ state: WeakMap {Map => {…}, WeakMap => {…}, WeakMap => {…}, WeakMap => {…}, Map => {…}, …}
>   ▶ string-to-symbol-registry: {}
>   ▶ symbol-to-string-registry: {}
>   ▶ symbols: {}
>   ▼ versions: Array(5)
>     ▼ 0:
>         copyright: "© 2014-2022 Denis Pushkarev (zloirock.ru)"
>         license: "https://github.com/zloirock/core-js/blob/v3.21.0/LICENSE"
>         mode: "global"
>         source: "https://github.com/zloirock/core-js"
>         version: "3.21.0"
>     ▶ [[Prototype]]: Object
>     ▶ 1: {version: '3.27.1', mode: 'global', copyright: '© 2014-2022 Denis Pushkarev (zloirock.ru)', license: 'https://github.com/zloirock/core-js/blob/v3.27.1/LICENSE', source: '
>     ▶ 2: {version: '3.21.1', mode: 'pure', copyright: '© 2014-2022 Denis Pushkarev (zloirock.ru)', license: 'https://github.com/zloirock/core-js/blob/v3.21.1/LICENSE', source: 'ht
>     ▶ 3: {version: '3.9.1', mode: 'pure', copyright: '© 2021 Denis Pushkarev (zloirock.ru)'}
>     ▶ 4: {version: '3.27.1', mode: 'pure', copyright: '© 2014-2022 Denis Pushkarev (zloirock.ru)', license: 'https://github.com/zloirock/core-js/blob/v3.27.1/LICENSE', source: 'ht
>       length: 5
>     ▶ [[Prototype]]: Array(0)
>   ▶ wks: {toPrimitive: Symbol(Symbol.toPrimitive), toStringTag: Symbol(Symbol.toStringTag), species: Symbol(Symbol.species), iterator: Symbol(Symbol.iterator), match: Symbol(Symbo
>   ▶ [[Prototype]]: Object
> ```
>
> 그림 5.4 new-m.pay.naver.com 도메인의 window['__core-js_shared__'] 출력 예시

---

[30] https://github.com/zloirock/core-js/tree/master/packages/core-js/proposals
[31] https://github.com/zloirock/core-js/blob/master/docs/2023-02-14-so-whats-next.md#what-is-core-js

> 실제로 한 애플리케이션 내부에서 사용되는 의존성들에 의해 core-js가 여러 버전이 존재할 수 있으며, 서로 다른 버전의 core-js가 동시에 로드되는 경우가 있을 수 있다. 이러한 상황에서 window['__core-js_shared__'] 객체를 사용해 각 버전의 core-js가 이 객체를 참조함으로써 서로 다른 버전 간의 충돌을 최소화할 수 있다.
>
> window['__core-js_shared__'] 객체는 버전 간 호환성 관리뿐만 아니라 다음 두 가지 목적으로도 쓰인다. core-js가 내부 모듈 간 데이터를 공유하고자 할 때 window['__core-js_shared__'] 객체는 중앙에서 이러한 공유 데이터를 관리하는 역할을 한다. 또한 자바스크립트 환경에서 폴리필 코드를 전역으로 추가하면 전역 공간의 오염으로 인해 변수의 충돌을 일으킬 위험이 있는데, core-js는 window['__core-js_shared__']를 사용해 자신만의 네임스페이스를 만들고, 이를 통해 전역 변수의 사용을 최소화한다. 이와 관련해서는 뒤에서 더 자세히 다룬다.

그러나 자바스크립트의 모든 기능이 폴리필로 해결 가능한 것은 아니다. core-js 또한 대부분의 최신 ECMAScript 기능을 지원하지만 일부 기능은 폴리필로도 구현할 수 없다. 대표적인 예로는 `Reflect.construct`, 꼬리 호출 최적화(tail call optimization), 일부 심볼(symbols) 기능, 클래스의 비공개(private) 필드와 메서드 같은 기능이 있다. 이러한 기능은 주로 런타임 자바스크립트 엔진 수준에서 더 깊은 통합과 최적화가 필요하기 때문에 단순히 폴리필로만 구현하기에는 제약이 따른다.

5.2.1.1 core-js 적용하기

이제 core-js를 직접 프로젝트에 설치해서 사용하는 방법을 알아보자. 먼저 core-js를 프로젝트에 의존성으로 설치한다. 2024년 11월 기준 core-js의 추천 버전은 3으로, 최신 ECMAScript 기능을 가장 광범위하게 지원하고 지속적인 업데이트와 버그 수정이 진행되는 버전이므로 권장한다.

```
$ npm install --save-dev core-js@3
```

이때 프로젝트에 core-js를 임포트하는 방법은 상황에 따라 두 가지가 있다. 먼저 프로젝트에 어떤 기능의 폴리필 코드가 필요한지 모호한 경우 `core-js/stable`을 가장 먼저 실행되는 파일에 임포트할 수 있다. `core-js/stable`은 ECMAScript 표준의 최신 버전을 기준으로 폴리필을 제공한다. 따라서 프로젝트 최상단에서 실행되는 파일에 `core-js/stable`을 임포트하면 개발자들이 최신 기능을 구형 브라우저나 환경에서도 사용할 수 있다.

```
require('core-js/stable')
```

혹은 프로젝트에 특정 기능의 폴리필 코드만 필요하다면 직접 필요한 폴리필을 코드에서 직접 임포트할 수 있다. 이 방식은 불필요한 코드 로드를 방지해서 성능을 최적화할 수 있다.

```
import 'core-js/features/promise'
import 'core-js/features/array/includes'
```

이것이 core-js를 프로젝트에 설치하고 사용하는 기본적인 방법으로, 이제 core-js를 통해 구형 브라우저에서도 최신 자바스크립트 기능을 사용할 수 있다.

5.2.2 바벨과 core-js

core-js는 앞에서 본 것처럼 직접 설치해서 사용할 수도 있지만 일반적으로는 바벨의 트랜스파일 기능과 함께 사용한다. 바벨은 core-js를 의존성으로 포함해서 프리셋과 플러그인에서 폴리필 기능을 설정할 수 있다. 이렇게 바벨을 통해 core-js를 개발자가 직접 어떤 폴리필이 필요한지 결정하지 않아도 되어 훨씬 편리하므로 core-js를 단독으로 사용하는 것보다 더 권장되는 방법이다. 이제 core-js를 바벨과 함께 사용하려면 어떻게 해야 할지 두 가지 방법을 알아보자.

5.2.2.1 @babel/preset-env에 core-js 설정하기

먼저 @babel/preset-env 프리셋의 옵션으로 corejs 필드를 추가해서 core-js 폴리필 사용을 정의할 수 있다.[32] 이 corejs 필드는 다음 바벨 설정 예시처럼 프리셋에서 단독으로 설정되기보다 코드 5.13처럼 다른 프리셋 옵션들과 함께 설정해서 사용하는 것이 좋다.

코드 5.13 @babel/preset-env의 corejs 설정 예시

```
// babel.config.js
module.exports = {
  presets: [
    [
      '@babel/preset-env',
      {
        corejs: {version: '3.39.0', proposals: false},
        useBuiltIns: 'usage',
        targets: {
          browsers: ['ie >= 11'],
        },
      },
    ],
```

[32] https://babeljs.io/docs/babel-preset-env#corejs

```
    ],
}
```

코드 5.13의 설정값을 하나씩 살펴보면 다음과 같다.

1. **corejs**: corejs 필드에는 사용할 core-js의 버전과 기타 폴리필 최적화 설정을 할 수 있다. 코드 5.13에서는 3.39.0 버전을 사용한다. 또한 프로젝트에서 제안 단계인 자바스크립트 기능을 사용하는지 여부를 파악해서 proposals 필드를 false로 설정하는 것 또한 불필요한 폴리필을 줄이는 데 도움이 된다.

   > **corejs: 3처럼 버전만 명시하는 것과 차이가 뭔가요?**
   >
   > babel.config.js에서 corejs 필드에 3처럼 버전만 명시하는 것 또한 가능하다. 그러나 버전만 명시할 경우 부수 버전이 포함되지 않았으므로 3.0.0 버전으로 해석된다. 반면에 corejs: {version: '3.39.0', proposals: false}는 3.39.0 버전의 corejs를 의미하며, 이는 3.0.0부터 3.39.0까지 지원되는 모든 폴리필을 포함하므로 더 안정적이다. 또한 사용자의 프로젝트에서 제안 단계의 기능을 사용하지 않음에도 core-js@3의 제안 단계의 기능까지 포함돼 있으므로 번들에 불필요한 폴리필 코드까지 포함한다. 결론적으로 번들 사이즈와 core-js@3의 최신 버전을 사용하기 위해서 version과 proposals 속성을 포함하는 객체로 설정할 것을 권장한다.

2. **targets.browsers**: targets.browsers 필드에서 브라우저 환경을 지정해서 필요한 폴리필만 포함하게 할 수 있다. 코드 5.13에서는 ES5를 지원하기 위해 ie >= 11로 설정했다. targets 필드에 대한 자세한 설명은 5.1절 '트랜스파일을 도와주는 도구, 바벨'에서 설명했다.

3. **useBuiltIns**: useBuiltIns는 바벨이 폴리필을 어떻게 처리할 것인지 동작 모드를 설정할 수 있는 옵션이다. 이 옵션을 usage 혹은 entry로 설정해서 실제 코드에서 사용된 기능에 대해서만 폴리필을 추가하면 불필요한 폴리필을 줄일 수 있다. usage는 코드에서 실제로 사용된 ECMAScript 기능에 대해서만 필요한 폴리필을 자동으로 추가하는 모드로, 바벨은 각 파일을 분석해서 사용된 기능을 감지해 필요한 폴리필을 해당 파일에 추가한다. 반면 entry는 엔트리 파일에서 한 번에 폴리필을 추가하는 모드이며, 개발자는 프로젝트의 엔트리 포인트가 되는 파일에 명시적으로 폴리필을 추가해야 한다. 예를 들어, 프로젝트의 엔트리 포인트가 index.js라면 index.js에 core-js/stable을 임포트해야 한다.

   ```
   // index.js(엔트리 포인트)
   import 'core-js/stable'
   ```

   entry 모드는 동작 방식상 불필요한 폴리필까지 포함될 수 있기 때문에 번들 크기가 더 커질 수 있다. 따라서 대부분의 경우 usage를 사용하는 것이 더 효율적이다. 특히 애플리케이션 개발 시 코드에서 사용된 기능에 대해서만 폴리필을 추가하므로 번들 크기를 줄이고 성능을 최적화할 수 있다. 그러나 라이브러리가 지원해야 하는 호환성이 불분명하거나 특정 환경에서 완전한 호환성을 보장해야 하는 경우에는 entry를 사용하는 것이 더 적합할 수 있다.

이제 이 설정을 바탕으로 5.1절 '트랜스파일을 도와주는 도구, 바벨'에서 예로 든 모듈인 arrowFunction. js, optionalChaining.js, promise.js에 폴리필 설정을 추가해보자.

```js
// src/arrowFunction.js
const sum = (a, b) => a + b
```

```js
// src/promise.js
export const sleep = (ms = 1000) => new Promise((resolve) => setTimeout(resolve, ms))
```

```js
// src/optionalChaining.js
export const pick = (obj, keyChain) => {
  const keys = keyChain.split('.')

  let result = obj
  for (let i = 0; i < keys.length; i++) {
    const key = keys[i]

    result = obj[key] ?? 'unknown'
  }

  return result
}
```

```js
// src/promise.js
export const sleep = (ms = 1000) => new Promise((resolve) => setTimeout(resolve, ms))
```

먼저 core-js 패키지를 프로젝트에 설치해서 바벨이 폴리필을 사용할 수 있게 한다.

```
$ npm install --save core-js@3.39.0
```

이후 프로젝트의 바벨 구성 파일을 코드 5.13처럼 설정한 후 @babel/cli를 실행하면 구형 브라우저에서 각 모듈을 사용할 수 있도록 필요한 core-js 폴리필이 포함된 트랜스파일된 코드를 생성한다. 이때 dist/arrowFunction.js나 dist/optionalChaining.js와 같이 폴리필이 불필요한 모듈은 core-js를 포함하지 않은 채 트랜스파일하는 것을 볼 수 있다.

```
// dist/arrowFunction.js
'use strict'

var sum = function sum(a, b) {
  return a + b
}
```

```
// dist/optionalChaining.js
'use strict'

Object.defineProperty(exports, '__esModule', {
  value: true,
})
exports.pick = void 0
var pick = (exports.pick = function pick(obj, keyChain) {
  var keys = keyChain.split('.')
  var result = obj
  for (var i = 0; i < keys.length; i++) {
    var _obj$key
    var key = keys[i]
    result = (_obj$key = obj[key]) !== null && _obj$key !== void 0 ? _obj$key : 'unknown'
  }
  return result
})
```

반면 dist/promise.js는 Promise가 폴리필을 필요로 하므로 바벨이 core-js를 require() 함수로 가져와서 Promise에 대한 폴리필을 자동으로 추가한다.

```
// dist/promise.js
'use strict'

Object.defineProperty(exports, '__esModule', {
  value: true,
})
exports.sleep = void 0
require('core-js/modules/es.object.to-string.js')
require('core-js/modules/es.promise.js')
var sleep = (exports.sleep = function sleep() {
```

```
    var ms = arguments.length > 0 && arguments[0] !== undefined ? arguments[0] : 1000
    return new Promise(function (resolve) {
      return setTimeout(resolve, ms)
    })
  })
```

5.2.2.2 런타임에 core-js 폴리필을 로드하기

core-js 패키지를 직접 임포트하거나 프리셋에서 설정하는 방식은 어떤 상황에서는 바람직하지 않을 수 있다. 바벨 공식 문서에서는 다음의 두 가지 이유에서 이것이 좋지 않은 방법이라고 설명한다.[33]

1. **큰 번들 크기**: 바벨은 내부에 _extend, _asyncToGenerator 같은 공통적인 기능을 위한 헬퍼 함수를 사용한다. 이러한 헬퍼 함수는 번들 내부적으로 헬퍼 함수를 필요로 하는 모든 파일에 추가되는데, 이러한 중복 코드는 애플리케이션이 여러 파일에 걸쳐 분산되어 존재할 때 특히 불필요하다.

2. **전역 네임스페이스 오염**: 코드에서 core-js를 직접 임포트하고, Promise나 Set, Map과 같은 내장 기능들이 전역 스코프에 추가되는 것은 전역 네임스페이스를 오염시킨다. 애플리케이션이나 명령줄 도구에서는 이것이 문제없을 수 있지만 다른 사람들이 사용할 라이브러리라면 다른 외부 코드나 라이브러리와 충돌할 위험이 있다.

만약 자신의 프로젝트가 이 두 가지 경우에 해당한다면 전역 오염이 없는 core-js를 사용하며 헬퍼 함수를 모듈로써 사용하는 것이 더 바람직하다. 바벨에서는 이러한 방식으로 폴리필 코드를 로드할 수 있는 방법으로 @babel/plugin-transform-runtime을 제공한다. 이 플러그인은 @babel/runtime을 의존성으로 포함하며, 필요한 core-js 폴리필을 포함하는 모듈을 동적으로 로드하는 데 사용할 수 있는 regeneratorRuntime을 포함하고 있다. 따라서 바벨이 최신 자바스크립트 기능을 트랜스파일할 때 필요한 헬퍼 함수와 폴리필을 동적으로 처리하기 때문에 번들 사이즈를 더욱 줄일 수 있다. 그뿐만 아니라 이러한 core-js의 폴리필을 전역이 아닌 모듈 범위 내에서만 사용하므로 전역 오염을 방지한다.

이번에는 예시의 세 함수를 @babel/plugin-transform-runtime을 사용한 방식으로 변경해보자. 여기서 @babel/plugin-transform-runtime을 사용하려면 반드시 @babel/runtime이라는 런타임 패키지를 함께 설치해야 한다.[34] @babel/runtime은 바벨이 트랜스파일한 코드에서 공통적으로 필요한 헬퍼 함수들을 제공하는 패키지로, 바벨이 트랜스파일 과정에서 자주 사용하는 헬퍼 함수들을 제공함으로써 코드 중복을 줄일 수 있다. 예시 프로젝트는 core-js@3을 사용하고 있으므로 @babel/runtime-corejs3과 @babel/

---

[33] https://babeljs.io/docs/babel-plugin-transform-runtime#why
[34] https://babeljs.io/docs/babel-runtime

plugin-transform-runtime을 설치한다. @babel/runtime-corejs3은 @babel/runtime을 바탕으로 core-js@3을 폴리필 코드로 사용하는 패키지다.

```
$ npm install --save-dev @babel/preset-env @babel/core @babel/cli @babel/plugin-transform-runtime
$ npm install --save @babel/runtime-corejs3 core-js
```

이제 바벨 구성 파일을 수정해야 하는데, 주의해야 할 점이 있다. 바로 @babel/preset-env의 corejs와 useBuiltIns 옵션을 제거하고 @babel/plugin-transform-runtime에 core-js 설정을 추가해야 한다는 것이다. 이 두 옵션이 서로 다른 방식으로 폴리필을 처리하기 때문에 충돌이 발생할 수 있으므로 둘 중 한 곳에만 core-js 폴리필과 관련한 설정을 해야 한다.

- @babel/preset-env의 useBuiltIns 옵션: 이 옵션은 사용된 ECMAScript 기능에 대해 필요한 폴리필을 자동으로 추가하는 것이다. 예를 들어, useBuiltIns: "usage"로 설정하면 코드에서 사용된 기능을 감지해서 필요한 폴리필을 import core-js/... 형태로 추가한다.
- @babel/plugin-transform-runtime: 헬퍼 함수와 폴리필을 모듈화해서 중복을 제거하고 전역 스코프 오염을 방지한다.

이번에는 런타임에 폴리필을 로드할 것이므로 폴리필 설정은 이제 @babel/plugin-transform-runtime 내부의 core-js에 존재해야 한다.

코드 5.14 @babel/plugin-transform-runtime에서 core-js 설정 예시

```js
// babel.config.js
module.exports = {
  presets: [
    [
      '@babel/preset-env',
      {
        targets: {
          browsers: ['ie >= 11'],
        },
      },
    ],
  ],
  plugins: [
    [
```

```
      '@babel/plugin-transform-runtime',
      {
        corejs: {version: 3, proposals: false},
        absoluteRuntime: false,
        useESModules: false,
        helpers: true,
        regenerator: true,
      },
    ],
  ],
}
```

@babel/plugin-transform-runtime 또한 @babel/preset-env와 마찬가지로 corejs 필드로 사용할 core-js 버전과 제안 단계의 기능의 폴리필 사용 여부를 설정할 수 있다. 이 외에 다음과 같은 대표적인 설정을 통해 개발자는 필요에 따라 옵션을 제어할 수 있다. 모든 옵션은 @babel/plugin-transform-runtime의 공식 문서를 참고한다.

- corejs: @babel/plugin-transform-runtime이 의존성으로 포함하는 @babel/runtime을 사용한 core-js 설정을 할 수 있다. 이때 @babel/preset-env와 달리 version이 2 혹은 3으로 고정된다. 그러나 이것은 5.3절 '최선의 폴리필과 트랜스파일은 무엇일까?'와 7.1절 '나만의 npm 패키지 만들기'에서 다룰 예제 코드에서 폴리필과 관련된 문제를 야기하는데, 해당 장에서 자세히 설명한다.

- absoluteRuntime: absoluteRuntime 옵션을 사용하면 바벨이 생성하는 트랜스파일된 코드에서 런타임 헬퍼 함수와 폴리필이 절대 경로로 참조된다. 기본적으로 폴리필은 @babel/runtime을 임포트해서 직접 가져오지만 @babel/runtime이 컴파일 중인 파일의 node_modules 폴더에 있을 경우에만 작동한다. 이는 사용자의 프로젝트 외부에 있는 node_modules나 npm link로 연결된 모듈 또는 CLI 라이브러리인 경우에 문제가 될 수 있다. 따라서 이 옵션으로 폴리필의 절대 경로 설정을 통해 빌드 시스템에서 발생할 수 있는 모듈의 경로 해석 문제를 해결하고 헬퍼 함수들이 정확한 경로에서 로드되게 한다.

코드 5.15 absoluteRuntime을 true로 설정한 경우 @babel/runtime-corejs3의 절대 경로를 참조하는 것을 확인할 수 있다.

```
var _Object$defineProperty = require('/Users/USER/npm-deep-dive-example/chapter5/5.2/babel-with-runtime-project/node_modules/@babel/runtime-corejs3/core-js-stable/object/define-property.js')
var _interopRequireDefault = require('/Users/USER/npm-deep-dive-example/chapter5/5.2/babel-with-runtime-project/node_modules/@babel/runtime-corejs3/helpers/interopRequireDefault.js')
```

이 옵션은 파일이 나중에 사용하기 위해 컴파일되는 경우에는 절대 경로를 사용하는 것이 바람직하지 않지만 파일이 컴파일된 이후 즉시 사용되는 상황에서는 상당히 유용할 수 있다.

- useESModules: useESModules 옵션을 true로 지정하면 CommonJS를 사용하는 @babel/plugin-transform-modules-commonjs 플러그인을 사용하지 않겠다는 의미로 웹팩과 같은 번들러에서 CommonJS의 require() 함수 사용을 위한 추가적인 헬퍼 함수가 사라지므로 번들 크기를 더 줄일 수 있다.

- helpers: 기본적으로 헬퍼 함수는 @babel/runtime에서 임포트해서 사용한다. 만약 corejs 필드를 3 혹은 {version: 3.xx}으로 지정하면 내부적으로 @babel/runtime-corejs3을 사용해 필요한 폴리필을 제공한다.

- regenerator[35]: babel@7 이전 버전에는 regenerator-runtime 패키지가 제너레이터 함수와 async/await 같은 비동기 함수의 폴리필을 제공했다. 따라서 개발자는 비동기 함수를 트랜스파일하기 위해서는 regenerator-runtime/runtime를 임포트했다.

```
import 'regenerator-runtime/runtime'
```

그러나 전역에 임포트한 regenerator-runtime/runtime은 바로 이전에 설명한 것처럼 전역 객체를 오염시키는 문제가 있다. 따라서 @babel/plugin-transform-runtime은 regenerator 옵션으로 regenerator-runtime을 자동으로 포함해서 전역 스코프 오염을 방지한다. 이 옵션을 true로 설정하면 바벨은 필요한 경우에 regenerator-runtime/runtime을 모듈 범위에서만 사용하도록 처리해 전역 공간의 오염을 방지한다. 더불어 @babel/plugin-transform-runtime을 사용하면 별도로 regenerator-runtime 패키지를 직접 설치할 필요가 없다는 장점도 있다.

이제 해당 설정으로 @babel/cli를 실행하면 promise.js에서 @babel/runtime-corejs3을 임포트해서 필요한 core-js 폴리필이 포함된 트랜스파일된 코드를 생성한다. @babel/runtime-corejs3을 임포트했기 때문에 이제 폴리필 코드는 프로젝트의 실행 당시 폴리필을 로드한다.

```js
// dist/promise.js
'use strict'

var _Object$defineProperty = require('@babel/runtime-corejs3/core-js-stable/object/define-property')
var _interopRequireDefault = require('@babel/runtime-corejs3/helpers/interopRequireDefault')
_Object$defineProperty(exports, '__esModule', {
  value: true,
})
exports.sleep = void 0
```

---

[35] https://babeljs.io/docs/babel-plugin-transform-runtime#regenerator-aliasing

```
var _promise = _interopRequireDefault(require('@babel/runtime-corejs3/core-js-stable/promise'))
var _setTimeout2 = _interopRequireDefault(require('@babel/runtime-corejs3/core-js-stable/set-
timeout'))
var sleep = (exports.sleep = function sleep() {
  var ms = arguments.length > 0 && arguments[0] !== undefined ? arguments[0] : 1000
  return new _promise.default(function (resolve) {
    return (0, _setTimeout2.default)(resolve, ms)
  })
})
```

> 그럼 @babel/preset-env와 @babel/plugin-transform-runtime의 차이는 무엇인가요?

> 두 옵션 모두 번들 결과물에서 require('core-js') 혹은 require('@babel/runtime-corejs3')로 임포트해서 모듈 범위에서 폴리필을 사용하기 때문에 전역 오염을 방지하고 번들 크기를 최적화하는 것은 동일하다. 그러나 @babel/plugin-transform-runtime은 필요한 core-js 폴리필을 모듈화해서 regeneratorRuntime을 통해 동적으로 로드한다. 그뿐만 아니라 예시에서 본 객체 관련 헬퍼 함수(_Object$defineProperty)나 클래스 관련 헬퍼 함수(_createClass, _classCallCheck) 같은 각종 헬퍼 함수들 또한 모듈로 임포트해서 코드 중복을 줄여주기도 한다.
>
> 즉, 각 방법은 다소 다른 목적과 사용 사례에 맞게 설계됐기 때문에 프리셋과 플러그인 모두 필요한 상황이 있을 수 있다. 특히 프리셋 설정은 주로 애플리케이션 개발에서 사용된다. 애플리케이션은 구체적인 실행 환경을 가지고 있으므로 필요한 폴리필을 자동으로 추가하는 것이 효율적이다. 반면 플러그인 설정은 다른 프로젝트에서 사용될 라이브러리를 개발할 때 유용하다. 라이브러리는 다양한 환경에서 사용될 수 있으므로 전역 스코프를 오염시키지 않도록 하고 중복된 코드를 최대한 제거하는 것이 중요하다.

마지막으로 @babel/preset-env와 core-js의 조합과 @babel/plugin-transform-runtime과 @babel/runtime-corejs3의 조합을 간단하게 비교하면 다음과 같이 정리할 수 있다.

표 5.3 @babel/preset-env + corejs와 @babel/plugin-transform-runtime + @babel/runtime-corejs3 특징별 비교

특징	@babel/preset-env + core-js	@babel/runtime-corejs3 + @babel/plugin-transform-runtime
전역 오염	전역 객체를 오염시킴	전역 오염 없음
번들 크기	더 클 수 있음	더 작을 수 있음(최적화)
설정 난이도	간단	약간 더 복잡
의존성	core-js만 필요	@babel/runtime-corejs3가 런타임 의존성으로 필요

5.2.3 정리

이번 절에서는 자바스크립트의 낮은 ES 버전의 기능만 지원하는 브라우저에서 효율적으로 지원하기 위해 트랜스파일뿐만 아니라 폴리필도 필요하다는 것을 배웠다. 특히 대표적인 자바스크립트 폴리필 패키지인 core-js를 바벨과 함께 사용하는 법을 알아봤다. 이처럼 바벨을 사용하면 ECMAScript 호환성을 트랜스파일과 폴리필로 효율적으로 관리할 수 있다.

지금까지 트랜스파일과 폴리필의 정의와 기본적인 사용법을 알아봤다. 다음 절에서는 실제 사용 사례에 더 적합하게 트랜스파일과 폴리필을 설정하는 방법을 알아보겠다.

5.3 최선의 폴리필과 트랜스파일은 무엇일까?

5.1절과 5.2절에서는 폴리필과 트랜스파일이 모두 구형 브라우저나 호환성 문제를 해결하는 데 필수적이라는 것을 배웠다. 지금까지 바벨과 core-js로 설명했던 트랜스파일과 폴리필의 역할을 정리해보면, 폴리필은 최신 웹 기술을 지원하지 않는 브라우저에서 해당 기능을 사용할 수 있도록 해주는 코드이고, 트랜스파일은 최신 자바스크립트 코드를 구형 브라우저에서도 동작할 수 있게 변환하는 것이다. 각각은 서로 다른 용도로 사용되므로 상황에 맞게 적절히 사용하는 것이 중요한데, 특히 프로젝트의 요구사항과 대상 브라우저에 따라 달라진다. 이번 절에서는 어떤 특징이 폴리필과 트랜스파일을 설정하는 데 영향을 미치는지 알아보고 바벨과 core-js를 올바르게 적용하는 방법을 알아보겠다.

5.3.1 지원 환경 명시하기

폴리필과 트랜스파일러에 영향을 미치는 주요한 요인은 지원해야 하는 브라우저 범위와 Node.js 버전 범위다. 프로젝트가 목표로 하는 브라우저를 명확히 하면 불필요한 폴리필과 트랜스파일을 줄일 수 있어 번들 크기를 최소화할 수 있다. 이때 지원 브라우저 범위를 명시하는 방법으로 browserslist에 대해 알아보고, 5.1절 '트랜스파일을 도와주는 도구, 바벨'에서 설명한 바벨 구성 파일 중 @babel/preset-env의 targets 필드와 함께 활용하는 방법을 소개한다.

5.3.1.1 browserslist[36]

browserslist는 다양한 프런트엔드 도구들이 공통된 브라우저 및 Node.js 버전 설정을 공유할 수 있게 해주는 도구다. 브라우저 지원 정보를 파악하기 위해 browserslist는 caniuse-lite[37] 데이터를 사용해 브라우저 지원 정보를 파악한다. caniuse-lite는 https://caniuse.com의 축소된 데이터베이스로, 다양한 브라우저 기능의 지원 정보를 담고 있다.

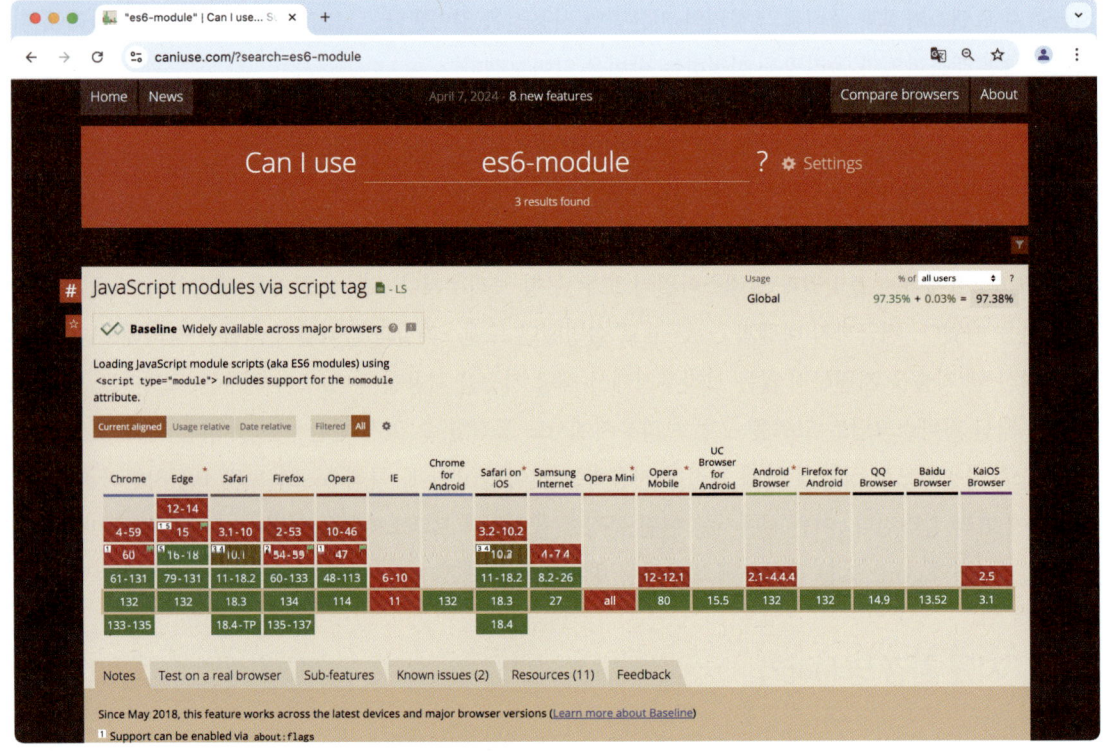

그림 5.5 caniuse.com에서 es6-module 지원 범위를 확인할 수 있다.

다음과 같은 도구들이 browserslist를 활용해 동작한다.

- **바벨**: 바벨의 @babel/preset-env는 browserslist 설정을 참조해서 필요한 폴리필과 변환을 적용한다.

- **ESLint**: ESLint는 자바스크립트 코드 품질과 스타일을 검사하는 도구로 바벨과 유사하게 플러그인 방식으로 동작한다. 이때 eslint-plugin-compat 플러그인은 browserslist 설정을 사용해서 특정 브라우저에서 지원되지 않는 기능을 감지해 개발자에게 경고 혹은 오류를 알린다.

---

[36] https://github.com/browserslist/browserslist
[37] caniuse-lite는 Can I Use 웹사이트의 데이터를 JSON 형식으로 제공하는 데이터베이스인 caniuse-db의 경량화된 버전으로, 브라우저, 브라우저 접두어(prefix), 전역 사용량 등의 핵심 데이터만을 포함해서 용량을 줄인 패키지다. 참고: https://www.npmjs.com/package/caniuse-lite

- **Autoprefixer[38]**: postcss의 Autoprefixer는 CSS 코드에 필요한 브라우저 접두사를 자동으로 추가해주는 도구로 browserslist 설정을 사용해서 지원하려는 브라우저에 맞춰 접두사를 추가한다. 예를 들어, 다음과 같은 CSS 파일이 있다고 가정하자.

```
.example {
  display: flex;
  transition: transform 0.5s;
}
```

만약 익스플로러(이하 IE) 구형 브라우저를 지원해야 한다면 Autoprefixer는 CSS 파일 중 IE 지원을 위한 접두어인 -ms-를 추가한다.

```
.example {
  display: -ms-flexbox;
  display: flex;
  -ms-transition: -ms-transform 0.5s;
  transition: -ms-transform 0.5s;
  transition: transform 0.5s;
}
```

- **stylelint[39]**: stylelint는 CSS 코드의 품질과 스타일을 검사하는 도구다. stylelint 또한 마찬가지로 플러그인으로 동작하는데, stylelint-no-unsupported-browser-features를 통해 browserslist 설정을 사용해 지원되지 않는 CSS 기능을 감지할 수 있다.
- **webpack, parcel, rollup 등의 번들러**: 번들러들은 내부 설정으로 바벨과 Autoprefixer 같은 도구를 통합해서 사용할 수 있다. 따라서 이 경우 또한 browserslist 설정을 참조해서 지원 브라우저 범위를 감지해 번들링 과정을 수행한다.

이처럼 browserslist는 다양한 프런트엔드 도구들이 공통된 브라우저 및 Node.js 버전 설정을 공유할 수 있게 해줘서 개발자가 신경 쓰지 않아도 프로젝트 전체에서 일관된 브라우저 호환성을 유지할 수 있게 돕는다.

5.3.1.1.1 설정 방법

browserslist는 package.json에서 "browserslist" 필드를 통해서 설정하거나 .browserslistrc라는 별도의 구성 파일을 생성해서 지원 범위를 관리할 수 있다. 다음은 package.json과 .browserslistrc 파일의 예다.

---

[38] https://github.com/postcss/autoprefixer
[39] https://github.com/stylelint/stylelint

```
{
  "name": "my-project",
  "browserslist": ["defaults and fully supports es6-module", "maintained node versions"]
}
```

```
# .browserslistrc
defaults and fully supports es6-module
maintained node versions
```

이때 .browserslistrc에 설정되는 브라우저 환경 지원 범위를 설정할 때 특정 기준에 따라 사용할 수 있는 독특한 쿼리가 있다. 이 쿼리의 종류와 사용법을 알아보자.

- **시장 점유율 기준**: 브라우저의 시장 점유율을 기준으로 부등호(>, <)나 cover로 어느 만큼의 비율까지 지원하는지 명시한다. 다음 예시를 보자.
    - >= 5%: 전 세계 시장 점유율이 5% 이상인 브라우저를 지원한다.
    - >= 5% in US: 특정 국가에서 시장 점유율이 5% 이상인 브라우저를 지원한다. (예: 미국)
    - >= 5% in alt-AS: browserslist에서 사용하는 특정 지역 코드를 사용해 해당 코드에 속하는 지역들의 시장 점유율을 기준으로 5% 이상인 브라우저를 지원한다. 이 코드는 대개 특정 지역 또는 나라 그룹을 나타내기 위해 사용되는데, 이 중 'Alternative'의 줄임말인 'alt'가 붙은 지역은 종종 일반적인 국가 그룹과는 다른 사용자 정의 그룹을 나타낼 때 사용한다. 이러한 지역 구분에는 caniuse-lite의 지역 데이터[40]를 활용한다.
    - >= 5% in my stats: caniuse-lite의 시장 점유율이 아니라 사용자가 직접 관리하는 통계를 기준으로 지원 환경을 명시할 수 있다. browserslist-stats.json 파일을 생성해서 다음과 같이 시장 점유율 정보를 기입하면 browserslist가 이 데이터를 활용해 in my stats의 기준으로 삼는다.

```
{
  "ie": {
    "6": 0.01,
    "7": 0.4,
    "8": 1.5
  },
  "chrome": {
    // ... 중략 ...
  }
  // ... 중략 ...
}
```

---

[40] https://github.com/browserslist/caniuse-lite/tree/main/data/regions

- **cover 99.5%**: 시장 점유율 99.5%에 포함되는 모든 브라우저를 지원한다. 이는 가장 인기 있는 브라우저들을 모두 포함하는 설정이다. cover 또한 in US 같이 특정 지역의 점유율만을 포함하거나 in my stats로 커스터마이징된 통계 데이터를 기준으로 사용할 수 있다.

- **최신 버전 기준**: 모든 브라우저의 최신 버전만을 기준으로 할 때 다음과 같이 작성할 수 있다.
  - last 2 versions: 각 브라우저의 최신 2개 버전을 지원한다.
  - last 2 Chrome versions: 크롬의 최신 버전 두 개를 지원한다.

- **정확한 버전 지정**: 특정 브라우저의 정확한 버전을 지원한다.
  - ie 11: IE 11을 지원한다. 이는 ES5 트랜스파일 및 폴리필을 필요로 한다.
  - Chrome > =20: 크롬 20 이상의 모든 버전을 지원한다.

- **브라우저가 지원하는 기능 기준**: 특정 브라우저가 아니라 ES6와 같은 자바스크립트 기능을 기준으로 지원 범위를 결정한다. 접두어로 fully 혹은 partially를 사용할 수 있는데, 해당 기능의 전체 명세를 지원하는 브라우저를 포함한다면 fully를, 전체 지원뿐만 아니라 부분적으로 지원하는 브라우저까지 포함한다면 partially를 사용한다. 전체 혹은 부분 지원 여부는 마찬가지로 https://caniuse.com의 정보를 활용한다.
  - fully supports es6: ES6에서 제공하는 모든 기능을 사용하는 브라우저만을 지원한다.
  - supports es6-module : ES6의 모듈(Module)[41]과 같이 특정 기능만을 지원하도록 작성할 수 있다. 이렇게 설정하면 ES6의 모듈 기능을 지원하는 브라우저들을 모두 포함한다.

- **유지보수 상태**: 브라우저의 현재 상태를 기준으로도 지원 여부를 결정할 수 있다. dead와 not dead를 제공하는데, 이 쿼리들은 최근 24개월 동안 업데이트가 없거나 시장 점유율이 매우 낮은 브라우저를 포함 혹은 제외할 때 사용할 수 있다.
  - dead: 최근 24개월 내에 업데이트가 없는 브라우저이면서 시장 점유율이 0.5% 미만인 브라우저를 포함한다. 주로 구형 브라우저들이 이에 해당된다. 2024년 11월 기준으로 IE 11, IE_Mob 11, BlackBerry 10, BlackBerry 7, Samsung 4, OperaMobile 12.1, Baidu 브라우저의 모든 버전이 dead에 포함된다.
  - not dead: dead와 반대로 최근 24개월 내에 업데이트가 있으며 시장 점유율이 0.5% 이상인 브라우저를 포함한다. 이 쿼리는 유지보수가 지속적으로 이뤄지는 활성화된 브라우저를 포함시켜 높은 보안성과 최신 기능을 보장할 수 있으므로 사용을 권장하는 쿼리 중 하나다.

- **Node.js 버전**: 브라우저뿐만 아니라 Node.js 프로젝트 또한 browserslist를 활용해 Node.js 버전을 명시할 수 있다.
  - node 10: 브라우저 특정 버전을 명시했던 것과 동일하게 Node.js의 특정 버전을 표기한다.
  - last 2 node versions: 최근 Node.js 버전 두 개를 포함한다.
  - maintained node versions: 현재를 기준으로 여전히 유지보수되는 Node.js 버전만을 지원한다. 2024년 11월 기준 18.x에서 출시 예정인 24.x가 유지보수되는 Node.js 버전에 해당된다.[42]

---

[41] https://developer.mozilla.org/en-US/docs/Web/JavaScript/Guide/Modules
[42] https://github.com/nodejs/Release

> **Node.js가 유지보수하는 버전은 왜 모두 짝수인가요?**
>
> Node.js가 짝수 버전만 장기 지원(Long Term Support, LTS)으로 유지보수하는 이유는 릴리스 및 지원 프로세스를 체계적으로 관리하기 위해서다. 짝수 버전은 매년 4월 릴리스되어 10월에 LTS로 전환되고, 이후 1년간 활발하게 유지보수된 후 18개월간 유지보수(maintenance) 모드로 전환된다.[43] 반면, 홀수 버전은 최신 기능을 포함한 현재(current) 버전으로 10월에 릴리스되며, LTS로 전환되지 않고 빠르게 EOL(end-of-life)에 도달한다. 이러한 Node.js의 버전 관리 체계는 안정성과 신기술 도입의 균형을 유지하는 데 탁월하다.

- current node: 현재 실행 중인 Node.js 버전을 대상으로 한다.
- **기본 설정**(defaults): 값을 defaults로 지정하면 기본적으로 다음과 같은 설정을 포함한다. 이 설정은 기본적으로 최신 브라우저와 시장 점유율이 높은 브라우저들을 포함한다.

```
> 0.5%
last 2 versions
Firefox ESR
not dead
```

이러한 browserslist의 쿼리는 하나만 사용하는 것보다 여러 개 쿼리를 조합해서 사용하면 더 정확한 지원 범위를 설정할 수 있다. 쿼리를 조합할 때 사용되는 대표적인 논리 연산자는 and, or, not의 세 가지가 있다.

- or, ,: or 키워드는 유일하게 ,로 대체해서 사용할 수 있다. 여러 쿼리를 조합해서 합집합을 구하며 조건 중 하나라도 만족하는 브라우저만 포함한다.
- and: 여러 쿼리를 조합해서 교집합을 구하는 조건으로, and로 연결된 조건을 모두 만족하는 브라우저만 포함한다. 예를 들어, "> 1% and fully supports es6-module"로 쿼리를 작성하면 시장 점유율이 1% 초과이면서 동시에 ES6의 모듈 전체 명세를 지원하는 브라우저만 해당한다.
- not: 특정 조건을 제외하는 연산자로 not 뒤에 오는 조건에 해당하지 않는 브라우저를 포함한다. 예를 들어, not ie 11은 IE 11은 제외한다는 의미다.

예를 들어, ES5를 지원하는 브라우저들을 모두 타기팅해야 한다면 어떻게 설정할까? ES5까지 지원하는 브라우저를 포함하려면 주로 IE 11과 주요 구형 브라우저들을 포함해야 하므로 다음과 같은 쿼리의 조합을 주로 활용한다.

---

[43] https://github.com/nodejs/Release?tab=readme-ov-file#release-phases

```
{
  "name": "my-project",
  "browserslist": [">= 0.5%", "last 2 versions", "Firefox ESR", "not dead", "ie 11"]
}
```

- >= 0.5%: 시장 점유율이 0.5% 이상인 브라우저
- last 2 versions: 각 브라우저의 최신 2개 버전
- Firefox ESR: 파이어폭스의 확장 지원 릴리스
- not dead: 유지보수가 중단되지 않은 브라우저
- ie 11: IE 11을 포함해서 ES5 지원 보장

반대로 모던 브라우저만 지원해야 하는 경우 일반적으로 IE 같은 구형 브라우저를 제외하고 최신 기능을 지원하는 브라우저를 타기팅한다. 이를 위해 browserslist 설정에서 구형 브라우저를 제외하고, 최신 버전의 주요 브라우저들을 포함한다. 이때 주의해야 할 점은 시장 점유율 조건만을 사용하면 더 이상 유지보수되지 않는 구형 브라우저가 포함될 가능성이 있다. 따라서 not dead 조건을 반드시 명시해야 한다.

```
{
  "browserslist": [">= 1%", "not dead"]
}
```

- >= 1%: 시장 점유율이 1% 이상인 브라우저
- not dead: 유지보수가 중단되지 않은 브라우저

5.3.1.1.2 디버깅 및 유용한 도구들

이러한 browserslist가 지원하는 브라우저 범위를 확인할 수 있는 유용한 웹사이트가 있다. Browserslist[44]에서 browserslist 쿼리를 입력하면 해당 조건에 부합하는 브라우저 및 Node.js 버전 범위 및 시장 점유율을 한눈에 보기 쉽게 표시한다. 개발자는 해당 정보를 활용해 프로젝트가 목표로 하는 지원 범위를 설정할 수 있다.

---

44 https://browsersl.ist/

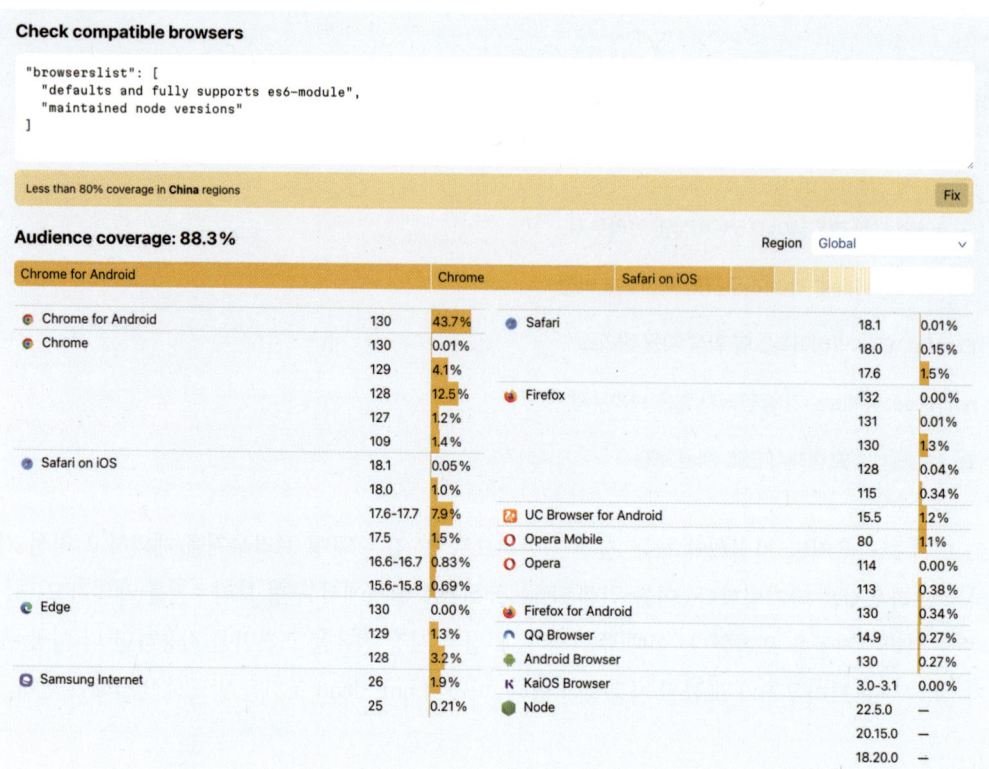

그림 5.6 Browserslist에서 지원 브라우저 범위를 설정한 예시(2024년 11월 기준)

browserslist는 CLI 패키지로 동작하므로 특정 조건에서 browserslist가 포함하는 브라우저 목록을 확인할 수 있다.

코드 5.16 browserslist@4.24.2 패키지를 이용해 '>= 0.5%, not dead'로 조회한 브라우저 목록(2024년 11월 기준)

```
$ npx browserslist '>= 0.5%, not dead'
and_chr 130
and_uc 15.5
chrome 129
chrome 128
chrome 127
chrome 109
edge 129
edge 128
firefox 130
ios_saf 18.0
```

```
ios_saf 17.6-17.7
ios_saf 17.5
ios_saf 16.6-16.7
ios_saf 15.6-15.8
op_mob 80
safari 17.6
samsung 26
```

이 외에도 browserslist와 관련한 여러 유용한 도구 및 사용법은 다음과 같다.

- update-browserslist-db: browserslist를 사용할 때 어느 순간 다음과 같은 경고 메시지를 볼 수 있다.

  ```
  Browserslist: caniuse-lite is outdated.
  Please run: npx browserslist@latest --update-db
  ```

  이 경고 메시지는 browserslist가 사용하는 정적 데이터인 caniuse-lite의 브라우저 사용 통계나 버전 정보 데이터가 오래됐다는 뜻으로 업데이트를 권장하는 메시지다. 이 메시지는 특히 react-script[45]와 같이 의존성으로 browserslist를 포함하고, 해당 의존성이 browserslist 데이터를 자동으로 업데이트하는 경우에 출력된다. 따라서 경고 메시지에서 권장하는 방식대로 npx browserslist@latest --update-db를 실행해 caniuse-lite를 수동으로 업데이트하거나 update-browserslist-db CLI 패키지를 사용해 명시적으로 업데이트한다. 브라우저 지원 정보는 시간에 따라 변하기 때문에 자주 업데이트하는 것이 좋다.

- browserslist-useragent-regexp, browserslist-useragent-ruby: 사용자 브라우저의 사용자 에이전트(user-agent) 정보를 통해 지원 브라우저에 해당하는지 확인하고 경고 메시지를 보여줄 때 사용할 수 있는 도구다. 이는 테스트 코드를 작성하거나 지원하지 않는 브라우저에서 다른 화면을 보여주는 등 사용자에게 경고를 보여줄 때 사용할 수 있다.

- browserslist-ga: 이전에 개발자가 직접 browserslist-stats.json을 작성해서 지원 브라우저 범위를 결정할 수 있다고 설명했다. 이때 browserslist-ga는 만약 프로젝트에서 구글 애널리틱스(Google Analytics)를 사용한다면 이 정보를 바탕으로 browserslist-stats.json을 생성할 수 있게 돕는 도구다.

- browserslist-config: browserslist는 다른 browserslist-config 패키지를 확장해서 사용할 수도 있다. 이는 여러 프로젝트에서 공통으로 사용되는 브라우저 지원 설정을 쉽게 재사용하고 관리할 수 있게 해주면서 동시에 확장 기능에 더해 필요한 부분만 추가하거나 변경할 수 있다. 예를 들어, browserslist-config-google[46]이나 @naverpay/browserslist-config[47]와 같은 패키지를 프로젝트에 의존성으로 설치한 후, 다음과 같이 구성 파일을 작성한다.

---

[45] https://github.com/facebook/create-react-app/tree/main/packages/react-scripts
[46] https://github.com/awkaiser/browserslist-config-google
[47] https://github.com/NaverPayDev/browserslist-config

```
{
  "browserslist": ["extends @naverpay/browserslist-config"]
}
```

예제에서 사용한 @naverpay/browserslist-config 패키지의 지원 범위는 >0.2%, not dead, not op_mini all, not ie >= 0, not ios_saf<15, ios_saf>=15로 해당 패키지를 설치한 프로젝트도 같은 지원 범위를 따르게 된다.

결론적으로 browserslist는 다양한 프런트엔드 도구에서 일관된 브라우저 지원 설정을 쉽게 관리할 수 있는 도구로, 정기적인 업데이트를 통해서 최신 브라우저 정보를 반영하는 것이 프로젝트에서 정말 필요로 하는 트랜스파일과 폴리필을 적용하는 데 도움이 된다.

5.3.1.2 core-js-compat

core-js는 browserslist로 설정한 지원 범위에 알맞은 폴리필 코드만을 추가하는 패키지인 core-js-compat[48]을 제공한다. core-js-compat은 자바스크립트 프로젝트에서 폴리필 요구사항을 분석하는 데 사용되는 패키지로, core-js 라이브러리와 함께 사용된다. 이 패키지는 browserslist 설정에 따라 어떤 폴리필이 필요한지 분석해 주는데, 예를 들어 특정 구형 브라우저를 지원해야 한다면 해당 브라우저에서 지원되지 않는 기능에 맞는 폴리필만을 제공한다. 특히 core-js-compat 패키지는 바벨의 core-js 플러그인인 babel-plugin-polyfill-corejs3의 의존성으로 포함돼 있어 바벨과 browserslist가 서로 긴밀하게 동작할 수 있게 한다.

코드 5.17 babel-plugin-polyfill-corejs3은 의존성으로 core-js-compat을 갖고 이 패키지는 또 browserslist를 의존성으로 포함한다는 것을 볼 수 있다.

```
babel-plugin-polyfill-corejs3@0.10.6
├── @babel/core@7.25.2
│ ├── @babel/helper-define-polyfill-provider@0.6.2
│ │ ├── core-js-compat@3.38.1
│ │ └── browserslist@4.23.3
```

또한 babel-plugin-polyfill-corejs3은 @babel/preset-env와 @babel/plugin-transform-runtime의 의존성으로 포함돼 있어 앞으로 살펴볼 바벨 구성 파일을 작성할 때 browserslist를 함께 사용할 수 있도록 도움을 준다.

---

[48] https://www.npmjs.com/package/core-js-compat

5.3.1.3 @babel/preset-env의 targets 필드[49]

5.1절 '트랜스파일을 도와주는 도구, 바벨'에서 소개한 것처럼 @babel/preset-env는 바벨이 코드를 트랜스파일할 때 지원 환경을 명시해서 필요한 바벨 플러그인만을 사용할 수 있게 하는 프리셋이다. 이 프리셋의 targets 필드를 사용해 목표 환경 범위 내에서 트랜스파일해야 할 플러그인만을 적용할 수 있다. targets 필드를 작성하는 방법에는 다음의 세 가지 방법이 있다.

- **특정 브라우저 혹은 Node.js 버전**: 직접 특정 브라우저의 최소 지원 버전을 명시할 수 있다. 이때 크롬, IE, 사파리 등 PC 브라우저뿐만 아니라 안드로이드나 iOS 같은 모바일 OS 지원 범위 또한 명시할 수 있다. 이때 버전은 유의적 버전을 따르고 있으므로 58.1처럼 부 버전을 입력하지 않은 경우에는 부 버전이 0이라는 것을 의미하므로 58.0이 된다.

```
{
  "targets": {
    "chrome": "58",
    "ie": "11",
    "android": "15"
  }
}
```

- **복합 조건 사용**: 앞에서 설명한 browserslist와 호환되는 쿼리를 사용해 지원 브라우저 범위를 명시할 수 있다. 이는 기본적으로 browserslist와 동일하게 동작한다.

```
{
  "presets": [
    [
      "@babel/preset-env",
      {
        "corejs": {
          "version": "3.37.1",
          "proposals": false
        },
        "targets": {
          "browsers": ["> 0.5%", "last 2 versions", "Firefox ESR", "not dead"]
        }
      }
    ]
  ]
}
```

---
[49] https://babeljs.io/docs/options#targets

- **targets이 없음**: 만약 browserslist 설정이 package.json이나 .browserslistrc에 기재돼 있다면 프리셋에 targets 필드가 없어도 바벨은 브라우저 타깃을 자동으로 적용할 수 있다.

```
{
  "presets": ["@babel/preset-env"]
}
```

혹은 browserslist 설정이 없는데 targets 필드도 지정하지 않았다면 바벨은 구형 브라우저까지 호환성을 맞추기 위해 ES5로 트랜스파일한다. targets 필드를 defaults로 지정하면 앞에서 설명한 browserslist의 defaults 범위의 브라우저를 지원한다. 반면 @babel/preset-env의 targets 필드가 없으면 ES5가 호환되는 코드로 트랜스파일한다는 의미이므로 ie 11 옵션을 지정한 것과 동일하게 동작한다. 즉, targets 필드가 없으면 어떤 프로젝트에서는 굳이 지원하지 않아도 되는 ES5 기능까지 포함될 수 있으므로 공식 문서에서도 targets 필드를 반드시 주어 빌드 결과물의 크기를 최적화할 것을 권장한다.

5.3.1.4 @babel/plugin-transform-runtime과 browserslist 함께 사용하기

browserslist는 바벨이 preset의 targets로 지정하는 브라우저 지원범위를 감지하는 데 사용할 뿐만 아니라 5.2절 '폴리필을 도와주는 도구 core-js'에서 본 런타임 폴리필을 적용할 때 사용된 @babel/plugin-transform-runtime에서도 쓰인다. 예를 들어, 오픈소스 패키지를 만들 때 불필요한 헬퍼 함수 코드를 줄이고 전역 오염이 없는 core-js를 사용하고자 한다면 5.2절 '폴리필을 도와주는 도구 core-js'에서 설명한 것처럼 다음과 같이 바벨 구성 파일을 작성한다.

```
// .babelrc
{
  "plugins": [
    [
      "@babel/plugin-transform-runtime",
      {
        "corejs": {"version": 3, "proposals": false},
        "useESModules": true
      }
    ]
  ]
}
```

이때 프로젝트에 browserslist 설정이 있다면 @babel/plugin-transform-runtime은 browserslist 설정을 감지해서 프로젝트에 필요한 폴리필만 트랜스파일된 결과물에 포함한다. 코드 5.18은 ES6의 기능인 Promise와 ES2019부터 포함된 Object.fromEntries()를 사용해서 구현됐으며 ESModule로 작성됐다.

코드 5.18 Promise와 Object.fromEntries()가 함께 사용된 코드 예시

```
// src/index.js
export const asyncReduce = (tuples, asyncFn) =>
  new Promise((resolve) => {
    const results = Promise.all(
      tuples.map(async (tuple) => {
        const value = await asyncFn(tuple[0])
        return [tuple[0], value]
      }),
    )

    resolve(Object.fromEntries(results))
  })
```

'Can I use'[50]에서 확인한 Promise와 Object.fromEntries()의 지원 범위는 다음과 같다.

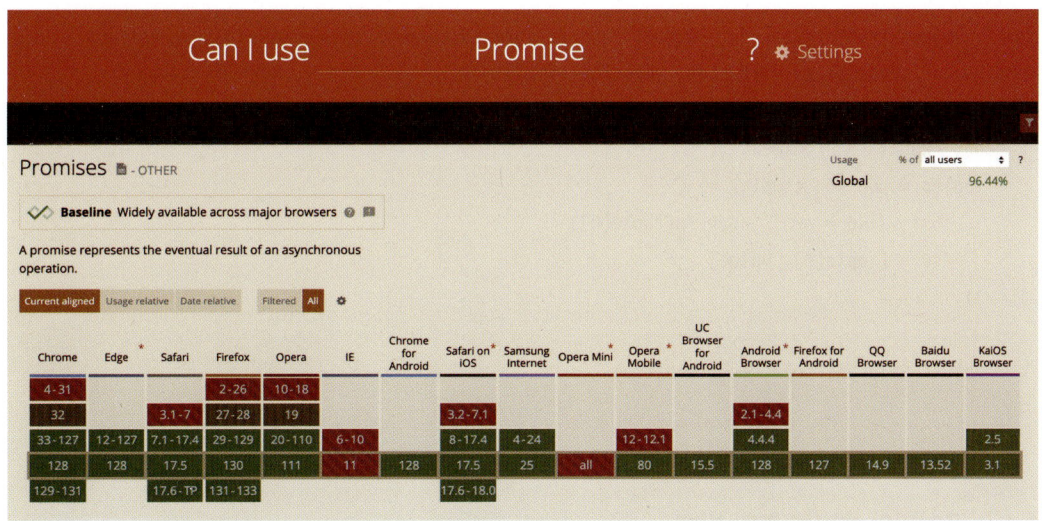

그림 5.7 Promises의 브라우저 지원 범위

---

50 https://caniuse.com/

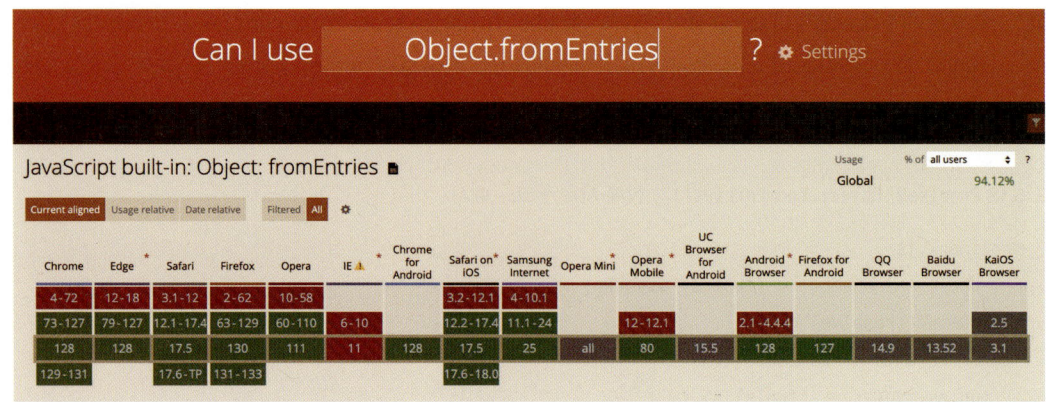

그림 5.8 Object.fromEntries의 브라우저 지원 범위

폴리필 동작 예시를 보기 위해 `.browserslistrc`를 다음과 같이 크롬 브라우저 버전을 Promise만 지원 가능한 버전으로 고정해보자.

```
Chrome 72
```

위 browserslist 설정으로 트랜스파일을 실행하면 Promise는 폴리필에서 제외된 것을 볼 수 있다.

```javascript
// dist/index.js
import _Object$fromEntries from '@babel/runtime-corejs3/core-js-stable/object/from-entries'
export const asyncReduce = (tuples, asyncFn) =>
  new Promise((resolve) => {
    const results = Promise.all(
      tuples.map(async (tuple) => {
        const value = await asyncFn(tuple[0])
        return [tuple[0], value]
      }),
    )
    resolve(_Object$fromEntries(results))
  })
```

5.3.1.5 폴리필의 올바른 주입 방법

그러나 `@babel/runtime-corejs3`의 폴리필 사용은 core-js의 버전 명시 인터페이스 문제로 인해 권장하지 않는다.

5.3.1.5.1 폴리필 버전 제한의 문제점

5.2절 '폴리필을 도와주는 도구 core-js'에서 본 @babel/runtime-corejs3의 corejs.version 옵션은 "2" 혹은 "3"만 선택할 수 있다고 설명했다. 이 인터페이스로 인해 @babel/plugin-transform-runtime은 @babel/preset-env와 폴리필 적용에 있어 큰 차이점이 발생했다. 바로 core-js의 구체적인 부·수 버전까지 입력이 가능했던 @babel/preset-env와는 달리 @babel/runtime-corejs3을 내부적으로 사용하는 @babel/plugin-transform-runtime에서 사용 가능한 버전은 2.0 혹은 3.0밖에 없는 것이다. 이처럼 주 버전의 core-js만을 지원하는 @babel/runtime-corejs3는 이후 버전에서 추가되거나 수정된 폴리필 코드를 사용하지 못하게 된다.

예를 들어, `Array.prototype.findLast()` 메서드를 호출하는 `findLast()` 함수를 작성한다고 가정하자. 이때 `Array.prototype.findLast()` 메서드는 ES2022에 추가된 기능이다.

```
function findLast(arr, callback) {
  return arr.findLast(callback)
}
```

이 메서드를 @babel/runtime-corejs3을 사용해 폴리필을 주입한다면 다음과 같이 올바르게 주입되지 않고 원래 코드 그대로 트랜스파일된다.

```
export function findLast(arr, callback) {
  return arr.findLast(callback)
}
```

그 이유는 core-js@3.0.0이 `Array.prototype.findLast()`를 포함하고 있지 않기 때문이다. 따라서 아무리 @babel/runtime-corejs3의 core-js 버전을 3으로 명시하더라도 `Array.prototype.findLast()` 함수에 대한 폴리필을 포함하지 않는 버전이기 때문에 해당 폴리필이 필요하다는 것을 인식하지 못한다.

5.3.1.5.2 올바른 폴리필 주입을 위한 플러그인 babel-plugin-polyfill-corejs3

이 문제를 해결하기 위해 바벨은 폴리필을 추가하려면 @babel/runtime-corejs3 대신 babel-plugin-polyfill-corejs3을 사용할 것을 권장한다. babel-plugin-polyfill-corejs3은 바벨이 프로젝트의 browserslist의 설정을 읽어와 필요한 폴리필만 주입할 수 있도록 돕는 플러그인으로, @babel/runtime-corejs3과 동일한 역할을 한다. 그러나 기존의 @babel/runtime-corejs3이 core-js@2.0.0이나 core-js@3.0.0만을 사용할 수 있던 것과 달리 babel-plugin-polyfill-corejs3은 core-js의 세부적인 부·

수 버전까지 지정할 수 있다. 예를 들어, core-js@3.39.0과 같은 특정 부·수 버전으로 폴리필을 주입할 수 있으므로 ECMAScript 기능의 호환성 이슈를 좀 더 안정적으로 해결할 수 있다.

babel-plugin-polyfill-corejs3을 권장하는 이유를 알아봤으니 이제 직접 babel-plugin-polyfill-corejs3을 사용해 폴리필을 관리하는 방법을 알아보자. 먼저 babel-plugin-polyfill-corejs3의 주요 옵션인 method를 이해할 필요가 있다. method는 폴리필을 주입하는 방식을 결정할 수 있는 옵션으로, 다음 세 가지 중 하나를 선택할 수 있다.

- "usage-global": 코드에서 사용된 ECMAScript 기능을 분석해서 필요한 폴리필만을 자동으로 주입하지만 core-js의 전역 네임스페이스를 오염시키면서 추가한다. 만약 모듈 코드에서 Promise를 사용한다면 전역 객체에 Promise가 추가되거나 확장되는 방식으로 동작한다. 이는 프로젝트 전체에서 한 번만 필요한 폴리필을 주입해서 전역 스코프를 활용해 모든 코드에서 일관된 폴리필을 사용할 때 적합하다.

- "entry-global": 프로젝트의 진입점에서 어떤 폴리필이 필요한지와 관계없이 core-js 전체 폴리필을 전역에 주입하는 방식이다. @babel/plugin-polyfill-corejs3은 import "core-js"와 같은 구문을 자동으로 진입점 위치에 코드를 추가한다.

- "usage-pure": 코드에서 실제로 사용된 기능의 폴리필만을 주입한다. 특히 core-js-pure를 사용하므로 전역 오염을 피하면서 필요한 폴리필을 주입할 수 있어 전역 네임스페이스를 오염시키지 않는 동시에 라이브러리나 모듈에서 안전하게 폴리필을 사용할 수 있다. 이는 전역 객체를 수정하지 않고 독립적인 폴리필을 주입해야 하는 상황, 즉 라이브러리를 개발할 때 적합하다.

이외에 babel-plugin-polyfill-corejs3은 앞에서 설명한 것처럼 versions 옵션을 구체적인 버전을 받을 수 있도록 제공하며, 마찬가지로 proposals 옵션 또한 제공한다.

주요 옵션을 이해했으니 이제 바벨 구성 파일 중 plugins 옵션에 babel-plugin-polyfill-corejs3을 추가해서 필요한 최신 폴리필만을 동적으로 추가하도록 설정한다. 이때 플러그인에서는 polyfill-corejs3 이라는 이름으로 babel-plugin-polyfill-corejs3을 추가할 수 있다. 또한 예제 프로젝트는 라이브러리로 가정했으므로 method를 usage-pure로 설정해 전역 네임스페이스를 오염시키지 않도록 한다.

```
// .babelrc
{
    plugins: [
        ["@babel/plugin-transform-runtime", {
            "useESModules": true
        }],
        ["polyfill-corejs3", {
            "method": "usage-pure",
```

```
          "version": "3.39.0"
          proposals: true,
        }]
      ],
}
```

이렇게 설정한 .babelrc로 코드를 변환해보면 사용할 core-js의 구체적인 버전까지 명시됐으므로 필요했던 `Array.prototype.findLast()` 함수에 대한 폴리필이 올바르게 주입된다.

```
import _findLastInstanceProperty from 'core-js-pure/features/instance/find-last.js'

export function findLast(arr, callback) {
  return _findLastInstanceProperty(arr).call(arr, callback)
}
```

한 가지 주의할 점은 방금 설명한 것처럼 usage-pure는 core-js-pure를 불러오므로 의존성에 core-js-pure가 설치돼 있어야 한다는 점이다.

```
$ npm install core-js-pure
```

> CommonJS 혹은 ESModule을 지원하지 않는 구형 브라우저를 지원하는 경우에도 동일하게 사용할 수 있을까요?

CommonJS나 구형 브라우저 또한 babel-plugin-polyfill-corejs3을 사용하는 것은 가능하다. 다만 바벨로 CommonJS 코드를 트랜스파일해서 폴리필을 주입하고자 할 때 @babel/preset-env를 반드시 명시해야 한다. 여기서 @babel/preset-env는 대상 브라우저에 맞게 코드를 트랜스파일하고, 모듈 방식이 CommonJS임을 인식해서 필요한 @babel/plugin-transform-runtime의 헬퍼 함수를 올바르게 주입하는 역할을 한다. 예를 들어 .browserslistrc를 다음과 같이 설정해 구형 브라우저를 지원해보자.

```
ie >= 9
```

인터넷 익스플로러는 ESModule의 import, export 문을 지원하지 않으므로 전체 코드를 ES5로 트랜스파일해야 한다. 따라서 .babelrc를 다음과 같이 설정해야 한다.

```
{
  "presets": [["@babel/preset-env"]],
  "plugins": [
```

```
      ["@babel/plugin-transform-runtime"],
      [
        "polyfill-corejs3",
        {
          "method": "usage-pure",
          "version": "3.39.0",
          "proposals": true
        }
      ]
    ]
}
```

이 설정에서는 ESModule 환경에서 사용했던 일부 옵션을 제외하고 @babel/preset-env를 추가했다. 이렇게 하면 지원 환경에 필요한 폴리필을 자동으로 주입하고 CommonJS의 require() 함수에 대한 헬퍼 함수까지 로드하므로 올바른 ES5 코드로 트랜스파일할 수 있다.

```
'use strict'

var _interopRequireDefault = require('@babel/runtime-corejs3/helpers/interopRequireDefault')
Object.defineProperty(exports, '__esModule', {
  value: true,
})
exports.findLast = findLast
var _findLast = _interopRequireDefault(require('core-js-pure/features/instance/find-last.js'))
function findLast(arr, callback) {
  return (0, _findLast.default)(arr).call(arr, callback)
}
```

결론적으로, ESModule의 경우 @babel/preset-env 없이도 트랜스파일이 가능했지만 CommonJS 환경에서는 @babel/preset-env가 있어야 지원 환경에 맞는 모듈 방식으로 변환된다. 또한 @babel/plugin-transform-runtime이 주입하는 @babel/runtime-corejs3 헬퍼 함수가 포함되므로 이 의존성도 필요하게 된다. CommonJS와 ESModule 트랜스파일과 관련한 모든 예제 코드는 이 책의 예제 코드 저장소[51]를 통해 확인할 수 있다.

5.3.1.6 지원 범위를 선정하는 기준

앞에서 바벨 혹은 browserslist로 프로젝트에 지원 환경 범위를 명시해 코드 관리, 유지보수 및 트랜스파일과 폴리필을 최적화하는 방법을 알아봤다. 그렇다면 자신의 프로젝트가 어느 범위까지 환경을 지원해야

---

[51] https://github.com/yujeongJeon/npm-deep-dive-example/tree/main/chapter5/5.3/babel-polyfill-latest

하는지 어떻게 결정할 수 있을까? 프로젝트를 작성할 때 브라우저나 Node.js 지원 범위를 선정하는 기준은 여러 가지 요소에 따라 다를 수 있다. 주로 사용자나 프로젝트의 요구사항, 사용하고자 하는 자바스크립트 기능 및 라이브러리가 기준이 될 수 있다.

1. **사용자 기반**: 구글 애널리틱스 등 분석 및 통계 도구를 사용해 사용자들이 주로 어떤 브라우저와 버전을 사용하는지 확인한다. 이를 통해 실제 사용자가 많이 사용하는 브라우저를 지원할 수 있다. 혹은 특정 지역 사용자들을 타깃으로 하는 경우, 해당 지역에서 많이 사용되는 브라우저를 고려할 수 있다. 이때 이전에 설명한 browserslist의 >= 5% in alt-AS 쿼리가 유용할 수 있다.

2. **프로젝트 성격과 요구사항**: 사용자뿐만 아니라 프로젝트의 성격에 따라 지원 환경 범위가 결정될 수 있다. B2B 서비스처럼 특정 기업에서 사용하는 경우, 해당 기업의 IT 정책에 맞춰 브라우저와 Node.js 버전을 선정할 수 있으며, 공공 서비스의 경우 더 넓은 범위의 브라우저 지원이 필요할 수 있다.

3. **브라우저 및 Node.js의 최신 기능 활용 여부**: 프로젝트가 자바스크립트의 기능을 어느 범위까지 지원할 것인지에 따라 결정되기도 한다. 최신 CSS나 자바스크립트 기능을 활용하고자 하는 경우, 구형 브라우저 지원을 줄이고 최신 브라우저에 집중할 수 있다. 혹은 보안이 중요한 서비스의 경우 최신 버전의 브라우저와 Node.js가 더 나은 보안과 성능을 제공하기 때문에 구형 브라우저 지원을 중단할 수도 있다.

4. **사용 중인 프레임워크 및 라이브러리**: 사용하는 프레임워크나 라이브러리의 요구사항을 고려해서 지원 범위를 설정해야 할 수도 있다. 예를 들어, 리액트 18부터는 ES5 지원이 중단되어 기본적으로 ES6+(ES6 이상) 기능을 사용하는 브라우저와 환경을 타깃으로 하고 있다. 이는 리액트가 최신 자바스크립트 기능을 활용해 더 나은 성능과 유지보수성을 제공하기 위해서 내린 결정이다.

5.3.2 정리

이번 절에서는 트랜스파일과 폴리필에 영향을 주는 주요한 요인인 지원 환경 범위, 특히 브라우저 지원 범위를 효율적으로 관리하는 방법을 알아봤다. 특히 browserslist라는 브라우저 버전 범위를 명시하는 도구를 통해 효율적으로 코드를 트랜스파일하고 필요한 폴리필만 빌드 결과물에 포함시켜 성능을 최적화할 수 있다는 것을 배웠다. 단일 프로젝트뿐만 아니라 대규모 웹 애플리케이션에서 코드가 여러 저장소로 쪼개져 관리되는 경우 이러한 지원 범위를 잘 관리하는 것이 중요하다. 이를 통해 모든 코드가 일관된 호환성을 가지도록 보장하고 사용자가 동일한 기능을 경험할 수 있게 함으로써 사용자 이탈을 방지하고 성능 최적화 및 코드 유지보수성을 높일 수 있다.

다음 절에서는 자바스크립트 코드를 컴파일할 때 바벨과 core-js를 대체할 수 있는 대안이 무엇인지 알아보자.

5.4 바벨과 core-js의 대안

지금까지 바벨과 core-js를 활용해 자바스크립트 코드를 트랜스파일하고 폴리필을 추가하는 방법을 중심으로 살펴봤다. 두 도구는 폭넓은 호환성과 강력한 기능으로 웹 개발의 표준으로 자리 잡고 있지만 모든 프로젝트에서 항상 최선의 선택은 아닐 수 있다. 특히 성능 최적화가 중요한 대규모 애플리케이션이나 최신 브라우저를 대상으로 하는 간단한 프로젝트에서는 바벨과 core-js 대신 더 적합한 도구를 선택하는 것이 효율적일 수 있다.

이번 절에서는 바벨과 core-js를 대신할 수 있는 대안 도구와 접근법을 소개하고, 각각의 장단점과 적합한 활용 시나리오를 탐구한다. 이러한 대안을 이해함으로써 프로젝트의 요구사항에 맞는 최적의 설정을 선택할 수 있을 것이다.

5.4.1 타입스크립트 컴파일러

먼저 트랜스파일은 바벨 대신 타입스크립트 컴파일러를 사용할 수 있다. 타입스크립트 컴파일러는 코드를 변환할 때 정적 타입 검사뿐만 아니라 트랜스파일까지 할 수 있다. 이때 트랜스파일할 대상 ECMAScript 버전을 지정하는 방법은 `tsconfig.json`의 `target` 필드를 설정하는 것이다.[52] `target` 필드를 통해 타입스크립트는 컴파일된 자바스크립트 코드가 어느 ECMAScript 버전에 맞게 생성될지를 결정한다. 예를 들어, 코드 5.19처럼 `target`을 "ES5"로 설정하면 ES6 이상의 기능을 사용한 타입스크립트 코드를 ES5 버전의 자바스크립트 코드로 변환한다.

코드 5.19 target 필드를 "ES5"로 설정한 tsconfig.json

```
{
  "compilerOptions": {
    "target": "ES5"
  }
}
```

코드 5.19의 `tsconfig.json`으로 다음 `index.ts`가 `tsc`로 어떻게 트랜스파일되는지 알아보자.

```
// index.ts
class ClassA {}
```

---

[52] https://www.typescriptlang.org/ko/tsconfig/#target

```
export {ClassA}
```

```
$ npx tsc
```

tsc를 실행하면 .ts가 아닌 index.js라는 .js 확장자로 끝나는 파일이 생성된다. tsc로 .ts 파일이 .js 자바스크립트 파일로 변환된 것이다. index.js의 코드를 살펴보면 target 필드로 지정한 ES5로 트랜스파일된 것을 확인할 수 있다.

```
// index.js
'use strict'
Object.defineProperty(exports, '__esModule', {value: true})
exports.ClassA = void 0
var ClassA = /** @class */ (function () {
  function ClassA() {}
  return ClassA
})()
exports.ClassA = ClassA
```

이러한 target 필드에서 사용 가능한 ECMAScript 버전은 typescript 5 버전을 기준으로 다음과 같다.

- ES3: 1999년도에 만들어진 ECMAScript 표준으로, 모든 브라우저에서 실행되는 코드를 만들기 위해 사용된다.
- ES5: 대부분의 현대 브라우저에서 널리 지원되며, IE 11과 같은 구형 브라우저와 호환되는 버전이다.
- ES6 혹은 ES2015: let, const, 화살표 함수, 클래스, 모듈 같은 여러 최신 기능을 포함하는 버전이다.
- ES2016 ~ ES2022: ES2016부터 ES2022까지는 ES6에서 추가 기능이 더해진 확장된 버전이다. 특정 연도의 버전으로 설정하면 그 이후 버전의 기능을 쓰지 못하므로 주의해서 사용해야 한다.
- ESNext: 최신 ECMAScript 제안 기능을 대상으로 하는 버전으로, ECMAScript의 차기 버전을 타깃으로 설정할 때 사용된다. 이때 ESNext가 포함하는 차기 버전은 TC39의 Stage3 제안 기능까지 포함한다.[53]

또한 타입스크립트 프로젝트에서 tsconfig.json을 설정할 때 target 필드를 반드시 명시해야 한다. 2024년 11월 typescript 5 버전의 target 필드의 기본값은 ES5이기 때문에 tsconfig.json에서 target 필드를 따로 명시하지 않으면 타입스크립트는 기본적으로 ES5 표준을 따르는 구형 브라우저 호환 코드를 생성

---

[53] https://tc39.es/process-document/

한다. 따라서 target이 없으면 불필요하게 구형 버전의 브라우저까지 호환되기 위해 트랜스파일하기 때문에 코드의 크기가 커지므로 바람직하지 않다. 따라서 구형 브라우저 지원이 아니라면 target 필드를 ES6 이상으로 설정해서 현대 브라우저와의 호환성을 유지하면서 최신 기능을 활용해야 한다.

5.4.1.1 트랜스파일에 영향을 주는 옵션들

타입스크립트의 트랜스파일에 영향을 주는 필드는 target 필드뿐만이 아니다. tsconfig.json 파일에는 타입스크립트 트랜스파일 과정에 영향을 미치는 다양한 필드가 있다. 앞으로 소개할 이 필드들은 컴파일된 코드에 영향을 주며, 목표 ECMAScript 버전뿐만 아니라 모듈 시스템, 라이브러리, 소스맵 생성 여부 등 다양한 측면을 제어할 수 있다. 이번 절에서는 트랜스파일과 폴리필에 직·간접적으로 영향을 주는 필드만 소개한다. tsconfig.json에서 제공하는 모든 필드를 설명하고 있지는 않으므로 자세한 정보는 공식 타입스크립트 문서[54]나 관련 서적을 참고하기 바란다.

타입스크립트는 이 모든 설정을 코드와 함께 확인할 수 있는 플레이그라운드를 제공하고 있어 해당 링크에서 target을 직접 지정해서 코드를 디버깅해볼 수 있다.[55]

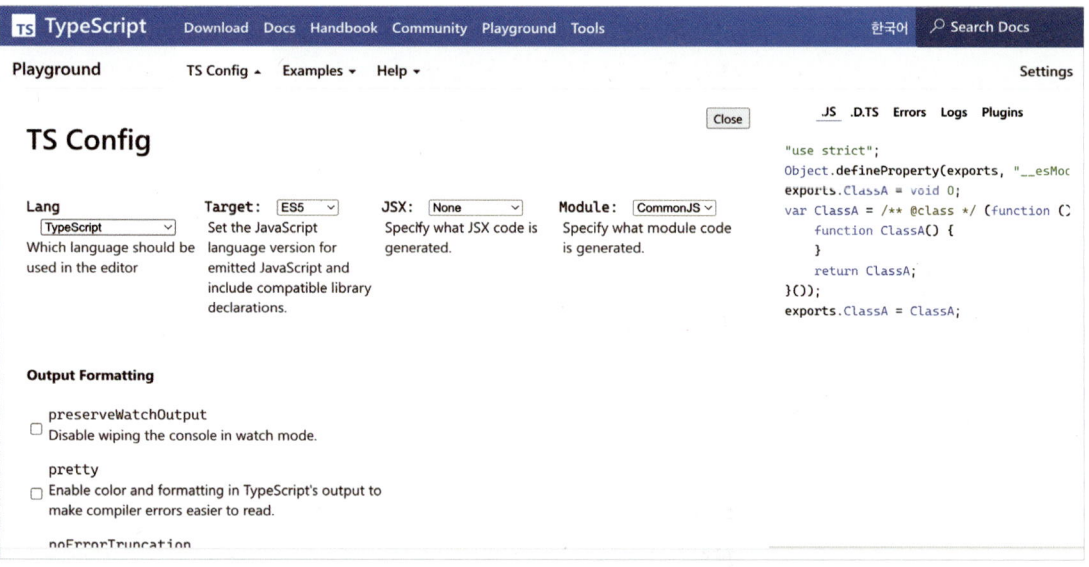

그림 5.9 타입스크립트 플레이그라운드의 Ts Config 탭에서 모든 설정을 지정할 수 있다.

---

54 https://www.typescriptlang.org/docs/
55 https://www.typescriptlang.org/play/

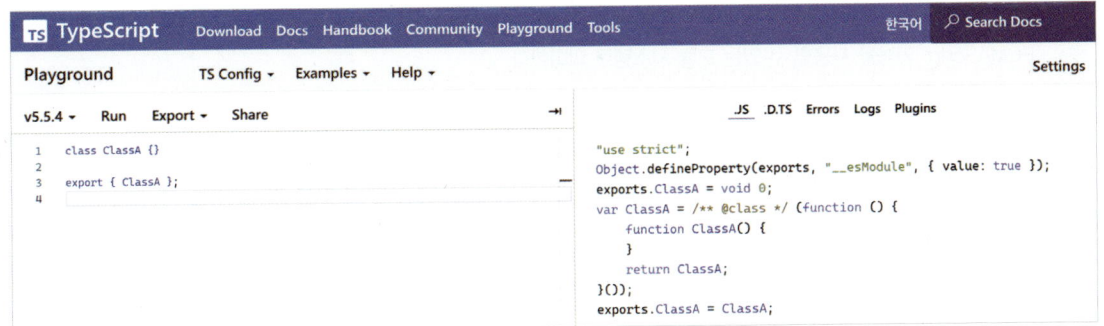

그림 5.10 설정 후 코드 편집기에서 코드를 직접 입력해 컴파일 결과물을 확인할 수 있다.

5.4.1.1.1 module[56]

`module` 필드는 타입스크립트 컴파일러가 코드를 변환할 때 사용할 모듈 시스템을 결정하는 필드다. `module` 필드에는 다음과 같은 값을 사용할 수 있다.

- none: 컴파일된 코드에 모듈 시스템을 적용하지 않는다. 모든 모듈 코드를 전역 스코프에서 실행하는 방식으로 ES3와 같은 구형 브라우저에서 사용한다.

- preserve: 트랜스파일된 자바스크립트 코드에서도 타입스크립트에서 사용된 모듈 구문을 그대로 유지하는 옵션으로, 이 구문은 런타임 시 지원되는 모듈 시스템에 의해 처리된다. 일반적으로 ESModule을 사용하는 빌드 도구나 환경에서 이 값을 통해 코드에서 사용한 `import`와 `export`를 그대로 유지한다.

- node16: Node.js 16부터 도입된 모듈 시스템을 사용해 확장자(.js, .mjs, .cjs)에 따라 파일을 ESModule 또는 CommonJS 모듈로 처리한다. 파일이 ESModule인지 CommonJS인지 결정하는 방법을 Node.js 16 버전과 동일하게 적용한다는 뜻으로 사용된다.

- nodenext: Node.js에서 최신 모듈 시스템을 사용하는 옵션으로, 최신 버전에서 사용되는 모듈 처리 방식을 따른다. Node.js 16의 방식인 파일 확장자뿐만 아니라 `package.json` 파일의 type 필드까지 읽어 모듈 시스템을 결정한다. 예를 들어, type 필드가 "module"이라면 파일을 ESModule로 처리한다.

- commonjs, system, amd, umd: 이외에 직접 사용할 다른 모듈 시스템을 지정할 수 있다. 각 모듈 시스템에 대한 설명은 4.1 절 '자바스크립트 모듈화의 역사'를 참고한다.

- es6/es2015: target 필드와 마찬가지로 ES6 모듈 시스템을 사용하며, 모듈 구문을 ESModule로 변환한다. 이 값은 브라우저와 최신 자바스크립트 엔진을 지원한다.

- es2020, es2022: ES2020 및 ES2022 모듈 시스템을 사용한다. es6과 비슷하지만 es6보다 더 최근의 ECMAScript 표준 기능을 지원한다. 예를 들어, es2022에는 es6과 es2020에는 없는 Top-Level Await을 지원한다.

---

[56] https://www.typescriptlang.org/ko/tsconfig/#module

- **esnext**: esnext 또한 target의 ESNext와 마찬가지로 Stage3 제안 기능처럼 아직 표준화되지 않았거나 최신 ECMAScript 기능을 사용할 수 있는 모듈 시스템을 의미한다.

값에서 볼 수 있듯이 `module` 필드는 `target` 값에 따라 기본값이 달라진다. 만약 `target` 필드가 ES3이나 ES5라면 CommonJS 모듈 시스템을 사용하며 ES6나 그 이상의 버전을 사용하면 ES6, 즉 ESModule을 사용한다. 물론 개발자는 이 기본값을 무시하고 `module`을 명시적으로 설정할 수 있지만 `target`이 ES5 이하인 경우 ESModule 모듈 시스템은 지원되지 않으므로 CommonJS나 AMD와 같은 구형 브라우저에서 사용 가능한 모듈 시스템을 선택해야 한다.

> 📄 **타입스크립트는 ESModule과 CommonJS의 상호운용성을 어떻게 해결하나요?**
>
> `module`에 사용될 수 있는 값 중 `node16`과 `nodenext`는 Node.js가 모듈 시스템을 처리하는 방식을 따르므로 상호운용성 또한 Node.js의 방식을 따른다. Node.js에서 ESModule과 CommonJS의 상호운용성을 위해 처리하는 방법은 4.3.3.4절 'CommonJS와의 상호운용성'을 참고한다.
>
> `node16`과 `nodenext`를 제외한 나머지 값들은 상호운용성을 결정하기 위한 별도의 필드인 `esModuleInterop`[57]을 사용한다. `esModuleInterop`은 타입스크립트에서 CommonJS 모듈과 ESModule 간의 상호운용성을 개선하기 위해 도입된 기능으로, true로 설정된 경우 CommonJS 모듈을 ESModule처럼 사용할 수 있도록 보장하는 헬퍼 함수를 추가한다. 이때 자동으로 삽입되는 코드의 역할은 CommonJS 모듈에서 `module.exports`로 내보낸 객체를 ESModule의 기본 내보내기(default export)로 매핑한다.
>
> ```
> // mod.cts(CommonJS)
> module.exports = {name: 'npm-deep-dive'}
>
> // index.ts(ESModule)
> import * as mod from './mod'
> console.log(mod.name)
>
> // index.js(컴파일 결과물)
> var mod = __importStar(require('mod'))
> console.log(mod.name) // 'npm-deep-dive'
> ```
>
> 반면 CommonJS에서 ESModule을 임포트할 수 있는 방법으로 동적으로 가져오기(Dynamic import)가 있다. 따라서 ESModule 모듈 시스템을 사용하거나 Node.js와의 상호운용성을 고려해서 개발할 때는 `esModuleInterop` 옵션을 true로 설정해야 한다.

---

[57] https://www.typescriptlang.org/docs/handbook/modules/reference.html#esModuleInterop

5.4.1.1.2 lib[58]

lib 필드는 타입스크립트가 컴파일할 때 포함할 표준 라이브러리의 목록을 지정하는 필드로, 이 목록을 통해 타입스크립트에서 사용할 수 있는 기능과 API의 범위를 정의할 수 있다. lib 필드에는 ECMAScript 버전뿐만 아니라 사용하는 환경 라이브러리 또한 함께 정의할 수 있다. 먼저 ECMAScript 라이브러리는 "ES5", "ES6" 혹은 "ES2015", 2024년 11월을 기준으로 "ES2016"에서 "ES2023"까지 연도별 버전, 그리고 "ESNext"로 target과 동일한 값을 사용할 수 있다.

이에 더해서 환경 라이브러리로는 다음 값을 사용할 수 있다.

- DOM: 브라우저의 DOM(Document Object Model) API
- WebWorker: 웹 워커 API
- ScriptHost: WSH(Windows Script Host) API
- WebGL: WebGL API

이 외에도 최신 기능을 포함한 특정 API를 사용하고 싶을 때 ESNext.Promise, DOM.Iterable처럼 특정 API를 추가할 수도 있다.

예를 들어, lib를 "ESNext"로 설정하면 타입스크립트는 아직 확정되지 않은 최신 기능까지 포함한 ECMAScript 기능을 사용할 수 있다. 이와 동시에 "DOM"을 추가하면 ECMAScript 기능과 더불어 document 객체를 포함한 DOM API를 사용할 수 있게 된다.

```
{
  "compilerOptions": {
    "target": "ES5",
    "lib": ["ESNext", "DOM"]
  }
}
```

다시 말하면 lib 필드는 타입스크립트가 코드를 컴파일하는 과정에서 코드의 유효성을 검증하는 데 필요한 타입 정보를 제공하는 역할을 한다. 따라서 이 필드는 주로 타입 검사와 관련이 있고, 트랜스파일이나 폴리필과는 직접적으로 관계가 없지만 간접적으로 영향을 미칠 수 있다. 만약 다음과 같이 tsconfig.json이 설정돼 있다고 가정하자.

---

[58] https://www.typescriptlang.org/tsconfig/#lib

```
{
  "compilerOptions": {
    "target": "ES5",
    "lib": ["ES2017"]
  }
}
```

lib 필드에 ES2017을 포함했기 때문에 Promise와 async/await 같은 최신 기능을 사용할 수 있다. 하지만 target 필드가 ES5로 설정돼 있으므로 이러한 기능이 ES5 문법으로 변환될 것이다. 이 과정에서 async/await은 ES5가 이해할 수 있는 코드로 트랜스파일되지만 Promise는 폴리필을 추가해야 한다. 결론적으로 lib는 타입스크립트 코드에서 사용할 수 있는 기능의 범위를 정의하지만 트랜스파일과 폴리필의 관점으로 봤을 때 추가적인 작업이 수반된다는 것을 인지하고 있어야 한다.

5.4.1.1.3 sourceMap[59]

sourceMap 필드는 컴파일된 자바스크립트 파일에 소스맵을 생성할지 여부를 설정한다. 이는 5.1절 '트랜스파일을 도와주는 도구, 바벨'에서 바벨 구성 파일에 대해 다루면서 소개했던 sourceMaps 옵션과 거의 유사하지만 타입스크립트에는 이 소스맵 파일과 기존 코드를 매핑해서 타입을 인식할 수 있다. 5.1절 '트랜스파일을 도와주는 도구, 바벨'에서는 소스맵에 대해 자세히 다루지 않았으니 여기서 소스맵의 역할과 장점이 무엇인지 알아보자.

소스맵은 디버깅 시 원본 타입스크립트 코드와 트랜스파일된 자바스크립트 코드 간의 매핑을 제공함으로써 디버깅을 용이하게 해주는 객체 형태의 데이터를 의미한다. 이 소스맵 데이터를 활용하면 개발자는 코드를 디버깅할 때 다음과 같은 편의성을 누릴 수 있다.

- **디버깅**: 타입스크립트 코드를 트랜스파일하면 브라우저나 Node.js 환경에서는 타입스크립트가 아닌 트랜스파일된 자바스크립트 코드가 실행된다. 그러나 개발자는 주로 빌드 이전의 코드로 작업하기 때문에 디버깅 시에도 타입스크립트로 작성된 코드에서 문제를 추적하는 편이 더 쉽다. 소스맵 파일은 브라우저 개발 도구에서 트랜스파일된 자바스크립트 코드를 원본 타입스크립트 코드로 연결해 주므로 브라우저에서 오류가 발생하거나 중단점(breakpoint)이 설정된 경우 소스맵을 통해 원본 타입스크립트 코드에서 그 위치를 정확히 확인할 수 있게 도움을 준다.

- **에러 추적**: 만약 트랜스파일된 자바스크립트 코드에서 발생한 오류가 타입스크립트 코드의 몇 번 줄에서 발생했는지를 소스맵이 없으면 파악하기 어렵다. 소스맵을 사용하면 오류 스택 추적(Error Stack Trace)에서 자바스크립트 코드의 위치를 타입스크립트 코드의 위치로 매핑해서 보여준다. 이를 통해 개발자는 트랜스파일된 코드가 아닌, 원본 타입스크립트 코드에서 문제를 찾고 수정할 수 있다.

---

[59] https://www.typescriptlang.org/tsconfig/#sourceMap

- **최적화된 컴파일 결과물과 원본 코드의 연결**: 최적화된 자바스크립트 파일은 코드가 압축되거나 난독화하는 최적화 과정을 거치므로 원본 코드와 많이 차이 날 수 있다. 소스맵은 최적화된 코드와 원본 코드를 매핑해서 최적화된 코드에서도 원본 코드에 대한 정확한 정보를 제공한다. 쉬운 예로 압축된 코드의 변수 이름은 짧게 변환되지만 소스맵을 사용하면 원본 변수 이름을 그대로 볼 수 있다.

타입스크립트에서 `tsconfig.json` 파일에서 `sourceMap` 필드를 `true`로 지정하면 이러한 소스맵을 트랜스파일할 때 생성할 수 있다.

```
{
  "compilerOptions": {
    "sourceMap": true
  }
}
```

소스맵 옵션을 활성화하고 타입스크립트 컴파일을 실행하면 `.js` 파일과 함께 `.js.map` 파일이 생성되는데, `.js.map` 파일이 곧 소스맵 파일이며, 브라우저나 센트리(Sentry)[60] 같은 개발 도구에서 활용된다. 예를 들어 코드 5.19에서 컴파일된 자바스크립트 코드의 소스맵 파일인 `index.js.map`은 다음과 같이 생성된다.

```
{
  "version": 3,
  "file": "index.js",
  "sourceRoot": "",
  "sources": ["../src/index.ts"],
  "names": [],
  "mappings": "AAAA;IAAA;IAAc,CAAC;IAAD,aAAC;AAAD,CAAC,AAAf,IAAe;AAEf,OAAO,EAAE,MAAM,EAAE,CAAC"
}
```

소스맵 파일의 구조를 살펴보면 먼저 JSON 형식으로 구성돼 있고 다음과 같은 정보를 포함한다.

- version: 소스맵 파일의 버전(보통 3)
- file: 트랜스파일된 파일 이름
- sources: 원본 파일 이름의 배열
- sourceRoot: 원본 파일 경로의 기본 디렉터리
- mappings: 트랜스파일된 코드와 원본 코드 간의 매핑 정보가 담긴 인코딩된 문자열

---

[60] https://sentry.io

이 정보들을 기반으로 브라우저나 소스맵 시각화 도구로 타입스크립트 코드를 디버깅할 때 개발자 도구가 소스맵을 감지하면 자동으로 타입스크립트 파일을 로드해서 표시한다. 예를 들어, 소스맵 시각화 도구 중 하나인 source-map-visualization[61]에서 다음과 같은 순서로 빌드된 파일, 소스맵 파일, 원본 파일을 업로드하면 소스맵을 기반으로 빌드된 코드와 원본 코드를 매핑할 수 있다.

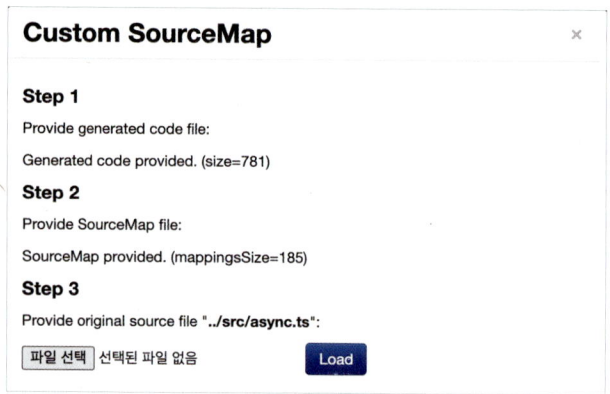

그림 5.11 source-map-visualization의 소개 화면. [파일 선택] 버튼을 클릭해 소스맵 파일을 업로드하면 그림 5.12처럼 소스맵 분석 결과를 볼 수 있다.

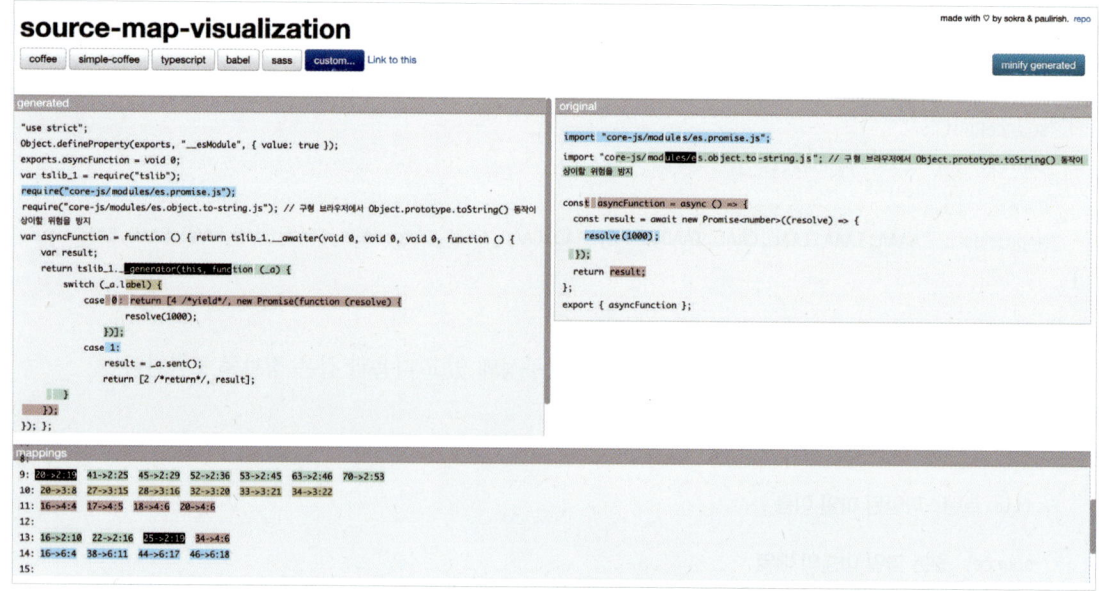

그림 5.12 source-map-visualization으로 async.ts와 async.js를 async.js.map을 기반으로 시각화한 예시

---

[61] https://sokra.github.io/source-map-visualization/

그림 5.12에서 original 영역의 각 줄을 generated 영역의 해당 코드로 색상으로 분류한다. 다음으로 아래의 mappings 섹션에는 async.js.map의 mappings 정보의 디코딩된 코드 매핑이 표시된다. 예를 들어 16 -> 6:4 항목은 다음을 의미한다.

- 생성된 코드: "resolve"라는 단어는 트랜스파일된 코드의 16번째 위치에서 시작한다.
- 원본 코드: "resolve"라는 단어는 원본 async.ts의 6행 4열에서 시작한다.

이로 미루어 볼 때 소스맵은 mappings 값을 통해서 트랜스파일된 코드와 원본 코드가 각각 어느 줄에서 몇 행 몇 열이 매핑되는지에 대한 정보를 제공한다는 것을 알 수 있다.

개발자는 이러한 소스맵을 활용해 마치 타입스크립트 코드가 브라우저에서 직접 실행되는 것처럼 보이게 해서 중단점을 설정하고 코드를 단계별로 디버깅할 수 있다. 오류를 추적할 때도 자바스크립트 코드에서 오류가 발생하면 개발자 도구는 이 오류가 원본 타입스크립트 코드의 몇 번째 줄에서 발생했는지 소스맵을 통해 표시한다.

결론적으로 타입스크립트에서 소스맵 옵션은 트랜스파일에 직접적으로 영향을 주지는 않지만 디버깅과 오류 추적을 위해 설정하면 매우 유용한 옵션이다. 그러나 실제 프로덕션 환경에서는 소스맵 파일이 컴파일 결과물에 포함되면 빌드 결과물의 크기를 늘리므로 사용하지 않는 것이 좋다. 따라서 개발 환경과 프로덕션 환경마다 소스맵 옵션 활성화 여부를 다르게 설정해야 한다.

코드 5.20 package.json의 scripts 필드에서 build 스크립트를 나누어 실행하는 예시

```
{
  "scripts": {
    "build:dev": "tsc --sourceMap true",
    "build:prod": "tsc --sourceMap false"
  }
}
```

5.4.1.1.4 jsx[62]

만약 프로젝트가 리액트처럼 JSX 문법을 사용하는 프로젝트라면 개발자는 타입스크립트 컴파일러가 이 JSX 문법을 올바르게 해석해서 트랜스파일할 수 있도록 설정해야 한다. 예를 들어, 다음과 같은 리액트 컴포넌트를 타입스크립트가 어떻게 트랜스파일할 수 있을까?

---

[62] https://www.typescriptlang.org/tsconfig/#jsx

코드 5.21 리액트 컴포넌트 예제

```tsx
// src/react.tsx
import React, {PropsWithChildren} from 'react'

export default function Component(props: PropsWithChildren<{name: string}>) {
  return (
    <div>
      <h1>Hello, {props.name}!</h1>
      <p>Welcome to the React with Typescript.</p>
      {props.children}
    </div>
  )
}
```

이때 쓰이는 필드가 바로 tsconfig.json의 jsx 옵션이다.

```
{
  "compilerOptions": {
    "jsx": "preserve"
  }
}
```

이 jsx 필드에는 다음 네 가지 값을 사용할 수 있다.

- **preserve**: JSX 구문을 변환하지 않고 그대로 유지하는 값이다. 타입스크립트 코드를 자바스크립트로 트랜스파일할 때 JSX 구문은 변경되지 않으며, 이 파일은 바벨과 같은 별도의 도구를 사용해 최종 변환된다.

```jsx
// dist/react.jsx
var react_1 = __importDefault(require('react'))
function Component(props) {
  return (
    <div>
      <h1>Hello, {props.name}!</h1>
      <p>Welcome to the React with Typescript.</p>
      {props.children}
    </div>
  )
}
```

- **react**: JSX 구문을 React.createElement() 함수 호출로 변환한다. 이 옵션은 리액트 16 이전 버전과 호환된다. React.createElement()는 React 전역 객체로부터 호출하므로 원본 코드에 반드시 import React from "react"로 React 객체를 불러와야 한다.

```
// dist/react.js
var react_1 = __importDefault(require('react'))
function Component(props) {
  return react_1.default.createElement(
    'div',
    null,
    react_1.default.createElement('h1', null, 'Hello, ', props.name, '!'),
    react_1.default.createElement('p', null, 'Welcome to the React with Typescript.'),
    props.children,
  )
}
```

- **react-jsx**: JSX 구문을 변환할 때 리액트 17 이상 버전에서 사용되는 새로운 JSX 변환 방식을 사용한다. 리액트 17 이상에서는 React.createElement() 대신 react/jsx-runtime을 통해 자동으로 JSX 변환을 처리하므로 import React from 'react'; 구문을 생략할 수 있다.

```
// dist/react.js
var jsx_runtime_1 = require('react/jsx-runtime')
function Component(props) {
  return (0, jsx_runtime_1.jsxs)('div', {
    children: [
      (0, jsx_runtime_1.jsxs)('h1', {children: ['Hello, ', props.name, '!']}),
      (0, jsx_runtime_1.jsx)('p', {children: 'Welcome to the React with Typescript.'}),
      props.children,
    ],
  })
}
```

- **react-jsxdev**: 리액트 17 이상 버전에서 개발자 도구에서 유용한 추가 디버깅 정보를 포함한 JSX 변환을 사용한다. 이 값은 "react-jsx"와 유사하지만 개발 환경에서 유용한 추가 정보를 포함한다. 이로 인해 디버깅 시 더 나은 경험을 제공한다.

```
var jsx_dev_runtime_1 = require('react/jsx-dev-runtime')
var _jsxFileName = '/Users/USER/npm-deep-dive-example/chapter5/5.4/typescript-compiler-project/src/react.tsx'
```

```
function Component(props) {
  return (0, jsx_dev_runtime_1.jsxDEV)(
    'div',
    {
      children: [
        (0, jsx_dev_runtime_1.jsxDEV)(
          'h1',
          {children: ['Hello, ', props.name, '!']},
          void 0,
          true,
          {fileName: _jsxFileName, lineNumber: 6, columnNumber: 7},
          this,
        ),
        (0, jsx_dev_runtime_1.jsxDEV)(
          'p',
          {children: 'Welcome to the React with Typescript.'},
          void 0,
          false,
          {fileName: _jsxFileName, lineNumber: 7, columnNumber: 7},
          this,
        ),
        props.children,
      ],
    },
    void 0,
    true,
    {fileName: _jsxFileName, lineNumber: 4, columnNumber: 11},
    this,
  )
}
```

- react-native: 리액트 네이티브 환경에서 사용할 수 있도록 JSX를 리액트 네이티브의 React.createElement 형태로 변환한다. 주로 리액트 네이티브 애플리케이션 개발에서 JSX를 사용할 때 적합하다.

5.4.1.2 타입스크립트 런타임 라이브러리, tslib[63]

앞서 5.2절 '폴리필을 도와주는 도구 core-js'에서 **@babel/plugin-transform-runtime** 플러그인으로 바벨이 트랜스파일하는 데 필요한 각종 헬퍼 함수의 코드 중복을 제거한다고 했다. 타입스크립트 컴파일러 또한 이와 비슷한 기능을 하는 `tslib` 라이브러리를 제공한다.

가령 `tsconfig.json`이 다음과 같이 설정되어 코드는 ES6 이상의 모든 기능을 사용할 수 있게 설정했지만 ES5로 변환해야 한다고 가정하자.

```
{
  "compilerOptions": {
    "target": "ES5",
    "module": "CommonJS",
    "lib": ["ESNext"]
  }
}
```

async.ts와 classA.ts는 tsconfig.json을 기반으로 작성된 소스코드이며, classA.ts에서 async.ts의 asyncFunction을 불러오고 있다.

코드 5.22 async.ts와 classA.ts 코드

```
// async.ts
const asyncFunction = async () => {
  const result = await new Promise<number>((resolve) => {
    resolve(1000)
  })

  return result
}

export {asyncFunction}

// classA.ts
import {asyncFunction} from './async'

class ClassA {
```

---
[63] https://github.com/Microsoft/tslib

```
  async asyncMethod() {
    await asyncFunction()
  }
}

export {ClassA}
```

코드 5.22처럼 tsconfig.json 설정으로 타입스크립트 코드는 async/await, class, extends 같은 ES6 이상의 문법을 사용할 수 있다. 또한 target 필드가 ES5이므로 컴파일러는 이러한 기능을 ES5로 트랜스파일해야 한다. 타입스크립트 컴파일러는 바벨과 마찬가지로 특정 헬퍼 함수들을 코드 상단에 삽입하게 되는데, 대표적으로 __extends, __assign, __awaiter가 있다. 이렇게 삽입된 헬퍼 함수들은 타입스크립트로 작성된 코드가 ES5나 다른 하위 호환성을 가진 자바스크립트 환경에서 올바르게 동작할 수 있게 한다.

```
var __extends =
  (this && this.__extends) ||
  (function () {
    var extendStatics = function (d, b) {
      extendStatics =
        Object.setPrototypeOf ||
        ({__proto__: []} instanceof Array &&
          function (d, b) {
            d.__proto__ = b
          }) ||
        function (d, b) {
          for (var p in b) if (Object.prototype.hasOwnProperty.call(b, p)) d[p] = b[p]
        }
      return extendStatics(d, b)
    }
    return function (d, b) {
      if (typeof b !== 'function' && b !== null)
        throw new TypeError('Class extends value ' + String(b) + ' is not a constructor or null')
      extendStatics(d, b)
      function __() {
        this.constructor = d
      }
      d.prototype = b === null ? Object.create(b) : ((__.prototype = b.prototype), new __())
    }
```

```
    })()

var __awaiter =
  (this && this.__awaiter) ||
  function (thisArg, _arguments, P, generator) {
    function adopt(value) {
      return value instanceof P
        ? value
        : new P(function (resolve) {
            resolve(value)
          })
    }
    return new (P || (P = Promise))(function (resolve, reject) {
      function fulfilled(value) {
        try {
          step(generator.next(value))
        } catch (e) {
          reject(e)
        }
      }
      function rejected(value) {
        try {
          step(generator['throw'](value))
        } catch (e) {
          reject(e)
        }
      }
      function step(result) {
        result.done ? resolve(result.value) : adopt(result.value).then(fulfilled, rejected)
      }
      step((generator = generator.apply(thisArg, _arguments || [])).next())
    })
  }
```

컴파일 결과물인 async.js와 classA.js의 내용을 살펴보면 각 파일에 동일한 헬퍼 함수들이 반복적으로 삽입된 것을 볼 수 있다. 프로젝트의 규모가 커질수록 이 같은 중복 코드의 양이 늘어나므로 빌드 결과물의 크기에 악영향을 준다. 이러한 중복 코드가 늘어나는 문제를 해결하기 위해 tslib를 활용해보자. tslib는 타입스크립트를 만든 마이크로소프트에서 개발한 헬퍼 패키지로, 헬퍼 함수들을 별도의 패키지로 모듈화하는 방식으로 중복을 줄여 전체 번들 크기를 감소시킨다. tslib 패키지를 설치하는 방법은 다음과 같다.

```
$ npm install tslib --save
```

이렇게 설치한 tslib는 자동으로 사용되지 않으며, 사용하기 위해서는 tsconfig.json에서 importHelpers 옵션을 활성화해야 한다. importHelpers 옵션을 true로 설정하면 타입스크립트 컴파일러가 헬퍼 함수들을 tslib 라이브러리에서 가져와 트랜스파일한다.

```json
{
  "compilerOptions": {
    "target": "ES5",
    "module": "CommonJS",
    "lib": ["ESNext"],
    "importHelpers": true
  }
}
```

수정한 후 다시 컴파일하면 async.js와 classA.js에서 헬퍼 함수들은 tslib에서 가져오므로 중복 코드가 제거된 것을 볼 수 있다.

```js
// async.js
Object.defineProperty(exports, '__esModule', {value: true})
exports.asyncFunction = void 0

var tslib_1 = require('tslib')

var asyncFunction = function () {
  return tslib_1.__awaiter(void 0, void 0, void 0, function () {
    var result
    return tslib_1.__generator(this, function (_a) {
      switch (_a.label) {
        case 0:
          return [
            4 /*yield*/,
            new Promise(function (resolve) {
              resolve(1000)
```

```
        }),
      ]
    case 1:
      result = _a.sent()
      return [2 /*return*/, result]
      }
    })
  })
}

exports.asyncFunction = asyncFunction

// classA.js
Object.defineProperty(exports, '__esModule', {value: true})
exports.ClassA = void 0

var tslib_1 = require('tslib')
var async_1 = require('./async')

var ClassA = /** @class */ (function () {
  function ClassA() {}
  ClassA.prototype.asyncMethod = function () {
    return tslib_1.__awaiter(this, void 0, void 0, function () {
      return tslib_1.__generator(this, function (_a) {
        switch (_a.label) {
          case 0:
            return [4 /*yield*/, (0, async_1.asyncFunction)()]
          case 1:
            _a.sent()
            return [2 /*return*/]
        }
      })
    })
  }
  return ClassA
})()

exports.ClassA = ClassA
```

결과적으로 tslib는 타입스크립트 코드에서 중복되는 헬퍼 함수들을 외부 라이브러리로 추출해서 코드 중복을 줄이고 번들 크기를 최적화하는 데 기여한다. 이는 바벨 환경에서 @babel/plugin-transform-runtime이 수행하는 역할과 유사하며, 모두 각 환경에서 코드 중복 문제를 해결하는 방법을 제공한다. 그러나 tslib와 @babel/plugin-transform-runtime 사이에는 다음과 같은 중요한 차이점이 있다.

1. **폴리필 처리**: @babel/plugin-transform-runtime은 헬퍼 함수의 중복을 제거할 뿐만 아니라 ES6 이상 기능에 대한 폴리필을 추가할 수 있게 제공한다. 반면 tslib는 타입스크립트가 생성하는 헬퍼 함수만을 포함하며, 추가적인 폴리필은 제공하지 않는다.

2. **유연성**: tslib는 개발자에게 더 많은 제어권을 제공하므로 필요한 폴리필만을 선택적으로 추가할 수 있어 불필요한 코드를 줄일 수 있다. 반면 @babel/plugin-transform-runtime은 편의성이 높지만, 폴리필 설정이 있을 경우 불필요한 코드까지 포함될 수 있음을 항상 유의해야 한다.

3. **사용 환경**: tslib는 타입스크립트 프로젝트에 특화돼 있다. 반면 @babel/plugin-transform-runtime은 바벨을 사용하는 모든 자바스크립트 프로젝트에서 활용할 수 있다.

이러한 차이점을 고려할 때 타입스크립트 프로젝트에서 tslib를 사용한다면 개발자는 프로젝트의 요구사항에 맞춰 추가적인 폴리필 관리 전략을 수립해야 한다. 그리고 이때 번들 크기와 성능 최적화, 그리고 지원하고자 하는 브라우저 범위 등을 종합적으로 고려해서 결정해야 한다.

예를 들어, `async.ts`에는 Promise가 쓰였기 때문에 Promise에 대한 폴리필을 별도로 추가해야 한다. 이를 위해 core-js를 설치해 최상단 파일에 전역으로 core-js/stable을 불러올 수도 있다.

```
$ npm i --save core-js
```

하지만 5.2절 '폴리필을 도와주는 도구 core-js'에서 설명한 것처럼 이는 불필요한 폴리필까지 포함되기 때문에 번들 크기를 최적화할 수 없으므로 권장하지 않는다.

```typescript
// async.ts
import 'core-js/modules/es.promise.js'
import 'core-js/modules/es.object.to-string.js' // 구형 브라우저에서 Object.prototype.toString() 동작이 상이할 위험을 방지

const asyncFunction = async () => {
  const result = (await new Promise())<number>((resolve) => {
    resolve(1000)
  })
}
```

```
  return result
}

export {asyncFunction}
```

5.4.1.3 타입스크립트 컴파일러와 바벨 비교

지금까지 바벨을 대신해서 타입스크립트 컴파일러로 트랜스파일할 수 있는 방법을 알아봤다. 타입스크립트 컴파일러는 상대적으로 타입스크립트 패키지에 대한 의존성만 필요하고 `tsconfig.json`이라는 구성만으로도 원하는 ECMAScript 버전으로 트랜스파일할 수 있다. 동시에 정적 타입 검사를 지원하므로 코드 안정성까지 높일 수 있다. 그러나 바벨과 달리 폴리필을 추가할 수 있는 플러그인은 내장하고 있지 않기 때문에 폴리필이 필요한 경우 추가적인 설정이 필요하며, tslib라는 헬퍼 함수 모듈 패키지를 제공하고는 있지만 바벨에 비해 플러그인 생태계가 풍부하지는 못해 다양한 변환과 커스터마이징이 어려울 수 있다. 또한 컴파일 시 타입 검사를 하기 때문에 대규모 프로젝트에서는 바벨보다 컴파일 속도가 느릴 수 있다.

표 5.4는 지금까지 설명한 타입스크립트 컴파일러와 바벨의 주요 특징과 장단점을 간략하게 요약해서 보여준다.

표 5.4 타입스크립트 컴파일러와 바벨의 장단점 비교

특징	타입스크립트 컴파일러	바벨
설정 편의성	쉬움	상대적으로 복잡함
소스맵 지원	지원	지원
코드 안정성 향상(정적 타입 검사)	확인	미확인
내장된 폴리필 제공	미제공	제공
플러그인 생태계	부족함	풍부함
대규모 프로젝트 컴파일 속도	타입 검사로 인해 속도 느림	상대적으로 빠름

이때 타입스크립트 컴파일러가 트랜스파일 시 지원하는 도구가 바벨에 비해 적을 수 있다고 언급한 점을 타입스크립트 생태계 자체가 풍부하지 않다고 혼동해서는 안 된다. 타입스크립트 컴파일러는 기본적으로 정적 타입 검사와 강력한 타입 시스템을 제공하며, 이를 통해 코드의 안정성과 유지보수성을 높일 수 있다. 바벨이 다양한 최신 자바스크립트 문법 지원과 폴리필 기능을 플러그인 형태로 제공하는 반면, 타입스크립

트는 주로 타입 시스템을 활용해 코드의 품질을 높이는 데 중점을 두고 있는 것이다. 따라서 두 도구는 서로 다른 목적과 강점을 가지고 있으므로 특정 프로젝트의 요구사항에 따라 적절한 도구를 선택해야 한다.

또한 타입스크립트가 오늘날 엄청난 인기를 끄는 언어로 자리매김하면서 점점 더 많은 도구들이 타입스크립트를 지원하는 추세다. 이로 인해 바벨뿐만 아니라 다양한 개발 도구들이 타입스크립트에 대한 호환성을 강화하고 있으며, 플러그인 생태계도 점차 확장되고 있다. 따라서 타입스크립트는 이제 자바스크립트 개발자들에게 필수적인 언어로 자리 잡아 그 생태계가 계속해서 발전하고 있다는 점을 기억해야 한다.

5.4.2 SWC(Speedy Web Compiler)

이어서 바벨의 대안으로 부상하고 있는 또 다른 트랜스파일러인 SWC를 소개한다. SWC는 러스트(Rust)로 개발된 고성능 트랜스파일러로, 바벨과 비교해서 상당히 빠른 속도를 자랑한다. SWC를 사용하면 대규모 프로젝트에서도 빠른 트랜스파일이 가능하며, 러스트의 메모리 안전성과 뛰어난 성능 덕분에 빌드 속도가 중요한 프로젝트에서 특히 유용하다. 이러한 SWC의 성능은 공식 웹사이트의 첫 소개에서도 강조하고 있다.[64]

> SWC is 20x faster than Babel on a single thread and 70x faster on four cores.
>
> (번역) SWC는 단일 스레드에서 바벨보다 20배, 4개의 코어에서 70배 빠릅니다.

이미 다른 많은 프레임워크와 라이브러리들이 SWC를 활용하고 있으며, SWC의 빠른 트랜스파일 속도와 성능을 통해 개발 경험을 향상시키고 있다. 예를 들어, Next.js는 12.0 버전부터 Next.js의 새로운 기본 컴파일러로 SWC를 도입해서 애플리케이션의 빌드 속도를 향상시켰다. 그뿐만 아니라 Vite나 Parcel 같은 번들러나 Deno는 이미 SWC를 사용해 타입스크립트를 빠르게 트랜스파일한다. Node.js 또한 2024년 8월 6일에 출시된 22.6.0 버전부터 타입스크립트를 지원하기 위한 실험적 기능인 `--experimental-strip-types`에 SWC를 도입해서 점차 실행 속도를 높이고자 노력하고 있다.[65]

SWC 개발자인 강동윤 님은 Node.js에서의 SWC 사용을 지원하기 위해 `@swc/wasm-typescript` 패키지를 별도로 배포하기도 했다. 이 패키지는 타입스크립트 코드를 SWC로 빠르게 트랜스파일하고, 이를 Node.js 런타임에서 직접 실행할 수 있게 해준다.

---

[64] https://swc.rs/
[65] https://github.com/nodejs/loaders/issues/208

5.4.2.1 SWC의 특징

먼저 SWC의 특징에 대해 알아보자.

- **바벨과의 호환성**: SWC는 바벨과 굉장히 유사한 설정 방식을 지원하며, 바벨의 많은 플러그인을 대체할 수 있는 기능을 제공한다. 이를 통해 기존 바벨 설정을 쉽게 SWC로 전환할 수 있다. 또한 바벨 플러그인을 대신할 수 있는 내장된 기능을 제공함으로써 대부분의 바벨 기능을 커버할 수 있다. 실제로 공식 문서에서는 `@swc/cli`, `@swc/core`, `swc-loader` 등 바벨의 `@babel/cli`, `@babel/core`, `babel-loader`와 비슷한 기능을 수행한다는 것을 직관적으로 표현하며, 인터페이스나 사용법 또한 유사하다. 또한 플러그인 기반으로 동작하는 시스템 역시 동일하기 때문에 바벨에서의 개발 경험과 비슷하게 사용자 정의 플러그인 시스템을 구현해서 자신만의 변환 코드를 작성할 수도 있다.

- **트리 셰이킹**: SWC는 사용되지 않는 코드를 제거해서 최종 번들 크기를 줄이는 트리 셰이킹을 지원한다. 이를 통해 코드의 효율성을 극대화하고, 결과물의 크기를 최적화할 수 있다.

- **타입스크립트와의 강력한 통합**: SWC는 타입스크립트를 완벽하게 지원하며, 타입 검사 없이 빠르게 트랜스파일할 수 있다. 이는 앞서 타입스크립트 컴파일러가 타입 검사를 수행하기 때문에 대규모 프로젝트에서 컴파일 속도가 느릴 수 있다고 언급한 것과 대조된다.

- **공식 스키마 제공**: SWC는 구성 파일(.swcrc) 작성을 돕는 공식 JSON 스키마(https://swc.rs/schema.json)를 제공함으로써 이를 통해 IDE에서 자동 완성, 구성 파일의 유효성 검사 및 정적 분석이 가능하다. 이 기능은 구성 파일의 정확도를 높이고, 개발자가 잘못된 설정을 하는 것을 방지해주므로 매우 유용하다.[66] 타입스크립트 또한 `tsconfig.json`을 위한 스키마인 https://json.schemastore.org/tsconfig를 제공한다. 반면 바벨은 기본적으로 JSON 스키마를 제공하지 않으며, 구성 파일을 위한 공식적인 스키마가 아직 존재하지 않는다(2024년 11월 기준). 따라서 바벨의 경우 유효성 검사를 위한 별도의 도구나 IDE 플러그인이 필요할 수 있다.

서술한 특징들 외에도 SWC는 `core-js`를 내장할 수 있다는 점, 다양한 모듈 시스템 제공, 압축, `browserslist`와의 통합 등 바벨의 특징과 타입스크립트 컴파일러의 특징을 더한 모습을 보여준다.

5.4.2.2 SWC로 트랜스파일하기

이제 SWC를 사용해 프로젝트를 트랜스파일해 보자.

본 예제는 `@swc/core` 1.7.10 버전을 기준으로 작성됐으며, 예제 코드는 이 책의 예제 코드 저장소[67]에 수록돼 있다. 혹은 SWC로 코드를 트랜스파일한 결과물을 확인할 수 있는 플레이그라운드에서 직접 작성해서 확인할 수 있다.[68]

---

[66] https://swc.rs/docs/configuration/swcrc
[67] https://github.com/yujeongJeon/npm-deep-dive-example
[68] https://swc.rs/playground

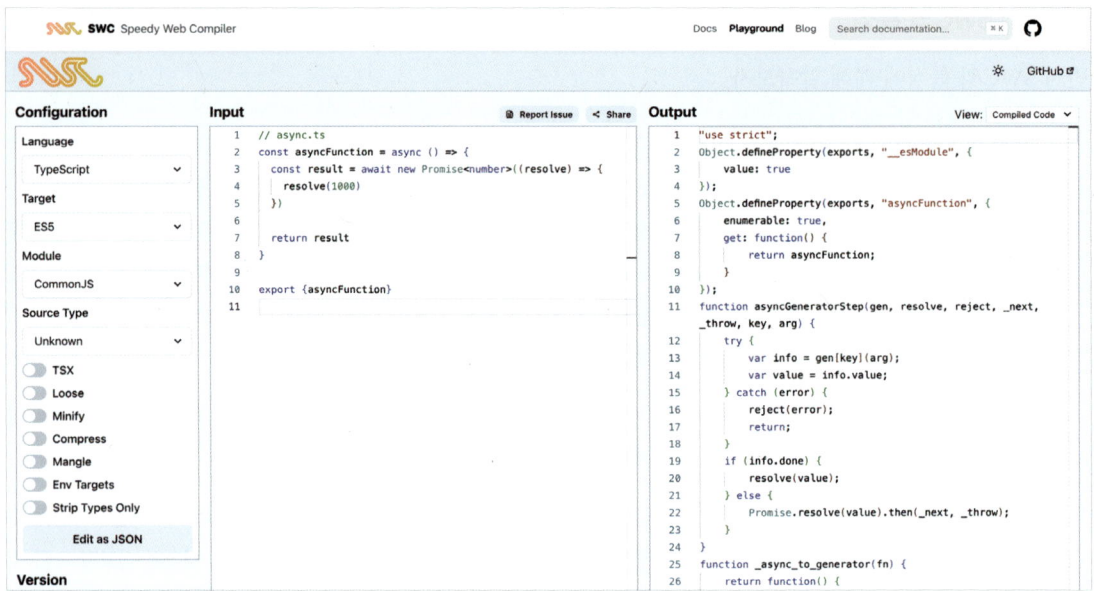

그림 5.13 SWC 플레이그라운드에서 코드를 Input에 작성하면 Output에서 결과물을 볼 수 있다. 또한 좌측 사이드바의 Configuration으로 .swcrc의 설정을 직접 정의할 수 있다.

먼저 @swc/cli와 @swc/core를 설치한다.

```
$ npm i @swc/cli @swc/core --save-dev
$ npm i --save core-js
```

다음으로 SWC의 구성 파일인 .swcrc 파일을 생성한다. 코드 5.22의 async.ts와 classA.ts를 SWC로 트랜스파일할 때 .swcrc는 다음과 같이 설정한다. 예제 구성 파일은 browserslist 쿼리 문법을 사용해 ES5까지만 지원되는 구형 브라우저에서도 동작할 수 있게 한다.

코드 5.23 .swcrc 예시

```
// .swcrc
{
  "$schema": "https://swc.rs/schema.json",
  "jsc": {
    "parser": {
      "syntax": "ecmascript",
      "jsx": false,
      "decorators": true
```

```
    },
    "transform": {
      "react": {
        "runtime": "automatic"
      }
    }
  },
  "module": {
    "type": "commonjs"
  },
  "env": {
    "targets": ["ie >= 11"],
    "mode": "usage",
    "coreJs": "3.39.0"
  }
}
```

코드 5.23의 각 옵션을 하나씩 살펴보자.

5.4.2.2.1 jsc

먼저 jsc는 'Javascript Compiler'를 나타내며, SWC의 컴파일 옵션을 정의하는 중요한 값이다. jsc 하위에는 코드의 트랜스파일 동작을 조정하는 다양한 세부 설정이 포함돼 있는데, 주요 옵션으로 parser와 transform, target, minify가 있다.

- parser[69]: SWC가 코드를 파싱하는 방식을 정의하는 옵션으로, 여기에는 타입스크립트, JSX, 데코레이터(decorators) 등을 해석할 수 있는 파서(Parser) 옵션을 정의할 수 있다. 코드 5.23의 parser에서는 syntax로 ecmascript를 지정해 사용할 구문을 지정했으며, jsx는 리액트에서 JSX 사용 여부로, 본 예제에서는 리액트를 사용하지 않으므로 false로 설정한다. 마지막으로 decorators 옵션은 클래스, 메서드, 접근자, 속성, 매개변수에 대한 메타프로그래밍 구문인 데코레이터 사용 여부로, 예제에서는 class 데코레이터가 사용됐으므로 true로 활성화했다.

- target[70]: 컴파일된 자바스크립트 코드의 목표 ECMAScript 버전을 지정한다. 예를 들어, es5, es2015, es2020 등으로 설정한다.

```
// .swcrc
{
```

---

[69] https://swc.rs/docs/configuration/compilation#jscparser
[70] https://swc.rs/docs/configuration/compilation#jsctarget

```
  "$schema": "https://swc.rs/schema.json",
  "jsc": {
    "target": "es5"
  }
}
```

본 예제에서는 이후에 등장할 env 옵션으로 target을 설정하므로 parser의 target과 중복해서 사용할 수 없기 때문에 명시하지 않는다. 만약 env.target과 parser.target을 동시에 설정하면 다음과 같은 에러가 나면서 컴파일되지 않는다.

```
`env` and `jsc.target` cannot be used together
```

- transform[71]: transform은 여러 코드 변환 설정을 포함하는 옵션이다. 예를 들어, 리액트 관련 설정이나 다양한 최적화 옵션을 여기에서 지정할 수 있다. 리액트의 runtime을 수동으로 지정하거나 자동으로 지정하는 옵션을 바로 이 transform 옵션에서 설정할 수 있다.

```
// .swcrc
{
  "jsc": {
    "transform": {
      "react": {
        "runtime": "automatic"
      }
    }
  }
}
```

이 외에도 optimizer 옵션으로 트랜스파일하는 과정에서 코드를 어떻게 최적화할지를 결정할 수도 있다.[72]

- minify:[73] 코드를 압축하는 옵션이다. 이 옵션을 활성화하려면 jsc 필드 바깥에서 먼저 minify 옵션을 true로 지정해야 한다. 이후 jsc 옵션의 minify에서 세부적으로 설정할 수 있다.

```
// .swcrc
{
  "minify": true,
  "jsc": {
```

---

[71] https://swc.rs/docs/configuration/compilation#jsctransform
[72] https://swc.rs/docs/configuration/compilation#jsctransformoptimizer
[73] https://swc.rs/docs/configuration/compilation#jscminify

```
    "minify": {
      "compress": {
        "unused": true
      },
      "mangle": true
    }
  }
}
```

- keepClassNames[74]: 클래스 이름을 코드 최적화 과정에서 제거하지 않고 유지할지 결정하는 옵션이다.

5.4.2.2.2 module[75]

module 필드는 컴파일된 자바스크립트 모듈의 형식을 설정하는 옵션이다. 5.1절 '트랜스파일을 도와주는 도구, 바벨'에서 다룬 @babel/preset-env에서 modules 필드나 타입스크립트의 module과 유사하게 SWC에서도 이 필드를 사용해 SWC가 트랜스파일할 때 사용할 모듈 형식을 지정할 수 있다. 이 설정은 주로 브라우저 환경, Node.js 환경, 웹팩이나 롤업 같은 특정 번들러에서 올바르게 동작하도록 코드를 구성하는 데 사용된다. 본 예제에서는 commonjs로 설정해 CommonJS 모듈 시스템을 사용했다.

5.4.2.2.3 env

env는 환경별로 설정을 적용할 수 있도록 도와주는 옵션으로, 주로 브라우저나 Node.js와 같은 특정 환경에서 코드를 실행할 때 필요한 폴리필과 트랜스파일을 설정하는 데 사용된다. 이는 마치 바벨의 @babel/preset-env와 비슷한 역할로, SWC는 env 옵션을 통해 코드가 실행될 대상 환경에 필요한 폴리필이나 트랜스파일을 결정한다. 예를 들어, 최신 자바스크립트 기능을 구형 브라우저에서도 사용할 수 있도록 변환하거나 특정 환경에서만 필요한 코드 최적화를 적용할 수 있다. env에 적용할 수 있는 주요한 옵션은 다음과 같다.

- targets: 특정 브라우저 버전이나 Node.js 버전을 지정해 SWC가 어떤 ECMAScript 기능을 폴리필하거나 트랜스파일해야 하는지 결정하는 옵션이다. @babel/preset-env와 마찬가지로 browserslist 쿼리를 사용해 명시할 수 있다. 예제 프로젝트에서는 ie >= 11을 사용해 IE 11 이상을 타기팅한다.

- mode: @babel/preset-env의 useBuiltIns 옵션과 유사한 옵션으로, SWC가 어떤 폴리필을 사용할지 결정하는 데 사용된다. 바벨과 동일한 값인 entry와 usage라는 두 값이 있으며, 의미는 @babel/preset-env와 같다.

---

[74] https://swc.rs/docs/configuration/compilation#jsckeepclassnames
[75] https://swc.rs/docs/configuration/modules

- coreJs: @babel/preset-env의 corejs 옵션과 유사한 옵션으로, SWC가 어떤 core-js 버전을 사용할지 결정하는 데 사용된다.

5.4.2.2.4 @babel/plugin-transform-runtime과 유사한 @swc/helpers

SWC 또한 @babel/plugin-transform-runtime이나 tslib와 유사한 기능을 제공하는 플러그인인 @swc/helpers를 제공한다. @swc/helpers를 설치하는 방법은 다음과 같다.

```
$ npm i --save-dev @swc/helpers
```

@swc/helpers도 마찬가지로 트랜스파일 시 런타임에 필요한 폴리필을 추가하거나 헬퍼 함수의 중복을 제거해 코드를 최적화하는 기능을 제공한다. 해당 패키지를 사용하기 위해서 먼저 .swcrc에 externalHelpers를 활성화한다.

```
// .swcrc
{
  "jsc": {
    "externalHelpers": true
  }
}
```

이 옵션을 true로 설정하면 SWC는 필요한 헬퍼 함수들을 코드에 직접 포함하지 않고 @swc/helpers 패키지를 사용해 불러오게 된다. 이를 통해 여러 파일에서 동일한 헬퍼 함수가 중복되는 것을 방지해서 결과적으로 코드 크기를 줄이고 전역 스코프 오염을 방지하기 위해 모듈화해서 헬퍼 함수를 제공한다.

또 다른 비슷한 점으로 폴리필을 관리하기 위해 @swc/helpers와 함께 core-js 라이브러리를 앞서 소개한 env.coreJs 필드에 정의해서 사용할 수 있다.

```
// .swcrc
{
  "jsc": {
    "externalHelpers": true,
    "parser": {
      "syntax": "ecmascript",
      "jsx": false,
      "decorators": true
```

```
    }
  },
  "env": {
    "targets": {
      "browsers": "ie >= 11"
    },
    "mode": "usage",
    "coreJs": "3.39.0"
  }
}
```

코드 5.22를 빌드한 결과물을 보면 이제 헬퍼 함수는 `@swc/helpers` 패키지에서 가져오는 것을 볼 수 있다.

```
// async.js
var _async_to_generator = require('@swc/helpers/_/_async_to_generator')
var _ts_generator = require('@swc/helpers/_/_ts_generator')
```

5.4.2.3 SWC와 바벨, 타입스크립트 컴파일러 비교

지금까지 바벨 대신 사용할 수 있는 대표적인 트랜스파일러로 타입스크립트 컴파일러와 SWC를 모두 알아봤다. 그렇다면 이들이 바벨과 비교했을 때 각각 어떠한 특징이 있는지 정리해보자.

종합적으로 SWC는 타입스크립트의 `tsconfig.json`을 작성하는 방식과 유사하게 `.swcrc`를 작성한다. 즉, 타입스크립트 설정의 간편함을 SWC에서도 그대로 누릴 수 있다. 더불어 SWC는 바벨과 거의 완벽한 호환성을 유지하면서도 뛰어난 성능을 보여준다. 바벨과 유사하게 SWC는 `env` 필드를 통해 core-js와 같은 폴리필 기능을 사용할 수 있어 최신 자바스크립트 기능을 구형 브라우저에서도 사용할 수 있도록 지원한다. 결과적으로 SWC는 타입스크립트 컴파일러의 간단한 설정 방식과 바벨의 유연함을 유지하면서도 러스트의 뛰어난 성능까지 누릴 수 있다. 이것이 곧 SWC가 현대 자바스크립트 생태계에서 각광받고, 많은 도구들이 SWC를 채택하는 이유 중 하나일 것이다.

SWC의 도전과제 중 가장 어려운 점은 아직은 바벨만큼 플러그인 생태계가 풍부하지 않다는 점이다. SWC는 사용자 정의 플러그인을 지원하지만, 이 플러그인을 작성하려면 러스트로 작성해야 한다. 자바스크립트 개발자에게는 러스트가 생소할 수 있으며 추가적인 학습이 요구되어 자바스크립트로 플러그인을 작성할 수 있는 바벨에 비해 진입 장벽이 높다. 이로 인해 SWC의 플러그인 생태계는 아직 바벨만큼 풍부하진 않다. 바벨의 플러그인 시스템은 매우 성숙하고 광범위한 기능을 제공하는 반면, SWC는 아직은 이 부분에서는 제한적이다. 그러나 Node.js에서의 SWC 사용을 지원하기 위해 @swc/wasm-typescript 패키지를 별도로 배포한 것처럼 SWC는 계속해서 발전하고 있으며, 앞으로 더 많은 플러그인이 추가될 것으로 예상된다. 따라서 SWC의 플러그인 생태계는 앞으로 더 성장할 잠재력이 충분하며, 이는 SWC가 바벨의 강력한 플러그인 생태계에 필적할 수 있는 이유이기도 하다.

또 한 가지 도전과제는 자바스크립트 생태계는 오랜 기간 바벨을 중심으로 발전해 왔기 때문에 일부 도구나 프레임워크는 SWC와 완벽히 호환되지 않을 수 있다는 점이다. 예를 들어, Next.js는 12 버전부터 SWC를 컴파일러로 사용할 수 있게 됐다. 이때 MobX 같은 라이브러리가 지원하는 데코레이터를 사용하는 경우 SWC에서는 이 기능이 완벽하게 호환되지 않는 경우가 있었다. 바벨의 경우 @babel/plugin-proposal-decorators 같은 플러그인을 사용해 안정적으로 데코레이터를 지원하지만 SWC에서는 데코레이터 관련 기능이 완벽하게 동작하지 않았던 것이다.

이제 SWC는 `jsc.parser.decorators` 옵션으로 최신 ECMAScript 표준에 따른 데코레이터를 지원한다. 그러나 레거시 데코레이터 지원의 경우 `jsc.transform.legacyDecorator`를 통해 지원은 하고 있으나 완전하게 지원이 어려울 수 있음에 유의한다.

따라서 만약 자신의 프로젝트에 SWC로 트랜스파일을 적용하고 싶다면 프로젝트에서 사용하는 의존성과 SWC 간 호환성을 확인할 필요성이 있다.

표 5.5 타입스크립트 컴파일러, 바벨, SWC의 장단점을 비교

특징	타입스크립트 컴파일러	바벨	SWC
적은 의존성, 간단한 설정	쉬움	복잡함	쉬움
소스맵 지원	지원	지원	지원
코드 안정성 향상(정적 타입 검사)	확인	미확인	미확인
내장된 폴리필 제공	미제공	제공	제공
플러그인 생태계	부족함	풍부함	제공은 하나 풍부하지 않음
대규모 프로젝트 컴파일 속도	타입 검사로 인해 속도 느림	보통	가장 빠름
자바스크립트 생태계 호환성	호환	호환	확인 필요

5.4.3 es-shims[76]

core-js는 ECMAScript 기능을 포괄적으로 지원하며, 최신 사양까지 빠르게 반영하는 강력한 폴리필 라이브러리다. 이러한 core-js를 대신해서 사용할 수 있는 또 다른 폴리필 프로젝트인 ECMAScript Shims(이하, es-shims)를 알아보자. es-shims 프로젝트는 ECMAScript 기능을 브라우저나 런타임 환경에서 부족한 부분을 보완하기 위해 폴리필을 제공하는 오픈소스 프로젝트로 자바스크립트 기능을 하위 호환성을 지원하지 않는 환경에서도 사용할 수 있게 하는 것을 목표로 한다. 이러한 점에서 core-js와 동일한 목표를 가지고 있지만 제공 방식과 폴리필을 지원하는 철학에서 큰 차이를 보인다.

5.4.3.1 폴리필을 로드하는 방식

먼저 두 라이브러리가 폴리필을 로드하는 방식을 알아보자. core-js와 es-shims는 공통적으로 특정 기능이 브라우저에 구현돼 있는지 확인한 후 필요한 폴리필만을 적용하는 방식으로 구현됐다. core-js에서는 이러한 기능을 다음과 같이 구현한다.

코드 5.24 exports.js에서 FORCED 플래그와 targetProperty !== undefined 조건을 확인해 폴리필을 적용하는 코드[77]

```js
// core-js/internals/export.js
module.exports = function (options, source) {
  var TARGET = options.target
  var GLOBAL = options.global
  var STATIC = options.stat
  var FORCED, target, key, targetProperty, sourceProperty, descriptor
  if (GLOBAL) {
    target = globalThis
  } else if (STATIC) {
    target = globalThis[TARGET] || defineGlobalProperty(TARGET, {})
  } else {
    target = globalThis[TARGET] && globalThis[TARGET].prototype
  }
  if (target) {
    for (key in source) {
      sourceProperty = source[key]
      if (options.dontCallGetSet) {
        descriptor = getOwnPropertyDescriptor(target, key)
```

---

[76] https://github.com/es-shims
[77] https://github.com/zloirock/core-js/blob/master/packages/core-js/internals/export.js

```
        targetProperty = descriptor && descriptor.value
    } else targetProperty = target[key]

    FORCED = isForced(GLOBAL ? key : TARGET + (STATIC ? '.' : '#') + key, options.forced)

    // targetProperty가 이미 정의돼 있는지 확인하고, 정의되지 않은 경우에만 새로운 폴리필을 적용
    if (!FORCED && targetProperty !== undefined) {
      if (typeof sourceProperty == typeof targetProperty) continue
      copyConstructorProperties(sourceProperty, targetProperty)
    }
    // 폴리필 적용
    if (options.sham || (targetProperty && targetProperty.sham)) {
      createNonEnumerableProperty(sourceProperty, 'sham', true)
    }
    defineBuiltIn(target, key, sourceProperty, options)
  }
 }
}
```

코드 5.24의 코드를 살펴보면 브라우저가 해당 기능의 구현체가 있는지, 즉 targetProperty가 undefined가 아닌지를 확인하고 undefined인 경우에만 폴리필을 적용한다. 이러한 방식으로 현재 코드가 실행되는 브라우저 환경에서 특정 기능을 지원하는지 검사한 후, 지원하지 않는 경우에만 폴리필을 적용해 불필요한 폴리필 적용을 피해 성능을 최적화한다.

es-shims 또한 이와 비슷하게 구현된다. 다음은 es-shims에서 제공하는 폴리필 라이브러리 중 하나인 array.prototype.findlast의 shim.js의 코드다.

코드 5.25 array.prototype.findlast의 shim.js 코드[78]

```
// array.prototype.findlast/shim.js
'use strict'

var define = require('define-properties')
var getPolyfill = require('./polyfill')
var shimUnscopables = require('es-shim-unscopables')
```

---

[78] https://github.com/es-shims/Array.prototype.findLast/blob/main/shim.js

```javascript
module.exports = function shimFindLast() {
  var polyfill = getPolyfill()
  define(
    Array.prototype,
    // findLast를 추가하려는 대상 및 정의
    {findLast: polyfill},
    {
      // 추가 여부를 결정하는 게터
      findLast: function () {
        return Array.prototype.findLast !== polyfill
      },
    },
  )

  shimUnscopables('findLast')

  return polyfill
}
```

먼저 `define-properties`는 특정 프로퍼티를 객체에 추가하거나 추가 여부를 동적으로 결정하는 유틸리티 라이브러리로, 이를 이용해 `Array.prototype.findLast` 메서드를 정의한다. 이때 `define-properties`의 `define` 함수의 세 번째 인자는 프로퍼티의 특성을 정의하는 객체로, 이 객체의 키는 메서드명이고, 값은 해당 메서드를 추가해야 할지를 결정하는 조건을 나타낸다. 여기서 `findLast` 키의 값인 함수인 `function () { return Array.prototype.findLast !== polyfill; }`은 `Array.prototype.findLast`가 이미 존재하고, 그 메서드가 `polyfill`과 다를 경우 `findLast`가 네이티브 메서드로 존재한다고 판단한다.

결론적으로 두 라이브러리 모두 실행 시점에 현재 브라우저가 해당 기능을 지원하는지 검사하고 필요할 때만 폴리필을 적용한다.

5.4.3.2 모듈화된 설계

그러나 라이브러리를 사용하는 방식에서 `core-js`와 `es-shims`는 큰 차이를 보인다. `es-shims`의 가장 큰 특징은 모듈화된 설계다. `core-js`는 하나의 패키지에서 모든 폴리필을 제공하지만 `es-shims`는 ECMAScript의 각 기능을 개별 패키지로 나누어 배포한다. 예를 들어, `Array.prototype.findLast` 메서드의 폴리필이 필요하다고 가정해보자. `core-js`는 `core-js/es/array/find-last` 하위 경로를 불러와 폴리필을 적용할 수 있다.

```
import 'core-js/es/array/find-last'

const array = [1, 2, 3, 4, 5]
const result = array.findLast((value) => value % 2 === 0)
```

만약 전역 네임스페이스의 오염 없이 사용하려면 core-js-pure를 사용할 수 있다.

```
import findLastIndex from 'core-js-pure/actual/array/find-last-index'

const array = [1, 2, 3, 4, 5]
const result = findLastIndex(array, (value) => value % 2 === 0)
```

반면 es-shims는 array.prototype.findlast 패키지를 설치해서 이 패키지를 불러와 폴리필을 사용한다.

```
import 'array.prototype.findlast'

const array = [1, 2, 3, 4, 5]
const result = array.findLast((value) => value % 2 === 0)
```

core-js와 마찬가지로 es-shims 또한 전역 네임스페이스 오염을 피할 수 있는 방법으로 같은 패키지 내부에서 함수 형태를 제공한다.

```
import findLast from 'array.prototype.findlast'

const array = [1, 2, 3, 4, 5]
const result = findLast(array, (value) => value % 2 === 0)
```

이처럼 es-shims는 promise.allsettled(Promise.allSettled), es-map(Map), es-set(Set) 등 필요한 기능에 대한 폴리필 라이브러리를 개별적으로 설치해서 폴리필을 적용할 수 있다.

5.4.3.3 레거시 환경 지원에 최적화된 es-shims

es-shims의 또 다른 특징은 레거시 환경 지원에 최적화돼 있다는 점이다. core-js가 최신 ECMAScript 기능과 실험적인 제안(Stage Proposal) 기능까지 지원하는 반면, es-shims는 안정적이고 검증된 기능의 폴리필에 초점을 맞춘다. 이는 주로 주요 메인테이너인 조던 하밴드(Jordan Harband)의 철학과 밀접하게 연결된다. 조던 하밴드는 ECMAScript 표준화를 담당하는 TC39 위원회의 활동적인 회원으로, ECMAScript 사양 문서를 작성하고 표준 개발에 직접 참여하고 있다. 이러한 배경 덕분에 es-shims는 ECMAScript의 표준 준수와 호환성을 최우선으로 고려하며, 새로운 기능보다는 기존 사양의 안정성을 강화하는 데 중점을 둔다.

5.4.3.4 core-js vs. es-shims

core-js와 es-shims 중 어떤 폴리필 라이브러리가 프로젝트에 적합할지 선택하려면 우선 폴리필이 필요한 범위를 고려해야 한다. core-js는 최신 사양과 실험적인 기능까지 폭넓게 지원하므로 폴리필 지원 범위가 매우 넓다. 반면, es-shims는 레거시 환경에서 안정적으로 동작하도록 설계됐기 때문에 실험적 기능 혹은 표준 기능보다 더 넓은 범위의 폴리필이 필요한 경우에는 적합하지 않을 수 있다. 또한 core-js는 트리 셰이킹을 통해 필요한 코드만 번들에 포함시킬 수 있는 반면 es-shims는 패키지별로 모듈화돼 있으나 다음과 같은 이유로 필요 없는 코드가 포함될 가능성이 있다.

- **사양 준수 목표**: ECMAScript 사양을 정확히 준수하려는 목표 때문에 일부 기능을 위해 더 많은 코드를 포함해야 할 때가 있다.
- **독립적인 패키지 설계**: 각 패키지가 독립적으로 동작하도록 설계됐기 때문에 중복 코드가 발생할 수 있다.
- **오래된 환경 지원**: ES5와 같이 오래된 환경에서는 네이티브 모듈 시스템 없이 동작해야 하므로 추가 폴리필 로직이 포함된다.
- **트리 셰이킹 미지원**: 최신 환경에서 트리 셰이킹이 효과적으로 작동하는 core-js와 달리, es-shims는 모든 환경에서 작동할 수 있도록 설계됐기 때문에 트리 셰이킹이 지원되지 않는다.

결론적으로, 폴리필을 적용하는 방식과 필요에 따라 두 라이브러리의 번들 크기와 성능이 달라질 수 있다.

표 5.6 상황별 core-js와 es-shims의 번들 크기 비교

상황	core-js 크기	es-shims 크기
모든 기능을 폴리필할 경우	모든 ECMAScript 기능이 포함되므로 더 큼	필요한 패키지만 추가해야 하므로 상대적으로 작음
특정 기능만 폴리필할 경우	트리 셰이킹으로 크기 최적화 가능	패키지 단위로 로드되므로 불필요한 코드가 포함됨

또한 두 라이브러리가 폴리필을 추가하는 방식에서도 큰 차이가 있다. core-js는 바벨, SWC와 같은 도구를 통해 자동으로 폴리필 경로를 추가할 수 있도록 설계됐다. 반면, es-shims는 도구와의 통합이 부족하

며, 사용자가 필요한 폴리필을 개별적으로 설치해서 직접 추가해야 한다. 예를 들어, 필요한 폴리필의 수가 적다면 core-js는 내장 구현 방식으로 인해 불필요한 폴리필이 포함될 가능성이 있지만 es-shims를 통해 직접 폴리필을 적용하는 것이 적합할 수 있다.

core-js와 es-shims는 각각의 철학과 설계 목표에 따라 차별화된 폴리필 라이브러리다. core-js는 최신 ECMAScript 기능과 실험적인 기능까지 포괄적으로 지원하며, 트리 셰이킹을 통해 번들 크기를 최적화할 수 있으며, es-shims는 레거시 환경에서의 안정성과 호환성을 중시하며, 특정 기능을 선택적으로 사용할 수 있는 유연성을 제공한다. 따라서 프로젝트의 목적과 요구사항에 따라 적합한 라이브러리를 선택하는 것이 중요하다.

5.4.4 polyfill.js

core-js 폴리필을 대체할 수 있는 또 다른 방법으로 polyfill.js를 알아보자. 특히 2024년 2월에 발생했던, polyfill.js를 호스팅하는 도메인에서 발생한 공격망 공격과 이로 인한 polyfill.js를 서빙하는 방법의 근본적인 문제점과 대처 방안에 대해 알아보자.

5.4.4.1 Polyfill.io란?

polyfill.js는 core-js와 마찬가지로 core-js와 마찬가지로 구형 브라우저에서 최신 브라우저에서 지원하는 ECMAScript 기능을 사용하기 위한 폴리필 라이브러리다. 다만 core-js와의 동작 방식과 이를 제공하는 방식에 차이점이 있다.

5.4.4.1.1 폴리필을 로드하는 방식

core-js와 polyfill.js 모두 현재 브라우저가 특정 자바스크립트 기능을 지원하는지 확인하고, 지원하지 않는 경우에만 해당 기능의 폴리필을 적용하는 방식으로 이뤄진다. 이 둘 모두 특정 기능이 브라우저에 구현돼 있는지 확인한 후 필요한 폴리필을 적용한다는 점에서는 유사하지만 현재 브라우저가 해당 기능을 지원하는지 감지하는 방식이 다르다.

core-js의 경우 es-shims를 소개할 때 설명한 것처럼 코드 내부에 현재 실행되는 브라우저가 기능을 제공하는지 판단해서 폴리필을 삽입한다. 반면 polyfill.js는 User-Agent를 기반으로 브라우저의 기능을 감지해 필요한 폴리필을 결정하는 방식으로 기능 감지가 이뤄진다. 즉, 브라우저가 어떤 기능을 지원하는지를 알아내기 위해 브라우저의 User-Agent 문자열을 분석하는 방식으로 동작한다. 이 방식은 필요한 폴리필만을 동적으로 로드하므로 불필요한 폴리필 로딩을 방지해서 페이지 로딩 속도를 최적화하는 데 도움을 줄 수 있다. 또한 클라이언트에서 불필요한 폴리필 코드를 로드하지 않도록 최적화할 수도 있다. 예를 들어, 최신 브라우저에서는 이미 기본적으로 지원하는 기능들에 대한 폴리필을 로드할 필요가 없으므로 로딩 시간을 줄이고 리소스를 절약할 수 있다.

그러나 이러한 User-Agent 문자열 기반 감지에는 명백한 한계점이 있다. 예를 들어, 브라우저의 User-Agent 문자열이 잘못됐거나 User-Agent 스니핑처럼 User-Agent 문자열을 변형하는 경우에는 필요한 폴리필을 정확히 판단하기가 어렵다.

결론적으로 User-Agent 문자열을 사용하지 않고 특정 기능이나 메서드가 현재 환경에서 undefined인지 혹은 네이티브로 제공하는지를 직접 확인하는 core-js의 접근 방식이 브라우저의 정확한 기능을 파악할 수 있고, 더욱 신뢰성이 높다고 볼 수 있다.

5.4.4.1.2 서빙 방법

폴리필 코드를 사용처에 서빙하는 방법에도 차이가 있다. core-js는 5.2절 '폴리필을 도와주는 도구 core-js'에서 설명한 것처럼 npm 패키지 형태로 사용자가 자신의 프로젝트에 의존성으로 추가하거나 core-js에 의존하는 다른 도구에 의해 동작한다. 반면 polyfill.js는 직접적으로 사용자의 프로젝트에 의존성으로 추가되지 않고 주로 CDN(Content Delivery Network)으로 제공되며, 브라우저 환경에 따라 필요한 폴리필을 네트워크를 통해 서빙하는 방식으로 동작한다.

5.4.4.2 Polyfill.io 공급망 공격 이슈

그러나 이러한 polyfill.js의 서빙 방식에는 치명적인 문제가 있었다. 2024년 2월, 전 세계적으로 polyfill.js를 사용하던 서비스에서 장애를 겪었다. 그 배경을 살펴보면 polyfill.js를 서빙하는 CDN 서비스 중 가장 널리 알려진 것이 Polyfill.io였다. 2024년 Polyfill.io가 원 저자가 아닌 다른 회사에 인수되면서 폴리필 코드에 악의적인 코드가 포함된 스크립트가 삽입되어 Polyfill.io 도메인을 사용해 폴리필을 적용한 웹사이트들은 심각한 보안 취약점에 노출됐다. 이로 인해 다수의 웹사이트에서 악성 코드가 실행됐고, 구글 전자 상거래 광고가 차단되고 불법 사이트로 리다이렉트되는 등 피해가 발생했다.[79]

이처럼 소프트웨어 개발 과정에서 사용되는 외부 라이브러리, 패키지, 도구 같은 서비스를 악의적으로 조작해서 최종 사용자의 시스템이나 애플리케이션에 해를 끼치는 것을 공급망 공격이라고 한다. Polyfill.io의 사례도 CDN에서 호스팅되는 자바스크립트 리소스를 조작해서 최종 사용자가 해당 리소스를 로드할 때 악성 코드가 실행되도록 공격한 것으로, 개발자는 자신도 모르는 사이에 애플리케이션에 악성 코드를 심은 격이다.

---

[79] https://www.bleepingcomputer.com/news/security/polyfillio-javascript-supply-chain-attack-impacts-over-100k-sites/

이 사건의 근본적인 문제점은 polyfill.js가 자바스크립트 파일을 직접 호스팅하는 방식으로 동작한다는 점이다. polyfill.js 라이브러리를 Polyfill.io 도메인에서 직접 로드하는 방식은 기본적으로 서드파티 자바스크립트 파일을 신뢰 여부를 검증하지 않고 외부 호스트에서 직접 가져오는 것이다. 이로 인해 신뢰할 수 없는 호스트에서 리소스를 가져오는 경우 npm 레지스트리로부터 필요한 버전을 다운로드하는 core-js에 비해 이런 공격에 취약할 수밖에 없다.

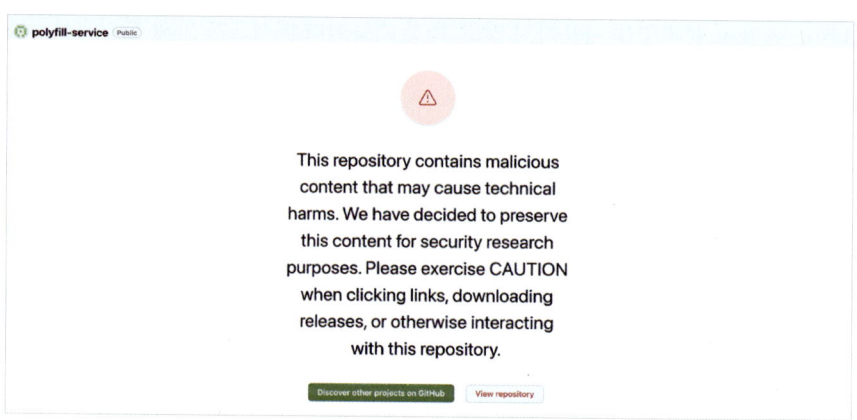

그림 5.14 현재 Polyfill.io 깃허브[80]에서는 보안 위협이 있음을 경고하고 있다.

그렇다면 이처럼 오픈소스 프로젝트가 인수되면서 발생할 수 있는 공급망 공격을 방지할 수 있는 방법은 무엇일까? 다음과 같은 몇 가지 방법을 고려할 수 있다.

- **polyfill.js를 대체하는 라이브러리를 사용하거나 코드를 내재화**: core-js처럼 폴리필을 추가할 수 있는 라이브러리를 사용하거나 필요한 기능을 직접 구현해서 내재화한다.

- **신뢰할 수 있는 호스팅 서비스를 사용**: Fastly[81]와 Cloudflare[82]는 검증된 플랫폼으로, 이를 통해 제공되는 자바스크립트 라이브러리나 다른 리소스들은 보안이 철저하게 유지된다. 예를 들어, polyfill.js와 같은 라이브러리를 이러한 신뢰할 수 있는 CDN에서 제공받으면 악의적인 코드가 주입될 가능성이 줄어든다. 그러나 이것 또한 외부 호스트를 검증하지 않고 사용하는 것이기 때문에 근본적인 원인을 해결하지는 않는다.

- **서드파티 코드 관리**: 현대 브라우저 환경에서는 더 이상 polyfill.js가 필요하지 않을 수 있다. 자신의 프로젝트의 지원 범위가 이러한 브라우저들만 지원하기로 결정할 수 있다면 그에 따라 폴리필 기능 자체를 중단하는 것 또한 고려해볼 수 있다.

---

[80] https://github.com/polyfillpolyfill/polyfill-service
[81] https://polyfill-fastly.io/
[82] https://cdnjs.cloudflare.com/polyfill

5.4.5 정리

지금까지 자바스크립트 생태계에서 계속해서 발전하는 ECMAScript 기능을 브라우저 호환성을 유지하면서 사용하기 위해 트랜스파일과 폴리필에 대해 알아봤다. 5장 전반에 걸쳐 다룬 트랜스파일과 폴리필의 중요성은 날로 진화하는 자바스크립트에서 필수적인 요소다. 지속적인 도구의 발전과 더불어 최적의 호환성을 유지하는 방법을 깊이 있게 이해하는 것은 현대 웹 개발의 핵심이다. 최신 기능을 자유롭게 활용하면서도 모든 사용자가 일관된 경험을 제공받을 수 있게 하는 것은 개발자로서 우리가 추구해야 할 중요한 목표일 것이다.

이제 5장에서 다룬 지식을 바탕으로 6장에서는 개발자가 코드를 더욱 최적화하면서 활용할 수 있는 번들러에 대해 소개한다. 세 가지 대표적인 자바스크립트 번들러를 중심으로 번들링이 어떻게 개발 효율성을 높이는지 알아보자.

06장
자바스크립트 번들 도구 살펴보기

1장에서 5장까지는 `node_modules`에 존재하는 패키지를 어떻게 만드는지, 어떻게 해석되는지, 또 이를 위해 사용되는 각종 기술에 대해 살펴봤다. 지금까지 자바스크립트 패키지에 필요한 모든 것을 다룬 것 같지만 한 가지 다루지 않은 주제가 있으니 바로 '어떻게 자바스크립트 개발자에게 제공할 패키지 또는 사용자에게 제공할 스크립트 파일을 만드는가'다. 어떤 패키지든지 상관없이 웹 애플리케이션 개발자가 작성한 소스코드가 그대로 최종 사용자에게 전달되는 경우는 거의 없다. 소스코드는 어디까지나 개발자가 유지보수하기 쉬운 형태로 만들어진 코드이며, 최종 사용자에게는 결과물이 중요하다. 이때 사용자에게는 가독성이 좋은 코드는 의미가 없다. 이렇게 개발자가 작성한 소스코드를 최종 결과물로 만들어내는 것을 번들링(bundling)이라고 하며, 이러한 번들링을 수행하는 다양한 라이브러리가 자바스크립트 생태계에 존재한다.

6장에서는 번들링이 무엇이고, 왜 필요한지, 그리고 자바스크립트 생태계를 꾸준히 주름잡은 번들 라이브러리부터 요즘 유행하는 도구까지 살펴본다. 6장까지 읽고 나면 이제 본격적으로 자바스크립트 패키지를 만들어볼 채비가 될 것이다. 그리고 굳이 자바스크립트 라이브러리를 만들 필요성이 없다고 하더라도, 리액트나 Next.js 같은 개발자가 자주 사용하는 패키지 내부에서 번들 라이브러리가 수행하는 동작을 이해하면 애플리케이션 최적화를 위한 또 하나의 단서를 얻을 수 있으므로 번들링에 대한 개념을 잘 알아두는 것은 매우 중요하다.

그럼 지금부터 본격적으로 자바스크립트 번들 도구에 대해 알아보자.

6.1 번들링은 무엇이고 왜 필요할까?

대부분의 자바스크립트 개발자는 프로젝트 개발을 위해 한 개이상의 자바스크립트를 작성하며, 경우에 따라서는 이미지나 JSON 같은 정적 리소스를 필요로 한다. 그러나 곰곰이 생각해보면 종국에 완성되어 운영되는 서비스나 실제 작성한 파일의 개수보다 월등히 작은 것이 일반적이다.

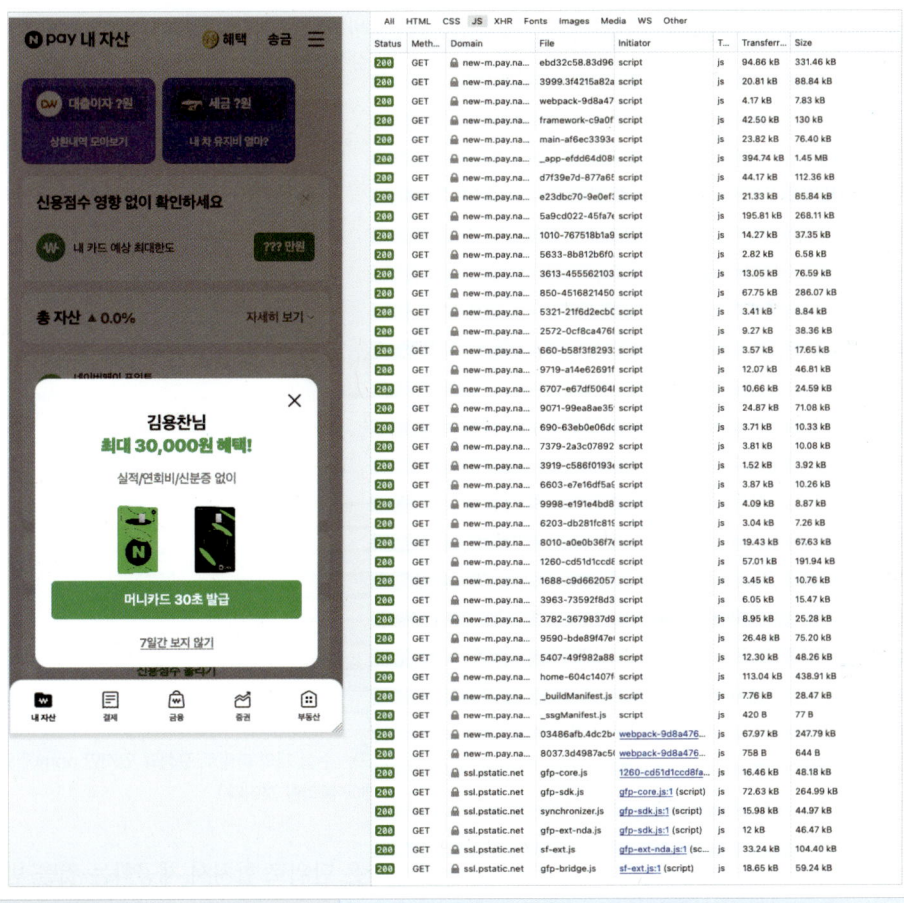

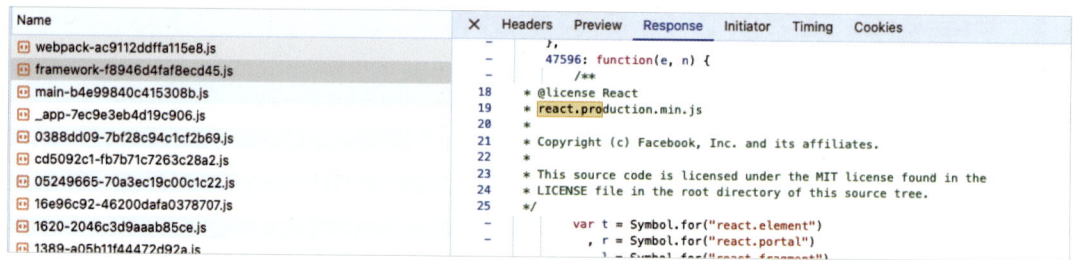

그림 6.1 네이버페이 홈 화면을 위해 필요한 자바스크립트 파일들. 30여 개의 자바스크립트 파일을 기반으로 완성되며, 이 파일 내부를 살펴보면 react, react-dom 등 여러 라이브러리를 하나의 파일로 각각 합쳐서 서비스하고 있음을 알 수 있다.

이는 비단 서비스에서만 동작하는 방식은 아니다. 리액트 같은 라이브러리도 내부 소스코드는 여러 파일로 구성돼 있지만 npm에 배포돼 있는 파일은 단 한 개뿐이다.

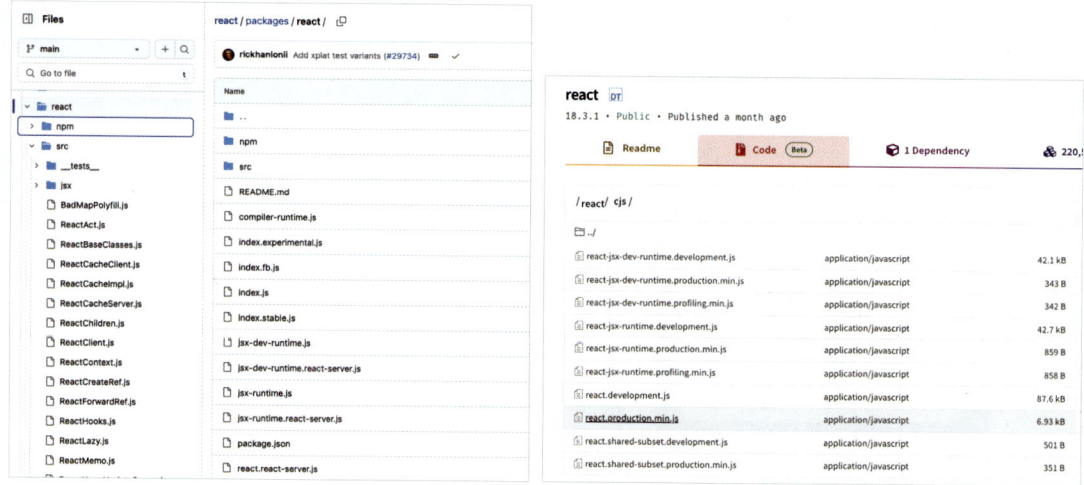

그림 6.2 리액트의 소스코드와 실제 npm에 올라가 있는 파일. 실제 리액트 코드는 수십 개의 파일로 구성돼 있지만 npm에 있는 파일은 단 몇 개뿐이다. (실제로 쓰는 파일은 한 개에 불과할 것이다.)

이처럼 여러 개로 구성된 소스파일을 한 개 또는 그 이상의 작은 단위로 합쳐서 제공하는 것을 번들링이라고 한다. 그렇다면 이 번들링은 왜 필요할까?

- **성능 개선**: 소스코드에 있는 수십 개로 이뤄진 리액트가 그대로 리액트로 만든 사이트에서 다운로드된다고 가정해보자. 여러 개의 파일을 별개로 받게 된다면 그만큼 네트워크 요청 횟수도 규모에 비례해서 증가할 것이다. 번들링 과정을 거쳐 하나의 파일만 다운로드할 수 있다면 웹사이트를 불러오는 속도가 더욱더 빨라질 것이다.
- **파일 크기 최적화**: 개발자라면 함수명과 변수명을 읽기 쉽게 작성하기 위해 고민해본 경험이 있을 것이다. 그 결과, `getData`나 `setState` 같은 변수명이 만들어지지만, 사실 이는 자바스크립트를 실행하는 머신 입장에서는 크게 의미가

없다. 오히려 변수명이 짧고, 줄바꿈이 적고, 불필요한 공백이 없을수록 파일을 다운로드하기 쉽고 자바스크립트 파일을 해석하는 데 도움이 된다.

- **호환성 문제 해결**: 앞에서 CommonJS와 ESModule 사례에서 살펴본 것처럼 자바스크립트 생태계에는 다양한 모듈 형식이 있다. 이러한 모듈을 브라우저와 같은 환경에서 이해할 수 있는 단 하나의 형식으로 통일해준다.
- **다른 개발 도구와의 통합**: 단순히 여러 파일을 합치는 것뿐만 아니라 바벨, 타입스크립트, SCSS 등 다양한 도구와 함께 사용할 수 있게 도와준다.

이처럼 번들러는 자바스크립트 개발에서 꼭 필요한 중요한 도구이지만 정작 이러한 작업들은 Next.js 같은 프레임워크에서 개발자 모르게 처리되어 실제로 어떤 라이브러리가 어떻게 처리하는지 모르는 경우가 많다. 이번 장에서는 먼저 번들링의 역사와 번들링의 역할, 그리고 주요 번들링 도구에 대해 살펴보고 어떤 식으로 동작하는지 간단하게 알아본다.

6.1.1 번들링의 역사

본격적으로 번들링에 대해 알아보기에 앞서 오늘날과 같은 형태의 웹서비스를 제공하기 위해 어떠한 과정을 거쳤는지 살펴보자. 자바스크립트가 처음 태동해서 웹에 적용된 1995년부터, 최적의 웹서비스를 제공하기 위해 복잡한 도구와 프레임워크로 무장한 현대에 이르기까지 어떠한 진화 과정을 거쳤는지 이해한다면 번들링에 필요한 도구의 목적을 파악하는 데 큰 도움이 될 것이다.

6.1.1.1 초기 자바스크립트 환경

자바스크립트가 처음 등장한 1995년은 지금과 웹 서비스 환경이 사뭇 달랐다. 이 당시 웹페이지의 대부분은 HTML로 구성돼 있었고, 자바스크립트는 아주 간단한 상호작용을 위한 정도로만 사용됐다.

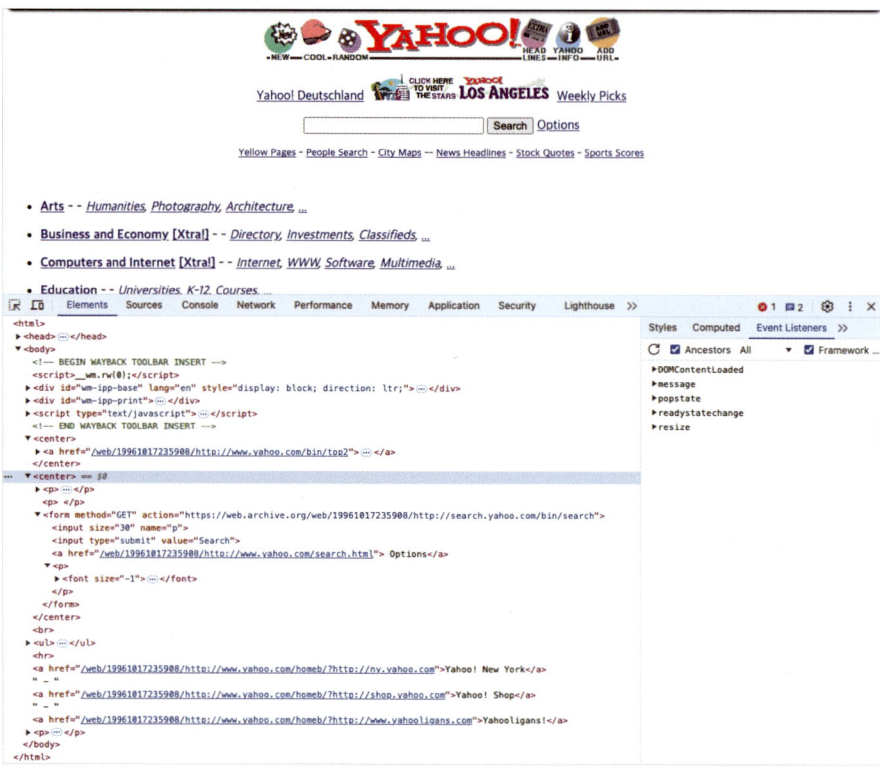

그림 6.3 1996년 야후닷컴을 웹 아카이브[1]로 확인한 모습. 대부분의 웹사이트가 `<a/>` `<p/>` 같은 간단한 태그로 구성돼 있으며, 검색창은 `form`으로 간단하게 구현된 것을 볼 수 있다.

따라서 자바스크립트를 불러오는 `<script />`는 적게는 한 개에서 많아야 두세 개 정도만 있어도 웹사이트에서 필요한 대부분의 작업을 처리할 수 있었다. 파일 수가 적은 만큼, 하나의 파일에 필요한 모든 비즈니스 로직을 둬도 크게 문제가 없었다. 그러나 웹사이트를 처리하는 브라우저와 컴퓨터의 성능이 좋아지면서 점차 많은 인터랙션을 자바스크립트로 처리하기 시작했고, 이때부터 본격적인 문제가 발생했다.

- **파일 분리의 모호함**: 한두 개의 자바스크립트만 필요한 웹페이지라면 스크립트 관리에 크게 공들이지 않아도 손쉽게 관리할 수 있었을 것이다. 하나의 파일에 필요한 자바스크립트를 모두 넣어둔 다음, 다음과 같이 html 본문에 삽입하는 것만으로도 충분했을 것이다.

```
<html>
  <head>
    <script src="lib1.js"></script>
```

---

[1] https://web.archive.org/web/19961017235908/http://www2.yahoo.com/

```
        </head>
        <body>
            본문
        </body>
</html>
```

그러나 웹사이트에서 처리해야 할 자바스크립트가 많아진다면 상황이 복잡해진다. 계속해서 하나의 자바스크립트 파일로 모든 것을 관리할 것인가? 어떤 자바스크립트 코드는 웹사이트가 로드되자마자 실행해야 하지만, 다른 코드는 최대한 지연시켜도 무방하다면 어떻게 할 것인가? 이 상황에서 파일을 어떤 기준으로 분리할 것인가? 이러한 결정을 매번 개발자가 일일이 인지하고 처리할 수 있을까? 이처럼 관리해야 할 코드가 점점 많아지면서 실제 웹사이트로 배포해야 할 스크립트를 어떤 기준으로 분리하고 삽입할지 판단하기가 점점 어려워지고 있다.

- **성능 저하**: 다음과 같이 여러 개의 자바스크립트를 나눠서 삽입하기로 했다고 가정해보자.

```
<html>
    <head>
        <script src="lib1.js"></script>
        <script src="lib2.js"></script>
        <script src="lib3.js"></script>
        <!-- ... -->
    </head>
    <body>
        본문
    </body>
</html>
```

위와 같이 다수의 스크립트 파일을 로드하는 경우 각 파일을 다운로드하고 실행하는 작업을 순차적으로 로드해야 하기 때문에 로딩 시간이 길어진다. 물론 필요에 따라서는 순차적으로 하는 경우도 있지만 명확한 기준 없이 로드해야 하는 스크립트가 많아진다면 필연적으로 웹사이트의 성능 저하를 야기한다.

- **전역 네임스페이스 오염**: 서로 다른 스크립트에서 var name = "hello"와 var name = "hi"와 같이 동일한 변수명으로 서로 다른 값을 설정했다고 가정해보자. 4장에서 설명한 것처럼 과거 자바스크립트 환경에서는 모듈 시스템이라는 개념이 없었기 때문에 모든 함수와 변수가 전역 네임스페이스, 즉 window 객체에 할당됐다. 이로 인해 서로 다른 스크립트에서 동일한 변수나 함수를 선언할 경우 변수 충돌의 위험이 매우 컸다. 이러한 문제를 줄이기 위해 __변수명__과 같이 변수명을 작성하는 관습이 자리 잡기도 했지만 근본적으로 위험성을 없애지는 못했다.

- **복잡한 의존성 관리**: 과거 jQuery가 웹사이트를 만드는 데 널리 사용되던 시절을 떠올려보자. 이때는 jQuery라고 하는 강력한 라이브러리에 의존하는 많은 플러그인이 생겨났으며, 개발자들은 이 jQuery와 함께 플러그인을 사용해 다음과 같이 웹사이트를 개발하곤 했다.

```html
<html>
  <head>
    <script src="jquery.min.js"></script>
    <script src="jquery.fileupload.js"></script>
    <!-- ... -->

    <script>
      $(document).ready(function () {
        console.log('The DOM is fully loaded and parsed')
        $('h1').text('Hello, jQuery!')
      })
    </script>
  </head>
  <body>
    본문
  </body>
</html>
```

문제는 이러한 방식은 파일의 로드 순서가 매우 중요하다는 것이다. $나 jQuery에 의존적인 jquery.fileupload.js를 사용하는 플러그인을 사용하기 위해서는 반드시 jquery.min.js가 먼저 로딩돼야 한다. 이는 굉장히 단순 명확해 보이지만 자바스크립트 개발자들이 꽤 많이 하는 실수이기도 했다. 이처럼 특정 라이브러리 간에 의존성 관계가 존재하는 경우 이를 코드 내에서 잘 표현하는 것이 꽤나 성가신 문제였다.

- **불편한 개발 경험**: 위 내용들을 종합해보면 여러 개로 구성된 자바스크립트 파일을 HTML 리소스로 만들기 위해 꽤나 복잡한 과정을 거친다는 것을 알 수 있다. 의존성 순서를 조정하며, 필요하면 파일 여러 개를 하나로 합치고, 경우에 따라서는 JSON과 이미지를 불러와야 할 수도 있으며, 전역 네임스페이스가 오염되지 않도록 잘 관리해야 한다.

결론적으로 웹 생태계가 점차 성장해 나가면서 여러 자바스크립트 리소스를 효율적으로 묶어서 관리해주는 번들 시스템의 등장은 필연적일 수밖에 없었다. 이러한 시대의 요구에 맞게 자바스크립트 생태계에서는 번들과 기타 여러 가지 작업을 도맡아 하는 라이브러리들이 탄생하기 시작했다.

6.1.1.2 번들 라이브러리의 등장

이제 본격적으로 어떤 번들 라이브러리가 있었는지 시대순으로 살펴보자. 그중에는 현재까지 사용되는 라이브러리도 있는 반면, 요즘에는 이름조차 생소한 라이브러리도 몇몇 있다. 다양한 번들 라이브러리를 살펴보면서 각각 어떠한 특징을 가지고 있는지 알아보자.

> **노트**
> 이번 절에서는 각 라이브러리의 구체적인 사용법이나 예시를 다루지 않는다.

6.1.1.2.1 Browserify(2011)[2]

Browserify는 Node.js의 모듈 시스템인 CommonJS를 브라우저에서도 사용하기 위해 탄생한 라이브러리다. Browserify의 캐치프레이즈가 'require('modules') in the browser'일 정도로, 그 당시 주류를 이루던 모듈 시스템인 CommonJS의 스타일의 require를 브라우저에서 어떻게 사용하게 만들지에 초점을 두고 개발됐다. 이를 위해 Browserify는 애플리케이션에서 사용된 모든 require() 함수의 호출을 재귀적으로 분석해 브라우저에서 하나의 <script> 태그로 사용할 수 있도록 번들을 생성한다. 즉, 앞서 언급한 번들 라이브러리의 목적 중 하나인 '여러 개로 흩어진 파일을 하나로 합쳐서 제공한다'에 딱 걸맞는 라이브러리라 볼 수 있다. 다음 예시를 살펴보자.

```js
// ./src/hello.js
module.exports = 'hello'

// ./src/world.js
module.exports = 'world'

// ./src/index.js
var hello = require('./hello')
var world = require('./world')
var noop = require('lodash.noop')

var app = document.getElementById('app')

app.textContent = `${hello} ${world}`
app.onclick = () => {
  console.log(noop)
}
```

```
{
  "scripts": {
    "start": "http-server ./dist",
    "build": "browserify ./src/index.js > ./dist/index.js"
```

---

[2] https://github.com/browserify/browserify

```
  },
  "devDependencies": {
    "browserify": "^17.0.0",
    "http-server": "^14.1.1",
    "lodash.noop": "^3.0.1"
  }
}
```

위와 같은 구조에서 Browserify로 `browserify ./src/index.js > ./dist/index.js`를 실행하면 다음과 같은 하나의 파일이 완성된다.

```
// ./dist/index.js
// 보기 편하도록 beautify를 진행했으며, 원본 코드는 압축돼 있다.

;(function () {
  function r(e, n, t) {
    function o(i, f) {
      if (!n[i]) {
        if (!e[i]) {
          var c = 'function' == typeof require && require
          if (!f && c) return c(i, !0)
          if (u) return u(i, !0)
          var a = new Error("Cannot find module '" + i + "'")
          throw ((a.code = 'MODULE_NOT_FOUND'), a)
        }
        var p = (n[i] = {
          exports: {},
        })
        e[i][0].call(
          p.exports,
          function (r) {
            var n = e[i][1][r]
            return o(n || r)
          },
          p,
          p.exports,
          r,
          e,
          n,
```

```
              t,
            )
        }
        return n[i].exports
    }
    for (var u = 'function' == typeof require && require, i = 0; i < t.length; i++) o(t[i])
    return o
  }
  return r
})()(
  {
    1: [
      function (require, module, exports) {
        /**
         * lodash 3.0.1 (Custom Build) <https://lodash.com/>
         * Build: `lodash modularize include="noop" exports="npm" -o ./foo`
         * Copyright 2012-2016 The Dojo Foundation <http://dojofoundation.org/>
         * Based on Underscore.js 1.8.3 <http://underscorejs.org/LICENSE>
         * Copyright 2009-2016 Jeremy Ashkenas, DocumentCloud and Investigative Reporters & Editors
         * Available under MIT license <https://lodash.com/license>
         */

        /**
         * A no-operation function that returns `undefined` regardless of the
         * arguments it receives.
         *
         * @static
         * @memberOf _
         * @category Util
         * @example
         *
         * var object = { 'user': 'fred' };
         *
         * _.noop(object) === undefined;
         * // => true
         */
        function noop() {
          // No operation performed.
        }
```

```
        module.exports = noop
      },
      {},
    ],
    2: [
      function (require, module, exports) {
        module.exports = 'hello'
      },
      {},
    ],
    3: [
      function (require, module, exports) {
        var hello = require('./hello')
        var world = require('./world')
        var noop = require('lodash.noop')

        var app = document.getElementById('app')

        app.textContent = `${hello} ${world}`
        app.onclick = noop
      },
      {
        './hello': 2,
        './world': 4,
        'lodash.noop': 1,
      },
    ],
    4: [
      function (require, module, exports) {
        module.exports = 'world'
      },
      {},
    ],
  },
  {},
  [3],
)
```

여기서 주목해야 하는 내용은 다음과 같다.

- 파일 전체가 하나의 즉시 실행 함수로 구성돼 있다. 이는 번들러가 없을 때의 단점인 전역 네임스페이스의 오염 방지를 위해서다.
- 즉시 실행 함수의 r이 바로 Browserify가 만든 모듈 시스템이다. 간단하게 설명하면, 실제 모듈을 로드하고, 캐시에 있는 모듈을 가져오거나 모듈을 초기화한 다음, exports 객체에 모듈을 설정한다.
- 그다음으로는 개발자가 작성한 코드와 관련돼 있다. index.js를 시작으로 require() 함수로 불러온 내용을 모두 그대로 가져온다. 이러한 require() 함수를 임의로 다른 코드로 변경하지는 않는다.
- index.js를 포함한 각 파일은 객체에서 1, 2, 3과 같은 숫자로 구성된다.
- 각 숫자는 길이가 2인 배열로 구성돼 있는데, 첫 번째는 마치 CommonJS의 모듈 시스템과 같이 function (require, module, exports){} 함수를 준비해두며, 두 번째 배열 값으로는 해당 파일이 의존하는 모듈명 및 앞서 선언한 해당 모듈의 위치를 기록한 숫자를 둔다.
- 위에서 Browserify가 만든 모듈 시스템을 기준으로 사용자의 코드를 진입점인 ./index.js부터 실행한다.

이러한 번들링 방식은 이후에 등장할 다른 라이브러리에서도 영향을 끼쳤고, 다른 라이브러리에서도 이와 비슷한 방식으로 번들링을 수행한다.

Browserify는 비교적 간단한 사용법, 다양한 플러그인과 트랜스폼(transform)을 통한 확장 용이, 그리고 무엇보다 require 코드를 알아서 분석해서 하나의 모듈로 만들어준다는 점 덕분에 과거 많은 사랑을 받았다.

그러나 굳이 require를 살리지 않으면서 더욱 빠르게 번들링할 수 있는 다른 도구들이 등장하고, 트랜스폼과 플러그인이 많아질 수록 코드가 복잡해진다는 점, 그리고 파일 수정을 즉시 확인해서 새로 번들하는 도구인 HMR(Hot Module Replacement)을 사용하기 위해서는 별도 도구인 watchify를 사용해야 하는 번거로움 등이 Browserify의 한계로 지적되고 있다. 그리고 무엇보다도 현재는 CommonJS의 require보다는 ESModule의 import 구문을 사용하는 추세이기 때문에 다른 번들링 도구에 밀려 더 이상 자주 사용되지는 않고 있으며, 2020년 17 버전이 릴리스된 이후로 더 이상 정식 버전이 나오고 있지는 않다.

6.1.1.2.2 webpack(2012)[3]

자바스크립트 번들 도구 하면 가장 먼저 떠오르는 대표적인 라이브러리가 바로 webpack(이하 웹팩)이다. 2012년 만들어진 웹팩은 현재까지도 create-react-app이나 Next.js 등에서 채택해서 사용하고 있는 유

---

3 https://webpack.kr/

서 깊은 번들 라이브러리다. 번들 라이브러리가 가져야 할 기능, 구조 등을 만들면서 모던 웹 애플리케이션이 갖춰야 할 대부분의 기능을 제공하고 있으며, 자바스크립트뿐만 아니라 HTML, CSS, 이미지 등 기타 정적인 자원도 함께 번들링해서 개발자의 편의성도 크게 높였다. 웹팩은 기본적인 기능뿐만 아니라 다양한 플러그인도 제공하면서 웹서비스가 고려할 수 있는 대부분의 작업을 웹팩 내부에서 해결할 수 있도록 마련해뒀다. 웹팩의 자세한 내용은 이후 6.2절 '웹서비스 번들의 표준, 웹팩'에서 본격적으로 다룬다.

6.1.1.2.3 Rollup(2015)[4]

롤업(Rollup)은 자바스크립트 번들 도구를 논할 때 빼놓을 수 없는 라이브러리다. 2015년에 처음 등장한 롤업은 require부터 지원을 시작한 웹팩과는 달리, ES6 출시 당시 새롭게 표준화된 코드 모듈 형식인 ESModule을 번들링하기 위한 목적으로 만들어졌다. 롤업을 사용하면 ESModule 기반으로 작성된 코드를 CommonJS, AMD 또는 즉시 실행 함수 스타일의 코드 등 원하는 방식으로 컴파일할 수 있다는 것이 특징이다. 이는 새로운 모듈 시스템을 사용해 개발자의 개발 경험을 향상시키고 ESModule의 특징을 취할 수 있다는 장점과 동시에, 구형 시스템에서도 실행할 수 있는 코드로 만들 수 있게 도와주기 위한 목적으로 설계됐다. 이러한 다양한 모듈 시스템을 지원한다는 특징 때문에 라이브러리를 만드는 목적으로 자주 사용되고 있으며, 2024년 11월을 기준으로 토스의 slash[5]나 네이버 페이의 pie[6] 모두 롤업을 기반으로 라이브러리를 만들고 있다. 롤업 또한 오랜 기간 동안 많은 자바스크립트의 사랑을 받아온 라이브러리로, 이에 대한 자세한 내용은 6.3절 '패키지 번들의 선두주자, 웹팩'애서 다룬다.

6.1.1.2.4 Parcel(2017)

비교적 최근인 2017년에 처음 나온 Parcel[7]은 매우 빠른 번들링 작업과 제로 설정 내지는 아주 간결한 설정만으로도 번들링할 수 있게 해주는 도구다. 6.2절 '웹서비스 번들의 표준, 웹팩'에서 살펴보겠지만 웹팩의 경우 HTML, CSS, 이미지 같은 정적 자원을 번들에 함께 포함시키기 위해서는 별도의 플러그인을 사용해야 하지만 Parcel은 웹서비스에서 주로 사용되는 자원에 대한 번들링을 내장하고 있기 때문에 별도의 설정이 필요 없다는 것이 특징이다. Browserify의 예제에서 이미지와 스타일을 추가한 다음 Parcel이 어떻게 빌드하는지 살펴보자.

```
// index.js
import { hello } from "./hello";
import { world } from "./world";
```

---

[4] https://rollupjs.org/
[5] https://github.com/toss/slash/blob/main/configs/rollup/src/index.js
[6] https://github.com/NaverPayDev/pie/tree/%40naverpay/react-pdf%400.0.1/packages/rollup. 현재는 Vite로 전환됐다.
[7] https://ko.parceljs.org/

```js
import "./styles.css";

const $app = document.getElementById("app");
$app.textContent = `${hello} ${world}`;

const imageUrl = new URL(
  "./images/profile.jpg?as=webp&width=250",
  import.meta.url,
);

const $profile = document.getElementById("profile");
$profile.src = imageUrl;

// hello.js
export const hello = "hello";

// world.js
export const world = "world";

// styles.css
body {
  font-family: sans-serif;
}
```

```html
<!doctype html>
<html lang="en">
  <head>
    <meta charset="UTF-8" />
    <meta name="viewport" content="width=device-width, initial-scale=1.0" />
    <title>Parcel Example</title>
  </head>
  <body>
    <div id="app"></div>
    <image id="profile" />
    <script src="index.js" type="module"></script>
  </body>
</html>
```

```json
{
  "name": "javascript",
  "version": "1.0.0",
  "description": "The JavaScript template",
  "type": "module",
  "scripts": {
    "start": "parcel ./src/index.html",
    "build": "parcel build ./src/index.html"
  },
  "devDependencies": {
    "parcel": "^2.0.0",
    "sharp": "^0.31.1"
  },
  "dependencies": {
    "lodash.noop": "^3.0.1"
  }
}
```

위와 같이 Parcel 예제 프로젝트를 준비하면 다음과 같은 빌드 결과물을 확인할 수 있다.

```
var e = globalThis,
  r = {},
  t = {},
  n = e.parcelRequirebaba
null == n &&
  (((n = function (e) {
    if (e in r) return r[e].exports
    if (e in t) {
      var n = t[e]
      delete t[e]
      var o = {
        id: e,
        exports: {},
      }
      return (r[e] = o), n.call(o.exports, o, o.exports), o.exports
    }
    var a = Error("Cannot find module '" + e + "'")
    throw ((a.code = 'MODULE_NOT_FOUND'), a)
  }).register = function (e, r) {
```

```
      t[e] = r
    }),
    (e.parcelRequirebaba = n)),
    (0, n.register)('27Lyk', function (e, r) {
      Object.defineProperty(e.exports, 'register', {
        get: () => t,
        set: (e) => (t = e),
        enumerable: !0,
        configurable: !0,
      })
      var t,
        n = new Map()
      t = function (e, r) {
        for (var t = 0; t < r.length - 1; t += 2)
          n.set(r[t], {
            baseUrl: e,
            path: r[t + 1],
          })
      }
    }),
    n('27Lyk').register(
      new URL('', import.meta.url).toString(),
JSON.parse('["9vqfN","index.d8336fc2.js","Wc3aC","profile.aa3a9f00.webp","5h9CN","index.ca0f7625.css"]'),
    ),
    (document.getElementById('app').textContent = 'hello world')
var o = {}
o = new URL('profile.aa3a9f00.webp', import.meta.url).toString()
const a = new URL(o)
document.getElementById('profile').src = a
```

```
<!doctype html>
<html>
  <head>
    <link rel="stylesheet" href="/index.ca0f7625.css" />
    <title>Parcel Example</title>
    <meta charset="utf-8" />
  </head>
```

```
  <body>
    <div id="app"></div>
    <script src="/index.d8336fc2.js" type="module"></script>
  </body>
</html>
```

여기서 핵심은 번들링된 자바스크립트 내용이다. 어떤 내용을 담고 있는지 간단하게 살펴보자.

- e는 전역 객체인 window를 의미하며, r은 한번 불러온 모듈을 저장하는 객체, t는 아직 로드되지 않은 모듈을 저장하는 객체다. n은 Parcel이 자체적으로 만든 모듈 시스템 함수를 저장해두는 변수다.

- parcelRequirebaba 함수는 모듈을 로드하고 관리하는 함수로, 모듈이 r에 있다면 한번 불러온 모듈이므로 해당 모듈의 내용을 반환하고, t에 있다면 한 번도 로드되지 않은 모듈이므로 이를 r에 저장하고 반환한다.

- 27Lyk은 Parcel 번들러에 의해 생성된 모듈의 식별자로, 모듈 시스템을 초기화하고 필요한 리소스를 등록하는 역할을 한다.

- 이렇게 등록한 모듈에 실제 코드를 집어넣고 실행한다.

- 앞서 hello나 world도 모두 모듈 구조 그대로 로드해온 Browserify와 다르게 Parcel은 ESModule 기반으로 미리 정적 분석이 가능하므로 굳이 별도 모듈로 불러오는 수고로움 없이 바로 hello와 world의 값을 삽입했다.

- 이미지 역시 기존 profile.jpg가 아닌 profile.aa3a9f00.webp와 같이 한번 가공된 이미지가 대신 들어 있는 것을 볼 수 있다. 이는 Parcel이 이미지 리소스를 찾으면 sharp와 같은 이미지 최적화 도구를 활용해 번들에 포함시키기 전에 별도의 최적화 작업을 도와준다는 것을 알 수 있다.

Parcel이 빌드해주는 내용을 미루어 보아 Parcel의 특징을 다음과 같이 요약할 수 있다.

- Parcel은 webpack.config.js와 같은 별도 구성 파일 없이도 이미지, CSS, 자바스크립트 등을 손쉽게 번들링해준다. 또한 각 리소스에 맞는 처리도 자체적으로 내장하고 있어 별도의 최적화를 위한 코드를 작성하지 않아도 알아서 다 준비해준다. 또한 Parcel이 직접 번들에 필요한 의존성도 시작 파일을 기준으로 분석해준다는 것을 확인할 수 있다.

- Parcel은 멀티코어 프로세서를 활용해 빌드 작업을 병렬로 처리함으로써 빌드 속도가 매우 빠르고, 이전 빌드 결과를 캐시해서 변경된 파일만 다시 빌드한다. 이를 증분 빌드(incremental build)라 한다. 또한 내부 코드가 자바스크립트로 구성된 웹팩과는 다르게, Parcel은 내부 코드가 저수준 언어인 러스트[8]로 작성돼 있어 한층 빠르다.

- ESModule을 지원하기 때문에 정적 빌드가 가능하므로, hello world에서 볼 수 있는 것처럼 불필요한 모듈 선언을 방지할 수 있으며, 나아가 사용하지 않는 코드를 최종 결과물에서 제거하는 트리 셰이킹이 가능하다. 트리 셰이킹에 대해서는 다음 절에서 더 자세히 다룬다.

---

8 https://www.rust-lang.org/

간단하고 손쉬운 사용과 빠른 빌드를 장점으로 내세운 Parcel은 CodeSandbox[9]와 같은 가볍고 빠른 빌드 시스템이 필요한 온라인 IDE 서비스나 빠르게 서비스 구축이 필요한 POC(proof of concept) 성격의 서비스 등에서 폭넓게 사용되고 있다. Parcel은 웹팩 대비 역사가 짧은 편이기 때문에 웹팩에 비해 제공되는 플러그인의 숫자가 적은 편이며, 설정 없이도 사용 가능하다는 뜻은 반대로 세밀한 고급 설정은 불가능하다는 뜻이기 때문에 여전히 복잡한 번들 시스템이 필요한 프레임워크 등에서는 웹팩이 더 자주 사용되고 있다.

6.1.1.2.5 Vite(2020)

Vite는 최근 들어 각광받고 있는 자바스크립트 빌드 도구로, 더 이상 유지보수되지 않고 완전히 다른 방향으로 만들겠다고 선언한 create-react-app에서 직접 추천[10]해서 더욱 그 인기를 끌게 됐다. Vite는 기존의 번들러가 제공해야 하는 필수 기능 등을 모두 달성함과 동시에 다른 번들러 대비 더 빠른 속도와 더불어 Vue, React, Preact, Svelte, Lit, solid, qwik 등 다양한 프레임워크를 지원하면서 더욱 인기를 끌고 있다. Vite의 특별한 점으로 꼽을 수 있는 것은 개발 모드 시에는 Go 언어를 기반으로 작성된 `esbuild`를, 프로덕션 모드로 빌드 시에는 `rollup`을 사용한다는 점인데 이러한 전략을 선택한 이유도 매우 흥미롭다. Vite에 대해서는 이후 6.4절 '번들 도구의 신흥 강자, 비트'에서 자세히 다룬다.

6.1.2 번들링의 역할

번들링 라이브러리에 대해서 살펴봤으니, 이제 번들링 라이브러리가 일반적으로 하는 작업에 대해 살펴보자. 태초의 번들링 라이브러리인 Browserify에서는 단순히 `require`로 엮여진 모듈을 하나로 합치는 정도에 불과했지만, 이제 번들링 라이브러리는 웹 서비스를 완성하는 데 필요한 다양한 작업을 기본적으로 처리해준다. 모듈을 합치는 것 외에 어떤 작업을 해주고 있는지 주요 기능을 살펴보자.

6.1.2.1 코드 분할

코드 분할(code splitting)이란 말 그대로 코드를 나누는 것을 의미한다. 자바스크립트가 담당하는 일이 그다지 많지 않았던 과거에는 여러 개의 모듈을 단순히 하나로 합쳐주는 것만으로도 의미가 있었지만 자바스크립트에서 많은 일을 처리하고 있는 요즘의 웹 애플리케이션에서는 단순히 하나로 합치는 것만으로는 성능을 향상시키기 어렵다. 코드 분할이 필요한 경우는 다음과 같다

---

[9] https://codesandbox.io/
[10] https://github.com/reactjs/react.dev/pull/5487#issuecomment-1409720741

- **동적 로딩이 필요한 경우:** Next.js의 next/dynamic이나 리액트가 제공하는 React.lazy 등은 초기 렌더링에는 반드시 필요하지는 않아 뒤늦게 불러와도 괜찮은 리소스의 로딩을 최대한 지연시키고 싶을 때 사용한다. 만약 이러한 모듈이 별도 파일로 분리되지 않고 하나의 파일로 모두 합쳐져 있다면 동적 로딩을 통해 얻으려는 이점이 모두 상쇄될 것이다. 또한 특정 조건에서만 로딩돼야 하는 코드 내지는 사용자의 인터랙션이 실행되는 시점에 필요해지는 코드 역시 하나의 파일로 모두 합쳐질 필요가 전혀 없이, 해당 조건을 만족하는 순간에 모듈을 불러오는 것이 더욱 효율적일 것이다. 이처럼 웹 사이트의 기능적인 특징 내지는 성능 향상을 위해서 코드 분할이 유용하게 사용될 수 있다.

- **대규모 라이브러리를 사용해야 하는 경우:** 그래프를 만드는 데 주로 사용되는 D3[11]는 크기가 270kb로, 용량도 크며 복잡한 기능을 제공한다. 이처럼 웹사이트가 node_modules의 대형 라이브러리에 의존하고 있는 경우 이 라이브러리를 모두 하나의 파일에 포함하는 것은 비효율적일 수 있다. 동적 로딩이 필요한 경우와 마찬가지로 대형 라이브러리 역시 별도 파일로 분리해서 필요한 시점에 불러와서 실행하는 것이 성능상 이점을 누릴 수 있을 것이다.

- **네트워크 오버헤드 감소:** HTTP/1.1에서는 동시에 다운로드할 수 있는 리소스의 개수에 제한이 있지만 HTTP/2가 가능한 곳에서는 동시에 여러 리소스를 다운로드하는 것이 가능하므로 경우에 따라서는 하나의 큰 파일을 다운로드하는 것보다는 적당한 크기로 큰 파일을 쪼개서 다운로드하는 편이 더 이득일 수 있다.

이처럼 코드 내부의 특징이나 웹사이트의 필요성에 따라서 코드 분할은 반드시 필요한 기능으로 자리 잡았다. 웹팩의 경우 정적인 모듈 및 동적인 모듈에 코드 분할을 적용하거나 네트워크의 오버헤드를 감소시키기 위한 목적으로 파일 크기를 제한하는 등 다양한 방법으로 코드 분할을 할 수 있도록 지원한다. 이와 같이 단순히 하나의 파일로 합치는 것 이상으로 적당한 크기로 파일을 나누는 것 또한 좋은 번들 라이브러리가 가져야 할 미덕이라고 볼 수 있다.

6.1.2.2 트리 셰이킹

앞서 4장에서 다룬 트리 셰이킹(tree shaking)에 대해 다시 한 번 떠올려보자. 트리 셰이킹은 나무를 흔들어서 쓸모없는 잎사귀나 가지를 떨어뜨린다는 뜻으로, 코드에 빗대어 표현하자면 번들 결과물을 생성할 때 사용될 가능성이 없는 죽은 코드를 제거하는 것을 의미한다. ESLint의 no-unused-vars[12]나 @typescript-eslint/no-unused-vars[13]는 정적 분석을 통해 정말로 사용되지 않는 변수나 함수를 알려줄 수 있지만 일반적인 트리 셰이킹은 그보다 고급 기능을 제공한다. 다음 예제를 살펴보자.

```
// utils.js
export function usedFunction() {
```

---

[11] https://d3js.org/
[12] https://eslint.org/docs/latest/rules/no-unused-vars
[13] https://typescript-eslint.io/rules/no-unused-vars/

```
  console.log('This function is used.')
}

export function unusedFunction() {
  console.log('This function is not used.')
}

// index.js
import {usedFunction} from './utils.js'

usedFunction()
```

위와 같은 코드가 있다고 가정해보자. 위 코드에서 utils.js는 usedFunction과 unusedFunction이라는 두 함수를 export하고 있다. 이 코드는 ESLint 관점에서는 딱히 지적할 게 없는 코드다. ESLint는 하나의 파일을 기준으로 생성한 AST(Abstract Syntax Tree)를 토대로 정적 검사만 수행하기 때문이다. 비록 utils.js는 두 함수를 선언하고 내부에서 사용하고 있지 않지만 export 키워드가 있기 때문에 어디에선가 쓸 것이라는 '추측'만 할 수 있으므로 ESLint에서는 별다른 경고 처리를 할 수 없다.

하지만 프로젝트 전체를 아무리 뒤져봐도 unusedFunction을 호출하는 곳이 없다면 어떻게 될까? 이 함수는 비록 코드에서는 의미가 있을지 몰라도 프로덕션 완성품 입장에서는 불필요한 코드다. 따라서 unusedFunction은 번들러가 트리 셰이킹 과정에서 제거해버린다면 매우 효율적인 결과물을 만들 수 있다.

트리 셰이킹이 유효한 또다른 예제는 다음과 같다.

```
const isUnReachableCode = false
if (isUnReachableCode) {
  console.log('this is UnReachable Code')
}
```

위 코드에서 if 문은 그 어떤 상황이 닥쳐도 절대 실행될 수 없는 코드다. 이런 코드는 역시 트리 셰이킹 과정에서 존재 자체가 지워지는 편이 더 효율적이라고 볼 수 있다.

> 📄 실제로 저런 코드를 작성하는 사람은 없지 않나요?
>
> 앞의 예제 코드는 사실 자바스크립트를 처음 하는 사람이라도 절대 작성할 수 없는 아주 극단적인 트리 셰이킹 예시다. 그렇다면 저런 상황이 가능한 실용적인 예제에는 어떤 것이 있을까?
>
> 자바스크립트 코드를 자주 써본 사람이라면 현재 빌드되는 환경이 production인지 development인지 확인하기 위한 방법으로 process.env.NODE_ENV를 많이 사용해봤을 것이다. 이러한 코드는 웹팩에서 빌드 시점에 mode에 따라 process.env.NODE_ENV 값 자체가 production이나 development 자체로 치환된다. 다음 예제를 살펴보자.
>
> ```
> const webpack = require('webpack')
>
> module.exports = {
>   mode: 'production',
>   plugins: [
>     new webpack.DefinePlugin({
>       'process.env.NODE_ENV': JSON.stringify('production'),
>     }),
>   ],
> }
> ```
>
> DefinePlugin[14]은 해당 문자열을 특정한 값으로 완전히 치환하는 역할을 한다. 위 설정이 활성화돼 있는 상태에서 다음과 같은 코드가 존재한다면
>
> ```
> if (process.env.NODE_ENV !== 'development') {
>   console.log('개발 모드에서 실행되는 코드입니다.')
> }
>
> if (process.env.NODE_ENV === 'production') {
>   console.log('프로덕션 모드에서 실행되는 코드입니다.')
> }
> ```
>
> DefinePlugin에 의해 다음과 같이 변경될 것이다.
>
> ```
> if ('production' !== 'production') {
>   console.log('개발 모드에서 실행되는 코드입니다.')
> }
>
> if ('production' === 'production') {
>   console.log('프로덕션 모드에서 실행되는 코드입니다.')
> }
> ```

---

14 https://webpack.kr/plugins/define-plugin/

위 코드의 결괏값은 명백하게 각각 false와 true로 확정적이므로 트리 셰이킹을 완전히 거친 코드는 다음과 같은 결과물이 탄생할 것이다.

```
console.log('프로덕션 모드에서 실행되는 코드입니다.')
```

process.env.NODE_ENV를 환경에 따라 치환하는 작업은 대부분의 번들러가 지원하는 공통적인 작업이어서 많은 라이브러리들이 개발 환경에서만 로깅을 남길 목적으로 자주 사용되고 있다.

그렇다면 모든 '사용되지 않는 코드'들은 제거가 가능한 것일까? 그렇지 않다. 다음 예제를 살펴보자.

```
// utils.js
export function usedFunction() {
  console.log('This function is used.')
}

export function unusedFunction() {
  console.log('This function is not used.')
}

console.log('hello, this is utils.js')

// index.js
import {usedFunction} from './utils.js'

usedFunction()
```

위 트리 셰이킹 예제에서 utils.js의 마지막에 console.log가 존재하는데, 이 코드는 어디에서도 직접적으로 참조하지 않지만 utils.js를 import하는 순간에 호출되도록 만들어졌다. 이러한 것을 모듈의 사이드 이펙트(side effect), 즉 부수 효과라고 하는데 이러한 코드들은 실행이 의도된 코드로 판단되어 삭제해서는 안 된다. 또한 next/dynamic과 같이 정적 분석 시점에는 불러오지 않지만 동적으로 불러올 수 있는 코드들 역시 미리 제거돼서는 안 된다.

정리하자면, 트리 셰이킹이란 코드를 빌드한 결과물을 정적 분석을 거쳐 사용되지 않거나 의미 없는 코드를 완전히 제거하는 작업을 의미한다. 그러나 정적 분석으로는 확인할 수 없는 경우도 있으므로 이러한 모든 경우의 수를 세밀하게 확인해서 정말로 불필요한 코드만 제거하는 것이 바로 트리 셰이킹이다. 그리고 이렇게 불필요한 코드를 제거함으로써 최종 번들의 크기를 줄이고 애플리케이션 로드 시간을 줄여 사용자 경험을 향상시킬 수 있다.

트리 셰이킹은 이미 대다수의 번들러가 기본적으로 제공하는 기능으로 웹팩, 롤업, Vite 등 ESModule을 기반으로 동작하는 거의 모든 번들 라이브러리가 제공한다. 이는 트리 셰이킹이 번들러가 꼭 다뤄야 할 핵심 기술로 자리 잡았다는 것을 증명한다.

6.1.2.3 난독화 및 압축

번들러의 주요 기능 중 하나로 또 꼽을 수 있는 것이 바로 최종 리소스의 크기를 최대한 줄이는 것이다. 많은 개발자들은 서로 읽기 쉬운 변수명과 함수명을 만들기 위해서 갖가지 노력을 펼치는데, 사실 이러한 이름의 중요성은 사람인 '개발자'에게만 중요할 뿐 자바스크립트 코드를 읽는 자바스크립트 엔진 입장에서는 그다지 상관없는 요소다. 오히려 이름이 불필요하게 길다면 최종 리소스를 다운로드하는 입장에서 괜한 크기 증가만 가져올 뿐이다.

또 한 가지 명심해야 하는 것은 다른 개발 환경과는 다르게 자바스크립트 개발자들의 코드는 항상 사용자에게 무방비로 노출돼 있다는 것이다. 누구나 마음만 먹으면 브라우저의 개발자 도구로 자바스크립트 파일이 어떻게 작성돼 있는지 쉽게 파악할 수 있다. 물론 쉽게 파악할 수 있다고 해서 소스코드 보호를 포기해서는 안 된다. 비록 노출된다 하더라도 최대한 외부 사용자가 읽기 어려운 형식으로 변경돼야 코드 도용을 방지할 수 있다.

변수명을 축약하거나 난독화하는 것 외에도 코드의 크기 자체를 줄이는 것 또한 중요하다. 일반적인 자바스크립트 코드는 공백이나 줄바꿈 등으로 이뤄져 있는데, 이 역시 사람인 '개발자'에게만 중요한 것일 뿐 머신 입장에서는 불필요한 요소일 뿐이다. 따라서 이러하나 공백이나 줄바꿈 등도 최대한 압축해서 제공해야 브라우저에서 자바스크립트 리소스를 다운로드하는 사용자들의 로딩 시간을 최대한 줄일 수 있다. 다음 그림을 살펴보자.

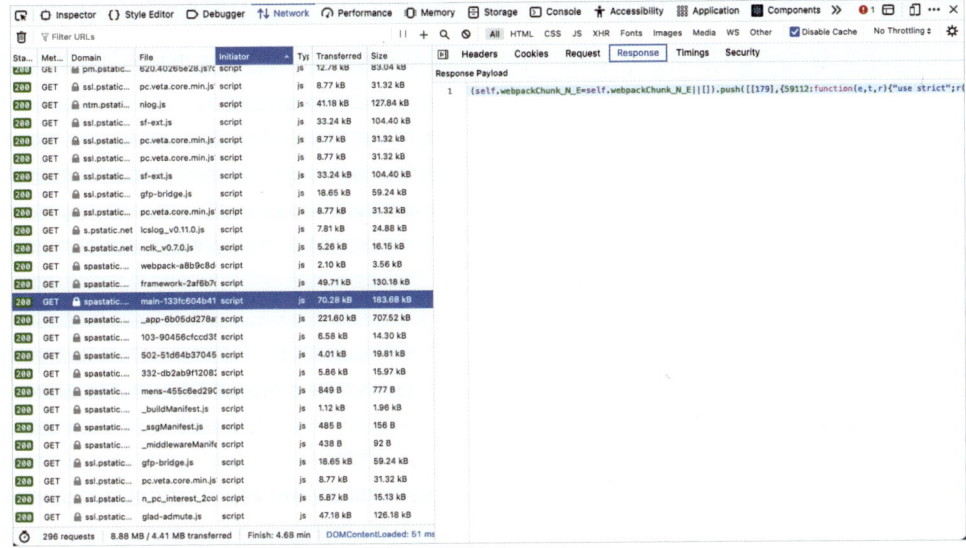

그림 6.4 네이버에서 제공하는 한 자바스크립트 파일의 실제 모습

위 그림은 네이버 메인에서 제공하는 자바스크립트 리소스 중 하나다. 해당 리소스의 크기는 무려 183KB에 달하지만 실제 네트워크로 보여지는 응답은 단 한줄 뿐이다. 이로 미루어보아 실제 자바스크립트 코드가 난독화 및 압축 과정을 거친 코드임을 알 수 있다. 실제 코드의 모습은 브라우저의 Beautify 기능으로 추측만 해볼 수 있다.

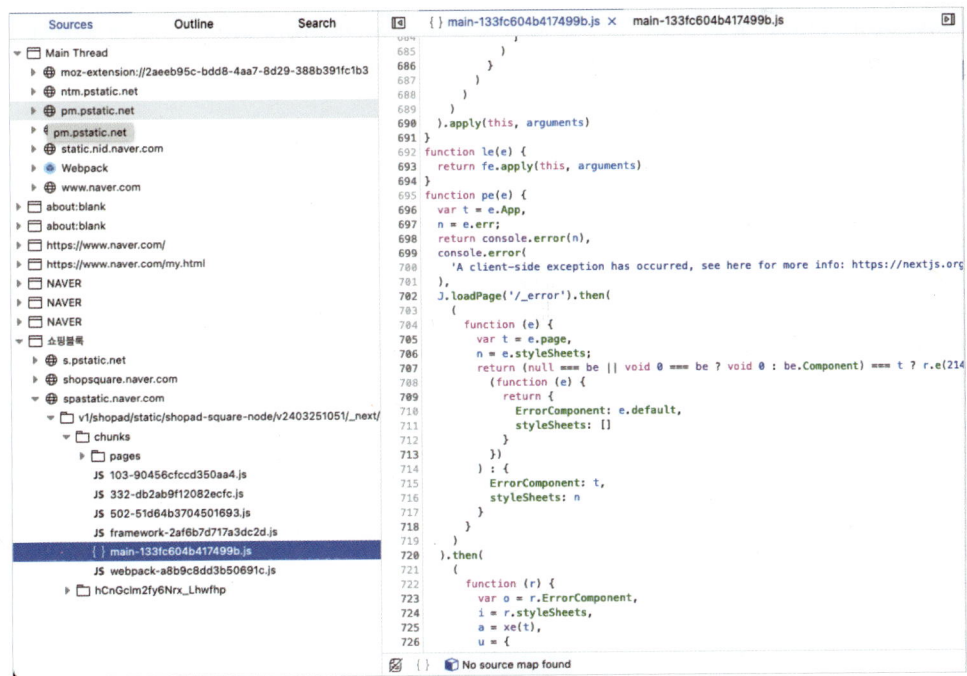

그림 6.5 그림 6.4의 난독화된 코드를 보기 좋게 만든 모습

위 코드를 브라우저의 기능을 토대로 사람이 읽기 쉽게 줄바꿈과 여백을 넣어본 결과, Next.js 프레임워크 기반의 리소스임을 알 수 있지만 여전히 실제 어떤 기능을 하고 있는 코드인지는 한눈에 손쉽게 파악하기 어렵다.

이처럼 난독화 및 압축은 소스코드를 보호하고, 사용자에게 전달되는 리소스 크기를 최소한으로 만들기 위해 필요하며, 이 역시 대부분의 번들러에서 내장하거나 플러그인 형태로 제공하는 필수 기능이다.

6.1.3 정리

지금까지 번들링이란 무엇이고, 이러한 기능을 제공하는 라이브러리가 무엇이며, 어떠한 특징이 있는지 살펴봤다. 그러나 실제로 자바스크립트 개발자가 이러한 라이브러리를 직접 설치해서 사용해본 경험은 비교적 드물 것이다. 실제 서비스 프로덕트를 만들기 위해 대부분 Next.js, Remix, Angular 같은 프레임워크를 기반으로 개발하는 것이 일반적이며, 그리고 이러한 프레임워크가 번들링을 수행할 때 내부에서 이 번들 라이브러리를 내장하고 있기 때문에 실제로 설치하거나 옵션을 세밀하게 만져보기란 쉽지 않다. 그렇다고 해서 실제 프레임워크 내부의 번들 작업이 어떤 식으로 일어나는지 제대로 알지 못한다면 고급 옵션을 사용해 서비스를 최적화하거나 속도나 성능을 개선하는 작업을 수행하는 데 한계에 부딪히게 된다. 따라서 고급 자바스크립트 개발자가 되기 위해서는 번들 라이브러리가 어떻게 동작하고, 제공하는 옵션은 무엇이며, 어떻게 커스터마이징할 수 있는지 등을 알아두는 것이 좋다.

다음 절부터 본격적으로 번들 라이브러리에 대해 알아본다. 이번 장에서는 자바스크립트 생태계에서 가장 유명한 번들 라이브러리인 웹팩, 롤업, Vite에 대해 살펴본다. 이 세 라이브러리가 어떻게 동작하는지, 또 무엇을 할 수 있는지 살펴보고 이해한다면 이후에 어떤 프레임워크를 만나더라도 번들링에 필요한 작업을 세심하게 고민해볼 수 있을 것이다.

6.2 웹서비스 번들의 표준, 웹팩

이번 절에서는 자바스크립트 번들러 중 가장 유명하며, 널리 사용되고 있는 웹팩에 대해 알아본다. 웹팩은 수많은 프레임워크와 라이브러리에서 표준처럼 채택된 번들러로, 오랜 역사를 자랑하며 다양한 기능과 높은 안정성을 보여준다. 현대적인 웹 개발에서 웹팩은 번들링 도구의 대명사로 자리 잡았으며, 이후 등장한 대부분의 번들러가 웹팩의 영향을 받았다고 해도 과언이 아니다.

웹팩은 단순히 자바스크립트를 묶는 데 그치지 않고, CSS, 이미지, 폰트 등 웹 애플리케이션에서 사용되는 거의 모든 리소스를 효율적으로 관리하고 번들링할 수 있다. 또한 강력한 플러그인 및 로더 시스템을 통해 다양한 확장성과 유연성을 제공함으로써 대규모 프로젝트에서도 안정적으로 사용될 수 있다.

이번 절에서는 웹팩의 기본 개념과 주요 기능을 살펴보고, 실습을 통해 실제로 웹팩을 설정하고 사용하는 방법을 익혀본다. 웹팩을 활용해 웹 애플리케이션의 구조와 성능을 어떻게 최적화할 수 있는지 탐구해 보자.

6.2.1 웹팩 소개 및 주요 특징

웹팩은 모던 자바스크립트 애플리케이션을 위한 모듈 번들러다. 웹팩은 하나의 애플리케이션을 처리할 때 시작 지점을 기준으로 프로젝트에 필요한 모든 모듈을 매핑한 다음, 이를 하나 이상의 번들 파일로 만들어 웹 애플리케이션에서 바로 사용할 수 있게끔 제공한다. 또한 자바스크립트 파일뿐만 아니라 HTML, CSS, 이미지 등 웹 애플리케이션에서 사용할 수 있는 다양한 리소스를 번들링해 모듈로 만들어 관리할 수 있다. 다음 6가지는 웹팩이 가지고 있는 주요한 특징이다.

- **다양한 모듈 번들링**: HTML, 자바스크립트, CSS, 이미지, 폰트 등 모든 파일을 모듈로 통합해서 하나 이상의 번들로 묶을 수 있다.
- **코드 분할**: 단순히 하나로 묶는 것뿐만 아니라 필요할 때만 로드되는 청크로 분리하는 코드 분할도 가능하다.
- **로더(loader)**: 다양한 파일 형식을 처리할 수 있는 별도 로더를 제공한다.
- **플러그인(plugin)**: 로더가 파일을 불러오기 위함이라면, 플러그인은 웹팩에 다양한 기능을 추가하고 프로세스를 확장할 수 있게 도와준다.
- **개발 환경 지원**: 단순히 프로덕션을 위한 모듈 번들링뿐만 아니라 개발 과정에서 실시간으로 번들을 확인할 수 있는 HMR(Hot Module Replacement) 기능도 제공함으로써 개발 경험을 향상시킨다.
- **최적화**: 트리 셰이킹, 코드 압축, 난독화 등 다양한 방식으로 자바스크립트 애셋을 최소한의 크기로 압축한다.

6.2.2 웹팩의 기본 개념과 동작 원리

웹팩의 주요 특징을 살펴봤으니, 이제 본격적으로 웹팩에 대해 살펴보자. 웹팩과 관련된 코드를 작성하기 전에 웹팩에서 자주 언급되는 기본 개념을 먼저 살펴보자.

6.2.2.1 의존성 그래프

웹팩 공식 문서에서 설명하는 가장 기초적인 개념은 바로 의존성 그래프(dependency graph)다. 의존성 그래프는 앞서 패키지 관리자 사례에서 소개했던 것과 비슷한 개념으로, 패키지 관리자가 `package.json`에 선언돼 있는 `dependencies`, `devDependencies`, `peerDependencies` 등을 기반으로 자바스크립트 패키지에 어떻게 의존하고 있는지 그래프로 나타내는 것처럼, 웹팩은 그림 6.6에서 볼 수 있듯이 번들의 시작점을 기준으로 하나의 파일이 다른 파일이 의존할 때마다 이를 의존성으로 간주해서 이들 간의 그래프를 생성한다. 그리고 자바스크립트라면 이를 가능한 작은 수의 번들로 묶거나, 애플리케이션에 의존성으로 제공한다.

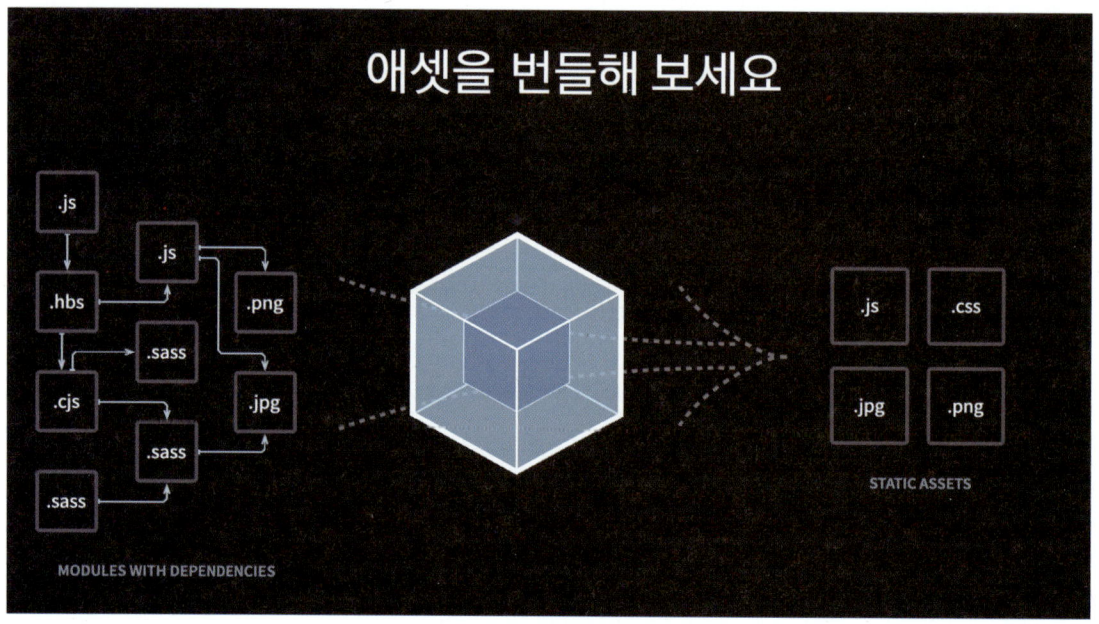

그림 6.6 웹팩에서 소개하는 의존성 그래프[15]

웹팩은 구성 파일에 선언돼 있는 모듈 목록 및 최초 시작점을 토대로 애플리케이션을 재귀적으로 빌드해서 필요한 모듈을 설정에 맞춰서 한 개 이상의 번들 파일로 합치는데, 이 작업을 위해 사전에 만드는 것이 바로 의존성 그래프다.

---

15 https://webpack.kr/

6.2.2.2 엔트리(entry)

엔트리 포인트는 앞서 소개한 의존성 그래프를 생성하기 위해 사용되는 최초 진입점이다. 이 진입점을 시작으로 웹팩은 의존성 그래프를 생성한다. 이 파일이 의존하고 있는 파일을 찾고, 그리고 그 파일이 의존하는 파일을 계속해서 재귀적으로 찾는 방식으로 의존성 그래프를 생성한다. 일반적으로 ./src/index.js가 기본값이지만 다음과 같이 구성 파일에 선언해서 커스터마이징할 수도 있다.

```js
// webpack.config.js
module.exports = {
  entry: './this/is/my/entry/file.js', // 여기에 해당 파일의 경로를 선언한다.
}
```

일반적으로 단일 페이지 애플리케이션(Single Page Application; SPA)에서는 한 개의 엔트리 포인트가 있을 수 있지만 여러 페이지를 제공하는 경우에는 엔트리 포인트 또한 여러 개를 설정할 수도 있다.

```js
// webpack.config.js
module.exports = {
  entry: {
    home: './home.js',
    about: './about.js',
    contact: './contact.js',
  },
}
```

이때 dependOn 옵션을 사용하면 다른 여러 모듈이 공유할 수 있는 또 다른 엔트리 파일을 만들 수 있다. 다음 예시를 살펴보자.

```js
// webpack.config.js
module.exports = {
  //...
  entry: {
    app: {import: './app.js', dependOn: 'main'},
    main: ['next.js'],
  },
}
```

위 설정은 Next.js의 웹팩 설정을 간단히 요약한 버전으로, Next.js는 `main`이라는 별도 엔트리 포인트를 만들어 Next.js 서비스를 구동하는 데 필요한 Next.js 관련 파일을 모두 별도로 분리한다.

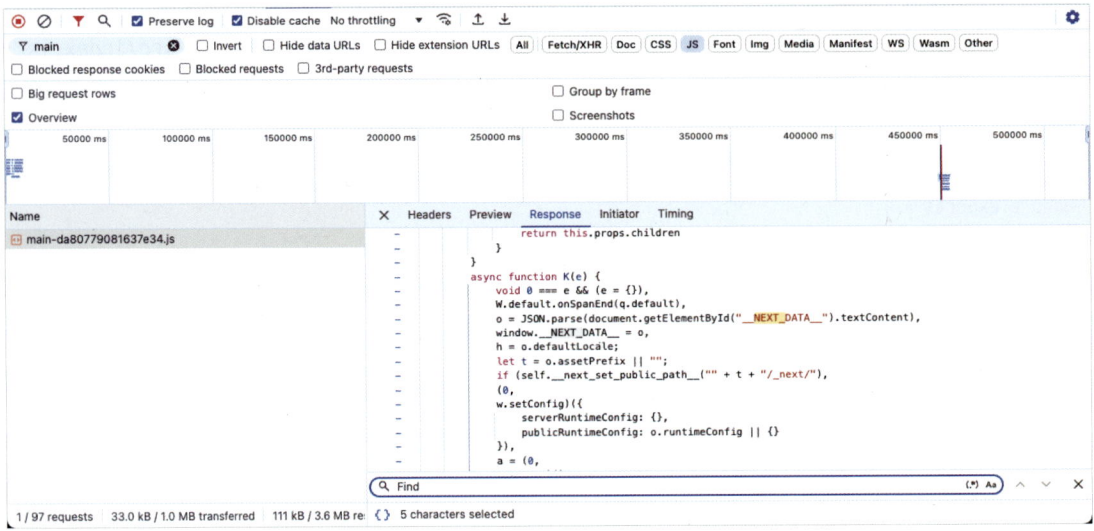

그림 6.7 Next.js로 운영되는 서비스의 `main.js` 파일을 확인한 모습

이처럼 서비스 구동에 필요한 파일을 별도로 분리해 더 빠르게 먼저 로딩되도록 설정을 미세하게 조정할 수 있다. entry 속성은 웹팩이 의존성 그래프를 만들기 위한 시작점으로서 한 개 이상의 파일을 선언하는 용도로 사용하며, 이와 관련된 설정을 세밀하게 조정해서 최적의 애플리케이션을 만드는 데 도움을 줄 수 있다.

6.2.2.3 아웃풋(output)

entry가 시작 지점을 의미한다면, 반대로 output은 생성된 번들 파일을 어디에 생성할지, 그리고 그 파일 이름을 어떻게 지정할지 웹팩에 선언할 수 있는 설정이다. 기본값은 `./dist/main.js`다.

```
const path = require('path')

// webpack.config.js
module.exports = {
  entry: './this/is/my/entry/file.js',
  output: {
    path: path.resolve(__dirname, 'dist'),
    filename: 'main.js',
```

```
  },
}
```

그러나 위 경우는 하나의 단일 번들을 생성할 때만 사용 가능한 방법으로, 만약 여러 파일을 만들고 싶다면 다음과 같은 [substitution] 문법을 사용하면 된다.

```
const path = require('path')

// webpack.config.js
module.exports = {
  entry: {
    home: './home.js',
    about: './about.js',
    contact: './contact.js',
  },
  output: {
    path: path.resolve(__dirname, 'dist'),
    filename: '[name].js',
  },
}
```

이렇게 하면 ./dist 디렉터리에 각각 해당 entry에 해당하는 output이 생성된다.

그러나 우리가 일반적으로 보는 웹팩의 결과물은 단순히 파일명만 포함돼 있지 않다. 다음 그림을 살펴보자.

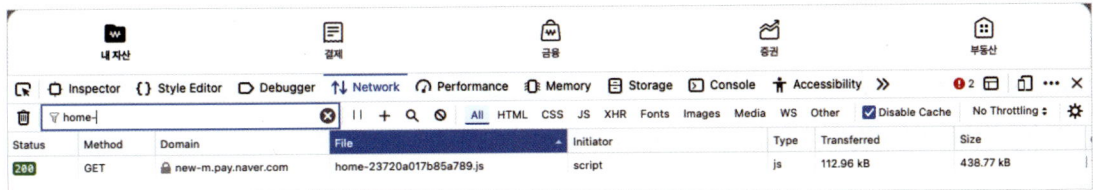

그림 6.8 Next.js로 빌드한 프로젝트의 output 파일명

위 그림을 보면 home으로 추정되는 output이 생성됐지만 단순히 home.js가 아닌 가운데 임의로 생성된 것과 같은 모습을 보여준다. 이는 웹팩이 제공하는 또다른 [substitution] 문법을 사용한 것으로, 다음과 같이 생성한다.

```js
const path = require('path')

// webpack.config.js
module.exports = {
  entry: {
    home: './home.js',
    about: './about.js',
    contact: './contact.js',
  },
  output: {
    path: path.resolve(__dirname, 'dist'),
    filename: '[name]-[contenthash].js',
  },
}
```

[contenthash]란 해당 번들을 생성하는 파일 내용 기반으로 해시값을 생성하는 것으로, 파일의 내용이 변경되면 새로운 해시값이 생성되어 파일명이 변경된다. 이렇게 함으로써 브라우저에 해당 번들의 파일 내용이 변경됐다는 것을 파일명만으로 간접적으로 알릴 수 있어 캐싱을 최적화할 수 있으며, 반대로 파일 내용이 변경되지 않으면 항상 동일한 결과를 만들어 내므로 빌드 안정성을 보장받을 수 있다.

실제로 Next.js의 경우 페이지 라우터의 경우 entry 변경에 영향을 받는 contenthash 값을, app 라우터의 경우 생성된 청크 파일에 영향을 받는 chunkhash를 기반으로 output 파일을 만들고 있다.

> **contenthash와 같은 문법으로 또 쓸 수 있는 값은 무엇이 있나요?**
>
> 이러한 표현식을 일반적으로 [substitution]이라고 하며, 여기에 사용할 수 있는 값들은 다음과 같다.
>
> - [name]: 파일명 'entry point'
> - [id]: 내부적으로 사용하는 모듈 ID
> - [hash]: 컴파일할 때 전체 빌드 고유 해시
> - [chunkhash]: 해당 청크의 고유 해시
> - [contenthash]: 파일 내용 기반 해시
> - [query]: 쿼리 문자열
> - [file]: 원본 파일명
> - [filebase]: 원본 파일명의 베이스(확장자 제외)
> - [ext]: 파일 확장자
>
> 그러나 이 값을 모든 경우에 다 쓸 수 있는 것은 아니고, 옵션에 따라 쓸 수 있는 값에 제약이 있으니 공식 문서[16]를 참고하자.

6.2.2.4 로더(loader)

웹팩이 읽을 수 있는 파일은 기본적으로 자바스크립트와 JSON 파일 등 몇 가지 뿐이다. 그러나 웹팩은 이러한 기본 파일 외에도 CSS 등 다양한 파일을 처리할 수 있는데, 이처럼 다양한 유형의 파일을 처리할 수 있는 것이 바로 로더 덕분이다. 로더를 사용하면 자바스크립트와 JSON 파일 외의 파일도 하나의 모듈로 이해해서 의존성 그래프를 그릴 수 있도록 추가한다. 다음 예제를 살펴보자.

```
module.exports = {
  // ...
  module: {
    rules: [{test: /\.txt$/, use: 'raw-loader'}],
  },
}
```

로더에서 확인할 수 있는 두 가지 필수 속성은 바로 test와 use다. test는 어떤 파일을 불러올지를 정규 표현식으로 선언하며, use는 해당 파일을 읽기 위해 어떤 로더를 사용할 것인지를 나타낸다. 이 로더는 특이하게도 require('raw-loader') 형식이 아니라 단순히 해당 패키지명을 적게끔 명시돼 있는데, 이는 로더 내부에서 require('use로 선언된 패키지명')과 같은 형식으로 불러오고 있음을 미루어 짐작할 수 있다. 만약 이 로더가 없다고 에러가 발생하면 반드시 해당 패키지의 의존성에 해당 로더가 설치돼 있는지 확인해보자.

간혹 로더 설정을 보면 다음과 같이 use 필드가 배열로 설정돼 있는 것을 볼 수 있다.

```
module.exports = {
  module: {
    rules: [
      {
        test: /\.css$/,
        use: [
          {loader: 'style-loader'},
          {
            loader: 'css-loader',
            options: {
              modules: true,
            },
          },
          {loader: 'sass-loader'},
```

```
      ],
    },
  ],
  },
}
```

위 예제를 보면 `.css` 파일을 읽어오기 위해 세 가지 로더가 사용되는 것을 볼 수 있는데, 배열의 맨 마지막에 있는 로더부터 순차적으로 불러오게 된다. 즉, 위 예제에서는 'sass-loader', 'css-loader', 'style-loader' 순서로 `.css` 파일을 읽게 된다.

웹팩 생태계에서 주로 사용되는 로더는 다음과 같다.

- `babel-loader`[17]: babel-loader는 구형 브라우저에서도 최신 문법이 동작할 수 있게 도와주는 바벨을 웹팩 환경에서도 쓸 수 있도록 도와주는 로더다. 일반적으로 babel-loader 단독으로는 사용할 수 없으며, @babel/core와 같이 바벨을 설치해서 다음과 같이 사용하는 것이 일반적이다.

```
module: {
  rules: [
    {
      test: /\.(?:js|mjs|cjs)$/,
      exclude: /node_modules/,
      use: {
        loader: 'babel-loader',
        options: {
          presets: [['@babel/preset-env', {targets: 'defaults'}]],
        },
      },
    },
  ]
}
```

이렇게 선언해두면 js, mjs, cjs 파일에 대해 babel-loader가 설정 값에 따라 적절한 처리를 하게 된다.

- `file-loader`, `raw-loader`, `url-loader`: 이 로더들은 각각 파일을 디렉터리를 내보내기 위해, 파일을 문자열로 가져오기 위해, 파일을 data URI 형식으로 불러오기 위해 사용되던 로더들이었으나 웹팩 5 버전이 출시되면서부터 더 이상 사용되지 않게 됐다.[18]

---

17 https://github.com/babel/babel-loader
18 https://webpack.kr/guides/asset-modules/

- ts-loader[19]: ts-loader는 타입스크립트 파일을 불러올 때 사용되는 로더다. 이 로더를 사용하면 타입스크립트 파일을 자바스크립트로 변환하는 과정을 웹팩에 고스란히 녹일 수 있다.

```js
module.exports = {
  // ...
  resolve: {
    // .ts, .tsx, .js 파일을 웹팩에서 읽는다.
    extensions: ['.ts', '.tsx', '.js'],
    extensionAlias: {
      // .ts, .js 파일을 만나면 .js로 읽도록 선언한다.
      '.js': ['.js', '.ts'],
      '.cjs': ['.cjs', '.cts'],
      '.mjs': ['.mjs', '.mts'],
    },
  },
  module: {
    rules: [{test: /\.([cm]?ts|tsx)$/, loader: 'ts-loader'}],
  },
}
```

위와 같이 설정해두면 .cts, .ctsx, .mts, .mtsx, .ts, .tsx를 모두 ts-loader로 읽어들이도록 설정할 수 있다.

- sass-loader[20]: sass-loader는 .sass, .scss 파일을 읽을 수 있도록 도와주는 로더다.

- css-loader[21]: css-loader는 CSS 파일을 모듈로 변환해주는 로더다. 이 로더를 사용하면 CSS 파일을 파싱해서 문자열 형태의 자바스크립트 모듈로 변환하고, 이 모듈을 export로 내보내기해서 웹팩의 의존성 그래프로 포함시킬 수 있게 도와준다. 예를 들어, 다음과 같은 CSS 파일이 있다고 가정해보자.

```css
/* styles.css */
body {
  background-color: lightblue;
}

h1 {
  color: navy;
}
```

---

[19] https://github.com/TypeStrong/ts-loader
[20] https://github.com/webpack-contrib/sass-loader
[21] https://github.com/webpack-contrib/css-loader

이러한 CSS 파일이 있다면 css-loader는 이를 자바스크립트 모듈로 변환한다.

```
module.exports = 'body { background-color: lightblue; } h1 { color: navy; }'
```

- style-loader[22]: style-loader는 CSS를 DOM에 삽입하는 용도로 개발된 로더다.

sass-loader, css-loader, style-loader는 보통 SASS로 스타일이 작성된 웹팩 프로젝트에서 한 묶음으로 자주 쓰이는 로더다. 앞의 세 로더의 작업 방식을 요약하면 다음과 같다.

```
const path = require('path')

module.exports = {
  entry: './src/index.js',
  output: {
    filename: 'bundle.js',
    path: path.resolve(__dirname, 'dist'),
  },
  module: {
    rules: [
      {
        test: /\.scss$/, // .scss 확장자를 가진 모든 파일에 대해
        use: [
          'style-loader', // 3. CSS를 <style> 태그로 삽입
          'css-loader', // 2. CSS를 자바스크립트 모듈로 변환
          'sass-loader', // 1. Sass/SCSS를 CSS로 컴파일
        ],
      },
    ],
  },
}
```

```
/* styles.scss */
$background-color: lightblue;
$heading-color: navy;

body {
```

---

[22] https://github.com/webpack-contrib/style-loader

```
  background-color: $background-color;
}

h1 {
  color: $heading-color;
}
```

```
import './styles.scss'

console.log('Sass is loaded')
```

위와 같은 구조로 작성된 프로젝트가 있다고 가정해보자. 가장 먼저 `sass-loader`는 해당 파일을 다음과 같이 `css-loader`로 변경해준다.

```
/* 출력: 변환된 CSS */
body {
  background-color: lightblue;
}

h1 {
  color: navy;
}
```

이제 이렇게 생성된 CSS 파일을 `css-loader`가 자바스크립트 모듈로 변경해준다.

```
module.exports = 'body { background-color: lightblue; } h1 { color: navy; }'
```

마지막으로, 위 자바스크립트 모듈을 `style-loader`가 HTML에 삽입할 수 있도록 도와준다.

```
const css = 'body { background-color: lightblue; } h1 { color: navy; }'

const style = document.createElement('style')
style.textContent = css
document.head.appendChild(style)
```

앞에서 소개한 로더 외에도 웹팩 생태계에는 다양한 로더가 있으며, 이 로더를 바탕으로 다양한 파일을 웹팩에서 처리해서 번들에 포함시킬 수 있다.

6.2.2.5 플러그인(plugin)

로더가 특정 유형의 파일을 모듈로 처리하기 위한 목적으로 사용된다면, 플러그인은 웹팩의 기능을 확장하기 위한 목적으로 만들어진다. 다음 예제를 보자.

```javascript
const HtmlWebpackPlugin = require('html-webpack-plugin')
const webpack = require('webpack')

module.exports = {
  plugins: [new webpack.HtmlWebpackPlugin({template: './src/index.html'})],
}
```

로더와 다르게 플러그인은 직접 new를 통해 인스턴스를 만들어야 하는데, 특정 파일을 불러오기 위해 고정적으로 사용되는 로더와는 다르게 다른 목적으로 여러 번 플러그인을 불러올 수 있기 때문에 반드시 인스턴스를 생성하는 형식으로 불러와야 한다.

웹팩에서 자주 사용되는 플러그인은 다음과 같다.

- DefinePlugin:[23] DefignPlugin은 웹팩에 내장돼 있는 기본 플러그인으로, 웹팩이 번들링하는 시점에 특정 전역 변수를 정의할 수 있게 해주는 플러그인이다. 이 플러그인을 사용하면 코드에 있는 환경변수나 전역 상수를 빌드 시점에 미리 설정해 코드에 주입할 수 있다. 다음 예제를 살펴보자.

```javascript
const webpack = require('webpack')

module.exports = {
  entry: './src/index.js',
  output: {
    filename: 'bundle.js',
    path: path.resolve(__dirname, 'dist'),
  },
  plugins: [
    new webpack.DefinePlugin({
      'process.env.NODE_ENV': JSON.stringify('production'),
```

---

[23] https://webpack.kr/plugins/define-plugin

```
      API_BASE_URL: JSON.stringify('https://api.pay.naver.com'),
      VERSION: JSON.stringify('1.0.0'),
    }),
  ],
}
```

위 예제에서 DefinePlugin으로 설정한 값은 세 개로 process.env.NODE_ENV, API_BASE_URL, VERSION이다. 위 구성 파일을 기준으로 내부 코드에서 다음과 같이 작성돼 있다고 가정해보자.

```
if (process.env.NODE_ENV === 'production') {
  console.log('Running in production mode')
} else {
  console.log('Running in development mode')
}
console.log('API Base URL:', API_BASE_URL)
console.log('App Version:', VERSION)
```

DefinePlugin을 사용하면 위 코드는 다음과 같이 변환된다.

```
console.log('Running in production mode')
console.log('API Base URL:', 'https://api.pay.naver.com')
console.log('App Version:', '1.0.0')
```

해당 코드가 미리 정의한 값으로 변경됐음과 동시에, 일부 닿을 수 없는 코드인 console.log('Running in development mode')도 제거된 것을 알 수 있다. 이처럼 DefinePlugin을 사용하면 환경변수를 다양한 환경에 따라서 주입할 수 있으며, 전역 상수를 미리 선언할수 있고, 절대 닿을 수 없는 코드를 트리 셰이킹해서 코드의 크기도 줄일 수 있다.

> **노트**
> new webpack.EnvironmentPlugin(['NODE_ENV']);를 사용하면 process.env.NODE_ENV를 굳이 DefinePlugin을 사용하지 않더라도 동일한 결과를 만들어 낼 수 있다.

- HotModuleReplacementPlugin[24]: Hot Module Replacement, 이른바 HMR이라 불리는 기능을 활성화하는 플러그인이다. 이 플러그인을 활성화하면 개발 환경에서 애플리케이션이 실행되는 동안 변경된 모듈만 새로고침해서 더 나은 개발 경험을 제공할 수 있다. 대부분의 프레임워크가 지원하는 기능으로, 웹팩에서는 다음과 같이 활성화할 수 있다.

---

[24] https://webpack.kr/plugins/hot-module-replacement-plugin

```
const webpack = require('webpack');

module.exports = {
  entry: './src/index.js',
  output: {
    filename: 'bundle.js',
    path: path.resolve(__dirname, 'dist'),
  },
  plugins: [
    new webpack.HotModuleReplacementPlugin({});
  ],
};
```

그러나 대부분의 경우에는 직접 설정하기보다는 webpack-dev-server를[25] 활용해 설정한다. 자세한 내용은 이번 장의 마지막 절에서 소개한다.

- HtmlWebpackPlugin[26]: HtmlWebpackPlugin은 번들링 과정에서 HTML 파일을 자동으로 생성하거나, 혹은 기존 HTML 파일에 번들된 자바스크립트를 삽입하는 역할을 한다. 이 플러그인을 사용하면 번들된 자바스크립트를 일일이 삽입하지 않아도 자동으로 HTML 완성품을 만들 수 있다.

```
const HtmlWebpackPlugin = require('html-webpack-plugin')
const path = require('path')

module.exports = {
  entry: 'index.js',
  output: {
    path: path.resolve(__dirname, './dist'),
    filename: 'index_bundle.js',
  },
  plugins: [new HtmlWebpackPlugin()],
}
```

위와 같이 구성 파일을 생성하면 ./dist/index.html에 다음과 같은 HTML 파일이 생성된다.

```
<!doctype html>
<html>
  <head>
```

---

[25] https://github.com/webpack/webpack-dev-server
[26] https://github.com/jantimon/html-webpack-plugin

```
    <meta charset="utf-8" />
    <title>Webpack App</title>
    <script defer src="index_bundle.js"></script>
  </head>
  <body></body>
</html>
```

자동으로 HTML을 생성하는 것뿐만 아니라 template 옵션을 활용해 특정 HTML에 동적으로 삽입하는 것 또한 가능하다.

- MiniCssExtractPlugin[27]: 앞서 style-loader 예제를 유심히 봤다면 뭔가 아쉽다는 것을 느꼈을 것이다. 동적으로 스타일을 삽입하는 것은 서버 사이드 렌더링 시에는 치명적인 문제로 다가온다. 서버에서 스타일까지 미리 완성돼야 올바르게 렌더링할 수 있는데, 이후에 스타일을 스크립트로 삽입하게 되면 사용자는 부자연스러운 화면을 볼 수밖에 없다. 이때 사용하는 것이 MiniCssExtractPlugin이다. 이 플러그인을 사용하면 자동으로 삽입하는 대신, 번들로 생성되는 자바스크립트와 쌍을 이루는 .css 파일을 내보낼 수 있다.

```
const MiniCssExtractPlugin = require('mini-css-extract-plugin')

module.exports = {
  plugins: [new MiniCssExtractPlugin()],
  module: {
    rules: [
      {
        test: /\.css$/i,
        use: [MiniCssExtractPlugin.loader, 'css-loader'],
      },
    ],
  },
}
```

실제로 Next.js는 이 플러그인을 사용해 .css 파일을 별도로 내보내고 있다.[28]

- TerserWebpackPlugin[29]: terser[30]는 자바스크립트 코드를 압축하는 도구인데, TerserWebpackPlugin은 terser를 웹팩 프로세스에 녹일 수 있는 플러그인이다. 다음과 같이 설정해서 사용할 수 있다.

---

[27] https://github.com/webpack-contrib/mini-css-extract-plugin
[28] https://github.com/vercel/next.js/blob/6604c187ece3021e9b429ecf1207f34d41efbe0a/packages/next/src/build/webpack/config/blocks/css/index.ts#L593-L594
[29] https://github.com/webpack-contrib/terser-webpack-plugin
[30] https://github.com/terser/terser

```
const TerserPlugin = require('terser-webpack-plugin')

module.exports = {
  optimization: {
    minimize: true,
    minimizer: [new TerserPlugin()],
  },
}
```

- BundleAnalyzerPlugin[31]: BundleAnalyzerPlugin은 웹팩이 생성한 아웃풋 파일이 어떻게 구성돼 있는지 시각화해서 볼 수 있는 플러그인이다.

```
const BundleAnalyzerPlugin = require('webpack-bundle-analyzer').BundleAnalyzerPlugin

module.exports = {
  plugins: [new BundleAnalyzerPlugin()],
}
```

다음과 같이 설정해두면 다음과 같이 실제 모듈이 어떤 식으로 구성돼 있는지 시각화 자료로 확인할 수 있다.

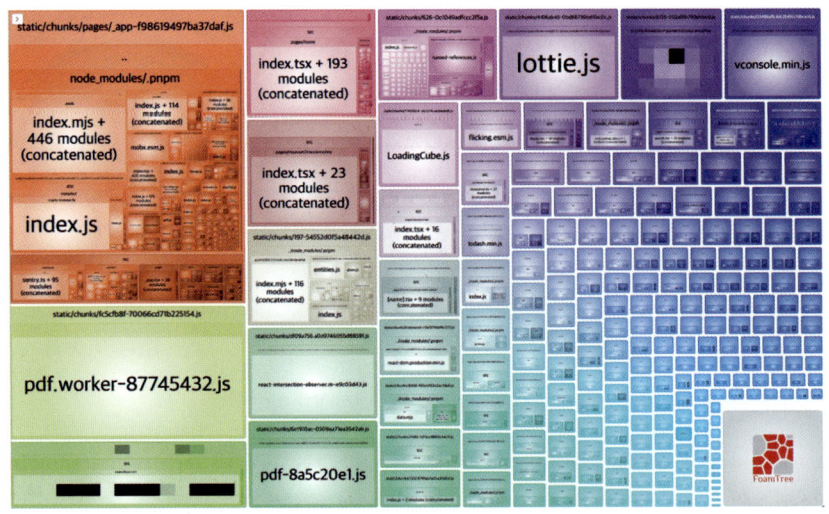

그림 6.9 BundleAnalyzerPlugin으로 output을 시각화한 예제

Next.js 사용자에게 친숙한 @next/bundle-analyzer[32]도 웹팩 기반으로 해당 플러그인을 토대로 개발되어 운영되고 있다.[33]

---

31 https://github.com/webpack-contrib/webpack-bundle-analyzer
32 https://github.com/vercel/next.js/tree/canary/packages/next-bundle-analyzer
33 https://github.com/vercel/next.js/blob/6604c187ece3021e9b429ecf1207f34d41efbe0a/packages/next-bundle-analyzer/index.js#L7

6.2.2.6 mode

mode는 웹팩에 내장된 환경변수로, 이 변수를 사용하면 웹팩 내부에 내장돼 있는 최적화를 활성화할 수 있다.

```
module.exports = {
  mode: 'production',
}
```

여기에 쓸 수 있는 값은 development, production, none으로 총 세 가지이며, 값이 없다면 process.env.NODE_ENV의 값을 사용하며, 그럼에도 값이 없는 경우 기본값은 production이다.

일반적으로 none을 사용하는 경우는 거의 없으며, 개발 환경에서는 development를, 실제 배포하는 경우 production을 사용하는 경우가 대부분이다. 해당 값에 따라 달라지는 주요 내용은 다음과 같다.

- devtool(소스맵)[34]: 소스맵이란 실제 브라우저에서 제공되는 번들 파일과 실제 파일을 매핑하기 위한 파일이다. 이는 번들링된 코드를 기반으로 디버깅할 때 실제 파일을 확인하기 위한 용도로 사용된다.
    - development: 자바스크립트에서 금기시되는 함수인 eval를 사용해 소스맵을 생성한다. 각 모듈을 eval 함수로 감싸서 생성하므로 속도가 매우 빠르고 추가 파일이 생성되지 않는다.
    - production: 별도 소스맵을 파일을 생성한다. eval보다는 느리지만 원본 코드를 완벽하게 제공함으로써 정확히 볼 수 있다.
- cache(캐시)[35]: 캐시는 웹팩에서 만든 모듈과 청크를 캐시할지 여부를 나타내는 설정 값이다. 이 설정을 추가하면 다음 빌드 속도를 빠르게 할 수 있다.
    - development: 캐싱을 설정한다.
    - production: 캐싱을 설정하지 않는다. 프로덕션은 빠른 빌드보다는 정확하고 일관된 빌드가 필요하기 때문에 캐싱을 하지 않는 편이다.
- optimization[36]: 번들 결과로 생성된 코드를 최적화할지를 여부를 나타낸다.
    - development: 최적화를 거치지 않는다. 개발 환경에서는 최적화보다는 생성된 아웃풋을 확인해야 하는 경우도 있기 때문이다.
    - production: 최적화를 거쳐 번들의 최종 크기를 가능한 한 최소로 만든다.

---

[34] https://webpack.kr/configuration/devtool/
[35] https://webpack.kr/configuration/cache/
[36] https://webpack.kr/configuration/optimization/

- DefinePlugin
  - development: process.env.NODE_ENV의 값을 'development'로 설정한다.
  - production: process.env.NODE_ENV의 값을 'production'으로 설정한다.

이 밖에도 mode에 따라 설정되는 기본값을 확인하고 싶다면 웹팩의 소스코드[37]를 참고한다.

6.2.2.7 브라우저 호환성

웹팩은 기본적으로 ES5가 호환되는 모든 브라우저를 지원하도록 만들어졌다. 그러나 웹팩에서 제공하는 동적 임포트(dynamic import)를 사용하기 위해서는 ES6의 Promise가 필요하므로 Promise를 지원하지 않는 브라우저까지 지원하고 싶다면 별도의 폴리필이 필요하다. 폴리필에 대해서는 5.2절 '폴리필을 도와주는 도구 core-js'에서 설명했다.

6.2.3 간단한 웹팩 서비스 만들기

지금까지 웹팩을 이해하는 데 필요한 최소한의 필수적인 개념과 동작 원리를 살펴봤다. 지금까지 살펴본 내용을 도식화한다면 다음과 같이 표현할 수 있다.

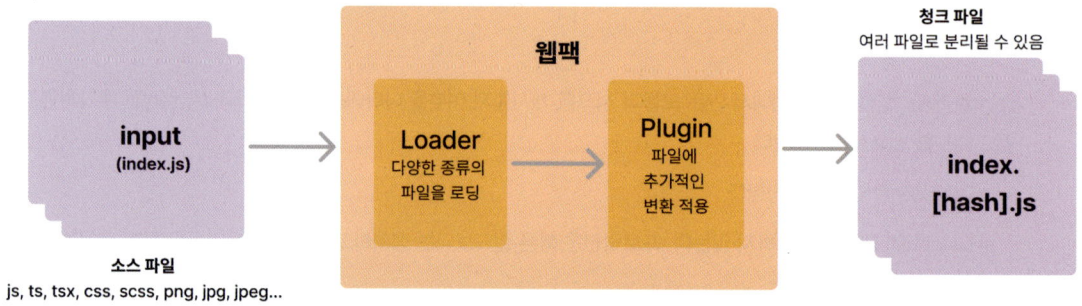

그림 6.10 웹팩의 동작 방식을 도식화한 모습

웹팩의 동작 방식을 간단하게 요약하자면 다음과 같다. 주어진 파일(들)을 시작(엔트리)으로, 파일을 불러오는 방식을 정의하며(로더), 파일에 필요한 추가적인 변환을 적용하고(플러그인), 이를 토대로 만들어진 의존성 그래프를 기반으로 청크 파일을 만들어(아웃풋) 웹서비스에 사용할 수 있도록 만들어 주는 것이라

---

[37] https://github.com/webpack/webpack/blob/main/lib/config/defaults.js

볼 수 있다. 효과적인 웹서비스를 만드는 데 필요한 다양한 작업이 웹팩이라는 큰 번들러 아래에서 최소한의 설정으로 효율적으로 운영되고 있다.

우리가 진행하는 대부분의 모던 프런트엔드 서비스 개발은 미리 잘 만들어진 프레임워크를 기반으로 하며, Next.js와 같은 프레임워크가 대부분 웹팩 기반의 개발에 필요한 보일러플레이트를 미리 준비해두기 때문에 웹팩 설정을 직접 수정하는 일은 드물 것이다. 그러나 이러한 프레임워크가 사용하고 있는 웹팩의 동작 방식을 이해하기 위해서, 그리고 일부 설정을 직접 수정하기 위해서는 가볍게라도 웹팩 기반의 코드를 처음부터 작성해보는 것이 중요하다. 그리고 최근 일부 IT 기업에서는 프런트엔드 기술 과제에 제로 설정의 웹 개발 환경 구축을 요구하기 때문에 웹팩을 직접 경험해 보는 일의 중요성이 커지고 있다.

지금부터 자바스크립트 기반의 간단한 웹팩 개발 환경을 처음부터 하나씩 구축해보자. 여기서는 앞에서 웹팩을 설명하면서 언급한 설정을 기반으로 웹팩 코드를 작성해본다.

> **노트**
>
> 본 예제는 아래의 npm-deep-dive-example 예제 코드 저장소에서 확인할 수 있다.
>
> - 예제 코드: https://github.com/yujeongJeon/npm-deep-dive-example/

먼저 해당 프로젝트의 `package.json`을 살펴보자.

```
{
  "name": "webpack-example",
  "scripts": {
    "build": "webpack --config webpack.config.js --mode=production",
    "start": "webpack serve --config webpack.config.js"
  },
  "devDependencies": {
    "css-loader": "^7.1.2",
    "html-webpack-plugin": "^5.6.0",
    "mini-css-extract-plugin": "^2.9.0",
    "sass": "^1.77.6",
    "sass-loader": "^14.2.1",
    "style-loader": "^4.0.0",
    "webpack": "^5.92.1",
    "webpack-cli": "^5.1.4",
    "webpack-dev-server": "^5.0.4"
  }
}
```

앞에서 언급한 웹팩에 필요한 각종 플러그인과 로더를 설치한 것을 확인할 수 있다. 다음으로 `index.html`을 살펴보자.

```html
<!-- public/index.html -->
<!doctype html>
<html lang="en">
  <head>
    <meta charset="UTF-8" />
    <meta name="viewport" content="width=device-width, initial-scale=1.0" />
    <title>Webpack Example</title>
  </head>
  <body>
    <h1>npm-deep-dive Webpack Example</h1>
  </body>
</html>
```

보다시피 특별할 게 없는 평범한 HTML 파일이다. 이 `index.html`을 기준으로 우리가 원하는 자바스크립트와 스타일을 삽입할 것이다.

```scss
// src/index.scss
$primary-color: #00de5a;

body {
  font-family: Arial, sans-serif;
  background-color: $primary-color;
  color: white;
  display: flex;
  flex-direction: column;
  justify-content: center;
  align-items: center;
  height: 100vh;
  margin: 0;
}

.logo {
  width: 150px;
  margin-bottom: 20px;
}
```

```
h1 {
  font-size: 3em;
}
```

`index.scss` 역시 특별한 내용은 없다. 그러나 SCSS 파일이 정상적으로 동작하는지 확인하기 위해 SCSS의 변수 선언 방식인 `$primary-color: #00de5a;`를 추가했다.

마지막으로 `/public/images/logo.png`를 추가해서 이미지도 삽입한다. 이미지는 정적인 방식으로 HTML에 삽입하는 것이 가장 이상적이지만 이 예제에서는 웹팩이 정상적으로 의존성을 확인해주는지 검증하기 위해 스크립트에서 삽입하겠다.

이제 본격적으로 웹팩 설정 코드를 살펴보자. 일반적으로 웹팩 구성 파일에는 `webpack.config.js`라는 이름을 부여한다.

```
const path = require('path')
const HtmlWebpackPlugin = require('html-webpack-plugin')
const MiniCssExtractPlugin = require('mini-css-extract-plugin')

module.exports = (env, argv) => {
  const isProduction = argv.mode === 'production'

  return {
    entry: './src/index.js',
    output: {
      filename: 'main.js',
      path: path.resolve(__dirname, 'dist'),
    },
    module: {
      rules: [
        {
          test: /\.scss$/,
          use: [isProduction ? MiniCssExtractPlugin.loader : 'style-loader', 'css-loader', 'sass-loader'],
        },
        {
          test: /\.(png|svg|jpg|jpeg|gif)$/i,
          type: 'asset/resource',
```

```
      },
    ],
  },
  plugins: [
    new HtmlWebpackPlugin({
      template: './public/index.html',
      minify: isProduction,
    }),
    new MiniCssExtractPlugin({
      filename: '[name].css',
      chunkFilename: '[id].css',
    }),
  ],
  devServer: {
    static: path.resolve(__dirname, 'dist'),
    compress: true,
    port: 9000,
    open: true,
  },
  mode: isProduction ? 'production' : 'development',
  }
}
```

코드가 꽤 길기 때문에 먼저 부분별로 살펴보자.

```
// 설정 본체 함수
module.exports = (env, argv) => {
  // ..
}
```

웹팩이나 뒤이어 설명할 롤업, 기타 여러 라이브러리의 구성 파일은 자바스크립트 파일로 작성하는 것이 일반적이다. 요즘에 나오는 최신 프레임워크나 라이브러리의 경우 `.ts`, `.mjs` 등을 지원하는 경우가 있지만 대부분의 경우 `.js`를 사용한다. 그리고 CommonJS의 `module.exports` 구문을 사용해 웹팩 라이브러리 형식에 맞는 설정을 반환하는 함수를 내보낸다.

이제 본격적으로 함수 본체를 살펴보자.

```
module.exports = (env, argv) => {
  const isProduction = argv.mode === 'production'
}
```

여기서 볼 수 있는 인수는 두 가지인데, 하나는 env이며 다른 하나는 argv다. env는 웹팩이 실행될 때 읽을 수 있는 환경변수를 의미한다. webpack --env NODE_ENV=production과 같은 형태로 환경변수를 지정하는 것이 가능하다. argv는 명령줄 인수를 의미하며, webpack --mode=production과 같은 형태로 지정할 수 있다. 여기서는 argv.mode, 즉 명령줄 인수의 mode가 production으로 전달되면 isProduction을 true로 설정한다는 것을 의미한다. 이 값은 뒤이어서 사용한다.

```
entry: './src/index.js',
```

웹팩 의존성 그래프를 그리는 최초 진입점을 의미한다. 여기에서는 ./src/index.js다.

```
output: {
  filename: 'main.js',
  path: path.resolve(__dirname, 'dist'),
},
```

웹팩이 만드는 결과물이 생성되는 위치다. 파일명은 main.js이며 현재 스크립트 파일의 디렉터리 경로를 기준으로 dist 폴더에 생성한다는 것을 의미한다.

그다음으로 여러 유형의 파일을 어떻게 처리할 것인지 나타내는 module 필드에 달아보자. 일반적으로 module 필드에는 rules를 선언해 각 파일을 어떻게 처리할지 나타낸다.

```
module: {
  rules: [
    {
      test: /\.scss$/,
      use: [
        isProduction ? MiniCssExtractPlugin.loader : 'style-loader',
        'css-loader',
        'sass-loader',
      ],
    },
    {
```

```
        test: /\.(png|svg|jpg|jpeg|gif)$/i,
        type: 'asset/resource',
      },
    ],
  },
```

첫 번째 규칙은 SCSS 파일을 처리하는 것과 관련된 것이다. `use`에 선언돼 있는 로더는 배열의 뒤측부터 적용되며, 가장 먼저 SCSS를 읽기 위해 `sass-loader`가 사용된다. 이 `sass-loader`는 SCSS를 읽어 CSS로 변환하는 역할을 한다. 그다음으로 `css-loader`는 CSS를 자바스크립트 모듈로 만들고 로드한다. 마지막으로 중요한 것이 `isProduction ? MiniCssExtractPlugin.loader : 'style-loader'`다. 여기서는 프로덕션 모드일 때와 아닐 때의 차이점을 볼 수 있는데, 프로덕션 모드라면 `MiniCssExtractPlugin`을, 그게 아니라면 `style-loader`를 사용하게끔 구성했다. 앞서 언급했듯이, `MiniCssExtractPlugin`은 스타일을 별도의 파일로 추출해서 HTML에 삽입하는 방식이고, `style-loader`는 자바스크립트로 스타일을 동적으로 삽입하는 방식이다. 개발 환경의 경우 실시간으로 스타일이 반영되는 것이 중요하므로 `style-loader`를 사용했고, 완전히 완성된 프로덕션 모드에서는 잦은 변경이 필요치 않으므로 브라우저 성능에 유리한 HTML 삽입 방식을 택했다.

이러한 스타일 삽입 방식은 Next.js에서도 동일하게 사용하고 있다.[38]

두 번째 규칙은 이미지를 위한 규칙으로, 이 이미지는 웹팩 5에서 새롭게 추가된 `asset/resource`[39]를 통해 읽어오고 있다. 정적 파일을 읽어 오기 위해 사용 가능한 값은 다음과 같다.

- `asset/resource`는 별도의 파일을 내보내고 URL을 추출한다.
- `asset/inline`은 애셋의 data URI를 내보낸다.
- `asset/source`는 애셋의 소스코드 그 자체를 내보낸다.
- `asset`은 `asset/resource`, `asset/inline` 중 하나를 선택한다.

다음은 웹팩에 추가 기능을 부여할 수 있는 플러그인 필드다.

```
  plugins: [
    new HtmlWebpackPlugin({
      template: './public/index.html',
```

---

[38] https://github.com/vercel/next.js/blob/1441a353a9ac3184403fe77e7c9f5ae254b9afba/packages/next/src/client/index.tsx#L662
[39] https://webpack.kr/guides/asset-modules/

```
      minify: isProduction,
    }),
    new MiniCssExtractPlugin({
      filename: '[name].css',
      chunkFilename: '[id].css',
    }),
  ],
```

`HtmlWebpackPlugin`은 앞에서 소개했던 것처럼 HTML을 의존성 그래프에 추가하기 위한 플러그인으로, HTML을 압축하는 `minify` 옵션은 프로덕션 환경에서만 활성화되도록 설정했다. 두 번째로는 `MiniCssExtractPlugin`으로, `filename`과 `chunkFilename`을 각각 설정했다. 전자는 CSS 파일을 설정하며, 후자는 CSS 파일이 커지는 경우 분할되어 생성되는 청크 파일 이름을 나타낸다.

다음으로 `devServer`는 개발 환경을 위한 옵션으로 웹팩 기반 서비스의 HMR을 지원하기 위해 설정했다.

```
  devServer: {
    static: path.resolve(__dirname, 'dist'),
    compress: true,
    port: 9000,
    open: true,
  },
```

여기서는 파일을 생성해야 하는 위치, 압축 여부, 포트 번호, 실행 시 브라우저를 자동으로 열지를 설정했다.

마지막으로 `mode` 값을 설정했다.

```
  mode: isProduction ? 'production' : 'development',
```

`mode`는 앞서 6.2.2.6절 'mode'에서 소개한 것처럼 웹팩의 기본 동작에 많은 영향을 미치므로 상황에 따라 올바른 값을 설정해두는 것이 좋다.

6.2.4 정리

지금까지 웹팩이란 무엇이고, 어떻게 동작하며, 또 웹팩 생태계에는 어떠한 기능이 있는지 살펴봤다. 최근 들어 웹팩을 대체하기 위한 여러 번들러가 있지만 여전히 웹팩은 주요 프레임워크에서 자주 사용되는 번들러로 자리매김하고 있다. 대부분의 프레임워크가 웹팩을 사용하는 만큼, 서비스 개발을 자주하는 개발자라면 웹팩이 동작하는 방식과 원리를 알아두는 것이 좋다. 이번 절에서 다 다룰 수 없을 만큼 웹팩은 다양한 기능을 제공하며, 유용한 기능들은 대부분 프레임워크에 내장돼 있지만 조금 더 섬세한 기능 제어가 필요하다면 웹팩 문서를 한 번쯤 둘러보는 것이 좋다.[40]

6.3 패키지 번들의 선두주자, 롤업

이번 절에서는 자바스크립트 생태계에서 오랜 기간 사랑받아 온 또 다른 번들러인 롤업(Rollup)에 대해 살펴본다. 롤업은 자바스크립트를 비롯한 다양한 리소스 파일을 하나 이상의 번들 파일로 묶는 데 중점을 둔 도구로, 코드 최적화와 효율적인 번들링에 특화돼 있다. 특히 ES 모듈(ESM)을 기본적으로 지원하도록 설계되어 현대적인 자바스크립트 프로젝트에서 매우 유용하게 활용된다.

웹팩과 마찬가지로 롤업은 오랜 역사를 가진 번들러로, 많은 개발자로부터 활용되면서 안정성과 신뢰성을 겸비했다. 또한 트리 셰이킹 기능이 강력해서 사용하지 않는 코드를 제거함으로써 최종 번들의 크기를 줄이는 데 탁월하다. 이는 특히 라이브러리 제작이나 경량화가 중요한 프로젝트에서 널리 채택되는 이유 중 하나다.

이번 절에서는 롤업이 무엇이고, 다른 번들러와 어떤 점이 다른지, 그리고 롤업을 실무에서 어떻게 활용할 수 있는지 간단히 살펴본다. 롤업의 세계를 탐험하며 이 도구가 제공하는 강력한 기능을 만나보자.

6.3.1 롤업의 등장 배경과 소개

앞에서 살펴본 웹팩에 대해 다시 한번 복습해보자. 웹팩은 공식 홈페이지의 첫 화면에서도 알 수 있듯이 자바스크립트와 HTML을 기반으로 하나의 웹페이지를 만드는 데 필요한 번들러 역할을 위해 만들어졌다.

---

[40] https://webpack.kr/concepts/

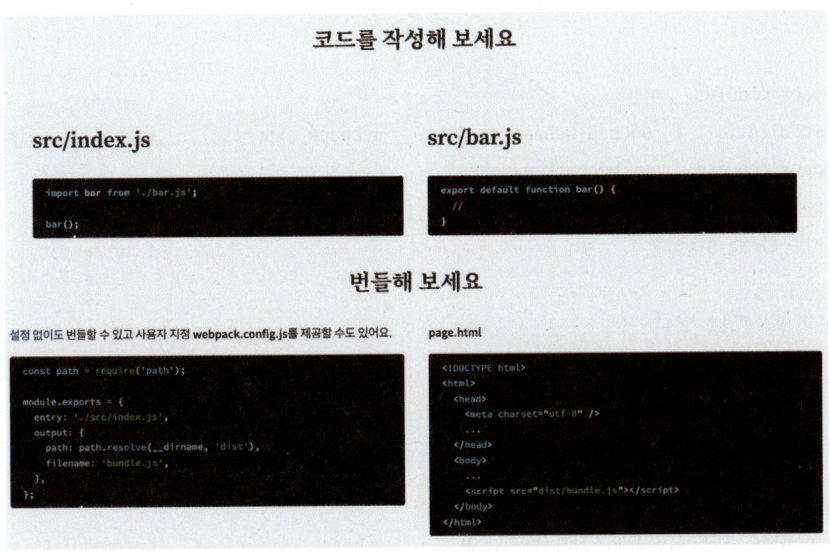

그림 6.11 웹팩 한국어 홈페이지의 첫 화면

웹팩이 만들어진 배경에는 2012년 당시 떠오르던 단일 페이지 애플리케이션을 효과적으로 빌드하고 싶다는 개발자들의 필요성이 있었다. 이와 더불어 코드 분할 기능을 통해 코드를 개발자의 취향에 따라 분할해서 로드할 수 있게 해줬고, CSS나 이미지 같은 정적 자원을 의존성 그래프에 포함시키는 것을 도와줌으로써 자바스크립트가 아닌 파일을 효과적으로 웹서비스의 결과물에 포함시킬 수 있게 됐다.

그렇다면 롤업은 왜 만들어졌을까? 롤업이 처음 제안된 2015년으로 거슬러 올라가보자. 2015년은 자바스크립트 개발자들에게는 너무나 익숙한 연도로, ES2015, 즉 ES6가 처음 제안되어 세상 밖으로 나왔던 시기다. 이 당시 ES6에서 가장 관심을 끌었던 내용은 바로 새로운 모듈 시스템인 ESModule의 등장이다. 이제까지의 번들러들은 주로 CommonJS 모듈 시스템을 기반으로 동작했다. 웹팩도 다르지 않았다. 다음 예제는 웹팩으로 서비스 코드를 빌드한 모습이다.

```javascript
// src/moduleA.js
export const greet = () => {
  console.log('Hello from module A')
}

// src/moduleB.js
import {greet} from './moduleA'

greet()
```

```js
// dist/bundle.js
;(() => {
  var __webpack_modules__ = {
    './src/moduleA.js': (__unused_webpack_module, __webpack_exports__, __webpack_require__) => {
      __webpack_require__.r(__webpack_exports__)
      __webpack_require__.d(__webpack_exports__, {
        greet: () => greet,
      })
      const greet = () => {
        console.log('Hello from module A')
      }
    },
    './src/moduleB.js': (__unused_webpack_module, __webpack_exports__, __webpack_require__) => {
      __webpack_require__.r(__webpack_exports__)
      var _moduleA__WEBPACK_IMPORTED_MODULE_0__ = __webpack_require__('./src/moduleA.js')
      ;(0, _moduleA__WEBPACK_IMPORTED_MODULE_0__.greet)()
    },
  }

  var __webpack_module_cache__ = {}

  function __webpack_require__(moduleId) {
    var cachedModule = __webpack_module_cache__[moduleId]
    if (cachedModule !== undefined) {
      return cachedModule.exports
    }
    var module = (__webpack_module_cache__[moduleId] = {
      exports: {},
    })

    __webpack_modules__[moduleId](module, module.exports, __webpack_require__)

    return module.exports
  }

  ;(() => {
    __webpack_require__('./src/moduleB.js')
  })()
})()
```

앞서 4.2절 'CommonJS란 무엇일까?'에서 다룬 CommonJS의 특징을 떠올려보자. CommonJS는 동기적으로 모듈을 로딩하기 때문에 전체 자바스크립트 로드 시간이 길어질 수 있다. 그뿐만 아니라 각 모듈을 함수로 감싸고 평가해야 하는 방식은 불필요한 오버헤드를 초래하고, 트리 셰이킹이 어려우며, 정적 분석이 매우 어렵다는 단점이 있다고 설명했다. 이는 CommonJS를 기반으로 하는 웹팩도 동일한 문제를 가지고 있다는 것을 뜻한다.

웹팩 결과물을 보면 `__webpack_modules__`와 `__webpack_require__`의 존재를 각각 확인할 수 있다. `__webpack_modules__`는 하나의 거대한 객체로서, 파일명을 키로 사용하며, 함수는 모듈 내용을 포함하고 있다. 그리고 `__webpack_require__`는 `__webpack_modules__` 객체를 사용해 `moduleId`를 인수로 받아 해당 모듈을 평가하고, 캐시된 모듈이 있으면 이를 반환하는 구조다. 결국 웹팩의 이러한 번들 방식은 모듈의 개수가 많아질수록 CommonJS의 단점은 더욱 부각된다. 이러한 웹팩의 구조적 한계(실제로 웹팩은 5.x 버전이 돼서야 ESModule에서 제공하는 스펙을 완벽하게 지원했다)를 극복하고자 롤업은 이와는 다른 방식으로 설계됐다.

롤업은 ES2015의 ESModule을 기반으로 가능한 한 자바스크립트 번들을 평탄하게 만드는 것이 목표였다. 모든 코드를 하나씩 모듈화하는 대신, 같은 장소에 배치해서 하나의 코드 덩어리로 만들어 더욱 쉽고 간단하게 실행되게 만들었다. 다음은 앞서 웹팩으로 빌드한 코드를 롤업으로 똑같이 만든 모습이다.[41]

```
const greet = () => {
  console.log('Hello from module A')
}

greet()
```

웹팩보다 훨씬 더 간결해졌으며, 코드의 가독성도 한층 높아졌다. 물론 이러한 방식이 장점만 있는 것은 아니다. 여러 모듈로 분할돼 있어 코드 분할이나 HMR이 훨씬 더 용이했던 웹팩과는 다르게, 롤업은 일단은 하나만 만들어버리기 때문에 앞선 두 작업이 훨씬 더 복잡하다(이는 초기에 롤업이 만들어졌던 당시 기준이며, 현재는 가능하다). 웹팩과 롤업의 차이를 요약하면, 웹팩은 코드 분할, HMR 등이 중요한 웹 애플리케이션을 만드는 데 더 적합하며, 롤업은 하나의 목적을 가진 여러 코드를 다른 개발자나 웹서비스에 제공하기 위한 라이브러리(패키지)에 더 적합하다고 볼 수 있다.

---

[41] https://bit.ly/rumodule

지금까지 롤업이 처음 만들어졌을 당시의 자바스크립트 번들링 생태계에 대해 간단히 이야기했다. 처음 롤업이 등장했던 10년 전과는 다르게 지금은 상황이 많이 달라졌다. ESModule이 웹 생태계를 점점 잠식하고 있는 와중에, 웹팩은 ESModule을 제대로 지원하기 시작하면서 여전히 애플리케이션 번들에서 두각을 나타내고 있다. 그리고 롤업은 과거와 달리 코드 분할과 개발자 경험을 위한 HMR을 원활히 지원하고 있으며, 이를 바탕으로 점차 라이브러리를 넘어 웹 애플리케이션도 롤업으로 번들링하고 있는 추세다.

자바스크립트를 번들링한다는 큰 목적은 웹팩과 롤업이 모두 동일하지만 두 라이브러리가 추구하는 바는 사뭇 다르다는 것을 확인할 수 있었을 것이다. 그럼 지금부터 본격적으로 롤업에서 다루는 기본 개념과 특징을 살펴보자.

6.3.2 롤업의 기본 개념과 특징

지금부터 본격적으로 롤업에 대해 파헤쳐보자. 롤업을 본격적으로 사용하기에 앞서 롤업에서 언급되는 기본적인 개념과 특징을 파악해 본다면 롤업을 기반으로 한결 더 자연스럽게 코드를 작성할 수 있을 것이다.

6.3.2.1 ESModule 기반 모듈 번들링

롤업은 자바스크립트 모듈 번들러로서 ESModule을 효율적으로 번들링하는 데 초점을 두고 있다. ESModule을 기반으로 하기 때문에 정적으로 모듈 분석을 수행하는 것이 가능하며, 이를 토대로 트리 셰이킹과 같은 기법을 사용하는 것이 가능하다. 그리고 앞선 예제에서 본 것처럼 모든 모듈을 평탄화해서 하나의 큰 코드로 만들어 기존 모듈 시스템이 가지고 있는 모듈 오버헤드를 최소화한다.

6.3.2.2 여러 형태의 번들 형태 지원

단순히 웹 브라우저에서 실행되기 위한 번들을 만드는 데 목적을 둔 웹팩과는 다르게, 롤업은 자바스크립트 라이브러리를 만드는 것을 지원하는 데 초점을 둔 만큼 번들 결과물을 다양한 형태로 만들 수 있다는 특징이 있다. 4.1절 '자바스크립트 모듈화의 역사'에서 살펴봤듯이 CommonJS, ESModule 외에도 현재는 잘 사용하지 않는 SystemJS, AMD 같은 다양한 모듈 시스템이 있는데, 이러한 모듈 시스템을 롤업에서는 모두 지원한다. 앞에서 살펴본 다음 예제의 경우

```
const greet = () => {
  console.log('Hello from module A')
}

greet()
```

롤업으로 만들 수 있는 결과물은 아래의 총 6가지에 달한다.

```js
// ESModule
const greet = () => {
  console.log('Hello from module A')
}

greet()
```

```js
// AMD
define(function () {
  'use strict'

  const greet = () => {
    console.log('Hello from module A')
  }

  greet()
})
```

```js
// CommonJS
'use strict'

const greet = () => {
  console.log('Hello from module A')
}

greet()
```

```js
// IIFE
;(function () {
  'use strict'

  const greet = () => {
    console.log('Hello from module A')
  }
```

```
    greet()
})()
```

```
// UMD
;(function (factory) {
  typeof define === 'function' && define.amd ? define(factory) : factory()
})(function () {
  'use strict'

  const greet = () => {
    console.log('Hello from module A')
  }

  greet()
})
```

```
// SystemJS
System.register([], function () {
  'use strict'
  return {
    execute: function () {
      const greet = () => {
        console.log('Hello from module A')
      }

      greet()
    },
  }
})
```

현재 자바스크립트 생태계에서는 대부분 CommonJS와 ESModule의 두 모듈 시스템이 주로 사용되고 있다. 그러나 CommonJS나 ESModule이 아닌 시스템을 지원해야 하거나, 여전히 자바스크립트 생태계는 두 모듈 시스템이 공존하는 과도기 상태이므로 자바스크립트 패키지 제공자로서 다양한 환경을 지원해야 한다면 롤업 사용은 필수적이다.

6.3.2.3 트리 셰이킹

지금은 대부분의 번들러가 트리 셰이킹을 지원하지만 롤업이 처음 등장했을 당시에는 Browserify나 웹팩 모두 트리 셰이킹을 지원하지 않았다(웹팩은 2 버전부터 트리 셰이킹을 지원하기 시작했다). 그러나 롤업은 처음부터 트리 셰이킹을 기본적으로 지원했으며, 이는 개발자들로 하여금 롤업을 선택하게 만드는 커다란 장점으로 작용했다. 트리 셰이킹은 프로그래밍 분야에서 오래 전부터 있던 개념이지만 자바스크립트 생태계에서 유명해진 것은 롤업의 등장 덕분이다.[42]

롤업이 트리 셰이킹을 지원할 수 있었던 가장 큰 이유는 앞에서도 여러 번 설명한 ESModule 기반의 번들러 시스템이었기 때문이다. ESModule은 `import`로 불러온 모듈에 대해 정적으로 분석이 가능하며, 이러한 정적 분석을 바탕으로 어떤 코드가 실제 사용되지 않는지를 빠르게 판단할 수 있어 트리 셰이킹에 매우 용이했다. 롤업은 웹팩과 마찬가지로 빌드하는 시점에 코드베이스의 모듈 간의 의존성 관계를 그래프로 나타내는 의존성 그래프를 그리고, 이를 통해 사용되지 않는 모듈을 탐지해서 트리 셰이킹을 적용했다. 그 결과, 롤업을 거친 번들 파일은 실제 소스코드의 크기보다 훨씬 더 작은 결과물을 만들어낼 수 있게 됐다.

6.3.2.4 주요 필드

본격적으로 롤업 코드를 작성하기에 앞서 롤업 구성 파일에서 작성할 수 있는 주요 필드를 알아보자. 롤업도 마찬가지로 구성 파일을 `rollup.config.js` 같은 형식으로 작성할 수 있으며, 이 구성 파일에 선언된 내용을 바탕으로 결과물을 만들게 된다.

6.3.2.4.2 input

웹팩에 엔트리가 있다면 롤업에는 인풋(`input`)이 있다. 웹팩의 엔트리와 마찬가지로 번들의 시작점을 의미한다. 단순히 하나의 파일일 수도 있으며, 배열을 넣어 여러 개의 파일을 넣을 수도 있고, 객체를 넣어 이름과 파일명을 맵 형태로 넣어줄 수도 있다. 이 결과물은 뒤이어 설명할 아웃풋(`output`)에 반영되며, 문자열이나 배열인 경우 해당 파일명을 기반으로 생성되며, 맵 형태로 넣는 경우 별도 이름을 지정할 수 있다.

다음 예제와 같이 진입점이 단 하나만 있는 경우에는 `input`에 해당 파일의 경로를 작성하면 된다.

```
// rollup.config.js
export default {
  input: 'src/main.js',
  output: {
    // ...
```

---

[42] https://web.dev/articles/reduce-javascript-payloads-with-tree-shaking?hl=ko#go_shake_some_trees

},
}
```

문자열 배열로 선언하면 진입점을 여러 개 선언할 수 있다.

```js
// rollup.config.js
export default {
  input: ['src/main.js', 'src/a.js'],
  output: {
    // ...
  },
}
```

객체 형식으로 지정하는 경우 이후에 설명할 output에 영향을 미칠 수 있다.

```js
// rollup.config.js
export default {
  input: {
    main: 'src/main.js',
    admin: 'src/admin/index.js',
    user_profile: src/user/profile.js',
  },
  output: {
    // ...
  },
}
```

이와 달리 cli 형태로 `rollup --format es --input src/entry1.js --input src/entry2.js`를 사용하는 방법도 있지만 cli를 사용하는 것은 매우 복잡하고 관리하기 어렵기 때문에 잘 사용되지는 않는다.

이와 별개로 롤업 공식 문서에는 다음과 같이 한 가지 흥미로운 input 방식이 있다.[43]

```js
import {globSync} from 'glob'
import path from 'node:path'
import {fileURLToPath} from 'node:url'
```

---

[43] https://rollupjs.org/configuration-options/#input
```

```
export default {
  input: Object.fromEntries(
    globSync('src/**/*.js').map((file) => [
      path.relative('src', file.slice(0, file.length - path.extname(file).length)),
      fileURLToPath(new URL(file, import.meta.url)),
    ]),
  ),
  output: {
    // ...
  },
}
```

이 방식을 사용하면 /src 하위에 있는 모든 파일을 읽어온 다음, /src/와 .js를 제거한다. 예를 들어, /src/main.js가 있다면 main이 되는 방식이다. 그리고 그 값으로는 fileURLToPath(new URL(file, import.meta.url)) 형태로 읽어오는데, 이는 절대 경로를 반환한다. 이렇게 해두면 다음과 같은 형태로 결과물을 확인할 수 있다.

먼저 input 객체의 값을 살펴보자.

```
{
  "main": "/Users/username/works/my-project/src/main.js",
  "utils/helper": "/Users/username/works/my-project/src/utils/helper.js",
  "components/Button": "/Users/username/works/my-project/src/components/Button.js",
  "components/Input": "/Users/username/works/my-project/src/components/Input.js"
}
```

이 input 값은 다음과 같은 디렉터리 구조에서 동작할 예정이다.

```
my-project
└─src
   ├── main.js
   ├── utils
   │   └── helper.js
   └── components
       ├── Button.js
       └── Input.js
```

이제 여기에 앞에서 설명한 `rollup.config.js`로 빌드하면 다음과 같은 결과를 얻을 수 있다.

```
my-project
└─src
   ├── main.js
   ├── utils
   │   └── helper.js
   └── components
       ├── Button.js
       └── Input.js
```

이처럼 src 디렉터리의 내부 구조를 유지한 채로 input의 진입점에 내부의 모든 파일을 객체로 정의해서 빌드하면 개별 파일이 의도치 않게 트리 셰이킹되는 것을 방지하고, 원본 프로젝트의 구조를 그대로 보존할 수 있으며, 각 파일을 독립적으로 번들링할 수 있다는 장점이 있다. 이는 라이브러리 개발이나 큰 프로젝트의 모듈 시스템을 변경할 때 효과적이다.

> **fileURLToPath(import.meta.url)는 어떤 역할인가요?**
>
> `fileURLToPath(import.meta.url)`는 ESModule 환경에서 현재 모듈의 경로를 얻는 데 사용되는 코드다. 먼저 `import.meta.url`은 4.3절 'ESModule이란 무엇일까?'에서 소개한 것처럼 현재 모듈의 URL을 가져오는 데 사용된다. `fileURLToPath()`는 인수로 받은 URL의 파일 시스템 경로로 변환하는 함수다.
>
> 즉, 두 코드를 조합하면 현재 환경에서 현재 모듈의 파일 시스템 경로를 반환한다는 것을 알 수 있다. 이는 수로 현재 모듈의 디렉터리 경로를 얻거나 상대 경로를 활용할 때 기준점으로 사용할 수 있다.

6.3.2.4.2 external

external 필드는 번들링 시 외부 의존성을 명시하는 데 사용되는 필드다. external은 배열이나 함수를 값으로 받으며 반환 받은 값은 번들링에 포함시키지 않는다. 다음 예제를 보자.

```js
import {shuffle} from 'lodash-es'

const array = [1, 2, 3, 4, 5]
return shuffle(array)

export default {
  input: 'index.js',
```

```
  output: {
    file: 'dist/bundle.js',
    format: 'esm',
  },
  external: [''],
}
```

현재 external 필드에는 아무것도 존재하지 않는다. 이러한 상태로 빌드를 시도하면 다음과 같은 메시지가 나온다.

```
rollup -c index.js → dist/index.js... (!) Unresolved dependencies https://rollupjs.org/trouble-
shooting/#warning-treating-module-as-external-dependency lodash/shuffle (imported by "index.js")
created dist/index.js in 66ms
```

이러한 경고가 나오는 이유는 롤업은 오로지 **상대 경로로 선언된 모듈 ID 만 해석하기 때문**이다. 여기서 선택할 수 있는 옵션은 크게 두 가지다. 즉, 상대 경로로 해석할 수 없는 node_modules 내부의 패키지 또는 Node.js의 내장 모듈을 다음과 같이 처리할 수 있다.

- 해당 모듈을 어떤 방식으로 찾아가는지 알려주는 플러그인을 설치해서 번들링에 포함시키는 방법
- 외부에서 주입되는 모듈로 선언하는 법

만약 전자로 처리한다고 가정해보자. 그렇다면 빌드 결과물은 다음과 같이 나오게 될 것이다.

```
/** Detect free variable `global` from Node.js. */
var freeGlobal = typeof global == 'object' && global && global.Object === Object && global

/** Detect free variable `self`. */
var freeSelf = typeof self == 'object' && self && self.Object === Object && self

/** Used as a reference to the global object. */
var root = freeGlobal || freeSelf || Function('return this')()

// ...... 중략 ......

/**
 * A specialized version of `_.shuffle` for arrays.
```

```
 *
 * @private
 * @param {Array} array The array to shuffle.
 * @returns {Array} Returns the new shuffled array.
 */
function arrayShuffle(array) {
  return shuffleSelf(copyArray(array))
}

/**
 * The base implementation of `_.shuffle`.
 *
 * @private
 * @param {Array|Object} collection The collection to shuffle.
 * @returns {Array} Returns the new shuffled array.
 */
function baseShuffle(collection) {
  return shuffleSelf(values(collection))
}

/**
 * Creates an array of shuffled values, using a version of the
 * [Fisher-Yates shuffle](https://en.wikipedia.org/wiki/Fisher-Yates_shuffle).
 *
 * @static
 * @memberOf _
 * @since 0.1.0
 * @category Collection
 * @param {Array|Object} collection The collection to shuffle.
 * @returns {Array} Returns the new shuffled array.
 * @example
 *
 * _.shuffle([1, 2, 3, 4]);
 * // => [4, 1, 3, 2]
 */
function shuffle(collection) {
  var func = isArray(collection) ? arrayShuffle : baseShuffle
  return func(collection)
}
```

```
const array = [1, 2, 3, 4, 5]
return shuffle(array)
```

lodash-es의 shuffle 구현에 필요한 모든 내용이 번들에 포함되어 번들 크기가 엄청나게 커진 것을 볼 수 있다. 만약 패키지를 사용하는 쪽에서 이미 lodash-es를 설치해서 사용하고 있고, 거기에 추가로 우리가 만든 번들을 불러와서 사용한다고 가정해보자. 사용자의 node_modules에는 lodash-es의 shuffle에 필요한 코드가 두 벌이 포함될 것이다. 또 만약 shuffle에 버그가 있거나 보안 취약점이 있어서 버전업을 해야 하는 상황이라고 가정해보자. 이렇게 코드 자체가 번들에 포함돼 있는 경우에는 그때마다 번들을 새롭게 만들어야 배포해야 하는 불편함이 생길 것이다.

이럴 때 사용할 수 있는 필드가 바로 external이다. external 내부에 선언돼 있는 모듈은 외부에서 주입한다고 간주되어 번들에 포함되지 않는다. 대신 결과물의 방식(CommonJS, ESModule, IIFE 등)에 맞게 외부에서 주입되는 형태의 코드로 작성된다. 앞의 코드를 다음과 같이 수정하고 빌드해보자.

```
export default {
  input: "index.js",
  output: {
    file: "dist/index.js",
    format: "esm",
  },
  external: ["lodash-es"]
```

```
// dist/index.js
import {shuffle} from 'lodash-es'

const array = [1, 2, 3, 4, 5]
return shuffle(array)
```

esm, 즉 ESModule에 맞는 방식인 import 구문으로 처리된 것을 볼 수 있다. 이렇게 하면 해당 패키지는 사용하는 측의 node_modules에 lodash-es가 있다는 가정하에 처리가 된다. 그렇다면 사용하는 측에 lodash-es를 어떻게든 설치하게 만들려면 어떻게 해야 할까? 바로 package.json의 dependencies를 이용하는 것이다. dependencies 내부에 선언돼 있는 필드는 해당 패키지를 설치할 때 무조건 함께 설치되므로 external로 선언돼 있는 필드를 처리하는 데 효과적이다.

그렇다면 dependencies의 내용을 external 필드에 그대로 가져다 써도 되는 것일까? 자바스크립트 패키지를 만든다면 대체로 그렇다고 볼 수 있다.

```
pie / packages / rollup / src / index.ts
 66  export function generateRollupConfig({
185      ]
186        : []),
187      ...(minify ? [terser()] : []),
188      ...extraPlugins,
189      preserveDirectives(),
190    ]
191
192    return {
193      input,
194      output,
195      plugins,
196      external: [
197        ...Object.keys(packageJSON?.dependencies || []),
198        ...Object.keys(packageJSON?.peerDependencies || []),
199        ...builtins,
200        ...(react && react.runtime === 'automatic' ? ['react/jsx-runtime'] : []),
201      ],
202    }
203  })
204  }
```

그림 6.12 네이버 페이에서 개발하는 pie[44]의 코드

```
slash / configs / rollup / src / index.js
  9  exports.generateRollupConfig = function generateRollupConfig({ packageDir }) {
 14    }
 15
 16    const entrypoints = Object.keys(packageJSON.exports).filter(x => x !== './pa
 17
 18    const external = pkg => {
 19      const dependencies = Object.keys(packageJSON.dependencies || {});
 20      const peerDependencies = Object.keys(packageJSON.peerDependencies || {});
 21      const externals = [...dependencies, ...peerDependencies, ...builtins];
 22
 23      return externals.some(externalPkg => {
 24        return pkg.startsWith(externalPkg);
 25      });
 26    };
 27
```

그림 6.13 토스에서 개발하는 slash[45]의 코드

---

44 https://github.com/NaverPayDev/pie/blob/5cbc2f231af4d8fb7896286e1ed3833b69b371db/packages/rollup/src/index.ts#L196-L201
45 https://github.com/toss/slash/blob/2eccb0610c57a6d3913cebedc8fe6f16a87ff340/configs/rollup/src/index.js#L18-L26

pie와 slash 모두 `external` 내부 필드로 패키지 관리자가 설치해줄 것으로 기대하는 `package.json`의 `dependencies`와 `peerDependencies`를 공통적으로 선언해 둔 것을 볼 수 있다.

이처럼 패키지 관리자가 설치해서 `node_modules`에 있을 것으로 기대하는 모듈이나 jQuery와 같이 `window` 등 전역 변수에서 이미 선언돼 있는 필드를 바라볼 목적으로 번들에 포함시키지 않고 싶다면 `external` 필드를 사용하는 것이 좋다.

`peerDependencies`를 제외하는 방법으로는 `rollup-plugin-peer-deps-external`[46]이라는 플러그인을 사용하는 방법도 있다. 플러그인의 사용법은 뒤이어서 다룬다.

6.3.2.4.3 output

`output`은 웹팩과 마찬가지로 번들된 결과물을 어떻게 만들지 나타내는 필드다. 웹팩과 유사한 점도 있지만 몇 가지 차이점이 있다. 다음은 `output`에서 사용할 수 있는 주요 옵션이다.

6.3.2.4.3.1 output.file

`input`과 함께 사용되는 `output`은 `input`으로 받은 파일을 어떤 식으로 내보낼지 결정할 수 있는 필드다. 이 필드는 다음과 같이 다양한 방식으로 사용할 수 있다.

```js
// rollup.config.js
export default {
  input: 'src/main.js',
  output: {
    file: 'dist/bundle.js',
    format: 'esm',
  },
}
```

`file` 필드를 사용하면 결과물을 하나의 파일로 지정해서 만들 수 있다.

6.3.2.4.3.2 output.dir

```js
export default {
  input: ['src/main.js', 'src/a.js'],
  output: {
    dir: 'dist',
```

---

[46] https://github.com/pmowrer/rollup-plugin-peer-deps-external#readme

```
    format: 'cjs',
  },
}
```

input이 배열 등으로 다중 진입점으로 만들어졌다면 output에 dir을 사용해 폴더를 지정할 수 있다.

6.3.2.4.3.3 output.name

```
export default {
  input: 'src/main.js',
  output: {
    file: 'dist/bundle.js',
    format: 'umd',
    name: 'MyLibrary',
  },
}
```

output의 name은 오직 umd와 iife에서만 사용할 수 있는 특별한 필드다. 먼저 브라우저, CommonJS, AMD의 세 가지 방식을 지원하기 위해서 만들어진 UMD에서는 해당 결과물을 담을 수 있는 전역 변수를 지정할 수 있다. UMD 형식에서는 다음과 같은 결과물이 만들어진다.

```
;(function (global, factory) {
  typeof exports === 'object' && typeof module !== 'undefined'
    ? (module.exports = factory())
    : typeof define === 'function' && define.amd
      ? define(factory)
      : ((global = typeof globalThis !== 'undefined' ? globalThis : global || self),
(global.MyLibrary = factory()))
})(this, function () {
  'use strict'
  // 번들링된 코드
})
```

얼핏 보면 복잡해 보이는 코드지만 하나씩 차근차근 뜯어보면 그다지 어렵지 않은 내용을 담고 있다. 하나씩 살펴보자.

1. 즉시 실행 함수를 선언하며 global과 factory를 인수로 받는다. 이 값이 각각 무엇을 가리키는지는 뒤이어 설명한다.

2. typeof exports === 'object' && typeof module !== 'undefined' ? module.exports = factory(): CommonJS 환경인지 확인한다. module과 exports가 지정되어 사용 중일 것이다. 만약 CommonJS 환경인 것이 확인되면 factory 함수의 실행 결과를 넣는다.

3. typeof define === 'function' && define.amd ? define(factory): RequireJS와 같은 AMD 환경인지 확인한다. 만약 AMD 환경이라면 define을 사용해 factory 함수를 넘긴다.

4. (global = typeof globalThis !== 'undefined' ? globalThis : global || self, global.MyLibrary = factory());: 이도 저도 확인이 안 되면 globalThis(자바스크립트의 표준화된 전역 객체), global(Node.js), self(웹 워커)를 순차적으로 확인해 전역 변수를 찾는다. 그리고 이 전역 변수에는 앞서 선언한 name인 MyLibrary를 사용해 factory() 함수의 실행 결과를 넣는다.

5. 마지막으로 즉시 실행 함수를 실행하는데, 여기서 global과 factory 인수의 정체가 여기서 밝혀진다. this는 전역 객체를 의미하며, factory는 앞서 번들링을 통해 만들어진 코드 결과물이 들어가게 된다.

즉, `name`은 브라우저, 워커, Node.js 같은 환경에서 번들된 코드의 결괏값을 넣기 위한 전역 변수를 지정하는 값이다.

`format`을 iife로 지정해도 동일한 결과물을 확인할 수 있다.

```javascript
var MyLibrary = (function () {
  'use strict'

  var exports = {}

  function someFunction() {
    // ...
  }

  exports.someFunction = someFunction

  return exports
})()

MyLibrary.someFunction() // ...
```

iife를 포맷으로 지정하는 경우 `MyLibrary`라는 `name`으로 지정한 변수명을 설정하는 것을 볼 수 있다. 이 함수 본체에서는 `exports`를 반환하는데, 이 `exports`에는 앞서 번들링으로 포함한 함수나 변수가 포함돼 있을 것이다.

6.3.2.4.3.4 output.globals

이와 비슷하게 UMD와 IIFE에서만 사용할 수 있는 옵션이 또 하나 있는데, 바로 `output.globals`다. 앞서 `name`이 특정 변수에 번들링된 결과를 넣는 구조라면, 반대로 `globals`는 번들의 특정 내용이 외부에 있다는 가정하에 번들링에 사용된다. 이는 주로 브라우저 환경에서 `<script/>`로 로드된 라이브러리를 참조할 때 유용하다. 대표적인 예로 `<script>`로 불러오는 jQuery가 있다. jQuery의 경우 `$` 변수에 jQuery 객체를 할당해서 사용한다. 따라서 번들링된 파일에서는 `jQuery`를 `$`를 통해 참조해야 한다. 이 경우 `output`의 `globals`를 다음과 같이 사용할 수 있다.

```js
export default {
  input: 'src/main.js',
  external: ['jquery', 'lodash'],
  output: {
    file: 'bundle.js',
    format: 'iife',
    name: 'MyApp',
    globals: {
      jquery: '$',
      lodash: '_',
    },
  },
}
```

위와 같은 설정으로 다음 파일을 번들링한다고 가정해보자.

```js
// src/main.js
import $ from 'jquery'
import {sum} from 'lodash'

export function init() {
  $('#app').text('Total: ' + sum([1, 2, 3]))
}
```

결과로 만들어지는 파일은 다음과 같다.

```js
// dist/bundle.js
var MyApp = (function ($, _) {
  'use strict'

  function init() {
    $('#app').text('Total: ' + _.sum([1, 2, 3]))
  }

  return {init: init}
})($, _)
```

iife 형태에 대해서는 앞에서 설명했으니 생략하고, 인수로는 외부에 선언돼 있다고 가정한 $와 _가 각각 넘어간 것을 확인할 수 있다. 이 번들을 실행하기 위해서는 다음과 같은 HTML 문서가 필요하다.

```html
<script src="https://code.jquery.com/jquery-3.6.0.min.js"></script>
<script src="https://cdn.jsdelivr.net/npm/lodash@4.17.21/lodash.min.js"></script>
<script src="dist/bundle.js"></script>
<script>
  MyApp.init()
</script>
```

위 두 스크립트에서는 각각 $에 _가 초기화할 것이고, 롤업으로 만든 번들 dist/bundle.js를 토대로 MyApp 전역 변수의 init을 사용할 수 있게 된다.

이러한 방식은 external과 비슷하게 외부 의존성을 사용하므로 번들의 크기를 줄일 수 있고, package.json의 dependencies와 마찬가지로 이미 설치된 라이브러리를 재사용할 수 있다는 장점도 있다. 그러나 반대로 전역 네임스페이스의 오염이 있으며, 의존성 관리가 패키지 관리자로 자동으로 이뤄지는 dependencies와는 다르게 일일이 수동으로 관리해야 한다는 점 때문에 최근 들어서는 거의 사용되지 않는 방식이다.

6.3.2.4.3.5 output.format

format 필드는 롤업의 결과물을 어떤 모듈 시스템에 맞춰 만들지를 결정하는 필드다. 6.3.2.2절 '여러 형태의 번들 형태 지원'에서 소개한 대로 지원하는 필드는 다음과 같다.

- amd
- cjs, commonjs
- es, esm, module
- iife
- umd
- system, systemjs

6.3.2.4.4 output.plugins

`output.plugins` 필드는 뒤이어 설명할 `plugins`와는 달리, 오로지 결과물에만 영향을 미치는 플러그인을 의미한다. 이 옵션에서는 번들링 프로세스를 만드는 과정에서만 실행되는 플러그인을 지정할 수 있다. 결과물에 대해 추가적인 처리가 필요하거나 변형이 필요할 때 혹은 출력에 앞서 특정한 작업을 수행하기 위한 목적으로 만들어졌다.

사실 `output.plugins`에서 선언하는 플러그인은 `plugins`에서도 사용 가능하다. `output.plugins`를 사용하기 위해서는 먼저 롤업의 훅(hook) 개념을 이해해야 한다. 훅이란 번들링 프로세스의 다양한 단계에서 사용자가 원하는 로직을 실행할 수 있도록 도와주는 기능이다. 이를 토대로 롤업을 사용하는 개발자는 롤업 프로세스 중간에 원하는 기능을 수행할 수 있다. 롤업의 번들링 결과물을 만드는 과정에서 실행되는 훅은 그림 6.14와 같다.

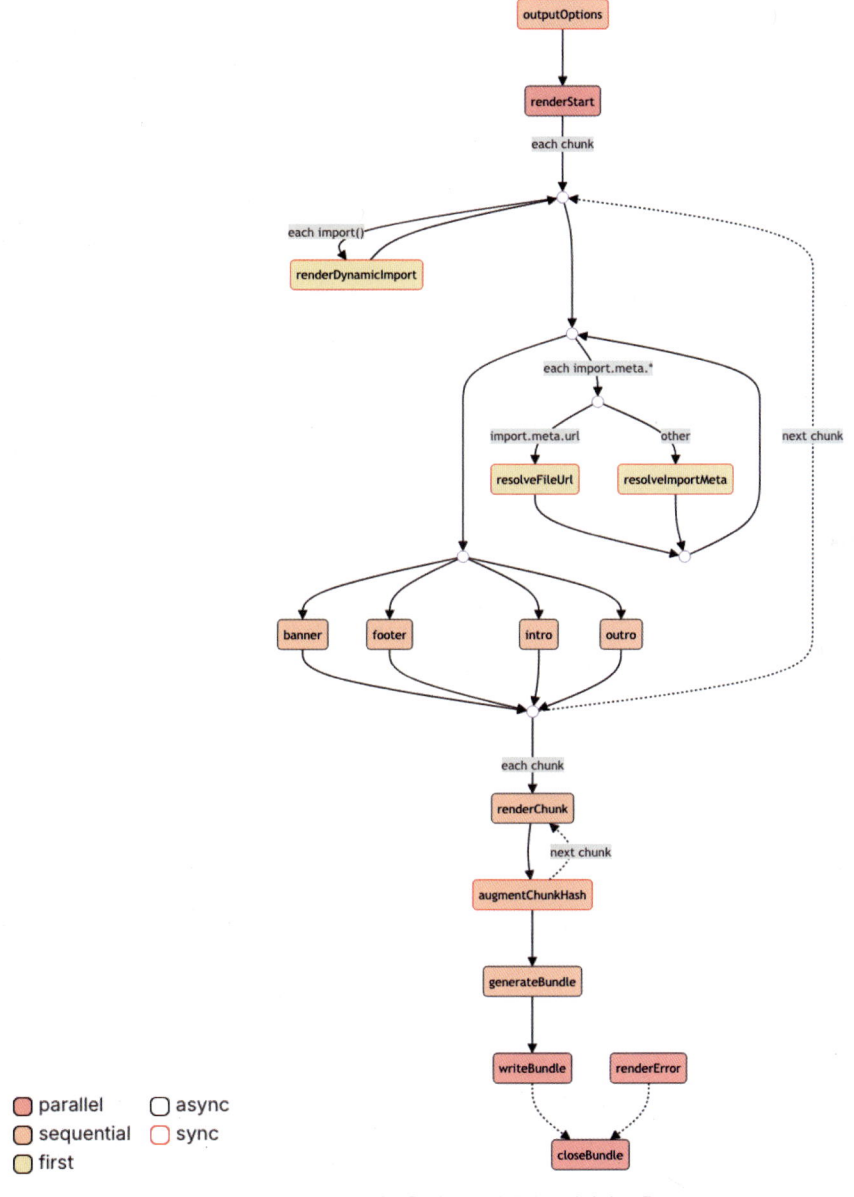

그림 6.14 롤업 번들 결과물을 만드는 과정에서 실행되는 훅 종류

이 훅들 중 output.plugins에서 사용될 수 있는 훅은 renderStart, banner, footer, intro, outro, renderChunk, generateBundle, writeBundle, closeBundle이다. 즉, output.plugins에서 사용되는 플러그인은 결과물을 만들어내는 프로세스 중간에 실행할 수 있다는 것을 의미한다.

> 📄 각 훅은 정확히 언제 실행되는 건가요?
>
> - `renderStart`: 출력 생성이 시작될 때 호출된다.
> - `banner`: 번들 파일의 시작 부분에 코드를 추가한다. 주로 라이선스 정보나 빌드 정보를 추가할 때 사용한다.
> - `footer`: 번들 파일의 끝 부분에 코드를 추가한다. 추가적인 정보 혹은 마무리 코드를 넣을 때 사용된다.
> - `intro`: 번들의 내용 직전에 코드를 추가한다. `banner`와 실제 코드 사이에 위치하며, 초기화 코드나 전역 변수를 설정하는 데 사용한다.
> - `outro`: 번들의 내용 직후에 코드를 추가한다. 실제 코드와 `footer` 사이에 위치하며, 정리용 코드나 최종 실행 코드를 넣는 용도로 사용된다.
> - `renderChunk`: 각 청크가 생성된 후 호출되며, 청크의 내용을 수정할 수 있다.
> - `generateBundle`: 모든 청크와 애셋이 생성된 후, 실제로 파일에 쓰기 전에 호출된다.
> - `writeBundle`: 모든 파일이 디스크에 쓰여진 후 호출된다.
> - `closeBundle`: 번들링 프로세스가 완전히 완료된 후 호출된다.

그런데 뒤이어 설명할 `plugins`가 있는데도 `output.plugins`을 따로 둔 이유는 무엇일까? 그 이유는 특정 `output`에만 실행하고 싶은 훅이 필요할 수도 있기 때문이다. 다음 예시를 살펴보자.

```js
// rollup.config.js
import terser from '@rollup/plugin-terser'

export default {
  input: 'main.js',
  output: [
    {
      file: 'bundle.js',
      format: 'es',
    },
    {
      file: 'bundle.min.js',
      format: 'es',
      plugins: [terser()],
    },
  ],
}
```

위 예시에서는 `main.js` 파일을 두개의 결과물로 만드는데, 하나는 `bundle.js`이며, 다른 하나는 압축을 의미하는 `bundle.min.js`로 생성되게끔 작성했다. 그리고 이 `bundle.min.js`에만 플러그인으로 `@rollup/plugin-terser`[47]를 추가해서 압축되게끔 구성했다. 이처럼 특정 결과물에 대해서만 추가 처리를 적용하고 싶은 경우 `output.plugins`를 활용할 수 있다.

6.3.2.4.5 plugins

웹팩과 마찬가지로 롤업에도 다양한 플러그인을 통해 번들링에 필요한 작업을 추가할 수 있다. 롤업에서 자주 사용되는 유명 플러그인은 다음과 같다.

- `@rollup/plugin-terser`: 자바스크립트 코드 압축을 위해 사용되는 `terser`를 사용할 수 있는 롤업 플러그인이다. 앞선 예제에서도 살펴본 것처럼 `.min.js`와 같은 압축된 번들 파일을 만드는 데 사용된다.

- `@rollup/plugin-node-resolve`[48]: 롤업을 사용할 때 가장 많이 사용되는 대표적인 플러그인이 바로 `@rollup/plugin-node-resolve`다. 앞에서 소개한 것처럼 롤업은 상대 경로로 구성된 모듈 ID로만 읽을 수 있기 때문에 Node.js 내장 모듈이나 npm 패키지를 읽을 수 없다. 따라서 앞선 예제처럼 `external`을 사용해 외부에 있는 모듈임을 선언하는 것이 일반적인데, 간혹 필요에 따라 `external`이 번들 그 자체에 포함시켜야 할 필요가 있다. 그때 사용하는 플러그인이 바로 이 `@rollup/plugin-node-resolve`다. 이 플러그인은 `node_modules`에 있는 서드파티 모듈을 해석할 수 있도록 도와주는 플러그인이다. 이 모듈을 사용하면 해당 모듈의 위치를 적절하게 파악해서 번들 자체에 해당 모듈을 같이 넣을 수 있게 도와준다.

- `@rollup/plugin-commonjs`[49]: 이 모듈 역시 롤업 작업을 할 때 가장 흔히 사용되는 플러그인이다. 이 모듈은 CommonJS로 작성돼 있는 파일을 ES6 모듈 형식으로 변환하는 플러그인이다. 최근 들어 ESModule이 대세로 자리 잡고 있지만 여전히 npm 레지스트리에는 수많은 CommonJS 모듈이 자리 잡고 있다. 이러한 모듈을 ESModule 형태로 변환해야 롤업의 장점인 트리 셰이킹 등을 살릴 수 있으므로 롤업에서 CommonJS 모듈을 번들 과정에서 포함시키기 위해서는 필수적이다.

- `@rollup/plugin-json`[50]: JSON 파일을 읽어들이고 모듈에 포함시킬 수 있게 도와주는 플러그인이다.

- `rollup-plugin-postcss`[51]: 롤업에서 CSS 및 관련 전처리기 파일을 처리하기 위한 플러그인이다. 이 플러그인을 사용하면 자바스크립트 내에서 `import`로 선언된 CSS나 SCSS 파일을 읽어올 수 있다. 다음 예제를 보자.

```
// styles.css
.button {
```

---

[47] https://github.com/rollup/plugins/tree/master/packages/terser
[48] https://github.com/rollup/plugins/tree/master/packages/node-resolve/
[49] https://github.com/rollup/plugins/tree/master/packages/commonjs/
[50] https://github.com/rollup/plugins/tree/master/packages/json
[51] https://github.com/egoist/rollup-plugin-postcss

```
  background-color: blue;
  color: white;
}

// Component.js
import styles from './styles.css';

export default function Button() {
  return `<button class="${styles.button}">Click me</button>`;
}
```

이러한 코드가 있다고 가정했을 때 rollup-plugin-postcss의 옵션에 extract: true, 즉 별도 CSS 파일 추출을 선언하면 다음과 같이 두 개의 파일이 만들어진다.

```
var styles = {button: 'styles_button__dHVLr'}

// main.js

console.log(styles.button)
```

```
/* styles.css */
.styles_button__dHVLr {
  background-color: blue;
  color: white;
  padding: 10px 20px;
}
```

반대로 extract: false 옵션을 지정하면 다음과 같은 하나의 파일만 생성된다.

```
function styleInject(css, ref) {
  if (ref === void 0) ref = {}
  var insertAt = ref.insertAt

  if (typeof document === 'undefined') {
    return
  }

  var head = document.head || document.getElementsByTagName('head')[0]
  var style = document.createElement('style')
  style.type = 'text/css'
```

```
    if (insertAt === 'top') {
      if (head.firstChild) {
        head.insertBefore(style, head.firstChild)
      } else {
        head.appendChild(style)
      }
    } else {
      head.appendChild(style)
    }

    if (style.styleSheet) {
      style.styleSheet.cssText = css
    } else {
      style.appendChild(document.createTextNode(css))
    }
  }

  var css_248z =
    '/* styles.css */\n.styles_button__dHVLr {\n  background-color: blue;\n  color: white;\n padding: 10px 20px;\n}'
  var styles = {button: 'styles_button__dHVLr'}
  styleInject(css_248z)

  // main.js

  console.log(styles.button)
```

여기서는 styleInject라는 함수가 선언된 것을 볼 수 있는데, 이 함수는 style 태그를 동적으로 만들어 삽입하는 역할을 한다. 이 방식은 사용자 입장에서는 자바스크립트만 불러오면 되므로 간편하게 사용할 수 있다는 장점이 있지만 CSS가 자바스크립트가 실행된 이후에 적용되므로 초기 렌더링 시 스타일이 없는 상태로 나타나는 FOUC(Flash of Unstyled Content)가 발생할 수 있다는 단점이 있어 주의할 필요가 있다.

- @rollup/plugin-replace[52]: 이 플러그인은 번들링 시점에 코드의 특정 부분을 원하는 내용으로 대체할 수 있는 플러그인이다. 문자열을 대체하거나, 환경변수를 주입하거나, 조건부 코드의 실행 여부를 빌드 시점에 결정할 때 주로 사용된다. 다음 예시를 보자.

---

[52] https://github.com/rollup/plugins/tree/master/packages/replace

```javascript
import replace from '@rollup/plugin-replace'

export default {
  // ...
  plugins: [
    replace({
      'process.env.NODE_ENV': JSON.stringify('production'),
      __BUILD_DATE__: () => new Date().toISOString(),
      __BUILD_VERSION__: pkg.version,
    }),
  ],
}
```

이와 같은 방식으로 플러그인을 사용하면 다음 코드는

```javascript
const isProduction = process.env.NODE_ENV === 'production'

console.log('this package was builded at __BUILD_DATE__')

console.log('build version __BUILD_VERSION__')

if (isProduction) {
  console.log('this is production')
} else {
  console.log('this is not production')
}
```

다음과 같이 변경된다.

```javascript
console.log('this package was builded at 2024-07-06T04:12:28.817Z')

console.log('build version 1.0.0')

{
  console.log('this is production')
}
```

단순히 replace하는 것뿐만 아니라 롤업의 도움을 받아 코드 자체의 트리 셰이킹까지 이뤄지는 모습을 볼 수 있다. 이처럼 이 플러그인을 이용하면 빌드 시점에 코드를 동적으로 수정할 수 있어 환경에 따른 설정 변경이나 조건부 코드 실행을 사전에 최적화하는 등 유용하게 활용할 수 있다.

- @rollup/plugin-babel[53]: 이 플러그인 역시 롤업에서 바벨을 사용하기 위해 만들어진 플러그인이다. 이 플러그인을 사용해서 번들링된 패키지를 원하는 기준에 맞춰 트랜스파일해서 제공할 수 있다.

```
import babel from '@rollup/plugin-babel'

export default {
  // ...
  plugins: [
    babel({
      babelHelpers: 'bundled',
    }),
  ],
}
```

각 필드에 대해 설명, 그리고 이 자바스크립트 파일을 변환할 때 어떤 식으로 나오는지 살펴보자.

```
class Example {
  constructor() {
    this.value = 42
  }

  method() {
    return this.value
  }
}

const example = new Example()
console.log(example.method())
```

- babelHelpers: 이 필드는 트랜스파일 또는 폴리필에 필요한 내용을 어떻게 처리할지 다룬다.
  - runtime: 이 옵션은 트랜스파일과 폴리필에 필요한 내용을 @babel/runtime 패키지에 의존해서 처리한다. 이렇게 하면 번들의 크기를 줄일 수 있다는 장점이 있지만 사용처에서 해당 패키지를 꼭 설치해야 한다는 단점이 있다. 이 옵션을 사용하려면 @babel/plugin-transform-runtime[54]을 프로젝트에 설치해야 하고, 해당 패키지의 의존성인 @babel/runtime을 dependencies에 설치해야 한다. 그리고 더불어 external에 external: [/@babel\/runtime/]을 선언해야 한다. 이러한 방식은 주로 자바스크립트 패키지를 개발할 때 사용된다. 이 옵션을 사용하면 다음과 같이 변환된다.

---

[53] https://github.com/rollup/plugins/tree/master/packages/babel#readme
[54] https://babel.dev/docs/babel-plugin-transform-runtime

```javascript
import _classCallCheck from '@babel/runtime/helpers/classCallCheck'
import _createClass from '@babel/runtime/helpers/createClass'

var Example = /*#__PURE__*/ (function () {
  function Example() {
    _classCallCheck(this, Example)

    this.value = 42
  }

  _createClass(Example, [
    {
      key: 'method',
      value: function method() {
        return this.value
      },
    },
  ])

  return Example
})()

var example = new Example()
console.log(example.method())
```

> **노트**
>
> 5장에서 설명한 것처럼 @babel/plugin-transform-runtime은 옵션으로 전달하는 core-js 인수에 따라 @babel/runtime, @babel/runtime-corejs2, @babel/runtime-corejs3을 의존성으로 가질 수 있다. 자세한 내용은 7.1절 '나만의 npm 패키지 만들기'에서 실제 패키지를 만드는 실습을 할 때 다룬다.

- bundled: 기본값으로, 별도 의존성으로 처리하지 않고 필요한 코드를 모두 번들에 포함시키는 방식이다. 이 방식은 애플리케이션 개발이나 패키지 개발 시에 의존성으로 선언하기 번거롭거나 굳이 많은 양의 코드가 삽입되지 않을 것으로 기대하는 경우에 사용하면 된다.

```javascript
function _classCallCheck(instance, Constructor) {
  if (!(instance instanceof Constructor)) {
    throw new TypeError('Cannot call a class as a function')
  }
}
```

```javascript
}

function _defineProperties(target, props) {
  for (var i = 0; i < props.length; i++) {
    var descriptor = props[i]
    descriptor.enumerable = descriptor.enumerable || false
    descriptor.configurable = true
    if ('value' in descriptor) descriptor.writable = true
    Object.defineProperty(target, descriptor.key, descriptor)
  }
}

function _createClass(Constructor, protoProps, staticProps) {
  if (protoProps) _defineProperties(Constructor.prototype, protoProps)
  if (staticProps) _defineProperties(Constructor, staticProps)
  return Constructor
}

var Example = /*#__PURE__*/ (function () {
  function Example() {
    _classCallCheck(this, Example)

    this.value = 42
  }

  _createClass(Example, [
    {
      key: 'method',
      value: function method() {
        return this.value
      },
    },
  ])

  return Example
})()

var example = new Example()
console.log(example.method())
```

- babelHelpers: 전역 변수에 babelHelpers라는 바벨 객체가 있다는 가정하에 번들링된다. 이 방법은 IIFE나 UMD 에서 주로 사용되며, 사용하기가 까다로워 잘 쓰이지는 않는다.

```
var Example = /*#__PURE__*/ (function () {
  function Example() {
    babelHelpers.classCallCheck(this, Example)

    this.value = 42
  }

  babelHelpers.createClass(Example, [
    {
      key: 'method',
      value: function method() {
        return this.value
      },
    },
  ])

  return Example
})()

var example = new Example()
console.log(example.method())
```

- inline: bundled와 비슷한 방식으로 동작하지만 여러 번 사용되면 별도 유틸로 분리해서 재사용하는 bundled과는 다르게 파일마다 필요한 내용을 각각 삽입하는 방식이다. 따라서 이 방법은 일반적인 경우에는 권장되지 않는다.

- rollup-plugin-visualizer[55]: 웹팩에 webpack-plugin-analyzer가 있다면 롤업에는 rollup-plugin-visualizer가 있다. 번들된 결과물을 분석할 수 있도록 도와주는 플러그인으로, 이 플러그인은 되도록 플러그인 배열 마지막에 위치시키는 것이 좋다. 그래야 플러그인을 다 거치고 나온 실제 결과물을 대상으로 분석이 가능하다. 이 플러그인은 다양한 형태의 분석 그래프를 HTML 형태로 제공하므로 원하는 방식으로 만들어 사용하는 것이 가능하다.

```
import {visualizer} from 'rollup-plugin-visualizer'

export default {
```

---

[55] https://github.com/btd/rollup-plugin-visualizer

```
// ...
plugins: [
  visualizer({
      template: 'sunburst', // "sunburst" | "treemap" | "network" | "raw-data" | "list" |
"flamegraph"를 지정할 수 있으며, 기본값은 treemap이다.
      // list는 YAML 파일로, raw-data는 값을 그대로 보여준다.
  }),
],
}
```

그림 6.15 rollup-plugin-visualizer 플러그인을 사용해 각각 sunburst, treemap, network, flamegraph로 시각화한 모습

이 플러그인은 결과물을 시각화해서 해당 번들 파일에 불필요한 내용이 포함돼 있는지 확인하고 싶을 때 유용하다.

6.3.3 정리

지금까지 롤업의 역사와 더불어 롤업을 사용하는 법, 그리고 주요 플러그인에 대해 살펴봤다. 롤업을 활용한 모듈 번들링부터 ESModule 기반 시스템이 가져다주는 트리 셰이킹, 강력한 플러그인 시스템, 그리고 다양한 모듈 형식 지원까지 폭넓게 살펴봤다. 롤업은 단순히 코드를 번들링하는 도구를 넘어서 프로젝트를 최적화하고 성능을 개선하며, 개발 경험을 향상시킬 수 있는 강력한 도구이므로 자바스크립트 패키지를 만들고 싶은 개발자라면 반드시 익혀야 할 도구다.

롤업을 기반으로 한 실제 예제는 7장에서 본격적으로 다룬다. 이번 장에서는 본격적인 실습에 앞서 롤업에 대한 기초 지식을 다뤘고, 향후 실습에서 이 내용을 기반으로 다양한 패키지를 작성해보겠다.

6.4 번들 도구의 신흥 강자, 비트

오늘날 웹 개발 생태계는 끊임없이 발전하고 있으며, 이에 따라 새로운 도구와 기술이 빠르게 등장하고 있다. 그중에서도 최근 많은 주목을 받고 있는 번들 도구가 있으니, 바로 비트(Vite)다. '비트'는 프랑스어로 '빠르다'라는 뜻이며, 이름처럼 번들링 및 개발 환경에서 다른 번들러 대비 빠른 속도를 자랑한다.

비트는 웹팩, 롤업과 같은 전통적인 번들러와는 다른 접근 방식을 취하며, 특히 개발 환경에서의 빠른 HMR(Hot Module Replacement)과 빌드 속도를 강조한다. 이러한 성능은 기존의 도구에서 느리게 느껴졌던 부분을 획기적으로 개선함으로써 개발자들에게 더 나은 생산성과 경험을 제공한다.

이번 절에서는 비트가 다른 번들 도구와 무엇이 다른지, 빠른 성능을 가능하게 하는 핵심 원리가 무엇인지 살펴본다. 또한 점점 더 많은 개발자들이 비트를 선택하게 된 배경과 비트를 활용하는 방법을 간단하게 소개한다. 지금부터 비트의 세계로 빠져보자.

6.4.1 비트의 등장 배경과 소개

6.2절 '웹서비스 번들의 표준, 웹팩'과 6.3절 '패키지 번들의 선두주자, 롤업'에서 다뤘던 웹팩이나 롤업을 다시 한 번 떠올려 보자. 웹팩과 롤업은 자바스크립트 코드를 번들링하기 위한 도구로, 그 코드 역시 자바스크립트로 작성돼 있다. 그러나 안타깝게도 자바스크립트는 다른 언어에 상당히 느린 편에 속한다.

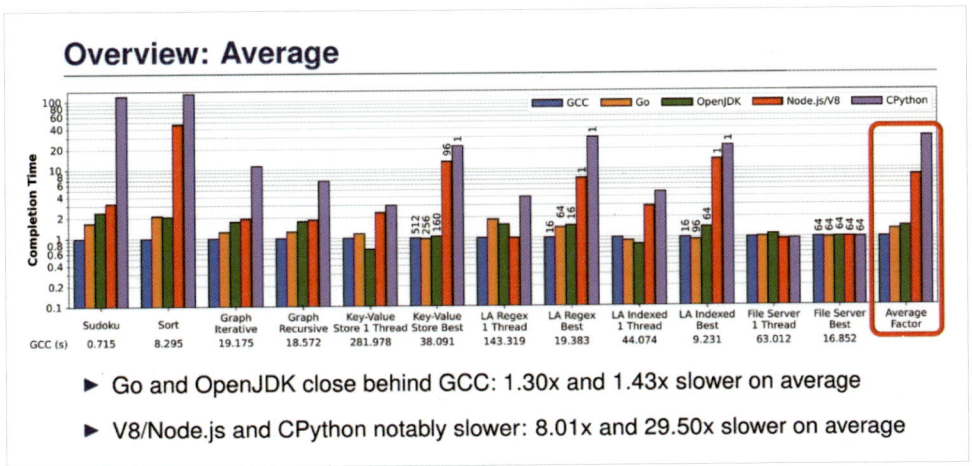

그림 6.16 자바스크립트(Node.js)와 다른 언어 간 성능을 비교한 도표.[56] 평균적인 지표가 다른 언어 대비 상당히 느리다는 것을 알 수 있다.

자바스크립트(Node.js)가 C, C++ 같은 저수준 언어보다 느린 이유는 여러 가지가 있겠지만 기본적으로 자바스크립트는 동적 타입 언어로 런타임에 타입 체크를 한다는 점, JIT(Just-in-time) 컴파일을 수행해서 미리 컴파일되는 다른 언어보다 추가적인 오버헤드가 있다는 점, 단일 스레드 이벤트 루프라는 점 등을 꼽을 수 있다.

그렇다면 여기서 한 가지 고민해볼 만한 사실이 있다. 번들링은 자바스크립트 코드를 특정 목적에 맞게 묶어주는 작업을 의미한다. 이 번들링에 필요한 작업을 굳이 자바스크립트가 할 필요가 있을까? 입력값과 결괏값이 자바스크립트이기만 한다면 그 과정은 자바스크립트보다 빠른 타 언어가 수행해도 상관없지 않을까? 자바스크립트 생태계에서는 이러한 아이디어를 기반으로 자바스크립트로 작성되지 않은 빌드 도구가 등장하기 시작했다. 자바스크립트 생태계에 존재하고 자바스크립트를 위해 만들어졌지만 자바스크립트가 아닌 대표적인 도구들은 다음과 같다.

- SWC[57]: 러스트 언어로 작성된 매우 빠른 자바스크립트 및 타입스크립트 컴파일러
- esbuild[58]: Go 언어로 작성된 자바스크립트 번들러
- Biome[59](구 Rome): 러스트 언어로 작성된 자바스크립트 통합 도구 체인

---

[56] https://youtu.be/sRCgu1ng6Bo?feature=shared&t=514
[57] https://swc.rs/
[58] https://esbuild.github.io/
[59] https://biomejs.dev/blog/annoucing-biome/

- Parcel[60]: 러스트 언어 기반 자바스크립트 번들러
- turbopack[61]: 스스로를 웹팩의 후계자라고 칭한 러스트 언어 기반 번들러

더불어 빌드 도구들이 이러한 패러다임의 전환을 맞게 된 또 다른 배경은 과거와 대비해 웹 애플리케이션의 복잡도가 크게 증대했기 때문이다. 과거 단순히 웹페이지에서 폼 제출이나 간단한 이벤트 처리에만 제한적으로 사용됐던 것이 자바스크립트였지만 현재는 대부분의 웹사이트들이 수많은 자바스크립트 리소스를 다운로드하고 실행해 방문자들에게 다양한 사용자 경험을 안겨주고 있다.

이러한 환경의 변화는 자바스크립트 기반 웹 애플리케이션을 만드는 개발자들에게도 큰 영향을 미쳤다. 단순히 몇 개의 파일만 번들링하면 됐던 과거와 달리 지금은 수많은 파일로 얽힌 프로젝트를 빌드하는 것은 속도나 성능 측면에서 부담스러운 작업이 되기 시작했다. 또한 이러한 속도와 성능 이슈는 HMR이 필요한 개발 환경에서 더욱 두드러져 즉각적이고 빠르게 실험할 수 있는 환경을 원하는 개발자들에게 번들러의 속도가 큰 이슈가 되기 시작했다.

이제 다시 비트 이야기로 돌아와보자. Vue.js 개발자인 에반 유(Evan You)는 최초에 `Vue@3.x` 버전과 호환되는 웹 개발 빌드 툴을 목적으로 `vite@1.0.0`을 만들었다.

> **노트**
> `vite@1.0.0`은 RC 버전밖에 릴리스되지 않았으며, 정식 버전은 출시되지 않았다.

이 당시 비트가 빠를 수 있었던 이유는 크게 두 가지였다.

- 개발 환경에서는 번들링하지 않고 ESModule의 방식으로 코드를 제공한다. 이렇게 함으로써 파일이 변경될 때마다 모든 파일을 HMR로 재가동하는 것이 아니라 필요한 파일만 새롭게 컴파일해서 빠르게 로드할 수 있다. 이 방식은 브라우저에서 `<script src="리소스/주소.js" type="module">`을 이용해 달성할 수 있다. 이는 ESModule이 대부분의 브라우저에서 동작하기 때문에 가능했다.
- 비트는 타입스크립트를 자바스크립트로 변환하기 위해 타입스크립트가 제공하는 tsc 컴파일러가 아닌 esbuild를 사용했다. 앞서 소개한 대로 esbuild는 Go 언어 기반의 번들러로, 다른 번들러 대비 매우 빠르다는 장점이 있다. 비트의 소개 글에 따르면 tsc 대비 최대 20~30배 정도 빠르다고 했는데, 이는 타입스크립트 역시 자바스크립트를 기반으로 작성됐기 때문이다(정확히는 타입스크립트는 타입스크립트로 작성돼 있다). esbuild를 이용해 구체적인 타입 체크는 생략하고 단순히 자바스크립트로 변환하는 작업과 JSX를 일반적인 자바스크립트로 변환하는 작업만 수행했다. 그 이유는 esbuild가 아직 모든 기능을 대체하기에는 성숙하지 않기 때문으로 보인다. 그 외의 좀 더 세밀한 기능을 구현하

---

60 https://ko.parceljs.org/
61 https://turbo.build/pack

기 위해서는 롤업을 사용했다. 만약 비트에서 사용하는 롤업 설정을 변경하고 싶다면 `build.rollupOptions`를 수정하면 되는데, 이 필드에 대한 설명은 이 후 build 절에서 다룬다.

그리고 2021년 2월, 첫 정식 버전이라고 볼 수 있는 `vite@2.0.0`이 출시됐다. 앞서 소개한 비트의 모든 장점을 그대로 유지함과 동시에 `@vite/create-app`[62]이라 불리는 비트 기반 프로젝트를 스캐폴딩하는 도구를 만들었다. 이 도구를 통해 기존에 제공하던 Vue뿐만 아니라 리액트, 프리액트(preact, 경량화된 리액트), LitElement(구글에서 만든 웹 컴포넌트 기반 프레임워크)도 지원했다. 이를 통해 단순히 비트가 Vue.js 외에 다양한 곳에서도 사용될 수 있음을 증명했다. 이후 계속 성장세를 거듭해서 2024년 11월 기준으로 최신 버전인 6.x 버전까지 출시됐다.

비트의 등장과 성장은 과거 대비 더욱 복잡해진 모던 웹 개발 환경의 변화와 개발자의 요구사항을 잘 반영한다. ESModule을 활용한 빠른 개발 속도, esbuild를 바탕으로 한 효율적인 빌드 프로세스뿐만 아니라 다양한 프레임워크 지원을 통해 비트는 더욱 매력적인 도구가 됐다.

다음 절에서 비트의 기본적인 개념과 주요 특징을 살펴보자. 이를 바탕으로 비트가 어떤 방식으로 동작하며, 무엇을 제공하는지 파악한다면 비트를 활용하는 데 더욱 도움이 될 것이다.

6.4.2 비트의 기본 개념과 특징

이전 절에서 비트가 등장하게 된 배경과 역사를 살펴봤으니, 이번 절에서는 본격적으로 비트에서 다루는 기본적인 개념과 특징을 살펴본다.

6.4.2.1 롤업과 esbuild의 공존

비트에서 눈에 띄는 특징 중 하나는 내부적으로 롤업과 esbuild를 동시에 사용하고 있다는 것이다. 현재 비트는 빌드에 필요한 모든 내장 기능을 esbuild만으로 구현하기는 어렵다. esbuild는 분명히 롤업보다 빠른 도구이지만 롤업은 오랜 시간 개발된 번들 도구로서 모든 기능을 단시간에 대체할 수는 없기 때문이다. 내부적인 모든 동작을 esbuild로 대체하면 더욱 빨라지겠지만 롤업만큼 다양한 기능을 제공할 수 없었을 것이므로 비트의 연착륙을 위해 불가피한 선택이었을 것으로 보인다.

> **노트**
> 이는 Next.js도 마찬가지로, 2024년 11월 현재 개발 모드에서는 터보팩을 기반으로 한 빌드를 지원하고 있지만 프로덕션에서는 여전히 웹팩을 사용하고 있다.

---

[62] https://github.com/vitejs/vite/blob/v2.0.0/packages/create-app/README.md

그렇다고 단순히 롤업과 esbuild에 무조건적으로 의존하고 있는 것은 아니다. 리액트 기반 비트 서버의 트랜스파일 속도를 향상시키기 위해 SWC를 도입해서 만든 `@vitejs/plugin-react-swc`[63]도 개발 환경에서 사용할 수 있으며, 마찬가지로 롤업의 새로운 파서로 SWC를 도입한 `rollup@4`를 내부적으로 채택하기도 했다. 무엇보다 롤업 API와 호환되며, 러스트 기반으로 새롭게 작성한 롤다운(Rolldown)[64]을 개발 중이라고 언급했다. 이를 통해 점차 비트에서 사용하고 있는 esbuild를 롤다운으로 대체하고, 프로덕션 빌드에서도 롤업을 롤다운으로 대체하며, 장기적으로는 비트 내부에 러스트 코어 기능을 도입하는 것을 염두에 두고 있다고 언급한 바 있다.[65]

요약하자면, 비트의 장기적인 목표는 앞서 언급한 자바스크립트 생태계에 다른 언어의 등장이라는 맥락에서 볼 수 있는 것처럼 더 빠르고 효율적인 빌드 도구가 되기 위해 러스트 기반으로 재작성함과 동시에 롤업이 제공하는 다양한 기능을 온전히 활용할 수 있는 롤다운을 도입하는 것이라고 볼 수 있다. 이러한 작업이 모두 마무리된다면 비트를 사용하는 개발자들은 개발 환경 및 프로덕션 환경 모두에서 더욱 빠르고 효율적인 개발을 할 수 있게 되며, 비트는 자바스크립트 생태계에서 독보적인 도구로 자리 잡게 될 것이다.

6.4.2.2 의존성 사전 번들링

비트에서 처음으로 개발 모드에서 시작하면 비트는 프로젝트에 선언된 의존성(dependencies)을 미리 사전에 번들링하는데, 이를 의존성 사전 번들링(pre-bundling)이라고 한다. 이러한 작업을 하는 데는 크게 두 가지 이유가 있다.

- **CommonJS와 UMD 간의 상호호환성**: 앞에서 소개한 비트의 특징으로, 비트는 ESModule 기반 모듈 시스템을 가지고 운영된다고 언급했다. 그러나 앞에서 여러 번 언급했듯이, 리액트를 비롯해 아직 수많은 라이브러리들이 ESModule을 네이티브로 지원하지 못하고 있다. 따라서 비트를 비롯한 번들러들이 ESModule을 기반으로 프로젝트를 시작하기 위해서는 CommonJS나 UMD 형식으로 작성된 모듈을 ESModule로 변환하는 작업을 수행해야 한다. 이 작업을 개발 모드에서는 미리 esbuild를 통해 처리하는 것이다.

    이를 확인하기 위해 비트 기반 프로젝트에서 CommonJS 모듈인 `simple-lodash`라는 패키지가 있다고 가정해보자. 이 패키지는 다음과 같이 작성돼 있다.

    ```
    const sum = (...args) => args.reduce((total, current) => total + current, 0)

    // named export
    module.exports = {
    ```

---

[63] https://github.com/vitejs/vite-plugin-react-swc
[64] https://rolldown.rs/
[65] 이 내용은 ViteConf 2023에서 에반 유가 언급한 내용이다. 참고: https://youtu.be/hrdwQHoAp0M

```
    sum,
  }

// default export
module.exports.default = {
  sum,
}
```

그리고 이 패키지를 쓰면 사전 번들링으로 node_modules/.vite/deps/simple-lodash/js 파일이 생성되며, 다음과 같이 변경된다.

```
import { __commonJS } from './chunk-BUSYA2B4.js'

// ../simple-lodash/index.js
var require_simple_lodash = __commonJS({
  '../simple-lodash/index.js'(exports, module) {
    var sum = (...args) => args.reduce((total, current) => total + current, 0)
    module.exports = {
      sum,
    }
    module.exports.default = {
      sum,
    }
  },
})
export default require_simple_lodash()
//# sourceMappingURL=simple-lodash.js.map
```

CommonJS로 작성된 lodash가 __commonJS라는 함수로 래핑되어 이 함수를 실행한 값으로 ESModule 형태로 제공되고 있음을 볼 수 있다. 이 __commonJS는 어떤 형태로 작성돼 있을까?

```
var __getOwnPropNames = Object.getOwnPropertyNames
var __commonJS = (cb, mod) =>
  function __require() {
    return mod || (0, cb[__getOwnPropNames(cb)[0]])((mod = {exports: {}}).exports, mod), mod.exports
  }

export { __commonJS }
//# sourceMappingURL=chunk-BUSYA2B4.js.map
```

위 함수의 내용을 요약하자면 다음과 같다.

- __commonJS는 두 개의 매개변수 cb와 mod를 받는다.
- 그러나 이 함수는 즉시 실행되지 않고, __require()라는 새로운 함수를 반환한다. 이 함수는 매개변수가 따로 없다.
- __require() 함수가 호출될 때 mod 값이 없으면 새로운 mod 모듈 객체를 생성한다. 그리고 이 값은 인수로 받은 cb와 관련된 내용이다.
- 이제 다시 require_simple_lodash로 돌아와 보자. 첫 번째 인수로는 객체를 반환하는데, 이는 __simple-lodash/index.js라는 키에 exports, module을 인수로 받는 함수를 값으로 보낸다.
- 이제 이 함수가 첫 번째로 실행됐다고 가정해보자. __require()에는 mod가 없을 것이므로 require_simple_lodash 모듈을 값으로 반환한다.
- 이후 실행부터는 mod가 설정되므로 캐시된 모듈을 반환한다.

즉, __commonJS의 역할은 CommonJS로 작성된 모듈을 ESModule에서 사용할 수 있게 해주는 일종의 다리이자 한 번 불러온 모듈을 중복해서 불러오지 않도록 캐시 역할까지 한다고 볼 수 있다. 비트는 이 작업을 개발 서버 시작 단계에서 ./node_modules/.vite/deps에 미리 만들어두고, 필요할 때마다 호출하는 형식으로 사용한다.

- **개발 모드에서 ESModule을 불러오는 것에 대한 성능 최적화**: 내부에 많은 모듈을 가지고 있는 lodash-es와 같은 경우를 상상해보자. 만약 단순히 import {sum} from 'lodash-es'를 실행한다면 비트는 이 모듈의 개수만큼 요청해야 할 것이다. 이를 처리해야 하는 클라이언트에서는 네트워크 요청을 모듈 개수만큼 처리해야 하는 부담이 있으므로 이로 인한 성능 문제가 발생할 것이다. 따라서 lodash-es를 단일 모듈로 미리 번들링해서 한 번의 요청만으로 lodash-es를 처리하게끔 만든다.

그렇다면 한 가지 궁금증이 생긴다. 애초에 이 작업은 필요한 것만 불러오게 하면 되지 않을까? 즉, 모든 모듈을 불러오는 대신에 사전에 트리 셰이킹해서 sum만 번들링에 포함하면 되는 것 아닐까? 그렇다면 사전 번들링과 같이 불필요한 작업은 필요없는 것이 아닐까? 사실 그 작업을 하는 것 역시 성능과 관련이 있다. 미리 사용하지 않는 모듈을 분석해서 쳐내는, 이른바 트리 셰이킹 작업은 최종 결과물의 크기를 줄여주는 역할을 하지만 개발 모드에서는 그다지 효율적이지 못하다. 예를 들어, lodash-es에서 {sum}을 썼다가 debounce도 추가로 필요하다고 가정해보자. 그러면 번들러 입장에서는 lodash-es를 다시 처음부터 정적 분석을 통해 트리 셰이킹 처리를 해야 한다. 모든 개별 파일이 의존성이 없다면 비교적 간단하겠지만 lodash-es 같은 경우에는 각 모듈이 서로 얽혀서 만들어져 있기 때문에 이 작업은 더욱 속도를 느리게 한다. 즉, 별개의 파일을 모두 HTTP로 제공하자니 파일이 너무 많고, 트리 셰이킹을 하자니 속도가 느려지고 개발 모드에서는 별 효용이 없기 때문에 비트는 이를 하나의 파일로 미리 번들링해서 제공한다. 다음 예제를 보자.

```
import {sum} from 'lodash-es'

export default function App() {
  return sum([1, 2, 3])
}
```

위와 같이 lodash-es만을 사용하는 코드가 있다고 가정해보자. 이를 비트 개발 모드에서 빌드하면 다음과 같은 결과물을 볼 수 있다.

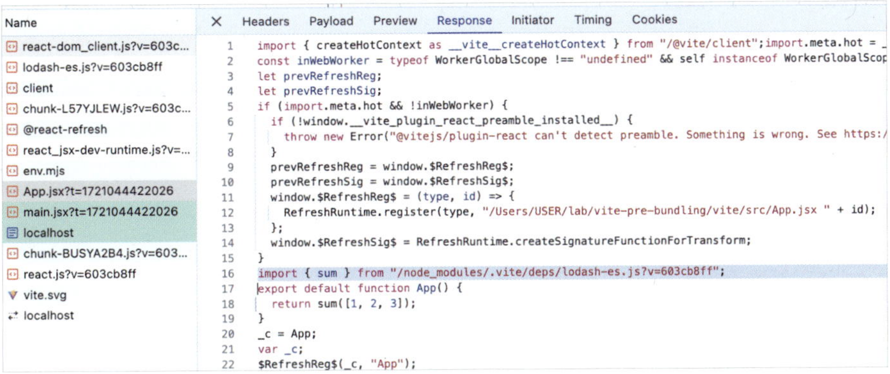

그림 6.17 앞의 코드를 비트 개발 모드로 빌드한 뒤 브라우저에서 결과물을 확인한 모습

lodash-es를 참조하는 경로가 ./node_modules/.vite/deps/lodash-es.js를 가리키고 있다. 그렇다면 이 파일은 어떻게 구성돼 있을까? 이를 비교하기 위해서는 먼저 lodash-es가 어떻게 구성돼 있는지 봐야 한다.

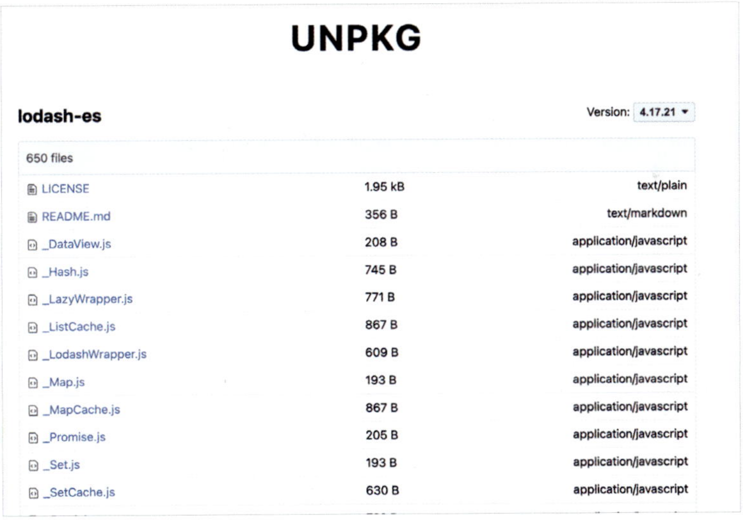

그림 6.18 npm 패키지의 내부 코드를 확인할 수 있는 사이트인 unpkg.com에서 lodash-es를 확인한 모습

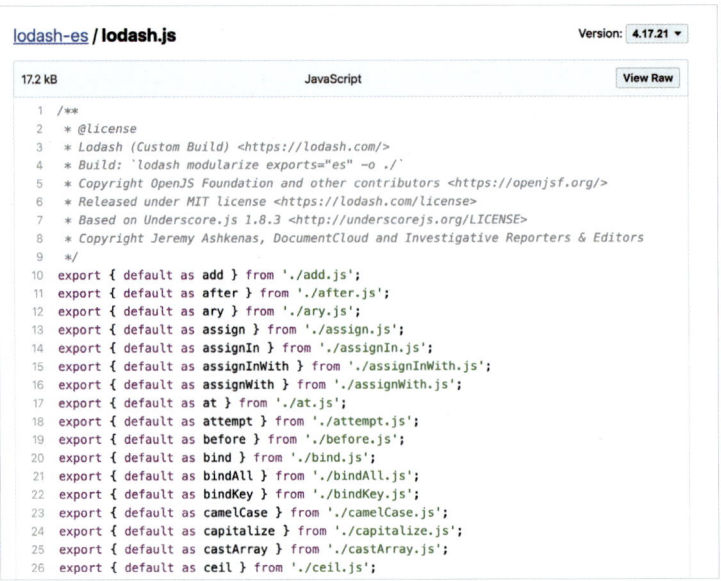

그림 6.19 lodash-es의 lodash.js 파일 내부

lodash-es는 lodash.js를 필두로 수많은 파일로 구성돼 있는 패키지임을 알 수 있다. 다음으로는 비트가 빌드한 의존성 디렉터리인 ./node_modules/.vite/deps의 모습이다.

```
$ pwd
/Users/USER/lab/vite-pre-bundling/vite/node_modules/.vite/deps
$ tree
.
├── _metadata.json
├── chunk-BUSYA2B4.js
├── chunk-BUSYA2B4.js.map
├── chunk-L57YJLEW.js
├── chunk-L57YJLEW.js.map
├── lodash-es.js
├── lodash-es.js.map
├── lodash.js
├── lodash.js.map
├── package.json
├── react-dom_client.js
├── react-dom_client.js.map
├── react.js
├── react.js.map
```

```
├── react_jsx-dev-runtime.js
├── react_jsx-dev-runtime.js.map
├── react_jsx-runtime.js
└── react_jsx-runtime.js.map
```

수많은 파일로 구성돼 있던 lodash-es가 하나의 파일로 빌드되어 개발 모드에서 참조되고 있음을 알 수 있다. 이렇게 수정한 덕분에 개발 모드에서 import가 변경돼도 빠르게 불러올 수 있고, 모든 파일이 개별로 나눠져 있지 않아 한 번의 요청으로 모든 것을 처리할 수 있다.

만약 개발 모드에서 개발하던 와중에 새로운 모듈을 참조하면 어떻게 될까?

```
9:26:13 PM [vite] ┌ new dependencies optimized: date-fns
9:26:13 PM [vite] ┌ optimized dependencies changed. reloading
9:26:15 PM [vite] hmr update /src/App.jsx
```

파일 내부에서 새로운 의존성인 date-fns가 참조되는 것을 확인하고 새롭게 의존성을 빌드한 것을 확인할 수 있다.

이러한 사전 번들링은 앞에서 설명한 것처럼 node_modules/.vite/deps 폴더에서 확인할 수 있다. 이 폴더에 들어가면 미리 빌드한 사전 의존성에 대한 결과물을 확인할 수 있을 뿐만 아니라 다음과 같은 메타데이터도 볼 수 있다.

```
{
  "hash": "570e9b59",
  "configHash": "5b666a70",
  "lockfileHash": "6b35a8c0",
  "browserHash": "ebdf6599",
  "optimized": {
    "react": {
      "src": "../../react/index.js",
      "file": "react.js",
      "fileHash": "74fc043e",
      "needsInterop": true
    },
    "react/jsx-dev-runtime": {
      "src": "../../react/jsx-dev-runtime.js",
      "file": "react_jsx-dev-runtime.js",
      "fileHash": "32b0b42a",
      "needsInterop": true
    },
```

```
    "react/jsx-runtime": {
      "src": "../../react/jsx-runtime.js",
      "file": "react_jsx-runtime.js",
      "fileHash": "ffb111d0",
      "needsInterop": true
    },
    "react-dom/client": {
      "src": "../../react-dom/client.js",
      "file": "react-dom_client.js",
      "fileHash": "96d2cd29",
      "needsInterop": true
    },
    "lodash": {
      "src": "../../lodash/lodash.js",
      "file": "lodash.js",
      "fileHash": "1235ff88",
      "needsInterop": true
    },
    "lodash-es": {
      "src": "../../lodash-es/lodash.js",
      "file": "lodash-es.js",
      "fileHash": "c83d99c2",
      "needsInterop": false
    }
  },
  "chunks": {
    "chunk-L57YJLEW": {
      "file": "chunk-L57YJLEW.js"
    },
    "chunk-BUSYA2B4": {
      "file": "chunk-BUSYA2B4.js"
    }
  }
}
```

여러 종류의 해시값이 있는 것을 볼 수 있는데, 사전 생성된 의존성에 대한 해시값을 토대로 의존성 내용의 무결성을 확인하고 있으며, 구성 파일이나 각 의존성에 대한 해시값도 미리 생성해 둔 것을 볼 수 있다. 한 가지 주목할 것은 각 의존성에 있는 `needsInterop` 필드다. 이 필드는 해당 의존성이 ESModule로 작성되지 않아 interop(interoperability) 처리, 즉 모듈 간 상호운용성 처리가 필요한지를 기록해둔 필드다. 이 값으로 미루어 보아 해당 패키지가 어떤 모듈 시스템으로 작성됐는지 미루어 짐작할 수 있다. 위 예제에서는 오직 `lodash-es`만이 ESModule로 작성됐음을 알 수 있다.

마지막으로 이 작업은 개발 모드에서 esbuild로 실행되는 작업이라는 것을 염두에 두자. 실제 프로덕션 모드에서는 6.3절 '패키지 번들의 선두주자, 롤업'에서 소개한 `@rollup/plugin-commonjs`를 통해 이 작업이 이뤄진다.

6.4.2.3 모던 웹 환경을 위한 도전

비트의 공식 문서에는 비트에 담긴 철학에 관한 내용이 있는데, 그중 눈여겨볼 내용은 바로 'Pushing the Modern Web', 즉 '현대적인 모든 웹 기술을 선도'한다는 내용이다.[66] 즉, 다음과 같은 내용이 담겨 있다.

> 비트는 현대적인 코드 작성을 장려하는 특정한 방식의 기능을 제공합니다. 예를 들면,
> - 소스코드는 ESM으로만 작성할 수 있으며, ESM이 아닌 의존성은 작동하기 위해 ESM으로 사전 번들링되어야 합니다. …

비트의 내부 의존성은 모두 ESM으로 작성된 패키지로 구성해야 하며, 부득이하게 CommonJS로 작성된 의존성을 사용해야 한다면 앞서 의존성 사전 번들링에서 본 것처럼 ESmodule로 사용할 수 있도록 준비해야 한다고 언급돼 있다. 이 같은 내용은 비트 내부를 직접 개발할 개발자가 아니라면 크게 신경 쓰지 않아도 될 것 같지만 비트를 사용해야 할 개발자들도 눈여겨봐야 할 점이 더 있다. 바로 버전 6부터 비트 API를 사용하는 외부 코드도 ESModule로 작성해야 한다는 점이다.[67]

```
// 버전 6부터
// ☑
import { ... } from "vite"

// ☑
const { ... } = await import("vite")

// ✗
const { ... } = require("vite")
```

---

[66] https://vitejs.dev/guide/philosophy.html#pushing-the-modern-web
[67] https://github.com/vitejs/vite/discussions/13928

이는 지속적으로 비트가 ESModule 생태계를 밀어주고 있기 때문이기도 하지만 CommonJS와 ESModule가 동시에 동작하는 코드를 지속적으로 유지보수하는 데 많은 부담이 가기 때문이다.

```json
{
  "name": "vite",
  "version": "5.3.4",
  "type": "module",
  "license": "MIT",
  "author": "Evan You",
  "description": "Native-ESM powered web dev build tool",
  "bin": {
    "vite": "bin/vite.js"
  },
  "keywords": [
    "frontend",
    "framework",
    "hmr",
    "dev-server",
    "build-tool",
    "vite"
  ],
  "main": "./dist/node/index.js",
  "types": "./dist/node/index.d.ts",
  "exports": {
    ".": {
      "import": {
        "types": "./dist/node/index.d.ts",
        "default": "./dist/node/index.js"
      },
      "require": {
        "types": "./index.d.cts",
        "default": "./index.cjs"
      }
    },
    "./client": {
      "types": "./client.d.ts"
    },
    "./runtime": {
      "types": "./dist/node/runtime.d.ts",
      "import": "./dist/node/runtime.js"
    },
    "./dist/client/*": "./dist/client/*",
    "./types/*": {
      "types": "./types/*"
    },
    "./package.json": "./package.json"
  },
```

그림 6.20 npm에서 비트의 package.json을 살펴본 모습. 두 모듈 시스템을 지원하기 위해 같은 내용의 코드를 두 벌로 내보내는 것을 볼 수 있다.

이미 개발자 커뮤니티에서는 이 같은 내용에 동의해서 개발이 진행 중이며, vite@6 버전을 기준으로 CommonJS 지원이 거의 사라졌다.

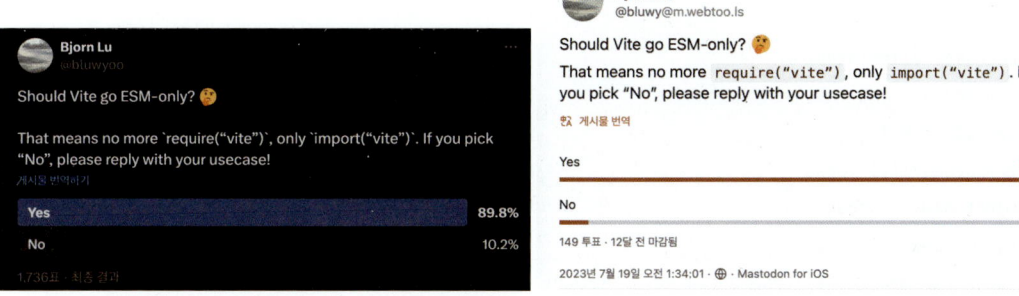

그림 6.21 ESModule Only로 가는 것에 대한 X[68]와 엘크[69]의 투표 결과. 대다수가 긍정적으로 보고 있다는 것을 알 수 있다.

따라서 앞으로 비트를 기반으로 작성할 예정이라면 ESModule로 구성 파일을 작성해야 하며, 현재 운영 중인 비트 기반 프로젝트 역시 향후 안정적인 지원을 위해서는 ESModule로 구성 파일의 마이그레이션을 검토해야 한다.

비트의 이 같은 노력이 결실을 맺게 된다면 향후에는 빌드 결과물(output) 또한 ESModule만 지원하는 날이 올지도 모른다.

6.4.2.3.1 여러 프레임워크 지원 및 (구) create-react-app의 후계자

앞에서 잠깐 언급했듯이 비트는 현재 다양한 라이브러리에 비트를 얹어서 사용할 수 있는 다양한 보일러플레이트를 제공한다. 해당 보일러플레이트는 create-vite[70]라는 이름으로 관리되고 있으며, create-vite에서 사용할 수 있는 템플릿은 다음과 같다

- Lit[71]: 구글에서 만든 웹 컴포넌트 기반 프레임워크
- Preact[72]: 리액트의 경량화 버전
- Qwik[73]: builder.io에서 만든 가볍고 빠른 차세대 웹 프레임워크
- React
- Solid[74]: 반응형에 초점을 맞춘 JSX 기반 웹 프레임워크
- 바닐라(Vanilla): 단순히 HTML과 자바스크립트로 이뤄진 프로젝트를 지원

---

68 https://x.com/bluwyoo/status/1681341833581056001
69 https://elk.zone/m.webtoo.ls/@bluwy/110736050873446169
70 https://github.com/vitejs/vite/tree/main/packages/create-vite
71 https://lit.dev/
72 https://preactjs.com/
73 https://qwik.dev/
74 https://www.solidjs.com/

사용법은 다음과 같다.

```
$ npm create vite@latest
Need to install the following packages:
create-vite@6.0.1
Ok to proceed? (y) ydone
? Project name: › react
✓ Project name: … react
? Select a framework: › - Use arrow-keys. Return to submit.
❯   Vanilla
    Vue
    React
    Preact
    Lit
    Svelte
    Solid
    Qwik
    Others
✓ Select a framework: › React
? Select a variant: › - Use arrow-keys. Return to submit.
❯   TypeScript
    TypeScript + SWC
    JavaScript
    JavaScript + SWC
    Remix ↗
```

리액트에서 비트를 사용할 수 있도록 **@vitejs/plugin-react-swc**나 **@vitejs/plugin-react**를 자체적으로 개발해서 지원하고 있지만 그 외의 프레임워크의 경우에는 커뮤니티에서 만든 **@builder.io/qwik/optimizer**나 **vite-plugin-solid**, **@preact/preset-vite** 등으로 운영되고 있다.

한 가지 관심을 끄는 점은 **create-vite**를 기반으로 한 리액트 보일러플레이트가 현재 운영되고 있는 **create-react-app**을 대체할 수 있는 CLI로 알려지고 있다는 점이다.

> Create React App solved this by combining several tools under one package, choosing a reasonable default configuration, and then papering over all the little incompatibilities between the tools. Now, if you wanted to start a new project with React, there was a single clear recommended way to do that! Then, every once in a while, you'd update this package, and get all the underlying tooling updates "for free". This model became so popular that there's an entire category of tools working this way today. Vite is indeed one of the best tools out there that share a similar vision—and, in some ways, takes it further.
>
> (번역) Create React App은 여러 도구를 하나의 패키지로 통합하고, 합리적인 기본 설정을 제공한 뒤, 이들 도구 간의 작은 비호환성 문제를 해결함으로써 이 문제를 해결했습니다. 이제 (Vite라는) 리액트로 새 프로젝트를 시작할 때 명확하고 권장되는 단 하나의 방법이 생긴 셈입니다! 그리고 가끔 이 패키지를 업데이트하기만 하면 모든 관련 도구의 업데이트를 "자동으로" 받을 수 있었습니다. 이 모델은 엄청난 인기를 끌었고, 오늘날에는 이 방식을 따르는 도구들이 하나의 카테고리를 이룰 정도가 되었습니다. Vite는 이러한 비전을 공유하는 대표적인 도구 중 하나로, 어떤 면에서는 이를 한 단계 더 발전시켰다고 볼 수 있습니다.

이 글은 create-react-app을 비트로 대체하자는 제안에 대한 리액트 코어 개발자의 답변을 일부 발췌[75]한 것으로, 비트가 create-react-app과 유사한 비전을 가지고 있으며, 성능 측면에서는 더 나은 면을 가지고 있다고 언급했다. 따라서 create-react-app으로 애플리케이션을 만들 계획이 있거나 이와 유사한 스펙을 가진 리액트 애플리케이션을 만들고 싶다면 create-vite를 이용하는 것이 유리할 수 있다. create-vite는 단순히 리액트 애플리케이션을 만들 수 있을 뿐만 아니라 자바스크립트 또는 타입스크립트 중 하나를 선택할 수도 있으며, 트랜스파일러로 SWC를 선택할 수도 있다.

📄 앞으로 만들어질 모든 리액트 애플리케이션은 create-vite를 쓰는 것이 좋을까요?

> 앞의 답변에서 create-react-app보다는 create-vite로 만드는 편이 더 유리하다고 언급했지만 create-vite 역시 마찬가지로 싱글 페이지 애플리케이션을 만드는 용도로만 제작돼 있으며, SSG(Static Site Generation, 정적 사이트 생성) 또는 SSR(Server Side Rendering, 서버 사이드 렌더링)을 지원하지 못한다는 것은 동일하다.
>
> 이러한 한계점으로 인해, 향후 create-react-app 명령어는 CLI 방식은 유지하되, 추천 프레임워크 목록을 제안하고 그중 하나로 클래식 형태, 즉 프레임워크가 없는 접근 방식을 제공할 것이라고 언급했다. 그리고 이 프레임워크가 없는 방식은 현재의 create-react-app과 유사할 것이라고 했으니 향후 비트가 이 클래식 버전으로 채택될 가능성이 있다. 결국 create-react-app은 지금처럼 프로젝트를 만드는 명령어가 아닌, 리액트 애플리케이션을 만들 수 있는 여러 프레임워크 옵션을 제공하는 런처 형태로 진화할 것이라 언급했다. 프레임워크 목록에는 리액트 공식 웹사이트[76]에서 언급하는 Next.js, Remix, Gatsby, Expo 등이 있을 것이다.

---

[75] https://github.com/reactjs/react.dev/pull/5487#issuecomment-1409720741
[76] https://react.dev/learn/start-a-new-react-project

6.4.3 설정에 필요한 주요 필드

다음으로 `vite.config.js`, 비트 설정에 필요한 주요 필드를 살펴보자. 앞에서 언급한 것처럼 `vite@6.x`부터 ESModule로 작성하는 것만 허용될 예정이므로 여기서 설명하는 모든 설정은 ESModule로 작성됐다는 가정하에 설명한다.

다른 번들러와 마찬가지로 최상위에 `vite.config.js`를 작성해서 구성 파일을 선언할 수 있다. 또한 `vite.config.mjs` 형식의 ESModule 파일도 지원하며, `vite.config.ts`, `vite.config.mts`처럼 타입스크립트 파일로도 작성할 수 있다. 이 중에서 개발자가 원하는 방식으로 구성 파일을 작성하면 해당 구성 파일을 읽고 비트가 작업을 시작한다.

그럼 지금부터 본격적으로 어떤 필드를 사용할 수 있는지 살펴보자.

6.4.3.1 root

프로젝트의 최상위 디렉터리 위치를 의미한다. `create-vite`를 실행하면 `index.html` 파일이 생성되는 것을 볼 수 있는데, 이 `index.html`이 있는 곳이 일반적으로 `root`로 설정된다. 이는 `public` 폴더 내에 `index.html`이 생성되는 웹팩과는 다른 점이다. 공식 문서를 보면 '추가적인 번들 과정 없이 `index.html` 파일이 앱의 진입점이 되게끔 하기 위함이다'라고 언급돼 있다. 이러한 차이는 웹팩 기반의 `create-react-app`과 비교하면 차이를 확연하게 알 수 있다. 다음은 웹팩과 비트의 `index.html`이다.

```html
<!-- 웹팩 기반의 create-react-app -->
<!-- 개발 모드 -->
<!doctype html>
<html lang="en">
  <head>
    <meta charset="utf-8" />
    <link rel="icon" href="%PUBLIC_URL%/favicon.ico" />
    <meta name="viewport" content="width=device-width, initial-scale=1" />
    <meta name="theme-color" content="#000000" />
    <meta name="description" content="Web site created using create-react-app" />
    <link rel="apple-touch-icon" href="%PUBLIC_URL%/logo192.png" />
    <link rel="manifest" href="%PUBLIC_URL%/manifest.json" />
    <title>React App</title>
  </head>
  <body>
    <noscript>You need to enable JavaScript to run this app.</noscript>
```

```html
    <div id="root"></div>
  </body>
</html>
```

```html
<!-- 빌드 후 -->
<!doctype html>
<html lang="en">
  <head>
    <meta charset="utf-8" />
    <link rel="icon" href="/favicon.ico" />
    <meta name="viewport" content="width=device-width,initial-scale=1" />
    <meta name="theme-color" content="#000000" />
    <meta name="description" content="Web site created using create-react-app" />
    <link rel="apple-touch-icon" href="/logo192.png" />
    <link rel="manifest" href="/manifest.json" />
    <title>React App</title>
    <script defer="defer" src="/static/js/main.cdfd3951.js"></script>
    <link href="/static/css/main.f855e6bc.css" rel="stylesheet" />
  </head>
  <body>
    <noscript>You need to enable JavaScript to run this app.</noscript>
    <div id="root"></div>
  </body>
</html>
```

```html
<!-- create-vite -->
<!-- 개발 모드 -->
<!doctype html>
<html lang="en">
  <head>
    <meta charset="UTF-8" />
    <link rel="icon" type="image/svg+xml" href="/vite.svg" />
    <meta name="viewport" content="width=device-width, initial-scale=1.0" />
    <title>Vite + React + TS</title>
  </head>
  <body>
    <div id="root"></div>
    <script type="module" src="/src/main.tsx"></script>
  </body>
```

```html
</html>

<!-- 빌드 후 -->
<!doctype html>
<html lang="en">
  <head>
    <meta charset="UTF-8" />
    <link rel="icon" type="image/svg+xml" href="/vite.svg" />
    <meta name="viewport" content="width=device-width, initial-scale=1.0" />
    <title>Vite + React + TS</title>
    <script type="module" crossorigin src="/assets/index-DVoHNO1Y.js"></script>
    <link rel="stylesheet" crossorigin href="/assets/index-DiwrgTda.css" />
  </head>
  <body>
    <div id="root"></div>
  </body>
</html>
```

위 파일은 각각 웹팩 기반의 `create-react-app`과 비트 기반의 `create-vite` 앱의 `index.html`을 나타낸다. 웹팩의 경우 번들링 작업을 거치는 과정에서 어느 정도 파일 변경이 있었던 반면, 비트는 `script` 주소 및 위치 변경과 `stylesheet` 삽입을 제외하면 거의 그대로 사용되고 있는 것을 볼 수 있다. 이를 통해 비트가 `index.html`을 추가적인 번들링 작업 없이도 자연스럽게 애플리케이션의 진입점이 되도록 설정해 뒀다는 것을 볼 수 있다.

또한 스크립트 삽입 방식에도 각각에 차이가 있다. 웹팩의 경우 `<script defer ..>` 방식을 사용해 비동기 형태로 스크립트를 불러오는 반면, 비트는 여기에 추가로 `type="module"`을 선언했다. 이 필드와 값은 해당 스크립트를 ESModule로 불러온다는 뜻이며, 이는 이미 앞서 여러 차례 다뤘던 ESModule의 특징인 독립적인 스코프, 모듈 시스템 사용 등을 의미한다. 한 가지 다른 점이 있다면 `defer` 속성이 없다는 것인데, 이는 기본적으로 `type="module"`로 불러온 스크립트는 이미 `defer`가 기본값으로 적용되기 때문에 굳이 다시 선언하지 않아도 된다.[77]

비트에서는 `root`를 최상위 디렉터리라는 개념으로도 부르는데, 이 경로에서 `index.html`을 비롯한 정적 파일을 제공할 수 있다. 비트 빌드 시스템 내에서 절대 경로는 이 `root`를 의미하며, 단순 정적 파일 제공 용도로 사용되기 때문에 외부 의존성도 처리할 수 있다는 장점이 있다.

---

77 https://developer.mozilla.org/en-US/docs/Web/HTML/Element/script#module

이 필드의 기본값은 `process.cwd()`이며, 현재 Node.js 프로세스가 실행되는 디렉터리를 의미한다.

6.4.3.2 base

Next.js의 `basePath`와 유사한 기능으로, 여기에 값을 지정하면 `localhost:5173`이 아니라 `localhost:5173/설정값`으로 서빙된다. 만약 `base`의 값으로 `help`를 넣었다고 가정하면 로컬 서버를 실행했을 때 다음과 같이 실행된다.

```
VITE v6.0.1  ready in 317 ms

Local:    http://localhost:5173/help
Network:  use --host to expose
press h + enter to show help
```

이는 배포하고자 하는 시스템이 최상위가 아닌 경우에 유용하게 사용할 수 있다. 이 값은 자바스크립트, CSS, HTML과 같은 모든 정적 파일 리소스가 해당 `base`에 맞춰 서빙되도록 변경해준다.

```html
<!doctype html>
<html lang="en">
  <head>
    <meta charset="UTF-8" />
    <link rel="icon" type="image/svg+xml" href="/help/vite.svg" />
    <meta name="viewport" content="width=device-width, initial-scale=1.0" />
    <title>Vite + React + TS</title>
    <script type="module" crossorigin src="/help/assets/index-Cool6Dm0.js"></script>
    <link rel="stylesheet" crossorigin href="/help/assets/index-DiwrgTda.css" />
  </head>
  <body>
    <div id="root"></div>
  </body>
</html>
```

만약 동적으로 이 값을 부여하고 싶다면 `vite build --base=/help`와 같이 CLI 방식을 사용하거나 `import.meta.env.BASE_URL`로도 가능하다.

> 비트에서는 환경변수에 어떻게 접근하나요?
>
> 일반적인 프로젝트에서는 `process.env.NODE_ENV`와 같은 방식으로 Node.js에서 제공하는 `process.env`를 사용하지만 비트에서는 4.3.2.1.3절 'import.meta'에서 소개한 `import.meta`를 사용하며, 환경변수에는 `import.meta.env`로 접근할 수 있게 해준다. 먼저 기본적으로 제공되는 환경변수는 다음과 같다.
>
> - `import.meta.env.MODE`: 현재 애플리케이션이 동작하고 있는 모드(development, production). 이 값은 `process.env.NODE_ENV`와는 별개로 동작한다.
> - `import.meta.env.BASE_URL`: 애플리케이션에 제공되는 베이스 URL로, 앞서 소개한 base 설정에 의해 결정된다.
> - `import.meta.env.PROD`: `process.env.NODE_ENV` 값이 production이면 true로 반환된다.
> - `import.meta.env.DEV`: `process.env.NODE_ENV` 값이 production이 아닌 모든 값에서 true로 반환된다.
> - `import.meta.env.SSR`: 애플리케이션이 서버에서 실행 중인지 확인한다.
>
> 비트는 dotenv와[78] 함께 동작해서 `.env`, `.env.local` 파일 등에서 환경변수를 가져온다. 이처럼 dotenv로 적용한 환경변수는 `VITE_`라는 접두사와 함께 비트 환경 내에서 사용할 수 있다. 다음 예제를 보자.

```
import {useEffect} from 'react'

function App() {
  useEffect(() => {
    console.log('import.meta :', import.meta)
    console.log('import.meta.env.VITE_HELLO :', import.meta.env.VITE_HELLO)
    console.log(import.meta.env.HI)
    // eslint-disable-next-line @typescript-eslint/ban-ts-comment
    // @ts-ignore
    console.log('process.env.NODE_ENV :', process.env.NODE_ENV)
    // eslint-disable-next-line @typescript-eslint/ban-ts-comment
    // @ts-ignore
    console.log('process.env.VITE_HELLO : ', process.env.VITE_HELLO)
    // eslint-disable-next-line @typescript-eslint/ban-ts-comment
    // @ts-ignore
    console.log('process.env.HELLO : ', process.env.HELLO)
    // eslint-disable-next-line @typescript-eslint/ban-ts-comment
```

---

[78] https://github.com/motdotla/dotenv#readme

```
      // @ts-ignore
      console.log('process.env.HI : ', process.env.HI)
    }, [])

    return null
  }

  export default App
```

이 예제를 로컬에서 실행하면 다음과 같은 결과를 확인할 수 있다.

```
import.meta :                                                                          App.tsx:5
  ▶ {url: 'http://localhost:5173/help/src/App.tsx?t=1721531854831', hot: HMRContext, env: {…}, resolve: f} ⓘ
    ▼ env:
        BASE_URL: "/help"
        DEV: true
        MODE: "development"
        PROD: false
        SSR: false
        VITE_HELLO: "world"
      ▶ [[Prototype]]: Object
    ▶ hot: HMRContext {hmrClient: HMRClient, ownerPath: '/src/App.tsx', newListeners: Map(0)}
    ▶ resolve: f resolve()
      url: "http://localhost:5173/help/src/App.tsx?t=1721531854831"
import.meta.env.VITE_HELLO : world                                                     App.tsx:6
undefined                                                                              App.tsx:7
process.env.NODE_ENV : development                                                     App.tsx:10
⊗ ▶ Uncaught ReferenceError: process is not defined              react-dom.development.js:22878
    at App.tsx:13:46
    at commitHookEffectListMount (react-dom.development.js:23189:26)
    at commitPassiveMountOnFiber (react-dom.development.js:24965:13)
    at commitPassiveMountEffects_complete (react-dom.development.js:24930:9)
    at commitPassiveMountEffects_begin (react-dom.development.js:24917:7)
    at commitPassiveMountEffects (react-dom.development.js:24905:3)
    at flushPassiveEffectsImpl (react-dom.development.js:27078:3)
    at flushPassiveEffects (react-dom.development.js:27023:14)
    at react-dom.development.js:26808:9
    at workLoop (scheduler.development.js:266:34)
```

그림 6.22 앞의 코드를 브라우저에서 확인한 모습. 전역 변수로 process가 존재하지 않는다는 에러를 확인할 수 있다.

이를 통해 알 수 있는 내용은 다음과 같다.

- import.meta.env에는 앞서 소개한 비트의 환경변수 값과 VITE_HELLO 값만이 존재한다. 즉, 비트의 환경변수는 기본값과 VITE_ 접두사가 붙은 환경변수만 가능하다는 것을 알 수 있다.
- import.meta.hot에는 HMR, 즉 개발 환경의 빠른 코드 수정 반영을 위한 설정 값이 들어 있다.
- import.meta.resolve에는 4.3절 'ESModule이란 무엇일까?'에서 소개한 값이 들어 있다.
- VITE_ 접두사가 없는 환경변수 값은 로컬에서 undefined로 확인된다.
- process.env process.env.NODE_ENV의 값은 development로 확인됐다. 그러나 다른 값은 'process is not defined' 라는 에러가 발생한다. 즉, 비트가 시작 시점에는 process.env.NODE_ENV를 적절한 값으로 치환해주지만 그 외의 값은 그 렇게 해주지 못해 에러가 발생한다.

그리고 빌드하면 다음과 자바스크립트 파일이 생성된다.

```js
var Od = {
        VITE_HELLO: "world",
        BASE_URL: "/",
        MODE: "production",
        DEV: !1,
        PROD: !0,
        SSR: !1
    },
    Wl = {};

function Md() {
    return br.useEffect(() => {
        console.log("import.meta :", import.meta), console.log("import.meta.env.VITE_HELLO :", "world"), console.log(Od.HI), console.log("process.env.NODE_ENV :", "production"), console.log("process.env.VITE_HELLO : ", Wl.VITE_HELLO), console.log("process.env.HELLO : ", Wl.HELLO), console.log("process.env.HI : ", Wl.HI)
    }, []), null
}
Ql.createRoot(document.getElementById("root")).render(ju.jsx(wc.>StrictMode, {
    children: ju.jsx(Md, {})
}));
```

빌드 결과물을 통해 다음과 같은 값을 알 수 있다.

- import.meta 코드는 그대로 대체되지 않고 존재한다.
- import.meta.env.VITE_HELLO, process.env.NODE_ENV 등 빌드 시점에 확인할 수 있는 값들은 이미 본래의 값인 "world", "production" 등으로 대체돼 있다.
- import.meta.env.HI, process.env.HI, process.env.HELLO 등 비트에서 허락하지 않은 환경변수는 대체되지 않았으며, 아무것도 없는 객체인 {}를 참조한다.

즉, 환경변수 역시 비트의 철학에 맞게 import.meta를 통해서만 접근할 수 있으며, 환경변수에 값을 추가해서 주입하고 싶다면 VITE_ 접두사를 통해서만 가능하다.

6.4.3.3 mode

웹팩과 비슷하게 dev 명령어로 실행되는 개발 서버의 경우 mode의 값은 development로 대체되고, build로 실행되는 경우에는 production으로 대체된다. 그리고 이 값은 stage, test 등 사용자가 원하는 다른 값과 연계해서 사용할 수 있으며, 이 값은 비트가 내부적으로 사용하는 dotenv에도 다음과 같은 영향을 미친다.

- mode 값 없이 비트에서 dev로 실행하는 경우: .env.local
- mode의 값에 특정한 값을 넣어 실행되는 경우: .env.[mode]. 예를 들어, mode에 stage 값을 넣어서 사용한다면 .env.stage에 있는 환경변수 값을 사용한다.
- build로 실행하는 경우: .env.production 파일을 사용한다.

mode 값이 없는 .env는 모든 경우에 사용될 수 있지만 위 조건에 맞는 파일이 있는 경우 해당 파일의 값을 우선해서 사용한다.

mode는 사용자가 원하는 값을 지정해서 선언해서 사용할 수 있다는 점에서 development와 production 값으로 한정돼 있는 process.env.NODE_ENV보다 자유도가 높다. 그래서 이 값은 대개 개발자가 환경에 따라 다르게 동작하도록 만들고 싶을 때 주로 사용된다. 만약 프로젝트의 환경에 따라 다른 결과물을 만들고 싶다면 이 mode 값을 사용하는 것이 좋다.

6.4.3.4 define

new webpack.DefinePlugin과 마찬가지로, 코드 내부에 있는 전역 상수로 대체될 수 있는 값을 열거해 둘 수 있다.

```
export default defineConfig({
  define: {
    __APP_VERSION__: JSON.stringify('v1.0.0'),
    __API_URL__: 'window.__backend_api_url',
  },
})
```

이 값 역시 빌드하는 시점에서 해당 값으로 치환되며, JSON.stringify를 통해 직렬화하며 처리될 수 있는 값만 선언해 둬야 한다.

6.4.3.5 plugins

롤업의 호환성을 염두에 두고 만들어진 만큼, 대부분의 롤업 플러그인을 이 `plugins` 필드에 두고 사용할 수 있다. 호환되는 플러그인 목록은 https://github.com/rollup/awesome에서 확인할 수 있으며, 비트 전용으로 만든 플러그인은 https://github.com/vitejs/awesome-vite#plugins에서 확인할 수 있다. 동작 방식 역시 롤업과 비슷하기 때문에 여기에서 자세하게 설명하지는 않는다.

다만 플러그인을 만들어보고 싶다면 공식 문서[79]를 참조하자.

6.4.3.6 publicDir과 cacheDir

- `publicDir`: CSS, 이미지, 폰트와 같은 정적 애셋을 제공하기 위한 디렉터리다. 기본값은 웹팩과 마찬가지로 `/public` 디렉터리이며, 이 디렉터리에 위치한 값이 그대로 제공된다. 이 위치에 있는 정적 리소스는 후에 `outDir`, 기본값으로는 `/dist`에 그대로 위치하게 된다.
- `cacheDir`: 캐시 파일을 저장하는 디렉터리다. 이 폴더에는 비트에서 관리하는 캐시를 저장해두는데, 앞서 살펴본 사전 번들링 내용도 이 캐시에 담긴다. 기본값은 `node_modules/.vite`다.

6.4.3.7 build

이 옵션은 빌드와 관련된 옵션이다. 실제 결과물을 만들 때 많은 영향을 미치는 필드이므로 잘 숙지해두면 도움이 된다.

6.4.3.7.1 build.target

최종 빌드 결과물을 어떤 브라우저에 맞춰 빌드할지 알려주는 옵션이다. 기본값은 `modules`이며, 이 `modules` 값은 비트 코드에 따르면 다음과 같은 값을 가지고 있다.[80]

```
export const ESBUILD_MODULES_TARGET = ['es2020', 'edge88', 'firefox78', 'chrome87', 'safari14']
```

위 브라우저의 공통점은 ESModule의 `import.meta.url`과 동적 임포트를 안정적으로 지원하는 버전이라는 데 있다. 이 값은 `esbuild`의 `target`[81]과 직접적으로 관련이 있으며, 실제 사용할 수 있는 값도 `string`, `string[]`으로 동일하다.

---

[79] https://vitejs.dev/guide/api-plugin
[80] https://github.com/vitejs/vite/blob/0cde495ebeb48bcfb5961784a30bfaed997790a0/packages/vite/src/node/constants.ts#L21-L27
[81] https://esbuild.github.io/api/#target

실제 서비스나 라이브러리를 개발하고 싶다면 이 값을 지원하고자 하는 최소 환경에 맞춰 `browserslist` 값을 지정해두면 유용하게 사용할 수 있다.

6.4.3.7.2 build.outDir

프로젝트의 번들 결과물이 생성되는 폴더로, 기본값은 `/dist`다. 이 폴더는 `git`에서 관리되지 않도록 `.gitignore`에 추가해두는 것이 좋다.

6.4.3.7.3 build.minify

코드를 압축시켜 경량화할지 여부를 나타내는 값으로, `false`를 지정해 이 옵션을 끌 수 있거나 `terser` 또는 `esbuild` 옵션을 사용해 원하는 도구를 지정할 수 있다. `esbuild`로 지정하는 경우 속도가 매우 빨라지지만 압축률이 다소 떨어지기 때문에 원하는 옵션을 선택하면 된다. 단, `terser`를 사용하려면 `terser` 라이브러리를 별도로 설치해야 한다.

6.4.3.7.4 build.lib

라이브러리 모드로 빌드할지 여부를 나타낸다. 라이브러리 모드는 npm 레지스트리에 업로드하거나 스크립트로 삽입할 자바스크립트 패키지를 개발할 때 사용된다. 이 옵션을 활용하기 위해 필요한 값은 다음과 같다.

```
type lib = {
  entry: string | string[] | {[entryAlias: string]: string}
  name?: string
  formats?: ('es' | 'cjs' | 'umd' | 'iife')[]
  fileName?: string | ((format: ModuleFormat, entryName: string) => string)
}
```

- entry: 일반적인 비트의 진입점은 `index.html`이지만 라이브러리 모드에서는 그러한 진입점이 없으므로 롤업을 개발할 때와 마찬가지로 진입점을 설정해야 한다.
- name: 6.3절 '패키지 번들의 선두주자, 롤업'에서 소개한 `output.name`과 동일하다.
- format: 6.3절 '패키지 번들의 선두주자, 롤업'에서 소개한 `output.format`과 동일하지만 사용할 수 있는 값은 es, cjs, umd, iife로, AMD나 SystemJS는 지원하지 않는다.
- filename: 만들어낼 패키지 파일의 출력명을 나타낸다. 기본값은 `package.json`의 name이다.

이 외에도 비트에서 다루는 다양한 옵션들이 있지만 여기서 모두 다루지 않고 주요 내용만 살펴봤다. 만약 더 많은 설정에 대해 알고 싶다면 공식 문서[82]를 참고하자. 공식 문서에서는 서버, 빌드, 프리뷰, 의존성, SSR, 워커 등 다양한 상황에 필요한 옵션을 제공한다.

6.4.3.7.5 build.rollupOptions

롤업 옵션을 커스터마이징할 수 있는 필드다. 여기에 롤업 구성 파일에서 사용하는 롤업 설정 관련 내용을 작성할 수 있으며, 여기에 작성된 내용은 비트가 내부적으로 사용하는 롤업 옵션과 병합된다. 이와 관련된 내용을 알고 싶다면 6.3절 '패키지 번들의 선두주자, 롤업'을 살펴보거나 롤업 공식 문서[83]를 참고하자.

6.4.4 정리

Vue.js를 지원하기 위해 만들어졌던 비트는 점차 모던 웹 개발의 중요한 도구로 자리 잡고 있다. esbuild를 기반으로 한 빠른 속도와 이미 풍부한 기능을 제공하고 있는 롤업의 철학을 자연스럽게 연착륙시킴으로써 자바스크립트 개발자의 생산성을 향상시키는 데 크게 도움이 되고 있다. 또한 ESModule을 네이티브로 활용하는 방식 역시 많은 개발자들의 모듈 패러다임을 ESModule로 바꾸는 데 큰 도움을 주고 있다.

롤업을 통해 이미 어느 정도 번들러에 대해 지식을 갖추고 있는 사람에게도, 그리고 처음 자바스크립트 번들러를 접하는 사람 모두에게 비트는 사용 가능한 도구로 자리 잡고 있으며, 나아가 롤다운 프로젝트가 성공적으로 마무리된다면 비트는 한층 더 강력한 번들 도구로 자리 잡게 될 것이다.

지금까지 자바스크립트 패키지를 개발하기 위한 다양한 지식을 습득했다. 이제 다음 장을 시작으로 본격적으로 실제 코드를 작성하며 자바스크립트 패키지를 작성해보자. 현재까지 다룬 내용을 충분히 숙지하고 있다면 자바스크립트 패키지를 작성하는 데 필요한 대부분의 지식을 갖추고 있는 셈이니 크게 어렵지 않을 것이다. 혹은 아직 부족한 점이 있다고 하더라도 직접 코드를 작성하다 보면 앞에서 다룬 내용에 대해 다시 한번 곱씹고 이해할 수 있을 것이다.

---

[82] https://ko.vitejs.dev/config/
[83] https://rollupjs.org/configuration-options/

07장

직접 자바스크립트 패키지 만들기

지금까지 자바스크립트 패키지와 관련된 다양한 도구와 개념들을 깊이 있게 탐구했다. npm을 시작으로 pnpm, Yarn 등의 패키지 관리자를 비롯해 모듈 시스템의 개념을 이해하고, 트랜스파일링과 폴리필의 필요성을 살펴봤으며, 번들링 도구를 활용해 효율적인 코드 배포 방법도 익혔다. 이러한 지식들은 현대 자바스크립트 개발 환경에서 필수적인 기본기를 다지는 데 중요한 역할을 한다.

이제 이러한 이론적 기반을 바탕으로 직접 자바스크립트 패키지를 만들어보자. 자바스크립트 패키지를 만드는 과정은 단순히 몇 줄의 코드를 작성하는 것으로 끝나지 않는다. 이는 문제를 정의하고, 이를 해결하기 위한 명확한 목표를 설정하는 것에서부터 시작된다. 이후 프로젝트의 구조를 설계하고, 적절한 개발 환경을 구성해서 생산적인 개발 작업을 할 수 있도록 준비한다. 코드를 작성하면서 철저한 테스트를 통해 기능의 신뢰성을 보장하고, 타인과 협업하거나 사용자가 이해할 수 있도록 문서화하는 과정도 빼놓을 수 없다. 이 모든 과정을 거친 후에는 실제로 npm에 배포해서 전 세계 개발자들이 활용할 수 있도록 공개하는 단계까지 진행한다. 이 과정은 단순한 실습을 넘어, 자바스크립트 생태계에 기여하는 개발자가 되기 위한 중요한 경험을 제공한다. 패키지를 제작하며 얻는 경험은 향후 더 복잡한 프로젝트를 진행하는 데 큰 자산이 될 것이며, 다른 개발자들과 지식을 공유하고 협력하는 기회를 열어줄 것이다.

7.1 나만의 npm 패키지 만들기

이번 절에서는 직접 npm 레지스트리에 업로드할 패키지를 만들어본다. 무엇을 개발할지 구상하는 것부터 npm 레지스트리에 등록하고 실제 설치해보는 것까지, 오픈소스 개발자가 일반적으로 겪는 모든 과정을 체험할 것이다. 이를 통해 독자들은 실제 npm 패키지 개발 과정을 단계별로 경험하게 되며, 단순히 패키지를 사용하는 것을 넘어 직접 개발하고 배포할 수 있는 역량을 갖추게 될 것이다.

> **노트**
>
> 예제 프로젝트의 완성본은 아래의 예제 코드 저장소와 npm 페이지에서 확인할 수 있다.
> - 예제 프로젝트: https://github.com/yceffort/ndive-react-image
> - npm 페이지: https://www.npmjs.com/package/@ndive/react-image

7.1.1 패키지 개발을 위한 체크리스트

일반적인 서비스 개발은 명확한 목표와 이를 도와주는 디자이너 및 기획자가 함께하는 경우가 많다. 하지만 npm 패키지 개발은 대부분 개발자가 주도적으로 진행해야 한다. 따라서 본격적인 개발에 앞서 몇 가지 체크리스트를 바탕으로 장기적인 계획을 세우는 것이 중요하다. 다음은 npm 패키지를 개발하기 전에 확인해야 할 체크리스트다.

- **아이디어 검증 및 기술적 타당성 검토**: 어떤 기능을 가진 패키지를 만들 것인가? 해당 기능을 실제로 구현할 수 있는가? 기존 솔루션과 비교해 어떤 차별점을 제공하는가?

- **라이선스 선택**: 코드가 특정 라이선스의 보호를 받을 필요가 있는가? 아니면 모두가 참여할 수 있는 오픈소스로 만들고자 하는가? 선택한 라이선스의 의미와 제약사항을 충분히 이해하고 있는가?

- **적절한 이름 고르기**: 등록하려는 이름이 이미 사용 중인지 확인했는가? 이름이 패키지의 기능을 잘 설명하거나 기억에 남을 만한가? npm 레지스트리뿐만 아니라 깃허브 같은 다른 플랫폼에서도 사용 가능한 이름인가?

- **지원 환경**: 패키지가 모든 환경에서 동작할 필요는 없다. 어떤 환경에서 동작하도록 만들고 싶은가? 해당 범위가 충분히 많은 사용자들에게 유용한가? 지원하려는 Node.js 버전 범위는 적절한가?

- **개발 환경 및 프로젝트 구조**: 코드 작성, 빌드, 번들링에 사용할 도구는 무엇인가? 타입스크립트를 사용할 것인가? 모듈 시스템(CommonJS/ESModule)은 어떻게 지원할 것인가?

- **의존성 관리 계획**: 패키지를 사용하기 위해 설치해야 하는 의존성은 무엇인가? dependencies와 peerDependencies는 어떻게 구분할 것인가? 버전 범위는 충분히 유연한가? 최소한의 필수 의존성만 포함하고 있는가?

- **CI 및 CD 설정**: 패키지의 신뢰성을 높이기 위해 CI 환경을 구축했는가? 자동화된 테스트, 린팅, 타입 체크 등이 포함된 CI 파이프라인을 구성했는가? 배포를 수시로, 안정적으로 진행할 수 있는 시스템을 마련했는가?

이제부터 각 항목에서 어떤 점을 구체적으로 점검해야 하는지 살펴보자.

7.1.1.1 아이디어 검증 및 기술적 타당성 검토

가장 먼저 해야 할 일은 어떤 npm 패키지를 만들지 목표를 정하는 것이다. 현재 npm 레지스트리에는 3백만 개가 넘는 패키지가 등록돼 있으며, 개발자가 상상할 수 있는 대부분의 기능은 이미 존재할 가능성이 높다. 하지만 이는 자바스크립트 패키지를 만들 가치가 없다는 뜻은 아니다. 3백만 개의 패키지가 모두 활발히 유지 관리되고 있는 것은 아니며, 많은 패키지가 만들어졌지만 사용자가 적거나 오래되어 관리되지 않는 경우가 대부분이다. 설령 필요한 기능을 제공하는 패키지가 있더라도 이를 현대 자바스크립트 개발 환경에 맞춰 새롭게 개발하는 것도 충분히 가치 있는 일이다.

자바스크립트 생태계에서 날짜와 시간을 다루는 데 가장 널리 쓰였던 moment[1]를 예로 들어보자. moment는 수십 가지의 유틸리티를 제공하며, 많은 다운로드 수를 기록한 안정적인 라이브러리다. 그래서 더 이상 날짜 관련 패키지를 만들 필요가 없다고 생각할 수도 있다. 그러나 moment는 트리 셰이킹이 잘 되지 않아 번들 크기가 크고, 가변적인 객체를 생성해 예기치 않은 동작을 초래하는 등의 문제가 있었다. 이러한 문제를 해결하기 어려워 현재 moment는 공식적으로 유지보수가 중단된 상태다.[2] 이런 배경 속에서 Day.js[3], Luxon[4], date-fns[5] 같은 날짜 관련 자바스크립트 패키지가 활발히 개발되고 있다. 이들은 모두 비슷한 목적을 가지고 있지만 각기 다른 특징과 장점을 바탕으로 여전히 유지보수되고 있다.

또한 모든 사용자를 대상으로 하는 오픈소스 패키지를 만들지 않더라도 특정 환경에서 활용될 패키지를 만드는 것도 유의미하다. 일정 규모 이상의 회사에서는 여러 웹서비스를 운영하기 마련이며, 이 과정에서 공통적으로 활용할 수 있는 로직이나 디자인 시스템을 관리하기 위해 내부적으로 npm 패키지를 제작하는 경우가 많다. 이러한 공통 패키지를 회사 내부 레지스트리에 업로드하면 각 서비스가 파편화되더라도 효율적으로 관리할 수 있다.

개인이 학습이나 코드 관리를 목적으로 패키지를 배포하는 것도 좋은 아이디어다. 자주 사용하는 도구나 설정을 패키지로 만들어 두면 프로젝트마다 반복적으로 설정할 필요 없이 생산성을 크게 높일 수 있다. 예를 들어, 자신만의 ESLint나 Prettier 규칙을 패키지로 만들어 배포하면 코딩 스타일을 일관되게 유지하고, 프로젝트 간 설정을 표준화할 수 있다. 이는 단순히 개인 생산성을 높이는 데 그치지 않고 오픈소스 커뮤니티에 기여하거나 스스로의 개발 역량을 성장시키는 계기가 될 수도 있다.

---

[1] https://github.com/moment/moment/
[2] https://momentjs.com/docs/
[3] https://day.js.org/
[4] https://github.com/moment/luxon
[5] https://date-fns.org/

만들 패키지를 결정했다면 그 타당성을 기술적으로 검토해야 한다. 가장 빠른 방법은 자신이 관리하는 서비스에서 해당 패키지를 미리 개발해보는 것이다. 만약 관리하는 서비스가 없다면 예상 사용 환경을 간단히 구축해보는 것도 유용하다. 예를 들어, 리액트 컴포넌트를 npm 패키지로 만들고 싶다면 바로 배포 작업을 시작하기보다는 create-react-app이나 Vite를 활용해 리액트 환경을 설정하고 개발을 시작해보자. 특정 폴더를 가상의 npm 패키지로 가정하고, 외부 코드와 강하게 결합되거나 부수 효과가 많은 부분은 없는지 검토해야 한다. 참조가 깊거나 부수 효과가 많을수록 패키지 배포가 어려워지고, 의도한 목적이 퇴색될 수 있다. 따라서 실제 서비스 환경에서 연습해보는 과정은 매우 유용하다.

7.1.1.2 라이선스 선택

패키지 개발을 시작하기로 결심했다면 다음으로 해야 할 일은 라이선스를 선택하는 것이다. 라이선스는 패키지 사용에 대한 조건과 제한을 명확히 규정하며, 사용자와 개발자 모두의 권리를 보호한다. 라이선스에 대한 기본적인 내용은 2.1절 'package.json 톺아보기'의 라이선스 절에서 다뤘으니 이를 참고해서 자신의 패키지에 적합한 라이선스를 고르면 된다.

그렇다면 어떤 기준으로 라이선스를 선택해야 할까? 먼저 프로젝트의 성격과 목적을 명확히 해야 한다. 패키지가 순수 오픈소스인지, 상업적 목적으로 사용될 가능성이 있는지 고민해보자. 만약 패키지 개발에 외부 라이브러리를 활용한다면 해당 라이브러리의 라이선스와 호환성도 반드시 확인해야 한다. 또한 오픈소스라면 외부 기여자를 어떻게 관리할지 미리 계획을 세워야 한다. 회사 프로젝트라면 회사의 정책을 확인해 법적 문제를 사전에 방지해야 한다.

다음은 프로젝트 특성에 따라 추천되는 라이선스와 그 설명을 정리한 표다.

표 7.1 프로젝트 특성에 따라 추천하는 라이선스

프로젝트 특성	추천 라이선스	설명
순수 오픈소스	MIT[6], Apache 2.0[7]	가장 자유로운 사용을 허용, 널리 사용됨
코드 공개 의무	GPL[8], LGPL[9]	파생 작업의 소스코드 공개 요구
상업적 이용 고려	Apache 2.0, BSD[10]	특허 조항 포함, 기업 친화적

---

[6] https://opensource.org/licenses/MIT
[7] https://opensource.org/licenses/Apache-2.0
[8] https://www.gnu.org/licenses/gpl-3.0.html
[9] https://www.gnu.org/licenses/lgpl-3.0.html
[10] https://opensource.org/licenses/BSD-3-Clause

프로젝트 특성	추천 라이선스	설명
단순 활용 목적	MIT, ISC[11]	간단하고 짧은 라이선스, 사용 제한 최소화
학술/연구 목적	Apache 2.0, MIT	인용과 재사용이 용이한 라이선스
기업 내부 사용	proprietary, MIT	내부 사용은 제한적 공개나 비공개 가능
커뮤니티 중심	MPL[12], EPL[13]	파일 단위의 카피레프트, 모듈화에 유리

만약 어떤 라이선스를 선택해야 할지 막막하다면 npm에서 가장 많이 사용되는 라이브러리와 그것들의 라이선스를 참고하는 것도 좋은 방법이다. 다음 그림은 npm에서 자주 사용되는 라이선스를 보여준다.

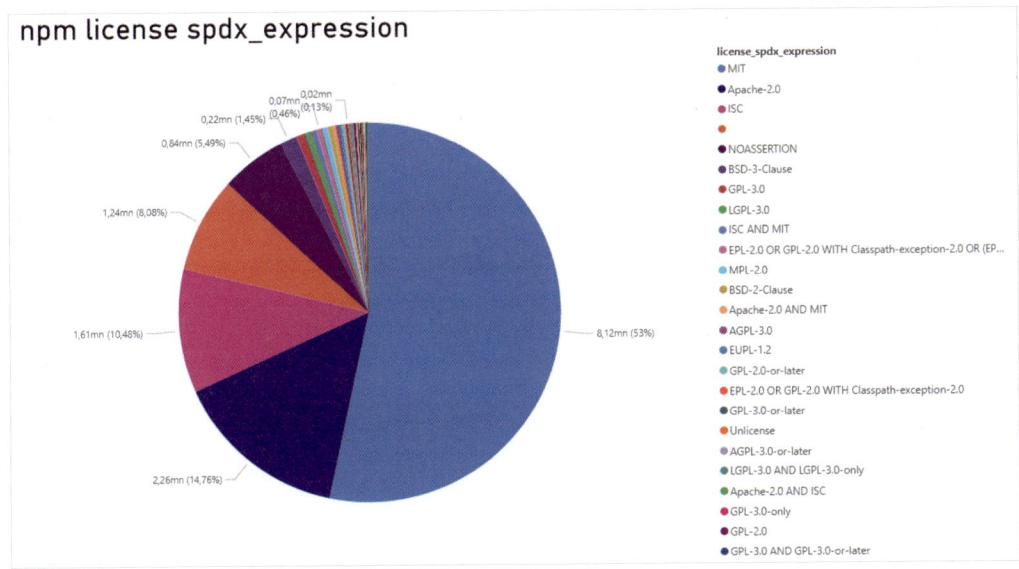

그림 7.1 Open Source Initiative에서 조사한 npm에서 자주 쓰이는 라이선스[14]

- MIT(53%): 단순하고 관대한 조건으로 인해 가장 널리 사용된다. 소프트웨어의 사용, 수정, 배포가 자유롭기 때문에 오픈소스 철학과 잘 부합한다.

- Apache 2.0(14.76%): 특허 관련 조항을 포함해 법적 리스크를 줄이며, 기여자들에게 특허 라이선스를 자동 부여한다. 기업 환경에서도 자주 사용된다.

- ISC(10.48%): MIT 라이선스와 거의 동일하지만 문구가 간결하다. npm에서 기본값으로 많이 사용된다.

---

11 https://opensource.org/licenses/ISC
12 https://www.mozilla.org/en-US/MPL/2.0/
13 https://www.eclipse.org/legal/epl-2.0/
14 https://opensource.org/blog/the-most-popular-licenses-for-each-language-2023

라이선스를 선택했다면 이를 반드시 `package.json` 파일과 프로젝트 최상위 디렉터리의 `LICENSE` 파일에 명시하자. 이렇게 하면 사용자에게 패키지의 사용 조건을 명확히 전달할 수 있다.

```
{
  "name": "my-opensource",
  "license": "MIT"
}
```

라이선스 선택은 패키지 개발에서 단순한 형식적 절차가 아니라 사용자의 신뢰를 얻고 법적 분쟁을 예방하는 중요한 과정이다. 프로젝트의 성격과 목적을 충분히 고려해 적합한 라이선스를 선택하고, 이를 명확히 표시함으로써 패키지의 가치를 높이자. 이렇게 신중히 선택된 라이선스는 개발자와 사용자 모두에게 더 나은 경험을 제공할 것이다.

7.1.1.3 적당한 이름 고르기

패키지의 이름을 짓는 일은 늘 어려운 과제다. 하물며 코드 내부에서 사용하는 함수나 변수명을 짓는 것도 어려움을 느끼는 경우가 많은데 npm 패키지의 이름은 훨씬 더 신중해야 한다. npm 레지스트리에 한 번 업로드된 패키지는 삭제하기가 매우 어렵고, 누군가가 사용하기 시작하면 되돌릴 수 없기 때문에 이름 선정에 각별히 주의를 기울여야 한다.

먼저 패키지 이름을 정하기 전에 2.1.2.1절 'name'에서 다룬 내용을 상기해보는 것이 좋다. 또한 패키지의 스코프를 추가할지 여부를 고민하는 것도 중요한데, 스코프는 다음과 같은 상황에서 유용하다.

- @babel, @toss, @naverpay처럼 조직, 회사, 혹은 프로젝트에서 관리하는 패키지임을 명시적으로 드러내고 싶을 때
- 공개 레지스트리가 아닌 비공개 레지스트리에 패키지를 업로드해 사용하고자 할 때 외부에 없는 스코프를 사용해 명시적으로 외부 npm에 없는 패키지임을 선언할 수 있다.
- 이름 충돌을 피하고 싶을 때. 예를 들어, react라는 이름으로 자신만의 리액트 라이브러리를 만들고자 한다면 @scope/react와 같이 같은 이름으로 라이브러리의 목적을 명확히 하면서 동시에 이름 충돌을 회피할 수 있다.

패키지 이름은 사용자가 해당 패키지를 처음 접할 때 가장 먼저 확인하는 정보다. 따라서 이름은 패키지가 수행하는 작업을 명확히 표현하면서도 짧고 기억에 남을 수 있도록 짓는 것이 중요하다. 이름에 의미를 담는 것이 어렵다면 `babel`이나 `react`처럼 고유명사나 독창적이고 인상 깊은 단어를 만들어보는 것도 하나의 방법이다.

7.1.1.4 지원 환경

지원 환경을 결정하는 것은 패키지 개발의 첫걸음이자, 성공적인 배포를 위한 중요한 전략이다. 물론, 개발자가 작성한 패키지가 모든 자바스크립트 런타임과 브라우저에서 완벽하게 동작한다면 이상적이겠지만 현실적으로 이를 실현하는 것은 거의 불가능에 가깝다. 자바스크립트는 ES1부터 ES15(ES2024)에 이르기까지 여러 차례의 변화를 겪으며 발전해 왔다. 이 모든 버전을 지원하려면 ES1 문법으로 코드를 작성하거나 최신 문법으로 작성된 코드를 ES1까지 지원할 수 있도록 폴리필과 트랜스파일 과정을 거쳐야 한다. 하지만 이는 매우 불필요한 작업이며, 대다수의 패키지 역시 적당한 지원 범위를 가지고 개발된다.

이제 패키지의 지원 범위를 어떤 기준으로 결정해야 하는지 하나씩 살펴보자.

7.1.1.4.1 Node.js의 지원 범위

Node.js의 지원 범위를 결정하기 위해 가장 중요한 참고 정보는 현재 Node.js의 End of Life(EOL)이다. EOL은 지원 종료 시점을 의미하며, Node.js의 EOL 일정은 공식적으로 관리되는 Node.js 릴리스 페이지[15]에서 확인할 수 있다.

표 7.2 Node.js 버전별 정보

Release	Status	Codename	Initial Release	Active LTS Start	Maintenance Start	End-of-life
18.x	Maintenance	Hydrogen	2022-04-19	2022-10-25	2023-10-18	2025-04-30
20.x	Maintenance	Iron	2023-04-18	2023-10-24	2024-10-22	2026-04-30
22.x	LTS	Jod	2024-04-24	2024-10-29	2025-10-21	2027-04-30
23.x	Current		2024-10-15	-	2025-04-01	2025-06-01
24.x	Pending		2025-04-22	2025-10-28	2026-10-20	2028-04-30

---

[15] https://github.com/nodejs/release#release-schedule

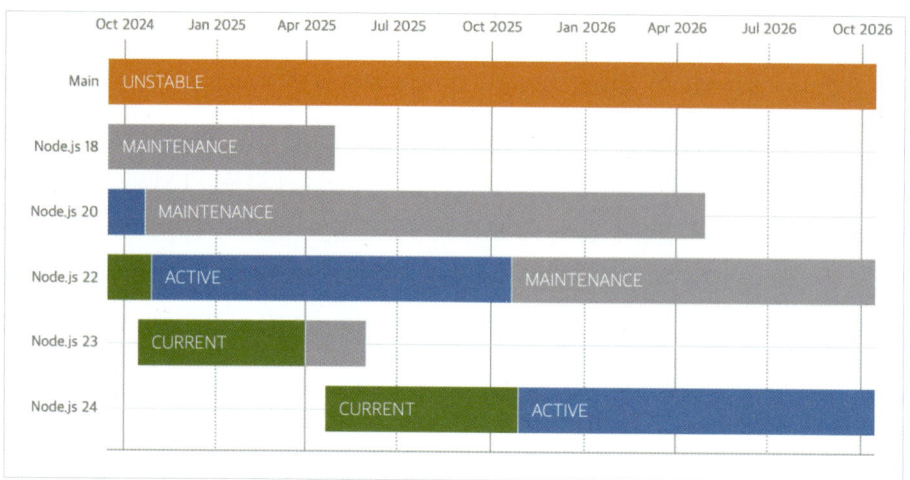

그림 7.2 Node.js의 EOL(2024년 11월 기준)

2024년 기준으로 보면, Node.js의 최소 지원 버전은 18이며, 18 미만 버전은 더 이상 유지보수 및 보안 패치가 진행되지 않는다. 특정 Node.js 버전에서 지원되는 ECMAScript 기능을 확인하고 싶다면 compat-table[16]을 참고하면 된다.

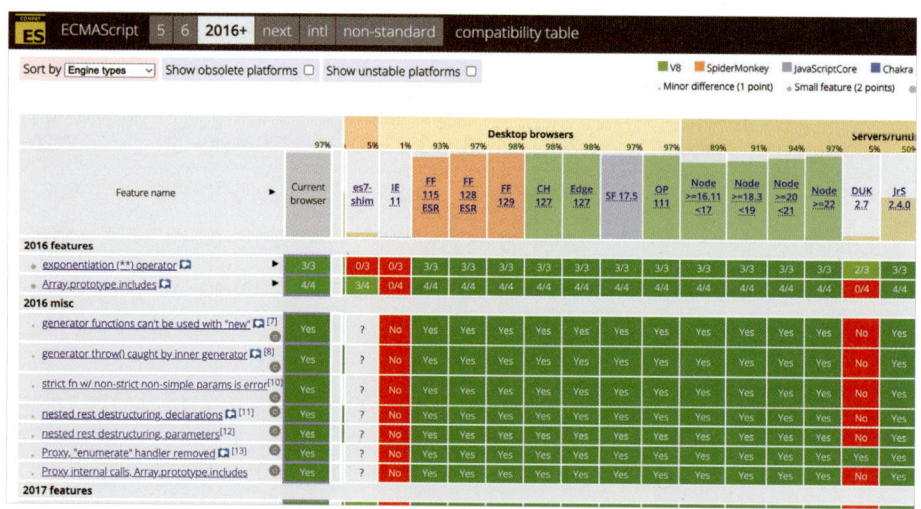

그림 7.3 Node.js와 브라우저가 지원하는 기능을 확인할 수 있는 compat-table

---

16 https://compat-table.github.io/compat-table

compat-table은 core-js 개발자인 데니스 푸슈카레프(Denis Pushkarev)와 여러 개발자들이 만든 도구로, 각 Node.js 버전에서 어떤 ECMAScript 기능이 지원되는지 확인할 수 있다. 이 정보를 활용하면 패키지가 지원할 Node.js 버전과 사용할 문법을 결정할 수 있다.

다만, Node.js 18 버전 미만이 EOL이라고 해서 반드시 해당 버전을 기준으로 작성해야 하는 것은 아니다. 구형 Node.js 버전에서도 동작하도록 만들고 싶다면 16 버전이나 14 버전 지원도 고려할 수 있다. 이 경우 바벨이나 SWC 등의 도구로 트랜스파일 과정을 통해 일부 최신 문법을 변환해 사용하면 된다. 이때 EOL과 compat-table 정보는 참고 자료로 활용하되, 개발 환경과 목적에 맞게 유연하게 적용할 수 있다.

7.1.1.4.2 브라우저의 지원 범위

브라우저의 지원 범위는 5.3절의 `browserslist`를 참고해 설정하는 것이 좋다. 특히 `not dead` 쿼리를 포함하면 EOL과 유사한 효과를 얻을 수 있으며, 이 외에도 https://browsersl.ist/를 활용해 지원할 브라우저와 버전을 세부적으로 설정할 수 있다. 예를 들어, 특정 브라우저 점유율에 기반한 % 조건을 조정하거나 특정 브라우저 버전을 포함하는 방식으로 요구사항을 맞출 수 있다.

별다른 요구사항이 없다면 `browserslist`의 기본값인 `> last 2 versions, not dead, > 0.2%`를 사용하는 것을 권장한다. 이 설정은 대부분의 일반적인 브라우저 환경을 포괄하며, 최신 브라우저를 우선시하는 전략으로 적합하다.[17]

7.1.1.5 개발 환경 및 프로젝트 구조

다음 단계는 프로젝트의 개발 환경과 구조를 설정하는 것이다. 이 과정에서 가장 중요한 것은 프로젝트 개발에 필요한 도구를 어떤 기준으로 선택할 것인지 결정하는 것이다. npm 패키지 개발에서 주요하게 검토해야 할 도구는 다음과 같다.

- **타입 시스템**: 프로젝트에 타입시스템을 도입할지 여부를 결정해야 한다. 간단한 프로젝트라면 별도의 타입 시스템 없이도 개발할 수 있지만 대부분의 경우 타입스크립트를 사용하는 것이 일반적이다. 그 외에도 리액트에서 사용되는 Flow[18]나 JSDoc[19]을 활용해 타입 체크를 구현할 수도 있다.
- **패키지 관리자**: 의존성을 관리할 패키지 관리자를 선택해야 한다. npm, yarn, pnpm 중에서 선택할 수 있으며, 추가로 3.2절 'yarn: 신속하고 안정적인 패키지 관리를 위한 패키지 관리자'에서 설명한 PnP 모드의 장단점을 검토해 pnpm이나 yarn의 Plug'n'Play(PnP) 모드, 혹은 yarn의 오프라인 설치 방식을 사용할지 결정할 수 있다.

---

17 https://browsersl.ist/#q=%3E+0.2%25+and+not+dead
18 https://github.com/facebook/flow
19 https://jsdoc.app/

- **번들러**: 작성한 코드를 번들로 묶어 제공할 방법을 선택해야 한다. 롤업이나 비트 같은 번들러를 사용할 수 있으며, 간단한 프로젝트의 경우 번들러 없이 개발 후 바로 배포할 수도 있다.
- **트랜스파일러**: 최신 자바스크립트 문법을 사용하면서도 구형 환경을 지원하려면 트랜스파일러가 필요하다. SWC나 바벨이 대표적이며, 간단한 경우라면 타입스크립트만으로도 트랜스파일 작업을 해결할 수 있다.
- **테스팅 도구**: 패키지의 안정성을 보장하기 위해 테스트 도구는 필수다. 일반적인 테스트는 Jest나 Vitest로 충분할 수 있으며, 필요에 따라 E2E(end-to-end) 테스트를 위해 Cypress, Storybook, Playwright 등을 고려할 수도 있다.
- **모듈 시스템**: 다양한 모듈 시스템이 있지만 현대 자바스크립트 개발 환경에서는 CommonJS와 ESModule의 두 가지가 주로 사용된다. 최근에는 ESModule만 지원하는 패키지도 점차 증가하고 있다. 패키지가 지원할 모듈 시스템을 결정할 때는 ESModule만 지원할지, CommonJS만 지원할지, 아니면 듀얼 패키지 형태로 두 가지를 모두 지원할지를 고려해야 한다.

어떤 도구를 선택하든 이들 도구가 서로 호환 가능한지 검토하는 것도 매우 중요하다. 예를 들어, 타입 체킹 도구로 Flow를 도입하려 한다면 SWC는 Flow를 지원하지 않으므로 사용할 수 없게 된다.[20] 이처럼 단순히 각 도구를 개별적으로 선택하는 데 그치지 않고 도구들 간의 호환성이 확보된 환경인지도 면밀히 확인해야 한다. 적합한 개발 환경을 구성하면 프로젝트 진행 과정에서 생길 수 있는 문제를 미리 방지할 수 있고, 효율적이고 생산적인 패키지 개발이 가능해진다.

7.1.1.6 필요한 의존성 정의

패키지 개발에서 가장 신중하게 다뤄야 할 부분 중 하나는 `package.json` 파일의 `dependencies`와 `peerDependencies` 필드다. 일반적인 웹서비스 개발에서는 `dependencies`나 `devDependencies`만 신경 쓰면 되며, `peerDependencies`는 거의 사용할 일이 없다. 그러나 패키지 개발에서는 상황이 다르다.

`dependencies`는 해당 패키지를 사용하는 프로젝트에 자동으로 설치되는 필드다. 반면, `peerDependencies`는 패키지 사용자에게 해당 의존성을 직접 설치하도록 요구하며, 필요 시 특정 버전을 맞춰야 한다. 이 두 필드에 정의된 항목이 많아질수록 사용자는 더 많은 부담을 느낄 수 있다. 또한 의존성 버전 범위 설정도 중요하다. 버전 범위가 지나치게 좁으면 사용자는 호환성을 유지하기 위해 추가적인 작업을 해야 한다.

따라서 `dependencies`에는 패키지 작동에 필수적인 의존성만 포함하고, `peerDependencies`에는 사용자가 직접 관리해야 하는 의존성을 명시해야 한다. 특히 `peerDependencies`는 특정 프레임워크나 플러그인에 종속적인 패키지에만 사용해야 한다.

---

[20] https://github.com/swc-project/swc/issues/256, https://github.com/swc-project/swc/issues/174

예를 들어, 리액트 컴포넌트 라이브러리를 개발한다고 가정해보자. 이 경우 `react`와 `react-dom`은 `peerDependencies`에 명시하는 것이 적합하다. 이렇게 하면 사용자들은 자신이 사용하는 리액트 버전과 패키지가 호환되는지 명확히 알 수 있다.

```
{
  "peerDependencies": {
    "react": "^18.0.0",
    "react-dom": "^18.0.0"
  }
}
```

또한 번들러, 트랜스파일러 같은 개발 도구는 반드시 `devDependencies`에만 포함해야 한다. 개발에만 필요한 도구를 `dependencies`에 포함시키면 패키지 사용자에게 불필요한 의존성을 설치하게 되어 부담을 줄 수 있다.

```
{
  "devDependencies": {
    "rollup": "^3.0.0",
    "typescript": "^5.0.0",
    "jest": "^29.0.0"
  }
}
```

의존성 관리에서 가장 중요한 것은 사용자에게 최소한의 부담을 주는 것이다. `dependencies`와 `peerDependencies`는 간결하게 유지하고, 개발 도구는 모두 `devDependencies`에 포함시켜 패키지를 사용하는 개발자의 경험을 고려해야 한다.

7.1.1.7 지속적 통합(CI) 및 지속적 배포(CD) 설정

패키지 개발에서 지속적 통합(CI)과 지속적 배포(CD)는 품질을 유지하고 효율적인 배포를 보장하기 위해 필수적이다. 서비스 개발과는 달리, 자바스크립트 패키지는 한 번 잘못 배포되면 이를 되돌리기가 극도로 어렵다. 배포 실수가 반복될수록 사용자들의 신뢰를 잃기 쉬우므로 이를 방지하기 위해 견고한 CI/CD 환경을 설정하는 것이 중요하다.

CI 단계에서 중요하게 보는 사항은 바로 코드를 변경할 때마다 자동화된 테스트를 실행해 기존 기능이 손상되지 않았는지 확인하는 것이다. 테스트가 많으면 많을수록 패키지를 사용하는 개발자들에게는 더욱 큰 신뢰를 줄 수 있다. Jest[21], Vitest[22] 같은 테스트 도구를 사용해 단위 테스트 및 통합 테스트를 작성하고, ESLint와 Prettier를 활용해 코드 품질을 검사해야 한다. 또한 타입스크립트를 사용하는 경우 엄격한 타입 검증을 포함하는 것도 필수적이다.

마찬가지로 지속적 배포(CD)도 신중히 설계해야 한다. 배포 전에는 변경된 내용을 어떤 버전에 반영할지 명확히 정의해야 하며, 유의적 버전 원칙을 엄격히 준수해야 한다. 예를 들어, 주요 변경 사항은 주 버전, 새로운 기능 추가는 부 버전, 버그 수정은 수 버전을 증가시켜 관리해야 한다.

이때 이러한 배포 작업을 자동화하면 훨씬 편리하다. 로컬에서 `npm publish` 명령어를 사용해서도 배포할 수는 있지만 깃허브 액션(GitHub Actions) 같은 CI/CD 도구를 활용해 안정적인 외부 환경에서 자동 배포를 설정하는 것이 명령어 배포보다 안전하고 효율적이다. 또한 변칙적인 사용자 로컬 환경보다 안정적인 외부 환경에서 배포가 이뤄지면 외부 변수를 최소화하고, 배포 과정의 일관성을 유지할 수 있다.

CD 단계 또한 changesets[23] 같은 도구를 사용하면 커밋 메시지나 풀 리퀘스트 설명을 기반으로 릴리스 노트를 자동으로 생성할 수 있다. 이렇게 하면 사용자들에게 변경 사항을 명확히 전달할 수 있어 신뢰를 높일 수 있다.

결론적으로 견고한 CI/CD 환경을 구축하면 패키지의 품질을 유지할 수 있고 패키지 전반에 걸쳐 효율적이고 안정적인 배포 프로세스를 확립할 수 있다. 이는 사용자들에게 더 나은 경험을 제공하고, 패키지의 장기적인 성공과 신뢰성을 보장하는 중요한 기반이 될 것이다.

7.1.1.8 예제 프로젝트의 체크리스트 내용 정리

지금까지 다룬 내용을 바탕으로, 이번 장에서 만들 예제 프로젝트에 대한 체크리스트를 정의한다.

> **노트**
> 이 책과 이번 장의 목표는 자바스크립트 패키지를 만드는 과정을 학습하는 데 있으며, 실제로 많은 사람들이 사용할 유용한 패키지를 만드는 것에 초점을 두지 않는다.

- **아이디어 검증 및 기술적 타당성 검토**: 리액트와 Next.js에서 사용할 수 있는 이미지 필터 컴포넌트를 만든다. 이 컴포넌트는 CSS에서 제공하는 이미지 필터 옵션을 props로 받아 간단히 이미지 필터를 적용할 수 있도록 한다. 또한 해당 로직을 별도의 유틸로 제공해 다양한 환경에서 사용할 수 있도록 한다.
- **라이선스 선택**: 학습용 패키지로 제공되며, 많은 사람들이 기여하고 수정할 수 있도록 MIT 라이선스를 사용한다.

---

[21] https://jestjs.io/
[22] https://vitest.dev/
[23] https://github.com/changesets/changesets

- **적당한 이름 고르기**: 패키지 이름은 @ndive/react-image[24]로 정하고, npm 레지스트리에 업로드한다.
- **지원 환경**: ECMAScript 2020을 지원하는 자바스크립트 런타임에서 동작하도록 한다. `browserslist` 쿼리는 `> 1%, not dead`를 기본으로 설정하며, 추가적으로 `> 1%, not dead, IE 11`을 포함해 구형 브라우저에서도 테스트한다.
- **개발 환경 및 프로젝트 구조**: 번들러로는 비트와 롤업을 사용하고, 트랜스파일러로는 바벨을 기본으로 설정하되, SWC를 사용하는 예제도 추가한다. 타입 체크에는 타입스크립트를 활용하며, 단위 테스트를 위해 Vitest를 사용한다. 모듈 시스템은 CommonJS와 ESModule을 모두 지원한다.
- **의존성 관리 계획**: `dependencies`는 포함하지 않는다. 대신, `peerDependencies`로 리액트를 추가해 리액트 프로젝트에서 사용하도록 하며, Next.js도 선택적으로 지원하기 위해 동일하게 `peerDependencies`로 추가한다.
- **CI 및 CD 설정**: 코드 스타일을 통일하기 위해 `eslint`, `prettier`, `markdownlint`, `editorconfig`를 사용하며, Vitest로 단위 테스트를 진행한다. 안정적인 배포를 위해 `changesets`를 사용하며, `changesets` 도구에 대한 자세한 설명은 개발 과정에서 다룬다.

7.1.2 프로젝트 환경 설정

이번 패키지의 이름은 `@ndive/react-image`로 정한다. 일반적으로 npm 패키지 이름과 깃허브 저장소 이름을 비슷하게 맞춰 사용자가 쉽게 관련 정보를 찾을 수 있도록 하지만 본 예제는 이 책의 예제 코드를 모아둔 깃허브 저장소[25]에 업로드할 예정이다.

또한 스코프를 사용하고 퍼블릭 npm 레지스트리에 패키지를 업로드하려면 스코프를 먼저 선점해야 한다. `https://www.npmjs.com/`를 방문해 본인의 프로필을 클릭하고, [Packages]를 선택하자.

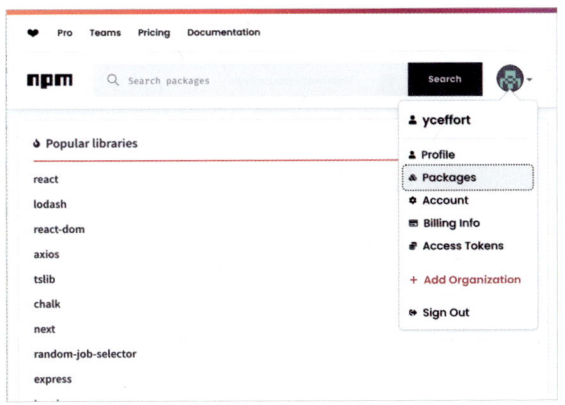

그림 7.4 npm 사이트에서 Packages 페이지로 이동

---

24 https://www.npmjs.com/package/@ndive/react-image
25 https://github.com/yceffort/ndive-react-image

해당 메뉴에서 관리 중인 패키지 목록을 확인할 수 있는데, [Organizations] 옆의 [+] 버튼을 클릭한다.

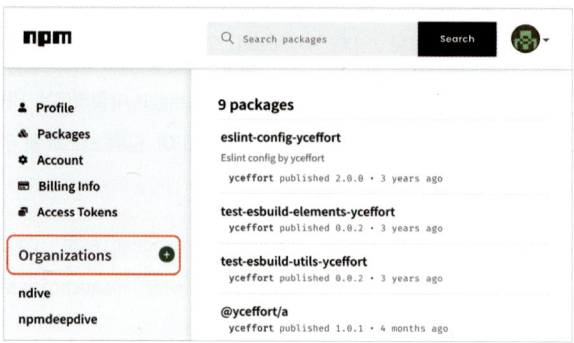

그림 7.5 npm 사이트에서 조직을 추가

이제 npm에서 조직을 생성할 수 있는 화면으로 이동한다. 원하는 이름을 입력해서 조직을 생성하자. 조직에는 두 가지 유형이 있다. 첫 번째는 제한된 사용자만 설치할 수 있는 비공개 조직으로, 회사나 특정 조직에서만 사용하도록 설정할 수 있지만 비용이 발생한다. 두 번째는 공개 조직으로, npm 전체 망에 배포되며 무료로 사용할 수 있다. 본 예제는 학습용 프로젝트이므로 두 번째 옵션을 선택한다.

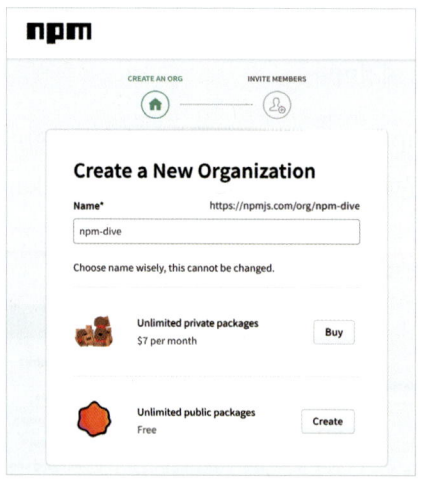

그림 7.6 새로운 조직을 생성

이미 존재하는 이름과 중복되지 않는다면 다음과 같이 조직 생성이 완료되고 다른 사용자를 초대할 수 있는 페이지가 표시된다.

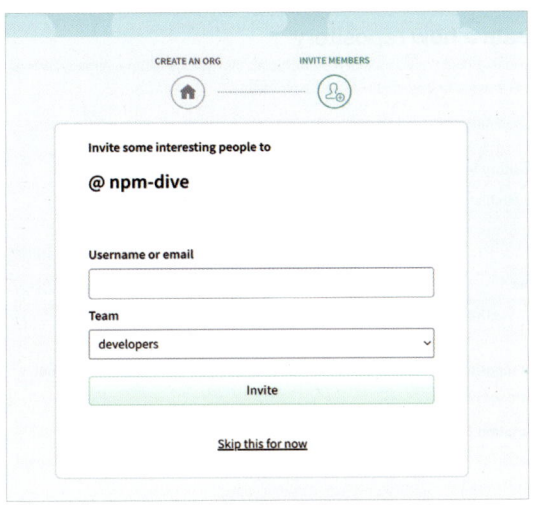

그림 7.7 생성한 조직에 다른 사용자를 초대

프로필 페이지로 돌아가면 생성된 조직 페이지를 확인할 수 있다.

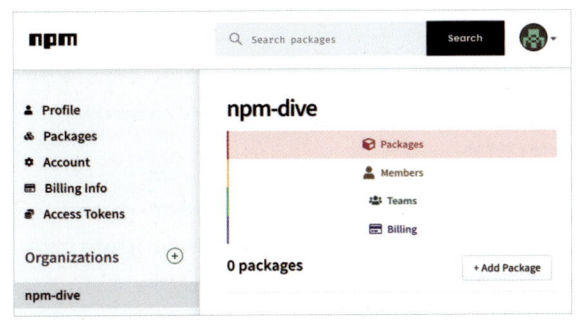

그림 7.8 조직 생성이 완료된 모습. 이 조직명을 이제 스코프로 사용할 수 있다.

이제 스코프를 선점 당할 걱정 없이 패키지 개발을 진행할 수 있다. 다음 단계로 패키지 개발을 위한 환경을 설정하자.

그다음으로 해야 할 일은 코드를 작성하고 업로드할 깃허브 저장소를 생성하는 것이다. 깃허브에 접속해 본인 계정으로 로그인한 후, 우측 상단의 [+] 버튼을 클릭하고 [New Repository]를 선택하자.

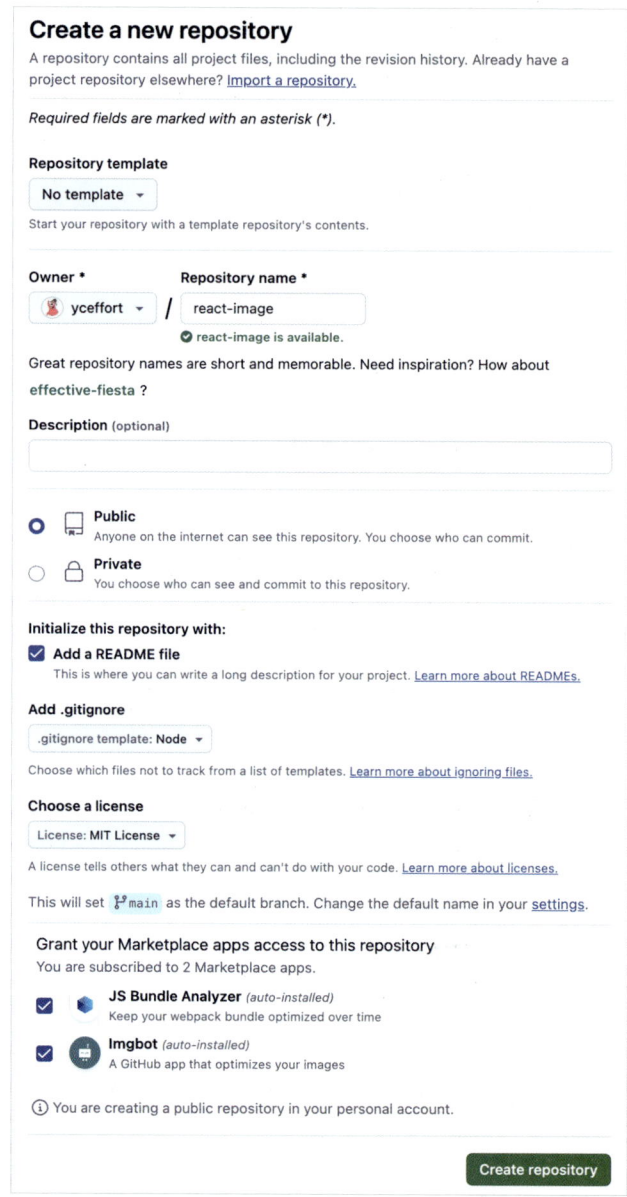

그림 7.9 새 저장소 생성

패키지명과 최대한 비슷한 깃허브 저장소 이름을 설정하고, .gitignore 항목은 'Node', 라이선스는 'MIT License'(혹은 본인이 선택한 라이선스)를 선택한 후 저장소를 생성하자.

이제 로컬에서 해당 저장소를 클론해서 본격적으로 코드 작업을 시작해보자.

7.1.2.1 package.json 작성

먼저 해야 할 일은 Node.js 패키지임을 나타내는 `package.json` 파일을 만드는 것이다. 이 파일은 수동으로 작성할 수도 있지만, `pnpm init` 명령어를 사용하면 더욱 간편하게 생성할 수 있다.

```
$ pnpm init
Wrote to /Users/user/private/react-image/package.json

{
  "name": "react-image",
  "version": "1.0.0",
  "description": "",
  "main": "index.js",
  "scripts": {
    "test": "echo \"Error: no test specified\" && exit 1"
  },
  "keywords": [],
  "author": "",
  "license": "ISC"
}
```

`npm init`과 달리 pnpm은 별도의 입력 없이 기본값으로 바로 `package.json` 파일을 생성한다. 생성된 기본 정보를 수정해 `name`, `license`, `author` 등의 주요 필드를 적절히 설정하자.

```
{
  "$schema": "https://json.schemastore.org/package",
  "name": "@ndive/react-image",
  "version": "0.1.0",
  "description": "A comprehensive image utility kit for Next.js, and React. This package is created for learning purposes. Caution is advised when using in production.",
  "keywords": ["image", "utils", "nextjs", "react", "filter"],
  "homepage": "https://github.com/yceffort/ndive-react-image#readme",
  "bugs": {
    "url": "https://github.com/yceffort/ndive-react-image/issues"
  },
  "repository": {
    "type": "git",
    "url": "https://github.com/yceffort/ndive-react-image.git"
```

```json
  },
  "license": "MIT",
  "author": {
    "email": "root@yceffort.kr",
    "name": "yceffort"
  },
  "contributors": [
    {
      "email": "workingnewjeong@gmail.com",
      "name": "yujeongJeon"
    },
    {
      "email": "root@yceffort.kr",
      "name": "yceffort"
    }
  ],
  "scripts": {},
  "dependencies": {},
  "devDependencies": {},
  "peerDependencies": {},
  "packageManager": "pnpm@9.7.0"
}
```

name, description, keywords, homepage, bugs, repository, license, author, contributors 등 대부분의 필드는 2.1절 'package.json 톺아보기'에서 다룬 메타데이터 필드로, 자세한 설명은 생략한다. 다만 몇 가지 주목할 만한 필드는 다음과 같다.

- $schema: 이 필드는 https://www.schemastore.org/json에서 제공하는 JSON 스키마를 참조해서 IDE에서 package.json 작성을 도와주는 역할을 한다. 값으로 https://json.schemastore.org/package.json 또는 https://json.schemastore.org/package를 설정하면 작성 중 자동 완성과 유효성 검사를 지원받을 수 있다. package.json 작성이 익숙하지 않다면 반드시 추가해두자.

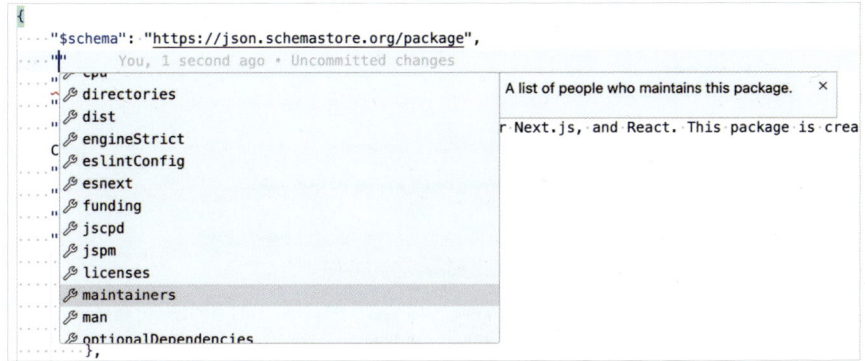

그림 7.10 package.json에 $schema 필드와 스키마 스토어 주소를 삽입하면 다음과 같이 IDE 도구에서 자동 완성을 사용할 수 있다.

- version: 유의적 버전 원칙에 따르면 초기 버전은 0.1.0으로 설정하는 것이 권장된다.

- packageManager: 2.1절 'package.json 톺아보기'에서 설명한 대로 프로젝트에서 사용하는 패키지 관리자와 버전을 명시한다. Node.js의 `corepack`을 활성화하면 프로젝트를 옮길 때마다 해당 프로젝트에 적합한 패키지 관리자가 자동으로 설정되므로 매우 유용하다. 이번 프로젝트에서는 pnpm@9.7.0 버전을 사용한다.

> **노트**
> pnpm을 사용하기 때문에 앞으로 모든 스크립트는 pnpm을 기준으로 작성한다.

7.1.2.2 browserslist 작성

다음으로 .browserslist 파일을 작성해본다. .browserslist 만 있다면 굳이 번거롭게 개발자들에게 지원하는 환경을 README 파일로 알려주지 않더라도 쉽게 알려줄 수 있으며, 번들러 같은 도구와도 매끄럽게 통합할 수 있어 매우 유용하다. browserslist를 작성하기 전에는 반드시 https://browsersl.ist/를 방문해서 browserslist 쿼리를 미리 작성해보고, 어느 정도 범위까지 지원하는지를 확인해 봐야 한다. 이번 실습에서는 `> 1%, not dead`로 배포할 예정인데, 해당 쿼리의 실제 브라우저 지원 범위는 다음과 같다.

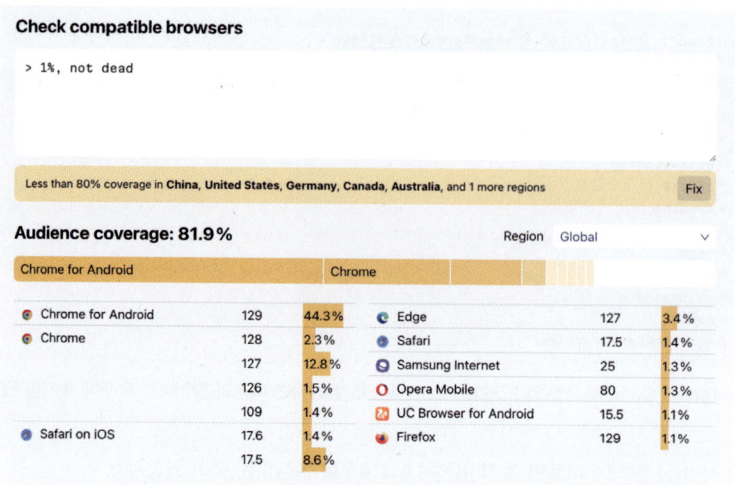

그림 7.11 browserslist 쿼리를 입력하면 지원하는 브라우저 범위를 확인할 수 있다.

위 쿼리를 사용하면 전 세계의 약 81.9%를 커버할 수 있다는 것을 확인할 수 있다. 이 내용은 5.3절 '최선의 폴리필과 트랜스파일은 무엇일까?'에서 한번 다뤘으므로 자세한 내용을 다루지 않는다.

다만 이 쿼리문에 정답은 없다. 레거시 애플리케이션에서도 동작해야 하는 패키지를 만들기 위해서 IE11을 추가할 수도 있고, 더 넓은 범위를 커버하기 위해 0.2%로 수정할 수도 있다. 이는 오로지 개발자의 몫이다.

쿼리를 정했다면 최상위에 `.browserslistrc` 파일을 만든 다음, 원하는 쿼리를 추가하자.

```
> 1%, not dead
```

이 쿼리는 이제 앞으로 다음 절에서 번들 도구와 함께 연동되어 사용할 것이다.

7.1.2.3 코드 스타일을 일관되게 유지하기 위한 각종 패키지 설정

프로젝트에서 일관된 코드 스타일을 유지하는 것은 협업과 코드 품질을 위해 중요하다. 자바스크립트 생태계에서는 이를 지원하는 대표적인 도구로 ESLint와 Prettier가 있다. 이번 장에서는 ESLint, Prettier, markdownlint, EditorConfig 설정을 적용하고, 깃 훅 관리를 위한 Lefthook도 추가한다.

특별한 설명 없이도 적용할 수 있도록 설치와 설정 과정만 간결하게 정리했다. 원하는 스타일 도구가 있다면 이번 절을 생략하고 필요에 따라 다른 패키지를 선택할 수 있다.

7.1.2.3.1 ESLint

ESLint 설정으로 @naverpay/eslint-config를 사용한다.

```
$ pnpm add @naverpay/eslint-config -D
```

.eslintrc 파일을 생성하고 다음 내용을 추가한다.

```
{
  "extends": ["@naverpay/eslint-config/typescript"]
}
```

.eslintignore에는 다음 내용을 추가해 빌드 결과물과 node_modules를 제외한다.

```
dist/
node_modules/
```

package.json의 scripts 필드에 eslint 명령어를 추가한다.

```
{
  "scripts": {
    "lint": "eslint '**/*.{js,jsx,ts,tsx}'",
    "lint:fix": "eslint '**/*.{js,jsx,ts,tsx}' --fix"
  }
}
```

7.1.2.3.2 prettier

Prettier 설정으로 @naverpay/prettier-config를 사용한다.

```
$ pnpm add @naverpay/prettier-config -D
```

.prettierrc 파일을 생성하고 다음 내용을 추가한다.

```
"@naverpay/prettier-config"
```

.prettierignore에는 다음과 같이 제외할 파일과 폴더를 추가한다.

```
dist/
node_modules/
*.md
pnpm-lock.yaml
```

package.json의 scripts 필드에 prettier 명령어를 추가한다.

```
{
  "scripts": {
    "prettier": "prettier --check '**/*.{ts,tsx,js,mjs,cjs,jsx,json,yml}'",
    "prettier:fix": "prettier --write '**/*.{ts,tsx,js,mjs,cjs,jsx,json,yml}'"
  }
}
```

7.1.2.3.3 markdownlint

markdownlint는 마크다운 파일의 스타일을 체크하는 도구로, @naverpay/markdown-lint를 사용한다.

```
$ pnpm add @naverpay/markdown-lint -D
```

.markdownlint.jsonc 파일을 생성하고 다음 내용을 추가한다.

```
{
  "extends": "@naverpay/markdown-lint",
  "MD013": false,
  "MD024": {"siblings_only": true},
  "MD053": false
}
```

package.json의 scripts 필드에 markdownlint 명령어를 추가한다.

```
{
  "scripts": {
    "md": "markdownlint '**/*.md'",
    "md:fix": "markdownlint --fix '**/*.md'"
  }
}
```

7.1.2.3.4 EditorConfig

EditorConfig는 코드 편집기의 설정을 통일하는 도구로, @naverpay/editorconfig를 사용한다.

```
$ pnpm add @naverpay/editorconfig -D
```

최상위 디렉터리에 .editorconfig 파일을 생성하고 다음 내용을 추가한다.

```
# http://editorconfig.org
root = true

[*.{js,ts,tsx}]
charset = utf-8
end_of_line = lf
indent_style = space
indent_size = 4
insert_final_newline = true
max_line_length = 120
trim_trailing_whitespace = true

[*.{json,yml,yaml}]
charset = utf-8
end_of_line = lf
indent_style = space
indent_size = 4
insert_final_newline = true
trim_trailing_whitespace = true
```

7.1.2.3.5 깃 훅으로 개발 워크플로 자동화하기

Lefthook[26]은 깃 훅(Git hook)을 관리할 수 있는 도구다. 깃 훅이란 깃 저장소에서 특정 이벤트가 발생할 때 자동으로 실행되는 스크립트를 의미한다. 예를 들어, 커밋하기 전(pre-commit), 커밋 후(post-commit), 푸시 전(pre-push) 등의 시점에 스크립트를 실행할 수 있다. 이 같은 깃 훅을 사용하면 다음과 같은 이점을 얻을 수 있다.

---

[26] https://github.com/evilmartians/lefthook

- 커밋이나 푸시 전에 자동으로 원하는 작업을 수행할 수 있다.
- CI/CD 파이프라인에서 발견될 수 있는 문제를 미리 로컬에서 확인할 수 있다.
- 커밋 전에 커밋 메시지를 검사해서 커밋 메시지를 생성하는 규칙을 통일할 수도 있다.

Lefthook은 이러한 깃 훅을 더욱 쉽고 효율적으로 관리할 수 있게 도와준다. 깃 훅을 직접 쓰는 대신 Lefthook을 쓰면 얻을 수 있는 이점은 다음과 같다.

- 깃 훅을 설정하기 위해서는 ./git/hooks 디렉터리에 직접 작성해야 하지만 Lefthook은 프로젝트 최상위에 YAML 파일을 선언하는 것만으로 모든 훅을 관리할 수 있다.
- Lefthook 자체를 깃 저장소에 포함시킬 수 있어 프로젝트를 관리하는 모든 사용자가 동일한 훅을 사용할 수 있다.
- 병렬로 여러 가지 명령을 실행하는 것이 가능하다.

Lefthook 사용을 위해 Lefthook을 먼저 설치해보자.

```
$ pnpm add lefthook -D
Already up to date
Progress: resolved 934, reused 871, downloaded 0, added 0, done
Done in 3.8s
```

설치를 마치면 `lefthook.yaml` 파일이 생성된 것을 볼 수 있다. 이 파일 내용을 다음과 같이 바꾸자.

```yaml
# lefthook.yml
pre-commit:
  parallel: true
  commands:
    lint:
      glob: '*.{js,ts,jsx,tsx}'
      run: pnpm exec eslint {staged_files}
    prettier:
      glob: '*.{ts,tsx,js,mjs,cjs,jsx,json,yaml,yml}'
      run: pnpm exec prettier --check {staged_files}
    markdownlint:
      glob: '*.{md}'
      run: pnpm exec markdownlint {staged_files}
```

위 내용은 다음과 같다.

- `pre-commit`: 여러 깃 훅 중에 커밋이 시작되기 전 시점에 다음 스크립트를 실행한다.
  - `parallel: true`: 아래 스크립트를 병렬로 실행한다.
  - `commands`: 다음 스크립트를 실행한다.
    - `lint`: `'*.{js,ts,jsx,tsx}'` 파일을 대상으로 `pnpm exec eslint {staged_files}`를 실행한다. `staged_files`는 현재 깃 스테이지에 있는 파일, 즉 `git add .` 파일을 의미한다. 그중에서도 `'*.{js,ts,jsx,tsx}'`를 대상으로 `eslint`를 실행한다.
    - `prettier`와 `markdownlint` 역시 동일한 로직으로 실행된다.

> 왜 pnpm (npm) run lint나 pnpx (npx)가 아니라 pnpm exec로 실행하나요?
>
> 그 이유는 npm, npx, npm exec의 동작 방식과 관련이 있다.
>
> - `npm run lint`: `npm run lint`는 익히 알고 있는 대로 package.json의 scripts에 선언돼 있는 lint 명령어를 실행한다. 앞서 package.json에 scripts.lint로 `"lint": "eslint '**/*.{js,jsx,ts,tsx}'"`를 추가했는데, 이를 실행할 경우 깃 스테이지에 있는 파일만 실행되는 것이 아니라 `'**/*.{js,jsx,ts,tsx}'`에 포함되는 모든 파일이 실행되고, 추가로 `{staged_files}`가 실행될 것이다. 이는 스테이지에 있는 파일만 실행시키고자 하는 우리의 목적에 맞지 않는다.
> - `npx eslint(pnpx eslint, yarn dlx eslint)`: npx는 2.6절 'bin 필드와 npx'에서 다룬 바와 같이 npm 레지스트리에 업로드돼 있는 패키지를 npm 전역에 다운로드해서(이미 다운로드했다면 해당 버전을 기준으로) 실행하는 명령어다. 그러나 로컬에 있는 ESLint의 버전이 현재 레지스트리에 있는 최신 버전과 동일하다는 보장을 할 수 없으며, 그때그때 달라지기 때문에 로컬에서 실행했던 결과와 값이 달라질 수도 있으며, 최악의 경우 실행이 안 될 수도 있다. 이 예제의 경우 @naverpay/eslint-config는 peerDependencies로 가지고 있는 ESLint의 버전이 8.x이지만, 2024년 기준 최신 버전은 9.x 버전이라 제대로 실행되지 않을 가능성이 크다.
> - `npm exec eslint(pnpm exec eslint, yarn exec eslint)`: 이 명령어는 일단 로컬에 설치돼 있다면 해당 버전으로 실행하고, 그렇지 않다면 전역으로 설치한다. 이미 현재 예제에 우리가 원하는 버전의 ESLint가 설치돼 있으므로 이를 우선해서 실행한다. 그리고 `npm run lint`와 다르게 실행하고자 하는 파일이 미리 지정돼 있지 않으므로 `{staged_files}`를 인자로 넘겨 깃 스테이지에 있는 파일만 실행해 효율적으로 운영할 수 있다.

요약하자면, 커밋이 시작되기 전 시점에 현재 깃 스테이지에 있는 파일을 대상으로 각각의 작업을 수행한다는 것을 의미한다. 만약 이 작업을 통과하지 못하면 커밋이 중단된다. 다음 예시를 살펴보자.

```
$ git commit -m ":memo: 커밋 추가"

  💡 lefthook v1.7.14  hook: pre-commit
```

```
│  markdownlint (skip) no files for inspection
│  prettier >


$ @ndive/react-image@0.1.3 prettier:staged /Users/USER/private/ndive-react-image
$ prettier --check "lefthook.yml" "src/react.tsx"

Checking formatting...
All matched files use Prettier code style!

│  lint >


$ @ndive/react-image@0.1.3 lint:staged /Users/USER/private/ndive-react-image
$ eslint "src/react.tsx"


/Users/USER/private/ndive-react-image/src/react.tsx
  23:9  error  Unexpected console statement  no-console

✘ 1 problem (1 error, 0 warnings)

ELIFECYCLE  Command failed with exit code 1.

────────────────────────────────

summary: (done in 1.52 seconds)
    ✔  prettier
    💡 lint
```

위 예시는 깃 스테이지에 `lefthook.yml`과 `src/react.tsx`가 있으며, `src/react.tsx`에 ESLint 규칙을 위반하는 내용이 담겨 있을 때 커밋해본 예시다. 현재 스테이지에 있는 파일에서 ESLint를 통과하지 못하는 파일이 확인된 순간 커밋이 중단되는 것을 볼 수 있다.

물론 이후 절에서 깃허브 액션에 CI와 관련된 동작을 추가해서 한 번 더 검증할 예정이지만 이렇게 커밋 전에 한 번 확인을 거친다면 번거롭게 수정을 위한 커밋을 하지 않아도 돼서 편리하다. 그리고 Lefthook이 완벽하게 막을 수 있는 것은 아니다. `git commit --no-verify` 옵션을 사용하면 이러한 과정이 생략될 수 있기 때문에 Lefthook과 CI는 상호보완적인 관계라 할 수 있다.

7.1.2.4 타입스크립트 설정

타입스크립트는 최근 자바스크립트 개발에서 사실상의 표준으로 자리 잡았다. 특히 자바스크립트 패키지의 경우 타입 정의를 제공하지 않는 패키지를 찾는 것이 더 어려울 정도다. 예를 들어, react 같은 패키지가 타입스크립트로 작성되지 않았더라도 @types/react와 같은 DefinitelyTyped 패키지를 통해 별도의 타입 정의를 제공하는 것이 일반적이다. 따라서 새로운 패키지를 개발하려 한다면 타입스크립트를 기반으로 작성하는 것이 필수라 할 수 있다.

가장 먼저 타입스크립트를 설치한다.

```
$ pnpm add typescript -D
Progress: resolved 414, reused 414, downloaded 0, added 0, done

devDependencies:
+ typescript 5.5.4

Done in 4.8s
```

설치를 완료한 후, 프로젝트의 최상위 디렉터리에 `tsconfig.json` 파일을 생성하고 다음과 같이 설정한다.

```
{
  "$schema": "http://json.schemastore.org/tsconfig",
  "compilerOptions": {
    "target": "ESNext",
    "module": "ESNext",
    "lib": ["ESNext", "dom"],
    "declaration": true,
    "declarationMap": true,
    "sourceMap": true,
    "rootDir": "./src",
    "strict": true,
    "moduleResolution": "Bundler",
    "baseUrl": "./",
    "esModuleInterop": true,
    "skipLibCheck": true,
    "forceConsistentCasingInFileNames": true,
    "resolveJsonModule": true,
    "isolatedModules": true,
```

```
    "jsx": "react-jsx",
    "paths": {
      "$": ["src/*"],
      "$types": ["src/types/index.ts"],
      "$utils": ["src/utils/index.ts"]
    }
  },
  "include": ["src/**/*"],
  "exclude": ["node_modules", "**/*.test.ts", "dist"]
}
```

앞서 타입스크립트 필드에 대해 4.5절 'CommonJS와 ESModule, 무엇이 정답일까?'에서 설명했지만 이번 절에서 예시에 사용한 필드와 그 값에 대해 다시 한번 깊이 있게 다루겠다.

- $schema: 앞에서 소개한 JSON 스키마 저장소를 선언하는 필드다. 여기서는 타입스크립트 자동 완성을 위해 "http://json.schemastore.org/tsconfig"를 사용했다.

- compilerOptions: 타입스크립트 컴파일러의 다양한 옵션을 설정하는 객체다. 이 객체에 포함된 각 옵션은 타입스크립트 코드가 어떻게 자바스크립트로 변환되고, 어떤 기능을 사용할 수 있는지 등을 결정한다. 여기서 사용한 필드와 값은 다음과 같다.

    - target: "ESNext": 이 옵션은 컴파일된 자바스크립트 코드가 어떤 ECMAScript 버전을 대상으로 할지 지정한다. "ESNext"로 설정돼 있어 최신 ECMAScript 기능을 사용할 수 있게 된다. 이는 최신 브라우저나 최신 버전의 Node.js 환경에서 실행될 코드를 작성할 때 혹은 최신 버전의 문법을 사용하고 싶을 때 유용하다.

    - module: "ESNext": 모듈 시스템을 지정하는 옵션이다. "ESNext"로 설정돼 있어 최신 ESModule 시스템을 사용하게 된다. 이는 import/export 문을 사용해 모듈을 가져오고 내보낼 수 있게 해주고, 동적 import를 가능하게 해주며, 파일 최상단에서 await을 사용할 수 있다.

    - lib: ["ESNext", "dom"]: 컴파일에 포함될 라이브러리 파일을 지정한다. "ESNext"는 최신 ECMAScript 기능을, "dom"은 브라우저 DOM API를 사용할 수 있게 해준다. 이 설정으로 최신 자바스크립트 기능과 웹 브라우저 환경에서의 개발이 가능해진다.

    - declaration: true: 이 옵션을 true로 설정하면 타입스크립트 컴파일러가 .d.ts 선언 파일을 생성한다. 이 파일들은 타입스크립트 코드의 타입 정보를 포함하고 있어 다른 프로젝트에서 이 코드를 사용할 때 타입 체크를 가능하게 해준다.

    - rootDir: "./src": 소스 파일의 최상위 디렉터리를 지정한다. 여기서는 "./src"로 설정돼 있어 타입스크립트 소스 파일들이 src 폴더 안에 있음을 나타낸다. 컴파일러는 이 디렉터리를 기준으로 출력 파일 구조를 만든다.

- strict: true: 모든 엄격한 타입 체킹 옵션을 활성화한다. 이는 코드의 타입 안전성을 크게 높여주지만 때로는 더 많은 타입 선언이 필요할 수 있다. 그러나 장기적으로 볼 때 버그를 줄이고 코드의 품질을 향상시키는 데 도움이 된다.
- moduleResolution: "Bundler": 모듈 해결 전략을 지정한다. "Bundler" 필드는 node16이나 nodenext 값과 동일하게 package.json의 imports와 exports 필드를 사용하지만 Node.js의 ESModule 로더의 규칙 중 import에 대해 파일 확장자를 요구하지 않는다는 특징이 있다. 타입스크립트를 단독으로 사용하지 않고 번들러와 함께 사용한다면 확장자를 생략할 수 있어 좀 더 자연스럽게 코드를 작성할 수 있다.
- baseUrl: "./": 절대 경로 모듈 이름을 해석하기 위한 기본 디렉터리를 지정한다. "./"로 설정돼 있어 프로젝트 최상위 디렉터리를 기준으로 모듈을 찾게 된다. "."로 설정해도 내용은 동일하다.
- esModuleInterop: true: CommonJS 모듈을 ESModule처럼 가져올 수 있게 해준다. 이 설정이 true면 import * as foo from 'foo' 대신 import foo from 'foo'와 같이 더 간단한 import 문을 사용할 수 있다.
- forceConsistentCasingInFileNames: true: 파일 이름의 대소문자 일관성을 강제한다. 이는 대소문자를 구분하는 파일 시스템과 구분하지 않는 파일 시스템 간의 문제를 방지하는 데 도움이 된다.
- resolveJsonModule: true: JSON 파일을 모듈로 가져올 수 있게 해준다. 이 설정이 true면 import data from './data.json'과 같은 코드를 사용할 수 있어 JSON 데이터를 타입 안전하게 가져올 수 있다.
- isolatedModules: true: 각 파일을 별도의 모듈로 트랜스파일한다. 이는 바벨 같은 외부 트랜스파일러와 함께 사용할 때 특히 유용하다. 단일 파일 트랜스파일에 의존하는 도구와의 호환성을 보장한다.
- jsx: "react-jsx": JSX 코드의 생성 방식을 지정한다. "react-jsx"로 설정돼 있어 리액트 17 이상에서 사용되는 새로운 JSX 변환 방식인 react/jsx-runtime을 사용한다. 이는 React.createElement를 직접 호출하지 않고 더 효율적이고 가벼운 코드를 생성한다.
- paths: { ... }: 모듈 이름에 대한 경로 매핑을 지정한다. 여기서는 $, $types, $utils에 대한 경로 별칭을 설정하고 있다. 이를 통해 복잡한 상대 경로 대신 간단한 별칭을 사용해 모듈을 가져올 수 있다.
- include: ["src/**/*"]: 컴파일에 포함될 파일 패턴을 지정한다. src 디렉터리 내의 모든 파일을 컴파일 대상으로 포함시킨다.
- exclude: ["node_modules", "**/*.test.ts", "dist"]: 컴파일에서 제외될 파일 패턴을 지정한다. node_modules 디렉터리, 모든 테스트 파일, dist 디렉터리를 컴파일 대상에서 제외한다. 이는 불필요한 파일의 컴파일을 방지해서 빌드 시간을 줄이는 데 도움이 된다.

이 설정은 최신 자바스크립트 기능을 지원하면서도 리액트 프로젝트에 최적화된 환경을 제공한다. 또한 강력한 타입 체크와 유연한 모듈 경로 설정을 통해 유지보수성과 코드 품질을 높일 수 있다. 이를 기반으로 프로젝트를 진행하면 안정적이고 확장 가능한 패키지를 개발할 수 있다.

7.1.2.5 LICENSE 추가하기

앞서 package.json을 처음 작성했을 때 사전에 정해둔 라이선스를 license 필드에 기록해뒀다. 이는 Node.js 패키지의 관행이며, 언어와 관계없이 일반적인 라이브러리의 경우 최상위에 LICENSE 파일을 만들어 해당 코드의 라이선스 내용을 기록해둔다. 라이선스와 관련된 템플릿은 https://choosealicense.com/licenses/에서 찾을 수 있으며, 원하는 라이선스를 복사한 다음 붙여넣기만 하면 완성할 수 있다.

7.1.3 실제 코드와 테스트 코드 작성

다음으로 실제 코드를 작성해볼 차례다. 이 책은 어디까지나 자바스크립트 패키지를 만드는 데 초점을 두고 있기 때문에 내부 구현 코드에 대해서는 자세하게 설명하지 않는다. 코드가 그렇게 어렵지 않게 작성돼 있기 때문에 리액트나 Next.js를 사용해본 경험이 있다면 충분히 이해할 수 있을 것이다.

7.1.3.1 package.json에 필요한 의존성 설치하기

가장 먼저 할 일은 패키지 개발에 필요한 의존성을 설치하는 것이다. 이 예제는 기본적으로 리액트에서 동작하는 컴포넌트를 제공할 것이며, 사용자에 따라서 필요하다면 Next.js에도 설치해서 사용할 수 있게끔 제공하고자 한다.

```
$ pnpm add @types/react next react -D
Progress: resolved 931, reused 868, downloaded 0, added 0, done
Done in 2.8s
```

여기서 -D를 선언해서 devDependencies에 설치하는 이유는 devDependencies에 설치해야 해당 패키지를 설치하는 호스트 패키지에 두 의존성이 직접적으로 설치되는 것을 막을 수 있기 때문이다. dependencies에 선언해서 직접적으로 설치하지 않는 대신 peerDependencies에 다음과 같이 선언한다.

```
{
  // 중략
  "peerDependencies": {
    "next": "^13.0.0 || ^14.0.0",
    "react": "^18.0.0",
    "react-dom": "^18.0.0"
  },
  "peerDependenciesMeta": {
    "next": {
```

```
      "optional": true
    }
  }
  // 중략
}
```

peerDependencies는 2.2절 'dependencies란 무엇일까?'에서 다뤘듯이 해당 패키지의 호환성을 선언하기 위해서 사용되는 패키지다. 이렇게 dependencies에 직접적으로 선언하지 않고 호환성만 명시해서 사용자의 의도와 다르게 자동으로 설치되는 것을 막을 수 있으며, 해당 패키지 사용을 위한 요구사항을 알릴 수 있다. 여기서 중요한 것은 peerDependenciesMeta로 next를 옵셔널로 제공했다는 것이다. 이는 예제에서 개발하고자 하는 패키지가 기본적으로는 리액트에서 동작하지만, next용 컴포넌트가 필요한 사용자에 한해 next와 함께 사용이 가능한 패키지임을 알릴 수 있다. 이는 번들링 결과 및 사용법과 밀접한 관계가 있으므로 이후 절에서 더 자세히 알아본다.

7.1.3.2 ./src/types/index.ts

이제 본격적으로 패키지 완성에 필요한 코드를 작성해보자. 가장 먼저 이 파일은 해당 패키지에서 범용적으로 사용하는 타입을 모아놓은 파일이다.

```ts
import type {ImageProps} from 'next/image'
import type {ImgHTMLAttributes} from 'react'

export interface ImageFilter {
  grayscale?: number
  sepia?: number
  brightness?: number
  contrast?: number
  blur?: number
}

export type ReactImageFilterProps = ImgHTMLAttributes<HTMLImageElement> & ImageFilter

export type NextImageFilterProps = ImageProps & ImageFilter
```

프로젝트 전반에 쓰이는 타입을 모아둔 파일이다.

7.1.3.3 ./src/utils/index.ts

이 유틸은 grayscale, sepia, brightness, contrast, blur를 각각 인수로 받아 {filter: filterValue}라는 객체를 반환한다. 이는 이후에 HTMLElement에 필터를 입히는 스타일의 용도로 사용된다.

```ts
import {ImageFilter} from '$types'

type CSSFilterValue = NonNullable<CSSStyleDeclaration['filter']>

export function getFilter({grayscale = 0, sepia = 0, brightness = 100, contrast = 100, blur = 0}: ImageFilter = {}): {
  filter: CSSFilterValue
} {
  const filterValue: CSSFilterValue =
    `grayscale(${grayscale}%) sepia(${sepia}%) brightness(${brightness}%) contrast(${contrast}%) blur(${blur}px)`.trim()

  return {
    filter: filterValue,
  }
}
```

7.1.3.4 ./src/react.tsx

react.tsx는 리액트용 컴포넌트를 선언한 파일로, ReactImageFilter라는 컴포넌트를 만드는 역할을 한다. 이 컴포넌트에서는 앞에서 만든 유틸을 활용해 필터 스타일을 만들고, 이를 img를 감싼 div로 전달한다. 이렇게 함으로써 img에 필터 효과를 입힐 수 있다.

```tsx
'use client'

import {useState, useCallback, CSSProperties, useMemo, memo} from 'react'

import {ReactImageFilterProps} from '$types'
import {getFilter} from '$utils'

import type {FC} from 'react'

export const ReactImageFilter: FC<ReactImageFilterProps> = memo(
```

```
({grayscale = 0, sepia = 0, brightness = 100, contrast = 100, blur = 0, ...props}) => {
  const [imageError, setImageError] = useState(false)

  const handleError = useCallback(() => {
    setImageError(true)
  }, [])

  const filterStyle: CSSProperties = useMemo(
    () => getFilter({grayscale, sepia, brightness, contrast, blur}),
    [grayscale, sepia, brightness, contrast, blur],
  )

  if (imageError) {
    return <div>Image failed to load</div>
  }

  return (
    <div style={filterStyle}>
      <img onError={handleError} {...props} alt={props.alt || ''} />
    </div>
  )
},
)
```

7.1.3.5 ./src/next.tsx

next.tsx도 동일하게 리액트 컴포넌트를 반환하는 함수를 만든다. 다만 react.tsx에서는 `<img />`를 사용했지만 next에서는 next가 제공하는 자체 이미지 컴포넌트인 next/image를 사용했다는 정도의 차이점만 있다.[27]

```
'use client'

import Image from 'next/image'
import {useState, useCallback, CSSProperties, useMemo, memo} from 'react'

import {NextImageFilterProps} from '$types'
```

---

27 https://nextjs.org/docs/app/api-reference/components/image

```
import {getFilter} from '$utils'

import type {FC} from 'react'

export const NextImageFilter: FC<NextImageFilterProps> = memo(
  ({grayscale = 0, sepia = 0, brightness = 100, contrast = 100, blur = 0, ...props}) => {
    const [imageError, setImageError] = useState(false)

    const handleError = useCallback(() => {
      setImageError(true)
    }, [])

    const filterStyle: CSSProperties = useMemo(
      () => getFilter({grayscale, sepia, brightness, contrast, blur}),
      [grayscale, sepia, brightness, contrast, blur],
    )
    if (imageError) {
      return <div>Image failed to load</div>
    }

    return (
      <div style={filterStyle}>
        <Image onError={handleError} {...props} />
      </div>
    )
  },
)
```

7.1.3.6 ./src/index.ts

./src/index.ts에서는 앞에서 선언해둔 파일을 모두 모아서 다시 내보내는 역할을 하는데, 이를 배럴 파일(barrel file)이라고 한다.

```
export * from './next'
export * from './react'
export * from './utils'
export * from './types'
```

그렇다면 이 배럴 파일은 무엇이고 어떤 역할을 할까?

7.1.3.6.1 배럴 파일의 정의와 장점

배럴 파일은 여러 모듈을 하나의 파일로 묶어서 다시 내보내는(export) 파일을 말한다. 이는 모듈이 많은 대규모 프로젝트나 패키지에서 특정 모듈을 가져오는 것을 용이하게 할 목적으로 만들어졌다.

```
// index.js
export * from './add.mjs'
export * from './addBusinessDays.mjs'
export * from './addDays.mjs'
export * from './addHours.mjs'
export * from './addISOWeekYears.mjs'
export * from './addMilliseconds.mjs'
export * from './addMinutes.mjs'
export * from './addMonths.mjs'
export * from './addQuarters.mjs'
export * from './addSeconds.mjs'
export * from './addWeeks.mjs'
export * from './addYears.mjs'
export * from './areIntervalsOverlapping.mjs'
export * from './clamp.mjs'
export * from './closestIndexTo.mjs'
export * from './closestTo.mjs'
// ... 중략
```

위 코드는 date-fns@3.6.0에서 제공되는 index.mjs의 일부를 발췌한 것이다.[28] 3.6.0 버전을 기준으로 date-fns는 총 240여 개의 모듈을 내보내고 있는데, 이 배럴 파일이 없다면 일일이 exports 필드에 각 모듈을 선언한 다음, 각 모듈을 다음과 같이 별개의 import 문으로 불러와야 했을 것이다.

```
import {add} from 'date-fns/add'
import {addBusinessDays} from 'date-fns/addBusinessDays'
```

그러나 배럴 파일 덕분에 다음과 같이 일반적인 방식으로 불러올 수 있게 된다.

```
import {add, addBusinessDays} from 'date-fns'
```

---

[28] https://unpkg.com/browse/date-fns@3.6.0/index.mjs

이처럼 배럴 파일은 여러 모듈의 진입점을 하나로 모을 수 있다는 특징 덕분에 여러 유틸의 진입점을 하나로 모으고 싶은 자바스크립트 패키지에서 많이 사용되는 패턴이다. 자바스크립트 패키지는 일반적으로 여러 개의 함수나 변수를 내보내는데, 이 요소들은 각기 다른 파일에 있는 것이 일반적이다. 이를 배럴 파일을 사용해 모두 한 곳으로 모은 다음 다시 내보낸다면 해당 패키지를 사용하는 사용자는 굳이 이 함수가 어디서 만들어졌는지 모르더라도 패키지의 최초 진입점에서 모두 깔끔하게 가져올 수 있게 된다. `date-fns`를 예로 들면 add라는 함수가 굳이 date-fns/add든, date-fns/a, date-fns/b든 어디서 만들어졌는지 모르더라도 `import {add} from 'date-fns`를 사용해 불러올 수 있게 된다. 이렇게 함으로써 코드를 더욱 깔끔하고 관리하기 쉽게 만들 수 있다.

7.1.3.6.2 배럴 파일의 단점

그러나 배럴 파일이 마냥 좋은 패턴이라고 볼 수는 없다. 배럴 파일은 다음과 같은 단점도 있다.

7.1.3.6.2.1 export 파일 간의 충돌 발생 가능성

```js
// ./test/a.js
export const data = 'a'

// ./test/b.js
export const data = 'b'

// ./test/index.js
export * from './a.js'
export * from './b.js'
```

위 코드에서 `./test/index.js`에서 a.js와 b.js를 export하고 있으며, 이 파일은 모두 공통적으로 data라는 변수를 내보내고 있다. 이 경우 `./test/index.js`를 불러올 때 다음과 같은 에러가 발생한다.

```
import { data } from "./test/index.js";
         ^^^^
SyntaxError: The requested module './test/index.js' contains conflicting star exports for name 'data'
    at ModuleJob._instantiate (node:internal/modules/esm/module_job:134:21)
    at async ModuleJob.run (node:internal/modules/esm/module_job:217:5)
    at async ModuleLoader.import (node:internal/modules/esm/loader:323:24)
    at async loadESM (node:internal/process/esm_loader:28:7)
    at async handleMainPromise (node:internal/modules/run_main:113:12)
```

위와 같이 data 변수가 충돌이 발생하게 되면 배럴 파일 자체를 사용할 수 없게 된다. 위 예제에서는 단순히 두 파일밖에 없어 충돌을 해결하기가 쉬웠지만 모듈 파일이 많아질수록 해결하기가 어려워진다.

7.1.3.6.2.2 모듈의 출처를 파악하기 어려움

앞서 date-fns의 예제를 다시 한번 살펴보자.

```
// index.js
export * from './add.mjs'

// ... 중략
```

```
// ... 중략
export function add(date, duration) {
  // 중략
}

export default add
```

date-fns의 구조를 살펴보면 대부분의 파일에서 파일명과 동일한 함수만 내보내고 있어 함수명과 배럴 파일인 index.js만 살펴보더라도 어떤 함수를 내보내는지 대략 유추할 수 있다. 그러나 이는 어디까지나 date-fns가 잘 설계된 라이브러리라는 점에서 가능한 일이며, 모든 패키지가 이처럼 정교하게 설계돼 있지는 않다. 특히 export * from './add.mjs'와 같이 4.3절 'ESModule이란 무엇일까?'에서 다룬 애스터리스크(*)를 사용해 모든 값을 내보내는 경우 해당 모듈에서 내보내는 것이 실제로 add 함수만인지 확신할 수 없다. 이는 개발자가 직접 add.mjs 파일을 확인해 add 함수만 내보낸다는 사실을 눈으로 확인한 결과일 뿐이다. 이러한 이유로 배럴 파일은 모듈의 출처를 파악하기 어렵게 만들 수 있다.

7.1.3.6.2.3 export default는 별도의 처리 필요

export * 문법은 얼핏 보면 해당 파일의 모든 모듈을 내보내는 것 같지만 정작 export default로 내보내는 값은 내보내지 않는다. 다음 예시를 살펴보자.

```
// ./test/a.js
export const hello = 'hello'

export default function hi() {
  console.log('hi')
}
```

```
// 배럴 파일
// ./test/index.js
export * from './a.js'
```

위 ./test/a.js 파일에서 hello 변수를 export로 내보내고 있으며, hi를 default로 내보내고 있다. 그리고 이 파일을 배럴 파일에서 export * from './a.js'로 내보내고 있다. 이 경우 배럴 파일에서 hi에 접근하려 하면 다음과 같은 에러가 발생한다.

```
// SyntaxError: The requested module './test/index.js' does not provide an export named 'hi'
import {hello, hi} from './test/index.js'

console.log(hello)

hi()
```

이는 export * 문법이 export default를 내보내지 않기 때문에 발생하는 에러다. 이 에러를 해결하려면 다음과 같이 export default를 내보내는 것을 추가로 해야 한다.

```
// ./test/index.js
export * from './a.js'
export {default as hi} from './a.js'

// ./index.js
import {hello, hi} from './test/index.js'

console.log(hello)

hi() // hi
```

export {default as hi} from './a.js'라는 별도 처리를 해준 뒤에야 비로소 hi 함수를 정상적으로 활용할 수 있다. 그러나 이는 export default를 내보내는 모듈이 많아질수록 번거로워지는 문제가 있으며, 결정적으로 별칭을 사용해야 하는데, 이 별칭이 달라지면 다시 사용하는 쪽에서도 수정해야 하는 문제가 발생한다.

```
// ./test/index.js
export * from './a.js'
// hi라는 함수였지만 wow라는 이름으로 변경했다.
export {default as wow} from './a.js'

// ./index.js
// SyntaxError: The requested module './test/index.js' does not provide an export named 'hi'
import {hello, hi} from './test/index.js'

console.log(hello)

hi()
```

따라서 배럴 파일에서 `export default`로 내보낸 모듈을 불러올 때는 상당한 주의를 기울여야 하므로 일반적으로 `export default`는 배럴 파일에서 잘 사용하지 않는다.

7.1.3.6.2.4 다른 모듈의 부수 효과가 격리되지 않음

배럴 파일은 얼핏 보면 각 모듈을 격리시켜 호출하는 것처럼 보이지만 사실은 그렇지 않다. 다음 예시를 살펴보자.

```
// ./test/a.js
export const a = 'a'

// ./test/b.js
export const b = 'b'
console.log('b 모듈 호출!')

// ./test/index.js
export * from './a.js'
export * from './b.js'
```

위 예시에서는 일반적인 배럴 파일 구조에 추가로 `./test/b.js`에서 `console.log`가 호출되고 있다. 만약 이 배럴 파일을 다음과 같이 호출하면 어떻게 될까?

```
// ./index.js
import {a} from './test/index.js'
```

```
console.log(a)
// b 모듈 호출!
// a
```

a 변수만 불러왔음에도 b 파일에 있는 `console.log`까지 호출되는 모습을 볼 수 있다. 이는 배럴 파일에서 a와 b 파일을 모두 불러올 때 해당 모듈의 전체 코드를 실행하기 때문이다. 즉, 배럴 파일은 a와 b를 모두 실행하는 방식으로 import한 다음 이를 다시 export하는 방식으로 동작한다. 그렇기에 `index.js`에서 선언한 `console.log(a)`보다도 b 파일의 `console.log`가 먼저 실행되는 것이다. 이는 배럴 파일을 만들 때 의도한 동작일 수도 있지만 대부분의 경우 예상치 못한 부수 효과일 가능성이 높다. 그렇기 때문에 패키지 제작자가 배럴 파일을 만들 때는 주의를 기울여야 하며, 사용자도 이러한 부수 효과가 발생할 수도 있음을 유의해야 한다. 그리고 이 문제는 다음 절의 문제와도 이어진다.

> **이 문제는 꼭 배럴 파일에서만 발생하는 건가요?**
>
> 앞에서 언급한 동작은 ESModule의 특성과도 밀접하게 연관돼 있다. ESModule은 정적 구조를 가지고 있어 `import`와 `export` 문이 파일의 최상위 레벨에서만 사용될 수 있으며, 모듈이 처음 import될 때 전체가 실행된다. 이는 모듈의 단일 실행을 보장하지만 동시에 의도하지 않은 부수 효과를 일으킬 수 있다.
>
> 또한 ESModule의 `import` 문은 호이스팅되어 모듈 내의 다른 코드보다 먼저 실행된다. 이로 인해 import 순서와 관계없이 모든 의존성이 먼저 로드되고 실행되는데, 이는 배럴 파일에서 모든 모듈을 import할 때 각 모듈의 부수 효과가 발생하는 원인이 된다.
>
> 이러한 ESModule의 특성이 배럴 파일과 결합될 때 앞서 설명한 문제가 더욱 두드러질 수 있다. 모든 import된 모듈이 실행되고 그 결과가 다시 export되는 과정에서 개발자가 의도하지 않은 코드 실행이나 부수 효과가 발생할 수 있는 것이다.
>
> 따라서 ESModule을 사용할 때, 특히 배럴 파일을 구성할 때는 이러한 특성들을 충분히 이해하고 잠재적인 부작용을 고려해서 설계해야 한다.

7.1.3.6.2.5 트리 셰이킹의 불편함

앞 절에서 배럴 파일은 해당 모듈을 불러오고 다시 `export`하는 과정에서 예기치 못한 문제가 발생할 수 있어 패키지 개발자와 사용자에게 모두 주의를 요한다고 언급했다. 그렇다면 번들러 입장에서는 어떨까? 위 코드를 올바르게 트리 셰이킹할 수 있을까? 할 수 있다면 다른 모듈에서 호출되는 `console.log`와 같은 부수 효과를 제거하는 것이 맞을까? 이는 사용하는 번들러에 따라 다르다. 먼저 대표적인 번들러인 롤업의 예시를 보자.

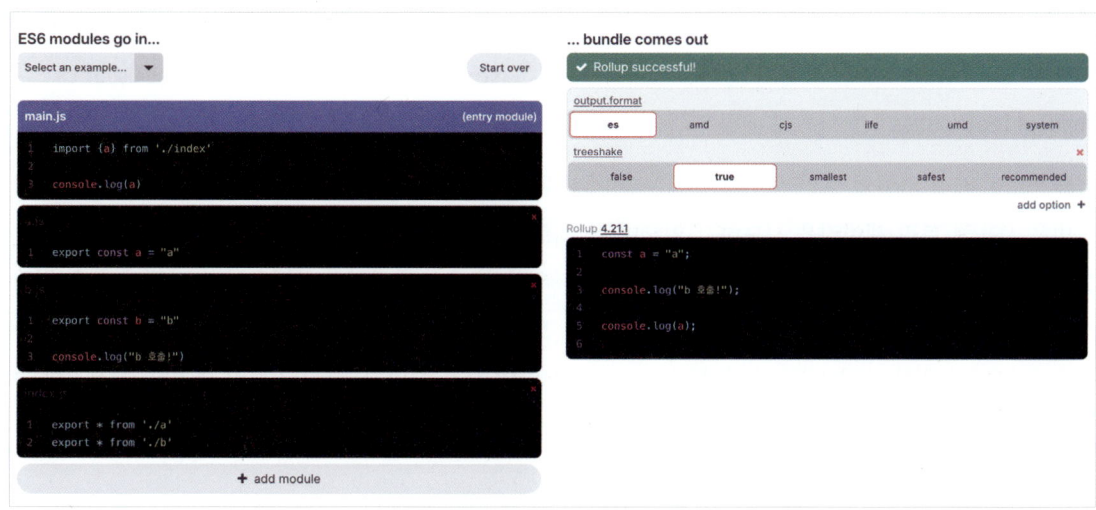

그림 7.12 배럴 파일을 롤업으로 번들링한 결과

앞선 예시를 롤업으로 트리 셰이킹 최적화를 거쳐 번들링한 결과, `console.log`까지 포함된 번들 파일이 만들어진 것을 볼 수 있다. 만약 여기서 롤업의 트리 셰이킹 설정을 smallest로 변경하면 어떻게 될까?

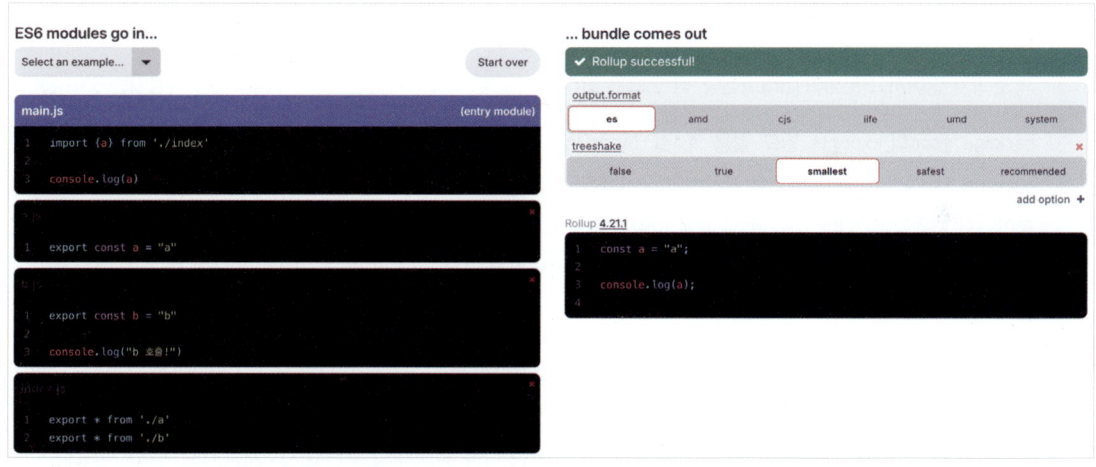

그림 7.13 배럴 파일을 롤업으로 treeShake.smallest 설정과 함께 번들링한 결과

설정을 변경한 결과, `console.log`가 포함되지 않은 번들 파일이 만들어진 것을 볼 수 있다. 이는 롤업의 트리 셰이킹 설정이 smallest로 변경되면서 `console.log`가 포함되지 않은 번들 파일이 만들어진 것이다. 실제로 롤업의 문서를 살펴보면 smallest로 설정할 경우 결과물의 크기를 가능한 한 최소화하며, 이 과정에서 반환값이 사용되거나 가져온 모듈에서 값이 사용되거나 하는 등의 경우에만 부수 효과

가 있다고 언급돼 있다.[29] 비슷한 예시로 웹팩의 경우 `package.json`에 `sideEffects: false` 필드를 추가해서 모든 모듈이 부수 효과가 없다고 선언하거나,[30] Next.js의 경우 `optimizePackageImports`[31]나 `modularizeImports`[32]를 사용해 배럴 파일을 트리 셰이킹한다.

결론적으로 배럴 파일의 트리 셰이킹 문제는 이미 커뮤니티에서 오래전부터 거론된 문제[33]라서 여러 가지 방법을 사용해 트리 셰이킹을 시도하고 있으며, 실제로 배럴 파일의 트리 셰이킹이 잘 되는 경우도 있다. 그러나 배럴 파일의 올바른 트리 셰이킹을 위해서는 위와 같이 프레임워크가 사용하는 번들러 혹은 직접 사용하는 번들러의 설정을 확인해 봐야 하며, 실제로 트리 셰이킹이 원하는 대로 잘 되는지도 검토해야 하는 등의 부담이 있다. 또한 번들러 역시 실제로 어떤 모듈이 사용 중인지, 그리고 트리 셰이킹 시 제거할 수 있는 모듈이 무엇인지 확인하는 등의 과정이 추가로 필요하기 때문에 성능에 있어서도 부담이 있다고 볼 수 있다.

7.1.3.6.2.6 배럴 파일의 모범사례

배럴 파일은 앞에서 살펴본 것과 같은 단점이 있지만 사용하는 쪽에서 편리하다는 점, 그리고 여전히 이전 모듈들이 배럴 파일로 개발돼 있어 이를 변경하기 어렵다는 점 등으로 인해 여전히 많이 사용되고 있다. 이러한 배럴 파일을 사용할 때는 다음과 같은 모범사례를 지키는 것이 좋다.

- **모듈 내부의 부수 효과 최소화**: 앞에서 롤업 예제에서 살펴본 것처럼 모듈 자체에서 부수 효과가 있을 경우 트리 셰이킹의 효과가 떨어지고 분석이 어려워진다. 각 모듈은 최대한 서로 부수 효과가 없는 상태로 격리되어 작성되는 것이 좋다.
- **`package.json`의 `exports` 필드 활용**: 4.4절 'Node.js는 어떻게 node_modules에서 패키지를 찾아갈까?'에서 나눈 `package.json`의 `exports` 필드를 활용하면 굳이 배럴 파일이 없더라도 `import a from 'library/a'`와 같은 방식으로 불러와서 사용할 수 있다. 이를 통해 배럴 파일을 사용하지 않고도 모듈을 사용할 수 있으며, 이는 트리 셰이킹에도 도움이 된다. 그리고 패키지를 사용하는 사용자들에게도 완벽하게 모듈이 격리되어 트리 셰이킹되어 쓸 수 있다는 인상을 줄 수 있다.
- **몇 가지 선택된 모듈만 내보내기**: `export *`를 사용하면 편리하게 모든 모듈을 내보낼 수 있지만, 반대로 실수로 내보내지 않아도 될 모듈을 내보내서 트리 셰이킹의 효과를 떨어뜨리거나 불필요한 부수 효과를 야기할 수도 있다. `date-fns` 사례처럼 각 파일에서 내보내는 파일을 철저하게 통제하거나 다음 ahooks의 구현 예시[34]처럼 내보내기에 필요한 모듈만 선택적으로 내보내는 것이 좋다.

---

[29] https://rollupjs.org/configuration-options/#treeshake
[30] https://webpack.js.org/guides/tree-shaking/#mark-the-file-as-side-effect-free
[31] https://nextjs.org/docs/pages/api-reference/next-config-js/optimizePackageImports
[32] https://vercel.com/blog/how-we-optimized-package-imports-in-next-js#our-first-attempt-modularizeimports
[33] – 웹팩의 배럴 파일 트리 셰이킹: https://github.com/webpack/webpack/discussions/16863
     – Next.js의 배럴 파일 트리 셰이킹: https://github.com/vercel/next.js/discussions/63494
     – 웹팩에서의 배럴 파일 트리 셰이킹을 위한 가이드: https://webpack.js.org/guides/tree-shaking/#conclusion
[34] https://unpkg.com/ahooks@3.8.1/es/index.js

```
import useAntdTable from './useAntdTable'
import useAsyncEffect from './useAsyncEffect'

// 중략
export {useAntdTable, useAsyncEffect /** 중략 */}
```

이렇게 함으로써 패키지 개발자는 내보내기하는 모듈을 제한할 수 있고, 사용자에게 의도한 함수만 노출시킬 수 있다. 이는 패키지의 안정성과 예측 가능성을 높이는 데 도움이 된다.

7.1.4 번들 및 트랜스파일하기 위한 환경 구축

이제 본격적으로 앞에서 배운 내용을 총동원해서 번들 프로세스를 구축해보자. 번들링 도구로는 비트를 사용할 것이고, 비트에서 제공하는 여러 플러그인과 롤업 설정을 활용해 최종 번들 결과물을 만들어 낼 것이다. 그리고 이 결과물은 ESModule과 CommonJS를 동시에 제공해서 사용자가 선택할 수 있게 한다. 지금부터 구성 파일을 차근차근 작성해보자.

7.1.4.1 build.lib를 설정해 라이브러리(패키지) 작성 시작하기

자바스크립트 패키지 작성을 위해 비트를 쓸 때 가장 먼저 해야 할 일은 비트 구성 파일에 `build.lib` 필드를 선언하는 것이다. 이 값을 설정하지 않으면 기본적으로 비트는 패키지의 진입점을 `index.html`로 가정하기 때문에 오류가 발생하므로 반드시 `build.lib`를 선언해야 한다. `build.lib`에 선언해야 하는 값은 `entry`다. 이 `entry`는 `index.html` 대신에 사용해야 할 시작점을 선언할 수 있는 필드다. 이 필드에는 `index.ts` 같은 `string`, `['index.ts', 'react.tsx']`와 같은 `string` 배열을 넣을 수 있고, 혹은 객체를 선언해서 각 파일과 이 파일의 `output`으로 만들어 낼 파일명을 지정할 수 있다. 우리의 목표는 ESModule 시스템에서 트리 셰이킹이 완벽하게 동작할 수 있는 모듈 시스템을 지원하는 패키지를 만드는 것이므로, 각각의 진입점을 다음과 같이 네 단계로 나눠서 설정한다.

```
// vite.config.mts
import {defineConfig} from 'vite'

export default defineConfig({
  build: {
    lib: {
      entry: {
        index: './src/index.ts',
```

```
        react: './src/react.tsx',
        next: './src/next.tsx',
        utils: './src/utils/index.ts',
      },
    },
  },
})
```

해당 entry 값은 index, react, next, utils라는 파일을 만들되, 각각의 entry를 ./src/index.ts, ./src/react.tsx, ./src/next.tsx, ./src/utils/index.ts로 지정한다. 이렇게 설정하면 비트는 각각의 파일을 번들링해서 dist 폴더에 index.js, react.js, next.js, utils.js로 만들어 낼 것이다.

여기서 한 가지 추가해야 할 것은 formats 필드다. 실습에서는 ESModule과 CommonJS를 모두 지원하는 패키지를 만들어야 하므로 formats 필드에 이 두 모듈 시스템을 선언해야 한다.

```
// vite.config.mts
import {defineConfig} from 'vite'

export default defineConfig({
  build: {
    lib: {
      entry: {
        index: './src/index.ts',
        react: './src/react.tsx',
        next: './src/next.tsx',
        utils: './src/utils/index.ts',
      },
      formats: ['es', 'cjs'],
    },
  },
})
```

다음으로 package.json의 scritps에 build를 추가한 다음, vite build --config vite.config.mts를 적고 실행해보자.

```
$ pnpm run build

$ @ndive/react-image@0.1.5 build /Users/USER/private/ndive-react-image
```

```
$ vite build --config vite.config.mts

vite v5.4.0 building for production...
src/react.tsx (1:0): Error when using sourcemap for reporting an error: Can't resolve original
location of error.
src/react.tsx (1:0): Module level directives cause errors when bundled, "use client" in "src/
react.tsx" was ignored.
✓ 4 modules transformed.
x Build failed in 19ms
error during build:
[vite]: Rollup failed to resolve import "$utils" from "/Users/USER/private/ndive-react-image/src/
react.tsx".
```

그러나 위와 같은 에러가 발생하면서 빌드가 되지 않을 것이다. 오류 메시지를 살펴보면 비트가 `$utils`를 찾을 수 없다고 한다. 이는 비트가 `tsconfig.json`에 선언된 경로 별칭(path alias)을 이해하지 못해서 발생하는 문제다. 이 문제를 해결하기 위해서는 비트가 `tsconfig.json`의 경로 별칭을 읽을 수 있도록 조치를 취해야 한다.

7.1.4.2 타입스크립트의 경로 별칭 설정하기

타입스크립트의 경로 별칭 구문을 이해할 수 있게 만드는 방법은 크게 두 가지다.

7.1.4.2.1 resolve.alias와 tsconfig.json 연동

비트에서 제공하는 `reoslve.alias` 옵션[35]은 `@rollup/plugin-alias`의 entries로 전달되는 옵션으로, 특정 `import` 경로를 alias로 지정된 경로로 치환하는 역할을 한다. 이를 응용해서 `tsconfig.json`의 경로 별칭을 다음과 같이 처리할 수 있다.

```
// vite.config.mts
import {defineConfig} from 'vite'
import tsconfig from './tsconfig.json'

export default defineConfig({
  resolve: {
    // 추가
    alias: tsconfig.compilerOptions.paths,
```

---

[35] https://ko.vitejs.dev/config/shared-options#resolve-alias

```
  },
  build: {
    outDir: 'dist',
    sourcemap: true,
    lib: {
      entry: {
        index: './src/index.ts',
        react: './src/react.tsx',
        next: './src/next.tsx',
        utils: './src/utils/index.ts',
      },
      formats: ['es', 'cjs'],
    },
  },
})
```

그러나 아쉽게도 이 방식은 동작하지 않는다. path의 값으로 배열을 지원하는 `tsconfig.json`과 달리 `resolve.alias`는 string만 지원하기 때문이다. 따라서 `tsconfig.json`의 paths를 `resolve.alias`로 전달하려면 다음과 같이 `tsconfig.json`의 paths를 string으로 변환하는 우회적인 방법이 필요하다.

```
import {resolve} from 'node:path'
import tsconfig from './tsconfig.json'
import {defineConfig} from 'vite'

const tsconfigPathAliases = Object.entries(tsconfig.compilerOptions.paths || {}).flatMap(([key, values]) => {
  const newKey = key.endsWith('/*') ? key.slice(0, -2) : key
  return values.map((value) => {
    const newValue = value.endsWith('/*') ? value.slice(0, -2) : value
    return [newKey, resolve(tsconfig.compilerOptions.baseUrl, newValue)]
  })
})

const tsconfigPathAliasesObject = Object.fromEntries(tsconfigPathAliases)

export default defineConfig({
  resolve: {
    alias: tsconfigPathAliases,
```

```
    },
    build: {
      outDir: 'dist',
      sourcemap: true,
      lib: {
        entry: {
          index: './src/index.ts',
          react: './src/react.tsx',
          next: './src/next.tsx',
          utils: './src/utils/index.ts',
        },
        formats: ['es', 'cjs'],
      },
    },
})
```

tsconfigPathAliasesObject 객체는 tsconfigPathAliases를 기반으로 만들었다. tsconfigPath Aliases는 tsconfig.json의 compilerOptions.paths를 읽어온 다음, 이 키와 값을 읽어 [키, 값] 형태의 배열로 만든다. 그러면 tsconfigPathAliasesObject는 이 배열을 resolve.alias가 읽을 수 있는 키 값 객체 형태로 변환한다.

각 값을 실행하면 다음과 같은 결과물을 얻을 수 있다.

```
// tsconfigPathAliases 값
;[
  ['$', '/Users/USER/private/ndive-react-image/src'],
  ['$types', '/Users/USER/private/ndive-react-image/src/types/index.ts'],
  ['$utils', '/Users/USER/private/ndive-react-image/src/utils/index.ts'],
]
```

```
// tsconfigPathAliases 값
{
  '$': '/Users/USER/private/ndive-react-image/src',
  '$types': '/Users/USER/private/ndive-react-image/src/types/index.ts',
  '$utils': '/Users/USER/private/ndive-react-image/src/utils/index.ts'
}
```

그러나 이 과정은 번거롭고 재사용이 어렵다는 단점이 있다. 직접 `tsconfig.json`을 읽어오는 것도 좋은 방법이지만 다음과 같이 플러그인을 활용하면 더욱 간편하게 설정할 수 있다.

7.1.4.2.2 vite-tsconfig-paths 플러그인 사용하기

`vite-tsconfig-paths` 플러그인[36]은 `tsconfig.json`의 `paths`를 `resolve.alias`로 변환하는 플러그인이다. 이 플러그인을 사용하면 `tsconfig.json`의 `paths`를 `resolve.alias`로 변환하는 과정을 아주 쉽게 자동화할 수 있다. 그리고 이 플러그인은 운영체제에 상관없이 사용할 수 있어 매우 유용하다.

```
$ pnpm add vite-tsconfig-paths -D
Progress: resolved 797, reused 734, downloaded 0, added 0, done
Done in 16.1s
```

그리고 다음과 같이 구성 파일을 수정하면 된다.

```ts
// vite.config.mts
import {defineConfig} from 'vite'
import tsconfig from './tsconfig.json'
import tsconfigPaths from 'vite-tsconfig-paths'

export default defineConfig({
  plugins: [tsconfigPaths()],
  build: {
    outDir: 'dist',
    sourcemap: true,
    lib: {
      entry: {
        index: './src/index.ts',
        react: './src/react.tsx',
        next: './src/next.tsx',
        utils: './src/utils/index.ts',
      },
      formats: ['es', 'cjs'],
    },
  },
})
```

---

[36] https://github.com/aleclarson/vite-tsconfig-paths

이렇게 설정한 뒤에 다시 빌드해보자.

```
$ pnpm run build

$ @ndive/react-image@0.1.5 build /Users/USER/private/ndive-react-image
$ vite build --config vite.config.mts


vite v5.4.0 building for production...
src/react.tsx (1:0): Error when using sourcemap for reporting an error: Can't resolve original location of error.
src/react.tsx (1:0): Module level directives cause errors when bundled, "use client" in "src/react.tsx" was ignored.
src/next.tsx (1:0): Error when using sourcemap for reporting an error: Can't resolve original location of error.
src/next.tsx (1:0): Module level directives cause errors when bundled, "use client" in "src/next.tsx" was ignored.
[plugin:vite:resolve] [plugin vite:resolve] Module "path" has been externalized for browser compatibility, imported by "/Users/USER/private/ndive-react-image/node_modules/.pnpm/next@14.1.1_@babel+core@7.25.2_react-dom@18.3.1_react@18.3.1__react@18.3.1/node_modules/next/dist/compiled/micromatch/index.js". See https://vitejs.dev/guide/troubleshooting.html#module-externalized-for-browser-compatibility for more details.
[plugin:vite:resolve] [plugin vite:resolve] Module "util" has been externalized for browser compatibility, imported by "/Users/USER/private/ndive-react-image/node_modules/.pnpm/next@14.1.1_@babel+core@7.25.2_react-dom@18.3.1_react@18.3.1__react@18.3.1/node_modules/next/dist/compiled/micromatch/index.js". See https://vitejs.dev/guide/troubleshooting.html#module-externalized-for-browser-compatibility for more details.
✓ 79 modules transformed.
dist/index.mjs                     0.26 kB | gzip:   0.16 kB | map:     0.09 kB
dist/utils.mjs                     0.29 kB | gzip:   0.22 kB | map:     0.88 kB
dist/react.mjs                     0.72 kB | gzip:   0.42 kB | map:     1.91 kB
dist/jsx-runtime-DE9rPk_Q.mjs     77.54 kB | gzip:  19.42 kB | map:   207.90 kB
dist/next.mjs                    764.72 kB | gzip: 183.44 kB | map: 2,085.97 kB
dist/index.js                      0.31 kB | gzip:   0.20 kB | map:     0.09 kB
dist/utils.js                      0.32 kB | gzip:   0.25 kB | map:     0.87 kB
dist/react.js                      0.69 kB | gzip:   0.42 kB | map:     1.89 kB
dist/jsx-runtime-CBUlZ2b0.js      47.98 kB | gzip:  14.70 kB | map:   202.03 kB
dist/next.js                     488.82 kB | gzip: 155.04 kB | map: 2,022.82 kB
✓ built in 1.09s
```

여러 경고 문구가 생성되지만 우선 빌드는 성공한 모습을 볼 수 있다.

7.1.4.3 rollupOptions.external로 필요한 코드만 빌드하기

앞 절에서 빌드된 dist 디렉터리를 확인해보자.

```
$ tree --du -h ./dist
[5.6M]  ./dist
├── [ 308]  index.js
├── [ 263]  index.mjs
├── [ 47K]  jsx-runtime-CBUlZ2b0.js
├── [ 76K]  jsx-runtime-DE9rPk_Q.mjs
├── [477K]  next.js
├── [747K]  next.mjs
├── [ 689]  react.js
├── [ 724]  react.mjs
├── [ 318]  utils.js
└── [ 287]  utils.mjs
```

빌드 결과물을 자세히 살펴보면 뭔가 이상하다는 것을 알 수 있다. 먼저 `index.js`와 `index.mjs`는 예상대로 잘 빌드됐다.

```
// ./dist/index.js
'use strict'
Object.defineProperty(exports, Symbol.toStringTag, {value: 'Module'})
const e = require('./next.js'),
  t = require('./react.js'),
  r = require('./utils.js')
exports.NextImageFilter = e.NextImageFilter
exports.ReactImageFilter = t.ReactImageFilter
exports.getFilter = r.getFilter

// ./dist/index.mjs
import {NextImageFilter as t} from './next.mjs'
import {ReactImageFilter as m} from './react.mjs'
import {getFilter as a} from './utils.mjs'
export {t as NextImageFilter, m as ReactImageFilter, a as getFilter}
```

그러나 next.js의 빌드 결과물은 원본보다 용량이 훨씬 더 크고, react.js는 파일 크기 자체는 작지만 "./jsx-runtime-CBUlZ2b0.js"와 같은 추가 파일을 참조하며 빌드되고 있다. 이 jsx-runtime-CBUlZ2b0.js 파일 역시 매우 큰 용량을 차지하고 있다. 이는 비트가 빌드 과정에서 패키지 내부에서 참조하고 있는 모든 코드를 포함시키기 때문이다.

즉, 현재 빌드 결과물에는 Next.js의 모든 내용과 더불어 리액트의 JSX 코드를 변환하는 `jsx-runtime` 코드까지 포함돼 있다. 하지만 리액트와 Next.js는 이미 `package.json`의 `peerDependencies`에 선언된 패키지다. 이는 이 패키지를 사용하는 호스트 패키지에서 해당 의존성이 설치돼 있으리라 가정하는 것이므로 빌드 결과물에 별도로 포함할 필요가 없다.

이를 해결하기 위해 비트에 리액트와 Next.js를 빌드에서 제외하라는 설정을 추가해야 한다. 이 설정은 비트 구성 파일 내에서 `build.rollupOptions.external` 옵션을 사용해 지정할 수 있다.

```
{
  build: {
    // 생략
    rollupOptions: {
      external: ['react', 'next']
    }
  }
}
```

그리고 나서 다시 빌드해보자.

```
$ pnpm run build

$ @ndive/react-image@0.1.5 build /Users/USER/private/ndive-react-image
$ vite build --config vite.config.mts

vite v5.4.0 building for production...
src/react.tsx (1:0): Error when using sourcemap for reporting an error: Can't resolve original location of error.
src/react.tsx (1:0): Module level directives cause errors when bundled, "use client" in "src/react.tsx" was ignored.
src/next.tsx (1:0): Error when using sourcemap for reporting an error: Can't resolve original location of error.
src/next.tsx (1:0): Module level directives cause errors when bundled, "use client" in "src/
```

```
next.tsx" was ignored.
[plugin:vite:resolve] [plugin vite:resolve] Module "path" has been externalized for browser
compatibility, imported by "/Users/USER/private/ndive-react-image/node_modules/.pnpm/next@14.1.1
_@babel+core@7.25.2_react-dom@18.3.1_react@18.3.1__react@18.3.1/node_modules/next/dist/compiled/
micromatch/index.js". See https://vitejs.dev/guide/troubleshooting.html#module-externalized-for-
browser-compatibility for more details.
[plugin:vite:resolve] [plugin vite:resolve] Module "util" has been externalized for browser
compatibility, imported by "/Users/USER/private/ndive-react-image/node_modules/.pnpm/next@14.1.1
_@babel+core@7.25.2_react-dom@18.3.1_react@18.3.1__react@18.3.1/node_modules/next/dist/compiled/
micromatch/index.js". See https://vitejs.dev/guide/troubleshooting.html#module-externalized-for-
browser-compatibility for more details.
✓ 73 modules transformed.
dist/index.mjs                    0.26 kB │ gzip:   0.16 kB │ map:     0.09 kB
dist/utils.mjs                    0.29 kB │ gzip:   0.22 kB │ map:     0.88 kB
dist/react.mjs                    0.76 kB │ gzip:   0.44 kB │ map:     1.90 kB
dist/jsx-runtime-sen3WxAA.mjs    21.54 kB │ gzip:   6.41 kB │ map:    65.49 kB
dist/next.mjs                   764.77 kB │ gzip: 183.47 kB │ map: 2,085.96 kB
dist/index.js                     0.31 kB │ gzip:   0.20 kB │ map:     0.09 kB
dist/utils.js                     0.32 kB │ gzip:   0.25 kB │ map:     0.87 kB
dist/react.js                     0.66 kB │ gzip:   0.42 kB │ map:     1.87 kB
dist/jsx-runtime-Bumgj72f.js     13.99 kB │ gzip:   5.48 kB │ map:    63.94 kB
dist/next.js                    488.67 kB │ gzip: 155.02 kB │ map: 2,022.75 kB
✓ built in 1.03s
```

그러나 여전히 용량이 매우 크다는 것을 알 수 있다. 그 이유는 실제로 빌드에 포함하지 않아야 하는 경로는 패키지 내부에서 사용하고 있는 react/jsx-runtime과 next/image인데, 이는 단순히 ['react', 'next'] 배열만으로는 처리할 수 없기 때문이다. 이 subpath까지 번들에서 제외하기 위해 코드를 약간 더 수정해보자.

```
{
  build: {
    // 생략
    rollupOptions: {
      external: ['react', 'next', 'react/jsx-runtime', 'next/image']
    }
  }
}
```

이제 다시 빌드해보자.

```
$ pnpm run build

$ @ndive/react-image@0.1.5 build /Users/USER/private/ndive-react-image
$ vite build --config vite.config.mts

vite v5.4.0 building for production...
src/react.tsx (1:0): Error when using sourcemap for reporting an error: Can't resolve original
location of error.
src/react.tsx (1:0): Module level directives cause errors when bundled, "use client" in "src/
react.tsx" was ignored.
src/next.tsx (1:0): Error when using sourcemap for reporting an error: Can't resolve original
location of error.
src/next.tsx (1:0): Module level directives cause errors when bundled, "use client" in "src/
next.tsx" was ignored.
✓ 5 modules transformed.
dist/index.mjs  0.26 kB │ gzip: 0.16 kB │ map: 0.09 kB
dist/utils.mjs  0.29 kB │ gzip: 0.22 kB │ map: 0.88 kB
dist/react.mjs  0.75 kB │ gzip: 0.43 kB │ map: 1.88 kB
dist/next.mjs   0.75 kB │ gzip: 0.43 kB │ map: 1.89 kB
dist/index.js   0.31 kB │ gzip: 0.20 kB │ map: 0.09 kB
dist/utils.js   0.32 kB │ gzip: 0.25 kB │ map: 0.87 kB
dist/react.js   0.59 kB │ gzip: 0.40 kB │ map: 1.86 kB
dist/next.js    0.60 kB │ gzip: 0.40 kB │ map: 1.86 kB
✓ built in 46ms
```

그럼 다음과 같이 불필요한 파일 없이 정상적으로 빌드된 것을 확인할 수 있다.

```
// ./dist/next.mjs
import {jsx as r} from 'react/jsx-runtime'
import s from 'next/image'
import {memo as c, useState as u, useCallback as g, useMemo as p} from 'react'
import {getFilter as E} from './utils.mjs'
const F = c((({grayscale: e = 0, sepia: o = 0, brightness: t = 100, contrast: m = 100, blur: i = 0,
...l}) => {
  const [a, f] = u(!1),
    n = g(() => {
```

```
      f(!0)
    }, []),
    d = p(() => E({grayscale: e, sepia: o, brightness: t, contrast: m, blur: i}), [e, o, t, m, i])
    return a
      ? /* @__PURE__ */ r('div', {children: 'Image failed to load'})
      : /* @__PURE__ */ r('div', {style: d, children: /* @__PURE__ */ r(s, {onError: n, ...l})})
})
export {F as NextImageFilter}
```

그러나 `['react', 'next', 'react/jsx-runtime', 'next/image']`로 선언해두는 방식은 `peerDependencies`나 `dependencies`에 무언가 추가될 때마다 계속해서 수정해야 하며, 어떤 `subpath`를 사용하는지 모두 일일이 확인해야 하기 때문에 매우 불편하다. 이 코드를 `package.json` 필드를 읽어서 `subpath`까지 자동으로 처리할 수 있게 변경해보자.

```
// vite.config.mts
import {defineConfig} from 'vite'
import tsconfigPaths from 'vite-tsconfig-paths'

import pkg from './package.json'

export default defineConfig({
  // 생략
    // 추가
    rollupOptions: {
        external: [...Object.keys(pkg.peerDependencies)].flatMap((dep) => [dep, new RegExp(`^${dep}/.*`)]),
    },
  },
})
```

위 코드는 `package.json`의 `peerDependencies`의 키, 즉 패키지명을 모두 가져온 다음, 해당 의존성과 `subpath`를 모두 `external`에 등록하도록 도와준다. 이렇게 함으로써 패키지의 의존성이 변경될 때마다 일일이 `build.rollupOptions.external` 설정을 바꾸지 않아도 안정적으로 빌드할 수 있게 된다.

---

37 https://github.com/mishoo/UglifyJS
38 https://github.com/microsoft/TypeScript/issues/13721
39 https://github.com/microsoft/TypeScript/pull/16631

> @__PURE__ 주석은 무엇을 의미하나요?

번들러를 통해 빌드된 파일을 살펴보면 @__PURE__ 또는 #__PURE__ 주석을 종종 볼 수 있다. 이 주석은 'pure annotation'이라고 불리며, 뒤에 선언된 함수가 '부수 효과가 없다'는 것을 나타낸다.

이 주석은 자바스크립트 코드를 압축하고 난독화하는 도구인 UglifyJS[37]에서 처음 논의됐다.[38] 다음은 타입스크립트 코드의 예다.

```
class V6Engine {
  toString() {
    return 'V6'
  }
}
```

위 코드를 target: ES5로 트랜스파일하면 다음과 같이 변환된다.

```
var V6Engine = (function () {
  function V6Engine() {}
  V6Engine.prototype.toString = function () {
    return 'V6'
  }
  return V6Engine
})()
```

위 코드는 즉시 실행 함수 내부에 클래스를 트랜스파일한 형태다. 어디에서도 V6Engine을 사용하지 않으므로 트리 셰이킹으로 제거되기에 적합한 코드처럼 보인다. 그러나 과거 UglifyJS에서는 해당 코드가 'Side effects in initialization of unused variable V6Engine'이라는 메시지와 함께 제대로 트리 셰이킹되지 않았다. 그 이유는 V6Engine의 prototype이 V6Engine 객체에 할당되면서 코드 전체에 영향을 미치는 부수 효과로 간주됐기 때문이다.

이 문제를 해결하기 위해 타입스크립트를 트랜스파일한 클래스를 어떻게 트리 셰이킹할 것인지에 대한 논의가 시작됐고, /[@#] pure/ 정규 표현식을 만족하는 주석을 추가하면 UglifyJS 같은 코드 압축 도구가 해당 함수를 공격적으로 삭제할 수 있도록 지원하기 시작했다. 이에 따라 타입스크립트는 클래스 변환 코드에 /** @class */ 주석을 추가하기로 결정했으며,[39] 이후 몇몇 번들러의 플러그인이 이를 /*@__PURE__*/로 변환하기 시작하면서[40] 트리 셰이킹이 정상적으로 수행됐다. 이후 이 주석은 바벨[41], 웹팩[42], 그리고 다른 자바스크립트 코드 난독화 도구인 terser[43] 등에서도 채택되면서 자바스크립트 생태계의 사실상 표준으로 자리 잡았다.

---

40 https://github.com/rollup/rollup/issues/1763#issuecomment-347272579
41 https://babeljs.io/blog/2018/08/27/7.0.0#pure-annotation-support
42 https://webpack.js.org/guides/tree-shaking/#clarifying-tree-shaking-and-sideeffects
43 https://github.com/terser/terser?tab=readme-ov-file#annotations

결론적으로 @__PURE__ 또는 #__PURE__ 주석은 해당 함수가 부수 효과가 없으므로 별도로 사용하는 곳이 없다면 트리 셰이킹을 통해 안전하게 삭제해도 된다는 의미다. 개발자가 이를 직접 추가할 수도 있지만 대부분의 모던 번들러가 이를 자동으로 처리하므로 따로 신경 쓸 필요는 없다.

위 예제에서는 리액트 컴포넌트를 실제로 렌더링하는 부분에 해당 주석이 사용됐다. 이는 리액트 컴포넌트 렌더링이 부수 효과가 없는 순수한 함수 호출임을 의미한다.

7.1.4.4 빌드 경고 해결하기 – 지시자 유지를 위한 플러그인 설치

지금까지 설정을 잘 따라왔다면 빌드는 되지만 다음과 같은 경고 문구가 발생하는 것을 볼 수 있을 것이다.

```
vite v5.4.0 building for production...
src/react.tsx (1:0): Module level directives cause errors when bundled, "use client" in "src/react.tsx" was ignored.
src/next.tsx (1:0): Module level directives cause errors when bundled, "use client" in "src/next.tsx" was ignored.
```

'Module level directives cause errors when bundled, "use client" in "src/react.tsx" was ignored.' 에러는 롤업에서 발생시키는 에러[44]로, 자바스크립트 엄격 모드를 선언하는 `use strict` 외의 지시자가 선언돼 있는 경우 기본적으로 발생한다.[45]

그리고 실제 코드를 보면 이 시시사가 사라져 있는 것을 볼 수 있다.

```
// ./dist/next.mjs
// 'use client' 가 사라져 있다.
import {jsx as r} from 'react/jsx-runtime'
import s from 'next/image'
import {memo as c, useState as u, useCallback as g, useMemo as p} from 'react'

// 이하 생략...
```

결국 리액트에서 새롭게 만들어진 클라이언트 컴포넌트를 선언하는 지시자인 'use client'[46]를 빌드 결과물까지 유지하기 위해서는 별도 플러그인이 필요하다는 것을 알 수 있다.

---

[44] https://github.com/rollup/rollup/blob/f83b3151e93253a45f5b8ccb9ccb2e04214bc490/src/utils/logs.ts#L803–L811
[45] https://github.com/rollup/rollup/blob/f83b3151e93253a45f5b8ccb9ccb2e04214bc490/src/ast/nodes/ExpressionStatement.ts#L13–L27
[46] https://react.dev/reference/rsc/use-client

이 지시자를 유지하기 위해 사용할 수 있는 플러그인이 바로 rollup-preserve-directives[47]다. 이 플러그인을 사용하면 해당 파일이 어떤 인터프리터를 요구하는지 표현하는 셔뱅과 자바스크립트 지시자를 빌드 결과물까지 유지해서 사용할 수 있다.

```
// vite.config.mts
import preserveDirectives from 'rollup-preserve-directives'
import {defineConfig} from 'vite'
import tsconfigPaths from 'vite-tsconfig-paths'

import pkg from './package.json'

export default defineConfig({
  plugins: [tsconfigPaths(), preserveDirectives()],
  // 생략
})
```

이제 다시 빌드해 보면 에러 없이 정상적으로 빌드되는 것을 확인할 수 있다.

7.1.4.5 CommonJS와 ESModule을 폴더별로 구별하기

지금까지 완성한 패키지의 파일 구조를 살펴보면 다음과 같다.

```
$ tree ./dist
./dist
├── index.js
├── index.mjs
├── next.js
├── next.mjs
├── react.js
├── react.mjs
├── utils.js
└── utils.mjs
```

현재 구조는 모든 파일이 ./dist에 있으며, 이로 인해 CommonJS로 만들어진 파일과 ESModule로 만들어진 파일이 얽혀 있어 한눈에 알아보기 어렵다. 가독성을 향상시키기 위해 각 모듈별로 폴더를 만들어 물

---

[47] https://www.npmjs.com/package/rollup-preserve-directives?activeTab=readme

리적으로 나눈다면 훨씬 더 관리하기 쉽고 사용자가 패키지를 이해하기도 쉬울 것이다. 이를 위해 `build.rollupOptions.output`에 다음과 같은 배열을 추가하자.

```ts
// vite.config.mts
import preserveDirectives from 'rollup-preserve-directives'
import {defineConfig} from 'vite'
import tsconfigPaths from 'vite-tsconfig-paths'

import pkg from './package.json'

export default defineConfig({
  // 생략
    rollupOptions: {
        external: [...Object.keys(pkg.peerDependencies)].flatMap((dep) => [dep, new RegExp(`^${dep}/.*`)]),
        output: [
          {
            format: 'es',
            dir: 'dist/esm',
          },
          {
            format: 'cjs',
            dir: 'dist/cjs',
          },
        ],
    },
  },
})
```

위와 같은 `vite.config.mts` 설정을 바탕으로 빌드를 실행해보자.

```
$ pnpm run build

$ @ndive/react-image@0.1.5 build /Users/USER/private/ndive-react-image
$ vite build --config vite.config.mts

vite v5.4.0 building for production...
✓ 5 modules transformed.
```

```
dist/esm/index.mjs   0.26 kB │ gzip: 0.16 kB │ map: 0.09 kB
dist/esm/utils.mjs   0.29 kB │ gzip: 0.22 kB │ map: 0.88 kB
dist/esm/react.mjs   0.76 kB │ gzip: 0.43 kB │ map: 1.89 kB
dist/esm/next.mjs    0.76 kB │ gzip: 0.43 kB │ map: 1.89 kB
dist/cjs/index.js    0.31 kB │ gzip: 0.20 kB │ map: 0.09 kB
dist/cjs/utils.js    0.32 kB │ gzip: 0.25 kB │ map: 0.87 kB
dist/cjs/react.js    0.61 kB │ gzip: 0.41 kB │ map: 1.86 kB
dist/cjs/next.js     0.61 kB │ gzip: 0.40 kB │ map: 1.87 kB
```

이제 CommonJS와 ESModule의 빌드 결과물이 각각 `cjs`, `esm` 폴더로 구분되어 한층 구별하기 편해졌다.

7.1.4.6 리액트의 JSX를 자바스크립트 코드로 변환하기

빌드 결과물을 살펴보면 리액트와 관련된 별도 처리를 수행하지 않았음에도 리액트의 JSX 코드가 자바스크립트로 원활하게 변환되는 것을 볼 수 있다. 이는 esbuild가 JSX 지원을 네이티브로 지원하기 때문이다.[48] 그러나 esbuild에서 지원하지 않는 고급 기능을 이용하고 싶은 경우 리액트 관련 플러그인을 사용하는 것이 일반적이다. 비트에서 사용할 수 있는 리액트 관련 플러그인은 다음과 같이 크게 두 가지가 있다.

7.1.4.6.1 @vite/plugin-react

`@vite/plugin-react`[49]는 JSX 변환 시에 esbuild 위주로 사용해서 변환하는 플러그인이다. 이는 플러그인 없이 esbuild를 사용할 때도 동일하지만 바벨 기반 HMR을 지원하며, 기본 확장자인 `jsx`와 `tsx` 외에 `mdx`와 같은 다른 확장자도 지원할 수 있으며, 클래식 런타임(classic runtime)으로도 변환 가능하다는 특징이 있다. 여기서 클래식 런타임이란 `react/jsx-runtime` 방식이 아닌 `React.createElement`와 같이 과거 리액트 16에서 사용하던 JSX 변환 방식을 의미한다.

이 플러그인은 온전히 esbuild로 구현돼 있지 않다. 다음과 같은 경우에 바벨을 사용한다.

- 바벨 관련 특별한 설정 값을 넘겨주는 경우
- 리액트의 HMR(Hot Module Reloading) 기능을 사용하는 경우
- 개발 모드에서 클래식 런타임 방식으로 JSX를 변환하는 경우

---

48 https://esbuild.github.io/content-types/#jsx
49 https://github.com/vitejs/vite-plugin-react

바벨을 이용해 다양한 기능을 지원한다는 것이 장점이 될 수도 있지만 바벨 역시 대부분이 자바스크립트로 구성돼 있어 앞에서 언급한 설정을 사용하는 경우 다음에 소개할 플러그인 대비 속도가 상대적으로 느리다는 단점이 있다.

7.1.4.6.2 @vite/plugin-react-swc

@vite/plugin-react-swc[50]는 5.4절 '바벨과 core-js의 대안'에서 소개한 SWC를 이용해 JSX를 변환하는 플러그인이다. HMR을 위해 바벨을 사용하는 @vite/plugin-react와 다르게 이 플러그인은 해당 기능 자체 역시 SWC로 제공하고 있기 때문에 최대 20배 가까이 빠르다고 언급하고 있다.[51]

SWC를 사용해서 속도가 훨씬 빠르지만 JSX를 변환할 때 17.x부터 제공되는 automatic 방식으로밖에 변환하지 못한다.[52] 따라서 17.x 미만 버전에서도 동작하는 classic 방식을 사용하려면 앞에서 소개한 @vite/plugin-react를 반드시 사용해야 한다. 이 외에도 이 플러그인은 내부적으로 SWC를 사용하고 있기 때문에 바벨을 이용한 커스터마이징이 불가능하다는 단점 또한 있다.

두 플러그인은 일반적인 사용 사례에서는 큰 차이가 없기 때문에 리액트 16 지원 여부에 따라 필요한 플러그인을 선택하면 된다. 본 예제 프로젝트에서는 두 개의 구성 파일을 만들어 각각 번들링하는 예제를 보여줄 것이다.

> **리액트 변환 방식 중 classic과 automatic이 무엇인가요?**
>
> 리액트의 JSX를 렌더링하는 방식은 크게 두 가지로 나뉜다. 하나는 17.0.0 미만 버전에서 사용하는 React.createElement 방식이고, 다른 하나는 17.0.0 이상 버전에서 새롭게 등장한 react/jsx-runtime을 사용하는 방식이다. 전자를 classic 방식이라 하고, 후자는 import React from 'react'가 없어도 자동으로 치환해준다고 해서 automatic 방식이라고 부른다. 다음 예시를 보자.
>
> ```
> function Component() {
>   return <div>hello</div>
> }
>
> // classic 방식
> function Component() {
>   return /*#__PURE__*/ React.createElement('div', null, 'hello')
> }
> ```

---

50 https://github.com/vitejs/vite-plugin-react-swc
51 https://github.com/vitejs/vite-plugin-react-swc?tab=readme-ov-file#vitejsplugin-react-swc-
52 https://github.com/vitejs/vite-plugin-react-swc?tab=readme-ov-file#caveats

```
// automatic 방식
import {jsx as _jsx} from 'react/jsx-runtime'
function Component() {
  return /*#__PURE__*/ _jsx('div', {
    children: 'hello',
  })
}
```

classic 방식은 모든 리액트 버전에서 사용할 수 있지만 모든 리액트 파일에 react를 import해야 한다는 불편함이 있다. 반면 automatic 방식은 17.0.0 이상에서 동작하지만 import가 필요 없으며 번들 크기가 조금 줄어든다는 차이점이 있다. 또한 리액트 19 버전부터는 classic 방식을 쓰면 경고 문구를 출력한다.[53] 따라서 패키지가 지원하고자 하는 리액트 범위에 따라 알맞은 정책을 선택할 필요가 있다.

두 플러그인을 사용하는 방법은 동일하며, 사용할 수 있는 옵션에만 약간의 차이가 있다.

```
// vite.config.mts
// 둘 중 원하는 리액트 플러그인을 사용하면 된다.
import react from '@vitejs/plugin-react-swc'
// import react from '@vitejs/plugin-react'
import preserveDirectives from 'rollup-preserve-directives'
import {defineConfig} from 'vite'
import tsconfigPaths from 'vite-tsconfig-paths'

import pkg from './package.json'

export default defineConfig({
  plugins: [tsconfigPaths(), preserveDirectives(), react()],
})
```

7.1.4.7 browserslist를 활용한 트랜스파일 타깃 설정

비트는 기본적으로 ESModule, 동적 `import`, `import.meta`를 지원하는 브라우저를 타깃으로 트랜스파일한다. 그리고 그 대상이 되는 브라우저는 `['es2020', 'edge88', 'firefox78', 'chrome87', 'safari14']`이며 `build.target`에 별도 값을 주지 않으면 기본값으로 설정된다.

---

[53] https://react.dev/blog/2024/04/25/react-19-upgrade-guide#new-jsx-transform-is-now-required

요즘 대부분의 브라우저가 ES2020을 지원하기 때문에 크게 상관없지만, 브라우저의 호환성을 알리기 위해 별도의 browserslist를 선언한 다음 이를 사용하는 것도 유용하다. 패키지 사용자는 이를 통해 패키지의 지원 범위를 한눈에 가늠할 수 있을 것이다.

이번 예제에서는 다음 쿼리를 사용한다. 이 쿼리를 패키지 최상위에 .browserslistrc와 함께 추가하자.

```
> 1%, not dead
```

그러나 애석하게도 비트는 이 browserslist를 읽을 수 있는 방법이 없다. 비트가 내부에서 사용하는 esbuild의 `target` 필드를 살펴보면[54] 실제 사용할 수 있는 값은 chrome58 같은 브라우저 이름과 버전의 조합 또는 es2020 같은 ECMAScript 버전명만 가능하다.

이를 해결하기 위해서 사용할 수 있는 플러그인이 바로 browserslist-to-esbuild[55]다. 이 패키지는 browserslist를 읽어서 esbuild.target이 이해할 수 있는 문법으로 고쳐주는 역할을 한다. 해당 패키지를 설치한 후 다음과 같이 사용해보자.

```typescript
// vite.config.mts
// 둘 중 원하는 리액트 플러그인을 사용하면 된다.
import react from '@vitejs/plugin-react-swc'
// import react from '@vitejs/plugin-react'
import browserslistToEsbuild from 'browserslist-to-esbuild'
import preserveDirectives from 'rollup-preserve-directives'
import {defineConfig} from 'vite'
import tsconfigPaths from 'vite-tsconfig-paths'

import pkg from './package.json'

export default defineConfig({
  plugins: [tsconfigPaths(), preserveDirectives(), react()],
  build: {
    target: browserslistToEsbuild(), // 추가
    outDir: 'dist',
    sourcemap: true,
    // 생략
  },
})
```

---

[54] https://esbuild.github.io/api/#target
[55] https://github.com/marcofugaro/browserslist-to-esbuild

2024년 11월을 기준으로 해당 쿼리를 browserslistToEsbuild를 통해 실행하면 ['chrome109', 'edge126', 'ios17.5', 'safari17.5']라는 값이 나오는 것을 알 수 있으며, 이는 browserslist 홈페이지에서 확인한 것과 동일한 값이다.

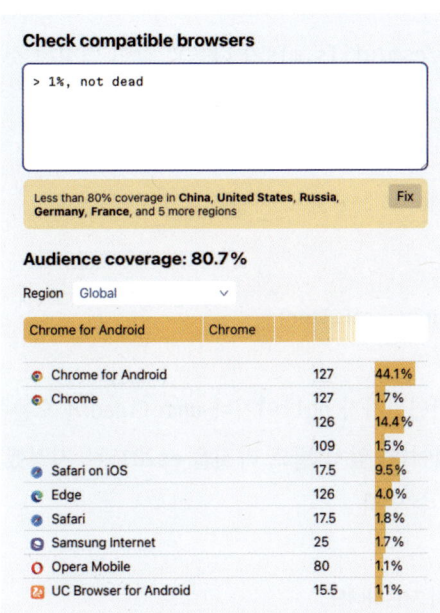

그림 7.14 '1%, not dead' 쿼리를 https://browsersl.ist/에서 확인한 모습

위 코드를 추가하더라도 사실 빌드 결과물에서 크게 달라지는 것은 없다. 그 이유는 우리가 작성한 코드에서 특별히 트랜스파일을 필요로 할 만큼 최신 문법을 사용한 것이 없기 때문이다. target이 잘 동작하는지 확인하고 싶다면 browserslistToEsbuild() 대신 es2015를 값으로 넣어두고, ./src/utils/index.ts에 다음 코드를 추가해보자.

```
// vite.config.mts
export default defineConfig({
  // 중략
  build: {
    target: 'es2015',
    // 중략
  },
  // 중략
})
```

```
// ./src/utils/index.ts
export function es2020Function(param: string): string {
  return param ?? 'hello'
}
```

그리고 다시 빌드해보면 `./dist/esm/utils.mjs`가 다음과 같이 변경된 것을 확인할 수 있다.

```
// 중략
function o(t) {
  return t != null ? t : 'hello'
}

export {o as es2020Function, u as getFilter}
```

`??`는 널 병합 연산자로, 왼쪽 피연산자가 null이거나 undefined면 오른쪽을, 아니라면 왼쪽을 반환하는 es2022에서 추가된 새로운 문법이다. 앞서 빌드 타깃을 es2015로 지정했기 때문에 esbuild가 이를 삼항 연산자로 트랜스파일한 것을 볼 수 있다.

> **비트의 build.target은 어디까지 지원하나요?**
>
> esbuild가 지원하는 최소 타깃은 es6, 즉 ES2015이다.[56] 그 미만인 es5나 es3 등은 지원하지 않는다. 이 말은 곧 인터넷 익스플로러 11과 같은 es5를 지원해야 하는 환경에서는 esbuild로 먼저 트랜스파일한 다음, 바벨 플러그인이나 @vitejs/plugin-legacy[57] 같은 별도 플러그인을 사용해야 한다는 뜻이다.

7.1.4.8 바벨과 core-js를 활용해 폴리필 삽입하기

앞에서 소개한 널 병합 연산자 `??`, 화살표 함수, 구조 분해 할당 등은 폴리필로 해결될 수 없는 문법이기 때문에 target을 기반으로 하는 트랜스파일만 지원하는 esbuild만으로는 해결하기 어렵다. 이는 esbuild의 역할을 벗어나기 때문이다. 구형 브라우저를 지원하기 위한 또 다른 수단인 폴리필을 사용하려면 바벨과 core-js의 도움을 얻어야 한다.

비트는 바벨과 core-js와 바로 연동할 수 있는 방법이 마땅치 않아 롤업을 통해 폴리필을 주입할 것이다. 다행히 비트는 대부분의 롤업 플러그인을 그대로 사용할 수 있기 때문에 설치해서 사용하는 것이 크

---

[56] https://github.com/evanw/esbuild/issues/297
[57] https://github.com/vitejs/vite/tree/main/packages/plugin-legacy

게 어렵지 않다. 롤업에서 바벨을 사용할 수 있는 플러그인인 @rollup/plugin-babel[58]을 비트 설정에 추가하자.

```
// vite.config.mts
import {babel} from '@rollup/plugin-babel'
// 생략

export default defineConfig({
  plugins: [
    // 생략
    babel({
      babelHelpers: 'runtime',
      plugins: [
        ['@babel/plugin-transform-runtime'],
        [
          'babel-plugin-polyfill-corejs3',
          {
            method: 'usage-pure',
            version: pkg.dependencies['core-js'],
            proposals: true,
          },
        ],
      ],
      extensions: ['.js', '.jsx', '.ts', '.tsx'],
      exclude: 'node_modules/**',
    }),
  ],
  // 생략
})
```

이 플러그인에 대해서는 앞서 5장과 6.3절 '패키지 번들의 선두주자, 롤업'에서 자세히 다뤘지만 실제 코드를 적용하는 것은 처음이니 @rollup/plugin-babel에 나열된 설정을 하나씩 차근차근 다시 한번 되짚어 보자.

---

[58] https://github.com/rollup/plugins/tree/master/packages/babel#readme

7.1.4.8.1 babelHelpers: 'runtime'

`@rollup/plugin-babel`을 라이브러리(패키지)에서 사용할 때 사용해야 하는 옵션이다. 기본값은 `bundled`이며, 이 옵션은 주로 애플리케이션을 만들 때 사용된다. 이와 달리 라이브러리를 만들 때는 `'runtime'`을 사용하는 것을 권장한다. 만약 `'runtime'` 옵션을 사용한다면 뒤이어 설명할 플러그인 `@babel/plugin-transform-runtime`과 함께 사용해야 한다. 이 플러그인에 대한 설명은 뒤에서 다룬다.

7.1.4.8.2 babelHelpers: 'runtime'과 함께 사용하는 플러그인

`@rollup/plugin-babel`을 통해 바벨에 제공하는 플러그인을 명시한다. 여기서 사용하는 플러그인은 다음과 같다.

7.1.4.8.2.1 @babel/plugin-transform-runtime

앞서 `babelHelpers`를 `'runtime'`으로 설정했다면 반드시 `@rollup/plugin-babel`에 플러그인으로 `@babel/plugin-transform-runtime`을 추가해야 한다. `@babel/plugin-transform-runtime`이 하는 작업은 크게 두 가지다.

- **헬퍼 함수 삽입**: 헬퍼 함수는 트랜스파일 과정에 필요한 함수다. `@babel/plugin-transform-rutnime`은 이 헬퍼 함수를 `import`나 `require` 구문을 통해 코드에 삽입해 코드 중복을 방지하는 역할을 한다. 다만 이 헬퍼 함수를 필요로 하는 일은 매우 드물다. 그 이유는 앞서 이미 비트의 `target` 필드를 통해 한 차례 트랜스파일을 거쳤기 때문이다. 그럼에도 불구하고 여기서 말하는 꼭 필요하지 않은 경우란 인터넷 익스플로러 11 등 esbuild와 비트가 지원하지 못하는 환경을 위해 트랜스파일해야 하는 경우나 esbuild와 비트를 사용히지 않는 경우 등을 예로 들 수 있다.

  다음은 `class`를 사용하는 코드를 `class`가 지원되지 않는 환경에서 사용하기 위해 바벨을 통해 트랜스파일을 거치는 예제다.

```
// 원래 코드
class Person {}
```

```
// 바벨이 트랜스파일한 코드
'use strict'

function _classCallCheck(instance, Constructor) {
  if (!(instance instanceof Constructor)) {
    throw new TypeError('Cannot call a class as a function')
  }
}
```

```
var Person = function Person() {
  _classCallCheck(this, Person)
}
```

위 코드를 보면 class라는 예약어가 _classCallCheck라는 함수로 대체되어 클래스가 없는 환경에서도 사용할 수 있다. 그러나 만약 클래스를 사용하는 곳이 여러 곳이라면 _classCallCheck라는 동일한 함수가 여러 번 중복되어 삽입될 것이다. 이런 중복을 방지하기 위해 @babel/plugin-transform-runtime 플러그인은 헬퍼 함수를 삽입하는 방식을 사용한다. 즉, 중복되는 코드를 헬퍼 함수로 만들어 놓고, 필요한 곳에서 참조하는 방식이다. 이 플러그인을 사용하면 대신 다음과 같이 변환된다.

```
'use strict'

var _classCallCheck2 = require('@babel/runtime/helpers/classCallCheck')

var _classCallCheck3 = _interopRequireDefault(_classCallCheck2)

function _interopRequireDefault(obj) {
  return obj && obj.__esModule ? obj : {default: obj}
}

var Person = function Person() {
  ;(0, _classCallCheck3.default)(this, Person)
}
```

위 코드를 보면 _classCallCheck 함수가 @babel/runtime/helpers/classCallCheck로 대체되어 중복이 발생하지 않는다. 이렇게 중복을 방지하면서 코드를 번들링할 때 코드의 양을 줄일 수 있다.

한 가지 주의할 점은 @babel/plugin-transform-runtime이 삽입한 헬퍼 함수는 @babel/runtime, @babel/runtime-corejs3 또는 @babel/runtime-corejs2를 의존성으로 필요로 한다는 것이다. 따라서 dependencies에 import되는 구문에 따라 적절하게 해당 패키지를 dependencies나 peerDependencies에 추가해야 한다. 이렇게 함으로써 해당 패키지를 사용하는 개발자는 classCallCheck와 같은 헬퍼 함수를 주입받게 된다.

이 셋 중 어떤 패키지를 통해 헬퍼 함수를 주입받는지는 이어서 설명할 core-js 버전에 따라 결정된다. 그중 어떤 것이 삽입될지는 미리 걱정할 필요는 없다. @babel/plugin-transform-runtime 플러그인이 알아서 적절한 패키지를 주입해줄 것이며, 빌드 과정에서 해당 패키지가 설치돼 있지 않다면 에러 문구가 발생하기 때문에 그때 적절한 의존성으로 설치하면 된다.

- **core-js 사용**: @babel/plugin-transform-runtime 옵션 중 corejs가 있는데, 이 옵션에 core-js 버전인 2 또는 3을 지정하면 해당 버전이 지원하는 범위 내에서 폴리필을 삽입한다. 예를 들어, String.prototype.matchAll을 사용한 코

드가 있으며, 이를 미지원하는 환경을 기준으로 빌드한다고 가정해보자. 해당 플러그인과 corejs 옵션을 사용하면 다음과 같이 변환된다.

```
import a from '@babel/runtime-corejs3/core-js/instance/match-all'

// 중략..
function f(r, t) {
  return Array.from(a(r).call(r, t))
}
```

String.prototype.matchAll이 지원되지 않는 환경을 지원하기 위해 직접 matchAll을 호출하는 부분을 대신해서 @babel/runtime-corejs3/core-js/instance/match-all을 import해 core-js의 matchAll을 호출하도록 변경한다. 이렇게 하면 String.prototype.matchAll을 사용하는 코드를 지원하지 않는 환경에서도 사용할 수 있게 된다.

이 방식 역시 헬퍼 함수와 마찬가지로 @babel/runtime-corejs3을 의존성으로 가지고 있으므로 이 메서드가 위와 같이 import된다면 dependencies에 @babel/runtime-coresj3을 추가해야 한다.

그러나 이 방식 역시 여기서는 사용하지 않으려고 한다. 그 이유는 크게 두 가지다.

- core-js의 구체적인 버전을 넘겨줄 수 없다는 점: core-js는 같은 3버전이라도 부 버전 업데이트에 따라 지원되는 폴리필이 추가된다. 그러나 이 구조에서는 3.0.0밖에 사용할 수 없어 최신 폴리필을 넣어줄 수 없다는 문제가 있다. 그 외에도 @babel/runtiem-corejs3에 필요한 폴리필이 모두 들어 있지 않다는 문제도 있다. 이는 나중에 설명할 내용으로 인해 유지보수가 원활히 되지 않은 탓으로 보인다.[59]

- corejs 옵션이 babel@8부터는 지원되지 않음: 해당 옵션에 대한 문서[60]를 보면 8 버전부터는 사라진다고 밝혔다. 대신 @babel/plugin-transform-runtime이 의존성으로 가지고 있는 또 다른 패키지인 babel-plugin-polyfill-corejs3[61]을 사용하라고 권장하고 있다. 이 패키지는 앞서 말한 문제점을 모두 해결하는 패키지다. core-js의 버전을 구체적으로 명시해서 넘겨줄 수 있으며, @babel/runtime-corejs3 같은 불필요한 중간 패키지 대신 core-js-pure[62]를 직접 사용해서 바로 폴리필을 불러온다. core-js-pure는 앞서 언급한 전역 오염이 없는 core-js 패키지다.

이 같은 이유로 인해 여기서는 단순히 babelHelper: runtime 옵션과 @babel/plugin-transform-runtime 플러그인을 옵션 없이 사용한다. 이렇게 함으로써 런타임 시점을 기준으로 필요한 번들링을 한다고 선언하며, 필요한 폴리필은 별도로 삽입하게 된다.

---

[59] https://github.com/babel/babel/discussions/16944
[60] https://babeljs.io/docs/babel-plugin-transform-runtime#corejs
[61] https://github.com/babel/babel-polyfills/blob/main/packages/babel-plugin-polyfill-corejs3/README.md
[62] https://github.com/zloirock/core-js/tree/master/packages/core-js-pure

7.1.4.8.2.2 babel-plugin-polyfill-corejs3

이 플러그인은 빌드 대상이 되는 코드의 타깃을 기준으로 폴리필을 넣기 위해 사용한다. 이 플러그인은 현재 코드를 기준으로 다음과 같은 옵션을 지원한다.

```
{
    method: 'usage-pure',
    version: '3.39.0', // 2024년 11월 기준 core-js-pure의 최신 버전
    proposals: true,
}
```

- method: usage-pure, usage-global, entry-global의 세 가지 값을 사용할 수 있다.
  - usage-pure: 사용하는 기능에 대해서만 폴리필을 주입하며, 전역 스코프를 오염시키지 않는다.
  - usage-global: 사용하는 기능에 대해서만 폴리필을 주입하며, 전역 스코프에 폴리필을 추가한다.
  - entry-global: 사용 여부와 관계없이 타깃을 기준으로 필요한 모든 폴리필을 주입하며, 전역 스코프에 폴리필을 추가한다.

  패키지 개발에 적합한 옵션은 usage-pure라 볼 수 있다.

- version: core-js의 버전을 명시한다. @babel/plugin-transform-runtime 플러그인과 달리 주 버전뿐만 아니라 부, 수 버전까지 명시해서 정확히 넘겨주는 것이 가능하다.

- proposals: 아직 정식 기능이 되지 않은 실험적인 기능까지 모두 폴리필로 포함시킬지 여부를 나타낸다. 이 옵션을 true로 설정하면 실험적인 기능까지 모두 폴리필로 포함시킨다.

- target: 여기서는 생략돼 있지만 target 필드를 선언해서 지원하고 싶은 브라우저를 직접 기재할 수도 있다. 만약 위와 같이 생략돼 있다면 browserslist에 선언된 브라우저를 기준으로 폴리필을 주입한다.

- extensions: @rollup/plugin-babel 플러그인이 동작해야 하는 파일 목록을 선언한다.

- exclude: @rollup/plugin-babel 플러그인이 확인하지 않아도 되는 폴더를 선언한다.

이렇게 @rollup/plugin-babel을 마친 이후에 다시 빌드해본 뒤, ./dist 폴더를 면밀히 관찰해보자. 그러나 빌드된 결과물상으로 별반 차이가 없다는 점을 알 수 있다. 그 이유는 현재 작성된 코드에 browserslist를 기준으로 특별히 삽입할 폴리필이 없기 때문이다. 이 플러그인이 올바르게 동작하는지 확인하기 위해 .browserslistrc의 쿼리를 다음과 같이 오래된 브라우저를 지원하도록 수정해보자.

```
> 1%, not dead, chrome 60
```

그리고 ./src/utils/index.ts에 다음과 같이 폴리필이 필요할 것으로 예상되는 코드를 추가해보자.

```ts
export function stringMatchAll(str: string, regexp: RegExp) {
  return Array.from(str.matchAll(regexp))
}

export function at<T>(arr: T[], index: number): T | undefined {
  return arr.at(index)
}

export function findLast<T>(arr: T[], callback: (value: T, index: number, array: T[]) => unknown): T | undefined {
  return arr.findLast(callback)
}
```

이 상태에서 빌드하면 다음과 같은 에러가 발생한다.

```
x Build failed in 101ms
error during build:
[vite]: Rollup failed to resolve import "core-js-pure/features/instance/match-all.js" from "/Users/USER/private/ndive-react-image/src/utils/index.ts".
This is most likely unintended because it can break your application at runtime.
```

위 메시지는 설정에서 명시한 대로 런타임 폴리필을 삽입하기 위해 core-js-pure/features/instance/match-all.js를 추가하려고 했지만 정작 현재 환경에서는 core-js-pure가 없어서 폴리필 처리를 할 수 없다는 내용이다. 이 플러그인은 폴리필 삽입을 위해 @babel/runtime-corejs3 패키지를 사용해 처리하므로 해당 패키지를 dependencies에 넣어 추가해야 한다.

```
$ pnpm add core-js-pure
++
Progress: resolved 773, reused 687, downloaded 0, added 0, done

dependencies:
+ core-js-pure 3.39.0

Done in 5.3s
```

그리고 앞서 peerDependencies를 rollupOptions.external에 추가했던 것처럼 dependencies도 추가해서 롤업이 번들링하지 않게 처리하자.

```js
import {babel} from '@rollup/plugin-babel'
import react from '@vitejs/plugin-react'
// import react from '@vitejs/plugin-react-swc'
import browserslistToEsbuild from 'browserslist-to-esbuild'
import preserveDirectives from 'rollup-preserve-directives'
import {defineConfig} from 'vite'
import tsconfigPaths from 'vite-tsconfig-paths'

import pkg from './package.json'

const SUPPORT_TARGETS = browserslistToEsbuild()

export default defineConfig({
  plugins: [
    react(),
    preserveDirectives();
    tsconfigPaths(),
    babel({
      babelHelpers: 'runtime',
      plugins: [
        ['@babel/plugin-transform-runtime'],
        [
          'babel-plugin-polyfill-corejs3',
          {
            method: 'usage-pure',
            version: pkg.dependencies['core-js-pure'], // 버전을 하드 코딩하는 대신 직접 의존성에 있는 버전으로 가져오도록 설정
            proposals: true,
          },
        ],
      ],
      extensions: ['.js', '.jsx', '.ts', '.tsx'],
      exclude: 'node_modules/**',
    }),
  ],
  build: {
```

```
      outDir: 'dist',
      sourcemap: true,
      lib: {
        entry: {
          index: './src/index.ts',
          react: './src/react.tsx',
          next: './src/next.tsx',
          utils: './src/utils/index.ts',
        },
      },
      rollupOptions: {
        // 추가
        external: [...Object.keys(pkg.peerDependencies), ...Object.keys(pkg.dependencies)].flatMap(
(dep) => [
          dep,
          new RegExp(`^${dep}/.*`),
        ]),
        output: [
          {
            format: 'es',
            dir: 'dist/esm',
          },
          {
            format: 'cjs',
            dir: 'dist/cjs',
          },
        ],
      },
      target: SUPPORT_TARGETS,
   },
})
```

이제 빌드를 시도하면 정상적으로 빌드가 마무리되고 다음과 같은 결과물이 나오는 것을 확인할 수 있다.

```
// ./dist/esm/utils.mjs
import o from 'core-js-pure/features/instance/match-all.js'
import a from 'core-js-pure/features/instance/at.js'
import f from 'core-js-pure/features/instance/find-last.js'
function m({grayscale: t = 0, sepia: r = 0, brightness: n = 100, contrast: e = 100, blur: i = 0} =
```

```
{}) {
  return {
    filter: `grayscale(${t}%) sepia(${r}%) brightness(${n}%) contrast(${e}%) blur(${i}px)`.trim(),
  }
}
function p(t, r) {
  return Array.from(o(t)(t, r))
}
function y(t, r) {
  return a(t)(t, r)
}
function $(t, r) {
  return f(t)(t, r)
}
export {y as at, $ as findLast, m as getFilter, p as stringMatchAll}
```

이처럼 @babel/plugin-transform-runtime과 babel-plugin-polyfill-corejs3을 사용하면 browserslist에 있는 타깃을 읽어 필요한 폴리필만 현명하게 삽입할 수 있다. chrome 60을 추가하기 전처럼 별도 폴리필이 필요하지 않다면 core-js-pure 자체도 의존성으로 추가하지 않아도 될 수도 있다. 다만 이는 어디까지나 육안으로 모든 번들 결과물을 다 확인했을 때만 가능한 이야기이며, 코드를 작성하면서 최신 문법을 사용하게 되면 어느새 폴리필이 필요해서 다시 의존성에 추가해야 하는 경우가 있을 수 있으므로 주의할 필요가 있다.

그리고 다시 한번 @babel/plugin-transform-runtime에 해당 플러그인의 공식 문서와 다르게 corejs 옵션을 넣지 않았다는 것을 명심하자. 개발자가 공인한 대로 현재 유지보수가 원활하게 되지 않아 최신 폴리필을 삽입하는 데 문제가 있으며,[63] babel@8이 출시되면 해당 옵션은 제거되어 @babel/plugin-transform-runtime은 헬퍼 함수를 넣는 역할만 담당할 예정이다.

7.1.4.8.3 폴리필이 원하는 대로 잘 들어가지 않아요

이제 browserslistrc를 올바르게 설정하고 https://caniuse.com/의 브라우저 호환성 데이터를 참고하면 원하는 대로 폴리필을 삽입할 수 있을 것 같다. 하지만 실제로 폴리필을 추가하는 작업은 생각보다 간단하지 않다. 폴리필이 의도대로 동작하지 않을 때 확인해 볼 수 있는 몇 가지 사항을 아래에 정리한다.

---

[63] https://github.com/qmhc/vite-plugin-dts/issues/267

7.1.4.8.3.1 폴리필이 필요 없는 코드인데 자꾸 폴리필이 추가돼요

.browserslistrc를 잘 선언하고 babel-plugin-polyfill-corejs3을 사용했음에도 불필요한 폴리필이 빌드 결과물에 추가될 때가 있다. 예제를 통해 어떤 상황인지 살펴보자.

먼저 @ndive/react-image의 utils에 다음과 같은 예제 코드를 추가해보자.

```
export function getFlags(object: {flags: boolean}) {
  return object.flags
}
```

그리고 나서 빌드하면 다음과 같은 폴리필이 추가된 채로 변환된 것을 확인할 수 있다.

```
import l from 'core-js-pure/features/instance/flags.js'

function f(t) {
  return l(t)
}
export {f as getFlags}
```

단순히 객체에서 flags라는 키의 값을 꺼내오는 코드인데, 왜 폴리필이 들어가는 것일까? 원인을 파악하기 위해 core-js-pure/features/instance/flags.js를 열어서 추적해보자.

```
// 패키지 관리자에 따라 경로는 달라질 수 있음
// core-js-pure@3.39.0/node_modules/core-js-pure/features/instance/flags.js
'use strict'
module.exports = require('../../full/instance/flags')
```

```
// core-js-pure@3.39.0/node_modules/core-js-pure/full/instance/flags.js
'use strict'
var parent = require('../../actual/instance/flags')

module.exports = parent
```

```
// core-js-pure@3.39.0/node_modules/core-js-pure/actual/instance/flags.js
'use strict'
var parent = require('../../stable/instance/flags')

module.exports = parent
```

```
// core-js-pure@3.39.0/node_modules/core-js-pure/stable/instance/flags.js
'use strict';
var parent = require('../../es/instance/flags');

module.exports = parent;
```

```
// core-js-pure@3.39.0/node_modules/core-js-pure/es/instance/flags.js
'use strict';
var isPrototypeOf = require('../../internals/object-is-prototype-of');
var flags = require('../regexp/flags');

var RegExpPrototype = RegExp.prototype;

module.exports = function (it) {
  return it === RegExpPrototype || isPrototypeOf(RegExpPrototype, it) ? flags(it) : it.flags;
};
```

코드를 몇 번 타고 들어가보니 `core-js-pure/features/instance/flags.js`가 하는 일을 파악할 수 있었다. 해당 인수가 정규 표현식인지 확인한 다음, 정규 표현식이라면 `RegExp.prototype.flags`[64]의 폴리필을 호출하고, 그렇지 않으면 단순히 `flags`의 값을 반환한다. 왜 이런 일이 발생하는 것일까?

이는 자바스크립트의 특성에서 기인한다. 자바스크립트는 런타임에 타입이 결정되는 동적 타입 언어로, 정적 분석 시점에는 실제 어떤 타입인지 알 수 없다. 바벨과 core-js가 폴리필을 넣기 위해서 할 수 있는 최선은 해당 코드를 정적 분석하는 것뿐이다. 그리고 이 시점에는 `flags`가 정규 표현식의 `flags`인지, 다른 객체의 `flags`인지 알 수 없기 때문에 둘 다 대비해서 폴리필을 넣는 것이다. 물론 타입스크립트로 작성된 코드이므로 개발자는 해당 코드가 정규 표현식의 `flags`가 아님을 알고 있지만 바벨과 core-js는 비트와 esbuild가 한 차례 타입스크립트 파일을 컴파일하고 난 자바스크립트 파일을 대상으로 폴리필을 넣기 때문에 폴리필을 넣는 입장에서는 이러한 상황을 알 길이 없다. 따라서 이러한 코드에 폴리필이 자동으로 추가되는 것이다.

만약 이러한 문제를 회피하고 싶다면 되도록 `flags` 같이 정적 분석 시점에 오해할 수 있는 변수명은 사용하지 않는 것이 좋다.

---

[64] https://caniuse.com/mdn-javascript_builtins_regexp_flags

7.1.4.8.3.2 브라우저 지원 범위 내에 있는 명세의 폴리필도 포함돼요

여러 버전의 browserslist를 통해 실험해 봤다면 그 어떤 브라우저 범위를 지정하더라도 at 함수에 폴리필이 계속해서 추가되는 것을 볼 수 있을 것이다. Array.prototype.at 함수는 ECMAScript 2022에 추가되어 비교적 대다수의 브라우저에서 사용할 수 있는 기능임에도 왜 browserslist에 상관없이 폴리필이 추가되는 것일까?

그 이유를 알기 위해서는 먼저 at 인스턴스 메서드의 구현을 위해 필요한 코드를 확인해봐야 한다.

```
export const InstanceProperties = {
  // 중략
  at: define('instance/at', [
    // TODO: We should introduce overloaded instance methods definition
    // Before that is implemented, the `esnext.string.at` must be the first
    // In pure mode, the provider resolves the descriptor as a "pure" `esnext.string.at`
    // and treats the compat-data of `esnext.string.at` as the compat-data of
    // pure import `instance/at`. The first polyfill here should have the lowest corejs
    // supported versions.
    'esnext.string.at',
    'es.string.at-alternative',
    'es.array.at',
  ]),
  // 중략
}
```

위 코드는 babel-plugin-polyfill-corejs3[65]에서 발췌한 코드로, at을 구현하기 위한 폴리필이 명시돼 있다.[66] 여기에는 at 인스턴스 구현을 위해서는 총 세 가지 폴리필인 esnext.string.at, es.string.at-alternative, es.array.at이 필요하다고 적혀 있으며, 각 폴리필이 필요한 버전 범위는 core-js-compat[67]에 나와 있다.

```
{
  "esnext.string.at": {},
  "es.string.at-alternative": {
```

---

[65] https://github.com/babel/babel-polyfills/blob/babel-plugin-polyfill-corejs3%400.10.6/packages/babel-plugin-polyfill-corejs3/src/built-in-definitions.ts
[66] https://github.com/babel/babel-polyfills/blob/3c3bc68dccaeea18126e45751beb6691748bb7ac/packages/babel-plugin-polyfill-corejs3/src/built-in-definitions.ts#L761-L771
[67] https://github.com/zloirock/core-js/blob/9dc59bfc2f4573bbbc3207c5c33c975349b65843/docs/compat/compat-data.js

```
    "android": "92",
    "chrome": "92",
    "chrome-android": "92",
    "ios": "15.4",
    "node": "16.6",
    // 중략
  },
  "es.array.at": {
    "android": "92",
    "chrome": "92",
    "chrome-android": "92",
    "ios": "15.4",
    "node": "16.6",
    // 중략
  }
}
```

여기서 주목할 만한 점은 크게 두 가지다.

첫 번째는 String.prototype.at의 구현이 서로 다른 두 메서드인 esnext.string.at과 es.string.at-alternative를 사용하고 있다는 것이다. 이 둘의 차이점은 무엇일까? esnext.string.at은 String.prototype.at이 정식 버전으로 채택되기 이전의 제안 버전을 의미한다.[68] 반면, es.string.at-alternative는 실제 String.prototype.at[69]이 표준으로 적용된 버전이다. 즉, 실제 구현은 es.string.at-alternative가 맞지만 과거 제안 버전인 esnext.string.at이 이미 적용된 이력이 있고, 이를 제거하거나 변경하면 이전 버전과 호환되지 않은 변경(breaking change)으로 이어질 가능성이 크다. 이 때문에 core-js는 이전 버전의 폴리필을 그대로 유지하는 것으로 보인다.

두 번째로 눈에 띄는 점은 esnext.string.at의 지원 데이터가 빈 객체로 남아 있다는 것이다. 이는 브라우저 표준과는 다르게 자체적으로 구현된 메서드라는 것을 의미한다. 브라우저에서 필요에 의해 만들어진 기능이라기보다는 특정 환경에서 실험적으로 도입된 기능으로 볼 수 있다.

결론적으로, 이전 버전에서 도입된 at 메서드의 폴리필을 유지하기 위해 두 구현을 혼합해서 사용하고 있다. 이전 버전인 esnext.string.at은 브라우저 지원 범위가 명시되지 않았으므로 browserslist 설정과

---

[68] https://github.com/zloirock/core-js/blob/9637937a2e7681d83e0bc7cac674abd416d490e2/packages/core-js/modules/esnext.string.at.js#L10에서 해당 제안 문서를 찾을 수 있다. 참고: https://github.com/mathiasbynens/String.prototype.at

[69] https://github.com/zloirock/core-js/blob/9dc59bfc2f4573bbbc3207c5c33c975349b65843/packages/core-js/modules/es.string.at-alternative.js#L17에서 확인할 수 있다. 참고: https://tc39.es/ecma262/#sec-string.prototype.at

무관하게 폴리필로 추가된다. 이 문제는 코드 주석에 따르면 core-js의 새로운 주 버전이 릴리스되면 해결될 가능성이 크다.

이는 core-js를 사용하면서 발생할 수 있는 여러 사례 중 하나일 뿐이다. 과거의 제안 버전이나 히스토리로 인해 여러 개의 폴리필이 혼용되는 경우가 종종 있다. 따라서 단순히 browserslist와 ECMAScript 버전만으로는 core-js가 폴리필을 추가하는 정확한 이유를 판단하기 어렵다. 폴리필이 들어가는 이유를 명확히 알고 싶다면 해당 기능을 구현하는 데 필요한 폴리필과 그 폴리필이 필요로 하는 버전 범위를 직접 확인하는 것이 가장 정확하다.

7.1.4.8.3.3 babel-plugin-polyfill-corejs3이 폴리필을 삽입하게 하고 싶지 않다면

앞의 내용을 토대로 살펴본다면 폴리필 추가는 단순히 브라우저에서 지원하는 기능이 아닌 경우에만 추가되는 것이 아니다. 폴리필이 추가될 수 있는 시나리오를 다시 한 번 정리해보면 다음과 같다.

- 자바스크립트의 동적인 특성으로 인해 정적 분석 시점에 어떤 타입인지 알 수 없는 경우: 앞선 flags 속성과 at 속성을 예로 들 수 있다.
- 과거 버전에서 버그가 발생해 해당 버그를 우회하기 위해 폴리필을 추가하는 경우: Array.prototype.push의 경우 크로미움 122 버전에서 에러가 발생한 적이 있다.[70] 이로 인해 core-js는 이 버전 이전의 크로미움에서도 Array.prototype.push를 폴리필로 추가한다.
- 이미 표준으로 채택된 기능에 새로운 기능이 추가되어 해당 기능을 지원하기 위해 폴리필을 추가하는 경우: JSON.parse는 오래전부터 표준으로 채택된 기능이지만 최근 들어 원본 텍스트에 대한 정보를 받음으로써 후속 처리를 할 수 있는 기능이 제안되어 채택된 바 있다.[71] 이는 크로미움 130 버전부터 추가됐기 때문에 이전 버전에서도 해당 기능을 사용하기 위해 폴리필을 추가한다.

그러나 이러한 세 가지 이유가 선뜻 납득되지 않을 수도 있다. 타입스크립트로 작성되어 확실히 flags가 정규식이 아니라고 판단할 수 있을 수 있으며, Array.prototype.push의 버그도 브라우저를 업데이트하는 방식으로 해결하는 편이 더 효율적이라고 판단할 수도 있다. 또한 JSON.parse의 새로운 기능을 절대 사용하지 않을 코드로 작성했을 수도 있다.

이러한 경우에는 babel-plugin-polyfill-corejs3의 옵션을 이용해 폴리필을 추가하지 않도록 설정할 수 있다. babel-plugin-polyfill-corejs3의 옵션 중 shouldInjectPolyfill을 다음과 같이 사용하면 된다.

---

[70] https://bugs.chromium.org/p/v8/issues/detail?id=12681
[71] https://github.com/tc39/proposal-json-parse-with-source

```
babel({
  babelHelpers: 'runtime',
  plugins: [
    ['@babel/plugin-transform-runtime'],
    [
      'babel-plugin-polyfill-corejs3',
      {
        method: 'usage-pure',
        version: '3.39.0',
        proposals: true,
        shouldInjectPolyfill: (polyfillName: string) => {
          if (polyfillName === 'esnext.json.parse' || polyfillName === 'es.string.trim') {
            return false
          }
          return true
        },
        targets: browserslist,
      },
    ],
  ],
  extensions: ['.js', '.jsx', '.ts', '.tsx'],
  exclude: /node_modules/,
})
```

shouldInjectPolyfill은 core-js가 넣고자 하는 폴리필명을 인수로 받는데, 이 인수를 기준으로 폴리필 삽입 여부를 결정한다. 이 함수를 통해 폴리필을 추가하고 싶지 않은 폴리필을 걸러낼 수 있다. 이를 통해 core-js가 넣고자 하는 폴리필을 직접 제어할 수 있다. 이러한 옵션을 사용하면 개발자로 하여금 폴리필을 추가하는 것에 대한 더 많은 제어권을 부여한다.

7.1.4.8.3.4 폴리필이 필요한데 폴리필이 추가되지 않아요

폴리필이 필요한 코드임에도 폴리필이 삽입되지 않는다면 그 이유를 몇 가지로 좁혀 볼 수 있다.

- **core-js의 버전이 해당 폴리필을 지원하지 못하는 낮은 버전인 경우**: core-js 버전을 업데이트해서 해결할 수 있다.
- **core-js가 아직 해당 폴리필을 지원할 준비가 돼 있지 않은 경우**: core-js가 해당 폴리필을 구현할 때까지 기다리거나 다른 방법을 찾아봐야 한다.

7.1.4.9 타입스크립트 사용자를 위한 타입 파일 제공

사용자에게 제공할 자바스크립트 파일을 만드는 작업을 마무리했다면 이제 .d.ts 파일을 만들어 타입을 제공하는 일만 남았다. 최근 대부분의 자바스크립트 프로젝트들은 모두 타입스크립트를 기반으로 제공되고 있기 때문에 타입 제공은 선택이 아니라 필수라 해도 과언이 아니다.

7.1.4.9.1 타입스크립트 또는 플러그인을 활용한 일반적인 타입 생성

타입 파일인 .d.ts 파일을 만드는 방법은 크게 두 가지가 있다.

- tsc 사용: 타입스크립트에서 제공하는 CLI인 tsc를 사용해 타입 파일을 만든다. 타입스크립트 기반 프로젝트에서 사용할 수 있는 가장 보편적인 방법이다. 다만 비트의 워크플로에 녹여낼 수 없다는 단점이 있다.
- vite-plugin-dts[72] 사용: 비트에서 사용할 수 있는 플러그인으로, 비트 구성 파일에 추가해서 비트의 워크플로에서 바로 쓸 수 있다는 장점이 있다.

이번 예제에서는 vite-plugin-dts를 사용해 타입 파일을 만들어본다. 먼저 다음과 같이 vite-plugin-dts를 설치한 후

```
$ pnpm add vite-plugin-dts -D
```

다음과 같이 구성 파일을 수정하자.

```
import {babel} fro!'@rollup/plugin-babel'
import react from '@vitejs/plugin-react'
// import react from '@vitejs/plugin-react-swc'
import browserslistToEsbuild from 'browserslist-to-esbuild'
import {defineConfig} from 'vite'
import dts from 'vite-plugin-dts'
import tsconfigPaths from 'vite-tsconfig-paths'

import pkg from './package.json'

const SUPPORT_TARGETS = browserslistToEsbuild()

export default defineConfig({
```

---

[72] https://github.com/qmhc/vite-plugin-dts

```
  plugins: [
    react(),
    tsconfigPaths(),
    dts({outDir: 'dist/types', rollupTypes: true}), // 추가
    // 생략
  ],
  build: {
    // 생략
  },
})
```

- outDir: 생성한 타입 파일을 어느 폴더에 저장할지를 나타낸다. 여기서는 ./dist/types라는 별도 폴더를 선언했다.
- rollupTypes: tsc로 타입을 만드는 경우, 타입스크립트 파일 하나당 하나의 .d.ts 파일을 만들지만 이 옵션을 선언하면 build.lib.entry당 하나의 타입 파일을 만들게 된다. 이는 타입 파일을 깔끔하게 생성하는 데 도움이 된다.

위와 같이 구성 파일을 바꾼 뒤 빌드해보자.

```
$ tree ./dist/types
./dist/types
├── index.d.ts
├── next.d.ts
├── react.d.ts
└── utils.d.ts
```

build.lib.entry에 선언된 대로 타입 파일이 잘 생성된 것을 볼 수 있다.

```
// ./dist/types/index.d.ts
import {FC} from 'react'
import {ImageProps} from 'next/image'
import {ImgHTMLAttributes} from 'react'

declare type CSSFilterValue = NonNullable<CSSStyleDeclaration['filter']>

export declare function getFilter({grayscale, sepia, brightness, contrast, blur}?: ImageFilter): {
  filter: CSSFilterValue
}
```

```
export declare interface ImageFilter {
  grayscale?: number
  sepia?: number
  brightness?: number
  contrast?: number
  blur?: number
}

export declare const NextImageFilter: FC<NextImageFilterProps>

export declare type NextImageFilterProps = ImageProps & ImageFilter

export declare const ReactImageFilter: FC<ReactImageFilterProps>

export declare type ReactImageFilterProps = ImgHTMLAttributes<HTMLImageElement> & ImageFilter

export {}

// 다른 파일은 생략
```

이렇게 만들어진 타입 파일을 CommonJS와 ESModule 시스템에 각각 넣어주면 끝날 것 같지만 그렇지 않다. 두 모듈 시스템을 지원하는 패키지를 만들고자 했다면 타입 파일 역시 이 두 시스템에 맞춰 각각 생성해야 한다. 그 이유는 무엇일까?

타입스크립트의 모듈 시스템을 논하기 전에 4장에서 다룬 'Node.js가 모듈 시스템을 결정하는 방법'을 다시 복기해보자. Node.js는 `package.json`의 `"type"` 필드를 확인하거나 파일의 확장자를 통해 해당 모듈이 CommonJS인지 ESModule인지 결정한다. 이러한 Node.js의 변화에 따라 타입스크립트의 `moduleResolution`에[73] `node16`과 `nodenext` 옵션이 추가됐다. 이 옵션은 앞에서 언급한 Node.js의 규칙과 동일하게 동작한다. `moduleResolution`을 `'node16'`로 설정한 타입스크립트 파일에서 사용자가 `import` 구문을 통해 패키지를 가져올 때 해당 모듈이 어떤 모듈 시스템을 따르는지 파악해야 타입스크립트 컴파일러가 정확한 검사를 수행할 수 있다.

앞서 빌드한 타입 파일로 돌아와 보자. CommonJS와 ESModule에 상관없이 `./dist/types` 폴더 하위에 `index.d.ts` 파일이 생성됐다. 타입스크립트 입장에서 이 파일은 `.mts`, `.cts`(각각 `.mjs`, `.cjs`와 동일한

---

[73] https://www.typescriptlang.org/tsconfig/#moduleResolution

역할을 하는 타입스크립트 파일 확장자)가 아니기 때문에 `package.json`의 `type` 필드를 보고 모듈 시스템을 결정하게 된다. 여기서는 듀얼 패키지 지원을 위해 `type` 필드를 선언했으므로 `.mjs`나 `.mts`가 아니면 모두 CommonJS 모듈로 인식된다. 따라서 해당 패키지를 사용하는 호스트 패키지의 모듈 시스템과 상관없이 타입스크립트는 이 패키지의 모듈 시스템을 CommonJS로 인식하게 된다.

이 문제를 해결하려면 듀얼 패키지 지원을 위해 자바스크립트를 두 벌로 빌드했던 것처럼, 타입스크립트의 타입 파일 역시 두 벌로 만들어야 한다. 그러나 안타깝게도 `vite-plugin-dts`에서는 해당 기능을 지원하지 않는다.[74] 이에 따라 다음 절에서 언급할 방법을 사용하려고 한다.

다만 완전히 방법이 없는 것은 아니다. 자바스크립트는 파일 확장자뿐만 아니라 내부 모듈 시스템도 달라야 했지만 타입스크립트는 `module: 'commonjs'`이든 `module: 'next'`이든 `.d.ts` 파일 생성에 차이가 없다. 따라서 `vite-plugin-dts`로 생성된 파일을 복사해 이름만 `.d.mts`로 생성하는 방법을 생각해볼 수도 있다. 이를 위해 롤업에서 파일을 복사하기 위한 플러그인 `rollup-plugin-copy`[75]를 활용할 수 있다.

7.1.4.9.2 tsup

tsup[76]은 esbuild를 기반으로 만들어진 패키지로, 타입스크립트 기반으로 작성된 패키지를 손쉽게 번들링할 목적으로 만들어진 패키지다. 번들링에 필요한 여러 가지 기능을 제공하지만, 이번 장에서는 단순히 타입 파일을 만드는 기능만 집중적으로 살펴볼 것이다. tsup에서 타입 파일을 만드는 것과 관련된 내용은 관련 문서[77]에서 확인할 수 있다.

다음과 같이 tsup을 설치하고,

```
$ pnpm add tsup -D
```

`tsup.config.mts` 파일을 만들어 다음과 같이 작성하자.

```
// tsup.config.mts
import {defineConfig} from 'tsup'

import type {Format, Options} from 'tsup'

const entries: Options['entry'] = {
```

---

[74] https://github.com/qmhc/vite-plugin-dts/issues/267
[75] https://github.com/vladshcherbin/rollup-plugin-copy
[76] https://tsup.egoist.dev/
[77] https://tsup.egoist.dev/#generate-declaration-file

```
  index: './src/index.ts',
  react: './src/react.tsx',
  next: './src/next.tsx',
  utils: './src/utils/index.ts',
  types: './src/types/index.ts',
} as const

const sharedConfig: Options = {
  entry: entries,
  dts: {only: true},
} as const

const createConfig = (format: Exclude<Format, 'iife'>) =>
  defineConfig({
    ...sharedConfig,
    format: [format],
    outDir: `./dist/${format}`,
  })

export default [createConfig('esm'), createConfig('cjs')]
```

첫 번째 변수부터 export default로 배열을 내보내는 구문까지 하나씩 살펴보자.

- entries: vite.config.mts에 있었던 build.lib.entry와 마찬가지로 타입 생성에 필요한 entry 파일을 객체로 선언했다. build.lib.entry와 다르게 좀 더 깔끔한 타입 선언을 위해 ./src/types/index.ts에 있는 타입 모음 파일도 추가로 선언했다.

- sharedConfig: tsup에서 제공하는 구성 파일 중 공통으로 사용할 수 있는 구성 파일을 별도 객체로 선언해 뒀다. 타입 파일인 .d.ts만 만들기 위해 dts: {only: true} 옵션을 추가했다. 이 옵션을 추가하면 번들링된 결과물은 생성되지 않고, 타입 파일만 생성된다.

- createConfig: 이 함수는 tsup에서 제공하는 포맷 중 즉시 실행 함수 버전인 iife를 제외하고 esm과 cjs의 두 가지 포맷을 받아서 sharedConfig와 함께 defineConfig에 넘겨주는 함수다. 이 함수는 esm과 cjs의 두 가지 포맷으로 번들링된 결과물을 각각 ./dist/esm과 ./dist/cjs에 저장한다.

- export default: tsup의 구성 파일은 비트와 마찬가지로 default export로 설정을 내보내야 한다. 이때 createConfig 함수를 통해 만들어진 두 가지 포맷의 설정을 배열로 묶어서 내보낸다. 이렇게 하면 tsup은 esm과 cjs의 두 가지 포맷으로 타입 파일을 만들어 줄 것이다.

이렇게 추가한 후에 package.json의 scripts에 다음과 같이 추가하자.

```
{
  "scripts": {
    "build": "pnpm run clean && vite build --config vite.config.mts && pnpm run build:dts",
    "build:dts": "tsup --config tsup.config.mts",
    "clean": "rm -rf dist"
  }
}
```

빌드 과정에서 이제 비트로 빌드하는 것뿐만 아니라 buil:dts 명령어를 추가해서 tsup에서 타입을 만드는 것까지 추가했다. 이제 pnpm run build를 실행하면 다음과 같이 tsup을 실행하는 과정이 추가된 것을 볼 수 있다.

```
$ pnpm run build

$ @ndive/react-image@0.1.5 build /Users/USER/private/ndive-react-image
$ pnpm run clean && vite build --config vite.config.mts && pnpm run build:dts


$ @ndive/react-image@0.1.5 clean /Users/USER/private/ndive-react-image
$ rm -rf dist

vite v5.4.0 building for production...
✓ 5 modules transformed.
dist/esm/index.mjs   0.23 kB | gzip: 0.15 kB | map: 0.09 kB
dist/esm/utils.mjs   0.35 kB | gzip: 0.23 kB | map: 0.92 kB
dist/esm/react.mjs   0.96 kB | gzip: 0.46 kB | map: 1.99 kB
dist/esm/next.mjs    0.96 kB | gzip: 0.46 kB | map: 1.97 kB
dist/cjs/index.js    0.31 kB | gzip: 0.21 kB | map: 0.09 kB
dist/cjs/utils.js    0.32 kB | gzip: 0.25 kB | map: 0.83 kB
dist/cjs/react.js    0.60 kB | gzip: 0.40 kB | map: 1.75 kB
dist/cjs/next.js     0.60 kB | gzip: 0.40 kB | map: 1.75 kB
✓ built in 186ms

$ @ndive/react-image@0.1.5 build:dts /Users/USER/private/ndive-react-image
$ tsup --config tsup.config.mts
```

```
CLI Building entry: {"index":"./src/index.ts","react":"./src/react.tsx","next":"./src/next.tsx","utils":"./src/utils/index.ts","types":"./src/types/index.ts"}
CLI Using tsconfig: tsconfig.json
CLI Building entry: {"index":"./src/index.ts","react":"./src/react.tsx","next":"./src/next.tsx","utils":"./src/utils/index.ts","types":"./src/types/index.ts"}
CLI Using tsconfig: tsconfig.json
CLI tsup v8.2.4
CLI Using tsup config: /Users/USER/private/ndive-react-image/tsup.config.mts
CLI tsup v8.2.4
CLI Using tsup config: /Users/USER/private/ndive-react-image/tsup.config.mts
DTS Build start
DTS Build start
DTS ⚡ Build success in 1313ms
DTS dist/esm/index.d.mts 260.00 B
DTS dist/esm/react.d.mts 192.00 B
DTS dist/esm/next.d.mts  188.00 B
DTS dist/esm/utils.d.mts 295.00 B
DTS dist/esm/types.d.mts 431.00 B
DTS ⚡ Build success in 1317ms
DTS dist/cjs/index.d.ts 256.00 B
DTS dist/cjs/react.d.ts 191.00 B
DTS dist/cjs/next.d.ts  187.00 B
DTS dist/cjs/utils.d.ts 294.00 B
DTS dist/cjs/types.d.ts 431.00 B
```

이제 cjs와 esm 폴더에 타입과 자바스크립트 파일이 온전히 생성돼 있는지 확인해보자.

```
$ tree ./dist
./dist
├── cjs
│   ├── index.d.ts
│   ├── index.js
│   ├── next.d.ts
│   ├── next.js
│   ├── react.d.ts
│   ├── react.js
│   ├── types.d.ts
│   ├── utils.d.ts
```

```
    │   └── utils.js
    └── esm
        ├── index.d.mts
        ├── index.mjs
        ├── next.d.mts
        ├── next.mjs
        ├── react.d.mts
        ├── react.mjs
        ├── types.d.mts
        ├── utils.d.mts
        └── utils.mjs
```

각 모듈 안에 파일이 잘 생성돼 있으며, 파일 확장자 또한 듀얼 패키지를 제공하는 의도에 맞게 `.js`, `.ts`, 그리고 `.mjs`, `.mts`로 잘 생성된 것을 확인할 수 있다.

이처럼 tsup을 활용하면 타입을 생성하는 것뿐만 아니라 번들링까지 한 번에 해결할 수 있다. 그러나 별도로 폴리필을 제공하는 등 고급 기능을 제공하지는 않기 때문에 주의를 요한다.

7.1.4.10 package.json과 번들된 구조 맞추기

패키지 제공에 필요한 대부분의 작업을 마쳤다. 이제 생성된 파일 구조에 맞춰 `package.json`을 정리하는 일만 남았다.

가장 먼저 `main`과 `module` 필드를 선언하자. `main`은 cjs로 번들링된 파일을 가리키고, `module`은 esm으로 번들링된 파일을 가리킨다. 그리고 `types` 필드에는 타입 파일이 위치한 폴더를 가리키게 하자.

```json
{
  "$schema": "https://json.schemastore.org/package",
  "name": "@ndive/react-image",
  "version": "0.0.1",
  "main": "./dist/cjs/index.js",
  "module": "./dist/esm/index.mjs",
  "types": "./dist/cjs/index.d.ts",
  "files": ["dist"]
}
```

다음으로 듀얼 패키지 지원을 위해 가장 중요한 `exports` 필드를 선언한다.

```
{
  "exports": {
    ".": {
      "import": {
        "types": "./dist/esm/index.d.mts",
        "default": "./dist/esm/index.mjs"
      },
      "require": {
        "types": "./dist/cjs/index.d.ts",
        "default": "./dist/cjs/index.js"
      }
    },
    "./react": {
      "import": {
        "types": "./dist/esm/react.d.mts",
        "default": "./dist/esm/react.mjs"
      },
      "require": {
        "types": "./dist/cjs/react.d.ts",
        "default": "./dist/cjs/react.js"
      }
    },
    "./next": {
      "import": {
        "types": "./dist/esm/next.d.mts",
        "default": "./dist/esm/next.mjs"
      },
      "require": {
        "types": "./dist/cjs/next.d.ts",
        "default": "./dist/cjs/next.js"
      }
    },
    "./utils": {
      "import": {
        "types": "./dist/esm/utils.d.mts",
        "default": "./dist/esm/utils.mjs"
      },
      "require": {
        "types": "./dist/cjs/utils.d.ts",
```

```
        "default": "./dist/cjs/utils.js"
      }
    }
  }
}
```

7.1.4.11 최종 구성 파일과 번들링된 결과물 확인

이제 최종적으로 만들어진 구성 파일과 번들링된 결과물을 각각 확인해보자.

7.1.4.11.1 package.json

먼저 이번 프로젝트의 메타데이터인 `package.json`이다.

```
{
  "$schema": "https://json.schemastore.org/package",
  "name": "@ndive/react-image",
  "version": "0.0.1",
  "description": "A comprehensive image utility kit for Next.js, and React. This package is created for learning purposes. Caution is advised when using in production.",
  "main": "./dist/cjs/index.js",
  "module": "./dist/esm/index.js",
  "types": "./dist/cjs/index.d.ts",
  "exports": {
    ".": {
      "import": {
        "types": "./dist/esm/index.d.mts",
        "default": "./dist/esm/index.mjs"
      },
      "require": {
        "types": "./dist/cjs/index.d.ts",
        "default": "./dist/cjs/index.js"
      }
    },
    "./react": {
      "import": {
        "types": "./dist/esm/react.d.mts",
        "default": "./dist/esm/react.mjs"
      },
```

```json
      "require": {
        "types": "./dist/cjs/react.d.ts",
        "default": "./dist/cjs/react.js"
      }
    },
    "./next": {
      "import": {
        "types": "./dist/esm/next.d.mts",
        "default": "./dist/esm/next.mjs"
      },
      "require": {
        "types": "./dist/cjs/next.d.ts",
        "default": "./dist/cjs/next.js"
      }
    },
    "./utils": {
      "import": {
        "types": "./dist/esm/utils.d.mts",
        "default": "./dist/esm/utils.mjs"
      },
      "require": {
        "types": "./dist/cjs/utils.d.ts",
        "default": "./dist/cjs/utils.js"
      }
    }
  },
  "keywords": ["image", "utils", "nextjs", "react", "filter"],
  "homepage": "https://github.com/yceffort/ndive-react-image#readme",
  "bugs": {
    "url": "https://github.com/yceffort/ndive-react-image/issues"
  },
  "repository": {
    "type": "git",
    "url": "https://github.com/yceffort/ndive-react-image.git"
  },
  "license": "MIT",
  "author": {
    "email": "root@yceffort.kr",
    "name": "yceffort"
```

```json
  },
  "contributors": [
    {
      "email": "workingnewjeong@gmail.com",
      "name": "yujeongJeon"
    },
    {
      "email": "root@yceffort.kr",
      "name": "yceffort"
    }
  ],
  "files": ["dist"],
  "scripts": {
    "prepare": "lefthook install -f",
    "build": "pnpm run clean && vite build --config vite.config.mts && pnpm run build:dts",
    "build:dts": "tsup --config tsup.config.mts",
    "clean": "rm -rf dist",
    "lint": "eslint '**/*.{js,jsx,ts,tsx}'",
    "lint:fix": "eslint '**/*.{js,jsx,ts,tsx}' --fix",
    "prettier": "prettier --check '**/*.{ts,tsx,js,mjs,cjs,jsx,json,yaml,yml}'",
    "prettier:fix": "prettier --write '**/*.{ts,tsx,js,mjs,cjs,jsx,json,yaml,yml}'",
    "md": "markdownlint '*.md'",
    "md:fix": "markdownlint --fix '*.md'"
  },
  "dependencies": {
    "@babel/runtime-corejs3": "^7.25.0"
  },
  "devDependencies": {
    "@babel/plugin-transform-runtime": "^7.25.4",
    "@naverpay/editorconfig": "^0.0.4",
    "@naverpay/eslint-config": "^1.0.7",
    "@naverpay/markdown-lint": "^0.0.3",
    "@naverpay/prettier-config": "^1.0.0",
    "@rollup/plugin-babel": "^6.0.4",
    "@types/node": "^18.19.43",
    "@types/react": "^18.3.3",
    "@vitejs/plugin-react": "^4.3.1",
    "@vitejs/plugin-react-swc": "^3.7.0",
    "browserslist-to-esbuild": "^2.1.1",
```

```
    "lefthook": "^1.7.14",
    "next": "^14.1.1",
    "react": "^18.3.1",
    "rollup": "^4.20.0",
    "rollup-preserve-directives": "^1.1.1",
    "terser": "^5.31.6",
    "tsup": "^8.2.4",
    "typescript": "^5.5.4",
    "typescript": "^5.5.4",
    "vite": "^6.0.1",
    "vite-tsconfig-paths": "^5.1.3",
    "vitest": "^2.1.6"
  },
  "peerDependencies": {
    "next": "^13.0.0 || ^14.0.0",
    "react": "^18.0.0",
    "react-dom": "^18.0.0"
  },
  "peerDependenciesMeta": {
    "next": {
      "optional": true
    }
  },
  "packageManager": "pnpm@9.7.0",
  "engines": {
    "node": ">=14.0.0"
  }
}
```

7.1.4.11.2 vite.config.mts

Vite 실행에 필요한 설정 파일이다.

```
import {babel} from '@rollup/plugin-babel'
import react from '@vitejs/plugin-react'
// import react from '@vitejs/plugin-react-swc'
import browserslistToEsbuild from 'browserslist-to-esbuild'
import preserveDirectives from 'rollup-preserve-directives'
import {defineConfig} from 'vite'
```

```
import tsconfigPaths from 'vite-tsconfig-paths'

import pkg from './package.json'

const SUPPORT_TARGETS = browserslistToEsbuild()

export default defineConfig({
  plugins: [
    react(),
    tsconfigPaths(),
    preserveDirectives(),
    babel({
      babelHelpers: 'runtime',
      plugins: [
        [
          '@babel/plugin-transform-runtime',
          {
            corejs: {version: 3, proposals: true},
          },
        ],
      ],
      extensions: ['.js', '.jsx', '.ts', '.tsx'],
      exclude: 'node_modules/**',
    }),
  ],
  build: {
    outDir: 'dist',
    lib: {
      entry: {
        index: './src/index.ts',
        react: './src/react.tsx',
        next: './src/next.tsx',
        utils: './src/utils/index.ts',
      },
    },
    rollupOptions: {
      external: [...Object.keys(pkg.peerDependencies), ...Object.keys(pkg.dependencies)].flatMap(
(dep) => [
        dep,
```

```
          new RegExp(`^${dep}/.*`),
        ]),
        output: [
          {
            format: 'es',
            dir: 'dist/esm',
          },
          {
            format: 'cjs',
            dir: 'dist/cjs',
          },
        ],
      },
      minify: 'terser', // or 'esbuild'
      target: SUPPORT_TARGETS,
    },
})
```

7.1.4.11.3 tsup.config.mts

타입 생성을 위해 사용하는 tsup 설정 파일이다.

```
import {defineConfig} from 'tsup'

import type {Format, Options} from 'tsup'

const entries: Options['entry'] = {
  index: './src/index.ts',
  react: './src/react.tsx',
  next: './src/next.tsx',
  utils: './src/utils/index.ts',
  types: './src/types/index.ts',
} as const

const sharedConfig: Options = {
  entry: entries,
  dts: {only: true},
} as const
```

```ts
const createConfig = (format: Exclude<Format, 'iife'>) =>
  defineConfig({
    ...sharedConfig,
    format: [format],
    outDir: `./dist/${format}`,
  })

export default [createConfig('esm'), createConfig('cjs')]
```

7.1.4.11.4 번들링된 결과물

위 설정을 토대로 빌드를 수행하면 다음과 같은 구조로 결과물이 생성되는 것을 알 수 있다.

```
$ tree ./dist
./dist
├── cjs
│   ├── index.d.ts
│   ├── index.js
│   ├── next.d.ts
│   ├── next.js
│   ├── react.d.ts
│   ├── react.js
│   ├── types.d.ts
│   ├── utils.d.ts
│   └── utils.js
└── esm
    ├── index.d.mts
    ├── index.mjs
    ├── next.d.mts
    ├── next.mjs
    ├── react.d.mts
    ├── react.mjs
    ├── types.d.mts
    ├── utils.d.mts
    └── utils.mjs

3 directories, 18 files
```

```
// ./dist/react.mjs
'use client'
import {jsx} from 'react/jsx-runtime'
import {memo, useState, useCallback, useMemo} from 'react'
import {getFilter} from './utils.mjs'
const ReactImageFilter = memo((({grayscale = 0, sepia = 0, brightness = 100, contrast = 100, blur = 0, ...props}) => {
  const [imageError, setImageError] = useState(false)
  const handleError = useCallback(() => {
    setImageError(true)
  }, [])
  const filterStyle = useMemo(
    () =>
      getFilter({
        grayscale,
        sepia,
        brightness,
        contrast,
        blur,
      }),
    [grayscale, sepia, brightness, contrast, blur],
  )
  if (imageError) {
    return /* @__PURE__ */ jsx('div', {
      children: 'Image failed to load',
    })
  }
  return /* @__PURE__ */ jsx('div', {
    style: filterStyle,
    children: /* @__PURE__ */ jsx('img', {
      onError: handleError,
      ...props,
      alt: props.alt || '',
    }),
  })
})
export {ReactImageFilter}

// ./dist/react.d.mts
```

```
import { ReactImageFilterProps } from './types.mjs';
import { FC } from 'react';
import 'next/image';

declare const ReactImageFilter: FC<ReactImageFilterProps>;

export { ReactImageFilter };

// 다른 파일은 생략
```

7.1.4.12 왜 리액트 버전은 18 이상으로 설정했을까?

리액트를 주로 사용했던 개발자라면 지금까지 작성한 코드에서 의문점이 하나 생길 수 있다. 바로 `package.json`의 `peerDependencies`에 선언된 리액트 버전이 18.0.0 이상으로 선언된 이유다.

리액트 버전을 18.0.0 이상으로 선언한 이유는 무엇일까? `useMemo` 같은 혹은 리액트 16.8 버전에서 추가됐고, `React.memo`는 리액트 16.6 버전에서 추가됐다. 따라서 리액트 16.8 이상이면 해당 혹과 `memo`를 모두 사용할 수 있으니 `peerDependencies`를 16.8.0 이상으로 선언하면 될 것 같은데, 현재 패키지의 `peerDependencies`는 리액트 18 이상으로 선언돼 있다. 그 이유는 무엇일까?

다음 리액트 17 예제 프로젝트를 통해 그 이유를 살펴보자.

> **노트**
> 이제부터 설명할 예제 코드는 아래의 예제 코드 저장소에서 확인할 수 있다.
> - 예제 코드: https://github.com/yujeongJeon/npm-deep-dive-example/tree/main/chapter7/react-17

먼저 `pnpx create-react-app react-17`로 리액트 예제 프로젝트를 생성해보자. 2024년 9월을 기준으로 리액트 프로젝트를 생성할 경우 리액트 18 버전을 지원하는 코드로 생성되므로 `react`와 `react-dom`의 버전을 17.0.2로 다운그레이드한 뒤, 다음과 같이 코드를 작성한다.

```
// ./src/index.js
import {StrictMode} from 'react'
import ReactDOM from 'react-dom'

import App from './App.js'

const rootElement = document.getElementById('root')
```

```
ReactDOM.render(
  <StrictMode>
    <App />
  </StrictMode>,
  rootElement,
)
```

그다음 package.json에 앞서 만들었던 예제 패키지인 @ndive/react-image를 설치하자.

```
$ pnpm i
WARN  21 deprecated subdependencies found: @babel/plugin-proposal-class-properties@7.18.6,
@babel/plugin-proposal-nullish-coalescing-operator@7.18.6, @babel/plugin-proposal-numeric-
separator@7.18.6, @babel/plugin-proposal-optional-chaining@7.21.0, @babel/plugin-proposal-private-
methods@7.18.6, @babel/plugin-proposal-private-property-in-object@7.21.11, @humanwhocodes/config-
array@0.11.14, @humanwhocodes/object-schema@2.0.3, abab@2.0.6, domexception@2.0.1, glob@7.2.3,
inflight@1.0.6, q@1.5.1, rimraf@3.0.2, rollup-plugin-terser@7.0.2, sourcemap-codec@1.4.8,
stable@0.1.8, svgo@1.3.2, w3c-hr-time@1.0.2, workbox-cacheable-response@6.6.0, workbox-google-
analytics@6.6.0
Packages: +1237
++++++++++++++++++++++++++++++++++++++++++++++++++++++++++++++++++++++++++++++++++++++
++++++
Progress: resolved 1237, reused 1237, downloaded 0, added 1237, done

dependencies:
+ @ndive/react-image 0.1.6
+ react 17.0.2 (18.3.1 is available)
+ react-dom 17.0.2 (18.3.1 is available)
+ react-scripts 5.0.1

devDependencies:
+ @naverpay/browserslist-config 1.6.1

 WARN  Issues with peer dependencies found
.
└─ @ndive/react-image 0.1.6
   ├── ✕ unmet peer react@^18.0.0: found 17.0.2
   └── ✕ unmet peer react-dom@^18.0.0: found 17.0.2

Done in 9.2s
```

그러나 앞서 코드의 의존성을 react@18로 한정했기 때문에 다음과 같이 peerDependencies에 문제가 있다는 오류가 발생할 것이다. 이대로 실행해도 상관없지만 앞에서 배운 pnpm patch를 사용해 의존성을 수정해보자.

```
$ pnpm patch @ndive/react-image
Patch: You can now edit the package at:

  /Users/USER/private/npm-deep-dive-example/chapter7/react-17/node_modules/.pnpm_patches/@ndive/react-image@0.1.6

To commit your changes, run:

  pnpm patch-commit '/Users/USER/private/npm-deep-dive-example/chapter7/react-17/node_modules/.pnpm_patches/@ndive/react-image@0.1.6'
```

pnpm에서 안내해준 경로로 이동한 후 package.json의 의존성으로 17을 포함하도록 다음과 같이 바꾸자.

```
@@ -0,0 +1,15 @@
diff --git a/package.json b/package.json
index 7e909e62263be7428c637d125e7c9d1783b7ee0c..8e2be29236f250845c2b46c67a472ead379a0f5a 100644
--- a/package.json
+++ b/package.json
@@ -112,8 +112,8 @@
  },
  "peerDependencies": {
    "next": "^13.0.0 || ^14.0.0",
-    "react": "^18.0.0",
-    "react-dom": "^18.0.0"
+    "react": "^17.0.0 || ^18.0.0",
+    "react-dom": "^17.0.0 || ^18.0.0"
  },
  "peerDependenciesMeta": {
    "next": {
```

그리고 나서 pnpm i를 실행해 변경 사항을 반영한다.

```
$ pnpm i
Lockfile is up to date, resolution step is skipped
Packages: +1237
++++++++++++++++++++++++++++++++++++++++++++++++++++++++++++++++++++++++++++++++++++++
++++++
Progress: resolved 1237, reused 1237, downloaded 0, added 1237, done

dependencies:
+ @ndive/react-image 0.1.6
+ react 17.0.2
+ react-dom 17.0.2
+ react-scripts 5.0.1

devDependencies:
+ @naverpay/browserslist-config 1.6.1

Done in 3s
```

이제 peerDependencies에 대한 오류 없이 정상적으로 설치되는 것을 볼 수 있다. 그럼 `npm run start`를 실행해보자.

```
$ npm run start
ERROR in ./node_modules/.pnpm/@ndive+react-image@0.1.6_patch_hash=5iy4laj66od1pjruf6kbqaxb3q_rea
ct-dom@17.0.2_react@17.0.2__react@17.0.2/node_modules/@ndive/react-image/dist/esm/react.mjs 3:0-40
Module not found: Error: Can't resolve 'react/jsx-runtime' in '/Users/USER/private/npm-deep-dive-
example/chapter7/react-17/node_modules/.pnpm/@ndive+react-image@0.1.6_patch_hash=5iy4laj66odipjruf
6kbqaxb3q_react-dom@17.0.2_react@17.0.2__react@17.0.2/node_modules/@ndive/react-image/dist/esm'
Did you mean 'jsx-runtime.js'?
BREAKING CHANGE: The request 'react/jsx-runtime' failed to resolve only because it was resolved as
fully specified
(probably because the origin is strict EcmaScript Module, e. g. a module with javascript mimetype,
a '*.mjs' file, or a '*.js' file where the package.json contains '"type": "module"').
The extension in the request is mandatory for it to be fully specified.
Add the extension to the request.
```

실행하니 react/jsx-runtime을 찾을 수 없다는 오류가 발생한다. 왜 리액트 17에서는 `react/jsx-runtime`을 찾을 수 없는 것일까? 그 이유는 현재 모듈이 ESModule로 해석되고 있다는 점에서 힌트를 얻을 수 있다. 4장에서 살펴봤듯이 ESModule 시스템하에서 subpath를 찾는 방식과 연관이 있다. 요약하자면, ESModule하에서 subpath로 파일을 가리키기 위해서는 react/jsx-runtime.js와 같이 확장자까지 포함해서 subpath를 명시하거나 package.json의 exports 필드를 통해 다음과 같이 지정해야 한다.

```
{
  "exports": {
    ".": "./index.js",
    "./jsx-runtime": "./jsx-runtime.js"
  }
}
```

리액트의 의도는 후자에 가까워 보이지만 react@17.0.2의 package.json을 보면 exports 필드가 없는 것을 볼 수 있다.

```
{
  "name": "react",
  "description": "React is a JavaScript library for building user interfaces.",
  "keywords": ["react"],
  "version": "17.0.2",
  "homepage": "https://reactjs.org/",
  "bugs": "https://github.com/facebook/react/issues",
  "license": "MIT",
  "files": [
    "LICENSE",
    "README.md",
    "build-info.json",
    "index.js",
    "cjs/",
    "umd/",
    "jsx-runtime.js",
    "jsx-dev-runtime.js"
  ],
  "main": "index.js",
  "repository": {
    "type": "git",
    "url": "https://github.com/facebook/react.git",
    "directory": "packages/react"
  },
```

```
"engines": {
  "node": ">=0.10.0"
},
"dependencies": {
  "loose-envify": "^1.1.0",
  "object-assign": "^4.1.1"
},
"browserify": {
  "transform": ["loose-envify"]
}
}
```

이와 관련된 문제가 이미 리액트에서 제기됐지만[78] 리액트 팀에서는 17 버전에서 고치지 않겠다고 밝혔다.[79] 대신 이 이슈는 리액트 18에서 exports가 추가되면서 해결됐다.

```
{
  "name": "react",
  // 중략
  "main": "index.js",
  // 새롭게 추가
  "exports": {
    ".": {
      "react-server": "./react.shared-subset.js",
      "default": "./index.js"
    },
    "./package.json": "./package.json",
    "./jsx-runtime": "./jsx-runtime.js",
    "./jsx-dev-runtime": "./jsx-dev-runtime.js"
  }
  // 중략
}
```

그렇다면 리액트 18을 사용하지 않으면서 이 문제를 해결하는 방법은 무엇일까? 고려해볼 수 있는 방법으로 크게 두 가지가 있다.

---

[78] https://github.com/facebook/react/issues/20235
[79] https://github.com/facebook/react/issues/20235#issuecomment-1095345193

- pnpm patch: 앞서 pnpm patch를 통해 @ndive/react-image를 수정한 것처럼, react/jsx-runtime을 찾을 수 있도록 pnpm patch 명령어를 사용해 react 패키지를 수정할 수 있다. 리액트 18에서 해결한 것처럼 exports 필드를 추가하면 빠르게 해결할 수 있을 것이다.
- 웹팩의 resolve.alias: 웹팩에서 제공하는 설정 중 resolve.alias를 활용해 모듈에 별칭을 사용하는 방법이 있다. 이 옵션은 특정 모듈에 대해 별칭을 지정해 해당 모듈의 경로를 변경하는 방법인데, 이 방법을 다음과 같이 응용해서 웹팩이 react/jsx-runtime을 찾을 때 react/jsx-runtime.js로 찾게 할 수 있다.

```
// webpack.config.js가 다음과 같이 있다고 가정
module.exports = {
  // 중략
  resolve: {
    alias: {
      'react/jsx-dev-runtime': 'react/jsx-dev-runtime.js',
      'react/jsx-runtime': 'react/jsx-runtime.js',
    },
  },
}
```

위와 같은 문제로 리액트 17의 subpath 지원 이슈를 해결할 수 있지만 두 가지 방법 모두 패키지를 실제로 설치하고 사용하는 호스트 패키지에서 수정해야 한다는 부담이 있다. 따라서 리액트 관련 패키지를 제작하는 개발자 입장에서는 선택을 해야 한다. 위와 같은 불편함을 감수하고 리액트 17을 지원하거나, 아니면 위와 같은 이슈를 이유로 들어 리액트 18부터 지원하는 것이다. 물론 classic 방식 대신 automatic 방식을 활용해 react/jsx-runtime 대신 React.createElement를 사용하는 방법도 있지만 이는 리액트 19부터는 권장하지 않으며, 무엇보다 번들 크기가 약간 커진다는 단점이 있다. 따라서 이러한 이슈를 고려해서 패키지를 제작하는 것이 중요하다.

7.1.5 간단한 테스트 코드 작성

패키지를 사용하는 사용자에게 신뢰를 줄 수 있는 테스트 코드를 작성해보자. 테스트 코드의 종류와 작성 방법에는 여러 가지가 있지만 이를 모두 다루다 보면 책의 범위를 벗어나므로 여기서는 앞에서 개발한 유틸 함수를 테스트하는 간단한 단위 테스트만 작성한다.

단위 테스트 도구로는 자바스크립트 생태계에서 Jest[80]를 사용하는 것이 일반적이다. 하지만 이번 예제에서는 비트에서 만든 Vitest[81]를 사용해본다.

Vitest는 비트 설정과 플러그인을 그대로 이어받아 테스트를 수행할 수 있으며, Jest와 호환되는 API를 제공하기 때문에 사용하기 편리하다. 또한 타입스크립트와 함께 사용하기 위해 별도의 설정이 필요했던 Jest의 ts-jest[82]와 달리, Vitest는 타입스크립트와 ESModule을 매끄럽게 지원한다.

현재 Jest는 ESModule 지원이 실험 단계[83]로 제공되고 있어 다소 제한적이며, 설정 과정이 복잡할 수 있다. 반면 Vitest는 비트라는 경량화된 빌드 도구와 통합돼 있어 테스트 환경 설정이 간단하고, Jest와 비교했을 때 가볍고 빠르게 동작한다. 구성 파일도 간단하게 작성할 수 있어 개발 환경에서 테스트 코드를 작성하는 것이 훨씬 편리하며, 필요할 때마다 가볍게 설치해 사용할 수 있다는 장점이 있다.

먼저 다음과 같이 패키지의 유틸을 테스트할 수 있는 테스트 코드를 작성해보자.

```
import {describe, test, expect} from 'vitest'

import {getFilter} from './index'

describe('getFilter function', () => {
  test('should return default values when no parameters are provided', () => {
    const result = getFilter()
    expect(result).toEqual({
      filter: 'grayscale(0%) sepia(0%) brightness(100%) contrast(100%) blur(0px)',
    })
  })

  test('should apply grayscale correctly', () => {
    const result = getFilter({grayscale: 50})
    expect(result.filter).toContain('grayscale(50%)')
  })

  test('should apply sepia correctly', () => {
    const result = getFilter({sepia: 75})
    expect(result.filter).toContain('sepia(75%)')
```

[80] https://jestjs.io/
[81] https://vitest.dev/
[82] https://kulshekhar.github.io/ts-jest/
[83] https://jestjs.io/docs/ecmascript-modules

```js
  })

  test('should apply brightness correctly', () => {
    const result = getFilter({brightness: 150})
    expect(result.filter).toContain('brightness(150%)')
  })

  test('should apply contrast correctly', () => {
    const result = getFilter({contrast: 200})
    expect(result.filter).toContain('contrast(200%)')
  })

  test('should apply blur correctly', () => {
    const result = getFilter({blur: 5})
    expect(result.filter).toContain('blur(5px)')
  })

  test('should apply multiple filters correctly', () => {
    const result = getFilter({
      grayscale: 30,
      sepia: 20,
      brightness: 110,
      contrast: 90,
      blur: 2,
    })
    expect(result).toEqual({
      filter: 'grayscale(30%) sepia(20%) brightness(110%) contrast(90%) blur(2px)',
    })
  })

  test('should maintain order of filters', () => {
    const result = getFilter({
      blur: 3,
      grayscale: 40,
      contrast: 80,
      sepia: 10,
      brightness: 120,
    })
    expect(result.filter).toBe('grayscale(40%) sepia(10%) brightness(120%) contrast(80%)
```

```
    blur(3px)')
  })
})
```

테스트 코드를 작성했다면 package.json의 scripts에 다음과 같이 추가하자.

```
{
  "scripts": {
    "test": "vitest run"
  }
}
```

pnpm run test를 실행하면 다음과 같이 테스트가 실행되는 것을 확인할 수 있다.

```
$ pnpm run test

$ @ndive/react-image@0.1.6 test /Users/USER/private/ndive-react-image
$ vitest run


  RUN  v2.0.5 /Users/USER/private/ndive-react-image

 ✓ src/utils/index.test.ts (8)
   ✓ getFilter function (8)
     ✓ should return default values when no parameters are provided
     ✓ should apply grayscale correctly
     ✓ should apply sepia correctly
     ✓ should apply brightness correctly
     ✓ should apply contrast correctly
     ✓ should apply blur correctly
     ✓ should apply multiple filters correctly
     ✓ should maintain order of filters

 Test Files  1 passed (1)
      Tests  8 passed (8)
   Start at  15:35:10
   Duration  546ms (transform 131ms, setup 0ms, collect 130ms, tests 2ms, environment 0ms, prepare 35ms)
```

이 밖에도 다양한 방식으로 테스트 코드를 작성할 수 있으며, 이를 통해 사용자에게 신뢰를 줄 수 있는 패키지를 만들 수 있다.

7.1.6 깃허브 액션을 활용한 CI 파이프라인 구축

이제 패키지를 본격적으로 배포하기에 앞서 CI 파이프라인을 구축해서 패키지의 품질을 유지하고, 사용자에게 안정적인 패키지를 제공할 수 있도록 해보자. 이번 예제에서는 깃허브 액션을 활용해 CI 파이프라인을 구축한다. 이번 예제 프로젝트에서의 CI는 크게 두 가지를 수행하는데, 하나는 코드의 문법적 오류를 검사하는 lint 작업과 다른 하나는 테스트 코드를 빌드하고 실행하는 test 작업이다. 그리고 이 작업을 하나의 파일에서 모두 수행할 수 있도록 깃허브 파이프라인을 구성할 것이다. 먼저 ./github/workflows/ci.yaml 파일을 다음과 같이 작성하자.

```yaml
name: CI

on:
  push:
    branches:
      - main
  pull_request:
```

- name: 해당 워크플로의 이름을 나타낸다. 이 이름은 깃허브 액션 페이지에서 워크플로를 식별하는 역할도 한다.
- on: 해당 워크플로가 언제 실행될지를 나타낸다. push.branches를 통해 main 브랜치에 푸시가 발생할 때 실행되도록 설정했다. 또한 pull_request를 통해 PR이 발생했을 때도 실행되도록 설정했다.

언제 실행되는 워크플로인지 정의했으니, 이제 이 워크플로가 실행하는 일을 정의해보자. 이 워크플로에서 수행할 일은 jobs 하위에 하나씩 정의할 수 있다.

```yaml
jobs:
  setup:
    runs-on: ubuntu-latest
    steps:
      - uses: actions/checkout@v4
      - uses: pnpm/action-setup@v4
      - name: Use Node.js
        uses: actions/setup-node@v4
```

```
      with:
        node-version: '20'
        cache: 'pnpm'
    - name: Install dependencies
      run: pnpm install --frozen-lockfile
```

워크플로를 정의했으니 이제 워크플로에서 무엇을 할지 정의해야 한다. 가장 먼저 할 일은 환경 설정 및 의존성 설치다.

1. **setup**: 임의로 정한 이름으로, 이 잡에서는 패키지 세팅에 필요한 작업을 수행한다.
   - **runs-on**: 해당 잡이 실행될 머신을 정의한다. 여기서는 ubuntu-latest를 사용했다. 사용할 수 있는 머신은 공식 문서[84]에서 확인할 수 있으며, 일반적으로 ubuntu-latest를 많이 사용한다.
   - **steps**: 이 job은 다음과 같은 작업을 순차적으로 실행한다.
     - actions/checkout@v4: 소스코드를 체크아웃하는 액션을 사용한다.
     - pnpm/action-setup@v4: pnpm을 사용하기 위한 액션을 사용한다. 이 액션은 pnpm을 설치하고, pnpm을 사용할 수 있도록 환경을 설정한다. version을 지정할 수도 있지만, 버전이 없으면 corepack처럼 packageManager에 명시된 버전을 사용한다.
     - Use Node.js
       actions/setup-node@v4: 노드를 설치하는 액션을 사용한다. 여기서는 20 버전을 사용한다. 그리고 cache를 pnpm으로 설정함으로써 pnpm을 사용해 의존성을 설치할 때 캐시를 사용하도록 한다.
     - Install dependencies
       pnpm install --frozen-lockfile: pnpm을 사용해 의존성을 설치한다.

환경 설정 및 의존성 설치가 끝났으니 이제 빌드 작업을 수행해 코드의 정합성을 확인할 차례다. `build.needs`에 `setup`을 명시해 `setup` 작업이 완료된 이후에 실행한다.

```
jobs:
  setup:
  # 생략
  build:
    needs: setup
    runs-on: ubuntu-latest
    steps:
      - uses: actions/checkout@v4
```

---

[84] https://docs.github.com/ko/actions/writing-workflows/workflow-syntax-for-github-actions#jobsjob_idruns-on

```yaml
      - uses: pnpm/action-setup@v4
      - uses: actions/setup-node@v4
        with:
          node-version: '20'
          cache: 'pnpm'
      - name: Install dependencies
        run: pnpm install --frozen-lockfile
      - name: Build
        run: pnpm run build
      - name: Test
        run: pnpm run test
```

대부분의 작업은 위와 동일하며, build 작업에서는 pnpm run build를 실행해 빌드를 수행하고, pnpm run test를 실행해 테스트를 수행한다.

마지막으로 lint 작업을 추가해보자. lint 작업은 코드의 문법적 오류를 검사하는 작업이다. lint 작업 역시 setup이 완료된 이후에 실행되도록 설정한다. 즉, setup이 끝나면 lint와 build는 병렬로 실행된다.

```yaml
jobs:
  setup:
    # 생략
  build:
    # 생략
  lint:
    needs: setup
    runs-on: ubuntu-latest
    steps:
      - uses: actions/checkout@v4
      - uses: pnpm/action-setup@v4
      - uses: actions/setup-node@v4
        with:
          node-version: '20'
          cache: 'pnpm'
      - name: Install dependencies
        run: pnpm install --frozen-lockfile
      - name: Lint
        run: pnpm run lint
      - name: Prettier
        run: pnpm run prettier
```

이 작업 역시 앞에서와 대부분 동일하며, `lint`와 `prettier`를 실행해 코드의 문법적 오류를 검사하고 코드의 일관성을 유지한다.

이렇게 만든 액션이 어떻게 실행되는지 살펴보자. PR이 열리면 다음과 같이 `jobs`에 명시된 내용이 실행되어 통과하는 것을 볼 수 있다.

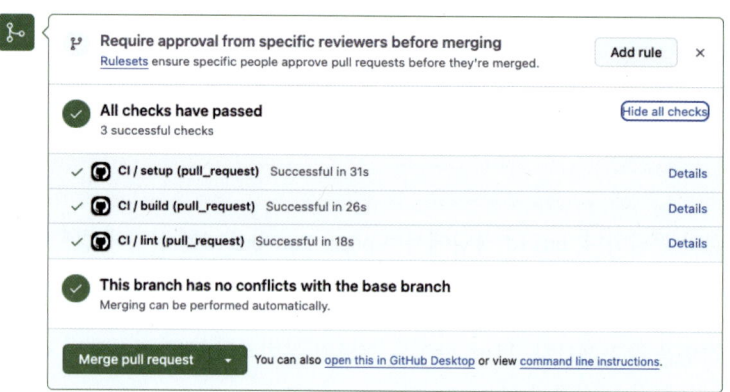

그림 7.15 워크플로가 정상적으로 깃허브 풀 리퀘스트에서 실행된 모습

[Details]를 눌러 실제 워크플로가 어떻게 실행됐는지 구체적으로 확인해보자.

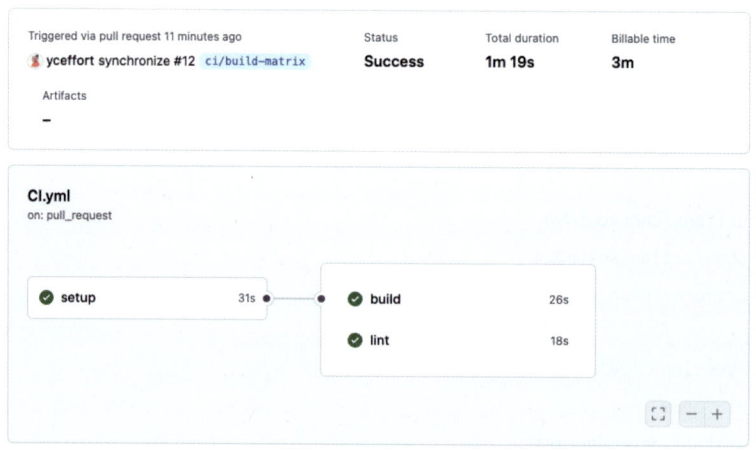

그림 7.16 깃허브 풀 리퀘스트에서 실행된 워크플로의 실행 순서도

`setup`이 완료됨과 동시에 두 작업이 병렬로 실행됐다는 것을 확인할 수 있다. 그렇다면 앞에서 선언한 캐시는 정상적으로 수행됐는지 확인해보자.

```
Install dependencies
1  ▶ Run pnpm install --frozen-lockfile
6  Lockfile is up to date, resolution step is skipped
7  Progress: resolved 1, reused 0, downloaded 0, added 0
8  Packages: +689
9  ++++++++++++++++++++++++++++++++++++++++++++++++++++++++++++++++++++++
10 Progress: resolved 689, reused 0, downloaded 7, added 0
11 Progress: resolved 689, reused 0, downloaded 49, added 34
12 Progress: resolved 689, reused 0, downloaded 217, added 213
13 Progress: resolved 689, reused 0, downloaded 308, added 302
14 Progress: resolved 689, reused 0, downloaded 444, added 431
15 Progress: resolved 689, reused 0, downloaded 510, added 498
16 Progress: resolved 689, reused 0, downloaded 517, added 505
17 Progress: resolved 689, reused 0, downloaded 525, added 511
18 Progress: resolved 689, reused 0, downloaded 526, added 511
19 Progress: resolved 689, reused 0, downloaded 582, added 569
20 Progress: resolved 689, reused 0, downloaded 689, added 689, done
21 .../node_modules/@naverpay/editorconfig postinstall$ node index.js
22 .../node_modules/@swc/core postinstall$ node postinstall.js
23 .../node_modules/@naverpay/markdown-lint postinstall$ node postInstall/index.js
24 .../esbuild@0.21.5/node_modules/esbuild postinstall$ node install.js
25 .../node_modules/lefthook postinstall$ node postinstall.js
26 .../node_modules/@naverpay/editorconfig postinstall: Done
27 .../esbuild@0.23.1/node_modules/esbuild postinstall$ node install.js
28 .../node_modules/@naverpay/markdown-lint postinstall: .markdownlint.jsonc is created successfully
29 .../node_modules/@swc/core postinstall: Done
30 .../esbuild@0.21.5/node_modules/esbuild postinstall: Done
31 .../node_modules/@naverpay/markdown-lint postinstall: Done
32 .../node_modules/core-js-pure postinstall$ node -e "try{require('./postinstall')}catch(e){}"
33 .../node_modules/lefthook postinstall: Done
34 .../node_modules/core-js-pure postinstall: Done
35 .../esbuild@0.23.1/node_modules/esbuild postinstall: Done
36
```

그림 7.17 setup에서 pnpm install --frozen-lockfile을 수행한 모습

```
Install dependencies
1  ▶ Run pnpm install --frozen-lockfile
6  Lockfile is up to date, resolution step is skipped
7  Progress: resolved 1, reused 0, downloaded 0, added 0
8  Packages: +689
9  ++++++++++++++++++++++++++++++++++++++++++++++++++++++++++++++++++++++
10 Progress: resolved 689, reused 689, downloaded 0, added 0
11 Progress: resolved 689, reused 689, downloaded 0, added 599
12 Progress: resolved 689, reused 689, downloaded 0, added 689, done
13
14 dependencies:
15 + @babel/runtime-corejs3 7.25.6
16 + react-dom 18.3.1
17
18 devDependencies:
19 + @babel/plugin-transform-runtime 7.25.4
20 + @changesets/cli 2.27.7
21 + @naverpay/editorconfig 0.0.4
22 + @naverpay/eslint-config 1.0.7
23 + @naverpay/markdown-lint 0.0.3
24 + @naverpay/prettier-config 1.0.0
25 + @rollup/plugin-babel 6.0.4
26 + @types/node 18.19.43
27 + @types/react 18.3.3
28 + @vitejs/plugin-react 4.3.1
29 + @vitejs/plugin-react-swc 3.7.0
30 + browserslist-to-esbuild 2.1.1
31 + lefthook 1.7.14
32 + next 14.1.1
33 + react 18.3.1
34 + rollup 4.20.0
35 + rollup-preserve-directives 1.1.1
36 + terser 5.31.6
37 + tsup 8.2.4
38 + typescript 5.5.4
39 + vite 5.4.0
40 + vite-plugin-dts 4.0.2
41 + vite-tsconfig-paths 5.0.1
42 + vitest 2.0.5
```

그림 7.18 build에서 수행한 pnpm install --frozen-lockfile을 다른 곳에서 실행한 모습

그림 7.17은 setup에서 pnpm install --frozen-lockfile을 수행한 모습이며, 그림 7.18은 build에서 동일한 명령어를 수행한 모습이다. 캐시가 정상적으로 수행되어 최초에만 필요한 의존성을 다운로드하고, 이후에는 pnpm-store를 통해 심볼릭 링크만으로 필요한 의존성을 빠르게 완성한 모습을 볼 수 있다. 이렇게 함으로써 setup에서만 최초에 한 번 필요한 의존성을 다운로드하고, 이후로는 이 의존성을 재사용해 전체적인 CI 시간을 단축할 수 있다. 이는 뒤이어서 실행해야 하는 작업이 많아질수록 더욱 효율적일 것이다.

지금까지 패키지 개발을 위한 CI 파이프라인을 간단하게 구축해봤다. 최근에는 많은 CI 파이프라인이 젠킨스에서 깃허브 액션으로 전환되고 있으며, 깃허브 액션만으로도 CI에 필요한 대부분의 기능을 손쉽게 구현할 수 있다. 이를 활용하면 안정적인 패키지 개발을 진행할 수 있을 것이다.

여기서 소개한 예시는 기본적인 기능만 다뤘으며, 실제 환경에서는 더 다양한 기능을 추가해 더욱 견고한 CI 파이프라인을 구축할 수 있다. 깃허브 액션과 관련된 더 다양한 기능들은 공식 문서[85]를 참고해서 필요에 맞게 확장할 수 있다.

7.1.7 changesets를 활용한 배포

이제 패키지 개발과 배포에 필요한 대부분의 작업을 마무리한 것 같다. 그렇다면 배포는 어떻게 해야 할까? 버그를 수정해서 패치 버전을 배포해야 한다고 가정해보자. 버전은 누가 어떻게 올리는 게 좋을까? 버전을 올리면 빌드하고 npm 레지스트리에 배포하는 작업은 누가 해야 하는 것일까? 로컬에서 그냥 수행해도 괜찮은 걸까?

이러한 패키지 배포를 자동화하기 위한 도구가 여러 가지가 있는데, 그중에서도 이번 장에서는 changesets[86]를 중점적으로 다룬다. changesets는 코드가 변경됐을 때 이 코드를 안정적으로 배포하는 데 필요한 모든 기능을 제공하는 도구다. 코드 기여자가 변경된 코드를 푸시하면 해당 변경 사항을 어떻게 릴리스해야 하는지 선언한 다음, 제공된 정보를 기반으로 배포까지 자동화해준다. 패키지에 changesets를 설치해 배포를 자동화하는 방법을 살펴보자.

7.1.7.1 changeset-bot 설치

가장 먼저 할 일은 changesets 봇을 설치하는 것이다. https://github.com/apps/changeset-bot을 방문해서 깃허브에 봇을 설치하는 메뉴를 찾는다.

---

[85] https://docs.github.com/ko/actions
[86] https://github.com/changesets/changesets

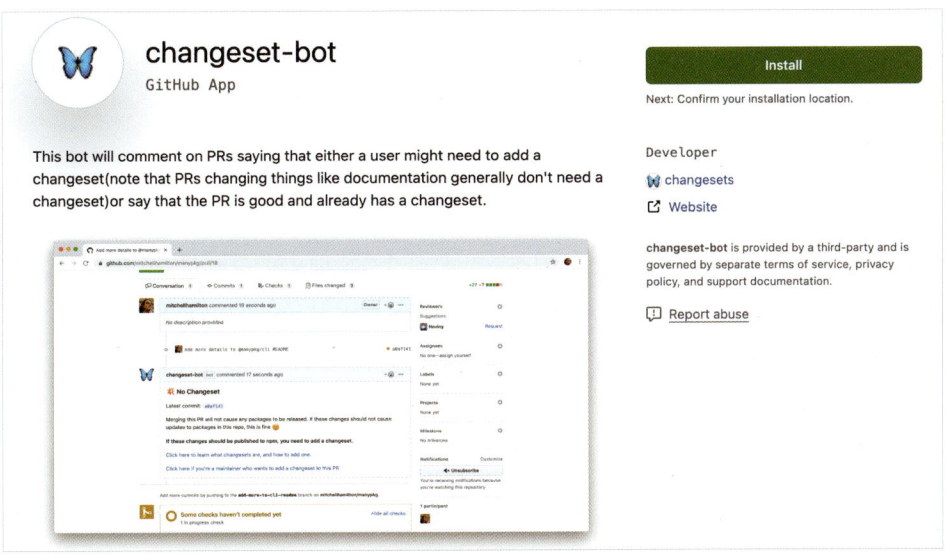

그림 7.19 깃헙 마켓스토어의 changeset-bot 페이지

changeset-bot 페이지를 방문하면 changeset-bot에 대한 설명과 [Install] 버튼이 나타난다. [Install] 버튼을 눌러 봇을 설치하자.

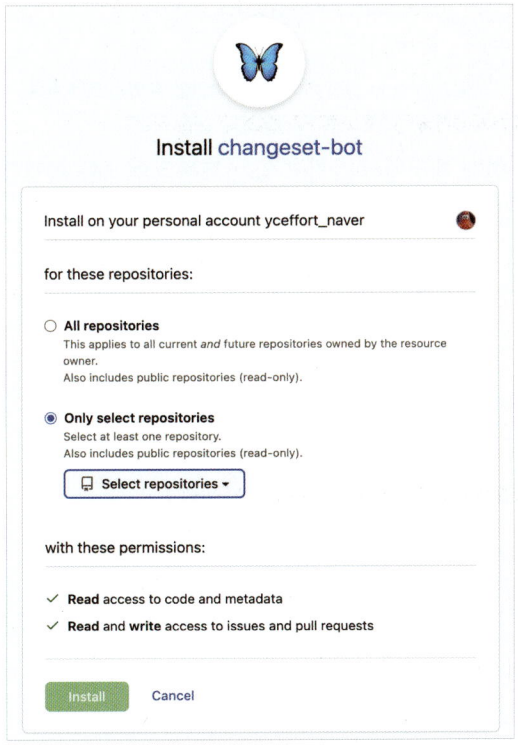

그림 7.20 changeset-bot 설치 페이지

[Install] 버튼을 누르면 전체 저장소에 설치할지, 혹은 특정 저장소에만 설치할지 묻는 메시지가 나온다. changeset-bot은 패키지를 개발할 때만 쓸 수 있는 봇이므로 해당 패키지 저장소에만 설치하자.

7.1.7.2 npm 토큰 발급

changeset-bot을 설치했으니 이제 npm 토큰을 발급받아야 한다. npm 토큰은 패키지를 배포할 때 사용하는 인증 토큰으로, 이 토큰을 통해 npm 레지스트리에 패키지를 배포할 수 있다. npm 토큰을 발급받으려면 먼저 npm 레지스트리에 로그인한 뒤, 토큰을 발급받아야 한다. https://www.npmjs.com/을 방문해서 로그인한 뒤, [프로필] → [Account] → [Access Tokens]를 차례로 눌러 이동한다.

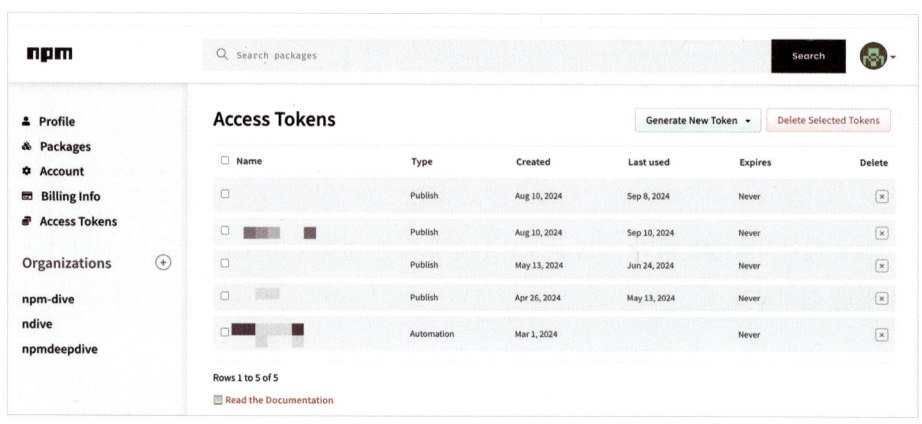

그림 7.21 npm 설정 페이지에서 확인할 수 있는 토큰 목록

Access Tokens 페이지에는 현재 계정에서 가지고 있는 토큰의 목록을 확인할 수 있다. 봇이 배포할 수 있는 토큰을 발급받기 위해 [Generate New Token]을 클릭한 다음, [Classic Token]을 선택하자.

그럼 다음과 같이 토큰 생성을 위한 페이지로 이동한다.

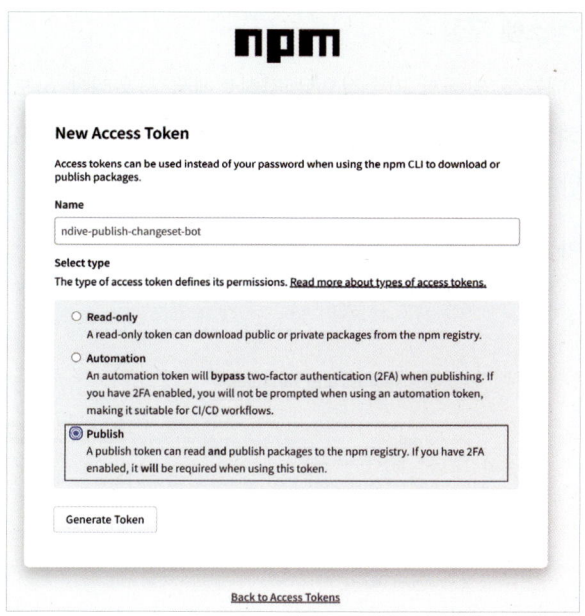

그림 7.22 토큰 추가

적절한 토큰 이름을 입력한 다음, 토큰 타입으로 'Publish'를 선택하고 새로운 토큰을 생성하자.

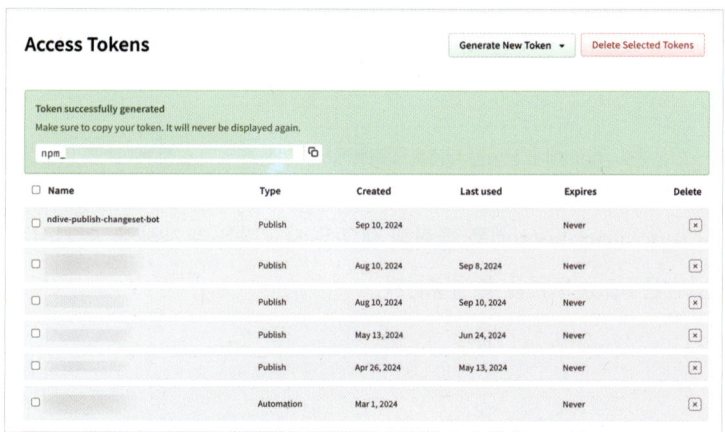

그림 7.23 토큰을 추가한 뒤에 확인할 수 있는 토큰 값. 이 페이지에서 나오면 다시는 토큰 값을 확인할 수 없으므로 반드시 복사해둬야 한다.

생성을 마치고 앞에서 본 토큰 목록 페이지로 다시 돌아오면 새로 생성한 토큰을 확인할 수 있다. 이 토큰은 이 페이지를 벗어난 뒤에는 절대 다시 볼 수 없으므로 안전한 곳에 보관해두자.

7.1.7.3 npm 토큰을 저장소에 저장

앞에서 만든 토큰은 봇이 배포를 위해서 지속적으로 깃허브에서 사용해야 하므로 저장소 어딘가에 저장해 둬야 한다. 이렇게 깃허브 저장소에 필요한 비밀 값을 저장해 두기 위해 깃허브에서는 'Repository secrets'라는 기능을 제공한다. 이 기능을 이용해 토큰을 저장해보자.

깃허브 저장소 페이지로 이동한 다음 [Settings] → [Secrets and variables] → [Actions]를 차례로 클릭해 이동한다.

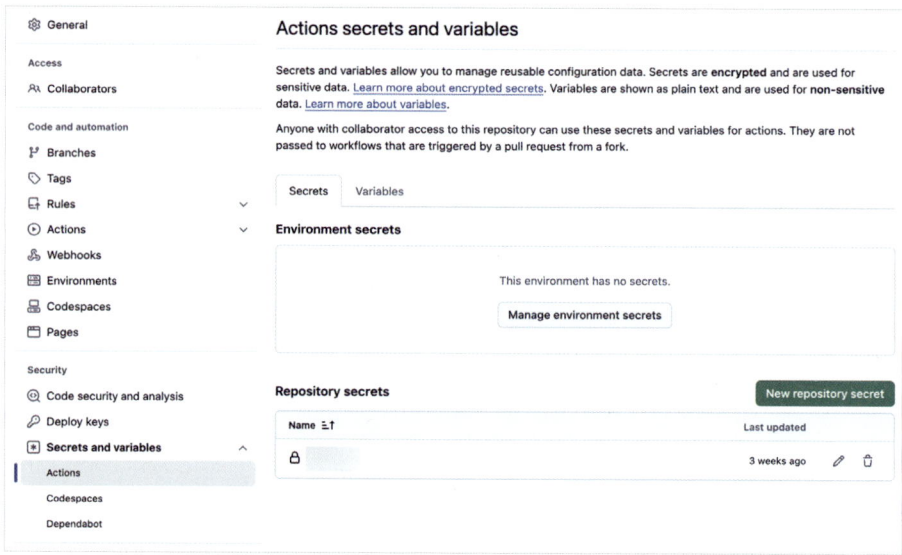

그림 7.24 npm에서 생성한 토큰을 깃허브에서 추가하기 위해 설정 페이지를 방문

이 페이지에서 [New repository secret]을 클릭해 새로운 시크릿을 추가하자. 여기서는 `NPM_TOKEN`이라는 이름으로 앞에서 발급받은 npm 토큰을 붙여넣는다.

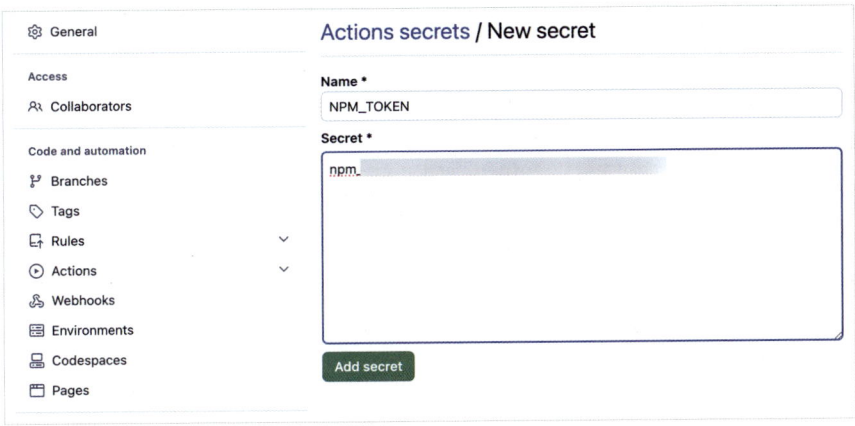

그림 7.25 토큰을 이름과 함께 생성

이제 저장소에서 `NPM_TOKEN`을 사용할 모든 준비를 마쳤다.

7.1.7.4 저장소 코드에 changesets 설정

이제 저장소 코드에 changesets 관련 코드를 설치하는 작업이 필요하다. 가장 먼저 할 일은 `@changesets/cli`[87]를 설치하는 것이다. 이 패키지는 changesets 관련 작업을 수행할 수 있는 명령어를 제공한다.

```
$ pnpm add -D @changesets/cli

Packages: +104
++++++++++++++++++++++++++++++++++++++++++++++++++++++++++++++++++++++++++++++++++++++++++++++++++++++++
Progress: resolved 104, reused 104, downloaded 0, added 0, done

devDependencies:
+ @changesets/cli 2.27.8

Done in 4.9s
```

`@changesets/cli`를 설치했다면 changesets를 사용하기 위한 초기화 명령어를 실행해야 한다.

```
$ pnpm changeset init
```

---

[87] https://www.npmjs.com/package/@changesets/cli

```
🦋  Thanks for choosing changesets to help manage your versioning and publishing
🦋
🦋  You should be set up to start using changesets now!
🦋
🦋  info We have added a `.changeset` folder, and a couple of files to help you out:
🦋  info - .changeset/README.md contains information about using changesets
🦋  info - .changeset/config.json is our default config
```

이윽고 .changeset 폴더가 생성되면서 README.md와 config.json 파일이 생성된 것을 확인할 수 있다. README.md는 changesets와 관련된 안내 문서를 담고 있으며, config.json은 changesets의 구성 파일이다. config.json을 간략히 살펴보자.

```json
{
  "$schema": "https://unpkg.com/@changesets/config@3.0.3/schema.json",
  "changelog": "@changesets/cli/changelog",
  "commit": false,
  "fixed": [],
  "linked": [],
  "access": "public",
  "baseBranch": "main",
  "updateInternalDependencies": "patch",
  "ignore": []
}
```

- $schema: JSON 스키마 저장소의 경로를 나타내며, config.json의 스키마를 나타낸다.

- changelog: changesets는 기본적으로 CHANGELOG.md 파일을 생성해 패키지의 변경 사항을 기록해주는데, 이 설정은 CHANGELOG.md를 어떻게 생성할지를 나타낸다. 기본값으로도 충분히 유용한 CHANGELOG.md를 생성할 수 있어 기본값으로 둔다.

- commit: 이 옵션은 changesets로 변경 사항을 직접 커밋할지를 나타낸다. 이 옵션에 대한 설명은 다음 절에서 실제로 배포할 때 다룬다.

- fixed: 여러 개의 패키지를 동시에 다루는 모노레포 구조에서 사용하는 옵션이며, 항상 함께 동일한 버전으로 함께 버전업해서 배포해야 할 패키지를 나타낸다. 변경 사항이 없는 패키지도 항상 함께 올라가게 된다. 이번 예제에서는 패키지가 단 하나뿐이므로 빈 배열로 둔다.

- linked: fixed와 마찬가지로 모노레포 구조에서 사용하는 옵션이며, 그룹 내에서 변경된 패키지들에 대해서만 그룹 내 가장 최신 버전으로 업데이트한다. 이번 예제에서는 패키지가 단 하나뿐이므로 빈 배열로 둔다.

- access: restricted 또는 public으로 설정할 수 있으며, 배포를 공개망에서 할지 비공개망에서 할지를 정한다. 모두가 사용해야 하는 오픈소스를 업로드할 목적이므로 public으로 설정한다.
- baseBranch: 해당 저장소의 베이스 브랜치를 나타낸다. 이번 예제에서는 깃허브 기본값인 main 브랜치를 사용하므로 main으로 설정한다.
- updateInternalDependencies: fixed, linked와 마찬가지로 모노레포 구조에서 사용하는 옵션이며, 모노레포 구조에서 의존하고 있는 패키지가 버전업되는 경우 해당 패키지는 어떻게 버전업을 할지 나타낸다. 모노레포가 아니기 때문에 이번 예제에서는 기본값으로 그냥 둔다.
- ignore: changesets를 적용하지 않을 패키지를 나타낸다. 이 역시 모노레포에서만 사용되며, 이번 예제에서는 빈 배열로 둔다.

현재 구조에서는 대부분 changesets가 생성해주는 기본값으로 충분하다.

changesets와 관련된 설정을 마쳤으니, 다음으로는 깃허브에서 자동으로 배포하기 위한 워크플로를 구축해보자. 기본 브랜치에 새로운 코드가 병합되면 changesets가 배포가 필요한지 판단해서 필요하다면 배포를 수행하게 될 것이다. `./github/workflows/release.yml` 파일을 만들고 다음과 같이 코드를 완성하자.

```yaml
name: Changesets
on:
  push:
    branches:
      - main

concurrency: ${{ github.workflow }}-${{ github.ref }}

jobs:
  release:
    runs-on: ubuntu-latest
    steps:
      - uses: actions/checkout@v4
      - uses: pnpm/action-setup@v4
      - name: Use Node.js
        uses: actions/setup-node@v4
        with:
          node-version: '20'
          cache: 'pnpm'
```

```yaml
      - name: Install dependencies
        run: pnpm install --frozen-lockfile

      - name: build
        run: pnpm run build

      - name: Create and publish versions
        uses: changesets/action@v1
        with:
          publish: pnpm release
          commit: '┌ update versions'
          title: '┌ update versions'
          version: pnpm changeset-version
        env:
          GITHUB_TOKEN: ${{ secrets.GITHUB_TOKEN }}
          NPM_TOKEN: ${{ secrets.NPM_TOKEN }}
```

위 깃허브 워크플로는 main 브랜치에 푸시가 발생하면 release 잡(job)을 실행하도록 설정돼 있다. 대부분의 내용은 앞에서 CI 깃허브 액션을 생성했을 때와 동일하지만 마지막에 changesets를 사용하는 부분이 추가됐다. 해당 부분에 대해서만 좀 더 자세히 살펴보자.

- uses: changeset/action을 사용해 changesets가 제공하는 액션을 사용한다. 액션에 대한 정보는 공식 깃허브 저장소[88]에서 확인할 수 있다.

- with: 액션을 실행할 때 함께 사용할 변수를 의미한다.

    - publish: 실제 배포를 시도할 때 수행할 명령어를 작성한다. 여기서는 pnpm release를 사용해 배포를 시도하는데, release 명령어는 package.json의 scripts에 다음과 같이 추가돼 있어야 한다.

    ```
    {
      "scripts": {
        "release": "changeset publish"
      }
    }
    ```

이 명령어는 @changesets/cli가 실행하는 배포 명령어로, 단순히 npm publish를 하는 것뿐만 아니라 태그 생성 등 다양한 작업을 한다.

---

[88] https://github.com/changesets/action

- commit: changesets는 배포를 위해 package.json의 버전을 올리고, CHANGELOG.md를 업데이트하는데, 이 작업을 수행할 때 사용할 커밋 메시지를 나타낸다.
- title: changesets는 배포를 최종적으로 검토하기 위한 풀 리퀘스트를 생성하는데, 이 풀 리퀘스트를 생성할 때 사용할 제목을 나타낸다.
- version: changesets가 버전을 올리기 위해서 실행해야 하는 명령어를 나타낸다. 값이 없다면 기본값으로 changeset version을 수행하며, 이 작업에는 package.json의 버전을 올리고 CHANGELOG.md를 업데이트하는 작업이 포함된다. 그러나 이 작업은 안타깝게도 코드 스타일까지 맞춰주지는 않아 간혹 코드 스타일에서 문제가 발생하는 경우가 있다.[89] 이 문제를 피하기 위해 package.json의 scripts에 다음과 같이 포매팅도 함께 수행하는 별도의 스크립트를 추가하고 해당 명령어를 넘겨주는 것이 좋다.

```
{
  "scripts": {
    "changeset-version": "changeset version && pnpm run md:fix"
  }
}
```

- env: 액션을 실행할 때 필요한 환경변수를 넘겨준다.
  - GITHUB_TOKEN: ${{ secrets.GITHUB_TOKEN }}은 워크플로가 실행될 때 워크플로에서 사용할 수 있는 깃허브 인증 토큰[90]으로, 이 토큰은 깃허브로 자동으로 생성되며 작업이 완료되거나 24시간이 지나면 만료된다.
  - NPM_TOKEN: ${{ secrets.NPM_TOKEN }}은 앞서 저장소에 저장한 npm 토큰을 나타낸다. 이 토큰이 있어야 changesets가 npm 레지스트리로 배포를 수행할 수 있다.

이제 배포를 위한 모든 준비를 마쳤다. 해당 코드를 모두 main에 머지하고 배포해보자.

7.1.7.5 changesets를 사용해 배포하기

changesets를 사용해 배포하기에 앞서 먼저 깃허브 액션이 코드를 수정하고 풀 리퀘스트를 열 수 있는 권한을 줘야 한다. 깃허브 저장소 페이지로 가서 [Settings] → [Actions] → [General]을 차례로 클릭하자.

---

[89] https://github.com/changesets/action/issues/366
[90] https://docs.github.com/ko/actions/security-for-github-actions/security-guides/automatic-token-authentication

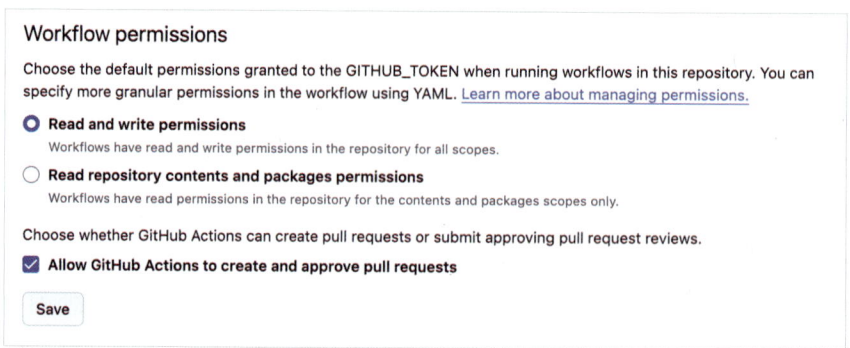

그림 7.26 깃허브 워크플로에 권한을 추가

이 페이지에는 [Workflow permissions]라는 메뉴가 있는데, 이 메뉴를 통해 `GITHUB_TOKEN`을 가지고 수행할 수 있는 권한을 제어할 수 있다. 위 그림처럼 읽기와 쓰기 권한을 모두 주고, 액션이 풀 리퀘스트를 열 수 있도록 체크해두자.

`main` 브랜치 외에 별도의 브랜치를 생성한 다음, 패키지에 변경 사항을 추가해서 풀 리퀘스트를 생성해보자. 풀 리퀘스트가 열리고 잠시 뒤에 changeset-bot이 풀 리퀘스트 본문에 다음과 같은 댓글을 남길 것이다.

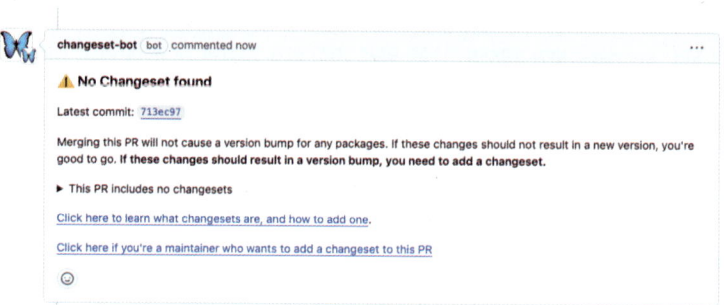

그림 7.27 풀 리퀘스트가 생성된 후에 생성된 댓글

이것은 changeset-bot이 생성한 것으로, 해당 풀 리퀘스트에 패키지의 변경 사항이 감지됐는데, 이 변경 사항을 새로운 버전에 포함시킬지를 묻는 댓글이다. 만약 해당 변경이 새로운 버전에 포함돼야 한다면 두 번째 줄인 'Click here if you're a maintainer who wants to add another changeset to this PR'을 클릭하면 된다. 그러나 반대로 패키지에 영향이 없거나 변경 사항으로 딱히 포함시키고 싶지 않다면 그냥 무시하면 된다.

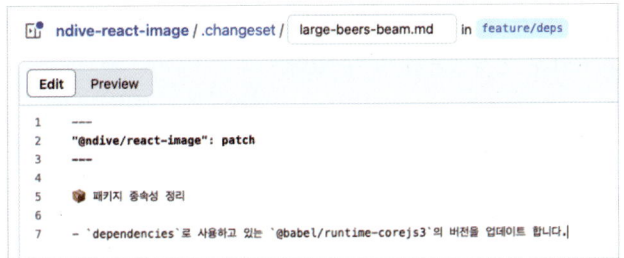

그림 7.28 changeset 추가 버튼을 누르면 확인할 수 있는 마크다운 추가 페이지

'Click here if you're a maintainer who wants to add another changeset to this PR'을 클릭하면 다음과 같이 마크다운 파일을 작성할 수 있는 화면으로 이동한다.

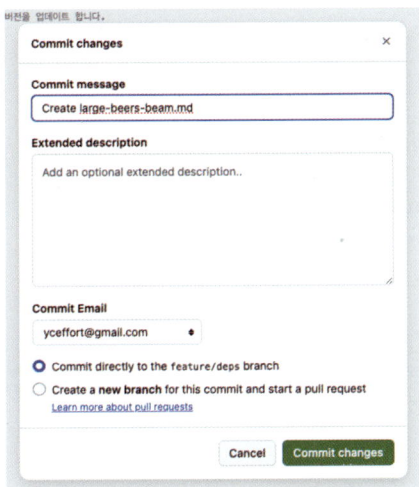

그림 7.29 마크다운 파일의 내용을 추가한 후 깃허브에서 직접 커밋을 수행

이 화면에서 입력해야 하는 내용은 크게 두 가지다.

- **변경 사항에 따른 버전업**: 변경 사항이 주, 부, 수 업데이트 중 어디에 해당하는지 작성한다. 기본값은 'patch'이지만, 해당 변경 사항이 기능 추가 등으로 인해 부 버전을 업데이트해야 한다면 'minor'로 변경하고, 주 버전을 업데이트해야 한다면 'major'로 변경하면 된다.

- **변경 사항에 대한 내용**: 변경 사항에 대한 자세한 내용을 작성한다. 기본값은 풀 리퀘스트의 제목이지만 해당 내용은 CHANGELOG.md에 추가되므로 모든 개발자들이 이해하기 쉽게 최대한 자세하게 작성하는 것이 좋다.

작성을 마쳤다면 커밋을 추가하고 푸시하자. 정상적으로 추가됐다면 앞서 changeset-bot이 작성한 댓글 본문이 'Changeset detected'로 변경됐음을 알 수 있다.

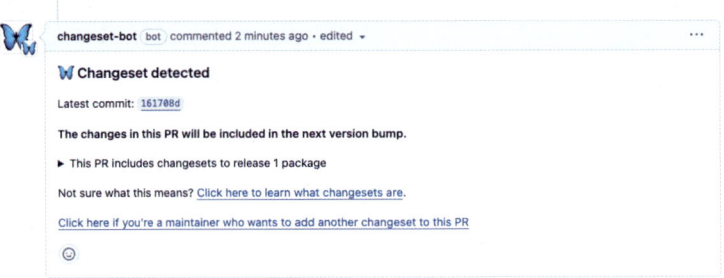

그림 7.30 마크다운 파일 내용을 작성한 후 기존 댓글의 내용이 달라진 모습

이제 풀 리퀘스트를 병합해 보자. 병합하고 잠시 시간이 흐르면 changesets가 배포를 위한 풀 리퀘스트를 생성한 것을 확인할 수 있다.

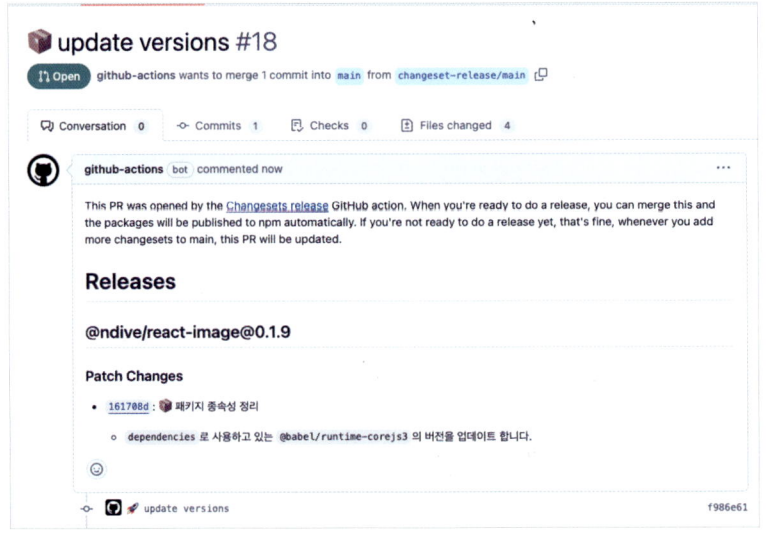

그림 7.31 변경 사항을 병합하면 changeset이 버전업을 위한 풀 리퀘스트를 생성

해당 풀 리퀘스트에는 앞서 작성한 변경 사항에 대한 내용이 본문에 추가돼 있으며, 이 풀 리퀘스트가 병합 됐을 때 변경되는 패키지의 버전을 미리 보여준다. 해당 풀 리퀘스트는 병합되면 자동으로 배포되므로 배 포할 준비가 됐을 때 병합하면 된다. 만약 해당 풀 리퀘스트가 생성된 후라도 앞선 과정을 다시 수행해 변 경 사항을 반영한다면 changesets는 해당 변경 사항까지 반영해서 본문을 업데이트한다.

이제 풀 리퀘스트를 머지하면 깃허브 액션에서 npm 배포를 위한 작업을 수행하게 된다. 배포가 정상적으로 완료되면 다음과 같이 **CHANGELOG**, 깃허브 릴리스, npm 레지스트리에 배포된 것을 확인할 수 있다.

그림 7.32 배포된 이후에 업데이트된 CHANGELOG.md

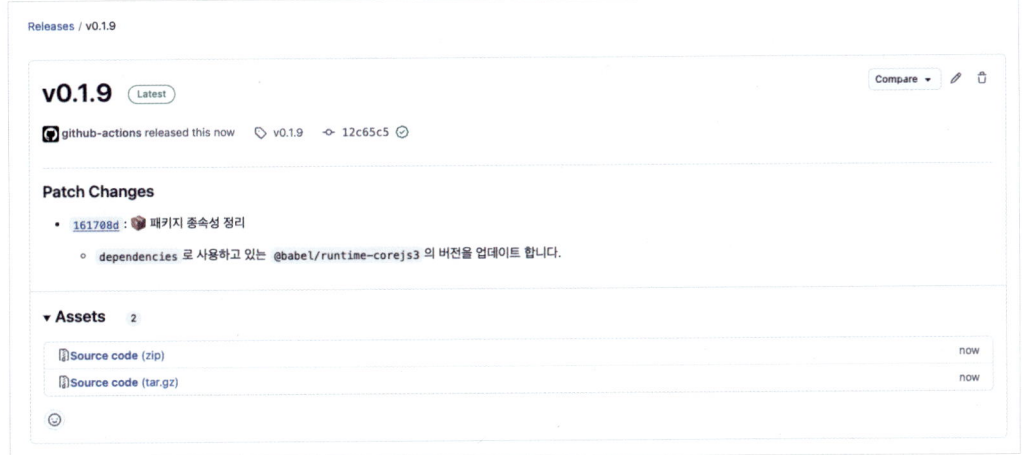

그림 7.33 배포된 이후에 새롭게 추가된 깃허브 릴리스 태그

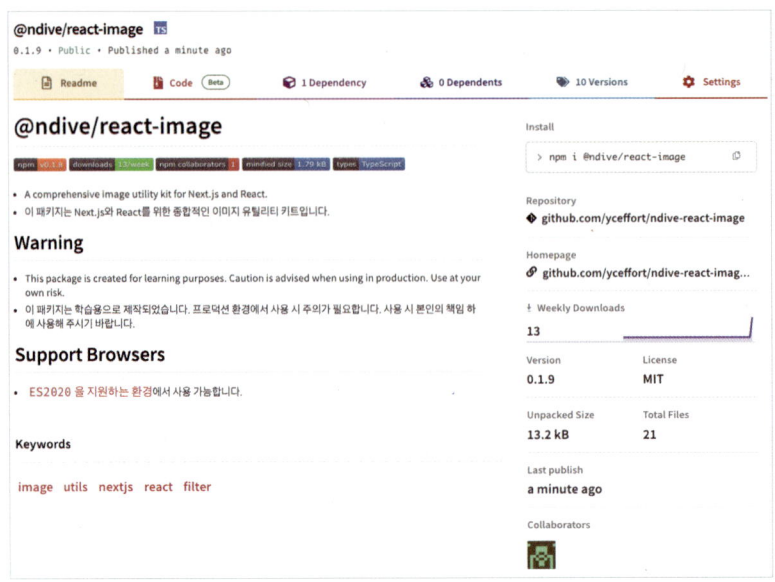

그림 7.34 배포된 패키지를 npm 홈페이지에서 확인한 모습

이처럼 changesets를 이용하면 배포에 필요한 버저닝, CHANGELOG, 태그 생성 등 다양한 작업을 손쉽게 자동화할 수 있다. 이를 통해 패키지 개발을 더욱 안정적으로 진행할 수 있을 것이다.

7.1.8 정리

지금까지 무(無)에서 시작해 패키지 개발과 배포에 이르기까지 필요한 모든 과정을 살펴봤다. 패키지 개발을 해본 적이 없는 독자라면 이번 절을 통해 패키지 제작 과정을 전반적으로 이해했을 것이다. 또한 단순히 npm에서 패키지를 설치해 사용해보는 것과는 달리 패키지 개발은 고려해야 할 요소가 많고 복잡한 작업이라는 점도 느꼈을 것이다.

특히 패키지 개발과 배포는 대부분의 작업이 오픈소스 도구에 의존한다. 따라서 비트, 롤업, 바벨, changesets 같은 주요 라이브러리들이 어떤 역할을 하고, 왜 필요한지를 반드시 이해해야 한다. 이 라이브러리들을 단순히 사용하는 방법만 익히고 내부 동작 원리를 이해하지 못한다면 자바스크립트 생태계의 변화나 메이저 버전 업데이트가 있을 때 적응하기 어려울 수 있다.

패키지 개발 과정에서 기억해야 할 핵심 사항들을 요약하면 다음과 같다.

- **지원 범위 설정**: 먼저 패키지의 지원 환경을 명확히 정의하자. 이 환경에 맞게 트랜스파일하거나 폴리필을 추가할 수 있는 도구를 선택해야 한다. 비트나 롤업 같은 번들러가 이러한 과정을 원활히 지원하는지도 확인하자.

- **빌드 결과물 점검**: 패키지를 배포하기 전에 빌드된 결과물을 반드시 검토하고 테스트하자. 브라우저 환경에서 동작하는 일반적인 서비스 코드와 달리, 패키지 코드는 다양한 런타임, 모듈 시스템, 의존성 환경에서 동작해야 하므로 이 모든 변수를 고려해 제대로 동작하는지 확인해야 한다.
- **의존성 관리**: dependencies와 peerDependencies 설정에는 각별히 주의하자. 잘못된 설정은 사용자 환경에서 예상치 못한 문제를 초래할 수 있다. 의존성을 추가하는 것은 신중하게 결정하고 필요한 최소한으로 유지하는 것이 좋다.
- **유의적 버전 관리**: 유의적 버전은 개발자와 사용자 간의 신뢰를 기반으로 한다. changesets 같은 도구는 유의적 버전 관리를 돕지만 이를 올바르게 준수할 책임은 전적으로 개발자에게 있다. 패키지를 배포하기 전에 항상 버전 번호가 변경된 이유와 방식이 유의적 버전 규칙에 부합하는지 검토하자.
- **안정적인 배포 환경**: 배포 작업은 깃허브 액션과 같은 통제된 환경에서 수행해야 한다. 이를 통해 동일한 환경에서 일관되게 패키지를 배포할 수 있으며, 배포 토큰과 같은 민감한 정보를 안전하게 관리할 수 있다.

이처럼 패키지 개발은 단순한 코드 작성 이상의 신중함과 체계적인 접근을 필요로 한다. 그러나 이번 과정을 통해 이러한 과정을 직접 경험했다면 패키지 개발에 필요한 기본 역량을 갖추게 됐을 것이다. 이제 이러한 지식을 바탕으로 실제로 패키지를 개발하고 배포하는 경험을 통해 실력을 더욱 키워보자.

7.2 나만의 CLI 패키지 만들기

이전 절에서 npm 패키지를 만들어 자신감을 얻었다면 이번 절에서는 Node.js 기반의 CLI 패키지를 만들어 보자.

CLI(Command Line Interface)는 터미널에서 직접 명령어를 입력해 프로그램을 제어하거나 사용자에게 필요한 정보를 제공하는 방식이다. npx 같은 명령어는 npm에 설치된 패키지를 로컬에 따로 설치할 필요 없이 한 번의 명령으로 실행할 수 있게 해준다. 이는 Node.js 개발자가 빠르게 사용할 수 있어 다양한 상황에서 유용하게 활용될 수 있다. 이번 절에서는 필요한 기능을 직접 명령어로 구현하고, 이를 전 세계의 개발자들과 공유할 수 있는 나만의 CLI 패키지를 만들어보겠다.

패키지 개발 및 배포에 필요한 대부분의 내용은 이전 절에서 다룬 changesets, 비트, 롤업, 바벨, Vitest 등을 기반으로 다시 만들어 볼 것이다. 이전 절에서 다룬 내용과 겹치는 부분은 자세히 다루지 않고, 다른 부분에 대해서만 집중적으로 다룰 것이다.

이제 우리가 만들 CLI 패키지가 어떤 모습일지 구상해 보고, 이를 구현하기 위한 구체적인 방법을 알아보자.

> **노트**
>
> 예제 프로젝트의 완성본은 아래의 예제 코드 저장소와 npm 페이지에서 확인할 수 있다.
>
> - 예제 프로젝트: https://github.com/yceffort/ndive-password-generator
>
> - npm 페이지: https://www.npmjs.com/package/@ndive/password-generator

7.2.1 제작할 CLI 패키지 구상

패키지 구상에 앞서 앞 절에서 소개했던 체크리스트를 기반으로 이번 절에서 만들 내용을 점검해보자. 이번 절에서는 CLI를 통해서 비밀번호를 생성하는 패키지를 만들겠다. 이 패키지는 사용자가 원하는 길이의 비밀번호를 생성하는 기능을 제공한다. 체크리스트별 상세 내용은 다음과 같다.

- **아이디어 검증 및 기술적 타당성 검토**: npx 명령어를 통해 사용자가 원하는 길이의 비밀번호를 생성하는 패키지를 만들 것이다. 이 패키지는 Node.js 기반으로 만들어질 것이며, 사용자가 원하는 길이의 비밀번호를 생성하는 기능을 제공할 것이다. 비밀번호 생성은 지정한 문자열 배열에서 `Math.random()`을 사용해 사용자가 입력한 길이만큼의 문자열을 무작위로 선택해서 반환할 것이다.

- **라이선스 선택**: MIT 라이선스를 사용해 배포할 것이다.

- **적당한 이름 고르기**: `@ndive/password-generator`라는 이름으로 패키지를 만들 것이다.

- **지원 환경**: Node.js 18 버전 이상을 지원한다.

- **개발 환경 및 프로젝트 구조**: 이전 예제 프로젝트와 동일하게 번들러로는 비트와 롤업을, 트랜스파일 도구로는 바벨을 사용한다. 타입 체킹을 위해 타입스크립트, 단위 테스트를 위해 Vitest를 사용한다. 모듈 시스템은 듀얼 모듈 시스템이 아닌 ESModule만 지원하도록 설정한다.

- **의존성 관리 계획**: Node.js 런타임에서만 사용되는 패키지이기 때문에 브라우저를 고려해야 하는 환경보다는 상대적으로 의존성 부담이 덜한 편이다. 이번 절에서 다룰 예제 프로젝트에서는 다음 세 가지 패키지가 의존성으로 포함될 예정이다.

  - chalk[91]: chalk는 이름 그대로 터미널에서 분필처럼 글자에 색상을 입혀서 출력해주는 패키지다. 이 패키지는 사용자에게 메시지를 출력할 때 강조할 목적으로 사용할 것이다.

  - core-js: Node.js 18 버전까지 안정적으로 지원하기 위해 폴리필을 삽입할 것이며, 폴리필 지원 목적으로 core-js를 사용할 것이다.

  - meow[92]: meow는 사용자 친화적인 CLI 도구를 만들 수 있게 도와주는 패키지다.

- **CI 및 CD 설정**: 이전 절과 동일하게 설정한다.

---

[91] https://github.com/chalk/chalk
[92] https://github.com/sindresorhus/meow

7.2.2 프로젝트 환경 설정

이제 본격적으로 프로젝트 환경을 설정해보자. CLI 패키지 또한 7.1절 '나만의 npm 패키지 만들기'에서 다룬 설정과 거의 유사하게 설정할 수 있지만 다음과 같은 차이점이 있다. 이번 절에서는 이전 절과 다른 내용에 대해서만 짚고 넘어가겠다.

7.2.2.1 .browserslistrc

CLI 패키지는 브라우저에서 실행되는 여타 다른 패키지와 다르게 Node.js 환경만 고려해도 된다는 장점이 있다. 따라서 .browserslistrc도 Node.js 버전만 지정하면 된다. Node.js 18 버전 이상을 다루기 위해 다음과 같이 작성한다.

```
# .browserslitrc
node >= 18
```

https://browsersl.ist/에서 해당 내용을 설정하면 다음과 같이 현존하는 Node.js 18 버전 이상의 모든 버전이 나타나는 것을 확인할 수 있다.

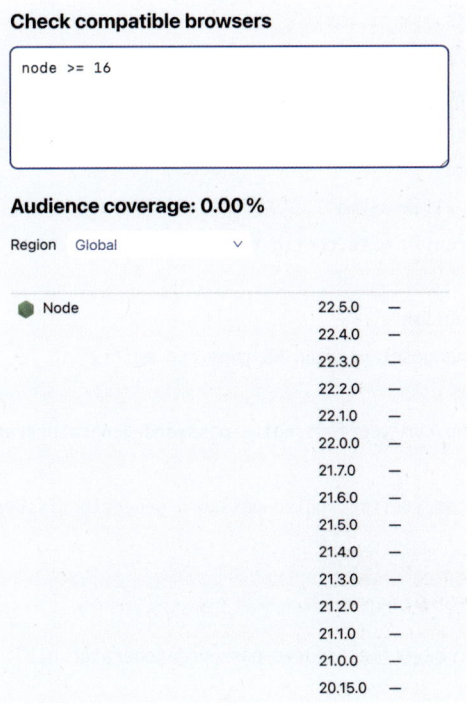

그림 7.35 browserslist 쿼리로 'node >= 16'을 지정했을 때 확인할 수 있는 브라우저 지원 범위[93]

---

[93] https://browsersl.ist/#q=node+%3E%3D+18

7.2.2.2 package.json

`package.json` 파일은 다음과 같은 점을 염두에 두고 작성한다.

- ESModule 모듈 시스템만 지원하기 위해 `type` 필드를 `module`로 설정한다.

- 앞서 `.browserslistrc`로 Node.js 18 버전 이상만을 지원하기로 결정했으므로 `engines` 필드를 통해 Node.js 18 버전 이상을 지정한다. 이렇게 해두면 Node.js 18 버전 이상이 아닌 환경에서 패키지를 설치하려고 할 때 경고 메시지가 나타날 것이다.

그 외의 내용은 이전 절과 매우 유사하므로 이전 절에서 다룬 내용을 참고해서 작성하면 된다.

```
{
  "name": "@ndive/password-generator",
  "version": "0.1.0",
  "description": "This CLI is a simple and efficient tool for generating secure random passwords of user-specified length.",
  "type": "module",
  "scripts": {
    "prepare": "lefthook install -f",
    "lint": "eslint '**/*.{js,jsx,ts,tsx}'",
    "lint:fix": "eslint '**/*.{js,jsx,ts,tsx}' --fix",
    "prettier": "prettier --check '**/*.{ts,tsx,js,mjs,cjs,jsx,json,yaml,yml}'",
    "prettier:fix": "prettier --write '**/*.{ts,tsx,js,mjs,cjs,jsx,json,yaml,yml}'",
    "md": "markdownlint '*.md'",
    "md:fix": "markdownlint --fix '*.md'",
    "build": "vite build --config vite.config.ts",
    "test": "vitest run",
    "release": "changeset publish",
    "changeset-version": "changeset version && pnpm run md:fix"
  },
  "homepage": "https://github.com/yceffort/ndive-password-generator#readme",
  "bugs": {
    "url": "https://github.com/yceffort/ndive-password-generator/issues"
  },
  "repository": {
    "type": "git",
    "url": "https://github.com/yceffort/ndive-password-generator.git"
```

```json
  },
  "license": "MIT",
  "author": {
    "email": "root@yceffort.kr",
    "name": "yceffort"
  },
  "contributors": [
    {
      "email": "workingnewjeong@gmail.com",
      "name": "yujeongJeon"
    },
    {
      "email": "root@yceffort.kr",
      "name": "yceffort"
    }
  ],
  "files": ["dist"],
  "devDependencies": {
    "@babel/preset-env": "^7.25.4",
    "@changesets/cli": "^2.27.8",
    "@naverpay/editorconfig": "^0.0.4",
    "@naverpay/eslint-config": "^1.0.7",
    "@naverpay/markdown-lint": "^0.0.3",
    "@naverpay/prettier-config": "^1.0.0",
    "@rollup/plugin-babel": "^6.0.4",
    "@types/node": "^22.5.4",
    "browserslist-to-esbuild": "^2.1.1",
    "lefthook": "^1.8.2",
    "typescript": "^5.6.3",
    "vite": "^6.0.1",
    "vitest": "^2.1.6"
  },
  "dependencies": {
    "chalk": "^5.3.0",
    "core-js": "^3.39.0",
    "meow": "^13.2.0"
  },
  "engines": {
```

```
    "node": ">=18.0.0"
  },
  "packageManager": "pnpm@9.13.2"
}
```

7.2.2.3 tsconfig.json

tsconfig.json 역시 이전 절과 유사하게 설정하지만 환경이 Node.js이므로 다음과 같은 몇 가지 차이점이 있다.

```
{
  "$schema": "http://json.schemastore.org/tsconfig",
  "compilerOptions": {
    "types": ["node"],
    "target": "ES2022",
    "module": "ESNext",
    "moduleResolution": "Bundler",
    "outDir": "./dist",
    "rootDir": "./src",
    "strict": true,
    "esModuleInterop": true
  },
  "include": ["src/**/*"]
}
```

- target: 특별히 최신 자바스크립트 기능을 사용하지 않을 것이므로 .browserslistrc에서 지정한 Node.js 버전에 맞춰 target을 작성한다면 불필요하게 트랜스파일되는 과정을 줄일 수 있다. 그렇다면 Node.js 18 버전이 ECMAScript의 어느 버전까지 지원하는지 어떻게 확인할 수 있을까? Node.js의 버전 지원 현황을 알고 싶다면 https://node.green/을 방문해서 확인해보자. 다음과 같이 현재 ECMAScript에서 제공하는 기능, 그리고 이 기능이 각 Node.js 버전에서 동작하는지를 확인할 수 있다.

Node.js ES2022 Support	Nightly! 23.0.0 97% complete	22.9.0 97% complete	21.7.3 97% complete	21.2.0 97% complete	20.17.0 97% complete	20.11.1 97% complete	19.9.0 97% complete	19.1.0 97% complete	19.0.1 97% complete	18.20.4 97% complete	18.19.1 97% complete	18.12.1 97% complete
features												
instance class fields												
public instance class fields	Yes	Yes	Yes	Yes	Yes	Yes	Yes	Yes	Yes	Yes	Yes	Yes
private instance class fields basic support	Yes	Yes	Yes	Yes	Yes	Yes	Yes	Yes	Yes	Yes	Yes	Yes
private instance class fields initializers	Yes	Yes	Yes	Yes	Yes	Yes	Yes	Yes	Yes	Yes	Yes	Yes
optional private instance class fields access	Yes	Yes	Yes	Yes	Yes	Yes	Yes	Yes	Yes	Yes	Yes	Yes
optional deep private instance class fields access	Yes	Yes	Yes	Yes	Yes	Yes	Yes	Yes	Yes	Yes	Yes	Yes
computed instance class fields	Yes	Yes	Yes	Yes	Yes	Yes	Yes	Yes	Yes	Yes	Yes	Yes
resolving identifier in parent scope	Yes	Yes	Yes	Yes	Yes	Yes	Yes	Yes	Yes	Yes	Yes	Yes
static class fields												
public static class fields	Yes	Yes	Yes	Yes	Yes	Yes	Yes	Yes	Yes	Yes	Yes	Yes
static class fields use [[Define]]	Yes	Yes	Yes	Yes	Yes	Yes	Yes	Yes	Yes	Yes	Yes	Yes
private static class fields	Yes	Yes	Yes	Yes	Yes	Yes	Yes	Yes	Yes	Yes	Yes	Yes
computed static class fields	Yes	Yes	Yes	Yes	Yes	Yes	Yes	Yes	Yes	Yes	Yes	Yes
private class methods												
private instance methods	Yes	Yes	Yes	Yes	Yes	Yes	Yes	Yes	Yes	Yes	Yes	Yes
private static methods	Yes	Yes	Yes	Yes	Yes	Yes	Yes	Yes	Yes	Yes	Yes	Yes
private accessor properties	Yes	Yes	Yes	Yes	Yes	Yes	Yes	Yes	Yes	Yes	Yes	Yes
private static accessor properties	Yes	Yes	Yes	Yes	Yes	Yes	Yes	Yes	Yes	Yes	Yes	Yes
Ergonomic brand checks for private fields	Yes	Yes	Yes	Yes	Yes	Yes	Yes	Yes	Yes	Yes	Yes	Yes
Class static initialization blocks	Yes	Yes	Yes	Yes	Yes	Yes	Yes	Yes	Yes	Yes	Yes	Yes
.at() method on the built-in indexables												
Array.prototype.at()	Yes	Yes	Yes	Yes	Yes	Yes	Yes	Yes	Yes	Yes	Yes	Yes
String.prototype.at()	Yes	Yes	Yes	Yes	Yes	Yes	Yes	Yes	Yes	Yes	Yes	Yes
%TypedArray%.prototype.at()	Yes	Yes	Yes	Yes	Yes	Yes	Yes	Yes	Yes	Yes	Yes	Yes
Object.hasOwn												
Basic functionality	Yes	Yes	Yes	Yes	Yes	Yes	Yes	Yes	Yes	Yes	Yes	Yes
ToObject called before ToPropertyKey	Yes	Yes	Yes	Yes	Yes	Yes	Yes	Yes	Yes	Yes	Yes	Yes

그림 7.36 Node.js 버전별 문법 지원 범위

이 호환성 표에 따르면 Node.js 18 버전 이상에서는 ES2022까지는 무난하게 지원하는 것으로 나와 있다. 이 호환성 표에 따라 tsconfig.json의 target도 ES2022로 설정하면 된다.

- types: 브라우저에서 사용될 패키지이기 때문에 dom 타입을 추가했던 이전 절과는 다르게 Node.js 환경에서만 사용되는 패키지이므로 node 타입만 추가한다.

7.2.2.4 vite.config.ts

다음으로 빌드하는 데 사용할 vite.config.ts 파일을 작성한다. 앞서 package.json에서 type 필드로 ESModule 프로젝트로 설정해뒀기 때문에 vite.config.mts가 아닌 vite.config.ts로 작성했다. 대부분의 내용이 비슷하지만 몇 가지 차이점이 있다. 다음 파일을 살펴보고, 몇 가지 차이점에 대해서만 간단히 언급한다.

```
import {babel} from '@rollup/plugin-babel'
import browserslistToEsbuild from 'browserslist-to-esbuild'
import {defineConfig} from 'vite'

import pkg from './package.json'

const SUPPORT_TARGETS = browserslistToEsbuild()
```

```js
export default defineConfig({
  plugins: [
    babel({
      babelHelpers: 'bundled',
      presets: [
        [
          '@babel/preset-env',
          {
            useBuiltIns: 'usage',
            corejs: {version: '3.39.0', proposals: true},
          },
        ],
      ],
      extensions: ['.js', '.jsx', '.ts', '.tsx'],
      exclude: 'node_modules/**',
    }),
  ],
  build: {
    outDir: 'dist',
    lib: {
      entry: {
        index: './src/index.ts',
      },
      formats: ['es'],
    },
    rollupOptions: {
        external: [...Object.keys(pkg.dependencies)].flatMap((dep) => [dep, new RegExp(`^${dep}/.*`)]),
      output: [
        {
          format: 'es',
          dir: 'dist',
        },
      ],
    },
    target: SUPPORT_TARGETS,
  },
})
```

- **리액트 플러그인 제거**: 리액트 기반 프로젝트가 아니기 때문에 리액트 관련 플러그인을 모두 제거하고 사용하지 않았다.
- **폴리필 방식 변경**: 7.1절에서는 브라우저 환경에서 사용되는 @ndive/react-image 패키지의 특성으로 인해 런타임에 폴리필을 @babel/runtime-corejs3으로부터 가져오고, 해당 패키지를 사용하는 환경의 전역 오염을 방지하기 위해 @babel/plugin-transform-runtime을 사용했다. 그러나 이번 예제에서는 @babel/preset-env 플러그인을 사용하는 방식으로 변경했다. 그 이유는 다음과 같다.
  - **CLI 환경의 특성**: CLI를 실행하는 것 자체가 독립적인 프로세스로 실행되기 때문에 전역 오염이 발생할 가능성이 없다.
  - **실행 환경의 제한**: 이 CLI는 Node.js라는 특정 런타임 환경에서만 실행되므로 다양한 불특정 기기를 사용하는 브라우저 환경과는 다르게 일반 사용자의 환경이나 성능을 고려할 필요가 상대적으로 적다.

  따라서 @babel/preset-env 플러그인을 사용해 필요한 폴리필을 불러오는 방식을 채택했다. 또한 @rollup/plugin-babel의 bundled 옵션을 사용해 웹 애플리케이션 환경과 유사하게 필요한 바벨 헬퍼를 모두 번들링해서 사용한다. 이 접근 방식은 CLI 도구의 특성에 더 적합하며, 불필요한 복잡성을 줄이면서도 필요한 기능을 효율적으로 제공한다.
- **build.lib.entry**: package.json의 exports를 사용해 여러 subpath를 지원했던 이전 예제와는 다르게, 이번 예제는 CLI로 사용되는 패키지이기 때문에 고려해야 할 진입점이 단 하나, index뿐이다. 따라서 build.lib.entry를 통해 index 진입점 및 해당 파일 경로를 지정한다.
- **build.lib.formats**: 이번 예제는 ESModule만 지원하므로 듀얼 패키지를 위한 cjs, es 포맷이나 별도 디렉터리 설정을 할 필요가 없다. 따라서 build.lib.formats를 통해 es 포맷만 지정한다.

7.2.3 실제 코드 작성

지금부터 본격적으로 CLI 실행에 필요한 내부 코드를 작성해보자.

7.2.3.1 src/generator.ts

가장 먼저 비밀번호를 생성하는 로직을 작성할 src/generator.ts 파일을 작성한다. 이 파일은 사용자가 입력한 길이만큼의 랜덤 문자열을 생성하는 역할을 한다. 해당 역할을 하는 간단한 함수를 작성해보자.

```
export const charset = 'abcdefghijklmnopqrstuvwxyzABCDEFGHIJKLMNOPQRSTUVWXYZ0123456789!@#$%^&*()_+-=[]{}|;:,.<>?'

export const MIN_PASSWORD_LENGTH = 8
```

```
export function generatePassword(length: number): string {
  if (length < MIN_PASSWORD_LENGTH) {
    throw new Error(`Password length must be at least ${MIN_PASSWORD_LENGTH}`)
  }

  let password = ''
  for (let i = 0; i < length; i++) {
    password += charset[Math.floor(Math.random() * charset.length)]
  }
  return password
}
```

generatePassword 함수는 사용자가 입력한 길이만큼의 랜덤 문자열을 생성하는 함수다. charset 상수는 비밀번호 생성에 사용될 문자열 배열을 나타내고, MIN_PASSWORD_LENGTH 상수는 최소 비밀번호 길이를 나타낸다. generatePassword 함수는 사용자가 입력한 길이가 최소 비밀번호 길이보다 작을 경우 에러를 발생시킨다. 그렇지 않은 경우 charset 배열에서 랜덤 문자열을 length만큼 반복적으로 선택해 비밀번호를 생성한다.

7.2.3.2 src/generator.test.ts

앞에서 작성한 비밀번호 생성 함수를 테스트하는 src/generator.test.ts 파일을 작성한다. 이 파일은 Vitest를 사용해 비밀번호 생성 함수가 정상적으로 동작하는지 테스트한다.

```
import {describe, test, expect} from 'vitest'

import {generatePassword, charset, MIN_PASSWORD_LENGTH} from './generator.js'

describe('generatePassword', () => {
  test('should generate a password of the specified length', () => {
    const length = 12
    const password = generatePassword(length)
    expect(password.length).toBe(length)
  })

  test('should generate passwords using only allowed characters', () => {
    const password = generatePassword(1000)
    const isOnlyAllowedChars = password.split('').every((char) => charset.includes(char))
```

```
    expect(isOnlyAllowedChars).toBe(true)
  })

  test('should generate different passwords on subsequent calls', () => {
    const password1 = generatePassword(1000)
    const password2 = generatePassword(1000)
    expect(password1).not.toBe(password2)
  })

  test(`should throw an error if length is less than ${MIN_PASSWORD_LENGTH}`, () => {
    expect(() => generatePassword(0)).toThrow()
  })
})
```

7.2.3.3 src/cli.ts

이 파일은 CLI의 주요 로직을 담당한다. 사용자 입력을 처리하고, 옵션을 파싱하며, 생성된 비밀번호를 출력한다. meow 라이브러리를 사용해 CLI 인터페이스를 구현하고, chalk를 사용해 콘솔 출력에 색상을 입힌다.

```
import chalk from 'chalk'
import meow from 'meow'

import {generatePassword, MIN_PASSWORD_LENGTH} from './generator'

const DEFAULT_LENGTH = 12

export function run(): void {
  const cli = meow(
    `
    Usage
      $ generate-password [length]

    Options
      --length, -l  Length of the password (default: 12)

    Examples
      $ generate-password
```

```
      $ generate-password 16
      $ generate-password -l 20
  `,
  {
    importMeta: import.meta,
    flags: {
      length: {
        type: 'number',
        shortFlag: 'l',
        default: 12,
      },
    },
  },
)

/**
 * @description generate-password 10과 generate-password -l 10은 같은 결과를 반환한다. 더 편리한
 사용을 위해 전자를 지원하며, 두 개 모두가 들어올 경우 전자가 우선순위를 갖는다.
 */
const length = cli.input[0] ? parseInt(cli.input[0], 10) : cli.flags.length || DEFAULT_LENGTH

if (isNaN(length) || length < MIN_PASSWORD_LENGTH) {
  // eslint-disable-next-line no-console
  console.error(chalk.red(`Error: Password length must be at least ${MIN_PASSWORD_LENGTH} charac
ters.`))
  return process.exit(1)
}

const password = generatePassword(length)

// eslint-disable-next-line no-console
console.log(chalk.green(`Generated password (${length} characters)`))
// eslint-disable-next-line no-console
console.log(chalk.blue(password))
}
```

이번 절에서는 meow와 chalk의 사용법에 대해서는 자세히 다루지 않는다. 해당 내용은 각 패키지의 깃허브 저장소에서 확인할 수 있으며, 이번 예제에서는 해당 패키지가 제공하는 기능의 최소한만 사용했다.

이 파일의 목적은 run이라는 함수를 내보내고, 해당 함수가 실제 CLI가 실행되는 로직을 담당하도록 만드는 것이다. meow를 사용해 사용자 입력을 처리하고, chalk를 사용해 콘솔 출력에 색상을 입힌다. 그리고 generatePassword 함수를 사용해 비밀번호를 생성하고, 입력받은 숫자가 MIN_PASSWORD_LENGTH 미만이면 에러를 발생시키고, 그렇지 않다면 생성된 비밀번호를 콘솔에 출력하는 것이 이 함수가 하는 일의 전부다.

> **process.exit(1)로 종료하는 것과 그냥 종료하는 것에는 무슨 차이가 있나요?**
>
> process.exit(1) 호출문은 운영체제에 1이라는 종료 코드를 전달하며 종료하는 것을 의미한다. 0은 정상적으로 종료됐음을 의미하는 반면, 1은 오류와 함께 종료됐음을 의미한다. 일반적으로 1부터 255까지의 값을 사용하며, 각 숫자가 다른 의미를 가지고 있다. process.exit(1) 호출로 프로세스가 종료되면 이 프로세스가 오류로 인해 종료됐음을 알리는 동시에 해당 프로세스를 실행한 외부 스크립트나 프로세스가 오류가 발생했다는 것을 감지할 수 있다.
>
> 반면, 그냥 종료하는 것은 process.exit(0)과 동일하며, 오류가 발생했음을 알리지 않는다. 이는 명령어 실행 후 echo $?을 통해 확인할 수 있다.
>
> ```
> $ npx @ndive/password-generator@latest
> Generated password (12 characters)
> g;QDH%7ADrfs
> $ echo $?
> 0
> ```
>
> 위 예제는 정상적으로 패키지가 실행된 것으로, cli.ts에서 별다른 값을 반환하지 않았음에도 정상 종료를 의미하는 0이 반환된 것을 확인할 수 있다.
>
> ```
> $ npx @ndive/password-generator@latest --length 1
> Error: Password length must be at least 8 characters.
> $ echo $?
> 1
> ```
>
> 반면 에러가 발생한 상황에서는 앞서 선언한 process.exit(1)의 1이 반환되어 오류로 종료됐음을 알리는 것을 확인할 수 있다.
>
> 그렇다면 throw Error()로 종료하는 것과는 어떤 차이가 있을까? 두 개의 결정적인 차이는 에러 예외 처리의 목적에 있다. throw Error는 Node.js 시스템 내부에서 프로그램이 내부 로직에서 예외적인 상황을 표현할 때 사용하는 반면, process.exit(1)은 프로그램 전체 실행 결과를 외부에 알리는 목적으로 사용된다. 앞선 예제에서 '비밀번호가 길이를 충족하지 않는다'는 프로그램 내부 로직에서 예외가 발생한 것이 아니라 사용자 입력에 따른 오류로 인식돼야 하므로 process.exit(1)을 사용하는 것이 적절하다.

7.2.3.4 src/index.ts

마지막으로 패키지의 진입점인 `index.ts`를 작성해보자.

```
#!/usr/bin/env node
import {run} from './cli'

run()
```

`index.ts`는 CLI의 진입점을 나타내며, run 함수를 호출해 CLI를 실행한다. `#!/usr/bin/env node`는 2장에서 다뤘던 Node.js 환경에서 실행되는 스크립트임을 나타내는 셔뱅이다. 이 셔뱅이 있어야 해당 프로그램을 node로 실행해야 한다는 것을 알릴 수 있으며, 이를 통해 npx로 해당 패키지를 실행할 수 있게 된다.

결국 이 파일이 하는 일은 셔뱅 선언과 CLI 파일에서 내보낸 run을 실행하는 것뿐인데, 굳이 별도의 파일로 분리한 이유는 무엇일까? 그 이유는 다음과 같다.

- **파일 관심사 분리**: 실제 CLI 실행과 관련된 로직은 `cli.ts`에, 셔뱅과 같은 실행 환경 설정은 `index.ts`에 분리함으로써 각 파일이 담당하는 역할을 명확히 할 수 있다. 이 패키지를 처음 보는 사람이라도 `index.ts`를 통해 Node.js 기반 CLI 패키지라는 사실을 한눈에 알 수 있다.
- **모듈성 증대**: `cli.ts`파일은 셔뱅이 없는 순수한 타입스크립트 모듈로 유지할 수 있어 다른 컨텍스트에서도 쉽게 임포트하고 사용할 수 있다.
- **유연성 증가**: 필요에 따라 다른 실행 환경이나 설정을 쉽게 적용할 수 있다. 예를 들어, CLI가 실행되는 Node.js 버전을 강제하고 싶다면 `index.ts`에 관련 로직을 추가하면 된다.

이 같은 장점 때문에 대부분의 널리 알려진 Node.js 기반 CLI 패키지는 `index.ts`에 셔뱅을 선언하고, CLI 실행 로직을 분리하는 방식을 채택하고 있다.

코드 7.1 create-react-app의 index.js 파일[94]

```
// ./index.js
#!/usr/bin/env node

// 생략

'use strict'
```

---

[94] https://github.com/facebook/create-react-app/blob/main/packages/create-react-app/index.js

```
const currentNodeVersion = process.versions.node
const semver = currentNodeVersion.split('.')
const major = semver[0]

if (major < 14) {
  console.error(
    'You are running Node ' +
      currentNodeVersion +
      '.\n' +
      'Create React App requires Node 14 or higher. \n' +
      'Please update your version of Node.',
  )
  process.exit(1)
}

const {init} = require('./createReactApp')

init()
```

코드 7.2 create-vite의 index.js 파일[95]

```
// ./index.js
#!/usr/bin/env node

import './dist/index.mjs'
```

코드 7.3 nodemon의 bin/nodemon.js 파일[96]

```
// ./bin/nodemon.js
#!/usr/bin/env node

const cli = require('../lib/cli')
const nodemon = require('../lib/')
const options = cli.parse(process.argv)

nodemon(options)
```

---

[95] https://github.com/vitejs/vite/blob/main/packages/create-vite/index.js
[96] https://github.com/remy/nodemon/blob/main/bin/nodemon.js

```
const fs = require('fs')

// checks for available update and returns an instance
const pkg = JSON.parse(fs.readFileSync(__dirname + '/../package.json'))

if (pkg.version.indexOf('0.0.0') !== 0 && options.noUpdateNotifier !== true) {
  require('simple-update-notifier')({pkg})
}
```

7.2.4 결과물 확인

코드 작성과 빌드를 위한 모든 준비를 마쳤으니 이제 프로젝트를 빌드해서 파일이 어떻게 생성됐는지, 그리고 제대로 실행되는지 살펴보자.

7.2.4.1 ./dist/index.js 살펴보기

이제 번들된 코드를 살펴보자. `package.json`의 `scripts`에 추가된 `build` 명령어를 사용하면 `vite`를 사용해 코드를 번들링할 수 있다.

```
$ pnpm run build

$ vite build --config vite.config.ts

vite v5.4.3 building for production...
✓ 3 modules transformed.
dist/index.js  1.15 kB │ gzip: 0.65 kB
✓ built in 161ms
```

```
#!/usr/bin/env node
import 'core-js/modules/es.regexp.flags.js';
import s from 'chalk';
import n from 'meow';
const a = 'abcdefghijklmnopqrstuvwxyzABCDEFGHIJKLMNOPQRSTUVWXYZ0123456789!@#$%^&*()_+-=[]{}|;:,.<>?',
  t = 8
function l(o) {
```

```
    if (o < t) throw new Error(`Password length must be at least ${t}`)
    let e = ''
    for (let r = 0; r < o; r++) e += a[Math.floor(Math.random() * a.length)]
    return e
}
const c = 12
function g() {
  const e =
    n(
      `
      Usage
        $ generate-password [length]

      Options
        --length, -l  Length of the password (default: 12)

      Examples
        $ generate-password
        $ generate-password 16
        $ generate-password -l 20
    `,
      {
        importMeta: import.meta,
        flags: {
          length: {
            type: 'number',
            shortFlag: 'l',
            default: 12,
          },
        },
      },
    ).flags.length || c
  if (isNaN(e) || e < t)
    return console.error(s.red(`Error: Password length must be at least ${t} characters.`)), process.exit(1)
  const r = l(e)
  console.log(s.green(`Generated password (${e} characters)`)), console.log(s.blue(r))
}
g()
```

앞서 3개의 파일인 cli.ts, index.ts, generator.ts로 작성한 코드가 하나의 파일로 번들링되어 dist/index.js 파일로 생성된 것을 확인할 수 있다. Node.js 런타임에서 한 번 실행되고 끝나는 CLI의 특성상 굳이 여러 개의 파일로 분리해서 모듈을 매번 불러오는 것보다 하나의 파일로 만들어 담백하게 실행하는 편이 더 효율적이다.

7.2.4.2 폴리필이 삽입된 이유 분석하기

번들링된 코드를 살펴보면 맨 첫 줄에 다음과 같은 폴리필이 삽입된 것을 볼 수 있다.

```
import 'core-js/modules/es.regexp.flags.js'
```

es.regexp.flags는 다음과 같이 정규 표현식에 활성화된 플래그를 문자열로 반환[97]하는 역할을 한다.

```
const regex1 = /hello/gi
console.log(regex1.flags) // "gi"
```

해당 속성은 ES2015에 추가되어 node >= 18을 지원하며, 우리가 작성한 코드 역시 ES2022를 타깃으로 지정했기 때문에 굳이 필요한 폴리필이 아닌 것 같다. 그럼에도 core-js가 해당 폴리필을 삽입한 이유는 무엇일까?

그 이유를 자세히 파악하기 위해서는 @babel/preset-env에 debug: true를 넣어 플러그인에서 무슨 일이 일어나는지 자세히 확인할 수 있다.

```
// 중략
export default defineConfig({
  plugins: [
    babel({
      babelHelpers: 'bundled',
      presets: [
        [
          '@babel/preset-env',
          {
            useBuiltIns: 'usage',
            corejs: {version: '3.39.0', proposals: true},
            debug: true, // 추가
```

---

[97] https://caniuse.com/mdn-javascript_builtins_regexp_flags

```
      },
    ],
  ],
  extensions: ['.js', '.jsx', '.ts', '.tsx'],
  exclude: 'node_modules/**',
    }),
  ],
})
```

`debug: true` 옵션을 넣고 빌드하면 콘솔에 새로운 메시지가 추가되어 빌드 결과물을 생성한다.

```
$ npm run build

$ vite build --config vite.config.ts

vite v5.4.3 building for production...
@babel/preset-env: `DEBUG` option

Using targets:
{
  "node": "18"
}

Using modules transform: auto

Using plugins:
  transform-duplicate-named-capturing-groups-regex { node }
  transform-unicode-sets-regex { node < 20 }
  syntax-class-static-block
  syntax-private-property-in-object
  syntax-class-properties
  syntax-numeric-separator
  syntax-nullish-coalescing-operator
  syntax-optional-chaining
  syntax-json-strings
  syntax-optional-catch-binding
  syntax-async-generators
  syntax-object-rest-spread
```

```
    syntax-export-namespace-from
    syntax-dynamic-import
    syntax-top-level-await
    syntax-import-meta
corejs3: `DEBUG` option

Using targets: {
  "node": "18"
}

Using polyfills with `usage-global` method:

[/Users/USER/private/password-generator/src/index.ts]
Based on your code and targets, the corejs3 polyfill did not add any polyfill.

[/Users/USER/private/password-generator/src/index.ts]
Based on your code and targets, the corejs3 polyfill did not add any polyfill.
transforming (1) src/index.ts
[/Users/USER/private/password-generator/src/cli.ts]
Based on your code and targets, the corejs3 polyfill did not add any polyfill.

[/Users/USER/private/password-generator/src/cli.ts]
The corejs3 polyfill added the following polyfills:
  es.regexp.flags { "node":"18" }

[/Users/USER/private/password-generator/src/generator.ts]
Based on your code and targets, the corejs3 polyfill did not add any polyfill.

[/Users/USER/private/password-generator/src/generator.ts]
Based on your code and targets, the corejs3 polyfill did not add any polyfill.
✓ 3 modules transformed.
dist/index.js  1.15 kB │ gzip: 0.65 kB
✓ built in 206ms
$ x
```

보다시피 "The corejs3 polyfill added the following polyfills: es.regexp.flags { "node":"18" }"라는 메시지와 함께 es.regexp.flags에 대해 폴리필이 삽입됐음을 확인할 수 있다. 여기서 아래의 두 가지 방법을 시도해 보면서 디버깅해 보자.

- cli.ts에 있는 cli.flags.length를 제거하고, 그 대신 cli.input[0] ? parseInt(cli.input[0], 10) : DEFAULT_LENGTH로 수정해서 빌드해보자. 그렇게 하면 콘솔에 노출되는 메시지는 동일하지만 ./dist/index.js의 결과물에 es.regexp.flags 폴리필이 삽입되지 않는 것을 알 수 있다.
- 또는 .browserslistrc의 지원 범위를 node >= 20으로 바꿔보자. 이렇게 수정하면 콘솔에 transform-unicode-sets-regex { node < 20 }가 사라지며, cli.flags가 ./cli.ts에 존재하더라도 폴리필이 삽입되지 않는 것을 알 수 있다.

이를 통해 알 수 있는 사실은 다음과 같다.

- 자바스크립트는 정적 타입 언어가 아닌 동적 타입 언어이기 때문에 바벨이 폴리필을 삽입할 때 시도하는 정적 분석만으로는 .flags 속성을 사용하는 변수가 RegExp인지 무엇인지 알 방법이 없다. 그렇기에 바벨은 .flags의 존재를 보면 해당 코드가 실제로 RegExp.prototype.flags인지 여부와 상관없이 보수적으로 폴리필을 삽입한다.
- RegExp.prototype.flags 자체는 폴리필이 필요없지만 ECMA2024부터 추가된 정규 표현식 연산자 Regexp V Flag[98]의 폴리필을 삽입하기 위해서는 transform-unicode-sets-regex[99] 플러그인이 필요하며, 해당 플러그인의 안정적인 지원을 위해 es.regexp.flags를 폴리필로 삽입하는 것이라 미루어 짐작할 수 있다.

이처럼 바벨과 core-js를 사용한다고 해서 무조건 완벽하게 폴리필을 제공하는 것은 아니다. 따라서 폴리필이 삽입되는 이유를 이해하고, 필요하다면 폴리필을 삽입하는 것보다 지원 환경을 좁혀 core-js와 바벨의 필요성 자체를 없애는 편이 더 좋은 선택이 될 수 있다.

7.2.4.3 직접 사용해보기

이제 빌드된 CLI를 직접 사용해보자. 배포에 앞서 제대로 동작하는지 확인하고 싶다면 ./dist/index.js를 그대로 터미널에서 실행하면 된다. 셔뱅이 있기 때문에 굳이 node ./dist/index.js로 실행하지 않더라도 알아서 Node.js를 런타임으로 사용해 파일을 실행할 것이다.

```
$ ./dist/index.js
zsh: permission denied: ./dist/index.js
```

그러나 실행하려고 하면 권한이 없다는 메시지가 나타난다. 이는 해당 파일에 실행 권한이 없기 때문에 발생하는 문제다. ls -l을 통해 파일의 권한을 확인해보자.

---

[98] https://github.com/tc39/proposal-regexp-v-flag
[99] https://babeljs.io/docs/babel-plugin-transform-unicode-sets-regex

```
$ ls -l ./dist/index.js
-rw-r--r--  1 USER  staff  1145 Sep 19 15:50 ./dist/index.js
```

권한은 -rw-r--r--로, Owner, Group, Public에 모두 실행 권한인 x가 누락돼 있음을 확인할 수 있다. 따라서 파일에 다음과 같이 실행 권한을 부여해야 한다.

```
$ chmod +x dist/index.js
```

그러나 빌드할 때마다 일일이 권한을 부여할 수 없으므로 빌드가 끝난 이후에는 자동으로 해당 명령어를 실행하게끔 하는 것이 좋다. 이를 위해 package.json의 scripts에 build가 끝난 뒤 실행할 명령어인 postbuild를 추가하자.

```
{
  "scripts": {
    "build": "vite build --config vite.config.ts",
    "postbuild": "chmod +x dist/index.js"
  }
}
```

이제 다시 빌드 후 실행해보자.

```
$ pnpm run build

$ @ndive/password-generator@0.1.4 build /Users/USER/private/password-generator
$ vite build --config vite.config.ts

vite v5.4.3 building for production...
✓ 3 modules transformed.
dist/index.js  1.15 kB │ gzip: 0.65 kB
✓ built in 161ms

$ @ndive/password-generator@0.1.4 postbuild /Users/USER/private/password-generator
$ chmod +x dist/index.js

$ ./dist/index.js
Generated password (12 characters)
```

```
&uryq*Nx>$HK

$ ./dist/index.js 10
Generated password (10 characters)
^F$dtvB}PM

$ ./dist/index.js --length 14
Generated password
dN^rneGL>r}o[h
```

build 후 실행 권한을 주는 명령어도 바로 실행되며, 실행 권한을 얻은 ./dist/index.js가 정상적으로 실행되는 것을 확인할 수 있다.

> **chmod와 실행 권한이 무엇인가요?**
>
> chmod는 리눅스 및 유닉스 계열 운영체제에서 파일 또는 디렉터리의 권한을 변경하는 명령어다. 여기서 권한은 크게 세 가지로 나뉜다.
>
> - read: 읽기 권한
> - write: 쓰기 권한
> - execute: 실행 권한
>
> 그리고 이 권한은 추가로 3가지 그룹으로 나뉜다.
>
> - user: 파일의 소유자
> - group: 파일의 소유자 그룹
> - public (others): 그 외 모든 사용자
>
> 이 내용은 각각 순서대로 소유자-그룹-퍼블릭에 대한 권한을 나타내며, 각 권한은 rwx로 표현된다. 예를 들어, rwxr-xr--는 다음과 같은 의미를 가진다.
>
> - 소유자: 읽기, 쓰기, 실행
> - 그룹: 읽기, 실행
> - 퍼블릭: 읽기
>
> 앞서 chmod +x dist/index.js는 dist/index.js 파일에 대해 모든 대상에게 실행 권한을 추가한다는 의미다. 이를 통해 해당 파일을 실행할 수 있게 된다.

ls -l 명령어를 통해 파일의 권한을 확인할 수 있으며, 파일의 권한이 무엇을 의미하는지 빠르게 확인하고 싶다면 Chmod Calculator[100]를 이용하면 된다.

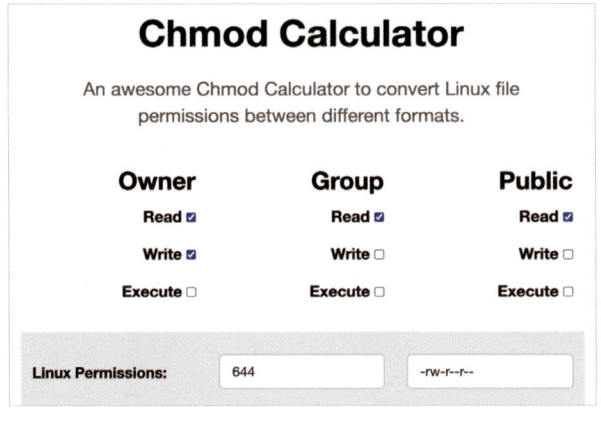

그림 7.37 Chmod Calculator를 이용하면 손쉽게 필요한 값을 얻을 수 있다.

이번 예제는 CLI를 실행하는 위치가 중요하지 않으며, 어디서든 실행할 수 있는 CLI를 만들었기 때문에 ./dist/index.js만으로 테스트했다. 그러나 create-react-app과 같이 CLI가 실행되는 위치가 중요한 경우에는 로컬에서 어떻게 테스트하는 것이 좋을까?

로컬에서 미처 배포하지 않은 CLI 패키지를 테스트하기 위해서는 2.5절 'node_modules는 무엇일까?'에서 다룬 npm link를 활용하면 된다.

```
$ npm link

changed 1 package, and audited 3 packages in 703ms

found 0 vulnerabilities

$ password-generator
Generated password (12 characters)
7Jk?(jdq#b;y

$ password-generator 20
Generated password (20 characters)
v[lZs.dr{a&K>k]hQAFn
```

---

[100] https://chmod-calculator.com/

npm link를 통해 패키지를 전역에 설치하면 어디서든 패키지를 사용할 수 있게 된다. 이를 통해 로컬에서도 배포 전 CLI를 테스트할 수 있게 된다. 한 가지 명심해야 할 점은 패키지명을 찾아 설치하는 npx와 다르게, npm link는 패키지를 전역 node_modules에 등록하기 때문에 @ndive 같은 스코프가 생략된다는 것이다. 따라서 npm link로 스코프가 있는 패키지를 등록하는 경우에는 스코프를 생략하고 실행해야 한다. 이러한 특징은 글로벌 폴더의 node_modules를 보면 확실히 알 수 있다.

```
$ npm link

up to date, audited 3 packages in 898ms

found 0 vulnerabilities
$ npm root -g
/Users/USER/.nvm/versions/node/v20.17.0/lib/node_modules

$ ls -l /Users/USER/.nvm/versions/node/v20.17.0/lib/node_modules
total 0
drwxr-xr-x    3 USER    staff    96 Sep 21 09:22 @ndive
drwxr-xr-x    8 USER    staff   256 Aug 21 21:26 corepack
drwxr-xr-x   12 USER    staff   384 Aug 21 21:26 npm
drwxr-xr-x    7 USER    staff   224 Sep 19 12:12 pnpm

$ ls -l /Users/USER/.nvm/versions/node/v20.17.0/lib/node_modules/@ndive
total 0
lrwxr-xr-x    1 USER    staff    47 Sep 21 09:22 password-generator -> ../../../../../../../private/password-generator
```

위 터미널을 보면 @ndive/password-generator 패키지가 node_modules에 등록돼 있지만 스코프 구별을 위해 사용된 /가 폴더 구조로 등록돼 있는 것을 볼 수 있다. 이러한 번거로움 때문에 CLI 패키지의 경우 대부분 스코프 없이 배포되어 사용되는 경우가 대부분이다.

7.2.4.4 package.json 마지막으로 다듬기

빌드한 파일을 모두 확인했으니 빌드한 파일 정보를 package.json에 추가하자.

```
{
  "name": "@ndive/password-generator",
  "main": "./dist/index.js",
```

```
  "type": "module",
  "bin": "./dist/index.js",
  "files": ["dist"]
}
```

main은 CLI의 진입점을 나타내며, type은 ESModule을 사용한다는 것을 나타낸다. bin은 CLI의 실행 파일을 나타내며, 해당 파일을 실행하면 ./dist/index.js가 실행된다.

7.2.5 배포 후 사용

코드 작성을 마쳤다면 그다음부터 해야 할 작업은 이전 장과 동일하다. 깃허브 액션을 활용해 CI, CD를 구축하고, changesets를 통해 npm 레지스트리에 배포하자. 이전 절과 동일하게 진행했다면 다음과 같이 npm 레지스트리에 업로드되어 패키지를 사용할 준비를 모두 마치게 된다.

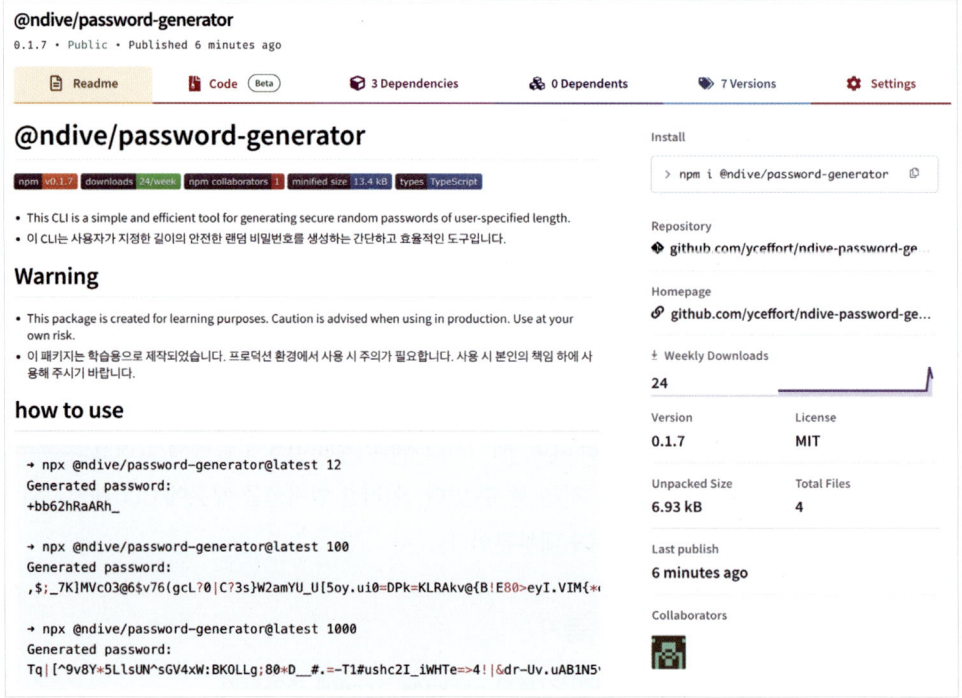

그림 7.38 배포된 패키지를 npmjs.com에서 확인한 모습

이제 npx @ndive/password-generator 또는 pnpx @ndive/password-generator를 이용해 패키지를 직접 사용해보자.

```
$ npx @ndive/password-generator
Need to install the following packages:
@ndive/password-generator@0.1.7
Ok to proceed? (y) y

Generated password (12 characters)
DLv;admM{teM

$ npx @ndive/password-generator
Generated password (12 characters)
TB1bCR{{Y[*5

$ pnpx @ndive/password-generator
Packages: +4
++++
Progress: resolved 4, reused 0, downloaded 4, added 4, done
3-1fsexample/.cache/pnpm/dlx/r2cdwa5lozinmzppty2skdaygq/1920936cc08-130/node_modules/.pnpm/core-js@3.39.0/node_modules/core-js: Ru3-1fsexample/.cache/pnpm/dlx/r2cdwa5lozinmzppty2skdaygq/1920936cc08-130/node_modules/.pnpm/core-js@3.39.0/node_modules/core-js: Running postinstall script, done in 110ms
Generated password (12 characters)
84D9:?s,vUif

$ pnpx @ndive/password-generator 10
Generated password (10 characters)
(KadRS0>fe

$ pnpx @ndive/password-generator --length=14
Generated password (14 characters)
,y15V[W9R;zfsb
```

npx를 통해 패키지를 실행하면 패키지가 설치되어 실행되는 것을 확인할 수 있다. 이제 패키지가 정상적으로 배포됐으며, 누구나 npx를 통해 패키지를 사용할 수 있다.

7.2.6 CLI를 만드는 데 유용한 패키지

이번 예제에서는 meow와 chalk를 사용해 간단한 CLI를 만들어봤다. 이 두 패키지 외에도 다양한 CLI 개발에 유용한 패키지가 있다. 이번 절에서는 CLI 개발에 유용한 패키지를 소개하고, 간단한 사용법을 알아보자.

7.2.6.1 meow

meow[101]는 Node.js 환경에서 간단하고 경량화된 CLI 애플리케이션을 빠르게 구축하기 위한 패키지다. meow는 최소한의 설정으로 효과적인 CLI 도구를 만들 수 있도록 설계됐다. meow는 다음과 같은 특징이 있다.

- **간단한 설정**: meow는 최소한의 코드로 CLI 애플리케이션을 설정할 수 있게 한다. 복잡한 구성 없이도 빠르게 CLI 도구를 만들 수 있다.

- **자동 도움말 생성**: 사용자가 제공한 설명을 바탕으로 기본적인 도움말 메시지를 자동으로 생성한다. 이는 -help 플래그를 통해 접근할 수 있다.

- **유연한 인자 파싱**: 명령줄 인자와 플래그를 쉽게 파싱할 수 있다. 복잡한 구문 분석 로직 없이도 사용자 입력을 처리할 수 있으며, 필요한 경우 타입 변환도 자동으로 수행한다.

다음은 meow를 사용해 간단한 CLI 애플리케이션을 만드는 예다.

```
// meow를 사용하는 CLI 애플리케이션
import meow from 'meow'

const cli = meow(
    `
    Usage
      $ foo <input>

    Options
      --rainbow, -r  Include a rainbow

    Examples
      $ foo unicorns --rainbow
```

---

[101] https://github.com/sindresorhus/meow

```
    🌈 unicorns 🌈
`,
  {
    importMeta: import.meta,
    flags: {
      rainbow: {
        type: 'boolean',
        alias: 'r',
      },
    },
  },
)
```

```
// meow를 사용하지 않는 CLI 애플리케이션
/*
{
  input: ['unicorns'],
  flags: {rainbow: true},
  ...
}
*/
foo(cli.input.at(0), cli.flags)
```

meow를 사용하지 않는다면 개발자는 `process.argv`를 직접 파싱해서 대략 다음과 같이 CLI 애플리케이션을 구현해야 한다.

```
function parseArgs(args) {
  const options = {}
  const input = []

  for (let i = 2; i < args.length; i++) {
    const arg = args[i]
    if (arg.startsWith('--')) {
      const [key, value] = arg.slice(2).split('=')
      options[key] = value || true
    } else if (arg.startsWith('-')) {
      const key = arg.slice(1)
      if (key === 'r') options.rainbow = true
```

```
    } else {
      input.push(arg)
    }
  }

  return {input, options}
}

if (process.argv.includes('--help') || process.argv.includes('-h')) {
  console.log(helpMessage)
  process.exit(0)
}

const {input, options} = parseArgs(process.argv)

// 중략..
```

이처럼 meow를 사용하면 CLI 애플리케이션을 더 쉽게 구현할 수 있으며, 코드의 가독성과 유지보수성을 높일 수 있다.

7.2.6.2 Commander.js

Commander.js[102]는 Node.js 환경에서 복잡한 CLI를 구축하기 위한 강력한 라이브러리다. 이 라이브러리는 개발자가 직관적이고 사용하기 쉬운 CLI 애플리케이션을 신속하게 만들 수 있도록 설계됐다. Commander.js를 사용하면 다음과 같은 이점을 얻을 수 있다.

- **명령어 및 하위 명령어 지원**: 이 패키지는 복잡한 명령어와 하위 명령어 구조를 쉽게 구현할 수 있게 한다. 개발자는 `myapp command subcommand` 형식의 복잡한 명령 구조를 쉽게 정의하고 인자를 받을 수 있다.

- **자동 도움말 생성**: Commander.js는 개발자가 정의한 명령어와 옵션을 기반으로 자동으로 도움말 메시지를 생성한다. 이 기능은 사용자가 -h 또는 --help 플래그를 사용할 때 자동으로 표시되며, 애플리케이션의 사용법을 쉽게 이해할 수 있게 한다.

- **옵션과 인자의 유연한 파싱**: 다양한 형식의 명령줄 옵션과 인자를 쉽게 정의하고 파싱할 수 있다. 짧은 플래그(-d), 긴 이름(--debug), 필수 값이 있는 옵션 등 다양한 형태의 입력을 지원한다.

- **타입 검증 및 강제 변환**: Commander.js는 입력된 옵션 값에 대한 타입 검증을 수행하고, 필요한 경우 자동으로 타입을 변환한다. 이 기능은 사용자 입력의 유효성을 보장하고 애플리케이션의 안정성을 높인다.

[102] https://github.com/tj/commander.js

다음은 Commander.js를 사용해 간단한 CLI 애플리케이션의 기본 구조를 정의하는 예시다.

```js
// string-util.js
import {Command} from 'commander'
const program = new Command()

program
  // CLI 이름
  .name('string-util')
  // CLI 소개
  .description('CLI to some JavaScript string utilities')
  // CLI 버전
  .version('0.8.0')
```

또한 CLI 프로그램에 실행할 수 있는 명령어를 추가할 수 있다. 각 명령어는 독립적인 기능을 수행하며, 자체적인 옵션 및 인자를 가질 수 있다.

```js
program
  // split 명령어 추가
  .command('split')
  // 명령어 소개
  .description('Split a string into substrings and display as an array')
  // 명령어에 필요한 인자 정의
  .argument('<string>', 'string to split')
  // 옵션 정의
  .option('--first', 'display just the first substring')
  .option('-s, --separator <char>', 'separator character', ',')
  // 이 명령어가 실행할 내용 정의
  .action((str, options) => {
    const limit = options.first ? 1 : undefined
    console.log(str.split(options.separator, limit))
  })
```

그리고 마지막으로 program.parse()를 호출해 CLI 프로그램을 실행한다.

```
$ node string-util.js help split
Usage: string-util split [options] <string>
```

```
Split a string into substrings and display as an array.

Arguments:
  string                   string to split

Options:
  --first                  display just the first substring
  -s, --separator <char>   separator character (default: ",")
  -h, --help               display help for command

$ node string-util.js split --separator=/ a/b/c
[ 'a', 'b', 'c' ]
```

여기에 셔뱅을 추가한다면 CLI 프로그램을 실행할 때 node 명령어를 생략할 수 있다.

지금까지 살펴본 내용만으로는 앞에서 다룬 meow와 비슷하다고 생각할 수 있지만 몇 가지 차이점이 있다.

- meow는 최소한의 설정으로 빠르게 CLI 애플리케이션을 구축하는 데 초점을 맞춘다. 반면 Commander.js는 더 복잡한 명령어 구조와 옵션을 지원하며, 더 많은 기능을 제공한다.
- Commander.js는 메서드 체이닝 방식으로 프로그램의 구조를 정의하는 반면, meow는 객체를 사용해 프로그램 구조를 정의한다.

위와 같은 차이점을 종합했을 때 meow는 간단한 구조의 CLI를 만드는 데 적합하며, Commander.js는 더 복잡한 구조의 CLI를 만드는 데 적합하다고 할 수 있다.

7.2.6.3 Inquirer.js

자바스크립트 생태계에 있는 다양한 CLI를 사용하다 보면 단순히 사용자의 입력을 받는 것 이상으로 여러 가지 옵션을 선택하거나, 비밀번호로 입력된 글자를 *로 대체하는 등 다양한 형식의 입력을 받는 경우가 있다. 이러한 사용자의 다양한 입력을 처리하기 위해 Inquirer.js[103]를 사용할 수 있다. Inquirer.js를 사용하면 다음과 같은 이점을 얻을 수 있다.

- **다양한 프롬프트 타입 지원**: 입력, 확인, 목록 선택, 체크박스, 비밀번호 등 다양한 유형의 사용자 입력을 처리할 수 있다.
- **입력 검증 및 변환**: 사용자 입력에 대한 유효성 검사와 데이터 변환 기능을 제공한다.

---

[103] https://github.com/SBoudrias/Inquirer.js

- **비동기 처리**: Promise 기반의 API를 통해 비동기 작업을 쉽게 처리할 수 있다.
- **@inquirer/core 기능을 통한 세밀한 제어**: Inquirer.js는 다양한 @inquirer/core라 불리는 Inquirer.js의 핵심 기능을 별도 라이브러리 형태로 제공하며, 이를 응용해 더욱 세밀하게 제어할 수 있다.

다음은 Inquirer.js를 사용해 간단한 프롬프트를 생성하는 예다.

```js
// prompt.js
import {input, password, select, confirm, Separator} from '@inquirer/prompts'

const name = await input({message: 'Enter your name'})

const pm = await select({
  message: 'Select a package manager',
  choices: [
    {
      name: 'npm',
      value: 'npm',
      description: 'npm is the most popular package manager',
    },
    {
      name: 'yarn',
      value: 'yarn',
      description: 'yarn is an awesome package manager',
    },
    new Separator(),
    {
      name: 'pnpm',
      value: 'pnpm',
      disabled: 'pnpm is not available',
    },
  ],
})

const pw = await password({message: 'Enter your npm token'})

const result = await confirm({message: 'Proceed?'})

console.table({name, pm, pw, result})
```

이렇게 생성한 코드를 실행하면 다음과 같이 프롬프트가 나타나며 사용자의 입력을 받을 수 있다.

```
? Enter your name yceffort

✔ Enter your name yceffort
? Select a package manager (Use arrow keys)
> npm
  yarn
  ──────────
- pnpm pnpm is not available
npm is the most popular package manager

✔ Enter your name yceffort
✔ Select a package manager yarn
? Enter your npm token [input is masked]

✔ Enter your name yceffort
✔ Select a package manager yarn
✔ Enter your npm token
? Proceed? (Y/n) y

✔ Enter your name yceffort
✔ Select a package manager yarn
✔ Enter your npm token
✔ Proceed? yes

┌─────────┬────────────┐
│ (index) │   Values   │
├─────────┼────────────┤
│  name   │ 'yceffort' │
│   pm    │   'yarn'   │
│   pw    │   '1234'   │
│ result  │    true    │
└─────────┴────────────┘
```

Inquirer.js를 사용하면 인터랙티브한 CLI 애플리케이션을 쉽게 개발할 수 있다. 사용자로부터 다양한 형태의 입력을 받고, 동적으로 질문을 구성하며, 입력을 검증하고 변환하는 등의 작업을 효과적으로 수행할 수 있다. 이는 특히 설정 마법사, 복잡한 사용자 입력이 필요한 도구, 대화형 데이터 수집 애플리케이션 등을 개발할 때 매우 유용하다. Inquirer.js의 유연성과 풍부한 기능은 개발자가 사용자 친화적이고 직관적인 CLI 경험을 제공하는 데 큰 도움이 된다.

이번 절에서 다루지 않은 다양한 기능은 Inquirer.js의 깃허브 저장소를 참고하자.

7.2.6.4 chalk

chalk[104]는 Node.js 환경에서 터미널 출력에 스타일과 색상을 적용하기 위해 만들어진 패키지다. 콘솔 출력을 시각적으로 향상시키고, 중요한 정보를 강조하며, 사용자 경험을 개선할 수 있도록 돕는다. 따라서 chalk를 사용하면 다음과 같은 이점을 얻을 수 있다.

- **다양한 색상과 스타일**: 텍스트 색상, 배경색, 굵게, 기울임꼴, 밑줄 등 다양한 스타일링 옵션을 제공한다.
- **중첩 및 조합 가능한 스타일**: 여러 스타일을 쉽게 조합하고 중첩할 수 있다.
- **자동 색상 지원 감지**: 터미널의 색상 지원 여부를 자동으로 감지해 적절히 대응한다.
- **256색상 및 트루 컬러(True Color) 지원**: 지원되는 터미널에서 더 풍부한 색상 표현이 가능하다.

다음과 같이 chalk를 사용하면 터미널 출력을 다양한 색상과 스타일로 꾸밀 수 있다.

```
import chalk from 'chalk'

console.log(chalk.blue('Hello world!'))
console.log(chalk.red.bold('Error:') + ' Something went wrong')
console.log(chalk.white.bgRed.bold('Danger!'))
console.log(chalk.rgb(123, 45, 67).underline('Underline Text'))
console.log(chalk.hex('#DEADED').bold('Pink Color'))
```

터미널에 실제로 출력되는 결과는 다음과 같다.

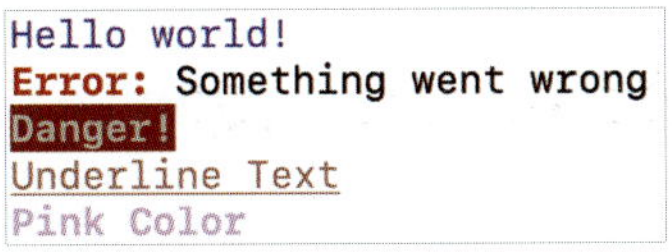

```
Hello world!
Error: Something went wrong
Danger!
Underline Text
Pink Color
```

그림 7.39 위 chalk 코드를 Node.js에서 실행한 모습

---

[104] https://github.com/chalk/chalk

chalk를 사용하면 이러한 방식으로 터미널 출력을 시각적으로 향상시키고 사용자 경험을 개선할 수 있다. 이 라이브러리는 로깅, 오류 메시지 강조, CLI 도구의 사용자 인터페이스 개선 등 다양한 상황에서 유용하게 활용될 수 있다. 이 같은 chalk의 간단한 API와 강력한 기능은 개발자가 쉽게 가독성 높고 시각적으로 매력적인 콘솔 출력을 만들 수 있게 해준다. 또한 자동 색상 지원 감지와 성능 최적화 기능 덕분에 다양한 환경에서 효율적으로 동작한다.

7.2.6.5 ora

ora[105]는 Node.js 환경에서 우아한 터미널 스피너를 제공하는 패키지다. 이 패키지는 장시간 실행되는 작업의 진행 상황을 시각적으로 표시해 사용자에게 더 나은 경험을 제공한다. 다음 코드를 보자.

```
import ora from 'ora'

const spinner = ora('Loading unicorns').start()

setTimeout(() => {
  spinner.color = 'yellow'
  spinner.text = 'Loading rainbows'
}, 1000)

setTimeout(() => {
  spinner.succeed('Loading complete')
}, 2000)
```

코드를 실행하면 다음과 같이 진행 상황에 따라 스피너가 변화한다.

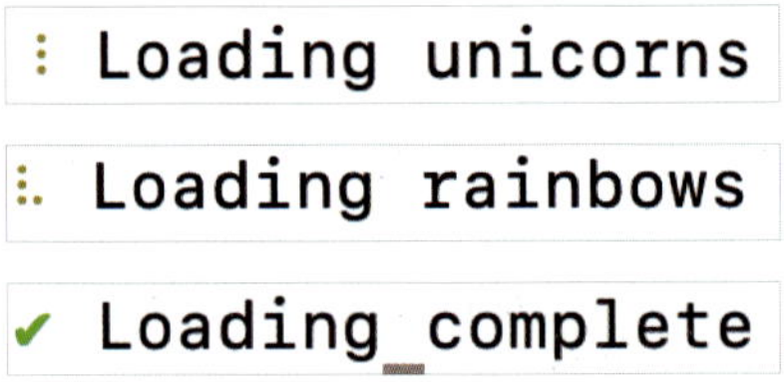

```
⋮ Loading unicorns
⋰ Loading rainbows
✔ Loading complete
```

그림 7.40 진행 상황에 따라 스피너가 변화하는 모습

---

[105] https://github.com/sindresorhus/ora#readme

ora를 사용하면 이러한 방식으로 CLI 애플리케이션의 사용자 경험을 크게 향상시킬 수 있다. 특히 파일 다운로드, 데이터 처리, API 요청 등 시간이 걸리는 작업의 진행 상황을 표시할 때 매우 유용하다.

ora의 간단하면서도 강력한 API는 개발자가 쉽게 시각적으로 매력적인 진행 상황 표시기를 만들 수 있게 해준다. 또한 chalk 같은 다른 CLI 스타일링 라이브러리와 함께 사용하면 더욱 풍부한 시각적 효과를 만들어낼 수 있다.

ora는 특히 장시간 실행되는 작업이 포함된 CLI 도구에서 그 가치가 돋보인다. 예를 들어, 대용량 파일을 처리하거나, 복잡한 계산을 수행하거나, 네트워크 작업을 수행하는 CLI 애플리케이션에서 ora를 사용하면 사용자에게 작업의 진행 상황을 효과적으로 전달할 수 있다.

이 외에도 Node.js 환경에서 스피너를 생성할 수 있는 다양한 패키지가 있으므로 취향에 맞는 패키지를 선택해서 사용하면 된다.

- yocto spinner: https://github.com/sindresorhus/yocto-spinner
- cli-spinners: https://github.com/sindresorhus/cli-spinners
- marquee-ora: https://github.com/joeycozza/marquee-ora
- CLI-Progress: https://github.com/npkgz/cli-progress

7.2.7 정리

Node.js 기반의 CLI 패키지 개발은 일반적인 npm 패키지 개발과 크게 다르지 않다. 다만 CLI 패키지를 만들 때는 다음 세 가지 핵심 사항을 추가로 고려해야 한다.

- Node.js 셔뱅(#!/usr/bin/env node)을 실행 파일의 첫 줄에 포함한다.
- 실행 파일에 적절한 실행 권한을 부여한다.
- 사용자 친화적인 CLI 인터페이스를 구현한다.

CLI 패키지 개발의 진입 장벽은 생각보다 낮지만 활용도는 매우 높다. 이번 절에서 만든 간단한 비밀번호 생성기는 CLI 패키지의 기본적인 예시에 불과하다. 이를 확장해 다양하고 유용한 도구들을 개발할 수 있을 것이다.

- create-react-app 같은 프로젝트 보일러 플레이트 생성기
- ESLint나 Prettier 같은 코드 스타일 및 품질 관리 도구
- 개발 프로세스 자동화 도구
- 팀 생산성 향상을 위한 커스텀 유틸리티 도구

CLI 패키지의 가장 큰 장점 중 하나는 바로 자바스크립트를 기반으로 한다는 점이다. 이는 자바스크립트 개발자라면 누구나 쉽게 접근하고 개발할 수 있음을 의미한다. 이번 절에서 학습한 내용을 토대로 여러분만의 고유한 CLI 패키지를 개발해 보기 바란다. 이를 실제 업무 환경에서 활용한다면 기술적 성장뿐만 아니라 큰 성취감도 얻을 수 있을 것이다. CLI 도구 개발은 단순한 기술 습득을 넘어 실질적인 문제 해결과 팀 생산성 향상에 기여할 수 있는 훌륭한 기회다.

만약 Node.js로 CLI를 제작하는 것에 흥미를 느꼈다면 'Command Line Interface Guidelines'[106]를 정독해보자. 이 글에는 CLI를 만들 때 지켜야 할 사용자 가이드가 매우 세세하게 나와 있다.

---

[106] https://clig.dev/

08장

모노레포로 서비스와 라이브러리 모두 관리하기

7장에서는 단순한 코드 개발을 넘어서 소프트웨어 문제 해결 전략을 세우고 다른 개발자나 기여자들과 원활하게 소통하는 환경을 구성하는 법까지 폭넓게 알아봤다. 7장을 통해 이제 단일 패키지를 개발하고, 관리 및 유지보수하는 데 필요한 역량을 충분히 갖췄을 것이다.

그러나 현실에서는 하나의 패키지나 프로젝트만 유지보수하는 경우는 드물다. 오늘날의 개발자는 점점 더 많은 패키지와 모듈을 관리해야 하는 복잡한 환경에 직면해 있다. 기존에는 각 프로젝트를 별도의 저장소로 관리하는 방식이 일반적이었지만, 관리 복잡성이 증가함에 따라 더 나은 해결책을 찾기 위한 필요성이 대두됐다. 그 과정에서 모노레포(monorepo)가 등장했고, 여러 패키지를 하나의 저장소에서 통합 관리하는 방식이 주목받기 시작했다. 이러한 바람과 함께 오픈소스 생태계에서도 모노레포를 지원하는 다양한 도구들 또한 등장했다.

이번 장에서는 모노레포가 왜 중요한지, 그리고 이를 통해 패키지 관리 및 개발을 어떻게 최적화할 수 있는지 알아본다. 먼저 8.1절 '모노레포와 터보레포'에서는 모노레포의 정의와 모노레포를 도입할 때 고려해야 할 요소들을 설명하고 대표적인 모노레포 관리 도구인 터보레포에 대해 알아본다. 이어지는 8.2절 '나만의 모노레포 프로젝트 만들기'에서는 디자인 시스템 프로젝트를 통해 실제로 터보레포를 사용해 모노레포 환경을 구축하는 과정을 설명한다. 이번 장을 마치고 나면, 모노레포 환경에서 효율적으로 프로젝트를 관리하는 방법을 배우게 될 것이며, 이를 통해 대규모 프로젝트에서 협업을 극대화할 수 있는 전략적인 사고와 기술적 기반을 다질 수 있을 것이다.

8.1 모노레포와 터보레포

일반적으로 프로젝트를 시작할 때 단일 저장소를 생성해서 그곳에서 개발할 준비를 할 것이다. 영역 구분이 확실하거나 규모가 작은 단일 프로젝트라면 이렇게 해도 큰 문제 없이 시작할 수 있다. 그러나 여러 개의 패키지를 개발하고 이것들을 유지보수하는 메인테이너이거나 한 조직에서 다수의 프로젝트와 라이브러리를 함께 관리해야 하는 상황이라면 다음과 같은 고민이 생길 것이다.

- **일관된 환경 구성**: 프로젝트나 저장소 설정은 으레 개발자나 팀별로 정형화돼 있어 프로젝트를 만들 때마다 비슷한 설정을 똑같이 복사 및 붙여넣기하는 불편함이 있다. 어떻게 해야 이러한 개발 환경 구축을 매번 반복적으로 수행하지 않을 수 있을까?
- **배포 전략의 일관성**: 지속적 통합, 배포(CI/CD)를 구성할 때도 마찬가지다. 설치, 빌드, 테스트, 배포까지 비슷한 형태로 이뤄지는 배포 전략을 일관적으로 수행할 수 있을까?
- **공통 모듈 관리**: 여러 프로젝트에서 공유되는 모듈은 어떻게 효율적으로 유지보수할까?
- **협업 환경 개선**: 프로젝트에 참여하는 개발자들이 원활하게 협업 가능한 환경을 어떻게 구축할 수 있을까?
- **의존성 관리**: 패키지들의 의존성을 어떻게 체계적으로 관리할까? 한 패키지의 변경 사항이 다른 패키지에 미치는 영향을 쉽게 파악할 수 있을까?
- **테스트와 품질 관리**: 의존 관계에 있는 모든 패키지의 테스트를 어떻게 통합적으로 관리할까?
- **코드 재사용성**: 중복된 코드를 작성하지 않고도 어떻게 기능을 다수의 패키지에서 재사용할 수 있을까?

이러한 고민들은 앞서 설명한 패키지를 각각의 단일 저장소에서 관리하는 방식으로는 해소하기 어려울 수 있다. 따라서 이를 해결할 수 있는 효과적인 전략 중 하나로 모노레포라는 개념이 등장했다.

이번 절에서는 모노레포가 무엇이고, 언제 모노레포를 도입해야 하는지 스스로 판단할 수 있는 기준을 알아본다. 또한 npm 워크스페이스 기능을 통해 npm이 모노레포를 어떻게 지원하는지 살펴보고, 대표적인 모노레포 관리 도구인 터보레포(Turborepo)를 활용해 더욱 효율적인 모노레포 환경을 구축하는 방법을 알아보겠다.

8.1.1 모노레포란?

모노레포란 여러 패키지를 한데 모아 단 하나의 저장소에서 관리할 때 이 모든 코드베이스가 저장된 저장소를 말한다. 예를 들어, Node.js 프로젝트를 단순히 그 구조만 떠올려보면 이는 마치 하나의 저장소에 여러 개의 독립적인 패키지가 존재하고, 최상위 `package.json` 외에도 각 패키지가 생성된 폴더 경로에 해당 패키지의 `package.json`이 하위에 존재하는 구조다.

```
npm-workspace-project/
├── packages/
│   ├── a-package/
│   │   └── package.json
│   ├── b-package/
│   │   └── package.json
└── package.json
```

따라서 저장소는 단 하나지만 실제로 이 저장소에서 사용할 수 있는 Node.js 프로젝트는 여러 개가 되는 것이다. 그렇다면 이 모노레포라는 개념은 어떻게 만들어졌고, 다수의 유기적인 패키지를 개발하고 유지보수할 때 왜 유용한지 하나씩 알아보자.

8.1.1.1 멀티레포 vs. 모노레포

먼저 모노레포가 왜 등장했는지 이해하려면 멀티레포 방식의 특징과 장단점을 알아야 한다. 모노레포와는 반대로 멀티레포는 여러 개의 패키지와 저장소를 1:1로 매핑해서 각 저장소에 패키지를 관리하는 것을 말한다. 일반적으로 개발자가 각 패키지마다 깃허브에 여러 개의 새 저장소를 생성하고, 각 저장소 내부에 `npm init` 명령으로 Node.js 프로젝트를 시작하는 것이 곧 멀티레포다. 즉, 각 패키지별로 저장소를 하나씩 생성해서 코드를 관리하는 형태를 말한다. 이러한 멀티레포는 다음과 같은 특징이 있다.

- 각 패키지별로 저장소를 생성해서 패키지와 저장소가 1:1로 매핑된다.
- 각 패키지가 저장소라는 물리적인 단위로 분리돼 있으므로 설치 방법이나 구성이 상이할 수 있다.
- 패키지들의 저장소가 분리되어 어떤 의존 관계도 없이 독립적으로 관리할 수 있다. 이는 곧 변경에 각 구성원이 독립적으로 신속하게 대응할 수 있는 개발 문화를 조성하기도 한다.

이러한 멀티레포의 장점은 다음과 같다.

- 저장소마다 빌드를 병렬로 진행할 수 있기 때문에 CI/CD 파이프라인을 수행할 컴퓨팅 파워가 충분하다면 빌드 속도가 빠르다.
- 의존성의 버전을 독립적으로 관리할 수 있다.

- 저장소별로 소유자(owner)를 지정해 패키지들을 자율적으로 관리하기가 쉽다. 이는 보안 및 권한 관리 측면에서 특히 유용한데, 각 저장소별로 접근 권한을 세밀하게 설정할 수 있기 때문에 패키지별로 보안이나 권한 관리를 세분화하기 쉽다. 예를 들어, 민감한 코드가 포함된 저장소는 특정 인원에게만 접근을 허용해 패키지나 서비스에 대한 보안을 강화할 수 있다.
- 한 패키지에서 발생한 문제가 다른 패키지에 쉽게 전파되지 않는다. 특정 패키지에서 발생한 문제가 전체 시스템에 영향을 미치지 않기 때문에 문제 해결에 대한 부담이 줄어들며, 이는 대규모 프로젝트에서 유지보수를 쉽게 할 수 있는 중요한 장점이다.
- 팀이 여러 개의 프로젝트를 병렬로 처리할 때 서로 다른 저장소에서 독립적으로 개발을 진행하므로 개발 속도가 빠르다.

결론적으로, 멀티레포는 저장소별로 코드가 분리돼 있어 각 코드 소유자가 환경을 유연하게 구성하고, 독립적으로 유지보수할 수 있다. 이는 프로젝트의 요구사항에 더 신속하게 대응할 수 있게 해주며, 특히 애플리케이션과 같은 서비스 개발에 유용하게 적용될 수 있는 관리 방식이다.

그러나 코드가 나뉘어 관리되는 멀티레포는 여러 개의 오픈소스 패키지를 관리해야 하는 상황에서는 반대로 역효과를 내기도 한다.

- 중복된 코드가 많아지거나 매번 동일한 환경 구성을 반복해야 한다. 하나의 템플릿을 만들고, 그 템플릿을 기반으로 복사할 수 있게 도와주는 깃허브 템플릿 저장소를 통해 어느 정도 문제를 완화할 수 있지만 완벽한 해결책은 아니다. 이 템플릿 저장소 역시 시간이 흐름에 따라 지속적으로 관리해야 하기 때문이다.
- 프로젝트를 유지보수할 때 이슈나 변경 로그가 분산되어 관리 포인트가 늘어날 수 있다.
- 패키지 간 의존성 관리를 하는 데 어려움이 있다. 동일한 모듈을 사용하는 여러 패키지가 각기 다른 버전을 사용할 경우 의존성 충돌이 발생할 수 있다. 예를 들어, 멀티레포로 관리하는 모듈이 A라는 패키지에 의존한다고 가정해보자. 이 A 패키지의 버전이 모두 동일하지 않다면 여러 모듈을 설치하는 호스트 입장에서 A 패키지의 여러 버전이 중복 설치될 수도 있다.
- 의존 관계가 복잡한 패키지들을 순서대로 배포하려면 추가적인 관리와 노력이 필요하다. 예를 들어, B, C, A 패키지가 서로 의존하고 있다고 가정하면 B를 배포한 후 C와 A도 순차적으로 수정하고 배포해야 하는데, 관리 포인트가 많아질수록 배포 복잡도가 상승한다. 즉, 관리해야 할 패키지의 상호 의존 관계가 복잡해질수록 패키지의 순서를 준수해야 한다는 것을 인지하기 점점 어려워진다. 또한 관리해야 할 CI/CD 구성 요소가 많아져 이를 표준화하지 않으면 패키지별로 상이한 배포 절차를 따르게 되므로 비효율적이다.
- 공통 의존성들을 관리하기 어렵다. 멀티레포의 장점은 각 패키지에서 필요한 시점에 의존성 버전을 독립적으로 관리할 수 있다는 것이다. 그러나 공통적으로 사용되는 외부 라이브러리(예: react, react-dom)의 버전이 일관되지 않으면 전

체 시스템의 호환성 문제가 발생할 수 있다. 예를 들면, A 패키지에서 리액트 18로 마이그레이션을 완료했더라도 B와 C 패키지는 여전히 리액트 17에 머물러 있을 수 있다. 이로 인해 A 패키지를 먼저 배포하더라도 다른 패키지가 업데이트되지 않으면 전체적인 시스템에 혼란을 초래하거나 예상하지 못한 버그가 발생할 수 있다. 즉, 멀티레포에서 의존성 관리의 자율성이 때로는 시스템 전반의 일관성을 해칠 위험이 있다는 점에서 단점으로 작용한다.

이로 인해 프로젝트의 성격이 상호 의존적이거나 시스템 전반적으로 일관성을 유지하는 것이 중요한 경우 멀티레포는 비효율성과 복잡성을 증가시킨다.

반면 모노레포는 여러 프로젝트 혹은 패키지를 단일 저장소에서 관리하는 방식으로, 멀티레포와는 다른 특징이 있다.

- 모든 코드가 하나의 저장소에 위치해 있어 설치나 구성과 같은 공통 항목이 단일화돼 있다.
- 패키지 간 의존 관계가 하나의 저장소에서 이뤄진다.
- 모든 코드가 하나의 저장소에 위치하므로 한 패키지의 수정이 다른 패키지들에 영향을 미치기 쉽다. 즉, 하나의 변경으로 인해 다른 패키지들의 동작이 실패하면 수정 사항을 모든 패키지에 반영해야 한다. 이는 패키지들의 소유자와 협력해야 하는 구조로, 모든 구성원이 변경 사항을 인지하고 있어야 해서 개발자들이 협력하는 개발 문화를 조성한다.

이러한 모노레포의 장점은 다음과 같다.

- 프로젝트 간 의존성을 파악하고 관리하기 쉽다. 이러한 특징은 모노레포상의 서비스들이 배포 전략을 독립적으로 수립할 때 도움을 줄 수 있어 올바른 순서로 배포할 수 있게 돕는다.
- 단일 저장소이기 때문에 이슈 추적이 단순해지고, 모든 패키지의 변경 로그 또한 함께 관리된다.
- 패키지 간 의존성을 설정하기 쉬워 공유하기가 쉽다.
- 전체 패키지에 영향이 갈 수 있는 수정을 단 한 번의 변경만으로 해결할 수 있다.
- 멀티레포에서는 공통으로 포함된 의존성을 관리하기가 어려웠지만 모노레포는 이 문제를 쉽게 해결할 수 있다. 시중의 많은 모노레포 도구들은 이러한 문제를 자동으로 해결하는 기능을 제공하므로 개발자는 더 적은 노력으로 시스템의 일관성을 유지할 수 있다.

요약하자면, 멀티레포에서 부족했던 패키지 간 관계를 설정하고 관리하는 것을 모노레포에서는 개발자가 신경을 덜 써도 되게끔 모노레포 도구들이 해결해줄 수 있다.

이러한 모노레포의 장점만 보면 멀티레포에서 까다로웠던 설정들을 더욱 쉽게 구성할 수 있도록 해주므로 모든 프로젝트에서 모노레포가 유용하다고 생각할 수 있다. 그러나 모노레포가 여러 개의 프로젝트들을 관리하는 상황에서 항상 모든 문제를 해결해주지는 않는다. 프로젝트를 담당한 팀의 구조, 코드베이스의 규모에 따라 다음과 같은 문제 현상들이 모노레포에서 발생할 수 있다.

- 모든 패키지가 단일 저장소에 위치하기 때문에 전체적으로 빌드 같은 CI/CD의 속도가 느릴 수 있다. 이때 속도가 느릴 여지가 있다는 의미는 모노레포 내부에서 모든 패키지의 파이프라인을 순차적으로 실행하기 때문에 느리다는 뜻이 아니다. 모노레포에서도 파이프라인 실행을 병렬로 수행할 수 있고, 캐싱과 같은 최적화 기법으로 속도를 빠르게 끌어올릴 수 있다. 그러나 완전히 공간이 분리되어 실행에 어떠한 연결 고리가 없는 구조를 가진 멀티레포와 비교해서 상대적으로 더 느리게 설정될 수도 있는 위험성이 높다는 것을 뜻한다. 모노레포 또한 각 패키지 또는 프로젝트별로 빌드나 테스트가 필요하기 때문에 CI/CD 파이프라인을 효율적으로 관리해야 하는데, 이 설정을 제대로 하지 못하면 CI/CD 실행 시간이 길어지는 등 생산성을 악화시킬 여지가 있다. 따라서 개발자는 모든 패키지를 매번 테스트하거나 빌드하는 대신 변경된 부분만 테스트하거나 빌드할 수 있도록 최적화해야 하며, 이를 잘 관리할 수 있도록 신경 써야 한다.
- 모노레포상 코드베이스의 규모가 커지면 커질수록 깃허브의 저장소 관리가 느려질 수 있다. 방대한 코드베이스를 처리한다는 것은 사용자 컴퓨터상의 하드 드라이브의 공간 활용도가 떨어지고 드라이브와의 상호작용이 느리다는 것을 의미한다. 예를 들어, 히스토리가 너무 커지거나 클론(clone)하거나 풀(pull)하는 시간이 길어지는 문제가 발생해 일상적으로 수행하는 작업의 속도에 악영향을 미칠 수 있다.
- 오픈소스의 경우, 모노레포에서 기여자가 반영한 수정 사항이 다른 패키지에 어떠한 영향을 미치는지 기여자 입장에서 파악하기가 어렵다. 만약 기여자가 A 패키지에만 사소한 수정을 가했더라도 이 수정 사항이 A 패키지에 의존하는 다른 패키지에도 부수 효과를 끼칠 수 있다.
- 만약 프로젝트 팀 구조상 단일 저장소에서 여러 팀이 작업하는 형태라면 각 팀마다 다른 접근 권한을 부여하는 것이 어려울 수 있다. 모든 팀이 같은 레포에 접근해야 하기 때문에 코드베이스에 대한 관리와 통제가 까다로워질 수 있기 때문이다. 이는 멀티레포에서는 저장소별로 접근 권한과 보안을 설정하기 쉬웠던 점과는 반대로 모노레포에서는 이 같은 보안을 설정하기에 어려움이 있다.
- 모노레포 환경에서는 빌드, 테스트, 린팅 등 여러 도구의 설정이 멀티레포보다 훨씬 더 복잡해질 수 있다. 특히 각 패키지나 프로젝트마다 서로 다른 설정이 필요한 경우 그 설정을 일관되게 유지하는 것이 어려울 수 있어 이 경우에는 멀티레포가 더 좋은 선택지가 되기도 한다.

결론적으로 모노레포는 서로 유기적으로 관련이 있는 독립적인 코드베이스들을 단일 저장소에 위치시켜 이들이 유기적으로 작동하도록 구현하는 방식이다. 이 방식은 특히 여러 개의 많은 패키지를 함께 관리해야 하는 개발자에게 이점을 제공하기도 하지만 어떻게 쓰느냐에 따라 개발팀의 생산성에 약이 될 수도, 독이 될 수도 있다.

8.1.1.2 사례를 통한 모노레포의 특징 살펴보기

그렇다면 잘 알려진 오픈소스 프로젝트들이 모노레포를 활용해 어떤 이점을 누리는지 예시를 통해 살펴보자.

8.1.1.2.1 리액트: 코드 재사용성과 협업의 최적화

먼저 페이스북(현 메타)의 리액트 저장소는 2024년 11월을 기준으로 모노레포로 구성돼 있다.[1] 리액트가 모노레포 구조를 채택함으로써 얻는 이점은 다음과 같다.

- **코드 재사용성과 모듈화**: 리액트는 자체적으로 많은 하위 패키지를 가지고 있으며, 다양한 기능을 독립적으로 개발하고 관리할 필요성이 있다. 예를 들어, react, react-dom, react-reconciler 같은 여러 패키지가 독립적으로 존재하는데, 이들이 하나의 코드베이스에 모여 있으면 패키지 간의 의존성을 명확하게 정의하고 관리할 수 있다. 이를 통해 코드의 중복을 줄이고, 공통 로직을 쉽게 재사용할 수 있게 됐다.
- **일관된 빌드 및 테스트 환경**: 리액트 프로젝트는 여러 패키지가 서로 의존성을 가지고 있지만 각 패키지를 독립적으로 빌드하거나 테스트할 필요가 있다. 모노레포 환경에서는 이러한 빌드와 테스트를 일관된 방식으로 설정하고 관리할 수 있어 개발자들이 효율적으로 협업할 수 있다.
- **일관된 배포 관리**: 모노레포에서는 여러 패키지를 동시에 배포할 수 있으며, 이를 통해 패키지 간 버전의 호환성을 쉽게 유지할 수 있다. 리액트는 종종 하위 패키지들을 동시에 업데이트하고 배포해야 할 때가 있는데, 모노레포 환경은 이러한 배포 프로세스를 자동화하고 각 패키지가 의도한 대로 작동하는지 확인하는 데 도움이 된다.

결론적으로 리액트가 모노레포 구조를 선택한 이유는 대규모 프로젝트에서 여러 패키지를 동시에 관리하면서도 코드 재사용성을 극대화하고 빌드와 테스트 환경을 일관되게 유지함으로써 의존성 관리와 협업을 효율적으로 처리할 수 있기 때문으로 보인다.

8.1.1.2.2 바벨: 플러그인과 프리셋의 독립적인 관리

또 다른 사례로 5장에서 살펴본 바벨이 있다.[2] 바벨은 자바스크립트 컴파일러로, 다양한 플러그인과 프리셋을 제공하는데, 이를 독립적인 패키지로 관리하기 위해 모노레포 구조를 채택했다. 바벨의 모노레포를 살펴보면 플러그인, 프리셋, 코어 라이브러리를 하나의 저장소에서 함께 관리하면서도 독립적인 업데이트가 가능하도록 설계됐다.

---

1 https://github.com/facebook/react
2 https://github.com/babel/babel

- **유기적인 관리와 독립성**: 바벨의 플러그인과 프리셋은 서로 독립적이지만 모노레포 구조 덕분에 하나의 코드베이스에서 효율적으로 관리된다. 이는 특정 플러그인만 수정해야 하거나 새로운 프리셋을 추가할 때도 전체 프로젝트에 영향을 주지 않고 관리할 수 있는 유연성을 제공한다.
- **일관된 프로젝트 관리**: 다양한 플러그인들이 바벨의 코어 모듈과 긴밀하게 상호작용하지만 모노레포 덕분에 이들 간의 의존성을 쉽게 파악하고 조정할 수 있다. 이를 통해 전체 프로젝트의 일관성을 유지하면서도 새로운 기능을 손쉽게 추가할 수 있다.

결론적으로 바벨이 모노레포 구조를 채택한 이유는 플러그인 및 프리셋 간의 독립성과 유기적 통합을 모두 유지하기 위한 최적의 솔루션이기 때문임을 알 수 있다.

8.1.1.2.3 Next.js: 모듈화된 개발과 빠른 배포 주기

마지막으로 Next.js의 사례를 살펴보자.[3] Next.js는 리액트 기반의 서버 사이드 렌더링 프레임워크로, `core`, `cli`, `server`, `client` 등 다양한 모듈로 구성된다. Next.js는 다양한 패키지를 모노레포로 관리하며, 이를 통해 다음과 같은 이점을 얻는다.

- **모듈화된 개발**: 모노레포 구조 덕분에 Next.js는 각 기능을 모듈화해서 독립적으로 개발할 수 있다. 이는 새로운 기능 추가나 수정이 필요한 경우 특정 패키지만 업데이트해도 전체 시스템에 영향을 미치지 않게 하며, 필요할 때는 여러 모듈을 통합해 더 빠르고 효율적으로 배포할 수 있게 한다.
- **빠른 배포 주기**: Next.js는 모노레포를 통해 여러 모듈의 배포를 일관되게 처리함으로써 각 모듈의 의존성을 쉽게 관리할 수 있다. 이를 통해 필요할 때마다 특정 모듈만을 빠르게 수정하고 배포할 수 있어 배포 주기가 짧아지고 새로운 기능을 더 자주 배포할 수 있다.

지금까지 리액트, 바벨, Next.js의 세 가지 사례를 통해 널리 사용되는 오픈소스 프로젝트들이 모노레포 구조를 통해 어떻게 복잡한 패키지 관리와 개발 프로세스를 최적화하고 있는지 살펴봤다. 여기서 모노레포는 단순히 여러 패키지를 하나의 저장소에 담는 것뿐만 아니라 프로젝트의 규모와 복잡성에 맞춰 의존성 관리, 배포, 협업을 더욱 효율적으로 처리할 수 있는 중요한 도구임을 알 수 있다.

8.1.1.3 언제 모노레포를 선택해야 할까?

그렇다면 개발자는 자신의 프로젝트에 모노레포가 필요한 상황인지 어떻게 결정할 수 있을까? 모노레포가 프로젝트에 미치는 영향을 고려해 모노레포의 도입 여부를 결정할 수 있다. 예를 들면, 다음과 같은 점들을 고려할 수 있다.

---

[3] https://github.com/vercel/next.js

- **패키지 간 버전의 일관성을 유지해야 하는가**: 각 패키지 간의 의존성 버전을 일관되게 유지해야 한다면 모노레포는 모든 패키지가 같은 코드베이스 내에 있으므로 버전 충돌을 최소화할 수 있다. 또한 Nx나 Lerna, changesets 같은 버전 자동화 도구와의 통합을 통해 멀티레포보다 버전을 더 쉽게 관리할 수 있다.
- **의존성 관리 및 수정 영향 범위 파악**: 멀티레포로 구성된 프로젝트에서 패키지나 모듈 간 변경 사항이 다른 패키지에 미치는 영향을 파악하기 어려웠다면 모노레포는 이들 간의 의존성을 관리하는 데 큰 도움이 된다. 특정 모듈을 변경했을 때 어떤 다른 모듈에 영향을 주는지를 모노레포 내에서는 명확하게 확인할 수 있기 때문이다.
- **일관된 프로젝트 환경을 고수해야 하는 경우**: 여러 프로젝트가 동일한 패키지나 라이브러리를 사용할 경우 패키지의 수정 사항을 일관되게 배포하고 적용할 수 있는 방법을 모색해야 한다. 평소 프로젝트를 관리하면서 이러한 점에서 어려움이 있다면 모노레포에서는 이를 쉽게 제어할 수 있어 의존성 관리가 편해진다.
- **협업이 얼마나 필요한가**: 모노레포는 모든 코드를 하나의 저장소에서 관리함으로써 구성원이 변경한 코드를 추적하기가 용이하다. 이는 팀원 간의 코드 공유와 협업을 더욱 긴밀하고 원활하게 만드는 데 도움을 준다.

그러나 이러한 고려사항들은 프로젝트가 아직 작성되지 않아 새로 시작해야 하는 경우에는 당장 확인하기 힘들 수 있다. 또는 현재 속한 개발팀의 문화나 패키지 및 서비스 특징에 따라 반드시 앞에서 언급한 장점이 자신의 프로젝트에는 해당하지 않기도 한다. 따라서 목표로 하는 프로젝트의 성격, 개발 환경 및 담당할 개발 조직의 문화를 항상 최우선으로 고려해야 한다는 점을 기억하자. 이때 모노레포의 도입 여부는 "모노레포를 도입했을 때 구성원들의 생산성이 향상되는가"에 중점을 두고 고려해야 한다. 따라서 다음과 같은 외부 요소들을 추가적으로 고려할 수 있다.

- 코드베이스의 예상 규모는?
- 관련 있는 구성원이 몇 명인가?
- 개발할 패키지가 몇 개인가?
- 패키지들이 서로 강하게 결합돼 있는가?
- 사용하는 프로그래밍 언어의 개수는?
- 사용하는 배포 도구는?
- 팀의 개발 문화는?
- 어떤 도구나 기술 스택의 사용 방법을 팀 내 구성원들이 얼마나 배워야 하는가?
- 구성원들의 동의는?

이러한 추가적인 고려 사항과 함께 구성원들과의 충분한 논의를 거쳐 모노레포를 프로젝트에 도입한다면 생산성 향상은 물론 앞에서 설명한 모노레포의 장점을 활용하면서 개발할 수 있을 것이다.

8.1.2 npm 워크스페이스

이어서 Node.js 프로젝트에서 모노레포를 구성할 수 있는 npm 워크스페이스[4]의 기능을 알아보자. npm에서는 모노레포 환경에서 사용할 수 있는 이른바 워크스페이스(workspace)라는 기능을 7 버전부터 지원한다. 이 워크스페이스 기능으로 npm 프로젝트에서 여러 개의 패키지를 하나의 단일 저장소에서 관리할 수 있다.

먼저 사용법을 살펴보면 `package.json`에 `workspaces`라는 필드를 추가해서 여러 하위 패키지들을 포함하는 상위 디렉터리 경로들을 설정한다.

코드 8.1 /packages 경로 아래의 모든 패키지가 워크스페이스로 설정된다.

```
// package.json
{
  "name": "my-project",
  "private": true,
  "workspaces": ["packages/*"]
}
```

또한 npm에서는 최상위 경로의 `package.json`의 `workspaces` 외에 `private` 필드를 추가해서 `true`로 설정할 것을 권장한다. 모노레포 구조에서는 최상위 프로젝트를 배포하는 게 아니라 워크스페이스에 포함된 개별 패키지를 배포해야 한다. 따라서 `private: true` 설정으로 최상위 프로젝트가 실수로 배포되지 않도록 막아 실수로 최상위 패키지를 배포하는 것을 방지할 수 있다. 즉, `private` 필드는 해당 저장소가 배포용이 아님을 명확히 나타내는 안전 장치의 역할을 한다.

다음으로 `/packages` 경로에 `a-package`와 `b-package`라는 패키지 경로를 새롭게 추가해보자. 이때 npm에서는 `npm init` 명령어의 옵션으로 `--workspace`를 제공한다. `--workspace` 옵션의 인자로 패키지명을 입력하면 npm은 새 Node.js 프로젝트를 지정된 워크스페이스 내부에 추가한다.

```
$ npm init --workspace=packages/a-package --workspace=packages/b-package
```

---

[4] https://docs.npmjs.com/cli/v10/using-npm/workspaces

이때 주의할 점은 --workspace의 인자로 생성할 패키지명에 실제 경로를 모두 작성해야 한다는 것이다. 만약 --workspace a-package로 입력한다면 npm은 package.json의 workspaces에 새로운 워크스페이스 경로인 a-package/를 추가한다.

```
$ npm init --workspace=a-package
```

```json
{
  "name": "npm-workspace-project",
  "workspaces": ["packages/*", "a-package"]
}
```

이 예제 코드에서는 이미 packages/* 경로가 workspaces 필드에 있으므로 새롭게 추가되지 않는다. 최종적으로 a-package와 b-package가 생성된 폴더 구조는 다음과 같다.

```
npm-workspace-project/
├── packages/
│   ├── a-package/
│   │   └── package.json
│   └── b-package/
│       └── package.json
└── package.json
```

이후 생성된 node_modules를 살펴보면 하위에 a-package, b-package가 추가됐으며, npm ls로 해당 의존성이 추가한 워크스페이스의 각 패키지 경로에 심볼릭 링크가 생성된 것을 볼 수 있다.

```
npm-workspace-project/
└── node_modules/
    ├── a-package -> ../packages/a-package
    └── b-package -> ../packages/b-package
```

```
npm-workspace-project > npm ls
npm-workspace-project@1.0.0 /Users/user/npm-workspace-project
├── a-package@1.0.0 -> ./packages/a-package
└── b-package@1.0.0 -> ./packages/b-package
```

이를 통해 npm 워크스페이스의 동작 방식이 2.5절 'node_modules는 무엇일까?'에서 설명했던 심볼릭 링크와 연관이 있음을 알 수 있다. 심볼릭 링크는 파일 시스템에서 한 위치에 있는 파일이나 디렉터리에 대한 참조를 다른 위치에서 가리키는 방식이라고 설명했다. npm 워크스페이스에서는 여러 패키지를 관리할 때 각 워크스페이스 패키지 간 의존성을 심볼릭 링크로 연결해 로컬 참조를 효율적으로 처리한다. 심볼릭 링크가 없을 경우 로컬 파일 시스템에 동기화해야 하는 패키지에 다른 패키지의 참조를 추가하려면 수동으로 npm 링크를 생성하고 연결해야 한다. npm의 워크스페이스는 훨씬 더 간소화된 작업 흐름으로 이러한 작업을 `npm install` 설치의 일부로 자동화한다. 이러한 심볼릭 링크 구조 덕분에 npm 워크스페이스는 모노레포 환경에서 패키지 간 자동 참조 및 의존성의 중복을 줄여주어 복잡한 프로젝트를 관리하는 데 매우 유용하다.

그렇다면 만약 a-package가 b-package를 의존성으로 가지고 있어 a-package에서 b-package의 모듈을 사용하고자 할 때는 어떻게 할까? 이 경우 이미 로컬 파일 시스템에 a-package와 b-package의 링크가 생성됐기 때문에 a-package에는 별다른 설치 과정 없이 바로 b-package를 사용할 수 있다.

```
// packages/b-package/index.js
export const sum = (a, b) => a + b
```

코드 8.2 a-package의 package.json에 b-package를 dependencies로 포함하지 않아도 b-package의 sum() 함수를 불러올 수 있다.

```
// packages/a-package/index.js
import {sum} from 'b-package'

console.log(sum(1, 2))
```

또한 워크스페이스가 각 패키지의 모듈을 불러오는 과정은 4.4절 'Node.js는 어떻게 node_modules에서 패키지를 찾아갈까?'에서 설명한 모듈 해석 알고리즘 과정을 따르므로 `package.json`의 `main` 혹은 `exports` 필드를 확인해 모듈의 경로를 파악한다. 이 또한 node_modules가 자동으로 워크스페이스 패키지를 심볼릭 링크로 처리하기 때문에 가능한 것으로, 이를 통해 npm 워크스페이스는 로컬 개발을 간편하게 하면서도 이후 해당 패키지를 배포할 때 내보낸 모듈이 의도한대로 동작하는지 사전에 테스트하기가 용이하다.

> 📝 심볼릭 링크와 패키지 배포는 함께 동작할 수 있나요?
>
> 실제 배포 시 6장에서 설명한 것처럼 실제로 사용자에게 제공하기 위해서는 추가적인 번들링과 최적화 과정을 거치게 된다. 로컬에서 npm 워크스페이스를 사용할 때는 심볼릭 링크로 패키지들이 연결되어 자동으로 참조되지만, 배포 시에는 패키지들이 외부에서 제대로 동작하게 하려면 의존성에 실제 버전 번호가 명시돼야 한다. 만약 a-package에서 b-package를 의존할 경우 a-package를 배포할 때는 package.json에 b-package의 실제 배포 버전을 명시해야 하고, 이 버전은 b-package를 배포한 이후 npm 레지스트리에서 다운로드할 수 있는 형태로 설정돼야 한다.
>
> ```
> // packages/a-package/package.json
> {
>   "name": "a-package",
>   "version": "1.0.0",
>   "dependencies": {
>     "b-package": "^1.0.0" // 혹은 "*"로 유의적 버전에 무관하게 설치할 수 있다.
>   }
> }
> ```
>
> npm 자체는 패키지 간 의존성을 배포 시에 자동으로 처리하지 않기 때문에 개발자가 직접 빌드 및 배포 프로세스를 관리해야 한다. 이는 Lerna, Turborepo, 또는 7.1절 '나만의 npm 패키지 만들기'에서 설명한 changesets 같은 자동화 도구를 사용하면 쉽게 처리할 수 있다.
>
> 결론적으로 npm 자체는 패키지 간 의존성을 관리해주지 않으므로 별도로 빌드 단계에서 각 패키지 간의 의존성을 확정하고 개발 중인 로컬 심볼릭 링크 참조가 아닌 실제로 빌드 결과물이 포함된 버전을 순차적으로 배포해야 한다. 이러한 작업을 개발자가 직접 하기보다는 널리 쓰이는 버전 관리 도구를 활용할 것을 권장한다.

워크스페이스의 마지막 특징으로 실행 스크립트를 호출하는 방법을 알아보자. `package.json`의 `scripts`에 명시된 스크립트를 실행하는 경우에도 앞에서 소개한 `--workspace` 옵션으로 어떤 워크스페이스의 스크립트를 실행할지 명시적으로 정의할 수 있다.

가령 `a-package`에 `test`라는 스크립트가 있다고 가정하자.

```
// packages/a-package/package.json
{
  "name": "a-package",
  "version": "1.0.0",
  "scripts": {
    "test": "jest"
  }
}
```

이 test 스크립트를 다음과 같은 명령어로 실행할 수 있다.

```
$ npm run test --workspace=a-package
```

또는 모든 패키지에 test 스크립트가 있고 이를 모든 워크스페이스에 속한 패키지를 대상으로 실행하고자 한다면 --workspaces 옵션으로 실행할 수 있다.

```
$ npm run test --workspaces
```

> **모든 워크스페이스에 test 스크립트가 있어야 하나요?**
>
> --workspaces를 사용할 경우 npm은 모든 패키지에 동일한 스크립트가 있어야 에러 없이 실행된다. 만약 test라는 스크립트가 일부 워크스페이스에만 있다면 --if-present 옵션을 추가로 사용해 문제를 해결할 수 있다.

결론적으로, npm 워크스페이스는 모노레포를 간단히 구성하고 로컬에서 여러 패키지를 통합적으로 개발할 수 있게 해주는 도구다. 워크스페이스는 심볼릭 링크를 통해 패키지를 배포하지 않고도 워크스페이스 내에서 패키지를 의존성으로 사용할 수 있지만 버전 관리와 배포 전략에 있어서는 명백히 한계가 있다. 특히 패키지 간 의존성을 고려한 자동 버전 업데이트나 일관된 배포 과정에 대한 지원이 부족하다. 따라서 완전한 모노레포 환경을 구현하려면 npm 워크스페이스와 함께 추가적인 버전 관리 도구와 배포 자동화 도구가 반드시 필요하다. 이와 관련해서 다음 절에서는 대표적인 모노레포 관리 도구인 터보레포에 대해 알아보자.

> **pnpm에도 워크스페이스 기능이 제공되나요?**
>
> pnpm 또한 npm 워크스페이스와 비슷한 기능을 제공하는 pnpm 워크스페이스 기능을 지원한다.[5] 그러나 npm 워크스페이스와는 다른 몇 가지 중요한 차이점이 있다.
>
> - **관리 방식**: 3.3절 'pnpm: 디스크 공간 절약과 설치 속도의 혁신을 가져온 패키지 관리자'에서 설명했던 것처럼 pnpm은 의존성을 하드 링크를 통해 관리하며, 중복된 의존성을 저장하지 않고 각 패키지에 실제 파일을 복사하는 대신 공유된 스토리지에서 링크를 생성한다.
> - **성능**: pnpm은 의존성을 중복 없이 관리하므로 설치 속도와 디스크 사용량에 있어 매우 효율적이다. 또한 pnpm의 캐싱 덕분에 의존성을 여러 번 설치해도 빠르게 처리할 수 있으며, 이 점은 대규모 모노레포에 npm보다 더 적합하다.

---

5 https://pnpm.io/ko/workspaces

- **호환성**: pnpm 워크스페이스는 `pnpm-workspace.yaml` 파일을 사용해 더 유연하게 설정할 수 있다. 특히 `pnpm-workspace.yaml`에서 pnpm@9.5.0부터 사용 가능한 `catalog`[6]는 워크스페이스 전반에 일관되게 정의해야 하는 의존성의 버전을 관리하는 데 매우 유용하다.

- **패키지 간 의존성 관리**: npm은 심볼릭 링크로 로컬에서 패키지 간 의존성을 해결하지만 pnpm은 `workspace:` 별칭을 사용해 워크스페이스에서 패키지 버전 관리를 유연하고 간편하게 돕는다.

```
{
  "dependencies": {
    "@app/utils": "workspace:*"
  }
}
```

npm은 직접 버전 번호를 수정해야 했던 번거로움이 있었으나 pnpm은 `workspace:` 기능으로 로컬 패키지의 최신 버전을 자동으로 참조할 수 있어 수동으로 일일이 버전을 업데이트할 필요가 없다. 이러한 pnpm의 `workspace:` 표기법은 워크스페이스 간 의존성을 자동으로 동기화하고, 패키지 업데이트가 있을 때 자동으로 반영하기 때문에 의존성 관리가 훨씬 더 간편하다. 특히 유의적 버전의 표기법을 따르므로 개발자는 원하는 버전 범위에 맞게 해당 패키지의 버전을 가져올 수 있다는 장점도 있다.

8.1.3 모노레포를 구성하는 도구, 터보레포

터보레포는 Next.js를 개발한 Vercel이 관리하는 고성능 빌드 시스템이며, 특히 모노레포를 확장 및 관리하는 데 많은 도움을 준다. 터보레포는 원래 자레드 팔머(Jared Palmer)가 만든 오픈소스 프로젝트였고, 2021년에 Vercel이 인수하면서 Vercel의 생태계에서 중요한 도구로 자리 잡았다. 이제 터보레포는 Vercel뿐만 아니라 모노레포를 도입하려는 다양한 프로젝트에서 간편한 관리와 최적화 기능으로 크게 주목받고 있다. 이번 절에서는 터보레포를 직접 설치하고 사용하면서 터보레포가 모노레포 관리 도구로서 어떻게 인기를 끌게 됐는지 살펴보자.

8.1.3.1 터보레포 프로젝트 생성하기

터보레포를 사용하려면 다음과 같이 turbo[7]라는 CLI 패키지를 설치하면 된다.

> **노트**
> 2024년 11월을 기준으로 최신 버전은 turbo@2.3.0으로 앞으로 설명할 turbo의 버전 또한 2.3.0을 기준으로 한다.

---

[6] https://pnpm.io/catalogs
[7] https://github.com/vercel/turborepo

```
$ npm install turbo --save-dev
```

직접 수동으로 turbo를 설치해서 사용하는 것 외에도 **create-turbo** CLI 패키지를 실행해 터보레포 기반의 새 모노레포 프로젝트를 바로 시작할 수도 있다. 예를 들어, **turbo-project**라는 프로젝트명으로 새 모노레포를 시작하고자 할 때 다음과 같이 **create-turbo**로 프로젝트명과 원하는 패키지 관리자를 입력하면 손쉽게 npm 기반 모노레포 프로젝트를 만들 수 있다.

```
$ npx create-turbo@latest

Need to install the following packages:
create-turbo@2.1.2
Ok to proceed? (y) y
? Where would you like to create your Turborepo? turbo-project

? Which package manager do you want to use? npm

>>> Creating a new Turborepo with:

Application packages
 - apps/docs
 - apps/web
Library packages
 - packages/eslint-config
 - packages/typescript-config
 - packages/ui

>>> Installing dependencies...

>>> Success! Created your Turborepo at turbo-project

To get started:
- Change to the directory: cd turbo-project
- Enable Remote Caching (recommended): npx turbo login
    - Learn more: https://turbo.build/repo/remote-cache

- Run commands with Turborepo:
    - npm run build: Build all apps and packages
    - npm run dev: Develop all apps and packages
```

```
  - npm run lint: Lint all apps and packages
- Run a command twice to hit cache
```

이렇게 생성된 프로젝트의 `package.json`을 살펴보면 npm 워크스페이스의 `workspaces` 필드가 자동으로 생성된 것을 볼 수 있다.

```json
// package.json
{
  "name": "turbo-project",
  "private": true,
  "scripts": {
    "build": "turbo build",
    "dev": "turbo dev",
    "lint": "turbo lint",
    "format": "prettier --write \"**/*.{ts,tsx,md}\""
  },
  "devDependencies": {
    "prettier": "^3.2.5",
    "turbo": "^2.1.2",
    "typescript": "^5.4.5"
  },
  "engines": {
    "node": ">=18"
  },
  "packageManager": "npm@10.5.2",
  "workspaces": ["apps/*", "packages/*"]
}
```

이는 `create-turbo`에서 개발자가 `npm`을 선택했기 때문이며, 만약 `pnpm`을 선택했다면 pnpm 워크스페이스 설정인 `pnpm-workspace.yaml`이 추가될 것이다.

```
packages:
  - 'apps/*'
  - 'packages/*'
```

여기서 알 수 있는 것은 터보레포는 npm 워크스페이스와는 달리 직접 모노레포 경로를 설정하지 않는다는 것이다. 모노레포 경로를 지정하고 이들을 심볼릭 링크로 엮는 것은 여전히 npm이나 pnpm 워크스페이스처럼 패키지 관리자 도구를 사용해야 한다. 터보레포는 이렇게 구성된 모노레포를 개발자가 쉽게 관리하고 최적화할 수 있도록 돕는 역할을 할 뿐이다. 이어서 터보레포가 어떻게 모노레포 프로젝트의 작업을 관리하는지 알아보자.

8.1.3.2 turbo.json

예제 프로젝트에서 또 한 가지 확인할 수 있는 것은 터보레포 프로젝트에서만 볼 수 있는 특별한 파일인 `turbo.json`이 생성된다는 것이다.

코드 8.3 turbo.json 설정 예시

```json
// turbo.json
{
  "$schema": "https://turbo.build/schema.json",
  "ui": "tui",
  "tasks": {
    "build": {
      "dependsOn": ["^build"],
      "inputs": ["$TURBO_DEFAULT$", ".env*"],
      "outputs": [".next/**", "!.next/cache/**"]
    },
    "lint": {
      "dependsOn": ["^lint"]
    },
    "dev": {
      "cache": false,
      "persistent": true
    }
  }
}
```

`turbo.json`은 터보레포에서 중요한 구성 파일로 프로젝트의 빌드, 테스트, 린트 등의 모노레포상의 모든 작업을 어떻게 병렬로 처리하고 캐싱할지를 정의하는 메타데이터를 담은 파일이다. 즉, 터보레포의 중요한 기능 중 하나는 바로 작업을 병렬로 실행하면서 이 작업의 결과를 캐싱하는 것으로, 이러한 최적화 정보를 `turbo.json`에서 사용자가 원하는 대로 설정할 수 있다.

8.1.3.2.1 터보레포의 작업 단위

이때 터보레포에서 정의하는 작업이란 무엇일까? 터보레포의 작업은 주로 스크립트나 명령어의 단위로 결정된다. 기본적으로 `package.json` 파일 내의 `scripts`에 정의된 터보레포의 명령어 `turbo run`(혹은 `turbo`)으로 시작하는 스크립트를 실행 단위로 사용한다. 즉, 각 패키지별로 정의된 npm 스크립트가 작업의 단위가 될 수 있다. 예를 들어, 코드 8.4처럼 `build`, `lint`, `dev`의 작업 단위를 정의할 수 있다.

코드 8.4 빌드, 린트, 테스트의 작업 단위를 turbo 명령어를 사용하여 나타낸 예시

```json
// package.json
{
  "name": "ui",
  "scripts": {
    "build": "turbo run build",
    "lint": "turbo run lint",
    "test": "turbo run test"
  }
}
```

이때 `turbo run`으로 입력한 스크립트는 반드시 `turbo.json`의 `tasks` 필드에 정의돼 있어야 터보레포가 작업을 올바르게 인식해서 실행한다. 바로 이 `tasks` 필드에 정의된 작업 간 의존성이나 캐싱 정책 등을 터보레포가 활용해 적용한다.

또한 `turbo run`을 사용하면 한 번에 다수의 작업을 실행할 수도 있다.

```
$ turbo run lint test build
```

이때 `npm run lint --workspaces && npm run test --workspaces && npm run build --workspaces`로 실행하는 것과 어떤 차이가 있을까? 두 명령어 모두 작업의 실행 결과물은 동일하지만 `npm run lint && npm run test && npm run build`는 각 작업을 패키지마다 순차적으로 실행하는 반면 `turbo lint test build`는 워크스페이스 간 종속 관계 및 작업 순서에 따라 병렬로 실행되어 더욱 빠르게 작업을 수행한다.

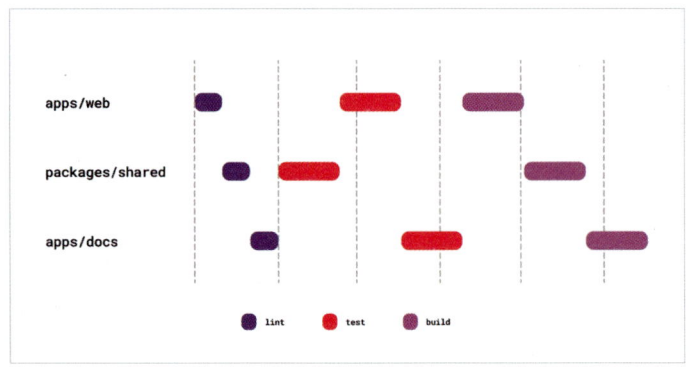

그림 8.1 `npm run lint --workspaces && npm run test --workspaces && npm run build --workspaces`의 작업 그래프 예시

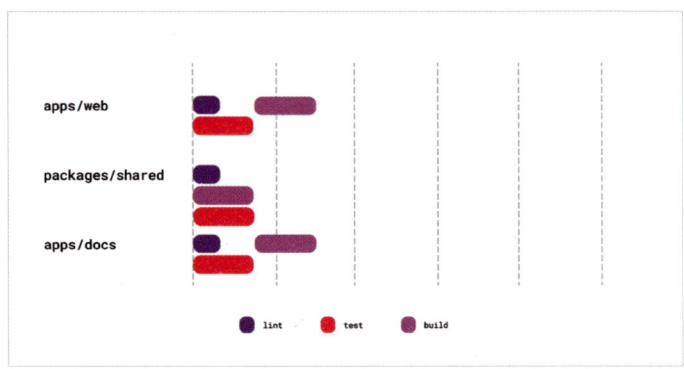

그림 8.2 `turbo lint test build`의 작업 그래프 예시

여기서 볼 수 있는 터보레포의 또 다른 중요한 특징은 작업을 실행 순서에 맞게 병렬로 실행할 수 있다는 점이다. 이처럼 캐싱과 병렬 실행이라는 터보레포의 중요한 특징이 `turbo.json`을 어떻게 설정할 수 있는지 이어서 살펴보기로 한다.

8.1.3.2.2 tasks 필드의 주요 옵션

예시의 코드 8.3을 바탕으로 하는 다음 `turbo.json`으로 `tasks` 필드에서 사용할 수 있는 주요한 옵션을 살펴보자.

- dependsOn:[8] 작업 간의 의존성을 정의하는 필드다. 이 필드에서 사용할 수 있는 의존성 관계는 크게 세 가지가 있다.
    1. **의존성 관계(dependency relationships)**: ^를 작업명 앞에 붙이면 해당 패키지에 의존성으로 포함된 다른 패키지의 해당 작업을 완료한 후에 실행된다. 예를 들어, ui가 typescript-config와 eslint-config 패키지를 의존성으로

---

[8] https://turbo.build/repo/docs/reference/configuration#dependson

포함하고 있다면 ui의 build 작업이 실행되기 전에 typescript-config와 eslint-config 패키지의 build 작업을 먼저 실행하도록 설정(^build)할 수 있다.

```
{
  "tasks": {
    "build": {
      "dependsOn": ["^build"]
    }
  }
}
```

2. **동일 패키지 관계**(same package relationships): 접두어 없이 작업 이름을 사용하면 해당 패키지 내부의 작업을 선행한다. 예를 들어, ui의 test 작업은 ui 패키지의 lint와 build 단계를 먼저 수행한 후 실행한다.

```
{
 "tasks": {
   "test": {
     "dependsOn": ["lint", "build"]
   }
 }
}
```

3. **임의 작업 관계**(arbitrary task relationships): {패키지명}#{작업명}과 같은 문법을 사용하면 특정 패키지의 작업을 먼저 실행하도록 설정할 수 있다. 예를 들어, ui의 lint 작업은 eslint-config의 build 작업을 선행한 후 실행된다.

```
{
 "tasks": {
   "ui#lint": {
     "dependsOn": ["eslint-config#build"]
   }
 }
}
```

- outputs: 작업의 결과물(출력 파일 또는 디렉터리)을 정의한다. 이 필드는 터보레포의 캐싱 메커니즘과 직접적으로 연관된다. outputs 필드를 설정해 두면 해당 작업의 결과물을 캐싱할 수 있어 이후에 동일한 작업을 실행할 때 이 캐시된 결과를 사용할 수 있으면 작업을 재실행하지 않는다.

- inputs: 작업이 의존하는 파일이나 디렉터리를 정의한다. inputs 필드 또한 outputs처럼 캐싱 매커니즘과 연관된다.

```
{
  "tasks": {
```

```
      "test": {
        "inputs": ["src/**/*.ts", "src/**/*.tsx", "test/**/*.ts", "!README.md"]
      }
    }
  }
}
```

inputs는 해당 작업을 다시 실행해야 하는지 여부를 결정할 때 사용된다. 즉, 입력으로 정의된 파일이 변경되면 캐싱한 결과물을 버리고 해당 작업을 다시 실행해 새 결과가 생성되고 이를 캐싱한다. 따라서 inputs 필드는 캐싱과 매우 밀접한 관련이 있는 필드로, 특정 파일이 변경될 때만 작업이 실행되도록 최적화할 수 있어 불필요한 작업 실행을 방지하고 반복되는 작업 시간을 줄이는 데 큰 도움이 된다. 이때 outputs와 혼동하면 안 되는 점은 outputs는 캐싱할 작업물을 정의하고 inputs는 캐싱 여부를 결정해 이 파일들이 변경되면 작업을 다시 실행하는 용도다.

추가로 inputs 필드에 사용 가능한 특별한 변수인 $TURBO_DEFAULT$가 있다.[9] 기본적으로 터보레포는 패키지 내의 깃허브에서 관리하는 모든 파일을 추적해서 해시를 생성해 이 작업의 캐시를 관리한다. 그러나 inputs를 명시적으로 지정하면 이러한 기본 동작이 해제된다. 따라서 지정된 파일들만 해시에 영향을 주어 캐시를 결정하는 데 사용되기 때문에 깃허브에서 관리되는 나머지 파일은 무시된다. 만약 기본 동작을 유지하면서 inputs를 추가적으로 지정하고 싶다면 $TURBO_DEFAULT$를 추가해서 기본 동작을 포함하면서 동시에 특정 파일을 추가, 제외할 수 있다. 다음 예시를 보자.

```
{
  "tasks": {
    "build": {
      "inputs": ["$TURBO_DEFAULT$", "!README.md"]
    }
  }
}
```

이 예시에서 build 작업은 기본적으로 깃허브에서 관리하는 모든 파일을 추적하지만 README.md 파일은 캐싱에 포함하지 않도록 설정했다. 터보레포의 캐싱 원리에 대해서는 이후에 더 자세히 설명한다.

- cache: 특정 작업의 캐싱 여부를 결정하는 필드다. 기본적으로 터보레포는 모든 작업을 캐싱하지만 특정 작업에서 캐싱을 비활성화할 수도 있다.

```
"tasks": {
  "release": {
    "cache": false
  }
}
```

---

[9] https://turbo.build/repo/docs/reference/configuration#turbo_default

- persistent: 작업이 지속적으로 실행되도록 설정할 때 사용되는 필드로, 특히 개발 서버를 실행하는 작업에서 유용하다. 이 설정이 활성화되면 작업을 종료하지 않고 지속적으로 실행할 수 있다.
- env: 작업이 의존할 환경변수 목록을 정의할 수 있다. 마치 inputs 필드처럼 env 필드에 정의된 환경변수가 변경되면 작업 결과물 또한 새로 생성해서 캐싱한다. 또한 터보레포로 관리되는 패키지에서 환경변수를 쓸 일이 있다면 반드시 env 필드에 해당 환경변수를 포함시켜야 잘못된 캐싱이 적용되지 않는다. 따라서 반드시 작업에 영향을 미치는 환경변수의 경우 env 필드에 포함시켜야 한다는 점을 기억하자. 또한 터보레포는 프로젝트가 사용하는 프레임워크의 기본 환경변수들을 내부적으로 env 필드에 정의해뒀기 때문에 사용자는 구태여 자신의 프로젝트에서 사용하는 기본 환경변수를 일일이 지정할 수고로움을 덜 수 있다.[10] 예를 들어, Next.js 환경에서는 NEXT_PUBLIC_ 접두어로 시작하는 환경변수들은 모두 이 env 필드에 자동으로 포함된다.

```
{
  "tasks": {
    "build": {
      "env": ["DATABASE_URL"]
    },
    "web#build": {
      "env": ["API_SERVICE_KEY"]
    }
  }
}
```

특히 env 필드는 Glob 패턴을 사용하고 있으므로 MY_ENV_*나 !MY_ENV_*처럼 와일드카드(wildcards, *) 혹은 부정표(negation, !)로 유연하게 정의할 수 있다.

8.1.3.2.3 기타 옵션

tasks 필드 외에도 turbo.json은 다음과 같은 추가적인 사용자 정의 옵션을 제공한다.

- cacheDir: 기본적으로 터보레포는 ".turbo/cache" 경로에 캐싱된 결과물을 저장한다. 만약 이 경로를 바꾸고자 한다면 cacheDir 필드를 사용한다.
- ui: turbo를 실행할 때 터미널 UI의 형태를 선택할 수 있다. "stream"과 "tui"를 제공하며, 기본값은 "stream"이다.
- globalEnv: 모든 작업의 캐싱에 영향을 미칠 수 있는 전역 환경변수를 정의하는 필드로, 이 필드에 정의된 환경변수가 변경되면 모든 작업의 캐시 히트(cache hit)가 실패해 작업을 다시 수행한다.
- extends: 마치 tsconfig.json처럼 최상위 경로에 있는 turbo.json을 확장할 수 있는 옵션이다.

---

10 https://turbo.build/repo/docs/crafting-your-repository/using-environment-variables#framework-inference

이 외에도 원격 캐시 설정(remote caching), `outputs`의 로그를 기록하는 방식(`outputLogs`) 등 작업과 연관된 다양한 필드를 터보레포에서는 `turbo.json`에 모두 정의할 수 있다. 이 책에서는 8.2절 '나만의 모노레포 프로젝트 만들기'의 예제 프로젝트에서 사용될 필드를 중심으로 살펴봤으며, 더 많은 필드가 궁금하다면 터보레포의 공식 문서[11]를 참고한다.

8.1.3.3 터보레포의 기능

지금까지 `turbo`를 설치해 터보레포의 역할은 무엇이고 `turbo.json`에서 어떻게 작업을 최적화하고 관리하는지 세부 설정을 알아봤다. 이번에는 과연 터보레포가 어떤 원리로 모노레포를 관리하고 최적화하는지 더 깊이 이해해보자.

8.1.3.3.1 작업 캐싱

계속 강조하는 터보레포의 핵심 기능 중 하나는 바로 작업을 캐싱[12]한다는 것이다. 앞에서 모노레포의 단점 중 하나로 멀티레포와 비교해서 상대적으로 전체적인 CI/CD 속도가 느려질 수 있다고 설명했다. 이는 모노레포상에 패키지가 계속 추가되고 순차적으로 실행되는 경우 더욱 느려질 가능성이 있다.

터보레포는 이러한 모노레포의 한계를 캐싱 시스템으로 극복한다. 이전에 수행한 빌드, 테스트, 린트와 같은 작업의 결과를 저장해 이후 실행 시 동일한 작업을 반복하지 않고 캐시된 결과를 재사용할 수 있다. 이를 통해 불필요한 재작업을 줄이고 빌드 시간을 크게 줄여 모노레포 환경에서의 작업 속도를 극대화할 수 있다.

먼저 캐싱의 세부적인 기능을 살펴보자.

- 명령어 단위 캐싱: `turbo run` 명령어를 사용해서 실행되는 작업에 대해 캐싱을 수행한다. 이때 실행되는 작업의 입력(inputs 필드)과 출력(outputs 필드)을 기반으로 캐시가 이뤄지며, 동일한 입력이 있을 때는 캐시된 결과를 재사용한다.

- 터보레포는 빌드뿐만 아니라 린트, 테스트, 타입 체크 등 모든 종류의 작업에 대해 캐싱을 지원한다. 캐싱 범위는 터미널 명령어 실행 결과뿐만 아니라 해당 작업에 의해 생성된 빌드 결과물과 같은 정보도 포함된다.

- 작업의 의존성과 변경 사항을 기반으로 캐시를 효율적으로 관리한다. 예를 들어, 한 모듈에서 발생한 변경 사항이 다른 모듈에 영향을 미치는 경우에만 재빌드를 수행하고 나머지 모듈들은 캐시된 결과를 재사용한다.

- 원격 캐시[13]: 기본적으로 터보레포는 로컬에서 작업 결과를 캐싱한다. 그러나 팀 단위 작업에서 캐시를 재사용하고 싶은 경우 원격 캐시를 사용할 수 있다. 원격 캐시는 Vercel 또는 자체 서버를 통해 관리할 수 있으며, 팀원들이 동일한 작업

---

[11] https://turbo.build/repo/docs/reference/configuration
[12] https://turbo.build/repo/docs/crafting-your-repository/caching
[13] https://turbo.build/repo/docs/core-concepts/remote-caching

을 할 때 각자의 로컬에서 반복 작업을 하지 않고 원격에 저장된 캐시를 사용할 수 있다. 이러한 원격 캐시를 사용하면 팀 전체적으로 작업 속도를 크게 향상시킬 수 있다.

터보레포가 이렇게 세부적으로 캐싱을 제공할 수 있는 이유는 빌드 시점의 타임스탬프가 아닌 파일 변경점을 기반으로 해싱해서 변경된 파일만 빌드하기 때문에 가능하다.[14] 즉, 캐싱 시스템이 작업의 입력값을 기반으로 해시값을 생성하고, 이 해시값으로 캐시를 저장하고 조회한다. 이 해시값은 특정 작업의 입력값이 동일한지 여부를 판단하는 기준이 되어 입력값이 같으면 캐시를 사용하고, 입력값이 달라지면 새로 작업을 실행한다.

여기서 터보레포 작업의 입력값은 크게 두 가지로 나눌 수 있다.

- **파일 시스템 입력값**: 먼저 작업을 실행할 때 모노레포상의 모든 패키지의 특정 파일 또는 디렉터리를 추적해서 그 파일의 변경점을 기준으로 해싱한다. 예를 들어, `src` 폴더 경로의 파일들이 작업의 입력값으로 설정돼 있을 경우 이 디렉터리 내 파일이 변경되면 해당 작업을 다시 실행한다. 기본적으로는 깃허브로 관리되는 모든 파일이 입력으로 간주되나 `outputs` 설정으로 출력 파일을 지정하면 해당 부분은 캐싱하지 않도록 예외 처리가 가능하다. 파일 시스템 입력값의 예로는 다음과 같은 것이 있다.

    - 패키지 구성(package configuration) 변경점
    - 패키지의 락 파일(lockfile), 패키지 단위의 `package.json`
    - 패키지 소스코드

- **환경변수 및 명령어**: 작업을 실행하는 데 사용하는 환경변수나 명령어 자체도 입력값에 포함된다. 예를 들어, `NODE_ENV=production`과 `NODE_ENV=development`는 서로 다른 환경변수를 입력값으로 사용하므로 각 작업 결과가 따로 캐싱된다. 따라서 같은 명령어라도 환경변수가 달라지면 새로운 작업으로 간주되어 캐시된 결과가 재사용되지 않는다.

    예시로 다음과 같은 것이 있다.

    - `turbo.json`
    - 최상위 경로의 락 파일(최상위 `package.json`)
    - `turbo.json`의 `globalDependencies`에 정의된 파일 내용
    - `turbo.json`의 `globalEnv`에 정의된 환경변수
    - turbo CLI의 실행 옵션(`--cache-dir`, `--framework-inference`, `--env-mode`)
    - 작업의 매개변수(`--arg`)

---

[14] https://turbo.build/repo/docs/crafting-your-repository/caching#task-inputs

정리하자면, 터보레포는 모노레포상의 모든 파일 변경점을 기본적으로 해싱해서 이 값이 변경되면 해시값이 달라지므로 작업을 다시 수행해 새로 캐싱한다. 캐싱으로 인해 동일한 작업을 반복적으로 실행할 필요가 없어져 불필요한 재작업을 줄이고 빌드 시간을 크게 단축할 수 있다.

> **터보레포 상의 모든 작업을 캐싱하는 게 성능에 무조건 좋을까요?**
>
> 그렇지 않다. 캐싱하는 것이 캐싱을 하지 않았을 때보다 느려지는 시나리오도 얼마든지 있다. 이러한 경우는 드물지만 다음과 같은 몇 가지 예를 들 수 있다.
>
> - **충분히 빠른 속도로 완료되는 작업**: 캐싱이 필요없을 정도로 수 밀리초 내로 완료되는 작업은 캐시를 조회하고 적용하는 데 드는 시간이 오히려 추가되므로 캐싱하는 경우가 더 느릴 수 있다. 특히 원격 캐시를 사용하는 경우 네트워크 I/O가 발생하기 때문에 더욱 느려질 것이다. 따라서 이때는 캐싱하지 않는 것을 권장한다.
> - **결과물의 크기가 엄청 큰 작업**: 도커 컨테이너에 이미지를 업로드하거나 다운로드하는 데 걸리는 시간이 이미지를 재생성하는 데 걸리는 시간보다 길 정도로 크기가 큰 결과물의 경우 작업을 캐싱하지 않는 것이 좋다.
> - **자체적으로 캐싱하는 스크립트**: 일부 작업에는 자체적으로 내부 캐싱이 있을 수 있다. 이러한 경우 구성이 복잡해져 터보레포의 캐시와 애플리케이션 캐시가 동시에 작동할 수 있다. 그러나 이것은 캐싱하는 데 걸리는 시간과 드는 자원 대비 효과가 미미하다.
>
> 이러한 시나리오 외에도 터보레포는 매번 캐시를 조회해서 매치되는 해시값을 찾는 작업을 하므로 아주 큰 모노레포의 경우 캐시를 조회하고 일치하는 해시를 찾는 작업이 빈번하게 발생할 수 있다는 점에 유의해야 한다. 따라서 캐시를 무작정 사용하는 것보다는 필요에 따라 일부 작업의 캐싱을 비활성화하거나 캐시 적용 범위를 조정하는 것이 더 효율적일 수 있다.

8.1.3.3.2 작업 그래프

터보레포는 `package.json`의 `dependencies`, `devDependencies` 항목을 기반으로 각 프로젝트가 어떤 다른 프로젝트나 외부 패키지에 의존하는지 분석한다. 예를 들어, A 패키지가 B 패키지에 의존한다면 A를 빌드할 때 B가 먼저 빌드돼야 한다는 것을 인식한다. 모노레포 내부에서 각 패키지 간의 의존 관계도 이러한 방식으로 파악되며, 이를 통해 빌드, 테스트 등 작업의 순서를 결정한다. 이때 터보레포가 이 정보를 바탕으로 그리는 그래프를 패키지 그래프(package graph)[15]라고 한다. 이러한 패키지 그래프는 작업 그래프의 토대가 되어 각 작업이 서로 어떻게 관련 있는지 정의하는 데 기반이 된다.

작업 그래프(task graph)[16]란 터보레포가 프로젝트의 의존성과 작업 간의 상호 관계를 분석해서 효율적인 작업 순서를 결정하는 도구로, 각 작업 간의 의존성을 시각적으로 표현해 프로젝트 내에서 작업이 어떻게

---

15 https://turbo.build/repo/docs/core-concepts/package-and-task-graph#package-graph
16 https://turbo.build/repo/docs/core-concepts/package-and-task-graph#task-graph

연결되고 어떤 작업이 먼저 실행돼야 하며, 어떤 작업이 병렬로 실행될 수 있는지를 알려준다. 이 그래프는 방향성 비순환 그래프(Directed Acyclic Graph; DAG)라는 자료 구조로 만들어져 있어 각 작업을 노드(node)로, 작업 간의 의존성은 에지(edge)로 표현한다. 예를 들어, /apps/web에 위치한 애플리케이션을 포함하는 모노레포에서 web이 ui와 utils라는 두 워크스페이스에 의존한다고 가정해보자.

```
apps/
└── web
packages/
├── ui
└── utils
```

turbo.json의 tasks는 다음과 같이 작성돼 있다.

```
{
  "tasks": {
    "build": {
      "dependsOn": ["^build"]
    }
  }
}
```

이 경우 web이 ui와 utils에 의존하므로 두 패키지의 빌드 작업이 완료된 이후 web의 빌드가 수행된다. 이를 그래프로 나타내면 그림 8.3과 같다.

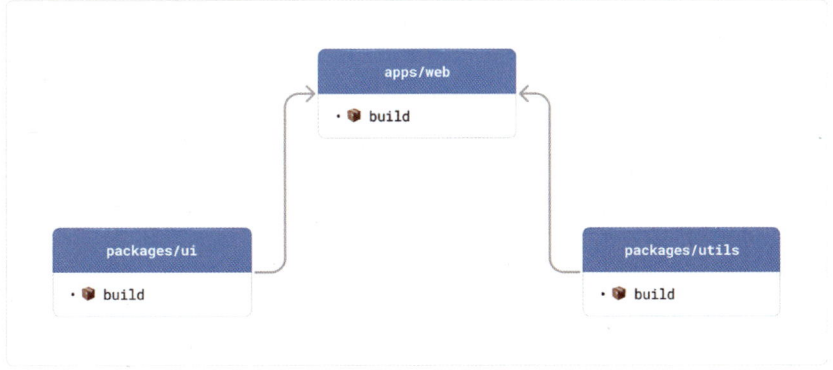

그림 8.3 작업 그래프 예시

만약 빌드가 아니라 lint 작업이고 lint 작업에 한해 서로 간에 어떠한 연관도 있지 않다면 다음처럼 dependsOn 필드를 빈 배열로 지정해 모든 lint 작업을 병렬로 실행할 수 있다.

```
{
  "pipeline": {
    "lint": {
      "dependsOn": []
    }
  }
}
```

> **lint: {}로 써도 되나요?**
>
> lint: {}와 같이 빈 객체로 설정하는 것은 다음과 같은 이유로 터보레포에서 권장하지 않는다.
>
> - **의존성 처리가 불확실함**: 의존성이나 작업 실행 순서에 대한 명시적인 규칙을 정의하지 않는 경우 터보레포는 해당 작업에 대한 명확한 의존성 관리를 수행할 수 없다. 이는 불필요한 작업이 실행되거나 작업 순서가 예상과 다르게 처리될 가능성이 있다.
> - **명시적 설정을 요구함**: lint: {}는 의존성을 전혀 정의하지 않은 상태이므로 패키지 그래프를 제대로 활용하지 못한다. 터보레포는 각 작업 간의 의존성을 정확하게 이해하고 최적화해서 작업을 병렬 실행하거나 순차적으로 처리하기 위해 명시적인 규칙을 요구한다. 만약 의존성이 불명확하게 설정되면 터보레포는 어떤 작업이 먼저 실행돼야 하는지 확실하게 알지 못해 **효율적인 캐싱 및 병렬 실행이 어려워진다**.
> - **직관적이지 않음**: 빈 객체는 기본적으로 의존성 규칙을 적용하지 않고 실행하는 것을 뜻한다. 그러나 이는 실제로 어떤 방식으로 동작할지 직관으로 알기 어려운 설정이다. 만약 동료 개발자가 이를 유지보수하기 위해 보았을 때 의도한 동작인지 알기 어려울 수 있다. 설정 파일은 명확하고 예측 가능해야 하므로 명시적으로 dependsOn: []으로 의존성이 필요 없다는 것을 나타내는 것이 더 좋은 방법이다.
>
> 특히 앞으로 설명할 전이 노드와 연관 지어 살펴보면 이는 명백히 병렬 처리 및 작업 그래프에 맞게 실행할 수 없게 만드는 설정이므로 반드시 의존성을 명확히 기재해야 한다.

8.1.3.3.2.1 전이 노드

다음과 같이 docs는 ui에 의존하고, ui는 core 패키지에 의존하는 경우를 가정해보자.

```
apps/
└── docs
```

```
packages/
├── ui
└── core
```

이때 docs와 core는 build 작업이 존재하지만 ui는 build 작업이 없다. 또한 turbo.json은 다음처럼 ^build로 작성되어 의존하는 모든 패키지의 build 작업이 완료된 후 실행하기를 기대한다. 이때 build를 실행하면 어떻게 동작할까?

```
{
  "tasks": {
    "build": {
      "dependsOn": ["^build"]
    }
  }
}
```

놀랍게도 ui의 build 작업이 없음에도 작업 그래프를 살펴보면 ui가 중간 노드로 포함돼 있음을 알 수 있다.

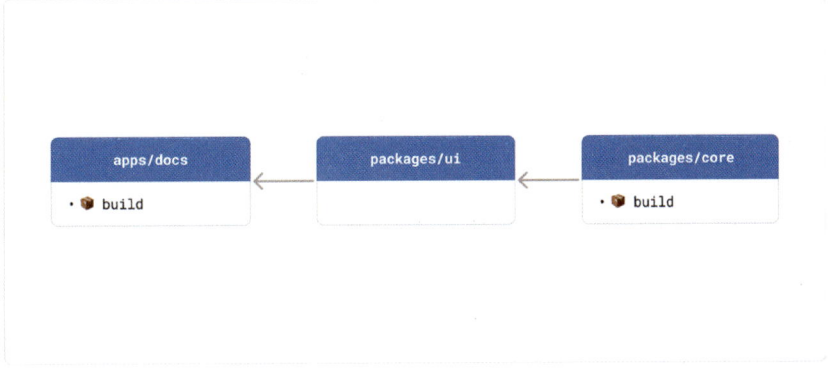

그림 8.4 ui는 아무 작업도 실행하지 않지만 작업 그래프에 포함되어 core의 변경을 docs에 전달한다.

이처럼 자체 빌드 스크립트가 없기 때문에 아무 작업도 실행하지 않는 이 ui 워크스페이스를 전이 노드(transit node)[17]라고 한다. ui는 빌드 스크립트가 없기 때문에 터보레포는 아무 작업도 실행하지 않지만 자체 의존성을 포함하기 위해 여전히 그래프의 일부에 포함되는 것이다. 즉, 어떤 작업이 직접적으로는 다

---

[17] https://turbo.build/repo/docs/core-concepts/package-and-task-graph#transit-nodes

른 작업에 의존하지 않지만 중간에 다른 작업을 통해 간접적으로 의존하는 경우 이 중간 작업을 전이 노드라고 한다. 예시에서 본 것처럼 core가 변경되면 docs는 ui를 거쳐 간접적으로 영향을 받기 때문에 터보레포는 이 전이 노드(ui)를 통해 전체 의존성을 추적할 수 있다.

이러한 전이 노드는 작업 흐름을 올바르게 관리하기 위해 필수적인 요소로, 작업 그래프에서 이 노드를 통해 의존성을 추적해 간접적인 의존성 변경에 대한 대응을 가능하게 해준다. 또한 의존성이 없는 작업들은 병렬로 실행할 수 있지만 전이 노드를 통해 의존성 관계가 있는 작업은 반드시 순차적으로 실행해야 한다. 이를 통해 작업의 충돌을 방지하면서도 가능한 부분에서는 성능 최적화를 이룰 수 있는 것이다.

전이 노드의 또 다른 기능으로, 터보레포가 변경된 부분만 작업을 실행할 때 중요한 역할을 한다. 패키지 그래프의 중간에서 변경 사항을 연결하는 역할을 하기 때문에 특정 패키지나 모듈이 변경 사항의 영향을 받는 경우에도 터보레포가 이를 인식하고 작업을 실행할 수 있다. 예를 들어, core에만 변경이 발생한다면 터보레포는 ui를 통해 해당 변경 사항이 docs까지 영향을 미치는지 추적해서 불필요한 작업을 방지하고 필요한 작업만 실행한다. core의 작업이 변경됐어도 이 작업이 docs에 영향이 없다면 docs까지 재실행되지 않을 것이다.

결론적으로 터보레포는 전이 노드라는 개념을 통해 변경 사항을 간접적으로 추적하고, 모든 관련 작업을 효율적으로 실행하거나 건너뛸 수 있다. 이를 통해 전체 작업 속도를 최적화하고 불필요한 작업을 줄일 수 있다.

> **전이 노드의 또 다른 용도**
>
> 간혹 패키지 간에 의존 관계가 형성됐더라도 어떤 작업은 병렬로 실행하는 편이 더 효율적일 수 있다. 예를 들어, tsc --noEmit 명령어로 패키지의 타입을 검사하는 작업은 각 패키지의 의존성에 관계없이 병렬로 실행이 가능한 작업인 경우가 대다수다. 이제까지 배운 대로라면 다음과 같이 ^ 접두어로 의존성에 포함된 모든 패키지의 작업을 실행한 후 본 패키지의 타입 검사를 실행하겠지만 이는 병렬로 실행되지 않는다.
>
> ```
> {
>   "tasks": {
>     "check-types": ["^check-types"]
>   }
> }
> ```
>
> 혹은 다음처럼 dependsOn을 빈 배열로 지정한다면 병렬로 실행은 가능하지만 의존성에서 코드 변경 사항을 감지하지 못해 잘못된 캐시를 사용하게 될 가능성이 있다.

```json
{
  "tasks": {
    "check-types": {
      "dependsOn": []
    }
  }
}
```

이때 모든 tsc를 병렬로 실행하면서 내부 의존성이 변경되면 새로 작업을 실행하기 위해 바로 전이 노드를 활용하는 방법이 있다.[18]

```json
{
  "tasks": {
    "transit": {
      "dependsOn": ["^transit"]
    },
    "check-types": {
      "dependsOn": ["transit"]
    }
  }
}
```

예시에서 transit 전이 노드는 모든 package.json의 스크립트와 일치하지 않으므로 아무 작업도 수행하지 않지만 패키지 의존성 간의 관계를 만들 수 있다. 따라서 작업을 병렬로 실행하면서 동시에 내부 의존성의 변경 사항을 인지해야 할 때 이 전이 노드를 활용하는 방법이 있다.

정리하면, 터보레포는 작업 그래프에 따라 작업을 병렬로 실행하거나 선택적으로 실행해 전체 빌드 시간을 줄이고 변경된 부분에 대해서만 작업을 수행할 수 있다. 항상 turbo.json 구성 및 패키지 그래프에 설명된 순서대로 작업을 실행하며, 가능한 한 모든 작업을 최대한 빠르게 실행할 수 있도록 작업을 병렬화한다. 이는 한 번에 하나씩 작업을 실행하는 것보다 빠르며, 터보레포가 빠르게 실행되는 이유 중 하나다.

8.1.3.3.3 패키지 구성[19]

마지막으로 살펴볼 터보레포의 주요한 특징은 패키지 단위로 turbo.json을 확장해서 사용할 수 있다는 점이다. 터보레포는 프로젝트 규모가 커질수록 효율적인 설정 관리가 중요해지기 때문에 공통 설정을 공유

---

18 https://turbo.build/repo/docs/crafting-your-repository/configuring-tasks#dependent-tasks-that-can-be-ran-in-parallel
19 https://turbo.build/repo/docs/reference/package-configurations

하거나 기존 설정을 기반으로 새로운 설정을 추가하는 방식으로 구성 파일을 체계적으로 관리할 수 있도록 지원한다.

많은 모노레포가 프로젝트의 최상위 경로에 turbo.json을 두고 모든 작업을 설명한다. 하지만 때로는 모노레포에 작업을 다르게 구성해야 하는 패키지가 포함될 수도 있다. 이를 해소하기 위해 터보레포는 모든 워크스페이스마다 turbo.json을 생성할 수 있게 해서 최상위 turbo.json 구성을 확장할 수 있다. 이러한 유연성을 통해 워크스페이스에서 좀 더 다양한 애플리케이션과 패키지가 공존할 수 있으며, 패키지 소유자는 모노레포의 다른 애플리케이션과 패키지에 영향을 미치지 않고 특수 작업과 구성을 유지할 수 있다.

이때 앞에서 설명한 extends 필드가 사용된다. extends 필드는 다른 turbo.json 파일을 기반으로 현재 구성 파일이 그 설정을 상속받고 추가하거나 덮어쓸 수 있도록 해주는 필드다. 이를 통해 중복 설정을 줄이고 공통 설정을 여러 패키지에서 쉽게 공유할 수 있다.

2024년 11월을 기준으로 extends에서 사용 가능한 값은 "//" 오직 하나로, 이는 최상위 경로의 turbo.json을 가리킨다.

```
// /web/docs
{
  "extends": ["//"],
  "tasks": {
    "publish": {
      "dependsOn": ["build"]
    },
    "build": {
      // ...
    }
  }
}
```

예를 들어, 모노레포 프로젝트에서 Next.js와 Svelte를 사용한 두 애플리케이션이 관리되고 있다.

```
apps/
├── next-web
└── svelte-web
shared/
├── components
└── types
```

최상위 `turbo.json`에서 이 두 애플리케이션을 관리하려면 다음처럼 `outputs`에 연관된 모든 경로를 작성해야 한다.

```
{
  "tasks": {
    "build": {
      "outputs": [".next/**", "!.next/cache/**", ".svelte-kit/**"],
      "dependsOn": ["^build"]
    }
  }
}
```

동작은 잘 되겠지만 논리적으로 생각했을 때 Next.js는 ".svelte-kit/**" 경로를 생성하지 않으며, Svelte 또한 ".next/**" 경로를 생성하지 않는다. 이때 extends 필드를 사용해 `turbo.json`을 확장하면 논리적인 경로 구분이 확실해진다.

```
// /apps/svelte-web/turbo.json
{
  "extends": ["//"],
  "tasks": {
    "build": {
      "outputs": [".svelte-kit/**"]
    }
  }
}
```

```
// /apps/next-web/turbo.json
{
  "extends": ["//"],
  "tasks": {
    "build": {
      "outputs": [".next/**", "!.next/cache/**"]
    }
  }
}
```

```
// 최상위 turbo.json
{
  "tasks": {
    "build": {
      "dependsOn": ["^build"]
    }
  }
}
```

이제 Svelte와 Next.js 애플리케이션은 최상위 경로의 `turbo.json`의 `build.outputs` 정의를 덮어쓰므로 Next.js와는 다른 `outputs`로 동작한다. 동시에 `dependsOn`은 여전히 최상위 `turbo.json`의 설정을 상속받으므로 동일하게 `"dependsOn": ["^build"]` 설정을 따른다.

이처럼 각 패키지에 맞는 작업 설정이 필요한 경우 최상위 `turbo.json`을 확장해 각 패키지 경로에 `turbo.json`을 생성하는 방식은 각 구성을 더 쉽게 읽을 수 있게 돕고, 사용 위치에 더 가깝게 설정함으로써 유지 보수가 더욱 쉬워진다는 장점이 있다.

8.1.4 정리

지금까지 모노레포의 개념을 정의하고, 프로젝트에 모노레포가 필요한 시점을 판단하는 기준을 알아봤다. 이후 npm 워크스페이스를 사용해 모노레포의 구조를 잡는 방법과 터보레포의 특장점에 대해서도 살펴봤다.

다음 절에서는 터보레포와 pnpm 워크스페이스를 활용해 실습 프로젝트를 진행해보며 실제로 모노레포를 구성하는 과정을 경험해볼 것이다. 이 실습을 통해 앞서 배운 이론을 직접 적용해보고, 모노레포 환경에서 프로젝트를 효율적으로 관리하는 방법을 익혀보자. 특히 터보레포의 캐싱, 병렬 실행, 패키지 그래프 분석 같은 강력한 기능들을 다루면서 터보레포가 개발 속도를 어떻게 높이고 복잡한 코드베이스를 쉽게 관리할 수 있는지 직접 체험해볼 수 있을 것이다. 이 과정을 통해 모노레포가 제공하는 개발 생산성의 이점을 최대한으로 누릴 수 있을 것이다.

8.2 나만의 모노레포 프로젝트 만들기

앞에서 모노레포의 특징과 터보레포라는 강력한 모노레포 관리 도구에 대해 살펴봤다. 이번 절에서는 디자인 시스템을 주제로 모노레포 프로젝트의 시작부터 배포까지 전 과정을 직접 구현해보겠다. 먼저 왜 디자인 시스템을 모노레포 구조로 구성하는 것이 적합한지 살펴보고, 그 이유를 검토하는 과정을 설명한다. 이후 pnpm과 터보레포를 사용해 모노레포 구조로 디자인 시스템을 구성하고, 모노레포 내에서 다수의 패키지들을 개발하고 배포하는 방법을 알아보자.

> **노트**
>
> 이번 예제 프로젝트의 완성본은 아래의 깃허브 저장소에서 확인할 수 있다.
>
> - 예제 프로젝트: https://github.com/yujeongJeon/ndive-design-system
>
> 전체 패키지 목록은 다음과 같다.
>
> - https://www.npmjs.com/package/@ndive/design-tokens
> - https://www.npmjs.com/package/@ndive/design-components
> - https://www.npmjs.com/package/@ndive/design-tracker
>
> 이번 절에서는 모노레포와 관련된 범위까지만 코드를 소개한다. 모든 코드에 대한 설명은 생략하므로 전체 코드가 궁금하다면 예제 프로젝트 저장소를 방문해서 확인하길 바란다.

8.2.1 디자인 시스템 소개

먼저 디자인 시스템이란 무엇인지 살펴보고 이번 절에서 예제 프로젝트로 다룰 디자인 시스템을 소개한다.

8.2.1.1 디자인 시스템이란?

사용자 경험(UX) 분야에서 세계적인 컨설팅 회사인 닐슨 노먼 그룹(Nielsen Norman Group, NN/g)[20]에서 내린 디자인 시스템의 정의는 '확장 가능한 디자인을 관리하기 위한 포괄적인 표준 세트'다.[21]

> A design system is a set of standards to manage design at scale by reducing redundancy while creating a shared language and visual consistency across different pages and channels.
>
> (번역) 디자인 시스템은 중복성을 줄이면서 다양한 페이지와 채널에 걸쳐 공유된 언어와 시각적 일관성을 만들어 대규모로 디자인을 관리하는 표준 세트입니다.

이러한 디자인 시스템은 크게 컴포넌트(component)라는 구성 요소와 패턴(pattern)으로 이뤄져 있다. 먼저 컴포넌트는 페이지를 구성하는 요소 중 재사용이 가능한 분리된 조각들을 말한다. 즉, 버튼, 모달, 인

---

[20] https://www.nngroup.com/
[21] https://www.nngroup.com/articles/design-systems-101/

풋, 셀렉트 같은 요소 하나하나가 컴포넌트에 해당한다. 컴포넌트는 재사용하기 쉬워서 이들의 조합으로 더 큰 단위의 컴포넌트를 생성할 수도 있다. 이렇게 작은 단위에서 시작해서 더 구체적인 단위로 결합되어 문제를 해결하는 전략을 아토믹 디자인(atomic design)이라고 한다.[22]

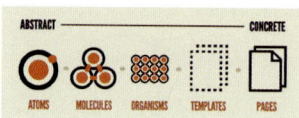

그림 8.5 아토믹 디자인은 가장 작은 단위인 원자(atom)부터 분자(molecules), 유기체(organism), 템플릿(template), 페이지(page)의 다섯 가지 단계로 컴포넌트 기준을 분리해서 추상적인 것에서 구체적인 것까지 단계별로 컴포넌트를 구성한다.

이때 디자인 시스템에서 말하는 컴포넌트는 아토믹 디자인의 원자나 분자, 유기체 단위까지에 주로 해당한다. 이러한 컴포넌트를 만듦으로써 일관된 디자인 규칙을 확립하고 이미 생성된 요소와 규칙을 재활용하면 복잡한 문제를 신속하게 해결하는 데 도움을 주고 더 중요하고 우선순위가 높은 설계 문제에 집중할 수 있다.

다음으로 패턴이란 시스템을 사용할 제품에서 이러한 컴포넌트들을 논리적이고 일관되게 사용할 수 있게 하는 가이드라인이다. 앞서 컴포넌트가 기술과 기능에 초점을 맞춰 설명되는 반면, 패턴은 이러한 컴포넌트에 대한 사용법을 기술하는 것이다.

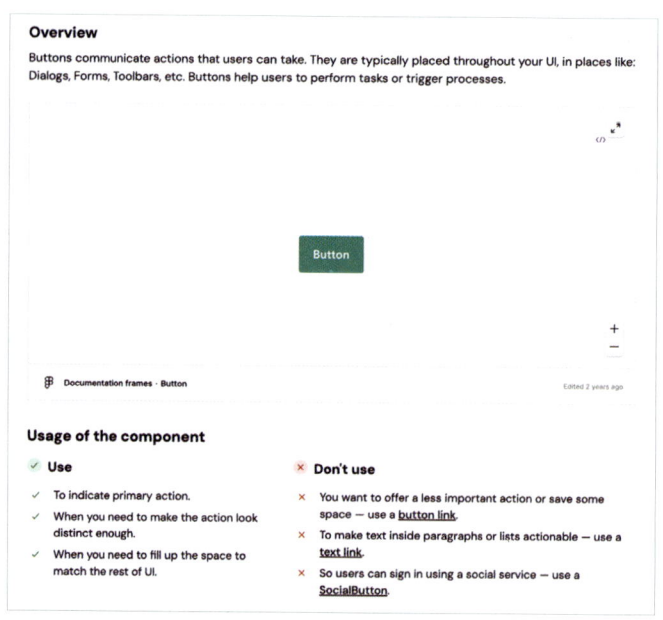

그림 8.6 버튼에 대한 소개와 사용법에 대해 Use/Don't use로 설명한 패턴 예시[23]

---

22 https://atomicdesign.bradfrost.com/chapter-2/#the-part-and-the-whole
23 https://orbit.kiwi/components/action/button/

결론적으로 디자인 시스템은 컴포넌트와 패턴으로 하나의 시스템을 형성해 디자이너, 개발자 등 이해관계자들의 협업을 촉진하고, 시각적인 일관성을 보장하며, 중복된 작업을 줄이는 데 중점을 둔다. 이를 통해 제품 디자인의 일관성을 유지하고, 디자인 및 개발 작업을 효율화하는 데 목적이 있는 것이다. 궁극적으로 잘 갖춰진 디자인 시스템은 시각적인 측면을 넘어 제품이 어떻게 사용될 것인가에 대한 설계 원칙을 결정해 제품의 목적에 도달하는 데 도움을 줄 수 있으며, 나아가 브랜드의 정체성까지 확립할 수 있다.

이번 절에서 설명한 디자인 시스템은 'Everything you need to know about Design Systems'[24]를 기반으로 작성됐으며 간단한 정의와 구성에 대해서만 소개한다. 더 자세한 디자인 시스템의 설계 원칙 및 다양한 전략이 궁금하다면 해당 글을 참고한다.

마지막으로, 모범적으로 잘 만들어진 대표적인 오픈소스 디자인 시스템 세 가지와 각 특징을 알아보자. 여기서 소개할 디자인 시스템 예시들은 모두 오픈소스이므로 특정 회사에 국한되지 않고 여러 기업이나 프로젝트에서 자유롭게 활용할 수 있다.

- 카본 디자인 시스템(Carbon Design System)[25]: IBM의 오픈소스 디자인 시스템인 카본 디자인 시스템은 디자인 언어에 대한 모범적인 작업을 선보인다. 재사용 가능한 UI 컴포넌트를 제공하고 상세한 문서와 디자인 가이드라인은 물론, 스케치(Sketch)[26]나 피그마(Figma)[27] 같은 디자인 도구와의 통합을 지원해 개발자와 디자이너 간에 협업을 증대시킨다.

  또 다른 특징으로는 이 디자인 시스템은 IBM 제품 포트폴리오 전반에 최적화돼 있다는 것이다. IBM은 여러 제품과 서비스를 제공하는데, 카본 디자인 시스템은 이러한 다양한 제품 전반에서 일관성을 유지하기 위해 설계됐다. 대규모 조직에서 여러 제품을 개발할 때 이 일관성이 매우 중요한 역할을 하며, 이를 통해 IBM의 다양한 솔루션과 서비스는 통일된 사용자 경험을 제공한다.

- 머티리얼 디자인(Material Design)[28]: 구글의 오픈소스 디자인 시스템인 머티리얼 디자인은 모바일 디바이스에 최적화된 디자인 시스템으로 시작해서 웹, 데스크톱, 웨어러블 등 다양한 플랫폼으로 확장됐다. 따라서 다양한 디바이스와 화면 크기에 맞춰 유연하게 반응하는 레이아웃을 제공하며, 그림자, 움직임, 깊이감 등을 강조한 직관적인 UI 요소들을 포함한다. 머티리얼은 IBM의 카본 디자인 시스템보다 더 폭넓은 사용을 염두에 두고 설계된 것이 특징이다.

- 오르빗(Orbit) 디자인 시스템[29]: 체코 온라인 여행사인 키위닷컴(Kiwi.com)에서 만든 오픈소스 디자인 시스템으로, 컴포넌트의 목적 및 패턴이 문서로 상세히 기술돼 있다.

---

[24] https://uxdesign.cc/everything-you-need-to-know-about-design-systems-54b109851969?gi=7ccac2573a06
[25] https://carbondesignsystem.com/
[26] https://carbondesignsystem.com/designing/kits/sketch/#get-the-kit
[27] https://www.figma.com/community/file/1157761560874207208
[28] https://m3.material.io/
[29] https://orbit.kiwi/

특히 다양한 컴포넌트에서 일관된 스타일을 유지하도록 돕는 기초적인 값들을 디자인 토큰(design token)이라는 구체적인 값으로 잘 정의했다.[30] 이 디자인 토큰에는 색상, 간격, 타이포그래피 등의 기초 요소들이 포함된다. 디자이너와 개발자는 토큰이라는 공통된 언어를 사용해 협업을 원활히 하며 일관된 디자인을 손쉽게 구현할 수 있다.

Border radius tokens	
Name	Value
borderRadius50	2px
borderRadius100	4px
borderRadius150	6px
borderRadius200	8px
borderRadius300	12px
borderRadius400	16px
borderRadiusNone	0
borderRadiusFull	9999px

그림 8.7 디자인 시스템에서 사용할 수 있는 각 Border 스타일에 해당하는 토큰. 예를 들어, border-radius 스타일에 2px을 주고자 할 때 디자이너와 개발자는 borderRadius50이라는 토큰으로 소통할 수 있다.

8.2.1.2 예제 프로젝트 소개

이 책에서는 모노레포 예제 프로젝트를 진행하기 위해 피그마로 만든 간단한 디자인 시스템 프로젝트를 제공한다. 프로젝트의 이름은 ndive-design-system으로, 아래 링크에서 피그마 프로젝트를 볼 수 있다.

- https://www.figma.com/design/60fHi2F04BbdqDQWigiFjG/ndive-design-system

그림 8.8 ndive-design-system 피그마 프로젝트

---

30 https://orbit.kiwi/foundation/design-tokens/general/

ndive-design-system을 살펴보면 색상, 글꼴, 아이콘으로 이뤄진 기초 요소와 버튼 및 모달 컴포넌트를 포함한다. 이것은 매우 간단한 디자인 시스템 예시로, 실제 디자인 시스템은 이보다 더욱 복잡한 구성 요소들로 이뤄져 있다. 또한 이번 절에서는 모노레포를 중점으로 설명하므로 패턴은 생략됐으나 실제로는 컴포넌트와 관련된 다양한 패턴이 함께 기술돼 있을 것이다.

8.2.1.2.1 패키지 목록

먼저 예제 프로젝트에서 구현할 디자인 시스템 패키지를 소개한다.

8.2.1.2.1.1 디자인 토큰을 추출하는 패키지 @ndive/design-tokens

디자인 토큰은 다양한 컴포넌트에서 일관된 스타일을 유지하기 위해 각 속성에 이름을 부여한 값이다. 예를 들어, 색상, 글꼴, 아이콘 등이 디자인 토큰으로 생성되기에 적합한 요소다. 피그마 예제에서는 각 색상에 이름이 지정돼 있으므로 이 이름을 토큰으로 사용해 해당 색상의 Hex 값을 매핑한다.

그림 8.9 Grayscale 색상 예시

예를 들어, 그림 8.9의 Grayscale 정의는 다음과 같은 JSON 데이터 형태로 가공할 수 있다.

```
{
  "Gray_10": "#121d2e",
  "Gray_9": "#232e40",
```

```
    "Gray_8": "#354153",
    "Gray_7": "#515c6d",
    "Gray_6": "#687486",
    "Gray_5": "#7f8a9b",
    "Gray_4": "#9ea6b4",
    "Gray_3": "#c0c7d2",
    "Gray_2": "#d7dbe2",
    "Gray_1": "#e6e9ee",
    "Gray_half": "#f2f4f6",
    "Gray_pointone": "#f9fafc"
}
```

이러한 토큰을 피그마의 REST API를 통해 자동으로 추출하는 기능을 갖춘 @ndive/design-tokens라는 패키지를 만들 것이다.

8.2.1.2.1.2 디자인 시스템 컴포넌트 패키지 @ndive/design-components

다음으로 버튼과 모달 같은 컴포넌트들을 포함하는 디자인 컴포넌트 패키지가 필요하다. 이 컴포넌트 패키지는 리액트 전용 패키지로 작성하며, @ndive/design-tokens의 도움을 받아 색상, 글꼴과 같은 기초 요소들을 스타일에 직접 활용한다. 따라서 컴포넌트 코드를 작성할 때 이 토큰들을 사용할 수 있게 작성해야 한다.

8.2.1.2.1.3 디자인 시스템 분석 툴 패키지 @ndive/design-tracker

마지막으로 다른 저장소에서 @ndive/design-components 패키지가 얼마나 사용되고 있는지 ndive-design-system의 컴포넌트들의 사용량을 분석하는 패키지를 개발한다. 이는 react-scanner[31]처럼 리액트 컴포넌트 코드를 정적으로 분석해 컴포넌트와 프로퍼티의 사용 통계를 조회하는 패키지다.

8.2.1.2.2 모노레포가 적합한 이유

다음으로 디자인 시스템 프로젝트를 착수하기 전에 과연 예제 프로젝트에 모노레포가 적합할지 8.1.1.1절 '멀티레포 vs. 모노레포'를 참고해서 판단해보자.

- **복잡성**

  디자인 시스템은 다양한 컴포넌트와 스타일 가이드를 포함하고, 이를 기반으로 여러 프로젝트에서 일관되게 활용돼야 한다. 즉, 각 컴포넌트가 독립적으로 관리되지만 결국 전체 시스템의 일부분으로 동작해야 한다. 특히 예제 프로젝트에

---

31 https://www.npmjs.com/package/react-scanner

서는 단순히 컴포넌트나 디자인 요소뿐만 아니라 @ndive/design-tracker라는 디자인 시스템과 연관된 도구 또한 필요하다. 모노레포를 활용하면 이러한 복잡한 구조를 한 곳에서 관리할 수 있게 해주며, 컴포넌트 간의 의존성과 업데이트를 체계적으로 처리할 수 있다.

- **버전 관리**

  만약 @ndive/design-tokens가 수정될 경우, @ndive/design-components가 @ndive/design-tokens에 의존하고 있다면 해당 변경 사항을 자연스럽게 반영할 수 있어 전체 시스템의 일관성을 쉽게 유지할 수 있다. 그러나 반대로 @ndive/design-components의 변경 사항은 항상 @ndive/design-tokens의 로직에 영향을 미치는 것은 아니므로 관심사의 분리를 통해 필요 이상의 업데이트나 의존성을 받지 않도록 설계할 수 있다. 모노레포는 워크스페이스 분리를 통한 코드의 안정성을 높이는 동시에 필요 시 일관성 있게 패키지들의 버전을 관리할 수 있다.

- **협업**

  디자인 시스템은 기본적으로 프론트엔드 개발자, 디자이너 간의 협업이 필수적이다. 모노레포는 모든 코드를 한 저장소에서 관리하기 때문에 협업하는 팀들이 한 공간에서 디자인에 중요한 사항과 개발 사항을 일관성 있게 다룰 수 있다. 이는 피드백 단계를 단축하고, 디자인 시스템의 변경 사항을 즉시 확인하고 테스트하는 데 도움을 줄 수 있다.

- **빌드 최적화 및 성능 개선**

  모노레포는 터보레포와 같은 도구를 통해 캐싱이나 병렬 실행처럼 다양한 메커니즘을 통해 디자인 시스템 내 여러 패키지의 빌드를 최적화할 수 있다. 컴포넌트 간 의존성을 최적화하고, 변경된 부분만 빌드하도록 설정할 수 있어 대규모 디자인 시스템에서도 빠른 빌드 시간을 유지할 수 있다.

결론적으로 예제 프로젝트에 모노레포를 도입하면 일관성과 효율성을 유지할 수 있는 동시에 유지보수와 협업이 더욱 쉬워질 것이다. 앞에서 예로 든 오르빗 디자인 시스템이나 카본 디자인 시스템 같은 프로젝트들이 모노레포를 사용하는 이유도 이러한 장점 때문이다.

8.2.1.2.3 개발에 도움을 주는 내부 워크스페이스

모노레포에는 단순히 공개 패키지를 위한 워크스페이스만 존재하지 않는다. 외부로 배포하지 않지만 개발을 체계적으로 지원해야 할 때 이러한 내부 워크스페이스는 중요한 역할을 한다.

- **공유 코드 재사용**: 여러 프로젝트에서 반복적으로 사용하는 로직을 비공개 패키지로 만들어 모노레포 내에서 쉽게 공유할 수 있다. 예를 들어, 타입스크립트의 tsconfig.json의 공통된 설정을 반복적으로 생성해야 할 불편함을 비공개 패키지로 해결할 수 있다.

- **일관성 유지**: 만약 공통 코드의 변경이 발생할 경우 이를 한 곳에서 관리하면 전체 프로젝트에 일관성을 유지할 수 있다.

- **의존성 관리**: 불필요한 외부 패키지 의존을 줄여 성능을 높이고 유지보수를 쉽게 만든다.
- **문서화의 일관성**: 모노레포 내부에 테스트와 문서화를 담당하는 내부 워크스페이스를 포함하면 모든 패키지와 기능이 동일한 기준과 형식으로 문서화될 수 있다. 이를 통해 문서 관리와 참조가 용이해져 팀 전체의 정보 공유가 원활해지고 디자인 시스템과 컴포넌트 개발 과정이 훨씬 수월해진다.

이 책의 예제 프로젝트에서도 다음과 같은 네 가지 내부 워크스페이스를 구현할 것이다.

- `@ndive/design-storybook`: `@ndive/design-components`의 UI 컴포넌트를 보여주는 스토리북이다.
- `@ndive/tsconfig`: `tsconfig.json`의 공통 설정을 관리한다.
- `@ndive/vite`: `vite.config.js`의 공통 설정을 관리하며, 번들러 설정을 함수로 감싸서 내보낸다.
- `shopping-web`: 이번 절에서 구현한 디자인 시스템 요소를 활용하는 웹 애플리케이션 예시 프로젝트를 제공한다.

8.2.2 pnpm 워크스페이스 및 터보레포 구성하기

이번 절에서 만들 패키지에 대한 설명이 끝났으니 본격적으로 예제 프로젝트를 만들어보자.

8.2.2.1 예제 프로젝트 환경

먼저 이번 절에서 사용할 기술 스택 및 개발 환경은 다음과 같다.

표 8.1 기술 스택과 개발 환경

라이브러리	설명
타입스크립트	타입스크립트를 사용해 타입 안전성을 높인다.
비트	번들러로 비트를 사용한다.
터보레포	모노레포 관리도구로 터보레포를 사용한다.
pnpm + pnpm 워크스페이스	패키지 관리자로 pnpm을 사용하며, 자연스럽게 pnpm 워크스페이스로 모노레포를 구축한다.

또한 이번 절에서 진행할 예제 프로젝트의 지원 환경을 다음과 같이 설정한다. 이 내용은 앞으로 작성할 패키지의 번들러 설정에서 중요한 부분이므로 잘 기억해두자.

- 7장에서 다뤘던 예제 프로젝트와는 달리 ESModule만 지원하는 패키지로 만들 것이다.
- 브라우저 지원 환경은 모던 브라우저 환경을 기준으로 해서 browserslist를 > 1%, not dead로 설정한다.
- 7장과 달리 이번 장에서는 폴리필이 필요하지 않은 코드로 작성한다.

8.2.2.2 pnpm 설정

먼저 새로운 Node.js 프로젝트를 생성한다. 최상단 파일 시스템에 pnpm을 설치하고, 다음 명령어로 프로젝트를 생성해 pnpm을 사용할 준비를 마친다.

```
$ mkdir ndive-design-system && cd ndive-design-system
$ pnpm init
Wrote to /ndive-design-system/package.json

{
  "name": "ndive-design-system",
  "version": "1.0.0",
  "description": "",
  "main": "index.js",
  "scripts": {
    "test": "echo \"Error: no test specified\" && exit 1"
  },
  "keywords": [],
  "author": "yujeong-jeon",
  "license": "ISC"
}
```

최상단 package.json에 모노레포임을 명확히 하기 위해 "private" 필드를 추가하고, 패키지명을 수정한다.

```
{
  "name": "@ndive/design-system",
  "private": true
}
```

다음으로 pnpm 워크스페이스를 생성하기 위해 `pnpm-workspace.yaml`을 생성한다. 공개 패키지는 `/packages` 경로에, 스토리북과 같은 애플리케이션은 `/apps`에, 그 외 비공개 패키지는 `/shared`에 위치한다.

```yaml
# pnpm-workspace.yaml
packages:
  - './packages/*'
  - './apps/*'
  - './shared/*'
  - './examples/*'
```

최종적으로 예제에서 다룰 모든 워크스페이스가 구현되면 다음과 같은 폴더 구조가 만들어질 것이다.

```
packages/
├── design-tokens
├── design-components
└── design-tracker
apps/
└── storybook
shared/
├── tsconfig
└── vite
examples/
└── shopping-web
```

잠시 8.1절 '모노레포와 터보레포'에서 잠시 설명했던 `workspace:`에 대해 정리해보자. 모노레포상에 로컬 패키지가 다른 로컬 패키지를 의존성으로 포함해야 할 때 pnpm은 npm의 심볼릭 링크 기능에 더해 `workspace:`라는 프로토콜을 추가로 제공한다.[32] 이 프로토콜은 1.2절 '유의적 버전이란?'에서 소개했던 유의적 버전 문법을 통해 버전 제약을 허용하는데, 이렇게 하면 버전 호환성을 제어하면서도 로컬 패키지를 참조할 수 있는 이점을 함께 누린다.

```json
{
  "dependencies": {
    "foo": "workspace:*",
    "bar": "workspace:~",
```

---

[32] https://pnpm.io/workspaces#publishing-workspace-packages

```
    "qar": "workspace:^",
    "zoo": "workspace:^1.5.0"
  }
}
```

이러한 pnpm 워크스페이스의 기능은 차차 패키지를 개발해 나가면서 필연적으로 다른 패키지를 참조할 일이 생기므로 잘 알아둬야 한다.

8.2.2.3 터보레포 초기 설정

이제 터보레포 환경을 구성해보자. pnpm 워크스페이스를 사용할 때 최상단 `package.json`에 의존성을 추가하려면 `--workspace-root` 옵션을 지정해야 한다.

```
$ pnpm add -D turbo --workspace-root
```

turbo를 설치하고 `turbo.json` 구성 파일이 필수적이므로 초기 `turbo.json`을 다음과 같이 추가한다.

```
{
  "$schema": "https://turbo.build/schema.json",
  "ui": "tui",
  "tasks": {}
}
```

초기 `turbo.json`에 모든 패키지에서 사용될 공통 작업(task)을 생성해보자. 통상적으로 라이브러리를 만들 때 코드를 빌드(build)하는 작업과 빌드하기 전에 이전 빌드 결과물을 제거하는 초기화(clean) 작업이 반드시 필요하다. 이러한 `build`와 `clean` 작업은 다음 조건을 충족하도록 설정해야 한다.

- `clean`은 실행할 때마다 반드시 실행돼야 하므로 `cache`를 `false`로 설정한다.
- `build`는 `clean` 작업 이후에 실행돼야 하므로 `clean`을 `dependsOn`에 추가한다.
- `clean`과 `build` 작업의 `dependsOn`에 `^`를 설정했기 때문에 워크스페이스에서 동일하게 설정된 모든 작업을 올바른 의존성 순서대로 처리할 것이다.

```
{
  "$schema": "https://turbo.build/schema.json",
  "ui": "tui",
```

```
  "tasks": {
    "clean": {
      "dependsOn": ["^clean"],
      "cache": false
    },
    "build": {
      "dependsOn": ["clean", "^build"],
      "outputs": ["dist/**"]
    }
  }
}
```

또한 최상단 `package.json`의 `scripts`에 `build` 스크립트를 추가해서 `build` 작업을 실행할 수 있게 한다.

```
{
  "name": "@ndive/design-system",
  "scripts": {
    "build": "turbo build"
  }
}
```

이로써 기초적인 모노레포 설정이 완료됐다. 본격적으로 워크스페이스를 하나씩 개발하면서 추가적으로 설정해야 할 부분들을 알아보자.

> **노트**
>
> 이번 절에서는 모노레포상의 모든 코드를 설명하지 않는다. 모노레포로 디자인 시스템 프로젝트를 생성했을 때 앞에서 언급한 이점들을 어떻게 얻을 수 있을지에 집중해서 설명하며, 이번 절의 내용을 기반으로 모노레포 프로젝트의 전반적인 구조를 이해하고 나서 전체 코드를 보면 더 이해하기 쉬울 것이다. 전체 코드는 아래의 예제 프로젝트 저장소에서 확인할 수 있다.
>
> - 예제 프로젝트 저장소: https://github.com/yujeongJeon/ndive-design-system
>
> 또한 eslint, Prettier, Lefthook, changesets 같은 코드 스타일링 및 배포 설정은 7.1절 '나만의 npm 패키지 만들기'와 거의 동일하므로 참고해서 추가한다. 이번 절에서는 이러한 개발 설정에 대한 설명은 생략한다.

8.2.3 shared 공유 패키지 구현하기

개발 환경 설정이 완료된 후 가장 먼저 내부 워크스페이스를 구성해 공개 패키지를 구현할 준비를 한다.

8.2.3.1 tsconfig.json의 공통 설정을 관리하는 패키지, @ndive/tsconfig

@ndive/tsconfig 패키지는 모노레포 내부의 모든 패키지에서 타입스크립트 시스템 설정을 공용으로 관리하는 역할을 한다. 내부 워크스페이스를 표현하는 방법은 최상단 package.json과 마찬가지로 "private" 필드를 true로 설정한다.

```json
// /shared/tsconfig/package.json
{
  "name": "@ndive/tsconfig",
  "private": true
}
```

이제 공통 tsconfig.json을 만든다. 예제 프로젝트에는 리액트 전용 패키지와 Node.js 패키지가 혼재한다. 따라서 tsconfig.json 또한 리액트용 구성 파일과 Node.js용 구성 파일로 두 개로 나눈다. 먼저 리액트, Node.js 환경에 모두 쓰이는 기본 파일인 base.json을 작성한다. 이 파일은 앞으로 작성할 react.json과 node.json에서 확장되는 기본 구성 파일이다.

코드 8.5 base.json

```json
// base.json
{
  "$schema": "https://json.schemastore.org/tsconfig",
  "compilerOptions": {
    "composite": false,
    "declaration": true,
    "declarationMap": true,
    "resolveJsonModule": true,
    "esModuleInterop": true,
    "forceConsistentCasingInFileNames": true,
    "inlineSources": false,
    "isolatedModules": true,
    "moduleResolution": "Bundler",
    "noUnusedLocals": false,
    "noUnusedParameters": false,
    "preserveWatchOutput": true,
    "skipLibCheck": true,
    "strict": true,
    "incremental": true,
```

```
    "allowJs": true
  }
}
```

이 base.json을 확장해 react.json과 node.json을 생성한다.

코드 8.6 리액트용 tsconfig.json

```
// react.json
{
  "$schema": "https://json.schemastore.org/tsconfig",
  "extends": "./base.json",
  "compilerOptions": {
    "target": "ES6",
    "lib": ["dom", "dom.iterable", "esnext"],
    "module": "esnext",
    "jsx": "react-jsx"
  }
}
```

코드 8.7 Node.js용 tsconfig.json

```
// node.json
{
  "$schema": "https://json.schemastore.org/tsconfig",
  "extends": "./base.json",
  "compilerOptions": {
    "target": "ESNext",
    "module": "ESNext",
  }
}
```

package.json의 files 필드에 내보낼 파일들을 설정해 외부에서 @ndive/tsconfig/react.json처럼 구성 파일을 불러올 수 있게 한다.

```
// package.json
{
  "name": "@ndive/tsconfig",
```

```
  "private": true,
  "version": "1.0.0",
  "files": ["base.json", "react.json", "node.json"]
}
```

8.2.3.2 비트의 defineConfig() 래퍼 함수 패키지, @ndive/vite

다음으로 비트의 `defineConfig()` 함수의 공통 설정을 관리하는 패키지를 만들어보자. 이 패키지는 비트를 번들러로 사용할 워크스페이스에서 사용된다.

`@ndive/vite`도 내부 패키지이므로 `private` 필드를 `true`로 설정한다. 또한 모든 Node.js 패키지는 ESModule로 배포되므로 `type` 필드를 `module`로 설정한다. 다음으로 패키지는 비트 번들러와 함께 동작해야 하므로 `vite` 패키지를 `peerDependencies`로 추가한다.

```
{
  "name": "@ndive/vite",
  "private": true,
  "type": "module",
  "peerDependencies": {
    "vite": "^5 || ^6"
  }
}
```

`@ndive/vite` 패키지는 다른 패키지에서 의존성으로 추가되어 외부 패키지의 `vite.config.js`에서 `export`하는 `defineConfig()` 함수로써 사용될 것이다. 따라서 다음과 같은 매개변수로 `@ndive/vite`를 사용하는 프로젝트의 정보를 받아 빌드할 수 있다.

- pkg: `package.json`의 정보. 오픈소스 패키지를 빌드할 때는 일반적으로 `package.json`의 `exports` 필드나 `main` 필드가 있어야 한다. 이 정보를 받는 이유는 빌드 결과물의 경로인 `output` 경로를 자동화하기 위함으로, `package.json`에서 `exports` 필드나 `main` 필드값으로 디렉터리명을 가져와 `output`을 결정할 수 있다.
- entry: 빌드할 진입점 경로는 `@ndive/vite` 패키지를 사용하는 경로에서 직접 설정해야 한다.
- target: 예제 프로젝트는 Node.js와 리액트의 두 환경으로 상황에 맞게 지원해야 하므로 패키지 실행 환경에 따라 지원 환경을 다르게 명시해야 한다. 따라서 `esbuild.target` 설정 또한 외부에서 받는다.
- resolve: 비트의 `resolve` 옵션은 타입스크립트의 경로 별칭 설정을 지원할 때 필요하다.

- rollupOptions: 기본 롤업 빌드 설정 외에 패키지 외부에서 필요한 설정이 있을 때를 위해 rollupOptions를 받는다.
- plugins: 리액트 패키지에서는 @vitejs/plugin-react 플러그인이 필요하므로 플러그인을 패키지에서 추가할 수 있게 해야 한다.

이러한 매개변수들을 바탕으로 작성된 `@ndive/vite`의 코드는 다음과 같다.

코드 8.8 정의한 매개변수를 기반으로 작성한 defineConfig() 함수

```typescript
import {BuildOptions, defineConfig as viteDefineConfig, LibraryOptions, PluginOption, UserConfig}
from 'vite'
import dts from 'vite-plugin-dts'

import type {PackageJson} from 'type-fest'

/**
 * 객체 타입에서 특정 키들을 제외하는 유틸리티 타입
 * @template T - 원본 타입
 * @template U - 제외할 키들의 유니온 타입
 * @returns {Omit<T, U>} 특정 키가 제외된 타입
 */
export type DistributiveOmit<T, U extends keyof any> = T extends object ? Omit<T, U> : never //
eslint-disable-line @typescript-eslint/no-explicit-any

/**
 * 롤업 옵션에서 'output' 필드를 제외한 커스텀 빌드 옵션
 */
type CustomBuildOptions = DistributiveOmit<BuildOptions['rollupOptions'], 'output'>

/**
 * PackageJson.type을 리터럴 타입으로 선언하면 사용처에서 불필요한 타입 단언이 필요하므로 string
 * 으로 확장
 */
type ExtendedPackageJson = Omit<PackageJson, 'type'> & {type?: string}

/**
 * 비트 설정 생성을 위한 설정 옵션 인터페이스
 * @interface ConfigOptions
 * @property {ExtendedPackageJson} pkg - package.json 파일의 내용
```

```
 * @property {Object} buildOptions - 빌드 관련 옵션
 * @property {LibraryOptions['entry']} buildOptions.entry - 라이브러리의 진입점 설정
 * @property {BuildOptions['target']} buildOptions.target - 빌드 타깃 설정(예: es2015, es2020)
 * @property {Omit<BuildOptions['rollupOptions'], 'output'>} [rollupOptions] - 롤업 관련 추가 설정
 * @property {UserConfig['resolve']} [resolve] - 모듈 해석 관련 설정
 * @property {PluginOption[]} [plugins] - 추가할 비트 플러그인 목록
 */
interface ConfigOptions {
  pkg: ExtendedPackageJson
  buildOptions: {
    entry: LibraryOptions['entry']
    target: BuildOptions['target']
  }
  rollupOptions?: Omit<BuildOptions['rollupOptions'], 'output'>
  resolve?: UserConfig['resolve']
  plugins?: PluginOption[]
}

/** ... 중략 ... */

/**
 * 비트 라이브러리 빌드 설정을 생성하는 메인 함수
 * @param {ConfigOptions} options - 설정 옵션
 * @param {ExtendedPackageJson} options.pkg - package.json 객체
 * @param {Object} options.buildOptions - 빌드 옵션
 * @param {LibraryOptions['entry']} options.buildOptions.entry - 진입점 설정
 * @param {BuildOptions['target']} options.buildOptions.target - 빌드 타깃
 * @param {Omit<BuildOptions['rollupOptions'], 'output'>} [options.rollupOptions] - 롤업 옵션
 * @param {UserConfig['resolve']} [options.resolve] - 모듈 해석 설정
 * @param {PluginOption[]} [options.plugins] - 추가 플러그인
 */
const defineConfig = ({pkg, buildOptions: {entry, target}, rollupOptions, resolve, plugins}: ConfigOptions) => {
  const buildOutput = getBuildOutput(pkg)
  const outDir = path.dirname(buildOutput)
  const external = getExternalConfig(rollupOptions, pkg)

  const preserveModulesRoot = typeof entry === 'object' && !Array.isArray(entry) ? entry.index : entry.toString()
```

```
    return viteDefineConfig({
      plugins: [
        dts({
          outDir,
          rollupTypes: true,
        }),
        ...( || []),
      ],
      build: {
        outDir,
        lib: {
          entry,
        },
        rollupOptions: {
          ...rollupOptions,
          external,
          output: [
            {
              format: 'es',
              dir: outDir,
              entryFileNames: `[name]${path.extname(buildOutput)}`,
              preserveModulesRoot,
              preserveModules: true,
              interop: 'esModule',
            },
          ],
        },
        target,
      },
      resolve,
    })
}

export default defineConfig
```

모든 구현을 마쳤다면 최종적으로 @ndive/vite의 package.json에 exports와 main 경로를 추가해 패키지의 모듈 경로를 설정한다.

```json
{
  "name": "@ndive/vite",
  "exports": {
    ".": {
      "import": "./dist/defineConfig.js",
      "types": "./dist/defineConfig.d.ts"
    }
  }
}
```

8.2.3.3 빌드

이로써 @ndive/tsconfig와 @ndive/vite의 두 가지 내부 패키지를 모두 구현했다. 이제 pnpm build를 실행하면 다음과 같이 터보레포의 작업 과정을 확인할 수 있다.

```
$ pnpm build

@ndive/design-system@1.0.0 build /ndive-design-system
turbo clean build

turbo 2.2.3

• Packages in scope: @ndive/tsconfig, @ndive/vite
• Running clean, build in 2 packages
• Remote caching disabled
┌ @ndive/vite#clean > cache bypass, force executing 9d03ff88ab861b06
│
│
│ > @ndive/vite@1.0.1 clean /ndive-design-system/shared/vite
│ > rm -rf dist
└─→
┌ @ndive/vite#build > cache miss, executing 8adf0ad75917b091
│
│
│ > @ndive/vite@1.0.1 build /ndive-design-system/shared/vite
│ > tsup defineConfig.ts --dts --format esm --out-dir dist
│
│ CLI Building entry: defineConfig.ts
│ CLI Using tsconfig: tsconfig.json
```

```
| CLI tsup v8.3.0
| CLI Target: esnext
| ESM Build start
| DTS Build start
| ESM dist/defineConfig.js 1.42 KB
| ESM ⚡ Build success in 284ms
| DTS ⚡ Build success in 1108ms
| DTS dist/defineConfig.d.ts 783.00 B
└─>

 Tasks:    2 successful, 2 total
Cached:    0 cached, 2 total
  Time:    2.678s
```

터미널의 작업 프로세스를 살펴보면 @ndive/tsconfig는 build 작업이 없어 실행되지 않으며, @ndive/vite만 clean과 build 작업이 순차적으로 실행된다. 이는 앞서 turbo.json에서 설정한 대로 clean 작업으로 이전 빌드 결과물을 제거하고 build를 실행한 것이다.

워크스페이스	실행 순서 1	실행 순서 2
shared/vite	🗑 clean	🟫 build

그림 8.10 shared/vite의 clean과 build 작업을 처음 실행했을 때 볼 수 있는 터미널 메시지

또한 @ndive/vite의 build는 처음 실행된 것으로, 캐시에 저장된 해시가 존재하지 않아 모든 작업을 새로 실행한다. 만약 이후에 @ndive/vite 코드를 수정하지 않고 다시 build를 실행하면 캐싱된 해시를 작업에 재사용하므로 새 build 작업을 실행하지 않는다.

```
$ pnpm build

@ndive/design-system@1.0.0 build /ndive-design-system
turbo clean build

turbo 2.2.3

• Packages in scope: @ndive/tsconfig, @ndive/vite
• Running clean, build in 2 packages
```

```
• Remote caching disabled
┌ @ndive/vite#clean > cache bypass, force executing 9d03ff88ab861b06
│
│
│ > @ndive/vite@1.0.1 clean /ndive-design-system/shared/vite
│ > rm -rf dist
└─>
┌ @ndive/vite#build > cache hit, replaying logs 8adf0ad75917b091
│
│
│ > @ndive/vite@1.0.1 build /ndive-design-system/shared/vite
│ > tsup defineConfig.ts --dts --format esm --out-dir dist
│
│ # ... 중략 ...
└─>

 Tasks:    2 successful, 2 total
Cached:    1 cached, 2 total
  Time:    744ms
```

이처럼 turbo.json의 input이나 코드 수정 및 연관된 의존성이 수정되지 않은 이상 터보레포는 새로운 작업을 수행하지 않고 이전에 캐싱된 작업을 빠르게 재실행한다.

8.2.4 @ndive/design-tokens 구현

이어서 공개 패키지를 구현한다. 먼저 디자인 시스템 컴포넌트에 쓰이는 디자인 토큰을 생성하는 @ndive/design-tokens 패키지를 만들어보자.

8.2.4.1 피그마 REST API

@ndive/design-tokens 패키지에 대한 이해를 돕기 위해 피그마 REST API의 개념을 소개하겠다. 피그마 REST API는 피그마에서 디자인 파일 및 데이터를 외부 애플리케이션에서 접근하고 활용할 수 있도록 하는 공개 API다.[33] 이 API를 사용하면 피그마에 저장된 프로젝트와 파일의 정보를 읽거나 디자인 데이터를 분석할 수 있으며, 특히 디자인 시스템과 연동해서 디자인 토큰을 관리하는 데 유용하게 활용된다. 또한 RESTful 구조로 설계되어 HTTP를 통해 접근할 수 있으며, 주요한 엔드포인트는 다음과 같다.

---

33 https://www.figma.com/developers/api

- 파일: 특정 파일의 계층 구조 및 요소의 정보를 가져올 수 있다.
- 이미지: 특정 디자인 요소를 이미지로 변환해서 가져올 수 있다.
- 프로젝트/팀: 피그마 팀이나 프로젝트에 접근해 구조를 확인하거나 관리할 수 있다.

이러한 API를 사용해 정보를 얻으려면 반드시 Bearer Token 인증 방식으로 접근 권한을 설정해야 한다. 사용자는 개인 토큰으로 피그마 내부의 개인 또는 팀 파일에 접근할 수 있으므로 보안 위험 없이 승인된 사용자만 API를 호출해서 데이터를 얻을 수 있다. 이 데이터를 통해 디자인 속성 및 속성명으로 디자인 토큰의 추출 및 업데이트 과정을 자동화할 수 있다.

이제 구체적으로 피그마 REST API를 활용해 디자인 시스템의 디자인 토큰을 추출하고 자동으로 업데이트하는 방법에 대해 알아보자. 피그마 내 디자인 속성들은 코드로 전환 가능한 일종의 데이터 포맷이다. 이 데이터는 주로 색상, 글꼴과 같은 스타일 정보를 포함하고 있다. 디자인 토큰을 추출하기 위해 주요하게 쓰일 두 가지 API는 다음과 같다.

- https://api.figma.com/v1/files/:filekey: 피그마 파일의 키 값으로 해당 파일의 전체 구조를 트리 자료구조로 가져온다. 이때 데이터로부터 얻는 디자인 파일의 계층 구조를 구성하는 모든 요소를 노드라고 한다. 예를 들어, 파일 안에 포함된 텍스트, 이미지, 프레임, 그룹 등 모든 개별 구성 요소가 노드로 표현된다.
- https://api.figma.com/v1/files/:filekey/nodes?ids=1,2,3: https://api.figma.com/v1/files/:filekey API로 얻은 노드 아이디로 해당 노드의 디자인 속성들을 조회한다. 각 노드는 내부 속성으로 색상, 위치, 크기와 같은 디자인 속성을 포함하고 있으며, 이 API를 통해 노드의 색상, 폰트, 크기 등 구체적인 정보를 가져올 수 있다.

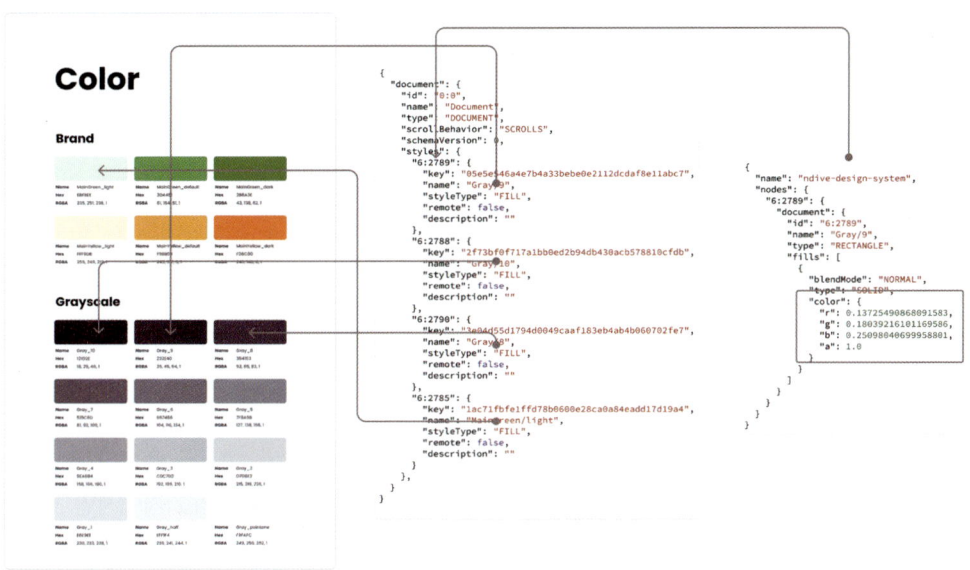

그림 8.11 피그마 REST API로 색상과 관련된 디자인 속성을 얻는 과정을 나타낸 그림. 파일 구조를 나타낸 JSON 데이터의 키가 곧 노드 ID로, 이것들로 다시 노드 정보를 조회하면 구체적인 색상 값을 알 수 있다.

@ndive/design-tokens 또한 피그마 프로젝트이므로 이 API를 활용해 쉽고 편리하게 디자인 토큰을 생성할 수 있다. 피그마 REST API에 대해 알아봤으니 이제 @ndive/design-tokens를 구현해보자.

8.2.4.2 @ndive/tsconfig를 참조해 타입스크립트 설정하기

먼저 개발 환경 설정과 관련된 작업부터 시작한다. 앞에서 구현한 공유 패키지인 @ndive/tsconfig를 활용하면 @ndive/design-tokens의 타입스크립트 설정을 일일이 작성할 필요 없이 간단하게 설정이 가능하다. package.json에 다음과 같이 "@ndive/tsconfig": "workspace:*"를 devDependencies로 추가한다.

```
{
  "name": "@ndive/design-tokens",
  "devDependencies": {
    "@ndive/tsconfig": "workspace:*"
  }
}
```

앞서 pnpm 워크스페이스는 로컬 워크스페이스 패키지를 참조할 때 유의적 버전을 사용할 수 있다고 설명했다. workspace:*는 @ndive/tsconfig: "*"와 동일한 의미로, 최신 버전의 로컬 워크스페이스 패키지를 참조한다. 이 설정이 실제로 로컬 워크스페이스를 잘 참조하고 있는지 확인하려면 pnpm-lock.yaml 혹은 node_modules를 통해 확인할 수 있다.

```yaml
# pnpm-lock.yaml
importers:
  packages/design-tokens:
    devDependencies:
      '@ndive/tsconfig':
        specifier: workspace:*
        version: link:../../shared/tsconfig
```

또한 @ndive/design-tokens는 Node.js 패키지이므로 tsconfig.json을 생성한 후 extends 옵션으로 @ndive/tsconfig/node.json을 확장한다. 이에 더해 @ndive/design-tokens 패키지에서만 필요한 설정을 작성하면 된다.

```json
{
  "extends": "@ndive/tsconfig/node.json",
  "compilerOptions": {
    "baseUrl": ".",
    "rootDir": "./src"
  },
  "include": ["./src"],
  "exclude": ["node_modules", "dist"]
}
```

8.2.4.3 디자인 토큰 추출하기

앞에서 살펴본 피그마 REST API의 개념을 바탕으로 본격적으로 디자인 토큰을 추출해보자. 실습에서는 색상, 글꼴, 아이콘 세가지 요소가 디자인 토큰으로서 쓰일 수 있다.

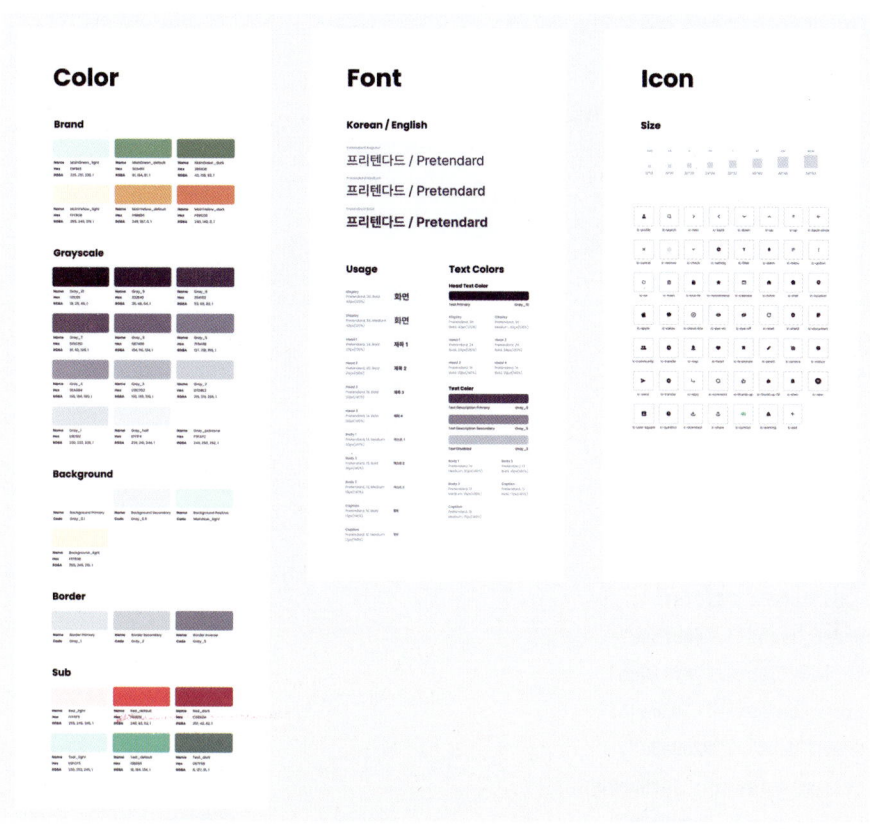

그림 8.12 디자인 토큰으로 추출할 대상으로 Color, Font, Icon을 정의한 피그마 예시

따라서 각 요소마다 필요한 스타일을 추출하는 코드를 작성한다. 예를 들어, 색상은 RGB(red, green, blue. 빛의 삼원색) 값이 필요하며, 글꼴은 폰트와 관련된 글꼴, 크기, 굵기 등이 필요하다.

또한 피그마 REST API는 반드시 권한이 필요하다고 했으므로 인증 토큰값이 필요하다. 이때 `@ndive/design-tokens` 패키지 내부에 정적으로 인증 토큰을 포함하면 토큰이 코드상에 노출되어 보안 위험이 있기 때문에 패키지를 사용하는 외부에서 이것을 주입해야 한다.

```
export async function setColor({accessToken}: {accessToken: string}) {}
```

이렇게 작성한 각 디자인 토큰을 추출하는 함수를 `ndive-design-system` 피그마 프로젝트에 접근이 가능한 `accessToken`을 부여하고 실행하면 다음과 같이 디자인 정보를 얻을 수 있다.

코드 8.9 setColor() 함수의 실행 결과로 얻는 데이터

```
{
  "group": ["Gray", "MainGreen", "MainYellow", "Red", "Teal"],
  "colorSet": {
    "Gray_9": "#232e40",
    "Gray_10": "#121d2e",
    "Gray_8": "#354153",
    "Gray_7": "#515c6d",
    "Gray_6": "#687486",
    "Gray_5": "#7f8a9b",
    "Gray_4": "#9ea6b4",
    "Gray_3": "#c0c7d2",
    "Gray_2": "#d7dbe2",
    "Gray_1": "#e6e9ee",
    "Gray_half": "#f2f4f6",
    "Gray_pointone": "#f9fafc",
    "MainGreen_light": "#ebfbee",
    "MainYellow_light": "#fff9db",
    "MainGreen_default": "#3da451",
    "MainGreen_dark": "#2b8a3e",
    "MainYellow_default": "#f9bb00",
    "MainYellow_dark": "#f08c00",
    "Red_light": "#fff5f5",
    "Red_default": "#f03e3e",
    "Red_dark": "#c92a2a",
    "Teal_light": "#e6fcf5",
    "Teal_default": "#12b886",
    "Teal_dark": "#087f5b",
    "gray_900": "#172e48",
    "gray_000": "#ffffff"
  }
}
```

코드 8.10 setTypo() 함수의 실행 결과로 얻는 데이터

```
{
  "Display_Bold": {
    "fontFamily": "Pretendard",
```

```
      "fontPostScriptName": "Pretendard-Bold",
      "fontWeight": 700,
      "textAutoResize": "WIDTH_AND_HEIGHT",
      "fontSize": 36,
      "textAlignHorizontal": "LEFT",
      "textAlignVertical": "TOP",
      "letterSpacing": 0,
      "lineHeightPx": 43.20000076293945,
      "lineHeightPercent": 100.55647277832031,
      "lineHeightPercentFontSize": 120.00000762939453,
      "lineHeightUnit": "FONT_SIZE_%"
  },
  "Head_1-Bold": {
      "fontFamily": "Pretendard",
      "fontPostScriptName": "Pretendard-Bold",
      "fontWeight": 700,
      "textAutoResize": "WIDTH_AND_HEIGHT",
      "fontSize": 24,
      "textAlignHorizontal": "LEFT",
      "textAlignVertical": "TOP",
      "letterSpacing": 0,
      "lineHeightPx": 28.80000114440918,
      "lineHeightPercent": 100.55647277832031,
      "lineHeightPercentFontSize": 120.00000762939453,
      "lineHeightUnit": "FONT_SIZE_%"
  }
  // ... 중략 ...
}
```

코드 8.11 setIcon() 함수의 실행 결과로 얻는 데이터

```
{
    "ic-down": "<svg width='24' height='24' viewBox='0 0 24 24' fill='none' mlns='http://www.w3.org/2000/svg'>... 중략 ...</svg>",
    "ic-up": "<svg width='24' height='24' viewBox='0 0 24 24' fill='none' mlns='http://www.w3.org/2000/svg'>... 중략 ...</svg>"
  // ... 중략 ...
}
```

8.2.4.4 빌드하기

모든 디자인 토큰을 생성하는 코드를 구현했다면 다음으로 비트 빌드 설정을 추가한다. 앞에서 만든 @ndive/vite를 사용해보기 위해 @ndive/vite를 package.json의 devDependencies에 추가한다. 또한 @ndive/vite의 peerDependencies인 vite도 설치한다.

```json
{
  "name": "@ndive/design-tokens",
  "scripts": {
    "build": "vite build --config vite.config.ts",
    "clean": "rm -rf dist"
  },
  "devDependencies": {
    "@ndive/tsconfig": "workspace:*",
    "@ndive/vite": "workspace:^",
    "vite": "^6.0.1"
  }
}
```

> 📄 **workspace:*와 workspace:^의 차이점은 무엇인가요?**
>
> workspace:*로 선언했던 @ndive/tsconfig와는 달리 workspace:^로 작성하면 workspace: 프로토콜과 ^ 버전 범위 제약을 결합해 워크스페이스 내부의 특정 패키지가 최소 버전 이상인 경우만 참조하도록 제한할 수 있다. 예를 들면, workspace:^1은 로컬 워크스페이스 패키지 중 주 버전이 1 이상인 버전만 참조하게 된다. 따라서 로컬 워크스페이스에 주 버전이 2로 업데이트되더라도 v1.x.x 버전 이상만 참조한다. 즉, ^1로 지정된 패키지 의존성은 여전히 1.x.x 범위 내의 최신 버전을 사용하며, 주 버전이 올라간 경우에는 해당 패키지에 주 버전 업데이트가 영향을 미치지 않는다.

그런 다음 vite.config.ts를 생성해서 @ndive/vite의 defineConfig 함수를 불러와 비트 빌드 설정을 완성한다.

```ts
import defineConfig from '@ndive/vite'

import pkg from './package.json'

export default defineConfig({
  pkg,
  buildOptions: {
```

```
    entry: {
      index: './src/index.ts',
    },
    target: 'node20',
  },
})
```

마지막으로 package.json을 ESModule 패키지로 수정한 후 build와 clean 스크립트를 작성한다.

```
{
  "name": "@ndive/design-tokens",
  "main": "./dist/index.mjs",
  "types": "./dist/index.d.mts",
  "files": ["dist"],
  "type": "module",
  "exports": {
    ".": {
      "import": "./dist/index.mjs",
      "types": "./dist/index.d.mts"
    }
  },
  "scripts": {
    "build": "vite build --config vite.config.ts",
    "clean": "rm -rf dist"
  }
}
```

이제 최상위에서 pnpm build를 실행하면 어떻게 실행되는지 살펴보자. turbo.json의 tasks 설정에 따르면 clean은 모든 워크스페이스가 같은 수준에 있어 서로 간의 어떤 의존성도 없다. 따라서 모든 워크스페이스에 대해 병렬로 실행된다. 반면 build는 @ndive/design-tokens가 @ndive/vite에 의존하므로 자신의 clean과 @ndive/vite의 build 작업이 끝나야 실행될 수 있다.

```
$ pnpm build

@ndive/design-system@1.0.0 build /ndive-design-system
turbo clean build
```

```
turbo 2.2.3

• Packages in scope: @ndive/tsconfig, @ndive/vite, @ndive/design-tokens
• Running clean, build in 3 packages
• Remote caching disabled
┌ @ndive/vite#clean > cache bypass, force executing 9d03ff88ab861b06
│
│ > @ndive/vite@1.0.1 clean /ndive-design-system/shared/vite
│ > rm -rf dist
└──>
┌ @ndive/vite#build > cache hit, replaying logs 8adf0ad75917b091
│
│ > @ndive/vite@1.0.1 build /ndive-design-system/shared/vite
│ > tsup defineConfig.ts --dts --format esm --out-dir dist
│ # ... 중략 ...
└──>
┌ @ndive/design-tokens#clean > cache bypass, force executing 9ae2c6ad1c59a383
│
│ > @ndive/design-tokens@0.0.3 clean /ndive-design-system/packages/design-to
│ kens
│ > rm -rf dist
└──>
┌ @ndive/design-tokens#build > cache miss, executing accc7187ae8afcc5
│
│ > @ndive/design-tokens@0.0.3 build /ndive-design-system/packages/design-to
│ kens
│ > vite build --config vite.config.ts
│
│ vite v5.4.6 building for production...
│ "build.lib.formats" will be ignored because "build.rollupOptions.output" is already a
│ n array format.
│ ✓ 6 modules transformed.
│
│ [vite:dts] Start generate declaration files...
│ dist/config/index.mjs    0.06 kB │ gzip: 0.08 kB
│ dist/index.mjs           0.14 kB │ gzip: 0.12 kB
│ dist/utils/color.mjs     0.25 kB │ gzip: 0.19 kB
│ dist/utils/utils.mjs     0.47 kB │ gzip: 0.30 kB
│ dist/utils/api.mjs       1.38 kB │ gzip: 0.53 kB
```

```
| dist/getFoundation.mjs   2.25 kB | gzip: 0.99 kB
| [vite:dts] Start rollup declaration files...
| Analysis will use the bundled TypeScript version 5.4.2
| *** The target project appears to use TypeScript 5.6.2 which is newer than the bundle
| d compiler engine; consider upgrading API Extractor.
| [vite:dts] Declaration files built in 1862ms.
|
| ✓ built in 1.93s
└─>


 Tasks:    4 successful, 4 total
Cached:    1 cached, 4 total
  Time:    4.56s
```

터보레포가 실행되는 순서를 시각화한다면 그림 8.13과 같다.

워크스페이스	실행 순서 1	실행 순서 2	실행 순서 3
shared/vite	🗑 clean	📦 build	
packages/design-tokens	🗑 clean		📦 build

그림 8.13 pnpm build를 실행했을 때의 출력 예시

또한 @ndive/vite처럼 @ndive/design-tokens의 build를 이전에 실행한 적이 있고, @ndive/design-tokens 혹은 @ndive/vite의 코드가 변경되지 않은 채로 build를 재실행한다면 캐시에 저장된 작업을 가져와 실행할 것이다.

8.2.5 @ndive/design-components 구현

다음으로 디자인 시스템의 컴포넌트 패키지인 @ndive/design-components를 구현한다. 예제 프로젝트에서는 컴포넌트로 버튼과 모달이 있으며, 이 요소들을 리액트 컴포넌트로 구현한다.

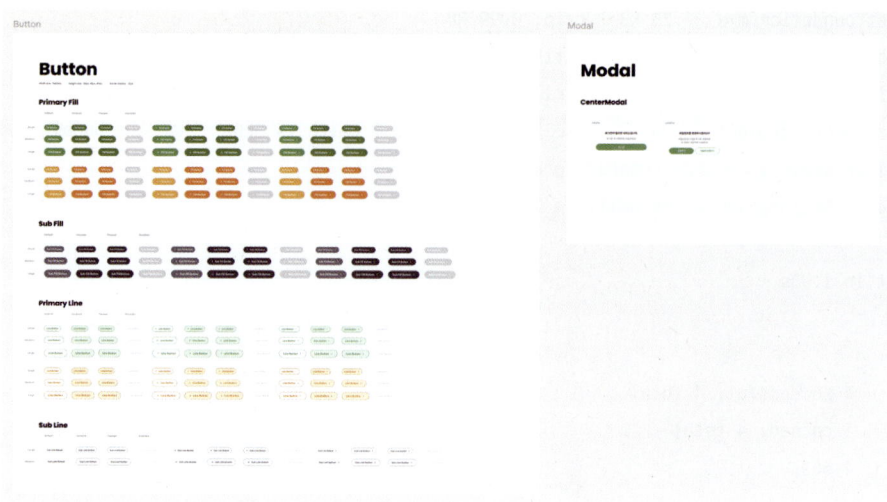

그림 8.14 버튼과 모달 디자인 가이드

8.2.5.1 @ndive/tsconfig를 참조해 타입스크립트 설정하기

마찬가지로 @ndive/tsconfig를 참조해서 타입스크립트를 설정하되, 이번에는 리액트를 사용하는 개발 환경이므로 @ndive/tsconfig/react.json을 확장한다.

```
{
  "extends": "@ndive/tsconfig/react.json",
  "compilerOptions": {
    "baseUrl": ".",
    "paths": {
      "$/*": ["src/*"]
    }
  },
  "include": ["./src", "./scripts"],
  "exclude": ["node_modules", "dist"]
}
```

8.2.5.2 @ndive/design-tokens 활용하기

본격적으로 컴포넌트를 구현하기에 앞서 @ndive/design-tokens를 활용해 스타일을 적용해야 한다. @ndive/design-tokens에서 추출한 JSON 데이터를 그대로 사용하기에는 무리가 있기 때문에 UI 요소에 스타일을 적용하기 위해서는 일반적으로는 CSS 문법을 따르는 형태로 작성해야 한다. 따라서 `@ndive/design-tokens`의 JSON 데이터를 UI에서 사용 가능한 값으로 변환할 필요가 있다. 이 작업은 토큰을 추출하는 로직과는 별개로 컴포넌트 패키지에서만 필요한 작업이므로 `@ndive/design-tokens`가 아닌 사용처에서 구현하는 것이 타당하다.

먼저 `@ndive/design-tokens`를 `@ndive/design-components`에 `dependencies`로 추가하고, `scripts` 폴더에 `@ndive/design-tokens`를 불러와 각 토큰을 적절한 데이터로 변환하는 코드를 작성한다.

```
{
  "name": "@ndive/design-components",
  "dependencies": {
    "@ndive/design-tokens": "workspace:^"
  }
}
```

먼저 색상 데이터를 SCSS로 변환하는 `fetchColor.js`를 작성한다. 이 `fetchColor.js`를 실행하면 `.scss`로 끝나는 스타일 파일을 생성할 수 있다.

> **SCSS란 무엇인가요?**
>
> Sass(Syntactically Awesome Style Sheets)[34]는 CSS 전처리기로, 복잡한 CSS를 효율적이고 쉽게 작성할 수 있게 도와 스타일 코드의 재활용성 및 가독성을 높여준다. Sass에는 CSS에는 없던 변수나 함수, 믹스인, 조건문, 반복문 같은 기능을 제공함으로써 스타일을 모듈화하고, 반복되는 스타일 코드를 효율적으로 관리할 수 있다. 특히 SCSS(Sassy CSS)는 Sass의 확장 문법으로, CSS와 거의 동일한 문법을 사용하면서도 Sass의 강력한 기능을 사용할 수 있어 더욱 효율적인 스타일 관리를 가능하게 한다. 예제 프로젝트에서도 SCSS의 강력한 기능을 활용하고 있으며, 아래의 `color.scss`는 변수 문법($)을 사용해 반복되는 컬러 등을 변수로 지정해 재사용하기 위해 생성한 것이다.

코드 8.12 color.scss 예시

```js
// ./scripts/fetchColor.js
async function fetchColor() {
  const {group, colorSet} = await setColor({
    accessToken: process.env.FIGMA_TOKEN,
  })
}
```

---

[34] https://sass-lang.com/

```
  // color.scss 생성
  // ... 중략 ...
}

fetchColor()
```

```
// /src/styles/color.scss';
$Gray9: #232e40;
$Gray10: #121d2e;
$Gray8: #354153;
$Gray7: #515c6d;
$Gray6: #687486;
$Gray5: #7f8a9b;
$Gray4: #9ea6b4;
$Gray3: #c0c7d2;
$Gray2: #d7dbe2;
$Gray1: #e6e9ee;
$GrayHalf: #f2f4f6;
$GrayPointone: #f9fafc;
$MainGreenLight: #ebfbee;
$MainYellowLight: #fff9db;
$MainGreenDefault: #3da451;
$MainGreenDark: #2b8a3e;
$MainYellowDefault: #f9bb00;
$MainYellowDark: #f08c00;
$RedLight: #fff5f5;
$RedDefault: #f03e3e;
$RedDark: #c92a2a;
$TealLight: #e6fcf5;
$TealDefault: #12b886;
$TealDark: #087f5b;
$gray900: #172e48;
$gray000: #ffffff;
```

생성된 `color.scss` 파일은 SCSS 변수들을 포함하는 파일로, 다른 SCSS 파일에서 색상을 적용할 때 `@import`로 적용할 수 있다.

```scss
// button.scss
@import '$/styles/color.scss';

.line {
  border: 1px solid;
  color: $Gray8;
  border-color: $Gray1;
  background-color: $gray000;
}
```

마찬가지로 글꼴이나 아이콘 또한 리액트 컴포넌트에서 사용 가능한 파일 형태로 추출해서 다음과 같이 UI에서 사용이 가능한 형태로 변환한다.

코드 8.13 @ndive/design-tokens를 활용해서 생성한 글꼴 파일 예시

```scss
// /src/styles/typo.scss
@import '@fontsource/pretendard/500.css';
@import '@fontsource/pretendard/700.css';

@mixin displayBold {
  font-size: 36px;
  font-weight: 700;
  line-height: 43px;
  font-family: Pretendard;
}
// ... 중략 ...
@mixin captionMedium {
  font-size: 12px;
  font-weight: 500;
  line-height: 17px;
  font-family: Pretendard;
}
```

코드 8.14 @ndive/design-tokens를 활용해서 생성한 아이콘 컴포넌트 코드 예시

```tsx
// /src/components/icons/IconAlarm.tsx
import {memo} from 'react'

import type {SVGProps} from 'react'
```

```
function IconAlarm(props: SVGProps<SVGSVGElement>) {
  return (
    <svg
      xmlns="http://www.w3.org/2000/svg"
      width={props.width}
      height={props.height}
      fill="none"
      viewBox="0 0 24 24"
      {...props}
    >
      {/* svg 구현체 */}
    </svg>
  )
}

export default memo(IconAlarm)
```

모든 파일을 완성된 후 `package.json`에 해당 파일들을 호출하는 스크립트를 작성한다.

```
{
  "name": "@ndive/design-components",
  "scripts": {
    "fetch:color": "node ./scripts/fetchColor.js",
    "fetch:typo": "node ./scripts/fetchTypo.js",
    "fetch:icon": "node ./scripts/fetchIcon.js"
  }
}
```

그러나 이 스크립트들은 모노레포 프로젝트 최상단에서 `pnpm fetch:color`를 실행하면 스크립트를 찾지 못한다는 오류를 발생시키면서 실행되지 않는다.

```
$ pnpm fetch:color
ERR_PNPM_RECURSIVE_EXEC_FIRST_FAIL Command "fetch:color" not found
```

이는 `turbo.json`에 `tasks`를 정의하지 않았기 때문으로, 터보레포로 관리되는 모노레포의 내부 워크스페이스 `package.json`에 `turbo`로 시작하지 않는 스크립트를 추가하기만 하면 터보레포가 작업을 인식하지 못한다. 터보레포는 `turbo.json`에 정의된 작업을 기반으로 각 워크스페이스의 스크립트를 실행하므로 `fetch:color` 작업 또한 `turbo.json` 파일에 명시적으로 추가해서 `turbo <작업명>`으로 실행해야 올바르게 동작한다.

8.2.5.2.1 turbo.json 확장하기

`fetchColor`, `fetchTypo`, `fetchIcon`을 올바르게 실행하려면 `turbo.json`에 관련된 작업을 정의해야 한다고 했다. 토큰 업데이트 작업은 `@ndive/design-components`에 국한된 작업이므로 최상단 `turbo.json`에 정의하기보다 해당 워크스페이스 내부에 `turbo.json`을 둔다. 8.1절 '모노레포와 터보레포'에서 언급했던 것처럼 `extends`를 통해 공통된 설정은 상위에서 관리하고, 각 패키지별로 필요한 설정만 추가하면 변경 관리가 쉬워지고, 프로젝트 전반에 걸쳐 일관성을 유지할 수 있다.

```json
// /packages/design-components/turbo.json
{
  "$schema": "https://turbo.build/schema.json",
  "extends": ["//"],
  "tasks": {
    "fetch:color": {
      "dependsOn": [],
      "cache": false
    },
    "fetch:typo": {
      "dependsOn": [],
      "cache": false
    },
    "fetch:icon": {
      "dependsOn": ["fetch:color"],
      "cache": false
    }
  }
}
```

이후 최상단 `package.json`의 `scripts`에도 `fetch:color`, `fetch:typo`, `fetch:icon`을 다음과 같이 `turbo`로 시작하도록 작성하면 정상적으로 실행된다.

```json
{
  "name": "@ndive/design-system",
```

```
  "private": true,
  "scripts": {
    "fetch:color": "turbo fetch:color",
    "fetch:typo": "turbo fetch:typo",
    "fetch:icon": "turbo fetch:icon"
  }
}
```

그러나 `fetch:color`, `fetch:typo`, `fetch:icon`을 각각 실행하는 것은 상당히 비효율적이다. 디자인 토큰은 일괄적으로 업데이트돼도 변경된 사항만 반영할 수 있게 구현됐으므로 세 가지 작업을 묶어 `fetch:tokens`라는 단일 작업으로 사용하는 것이 편리하다. 또한 `fetch:tokens` 작업은 캐시를 사용하지 않으므로 캐시를 우회하고 무조건 새로 작업을 실행할 수 있게 `cache: false`로 설정한다.

```
// /packages/design-components/turbo.json
{
  "$schema": "https://turbo.build/schema.json",
  "extends": ["//"],
  "tasks": {
    "fetch:color": {
      "dependsOn": [],
      "cache": false
    },
    "fetch:typo": {
      "dependsOn": [],
      "cache": false
    },
    "fetch:icon": {
      "dependsOn": ["fetch:color"],
      "cache": false
    },
    "fetch:tokens": {
      "dependsOn": ["fetch:color", "fetch:typo", "fetch:icon"],
      "cache": false
    }
  }
}
```

마찬가지로 최상단 package.json에도 turbo fetch:tokens로 fetch:tokens를 실행한다.

```
{
  "name": "@ndive/design-system",
  "private": true,
  "scripts": {
    "fetch:tokens": "turbo fetch:tokens"
  }
}
```

8.2.5.3 UI 컴포넌트 작성하기

디자인 토큰을 UI 컴포넌트에 사용할 수 있도록 변환을 완료했다면 컴포넌트 코드를 작성할 수 있다. 본 패키지는 리액트 기반 프로젝트이므로 react와 react-dom 패키지를 peerDependencies로 추가한다. 7.1절 '나만의 npm 패키지 만들기'의 @ndive/react-image 패키지처럼 리액트 컴포넌트를 포함한 패키지이므로 직접 dependencies에 추가하기보다 peerDependencies로 추가해서 사용처의 node_modules에 설치된 react 패키지를 사용하도록 한다.

```
{
  "name": "@ndive/design-components",
  "peerDependencies": {
    "@types/react": "^18",
    "@types/react-dom": "^18",
    "react": "^18",
    "react-dom": "^18"
  }
}
```

ndive-design-system 피그마 프로젝트상의 버튼 컴포넌트 형상을 참고해서 기술된 명세대로 컴포넌트를 순차적으로 구현한다.

코드 8.15 @ndive/design-components의 배럴 파일

```
// /src/index.ts

// Button
export {default as ButtonPrimary} from '$/components/button/ButtonPrimary'
```

```
export {default as ButtonSub} from '$/components/button/ButtonSub'

// Modal
export {default as ModalNotice} from '$/components/modal/ModalNotice'
export {default as ModalConfirm} from '$/components/modal/ModalConfirm'
```

이때 @ndive/design-tokens에서 추출한 아이콘들을 내보내는 배럴 파일인 /src/components/icons/index.ts는 /src/index.ts 배럴 파일에 포함하지 않고 따로 내보낸다. 아이콘과 관련된 진입점을 따로 내보내는 이유는 빌드를 설명할 때 자세히 설명한다.

```
// /src/components/icon/index.ts
export {default as IconDown} from './IconDown'
export {default as IconUp} from './IconUp'
export {default as IconSetting} from './IconSetting'
// ... 중략 ...
```

8.2.5.4 빌드하기

@ndive/design-components에서 필요한 컴포넌트가 모두 구현됐다면 비트 빌드 설정을 추가한다. @ndive/design-tokens처럼 @ndive/vite와 vite를 설치한 후 vite.config.ts 파일을 작성한다.

```
{
  "name": "@ndive/design-components",
  "devDependencies": {
    "@ndive/vite": "workspace:^",
    "vite": "^6.0.1"
  }
}
```

코드 8.16 @ndive/design-components의 vite.config.ts 설정

```
// vite.config.ts
import {fileURLToPath, URL} from 'node:url'

import defineConfig from '@ndive/vite'
import react from '@vitejs/plugin-react'
import browserslistToEsbuild from 'browserslist-to-esbuild'
```

```
import {viteStaticCopy} from 'vite-plugin-static-copy'

import pkg from './package.json'

const SUPPORT_TARGETS = browserslistToEsbuild()

export default defineConfig({
  pkg,
  buildOptions: {
    entry: {
      index: './src/index.ts',
      icons: './src/components/icons/index.ts',
    },
    target: SUPPORT_TARGETS,
  },
  resolve: {
    alias: {
      $: fileURLToPath(new URL('./src', import.meta.url)),
    },
  },
  plugins: [
    react(),
    viteStaticCopy({
      targets: [
        {
          src: 'src/json',
          dest: '.',
        },
        {
          src: 'src/styles/typo.scss',
          dest: 'styles',
        },
      ],
    }),
  ],
})
```

@ndive/design-components는 특히 클라이언트 환경에서 사용되므로 @ndive/design-tokens와는 달리 추가적인 설정이 더 필요하다. 비트 설정들을 하나씩 살펴보자.

8.2.5.4.1 지원 브라우저 환경

지원 브라우저 환경을 명시하는 작업은 7.1절 '나만의 npm 패키지 만들기'에서 **browserslist**를 설정했던 것과 동일하게 설정한다. 이번 예제 프로젝트는 모던 브라우저를 기준으로 삼고, 폴리필이 필요하지 않다는 가정하에 진행되므로 바벨과 관련된 폴리필 설정은 제외했다.

그렇다면 모던 브라우저 환경을 기준으로 한다면 폴리필이 정말 필요하지 않을까? 2024년 11월을 기준으로 https://browsersl.ist에서 제공하는 데이터에 따르면 글로벌 사용자의 약 83.7%가 최신 브라우저를 사용하고 있다.

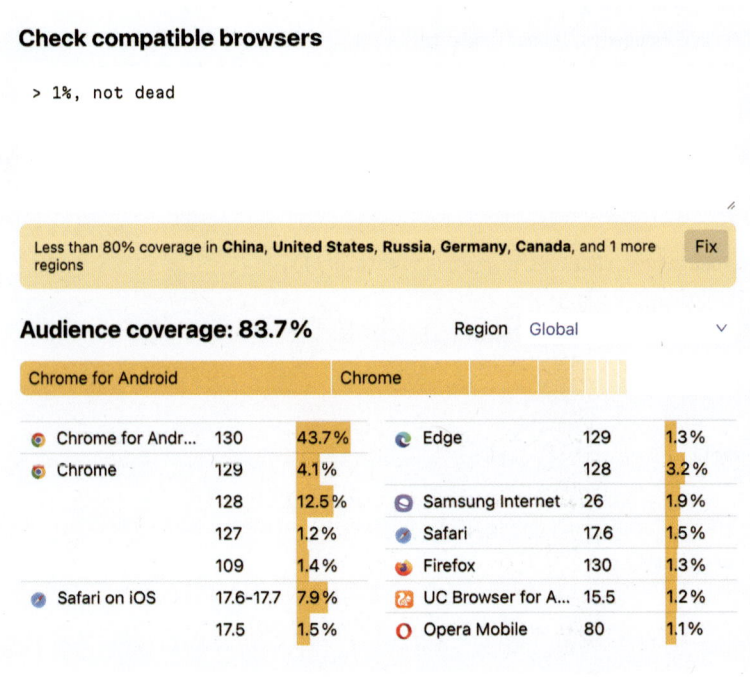

그림 8.15 browserslist로 검색한 모던 브라우저의 글로벌 지원 범위

이처럼 약 84%의 최신 브라우저만을 대상으로 한다면 core-js와 같은 폴리필은 대부분 불필요할 수 있다. 그 이유는 최신 브라우저가 이미 대부분의 ECMAScript 최신 기능을 기본적으로 지원하기 때문이다. 따라서 이런 환경에서는 불필요한 폴리필 적용을 생략해서 번들 크기를 줄이는 편이 더 효율적이다.

다만 여전히 모든 브라우저에서 지원하지 않는 최신 ECMAScript 기능을 사용해야 하는 경우라면 일부 폴리필 적용이 필요할 수 있다. 따라서 프로젝트에서 지원할 ECMAScript 버전 범위를 명확히 정의하고 필요 여부를 신중히 판단해야 한다. 폴리필 적용 여부는 지원 대상 브라우저와 ECMAScript 기능의 범위에 따라 달라질 수 있음을 염두에 두자.

8.2.5.4.2 진입점

진입점에서는 /src/index.ts 파일을 통해 주요 배럴 파일을 내보내고, /src/components/icons/index.ts 파일을 통해 아이콘만을 별도로 내보내도록 설정해야 한다. 이때 vite.config.ts의 exports 옵션은 반드시 package.json의 exports 필드에서 정의한 경로와 일치해야 한다. 예를 들어, /src/components/icons/index.ts를 icons로 빌드한다면 다음과 같은 빌드 결과물이 생성되고, 이 경로를 package.json의 exports 필드에서 활용해야 한다.

또한 비트는 스타일 속성을 자바스크립트 파일로부터 분리해서 생성하므로 스타일 파일 또한 exports에 외부 진입 경로를 명시해야 한다.

> **노트**
>
> 비트 5 버전까지는 CSS 결과물을 style.css로 내보냈지만 6 버전부터는 package.json의 name 필드명을 따라 파일명이 결정된다. 이 스타일 파일명을 변경하고자 한다면 build.lib.cssFileName 옵션으로 변경할 수 있다.[35]

```
dist/
├── components
├── constants
├── styles
├── icons.d.ts
├── icons.mjs
├── index.d.ts
├── index.mjs
└── design-components.css
```

코드 8.17 icons라는 키로 생성한 icons.mjs를 exports 필드에서 ./icons의 import 경로로 매핑하고, 비트 빌드로 생성된 design-components.css 파일은 ./styles로 매핑한다.

```
{
  "name": "@ndive/design-components",
  "exports": {
    ".": {
      "import": "./dist/index.mjs",
      "types": "./dist/index.d.ts"
    },
```

---

[35] https://vite.dev/guide/migration.html#customize-css-output-file-name-in-library-mode

```
  "./icons": {
    "import": "./dist/icons.mjs",
    "types": "./dist/icons.d.ts"
  },
  "./styles": {
    "default": "./dist/design-components.css"
  }
 }
}
```

8.2.5.4.3 resolve 설정

tsconfig.json에 paths 설정이 있다면 비트 설정에서 resolve.alias를 반드시 설정해야 한다. 이때 alias는 paths와 일치하도록 구현한다.

```
{
  resolve: {
   alias: {
     $: fileURLToPath(new URL('./src', import.meta.url)),
   },
  },
}
```

8.2.5.4.4 정적 파일 복사

필수적으로 내보내야 할 컴포넌트 외에도 @ndive/design-components는 부수적인 파일도 exports에 포함한다. 첫 번째로 디자인 시스템의 모든 스타일을 담은 파일인 style.css를 따로 내보내야 한다. 이렇게 CSS를 분리해서 내보내는 이유는 Next.js 같은 정적 빌드 환경에서의 효율적인 스타일 관리를 위해서다.

> 📄 **정적 빌드 환경에서의 스타일 관리 문제**
>
> Next.js 같은 정적 빌드 도구는 서버 사이드 렌더링과 정적 사이트 생성을 주요 기능으로 제공하며, 빌드 시 HTML과 CSS를 미리 생성해서 성능을 극대화한다. 이런 환경에서 컴포넌트 단위로 작성된 스타일은 다음과 같은 문제를 일으킬 수 있다.
>
> - **렌더링 초기 단계의 CSS 누락**: 컴포넌트 내부에서만 스타일이 로드되는 경우 초기 HTML이 브라우저에 전달될 때 CSS가 포함되지 않아 스타일이 적용되지 않은 화면(Flash of Unstyled Content; FOUC)이 잠깐 나타날 수 있다.
> - **스타일의 중복 로딩**: 컴포넌트별로 스타일이 분리돼 있으면 빌드 시 같은 스타일이 여러 번 로드되어 비효율적이다. 이는 번들 크기를 증가시키고, 초기 로딩 속도를 느리게 만드는 요인이 되기도 한다.

따라서 디자인 시스템처럼 스타일이 포함된 패키지는 전체 스타일을 하나의 `style.css`로 별도 제공하면 위와 같은 문제를 효과적으로 해결할 수 있다.

- **초기 렌더링 성능 최적화**: 최상단에 import `'@ndive/design-system/style.css`를 선언하면 빌드 시 `style.css`를 HTML `<head>`에 포함시키므로 초기 화면에서 필요한 모든 스타일이 빠르게 적용된다. 이를 통해 FOUC 현상을 방지할 수 있다.
- **정적 자산 캐싱**: `style.css` 파일은 정적 파일로 Next.js의 정적 파일 제공 메커니즘을 통해 제공할 수 있다. 이를 통해 브라우저 캐싱이 가능해져 이후 페이지 로드가 더 빠르게 처리된다.
- **중복 제거**: 모든 스타일을 하나의 파일로 통합하면 중복된 스타일을 제거하고 최적화된 CSS를 로드할 수 있다. 이로 인해 번들 크기가 줄어들고, 네트워크 요청 횟수도 감소하는 성능 최적화가 가능해진다는 이점이 있다.

두 번째로 `@ndive/design-tokens`로부터 생성된 `color.json`, `icon.json`, `size.json` 등의 JSON 파일이 포함된다. 이 JSON 파일들은 추후 스토리북을 작성할 때 필요한 데이터로, 사용자에게 `ndive-design-system`이 제공하는 디자인 토큰을 시각적으로 나타낼 때 쓰인다. 마지막으로 `style.css`와는 구별되는 `typo.scss`를 내보내 실제 프로젝트상의 CSS 파일에서 디자인 시스템의 글꼴 스타일을 활용할 수 있게 제공한다. 이렇게 글꼴이나 특정 스타일과 관련한 파일을 내보내 정적으로 제공하면 스타일 파일에 일관된 글꼴을 유지할 수 있게 하고 Next.js에서의 사례처럼 브라우저 캐싱과 같은 기능을 활용할 수 있다.

비트에서는 `vite-plugin-static-copy` 플러그인을 사용해 이러한 정적 파일을 빌드 경로로 복사할 수 있으며, `viteStaticCopy`의 `target` 매개변수에 원본 파일과 복사할 경로를 지정한다.

```
import {viteStaticCopy} from 'vite-plugin-static-copy'

export default defineConfig({
  plugins: [
    react(),
    viteStaticCopy({
      targets: [
        {
          src: 'src/json',
          dest: '.',
        },
        {
          src: 'src/styles/typo.scss',
          dest: 'styles',
        },
```

```
      ],
    }),
  ],
})
```

이렇게 완성된 `vite.config.js`로 빌드한 결과물은 다음과 같다.

```
dist/
├── components/
│   ├── button/
│   │   ├── ButtonPrimary.mjs
│   │   ├── ButtonPrimary.module.scss.mjs
│   │   ├── ButtonSub.mjs
│   │   └── ButtonSub.module.scss.mjs
│   ├── icons/
│   │   ├── IconAdd.mjs
│   │   └── ...
│   └── modal/
│       ├── contexts/
│       ├── frames/
│       ├── Modal.module.scss.mjs
│       ├── ModalConfirm.mjs
│       └── ModalNotice.mjs
├── constants/
│   └── icon.mjs
├── json/
│   ├── color.json
│   ├── icon.json
│   ├── size.json
│   └── size.json.mjs
├── styles/
│   └── typo.scss
├── icons.d.ts
├── icons.mjs
├── index.d.ts
├── index.mjs
└── design-components.css
```

8.2.5.5 빌드하기

비트 설정을 완료했다면 `package.json`을 설정한다. `@ndive/design-tokens`와 마찬가지로 ESModule 패키지이므로 `type`을 `"module"`로 설정하고 `exports` 필드를 추가한다. 이때 내보내야 할 파일은 모두 `exports` 맵에 선언해야 한다.

```json
{
  "name": "@ndive/design-components",
  "version": "0.0.4",
  "description": "",
  "main": "./dist/index.mjs",
  "types": "./dist/index.d.ts",
  "files": ["dist"],
  "type": "module",
  "exports": {
    ".": {
      "import": "./dist/index.mjs",
      "types": "./dist/index.d.ts"
    },
    "./icons": {
      "import": "./dist/icons.mjs",
      "types": "./dist/icons.d.ts"
    },
    "./styles": {
      "default": "./dist/design-components.css"
    },
    "./color": {
      "default": "./dist/json/color.json"
    },
    "./icon": {
      "default": "./dist/json/icon.json"
    },
    "./size": {
      "default": "./dist/json/size.json"
    },
    "./scss/typo.scss": {
      "default": "./dist/styles/typo.scss"
    }
  }
}
```

4.4절 'Node.js는 어떻게 node_modules에서 패키지를 찾아갈까?'의 ESModule의 모듈 해석 과정에서 본 것처럼 만약 exports에서 경로가 누락된 파일은 아무리 패키지 경로에 해당 파일이 포함돼 있어도 import로 모듈을 불러올 수 없으므로 반드시 내보내는 모든 경로가 작성됐는지 확인하자.

마지막으로 clean과 build 스크립트를 추가하고 빌드를 실행하면 터보레포가 작업의 의존성 순서에 맞게 @ndive/vite, @ndive/design-tokens, @ndive/design-components 순으로 build 작업을 수행한다. clean의 경우 각 패키지의 build 작업 이전에만 실행되는 것이 보장되고 패키지 간 어떤 의존성도 없으므로 세 패키지 모두 병렬로 실행된다.

```
$ pnpm build

@ndive/design-system@1.0.0 build /ndive-design-system
turbo clean build

turbo 2.2.3

• Packages in scope: @ndive/tsconfig, @ndive/vite, @ndive/design-tokens, @ndive/design-components
• Running clean, build in 4 packages
• Remote caching disabled
┌ @ndive/vite#clean > cache bypass, force executing 9d03ff88ab861b06
| # ... 중략 ...
└─>
┌ @ndive/design-tokens#clean > cache bypass, force executing 9ae2c6ad1c59a383
| # ... 중략 ...
└─>
┌ @ndive/design-components#clean > cache bypass, force executing 77bd04eeac848941
| # ... 중략 ...
└─>
┌ @ndive/vite#build > cache hit, executing 8adf0ad75917b091
| # ... 중략 ...
└─>
┌ @ndive/design-tokens#build > cache hit, executing accc7187ae8afcc5
| # ... 중략 ...
└─>
┌ @ndive/design-components#build > cache miss, executing 82856c786c39bdba
|
| > @ndive/design-components@0.0.4 build /ndive-design-system/packages/design-components
| > vite build --config vite.config.ts
```

```
| vite v5.4.6 building for production...
| "build.lib.formats" will be ignored because "build.rollupOptions.output" is already an array
format.
|
| dist/style.css                                      30,591.03 kB | gzip: 22,756.59 kB
| dist/constants/icon.mjs                                  0.08 kB | gzip:     0.09 kB
| dist/components/modal/frames/Title.module.scss.mjs      0.09 kB | gzip:     0.09 kB
| dist/components/modal/frames/Footer.module.scss.mjs     0.09 kB | gzip:     0.09 kB
| dist/components/modal/frames/Content.module.scss.mjs    0.10 kB | gzip:     0.10 kB
| dist/components/modal/frames/Overlay.module.scss.mjs    0.14 kB | gzip:     0.12 kB
| dist/components/modal/Modal.module.scss.mjs             0.20 kB | gzip:     0.15 kB
| dist/components/modal/frames/Title.mjs                  0.27 kB | gzip:     0.21 kB
| dist/components/modal/frames/Footer.mjs                 0.28 kB | gzip:     0.21 kB
| dist/components/modal/frames/Content.mjs                0.28 kB | gzip:     0.21 kB
| dist/components/modal/frames/Overlay.mjs                0.30 kB | gzip:     0.23 kB
| dist/index.mjs                                          0.43 kB | gzip:     0.19 kB
| dist/components/icons/IconMenu.mjs                      0.47 kB | gzip:     0.30 kB
| dist/json/size.json.mjs                                 0.48 kB | gzip:     0.21 kB
| # ... 중략 ...
| dist/icons.mjs                                          4.57 kB | gzip:     0.84 kB
| ✓ built in 6.62s
└─>

 Tasks:    6 successful, 6 total
Cached:    2 cached, 6 total
  Time:    13.787s
```

다음 그림에서 볼 수 있듯이 clean 작업은 병렬로, build 작업은 의존성 그래프 순서대로 실행된다.

워크스페이스	실행 순서 1	실행 순서 2	실행 순서 3	실행 순서 4
shared/vite	clean	build		
packages/design-tokens	clean		build	
packages/design-components	clean			build

그림 8.16 @ndive/vite, @ndive/design-tokens, @ndive/design-components 순으로 build가 실행된다.

8.2.6 @ndive/design-tracker 구현

마지막으로 디자인 시스템의 사용량을 분석하는 @ndive/design-tracker 패키지를 구현해본다. 해당 패키지는 @ndive/design-components를 import하는 모든 파일을 분석해서 디자인 시스템 내 요소들이 저장소에서 얼마나 사용되고 있는지 분석하는 CLI 패키지다. 예를 들어, npx @ndive/design-tracker를 터미널에서 호출하면 다음과 같은 분석 데이터를 생성한다.

```
{
  "ButtonSub": {
    "instance": 1, // 사용 횟수
    "props": {
      // 사용 props 및 횟수
      "text": {
        "type": "string",
        "count": 1
      },
      "size": {
        "type": "'small' | 'medium' | 'large'",
        "count": 1
      },
      "fillType": {
        "type": "'fill' | 'line'",
        "count": 1
      }
    }
  },
  "IconAdd": {
    "instance": 1,
    "type": "React.MemoExoticComponent<typeof IconAdd_2>",
    "props": {
      "fill": {
        "type": "unknown",
        "count": 1
      }
    }
  }
}
```

8.2.6.1 @ndive/tsconfig를 참조해서 타입스크립트 설정하기

타입스크립트 설정은 `@ndive/design-tokens` 패키지와 마찬가지로 Node.js 패키지이므로 `@ndive/tsconfig/node.json`를 확장한다. 또한 CLI 패키지는 실행 가능한 스크립트 경로인 `bin` 폴더를 `include` 필드에 추가해서 타입스크립트가 타입을 감지하는 범위에 포함시킨다.

```
{
    "extends": "@ndive/tsconfig/node.json",
    "compilerOptions": {
        "baseUrl": ".",
        "paths": {
            "$/*": ["src/*"]
        }
    },
    "include": ["./src", "./bin"],
    "exclude": ["node_modules", "dist"]
}
```

8.2.6.2 기능 설계하기

CLI 패키지를 구현하기 전에 사용자는 이 패키지를 어떻게 호출할 수 있을지 설계한다. 이 패키지는 독립적으로 npx로 호출 가능하지 않고 호출 위치의 코드베이스를 바탕으로 동작해야 한다. 따라서 사용자 환경에 대한 정보를 CLI 패키지가 어떻게 얻을 수 있을지 고려해야 한다.

가장 먼저 고려해야 할 사용자 입력은 패키지에서 사용할 정적 분석 도구에 달려 있다. 이 패키지의 목적은 `@ndive/design-components`가 사용된 코드를 정적으로 분석해 사용 빈도를 확인하는 것이다. 이때 앞서 여러 장에 걸쳐 지속적으로 언급했던 추상 구문 트리가 이러한 코드를 분석할 때 활용된다. 함수, 변수, 클래스 같은 코드의 각 요소를 트리의 노드로 체계적으로 표현하는 추상 구문 트리를 활용하면 코드의 특정 패턴을 식별할 수 있어 직접 실행하지 않고도 변수를 추적하거나 사용되지 않는 코드를 찾는 등 다양한 정적 분석이 가능하다. 이러한 추상 구문 트리를 생성하고 분석하기 위한 도구로는 `@babel/parser`[36], `@typescript-eslint/parser`[37], `jscodeshift`[38], `ts-morph`[39] 등 여러 패키지가 널리 쓰인다. 사용자 입력은 대부분 이러한 파싱 도구에서 요구하는 옵션을 따라 설계된다. 예를 들어, `ts-morph`를 사용한다면

---

[36] https://www.npmjs.com/package/@babel/parser
[37] https://www.npmjs.com/package/@typescript-eslint/parser
[38] https://www.npmjs.com/package/jscodeshift
[39] https://www.npmjs.com/package/ts-morph

사용자로부터 tsconfig.json 경로를 받아야 대상 파일의 코드로만 분석이 가능하다. 즉, 다음과 같이 --tsconfig 옵션으로 tsconfig.json의 경로를 입력으로 받아서 처리할 수 있다.

```
$ npx @ndive/design-tracker --tsconfig ./tsconfig.json
```

또 어떤 정보가 더 필요할까? 일반적으로 사용 빈도와 같은 데이터는 단순히 터미널 출력(stdout)으로 내보낼 수도 있지만 JSON 데이터로 저장해 시기별로 적재해 또 다른 유의미한 통계를 도출하기도 한다. 이를 위해 사용자가 원하는 폴더 경로로 결괏값을 저장할 수 있는 outputTo 옵션을 제공한다. 예를 들어, 다음과 같이 --output 옵션으로 지정한 ./analysis/241101.json 파일 경로에 결과를 저장할 수 있다.

```
$ npx @ndive/design-tracker --output ./analysis/241101.json
```

또한 이 패키지처럼 호출 환경을 기반으로 동작하는 패키지는 사용자가 원하는 경로만 분석할 수 있도록 지원해야 한다. 가령, src 폴더 내 __test__ 경로에 작성된 테스트 코드는 이 분석에서 제외할 수 있다. 이는 사용자 프로젝트마다 상이한 요구사항이 될 수 있으므로 glob 옵션을 제공하면 더욱 유용한 패키지가 될 수 있다.

다음은 --glob 옵션으로 glob 패턴을 작성해 ./src/__test__ 경로를 제외한 .ts, .tsx 파일을 분석하는 예다.

```
$ npx @ndive/design-tracker --glob 'src/**/*.{ts,tsx,!(__test__/**)}'
```

마지막으로 사용자의 코드 디버깅을 돕기 위한 --verbose 옵션 또한 제공한다. 예를 들어, 다음과 같이 --verbose 옵션을 추가하면 터미널 출력으로 현재 분석의 진행 상황 혹은 입력받은 파일 경로 등을 표시한다.

```
$ npx @ndive/design-tracker --verbose
```

> **--verbose는 언제 유용한가요?**
>
> --verbose 옵션은 CLI 패키지에서 실행 과정을 좀 더 상세하게 출력하는 디버깅 옵션으로 자주 활용된다. 이 옵션은 다음과 같은 경우에 유용하다.
>
> - **문제 해결 및 디버깅**: CLI 패키지 실행 중 문제가 발생했을 때 표준 출력만으로는 원인을 파악하기 어려울 수 있다. 이때 --verbose 옵션을 추가하면 내부 로그, 실행된 명령어, 처리 단계 등을 상세히 출력해 문제의 원인을 찾는 데 도움을 줄 수 있다.
> - **프로세스 추적**: 빌드, 테스트, 배포 도구처럼 복잡한 작업을 수행하는 CLI 패키지인 경우 각 단계가 어떻게 진행되는지 자세히 알고 싶을 때 사용할 수 있다.
> - **성능 분석**: CLI 패키지가 오래 걸리는 작업을 할 때 --verbose를 사용해 각 단계의 소요 시간과 성능 병목을 파악할 수도 있다.
> - **개발 및 디버깅**: CLI 패키지를 개발하거나 유지보수할 때 --verbose 옵션을 통해 사용자가 볼 수 있는 정보 외에 더 많은 정보를 확인할 수 있어 개발자에게 디버깅 자료를 제공할 수 있다.

이렇게 모든 기능 구현을 마무리할 수도 있지만 더 나아가 사용자 편의성까지 고려해보자. --tsconfig, --outputTo, --include 옵션을 연이어 작성하는 것은 사용하는 입장에서 너무 긴 실행 명령어를 작성해야 하는 번거로움이 있다. 이는 CLI 패키지를 자주 사용하는 입장에서는 특히 불편한 일이다. 따라서 사용 가능한 옵션들을 한데 묶어 정의할 수 있는 구성 파일을 만들어 반복적으로 CLI 패키지를 호출하는 경우에 일관된 설정으로 사용할 수 있게 지원한다.

코드 8.18 ndive-design-tracker.js 구성 파일을 작성해 CLI를 실행하면 명령어가 간단해진다.

```js
// ndive-design-tracker.js
module.exports = {
  tsConfigFilePath: './tsconfig.json',
  outputTo: './analysis/241101.json',
  glob: ['src/**/*.{ts,tsx,!(__test__/**)}'],
}
```

그리고 나면 구성 파일의 경로는 프로젝트마다 상이할 수 있으므로 다음과 같이 --config 옵션으로 경로를 받아 실행할 수 있다.

```
$ npx @ndive/design-tracker --config ./ndive-design-tracker.json
```

최종적으로 @ndive/design-tracker 패키지는 다음과 같은 구성 파일과 옵션을 받을 수 있다.

표 8.2 @ndive/design-tracker 구성 파일의 옵션 목록

옵션	용도	기본값
tsConfigFilePath	ts-morph에서 사용할 tsconfig.json 경로	./tsconfig.json
outputTo	실행 결과를 저장하는 파일 경로	터미널 출력
glob	실행 대상 파일 경로의 glob 패턴[40]	['**/!(*.test|*.spec|*.d).@(js|ts)?(x)']

또한 @ndive/design-tracker를 직접적으로 사용할 경우 다음과 같은 사용자 입력을 받는다.

표 8.3 @ndive/design-tracker를 CLI로 실행 시 인자로 받을 옵션 목록

옵션	용도	기본값
--tsconfig	ts-morph에서 사용할 tsconfig.json 경로(실행 시 직접 설정하는 경우)	./tsconfig.json
--config	구성 파일 경로	./ndive-design-tracker.js
--verbose	사용자 디버깅을 위한 출력 여부	false

8.2.6.3 /bin/index.ts 코드 작성하기

앞에서 고안한 설계를 바탕으로 코드를 작성해보자. CLI 패키지의 기능은 크게 사용자 입력을 받아 처리하는 기능과 받은 입력으로 코드를 분석하는 기능으로 나눌 수 있다.

먼저 사용자 입력을 받아서 처리하는 코드는 곧 CLI 패키지에서 2.6절 'bin 필드와 npx'에서 설명한 bin 필드의 경로로 등록할 파일에 해당한다. @ndive/design-tracker에서 bin 필드로 설정될 경로는 /bin이므로 /bin/index.ts에 사용자 입력을 받는 코드를 추가한다.

```
// ./bin/index.ts
#!/usr/bin/env node
import {runCli} from '../src/helpers/runCli'

async function analyze() {
  const {flags: options} = runCli()

  // ... 중략 ...
}
```

---

[40] https://code.visualstudio.com/docs/editor/glob-patterns

```
analyze()
```

이때 사용자 프로젝트의 환경을 기반으로 동작하는 CLI 패키지에서 반드시 주의할 점이 있다. 해당 패키지를 npx로 실행하면 캐시 디렉터리에서 패키지가 임시로 설치되고 실행된다. 이 경로는 사용자가 명령어를 실행한 경로와는 별개로 시스템의 임시 디렉터리나 npx 전용 캐시 디렉터리에서 처리하는 것이다. 따라서 CLI 패키지 자체는 현재 작업 디렉터리에서 실행되지만 그 패키지의 설치 및 실행 파일은 npx에 의해 완전히 다른 경로에 위치하게 되므로 사용자 입력으로 파일 경로를 받을 때는 반드시 `process.cwd()` 같은 현재 프로세스가 실행 중인 경로를 함께 넘겨야 한다.

```ts
// ./src/utils/index.ts
import path from 'node:path'

export function getAbsolutePath(pathname: string, dirPath = process.cwd()) {
  return path.isAbsolute(pathname) ? pathname : path.resolve(dirPath, pathname)
}
```

8.2.6.4 코드를 정적으로 분석하기

사용자 입력을 받을 준비가 완료되면 이 입력을 바탕으로 코드를 정적으로 분석하는 로직을 작성한다. 이 로직은 앞에서 말한 추상 구문 트리 파싱 도구 중 자신의 프로젝트에 적합한 도구를 선택해 작성한다. 예제 프로젝트에서는 `ts-morph`를 선택했는데, 그 이유는 `@ndive/design-components`를 사용하는 대부분의 코드베이스는 타입스크립트로 작성된 코드일 가능성이 높기 때문이다. `@ndive/design-components`는 `vite-plugin-dts`를 통해 타입 선언 파일을 외부로 내보내며, 이 타입 정보를 타입스크립트 시스템과 함께 사용하는 것은 현대 자바스크립트 개발, 특히 웹 애플리케이션을 개발할 때 효율적이다. 따라서 디자인 시스템을 사용하는 프로젝트가 타입스크립트 프로젝트라면 `@ndive/design-tracker`가 타입스크립트 코드를 분석하기 위해 `ts-morph`를 사용하는 것은 적절한 선택이 될 수 있다. `ts-morph`의 자세한 내용은 공식 문서[41]를 참고한다.

또한 앞에서 고려했던 기능에 맞춰 분석 데이터를 어디로부터, 어떻게, 그리고 어디에 생성할지 구현한다.

1. **분석해야 할 파일 경로**: 사용자 프로젝트 경로에서 타입스크립트 컴파일러로 처리되는 파일 경로를 조회해야 한다. 이때 `ts-morph`를 사용하면 이 작업이 굉장히 쉬워지는데, `tsconfig.json` 경로를 받아 프로젝트에서 타입스크립트 시스

---

[41] https://ts-morph.com/

템이 처리할 수 있는 모든 파일들을 인식할 수 있다. 그러나 앞에서 설계했던 내용 중 구성 파일 옵션으로 glob을 제공해 사용자가 분석을 원하는 특정 파일 경로를 받을 수 있게 했다. 따라서 ts-morph로 인식 가능한 파일 경로 중에서 이 glob에 해당하는 파일만 분석에 포함해야 한다.

2. **분석 결괏값 선언**: 분석 결괏값을 어떻게 생성할 것인지 고민해야 한다. 디자인 시스템의 사용량을 분석한다는 것은 @ndive/design-components에서 내보내는 모듈을 사용하는 횟수를 계산하는 것이다. 따라서 파일에서 import ... from '@ndive/design-components' 같은 import 문을 읽고 사용된 모듈별로 횟수를 누적하면 된다. 더 나아가 @ndive/design-components는 리액트 컴포넌트를 내보내고 있으므로 실제로 사용한 props 횟수까지 계산하면 더욱 유의미할 것이다.

3. **분석 결괏값 출력**: 출력값을 어떤 경로로 내보내는지 구성 파일의 outputTo 옵션을 읽거나 outputTo를 따로 지정하지 않았다면 터미널 출력으로 내보내야 한다.

추가로, 옵션 중 --verbose 옵션으로 디버깅 출력을 지원하겠다고 했다. 이는 실제로 로직이 실행되는 경로인 /src/helpers/run.ts에서 사용자에게 보여주고 싶은 디버깅용 값을 console.log로 출력하면 된다. 실습에서는 tsconfig.json과 구성 파일의 절대 경로를 출력해서 사용자가 올바른 설정으로 패키지를 실행했는지 확인할 수 있게 돕는다.

여기서 설명한 모든 기능을 구현한 전체 코드는 예제 프로젝트 저장소[42]에서 확인할 수 있다.

8.2.6.5 빌드하기

패키지를 배포할 준비를 마쳤다면 앞서 turbo.json에서 기본 작업으로 설정된 build와 clean도 다음과 같이 추가한다. @ndive/design-tracker는 CLI 패키지이므로 비트를 통해 빌드 최적화를 하기보다 tsup을 통해 간단하게 번들링했다.

```
// package.json
{
  "name": "@ndive/design-tracker",
  "scripts": {
    "build": "tsup bin/index.ts",
    "clean": "rm -rf dist"
  }
}
```

---

[42] https://github.com/yujeongJeon/ndive-design-system

또한 CLI 패키지의 명령어 및 실제 실행 경로인 bin을 작성하고 exports 또한 추가한다. bin 필드에 문자열로 경로를 설정했으므로 실행 명령어는 패키지명과 동일한 @ndive/design-tracker로 호출할 수 있다.

```
// package.json
{
  "name": "@ndive/design-tracker",
  "bin": "./dist/index.js",
  "exports": {
    ".": {
      "import": "./dist/index.js",
      "types": "./dist/index.d.ts"
    },
    "./package.json": "./package.json"
  }
}
```

기능 구현이 완료됐다면 모노레포상에서 @ndive/design-tracker 패키지가 갖는 의존성을 고려해보자. @ndive/design-tracker 패키지는 의미상으로 @ndive/design-components와 관련이 있지만 실제 터보 레포의 작업 그래프상으로는 @ndive/design-components 패키지와 의존성 없이 독립적으로 실행이 가능한 패키지다. 이는 추상 구문 트리로 코드베이스를 분석하면 @ndive/design-components 패키지인지 검사하는 것이 충분히 가능하기 때문에 별도로 패키지를 의존성으로 추가할 필요가 없기 때문이다. 따라서 pnpm build로 모노레포의 build 작업을 모두 실행하면 @ndive/design-tracker는 다른 패키지의 작업과 모두 병렬로 실행된다.

```
$ pnpm build

• Packages in scope: @ndive/design-components, @ndive/design-tokens, @ndive/design-tracker, @ndive/tsconfig, @ndive/vite
• Running clean, build in 5 packages
┌ @ndive/vite#clean > cache bypass, force executing 9d03ff88ab861b06
| # ... 중략 ...
└─>
┌ @ndive/design-tracker#clean > cache bypass, force executing eb8649a1f11ab81c
| # ... 중략 ...
└─>
┌ @ndive/design-tokens#clean > cache bypass, force executing 17615f59de00a58e
```

```
| # ... 중략 ...
└─>
┌ @ndive/design-components#clean > cache bypass, force executing d1d7893b26feeaa4
| # ... 중략 ...
└─>
┌ @ndive/vite#build > cache hit, executing 8adf0ad75917b091
| # ... 중략 ...
└─>
┌ @ndive/design-tracker#build > cache miss, executing 56983f7029fd9c8d
|
| > @ndive/design-tracker@0.0.7 build /Users/USER/ndive-design-system/packages/design-tracker
| > tsup bin/index.ts
|
| # ... 중략 ...
└─>
┌ @ndive/design-tokens#build > cache hit, executing accc7187ae8afcc5
|
| > @ndive/design-tokens@0.0.5 build /Users/USER/ndive-design-system/packages/design-tokens
| # ...중략...
└─>
┌ @ndive/design-components#build > cache hit, executing 82856c786c39bdba
|
| > @ndive/design-components@0.0.6 build /Users/USER/ndive-design-system/packages/design-components
| # ...중략...
└─>
```

최종적으로 예제의 모든 패키지의 build 작업은 다음 순서대로 진행된다.

워크스페이스	실행 순서 1	실행 순서 2	실행 순서 3	실행 순서 4
shared/vite	🗑 clean	📦 build		
packages/design-tokens	🗑 clean		📦 build	
packages/design-components	🗑 clean			📦 build
packages/design-tracker	🗑 clean	📦 build		

그림 8.17 @ndive/design-tracker는 기존에 실행됐던 어떤 작업과도 의존성 없어 병렬로 실행된다.

8.2.7 애플리케이션 작성

지금까지 디자인 시스템의 패키지 구현에 대한 세부 사항을 다루며, 각 패키지의 구조와 배포를 위한 모든 준비를 마쳤다. 이 과정을 통해 모노레포 환경에서의 개발 및 배포에 대해 좀 더 이해했을 것이다. 마지막으로 모노레포 내에서 패키지를 유지보수하고 협업할 때 개발자들이 더욱 효율적으로 활용할 수 있도록 도와줄 애플리케이션 워크스페이스를 소개한다. 개발자들이 각 패키지를 쉽게 테스트하고 시각화할 수 있게 돕는 스토리북과 패키지들의 사용 예시를 제공할 예제 프로젝트를 구현하는 과정을 살펴보자.

8.2.7.1 스토리북

스토리북(Storybook)[43]은 UI 컴포넌트를 독립적으로 개발하고 문서화할 수 있는 도구다. 개발자는 스토리북을 사용해 다양한 상태의 UI 컴포넌트를 개별적으로 테스트하고 시각화할 수 있으며, 팀 내 협업과 피드백 수집에도 활용할 수 있다.

특히, 디자인 시스템에서 스토리북은 각 컴포넌트의 시각적 테스트 및 사용법의 일관성을 보장하고, 깃허브 페이지(GitHub Pages)로 사용자에게 문서로 제공하는 등 문서화 과정을 간소화하는 데 큰 도움을 줄 수 있다. 예제 프로젝트의 스토리북 또한 깃허브 페이지[44]로 배포해서 디자인 시스템 컴포넌트와 디자인 토큰들의 스타일을 확인할 수 있게 돕는다.

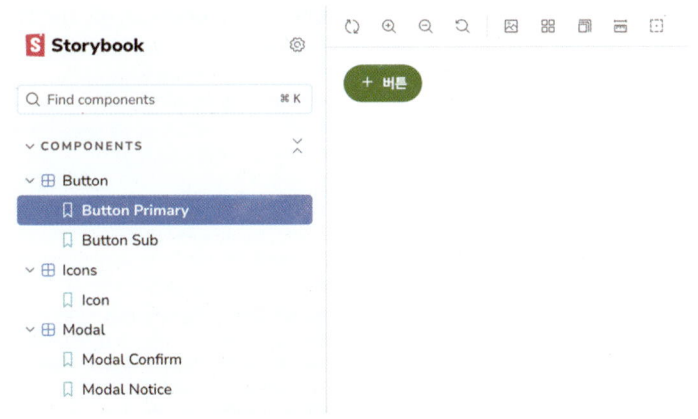

그림 8.18 스토리북에서 확인한 ButtonPrimary 컴포넌트

---

43 https://storybook.js.org/docs
44 https://yujeongjeon.github.io/ndive-design-system/

8.2.7.3 예시 프로젝트

다음으로 디자인 시스템을 활용한 웹 애플리케이션 예시 프로젝트를 제공한다. 특히 모노레포에서 예시 프로젝트를 통한 패키지 사용법을 제공하는 것은 다음과 같은 장점이 있다.

- **스토리북과 마찬가지로 실시간 테스트가 가능하다.** 모노레포는 여러 패키지를 하나의 저장소에서 관리할 수 있으므로 예시 프로젝트를 통해 개별 패키지를 실제로 사용하는 환경을 설정하고 해당 패키지의 기능을 테스트할 수 있다. 특히 테스트 환경인 스토리북과는 달리 실제 사용 환경이기 때문에 스토리북에서는 하기 어려운 통합 테스트까지 가능하다는 장점이 있다.

- **테스트하기 어려운 CLI 패키지를 수월하게 로컬에서 디버깅할 수 있다.** CLI 패키지는 사용자 입력이나 다양한 환경변수에 따라 동작이 달라지는데, 일반적인 테스트 코드만으로는 모든 시나리오를 검증하기 어렵다. 예시 프로젝트를 두면 이러한 한계를 보완하는 데 매우 유용하다. 실제로 @ndive/design-tracker를 개발할 때 로컬에서 확인하기 위해 다음과 같은 방법으로 예시 프로젝트를 활용할 수 있다.

먼저 CLI 패키지 경로에서 `pnpm link` 명령어로 @ndive/design-tracker에 대한 심볼릭 링크를 생성한다.

```
$ pnpm link @ndive/design-tracker -g

/Users/USER/Library/pnpm/global/5:
+ @ndive/design-tracker ^0.0.7
```

이제 예시 프로젝트 경로로 이동한 후 @ndive/design-tracker에 대한 심볼릭 링크를 참조한다.

```
$ pnpm link @ndive/design-tracker

dependencies:
+ @ndive/design-tracker 0.0.7 <- ../../packages/design-tracker
```

> **노트**
> 검증이 끝난 후 심볼릭 링크를 제거하고 싶다면 `pnpm unlink @ndive/design-tracker`를 실행하면 된다.

심볼릭 링크로 CLI 패키지를 참조해서 예시 프로젝트 환경에서 `npx @ndive/design-tracker`를 실행하면 실제 CLI 패키지의 시나리오를 검증할 수 있다. 이를 통해 코드를 수정할 때 실수로 발생할 수 있는 CLI 관련 버그를 미리 방지할 수 있고, CLI 패키지에서 사용 가능한 옵션의 사용법도 검증할 수 있다. 이처럼 예시 프로젝트는 일반 패키지뿐만 아니라 모노레포에서 CLI 패키지까지 좀 더 실질적인 사용 환경에서의 검증을 가능하게 한다. 디자인 시스템에서도 실제 환경과 유사한 환경에서 실사용과 관련한 다양한 시나리오를 검증하며 개발 효율성을 높일 수 있다.

- **예시 프로젝트는 스토리북에서는 미비했던 전체적인 사용법에 대한 안내를 보완한다.** 예시 프로젝트의 목적 중 하나는 단순한 코드 조각보다 실제로 사용 가능한 코드베이스를 제공하는 것이다. 이는 개발자들에게 패키지의 사용법을 더 명확하게 전달하고, 실제로 사용할 때 발생할 수 있는 문제나 설정에 대한 정보를 제공할 수 있다. 이를 통해 새로운 사용자가 프로젝트를 이해하고 도입하는 데 도움을 주며 사용자들은 이를 다운로드하거나 참고해서 프로젝트를 빠르게 시작할 수 있다.

결론적으로 모노레포상에서 예시 프로젝트를 제공하는 것은 각 패키지의 사용법을 명확히 하고, 통합된 테스트 환경을 통해 디자인 시스템의 품질을 향상시키는 데 중요한 역할을 함으로써 개발자와 사용자 모두에게 도움을 준다.

8.2.8 배포 살펴보기

이로써 모든 디자인 시스템 프로젝트의 개발이 완료됐다. 마지막으로 모노레포상에서의 배포는 과연 멀티레포일 때의 배포와는 어떤 차이가 있는지 changesets의 동작을 통해 살펴보자.

8.2.8.1 changesets

7장처럼 이번 장에서도 changesets를 통해 배포를 자동화한다. 특히 다수의 패키지를 포함하고 각 패키지가 상호 의존 관계를 가지는 모노레포 환경에서는 패키지들의 변경 사항을 추적하고 의존하는 모든 패키지의 배포 프로세스를 자동화하는 데 큰 도움을 준다.

이번 절에서는 changesets가 모노레포상에서 코드의 변경을 추적해서 배포될 패키지를 찾는 방법을 단계적으로 알아보자. 먼저 풀 리퀘스트가 생성되거나 커밋이 변경되면 저장소에 추가한 changeset-bot이 이를 감지하고 모든 패키지들의 변경된 코드가 있는지 파악해 풀 리퀘스트에 코멘트를 추가함으로써 변경이 감지됐음을 알린다. 실제 changeset-bot의 구현 세부 사항 중 이러한 기능을 구현한 내용을 확인할 수 있다.[45]

코드 8.19 반환하는 객체의 changedPackages에서 모노레포 내부의 패키지 중 변경된 파일이 존재하는 패키지만 변경 대상 패키지에 포함한다.

```
export let getChangedPackages = async ({
  owner,
  repo,
  ref,
```

---

[45] https://github.com/changesets/bot/blob/master/get-changed-packages.ts

```
  changedFiles: changedFilesPromise,
  octokit,
  installationToken,
}) => {
  let packages: Packages = {
    root: {
      dir: '/',
      packageJson: rootPackageJsonContent,
    },
    tool: tool ? tool.tool : 'root',
    packages: [],
  }

  // ... 중략 ...
  return {
    changedPackages: (packages.tool === 'root'
      ? packages.packages
      : packages.packages.filter((pkg) => changedFiles.some((changedFile) =>
changedFile.startsWith(`${pkg.dir}/`)))
    ).map((x) => x.packageJson.name),
    releasePlan,
  }
}
```

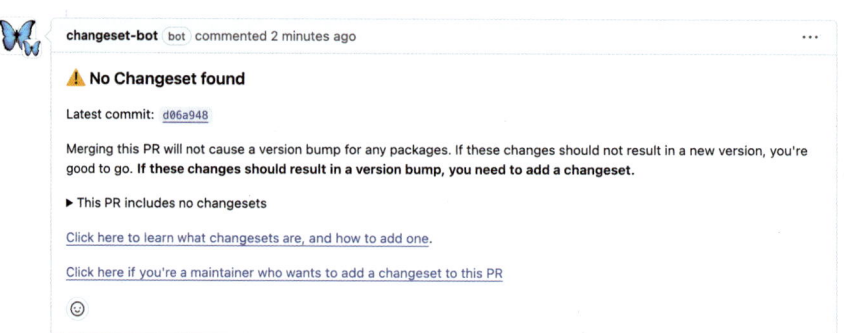

그림 8.19 변경 감지 이전의 changesets 코멘트

코멘트의 최하단에 있는 'Click here if you're a maintainer who wants to add a changeset to this PR' 링크를 클릭하면 마크다운 텍스트를 작성할 수 있는 코드 에디터 화면이 열리고, 개발자가 각 패키지

에 대한 변경 사항을 별도의 changesets 마크다운 파일로 기록할 수 있다. 특히 파일의 최상단을 보면 변경될 패키지를 자동으로 감지해서 표시하고 있으므로 풀 리퀘스트에서 실제로 변경된 코드에 해당하는 패키지의 변경을 changesets가 감지한 것을 알 수 있다.

그림 8.20 변경 파일 예시

마크다운 파일을 수정한 후 변경 파일을 추가하는 커밋을 생성하면 이제 코멘트는 다음과 같이 변경된 파일을 감지했다는 코멘트로 업데이트된다. 이때 changesets에 의해 변경이 감지되는 패키지는 @ndive/design-tokens뿐만 아니라 이에 의존하는 @ndive/design-components와 예시 프로젝트인 shopping-web까지 포함돼 있음을 확인할 수 있다.

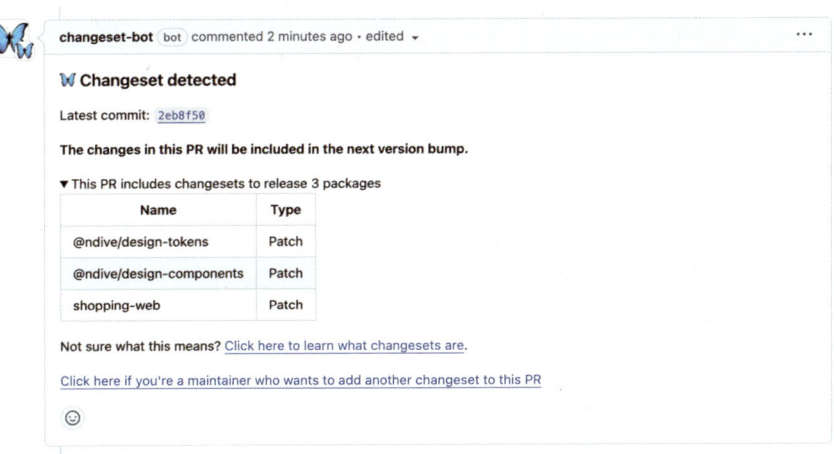

그림 8.21 변경을 감지한 이후의 changesets 코멘트. @ndive/design-tokens에 의존하는 다른 패키지까지 변경이 전파됨을 알 수 있다.

이는 changesets가 모노레포상의 의존성 관계를 분석해 특정 패키지에 변경이 발생하면 해당 패키지에 의존하는 다른 패키지에도 버전 업데이트를 자동으로 전파하기 때문이다. @ndive/design-tokens에 의존하는 @ndive/design-components에 먼저 변경이 전파되며, 마찬가지로 shopping-web이 @ndive/design-components에 변경을 전파했기 때문에 shopping-web 또한 변경 대상에 포함된다. 이는 마치 8.1절 '모노레포와 터보레포'에서 설명한 전이 노드와 유사하게 동작하는 것으로, `@ndive/design-components`가 전이 노드로써 `@ndive/design-tokens`의 변경을 `shopping-web`까지 전달하는 역할을 한 것이다.

단, 주의할 점은 `@ndive/design-tokens`를 `@ndive/design-components`의 `devDependencies` 혹은 `peerDependencies`에 추가한다면 변경은 전파되지 않는다. `devDependencies`는 일반적으로 빌드 도구, 테스트 라이브러리 등 개발 환경에서만 사용되는 패키지이기 때문에 이러한 패키지의 버전 변화는 다른 패키지의 배포 버전에 직접적인 영향을 미치지 않도록 설계돼 있다. 따라서 반드시 패키지 간 변경이 전파돼야 할 상황에서는 반드시 `dependencies`로 설치하거나 마크다운 파일에서 수동으로 변경할 패키지와 유의적 버전 타입을 추가할 수도 있다.

사실 실제로 사용할 때는 `@ndive/design-tokens`는 `devDependencies`로 설치하는 것이 타당하다. 왜냐하면 `@ndive/design-tokens`는 `@ndive/design-components`에서 디자인 토큰을 활용해 리액트에서 활용할 수 있는 형태의 파일로 변환하는 데 목적이 있기 때문이다. 이 경우 `@ndive/design-tokens`의 변경은 `@ndive/design-components`의 버전에 아무런 영향도 주지 못하겠지만 이번 예제에서는 `@ndive/design-tokens`의 변경 전파를 보여주기 위해 `dependencies`로 추가한다.

또한 본 예제에서는 changesets의 배포 영향 범위를 보여주기 위해 모든 워크스페이스를 버전 변경 대상에 포함했지만 실제 프로젝트에서는 스토리북 환경과 예제 프로젝트는 배포가 필요 없는 단순 웹서비스이기 때문에 버전 관리를 할 필요가 없다. 따라서 `.changeset/config.json`의 `ignore` 필드에 `shopping-web`과 `@ndive/design-storybook`을 추가하는 것이 좋다.

```
{
    "$schema": "https://unpkg.com/@changesets/config@3.0.3/schema.json",
    "changelog": "@changesets/cli/changelog",
    "commit": false,
    "fixed": [],
    "linked": [],
    "access": "public",
    "baseBranch": "main",
    "updateInternalDependencies": "patch",
    "ignore": ['shopping-web', '@ndive/design-storybook']
}
```

8.2.9 정리

이번 장에서는 나만의 모노레포 프로젝트를 구축하고 디자인 시스템의 핵심 패키지를 단계별로 구현해봤다. 디자인 시스템이라는 복잡한 시스템을 관리하는 데 있어 모노레포 구조는 패키지 간 협력과 일관성을 유지하는 데 큰 도움을 주는 것을 확인할 수 있다. 예제 프로젝트에서 모노레포 구조를 선택해서 얻은 이점은 패키지 간 코드를 원활히 공유하고, 공통 모듈이나 설정 패키지를 통한 일관된 환경 구성을 통해 생산성과 코드 품질을 높일 수 있다는 것이다. 또한 일반적인 패키지 개발뿐만 아니라 통합 테스트를 지원하기 위한 스토리북이나 예시 프로젝트를 모노레포 내부에 함께 두면 코드 변경 사항이 이들에 즉시 반영되어 UI 컴포넌트의 업데이트를 빠르게 검증할 수 있고, 더 나아가 사용자 피드백을 효율적으로 수집하고 반영할 수 있는 창구 역할까지 가능케 한다.

실습을 통해 알아본 모노레포의 가장 큰 이점은 초기의 복잡한 모노레포 설정이 장기적으로는 큰 이점을 가져다준다는 점이다. 단일 프로젝트를 시작할 때보다 설정이 더 복잡하지만 체계적인 모노레포 구조를 통해 개발 문화를 형성한다면 코드 리뷰와 협업이 더욱 수월해지고, 유지보수에도 큰 도움이 된다. 이는 프로젝트 규모가 커질수록 장기적인 관점에서 더욱 큰 가치를 발휘한다. 이번 장에서 다룬 예제 프로젝트를 통해 모노레포의 이러한 장점들이 디자인 시스템과 같은 복잡한 프로젝트를 관리하는 데 있어 얼마나 효과적인지 체감할 수 있었기를 바라며, 앞으로도 모노레포를 활용해 더욱 효율적이고 견고한 개발 환경을 구축해보길 바란다.

09장

패키지 개발에
도움이 되는 도구와 팁

프로그래밍 언어 중에서도 자바스크립트를 중심으로 한 프런트엔드 생태계는 특히 빠르게 진화하고 있다. Angular와 Next.js 같은 인기 있는 웹 프레임워크는 약 6개월 주기로 새로운 주 버전을 출시하고 있다. 또한 상대적으로 안정적인 기술을 채택하는 백엔드와는 달리, 프런트엔드 생태계에서는 매일 새로운 라이브러리가 등장하고 있다. 이에 따라 프런트엔드 커뮤니티에서는 미래의 웹 프레임워크 주도권이 리액트, Vue, Svelte 혹은 다른 라이브러리에게 돌아갈지에 대한 논쟁도 끊이지 않는다. 이는 프런트엔드 생태계가 얼마나 역동적이고 변화에 개방적인지를 잘 보여준다.

이 책의 마지막 장에서는 자바스크립트 패키지를 개발하는 데 유용한 최신 기술과 팁을 소개한다. 자바스크립트 패키지 개발에 도움이 되는 유망한 기술들과 오래 사용될 수 있는 패키지를 만드는 데 유용한 팁들을 함께 살펴보면서 이 책을 읽는 독자가 끊임없이 변화하는 생태계에 유연하게 적응하고, 동시에 변화에 흔들리지 않는 견고한 구조를 위해 새로운 기술과 트렌드를 적재적소에 활용하는 개발자로 성장하기 바란다.

9.1 패키지 개발에 도움이 되는 도구

이번 절에서는 자바스크립트 패키지 개발에 도움이 되는 유명 도구를 살펴본다. 여기서 언급한 도구들은 실제 많은 개발자들이 채택해서 사용하고 있거나, 최근 들어 커뮤니티에서 입소문을 타면서 널리 사용되고 있다. 이러한 도구를 참고하면 비단 패키지 개발뿐만 아니라 프런트엔드 서비스 개발하는 데 있어서도 많은 도움을 얻을 수 있어서 많은 도움이 될 것이다.

9.1.1 패키지를 업로드하는 또다른 방법 JSR

그림 9.1 JSR

JSR[1]은 npm과 비슷한 역할을 하는 자바스크립트 레지스트리다. 타입스크립트가 자바스크립트의 슈퍼셋으로서 자바스크립트의 기능을 모두 포함하면서 정적 타입 검사 등의 추가 기능을 지원한다면, JSR은 npm의 슈퍼셋으로서 npm의 모든 기능을 지원하면서 추가적인 기능을 지원한다. JSR이 제공하는 기능에 대해 살펴보기 전에 JSR이 왜 탄생하게 됐는지 살펴보자.

9.1.1.1 JSR의 탄생 배경

npm이 탄생했던 과거 자바스크립트 생태계를 다시 한번 되짚어 보자. 당시 npm은 Node.js와 함께 쓰이기 위해 만들어졌으며, Node.js에서 동작하는 CLI 도구이자 자바스크립트 생태계에서 만들어지는 패키지를 업로드하기 위한 레지스트리로서 사용됐다. Node.js는 여러 모듈 시스템 중 CommonJS만 지원했기에 업로드하는 패키지는 대부분 CommonJS 모듈 시스템 기반에서 동작할 수 있도록 제작됐으며, npm과 Node.js의 규격에 맞춰 `package.json`을 작성하면 손쉽게 업로드할 수 있었다.

그러나 이 같은 과거와 달리, 현재는 눈에 띄는 많은 변화가 일어났다. npm이 처음 만들어졌을 때와 비교해서 손에 꼽을 수 있는 변화는 다음과 같다.

- **ESModule의 대두**: 그동안 자바스크립트 생태계에는 여러 모듈 시스템이 있었지만 현재는 CommonJS와 ESModule이라는 두 모듈 시스템만 주로 사용되고 있으며, ESModule은 자바스크립트 표준으로 채택받아 점차 사용이 늘어가는 추세다. 앞에서도 설명했던 것처럼 이제는 ESModule만 지원하는 패키지도 속속 등장하고 있으며, Node.js 역시 실험적 기능을 제거하고 ESModule을 안정적으로 지원하고 있으며, 브라우저에서조차 이제 자바스크립트의 모듈 시스템을 정상적으로 지원하고 있다. 따라서 CommonJS 위주로 업로드됐던 자바스크립트 패키지들도 이제 점차 ESModule을 지원하거나 둘 다 지원하는 방식으로 변화하고 있다.

---

[1] https://jsr.io/

- **타입스크립트의 가파른 성장**: 최근의 자바스크립트 개발은 사실상 타입스크립트가 표준으로 자리 잡았다고 해도 과언이 아니다. 일부 타입스크립트에 대한 부정적인 의견이 있긴 하지만 대부분의 신규 서비스나 라이브러리는 타입스크립트로 작성돼 있으며, 타입스크립트로 작성되지 않은 패키지들도 DefinitelyTyped[2] 저장소에서 @types/*** 를 제공함으로써 타입스크립트 환경에서 원활하게 사용할 수 있도록 지원하고 있다. 최근에는 Node.js 22 버전부터 --experimental-strip-types 옵션이 실험적 기능으로 추가되어[3] Node.js에서도 타입스크립트를 바로 실행할 수 있도록 지원을 고려하고 있으며, ECMAScript 표준으로 타입 애너테이션을 지원하는 것 또한 검토 중에 있다.[4] 이러한 최근 추세는 타입스크립트가 이제 자바스크립트 생태계에서 더 이상 빼놓을 수 없는 중요한 도구로 자리 잡았다는 것을 방증한다.

- **새로운 자바스크립트 런타임, Deno[5]와 Bun[6], workered[7]의 등장**: 과거 자바스크립트를 실행할 수 있는 런타임 도구는 크롬, 파이어폭스 같은 브라우저와 Node.js밖에 없었다. 브라우저는 `<script/>` 태그로 동작한다는 점, 그리고 이 `<script/>` 태그에서 동작하기 위한 자바스크립트를 대부분 Node.js 환경에서 개발했다는 점을 감안하면 자바스크립트 런타임은 사실상 Node.js만이 유일했다고 볼 수 있다. 그러나 최근에는 Deno, Bun, workered 등 새로운 자바스크립트 런타임이 등장하면서 Node.js 환경에서만 고려되고 있는 자바스크립트 레지스트리인 npm외에 새로운 대안이 필요해졌다.

이러한 변화에 발맞춰 자바스크립트 생태계는 새로운 도구와 시스템을 필요로 하기 시작했다. 기존에 npm이 제공하는 기능들은 여전히 중요하지만 현대의 자바스크립트 개발 환경에 더욱 적합한 새로운 솔루션이 요구되고 있다. 이는 단순히 패키지를 관리하고 배포하는 것을 넘어 타입스크립트를 원활하게 처리하며, 여러 자바스크립트 런타임에서 동작할 수 있는 유연성을 갖춘 시스템이 필요하다는 것을 의미한다.

9.1.1.2 JSR이 제공하는 기능

JSR이 탄생된 배경과 최근의 자바스크립트 환경의 트렌드를 살펴봤으니, 이제 본격적으로 JSR이 어떠한 기능을 가지고 있는지 살펴보자.

9.1.1.2.1 타입스크립트 네이티브 지원

JSR에서 눈에 띄는 가장 큰 특징은 타입스크립트를 네이티브로 지원한다는 점이다. npm에 업로드하기 위한 패키지를 만들었던 과정을 잠깐 상기해보자. 실제 소소코드는 비록 타입스크립트로 작성한다고 하더라도 실제 업로드를 하기 위해서는 타입스크립트 파일을 tsc 같은 도구로 자바스크립트로 컴파일해서 업로

---

[2] https://github.com/DefinitelyTyped/DefinitelyTyped
[3] https://github.com/nodejs/node/pull/53725
[4] https://github.com/tc39/proposal-type-annotations
[5] https://deno.com/
[6] https://bun.sh/
[7] https://github.com/cloudflare/workerd

드해야 한다. 그러나 JSR에 업로드하기 위해서는 이러한 과정이 불필요하다. 단순히 타입스크립트 파일만 있어도 JSR 레지스트리에 업로드할 수 있다. 다음 그림을 살펴보자.

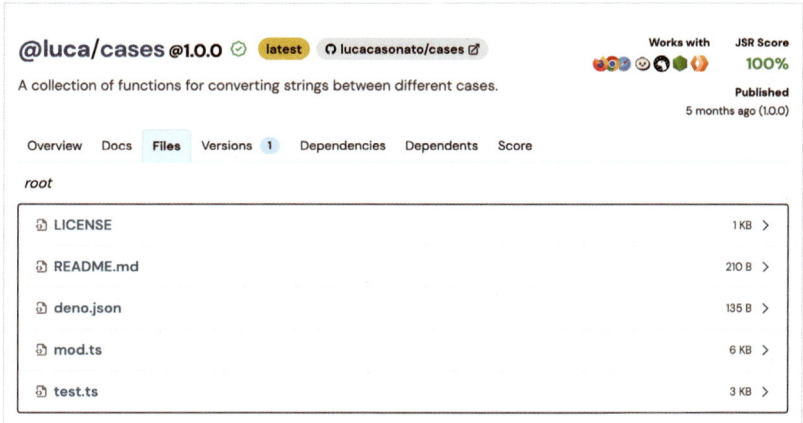

그림 9.2 JSR에 업로드된 @luca/cases 패키지

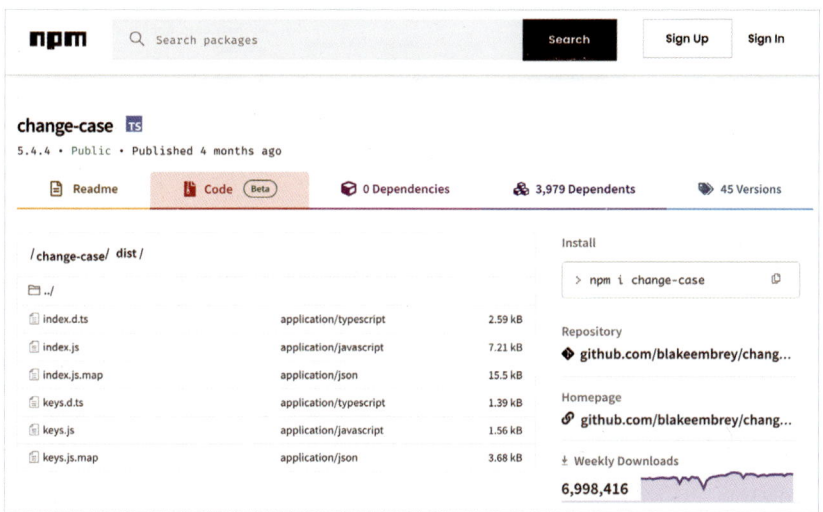

그림 9.3 npm에 업로드된 change-case 패키지

그림 9.2와 그림 9.3은 각각 JSR의 @luca/cases 패키지와 npm의 change-case 패키지를 비교한 그림으로, 두 패키지 모두 문자열을 카멜케이스, 파스칼케이스 등으로 바꾸는 유틸 함수를 제공한다. change-case의 경우 패키지의 /dist 폴더 하위에 자바스크립트 파일이 위치한 것을 확인할 수 있다. 이는 실제 깃허브 코드에는 타입스크립트 파일만 있는 것과는 확연히 다른 모습이다.

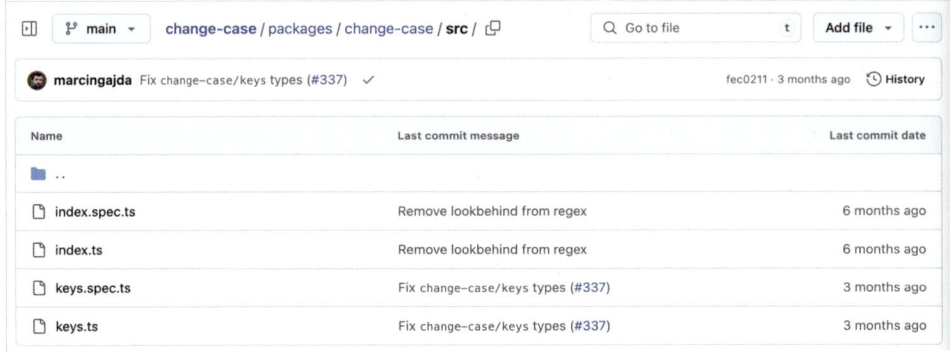

그림 9.4 change-case의 실제 소스코드[8]

그러나 JSR 레지스트리에 업로드돼 있는 @luca/cases의 경우 레지스트리에 업로드된 파일과 소스코드가 거의 동일하다.

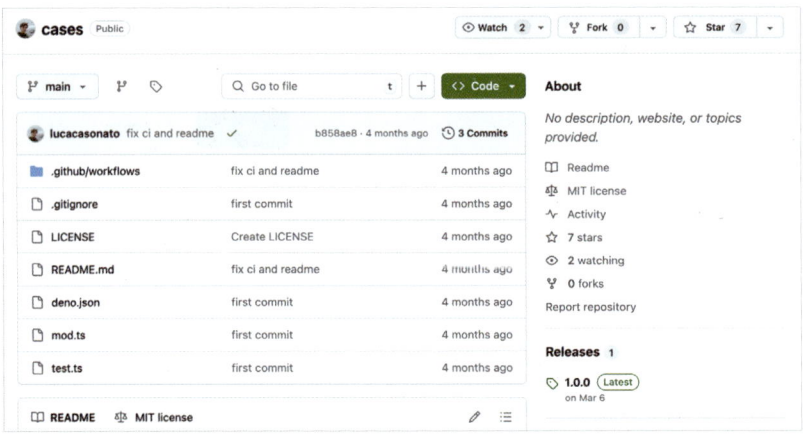

그림 9.5 @luca/cases의 실제 소스코드[9]

이처럼 JSR은 타입스크립트를 네이티브로 지원함으로써 타입스크립트를 굳이 컴파일하지 않더라도 사용할 수 있도록 지원한다.

그렇다면 어떻게 타입스크립트만 업로드된 패키지를 타입스크립트를 네이티브로 지원하지 않는 Node.js와 npm에서 사용할 수 있을까? 이에 대한 내용은 이후 실제 사용법에서 본격적으로 다룬다.

---

8 https://github.com/blakeembrey/change-case/tree/main/packages/change-case/src
9 https://github.com/lucacasonato/cases

9.1.1.2.2 ESModule만 지원

JSR 이 눈에 띄는 점은 오직 ESModule만 지원한다는 것이다. 공식 문서를 살펴보면 CommonJS 모듈은 배포할 수 없다고 언급돼 있다.

> JSR packages are published as ESM modules. This means that you can only publish modules that use the import and export keywords. You cannot publish CommonJS modules.
>
> (번역) JSR 패키지는 ESM 모듈로 배포됩니다. 즉, import 및 export 키워드를 사용하는 모듈만 배포할 수 있으며, CommonJS 모듈은 배포할 수 없습니다.

이러한 사실은 npm에 배포된 JSR기반 패키지를 살펴보면 알 수 있다.

코드 9.1 JSR의 npm 레지스트리인 https://npm.jsr.io/에 배포된 @luca/cases 패키지의 package.json 파일

```json
{
  "name": "@jsr/luca__cases",
  "version": "1.0.0",
  "homepage": "https://jsr.io/@luca/cases",
  "type": "module",
  "dependencies": {},
  "exports": {
    ".": {
      "types": "./_dist/mod.d.ts",
      "default": "./mod.js"
    }
  },
  "_jsr_revision": 11
}
```

JSR의 npm 레지스트리에 배포된 패키지의 `package.json`을 살펴보면 `type` 필드가 `module`로 고정되어 해당 패키지의 모듈 시스템 자체가 ESModule만 해석할 수 있도록 고정돼 있음을 확인할 수 있다. JSR로 업로드된 패키지는 ESModule이 강제되며, 이외의 선택지는 불가능하다.

앞의 코드를 잘 살펴봤다면 이상한 점 몇 가지를 확인할 수 있을 것이다.

- 왜 npm 기본 레지스트리인 https://registry.npmjs.org/가 아닌 https://npm.jsr.io/에 업로드돼 있을까?
- 왜 패키지 이름이 @luca/cases가 아닌 @jsr/luca__cases라는 이름으로 업로드돼 있을까?
- 앞서 소스코드가 업로드된 https://github.com/lucacasonato/cases에서는 package.json이 없었는데, 저 package.json은 어디서 생성된 것일까?

위 세 질문에 대한 답은 다음 절인 사용하는 방법에서 다룬다.

9.1.1.2.3 더 쉬운 배포

7장과 8장을 통해 자바스크립트 패키지를 개발해 봤다면 패키지를 개발하는 것이 녹록치 않은 일이라는 사실을 알 수 있을 것이다. 그동안 개발하면서 고려했던 주요 요소들을 살펴보자.

- **CommonJS와 ESModule을 동시에 지원할지 여부**: 어떻게 하느냐에 따라 package.json의 type 필드 설정 여부 및 만들어지는 파일의 확장자도 달라지며, 둘 다 지원하고 싶은 경우 폴더 구조와 파일 확장자를 잘 설정해둬야 한다.
- **롤업과 비트와 같은 번들러 설정**: 설정 역시 지원하고자 하는 모듈 시스템에 따라 크게 변경되며, 두 모듈 시스템을 지원해야 하는 경우 두 번씩 번들이 이뤄져야 한다. 또한 JSON이나 이미지 같은 자바스크립트 외의 파일도 포함해야 하는 경우 이 설정은 복잡해진다.
- **exports 설정**: 효과적이고 효율적인 트리 셰이킹을 위해 subpath를 만들기로 결심했다면 package.json의 exports 필드 또한 빠짐없이 설정해야 한다. 그리고 이 역시 두 개의 모듈 시스템을 모두 지원하기 시작한다면 각 파일 경로마다 import와 require를 각각 설정해야 한다.
- **타입스크립트 설정**: 요즘 대부분의 프로젝트는 타입스크립트 기반으로 작성되기 때문에 패키지의 타입 정보를 포함한 .d.ts 파일을 제공하기 위해서라도 패키지는 거의 필수적으로 타입스크립트로 작성해야 한다. 그렇기 때문에 패키지의 초기 설계 시에는 타입스크립트 설정 정보를 가지고 있는 tsconfig.json을 짜임새 있게 작성해야 하는데, 이 역시 처음 하는 사람들에게는 진입장벽이 될 수 있다.

그러나 JSR은 이러한 복잡한 설정 없이도 JSR에서 정의한 몇 가지 규칙만 지킨다면 손쉽게 배포할 수 있다. 별도의 번들러 설정이나 복잡한 package.json 설정 없이도 손쉽게 배포하는 것이 가능하다.

9.1.1.2.4 다양한 런타임 지원

JSR가 만들어진 목표 중 하나는 자바스크립트가 동작하는 모든 곳에서 동작하는 자바스크립트 레지스트리 시스템이다. 이러한 목표에 맞춰 JSR은 여러 자바스크립트 런타임을 지원한다. node_modules를 기반으로 동작하는 Node.js 환경과 Deno, Bun, workerd 등 다양한 환경에서 동작한다.

9.1.1.3 JSR을 활용해 패키지 배포해보기

> **노트**
> 지금부터 소개하는 코드는 이 책의 예제 코드 저장소에서 확인할 수 있다.
> - https://github.com/yujeongJeon/npm-deep-dive-example/tree/main/chapter9/utils

JSR의 등장 배경과 특징을 알아봤으니, 본격적으로 JSR을 활용해 자바스크립트 패키지를 배포해보자. 이번 실습을 통해 만들어본 패키지는 매우 간단한 유틸을 모아둔 유틸 모음집이다.

가장 먼저 해야 할 일은 JSR에 가입하는 것이다. JSR 웹사이트[10]에 방문해 가입할 수 있으며, 가입을 위해서는 기본적으로 깃허브 계정이 필요하다. 웹사이트의 우측 상단을 눌러 깃허브 아이콘과 함께 있는 [Sign in] 버튼을 눌러 가입하자.

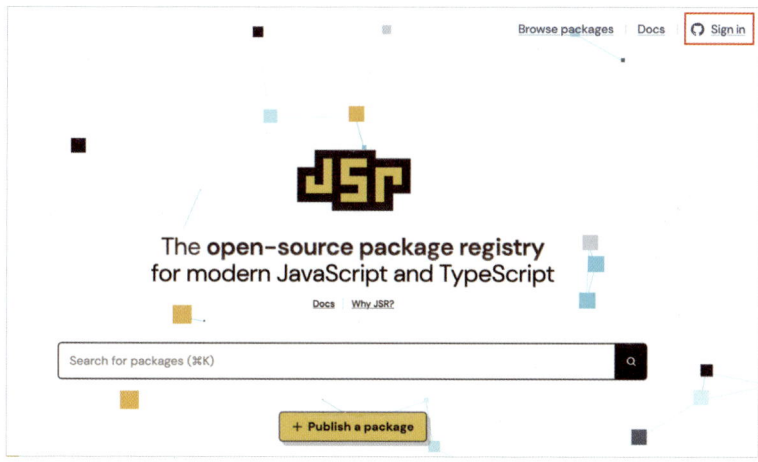

그림 9.6 JSR 홈페이지

가입을 정상적으로 마치면 [Sign in] 버튼이 깃허브 프로필로 변경될 것이며, 변경된 프로필을 클릭해 [Account]를 누르면 본인 계정을 확인할 수 있다.

---

10 https://jsr.io/

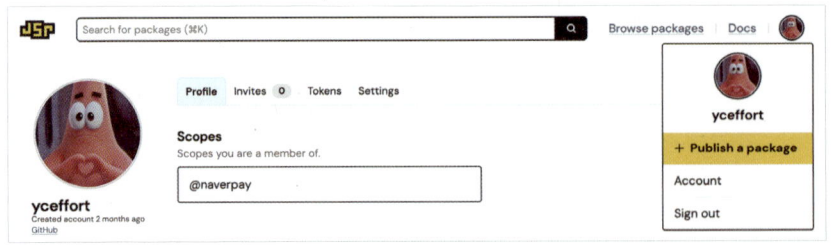

그림 9.7 JSR에서 로그인한 후 패키지 배포를 하기 위해서는 먼저 스코프를 만들어야 한다.

만약 npm이나 JSR을 통해 한 번이라도 라이브러리를 올린 적이 있다면 scopes에 해당 패키지가 노출되지만 올린 적이 없다면 빈 화면이 나타날 것이다.

이제 계정을 생성했으니 본격적으로 패키지 배포를 위한 작업을 시작해보자. npm에서는 패키지명만 겹치지 않는다면 어떤 이름이든 생성할 수 있고 스코프는 원하는 경우에만 사용하면 되지만 JSR에서는 스코프를 만드는 것이 필수다. 프로필 사진을 클릭하고, [+Publish a package]를 클릭해 스코프를 생성하는 화면으로 넘어가보자.

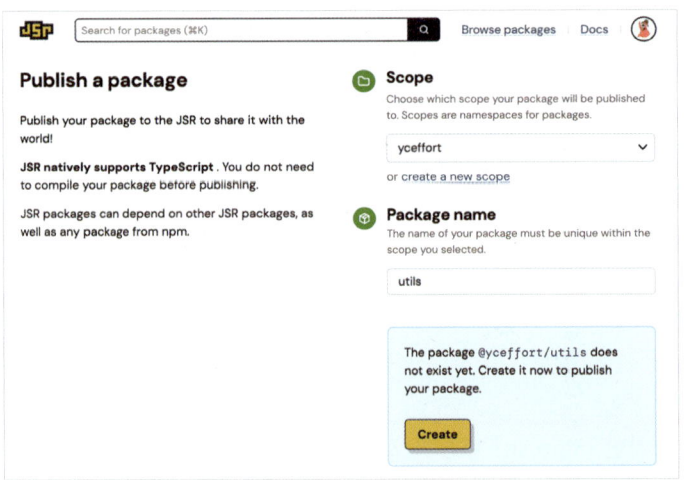

그림 9.8 패키지명 설정

원하는 스코프명과 패키지명을 입력하고 [Create]를 누른다. 스코프명은 JSR 전체에서 고유한 값이어야 하며, 패키지명은 스코프 내에서 고유한 값이어야 한다.

배포할 패키지명 생성을 모두 마치고 나면, 이제 어떻게 배포하면 되는지 알려주는 가이드 화면을 볼 수 있다.

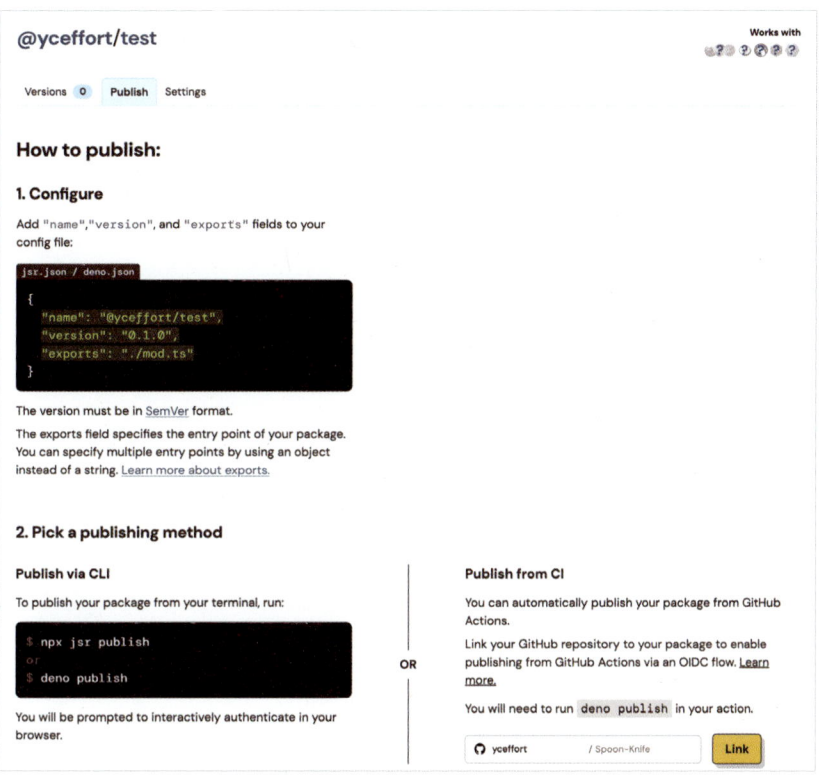

그림 9.9 패키지 배포 안내

이 가이드에서 중요한 것은 `jsr.json` 파일이다. Deno 런타임에서는 `deno.json`을 생성하면 되지만 이번 예제에서는 Node.js 환경에서 배포할 것이기 때문에 `jsr.json` 파일만 생성하면 된다. 이 파일은 먼저 패키지의 유틸을 생성한 이후에 추가해본다.

다음으로 업로드할 코드를 먼저 작성해보자. 이번 예제에서 작성할 유틸은 전달된 인수의 `size`를 구하는 함수다.

```ts
// ./internal/index.ts
function isLength(value: unknown): value is number {
    return typeof value === 'number' && value > -1 && value % 1 === 0 && value <=
Number.MAX_SAFE_INTEGER
}

export function isArrayLike(value: unknown): value is {length: number} {
    return value != null && typeof value !== 'function' && isLength((value as any).length)
}
```

09장. 패키지 개발에 도움이 되는 도구와 팁 911

```ts
// ./size.ts
import {isArrayLike} from './internal'

export function size(collection: unknown): number {
  if (collection == null) {
    return 0
  }
  if (isArrayLike(collection)) {
    return collection.length
  }

  const type = Object.prototype.toString.call(collection)
  if (type === '[object Map]' || type === '[object Set]') {
    return (collection as Map<unknown, unknown> | Set<unknown>).size
  }

  if (typeof collection === 'object') {
    return Object.keys(collection as object).length
  }
  return 0
}
```

이제 패키지 배포에 필요한 구성 파일만 추가하면 된다. 최상위에 jsr.json을 만들고 다음과 같이 추가해 보자.

```
{
  "$schema": "https://jsr.io/schema/config-file.v1.json",
  "name": "@yceffort/utils",
  "version": "0.1.0",
  "exports": "./size.ts"
}
```

이 json에 들어갈 수 있는 필드를 살펴보자.

- $schema: 비주얼 스튜디오 코드(Visual Studio Code) 같은 IDE에서 자동 완성을 도와주는 필드로, 해당 값을 입력하면 jsr.json에 필요한 필드를 확인할 수 있다.

- name: package.json과 마찬가지로 패키지명을 입력한다. 여기서는 앞서 https://jsr.io에서 생성한 이름을 입력하면 된다.

- version: package.json과 동일한 유의적 버전을 입력하기 위한 필드다. 원하는 버전을 추가하면 된다.
- exports: 이 필드는 해당 패키지를 사용하는 사용자에게 제공할 모듈을 선언하는 필드다. 객체나 문자열을 선언할 수 있으며, 여기서는 ./size.ts 파일을 지정했다. 이를 통해 이 패키지를 사용하는 사람은 ./size.ts를 사용할 수 있게 된다. 위 예시를 객체 형태로 표현하면 다음과 같다.

```
{
  "$schema": "https://jsr.io/schema/config-file.v1.json",
  "name": "@yceffort/utils",
  "version": "0.1.0",
  "exports": {
    ".": "./size.ts"
  }
}
```

'.'는 최상위 진입점을 의미하며, import { size } from "@yceffort/utils"와 같이 사용할 수 있음을 의미한다.

만약 다음과 같이 작성한다면 "@yceffort/utils"뿐만 아니라 4.4.1.3절 '하위 경로 불러오기와 하위 경로 내보내기'에서 살펴본 exports 문법인 "@yceffort/utils/size"로도 접근할 수 있게 된다.

```
{
  "$schema": "https://jsr.io/schema/config-file.v1.json",
  "name": "@yceffort/utils",
  "version": "0.4.0",
  "exports": {
    ".": "./mod.ts",
    "./size": "./size.ts"
  }
}
```

- include와 exclude: 배포 시에 포함하거나 제외할 파일을 선언할 수 있다.

이번 예제에서는 다음과 같이 유틸 패키지를 작성했다.

```
// jsr.json
{
  "$schema": "https://jsr.io/schema/config-file.v1.json",
  "name": "@yceffort/utils",
  "version": "0.4.0",
  "exports": {
```

```
    ".": "./mod.ts",
    "./size": "./size.ts",
    "./isEmpty": "./isEmpty.ts",
    "./toLowerCase": "./toLowerCase.ts",
    "./toCamelCase": "./toCamelCase.ts"
  }
}
```

```
// package.json
{
  "dependencies": {
    "rambda": "^9.2.1"
  }
}
```

```
// mod.ts
export {default as size} from './size'
export {default as isEmpty} from './isEmpty'
export {default as toLowerCase} from './toLowerCase'
```

```
// size.ts
import {isArrayLike} from './internal'

export default function size(collection: unknown): number {
  // 실제 구현 내용은 길어서 생략한다.
}
```

```
// isEmpty.ts
import {isArrayLike} from './internal/index.js'

export default function isEmpty(value: unknown): boolean {
  // 생략
}
```

```
// toLowerCase.ts
import {toLower} from 'rambda'
```

```ts
export default function toLowerCase(text: string): Lowercase<string> {
  return toLower(text)
}
```

> **jsr.io의 공식 문서에서 자주 보이는 `mod.ts` 파일은 무엇인가요?**
>
> `mod.ts`는 Deno에서 사용하는 코드 디렉터리의 기본 진입점이다. 이와 비슷한 목적으로 Node.js에서는 `index.js`나 `index.ts`를 쓰는데, 왜 Deno는 `mod.ts`를 쓰는 것일까? 이에 대해 알기 위해서는 먼저 Node.js에서 `index.js`가 어떻게 동작하는지 알아봐야 한다.
>
> 예를 들어, 다음과 같은 코드가 있다고 가정해보자.
>
> ```
> import {something} from './my-directory'
> ```
>
> 이 같은 경우 Node.js는 `./my-directory/index.js`를 찾아 실행하게 된다. 즉, 위 코드는 `./my-directory/index.js`와 같다. 그러나 Deno에서는 이러한 특별한 처리를 수행하지 않으며, 모든 파일을 명시적으로 실행해야 한다. 만약 Node.js에서 넘어온 개발자가 그대로 `index.js`를 사용하는 경우 이렇게 동작할 수도 있다는 오해를 할 수 있으므로 Deno에서는 `index.js` 대신 `mod.ts`를 사용하라고 권장한다.
>
> 결론적으로, `mod.ts`는 Deno에서 사용하는 `index.js`와 비슷한 시작점 역할을 하지만 Node.js의 `index.js`와 동일하게는 동작하지 않는 일종의 파일명 컨벤션으로 볼 수 있다.[12]

이제 이렇게 만들어진 패키지를 배포해보자. 배포를 위해서는 CLI 명령어를 사용하거나 깃허브를 사용할 수 있다. 이번 절에서는 CLI 방법만 다룬다. 깃허브 액션을 사용하는 방법은 공식 문서[11]를 참고하자.

먼저 파일 최상위에서 `npx jsr publish`를 실행한다.

> **노트**
>
> yarn의 경우에는 `yarn dlx jsr publish`이고, pnpm의 경우에는 `pnpm dlx jsr publish`다.

```
$ npx jsr publish
Need to install the following packages:
jsr@0.13.1
Ok to proceed? (y) y
Checking for slow types in the public API...
```

---

[11] https://jsr.io/docs/publishing-packages#publishing-from-github-actions
[12] https://docs.deno.com/runtime/manual/references/contributing/style_guide/#do-not-use-the-filename-index.ts%2Findex.js.

```
warning[missing-license]: missing license file
  --> /Users/USER/private/npm-deep-dive-example/chapter9/utils/LICENSE
    = hint: add a LICENSE file to the package and ensure it is not ignored from being published

    docs: https://jsr.io/go/missing-license

Visit https://jsr.io/auth?code=FDYS-LUJU to authorize publishing of @yceffort/utils
Waiting...
```

명령어를 실행하면 JSR 패키지를 설치하고 정상적으로 배포할 수 있는 패키지가 있는지 확인하는 절차를 거친다. 확인을 마치면 해당 패키지명으로 배포가 가능한지 검사하는 웹브라우저 창이 나타난다.

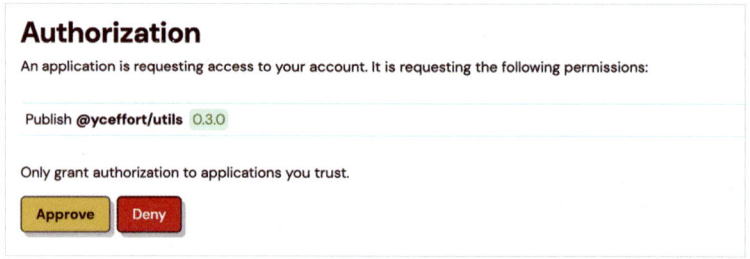

그림 9.10 배포 권한이 있는지 브라우저에서 확인

[Approve]를 눌러 다음 단계로 넘어가면 CLI에서 마서 배포를 시작하게 된다.

```
$ npx jsr publish
Need to install the following packages:
jsr@0.13.1
Ok to proceed? (y) y
Checking for slow types in the public API...
warning[missing-license]: missing license file
  --> /Users/USER/private/npm-deep-dive-example/chapter9/utils/LICENSE
    = hint: add a LICENSE file to the package and ensure it is not ignored from being published

    docs: https://jsr.io/go/missing-license

Visit https://jsr.io/auth?code=FDYS-LUJU to authorize publishing of @yceffort/utils
Waiting...
Authorization successful. Authenticated as yceffort
Publishing @yceffort/utils@0.1.0 ...
```

```
Successfully published @yceffort/utils@0.1.0
Visit https://jsr.io/@yceffort/utils@0.1.0 for details

Completed in 21s
```

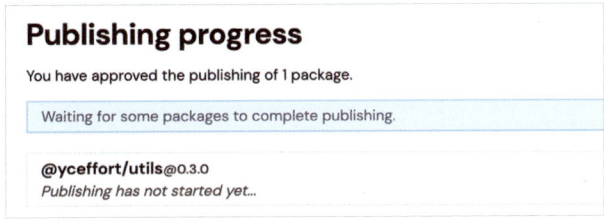

그림 9.11 배포가 진행 중인 모습

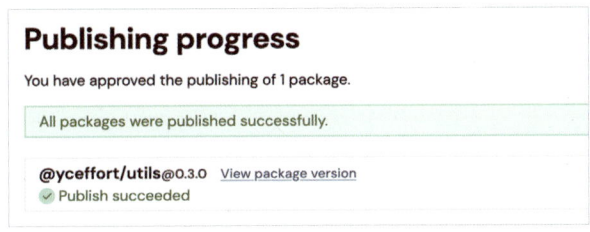

그림 9.12 배포 완료

앞에서 설명한 모든 과정을 거치면 패키지 배포가 완료되고, 업로드한 패키지를 https://jsr.io에서 찾을 수 있다.

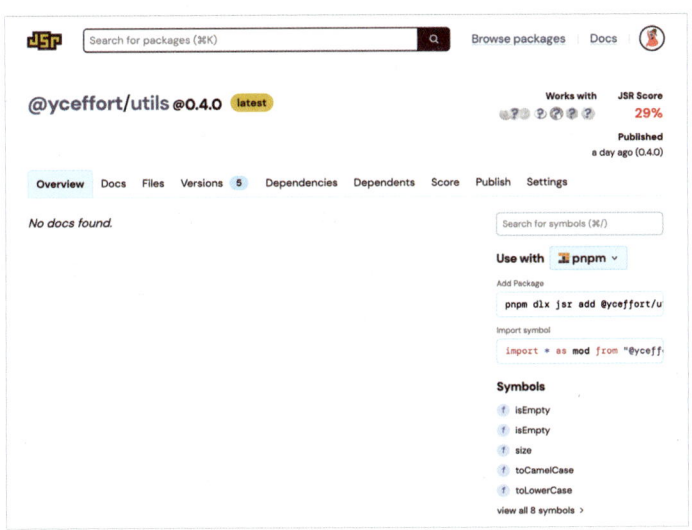

그림 9.13 배포한 패키지를 JSR에서 확인

이제 업로드한 패키지를 npm에서 사용해보자. 그전에 패키지가 npm 레지스트리에도 배포돼 있는지 확인해보자.

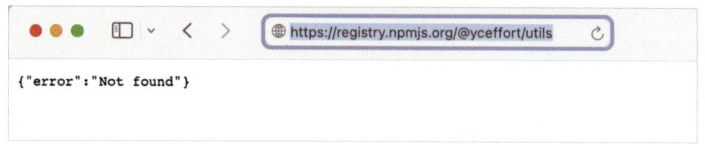

그림 9.14 배포한 패키지를 npm 레지스트리에서 확인

당연하게도 npm 레지스트리에는 보이지 않는다. 그러나 어떻게 이 패키지를 npm 기반의 Node.js 환경에서 사용할 수 있을까? 그 비밀은 패키지 소개 페이지에 있는 설치 방법에 있다.

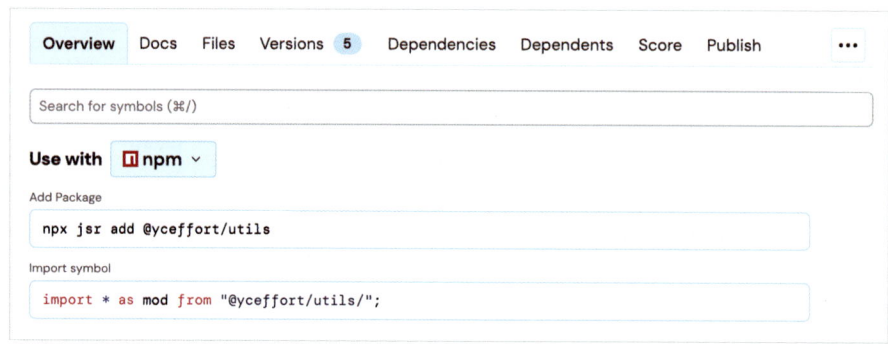

그림 9.15 JSR에서 배포한 패키지를 패키지 관리자별로 설치하는 방법

소개에 따르면 패키지 관리자에 따라 설치에 필요한 명령어는 다음과 같다.

- **npm**: `npx jsr add @yceffort/utils`
- **yarn**: `yarn dlx jsr add @yceffort/utils`
- **pnpm**: `pnpm dlx jsr add @yceffort/utils`

이는 패키지를 배포할 때와 마찬가지로, 설치도 역시 `jsr`이 사용되는 것을 알 수 있는데, 일반적으로 npm `install`을 사용하는 것과 차이가 있다. 그렇다면 이 명령어를 실행하면 어떤 일이 벌어질까? 아무것도 없는 빈 Node.js 프로젝트에서 `jsr`을 실행해보자.

```
$ npx jsr add @yceffort/utils
Need to install the following packages:
jsr@0.13.1
```

```
Ok to proceed? (y) y
Setting up .npmrc...ok
Installing @yceffort/utils...
$ npm install @yceffort/utils@npm:@jsr/yceffort__utils

added 3 packages, and audited 5 packages in 844ms

found 0 vulnerabilities
```

이후 package.json을 살펴보면 다음과 같이 패키지가 추가된 것을 확인할 수 있다.

```
{
  "name": "repl",
  "type": "module",
  "dependencies": {
    "@yceffort/utils": "npm:@jsr/yceffort__utils@^0.4.0"
  }
}
```

그리고 .npmrc에는 다음과 같은 내용이 추가돼 있다.

```
@jsr:registry=https://npm.jsr.io
```

2.2절 'dependencies란 무엇일까?'에서 package.json의 dependencies에 들어가는 정보에 대해 살펴봤을 때 실제 버전을 명시하는 것뿐만 아니라 alias까지 추가할 수 있다고 설명한 바 있다. 위 두 가지 변경 사항을 통해 알 수 있는 내용은 다음과 같다.

- 지금까지 업데이트한 패키지인 @yeffort/utils의 이름 그대로 올라간 레지스트리는 JSR 레지스트리다. npm 레지스트리에는 해당 패키지가 존재하지 않는다.
- 이 패키지를 npm에서도 사용할 수 있도록 JSR에서 자체적으로 구축한 npm 레지스트리의 스코프인 @jsr 내부에 @jsr/yceffort__utils라는 이름으로 배포했다. @jsr은 JSR이 가지고 있는 고유 스코프이며, yceffor__utils는 JSR에 배포한 패키지명을 기반으로 만들어진 npm에서만 사용되는 패키지명이다.
- npm이 사용하는 npm 공식 레지스트리인 https://registry.npmjs.org/가 아닌, npm에서도 사용될 수 있도록 만들어진 별도 레지스트리인 https://npm.jsr.io/에 배포돼 있다. 이는 https://npm.jsr.io/@jsr/yceffort__utils에서 확인할 수 있다.

```
{
  "name": "@jsr/yceffort__utils",
  "description": "",
  "dist-tags": {
    "latest": "0.1.0"
  },
  "versions": {
    "0.1.0": {
      "name": "@jsr/yceffort__utils",
      "version": "0.1.0",
      "description": "",
      "dist": {
        "tarball": "https://npm.jsr.io/~/11/@jsr/yceffort__utils/0.1.0.tgz",
        "shasum": "69DA38B271524BA57959F10A633C9B0DD9C1BB3F",
        "integrity": "sha512-6FosGHcUgTn1AtyWTy8fSzzLvlMTP8watIUJDK+7NcuQMa46PqfqLNr1uCVOkg2uaFQxCehH+RqPM942X6izzg=="
      },
      "dependencies": {}
    }
  },
  "time": {
    "created": "2024-08-01T15:07:49.431Z",
    "modified": "2024-08-01T15:07:49.431Z",
    "0.1.0": "2024-08-01T15:14:15.641Z"
  }
}
```

- 실제로 npm에 @jsr/yceffort__utils를 설치해서 사용하는 것도 가능하지만 배포와 사용 시에 혼선이 생기므로 npx jsr add 명령어를 사용해 패키지 설치 및 alias 작업을 도와준다.

이렇게 설치한 패키지는 @yceffort/utils라는 이름으로 바로 사용이 가능하다.

```
import {size} from '@yceffort/utils'
import subPathSize from '@yceffort/utils/size'

console.log(size('hello world')) // 11
console.log(size === subPathSize) // true
```

그렇다면 이 패키지는 npm 레지스트리에 어떻게 업로드돼 있을까? npm 레지스트리에서는 해당 파일을 바로 살펴볼 수 없으니 패키지를 직접 설치한 후 직접 폴더로 이동해서 node_modules 내부와 package.json을 살펴보자.

```
~/.../@yceffort/utils$ tree
.
├── _dist
│   ├── isEmpty.d.ts
│   ├── isEmpty.d.ts.map
│   ├── mod.d.ts
│   ├── mod.d.ts.map
│   ├── size.d.ts
│   ├── size.d.ts.map
│   ├── toCamelCase.d.ts
│   ├── toCamelCase.d.ts.map
│   ├── toLowerCase.d.ts
│   └── toLowerCase.d.ts.map
├── internal
│   ├── index.js
│   ├── index.js.map
│   └── index.ts
├── isEmpty.js
├── isEmpty.js.map
├── isEmpty.ts
├── jsr.json
├── mod.js
├── mod.js.map
├── mod.ts
├── package.json
├── pnpm-lock.yaml
├── size.js
├── size.js.map
├── size.ts
├── toCamelCase.js
├── toCamelCase.js.map
├── toCamelCase.ts
├── toLowerCase.js
├── toLowerCase.js.map
```

```
└── toLowerCase.ts

3 directories, 31 files
```

```json
{
  "name": "@jsr/yceffort__utils",
  "version": "0.4.0",
  "homepage": "https://jsr.io/@yceffort/utils",
  "type": "module",
  "dependencies": {
    "@jsr/luca__cases": "^1.0.0",
    "rambda": "^9.2.1"
  },
  "exports": {
    ".": {
      "types": "./_dist/mod.d.ts",
      "default": "./mod.js"
    },
    "./size": {
      "types": "./_dist/size.d.ts",
      "default": "./size.js"
    },
    "./isEmpty": {
      "types": "./_dist/isEmpty.d.ts",
      "default": "./isEmpty.js"
    },
    "./toLowerCase": {
      "types": "./_dist/toLowerCase.d.ts",
      "default": "./toLowerCase.js"
    },
    "./toCamelCase": {
      "types": "./_dist/toCamelCase.d.ts",
      "default": "./toCamelCase.js"
    }
  },
  "_jsr_revision": 11
}
```

`package.json`을 살펴보면 별도의 롤업 설정을 하지 않았음에도 `exports` 필드가 잘 작성됐으며, 타입스크립트 파일도 `.d.ts` 파일과 함께 잘 컴파일되어 포함됐다. 이를 통해 JSR이 배포 과정에서 Node.js 시스템에서 잘 동작할 수 있도록 트랜스파일과 번들링 작업을 개발자를 대신해서 미리 수행한다는 점을 알 수 있다.

지금까지 JSR에 대해 살펴봤다. JSR은 Deno에서 현재 권장하고 있는 패키지 배포 방식이어서 Deno 진영에서도 많이 사용하고 있지만 앞에서 살펴봤듯이 npm에서도 사용할 수 있게 상호운용성을 보장하기 때문에 최근까지 자바스크립트 개발자들 사이에서 각광받는 도구다. 또한 별도의 복잡한 설정 없이 배포할 수 있다는 장점이 있으므로 비교적 간단한 구조의 패키지를 빠르게 만들어 배포하고 싶을 때 유용하게 사용할 수 있다.

JSR에 대한 모든 정보를 다루자면 Deno에 대한 이해가 필수적이지만 이와 관련된 정보까지 다루게 되면 이 책의 범위를 벗어나기 때문에 관련 정보는 생략한다. 이번 절에서 다루지 못한 좀 더 자세한 JSR 관련 정보를 찾고 싶다면 공식 문서[13]를 참고하자. Deno 런타임에서의 JSR 활용, JSR의 타입 추론 방식과 한계 등 다양한 정보를 얻을 수 있다.

> **Deno 이야기가 자주 나오는데, Deno는 어떤 특징을 가진 자바스크립트 런타임인가요?**
>
> Deno는 Node.js의 창시자인 라이언 달(Ryan Dahl)이 만든 모던 자바스크립트 및 타입스크립트 런타임이다. Deno는 'Node'의 글자를 재배열해서 지은 이름이다. Deno의 주요 특징은 다음과 같다.
>
> - **보안 중심**: 기본적으로 파일, 네트워크, 환경 접근 등에 대한 권한이 제한돼 있다. 필요한 권한은 명시적으로 부여해야 한다.
> - **타입스크립트 기본 지원**: 별도의 설정 없이 타입스크립트를 바로 실행할 수 있다.
> - **ESModule 사용**: Node.js의 CommonJS 대신 ESModule을 사용한다.
> - **URL 기반 모듈**: npm 같은 중앙 저장소 대신 URL을 통해 직접 모듈을 불러올 수 있다.
> - **브라우저 호환성**: 가능한 한 브라우저 API와 호환되는 API를 제공한다.
>
> 다음은 Deno의 특징을 담은 예시 코드다.
>
> ```
> // 타입스크립트로 작성해 바로 실행할 수 있다.
> interface User {
>   name: string
>   age: number
> }
> ```

---

[13] https://jsr.io/docs/introduction

```
// 표준 라이브러리 사용
import {serve} from 'https://deno.land/std@0.140.0/http/server.ts'

// 파일 시스템 접근(권한 필요)
const fileContent = await Deno.readTextFile('./example.txt')

// 외부 모듈 URL 기반 import
import {format} from 'https://deno.land/std@0.140.0/datetime/mod.ts'

// 브라우저 호환 API
const encoder = new TextEncoder()

// 간단한 HTTP 서버
serve(() => {
  const user: User = {name: 'John Doe', age: 30}
  const currentTime = format(new Date(), 'yyyy-MM-dd HH:mm:ss')

  const responseBody = encoder.encode(
    `Hello ${user.name}! The current time is ${currentTime}. File content: ${fileContent}`,
  )

  return new Response(responseBody, {
    status: 200,
    headers: {'content-type': 'text/plain'},
  })
})

console.log('Server running on http://localhost:8000')
```

Deno에 대한 자세한 내용을 알고 싶다면 Deno 공식 문서[14]를 참고하자.

9.1.2 복잡한 번들 프로세스를 한 번에 수행하는 도구, tsup

7장과 8에서 살펴본 예제에서는 복잡한 사용 사례를 다루고, 여러 사용자 환경을 지원하기 위해 롤업, 비트, 바벨, esbuild 등 다양한 도구를 사용해 정교하게 번들 결과물을 만들었다. 이러한 설정은 매우 복잡

---

[14] https://docs.deno.com/

하고 정교함을 요구하기 때문에 가벼운 수준의 패키지를 만들기에는 조금 부담스러울 수도 있다. 이러한 경우 타입스크립트 기반의 패키지를 esbuild를 통해 번들링하고, `rollup-plugin-dts` 또는 `@microsoft/api-extractor`를 통해 타입스크립트 타입을 추출해서 타입도 만들어주는 tsup[15]을 활용해볼 수 있다.

> 📄 `@microsoft/api-extractor`[16]는 무엇인가요?
>
> `@microsoft/api-extractor`는 마이크로소프트에서 만든 오픈소스 패키지로, 타입스크립트 기반 패키지를 더욱 효과적으로 관리할 수 있도록 다양한 기능을 제공하는 패키지다. api-extractor를 이용하면 다음과 같은 기능을 사용할 수 있다.
>
> - 알파, 베타와 같은 실제 내보낼 준비가 되지 않은 API의 체계적인 관리
> - 타입 내보내기를 누락하는 경우 감지
> - 의도치 않은 타입 내보내기 감지
> - .d.ts를 하나의 파일로 만들어서 깔끔하게 관리

이 중에서 tsup은 .d.ts를 하나의 파일로 만들어주는 기능을 제공하기 위한 실험적인 기능으로 `@microsoft/api-extractor`를 사용한다. 예를 들어, 7장의 예제를 `@microsft/api-extractor`를 사용해 타입을 추출하고 번들링하려면 다음과 같이 설정할 수 있다.

```
{
  "$schema": "https://developer.microsoft.com/json-schemas/api-extractor/v7/api-extractor.schema.json",
  "mainEntryPointFilePath": "./dist/esm/index.d.ts",
  "apiReport": {
    "enabled": false
  },
  "docModel": {
    "enabled": false
  },
  "dtsRollup": {
    "enabled": true,
    "untrimmedFilePath": "./dist/esm/index.d.mts"
  },
  "tsdocMetadata": {
    "enabled": false
  },
```

---

15 https://github.com/egoist/tsup
16 https://api-extractor.com/

```
    "compiler": {
      "tsconfigFilePath": "./tsconfig.dts.json"
    }
  }
}
```

위 설정 파일을 토대로 api-extractor를 실행하면 d.ts를 하나의 파일로 만들어 사용할 수 있다.

```
$ tsc -p tsconfig.dts.json && api-extractor run --local --verbose
api-extractor 7.47.9  - https://api-extractor.com/

Using configuration from ./api-extractor.json

API Extractor completed successfully
```

이렇게 설정하면 tsup을 통해 번들링한 결과물과 함께 .d.ts 파일을 하나로 만들어줄 수 있다.

그렇다면 왜 @microsoft/api-extractor를 직접 사용하지 않고 tsup을 사용할까? @microsoft/api-extractor는 동시에 하나의 input만 지원하기 때문에 index.ts, next.ts, react.ts와 같이 여러 파일을 input으로 넣으려면 별도의 처리가 필요하며, 아직 .d.mts나 .d.cts 파일을 지원하지 않는다.[17] 따라서 좀 더 간단하게 타입 파일을 추출하고 번들링하기 위해 tsup을 사용한다.

tsup은 esbuild를 기반으로 타입스크립트 기반 패키지를 번들링하도록 만들어졌다. tsup은 .js, .json, .mjs, .ts, .tsx 파일을 지원하며, CSS 파일의 경우 2024년 11월을 기준으로 아직 실험 모드로 지원한다.

7.1절 '나만의 npm 패키지 만들기'에서는 단순히 타입 파일을 생성하기 위해 tsup을 제한적으로 사용했지만, 만약 @ndive/react-image 예제를 비트 없이 tsup으로만 빌드하고 싶다면 tsup.config.mts를 다음과 같이 변경한 다음 비트를 제거하면 된다.

```
// tsup.config.mts
import {defineConfig} from 'tsup'

import type {Format, Options} from 'tsup'

const entries: Options['entry'] = {
  index: './src/index.ts',
  react: './src/react.tsx',
  next: './src/next.tsx',
```

---

[17] https://github.com/egoist/tsup/blob/main/src/api-extractor.ts

```
  utils: './src/utils/index.ts',
  types: './src/types/index.ts',
} as const

const sharedConfig: Options = {
  entry: entries,
} as const

const createConfig = (format: Exclude<Format, 'iife'>) =>
  defineConfig({
    ...sharedConfig,
    format: [format],
    outDir: `./dist/${format}`,
    dts: true,
  })

export default [createConfig('esm'), createConfig('cjs')]
```

이렇게 생성한 번들 파일은 앞서 동일한 esbuild를 기반으로 하는 비트를 사용했을 때와 매우 유사하다는 것을 확인할 수 있다.

```
$ tree ./dist
./dist
├── cjs
│   ├── index.d.ts
│   ├── index.js
│   ├── next.d.ts
│   ├── next.js
│   ├── react.d.ts
│   ├── react.js
│   ├── types.d.ts
│   ├── types.js
│   ├── utils.d.ts
│   └── utils.js
└── esm
    ├── chunk-IL2DTR5S.mjs
    ├── chunk-LOLJLZCX.mjs
    ├── chunk-RNL4FF5X.mjs
```

```
├── chunk-WRH47HCP.mjs
├── index.d.mts
├── index.mjs
├── next.d.mts
├── next.mjs
├── react.d.mts
├── react.mjs
├── types.d.mts
├── types.mjs
├── utils.d.mts
└── utils.mjs
```

그러나 여기에는 몇 가지 차이점이 있다.

- entry로 지정했던 index, react, next, utils, types 파일을 살펴보면 굳이 모듈 단위로 분리하지 않아도 되는 내용을 모두 chunk-로 시작하는 별도의 파일로 구성했다. 이는 실제 패키지 이용에는 크게 영향이 없으나 번들링 결과물이 몇 개가 더 생긴다는 차이점을 야기한다.

```
'use client'
import {NextImageFilter} from './chunk-WRH47HCP.mjs'
import './chunk-IL2DTR5S.mjs'
export {NextImageFilter}
```

이러한 이슈는 splitting: false 옵션을 통해 해결할 수 있지만 이 경우 중복 코드가 발생해 번들 크기가 커진다는 치명적인 단점이 있다.

- browserslist를 고려한 지원 환경에 맞게 빌드하지 않는다. 이는 tsup이 지정한 설정에 따라 번들링하는 것에만 초점이 맞춰진 패키지이기 때문이다.

- 폴리필을 빌드 시 삽입하지 않는다. 7장에서는 browserslist를 기반으로 폴리필을 삽입하기 위해 vite.config.mts 내부에서 롤업, 바벨을 사용하는 등의 노력을 기울였지만 tsup은 이러한 기능을 제공하지 않는다.

결론적으로, tsup은 간단하고 경량화된 타입스크립트 기반 패키지의 번들링에 적합한 도구다. esbuild를 기반으로 빠르고 효율적인 빌드 과정을 제공하며, 다양한 출력 형식(ESModule, CommonJS)을 지원함으로써 범용적인 사용을 가능하게 한다. 특히 여러 도구(롤업, 비트, 바벨 등)를 결합해 복잡한 설정을 필요로 하는 상황을 단순화해서 손쉽게 번들링과 타입 추출을 수행할 수 있다는 점이 큰 장점이다.

그러나 프로젝트의 복잡도가 증가하거나 여러 사용자 환경을 고려해야 하는 상황에서는 tsup만으로는 한계가 있을 수 있다. 예를 들어, 앞에서 살펴본 것처럼 폴리필 삽입, browserslist와의 연동과 같은 기능은 tsup에서 기본적으로 제공되지 않기 때문에 이러한 경우에는 직접적인 설정이나 다른 도구와의 연계를 고려해야 한다.

따라서 패키지의 복잡성에 따라 적합한 도구를 선택하는 것이 중요하다. 경량화된 패키지를 개발하거나 폴리필을 염두에 두지 않고 코드 작성 자체를 엄격히 관리한다면 tsup이 충분히 강력한 솔루션이 될 수 있지만 좀 더 복잡한 기능이나 다양한 환경을 지원해야 하는 경우에는 7장과 8장에서 다룬 정교한 도구들을 사용해야 한다.

결국 tsup은 빠르게 변화하는 자바스크립트 생태계 속에서 복잡성을 줄이고, 효율성을 극대화할 수 있는 유용한 도구이며, 적절한 용도와 상황에서 이를 선택함으로써 번들링 작업을 더욱 효과적으로 수행할 수 있다. tsup에 대해 자세히 알고 싶다면 tsup 깃허브를 방문해 다양한 구성 정보를 확인해보자.

9.1.3 구성 파일의 표준 cosmiconfig

자바스크립트 개발을 하다 보면 .eslintrc나 .prettierjson, .stylelintrc.yml 같은 구성 파일을 보게 될 때가 종종 있다. 이러한 구성 파일은 보통 .라이브러리명rc, .라이브러리명json과 같은 규칙을 지니고 있으며, 해당 라이브러리 구동에 필요한 설정 내용을 담고 있다. 이러한 파일들은 자바스크립트 프로젝트에서 흔히 볼 수 있는 구성 파일이며, eslint나 Prettier와 같이 자바스크립트 생태계에서 유명한 도구들은 이 파일을 통해 라이브러리 설정에 필요한 내용을 선언하도록 안내한다. 그렇다면 이러한 구성 파일은 어떻게 동작하는 것일까? 프로젝트 내부에 설치된 라이브러리는 어떻게 이러한 파일을 읽어서 실행하는 것일까?

이러한 구성 파일이 동작할 수 있도록 도와주는 도구로 cosmiconfig[18]가 있다. cosmiconfig는 자바스크립트 프로젝트에서 구성 파일을 쉽고 효율적으로 관리할 수 있도록 도와주는 도구로, 자바스크립트 생태계에서 널리 사용되고 있다. 이제 cosmiconfig가 무엇인지 본격적으로 살펴보자.

9.1.3.1 cosmiconfig란?

cosmiconfig는 Node.js 환경에서 동작하는 구성 파일 로더(loader)다. 이 라이브러리는 프로젝트의 최상위 디렉터리부터 시작해서 상위 디렉터리로 점차 올라가면서 구성 파일을 찾아 설정 내용을 읽을 수 있도록 도와준다.

---

[18] https://github.com/cosmiconfig/cosmiconfig

cosmiconfig가 읽을 수 있는 구성 파일의 종류는 매우 다양하다. 예를 들어, `hello`라는 패키지를 만들었고, 이 `hello` 패키지에서 cosmiconfig를 사용한다면 다음과 같은 설정을 읽을 수 있다.

- `package.json` 파일에 있는 `hello` 필드 내의 값
- `.yaml` 또는 `.json` 형식으로 작성돼 있는 `.hellorc`
- `.hellorc.json`, `.hellorc.yaml`, `.hellorc.yml`, `.hellorc.js`, `.hellorc.ts`, `.hellorc.mjs`, `.hellorc.cjs`
- `.config` 폴더 내부에 있는 `hellorc`, `hellorc.json`, `hellorc.yaml`, `hellorc.yml`, `hellorc.js`, `hellorc.ts`, `hello.mjs`, `hello.cjs`
- `hello.config.js`, `hello.config.ts`, `hello.config.mjs`, `hello.config.cjs`

```
;[
  'package.json',
  `.${moduleName}rc`,
  `.${moduleName}rc.json`,
  `.${moduleName}rc.yaml`,
  `.${moduleName}rc.yml`,
  `.${moduleName}rc.js`,
  `.${moduleName}rc.ts`,
  `.${moduleName}rc.mjs`,
  `.${moduleName}rc.cjs`,
  `.config/${moduleName}rc`,
  `.config/${moduleName}rc.json`,
  `.config/${moduleName}rc.yaml`,
  `.config/${moduleName}rc.yml`,
  `.config/${moduleName}rc.js`,
  `.config/${moduleName}rc.ts`,
  `.config/${moduleName}rc.mjs`,
  `.config/${moduleName}rc.cjs`,
  `${moduleName}.config.js`,
  `${moduleName}.config.ts`,
  `${moduleName}.config.mjs`,
  `${moduleName}.config.cjs`,
]
```

> **설정 파일에 있는 rc는 무슨 뜻인가요?**
>
> 설정 파일 목록을 살펴보면 `moduleName` 뒤에 rc가 붙어 있는 것을 볼 수 있다. 이 rc 파일은 유닉스 계열 시스템에서 사용하는 'run commands'(명령 실행)의 약자다. 이 단어는 'RUNCOM'이라는 프로그램에서 유래됐으며, 파일에 저장된 여러 명령어를 순차적으로 실행하는 기능이 있었다. 시간이 지나면서 이 줄임말이 rc라는 단어로 축약되어 사용되기 시작했으며, 유닉스에서는 이러한 관행을 이어받아 설정 파일의 이름 끝에 'rc'를 붙이는 전통이 생겼다.[19]
>
> cosmiconfig에서 사용하는 rc 역시 이러한 전통을 이어받아 설정 파일이라는 것을 나타내기 위해 사용된다고 볼 수 있다. 'rc'가 없는 경우에는 'config'라는 단어를 사용해 설정 파일임을 나타낸다.

다음 절에서는 cosmiconfig를 활용해 구성 파일을 읽는 법을 알아보자.

9.1.3.2 cosmiconfig 사용법

다음 예제 코드는 `hello`라는 이름의 패키지를 만들고, 이 패키지를 사용하는 곳에서 구성 파일을 읽는 코드다. 코드에서 볼 수 있는 cosmiconfig의 기본적인 사용법은 다음과 같다.

```javascript
const {cosmiconfig} = require('cosmiconfig')
const moduleName = 'hello' // 찾고자 하는 설정 파일
const cosmiconfigOptions = {
  // 설정
}
const explorer = cosmiconfig(moduleName, cosmiconfigOptions)

explorer.search().then((result) => {
  if (result === null) {
    console.log('No config file found')
  } else {
    console.log(result)
  }
})
```

사용법은 매우 간단하다. 찾고자 하는 구성 파일을 선언한 다음, `search()`를 실행하면 comsiconfig의 규칙에 따라 구성 파일을 검색하고, 구성 파일을 찾으면 해당 파일의 설정을 반환한다. `.hellorc.json`에 다음과 같이 파일을 작성했다고 가정해보자.

---

[19] https://en.wikipedia.org/wiki/RUNCOM

```
{
  "hello": "world",
  "config": {
    "foo": "foo",
    "bar": "bar"
  }
}
```

cosmiconfig를 실행하면 해당 구성 파일의 내용을 반환한다.

```
$ node index.js
{
  config: { hello: 'world', config: { foo: 'foo', bar: 'bar' } },
  filepath: '/home/runner/USER/.hellorc.json'
}
```

cosmiconfig의 좋은 점은 파일 확장자가 달라도 읽어오는 구성 파일의 내용은 동일하다는 것이다. 동일한 내용을 yaml로 작성해도 반환받는 값은 yaml이 아니라 자바스크립트 객체가 된다.

```
hello: world
config:
  foo: foo
  bar: bar
```

```
$ node index.js
{
  config: { hello: 'world', config: { foo: 'foo', bar: 'bar' } },
  filepath: '/home/runner/USER/.hellorc.yaml'
}
```

이처럼 yaml로 파일로 작성하더라도 config의 내용은 동일하게 불러오는 것을 알 수 있다.

이 외에도 cosmiconfig는 동기적으로도 구성 파일을 읽어올 수 있을 뿐만 아니라 다양한 설정을 불러오는 데 필요한 옵션을 제공한다. cosmiconfig에 대해서 자세히 알고 싶다면 공식 깃허브 저장소[20]를 방문해서 살펴보자.

---

[20] https://github.com/cosmiconfig/cosmiconfig?tab=readme-ov-file#cosmiconfig

만약 외부 구성 파일이 필요한 패키지를 작성한다면 comsiconfig를 활용해 구성 파일을 읽어올 수 있도록 준비해두자. cosmiconfig는 이미 ESLint나 Prettier 같은 유명 패키지들이 사용하고 있어 자바스크립트 개발자들이 거부감 없이 사용할 수 있으며, 다양한 파일 형식을 지원하면서도 안정적이고 일정하게 설정 내용을 가져올 수 있어 유용하게 사용할 수 있다.

9.1.4 성능 분석을 위한 도구 Tinybench

Tinybench[21]는 자바스크립트 코드의 성능을 측정하기 위해 만들어진 경량 도구다. 과거 자바스크립트 생태계에서는 이러한 코드 성능 측정을 위해 Benchmark.js[22]를 많이 사용해왔지만 Benchmark.js는 최근 업데이트가 7년 전으로 상당히 오래됐고, 2024년 4월 12일 이후로는 아카이빙 처리돼 있어 더 이상 유지보수되지 않는다. 또한 Benchmark.js는 용량도 꽤나 큰 패키지에 속해서 최근 자바스크립트 생태계에서는 Tinybench를 더욱 선호하고 있다.

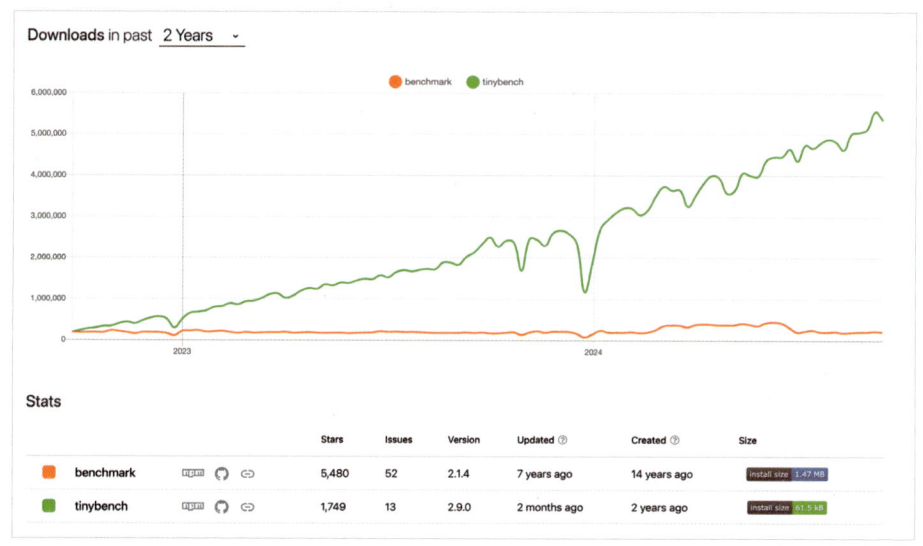

그림 9.16 npm trends로 살펴본 Benchmark.js와 Tinybench 비교.[23] Benchmark.js의 사용량은 크게 늘지 않은 반면, Tinybench의 사용량은 급속도로 증가하는 것을 볼 수 있다. 또한 패키지의 용량도 1.47MB와 61.5KB로 큰 차이가 난다.

이러한 트렌드와 더불어, 최근 Vitest가 성능 테스트 기능을 추가하기 위해 Tinybench를 채택하면서 자바스크립트 커뮤니티에서 더욱 주목받고 있다. 2024년 11월을 기준으로 아직 Vitest에서 제공하는 성능 측

---

21 https://github.com/tinylibs/tinybench
22 https://github.com/bestiejs/benchmark.js
23 https://npmtrends.com/benchmark-vs-tinybench

정 테스트 메서드인 bench는 Tinybench를 기반으로 실험적인 기능으로 제공되고 있다. 따라서 개발자는 Vitest와 통합하거나 Tinybench를 직접 사용해 자바스크립트 코드의 성능을 측정할 수 있다.

이번 절에서는 Tinybench와 Vitest의 bench로 성능 측정 테스트를 하는 방법을 알아보자.

9.1.4.1 성능 측정 대상 함수

성능 분석을 하기 위해서는 먼저 성능 분석의 대상이 되는 함수를 작성해야 한다. 이번 절에서는 인수의 타입이 무엇이든, 해당 인수가 비어 있는 상태인지 확인해주는 패키지인 lodash.isempty[24]보다 빠른 함수를 작성해 두 함수의 성능을 비교해보겠다. lodash.isempty보다 더 빠르게 동작할 것으로 기대하는 함수는 다음과 같다.

코드 9.4 lodash.isempty보다 더 빠를 것으로 기대하는 isEmpty 함수

```js
function isLength(value) {
  return typeof value === 'number' && value > -1 && value % 1 === 0 && value <= Number.MAX_SAFE_INTEGER
}

function isArrayLike(value) {
  return value != null && typeof value !== 'function' && isLength(value.length)
}

export default function isEmpty(value) {
  if (value == null) {
    return true
  }

  if (isArrayLike(value)) {
    return !value.length
  }

  const type = Object.prototype.toString.call(value)

  if (type === '[object Map]' || type === '[object Set]') {
    return !value.size
  }
```

---

[24] https://www.npmjs.com/package/lodash.isempty

```
    if (type === '[object Object]') {
      for (const key in value) {
        if (Object.prototype.hasOwnProperty.call(value, key)) {
          return false
        }
      }
      return true
    }

    return false
}
```

코드 9.4의 함수는 자바스크립트의 현존하는 모든 타입의 객체에 대해 값이 비었는지 확인하기 위해 다음과 같은 로직으로 구현돼 있다.

- `value`가 `null` 또는 `undefined`인 경우 `true`를 반환한다. 이를 위해 `=== null`이 아닌 `== null`을 사용했다.
- `length`라는 속성 값을 가지고 있는 유사 배열(ArrayLike)인지 확인한 다음, `length`를 가지고 있는 유사 배열 객체임이 확인되면 `length`가 0인지 빠르게 확인한다.
- `Object.prototype.toString`을 통해 `toString` 메서드에 빠르게 접근해 해당 객체의 타입을 확인한다.
- `Map`이나 `Set` 객체의 경우 `size`를 통해 빠르게 확인한다.
- `Object`의 경우 `for in` 문을 통해 객체에서 문자열로 키가 지정된 모든 열거 가능 속성을 가져온 다음, 해당 키로 값이 있는지 확인해 값이 하나라도 있다면 `false`를 반환해 비어 있지 않은 객체로 간주한다.

과연 코드 9.4의 `isEmpty()` 함수가 `lodash.isempty`보다 빠를까? 지금부터 본격적으로 두 함수의 성능을 비교해보자.

9.1.4.2 Tinybench를 이용한 성능 측정

먼저 두 함수의 성능을 Tinybench를 사용해 직접 비교해 보자. `test.js`를 만들어 먼저 다음과 같이 작성한다.

```
import {Bench} from 'tinybench'
import isEmpty from './isEmpty.js'
import _isEmpty from 'lodash.isempty'
```

```
// 성능 측정 테스트를 선언한다. 이 테스트는 총 10회 반복한다.
const bench = new Bench({iterations: 10})

// 다양한 경우를 테스트하기 위한 테스트 케이스를 작성한다.
const testCases = [
  null,
  undefined,
  '',
  'hello',
  [],
  [1, 2, 3],
  {},
  {key: 'value'},
  0,
  1,
  true,
  false,
  new Date(),
  new Map(),
  new Set(),
  NaN,
  Infinity,
]

// 앞서 만든 테스트 케이스 중 무작위로 100만 개를 선별한다.
function generateTestSequence(length) {
  return Array.from({length}, () => testCases[Math.floor(Math.random() * testCases.length)])
}

const testSequence = generateTestSequence(1000000)

// 직접 작성한 isEmpty 함수의 성능을 측정한다.
bench.add('Custom isEmpty', () => {
  testSequence.forEach((value) => isEmpty(value))
})

// lodash에서 만든 _isEmpty 함수의 성능을 측정한다.
bench.add('Lodash isEmpty', () => {
```

```
    testSequence.forEach((value) => _isEmpty(value))
  })

  // 실제 성능 측정 테스트를 수행
  async function runBenchmark() {
    await bench.warmup()
    await bench.run()

    // 성능 측정 테스트 결과를 출력한다.
    console.table(bench.table())
  }

runBenchmark().catch(console.error)
```

이제 이 스크립트를 실행하면 다음과 같은 결과를 얻을 수 있다.

```
$ node test.js

| (index) | Task Name         | ops/sec | Average Time (ns)  | Margin   | Samples |

| 0       | 'Custom isEmpty'  | '37'    | 26904576.78947367  | '±0.49%' | 19      |
| 1       | 'Lodash isEmpty'  | '26'    | 37710589.285714224 | '±0.48%' | 14      |
```

결과를 통해 알 수 있는 사실은 다음과 같다.

- 직접 만든 isEmpty는 초당 37번 실행 가능한 반면, _isEmpty는 초당 26번 실행된다. 이는 isEmpty가 _isEmpty보다 42% 자주 실행될 수 있다는 것을 의미한다.
- isEmpty의 작업 평균 시간 역시 26.99밀리초로 _isEmpty의 37.81밀리초 대비 훨씬 빠르다.
- 두 테스트 모두 오차 범위가 1% 이내로 안정적인 결과를 보여준다.

위 결과를 종합하면 isEmpty() 함수가 lodash의 _isEmpty보다 약 40% 정도 성능이 더 우수하다는 것을 확인할 수 있다.

9.1.4.3 Vitest를 이용한 성능 측정

다음으로는 Tinybench를 기반으로 동작하는 Vitest 성능 측정 테스트를 수행해보자.

Vitest에서 테스트 코드를 실행하기 위해서 *.test라는 이름의 파일을 만들었다면, Vitest에서 성능 측정 테스트를 하기 위해서는 파일명을 *.bench 또는 *.benchmark로 만들어야 한다. 다음은 isEmpty.benchmark.js 파일의 코드다.

```js
// isEmpty.benchmark.js
import {bench, describe} from 'vitest'
import isEmpty from './isEmpty.js'
import _isEmpty from 'lodash.isempty'

const testCases = [
  null,
  undefined,
  '',
  'hello',
  [],
  [1, 2, 3],
  {},
  {key: 'value'},
  0,
  1,
  true,
  false,
  new Date(),
  new Map(),
  new Set(),
  NaN,
  Infinity,
]

function generateTestSequence(length) {
  return Array.from({length}, () => testCases[Math.floor(Math.random() * testCases.length)])
}

const testSequence = generateTestSequence(1000000)
```

```
describe('isEmpty benchmark test', () => {
  // vitest에서는 bench 메서드를 사용해 성능 측정 테스트를 수행한다.
  bench('Custom', () => {
    testSequence.forEach((value) => isEmpty(value))
  })

  bench('lodash', () => {
    testSequence.forEach((value) => _isEmpty(value))
  })
})
```

describe 함수는 Jest 등 여러 테스트 프레임워크에서도 제공하는 함수로, test나 bench를 그룹화해서 테스트를 수행할 수 있도록 도와준다. 과거 테스트 목적으로 Vitest나 Jest를 사용할 때는 이 describe 아래에 it이나 test를 사용했지만 성능 측정 테스트에서는 bench라는 함수를 사용한다. bench 함수는 성능 측정 테스트를 정의하는 함수로, 이 함수 내부에서 선언된 일련의 코드를 수행한 다음, 해당 코드의 성능을 콘솔로 보여주는 역할을 한다.

그리고 Vitest와 bench로 선언된 성능 측정 테스트를 수행하기 위해서는 vitest run 대신 vitest bench를 실행하면 된다.

```
$ pnpm run vitest

$ benchmark@ vitest /Users/USER/private/npm-deep-dive-example/chapter9/benchmark
$ vitest bench

Benchmarking is an experimental feature.
Breaking changes might not follow SemVer, please pin Vitest's version when using it.

 DEV  v2.1.1 /Users/USER/private/npm-deep-dive-example/chapter9/benchmark

 ✓ isEmpty.benchmark.js (2) 2409ms
   ✓ isEmpty benchmark test (2) 2407ms
     name          hz       min      max      mean     p75      p99      p995     p999     rme     samples
   · Custom    34.2958  28.7005  31.2853  29.1581  29.3342  31.2853  31.2853  31.2853  ±1.02%  18    fastest
   · lodash    10.1617  96.0480  101.31   98.4088  99.3859  101.31   101.31   101.31   ±1.17%  10
```

```
BENCH  Summary

 Custom - isEmpty.benchmark.js > isEmpty benchmark test
    3.38x faster than lodash
```

Vitest를 이용해 성능 측정 테스트를 수행한 결과, isEmpty가 lodash의 _isEmpty보다 3.38배 빠르다는 것을 확인할 수 있다.

지금까지 Tinybench, 그리고 Tinybench를 기반으로 동작하는 Vitest를 통해 성능 측정을 하는 방법을 살펴봤다. 이러한 도구는 자바스크립트 라이브러리를 개발하는 과정에서 코드의 성능을 정확하게 측정하고 최적화하는 데 큰 도움을 줄 수 있다. 그리고 이러한 성능 측정을 CI/CD 파이프라인에 통합해 코드의 성능을 지속적으로 모니터링할 수도 있다. 이는 코드 작성자에게 더 효율적인 코드를 작성할 수 있도록 도와주며, 패키지 사용자에게는 이 코드를 사용하는 것이 단순히 원하는 목적을 달성하게 해주는 것뿐만 아니라 더 나은 성능을 가지고 있다는 점을 지속적으로 홍보할 수 있다.

이러한 성능 측정과 최적화는 항상 사용자의 실제 요구사항과 프로젝트의 전체적인 목표의 맥락 상에서 이뤄져야 한다. 이러한 접근 방식을 바탕으로 빠르고 안정적이면서도 사용하기 쉬운 고품질의 자바스크립트 패키지를 제공할 수 있을 것이다.

9.1.5 손쉬운 코드 마이그레이션을 도와주는 jscodeshift

패키지를 유지보수하다 보면 주(major) 버전 업데이트는 피할 수 없는 숙명이다. 제 아무리 초기 설계를 완벽하게 했다고 하더라도 단 한 번에 완벽한 패키지를 만들어낼 수는 없다. 시간이 지남에 따라 사용자의 니즈는 다양해지고, 새로운 기술이 등장하면서 이전 방식을 고집할 필요가 없어질 수도 있으며, 점차 진화하는 자바스크립트 생태계에 맞춰 패키지를 변경해야 하는 등 자바스크립트 패키지를 둘러싼 다양한 문제들이 발생할 수 있다. 그리고 이 문제를 부(minor), 수(patch) 버전 업데이트로 해결할 수 있다면 좋겠지만 때로는 기존의 인터페이스를 변경해야 하는 대대적인 변경이 필요할 수도 있다.

그러나 문제는 주 버전 업데이트는 사용자 입장에서 그다지 반가운 일이 아니라는 것이다. 리액트와 같이 비교적 온건하게 업데이트하는 패키지도 17에서 18로 업데이트하기를 많은 사람이 주저하며, 심지어 인터페이스 변경이 거의 없는 16에서 17로 업데이트하는 것도 꺼리는 사람이 많다. 또한 앞서 살펴본 yarn의 사례처럼 충분한 공감대가 없는 주 버전 업데이트는 사용자의 불만을 증폭시키는 것뿐만 아니라 장기적으로는 사용자 이탈로 이어질 수도 있다.

피할 수는 없지만 누구도 달가워하지 않는 주 버전 업데이트를 최대한 연착륙시키려면 어떻게 해야 할까? 이러한 문제를 해결하기 위해 코드를 자동으로 변환하는 Codemod라는 개념이 있다. Codemod란 대규모 코드베이스를 자동으로 수정하는 도구를 의미한다. 이 도구는 주로 API, 타입, 인터페이스 변경, 레거시 코드의 모던화, 코드 스타일 변경 등의 작업을 수행할 때 사용된다. 그리고 자바스크립트 생태계에서 이러한 Codemod를 만들어주는 도구 중 하나가 jscodeshift[25]다.

jscodeshift는 메타에서 만든 오픈소스 프로젝트로, 자바스크립트 및 타입스크립트 기반 코드베이스에서 실행될 수 있는 Codemod를 작성할 수 있는 도구다. 이 도구는 코드를 추상 구문 트리로 분석한 다음, 이를 기반으로 코드를 변환하는 작업을 수행한다. 이러한 작업은 코드베이스의 크기에 상관없이 일관된 방식으로 코드를 변환할 수 있도록 도와주며, 코드의 변환 작업을 자동화해서 개발자의 수고를 덜어준다.

예를 들어, `MyComponent`라는 컴포넌트의 `oldProp`이라고 하는 `props`가 `newProp`으로 변경됐다고 가정해 보자. 이 작업을 jscodeshift를 사용해 자동으로 변환하기 위해서는 먼저 변경하고 싶은 코드가 추상 구문 트리로 어떻게 생성되는지 확인해야 한다.

```jsx
import React from 'react'
import {MyComponent} from '@ndive/mycomponents'

function App() {
  return (
    <div>
      <MyComponent oldProp="Hello World" />
      <MyComponent oldProp={someVariable} />
    </div>
  )
}

export default App
```

위 코드를 추상 구문 트리로 변환하면 다음과 같다.

> **노트**
> 이 내용은 https://astexplorer.net/에서 직접 코드를 입력해서 실험해볼 수 있다.

---

[25] https://github.com/facebook/jscodeshift

```
{
  // 프로그램 선언 부분 중략
  "body": [
    // 중략
    {
      "type": "FunctionDeclaration",
      "start": 75,
      "end": 218,
      "id": {
        "type": "Identifier",
        "start": 84,
        "end": 87,
        "name": "App"
      },
      "expression": false,
      "generator": false,
      "async": false,
      "params": [],
      "body": {
        "type": "BlockStatement",
        "start": 90,
        "end": 218,
        "body": [
          {
            "type": "ReturnStatement",
            "start": 94,
            "end": 216,
            "argument": {
              "type": "JSXElement",
              "start": 107,
              "end": 212,
              "openingElement": {
                "type": "JSXOpeningElement",
                "start": 107,
                "end": 112,
                "attributes": [],
                "name": {
                  "type": "JSXIdentifier",
                  "start": 108,
```

```
          "end": 111,
          "name": "div"
        },
        "selfClosing": false
      },
      "closingElement": {
        "type": "JSXClosingElement",
        "start": 206,
        "end": 212,
        "name": {
          "type": "JSXIdentifier",
          "start": 208,
          "end": 211,
          "name": "div"
        }
      },
      "children": [
        {
          "type": "JSXText",
          "start": 112,
          "end": 119,
          "value": "\n        ",
          "raw": "\n        "
        },
        {
          "type": "JSXElement",
          "start": 119,
          "end": 156,
          "openingElement": {
            "type": "JSXOpeningElement",
            "start": 119,
            "end": 156,
            "attributes": [
              {
                "type": "JSXAttribute",
                "start": 132,
                "end": 153,
                "name": {
                  "type": "JSXIdentifier",
```

```json
            "start": 132,
            "end": 139,
            "name": "oldProp"
          },
          "value": {
            "type": "Literal",
            "start": 140,
            "end": 153,
            "value": "Hello World",
            "raw": "\"Hello World\""
          }
        }
      ],
      "name": {
        "type": "JSXIdentifier",
        "start": 120,
        "end": 131,
        "name": "MyComponent"
      },
      "selfClosing": true
    },
    "closingElement": null,
    "children": []
  },
  {
    "type": "JSXText",
    "start": 156,
    "end": 163,
    "value": "\n      ",
    "raw": "\n      "
  },
  {
    "type": "JSXElement",
    "start": 163,
    "end": 201,
    "openingElement": {
      "type": "JSXOpeningElement",
      "start": 163,
      "end": 201,
```

```json
          "attributes": [
            {
              "type": "JSXAttribute",
              "start": 176,
              "end": 198,
              "name": {
                "type": "JSXIdentifier",
                "start": 176,
                "end": 183,
                "name": "oldProp"
              },
              "value": {
                "type": "JSXExpressionContainer",
                "start": 184,
                "end": 198,
                "expression": {
                  "type": "Identifier",
                  "start": 185,
                  "end": 197,
                  "name": "someVariable"
                }
              }
            }
          ],
          "name": {
            "type": "JSXIdentifier",
            "start": 164,
            "end": 175,
            "name": "MyComponent"
          },
          "selfClosing": true
        },
        "closingElement": null,
        "children": []
      },
      {
        "type": "JSXText",
        "start": 201,
        "end": 206,
```

```
                    "value": "\n    ",
                    "raw": "\n    "
                  }
                ]
              }
            }
          ]
        }
      }
      // export 부문 중략
    ]
    // 중략
}
```

추상 구문 트리를 살펴보면 JSXElement를 찾아 JSXOpeningElement의 name이 MyComponent인 것을 찾은 다음, 해당 JSXElement의 JSXAttribute를 찾아 name이 oldProp인 것을 찾고, 해당 JSXAttribute의 name을 newProp으로 변경하면 된다는 것을 알 수 있다. 그리고 해당 코드를 jscodeshift로 작성하면 다음과 같다.

```js
const j = require('jscodeshift')
const fs = require('fs')

const source = fs.readFileSync('source.js', 'utf8')

const transform = (file, api) => {
  // codeshift api를 j 변수에 할당한다.
  const j = api.jscodeshift
  // 코드를 추상 구문 트리로 변환한다.
  const root = j(file.source)

  // 해당 루트에서
  root
    // JSXElement를 찾는다.
    .find(j.JSXElement, {
      // JSXElement의 openingElement(여는 구문)의 name이 MyComponent인 것을 찾는다.
      openingElement: {
        name: {
          name: 'MyComponent',
```

```
        },
      },
    })
    // 찾았다면 해당 컴포넌트에 대해 다음 작업을 수행한다.
    .forEach((path) => {
      // 속성 값을 찾고
      path.node.openingElement.attributes.forEach((attr) => {
        // 해당 속성이 JSXAttribute이고 이름이 oldProp이면
        if (attr.type === 'JSXAttribute' && attr.name.name === 'oldProp') {
          // newProp으로 이름을 바꾼다.
          attr.name.name = 'newProp'
        }
      })
    })

  return root.toSource()
}

// 변환을 실행한다. 완성된 코드는 output 변수에 담기며
const output = transform({source}, {jscodeshift: j})

// 해당 변수를 파일로 저장한다.
fs.writeFileSync('output.js', output, 'utf8')
```

이 자바스크립트 코드를 실행하면 다음과 같은 output.js 파일이 생성되며, oldProp이 newProp으로 변경된 것을 확인할 수 있다.

```
import React from 'react'
import {MyComponent} from '@ndive/mycomponents'

function App() {
  return (
    <div>
      <MyComponent newProp="Hello World" />
      <MyComponent newProp={someVariable} />
    </div>
  )
}
```

```
export default App
```

이처럼 jscodeshift를 이용하면 코드베이스의 크기에 상관없이 일관된 방식으로 코드를 변환할 수 있으며, 코드의 변환 작업을 자동화해서 개발자의 수고를 덜어준다. 또한 주 버전 업데이트와 같은 변화가 큰 코드베이스의 변경 작업을 더욱 안전하고 빠르게 수행할 수 있으며, 사용자에게 더 나은 코드를 제공할 수 있게 된다.

그러나 jscodeshift 코드를 작성하는 것은 생각보다 쉬운 일이 아니다. 원하는 코드를 추상 구문 트리로 변환하고, 해당 추상 구문 트리를 변경하는 코드를 작성하는 것은 생각보다 복잡하고 어렵다. 또한 실제 코드베이스에서 고려해야 하는 경우는 더욱 복잡하다. `oldProp="hello"`가 아니라 객체를 별도로 선언해서 전개 연산자로 할당하는 경우는 어떻게 수정할 수 있을까? 일반적인 JSX 방식이 아닌 `React.createElement`와 같은 방식으로 `prop`을 전달하면 어떻게 수정할 수 있을까? 또 이름은 같지만 다른 패키지에서 `import`된 패키지는 어떻게 구별할 수 있을까?

이처럼 jscodeshift로 만든 Codemod로 모든 경우의 수를 고려하는 것은 쉽지 않다. 따라서 jscodeshift를 기반으로 하는 Codemod를 제공하고자 할 때는 사용자의 코드베이스의 크기와 복잡도를 고려해 코드를 작성해야 한다. 또한 바로 Codemod를 작성하기 전에 실제 사용자들의 코드를 추상 구문 트리로 분석해서 변환하고자 하는 코드의 구조를 파악하는 것이 중요하다. 그리고 실제 Codemod를 지원할 때는 어느 정도 범위까지 지원하지 않을 것인지, 지원할 수 없는 경우는 어떻게 안내할 것인지 등 고려할 사항이 많다.

Codemod에 대해 더 알고 싶다면 자바스크립트 생태계에서 널리 사용되는 Codemod인 다음 패키지를 참고해보자. `react-codemod`와 `next-codemod`는 jscodeshift를 기반으로 작성되어 실제 JSX 구문을 변환하는 데 도움을 주고 있으며, `turbo-codemod`는 jscodeshift 기반은 아니지만 자바스크립트 구성 파일 등을 변환하기 위한 목적으로 작성돼 있다. 다음과 같은 패키지를 통해 jscodeshift를 사용하는 방법과 테스트 코드 작성 방법 등을 학습할 수 있을 것이다.

- react-codemod[26]: 리액트에서 제공하는 Codemod
- next-codemod[27]: Next.js에서 제공하는 Codemod
- turbo-codemod[28]: 터보레포에서 제공하는 Codemod

---

[26] https://github.com/reactjs/react-codemod
[27] https://github.com/vercel/next.js/tree/canary/packages/next-codemod
[28] https://github.com/vercel/turborepo/tree/main/packages/turbo-codemod

9.1.6 정리

패키지 개발과 유지보수는 복잡하고 다양한 과제를 수반한다. npm 레지스트리에는 수많은 패키지가 있으며, 이들을 효과적으로 관리하고 개선하기 위해 다양한 도구가 개발돼 왔다. 이러한 도구를 적절히 활용하면 패키지 개발을 더욱 효율적으로 수행할 수 있을 뿐만 아니라 사용자에게 더 나은 품질의 패키지를 제공할 수 있다.

이번 절에서는 패키지 개발의 여러 측면을 살펴보면서 도움을 줄 수 있는 도구들을 소개했다. JSR과 tsup은 패키지의 배포와 빌드 과정을 간소화하며, cosmiconfig는 유연한 설정 관리를 가능하게 만든다. Tinybench와 Vitest는 성능 측정과 테스트를 통해 패키지의 품질 향상에 기여하고, jscodeshift는 대규모 코드베이스의 변경을 자동화해서 버전 업그레이드 과정을 원활하게 만든다. 각 도구는 패키지 개발 생명주기의 특정 단계에서 중요한 역할을 수행하며, 개발자들의 작업을 크게 효율화한다.

그러나 이러한 도구들을 효과적으로 활용하려면 단순히 도구를 어떻게 사용하는지 아는 것을 넘어 각 도구가 해결하고자 하는 문제와 그 바탕을 이해하는 것이 중요하다. 예를 들어, jscodeshift를 사용하고자 할 때 단순히 코드를 변경하는 것이 아니라 사용자의 코드베이스를 존중하고 최소한의 변경으로 최대의 효과를 얻을 수 있도록 신중하게 접근해야 한다. 또한 이러한 도구들은 계속해서 발전하고 있으며, 새로운 도구들도 지속적으로 등장하고 있다. 따라서 패키지 개발자는 항상 최신 트렌드를 파악하고, 자신의 프로젝트에 가장 적합한 도구를 선택해 적용하는 능력을 갖춰야 한다.

결론적으로, 이러한 도구는 패키지 개발을 더욱 효율적이고 체계적으로 만들어주는 강력한 조력자다. 하지만 도구는 어디까지나 도구일 뿐이며, 궁극적으로는 개발자의 판단과 경험이 가장 중요하다. 따라서 이러한 도구들을 적절히 활용하면서도 항상 사용자의 니즈와 프로젝트의 목표를 최우선으로 고려하는 균형 잡힌 접근이 필요하다. 이를 통해 더 나은 패키지를 개발하고, 더 나아가 자바스크립트 생태계 전체의 발전에 기여할 수 있을 것이다.

9.2 패키지 개발에 도움이 되는 팁

이 책의 마지막 절에서는 지금까지 다룬 내용을 기반으로 견고하고 효율적인 자바스크립트 패키지를 개발하는 데 유용한 팁을 소개한다. 패키지를 직접 개발할 때 놓치기 쉬운 실전 팁부터, 앞에서 다루지 못한 테스트와 문서화까지 포함해서 실전에서 필요한 내용을 폭넓게 정리했다. 이를 통해 여러분은 필요한 정보를 빠르게 찾아보고 프로젝트에 즉시 적용할 수 있을 것이다.

특히, 패키지 최적화와 유지보수의 중요성을 강조하며, 코드 품질을 높이고 사용자 경험을 개선하는 방법도 함께 다룬다. 단순히 코드 작성에 그치지 않고, 오픈소스 생태계에서 신뢰받는 패키지를 만드는 데 필요한 실질적인 조언과 모범 사례를 담았다. 이번 절을 통해 이 책에서 배운 모든 내용을 자연스럽게 상기하며, 실전에서 자신 있게 활용할 수 있는 확실한 가이드를 제공하고자 한다.

9.2.1 선택이 아닌 필수, ESModule

4장 'CommonJS와 ESModule'에서 살펴본 ESModule은 이제 선택이 아닌 필수 모듈 시스템으로 자리매김했다. 현대 자바스크립트 생태계는 브라우저와 서버 환경 모두에서 더 나은 성능과 유연성을 제공하는 ESModule로 빠르게 전환하고 있다.

이전에는 CommonJS가 주로 서버 환경에서 사용되면서 널리 채택됐지만, 브라우저 환경에서의 한계와 최신 개발 요구사항을 충족하기 어려웠다. 반면 ESModule은 정적 구조와 비동기 로딩을 기반으로 브라우저와 서버 모두에서 최적화된 동작을 보장한다.

이번 절에서는 ESModule이 필수로 자리 잡은 이유와 함께 이를 효과적으로 사용하는 방법을 살펴보고 모듈 시스템을 전환할 때 알아야 할 실전 팁을 다룬다.

9.2.1.1 브라우저 환경에 최적화된 ESModule

ESModule은 CommonJS보다 브라우저 환경에 더욱 최적화된 모듈 시스템이다. 4.3절 'ESModule이란 무엇일까?'에서 배웠던 CommonJS와 ESModule을 다시 비교해 보자.

CommonJS는 서버 런타임 환경에서 자바스크립트를 사용하기 위한 목적으로 처음 등장했기 때문에 다음과 같은 특징으로 인해 브라우저를 비롯한 다른 환경에서 적합하지 않다.

- 모듈을 동기적으로 불러오는 방식은 로컬 시스템상에 실행되는 서버에서는 문제가 되지 않지만 브라우저 환경에서는 네트워크 지연을 유발하고 병렬 다운로드를 불가능하게 해서 비효율적이다.
- CommonJS는 모듈을 동적으로 로드할 수 없어 필요한 순간에 모듈을 로딩하는 등 브라우저의 성능을 최적화하는 시스템이 부족하다.
- 트리 셰이킹 및 최적화가 어렵다.
- CommonJS의 모듈 래퍼(module wrapper)가 클로저를 만들기 때문에 이로 인해 브라우저에서 메모리 소비가 불필요하게 증가할 수 있다.
- require() 함수는 얼마든지 재정의될 수 있는 함수이므로 사용자 환경에서 동일한 require() 함수가 재정의된다면 의도치 않은 동작을 유발할 수 있다.

반면 ESModule은 CommonJS의 이러한 문제들을 해결하며, 더 나은 방식으로 모듈을 관리한다.

- 모듈을 빌드 시점에 로드해서 트리 셰이킹과 캐싱 등 다양한 최적화를 통해 빌드 결과물을 최적화할 수 있다.
- 비동기로 모듈을 불러오므로 네트워크 지연을 줄이고 로딩 속도를 개선할 수 있다.
- import, export 키워드를 사용해 모듈을 불러오고 내보내는데, 이는 재정의가 불가능하다.

이러한 이유로 ESModule은 브라우저에서 최적화된 모듈 시스템으로 평가받는다. 그뿐만 아니라 현대의 서버 환경에서도 이러한 ESModule의 특징은 중요하다. 번들러를 통해 코드를 하나의 파일로 합치는 과정에서 ESModule의 정적 분석은 번들의 오버헤드를 줄일 수 있기 때문이다. 따라서 ESModule을 사용하면 서버, 브라우저의 두 환경 모두에서 일관된 코드 문법을 사용할 수 있으므로 앞으로 CommonJS보다 더 주목받는 모듈 시스템으로 자리 잡게 될 것이다.

9.2.1.2 이중 패키지의 어려움

4.5절 'CommonJS와 ESModule, 무엇이 정답일까?'에서 소개한 이중 패키지는 이미 수많은 CommonJS 패키지가 존재하는 자바스크립트 생태계에서 CommonJS와 ESModule을 동시에 지원하기 위해 고안된 방법이다. 7.1절 '나만의 npm 패키지 만들기'에서는 이러한 이중 패키지를 개발하는 방법도 다뤘다.

이중 패키지는 두 모듈 시스템을 안정적으로 지원할 수 있어 범용 패키지 개발에 유용하지만 장기적으로 이것이 올바른 선택인지 고민이 필요하다. 7.1절 '나만의 npm 패키지 만들기'에서도 봤듯이 이중 패키지를 위해서는 여러 가지 추가적인 설정과 고려가 필요하다.

- 번들러에서 CommonJS와 ESModule 각각을 위한 설정을 추가해야 한다.
- 동일한 소스를 두 번 빌드하므로 빌드 시간이 늘어나고 결과물 크기도 커진다.
- 각 모듈 시스템에 맞춘 테스트 환경과 스크립트를 별도로 준비해야 할 수 있다.
- CommonJS는 트리 셰이킹을 지원하지 않아 불필요한 코드가 번들에 포함될 가능성이 크다. 이는 ESModule 빌드에서는 제외되던 코드가 CommonJS 결과물에 포함될 수 있음을 의미한다.

이러한 단점으로 인해 이중 패키지 구조는 개발 및 배포 과정에서 추가적인 관리 부담을 초래하며, 최적화 없이 사용하면 유지보수를 어렵게 만들 수 있다. 이는 패치와 기능 업데이트 주기를 느리게 만들어 사용자 경험에도 부정적인 영향을 미칠 수 있다.

결론적으로, 이중 패키지는 정말 필요한 경우가 아니라면 지양하는 것이 좋다. 단일 모듈 시스템으로의 전환이 개발자와 사용자 모두에게 더 나은 선택이 될 것이다.

9.2.1.3 ESModule 패키지에서의 올바른 트리 셰이킹 방법

7.1절 '나만의 npm 패키지 만들기'에서 설명했듯이 ESModule 패키지를 작성할 때는 패키지의 최적화를 위해 배럴 파일을 제거하고 `exports` 필드를 통해 모듈을 명시적으로 분리할 것을 권장한다. 이 방법은 트리 셰이킹 효율성을 높이고 불필요한 코드 번들링을 방지해서 성능을 개선하는 데 유리하다. 배럴 파일은 편리함을 제공하지만 종종 내부적으로 불필요한 의존성을 추가하거나 사용하지 않는 코드를 포함하게 되어 번들 크기를 증가시키고 트리 셰이킹을 방해한다.

이를 해결하기 위해 `package.json`의 `exports` 필드를 활용하면 사용자가 필요로 하는 모듈만 가져올 수 있도록 구조를 명확히 설계할 수 있다. 예를 들어, 프로젝트가 여러 유틸리티와 컴포넌트로 구성돼 있다면 `exports` 필드를 통해 각 모듈을 독립적으로 지정할 수 있다. 이렇게 하면 소비자는 특정 모듈 경로를 통해 필요한 기능만 가져올 수 있다. 다음은 이러한 구조를 반영한 설정 예제다.

```
{
  "name": "my-package",
  "type": "module",
  "exports": {
    "./utils/object": "./dist/utils/object.js",
    "./utils/string": "./dist/utils/string.js",
    "./components/button": "./dist/components/button.js",
    "./components/card": "./dist/components/card.js"
  }
}
```

이처럼 `exports`를 명시적으로 선언하면 사용자는 패키지 전체를 로드하지 않고도 원하는 기능만 효율적으로 가져올 수 있다. 이렇게 해서 불필요한 코드를 포함시키는 배럴 파일의 문제를 피하고, 모듈 간 의존성을 명확히 정의할 수 있다.

```
import {merge} from 'my-package/utils/object'
```

그러나 패키지에서 배럴 파일을 반드시 사용해야 한다면 어떻게 최적화할 수 있을까? 이때는 우선 배럴 파일에서 `export * from` 대신 특정 모듈만 명시적으로 내보내도록 작성하는 것이 좋다. 예를 들어, `/src/index.ts` 파일에서 다음과 같이 특정 모듈만 지정해서 내보낼 수 있다. 다음 예제는 8.2절 '나만의 모노레포 프로젝트 만들기'에서 작성한 `@ndive/design-components`의 배럴 파일로, 출처 파일의 모든 모듈을 내보내기보다 외부에 내보내기를 의도한 모듈만을 이름으로 내보낸다.

```ts
// /packages/design-components/src/index.ts

// Button
export {default as ButtonPrimary} from '$/components/button/ButtonPrimary'
export {default as ButtonSub} from '$/components/button/ButtonSub'

// Modal
export {default as ModalNotice} from '$/components/modal/ModalNotice'
export {default as ModalConfirm} from '$/components/modal/ModalConfirm'

// Constants
export {SIZE} from '$/constants/icon'
```

또한 패키지의 트리 셰이킹이 제대로 동작하게 하려면 `package.json`에서 `sideEffects` 필드를 `false`로 설정해야 한다. 이를 통해 사용되지 않는 코드가 번들에 포함되지 않도록 보장할 수 있다.

```json
{
  "name": "@ndive/design-components",
  "type": "module",
  "sideEffects": false,
  "exports": {
    ".": {
      "import": "./dist/index.mjs",
      "types": "./dist/index.d.ts",
      "default": "./dist/index.mjs"
    }
  }
}
```

마지막으로 비록 배럴 파일을 제공하더라도 나눌 수 있는 파일은 최대한 진입점을 분리해 제공하는 것이 좋다. 예를 들어, `@ndive/design-components`에서 아이콘과 관련한 배럴 파일인 `/src/components/icons/index.ts`는 `/src/index.ts`와 분리해서 exports 필드에 명시한다.

```json
{
  "exports": {
    ".": {
      "import": "./dist/index.mjs",
```

```
      "types": "./dist/index.d.ts"
    },
    "./icons": {
      "import": "./dist/icons.mjs",
      "types": "./dist/icons.d.ts"
    }
  }
}
```

이렇게 최적화한 패키지의 트리 셰이킹은 vite-bundle-visualizer를 사용해 예제 프로젝트로 제공된 shopping-web에서 확인할 수 있다. 트리 셰이킹 이후 실제로 사용된 모듈만 애플리케이션 빌드 결과물에 포함된 것을 알 수 있다.

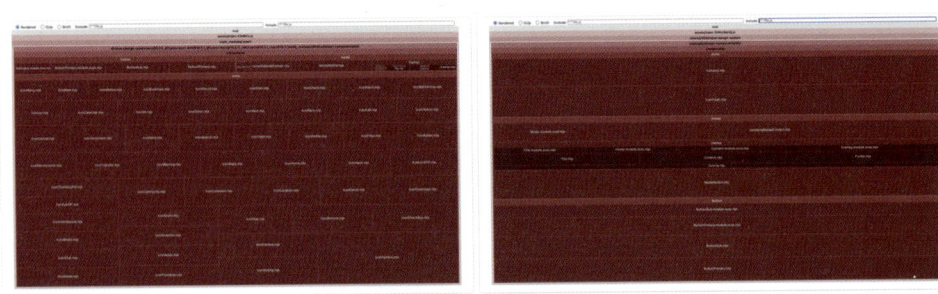

그림 9.17 트리 셰이킹 전(좌) 트리 셰이킹 후(우) @ndive/design-components의 모듈이 번들에 포함된 내용을 시각화한 모습

ESModule을 지원하는 패키지를 만드는 일은 이제 효율성을 넘어 자바스크립트 생태계의 표준화를 위한 필수적인 도약이다. 특히 오픈소스 패키지가 ESModule을 선택하는 것은 자바스크립트 생태계 전반의 호환성과 안정성을 한층 강화해서 최적화된 방향으로 나아가도록 돕는 중요한 역할을 할 것이다. 이를 통해 사용자는 최신 표준의 혜택을 누리고, 개발자들은 중복된 설정과 유지보수의 부담을 줄여 오픈소스 생태계 전반의 코드 품질이 향상된다. 앞으로도 ESModule은 성숙한 자바스크립트 생태계를 지향하는 자바스크립트 개발자가 따라야 할 기준이자 필수 요소로 자리 잡을 것이다.

9.2.2 package.json 올바르게 작성하기

2장 'package.json과 npm 파헤치기'의 핵심이었던 package.json 파일은 패키지 사용자에게는 패키지에 대한 첫인상이자 패키지를 사용하기 위한 안내서다. 이 package.json이 제대로 작성되지 않으면 사소하게는 트리 셰이킹 같은 최적화 문제부터 치명적으로는 패키지를 사용할 수조차 없게 만든다. 이번 절에서는 이러한 `package.json`에서 기본적으로 필요한 기능들과 패키지 개발에 도움을 줄 수 있는 `packageManager`와 `engine` 필드를 알아보고, 올바른 `package.json`의 작성법을 알아보자.

9.2.2.1 main과 exports

`main`과 `exports` 필드는 2장 'package.json과 npm 파헤치기'와 4장 'CommonJS와 ESModule'에서 봤듯이 모듈의 배포와 사용 관점에서 중요한 역할을 담당하는 필드다. CLI 패키지처럼 모듈을 외부로 노출하지 않는 경우를 제외하고는 두 필드를 함께 설정하는 것을 권장한다.

먼저 `main`은 Node.js와 웹팩이나 롤업 같은 번들러에서 패키지의 진입점으로 사용된다. 12 버전 이전의 오래된 Node.js 버전이나 CommonJS 환경에서는 이 `main` 필드를 기준으로 패키지를 해석하므로 패키지의 호환성을 위해서 `main`을 명시하는 것이 좋다.

`exports`는 CommonJS뿐만 아니라 ESModule 및 최신 Node.js 환경에서 모듈의 외부로 노출되는 파일 및 경로를 정의한다. 이는 `main`보다 세밀하고 강력한 제어를 제공함으로써 패키지의 하위 경로를 지정하거나 모듈 시스템 혹은 브라우저, 서버 환경에 따라 진입 경로를 나누어 정의할 수도 있다.

코드 9.5 package.json의 exports 사용 예시

```json
{
  "exports": {
    ".": {
      "require": "./dist/cjs/index.cjs",
      "import": "./dist/esm/index.mjs",
      "default": "./dist/esm/index.mjs"
    },
    "./submodule": {
      "require": "./dist/cjs/submodule.cjs",
      "import": "./dist/esm/submodule.mjs",
      "default": "./dist/esm/submodule.mjs"
    }
  }
}
```

결론적으로 `exports`를 사용하면 의도적으로 설계된 경로만 외부에 제공할 수 있어 모듈 인터페이스를 명확히 정의하고, 필요한 파일만 노출함으로써 번들 크기를 줄이고 로드 속도를 향상시킨다. 따라서 `exports`는 Node.js 및 현대적인 자바스크립트 생태계에서 `main`보다 더욱 권장되는 방식이다.

이 두 필드를 함께 명시하는 이유는 앞서 설명한 각 필드의 장점을 모두 취할 수 있기 때문이다. **main** 필드를 사용해 오래된 도구 및 환경에서 사용할 수 있게 하고, 동시에 **exports** 필드로 더 세밀하고 유연한 제어를 통해 최신 환경에 적합한 설정을 제공한다. 이로써 패키지를 사용하는 환경에서의 혼란을 줄이면서 안전하고 효율적으로 모듈을 설계할 수 있다.

```
{
  "name": "my-package",
  "main": "./dist/index.cjs", // CommonJS 기본 진입점
  "exports": {
    "require": "./dist/index.cjs", // CommonJS 진입점
    "import": "./dist/index.mjs", // ESModule 진입점
    "./submodule": "./dist/submodule.js" // import * from 'my-package/submodule' 하위 경로 접근 허용
  }
}
```

> 📝 순수한 ESModule 패키지도 main 필드가 필요한가요?
>
> 실제로 ESModule만 지원하는 패키지는 exports 필드만으로도 패키지의 진입점을 결정할 수 있다. 이제는 Node.js 및 번들러가 ESModule 환경에 맞게 exports로 모듈을 해석하는 방식을 사용하고 있기 때문이다. 만약 다음과 같은 조건을 만족한다면 더는 main을 정의하지 않아도 괜찮다.
>
> 1. type: "module": 패키지가 ES Module임을 명확히 선언한 경우
> 2. 모듈 시스템의 호환성: 패키지를 사용하는 환경이 Node.js 12 버전 이상이고 webpack@5, rollup@1.20.0 이상인 경우
>
> 이와는 반대로 CommonJS 혹은 12 버전보다 낮은 Node.js 레거시 환경이거나 패키지의 사용성과 호환성을 높여야 한다면 앞에서 언급한 main과 exports를 함께 정의하는 것이 더 안전한 설계다.

9.2.2.2 packageManager와 engines

2.1절 'package.json 톺아보기'에서 살펴본 **packageManager**와 **engines** 필드 또한 정의하는 것이 좋다. **packageManager**와 **engines**는 프로젝트에서 사용해야 하는 패키지 관리 도구와 Node.js 환경을 명시적으로 설정하는 데 사용되어 프로젝트 개발의 일관성을 지키는 데 유용하다.

packageManager는 프로젝트에서 사용 중인 패키지 관리 도구와 버전을 명시해 다른 개발자가 프로젝트를 복제하거나 설치할 때 동일한 패키지 관리 도구를 사용하도록 유도한다.

```
{
  "packageManager": "pnpm@9.12.3"
}
```

이 필드는 2.1절 'package.json 톺아보기'에서 소개했던 npm의 코어팩 설정과 함께 사용하면 더욱 유용하다. 코어팩이 사용자 로컬 환경에서 활성화돼 있을 때 packageManager를 읽어 해당 패키지 관리 도구의 버전을 자동으로 인식하고 설치 및 실행이 가능하다.

```
# 코어팩 활성화
$ corepack enable pnpm

# 명시된 packageManager 버전에 맞춰 설치
$ pnpm i
! Corepack is about to download https://registry.npmjs.org/pnpm/-/pnpm-9.7.0.tgz
? Do you want to continue? [Y/n]
```

engines 필드는 패키지 관리 도구뿐만 아니라 프로젝트에서 필요로 하는 Node.js 및 기타 도구의 버전을 명시할 수 있다. npm의 경우, .npmrc에 engine-strict=true와 함께 사용하면 요구되는 Node.js 버전만을 프로젝트 개발 환경에서 사용하도록 강제할 수 있다. pnpm이나 yarn은 engine-strict가 없어도 기본적으로 engines 조건을 엄격히 검사한다.

예를 들어, package.json에 다음과 같은 engines 조건이 있다고 가정하자.

```
{
  "packageManager": "pnpm@9.12.3",
  "engines": {
    "node": "20.13.1",
    "pnpm": "9.12.3",
  },
}
```

만약 사용자가 Node.js 20.13.1 버전이 아닌 다른 버전으로 프로젝트의 스크립트를 실행한다면 다음과 같은 오류를 출력하며 실행되지 않는다.

```
$ node -v
v22.11.0
```

```
$ pnpm build
ERR_PNPM_UNSUPPORTED_ENGINE Unsupported environment (bad pnpm and/or Node.js version)

Your Node version is incompatible with "/Users/user/ndive-design-system".

Expected version: 20.13.1
Got: v22.11.0

This is happening because the package's manifest has an engines.node field specified.
To fix this issue, install the required Node version.
```

만약 자신이 담당하는 수많은 프로젝트의 Node.js 버전이 상이하다면 다수의 Node.js 버전을 설치하고 관리할 수 있는 nvm과 함께 사용하면 편리하게 Node.js 버전을 따로 사용할 수 있다. 다음처럼 .nvmrc에 engines에서 요구하는 Node.js 버전을 명시하면 nvm use 명령어를 통해 각 패키지 개발 환경에 맞는 Node.js로 전환해서 사용할 수 있다.

예를 들어, .nvmrc에 Node.js 버전을 20.13.1로 설정했다고 가정하자.

```
# .nvmrc
20.13.1
```

.nvmrc가 위치한 경로에서 nvm use 명령어를 사용하면 .nvmrc에 명시한 Node.js 버전대로 전환된다.

```
$ nvm use
Found '/Users/user/my-package/.nvmrc' with version <20.13.1>
Now using node v20.13.1 (npm v9.9.3)
```

결론적으로 packageManager와 engines는 동일한 프로젝트 개발 환경을 보장함으로써 다른 개발자와의 협업을 용이하게 하며, 호환성 문제를 최소화하고 CI 환경에서도 일관성을 보장하는 데 기여한다. 따라서 자신의 프로젝트의 안정성과 일관성을 위해 이 두 필드를 package.json에 정의할 것을 권장한다.

> **pnpm을 사용하도록 강제했는데 npm 사용이 가능해요.**
>
> packageManager와 engines로 pnpm 패키지 관리 도구를 사용하도록 명시했음에도 npm i와 같이 npm은 여전히 실행 가능한 것을 볼 수 있다. 이는 코어팩이나 packageManager 필드가 npm 명령어를 제한하지 않기 때문으로, npm은 여전히 프로젝트의 node_modules를 관리할 수 있는 기본 도구로 작동한다. engines 필드 또한 Node.js 버전에 대해서만 엄격하게 동작하며, 패키지 관리 도구를 강제로 제한하지는 않는다. 결론적으로 이 두 필드로 패키지 관리 도구의 종류를 강제하는 것은 아니지만 사용 도구와 버전을 명시함으로써 명확하게 어떤 도구를 사용할 수 있는 프로젝트인지 나타내므로 사용할 것을 권장한다.

9.2.2.3 추가적으로 고려해야 할 필드

다음은 `package.json`에서 함께 명시했을 때 npm 레지스트리나 사용자 관점에서 유용한 필드다.

- `type`: 패키지의 모듈 시스템을 정의한다. 이중 패키지가 아니라면 ESModule을 권장하는 측면에서 `"module"`을 사용할 것을 권장한다.
- `files`: npm에 배포되는 파일을 제한해 불필요한 파일이 포함되지 않게 한다.
- `keywords`: npm 레지스트리에서 패키지를 더 쉽게 찾을 수 있도록 검색을 지원한다.
- `repository`: npm 레지스트리에서 패키지 저장소로 이동하기 위해 `repository`도 설정하는 것이 좋다.
- `$schema`: package.json 또한 JSON 스키마로 package.json 파일의 구조를 검증하고 에디터에서 자동 완성과 유효성 검사를 제공한다. 자칫 실수할 수 있는 오타 방지를 위해 상단에 추가할 것을 권장한다.

```
{
  "$schema": "https://json.schemastore.org/package"
}
```

`package.json`은 단순한 메타데이터가 아닌 그 이상의 역할을 담당한다. 주요 필드를 올바르게 정의하면 개발 환경의 일관성을 유지하고, 패키지의 최적화 및 사용성을 극대화할 수 있으며, 그중에서 특히 `main`과 `exports`는 패키지의 진입점을 명확히 정의하고, `packageManager`와 `engines`는 프로젝트 협업과 실행 환경의 호환성을 보장하는 데 유용하다.

9.2.3 올바른 트랜스파일과 폴리필 적용하기

패키지가 지원 환경 내에서 안정적으로 동작하려면 지원되지 않는 ECMAScript 기능의 호환성을 보완해야 한다. 이러한 문제를 해결하기 위해 5장 '트랜스파일과 폴리필'에서는 트랜스파일과 폴리필에 대해 알아봤다. 이번 절에서는 이 트랜스파일과 폴리필을 올바르게 자신의 패키지에 적용하는 방법을 정리해보자.

9.2.3.1 browserslist 설정

패키지 개발 시 모든 환경을 고려할 목적으로 core-js/stable을 전역으로 불러오는 경우가 있을 수 있다. 그러나 이 방법은 패키지 개발에서는 다음과 같은 이유로 권장하지 않는다.

- **불필요한 폴리필 추가**: 실제로 필요하지 않은 폴리필까지 포함되어 번들 크기가 불필요하게 커지고 이미 지원하는 기능에 대해서도 불필요한 폴리필이 추가될 수 있다.

- **전역 네임스페이스 오염**: core-js/stable은 전역 네임스페이스에 폴리필을 추가하기 때문에 패키지를 사용하는 애플리케이션에서 이미 정의된 네이티브 객체나 메서드가 덮어써질 수 있다. 최신 브라우저 환경에서 네이티브 메서드가 구현돼 있음에도 패키지 내부의 폴리필이 이를 덮어쓰면 패키지 간 충돌이나 예상치 못한 동작이 발생할 수 있다.

따라서 core-js를 직접 패키지에 포함하는 방법 대신 필요한 폴리필만 전역 네임스페이스를 오염시키지 않고 불러와야 한다. 이렇게 트랜스파일과 폴리필의 기준이 되는 실행 환경의 지원 범위를 정의해야 하기 위해 5.3절 '최선의 폴리필과 트랜스파일은 무엇일까?'에서 browserslist로 필요 이상의 트랜스파일과 폴리필이 추가되는 것을 방지할 수 있다는 것을 배웠다.

코드 9.6 .browserslistrc 파일 예시

```
> 1%, not dead
```

browserslist 설정은 비트나 롤업 같은 빌드 도구와 함께 사용되어 적절한 트랜스파일과 필요한 폴리필만 적용할 수 있도록 돕는다. 이는 패키지의 지원 환경 범위를 명확히 해서 불필요한 최적화를 방지하고 번들 크기를 줄이는 데 유용하다. browserslist와 비트를 활용해 적절한 트랜스파일과 폴리필을 적용하는 실제 코드는 7.1절 '나만의 npm 패키지 만들기'에서 다뤘다.

9.2.3.2 모든 패키지가 트랜스파일과 폴리필이 필요한 것은 아니다

그러나 모든 패키지에 반드시 트랜스파일과 폴리필이 추가돼야 하는 것은 아니다. 때로는 이러한 처리가 필요하지 않으며, 오히려 부작용을 초래할 수 있는 상황도 있다. 그 이유를 살펴보자.

9.2.3.2.1 모던 브라우저의 네이티브 지원

현대 브라우저와 최신 Node.js는 이미 ECMAScript의 많은 기능을 기본적으로 지원하므로 트랜스파일과 폴리필은 오히려 코드를 복잡하게 만들고 성능 저하를 초래할 수 있다. 이미 대부분의 주요 브라우저는 `Promise`, `async/await`, `Map`, `Set`과 같은 기능을 네이티브로 제공하므로 패키지가 Chromium, 최신

Firefox, Safari 12 이상의 최신 브라우저나 최신 LTS 버전의 Node.js를 대상으로 한다면 추가적인 트랜스파일과 폴리필이 필요 없을 가능성이 크다.

9.2.3.2.2 사용자 애플리케이션과의 충돌

또한 궁극적으로 폴리필은 사용자가 패키지를 사용하는 애플리케이션 수준에서 직접 설정해야 할 영역이다. 패키지 내부에 이러한 폴리필을 강제로 적용하면 사용자가 자신만의 폴리필 전략을 구성했더라도 이를 무력화할 수 있다. 또한 사용자가 패키지에서 사용하는 폴리필과 다른 폴리필 라이브러리를 사용하거나 CDN과 같은 다른 경로를 통해 직접 폴리필을 추가하는 경우, 패키지에 포함된 폴리필이 중복되거나 충돌을 일으킬 수 있다. 이는 결국 애플리케이션 최적화를 어렵게 해서 '이 패키지는 최적화되지 않아 불필요한 코드를 포함한다'는 인식을 심어 사용자의 신뢰를 잃을 수도 있다.

리액트 팀은 이러한 문제를 예방하기 위해 'JavaScript 환경 요구사항'[29] 문서에서 리액트 18은 모든 모던 브라우저에서 동작하지만 구형 브라우저에서는 사용자 측에서 다음과 같은 폴리필을 추가해야 한다고 명시하고 있다.

- Promise
- Symbol
- Object.assign

이처럼 폴리필을 애플리케이션 수준에서 관리하도록 명확히 역할을 구분하면 패키지와 사용자 애플리케이션 간의 충돌을 최소화할 수 있다. 또한 패키지 개발자는 불필요한 폴리필 추가로 인한 오버헤드를 줄이고, 사용자에게 더 투명하고 최적화된 경험을 제공할 수 있다. 결과적으로 이는 패키지의 유지보수를 간소화하고 사용자 신뢰를 유지하는 데 중요한 역할을 한다. 패키지 내부의 편리함과 사용자 애플리케이션의 유연성을 균형 있게 고려한 설계가 성공적인 패키지 개발의 핵심임을 기억하자.

9.2.3.2.2.1 소수 브라우저를 위해 번들에 다수의 오버헤드를 야기함

이 책에서는 5장 '트랜스파일과 폴리필'에서 바벨과 core-js를 중심으로 트랜스파일과 폴리필에 대해 설명했다. 그러나 core-js 또한 오픈소스 패키지로서 신뢰성과 안정성 문제에서 완전히 자유롭지 않다. 예를 들어, 7.1절 '나만의 npm 패키지 만들기'에서 다룬 `Array.prototype.at` 메서드의 사례처럼 core-js로 인해 브라우저 버전에 상관없이 불필요한 폴리필이 추가되는 경우가 있다. 대상 실행 환경이 이미 해당 기

---

[29] https://ko.legacy.reactjs.org/docs/javascript-environment-requirements.html

능을 제공하고 있음에도 core-js의 동작 원리나 정책으로 인해 불필요한 오버헤드가 발생하는 문제를 야기할 수 있다.

이러한 구조적 한계로 인해 core-js는 목표 환경에서 이미 제공되는 기능에 대해서도 폴리필을 강제로 포함시키는 경우가 발생한다. 결과적으로, 이러한 오버헤드는 패키지의 크기를 늘리고 성능을 저하시켜 사용자 경험에 부정적인 영향을 미칠 수 있다.

이 책에서는 7장 '직접 자바스크립트 패키지 만들기'와 8장 '모노레포로 서비스와 라이브러리 모두 관리하기'에서 폴리필과 트랜스파일을 사용하는 경우와 사용하지 않는 경우를 나누어 비교했다. 각 장에서 논의한 것처럼 트랜스파일과 폴리필을 적용할지 여부는 다음과 같은 기준에 따라 결정할 수 있다.

- **목표 지원 환경 확인**: 패키지가 최신 환경만을 지원한다면 트랜스파일과 폴리필은 필요하지 않을 수 있다.
- **패키지 크기와 성능 최적화**: 패키지 크기와 성능을 우선시한다면, 불필요한 트랜스파일과 폴리필은 제외한다.
- **기능 테스트**: 패키지 기능이 목표 실행 환경 내에서 정상적으로 작동하는지 철저히 검증한다.

결론적으로, 트랜스파일과 폴리필 적용 여부는 패키지의 목표와 사용자 환경을 신중히 고려해 결정해야 한다. 필요한 경우에도 최소한의 적용으로 패키지 크기를 줄이고 충돌 가능성을 낮추는 것이 중요하다. 반면 대규모 프로젝트나 다양한 환경을 지원해야 하는 경우라면 트랜스파일과 폴리필을 기본적으로 포함하는 것이 사용자 혼란을 줄이는 데 도움이 될 수 있다. 반대로 특정 환경만을 목표로 하거나 성능 최적화가 중요한 경우 불필요한 추가 작업을 배제하는 것도 현명한 선택이 될 수 있다.

9.2.4 dependencies는 신중하게 추가하라

패키지에서 사용하는 의존성과 버전을 명시하는 dependencies는 2.2절 'dependencies란 무엇일까?'와 2.4절 'npm install을 실행하면 벌어지는 일'에서 dependencies의 명세와 의존성을 추가할 때마다 어떤 일이 일어나는지 @npmcli/arborist의 동작을 바탕으로 살펴봤다. 이는 프로젝트 유지보수와 성능에 직접적인 영향을 주는 필드이므로 패키지에 의존성을 추가할 때는 반드시 추가된 의존성이 전체 프로젝트에 미치는 영향을 고려해야 한다. 다음 네 가지 관점에서 dependencies를 추가할 때 고려할 점을 살펴보자.

9.2.4.1 정말 필요한 패키지만 포함하라

dependencies는 패키지의 최종 결과물에 포함되는 의존성이기 때문에 패키지의 크기에 영향을 준다. 따라서 다음과 같은 원칙을 고려해 필수적인 의존성만 추가해야 한다.

1. **핵심 기능에 필요한 의존성만 포함**: 의존성을 추가하는 가장 중요한 이유는 패키지가 목표로 하는 기능을 큰 문제로 바라볼 때 이를 달성하기 위해 거쳐야 할 작은 문제들을 다른 패키지를 통해 쉽고 빠르게 해결하기 위해서다. 예를 들어, 8.2절 '나만의 모노레포 프로젝트 만들기'에서 @ndive/design-tracker 패키지를 개발할 때 타입스크립트 코드를 정적 분석하기 위한 도구로 ts-morph를 의존성으로 포함한다. @ndive/design-tracker의 목표는 디자인 시스템 코드를 분석해서 사용 통계를 지표화하는 데 있고, 따라서 이를 달성하기 위한 단계인 정적 분석은 직접 구현하기보다 ts-morph 패키지를 사용해 쉽게 해결한 것이다.

2. **간단한 기능은 직접 구현**: 반면 단순한 유틸리티 함수나 간단한 기능이라면 직접 구현하는 것이 훨씬 좋다. 예를 들어, 디바운스(debounce) 기능 하나만을 위해 lodash를 의존성으로 추가한다면 debounce 함수 외에 사용하지도 않는 다른 기능까지 전체 패키지 결과물에 포함되어 불필요하게 패키지의 크기를 늘린다.

3. **적합한 범주의 패키지 구분**: dependencies에는 반드시 실행 환경에 영향을 미치는 의존성만 포함해야 한다. dependencies는 패키지가 실행될 때 꼭 필요한 의존성만을 포함하고 테스트, 빌드 도구 등 개발 환경에서만 사용하는 패키지는 devDependencies에 추가하는 것이 좋다. 혹은 패키지가 특정 라이브러리에 의존하지만 사용자 환경에 따라 버전이 달라질 수 있거나 번들링에 미포함시켜 사용 환경과 중복 설치되지 않게 하려면 peerDependencies를 사용해야 한다. 즉, dependencies에는 불필요하게 개발 도구를 포함하거나 사용 환경에 버전 충돌을 유발할 수 있는 패키지는 포함되지 않도록 신경 써야 한다.

결론적으로 dependencies에는 실행 환경에서 필요로 하는 패키지만을 포함하며, 직접 기능을 구현하는 데 시간과 노력이 많이 들어 다른 패키지의 도움이 필요한 순간에 적용해 최적화된 패키지로 설계해야 한다.

9.2.4.2 추가될 패키지의 모듈 시스템을 검토하라

다음으로 의존성으로 추가할 라이브러리의 모듈 시스템이 패키지와 호환되는지 확인해야 한다. 이는 4.3절 'ESModule이란 무엇일까?'에서 CommonJS와 ESModule의 상호운용성에 대해 설명한 것처럼 Node.js 14 버전 이상의 최신 실행 환경에서는 ESModule을 기본적으로 지원하지만 CommonJS와의 호환성 문제가 있을 수 있기 때문이다. 다음과 같은 기준으로 패키지의 모듈 시스템이 자신의 패키지와 올바르게 동작할 수 있는지 검사한다.

- 만약 의존성 패키지가 ESModule, CommonJS를 동시 지원하는 이중 패키지라면 exports 필드에서 require와 import에 진입점이 올바르게 작성돼 있는지 검토한다.

- 타입스크립트 기반 패키지라면 의존성 라이브러리가 exports에 type 필드로 .d.ts 타입 정의 파일을 제공하는지 확인한다. 혹은 @types로 시작하는 별도의 타입 정의 패키지를 제공하는지 확인한다.

- 실행 환경의 호환성이 중요한 경우 exports에서 default 필드를 제공해서 기존 실행 환경과의 호환성을 보장하는지 확인한다.

9.2.4.3 안전한 패키지인지 확인하라

패키지 의존성을 추가하는 것은 외부 코드에 의존하는 것이므로 보안 취약점이 발생할 가능성을 항상 염두에 둬야 한다. 특히 해당 의존성이 최종 사용자 환경에 영향을 미칠 수 있는 경우 더욱 신중해야 한다.

- **패키지의 출처 확인**: 패키지가 널리 사용되며 커뮤니티와 유지보수가 활발한지 확인한다. 다운로드 수, 최신 업데이트 시점 등은 주요 지표가 될 수 있다. 비공식적인 소스나 목적이 불분명한 패키지는 피하는 것이 좋다. 특히 최근에 등록됐거나 명확한 사용 사례가 없는 패키지는 신중히 검토한 후 사용 여부를 결정한다.

- **보안 취약점 점검**: 패키지 설치 후 2.3절 'npm의 주요 명령어'에서 설명한 `npm audit`을 실행해 취약점 여부를 검사한다. 주요 취약점이 발견되면 가능한 최신 버전으로 업데이트하거나 대체 패키지를 사용하는 것이 좋다. 또한 깃허브를 사용하는 경우 Dependabot[30]과 같은 도구를 활용하면 알려진 보안 취약점을 자동으로 점검하고 해결할 수 있다. Dependabot은 GitHub Advisory Database[31]를 참고해서 보안 등급과 영향을 받는 의존성을 분석하고, 업데이트가 필요한 버전과 패치를 제안한다. 보안 취약점을 발견하면 자동으로 풀 리퀘스트를 생성해 의존성을 업데이트하고 취약점을 해결할 수 있다.

- **하위 의존성 보안 점검**: 추가하려는 패키지의 하위 의존성도 반드시 점검한다. `npm ls` 또는 `pnpm list`를 사용해 하위 의존성을 확인하고, 불필요하거나 보안 취약점이 포함된 의존성이 있는지 검토한다. 락 파일을 활용해 의존성의 버전을 고정하면 의도치 않은 버전 변경으로 인한 보안 문제를 예방할 수 있다.

- **권한 최소화**: 패키지가 실행될 때 과도한 권한을 요구하거나 민감한 정보를 다루는 경우 주의해야 한다. 외부로 정보가 유출되지 않도록 패키지가 요구하는 권한 범위를 확인하고, 환경변수가 노출되지 않도록 관리한다.

- **최신 버전의 패키지 사용**: 오래된 버전은 보안 취약점이 포함될 가능성이 높다. 의존성을 추가할 때는 가능하면 최신 버전을 설치하고, 정기적으로 업데이트 여부를 확인한다.

이 같은 점검 과정을 통해 패키지의 안전성을 확보하면 예상치 못한 보안 문제를 사전에 방지하고, 사용자에게 신뢰할 수 있는 소프트웨어를 제공할 수 있다. 외부 의존성을 신중히 관리하는 것은 패키지 개발자가 반드시 지켜야 할 책임이자 전체 프로젝트의 품질을 유지하는 데 중요한 요소임을 잊지 말아야 한다.

9.2.4.4 최적화된 패키지를 선택하라

추가할 의존성이 최적화된 패키지인지도 중요한 고려 사항이다. 동일한 기능을 하는 패키지가 여럿 있다면 최적화된 패키지를 선택하는 것이 성능을 최적화하는 데 도움이 된다.

---

[30] https://docs.github.com/en/code-security/getting-started/dependabot-quickstart-guide
[31] GitHub Advisory Database는 CVSS 점수로 보안 취약점의 심각도를 이해하고 우선순위를 설정한다. CVSS(Common Vulnerability Scoring System)란 보안 취약점의 심각도를 표준화된 방식으로 평가하고 측정하기 위한 체계로, 0에서 10 사이의 값으로 계산해 해당 취약점이 얼마나 치명적인가를 정량적 지표로 나타낸다. 참고: https://docs.github.com/en/code-security/security-advisories/working-with-global-security-advisories-from-the-github-advisory-database/about-the-github-advisory-database#about-cvss-levels

- **의존성 체인 확인**: 패키지를 추가하면 의존성 체인이 어떻게 확장되는지 확인한다. `npm ls` 또는 `pnpm list` 명령어를 사용해 추가된 종속 패키지와 하위 의존성을 점검한다. 하위 의존성 중 중복된 패키지가 많은 경우 충돌이 발생하거나 번들 크기가 크게 늘어날 수 있다. 이때 2.3절 'npm의 주요 명령어'에서 설명한 dedupe 명령어를 통해 중복된 의존성을 제거하거나 하위 의존성이 적은 대체재가 있다면 교체한다.

- **모듈 최적화 확인**: CommonJS의 경우 트리 셰이킹이 되지 않아 사용하는 환경의 성능 최적화에 영향을 줄 수 있다. 따라서 ESModule을 지원하는 패키지인지 확인해 가능하다면 ESModule로 작성된 패키지를 사용한다. 또한 아무리 ESModule으로 작성됐다고 하더라도 배럴 파일이 존재한다면 트리 셰이킹이 되지 않을 가능성도 있다. 따라서 추가적으로 package.json의 sideEffects 필드가 false인지 혹은 exports에서 하위 경로가 잘 나뉘어져 내부 모듈을 최적화하고 있는지 검토한다.

- **경량화된 패키지인지 확인**: 앞서 dependencies는 패키지의 전체 크기에 영향을 미친다고 했다. 따라서 가능하면 크기가 작은 라이브러리를 의존성으로 추가하는 것이 좋다. 패키지의 크기는 Bundlephobia[32]에서 패키지를 검색해 쉽게 확인할 수 있다. 그뿐만 아니라 lodash처럼 트리 셰이킹 및 최적화가 전혀 이뤄지지 않은 라이브러리를 하위 의존성으로 포함하는 패키지의 경우 마찬가지로 크기가 최적화되지 않았을 가능성이 높다. Bundlephobia에서는 Composition 영역에 해당 패키지의 하위 의존성까지 분석하므로 이를 활용해 최적화된 패키지인가를 판단할 수 있다.

9.2.4.5 실제 사례를 통한 의존성 선택 과정

앞의 내용을 정리하자면 다음과 같다.

- **직접 구현 가능한가**: 앞에서 설명한 것처럼 유틸리티 함수이거나 간단한 기능 혹은 기 존재하는 패키지들보다 훨씬 더 최적화된 방법으로 구현할 수 있다고 판단된다면 직접 구현하는 것이 좋다.

- **모듈 시스템이 호환되는가**: 패키지의 모듈 시스템과 올바르게 호환되는 모듈 시스템을 사용하는지, 특히 가능하면 ESModule을 지원하는 패키지를 선택하는 것이 좋다.

- **안전한 패키지인가**: 사용자가 많고 유지보수가 활발하며, 보안 점검이 이뤄진 패키지를 선택한다. 이때 단순히 인기 있는 패키지라고 해서 안전한 패키지라는 보장은 없으므로 최근 커밋 활동, 이슈 처리 속도, 최신 보안 패치 여부를 반드시 확인한다. 최근 커밋이 활발히 이뤄지고 있는지, 사용자의 버그 리포트나 피드백이 적극적으로 처리되고 있는지, 패키지가 개인 개발자가 아닌 단체나 회사에서 관리되고 있는지, `npm audit` 혹은 Dependabot으로 취약점은 없는지를 바탕으로 결정한다면 신뢰성 높고 안전한 패키지를 선택할 가능성이 높다.

- **최적화됐는가**: 필요로 하는 최소한의 기능만 제공하며, 패키지 크기가 작은 것을 선택한다. 또는 패키지에 트리 셰이킹이 잘 적용됐는지 여부가 경량화와 관련해서 선택 기준이 될 수도 있다. 이렇게 경량화된 패키지를 선택하면 성능 최적화와 번들 크기 관리를 더 쉽게 할 수 있다.

---

[32] https://bundlephobia.com/

이 기준을 바탕으로 실제 사례를 통해 어떻게 적용할 수 있을지 알아보자. 예를 들어, 벤치마크 테스트를 시각화하는 애플리케이션을 작성하고자 한다. 이때 애플리케이션에서 벤치마크 테스트를 수행하는 기능을 구현하기 위해 Benchmark.js와[33] Tinybench[34] 중 어느 패키지를 dependencies로 추가해야 할지 검토해 보자.

- **직접 구현 가능한가**

    벤치마크 테스트는 실행 성능을 비교하고 성능 병목을 찾는 데 중요한 도구로, 테스트의 정확도와 신뢰성이 매우 중요한 테스트다. 벤치마크 테스트 도구는 단순히 시작 시간과 종료 시간을 기록하는 것이 아니라 정확한 타이밍과 GC(Garbage Collection) 영향을 최소화해야 하고, 통계 등 고급 기능을 제공해야 한다. 이러한 기능을 직접 구현하기에는 시간과 노력이 많이 들기 때문에 외부 패키지를 사용하는 것이 합리적이다.

- **모듈 시스템이 호환되는가**

    Benchmark.js는 초기 설계 당시 Node.js 환경과 CommonJS 표준으로 작성됐다. 또한 exports 필드가 없어 환경별 진입점이 명확히 설정돼 있지 않고 ESModule을 지원하지 않는다. 따라서 브라우저 환경에서 Benchmark.js가 동작하려면 웹팩이나 비트 같은 도구로 번들링해야 한다.

    코드 9.7 Benchmark.js의 `package.json`에서 모듈 진입점 및 dependencies 발췌[35]

```
{
  "name": "benchmark",
  "version": "2.1.4",
  "main": "benchmark.js",
  "dependencies": {
    "lodash": "^4.17.10",
    "platform": "^1.3.5"
  },
  "files": ["benchmark.js"]
}
```

Tinybench의 경우 기본적으로 ESModule 기반으로 설계됐으나, 이중 패키지로 빌드되어 CommonJS 환경에서도 사용할 수 있도록 exports 필드에서 별도의 진입점을 제공한다. 따라서 Node.js 및 브라우저 환경 모두를 위한 최적화된 설정 덕분에 호환성 문제가 상대적으로 적다.

---

[33] https://github.com/bestiejs/benchmark.js
[34] https://github.com/tinylibs/tinybench
[35] https://github.com/bestiejs/benchmark.js/blob/main/package.json

코드 9.8 tinybench@3.0.6의 package.json에서 모듈 진입점 및 dependencies 발췌[36]

```json
{
  "name": "tinybench",
  "version": "3.0.6",
  "type": "module",
  "packageManager": "pnpm@9.13.2",
  "engines": {
    "node": ">=18.0.0"
  },
  "main": "./dist/index.cjs",
  "module": "./dist/index.js",
  "types": "./dist/index.d.ts",
  "exports": {
    "require": {
      "types": "./dist/index.d.cts",
      "require": "./dist/index.cjs"
    },
    "import": {
      "types": "./dist/index.d.ts",
      "import": "./dist/index.js"
    }
  },
  "files": ["dist/**"]
}
```

결론적으로 두 패키지를 모듈 시스템의 안정성과 호환성 관점에서 바라보면 다음과 같이 정리할 수 있다.

표 9.1 벤치마크 작업을 지원하는 대표적인 두 라이브러리를 비교

기준	Benchmark.js	Tinybench
ESModule 지원	번들링 필요	네이티브 지원
CommonJS 지원	네이티브 지원	네이티브 지원
브라우저 호환성	번들링 필요	네이티브 지원
exports 필드 지원 여부	미지원	환경별 진입점을 명확히 정의

― Tinybench는 Benchmark.js와 비교했을 때 최신 ESModule 및 CommonJS를 모두 지원하며, exports 필드로 패키

[36] https://github.com/tinylibs/tinybench/blob/v3.0.6/package.json

지의 진입점을 명확히 설정해 브라우저와 Node.js 환경 모두에서 호환성 문제가 없다. 따라서 모듈 시스템의 호환성과 안정성 관점에서 Tinybench가 더 좋은 선택이다.

- **안전한 패키지인가**

    2024년 11월을 기준으로 Benchmark.js의 깃허브 별 수는 5.5k, Tinybench는 1.9k다. 이때 Benchmark.js의 별 개수가 더 많으니 더 인기 있고 안전한 패키지라고 오해하면 안 된다. 앞서 설명한 것처럼 별 수보다 얼마나 활발하게 유지보수되고 있고 사용되는지를 기준으로 보는 것이 좋다. Benchmark.js는 마지막 커밋이 2017년으로 오랫동안 유지보수되지 않았다. 또한 현재 아카이브된 상태로, 이는 해당 프로젝트가 더 이상 유지보수되지 않으며, 새로운 기능 추가나 버그 수정이 이뤄지지 않는 상태임을 말한다. 반면 Tinybench는 2024년을 기준으로 활발히 유지보수되고 이슈 목록을 살펴볼 때도 빠른 피드백과 적극적인 해결이 이뤄지고 있다. 그뿐만 아니라 Vitest 같은 인기 있는 테스트 프레임워크가 Tinybench를 채택해 벤치마크 테스트를 지원한다. 이처럼 품질 관리를 중요시하는 다른 인기 있는 라이브러리가 채택한다는 의미는 곧 해당 패키지가 충분히 안정적이며 성능이 검증됐음을 간접적으로 증명하는 것이다.

    실제 사용 비율은 어떨까? npm trends에서 최근 1년간 다운로드 수를 비교하면 그림 9.18처럼 Tinybench가 Benchmark.js보다 압도적으로 다운로드 수가 많고 점점 증가하는 추세임을 알 수 있다.

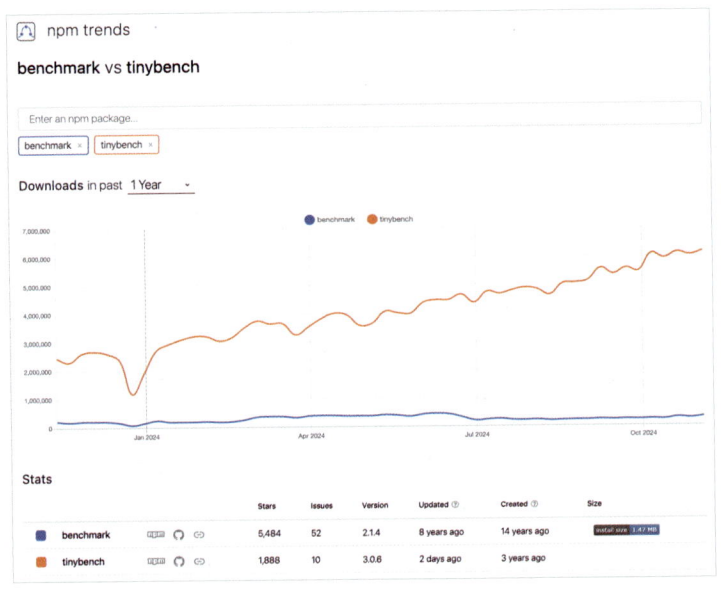

그림 9.18 Benchmark.js와 Tinybench의 다운로드 수 비교(2024년 11월 기준)[37]

---

[37] https://npmtrends.com/benchmark-vs-tinybench

- **최적화되었는가**

  패키지의 크기를 Bundlephobia에서 각각 검색하면 다음과 같다.

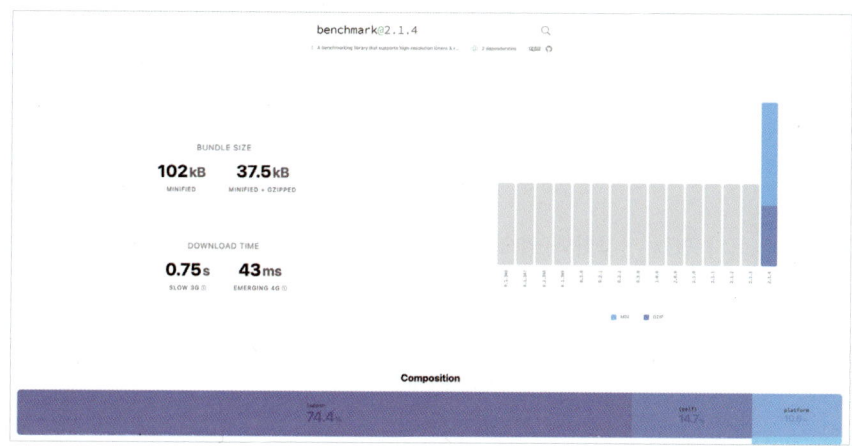

그림 9.19 Benchmark.js의 패키지 크기 분석(2024년 11월 기준)[38]

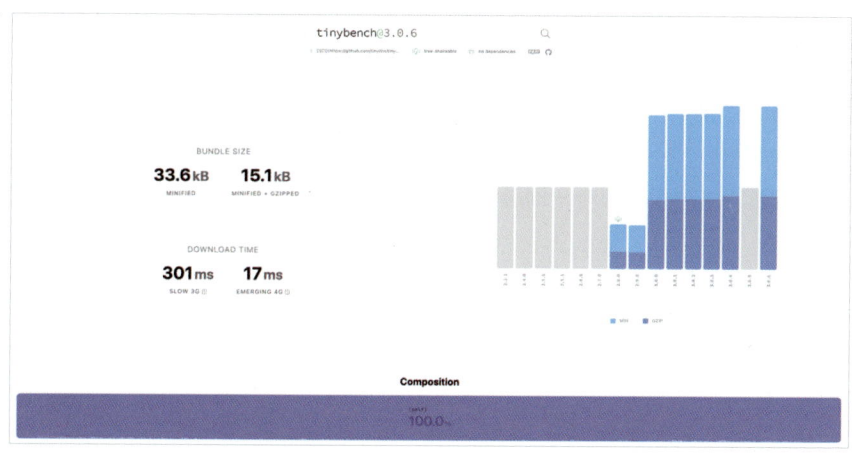

그림 9.20 Tinybench의 패키지 크기 분석(2024년 11월 기준)[39]

그림 9.19와 그림 9.20에서 알 수 있듯이 Tinybench가 Benchmark.js보다 약 3배 작은 크기임을 알 수 있다. 그뿐만 아니라 Composition 영역을 보면 lodash 같이 트리 셰이킹이 되지 않아 최적화되지 않는 패키지를 포함하는 Benchmark.js보다 Tinybench가 의존성 없이 구현된 패키지이므로 크기 면에서 더 최적화된 패키지임을 알 수 있다.

---

[38] https://bundlephobia.com/package/benchmark@2.1.4
[39] https://bundlephobia.com/package/tinybench@3.0.6

따라서 이 모든 기준을 종합해서 정리하면 다음과 같은 결론을 도출할 수 있다.

기준	Benchmark.js	Tinybench
직접 구현 가능 여부	외부 패키지 사용 권장	외부 패키지 사용 권장
모듈 시스템 호환성	CommonJS	CommonJS, ESModule
유지보수 상태	유지보수 중단	활발히 유지보수
최적화 여부	102KB, 트리 셰이킹 미지원	33.6KB, 경량화 구조 및 트리 셰이킹 지원

최종적으로 Tinybench가 훨씬 경량화돼 있으며, 번들 크기 관리와 최적화에 유리하므로 Benchmark.js 대신 선택한다고 결론을 내릴 수 있다.

9.2.5 코드에 신뢰를 주는 테스트 코드와 벤치마크 테스트

테스트 코드와 벤치마크 테스트는 패키지의 신뢰성과 성능을 증명하고 개선할 방향을 제시할 수 있는 중요한 과정이다. 잘 작성된 테스트는 사용자가 패키지를 안심하고 사용할 수 있게 하며, 잠재적인 기여자들에게는 코드베이스를 이해하고 기여할 수 있는 자신감을 제공한다.

패키지 개발에서 이러한 테스트의 핵심은 많으면 많을수록 좋다는 것이다. 단순히 테스트 개수를 늘리는 것이 아니라 다양한 상황과 에지 케이스를 다룰 수 있도록 설계하는 것이 중요하다. 이때 테스트 커버리지가 높을수록 사용자와 기여자 모두에게 안정감을 주며, 이는 프로젝트의 장기적인 유지보수에도 큰 이점을 제공한다.

테스트의 구체적인 방법론이나 도구를 깊게 파고드는 것은 복잡해질 수 있으므로 이 책에서는 테스트 작성의 핵심 원칙과 주요 유형만 간략히 소개한다. 먼저 테스트 코드를 작성하는 방법에는 대표적으로 다음 네 가지가 있다.

- **단위 테스트**(unit test): 함수, 모듈 단위로 각각의 로직이 의도대로 작동하는지 검증하는 테스트다. 널리 알려진 자바스크립트 단위 테스트 도구로는 Jest[40]가 있으며, 비트 기반으로 동작해서 성능이 좋은 Vitest[41]도 떠오르고 있다.

- **통합 테스트**(integration test): 한 시스템은 일반적으로 여러 구성 요소, 모듈, 하위 시스템으로 구성된다. 이러한 구성 요소와 하위 시스템을 서로 연결하는 프로세스를 통합(integration)이라고 한다. 통합 테스트는 패키지 내의 모듈이 함께 작동할 때 예상한 대로 결과를 도출하는지 확인하는 테스트를 일컫는다.

---

[40] https://jestjs.io/
[41] https://vitest.dev/

- **성능 테스트 및 벤치마크(benchmark test)**: 모듈의 성능을 측정하고 개선 가능성을 탐색하기 위한 테스트로, 대표적인 벤치마크 도구로는 Tinybench, Vitest가 있다.
- **종단 간 테스트(end-to-end test)**: 처음부터 끝까지 전체 소프트웨어 시스템을 통과하는 여정(흐름)을 테스트한다. 종단 간 테스트는 일반적으로 패키지보다는 애플리케이션 수준에서 유용한 경우가 많다. 대표적인 종단 간 테스트 도구로는 Cypress, Playwright, Puppeteer 등이 있다.

각 작성 방법에 따라 테스트를 작성하는 단위와 목적이 다르기 때문에 자신의 패키지가 지향하는 바를 잘 담을 수 있는 테스트를 모두 작성하는 것이 좋다. 그렇다면 패키지 개발에는 테스트가 정확히 어떤 역할을 할 수 있는지 NaverPayDev의 hidash[42] 사례로 알아보자. hidash는 lodash와 동일한 목표를 추구하면서 성능 개선을 더한 패키지다. 이러한 목표를 달성하는지 검증할 수 있는 패키지로는 단위 테스트와 벤치마크 테스트가 적합해 이를 효과적으로 활용해 목표 달성을 증명한다.

다음은 @naverpay/hidash 패키지가 관리하고 있는 테스트 커버리지와 벤치마크 코드다.

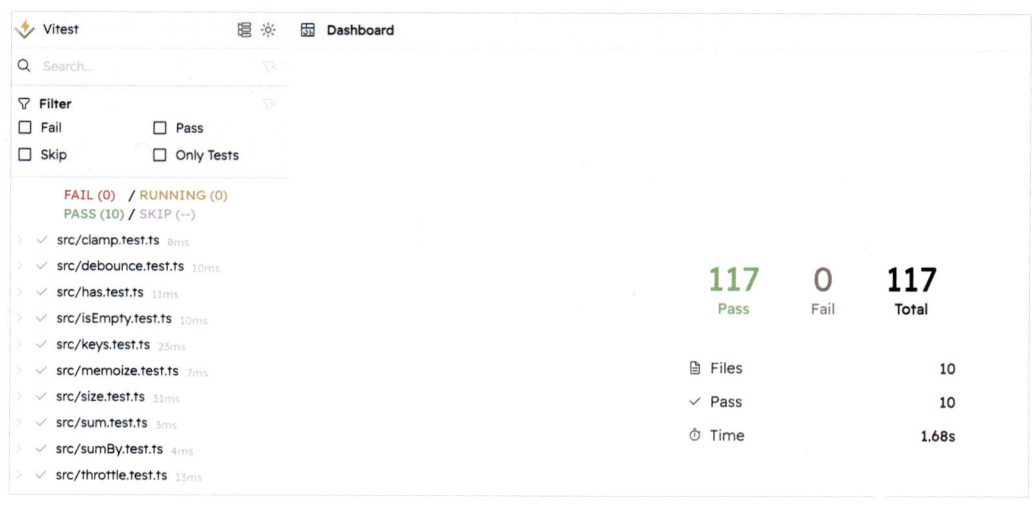

그림 9.21 hidash의 Vitest Reporter로 본 단위 테스트 실행 결과[43]

코드 9.9 @naverpay/hidash@0.0.5에서 벤치마크 테스트를 수행한 결과[44]

```
$ pnpm run bench
BENCH  Summary
```

---

[42] https://github.com/NaverPayDev/hidash
[43] https://naverpaydev.github.io/hidash/#/
[44] https://github.com/NaverPayDev/hidash/tree/v0.0.5?tab=readme-ov-file#benchmarks-20241104

```
hidash clamp - src/clamp.bench.ts > clamp performance
  2.32x faster than lodash clamp

hidash - src/has.bench.ts > has performance
  2.52x faster than lodash

hidash - src/isEmpty.bench.ts > isEmpty performance
  10.58x faster than lodash

hidash - src/keys.bench.ts > keys performance
  2.95x faster than lodash

lodash - src/size.bench.ts > size performance
  1.00x faster than hidash

hidash - src/sum.bench.ts > sum performance
  2.54x faster than lodash

hidash - src/sumBy.bench.ts > sumBy performance
  3.58x faster than lodash
```

hidash처럼 단위 테스트를 통해 함수의 정확성을 검증하고, 벤치마크 테스트를 통해 성능을 측정해 lodash 대비 우위를 입증하는 철저한 테스트 코드의 작성은 패키지가 사용자들에게 신뢰를 얻는 데 핵심적인 역할을 한다.

테스트 코드는 단순한 품질 검증의 수단을 넘어 오픈소스 패키지의 성공 가능성을 높이는 전략적 요소다. 다양한 테스트 유형을 활용해 패키지의 안정성을 입증하고 성능을 최적화하면 사용자와 기여자 모두에게 신뢰를 줄 수 있다. '테스트는 많을수록 좋다'라는 원칙을 기억하자.

9.2.6 올바른 문서 작성법

문서화는 패키지 개발에 직접적인 영향을 주지 않기 때문에 으레 번거롭고 불필요한 과정으로 생각할 수 있다. 그러나 좋은 문서는 사용자를 끌어들이고 유지보수의 기반을 다지는 중요한 요소 중 하나다. 마지막으로 자신의 패키지에 올바른 문서화를 수행하는 방법을 소개하면서 이번 장을 끝맺는다.

먼저 문서는 용도와 대상을 기준으로 README.md, CONTRIBUTING.md, CHANGELOG.md로 구분할 수 있다.

- README.md: 프로젝트의 첫인상을 책임지는 문서로, 라이브러리의 목적, 주요 기능, 설치 방법, 기본 사용법을 간결하고 직관적으로 작성한다.
- CONTRIBUTING.md: 기여자를 위한 가이드로, 기여 방법, 코드 스타일, 테스트 방법, 이슈 작성 가이드 등을 포함한다.
- CHANGELOG.md: 변경 사항을 기록하는 문서로, 새롭게 출시되는 버전마다 추가된 기능, 수정된 버그, 중요한 변경 사항을 명확히 작성해 사용자와 기여자 모두에게 투명성을 제공한다.

각 문서에서 담아야 할 내용을 어떻게 작성할 수 있을지 모범적인 사례를 통해 구체적으로 살펴보자.

9.2.6.1 패키지의 얼굴, README.md

먼저 README.md는 프로젝트의 얼굴이자 대문이다. 따라서 사용자가 이 문서를 읽고 이 패키지를 써 봐야겠다는 생각이 들 수 있게 작성해야 한다. README.md에 담아야 할 내용은 패키지에 따라 천차만별이지만 일반적으로 다음과 같은 항목은 반드시 필요하다.

1. 패키지의 목적

    먼저 패키지의 목적을 간결하고 명확하게 표현해야 한다. 벤치마크 테스트 도구인 Tinybench의 README.md를 보면 해당 패키지가 '경량화된 자바스크립트 벤치마크 테스트 도구'라는 슬로건을 걸고 패키지의 강점을 나열한다.

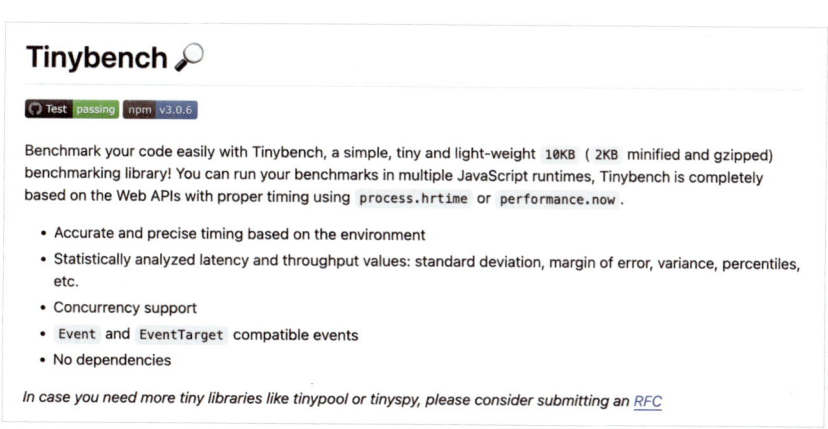

그림 9.22 Tinybench의 README.md

이처럼 패키지가 어떤 문제를 해결하는지를 중심으로 패키지를 소개하는 글을 맨 앞에 작성한다.

2. 사용법

패키지를 어떻게 설치하고 사용할 수 있는지, 또 제공하는 모듈은 무엇인지 사용법을 작성한다.

패키지 관리 도구는 3장 'npm의 대항마 yarn과 pnpm'에서 소개했던 npm, pnpm, yarn을 패키지 관리 도구로 많이 사용하므로 이 세 도구를 이용해 어떻게 패키지를 설치할 수 있는지를 나타낸다. 또한 자신의 패키지가 개발 도구로써 사용되기를 기대한다면 devDependencies로 추가할 것을 명시한다.

```
## 설치(Installing)

1. npm

    ```bash
    $ npm install my-package
    ```

2. yarn

    ```bash
    $ yarn add my-package
    ```

3. pnpm

    ```bash
    $ pnpm add my-package
    ```
```

추가로 CLI 패키지인 경우 실행 시 사용 가능한 옵션 인자에 대한 설명도 추가한다. 예를 들어, jscodeshift처럼 --help 옵션을 통해 알 수 있는 옵션 목록을 README.md에 명시할 수도 있다.[45]

```
## Usage (CLI)

```bash
$ jscodeshift --help

Usage: jscodeshift [OPTION]... PATH...
   or: jscodeshift [OPTION]... -t TRANSFORM_PATH PATH...
```

---

[45] https://github.com/facebook/jscodeshift?tab=readme-ov-file#usage-cli
```

```
      or:   jscodeshift [OPTION]... -t URL PATH...
      or:   jscodeshift [OPTION]... --stdin < file_list.txt

Apply transform logic in TRANSFORM_PATH (recursively) to every PATH.
If --stdin is set, each line of the standard input is used as a path.

Options:
"..." behind an option means that it can be supplied multiple times.
All options are also passed to the transformer, which means you can supply custom options
that are not listed here.

      --(no-)babel              apply babeljs to the transform file
                                (default: true)
      -c, --cpus=N              start at most N child processes to process source files
                                (default: max(all - 1, 1))
      -d, --(no-)dry            dry run (no changes are made to files)
                                (default: false)
      ... 중략 ...
```

다음으로 기본 사용법에 대해서는 일반적으로 대표적인 사용 예시 코드를 앞에 배치해서 접근성을 낮추고 더 구체적인 모듈들은 이후에 작성하거나 다른 문서화 도구를 사용해 분리하는 편이 좋다. jscodeshift[46], Tinybench[47] 또한 사용법에서 본 패키지를 빠르게 사용할 수 있는 예시 코드를 서두에 안내하고 제공하는 전체 모듈들은 별도의 문서 링크 혹은 TypeDoc[48] 같은 인터페이스 문서 작성 도구를 활용했다.

코드 9.10 Tinybench의 README.md에서 Usage 내용을 발췌

```
## Usage

You can start benchmarking by instantiating the Bench class and adding benchmark tasks to it.

```js
import {Bench} from 'tinybench'

const bench = new Bench({name: 'simple benchmark', time: 100})
```

---

[46] https://github.com/facebook/jscodeshift?tab=readme-ov-file#usage-js
[47] https://github.com/tinylibs/tinybench/tree/v3.0.6?tab=readme-ov-file#usage
[48] https://typedoc.org/
```

```
bench
  .add('faster task', () => {
    console.log('I am faster')
  })
  .add('slower task', async () => {
    await new Promise((resolve) => setTimeout(resolve, 1)) // we wait 1ms :)
    console.log('I am slower')
  })

await bench.run()

console.log(bench.name)
console.table(bench.table())
```

모듈의 사용법을 설명할 때는 모듈의 이름, 용도, 인터페이스 및 예시 코드까지 작성하는 것이 일반적이다.

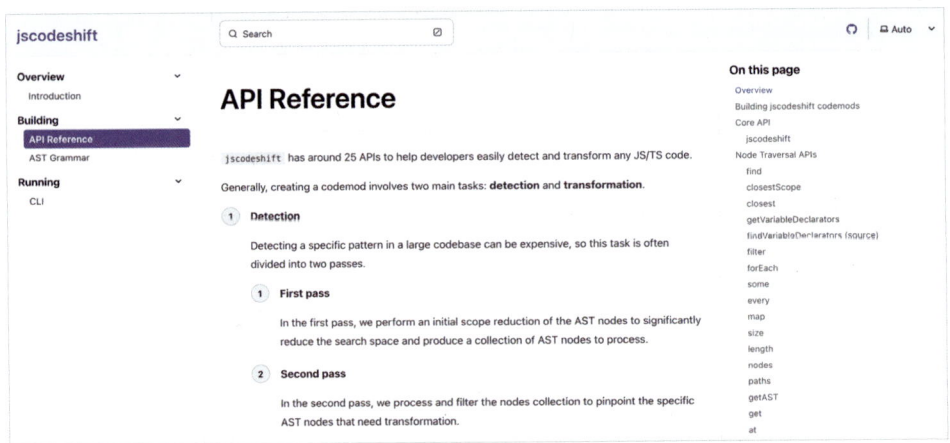

그림 9.23 jscodeshift는 API Reference를 통해 전체 모듈의 용도와 인터페이스를 소개한다.[49]

3. 기여/문제 보고

사용자로부터 문제 보고를 받고자 할 때 어떤 경로를 통해 문제를 보고할 수 있는지 링크를 추가한다. 또한 이후에 설명할 CONTRIBUTING.md 문서 경로를 추가해서 패키지에 직접 기여하는 통로를 안내하는 것도 좋다. 다음 예시처럼 기여자를 위한 문서 참조와 버그를 제보할 수 있는 창구를 안내할 수 있다.

---

[49] https://jscodeshift.com/build/api-reference/

코드 9.11 NaverPayDev/pie 저장소의 README.md 발췌[50]

```
## 기여하기

[CONTRIBUTING](./CONTRIBUTING.md)

## 버그나 이슈가 있다면?

- 버그나 이슈를 발견했다면 [이슈를 등록](https://github.com/NaverPayDev/pie/issues)에 등록해 주시고 `@NaverPayDev/frontend`을 멘션해주세요. 혹은 [네이버 파이낸셜 공통개발 TF](nfn0000220@navercorp.com)로 메일 부탁드립니다.
```

4. 라이선스

라이선스는 2.1절 'package.json 톺아보기'의 '라이선스' 절에서 다룬 바 있다. 이 라이선스를 문서에도 표기해 법적 문제를 예방하고 사용자와 기여자에게 명확한 가이드라인을 제공하는 것이 좋다.

```
## License

MIT
```

5. 배지

마지막으로 README.md에 배지를 추가하면 프로젝트의 상태나 특징을 시각적으로 전달하기 좋다. 특히 오픈소스 프로젝트에서는 배지를 활용해 신뢰도를 높이고, 기여를 독려하거나 정보를 빠르게 전달할 수 있어 자주 사용된다.

그림 9.24 @ndive/react-image의 README.md 예시[51]

추가할 만한 배지 유형은 다음과 같다.

- **패키지 정보**: 현재 배포된 버전, NPM 다운로드 수, 라이선스 종류
- **현재 상태**: CI/CD 상태, 테스트 커버리지, 의존성 상태

---

50 https://github.com/NaverPayDev/pie/blob/main/README.md
51 https://github.com/yceffort/ndive-react-image/blob/main/README.md

- **기여 독려**: 기여자 수, 기여 장려
- **커뮤니티**: 외부 지원 채널

이 모든 배치 유형들을 모두 추가할 필요는 없으며, 패키지의 성격과 규모에 따라 필요하거나 추가하고 싶은 배지를 선택하면 된다. 이러한 배지를 생성할 수 있는 대표적인 서비스로 Shields.io[52]와 깃허브 status badge[53]가 있다.

코드 9.12 그림 9.24의 배지를 표현하는 예시로, Shields.io에서 생성해서 복사하는 방식으로 추가할 수 있다.

```
# @ndive/react-image

[![NPM Version](https://img.shields.io/npm/v/%40ndive%2Freact-image)](https://www.npmjs.com/package/@ndive/react-image)
[![NPM Downloads](https://img.shields.io/npm/dw/%40ndive%2Freact-image)](https://www.npmjs.com/package/@ndive/react-image)
[![NPM Collaborators](https://img.shields.io/npm/collaborators/%40ndive%2Freact-image)](https://www.npmjs.com/package/@ndive/react-image)
[![npm bundle size](https://img.shields.io/bundlephobia/min/%40ndive%2Freact-image)](https://bundlephobia.com/package/@ndive/react-image)
[![NPM Type Definitions](https://img.shields.io/npm/types/%40ndive%2Freact-image)](./package.json)
```

만약 CI/CD 통과 여부를 나타내고자 한다면 깃허브 status badge를 활용해 다음과 같이 나타낼 수 있다.

코드 9.13 Tinybench의 배지 예시[54]

```
# Tinybench

[![CI](https://github.com/tinylibs/tinybench/actions/workflows/test.yml/badge.svg?branch=main)](https://github.com/tinylibs/tinybench/actions/workflows/test.yml)
```

지금까지 언급했던 READNE.md에 포함해야 할 내용을 정리하면 다음과 같다. 이 형식을 자신의 패키지에 맞게 커스터마이징해서 활용한다면 사용자에게 패키지 입문 장벽을 낮추는 데 기여할 것이다.

---

[52] https://shields.io/
[53] https://docs.github.com/en/actions/monitoring-and-troubleshooting-workflows/monitoring-workflows/adding-a-workflow-status-badge
[54] https://github.com/tinylibs/tinybench/blob/v3.0.6/README.md

```
# 패키지명

<!-- 배지 및 소개 -->

## 사용법

<!-- 대표적인 사용 예시 코드 -->

```js
// 예시 코드 추가
```

API

<!-- 제공하는 모듈의 용도 및 인터페이스, 예시 코드 -->

라이선스

<!-- package.json의 "license" 필드와 일치해야 함 -->

기여하기

<!-- 기여자 행동 강령 규약 및 CONTRIBUTING.md 링크 연결 -->

버그 및 이슈 제보

<!-- 이슈 제보 링크 연결 -->
```

특히 README.md는 유지보수와 함께 점진적으로 보강하는 게 중요하므로 프로젝트 초기에는 간단히 작성하되, 패키지가 고도화되고 발전할수록 문서 또한 함께 업데이트해야 한다는 점을 명심한다.

9.2.6.2 기여자를 모으는 CONTRIBUTING.md

CONTRIBUTING.md를 작성하는 목적은 사용자와 기여자 모두에게 명확한 기여 가이드라인을 제공하는 데 있다. 따라서 이 문서에서 담아야 할 내용은 패키지 저장소상에서 어떻게 개발을 시작하면 되는지부터 코드 스타일, 작성 규칙과 같은 코딩 컨벤션, 그리고 패키지를 테스트할 수 있는 방법을 안내해야 한다.

```
# Contributing to <패키지명>
```

기여하는 코드의 크기에 상관없이, 어떤 종류의 기여든 모두 환영합니다. 우리는 이 프로젝트에 최대한 쉽고 투명하게 기여하고자 합니다.

```
## 기여자 행동 강령 규약(Code of Conduct)
```

본격적으로 코드에 기여하기에 앞서, 저희의 [기여자 행동 강령 규약](./CODE_OF_CONDUCT.md)을 읽어주시기 바랍니다.

```
## 개발 과정(Development Process)
```

```
### 시스템 요구사항
```

```
<!-- package.json의 packageManager, engines 필드와 일치해야 함 -->
```

```
- node: node@20.13.1
- pnpm: pnpm@9.6.0
```

```
### Pull Requests
```

```
1. 프로젝트를 클론하여 `main` 브랜치로부터 브랜치를 생성합니다.
```

```
2. `corepack enable`을 실행하여 `pnpm`을 설치합니다.
```

````
```bash
$ npx corepack enable
```
````

```
3. 의존성을 락 파일을 기준으로 설치합니다.
```

````
```bash
$ pnpm i --frozen-lockfile
```
````

```
4. 코드를 추가하셨다면 `pnpm run test`를 실행하여 테스트합니다.
```

````
```bash
$ pnpm run test
```
````

5. 테스트가 통과되면 `pnpm run lint`로 코드 스타일을 점검 및 수정합니다.

```bash
$ pnpm run lint
```

6. `pnpm run build`로 패키지가 올바르게 빌드되는지 점검합니다.

```bash
$ pnpm run build
```

6. 모든 점검이 완료되었다면 `main`을 베이스로 하여 풀 리퀘스트를 생성합니다.

코딩 컨벤션(Coding Convention)

<!-- 패키지 개발 환경에서 요구되는 주요 컨벤션 명시 -->

이때 개발 방법 외에도 이 문서에 기여자 행동 강령 규약을 추가할 수도 있다. 기여자 행동 강령 규약이란 오픈소스 프로젝트에서 기여자와 참여자 간의 건전하고 협력적인 환경을 조성하기 위해 작성된 행동 강령으로, 바람직한 협력 문화와 프로젝트 참여자 간 갈등이나 부적절한 행동이 발생했을 때 해결할 수 있는 명확한 지침을 제공하는 용도로 작성된다. 그 내용은 오픈소스 프로젝트를 위한 표준 행동 강령인 Contributor Covenant[55]를 참고해서 프로젝트에 맞게 커스터마이징해서 작성할 수 있다.

<!-- CODE_OF_CONDUCT.md -->

Contributor Covenant 행동 강령

우리의 서약

우리는 참여자 모두가 나이, 신체 크기, 장애, 민족성, 성별 정체성 및 표현, 경험 수준, 국적, 외모, 인종, 종교 또는 성적 정체성과 성적 지향에 관계없이 참여할 수 있는 열린 환경을 만들기 위해 노력합니다.

---

[55] https://www.contributor-covenant.org/

우리의 기준

다음과 같은 행동은 기여자와 프로젝트 팀원 모두에게 긍정적인 환경을 조성하는 데 기여합니다:

- 친절하고 존중하는 태도
- 다양한 의견, 관점, 경험을 수용
- 건설적인 피드백을 수용
- 자신의 잘못에 대한 책임을 인정하고 영향받은 사람들에게 사과
- 프로젝트와 커뮤니티를 향상시키는 데 집중

집행 책임

프로젝트 유지자는 허용되는 행동의 기준을 명확히 하고, 모든 참여자가 이러한 기준을 유지하도록 할 책임이 있습니다.

예를 들어, jscodeshift는 앞서 설명한 형식대로 기여자 행동 강령 규약과 함께 어떻게 기여할 수 있는지 구체적으로 안내하고 있다.

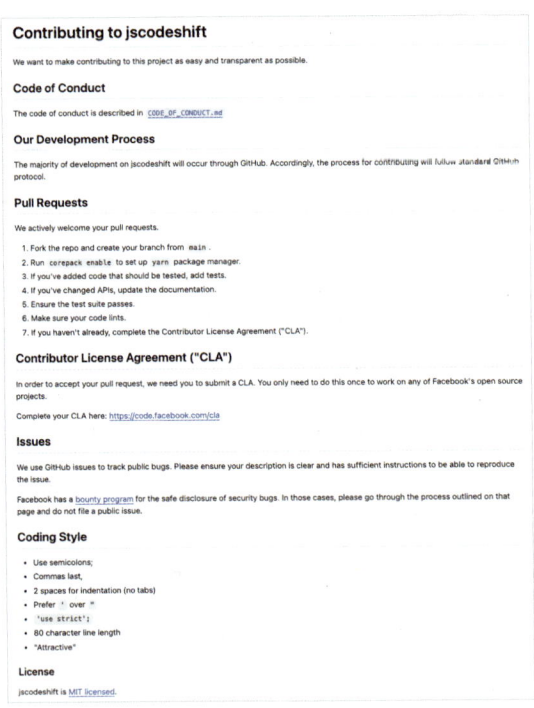

그림 9.25 jscodeshift의 CONTRIBUTING.md 전문[56]

---

[56] https://github.com/facebook/jscodeshift/blob/main/CONTRIBUTING.md

결론적으로 CONTRIBUTING.md는 패키지의 발전과 유지보수를 도모할 수 있도록 기여자에게 상세히 전달할 수 있게 작성해야 한다.

> **RFC**
>
> RFC(Request for Comments)는 오픈소스 프로젝트에서 주요 변경 사항, 새로운 아이디어, 또는 구조적인 결정을 제안하고 논의하는 공식적인 프로세스를 의미한다. 이는 특정 패키지의 코드 기여를 다루는 CONTRIBUTING.md보다 훨씬 더 넓은 범위를 포함하며, 프로젝트의 방향성이나 큰 변화를 결정하는 데 사용된다. RFC에서는 새로운 기능, 기존 기능의 변경, 또는 프로젝트 구조 변경 등 큰 변화를 제안하거나 비공식적인 의견 교환이 아닌, 구조화된 형태로 제안할 수 있다. 또한 해당 오픈소스 프로젝트의 모든 참여자가 의논 및 협의해 협업과 투명성을 증진시키는 목적으로도 활용된다. 예를 들어, Tinybench의 소유자인 tinylibs는 이 RFC 프로세스를 활용해 더 작은 라이브러리를 만드는 아이디어를 모집한다.[57]

9.2.6.3 버전별 업데이트를 나타내는 CHANGELOG.md

CHANGELOG.md는 버전 변경 내역을 관리해 사용자와 기여자가 최신 상태를 쉽게 파악할 수 있게 돕는 문서다. 이 문서는 일반적으로 'Keep a Changelog'[58]의 형식을 따라 작성된다. 'Keep a Changelog' 사이트에서 권장하는 CHANGELOG.md 형식은 다음과 같다.

```
# Changelog

## [1.1.1] - 2024-11-16

### Added

<!-- 새 기능 목록 -->

### Fixed

<!-- 버그 수정 내역 -->

### Changed

<!-- 기존 기능 수정 내역 -->
```

---

[57] https://github.com/tinylibs/.github
[58] https://keepachangelog.com/en/1.1.0/

```
### Removed

<!-- 제거된 기능 목록 -->

### Deprecated

<!-- 곧 제거 예정인 기능 목록 -->

### Security

<!-- 보안 패치 사항 -->
```

형식을 보면 1장 'npm과 유의적 버전'에서 배운 유의적 버전과 밀접한 연관이 있음을 알 수 있다. CHANGELOG.md는 일반적으로 유의적 버전을 기반으로 작성되며, 프로젝트의 변경 사항을 이에 맞춰 기록한다. 예를 들어, 주 버전의 업데이트가 발생하면 Added 영역에 호환되지 않는 변경 사항들을 기록한다. 또한 Git의 태그 목록에 명시할 버전과 CHAGNELOG.md의 문서가 연결돼 있으면 사용자가 특정 버전의 소스 코드를 확인하기 쉬워지므로 CHANGELOG.md를 관리하는 것을 권장한다.

그리고 다음과 같이 릴리스 후에 Git 태그를 만들어 둔다면 사용자들이 해당 버전의 소스코드를 빠르게 알아보는 데 많은 도움이 된다.

```
$ git tag -a v1.3.0 -m "Release version 1.3.0"
$ git push origin v1.3.0
```

또한 7장과 8장에서 버전 관리 도구로 활용한 changesets 같은 도구를 활용하면 버전이 출시될 때마다 개발자가 추가하는 변경 사항에 맞춰 CHANGELOG.md를 자동으로 업데이트해주므로 편리하게 관리할 수 있다. changesets는 유의적 버전의 규칙에 따라 버전을 자동으로 증가시키고, CHANGELOG.md를 생성 및 업데이트하는 작업을 간소화할 수 있다는 점에서 매우 유용하다.

혹은 CHANGELOG.md에 커밋별로 Added, Changed, Fixed와 같이 변경 타입을 구분하고자 한다면 컨벤셔널 커밋(Conventional Commit)[59]을 활용할 수 있다. 컨벤셔널 커밋은 Git 커밋 메시지에 특정 접두어를 활용한 형식을 강제해 변경 사항을 관리하는 규칙으로, 이를 활용하면 유의적 버전에 맞춰 CHANGELOG.md를 작성할 수 있다. 유의적 버전과 관련된 대표적인 접두어로는 다음과 같은 것이 있다.

---

[59] https://www.conventionalcommits.org/en/v1.0.0/

- feat: 새로운 기능. 부 버전 증가
- fix: 버그 수정. 수 버전 증가
- BREAKING CHANGE: 호환되지 않는 변경. 주 버전 증가
- chore: 빌드 시스템, 도구 등의 내부 개발 환경의 변경. 버전 증가 없음

이러한 커밋 메시지를 바탕으로 CHANGELOG.md를 자동화할 수 있는 도구로는 구글에서 개발한 릴리스 자동화 도구인 Release Please[60]가 있다. Release Please 또한 changesets처럼 release-please-action이라는 깃허브 액션을 제공함으로써 배포를 자동화할 수도 있다.[61]

```yaml
on:
  push:
    branches:
      - main

permissions:
  contents: write
  pull-requests: write

name: release-please

jobs:
  release-please:
    runs-on: ubuntu-latest
    steps:
      - uses: googleapis/release-please-action@v4
        with:
          token: ${{ secrets.MY_RELEASE_PLEASE_TOKEN }}
          release-type: node
          package-name: my-package
```

CHANGELOG.md의 목적은 사용자와 기여자가 프로젝트의 변경 내역을 버전별로 명확히 이해하고 프로젝트의 안정성과 변화 방향을 전달하는 데 있다. 개발자는 이를 수동으로 작성해 명확히 전달할 수도 있지만 발전 속도가 빠른 패키지의 경우 자동화해서 제공하는 방법 또한 많으므로 자신의 패키지에 맞게 이를 활용할 수 있을 것이다.

---

60 https://github.com/googleapis/release-please
61 https://github.com/googleapis/release-please-action

9.2.7 정리

지금까지 살펴본 내용을 종합해보면, 자바스크립트 패키지 개발에서 안정적이고 신뢰도 높은 결과물을 만들기 위해서는 단순히 코드 구현만 신경 쓰는 것이 아니라 모듈 시스템부터 폴리필, 의존성, 테스트, 문서화에 이르는 폭넓은 요소를 세심하게 고려해야 한다. 마지막으로 이번 장에서 다뤘던 내용을 정리해보자.

- **모듈 시스템과 폴리필**: 이미 표준으로 자리 잡은 ESModule을 기반으로 패키지를 작성하는 편이 효율적이다. 꼭 필요한 경우가 아니라면 이중 패키지를 구성하거나 불필요한 폴리필을 추가하는 일은 지양하며, 브라우저 및 Node.js 환경과 같은 특정 타깃 내에서 최대한 호환성을 높일 수 있는 구성을 고려한다.
- **package.json 최적화**: exports 필드로 모듈 진입점을 명확히 정의하고, engines와 packageManager 필드를 통해 버전과 사용 도구를 통일한다. 이를 통해 패키지의 호환성을 높이고, 개발 환경에서의 혼선을 줄일 수 있다.
- **의존성 선정과 관리**: 직접 구현해도 되는 간단한 기능을 위해 굳이 외부 라이브러리를 추가하지 말고 꼭 필요한 라이브러리만 사용한다. 보안 및 모듈 호환성을 충분히 검토해 의존성을 선정하고, 하위 의존성까지 관리해 번들 크기를 최소화한다.
- **테스트와 벤치마크**: 단위 테스트와 통합 테스트를 통해 기능의 정확성을 확인하고, 벤치마크를 통해 성능을 증명함으로써 사용자와 기여자에게 신뢰를 준다. 특히 핵심 기능은 빠짐없이 테스트함으로써 개발 과정에서 생길 수 있는 문제를 조기에 발견하고 수정한다.
- **문서화**: README, CONTRIBUTING, CHANGELOG 문서를 충실히 작성해 패키지의 사용법과 기여 방법을 투명하게 안내한다. 이는 프로젝트를 더욱 체계적이고 협업하기 좋은 구조로 만들어주며, 오픈소스 생태계에서의 장기적인 가치를 높이는 중요한 요인이다.
- **지속 가능성**: 위 과정을 충실히 밟은 패키지는 단순한 코드 조각에 머무르지 않고, 시간이 지나도 오픈소스 생태계 내에서 여전히 가치 있게 쓰이며 한층 더 견고하고 유용한 라이브러리로 자리매김하게 된다.

이제 다음 장이자 마지막 장인 '마치며'를 통해 대다수의 자바스크립트 개발자가 왜 주로 패키지 소비자 입장에 머무르기 쉬운지 함께 살펴보고, 작고 간단한 시도부터 직접 패키지를 만들어보는 과정이 얼마나 중요한 경험이 될 수 있는지 정리하려 한다. 이미 널리 쓰이는 라이브러리나 대규모 오픈소스 프로젝트에 기여하는 것도 좋지만, 처음에는 소규모 프로젝트에서 반복적으로 쓰이는 유틸리티 코드를 패키지로 분리해보는 단계를 거치며 생태계의 작동 원리를 이해하고 자신의 역량을 자연스럽게 확장해나가는 것이 바람직하다. 그렇게 작은 시도를 통해 얻은 통찰과 자신감이, 언젠가 더 큰 프로젝트에 기여하거나 신규 패키지를 만들어 생태계 전반에 선한 영향력을 미치는 밑거름이 될 것이다.

마치며

대부분의 자바스크립트 개발자는 패키지를 소비하는 입장에 익숙하다. 필요한 라이브러리를 검색해서 설치하고 사용하는 경험은 많지만 이로 인해 모듈 시스템이나 패키지 관리 도구의 동작 방식을 깊이 이해하지 못하는 경우가 흔하다.

웹 애플리케이션 개발 초기에는 잘 만들어진 라이브러리와 프레임워크를 활용하며 복잡한 패키지 설계나 의존성 관리에 대해 고민할 일이 많지 않다. 그러나 프로젝트의 성능 문제를 해결하거나 예상치 못한 `node_modules` 관련 문제를 다룰 때 패키지 구조와 의존성의 동작 원리를 모른다면 문제를 정확히 파악하지 못해 많은 시간을 낭비할 수 있다.

패키지 개발 경험을 키우기 위해 꼭 대형 오픈소스를 만들거나 유명 프로젝트에 기여할 필요는 없다. 처음부터 복잡하고 규모가 큰 작업에 도전하기보다 작은 로직을 패키지화하는 간단한 시도만으로도 충분히 의미 있는 경험을 쌓을 수 있다. 예를 들어, 프로젝트에서 반복적으로 사용하는 유틸리티 로직을 별도의 패키지로 분리해보는 것이 한 가지 방법이다. 이렇게 만들어진 패키지를 팀 내부에서 공유하거나, 개인적인 학습 용도로 활용하는 것도 큰 의미가 있다. 단순한 코드로 시작할지라도, 이를 배포하고 관리하면서 자바스크립트 패키지 생태계의 작동 방식을 배울 수 있다. 패키지를 설계하고 최적화하며, 사용자 친화적인 문서를 작성하고, 의존성을 신중히 관리하는 과정은 개발자로서의 역량을 한층 더 높여준다. 이러한 경험은 더 나은 협업 능력과 문제 해결 능력을 갖추는 데 큰 밑거름이 된다.

이 책이 여러분에게 첫 패키지 개발의 계기가 되길 바란다. 거대한 목표를 세우기보다는 작고 간단한 시도부터 시작해보자. 자신만의 로직을 하나씩 패키지화해보고, 이를 공유하며 발전시키는 과정을 통해 여러분은 더 깊은 통찰과 자신감을 얻을 것이다. 이 여정이 여러분을 더 나은 자바스크립트 개발자로 이끄는 발판이 되기를 진심으로 응원한다.

찾아보기

기호

*	96
^	39, 94
~	95
_auth	87
@babel/plugin-transform-runtime	484
@babel/preset-env	483
__dirname	308
.gitignore	65
.npmignore	65
.npmrc	86, 91
.pnp.cjs	212
@__PURE__	693
@swc/helpers	518
@vite/plugin-react	697
@vite/plugin-react-swc	698

A – D

access	91
Ajax	281
AMD(Asynchronous Module Definition)	287
Arborist	133
ArboristNode	136
audit	144
author	63
babel-plugin-polyfill-corejs3	487
base	631
bin	66, 163
bin 필드	176
browser	66
Browserify	537
browserslist	474, 699
browserslistrc	767
BSD 라이선스	61
bugs	58
build	636
buildIdealTree	141
build.lib	637, 681
build.minify	637
build.outDir	637
build.rollupOptions	638
build.target	636
cache	166
cacheDir	636
chalk	799
CHANGELOG.md	983
changeset-bot	750
changesets	650, 750
CLI 패키지	765
CLI(Command Line Interface)	765
CNAME	90
cnpm 레지스트리	90
colors.js	42
Commander.js	794
CommonJS	79, 279, 289, 295
config	70
contributors	63
core-js	458, 461
core-js-compat	482
corepack enable	77
cosmiconfig	929
cpu	75
define	635
dependabot	51
dependencies	71, 93, 99
description	57
devDependencies	21, 93, 100
directories	68

E – L

ECMAScript	427
engines	73
engine-strict	91

env	517
esbuild	615
eslint	173
ESModule	79, 279, 293, 323
ESModule 로더	343
ESM_RESOLVE	381
es-shims	521
event-stream	46
everthing	35
export	325
exports	80, 305
external	590
extract	149
faker.js	42
files	65
glob 패턴	65
HMR(Hot Module Replacement)	612
homepage	58
import	327
import 문	350
import.meta	329, 345
import.meta.dirname	346
import.meta.filename	346
import.meta.resolve()	348
import.meta.url	346
imports	81
input	587
Inquirer.js	796
ISC 라이선스	60
is-promise	37
Jest	650
jscodeshift	940
JSONC	84
JSR	903
jsx	501
left-pad	32
legacy-peer-deeps	91
Lerna	248
lib	497
license	59
loadActual	133
LOAD_AS_DIRECTORY	370
LOAD_AS_FILE	369
LOAD_INDEX	371
LOAD_NODE_MODULES	374
LOAD_PACKAGE_SELF	372
loadVirtual	139

M - R

main	66
"main" 필드	403
man	67
manifest	147
meow	792
MIT 라이선스	60
mode	635
module	495, 517
"module" 필드	404
module.exports	301
name	54
Node.js	299
node_modules	10, 150, 161, 309
nolyfill	225
npm	10
npm 공식 레지스트리	89
npm 레지스트리	24
npm 워크스페이스	812
npm 토큰	752
npm 트렌드	15
npm audit	119
npm audit fix	122
npm ci	49, 112
npm config	86
npm dedupe	114
npm deprecate	126
npm deprecated	32

npm exec	184
npm explain	118
npm fund	64
npm info	57
npm init	83
npm install	49, 112, 132
npm ls	116
npm outdated	127
npm publish	124
npm run	69, 110
npm run-script	69
npm run start -workspaces	256
npm run start --ws	256
npm-shrinkwrap.json	139
npm unpublish	24, 34
npm update	113
npm view	128
npx	180
os	74
output	595
output.dir	595
output.file	595
output.format	599
output.globals	598
output.name	596
output.plugins	600
overrides	71
package.json	53, 54, 83, 727, 768
package-lock.json	49
packageManager	76
PACKAGE_RESOLVE	388
pacote	146
Parcel	542
ParseModule	334
ParseScript	334
peerDependencies	93, 102
peerDependenciesMeta	107
plugins	603, 636
Plug n Play(PnP)	209
pm	11
pnpm	231
pnpm-lock.yaml	49
pnpm-lock.yml	233
polyfill.js	526
private	75
Promise	340
publicDir	636
publishConfig	75
rc	29
README.md	973
registry	89
reify	142
repository	68
require()	320, 350
require.cache	311
RequireJS	287
resolve.alias	683
RESOLVE_ESM_MATCH	371, 372
rollup.config.js	587
root	628

S – Z

Sass(Syntactically Awesome Style Sheets)	869
scope	56
scripts	69
SCSS(Sassy CSS)	869
semver	30
snyk	18, 50
sourceMap	498
SPDX	59
SWC(Speedy Web Compiler)	512
SystemJS	291
Tinybench	933
tsconfig.json	683, 770
tslib	505
tsup	721, 924

tsup.config.mts	732
turbo.json	820
type	79
UMD(Universal Module Definition)	290
unpkg	16
URL 지정자	359
version	57
Vite	547
vite.config.js	628
vite.config.mts	730
vite.config.ts	771
Vitest	650
vite-tsconfig-paths	686
workspaces	76
yarm.lock	49
yarn	195
yarn 레지스트리	90
yarn berry	199, 203
yarn classic	203
yarn.lock	204
zero install	222

ㄱ - ㅁ

구문 분석	335
구성	929
글로벌 스토어	234
글로벌 패키지	271
기본 내보내기	325
깃허브 패키지 레지스트리	90
난독화	552
단위 테스트	970
단일 페이지 애플리케이션	281
동일 패키지 관계	823
듀얼 패키지	403
디자인 시스템	837
라이선스	642
락 파일	49
로더	561
롤업	542, 580
리버스 프락시	207
멀티레포	805
모노레포	249, 803, 804
모듈 래퍼	305
모듈 레코드	334
모듈 리졸버	380
모듈 스코프	305
모듈 이름 지정자	359
모듈 인스턴스화	335
모듈 지정자	307, 358, 359
모듈 코드	305
모듈 파싱	334
모듈 평가	337
모듈 해석 알고리즘	358
모듈화	280
문법 설탕	327

ㅂ – ㅇ

바벨	430
바벨 구성 파일	443
배럴 파일	673
버전	20
번들 도구	530
번들러	319, 451
번들링	319, 530, 531
번들포비아	14
벤치마크	971
벤치마크 테스트	970
변환(transformation)	440
부 버전	22
비트	612
사전 번들링	616
상대 경로 지정자	359
성능 테스트	971
셔뱅 라인	178
수 버전	22
순환 참조	314, 340
스토리북	895
심볼릭 링크	167, 236
아웃풋	558
아토믹 디자인	838
아파치 라이선스 2.0	60
압축	552
엔트리	557
엔트리 포인트	557
오프라인 설치	222
오픈소스 패키지	399
워크스페이스	76, 173, 246
웹팩	541, 554
유령 의존성	188
유의적 버전	10, 20
의존성	616
의존성 관계	822
의존성 그래프	556
의존성 분석	335
의존성 해결	335
이름으로 내보내기	325
이중 패키지 위험성	408
임의 작업 관계	823

ㅈ – ㅎ

작업 그래프	828
전역 네임스페이스 오염	468
전역 폴더	310
전이 노드	830
절대 경로 지정자	359
정적 모듈 로딩	331
조건부 내보내기	406
종단 간 테스트	971
주 버전	22
즉시 호출 함수 표현식	284
지속적 배포	649
지속적 통합	649
최상위 수준 awalt	333
추상 구문 트리	436
추상 구문 트리 파서	439
출력(generation)	440
컴포넌트	837
코드 분할	547
코어 모듈	310
콘텐츠 어드레서블 스토리지	239
클로저	319
타입스크립트	417
타입스크립트 컴파일러	492
터보레포	804, 817
테스트 코드	970
토큰화	335
통합 테스트	970
트랜스파일	494
트랜스파일러	430

트리 셰이킹	319, 322, 548, 587
파싱(parsing)	440
파일 모듈	308
패키지	12, 639
패키지 관리자	12, 174
패턴	837
평탄화	150
폴리필	458, 461
표준 상대 경로 URL 해석 문법	360
프리로딩	324
플러그인	224, 566
하드 링크	234, 236
하위 경로 내보내기	360
하위 경로 불러오기	360
호스트 패키지	107

memo